上海市级专志

中国海运（集团）总公司志

上海市地方志编纂委员会 编

上海社会科学院出版社

集团概况

1

1959年，位于上海外滩5号的上海海运管理局[后改制为上海海运（集团）公司，中国海运（集团）总公司前身之一]办公大楼外貌

2

1986年7月引进的"北极星"轮，是当时大连轮船公司[后改制为大连海运（集团）公司，中国海运（集团）总公司前身之一]自动化程度最高、吨位最大的船舶

3

1997年，矗立在珠江边的广州海运（集团）有限公司（中国海运（集团）总公司前身之一）大厦办公楼投入使用

4 ▶

1997年7月1日，中国海运（集团）总公司在上海挂牌成立，中国海运大楼坐落于上海市东大名路700号

◀ **5**

1997年7月2日，中国海运（集团）总公司召开成立大会

● ● 集团概况

6 ▶

2004年6月16日，中海集装箱运输股份有限公司在香港联交所挂牌上市

7 ▼

2007年2月28日，中国海运（集团）总公司与神华集团有限责任公司举行战略合作框架协议签字仪式

◀ 8

2010年4月，中国海运（集团）总公司总部迁至上海市东大名路678号

9

2012年3月22日，中国海运（集团）总公司召开第一届董事会第一次会议

集团概况

10

巨轮上的中国海运标识
（2013年摄）

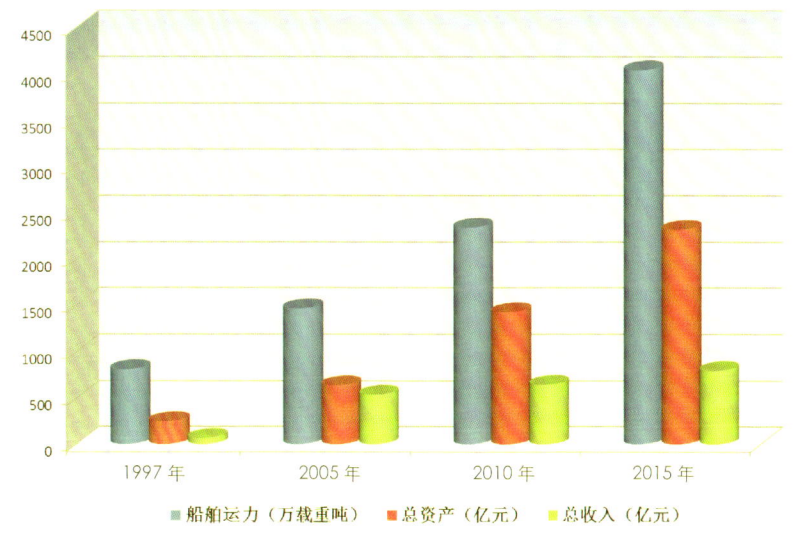

11

1997—2015年，中国海运船舶运力、总资产与总收入增长情况

船舶运输

1 ▶

1998年，中海客运客滚船"海洋岛"轮获"全国交通先进集体"荣誉称号

2 ▶

2004年12月21日，世界首艘悬挂五星红旗的超大型油轮（VLCC）——"新金洋"轮正式投入使用

船舶运输

3

2005年3月3日,中海汽车船公司购入3 290车位汽车滚装船"中海高速"轮

4

2010年2月5日,中国海运首艘23万吨级大型矿砂船(VLOC)"中海兴旺"轮启航

5

夜色中的"中海之星"轮(2011年摄)

▶ **6**

2011年8月8日,中海集运"新武汉"轮在宁波港配合港方创下平均每小时223.65个自然箱的桥吊单机效率世界纪录

◀ **7**

2012年5月9日,中海集运"新钦州"轮成功首航钦州港

8 ▶

2014年12月15日,举行中海货运5.7万吨散货船"嘉信山"轮交船仪式

船舶运输

9

2014年1月8日，当时世界最大集装箱船1.9万TEU"中海环球"轮交付使用

10

2014年，中海油运超级油轮"新汉洋"轮获全国交通系统"工人先锋号"荣誉称号

11

2015年1月8日，中海LNG公司运营的首艘大型LNG船"PAPUA"号在沪命名

陆岸产业

1 ▶

2006年10月8日,中海工业20万吨级"中海九华山"号浮船坞竣工投产

2 ▶

2007年11月20日,中石化中海燃供第一船保税油运抵海南马村港国盛油库

陆岸产业

3

中海信息组织应急演练（2009年摄）

4

中海洛杉矶码头（2011年摄）

5

2011年7月22日，中国海运造箱厂制造的第100万个集装箱在东方国际集装箱（连云港）有限公司正式下线

◀ **6**

上海船研所的航模拖曳水池（2011年摄）

7 ▶

2014年11月23日，中海物流通过SPMT（自行式液压模块运输车）将陆地制造的海工平台辅助船成功平移500米

8 ▼

中海国际旗下位于上海市源深路158号的上海海事职业技术学院（2014年摄）

1

1998年12月27日,中国海运召开船舶改造表彰大会,表彰船舶改造工程中涌现的先进集体和先进个人

2

1999年4月25日,中国海运举行"远东—欧洲"集装箱班轮航线首航庆典仪式

3 ▶

立新船厂工人在高温下作业（2001年摄）

4 ▶

中海油运油轮接受国际大石油公司检查（2003年摄）

5 ▶

冰海作业（2003年摄）

经营管理

6

2004年12月26日，中海货运"桃花山"轮成功抗击印度洋特大海啸，受到交通部表彰

7

坐落于美国纽约的中海北美控股公司办公大楼（2006年摄）

8

2009年春运期间，中海客运组织旅客有序登船

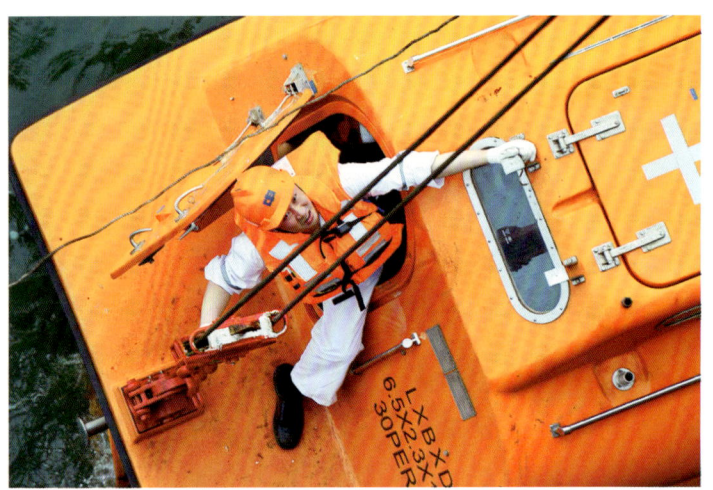

▶ 9

"新浦东"轮船员船上作业（2011年摄）

10 ◀

2011年5月6日，中海货运召开"嘉宁山"轮成功抗击海盗表彰大会

▶ 11

坐落于马来西亚吉隆坡的中海东南亚控股公司大楼（2012年摄）

经营管理

12

中海国际开展船舶大厨厨艺比武（2013 年摄）

13

"云龙峰"轮船员在船上作业（2014 年摄）

企业党建

1 ▶

2010年10月16日,中国海运党员干部培训班学员到井冈山参观学习

2 ▶

2011年3月31日,中国海运党组召开集团中心组学习辅导报告会

企业党建

3

中国海运船舶政委培训班学员（2011年摄）

4

2012年11月16日，中国海运领导及有关部门负责人欢迎集团董事长、党组书记许立荣（右四）参加党的十八大归来

5

2013年8月10日，中国海运总部组织机关党员参观中共一大会址

企业文化

1 ▶

远航船员在船上举行升国旗仪式,迎接国庆(2008 年摄)

2 ▶

全国劳动模范杨怀远为旅客挑送行李(2008 年摄)

● ● 企业文化

◀ 3

由青年员工构成的中国海运标识图案（2010年摄）

◀ 4

2010年4月17日，中海油运召开第十八届发展论坛

◀ 5

2012年4月29日，中国海运职工手持司旗，参加"中国海运杯"扬州国际半程马拉松赛

◀ 6

2012年3月6日，上海市场中路海嫂联络站获得"上海市五一巾帼奖（集体）"荣誉称号

7

2012年6月27日，中国海运举行庆祝中国海运成立15周年文艺汇演。图为集团青年员工表演诗朗诵《放歌十五年》

8

中国海运船舶"三长"表彰会表彰的船舶"三长"与集团领导合影（2015年7月摄）

1

中海海运集团的抗震救灾车队(2008年摄)

2

中海货运船员不畏天寒地冻,抓紧时间铲除冰雪抢修设备,确保电煤运输生产(2009年摄)

3 ▶

2010年上海世博会期间，中海油运员工组成志愿者服务团队，维护交通秩序，为来自世界各地的参观者提供服务

◀ **4**

2011年，中海油运"盛池"轮圆满完成中国向日本地震灾区援助2万吨燃油的任务，受到社会各界关注和好评

◀ **5**

2011年，中海集运向云南永德县贫困山区小学赠送图书、文具和慰问品

上海市地方志编纂委员会

主 任 委 员　周慧琳
副主任委员　翁铁慧　李逸平　朱咏雷　宗　明
委　　　员　（以姓氏笔画为序）
　　　　　　于福林　上官剑　马正文　王　平　王　华　王　岚　王旭杰
　　　　　　方世忠　白廷辉　朱　民　朱勤皓　邬惊雷　刘　健　严爱云
　　　　　　李　谦　李　霞　李余涛　李国华　杨　莉　肖跃华　吴金城
　　　　　　吴海君　余旭峰　沈山州　沈立新　张　全　张小松　张国坤
　　　　　　陆方舟　陈　臻　陈宇剑　陈德荣　金鹏辉　周　强　周夕根
　　　　　　郑健麟　赵永峰　胡广杰　钟晓咏　姜冬冬　洪民荣　姚　凯
　　　　　　姚　海　秦昕强　袁　泉　袁　鹰　桂晓燕　顾　军　徐　枫
　　　　　　徐　建　徐　炯　徐　彬　徐未晚　高奕奕　高融昆　唐伟斌
　　　　　　黄德华　曹吉珍　曹扶生　盖博华　董建华　解　冬　缪　京
　　　　　　薛　侃
办公室主任　洪民荣
副　主　任　生键红　姜复生

上海市地方志编纂委员会
（2007年8月—2018年6月）

主 任 委 员　殷一璀（2007年8月—2014年11月）
　　　　　　徐　麟（2014年11月—2015年9月）
　　　　　　董云虎（2015年9月—2018年6月）
副主任委员　（2007年8月—2011年8月）
　　　　　　王仲伟　杨定华　姜　樑　李逸平　林　克
副主任委员　（2011年8月—2014年11月）
　　　　　　屠光绍　杨振武　洪　浩　姚海同　蒋卓庆　林　克
办公室主任　李　丽（2008年7月—2010年10月）
　　　　　　刘　建（2010年10月—2014年2月）
副　主　任　沙似鹏（1997年12月—2007年9月）
　　　　　　朱敏彦（2001年1月—2012年5月）
　　　　　　沈锦生（2007年7月—2009年2月）
　　　　　　莫建备（2009年9月—2013年11月）
　　　　　　王依群（2016年8月—2020年3月）

《上海市级专志·中国海运(集团)总公司志》编审委员会

主　　任　许立荣
副 主 任　付刚峰　王海民
委　　员　(以姓氏笔画为序)
　　　　　丁　农　万　敏　王宇航　冯　波　叶伟龙　刘鸿炜　孙云飞
　　　　　孙家康　张　为　俞曾港　黄小文

《上海市级专志·中国海运(集团)总公司志》顾问委员会

主　　任　李绍德
委　　员　(以姓氏笔画为序)
　　　　　马泽华　王大雄　刘锡汉　孙治堂　苏　敏　吴中校　张国发
　　　　　张建华　陈德诚　林建清　徐文荣　徐祖远　寇来起　戴金象

《上海市级专志·中国海运(集团)总公司志》编纂工作委员会

主　　任　刘海涛
副 主 任　海　峡　徐永上
委　　员　朱雪峰　郭庆东　吴彦红

《上海市级专志·中国海运(集团)总公司志》编纂工作组

组　　长　佟成权
成　　员　朱文樵　王树军　龚浩明

《上海市级专志·中国海运(集团)总公司志》评议专家

组　　长　徐祖远
成　　员　(以姓氏笔画为序)
　　　　　李　平　沙伟倩　张永林　陈德明　茅伯科　施　欣　梅　华
　　　　　曹忠铨　曹建华　蒋永年

《上海市级专志·中国海运(集团)总公司志》审定专家

组　　长　徐祖远
成　　员　(以姓氏笔画为序)
　　　　　朱洁士　杨春勤　张　峰　顾振兴　倪鹤婷　梁启康　葛明明
　　　　　韩国华

《上海市级专志·中国海运(集团)总公司志》验收单位和人员

验收单位　上海市地方志办公室
验收人员　洪民荣　姜复生　过文瀚　王继杰　黄晓明

业务编辑　赵明明　肖春燕

序

1997年7月1日,伴随着中国改革开放的主旋律和中国航运业的发展,中国海运集团宣告成立,中国航运史及世界航运史也掀开新的一页。

1997—2015年,中国海运集团走过了不平凡的发展历程。

中国海运集团的发展,是中国国有航运企业深化改革的重大成果。1993年11月中共十四届三中全会召开,通过了《中共中央关于建立社会主义市场经济体制若干问题的决定》,提出要"发展一批以公有制为主体,以产权联结为纽带的跨地区、跨行业的大型企业集团,发挥其在促进结构调整,提高规模效益,加快新技术、新产品开发,增强国际竞争能力等方面的重要作用"。据此,交通部提出对直属企业实施集团战略的构想,着手组建中海、中港和路桥3个大型企业集团,将部属上海、广州、大连3个地区性海运(集团)公司以及中国海员对外技术服务公司、中交船业公司等5家国有航运企业以资产纽带联结,组织起一个全国性的跨地区、跨行业的特大型企业集团,即中国海运集团。新组建的中国海运集团,充分释放出深化改革的红利,生机活力持续焕发,综合实力日益上升,国际竞争力不断增强。

中国海运集团的发展,是中国航运业及中国经济砥砺前行的缩影。1997—2015年的18年间,中国海运集团始终与中华人民共和国建设事业一起蓬勃发展,始终与国家改革开放大潮同频共振,始终怀揣中华民族伟大复兴的"中国梦"努力奔跑。"十五"至"十二五"时期,中国逐步发展成为名副其实的海运大国;特别是"十二五"时期,中国的海运量、港口吞吐量、船队综合运力、集装箱生成量、造船总量等各项指标均居世界前列。与之相对应,中国海运集团也实现了跨越式发展。18年间,集团的船队运力规模增长4.97倍,货运量增长3.79倍,总资产增长9.25倍,总收入增长11.94倍;石油内贸运量占国内海上石油运输量的65%以上,散货运输船队是中国沿海最大的散货运输船队,客轮船队在渤海湾客运市场居于主导地位,集装箱船队规模自2004年起始终保持全球前10名。2015年,集团船队规模达到4 047万载重吨,海上货运量达到5.46亿吨,总收入800亿元,成为全球航运市场上一支重要的生力军。18年的发展历程,印证了"海运与国运"息息相关的"普遍规律"。一方面,中国经济发展给中国海运集团带来无限商机;另一方面,中国海运集团也用自身不断增长的业绩,助推中国经济不断飞跃。

中国海运集团的发展,是中国民族企业走向世界的成功范例。中国海运集团以沿海运输为传统优势。1997年集团刚一成立,就确立拓展远洋的发展战略。在这一战略驱动下,远洋运输不再是沿海运输的一种补充,而是集团重点拓展的市场。特别是中国加入WTO以后,国有企业面临的是一个全新环境,有更加开放的全球市场造就的现实机遇,更有与众多国际知名企业同台竞争而引发的严峻挑战。为此,中国海运集团努力拓展国际化视野,加快"走出去"步伐,不断拓展远洋运输及国际化业务,国际品牌形象和国际竞争力与日俱增。到"十二五"末期,中国海运集团远洋航线覆盖全球160多个国家和地区的1 500多个港口,形成以日本、韩国、澳大利亚、中国香港等国家和地区,以及东南亚、西亚、北美、南美、欧洲、非洲等区域为辐射点,以船舶航线为纽带,遍及世界各主要地区的经营网络。境外企业和机构分布在境外40余个国家和地区,400余个营销网点遍及境外近100个国家和地区。中国海运集团已不再是一个传统且单纯的沿海运输企业,而是一家具有较强国际化经营实力的跨国性航运企业集团。

全面忠实地记录中国海运集团18年的发展历程,为企业做好修志工作,是企业文化建设的一项重要任务。为此,我们成立《上海市级专志·中国海运(集团)总公司志》编审委员会、顾问委员会、编纂工作委员会、编纂工作组等机构。编纂人员辛勤耕耘,三易寒暑,先后完成资料收集、长编汇集、初稿撰写、志稿总纂、内部评审等工作流程,先后通过上海市地方志办公室主持的评议、审定和验收;经反复筛选、提炼、推敲,运用翔实的史料、严谨的结构、规范的文字,记载了1997—2015年中国海运集团发展的历史轨迹。存史、资政、育人是企业志编纂工作的主要目的。我们期待《上海市级专志·中国海运(集团)总公司志》能够成为社会各界特别是企业界、航运界人士所喜爱的读本,成为社会各界特别是航运界学者、专家、研究人员、工作人员及相关人士的重要参考工具。

铭记历史才能走向未来。走好新时代的长征路，必须回望来时之路，看清脚下之路，坚定前行之路。当今世界正经历百年未有之大变局，形势环境变化之快、矛盾风险挑战之多、对我们考验之大，前所未有。越是在关键时期，越要在历史比较中清醒把握大局大势，越要从历史思考中坚定责任担当。应该说，我们编纂出版中国海运志书的过程，也是探寻发展规律、汲取历史智慧的过程。因此，我们应当多读历史，观成败，知兴替，明规律，鉴是非，增强历史意识，运用历史思维，知史爱党、知史爱国、知史爱企，真正做到不忘来时路，砥砺新征程。

中国远洋海运集团

党组书记、董事长

凡 例

一、本志以马克思列宁主义、毛泽东思想、邓小平理论、"三个代表"重要思想、科学发展观、习近平新时代中国特色社会主义思想为指导,力求实事求是、客观全面地反映集团的改革重组、经营管理、船队发展、文化建设等各方面的历史进程。

二、本志记述范围,以1997—2015年集团生产经营涉及的领域为主,主要记述集团航运主业及相关产业,兼及记述经营业务所涉国内、国外与境外事物。

三、本志纪年,凡1949年5月27日上海市解放前用历史纪年,括注公元纪年;1949年5月27日上海市解放后一律采用公元纪年。

四、本志部分章节的时间上限适当勾连至20世纪七八十年代,对中国海运(集团)总公司的前身上海、广州、大连海运(集团)公司及相关单位相关情况也予以适当记载。鉴于2015年下半年中国海运(集团)总公司和中国远洋运输(集团)总公司两大集团开始进行合并重组,本志部分章节的内容和统计数据,根据不同情况一部分截至2014年年底,一部分延伸至2016年。

五、本志体例中,述、记、志、传、图、表、录诸体各得其宜,力求内容与形式统一。志为篇章节体,基于集团实际和特点,除序、总述、大事记、专记、附录、索引和编后记外,本志设集团发展、所属企业、船舶运输、陆岸产业、企业管理、科技与教育、员工队伍、党群工作、企业文化与社会责任、人物共10篇。

六、本志采用规范的语体文、记述体,行文按《〈上海市志(1978—2010)〉编纂行文规范》,力求严谨、朴实、简洁、流畅,以第三人称记述。

七、本志人物篇设人物传略、人物简介和人物表3章。传略、简介记载对象为对企业改革发展有重要推动作用的集团领导人员、航海业知名人士及获得国家和省市级荣誉称号的部分先进人物。遵循"生不立传"原则,入传人物排列先后以卒年为序;2015

年之前在世人物依例不立传,排列先后以生年为序。

八、本志所用资料,主要由集团档案部门、统计部门以及各有关公司提供,数据原则上以对外公布的材料为准。

九、本志中的货币单位,除另有说明外,均为人民币。

十、本志书所涉及企业、机构、文件、航线等名称,在首次出现时使用全称,并括注简称,其后一般使用简称,个别地方酌情使用全称。为方便读者阅读,本志附"部分企业、单位全称和简称对照表",并附"航运业常见专业名词解释""部分专业术语英文与中文释义对照表"。

目　　录

序 ·· 许立荣　1
凡例 ··· 1
总述 ··· 1
大事记 ·· 15

第一篇　集团发展 ································· 53
概述 ·· 54
第一章　溯源 ··· 55
第一节　历史沿革 ··· 55
一、"九五"后期 ··· 55
二、"十五"时期 ··· 56
三、"十一五"时期 ·· 57
四、"十二五"时期 ·· 58
第二节　集团成立 ··· 60
一、筹建背景 ··· 60
二、筹建过程 ··· 63
三、中国海运（集团）总公司成立 ··················· 64
第二章　组织体系 ··· 66
第一节　治理结构 ··· 66
一、董事会 ·· 66
二、监事会 ·· 70
三、经理层 ·· 70
第二节　集团高层管理团队 ································ 71
第三节　内设机构 ··· 72
第三章　发展战略 ··· 76
第一节　总体战略 ··· 76
第二节　五年战略规划 ······································ 76
一、"九五"及"十五"战略 ··························· 76
二、"十一五"战略 ··· 77
三、"十二五"战略 ··· 78

第四章　业务发展 ··· 80
第一节　船队规模 ··· 80
第二节　多元化发展 ·· 84
第三节　国际化经营 ·· 85
第四节　"大客户、大合作"战略 ······················ 86
一、基本情况 ··· 86
二、合作效果 ··· 87

第二篇　所属企业 ································· 89
概述 ·· 90
第一章　航运企业 ··· 91
第一节　主要航运企业 ······································ 91
一、中海集装箱运输股份有限公司 ················ 91
二、中海发展股份有限公司 ···························· 93
三、中海发展股份有限公司货轮公司 ············· 95
四、中海发展股份有限公司油轮公司 ············· 97
五、中海客轮有限公司 ··································· 98
六、中海（海南）海盛船务股份有限公司 ······ 99
七、中海集团液化天然气投资有限公司 ········ 101
第二节　其他航运企业 ···································· 103

1

一、上海金海船务贸易有限
　　　　公司 …………………… 103
　　二、上海北海船务股份有限
　　　　公司 …………………… 104
　　三、上海仁川国际渡轮有限
　　　　公司 …………………… 105
　　四、上海浦海航运有限公司 …… 106
　　五、深圳五洲航运有限公司 …… 108
　　六、中海汽车船运输有限公司 … 109
　　七、上海时代航运有限公司 …… 110
　　八、神华中海航运有限公司 …… 111
　　九、上海友好航运有限公司 …… 112
　　十、上海银桦航运有限公司 …… 112
　　十一、香港海宝航运有限公司 … 113
　　十二、广州发展航运有限公司 … 114
　　十三、天津中海华润航运有限
　　　　　公司 ………………… 114
　　十四、广州京海航运有限公司 … 115
　　十五、上海嘉禾航运有限公司 … 116
　　十六、深圳市三鼎油运贸易有限
　　　　　公司 ………………… 116

第二章　陆岸企业 ………………… 118
　第一节　工业、码头与物流企业 …… 118
　　一、中海工业有限公司 ………… 118
　　二、中海码头发展有限公司 …… 120
　　三、中海集团物流有限公司 …… 122
　　四、中海集团国际贸易有限
　　　　公司 …………………… 124
　　五、中海船务代理有限公司 …… 125
　第二节　航运金融企业 …………… 127
　　一、中海集团财务有限责任
　　　　公司 …………………… 127
　　二、中海集团投资有限公司 …… 129
　　三、中海集团租赁有限公司 …… 130
　第三节　科技信息企业 …………… 131
　　一、上海船舶运输科学研究所 … 131
　　二、中海电信有限公司 ………… 132
　　三、中海信息系统有限公司 …… 134
　第四节　航运服务企业 …………… 135

　　一、中海国际船舶管理有限
　　　　公司 …………………… 135
　　二、中海海员对外技术服务
　　　　公司 …………………… 138
　　三、中海集团资产经营管理有限
　　　　公司 …………………… 139
　　四、中石化中海船舶燃料供应
　　　　有限公司 ……………… 140
　第五节　上海、广州、大连海运（集团）
　　　　　公司 ………………… 143
　　一、上海海运（集团）公司 …… 143
　　二、广州海运（集团）有限公司 … 146
　　三、大连海运（集团）公司 …… 148
　第六节　境外企业 ………………… 149
　　一、中国海运（日本）株式会社 … 150
　　二、中国海运（香港）控股有限
　　　　公司 …………………… 150
　　三、中国海运（东南亚）控股有限
　　　　公司 …………………… 152
　　四、中国海运（澳大利亚）代理
　　　　有限公司 ……………… 153
　　五、中国海运（韩国）株式会社 … 153
　　六、中国海运（欧洲）控股有限
　　　　公司 …………………… 154
　　七、中国海运（北美）控股有限
　　　　公司 …………………… 156
　　八、中国海运（西亚）控股有限
　　　　公司 …………………… 157
　　九、中国海运（非洲）控股有限
　　　　公司 …………………… 158
　　十、中国海运（南美）控股有限
　　　　公司 …………………… 159

第三篇　船舶运输 ………………… 161
概述 ………………………………… 162
第一章　集装箱运输 ……………… 164
　第一节　船队、船舶 ……………… 164
　　一、船队建设 …………………… 164
　　二、主要船型 …………………… 170

第二节　沿海运输 …………… 175
　　　　一、内贸运输 ……………… 176
　　　　二、内支线运输 …………… 179
　　　　三、海峡两岸海上直航 …… 181
　　第三节　近、远洋运输 ………… 182
　　　　一、规模和经营 …………… 183
　　　　二、航线布局 ……………… 184
　第二章　散杂货运输 ……………… 195
　　第一节　船队、船舶 …………… 195
　　　　一、船队建设 ……………… 195
　　　　二、主要船型 ……………… 205
　　第二节　沿海运输 ……………… 216
　　　　一、煤炭运输 ……………… 217
　　　　二、粮食运输 ……………… 222
　　　　三、钢铁运输 ……………… 223
　　　　四、金属矿石运输 ………… 224
　　　　五、建材运输 ……………… 225
　　　　六、百杂货运输 …………… 225
　　第三节　近、远洋运输 ………… 226
　　　　一、金属矿石运输 ………… 228
　　　　二、其他散杂货运输 ……… 231
　第三章　石油运输 ………………… 234
　　第一节　船队、船舶 …………… 234
　　　　一、船队建设 ……………… 234
　　　　二、主要船型 ……………… 238
　　第二节　沿海运输 ……………… 245
　　　　一、管道原油运输 ………… 246
　　　　二、海洋原油运输 ………… 247
　　　　三、进口原油二程中转运输 … 249
　　　　四、内贸成品油运输 ……… 251
　　第三节　近、远洋运输 ………… 252
　　　　一、原油运输 ……………… 254
　　　　二、成品油运输 …………… 256
　第四章　特种货物运输 …………… 258
　　第一节　液化天然气运输 ……… 258
　　　　一、船队建设 ……………… 258
　　　　二、主要船型 ……………… 261
　　第二节　液体化学品运输 ……… 262
　　　　一、船队建设 ……………… 262

　　　　二、主要船型 ……………… 263
　　第三节　沥青运输 ……………… 264
　　　　一、船队建设 ……………… 264
　　　　二、主要船型 ……………… 265
　　第四节　汽车滚装运输 ………… 265
　　　　一、船队建设 ……………… 265
　　　　二、主要船型 ……………… 267
　　第五节　大件设备运输 ………… 267
　第五章　旅客运输 ………………… 269
　　第一节　船队、船舶 …………… 269
　　　　一、船队建设 ……………… 269
　　　　二、主要船型 ……………… 272
　　第二节　客运航班 ……………… 277
　　　　一、以上海为起讫港的客运
　　　　　　航班 …………………… 278
　　　　二、华南沿海客运航班 …… 280
　　　　三、渤海湾客运航班 ……… 281
　　　　四、国际客运航班 ………… 285
　　第三节　客运服务 ……………… 285
　　　　一、餐饮服务 ……………… 285
　　　　二、客舱服务 ……………… 287
　　　　三、车辆服务 ……………… 290
　　　　四、营销服务 ……………… 291

第四篇　陆岸产业 ………………… 295
　概述 ………………………………… 296
　第一章　装备修造 ………………… 297
　　第一节　船舶维修和改装 ……… 297
　　　　一、船厂船坞 ……………… 297
　　　　二、长兴修船基地 ………… 299
　　　　三、国内船舶修理 ………… 301
　　　　四、外轮修理 ……………… 303
　　　　五、船舶改装 ……………… 304
　　第二节　造船 …………………… 306
　　　　一、江苏造船基地 ………… 306
　　　　二、英辉南方造船公司 …… 308
　　第三节　集装箱制造 …………… 310
　第二章　码头产业 ………………… 312
　　第一节　经营和投资 …………… 312

一、租赁经营和实体投资 …… 312
　　二、枢纽港和干线港业务 …… 313
　　三、码头投资发展方式 …… 313
　第二节　国内码头经营 …… 315
　第三节　境外码头经营 …… 316
　　一、美国码头业务开发 …… 316
　　二、入股台湾高明码头 …… 317
　　三、亚洲货柜码头控股公司股权
　　　　受让 …… 318
　　四、投资参股欧洲码头 …… 318
　　五、投资布局"一带一路"沿线
　　　　码头 …… 318
第三章　综合物流 …… 320
　第一节　规模结构 …… 320
　　一、业务网点 …… 320
　　二、业务经营重点和模块 …… 321
　　三、转型发展 …… 323
　第二节　设施设备 …… 326
　　一、车辆 …… 326
　　二、仓储 …… 327
　　三、物流信息系统 …… 329
　第三节　特色和重点物流项目 …… 331
　　一、汽车及零配件物流 …… 332
　　二、电子及电器产品物流 …… 334
　　三、食品饮料物流 …… 335
　　四、化工原料和产品物流 …… 336
　　五、建材物流 …… 337
　　六、国内其他项目物流 …… 337
　　七、海外物流 …… 338
　第四节　海铁联运和江海联运 …… 340
　　一、海铁联运 …… 340
　　二、江海联运 …… 342
　第五节　全球供应链电商平台 …… 343
　　一、电子商务物流 …… 343
　　二、"一海通"全球供应链电商
　　　　平台 …… 344
第四章　代理服务 …… 345
　第一节　船舶代理 …… 345
　　一、营业网点 …… 345

　　二、集团外部市场船务代理 …… 345
　　三、片区资源整合 …… 347
　　四、租船业务 …… 347
　第二节　货运代理 …… 347
　　一、港口货运代理 …… 347
　　二、航空货运代理 …… 348
　第三节　船货代业务一体化 …… 350
　第四节　引航服务 …… 351
第五章　船舶供应 …… 353
　第一节　设施设备 …… 353
　　一、油库 …… 353
　　二、供油供水船舶、泊位 …… 356
　　三、仓库、车辆、供物船舶 …… 356
　第二节　淡水、燃油供应 …… 357
　　一、淡水供应 …… 357
　　二、燃油供应 …… 358
　　三、保税油供应 …… 360
　第三节　物料、食品供应 …… 361
　　一、物料供应 …… 361
　　二、食品供应 …… 363
第六章　通信导航 …… 365
　第一节　设施设备 …… 365
　　一、上海海岸电台 …… 365
　　二、广州海岸电台 …… 367
　　三、船用通信设备 …… 368
　　四、船用导航设备 …… 370
　第二节　通导业务 …… 371
　　一、设备和业务技术管理 …… 371
　　二、新技术开发应用 …… 372
　　三、拓展海上通导业务 …… 373
第七章　金融和贸易 …… 376
　第一节　金融运作 …… 376
　　一、资本运作 …… 376
　　二、银企合作 …… 377
　　三、金融投资 …… 378
　第二节　船舶贸易 …… 379
　　一、船舶买卖和租赁 …… 379
　　二、其他船贸服务 …… 380

第五篇　企业管理

概述 …… 384

第一章　船舶生产经营管理 …… 385
第一节　船舶调度管理 …… 385
一、船舶调度指挥体系 …… 386
二、船舶调度信息化建设 …… 386
第二节　航运市场营销管理 …… 387
一、营销模式 …… 387
二、营销机构 …… 391
三、营销网络 …… 392
第三节　船舶运营成本管理 …… 397
一、燃油成本控制 …… 397
二、修船成本控制 …… 401
三、箱管成本控制 …… 403
四、港口使费控制 …… 404
五、备件、物料成本控制 …… 406

第二章　安全管理 …… 408
第一节　安全管理组织 …… 408
第二节　安全管理体系 …… 410
第三节　安全制度建设与管理 …… 413
一、法律法规 …… 413
二、企业安全管理制度 …… 414
第四节　安全设施设备 …… 424
一、安全航行 …… 424
二、消防 …… 426
三、救生 …… 427
四、防污染 …… 428
五、防海盗 …… 431
第五节　安全活动 …… 432
一、宣传教育 …… 432
二、专项检查 …… 433
三、专题活动 …… 435
第六节　事故和处置 …… 439
一、事故防范和处理 …… 439
二、事故案例 …… 441

第三章　标杆管理 …… 444
第一节　集团对标活动 …… 444
一、对标目标 …… 444
二、对标工作 …… 445
第二节　中海集运对标活动 …… 446
第三节　中海油运对标活动 …… 447
一、与企业战略规划相结合 …… 447
二、与战略管理制度持续改进相结合 …… 448
三、与战略管理创新相结合 …… 449
四、与战略管理执行力相结合 …… 449

第四章　财务与投资管理 …… 451
第一节　财务管理体制与制度建设 …… 451
一、财务管理体制 …… 451
二、财务制度建设 …… 451
第二节　预算管理 …… 453
一、预算管理办法 …… 453
二、全面预算管理 …… 453
第三节　资金管理 …… 454
一、资金管理制度 …… 454
二、资金统一管理 …… 455
三、全球现金管理系统 …… 456
第四节　投资管理 …… 456
一、规则与制度 …… 456
二、招投标管理 …… 457
三、后评价管理 …… 458

第五章　法务与风险管理 …… 460
第一节　法务管理 …… 460
一、法律审核 …… 460
二、法制工作目标 …… 461
三、纠纷案件应对处置 …… 462
四、法务队伍建设 …… 462
五、法制理念与法制文化 …… 463
第二节　风险管理 …… 464
一、风险管理体系 …… 464
二、风险管理制度建设 …… 466
三、重点业务风险管理 …… 467
四、内部控制运行保障机制 …… 469
五、风险控制监督评价 …… 469

第六章　信息管理 …… 471
第一节　信息化"一号工程" …… 471
第二节　信息化"B级登高" …… 472
第三节　信息化系统整合 …… 473

一、航运管理统一平台 …………… 473
　　二、统一实施集团版OA系统 …… 474
　　三、人力资源信息共享 …………… 474
第四节　信息安全体系 ………………… 475

第六篇　科技与教育 ……………… 477
概述 ……………………………………… 478
第一章　科技 …………………………… 479
　第一节　科技创新体系 ………………… 479
　　一、制度与规则 …………………… 479
　　二、管理架构 ……………………… 480
　　三、协同创新模式 ………………… 481
　　四、科研设施 ……………………… 481
　第二节　科技创新成果 ………………… 484
　　一、航运科技创新成果 …………… 484
　　二、信息化建设成果 ……………… 492
　　三、其他领域科技成果 …………… 496
第二章　教育与培训 …………………… 498
　第一节　院校教育 ……………………… 498
　　一、上海海事职业技术学院 ……… 498
　　二、广州海运技工学校 …………… 503
　第二节　船员培训 ……………………… 503
　　一、培训机构 ……………………… 503
　　二、培训体系 ……………………… 505
　　三、培训方式和成果 ……………… 507
　　四、教育培训工作转型 …………… 514
　第三节　干部培训 ……………………… 517
　第四节　中海党校 ……………………… 519
　　一、组建中海党校 ………………… 519
　　二、定位和工作方针 ……………… 520
　　三、培训体系 ……………………… 521
　　四、教培实践和成果 ……………… 522

第七篇　员工队伍 ………………… 525
概述 ……………………………………… 526
第一章　员工结构 ……………………… 527
　第一节　员工人数 ……………………… 527
　第二节　技术结构 ……………………… 528

　第三节　文化结构 ……………………… 530
第二章　船员管理 ……………………… 532
　第一节　船员招募与调配 ……………… 532
　　一、船员招募 ……………………… 532
　　二、船员调配 ……………………… 535
　　三、女船员 ………………………… 538
　第二节　船员管理模式 ………………… 541
　　一、"人船分离"管理 …………… 541
　　二、管人、管船、管事相统一 …… 543
　　三、"大船员体制" ………………… 546
　第三节　船员劳务输出 ………………… 549
　　一、劳务输出机构 ………………… 549
　　二、劳务市场开拓 ………………… 550
　　三、劳务输出船员队伍 …………… 552
第三章　船员生活待遇 ………………… 555
　第一节　工资与福利 …………………… 555
　第二节　船员伙食 ……………………… 558
　第三节　医疗卫生 ……………………… 559
　　一、企业医疗机构 ………………… 559
　　二、船舶医疗 ……………………… 563
　第四节　船员公休假和疗休养 ………… 564
　　一、公休假 ………………………… 564
　　二、疗休养 ………………………… 565
第四章　陆岸员工管理 ………………… 566
　第一节　员工考核 ……………………… 566
　　一、总部机关员工考核 …………… 566
　　二、境内所属企业员工考核 ……… 567
　　三、境外企业员工考核 …………… 568
　　四、全员业绩考核体系 …………… 568
　第二节　奖惩制度 ……………………… 571
　　一、奖励 …………………………… 571
　　二、惩处 …………………………… 572
　第三节　薪酬福利 ……………………… 573
　　一、员工工资 ……………………… 573
　　二、员工福利 ……………………… 575
第五章　干部人才队伍建设 …………… 577
　第一节　干部人才机制创新 …………… 577
　　一、开放式交流体系 ……………… 577
　　二、实践锻炼平台 ………………… 578

三、竞聘性选拔 …………………… 578
　　四、完善发现机制 …………………… 578
第二节 "三支队伍"建设 ……………… 579
　　一、企业领导人才队伍 ……………… 579
　　二、高级经营管理人才队伍 ………… 579
　　三、高级技术人才队伍 ……………… 579
第三节 国际化人才 ……………………… 580
　　一、培养机制 ………………………… 581
　　二、职业发展 ………………………… 581
　　三、日常管理 ………………………… 581
第四节 领军人才 ………………………… 581
　　一、人才培养 ………………………… 582
　　二、人才引进 ………………………… 582
第五节 后备干部 ………………………… 582
　　一、后备干部培训 …………………… 583
　　二、后备干部管理 …………………… 584
　　三、后备干部使用 …………………… 584

第八篇 党群工作 ……………………… 585
概述 ………………………………………… 586
第一章 中共党组织 ……………………… 588
　第一节 组织概况 ……………………… 588
　　一、党委（党组）历任领导 ………… 588
　　二、组织结构 ………………………… 589
　第二节 组织建设 ……………………… 590
　　一、党组织政治核心作用 …………… 590
　　二、领导班子建设 …………………… 592
　　三、把握正确用人导向 ……………… 593
　　四、基层党组织建设 ………………… 596
　第三节 党员教育 ……………………… 599
　　一、理论学习和思想政治工作 ……… 599
　　二、主题教育实践活动 ……………… 601
　第四节 党风建设 ……………………… 614
　　一、党风建设工作体系 ……………… 614
　　二、党风建设宣教体系 ……………… 617
　　三、风险防范监督体系 ……………… 619
第二章 统战工作与民主党派 …………… 623
　第一节 统战工作 ……………………… 623
　　一、基本情况 ………………………… 623
　　二、主要工作 ………………………… 624

　第二节 民主党派 ……………………… 627
　　一、基本情况 ………………………… 627
　　二、主要工作 ………………………… 629
　　三、"爱企业、献良策、做贡献"
　　　　主题活动 ………………………… 629
第三章 工会 ……………………………… 632
　第一节 组织机构 ……………………… 632
　　一、组织架构 ………………………… 632
　　二、自身建设 ………………………… 633
　第二节 维护职工权益 ………………… 636
　　一、建立健全职代会制度 …………… 636
　　二、厂务公开与民主管理 …………… 637
　　三、女职工工作 ……………………… 640
　第三节 帮困工作 ……………………… 641
　　一、帮扶困难职工 …………………… 641
　　二、为职工办实事 …………………… 644
　第四节 劳动竞赛 ……………………… 647
　　一、"中海杯"劳动竞赛 …………… 647
　　二、其他专项劳动竞赛 ……………… 650
　第五节 劳模创新工作室 ……………… 651
　　一、陆金林船舶修造创新
　　　　工作室 …………………………… 651
　　二、支家茂船舶通导劳模创新
　　　　工作室 …………………………… 651
　　三、夏学禹修船管理劳模创新
　　　　工作室 …………………………… 652
　　四、庞海臣安全管理劳模创新
　　　　工作室 …………………………… 652
第四章 共青团 …………………………… 653
　第一节 组织机构 ……………………… 653
　第二节 团建工作 ……………………… 653
　　一、引领青年职工成长成才 ………… 653
　　二、主题实践活动 …………………… 656
　　三、基层团组织建设 ………………… 657

第九篇 企业文化与社会责任 ………… 661
概述 ………………………………………… 662
第一章 企业文化 ………………………… 663
　第一节 企业文化建设 ………………… 663
　　一、企业文化体系 …………………… 663

二、企业理念与企业标志 …… 664
　　三、企业文化主题活动 …… 665
第二节　精神文明建设 …… 672
　　一、集团精神文明建设委员会 …… 672
　　二、主要工作 …… 673
　　三、主要成果 …… 674
第三节　船舶文化建设 …… 676
　　一、海上图书馆 …… 676
　　二、船上文体娱乐 …… 677
　　三、中海货运船舶文化建设 …… 678
第四节　"海嫂文化" …… 679
　　一、开通热线电话 …… 679
　　二、设立"海嫂联络站" …… 680
　　三、"海嫂文化"受到社会广泛关注 …… 681
第五节　职工文体活动 …… 681
　　一、职工文娱活动 …… 682
　　二、职工健身与体育活动 …… 683
第六节　文化媒体 …… 685
　　一、企业报 …… 685
　　二、企业刊物 …… 687
　　三、集团网站 …… 689
第二章　社会责任 …… 690
第一节　对口帮扶 …… 690
　　一、定点帮扶云南永德县 …… 691
　　二、定点帮扶新疆柯坪县 …… 692
　　三、其他帮扶与捐助项目 …… 693
第二节　抗震救灾 …… 693
第三节　海上救险 …… 694
第四节　融入上海国际航运中心建设 …… 697
第五节　绿色航海 …… 697
　　一、绿色理念 …… 698
　　二、绿色技术 …… 698
　　三、绿色管理 …… 699

第十篇　人物 …… 701
概述 …… 702
第一章　人物传略 …… 703
　　蔡国华 …… 703
　　夏爵一 …… 703
　　刘延穆 …… 704
　　史堪 …… 705
　　陈幼人 …… 705
　　周来根 …… 706
　　洪振权 …… 706
第二章　人物简介 …… 708
　　杨怀远 …… 708
　　钱维扬 …… 708
　　张兴芝 …… 709
　　戴金象 …… 709
　　李克麟 …… 710
　　李绍德 …… 711
　　徐祖远 …… 711
　　沈祖强 …… 712
　　马泽华 …… 712
　　吴有胜 …… 712
　　陆金林 …… 713
　　张国发 …… 713
　　李伟雄 …… 714
　　许立荣 …… 714
　　林松山 …… 715
第三章　人物表 …… 716
第一节　先进人物 …… 716
第二节　先进集体 …… 721

专记 …… 727
一、"突破口"攻坚 …… 729
二、美西大罢工的最大赢家 …… 732
三、中国海运全力抗灾保电煤运输 …… 733
四、第一艘 VLCC——"新金洋"轮投入运营 …… 738
五、欧地航线经营转危为机 …… 740
六、"嘉宁山"轮英勇抗击海盗 …… 743
七、编外政委："海嫂" …… 745
八、东南亚支线业务蓬勃发展 …… 746
九、低碳节能大型集装箱船"中海环球"轮 …… 749

附录 …… 751
  一、抓住新机遇迈向新世纪　开创中海事业辉煌明天 …… 753
  二、中国海运：国际化经营的实践与思考 …… 766
  三、立足新起点，谋求新发展，开创新基业 …… 769

航运业常见专业名词解释 …… 777

部分企业、单位全称和简称对照表 …… 782

部分专业术语英文与中文释义对照表 …… 786

索引 …… 788
  主题词索引 …… 788
  人名索引 …… 797
  表格索引 …… 798

编后记 …… 800

CONTENTS

Foreword ··· 1
Notes ··· 1
Overview ·· 1
Chronicle of Events ·· 15

Part 1 Development of the Group Company ··· 53
   Summary ·· 54
   Chapter 1 History of the Group Company ·· 55
      Section 1 Historical Evolution ·· 55
      Section 2 Founding of the Group ·· 60
   Chapter 2 Organizational System ·· 66
      Section 1 Management Structure ·· 66
      Section 2 Senior Management of the Group ··· 71
      Section 3 Internal Organization ·· 72
   Chapter 3 Development Strategy ··· 76
      Section 1 General Strategy ·· 76
      Section 2 Five-Year Plan Strategy ··· 76
   Chapter 4 Business Development ·· 80
      Section 1 Fleet Size ·· 80
      Section 2 Diversified Development ··· 84
      Section 3 International Operation ··· 85
      Section 4 "Major Account and Grand Cooperation" Strategy ···················· 86

Part 2 Branch Companies ··· 89
   Summary ·· 90
   Chapter 1 Shipping Companies ·· 91
      Section 1 Major Shipping Companies ·· 91
      Section 2 Other Shipping Companies ·· 103
   Chapter 2 Land-based Companies ··· 118
      Section 1 Factories, Terminal and Logistics Companies ························ 118

Section 2	Shipping Finance Companies	127
Section 3	Technology and Information Companies	131
Section 4	Shipping Service Companies	135
Section 5	Shanghai, Guangzhou and Dalian Maritime Transport (Group) Co., Ltd.	143
Section 6	Overseas Companies	149

Part 3 Ships and Shipping 161
  Summary 162
  Chapter 1 Container Shipping 164
    Section 1 Fleets and Ships 164
    Section 2 Coastal Shipping 175
    Section 3 Off-shore and Ocean-going Shipping 182
  Chapter 2 Bulk Cargo Shipping 195
    Section 1 Fleets and Ships 195
    Section 2 Coastal Shipping 216
    Section 3 Off-shore and Ocean-going Shipping 226
  Chapter 3 Petroleum Shipping 234
    Section 1 Fleets and Ships 234
    Section 2 Coastal Shipping 245
    Section 3 Off-shore and Ocean-going Shipping 252
  Chapter 4 Special Cargo Transportation 258
    Section 1 LNG Shipping 258
    Section 2 Liquid Chemical Shipping 262
    Section 3 Asphalt Shipping 264
    Section 4 Ro/Ro Transportation of Vehicles 265
    Section 5 Large Equipment Shipping 267
  Chapter 5 Passenger Transportation 269
    Section 1 Fleets and Ships 269
    Section 2 Passenger Liner 277
    Section 3 Passenger Services 285

Part 4 Land-based Industries 295
  Summary 296
  Chapter 1 Equipment Repair and Manufacturing 297
    Section 1 Ship Repair and Ship Refitting 297
    Section 2 Shipbuilding 306
    Section 3 Container Manufacturing 310

Chapter 2　Wharf Industry ···················· 312
Section 1　Operation and Investment ···················· 312
Section 2　Domestic Wharf Operation ···················· 315
Section 3　Overseas Wharf Operation ···················· 316

Chapter 3　Integrated Logistics ···················· 320
Section 1　Scale and Structure ···················· 320
Section 2　Facilities and Equipment ···················· 326
Section 3　Featured and Key Logistics Projects ···················· 331
Section 4　Sea-rail and River-sea Intermodal Transport ···················· 340
Section 5　Global Supply Chain E-commerce Platform ···················· 343

Chapter 4　Agency Services ···················· 345
Section 1　Shipping Agency ···················· 345
Section 2　Freight Forwarding ···················· 347
Section 3　Integration of Freight Forwarding Operations ···················· 350
Section 4　Pilotage Service ···················· 351

Chapter 5　Ship Supply ···················· 353
Section 1　Facilities and Equipment ···················· 353
Section 2　Supply of Freshwater and Fuel ···················· 357
Section 3　Supply of Stores and Food ···················· 361

Chapter 6　Communication and Navigation ···················· 365
Section 1　Facilities and Equipment ···················· 365
Section 2　Communication and Navigation Business ···················· 371

Chapter 7　Finance and Trade ···················· 376
Section 1　Financial Operation ···················· 376
Section 2　Ship Trade ···················· 379

Part 5　Business Management ···················· 383
Summary ···················· 384
Chapter 1　Ship Production and Operation Management ···················· 385
Section 1　Ship Scheduling Management ···················· 385
Section 2　Shipping Marketing Management ···················· 387
Section 3　Ship Operation Cost Management ···················· 397

Chapter 2　Safety Management ···················· 408
Section 1　Safety Management Organization ···················· 408
Section 2　Safety Management System ···················· 410
Section 3　Safety System Construction and Management ···················· 413
Section 4　Safety Facilities and Equipment ···················· 424
Section 5　Safety Activities ···················· 432

Section 6　Accidents and Disposal ·· 439
　Chapter 3　Benchmarking ··· 444
　　　Section 1　Group-wide Benchmarking Activities ·· 444
　　　Section 2　Benchmarking Activities of China Shipping Container Lines
　　　　　　　　Co., Ltd. ·· 446
　　　Section 3　Benchmarking Activities of China Shipping Tanker Co., Ltd. ············ 447
　Chapter 4　Financial and Investment Management ··· 451
　　　Section 1　Financial Management System and Institutional Development ·········· 451
　　　Section 2　Budget Management ·· 453
　　　Section 3　Funds Management ·· 454
　　　Section 4　Investment Management ··· 456
　Chapter 5　Legal Affairs and Risk Management ·· 460
　　　Section 1　Legal Affairs Management ··· 460
　　　Section 2　Risk Management ··· 464
　Chapter 6　Information Management ·· 471
　　　Section 1　"Project No. 1" of Informatization ··· 471
　　　Section 2　"B-level Upgrading" of Informatization ·· 472
　　　Section 3　Information System Integration ··· 473
　　　Section 4　Information Security System ·· 475

Part 6　Technology and Education ·· 477
　Summary ··· 478
　Chapter 1　Technology ·· 479
　　　Section 1　Technological Innovation System ·· 479
　　　Section 2　Technological Innovation Results ·· 484
　Chapter 2　Education and Training ··· 498
　　　Section 1　Institutional Education ··· 498
　　　Section 2　Seafarer Training ·· 503
　　　Section 3　Training of Officials ··· 517
　　　Section 4　CPC Training Center of China Shipping ··· 519

Part 7　Employees ··· 525
　Summary ··· 526
　Chapter 1　Staff Structure ·· 527
　　　Section 1　Number of Employees ··· 527
　　　Section 2　Technical Structure ··· 528
　　　Section 3　Cultural Structure ·· 530
　Chapter 2　Seafarer Management ·· 532

Section 1   Seafarer Recruitment and Deployment ················· 532
  Section 2   Seafarer Management Mode ························· 541
  Section 3   Seafarer Labor Service Export ······················ 549
 Chapter 3   Living Conditions of Seafarers ························ 555
  Section 1   Wages and Benefits ······························· 555
  Section 2   Seafarer Food ···································· 558
  Section 3   Seafarer Health Care ····························· 559
  Section 4   Official Leave and Recuperation for Seafarers ········· 564
 Chapter 4   Land-based Staff Management ························ 566
  Section 1   Employee Assessment ···························· 566
  Section 2   Incentive and Penalty System ······················ 571
  Section 3   Remuneration and Benefits ························ 573
 Chapter 5   Improvement of Officials ···························· 577
  Section 1   Cadre Talents System Innovation ··················· 577
  Section 2   "The Three Teams" Building ······················· 579
  Section 3   International Talents ····························· 580
  Section 4   Leaders Talents ·································· 581
  Section 5   Reserve Cadres ·································· 582

Part 8   Party-masses Work ····································· 585
 Summary ·· 586
 Chapter 1   The CPC Organization ····························· 588
  Section 1   Organizational Overview ·························· 588
  Section 2   Organization Construction ························ 590
  Section 3   Party Member Education ························· 599
  Section 4   Build Good Party Conduct ························ 614
 Chapter 2   Unified Front Work and Democratic Parties ············· 623
  Section 1   Unified Front Work ······························ 623
  Section 2   Non-CPC Parties ································ 627
 Chapter 3   Trade Union ······································· 632
  Section 1   Organizational Overview ·························· 632
  Section 2   Protection of Staff Rights and Interest ··············· 636
  Section 3   Help the Needy ·································· 641
  Section 4   Labor Competitions ······························ 647
  Section 5   Model Worker Innovation Studio ··················· 651
 Chapter 4   The Communist Youth League Organization ············ 653
  Section 1   Institutional Structure ···························· 653
  Section 2   League Building ································· 653

Part 9　Corporate Culture and Social Responsibility ······ 661
　　Summary ······ 662
　　　Chapter 1　Corporate Culture ······ 663
　　　　Section 1　Construction of Corporate Culture ······ 663
　　　　Section 2　Construction of Mental Civilization ······ 672
　　　　Section 3　Construction of Ship Culture ······ 676
　　　　Section 4　"Seafarer Family Culture" ······ 679
　　　　Section 5　Staff Recreational and Sports Activities ······ 681
　　　　Section 6　Cultural Media ······ 685
　　　Chapter 2　Social Responsibility ······ 690
　　　　Section 1　Targeted Poverty Alleviation ······ 690
　　　　Section 2　Earthquake Relief ······ 693
　　　　Section 3　Maritime Rescue ······ 694
　　　　Section 4　Participating in Building Shanghai into an International Shipping Center ······ 697
　　　　Section 5　Green Shipping ······ 697

Part 10　People ······ 701
　　Summary ······ 702
　　Chapter 1　Brief Biography ······ 703
　　Chapter 2　Profile ······ 708
　　Chapter 3　Directory ······ 716
　　　　Section 1　Advanced Figures ······ 716
　　　　Section 2　Advanced Collectives ······ 721

Special Events ······ 727
　　1. Make the "Breakthroughs" ······ 729
　　2. The Biggest Winner in the Big Strike of Western U. S. ······ 732
　　3. China Shipping to Fight the Disaster and Ensure Thermal Coal Transportation ······ 733
　　4. The First VLCC M. V. Xin Jin Yang Put into Operation ······ 738
　　5. European Shipping Routes Operations: Turning Crisis into Opportunity ······ 740
　　6. M. V. Jia Ning Shan Fights against Pirates ······ 743
　　7. Off-staff Political Commissars: Spouses of Seafarers ······ 745
　　8. The Flourishing Feeder Service in Southeast Asia ······ 746
　　9. Low-carbon and Energy Conservation Large Container Ship "CSCL Global" ······ 749

Appendixes ······ 751
　　1. Seize the New Opportunities to Embrace the New Century for

　　　　a Better Tomorrow ·· 753
　　2. China Shipping: Practice and Reflections on International Operations ················ 766
　　3. Seek New Development and Break New Grounds from a New Starting Point ········ 769

Explanation of Common Professional Terms in the Shipping Industry ····························· 777

Full Names and Abbreviations of Some Enterprises and Organizations ···························· 782

Glossary of Some Professional Terms in English and Chinese ······································ 786

Indexes ·· 788

Afterword ·· 800

总 述

1997年7月1日,是中国航运史上值得纪念的日子。中国海运(集团)总公司(简称中国海运、中海集团、中海)在上海市虹口区东大名路700号正式挂牌成立。

中国海运在整合上海海运(集团)公司(简称上海海运)、广州海运(集团)有限公司(简称广州海运)、大连海运(集团)公司(简称大连海运)、中国海员对外技术服务公司、中交船业公司5家公司基础上而成立。其中,上海海运的前身是清同治11年(1872年)成立的轮船招商局,广州海运的前身是轮船招商局广州分公司,两家公司在中华人民共和国成立后都经历了军管、公私合营、现代企业制度改革的过程,成为中国沿海的主力航运集团;大连海运的前身是1949年成立的大连轮船公司,在渤海湾航线具有较强的竞争力;中国海员对外技术服务公司成立于1984年,是中国第一家海员劳务外派公司;中交船业公司成立于1993年,主业从事二手船贸易及拆船业务。

自1997年始,中国海运在国家改革开放、国民经济快速发展的大潮中,抓住历史机遇,艰苦创业,改革创新,开拓奋进,发展成为事关国民经济安全、国计民生的国家53家重要骨干企业之一,成为在航运界具有重要影响和领先地位的跨国经营、跨行业、跨地区、跨所有制的特大型综合性企业集团。集团经过成立初期的整合,及时确立新的发展定位和发展思路,有序有效实施专业化重组,各主要业务板块实现良性发展,特别是集装箱运输实现跨越式发展。集团在短时间内总体实现扭亏为盈,企业站到一个新的发展起点上。1997—2015年,经过18年的发展,中国海运建设出一支世界先进的大型化、规模化、专业化船队;运输能力稳步提高,对国家经济的支持保障能力不断增强;陆岸产业结构持续优化,多元发展步伐逐渐加快;境外网络不断完善,国际影响力日益扩大;企业改革与创新成效显著,综合实力不断提升。

2016年2月,中国海运(集团)总公司与中国远洋运输(集团)总公司(简称中远集团)改革重组,成立中国远洋海运集团有限公司(简称中国远洋海运集团)。

一

1997—2005年,是中国海运的创建发展时期。

在这一时期,中国海运按"集约化、规模化、专业化"原则进行资产重组,成立了集运、油运、散运、客运、特种运输五大船队,初步建立与航运主业相关的陆岸产业体系;大力发展集装箱运输,确立中国海运全球承运人地位;实施"以船舷为界"的船员统一管理模式,提高了船员管理效率;提出"巩固沿海、发展远洋"战略,使集团从传统的沿海内向型逐步转向沿海远洋协调发展的综合性、国际化企业。在这一时期,广大船岸干部职工艰苦创业,奋力开拓,为集团跨越式发展奠定了良好的基础。

在这一时期,集团秉持的发展理念是:坚持"发展是硬道理"。加大发展力度,加快发展速度,成为企业的最强动力。在以"发展是硬道理"这一理念的推动下,集团确立"资产规模化、管理集约化、经营国际化"的战略方针,即针对集团组建初期资产规模和船队实力偏弱的状况,加大规模扩张力度,以做大带动做强;针对初期内部资源分散、管理重叠的状况,进行专业化重组整合,实施"六个统一",即统一计划、统一经营、统一对外、统一调度、统一核算、统一收支;针对企业以沿海运输为传统优势但沿海市场趋于饱和的状况,积极拓展国际市场,打造国际竞争力。以下"三化"遂成为集团初创期的发展特点。

资产规模化 中国海运按照初期编制的"十五"规划,到2005年资产规模要比"九五"末期有大幅增加,营业收入比"九五"末期翻一番。据此,集团以提升市场竞争力、增强集团综合实力为目标,不断加大投资力度,加大船队扩张速度。到2005年,集团总资产、净资产分别是1997年的2.6倍、3.4倍,船队综合运力是1997年的1.8倍,营业收入是1997年的8.1倍,超额完成"十五"规划目标。随着资产规模的不断扩大,集团的运输生产稳步上升。2005年,实现货运量3亿吨,是1997年的2.08倍;特别是集装箱运量实现跨越式增长,2005年为585万TEU,是1997年的65倍。

在资产规模化方面,最突出的是船队建设。1997—2005年,经过8年多的船队建设,船队大型化程度明显提高。2005年,船队总运力为431艘、1 469万载重吨,平均载重吨为3.4万吨,比1997年成立之初的2.02万吨增长了68%;其中集装箱船舶大型化尤为明显,2005年平均单船载箱量为2 468 TEU,而1997年的平均载箱量仅为232 TEU。到2005年,集团拥有集装箱运输船队总箱位达到34.8万TEU,其中有当时世界上最大的8 500 TEU集装箱船,在世界班轮公司排位中跃升至第6位,基本形成了结构合理、竞争力强劲的大型化、规模化、专业化、网络化集装箱船队。

在扩大船队规模的发展道路上,集装箱船队及运输业务的发展成为突出亮点。

集装箱运输是一种先进的现代化运输方式,具有标准化程度高、装卸作业快、货物安全性好的优点。但在集团组建初期,对要不要发展集装箱运输,集团内部尚有不少争议和担心。主要担心其资金投入大,经营风险高;集团的前身即上海、广州、大连三大海运集团也曾涉足该项业务,但都程度不同地出现亏损。

是安于现状,只限于发展沿海散杂货和石油运输,还是顺应趋势,开拓进取,发展国际化集装箱运输,这是关乎集团未来如何发展的重大战略问题。集团领导班子经过认真研究分析,认为集装箱运输是未来发展方向,是先进生产力的发展要求,代表海运业的发展趋势,也是国家经济安全的战略需要。中国海运要志在做大做强,建设一流航运企业,要想在未来的国际市场竞争中占有一席之地乃至重要地位,就必须拥有自己强大的集装箱船队和集装箱运输业务。因此,集团果断地作出决策:在继续积极发展油运、货运的同时,必须走发展集装箱运输的道路。

在统一思想后,集团坚定不移地以发展集装箱运输为发展战略突破口,通过低成本租赁、自有船舶改造、市场的反周期运作、与大货主联营合作等一系列重要举措,实行低成本扩张,反周期操作,实现集团集装箱运输的持续、跨越发展。集团也以集装箱运输为平台,登上世界航运舞台,真正成为令世人瞩目的举足轻重的航运企业。其间,中国海运经历了一次又一次闯关和突破。

第一个突破:通过"货"改"集",快速解决船队规模小、实力弱的问题。面对集装箱船队运力规模太小、造船周期长且融资受限的重重困难,中国海运采取一个低成本扩张策略。用不到半年时间,先后完成将中海货运22艘吨位小、油耗高、不适应市场需求的货轮改造成集装箱船的任务,使中海集装箱运输股份有限公司(简称中海集运)的集装箱船运力迅速上升。通过"货"改"集",集装箱船队快速扩张,拉升了集团内修造船业的发展,解决了集团干散货船队过剩运力的出路问题,同时还解决了富余船员的上岗就业问题,实现了"一举多得"。

第二个突破:通过低成本租船,快速扩大了集装箱船队规模。受亚洲金融危机影响,2000年前后航运市场持续低迷,与之相关的租船市场也很不景气。然而这正是低租金租船的最佳时机。为此,中海集运开始大量租入船舶,快速扩大了船队规模。仅1998年,就以市场低廉价格一举租入25艘集装箱船。2000年,又以长期租约租入25艘船舶,其中不乏5 600 TEU大型集装箱船。

第三个突破:提前进入干线运输,彰显船队的规模优势。集团最初设计的时间表是在2000年前进入国际班轮三大干线,但通过快马加鞭,中海集运于1999年上半年就开始涉足三大干线。1999年4月15日,开辟首条远东—欧洲集装箱班轮航线,共投入9艘2 000~3 000 TEU的全集装箱船。此后,"远东—地中海""远东—北美"航线也相继开通。在不到3年时间里,中海集运就从5艘小集装箱船起步的名不见经传的小企业,快速发展成与国际一流班轮公司同台竞技的大型班轮公司。

第四个突破:推动集运上市,从做大到做强、从规模优势到品牌优势。2004年6月16日,中海集运在香港联交所主板挂牌上市。中海集运上市,不仅拓宽了公司融资的渠道,更为打造企业国际化品牌形象、践行"世界一流梦"创造了有利条件。为确保中海集运顺利上市,中国海运在全球进行32天的路演,历经东南亚、欧洲、美洲近20个国家和地区,受到众多投资机构、策略投资者和其他投资者的关注,有效扩大了企业在全球航运市场的影响力。

管理集约化　组建初期,虽然新集团有一定的综合经济实力,有较强的海上运输能力,也初步形成航运为主、多元经营的产业格局,但也存在明显的短板,如集团的家底虽然较厚,但经济效益并不理想,还是一家亏损企业。将原来5家企业的经济效益累加,1996年总共亏损7.08亿元;由于长期在计划经济体制下进行生产和管理,上海、广州、大连3家海运公司的运输生产主要还是依赖于计划经济体制的保护,在市场上活力不够,缺乏竞争力。此外,船队不仅船龄老、吨位小,且经营非常分散;组建初期的中国海运系统内共有41家船公司,在市场竞争力、资金实力上都形成不了规模优势。为此,中国海运首先确定了企业改革三项原则:一是积极稳妥的原则,强调改革方案要考虑周全,既要积极进取也要保持稳定;二是发挥集团与子公司两个积极性的原则,坚持谁投资、谁得益,确保责权利统一;三是以提高经济效益为中心的原则,改革的结果以能否取得良好经济效益为最重要的评价标准。

在实施专业化整合中,中国海运按照"规模化、专业化、集约化"的原则,进行以资产重组、结构调整为重点的内部资源整合重组,实施"集中经营、分级管理"的运营框架,先后组建油运、货运、集装箱运输、客运与特种运输五大专业船公司,同时组建物流、劳务、工业、电信、供贸、国贸、投资、仓储、码头、空运10个陆上专业公司。由此,中国海运开始成为一个跨地域、跨行业的大型航运企业集团。

为推行"六个统一",集团以实施规范的公司制改造为抓手,按照现代企业制度建立母子公司的组织架构。集团在这一原则下成立的资金结算中心是一大突出亮点。集团结算中心每年的资金结算超过3 000亿元,盘活资金存量,形成强有力的资金规模优势,有效节约了财务费用,大大提高了集团的资金使用效率。

对于上市公司改组,集团的基本思路是:盘活存量、优化增量,为企业改革发展解决"钱从何来"的问题。中海原有两家上市公司,即上海海兴轮船股份有限公司和海南海盛船务实业股份有限公司,由子公司控股划转集团直接控股,并分别更名为中海发展股份有限公司和中海(海南)海盛船务股份有限公司。此后,根据改组目标,将原成员单位主体资产逐步进行专业化重组,更名后的两家上市公司以配、扩股方式,逐步将重组后的专业公司吸纳入盘,实施集约化管理。

集团原有的船员管理模式是一种自给自足的管理模式,即每家船公司均各自拥有并管理船员。为了强化专业船公司的经营管理职能,集中精力搞经营,提高市场竞争力,集团着手整合船员管理资源,即成立专业船员管理公司,统一管理船员的调配、晋升、考核、培训、分配和劳务外派,船公司与船员公司按照"船舷为界"的分工原则,建立起一套全新的高效率的运行机制和管理模式。

经营国际化 "抓住沿海,拓展远洋",是集团初创期确立的发展战略。基于中国海运的传统"根据地"是沿海市场,抓住沿海,企业的生存就有了保证,拓展远洋也就有了依托。而国际化远洋运输,则是中国海运拓展市场的主攻方向。在这一战略之下,国际化经营不再是沿海运输的一种补充,而是企业未来发展的方向。集团未来的发展规划与发展目标能否实现,在很大程度上取决于国际化远洋运输及相关业务的发展程度。中国推行社会主义市场经济特别是加入WTO以后,国有企业面临的是一个全新的环境,有更加开放的全球市场造就的现实机遇,更有与众多国际知名企业同台竞争而引发的严峻挑战。对此,中国海运谱写了"国际化改造"三部曲。

一是制定国际化战略,将其作为"国际化改造"的出发点。集团强调,5家企业合并不是简单相加,不是只做加法,而是必须做乘法,有一个放大的乘数效应。要想产生这个乘数效应,必须有新定位、新战略。为此,集团在发展规划中强调:抓住沿海,拓展远洋,是中国海运发展战略中方向性的战略定位。远洋运输是集团拓展的主要市场,而不再是沿海运输的一种补充;集团八年发展规划能否实现,主要取决于远洋运输业的发展。

二是建设国际化网络,将其作为"国际化改造"的着力点。国际化网络布局是开拓国际化业务的基础工作。集团成立的第一家海外公司是中国海运(日本)株式会社,于1997年10月14日成立。在随后的1998年,又进一步组建中国香港控股公司、新加坡控股公司以及澳大利亚代理公司。1999年组建中国海运(韩国)株式会社和欧洲控股公司。2000年,成立北美控股公司。至此,一个覆盖全球主要航线的国际化网络已初步形成。中国海运已不再是一个传统且单纯的沿海运输企业,而是一家具有较强国际化经营实力的大型航运企业集团。

三是培育国际化人才,将其作为"国际化改造"的切入点。与制定国际化战略、建设国际化网络相比,打造国际化人才队伍,是一项更为艰巨、更为复杂的工作。对此,集团花大力气建设国际化人才队伍;这些国际化人才具备宽广的国际化视野和强烈的创新意识、开拓意识,具备很强的跨文化沟通与融入能力,具备国际化水平的专业业务能力,在全球化竞争中善于把握机会,赢得机遇。同时,培养一大批了解国际市场经济规律、懂得国际运作惯例、掌握先进管理技能的高级经营管理人才;建立和营造留住人才、吸引人才、充分发挥各种人才聪明智慧的氛围和机制,以适应中国海运的国际化经营需要。从境外企业本土化方式聘用国际化人才,到不拘一格招聘外籍船长驾驶中海超大型集装箱船;从举办国际化人才培训班,到明确驻外干部选拔标准;从规范驻外干部薪酬管理,到严格落实驻外干部任期制;在国际化战略推动下,一项项国际化人才建设举措和机制逐步推出,一个个国际化人才培养与管理制度逐步完善。

"十五"时期,集装箱外贸箱运量占比60%～65%,而组建初期的外贸箱运量则少得几乎可以忽略不计。到"十五"末期,集团境外企业总数超过90家,资产和收入稳步增长,北美、欧洲、东南亚及中国香港控股等都实现了较好的经济效益,2005年境外产业实现利润已占到集团利润总额的50%。这一时期,集团国际化经营的不断拓展,也为后来的"十二五"时期大力推进"一带一路"建设、初步建成全球化网络经营体系创造了有利条件。

二

2006—2010年,是中国海运的协同发展时期。

在这一时期，集团确立了"百年中海"的企业愿景；瞄准世界一流航运企业的奋斗目标，全面开展对标工作；按照"大船+低碳"与"瘦身+强身"思路调整优化船队结构，形成集装箱、油轮、干散货三大船队"三足鼎立""船岸联动"协调发展的基本格局；积极推进"大客户、大合作"战略，为企业稳健发展提供坚实保证；围绕制度建设与流程优化，坚持不懈抓好精细化管理；各项业务特别是航运主业发展迅猛，资产规模与船队规模大幅度增长；创造了年盈利110亿元的历史最高纪录；朝着做大做强的方向快速前行。

2006年，中国海运集团提出坚持科学发展观、建设百年中海的发展理念。确立这样的发展理念，旨在建立一个推动企业不断发展的动力系统和导航系统。将愿景植入组织内部，化为船岸职工的"逐梦"行动，使企业从单纯追求做大转向做强做优、做长做久，是中国海运集团这一时期坚持的战略重点。

在"百年"愿景的激励和引导下，集团坚持打造做强、做优、做久的战略定力，实现了持续稳健发展，也打造了自觉克服短期行为、认准长期战略目标矢志不移的战略定力，从而有效抵御了始于2008年的国际金融危机带来的严重冲击，在国际航运市场剧烈动荡的环境中保持稳健发展。

这一时期的发展特点，可用"三个发展"来概括。一是快速发展，集团船队规模和总资产增速、年平均利润均高于其他时期；二是协同发展，提出船队"三足鼎立"和产业结构"船岸联动"的发展思路，由过去集中发展海上运输业转为强调航运、陆岸产业协同发展；三是稳健发展，以"百年"愿景、做优做久为导向，强调多元发展，均衡发展，减少对集装箱的过度依赖；实施"大客户、大合作"，以实现企业稳定的业务经营和稳定的盈利。

快速发展 快速发展的具体特征体现在船队规模、总资产、年平均总收入和年平均利润数据变化上。

2006—2010年的5年间，船队综合运力载重吨年均增长10.67%，高于1997—2005年的年平均速度7.66%。综合运力的快速发展，源于企业战略的调整。在船队发展上，由原来的集装箱一枝独秀转变为三足鼎立，多点发力。到2010年，集团综合运力为472艘、2 346万载重吨，载重吨是2005年的1.6倍，是1997年的2.9倍。

与船队快速发展相对应，集团的总资产也实现快速增长。2006—2010年，总资产年均增长18.08%，高于1997—2005年的年平均速度12.45%。

与此同时，集团的经济效益也在这一时期创造了历史高位。2006—2010年的年平均创利达到67亿元，远远高于1997—2005年的年平均创利21亿元，也高于2011—2015年的平均创利18亿元。中国海运18年间创利最高的是2007年，实现利润总额为110.95亿元。这一年，在国际航运市场全面繁荣的大背景下，集团内各业务板块特别是航运主业全面丰收，其中中海集运实现利润总额39.25亿元，中海油运15.08亿元，中海货运34.44亿元，中海海盛3.46亿元，中海客运1.55亿元。除航运主业，陆岸业务也全面向好，其中工业实现利润总额1.69亿元，中海船务、中海物流、中海国贸、中石化中海燃供的创利也在6 000万~9 000万元之间。

这一时期的快速发展得益于集团初创期的能量积累和外部市场环境的支持，更得益于集团的顶层设计和广大船岸员工的奋力拼搏。国际航运市场空前繁荣、中国处于高速发展黄金期，构成了这一时期的"天时"和"地利"因素；而中海广大干部职工的团结拼搏、不断进取精神则构成了这一时期的"人和"因素。集团以"百年中海"愿景为动力，以马士基航运公司等"世界一流"航运企业为标杆，不断实现自我突破、自我超越；不断加强市场营销，积极创新营销策略、营销模式与客户管理，努力开发新市场、新客户；不断提升管理水平，深入查找管理中的问题和不足，多措并举，多点支撑，多点发力。以精细化管理为例,其目的是为了夯实企业的发展基础,而其落脚点是践行"中海愿景"、实现企业的可持续发展。自2006年提出在整个集团内开展精细化管理要求后,集团坚持每年两次召开精细化管理专题推进会。从中海集运的"三精"管理(精细化管理理念、精细化管理标准、精细化管理效率)到中海货运的"三全"管理(全面风险管理、全面预算管理、全员业绩考核),从中海油运的标杆管理到全集团的"B级登高"工程(信息化建设达到国资委考核B级水平);经过多年坚持,集团的精细化管理已深入人心,管理水平不断得到提升,可持续发展的基础得到夯实。

均衡发展　如果说中国海运的初创期发展是"局部突破"(主要体现为举全集团之力发展集装箱运输),那么这一时期的发展特点就是强调"全面均衡"。这一时期恰好处于承前启后、继往开来的历史阶段,既有对前期发展基础的传承和优势的接力,也有对以往短板的改进和问题的修正。如提出船队建设"三足鼎立",由过去主要发展集装箱转为强调集、油、散三大船队同步发展;提出"船岸联动",由过去集中发展海上运输业转为强调航运、陆岸产业协同发展等。1998—2005年,集团航运业收入占比为78%～83%;而2006—2010年,航运业收入占比降至65%～75%,意味着陆岸产业占比达到30%左右,其陆岸业务规模有了较大提升,船岸协同发展开始有所体现。在均衡发展中,集团突出强调以下三个方面:

一是"三足鼎立"。尽管集装箱运输代表航运业的发展趋势与先进生产力,必须大力发展,但如果"把鸡蛋放在一个篮子里"则企业的风险势必增加,无法实现企业的全面和可持续发展。为此,集团明确提出集装箱、油轮、干散货船队建设要"三足鼎立"。"十一五"时期,集团开始加大对油轮和干散货船队的投资力度。以后几年的实践充分表明,集、油、散三大船队协同发展,"三足鼎立"相对均衡,是抵御市场风险、践行"中海愿景"、实现稳健发展与可持续发展的有力保障。

二是"船岸联动"。集团强调,在坚持航运主业的同时,必须加强陆岸产业的发展,整个集团的发展不仅不能放在集装箱一个"篮子"里,也不能放在海上运输的一个"篮子"里。航运市场具有很强的周期性,如果过度依赖航运主业,随着市场的周期性变化,则中国海运集团的经营发展也必然表现为大起大落、剧烈震荡。在大盈与大亏两个极端之间的频繁摆动,显然不是稳健发展和可持续发展。因此,需要发展与航运不同周期的陆岸产业,达到相互弥补、相互促进、进退自如、应对风险、持续发展之目的。

三是"大客户、大合作"。这是中国海运自2006年开始一直强调的经营战略。"大客户、大合作"战略突出"稳定"二字,强调发展的可持续性。通过与大客户建立长期稳定的战略合作关系,来稳定货源,稳定运价,以此平抑市场波动带来的冲击、抵御市场风险,进而稳定集团的收入和效益。在推行"大客户大合作"战略中,集团领导班子既抓宏观也抓微观;既对各单位、各部门提出要求,也身体力行,经常带队到客户那里逐家拜访、逐个调研、逐项落实,收效明显。

稳健发展　2006—2010年,中国海运在船队规模、资产规模和收入规模实现快速发展的同时,更强调企业的稳健、可持续发展。从提出"百年中海"的企业愿景,强调做优做久,实现发展的可持续性;到提出船队建设"三足鼎立",强调"不把鸡蛋放在一个篮子"里,减少对集装箱的过度依赖;均体现出对"稳健"的追求。而在市场高峰时提出"大客户、大合作"战略,实际是以市场繁荣时的"利益共享"换取市场低谷时的"风险共担",以实现企业稳定的业务和稳定的盈利。也正是这一时期对稳健发展的理性思考,才为后来应对国际金融危机与航运市场大萧条储备抵御风险的能量,奠定逆势发展的基础。

严控企业债务。市场巅峰时,人们普遍头脑发热,不断加大投资力度,这势必提高企业的负债率。但中国海运不同,在发展决策上越是外部疯狂时,越是让自己保持理性,越是注重控制企业负债。市场好时赚钱机会多，人们都在做"加法"。同样，中国海运能实现快速发展，也离不开积极做"加法"。但与其他企业不同的是，中国海运坚持有所为有所不为，在做"加法"的同时也没忘记做"减法"。这一时期，集团取消不少高价格造船、高租金租船的投资项目，还取消了不少前景不明朗且风险高的陆岸投资项目。在2006—2010年的快速发展期，集团的资产负债率始终没有超过55%，5年平均值为45.52%；即使是在市场巅峰、业界疯狂时的2007年、2008年，集团的资产负债率也仅为44%和40%。

坚持以丰补歉。集团一直强调过日子要从长计议，以丰补歉，未雨绸缪。具体说来，就是在市场高峰时不求利益最大化，而是适度让利给大客户；当市场低迷时，再从大客户那里获得适度补偿。集团推行的"大客户、大合作"战略，正是在市场高峰、船东主导市场时期开始的，这些合作不仅包括签订长期运输合同COA，特别是带有稳定运价条款的运输合同，更包括很多与大客户共同组建合资公司项目。2012年，当全球干散货船公司因市场低迷而普遍亏损时，中海货运则凭借"大客户、大合作"战略，实现可观盈利，对平抑干散货市场和提高集团航运板块竞争力发挥了重要作用。

建立风险防控体系。从集团成立那天起，就一直强调风险防控。而在2006—2010年的快速发展时期，风险防控则从口号、意识层面进入体系建设层面。2008年，中国海运根据国资委《中央企业全面风险管理指引》要求，按照"整体设计、突出重点、分步实施、务求实效"的建设方针，在总部和3家控股航运上市公司(中海集运、中海发展、中海海盛)开展全面风险管理体系建设，初步构建起较为完整的风险管理制度体系。2012年，在已有的基础上，又进一步加强集团对重大风险管理和内部控制全过程的动态监控，健全高风险业务、重大改革以及重大海外投资并购等重要事项专项风险评估制度，加强对各板块中长期滚动发展所面临风险的全局性、趋势性研判，至此，覆盖集团主要业务和相关地区公司的内控流程、风险管理基本框架体系初步建成。

三

2011—2015年，是中国海运的转型发展时期。

始于2008年的全球金融危机爆发后，国际航运市场环境持续恶化。集团积极应对挑战，勇于逆势突围，坚持"调结构、促转型"，大力推进深化改革与商业模式创新，加强内部资源整合，提高资源配置效率；积极开展"卓越运营"，打造"卓越的成本竞争力"；并借"一带一路"建设的东风，加快"走出去"步伐；在经济新常态、市场新挑战面前重新谋篇布局，从"三大板块"的结构调整到"1+6"业务板块(即航运主业+金融、码头、物流、工业、科技信息、航运与社会化服务)的初步形成，产业结构逐步得到优化，航运产业链不断得到延伸升级，企业创收创利、创新创业能力有了实质性的突破，在市场低迷的环境下实现可持续发展。

在这一时期，集团秉持的发展理念是：创新驱动，转型发展。2011—2015年，国际航运市场在谷底持续徘徊已成为一种"新常态"。面对持续多年的航运市场大萧条，中国海运集团以"创新驱动、转型发展"为发展理念，加快转型，谋变求新，逆境突围，打造企业升级版，以新的视野、新的思路、新的商业模式，为企业开辟一片新天地。这是一次真正从追求做大到追求做优的换档。在整个"十二五"期间，集团围绕"创新驱动、转型发展"的发展理念，突出强调"三个转变"，也形成了这一时期企业的发展特征。

第一个转变是由原来强调发展速度转向强调发展质量。这一时期的转型，突出表现"从做大到做优"的切换,企业从数量型、规模型增长,走上效益型、质量型增长的发展之路。第二个转变是由原来强调"船"的竞争转向强调"链"的竞争。通过"1+6"产业结构调整整合物流供应链,通过发展航运金融实施产融结合,加速发展"大物流"业务,继续深化大货主合作战略,提升了"链与链"的竞争能力。第三个转变是由原来旧模式下的单一业务竞争转向新模式下的融合发展。打造产融结合能力、融入大客户战略的能力和融入"平台经济"的能力,把融合能力作为中国海运转型发展的新引擎。

由强调发展速度转向强调发展质量 中国海运的初创期主要是外延式扩张,资产规模、船队实力和业务范围主要表现为"从小到大",是量的不断增长。而这一时期的转型,强调的是如何实现"从大到优"的转变,这不是量变,而是质变;强调的是提高发展的含金量,依靠的是内部资源结构的优化升级。由此,集团着手进行产业结构与船队结构调整,进行内部资源整合,拓展LNG运输、境外码头、金融物流、产融结合等新项目,形成"1+6"产业结构,船队大型化、现代化明显增强,劳动生产率明显提高,船舶管理安全面也逐年提高,China Shipping的品牌已在全球客户中赢得广泛知名度和良好的信誉度,企业从数量型、规模型增长,走上效益型、质量型增长的发展之路。英国《劳氏日报》这样评价:"中国海运集团2012年的表现证明了该集团对市场低潮的适应能力";中国海运"凭着良好的经营模式及审慎的风险管理,证明在国际国内市场上具有巨大的潜能"。

在追求做大到追求做强做优的换档中,中国海运强调转变旧的发展方式,即不仅仅关注发展速度、发展规模,而更突出发展质量、发展效益。集团强调苦练内功,打造内力,使中国海运从过去的外延式增长转向内涵式增长。在船队建设上,砍掉了不少在技术上没有突破、在市场上适应性较差的造船投资项目。而对于建造技术先进、节能性好的超大型集装箱船,依然积极发展。因为当时的市场格局已进入船舶大型化、经营联盟化时代,发展技术先进的超大型集装箱船乃大势所趋。同时,集团还利用国家有关政策,大幅度淘汰老旧船舶,把船队"强身"与"瘦身"紧密结合起来。2013—2015年,共拆解老旧船舶122艘、393万载重吨。截至2015年年末,整个船队的现代化、大型化、节能化指标均有明显改善,其中平均船龄为6.47年,分别比2005年、2010年下降7.91年和4.8年;单船载重吨7.44万吨,分别比2005年、2010年提升4.03万吨和2.5万吨;船舶燃油单耗3.920公斤/千吨海里,分别比2005、2010年下降3.35公斤/千吨海里和2.79公斤/千吨海里。上述这些指标,在同期的世界上也是领先的。在中国海运的转型发展期,船队发展速度降下来了,但船队质量却大幅提升,这就是对转变发展方式的最好诠释。

为了实现高质量发展,中国海运在产业结构调整上,强调以"加减乘除"四则运算实现资源优化配置:

"加法":抓紧培育新的经济和利润增长点,从传统增长点转向新的增长点。对于航运金融、港口码头等发展前景好、增长潜力大的业务和项目,给予投资扶持。通过几年培育,使这些新业务、新项目具有明显的竞争优势,有很高的投资回报率,并逐渐成为集团的核心业务。

"减法":如加快淘汰落后的高耗能、低效率船舶,强调用好用足国家有关船舶鼓励政策,加大拆解力度,加快结构调整步伐。

"乘法":加强散运、码头、科技、船员、油运、财务、物业、物流等资源整合,优化资源配置,提高运营效率,发挥"1+1>2"的乘数效应。2015年,通过船员资源整合,仅集、油、散三大船队的船员费用及相关管理成本就下降3亿多元,比上年降幅达18%。通过集团的财务整合,将资金管理部的分支机构由二次归集变为一次归集,提高了资金集中度。

"除法":注重经营管理的相对指标,一手抓"分子",一手抓"分母",提高国有资产投资回报率。

重点是抓好"成本费用占营业收入比重"这一指标,做好这道"除法"。2015年,集团的成本费用占营业收入比重为98.5%,比2013年下降9.1个百分点。

由注重"船"的竞争转向注重"链"的竞争 从传统视角看,航运企业提供的产品就是船舶运输服务,突破了这一服务边界即不能称之为航运企业。而从现代供应链和产业链角度看,海上运输服务其实仅仅满足了客户的部分需求,并没有满足客户的全部需求或最终需求,因为海上运输仅仅是供应链和产业链上的一个环节。因此,在转型发展中,中国海运通过商业模式创新,突破传统的产业边界、服务边界和市场边界,积极拓展向航线两端的延伸服务。通过"1+6"产业结构调整整合物流供应链,通过发展航运金融实施产融结合,加速发展"大物流"业务,继续深化大货主合作战略,提升了"链与链"的竞争能力,从而减少了对航运业的过度依赖,降低了航运市场剧烈波动给企业造成大起大落的风险。尽管2011—2015年整个国际航运市场极度低迷,全球航运企业普遍陷入亏损困境,但中国海运依然保持了整体盈利。

向"链"的竞争转变,需从旧的思维观念开始转。国务院国资委一直强调央企要"突出主业",但如何界定主业的内涵则有一个再认识的过程。集团强调:在新趋势下,如果仅仅看到船舶海上运输这一段,没有看到由海运延伸出来的供应链和产业链,那就是"只见树木不见森林",是旧的思维观念。所以,转型首先转的是观念;要从"船与船竞争转向链与链竞争",其战略定位就是要从单纯的海运运输承运商,转变为一站式服务的整合者与供应商。如果中国海运的主业定位为立足于航运的供应链服务,那集团的主业占比就始终超过90%;而在坚持做好做优航运的基础上,突出这样的"主业"是十分必要的。

向"链"的竞争转变,更需从旧的商业模式开始转。创新,是中国海运转型发展期的重点;而商业模式创新,则是市场困境突围、逆势发展的重中之重。集团突出强调一个"链"字,无论是实施产业链整合,还是推行"产融结合"模式;无论是提升"大客户、大合作"力度,还是开拓"互联网+"新业务;都要求确立"链"的理念、"链"的思维。集团董事长、党组书记许立荣对干部职工多次强调:不能仅仅关注"船"怎么赚钱,还必须关注"链"怎么赚钱。在"调结构、促转型"工作中,集团最初提出以三大板块(航运、工业、金融码头物流)为重点进行产业结构调整。随着"链"意识的深化,最后提出"1+6"的产业结构调整思路。"1+6"的提出,正是以供应链和产业链的思维,整合了集团内各项业务资源,也为集团的产融结合、内部资源整合、上下游企业合作、航运电商开拓等各项工作起到统领作用。在这一时期,集团牢牢抓住的这个"链"字,是各种商业模式创新的精髓,是企业转型发展的核心,也是中国海运如何进一步坚持主业、履行国家使命、寻找逆势增长有效途径的一把金钥匙。

由旧模式下的单一业务竞争转向新模式下的融合发展 在转型发展期,中国海运认识到,新形势下企业的生命力已不再仅仅表现为单纯竞争力,更要看企业的融合力;谁的融合能力强,谁的逆境突围、抵御风险、持续发展的能力就越大。为此,集团坚持花大力气从以下四个方面打造企业的融合力:

打造产融结合的能力。"十一五"至"十二五"期间,在世界500强的企业中,有80%以上企业进行了产业与金融资本结合的经营行为;而在国资委当时管理的117家央企中,也有76%的企业推行了产融结合模式。当企业发展到一定规模后,必然面临如何解决规模收益递减、风险递增的问题,这就需要航运业务与金融结合,把金融视为航运业务系统的有机组成部分。2011—2015年,中国海运集团的金融板块盈利累计达172亿元,平均年盈利34.3亿元。企业能在国际航运持续不景气中保持稳健发展,很大程度上正是得益于较好地运用了产融结合模式。

打造融入大客户战略的能力。早在"十五"时期,中国海运就已开展大客户合作战略;进入"十二五"时期,集团则将普通的大客户合作战略升级为大客户融入战略,包括集中自身资源为大客户提供全面的供应链管理方案、参与大客户上下游产业链的布局、积极参与国内大客户的海外扩张战略、改变集装箱班轮单打独斗经营模式等举措,变旧模式下的"为我所有"为新模式下的"为我所控""为我所用";在市场新变局下,通过大客户融入战略,突破企业边界,构筑合作网络,打造"企业群"优势,实现"强强联合"。

打造融入"平台经济"的能力。在转型发展期,集团确立无"网"而不胜的理念,努力打造"智慧中海",让"鼠标拖动大船"。为此,从战略层面的科学决策、长远规划,到经营管理层面的客户服务、管理提升、市场反应,都坚持以大数据、信息化作支撑,努力克服信息化在集团发展中的短板,积极推进"互联网＋航运"业务,以加快建设、全面覆盖、深度融合和深化应用为主线,实现向"集成、协同、共享"的转变,让信息化成为中国海运集团转型发展的新引擎。

加强内部资源整合。资源整合是融合发展的重要方面。过去,集团内部许多相同业务投资分散、资源分散、多头管理、各自为政,导致企业内部同质竞争,资源利用效率低下,同时还导致机构重叠,管控弱化,影响集团的整体效益。但由于历史原因,这一问题长期未能解决。而要解决,必然触及人事和干部安排。对此,集团根据企业深化改革与转型发展总体战略要求,着手进行企业内部资源整合。其工作原则是,既要快速推进,也要有序实施;既要有利于企业发展,也要保持大局稳定。在这一原则之下,从散运资源整合开始,逐步推进到码头、物流、油运、科技信息,最后再到土地与物业资源整合,集团的内部资源整合始终在积极稳妥地推进。这项改革,既解决了中国海运内部资源分散、管控效率不高的问题,也为后来中海与中远两大集团改革重组及业务整合奠定了良好基础。

2015年8月3日,国务院国资委根据中共十八届三中全会关于全面深化改革的精神,召开中远集团、中国海运重组启动会议,明确提出两家重组的具体要求。在此基础上,中远、中海两大集团领导班子分别研究进一步深化改革的途径,就两大集团进行改革重组的思路进行研讨,双方高层进行充分沟通,形成一致意见。2015年8月10日,中远、中海两家航运央企重组整合筹备工作正式启动。

自1997年组建开始,到2016年与中远集团改革重组为中国远洋海运集团,中国海运共走过18个年头。18年里,中国海运的快速崛起,在中国航运史以及世界航运史上留下了浓墨重彩的一笔。18年历程,是中海人的创业史、成长史、奋斗史。

18年的发展,是中国国有企业不断深化改革的重大成果。在国有企业深化改革的大背景下,由上海、广州、大连3个地区性海运(集团)公司以及中国海员对外技术服务公司、中交船业公司等5家国有航运企业以资产纽带联结,组织起一个全国性的跨地区、跨行业的特大型企业集团,即中国海运。新组建的中国海运,生机活力不断焕发,综合实力日益上升,改革红利充分释放,实现了"凤凰涅槃"。

18年的发展,是中国航运业提升国际市场竞争力的重大成果。18年间,中国海运努力拓展国际化视野,加快"走出去"步伐,不断拓展远洋运输及国际化业务,国际品牌形象和国际竞争力与日俱增。到"十二五"末期,中国海运已由一个传统的单纯的沿海运输企业,发展成为一家具有较强国际化经营实力的跨国性航运企业集团。中国海运的发展,反映的是整个中国民族企业走向世界的历程,是整个中国航运业国际竞争力不断提升的过程。

18年的发展,是中国从"海运大国"走向"海运强国"发展进程中所取得的重大成果。18年间,中国海运始终与中华人民共和国建设事业一起蓬勃发展。"十五"至"十二五"时期,中国逐步发展成为名副其实的海运大国。中国经济与中国航运业发展给中国海运带来无限商机;与此同时,中国海运也用自身不断增长的业绩,助推中国经济不断飞跃,助推中国从"海运大国"向"海运强国"不断迈进。

2016年2月18日,经过半年多的筹划,一家世界最大的航运企业集团——中国远洋海运集团宣告正式成立。它意味着,中国海运与中远集团正式并入新集团;同时意味着,走过18年发展历程的中国海运完成了特定时期的历史使命,而这段历史则是中国航运史及世界航运史上极其重要的组成部分。

大事记

1997 年

7月1日　中国海运(集团)总公司正式成立。

7月2日　中国海运(集团)总公司召开成立庆祝大会。中国海运总裁李克麟发表讲话,交通部以及上海市政府有关领导到会祝贺。

7月10日　上海海兴轮船股份有限公司在1997年度第四次董事会上通过公司更名为"中海发展股份有限公司"的议案及决议。

7月21日　经第四次中国海运党政联席会议研究决定,成立中国海运(集团)总公司改革领导小组,组长由李克麟担任,副组长由戴金象、李绍德担任。

7月22—23日　中国海运成立安全委员会,并召开第一次安全生产会。李克麟、李绍德分别担任中国海运安全委员会主任、副主任。

7月28日　海南海盛船务实业股份有限公司召开1997年度临时股东大会和二届三次董事会,通过公司更名为"中海(海南)海盛船务股份有限公司"(简称中海海盛)的议案。

8月18日　中国海运举行成立庆典活动,其主要内容包括新集团升旗仪式、新闻发布会、庆典招待会等。中国海运党政领导、各单位与各部门有关干部员工、中外嘉宾近900人参加活动。

10月26日　中国海运(集团)总公司结算中心举行开业典礼。

10月28日　中海集装箱运输有限公司(简称中海集运)和中海船务代理有限公司(简称中海船务)同时在上海挂牌成立。

11月6日　上海海兴轮船(日本)株式会社更名为中国海运(日本)株式会社,为中国海运第一家海外公司。

11月17日　中国海员对外技术服务有限公司正式完成登记注册。

11月20日　中海集运在青岛港举行上海—神户、大阪全冷藏集装箱定时快线精品航线首航庆典。

12月31日　中国海运国际贸易有限公司(简称中海国贸)在上海注册成立。

1998 年

1月1日　上海海兴轮船股份有限公司正式更名为中海发展股份有限公司(简称中海发展)。

2月6日　中国船舶工业行业协会发布"1997年全国修船企业三项主要经济指标前10名排行榜",上海海运联合船坞有限公司以工业总产值14 561万元、修船艘数229艘分获两项第一名;修船出口创汇达2 118.6万美元,排名第六位。

2月9—11日　中国海运在北京召开成立以来的首次年度工作会议,并提出中国海运发展战略和到2000年、2005年的中长期发展规划。

2月9—11日　交通部部长黄镇东出席中国海运1998年工作会议,并代表交通部宣布中国海运作为部深化企业改革的"突破口"。目标是:"一年扭亏持平,三年基本建立现代企业制度。"

2月10日　中海发展股份有限公司油轮公司(简称中海油运)在北京宣告成立,公司总部设在上海。同时,中海海员对外技术服务有限公司、中国海运国际贸易有限公司两家专业化公司开业典礼在北京举行。交通部副部长刘松金和部党组成员张春贤为3家公司成立揭牌。

2月19日　中国海运社会主义精神文明建设委员会(简称中国海运文建委)及职工思想政治工作研究会宣告成立,中国海运文建委由戴金象任主任,李克麟任第一副主任,下设秘书长主持日常工作。

3月6日　中国海运工会在全系统组织开展以"人节2 000元、船节20万"为主要内容的"中海杯"劳动竞赛,明确船舶节支目标,即为"突破口"工作作出贡献。

3月19日　中海发展在香港顺利完成配售21 600万股H股股票,并在三四小时内获得2倍超额认购,香港股市对中海发展前景看好。

3月20日　经过20天试运行,中国海运所属远洋货轮实施集中经营运行。

3月22日　大连海运(集团)公司所属客滚船"棒棰岛"轮的上海—大连首航仪式在上海汇山码头举行。

3月26日　中海集运开辟中国—澳大利亚集装箱班轮运输航线,开始经营远洋集装箱运输业务。

4月10日　中国海运和中远集团在上海签约,开始中国至日本的集装箱运输航线上的全面合作。

5月14日　中国海运团工委成立,团工委书记由王大雄兼任。中国海运有基层团委28个,团总支10个,团支部332个。

5月15日　由中国海运主办、国内公开发行的《海运报》创刊。

5月28日　中海发展股份有限公司货轮公司(简称中海货运)在广州花园酒店举行成立庆典仪式。

是日　中海国际货运代理有限公司(简称中海货代)举行成立庆典,广州海运集团国际货运代理公司正式移交中海货代。

6月18日　中海客轮有限公司(简称中海客运)注册成立,标志着中国海运五大船队初具雏形。

6月30日　中海上海船员公司成立,标志着整个中国海运的船员管理实现"人船分离"的管理模式。

7月1日　"新上海"邮轮在秦皇岛市新港客运码头举行秦皇岛—大连旅游专线开通首航仪式。

7月9日　中国海运和挪威船东协会在挪威首都奥斯陆签订联合培训船员协议。

8月4日　由中国海运与韩国沅林株式会社、大韩通运株式会社联手组建的"上海仁川国际渡轮有限公司"举行开业庆典。

8月5日　上海仁川国际渡轮有限公司与中海客运上海分公司联合经营并新辟上海—济州岛旅游定班航线,投入的"新上海"号邮轮在上海国际客运码头举行首航仪式。

8月7日　为加强消防安全管理,中国海运安全委员会第一个专业委员会——防火安全委员会成立。防火安全委员会主任委员由上海海运、中海油运总经理燕明义担任。副主任委员为上海、广州、大连3家海运公安局的主管副局长。

8月12日　中国海运向长江流域等遭受洪涝灾害地区捐赠120万元;上海、广州、大连及各专业公司的广大职工纷纷解囊,至8月底,中国海运赈灾款达334万元。

8月17日　经中海工业有限公司(简称中海工业)立新船厂改建的集装箱船"向菊"轮竣工出厂,这是中国海运22艘"货"改"集"改造船中的第一艘集装箱船。

8月28日　上海海运324户人均4平方米以下的住房特困户职工全部解困,比上海市提出的2000年前解决该类困难户目标提前2年4个月。

9月22日　来自上海、广州、大连等地的数百名中海职工代表在上海海运影都举行文艺联欢会,隆重庆祝中华人民共和国成立50周年,表达4万多中海人的爱国热情。

9月23日　中国海运与比利时CMB集团的合资企业——中欧油轮有限公司在北京成立。

9月30日　中海集运沿海内贸航线当月份完成箱量4 078 TEU,收入106万美元,自开线以来首次盈利4 611美元。

10月1日　中海油运、中海货运、中海客运同时开始实施SMS改版文件体系,自此,中国海运安全体系由区域化管理转变为专业化管理。

10月15日　中国第一艘悬挂五星红旗的散装沥青船——中海海盛所属"平安海"轮投入营运。

10月31日　中国海运的集装箱运输首获航线盈利,中国海运的集装箱运输由此发展壮大。

11月9日　由中国海运与比利时CMB集团合资建立的"中欧油轮有限公司",所属中国"太平洋力量"轮,在新加坡接船投入营运,为中国海运的第一艘25万载重吨超级油船。

12月28日　中海集团投资有限公司(简称中海投资)、中海供贸有限责任公司(简称中海供贸)、中海电信有限公司(简称中海电信)3家公司挂牌成立,至此,中国海运专业化公司组建工作基本完成。

是年　中国海运顺利完成1998年扭亏持平"突破口"任务,标志着中国海运开始进入一个新的发展阶段。

是年　经过全体中海员工近一年的辛勤努力,"中海杯"劳动竞赛结出硕果。据统计:中海系统各单位全年节支总额1.74亿元,为胜利完成全年的"突破口"任务作出了积极贡献。

1999年

1月1日　中国海运等5家交通部原直属大型运输企业与交通部正式解除隶属关系,标志着水路运输行业政企分开的管理体制改革基本完成。

1月10日　中共中央政治局委员、国务院副总理钱其琛视察中海客运上海分公司"新上海"轮。

2月1日　中海货运将1999年作为企业人力资源优化年,决定在全公司(包括在上海、大连的货运分公司)实行各级干部末位淘汰制。

3月26—28日　中国海运"中国—澳大利亚"集装箱班轮首航仪式分别在青岛、上海举行。

4月21日　广州海运英华船员分公司职工贺贤明勇斗歹徒,光荣牺牲,用生命保护了22万元船用公款,2000年4月3日被追认为革命烈士。

4月25日　中海集运开辟首条远东—欧洲集装箱班轮航线。

5月26日　超级油轮"太平洋首脑"轮抵达茂名港,标志着中海上海船员公司船员首次操纵VLCC获得成功。

5月28日　中国海运在海鸥饭店举行"纪念上海解放50周年、接管上海招商总局50周年暨上海海运成立50周年座谈会"。

是日　上海中海仓储运输有限公司正式开业。

6月7日　中国海运第22家海外公司——中国海运(韩国)株式会社正式成立。

6月11日　中国海运(欧洲)控股公司在德国汉堡市成立。

7月1日　在纪念中国共产党成立78周年之际,中国海运党委授予中海发展股份有限公司油轮公司"大庆48"轮党支部等12个党支部为"中海集团先进党支部";授予杨怀远等23位员工为"中国海运优秀共产党员";授予陆金林等13位员工为"中国海运优秀党务工作者"称号,并予以表彰。

8月5日　中国海运与大连港务局在大连港集装箱码头举行中国海运第二条"远东—欧洲"集装箱航线正式开通首航仪式。

8月10日　中国海运组建海外企业党工委,是在集团党委的直接领导下,主管海外企业党的建设的工作机构,由中国海运党委书记戴金象兼任海外企业党工委书记。

8月17日　中国海运首期中青年干部培训班正式开班并举行开学典礼。

9月2日　由中国海运、大连港务局、新加坡港务集团合资经营的"大连大港中海集装箱码头有限公司"开业;同日,大连—黄埔直达集装箱快航干线和中—日全集装箱特快定时精品航线在大连首航。

9月8日　上海市黄浦区图书馆、浦东新区第二图书馆与中海集运签订协议,三方共建"海上图书馆",以丰富船员文化生活。

9月13日　中国海运与上海海关在"紫丁香"客轮上举行"同创共建社会主义双文明公约"签字仪式。

9月16日　全国精神文明建设指导委员会召开电视电话会议,中海客运海洋岛轮在会上荣获"全国创建文明行业先进单位"称号。

9月30日　中海上海船员公司加大安置富余船员工作的力度,从年初至当月,分流安置1 100多名船员,由这些船员组成的43套船员班子,服务于国内外30多家船东公司,其中外派500人。

10月7日　"99上海科学技术博览会"在沪开幕。中国海运"振奋21型散货船线型改进研究"和"NR-1型航行警告接收机"项目获金奖,"堡字轮提速技术改造"项目获银奖。

10月15日　中国海运开通TS系统,初步建立全球集装箱代理网络。

10月19—20日　中国海运召开1999年船员管理工作会议,研讨如何进一步做好船员管理工作的有关事项,提出下一步船员管理工作的目标与任务。

11月16日　针对"新安海"轮触礁坐沉和"大庆50"轮连撞两船并造成严重污染等重大事故的严峻生产形势,中国海运组建以副总裁李绍德为组长的检查组开始对各专业公司和船员公司进行安全专项大检查。

11月17日　中海集运"远东—美国"集装箱班轮首航仪式在厦门举行,标志着中国海运向全球运输承运人目标跨上新台阶。

11月30日　中国海运货运量突破1.5亿吨,提前完成全年运输指标。

12月7日　中国海运提交的计算机2000年问题就绪保证体系文件经过上海市Y2K评估小组严格审核、全面评估后获得通过。

12月16日　广州海运"银杏"轮船员不惧风浪,在汕头以东海域成功救起已沉没的巴拿马籍"海上紫罗兰"号轮17名遇险外国船员。

12月28日　中国海运和上海港务局签订"上海港中海集装箱码头有限公司"合资协议,是为中国海运与上海港共同拓展上海内贸集装箱运输业的一次新的港航联手。

是年　中海工业胜利完成 22 艘散货船改建集装箱船任务,平均每艘改造时间仅 9.5 天。

是年　中海船务已初步建成国内船代网,全年利润比下达指标翻了一番。

是年　中海集运职工在诸多不利条件下,拼搏创利 4.6 亿元,实现年度奋斗目标。

2000 年

1 月 17 日　为了实现 2000 年"安全年"目标,中国海运决定在全国春运工作期间,在全系统范围内开展为期 40 天的"珍惜岗位、珍惜生命"安全宣传活动。

1 月 31 日　中海国贸在合肥—徐州高速公路沥青项目招标中拿下 6 万吨沥青运输项目,为中国海运沥青贸易及运输挺进长江沿线迈出重要一步。

2 月 18 日　中国海运与法国达飞轮船公司举行签约仪式,建立集装箱航线合作关系。

2 月 20 日　中国海运在大窑湾港区举行大连中海集装箱储运有限公司开业仪式。

2 月 26 日　中国海运 2000 年工作会议暨第一届职工代表大会第一次会议在上海光大国际大酒店宴会厅闭幕。

3 月 30 日　中国海运党委制定并下发《中国海运 2000 年精神文明建设和"三学一创"活动计划》。

4 月 12 日　中国海运新建 4 艘 7.4 万吨散货船的合同在上海锦沧文华大酒店签订。中国海运副总裁林建清、中船集团副总经理胡明和、江南造船(集团)公司总经理陈金海分别代表合作三方在合同上签字。

5 月 12 日　中国海运在上海浦东国际会议中心举行"第二条远东—美西集装箱班轮航线开通庆典仪式"和"远东—美东集装箱班轮航线货主座谈会"。

5 月 20 日　经过两年改造、半年多试运行的上海海岸电台公益性业务通信设备改造工程通过专家验收。

5 月 26 日　中国海运在宁波南苑酒店举行首航仪式,宣布开通三条宁波—日本(分别至日本关东、关西、九州)直达特快集装箱班轮航线。

6 月 6 日　中国海运、中国船舶工业集团公司、中国船舶重工集团公司在北京人民大会堂举行 8 艘 5 618 TEU 集装箱船建造合同签字仪式。

6 月 19 日　中国海运党委向中国海运所属上海地区各单位发出通知,要求进一步深入开展"学知识、学科学、学技术"活动,不断适应企业改革发展的需要,满足干部职工群众求知、成才的需求,使"三学"活动成为企业思想政治工作的新热点。

6 月 21 日　中国海运新辟第二条"远东—美西"集装箱班轮航线,于当日和次日分别在连云港和青岛举行首航仪式。

7 月 1 日　由国家计委主导下的国内原油运费提价方案自即日起实施。中国海运属下的中海油运承运的 21 家原油货主单位全部同意按新运价标准执行,即按交通部 35% 原油运价上浮幅度支付运费。

7 月 11 日　40 余位海外基金经理由怡富证券公司带领来到中海发展股份有限公司进行参观和实地考察。

7 月 17 日　中海客运在大连港举行豪华客车滚装船"长兴岛"轮首航仪式。

7 月 27 日　中国海运贯彻中央思想政治工作会议精神,召开首次思想政治工作会议和职工思想政治工作研究会年会。

7月28日　由中海国贸、中海工业和德国MEC船用设备及技术咨询公司三方合资组建的上海中海麦克货物绑扎件有限公司正式挂牌营业。

8月28日　为顺应世界运输潮流,开拓跨行业、部门、地区与国界的综合物流系统工程,中海物流有限公司挂牌开业。

8月31日　中共中央决定成立中国海运(集团)总公司党组,任命戴金象为中国海运(集团)总公司党组书记;国务院任命李克麟为中国海运(集团)总公司总裁。

9月30日　苏州中海集装箱储运有限公司在苏州工业园区内举行开业庆典仪式。

10月25日　为响应中国海运第三届"119"消防日,中海集运共有60艘集装箱船相继开展消防演习活动,以提高船员的消防素质,掌握消防技能。

10月28日　经国家海关总署批准的中国第一个专门从事液体化工原料储存的公共型保税仓库,国内最大保税液体化学品仓储企业之一的上海乐意海运仓储有限公司正式开业。

11月8日　中国海运提前53天完成货运量、货物周转量和石油运输量指标,全面完成各项生产任务;中海油运、中海集运盈利,中海货运、中海客运扭亏,企业经济效益创集团成立以来最好水平,两个文明建设取得丰硕成果。

12月3日　中海油运4艘4万吨级油船建造合同在上海签署。

是日　国内最大最快的5 500 TEU全集装箱船"中海上海"轮,启航驶向美洲。

12月20日　中国海运总裁李克麟与美国洛杉矶港务局局长拉里·凯勒签订租用洛杉矶港码头的意向书。

12月31日　中海发展在香港推介业绩;股东应占溢利增长11.9倍,资产负债率降至46%,受到投资者追捧;中海海盛发起设立清华紫光创业投资公司,增资参股国通证券,备受投资者关注。

是年　中国海运集装箱运输快速发展,国内外班轮航线增至40余条;中海集运跻身世界班轮公司第15位。

是年　中海客运调整航线、船舶结构适应市场变化,停开已经营百年的申甬客运航线,引进渤海湾当时最大的客滚船"长兴岛"轮。

是年　中海海员对外技术服务公司(简称中海劳务)积极打造服务品牌,外派船员备受美国、德国、希腊、马来西亚、摩洛哥等国外船公司青睐,全年劳务输出船员1万人次以上,经济效益显著。

2001年

1月16日　中国海运和沈阳铁路局冠名大连—长春的一列集装箱铁路班列为"中国海运一号",为东北地区的货物流通开辟一条快速通道,为进一步拓展东北地区物流运输业奠定良好基础。

2月21日　中国海运在北京召开年度工作会,确定中国海运"十五"发展蓝图,并明确提出要在"十五"期间把中海建设成为世界一流航运企业的目标。

3月1日　上海—大连海上客运航线停航。至此,中海客运经营的由上海开往外埠的客运航线全部停航。

是日　中国海运和东方海外轮船有限公司、以星轮船有限公司联手,推出澳大利亚—东南亚快航新服务。

3月3日　爱沙尼亚共和国总统伦纳特·梅里一行,由上海市副市长周慕尧陪同做客中国海运。中国海运总裁李克麟就加强同爱沙尼亚在航运、代理、港口等多方面合作与来宾进行友好会谈。

3月9日　中国海运租赁美国洛杉矶港100号码头协议在洛杉矶签约。

3月19日　中国海运与以星轮船有限公司(ZIM)在日内瓦签署东南亚支线航线合作协议。双方共投入22艘全集装箱船,合作经营东南亚支线航线,其中3条航线由双方共同派船,6条航线通过互租舱位合作。

3月27日　中国海运党组下发《关于中国共产党成立80周年纪念活动的通知》,要求各基层单位根据中央有关通知精神,结合企业实际,对开展纪念建党80周年系列活动作出安排。

4月5日　上海市2001年精神文明建设工作会议在市委党校大礼堂召开,会上中国海运等8家所属企业获"上海市文明单位"称号。

4月8日　中国海运与中国船舶工业集团公司在上海举行建造4艘4 100 TEU全集装箱船合同签字仪式。

4月15日　经过中海工业10天的改造,新增415个航空座椅、7套高清晰投影电视设备的豪华旅客/集装箱船"复兴岛"(原名"郁金香")轮在大连港22区码头举行首航仪式。承担中海客运烟台—大连航线的旅客运输任务。

4月18日　中海码头发展有限公司(简称中海码头)在上海成立,是为中国海运实施"十五"发展战略,建设世界一流航运企业,实现全球承运人目标而启动的一项重大工程。

5月11日　中国海运和东方海外货柜有限公司、以星轮船有限公司三方联手经营的远东—澳大利亚特快航线,在上海举行首航仪式。

5月22日　中海发展召开2000年度股东大会等会议,拟在中国境内募集发行人民币普通股(A股)3.5亿股,每股面值1元。所募资金主要用于收购20艘油轮、订购4艘油轮、向中海集运增加出资3亿元。

5月25日　中国海运在海口港举行"绿色通道"快速精品航线首航仪式,中海集运"向浦"轮满载海南新鲜瓜果、蔬菜和其他货物起航,这是中国海运为配合海南省启动"绿色通道"工程开通的一条快速航线。

5月28日　由中国海运和中远集团共同投资组建的上海中燃船舶燃料有限公司在浦东上海国际会议中心举行揭牌仪式。

5月29日　中国海运召开干部大会,总裁李克麟代表中国海运党政领导欢迎国有企业监事会正式进驻中国海运。

5月30日　中共中央组织部"三讲"活动指导检查组进驻中国海运,并于当日召开中国海运"三讲"学习教育动员会。

5月31日　中海集运中标总计为6.5万立方米的上海"十五"规划重大建设工程项目——磁悬浮列车设备运输任务,成为该工程全套进口设备的海上承运人。

6月1日　中国海运制定和下发《关于加强和规范沿海船舶燃油统一供应的规定》等文件,明确中国海运沿海船舶燃油统一供应从即日起正式启动。这是中国海运发挥规模优势、规范沿海船舶燃油统一供应的专业化市场,提高中国海运的整体利益的重要举措。

6月10日　中国海运和天津港务局"集装箱码头、堆场合作意向书签字仪式"在中国海运总部举行。

6月15日　中海发展与上海电力燃料有限公司合资组建航运公司签字仪式在上海威斯汀太平

洋大饭店地中海厅举行。

6月18日　中海环球空运有限公司(简称中海空运)在上海成立,该公司是由外经贸部和中国民航总局批准的一类国际货运代理企业。

6月21日　中国海运同美国洛杉矶港务局关于租赁洛杉矶港100～102号码头的正式协议以及同美国海运码头公司合资经营新世纪码头服务有限公司协议在上海签字。中共上海市委常委、副市长韩正,美国驻上海总领事李凡出席签字仪式。

6月30日　上海海运局原代局长、八路军老战士、老党员刘延穆将他几十年收藏的各类书籍千余册全部捐献给中海上海地区老干部管理中心,向中国共产党成立80周年献上一份最好的礼物。中国海运党组书记戴金象为刘延穆特发证书以示嘉奖。

7月9日　中国海运总裁李克麟在马来西亚拜访该国首相马哈蒂尔,双方在友好的气氛中亲切会谈。

7月18日　继中海码头、中海空运在上海成立后,中国海运与海南永青集团合资正式成立中海永青农业有限公司,经营"海上绿色通道",参与现代农业发展。

7月20日　神华集团和中国海运在北京强强联手组建航运公司,推出能源产销和海上运输大物流体系。

7月28日　中海船务获得中国船级社质量认证公司颁发的ISO9001:2000证书。

8月18日　中海码头与锦州港股份有限公司合资组建"锦州新时代集装箱码头有限公司"的协议在锦州港签约。

8月21日　中国海运党组、中国海运总公司发出通知,宣布成立中国海运企业文化建设领导小组和办公室,以全面统筹、促进中国海运的企业文化建设。

8月22日　中国海运驻深圳地区党委宣告成立并召开第一次党员大会,是集团在上海、广州、大连以外地区成立的第一个区域性企业党委,也是有别于其他以一个企业为单位的形式所组建的党委。

8月25日　由宁波港联合宝钢、武钢、中远、中外运集团和中国海运共同发起成立的"宁波港北仑股份有限公司"在宁波挂牌成立。

9月9日　全国人大常委会委员长李鹏在访越期间登上中国海运的"新上海"邮轮,看望、慰问船员,并为该轮题词:"发展海上旅游,增进中越友谊。"

10月3日　中海发展H股被香港证交所选为其综合指数系列的组成部分。

10月26日　中国海运领导干部警示教育大会要求所属各单位在认真总结近几年开展"三学一创"活动的基础上,从本单位实际出发,以创新精神把中国海运"三学四建一创"活动提高到新的水平。

10月30日　《中国海运所属单位财务负责人报告制度》即日起正式实行。

11月5日　中国海运比原计划提前55天完成全年生产计划,累计完成货运量15 538万吨,货运周转量2 361.3亿吨海里,分别为上年同期的105.4%和113.4%。

11月15日　中国海运捐资20万元在河南省洛阳市嵩县建成两座交通希望学校,帮助千余名贫困地区的孩子实现读书愿望。

11月27日　在中海客运普通服务岗位上工作23个年头的王淑慧在第七届全国职工道德评比活动中被授予"全国职业道德建设先进个人"光荣称号,被授予这个称号的个人在全国仅30人。

12月11日　中国海运、东方国际投资有限公司与法国里昂信贷银行等5家银行,在中国海运总部签署集装箱建造融资贷款协议。

12月26日　大连中海大港冷藏储运有限公司、大连中海港铁冷藏运输有限公司在大连正式成立,这是由中国海运、大连港务局、沈阳铁路局联手推出的冷藏、储运综合物流供应链。

12月28日、30日　中国海运分别在蛇口和海口举行蛇口—海口航线首航仪式,满载近400位旅客和近300个集装箱的"紫玉兰"轮承担该航线运输。

12月30日　中海码头与国投洋浦港有限公司在海口金海岸罗顿大酒店举行联合组建集装箱码头公司的合资意向书签约仪式。

是年　中海货运共有82艘次船舶接受PSC检查,无一艘船舶被滞留,创下中海货运船舶PSC检查新纪录。

2002年

1月18日　由中海码头、大连中海物流公司、锦州新时代集装箱码头公司合资组建的锦州中海集装箱汽车运输有限公司在锦州经济开发区举行开业庆典。

1月23日　挪威王国首相谢尔·马格纳·邦德维克率团访问中国海运,并出席中国海运举办的以"航运中人的因素——为迎接21世纪新挑战作准备"为主题的中挪海事研讨会。同年7月,由中挪联合培训的首届48位高级海员获得结业证书。

1月28日　中国海运与中国重型汽车集团有限公司(简称中国重汽)在上海签订30辆集卡采购协议,这是中国海运首次采用招标方式批量采购集卡。

2月3日　"中国海运2002年工作会议暨第二届职工代表大会第一次会议"在上海市委党校召开。

2月24日　优秀船舶"罗浮山"轮光荣退役。该轮自学"华铜海"轮活动的试点船以来,先后获得中国海运的"十佳船舶"、广东省海员工会"先进职工小家""省先进基层党组织"、全国水运系统"安全优秀船舶"、全国总工会"五一劳动奖状"等30多项荣誉称号。

3月1日　经过中国船级社PMS检查组严格、细致的检验、审核,中国船级社正式在中海货运新造的7.4万吨散货船"九龙峰"轮的船舶入级证书上签注PMS附加标志。这标志着"九龙峰"轮成为中国第一艘自参加营运就拥有PMS检验附加标志的船舶。

3月29日　中国海运开通泰国—美西班轮航线,国务院总理朱镕基发信祝贺,泰国总理他信和中国交通部部长黄镇东为首航剪彩。

4月1日　中国海运在基隆港举行中国台湾—美西航线集装箱班轮首航仪式,中国海运的5 700 TEU超巴拿马型集装箱船"神户"轮成为大陆班轮公司自中国台湾启航的第一艘船舶。中国台湾—美西航线是中国海运跨太平洋集装箱班轮航线的重要组成部分。

4月2日　大连海运(中海客运)被授予"2000—2001年度辽宁省文明单位"金色铜牌。同时,大连海运(中海客运)还保持着"海洋岛"轮"全国创建文明行业工作先进单位"的荣誉称号,并拥有"棒棰岛"轮、"海洋岛"轮两个"交通部文明示范窗口"的光荣称号。

4月18日　中国海运物流有限公司(简称中海物流)在上海成立。上海市人大常委会副主任张圣坤,中国海运总裁李克麟为公司揭牌。旗下中海华东物流有限公司、中海北方物流有限公司、中海华南物流有限公司也于是日成立。

是日　中国海运年内集中采购的第二批165辆集卡和厢式空运车,在中国海运大楼正式签约。

中国重汽和陕西汽车集团有限责任公司两家公司经公开招标竞投,分别揽下共计165辆的购车订单。

是日 中国海运与荷兰重大件海运公司合资的中海重大件运输有限公司在上海正式成立。

4月25日 中国海运第一届职工运动会拉开帷幕,各基层单位共派出选手2000余人次参加大小57个项目的竞赛,以推进中国海运全民健身活动的开展。

5月13日 中海发展通过上海证交所发行3.5亿元普通A股,实际募集资金7.987亿元。

6月12日 由郑州发往连云港的"五定班列"开通,是继中国海运一号班列运营的又一列"五定班列"。

是日 中国海运新辟的"黄埔—天津"内贸集装箱精品航线,在广州黄埔港举行首航仪式。

6月18日 中海油运"大庆47"轮在黄海北部海面上成功救助一艘失火遇难的韩籍杂货船,20名船员全部获救。

6月27日 中国海运举行庆祝中国共产党成立81周年纪念活动,11个先进党支部、20名优秀共产党员、10名优秀党务工作者受到表彰。

7月10日 中海华北物流有限公司在天津正式成立。是日,中海"天津—黄埔"内贸集装箱精品航线在津宣布开通。

7月18日 中国海运在上海大剧院举行成立5周年文艺晚会,是集团成立以来第一次全系统规模的文艺活动。

8月9日 中海发展委托广船国际有限公司建造的第一艘4.2万吨成品油/原油船"平池"轮在广州举行下水仪式。

9月18日 中国海运、中国台湾阳明海运公司与美国海运码头公司在美国华盛顿签署洛杉矶西部码头公司合资协议。这是海峡两岸两家大型航运公司首次联手进军美国码头产业。

9月26日 中国海运与招商银行签订25亿元授信额度合作协议。

10月9日 根据国家计委下发的《关于下达2002年中国移动通信等企业债券发行规模审批有关问题的通知》,经国务院批准同意,中国海运发行20亿元的企业债券,用于购置和建造26艘船舶。

10月10日 中国海运委托沪东中华造船(集团)有限公司建造的当时国内最大的集装箱船,可装载5668个标准集装箱的"新浦东"轮,在上海顺利出坞下水。

10月31日 中海货运"红旗200"轮防台抢险先进事迹表彰大会在广州召开。该轮在当年9月7日抗击台风中表现突出,被授予"抢险护船先进集体"荣誉称号。

11月28日 中国海运与上海浦东发展银行在浦发银行总部签署《银企合作协议》。

12月16日 中海发展在总部与中船集团上海船厂和中船重工集团渤船重工签署4艘5.73万吨级大型散货船的建造合同。

12月18日 中海工业与上海交通大学船舶与海洋工程学院签订协议,在该院设立中海工业船舶奖学金。

是年 中国海运全面超额完成年度各项经济指标,全年总收入突破200亿元,实现利润5.7亿元;全年货运量、货物周转量首次突破2亿吨和3000亿吨海里,达2.13亿吨,3267亿吨海里,比2001年增长14.5%和15.2%。

是年 中海集运经受市场严峻挑战,全年完成重箱277万标准箱,比2001年增幅达34.4%。该司员工10月初在"立誓奋战80天,以优异成绩向十六大献礼"动员会精神鼓舞下,当月利润就突破1亿元,后两个月利润继续大幅增长,为集团盈利5.7亿元作出重要贡献。

2003 年

1月2日　中国海运召开内地货运体制改革动员会议,布置货运体制改革第二阶段的工作,拉开2003年深化改革的序幕。

1月9日　上海海运海事技术服务中心与比利时博格德马丁公司英文版海图供应合作签字仪式在上海举行。

1月20日　中海客运委托江南造船集团建造的2艘1.6万总吨大型客滚船,在中国海运大楼举行建造合同签字仪式。

2月20日　中国海运新建的5 668 TEU集装箱船"新浦东"轮于上海外高桥集装箱码头鸣笛启航。该轮是当时国内建造、悬挂五星红旗的最大集装箱船舶。

2月24日　由北京大学企业案例研究中心、《经济观察报》联合推出的50家2002年"中国最受尊敬企业"入围名单中,中国海运名列第46位,也是中国航运系统唯一入选的企业。

2月28日　中共中央组织部宣布,李绍德担任中国海运党组书记,徐祖远任中国海运副总裁、党组成员,中国海运顺利实现领导班子新老交替。

5月14日　中国海运坚决响应中共中央、国务院号召,全力以赴,严密部署,取得"抗非"斗争全面胜利,全集团职工无一人被感染;并由集团捐赠800万元,职工个人捐赠100万元,为上海的安老扶幼、助学济困贡献一份力量。

6月21日　满载集装箱的"中海那波利"轮从厦门海天码头起航并驶往地中海,标志着中海集运每周各有一条直航班轮运营欧洲和地中海航线,中海集运也成为当时厦门港首家同时经营厦门至欧洲和地中海两条直航航线的班轮公司。

7月12日　国务院国资委考核局副局长刘南昌就大型国有企业领导业绩考核等问题来中国海运开展调研工作。

7月18日　在首次开展的交通百强企业排序活动中,中国海运(集团)总公司位居第二名。

7月23日　国务院副总理黄菊在中南海听取中国海运总裁李克麟关于经营效益和发展设想的工作汇报,对中海的工作成绩给予充分肯定。

8月5日　停泊上海港的中海货运"长阳"轮被一艘不明小船撞破,溢油80吨,造成黄浦江自1996年来最大的一次溢油事故。中国海运把抢险排污、保护黄浦江水源视为头等大事,投入大量人力、物力,全力配合和支援上海的大规模清污抢险行动,协助追缴肇事船只,胜利完成任务,受到上海市政府赞扬。

8月6日　上海市召开2003年精神文明建设工作会议,中国海运上海地区10家单位被命名为"2001—2002年度上海市文明单位"。

8月13日　中国海运党组决定在全系统开展"一个新起点,我该怎么办"的大讨论活动。为期3个月的大讨论取得丰硕成果,有力推动中国海运新一轮改革发展。

8月14日,由集团承担运输的最后一节磁悬浮车厢从德国汉堡运抵上海军工路码头,标志着中海集运圆满完成上海市重大工程项目——磁悬浮列车工程的大件设备承运任务。

9月15日　在由中国航务周刊牵头组织,每两年举行一次的"第三届全国货运大奖——货运质量跟踪调查活动"中,中海物流荣获仓储物流领域内"综合服务优秀物流公司""信息管理优秀物公司""供应链管理优秀物流公司"和"物流解决方案优秀物流公司"四项大奖。

10月16日　上海市"冠生园杯"优秀企业、行业歌曲评比揭晓,中国海运司歌《我和祖国一起远航》被评为"上海市优秀企业歌"。

10月24日　中国海运(香港)控股有限公司在沪召开2003年度第一次董事会。公司成立5年间,积极贯彻中国海运的海外发展战略,通过资本纽带,专业化重组、规模化经营,成为中国海运在海外的投资中心,使净资产由最初的1 000多万港元升至近5亿港元,投资收益增长50倍。

10月28日　中海空运建在上海浦东机场海关监管区内的一座现代化航空货运物流仓库落成,正式投入对外运营。

11月22—26日　中国海运分别在厦门集美大学和上海海运学院进行企业推荐工作。中国海运快速发展的良好势头和发展前景受到航海系学生的青睐,年内招收航海院校学生比往年增加30%以上。

11月25日　中国海运和日本川崎株式会社签署合资协议,组建"中海川崎汽车船运输有限公司"。

12月12日　中国海运与中国船舶重工集团再度合作,其下属的中海集运与大连新船重工有限公司、中国船舶重工国际贸易有限公司在北京人民大会堂举行9艘(3+2+2+2)4 250 TEU集装箱船建造合同签字仪式。这是中国海运在该厂建造4艘5 688 TEU集装箱船、2艘VLCC油轮、3艘阿芙拉油轮等船舶后的最大一笔造船合同。

12月30日　中国海运与中国石油化工集团公司(简称中石化)强强联手,合资组建中石化中海船舶燃料供应有限公司,注册资金8.7亿元,决定在原油运输、燃油供应等方面实行更加广泛紧密的合作,共同拓展市场。

12月31日　中国海运全面完成2003年运输生产指标,全年累计完成货运量、货运周转量分别较2002年增长15.41%和18.87%,创历史新高。总收入增幅为42.78%,利润总额增长3.07倍,增收节支取得显著成效。

是年　中海海运集装箱运输船队继续向大型化、快速化方向发展,总箱位20万TEU,船队规模跨入世界班轮公司前十位。

是年　中国海运继续加大全球代理网络建设力度,海外产业实现跨越式发展;境外产业总资产、总收入和利润总额比2002年分别增长22%、118%和133%。

是年　中国海运精神文明取得新的成果。中海船务女青年徐欣参加上海团市委组织的赴老挝志愿者行动,成为中国海运第一个跨出国门的国际志愿者;中海货运"宁安10轮"被共青团中央授予"全国青年文明号"称号。

2004年

1月21日　《中国航务周刊》第四期刊出"国际海运界2003年度新闻人物",中国海运总裁李克麟当选。

1月29日　中国海运"树新风、创一流"主题活动工作小组第一次会议召开,"树新风、创一流"主题活动拉开帷幕。

2月20日　中国海运在上海召开中海集装箱运输股份有限公司成立大会。

2月23日　中国海运4 250 TEU集装箱船"佛利斯多"号从上海启航,标志着中海集装箱运输远东—欧洲二线正式开通。

3月2日 中组部干部五局副局长毛定之、国务院国资委党建工作局局级调研员阎进通一行来到中国海运进行领导班子思想政治建设工作调研。

4月10日 中国海运通过中国海运（香港）控股有限公司向香港海事博物馆信托基金捐资100万港元，用于兴建香港海事博物馆。

4月15日 中国海运第二届职工体育运动会于上海静安工人体育场开幕。运动会相继进行足球、篮球、乒乓球、羽毛球、游泳、军体、中国象棋、围棋和桥牌共9个大项41个小项的比赛。

4月26日 中国海运工会召开中海上海地区起义、北归船员座谈会，140余位老船员应邀参加会议。

5月12日 交通部部长张春贤宣读国务院、中组部任命状，中国海运副总裁徐祖远任交通部副部长、党组成员。

5月15日 柬埔寨王国政府为表彰中国海运和总裁本人对促进柬进出口贸易和国民经济发展所作的巨大贡献，向李克麟颁发"国家建设金质勋章"，这是该国最高级别的国家荣誉，也是第一次将该殊荣授予一位外国企业家。

5月18日 美国当地时间5月17日，"新扬州"轮装载3 848只标准集装箱安全抵靠洛杉矶100号码头，随后关闭船上发电机组，试用岸电成功。

6月6日 11万吨级油船"柳林湾"轮在大连新厂交船投入营运，这是中海油运2002年在大连新厂订造的3艘11万吨级阿芙拉型油轮中的第一艘。

6月16日 中海集运H股在香港成功挂牌上市，成为第一家在境外上市的中国集装箱运输企业，按当时市值排序，已成为世界第五大集运公司，并被纳入摩根士丹利资本国际公司（MCCI）指数系列。

6月18日 中国海运成立煤炭运输应急预案领导小组和工作小组，并制订出中国海运煤炭运输应急预案。

7月8日 集团所属上海浦海航运有限公司（简称浦海航运）与芜湖大江造船有限公司签订2艘200 TEU内河集装箱船的建造合同。这是浦海航运成立4年多来第一次自己订造船。

7月9日 中国海运8 500 TEU级集装箱船"中海亚洲"轮由上海港首航，这是当时世界最大的集装箱船舶。此后，同类型"中海欧洲""中海美洲"等轮也相继下水，有力提高中海集装箱运输的核心竞争力。

7月15日 中国海运开通的资金结算管理系统（中海网上银行）通过验收，有关专家认为该系统"在大型企业内部资金管理和结算方面达到了国内先进水平"。

7月22日 中国海运首艘VLCC"新金洋"轮出坞，后于当年12月21日首航沙特—青岛原油运输航线，成为中国第一艘自主经营且悬挂五星红旗的超级油轮。

7月23日 中国海运与大连市签订"战略合作协议"。

8月16日 中国农业银行与中国海运在沪签署"银企合作协议书"，根据协议，中国农业银行给予中国海运100亿元的信用额度。

8月18日 在2004年中国海运经理书记会议上，总裁李克麟、书记李绍德对中国海运企业核心价值观"诚信四海 追求卓越"作具体表述。

是日 中国海运财经管理委员会召开成立后第一次会议。

8月19日 中国海运在上船澄西船舶有限公司举行"嘉祥山"轮的命名和下水仪式，该轮是中海发展在上船澄西订造的4艘5.73万吨散货船的第一艘。

8月21日 中海油运"大庆61"轮靠泊立丰船厂实施"油船"改"货船"工程,成为继"大庆31""大庆63"轮后,第二批实施"油船"改"货船"工程的首艘改造船。

9月1日 历时4个多月,经过4次修改完成的"中国海运2004—2005年人才发展规划",通过中国海运党组会议集体审定并进入实施阶段。规划提出"两个一万"人才工程和"百千万"人才工程的总体发展目标。

9月3日 中国海运与宝钢签订战略合作伙伴协议。同时,中国海运与连云港、广州等地区的企业相继开拓一系列项目合作。

9月7日 中国海运召开会议,研究制定中国海运"十一五"发展规划有关事宜,并成立中国海运"十一五"发展规划编制领导小组。

9月9日 8 500 TEU"中海欧洲"轮首航马来西亚巴生港。该轮为中国海运投入远东—欧洲集装箱班轮航线的世界最大集装箱船。

9月14日 中国海运在总部召开船舶政委队伍建设交流会,总结交流党建工作经验,进一步研究探讨新形势下如何加强船舶政委队伍建设。

9月17日 中国海运向上海慈善基金会会长陈铁迪递交慈善捐款200万元。

9月20日 中国海运被劳动和社会保障部、国资委列为高技能人才队伍建设工作34家试点企业之一。

9月21日 中国海运召开深化"对标"工作交流会。

9月28日 南沙港区一期工程投产暨中海集运美线、欧地线首航庆典仪式在广州港举行。

9月30日 中国海运坚决落实中央指示,讲政治、顾大局,在夏季煤电油运供需出现紧张局面时,宁可少赚几十亿元的利润,胜利完成我国夏季煤电运输保障任务,受到中央和国资委、交通部领导的高度评价。

10月9日 中国海运在上海紫金山大酒店召开劳务体制改革动员大会。

10月12日 中国海运在总部大楼举行"9 600 TEU集装箱船舶韩国出口保险贷款签字仪式"。

10月28日 中国海运与挪威船东协会在上海海事职业技术学院签订新一轮(2004—2009年)中挪联合培训协议。

11月7日 国务院国资委主任李荣融在中国海运总部主持召开驻沪中央企业负责人座谈会。

11月8日 中国海运与中船集团在上海国际会议中心举行8 530 TEU(4+1艘)造船合同签约仪式。

是日 中国海运2004年驻外后备干部培训班在上海市经济管理干部学院举行开学典礼。

11月10日 中海码头与锦州港股份公司签订合资新建集装箱码头框架协议。

11月12日 由国务院国资委组织22户监管企业面向海内外公开招聘高级经营管理者工作圆满结束,张国发任中国海运副总裁。

12月1日 数十家中央媒体开始连续集中宣传中国海运改革发展典型经验,中国海运的社会知名度进一步提高,当年被中宣部、国资委评为"国有企业改革发展重大典型"。

12月2日 经国家发改委批准,中国海运公开发行20亿元10年期企业债券,所募资金全部用于船队发展建设。

12月8日 "中海国际船舶管理有限公司"(简称中海国际)成立,该公司拥有3万名员工,管理船舶76艘,是当时全国最大的船舶管理公司。

12月10日　中国海运党组贯彻中组部青岛会议精神,在组建中海国际船舶管理公司领导班子同时,对中海集运、中海发展、中海油运、上海海运、中海船务、中海物流等单位的主要领导进行了调整,其调整力度大,涉及面广,达到35人次。

12月13日　中央企业负责人会议在北京召开。国务院副总理黄菊作重要讲话,肯定中国海运着力做强做大集装箱运输核心产业,形成一支具有国际竞争力的国家重要骨干船队。

12月18日　中海长兴国际船务工程有限公司(简称长兴船厂)在上海国际会议中心举行开业庆典。地处长江入海口长兴岛上的长兴船厂是中国海运通过股权收购和资产重组组建而成。

12月21日　中国海运召开"树新风、创一流"主题活动表彰大会,10艘先进船舶,42名优秀船长、轮机长、政委和机关干部,4个管理先进集体受到表彰。

12月26日　由于中海船员的奋力拼搏,受印度洋大海啸影响的14艘中海船舶安然无恙。特别是"桃花山"轮船员,面对巨浪,临危不乱,采取果断措施,确保了人员和国家财产安全,受到交通部的表彰。

12月28日　中海物流购置的50辆北方奔驰重型车交接仪式在上海举行。

12月29日　中国海运、中远集团、招商局在宁波召开LNG(液化天然气)运输合作会议暨第一次委员会会议。

是年　中国海运各项奋斗目标全面超额完成,收入达369.6亿元,利润总额75.2亿元,创历史新高。

2005年

1月1日　中国海运总部机关开始进行保持共产党员先进性教育。7月1日起,第二批先进性教育活动在中国海运各单位全面展开。活动分学习动员、分析评议、整改提高三个阶段,其间,中国海运先进性教育巡回报告团赴广州、深圳、上海、大连等地宣讲党员事迹,受到广泛好评。

1月16日　中海集运与法国达飞、北欧亚航运公司合作经营的东南亚—欧洲直达航线正式开辟,中海集运投入的4 050 TEU"中海费利克斯托"轮,成为雅加达港历史上挂靠的最大集装箱船。

2月1日　中国海运2004年工作会议暨第二届职代会第四次会议在上海市委党校隆重召开。

2月25日　中国海运召开分离办社会职能工作会议,布置中国海运分离办社会职能工作计划并安排专题研讨。

3月3日　中国海运的汽车滚装船——"中海高速"轮在大连起航,投入日本—澳洲航线运输。

3月7日　"中国援助海啸受灾国物资起运仪式"在天津港五洲集装箱码头举行,"中海厦门"轮装载救援物资前往东南亚。

3月24日　中国海运在总部召开"一流企业、一流员工"素质工程建设推进会。

4月18日　中国海运液化天然气投资有限公司(简称中海LNG)在总部揭牌开张。

4月19日　中国海运与太平船务有限公司签署战略合作框架协议。

4月30日　在美国海岸警卫队公布的"21世纪优质船舶"证书名单中,中海货运所属的9艘船舶榜上有名。

7月1日　《美国托运人》杂志正式宣布,年度全球承运人中效益最佳的船公司为中海集运。

是日　中海东南亚控股有限公司揭牌仪式在马来西亚首都吉隆坡举行。

7月4日　中国海运与交通银行签署"银企合作协议",交通银行上海分行授予中国海运综合授信额度7.5亿元,并拟在未来增加至100亿元。

7月5日　中海土耳其代理公司开业典礼在土耳其首都伊斯坦布尔市瑞士酒店举行。

7月11日　中国海运组织系列活动,庆祝首届"中国航海日"。中国海运的青年船长辜忠东代表全国海员在人民大会堂召开的"航海日"座谈会上发言。

8月16日　年产15万只集装箱的生产线在集团所属东方国际(连云港)有限公司投产。

8月19日　国务院国资委公布179家央企年度考核结果,中国海运名列25家A级之列。同年11月,中国海运获国资委特别嘉奖。

9月21日　《美国托运人》杂志报道,中海集运拥有的集装箱船运力已突破33万标准箱,超过拥有32.5万标准箱运力的APL公司,一跃成为全球第五大国际班轮公司。

9月29日　中海集运与荷兰商业银行牵头的银团签订总金额为1亿美元的贷款融资合同,该款项全部用于建造集装箱。

10月18日　集团所属东方国际锦州集装箱制造基地开工。

10月21日　由国防科工委、交通部等14家单位联合开展的中国十大名船评选活动,共确定入围20艘船舶,中国海运"新大连"轮名列其中。

10月28日　中国海运(韩国)控股株式会社在韩国首都首尔威斯汀酒店隆重举行开业庆典。

10月31日　中海集运欧洲一线(AEX1)大连—欧洲直航暨"中海大洋洲"轮首航庆典仪式在大连大窑湾码头举行。

11月1日　《中国海运安全生产和突发事件应急预案》正式实施。

12月6日　沪市首家A+H股——中海发展股份有限公司通过股权分置股改方案。

12月22日　中国海运与连云港市政府在连云港联合举办连云港集装箱吞吐量突破100万标准箱暨庙岭三期顺岸式码头建成启用、突堤式码头工程启动的庆典仪式。同日,中海连云港半挂车厂与连云港集装箱(物流)装备工业园区签署合作协议。

是年　中国海运加快船队结构调整步伐,努力增强中国海运核心竞争力;船队继续向大型化、规模化、专业化发展,当年共有40艘新船交付使用,为组建以来船数最多的一年。

2006年

2月10日　中国海运2006年工作会议暨第三届职代会第一次会议胜利闭幕。

2月24日　中国海运与以色列RAY海运公司新建4艘大型汽车船长期租赁协议签字仪式在中国海运总部举行。

3月25日　参加中美两国政府商贸联委会第十七次会议前期准备工作的交通部副部长徐祖远一行,考察靠泊长滩港的"新南沙"轮。

3月31日　中海发展在上海分别与大连船舶重工、广船国际签订船舶建造合同,续建4艘30万吨级VLCC(超级油轮)和4艘4.2万吨级原油/成品油兼用船。

4月4日　中国海运在中海工业公司召开"一流企业、一流员工"素质工程建设交流促进会。

4月6日　中国海运与上海国际港务(集团)公司签订2006年度港航合作协议,港航携手推进上海国际航运中心建设。

4月18日　由中国海运、上海团市委、上海市希望工程办公室编著的《凡人之歌——陈幼人》一书由上海人民出版社出版。上海海运公安局共产党员民警陈幼人11年如一日,关心帮助侗族贫困姑娘蒲艳艳顺利读大学的先进事迹感动全社会。中央电视台、《文汇报》《青年报》《解放日报》《中国水运报》《海运报》等新闻媒体先后进行报道，陈幼人事迹在中国海运职工及社会上产生了巨大反响。

4月26日　短期融资券主承销商中国工商银行股份有限公司、招商银行股份有限公司与中国海运在上海举行50亿元短期融资券发布会。

5月26日　中国海运与V.Ships集团合资组建中国国际船舶管理有限公司，主要承担中国海运"新洛杉矶"轮等9 600 TEU大型集装箱船的船舶管理和船员管理工作。

6月2日　中组部干部五局局长周新建在中国海运干部大会上，代表中组部宣布党中央、国务院关于李绍德任中国海运总裁和李克麟不再担任中国海运总裁的决定。

6月9日　中国海运党组下发《关于开展向李伟雄同志学习争做一流员工的决定》，在全系统范围内开展向中海货运船员李伟雄学习、争做一流员工的活动。

6月19日　中国建设银行股份有限公司与中国海运在上海签署"银企合作协议"，建设银行意向性给予中国海运折合人民币100亿元的综合授信额度。

6月26—27日　在全国交通行业精神文明建设大会上，中国海运被授予"全国交通文明行业"荣誉称号。

7月10日　交通部部长李盛霖、副部长徐祖远率交通部有关部司局负责人专程到中国海运指导工作。

7月17日　上海市市长韩正在市政府会见中国海运总裁李绍德时表示，中国海运对上海经济建设的贡献率越来越大，市政府对中国海运的工作始终十分关注和重视，今后将会继续支持中国海运的工作。

7月28日　中国海运印度代理有限公司在印度孟买举行揭牌仪式。

8月18日　中国海运经理书记会议召开，向全体职工发出"坚持科学发展，建设百年中海"的号召，指出建设世界一流航运企业需要几代人代代传承、长期奋斗、忠诚奉献；在随后召开的中国海运船舶管理工作会议上又指出：建百年中海，就要建和谐中海，就要关爱船员。

9月1日　中国海运下属的东方国际集装箱(锦州)有限公司投产。

是日　中国海运制订的《中海集运内贸精品航线服务质量考核办法(试行)》，即日起执行。

9月20日　中国企业联合会根据各企业2005年的营业收入对中国企业开展"2006年500强企业"的评审，中国海运进入前50强。

9月28日　中国海运与连云港庙三突堤集装箱码头合作协议暨中海集运连云港—南沙内贸精品航线开航仪式在连云港市举行。

10月8日　中海工业自行建造的20万吨级"中海九华山"浮船坞在江苏三江营基地成功出坞。

10月11日　集团召开第22次总裁办公会，通过中国海运《总法律顾问工作职责》，对总法律顾问的基本职责、权限、义务等作出明确的规定，从体制、机制等多个层面增强中国海运在经营管理中的法律风险防范能力。

10月12日　9 600 TEU超大型集装箱船"新上海"轮在洋山港举行首航仪式。

10月18日　中海工业下属的长兴船厂与中港第三航务工程局、中交第三航务工程设计院组成的联合体正式签署中海长兴岛修船基地码头工程总承包合同和补充协议、安全协议、廉洁协议。

11月7日　第五届中国货运业大奖颁奖典礼在广州隆重举行，浦海航运获得"沿海支线运输最佳船公司金奖""内河支线运输最佳船公司银奖"两项殊荣。

11月24日　中组部代表党中央、国务院宣布调整中国海运领导班子决定：由马泽华任中国海运党组书记。

11月25日　中国海运"十一五"发展取得良好开局。截至是日，已完成货运量2.9亿吨，货物周转量5 109亿吨海里，提前36天顺利完成年度运输任务，全面超额完成全年经营效益指标。

是月　中国海运被业界权威金融杂志《欧洲金融》授予"中国最佳财资管理奖"。

12月15日　"中国海运水上专业奖学基金"签约仪式在大连海事大学举行，中国海运副总裁张建华与大连海事大学校长王祖温分别代表双方签字，这是中国海运自组建以来第一次以中国海运名义在高等院校设立奖学基金。该奖学基金总额达100万元。

12月18日　中国海运与民生实业（集团）有限公司就长江集装箱支线班轮运输、货运以及相关业务等方面开展合作并举行签约仪式。

12月26日　中国海上搜救中心发出通电，对中国海运"大庆61"轮等船舶积极参与搜救遇险朝鲜籍船员一事予以表彰。

12月29日　新疆维吾尔自治区党委书记王乐泉、自治区主席司马义·铁力瓦尔地签发贺电，对多年来中国海运对新疆建设和发展给予很大支持和帮助，为开发、建设和保卫边疆作出的重要贡献表示感谢，同时代表新疆2 000多万各族人民向中国海运全体干部职工致以诚挚的问候和良好的祝愿。

12月30日　中海集运和中外运集装箱运输有限公司在中海集运总部举行航线合作签字仪式。

是年　中国海运在"双一流"素质工程建设中涌现出一大批高素质、高技能人才。有被中央电视台新闻联播《劳动者之歌》栏目、《人民日报》、新华社、《经济日报》等全国媒体报道的"英雄式的高技能人才"李伟雄，有获"全国技术能手"称号的邓家瑞，有获"郑和航海贡献奖"荣誉的青年船长辛忠东等先进人物。

是年　中海工业修、造船业务快速发展。除自行建造的20万吨级浮船坞"中海九华山"成功投产外，2艘4 000匹马力拖轮交付使用；为交通部救捞局建造3首救助船，标志着中海工业由单纯的修船生产向制造高附加值、高科技船舶迈出坚实一步。

2007年

1月10日　中国海运总裁李绍德被中国航务周刊评为2006年度十大新闻人物。

1月17日　国务院国资委发出《关于国有重点大型企业监事会换届调整的通知》，并向中国海运派出新一届国有重点大型企业监事会。

1月23日　"第二届最具影响力的海南知名品牌"评选揭晓，中海海盛入选"海南最具影响力十大品牌企业"。

1月26日　中国海运与宝钢集团在沪签订长期运输协议。

1月28日　竣工投产的"中海九华山"浮船坞，成功托举起中远天津散货公司的17.5万吨级货轮"新发海"轮，进行坞内工程作业。标志着该厂在承修超大型船舶上迈出重要一步。

1月30日　"中国海运水上专业奖学基金"签约仪式在上海海事大学举行。这是继在大连海事大学设立百万奖学基金后，中国海运又一次在高等院校设立的百万奖学基金。

2月1日　国家安监总局协调司施卫祖副司长率队，到中国海运进行安全检查。

2月6—7日　中国海运2007年工作会议在上海光大会展中心召开。

2月7日　中国海运工会发出通知,决定在全系统开展以"精细管理,岗位创优,实现又好又快发展"为主题的第十届"中海杯"劳动竞赛活动。

2月8日　中国海运与海南省政府在海口市签署战略合作框架协议,进一步加强在航运、码头、物流等方面的合作,促进海南省经济的发展。

2月28日　中国海运与神华集团在北京签订战略合作框架协议当日,还与中铁集团集装箱运输有限公司签订战略合作协议。

3月13日　合肥—芦潮港集装箱海铁联运双向班列开通,运行时间为20小时,先期每周开行1列,逐步达到每周3列并双向对开。

3月22日　中国海运(韩国)控股有限公司与大韩通运株式会社合资成立的中韩世界物流有限公司在韩国首尔举行开业庆典。

3月23日　由中海工业自行建造的"中海拖3""中海拖4"轮在立新船厂塘桥基地顺利下水。

3月28日　共青团中国海运(集团)总公司第一次代表大会在中国海运总部召开。

3月29日　中海工业分别与中海发展、中海海盛签订12艘和4艘5.73万吨级散货船的建造合同。

3月30日　中海货运"百顺"轮航行于台湾海峡南部时,救起2名遇险渔民。

是日　东方国际集装箱(广州)有限公司集装箱制造基地在广州南沙举行建成投产仪式。

3月31日　中国海运3月货运完成量首次突破3 000万吨,达到3 022.75万吨;其中,煤炭运输完成量达到1 064.38万吨,刷新2005年6月创造的1 029.45万吨单月完成量的最高纪录。

4月1日　中国海运设立的1 000万元退休运输船员帮困基金正式启动。

4月17日　中国海运在集团总部举行建立中国海运主营船公司专属船员人才库协议的签字仪式。

4月18日　中海集运和中铁集运、南昌铁路局共同主办的"南昌—上海洋山港国际集装箱海铁联运专列"首发庆典仪式在南昌北站举行。

4月25日　上海市举行精神文明建设工作会议对上海市文明城区、文明行业、文明单位、文明小区等进行表彰。中国海运上海地区有13家单位被授予"上海市文明单位"称号。

4月27日　在英国航运业权威刊物《劳埃德装卸消息》举办的2006年度明星企业评奖活动中,中海集运夺得年度最佳班轮公司奖,同时还获得地区最佳客服奖中的远东航线奖和北美航线奖两项单项奖。

4月28日　中国海运江苏造船基地在江苏省江都市举行奠基仪式。

4月29日　中国海运党组根据共青团中国海运(集团)总公司第一次代表大会选举结果,决定同意组建共青团中国海运(集团)总公司委员会。

5月10日　中国海运协助制作的船员安全培训系列教学片发行。整套教学片共35集,净片长总计1 150分钟,解说词逾23万字,采用中英文字幕和配音。

5月15日　中国海运与上海市虹口区举行共建文明协议签字仪式,进一步加强双方的战略合作。

5月19日　中海集运的"中海泽布勒赫"集装箱班轮在配合上海洋山港装卸过程中,一举打破2项世界纪录:刷新了每小时装卸545.41自然箱的船时量世界纪录,打破桥吊单机最高每小时装卸80自然箱的世界纪录。

5月25日　中国海运324艘主营船舶已全部安装AIS自动识别系统,其中83艘内贸运输船舶提前完成安装。与该系统相配套的中国海运岸基信息采集系统也于当月底完成安装调试。

6月10日　在"湖南省情推介暨重大投资项目签约仪式"上，中国海运在105家签约单位中第一家与湖南省人民政府签订《关于建立中国海运湖南省船员基地长期合作战略协议》。

6月11日　中海集装箱运输股份有限公司申请发行的18亿元国内企业债券已获国家发改委批准发行，并于翌日发售。

6月18日　中海汽车船运输有限公司揭牌仪式在集团总部大楼举行。

6月26日　中国海运在上海集会，庆祝集团成立10周年。中国海运总裁李绍德、党组书记马泽华发表讲话，高度概括了中国海运10年改革发展6个方面的业绩和6条经验，提出"建设百年中海、创建世界一流"的企业愿景和"十一五"发展的6条方针。

6月28日　中国海运与浦东新区政府文明共建协议签字仪式在浦东新区政府大楼举行。

7月1日　中国海运再次综合提高在船船员工资、奖金、伙食补贴、"社保四金"和住房公积金缴费水平，把关心关爱船员落到实处。

7月12日　中共上海市委书记习近平来到中国海运总部调研视察工作，与正在海上航行的"中海亚洲"轮船长通话，向全体船员表示慰问，并勉励中国海运继续打造航运旗舰，更好更快地全面发展。

7月19日　中海码头在大连与大连港集团、日本邮船签署合资成立大连国际集装箱码头有限公司合同；中国海运下属的中海客运与大连港集团、烟台港集团签署合资组建客货滚装航运公司的框架协议。

8月1日　中国海运所属连云港五洲专用车制造有限公司专用车制造基地历时一年，历经设计、建设、生产调试等阶段，顺利竣工投产。

8月8日　中海集运在韩国三星重工购造8艘1.33万TEU超大型集装箱船舶的签字仪式在上海举行，该类型集装箱船是当时世界上载箱量最大、技术装备最先进的船舶。

8月13日　在黄海航行中的中海货运"振奋10"轮和"振奋13"轮成功救起中国籍遇险船"蕲阳"轮的4名船员。

9月8日　由中海集运委托建造的8 530 TEU大型集装箱船"新亚洲"轮在上海沪东中华船厂举行命名交船仪式。

9月16日　中海工业（江苏）有限公司在江都市三江营举行"中国海运江苏造船基地舾装码头、龙门吊机、干船坞建设开工"仪式。

9月28日　578名特困退休运输船员获得退休运输船员帮困基金资助，累计金额44万余元。

10月15日　中国海运总裁李绍德出席在北京召开的中国共产党第十七次全国代表大会会议。10月24日下午，参加十七大归来的李绍德在党组中心组学习扩大会议上传达十七大精神。中国海运广大员工掀起学习宣传贯彻十七大精神的热潮。

10月19日　中国海运与武钢集团在北京钓鱼台签署战略合作框架协议，同时签署中国海运2艘30万吨、3艘23万吨船舶为武钢集团长期承运进口铁矿石的包运合同。

10月22日　中海发展、大连船舶重工、中国船贸在大连举行4艘30万吨级超大型矿砂船（VLOC）的建造合同签字仪式。

10月23日　中海集运与中铁集装箱运输有限公司联手推出的"连云港—莫斯科"国际铁路集装箱班列（10月9日上午11时由连云港首发），于北京时间当日顺利抵达莫斯科的帕维列茨卡亚车站，完成首发运输。

10月28日　中国海运与广西壮族自治区政府在南宁市签订战略合作框架协议。双方将本着着眼长远、互惠互利、共同发展、实现双赢的原则,在航运、码头、物流等相关方面开展广泛合作。

10月31日　中国海运与秦皇岛港务集团在秦皇岛市签署战略合作框架协议。

11月2日　中国海运被国务院国资委授予"业绩优秀企业"称号,国务院副总理曾培炎为总裁李绍德授牌。

11月9日　中国海运与广东省签署煤炭运输合作协议。同时,中国海运还与首钢、宝钢、武钢、华能、中石化等分别签订长期运输协议。与大货主进行战略合作实现双赢成了当年经营活动的主旋律。

11月12日　中海码头与营口港务集团在上海签署营口港集装箱码头合作合资框架协议。

11月16日　中国海运(集团)总公司和中共中国海运(集团)总公司直属委员会发出通知,要求开展推荐评选2007年度中国海运系统"四十佳"活动。

11月19日　中国海运提前42天完成当年运输生产任务。截至当日,货运量、货物周转量分别为年计划的103.5％和103.4％;客运量为年计划的107.1％;集装箱重箱完成量已超过年度重箱目标。经济效益稳步攀升,创集团成立以来最好水平。

11月26日　中海码头参股投资埃及达米埃塔国际集装箱码头有限公司,并在当地举行合资文件签字仪式。

11月28日　中海工业(江苏)有限公司100亿元造船订单签约,拉开该公司规模化造船的序幕。本次签约的造船合同共32艘船,183万吨位,成为中海工业此后一段时期的长线产品。

12月1日　中国海运2007年度已累计完成集装箱运量900.09万TEU,首次突破900万TEU大关,创年度历史新高。

12月2日　中国海运与首钢集团在北京签署进口铁矿石长期包运合同,为首钢集团提供长期运输服务。

12月6—7日　中国海运在上海召开2007年防火安全委员会年会,宣布成立上海、广州、大连、海南四地区防火安全委员会。

12月11日　中国海运设立船员首席培训官制度,并召开中海船员首席培训官联席会议首次会议,通过联席会议章程和议事规则,聘任中海国际常务副总经理沈杰为首席培训官。

12月12日　由中国海运控股的中海集运A股在上海证券交易所顺利上市,标志着历时近4个月的回归A股工作取得圆满成功。

12月13日　中国海运在上海海事大学临港新校区与该校签署战略合作框架协议。双方在企业与学校的发展、人才培养、科技开发及资源共享等方面进行全方位的战略合作。

12月15日　中国海运与天津港集团在天津举行战略合作协议签字仪式。

12月25日　中国海运圆满完成2008届航海类专业大学毕业生招募工作,共招收2008届航海类专业大学学历层次毕业生1 390名,超额完成招收任务。

12月29日　中海发展、大连船舶重工、中国船贸在广州白天鹅宾馆举行4艘30万吨级超大型矿砂船建造合同签字仪式。

12月30日　由中海集运和营口港务集团合资组建的"营口新世纪集装箱码头有限公司"在营口港鲅鱼圈港区举行开业仪式。

2008年

1月7日　中海集运成为继中海发展之后第二个被纳入恒生AH指数系列的成分股。

是日　国务院国资委主任李荣融在中国海运总部主持召开部分沪上央企负责人座谈会。

1月10日至2月中旬　中国南方由于受冰冻雪灾的侵害，电网中断，电厂告急。作为国有大型企业，中国海运高度重视，先后投入运煤船160多艘（600万载重吨）、油轮5艘（30多万载重吨），抢运煤电油，取得明显成效，受到国资委、交通部的表彰。国内外各大主力媒体纷纷报道中海职工顾大局、肯吃苦的感人事迹。

1月11日　中国海运印发《中国海运2008—2010年企业文化建设规划》。

1月16—17日　中国海运2008年工作会议暨第三届职代会第三次会议在上海光大会展中心召开。

1月22日　中海发展和上海浦远船舶有限公司共同出资组建航运公司合资协议签字仪式在中国海运总部大楼举行。

1月31日　中国海运实现首月开门红：完成货运量3 085.4万吨、货物周转量519.1亿吨海里。实现运输收入为上年同期的128.4%；当月运输成本为上年同期的112.9%；运输收入的增幅大于运输成本的增幅。

2月1日　中国海运与上海交通大学签署战略合作框架协议，双方就企业与学校的发展、人才培养、科技开发与资源共享等方面进行全方位的战略合作。

2月21日　中国海运和宝钢集团在上海签署合资组建航运公司框架协议和进口铁矿石长期运输包运合同。

2月25日　中海海盛与广州中船黄埔造船有限公司，在海口签订6艘散货船舶建造合同。

3月19日　中国海运召开所属院校管理委员会首次会议。

3月24日　美国长滩港务局举行颁奖仪式，中海集运等15家船公司荣获长滩港2007年环保先进表彰。

3月28日　中国海运、中船集团、宝钢集团造船项目意向书签字仪式暨广州中船龙穴造船有限公司首制船——中海30.8万吨原油船开工庆典在广州中船南沙龙穴造船基地举行。

3月30日　中国海运与江苏省人民政府在南京市举行建立船员基地长期战略合作协议签字仪式。

4月1日　为加强企业风险控制和管理，中国海运设立风险控制和管理委员会。

4月18日　在英国权威刊物 *Lloyd's Loading List* 举办的2007年度明星企业评奖活动中，中海集运夺得区域客户服务奖项中的"远东航线最佳客户服务奖"和"年度最佳班轮公司提名奖"。

4月19日　西雅图当地时间4月18日，中国海运总裁李绍德在美国西雅图，同SSA西雅图有限公司（美国当地码头经营公司）总裁 Jon Hamingay 和 MATSON NAVIGATION 西雅图有限公司（美国当地航运公司）总裁 Ron Forestle 签署了码头租赁协议书。

4月21日　北京奥运圣火在马来西亚首都吉隆坡开始境外第13站传递。中国海运马来西亚公司总经理史方凡担任第14棒火炬手。

4月29日　中海货运因抢运电煤成绩突出，在国务院国资委央企抗击雨雪冰冻灾害总结表彰大会上被授予"抗雨雪冰冻灾害先进集体"称号。

4月30日　"中国海运船员培训在线"远程教育网举行开通仪式。

5月12日　汶川发生大地震，中国海运全力投入抗震救灾。截至6月5日，累计向汶川地震灾区捐款捐物3 000多万元，人数超4万人次，其中职工个人捐赠达675万元，党员捐赠的"特殊党费"271万元，"特殊团费"34万元。其间，中国海运又向中国东方电器集团捐资300万元，以支援该集团抗震救灾和恢复重建工作。同年10月29日,中海职工再次向灾区人民运送去2500条"中海棉被",为灾区人民御寒保暖。

5月15日 中海客运、中海港联航运有限公司与广州广船国际股份有限公司的4艘大型豪华客/车滚装船建造合同签字仪式在广州富丽华大酒店举行。

5月16日 由中海香港控股投资的海宁经纪保险有限公司成立,并召开第一次董事会。

5月22日 中海集运控股的洋山国际物流仓储基地奠基。

5月27日 中国海运收到新疆柯坪县和拜城县寄来的致谢函,感谢中国海运分别援助给两县1500台和2500台彩电。

6月1日 中国海运从即日起提高船员伙食津贴标准,国内运输船舶船员每人每天增加3元;近、远洋运输船舶船员每人每天增加1美元。

6月4日 中国海运与上港集团战略合作框架协议暨中海集运与上港集团港航协议签字仪式在上海举行。

6月10日 中国海运控股的两家上市公司——中海集运、中海发展分别与中船集团签订8艘4250 TEU集装箱船、8艘7.6万吨级散货船建造合同,总计金额近10亿美元。

是日 中国海运党组发出通知,《中国海运干部竞争上岗暂行办法》开始实施。至当年年底,中国海运先后通过社会和内部,公开招聘了财务、监审、企业管理、风险管理等岗位中高级管理干部20多名,这是中国海运进一步规范和完善干部选拔任用制度,推进干部工作科学化、民主化、制度化,促使优秀人才脱颖而出的一项重要措施。

6月11日 中共中央政治局委员、上海市委书记俞正声到中国海运视察,了解中国海运改革发展情况,还连线正在太平洋上航行的中海远洋船舶,向中国海员致以亲切问候。

6月11—12日 国务院国资委在京召开《央企企业文化建设评价体系研究》评审暨试点工作会议,确定中国海运与中石油、南方电网、中国电信、中国一汽、中粮集团、中国铁工、中国钢研共8家央企作为企业文化建设评价体系试点单位。

6月19日 由中海工业合资的英辉南方造船(广州番禺)有限公司承建的高速车客渡船项目008船在广州顺利下水,此型渡船总长85米、型宽21米,是当时亚洲建造的最大型的铝合金船舶。

6月30日 由中海工业(江苏)有限公司建造的4.6万吨成品油船"千池"轮正式交船,标志着中国海运从此有了自己建造的第一艘大型船舶。

7月3日 中国海运召开中国海运企业文化建设领导小组专题会议暨企业文化建设推进会。

7月8日 浦海航运与马士基公司合作开辟和经营"东南亚新干线",浦海航运投入两艘船舶,马士基投入一艘船舶,挂靠港序为上海—宁波—蛇口—新加坡—巴生—雅加达—香港。

7月23日 中国海运和中国中煤能源集团公司在上海签署战略合作框架协议。

7月31日 中国海运在沪举行"中海信息系统有限公司"揭牌仪式。

8月1日 中国海运技术服务中心与中船集团第708研究所(简称708所)签署新船型研究战略合作协议。

8月20日 中国海运发出通知,即日起在系统内公开选拔中国海运监审部和企管部处级岗位干部。

8月22日 中海集运通过《海运报》向集团全系统和社会公开征集在建的8艘1.33万TEU超大型集装箱船舶名称。

8月30日 在中国企业联合会、中国企业家协会向社会公布的中国企业排行榜上,中国海运列为"2008中国企业500强"第61位、"2008中国企业效益200佳"第26位,并被列入"2008中国企业纳税200佳"。

9月9日　香港举行"第三届亚洲品牌盛典"大会,中海集运在会上获得"中国品牌价值冠军"(海运行业)和"2008亚洲品牌500强"两项大奖。

9月28日　当时世界最大、技术最先进,由中海工业自行建造的30万吨浮船坞"中海峨眉山"号顺利下水,并于11月29日顺利竣工投产。

9月29日　交通运输部通过中国海上搜救中心专门致函"新欧洲"轮全体船员,高度评价他们在救助遇险船"浙岭渔运101"轮15名船员中所表现出的过硬素质和不畏艰险、奋勇拼搏精神。

10月18日　在北京"首届中国品牌国际化发展高层论坛"上,中海集运荣获"30年中国品牌成就奖",成为国内航运界唯一获此奖项的企业。

11月8日　中国海运与深圳市政府签署战略合作框架协议。

11月12日　由中国海运与宝钢集团共同合资组建的海宝航运公司在香港举行揭牌开业仪式。

12月7日　中国海运和鞍山钢铁集团公司在北京签署战略合作框架协议,双方商定发挥各自优势,积极推进在进口铁矿石、沿海煤炭和钢材供应等多方面的合作。

12月14日　中国海运在天津港举行第1 000万只标箱起吊仪式,标志着中国海运的集装箱运输以及中海集运已站在新的发展起点上。

12月15日　"海峡两岸直航"首航仪式在上海洋山港举行。中国海运的"新非洲"和中远集团"运河"轮担任海上直航,首航中国台湾高雄港。同日中国海运"新烟台"轮由天津直航台湾基隆港。伴随着空中直航和通邮,两岸"三通"基本实现,掀开了历史新篇章。

12月16日　面对国际金融危机带来的严峻国内外航运形势,中国海运经努力,提前15天全面胜利完成货运量、货物周转量以及客运量、客运周转量等运输年度任务,其中客运量提前31天完成年度任务。

2009年

1月2日　中国海运为适应煤电油运市场需求,专门开发建造的5.73万吨级散货船"中海昌1"轮在中海长兴修船基地命名交船。翌日,第二艘同类船"永隆桂"在江苏造船基地交付使用。

1月6日　大连船舶重工建造的30万吨级VLCC"新通洋"轮正式交付中海油运使用。自此,中海油运有5艘VLCC投入营运。

1月8日　中国海运和首钢总公司在沪签署合资组建航运公司协议,这次双方合资组建的合资航运公司,先期投入2艘1.5万~2万吨级的杂货船,主要从事沿海和东南亚地区的钢材等杂货运输业务。

1月20日　中国海运以电视电话会议形式召开2009年度工作会暨第三届第四次职工代表大会。

3月13日　中国海运召开深入学习实践科学发展观活动动员大会视频会议。

4月7日　中海集运8 500 TEU集装箱船"新非洲"轮由天津港启航驶向目的港,这是中海集运投入内贸航线运输最大船舶。

4月13日　中央纪委中央组织部第四企业金融巡视组进驻中国海运,与中海领导班子见面并听取汇报。

5月1日　经过4个多月准备、开发、测试，中海集运EDI项目（大客户电子订舱系统项目）正式实施，解决中海集运多年来电子订舱的瓶颈问题。

5月5号　中国海运与交通银行股份有限公司在上海国际会议中心正式签署全面合作协议，交通银行为中国海运提供10亿美元的船舶贷款以及总额为300亿元的信贷支持。

5月15日　中国海运与美国SSA码头公司、美国梅森海运公司3家合资设立的SSA码头（西雅图）有限公司在美国西雅图举行开业仪式。该合资码头占地28万多平方米，有两个泊位，可供大型集装箱船停靠。

5月27日　中国海运与长荣集团达成全面开展集装箱班轮航线合作的协议，以携手应对金融危机带来的市场冲击，实现共同发展。

6月6日　中国海运与大连海事大学合作项目"中海集运大连单证中心暨大连海事大学学生实验基地"揭牌仪式在大连海事大学举行。

6月17日　中国海运、长荣集团欧美直达航线青岛港首航庆典仪式在青岛港前湾集装箱码头举行。中海集运9 600 TEU"新香港"轮和8 500 TEU"新欧洲"轮两艘超大型集装箱船担负首航任务。中国海运总裁李绍德、青岛市副市长胡绍军等出席庆典仪式。

7月3日　在国际海事组织（IMO）第102届理事会上，中国海运"新欧洲轮"轮被授予"海上搜救特别勇敢奖"，以表彰该轮勇敢救助遇难船舶。此奖是该组织众多奖项中的最高奖项。

7月4日　中国海运召开深入开展学习实践科学发展观活动总结大会暨"两优一先"表彰电视电话会议，对学习实践活动进行回顾总结，并表彰年度先进单位和个人。

7月9日　中海集运携手法国达飞航运公司升级的亚洲至中东和波斯湾地区的AMA航线首航船舶当日从天津港起锚。

8月4日　中国海运与上海交运集团公司在上海签订战略合作框架协议，双方旗下的中海物流与上海交运大件物流有限公司同时签订合资合作协议。

8月7日　中国海运领导拜会中石化领导，并出席中海发展与联合石化运输长期合作协议签字仪式。

8月8日　中国海运与美国SSA码头公司合营的美国西雅图港30号集装箱码头迎来第一艘集装箱船"中海雅加达"轮，并顺利完成装卸作业；该码头于8月初投入营运。

8月14日　中海货运"友谊2"轮在由上海开往秦皇岛航经老铁山附近海域时，成功救起6名遇险渔民。

8月20日　中国海运与华润集团在香港签署战略合作框架协议，双方议定按照市场化的原则，发挥华润集团在电煤、水泥及相关制品等方面的货源优势和中国海运的运力资源优势和技术特长，共同推进水陆运输的长期合作。

8月24日　中国海运与中国铝业在沪签订战略合作框架协议，根据协议，充分发挥中国海运集装箱和散货运输的优势，为中国铝业的原材料贸易及产品销售提供可靠的运输支持。

9月10日　由中央宣传部、中央组织部、中央统战部等11个部门联合组织开展的"100位为新中国成立作出突出贡献的英雄模范人物和100位新中国成立以来感动中国人物"（简称全国"双百"）评选结果揭晓，中国海运退休职工、全国著名劳模杨怀远光荣入选"100位新中国成立以来感动中国人物"。

9月20日　江苏省政府和中国海运在扬州市共同举行"中国海运江苏造船基地新造船舶命名下水仪式"，3艘分别为中海货运、上海时代航运和珠海新世纪航运建造的5.73万吨散货船"安强山""银致"和"新世纪128"轮正式命名下水。

9月25日　载有一批工程车辆的"东方高速"轮如期抵达斯里兰卡科伦坡港口,中国海运斯里兰卡战后重建重大合同项目运输任务首战告捷。

是日　中国海运在虹口区工人文化活动中心举行中华人民共和国成立60周年文艺汇演,来自上海、广州、大连、深圳等地的中海员工,共同庆祝中华人民共和国60华诞和中国海运走过的12年历程。

10月7日　中海油运"中池"轮船员在阿曼海湾,面对多达10条海盗快艇的围追堵截,临危不惧,采取一系列防范措施,最终挫败海盗袭击的企图。

10月15日　从10月中旬开始,北方出现历史罕见的持续大风大雾天气,造成北煤南运通道严重受阻,华东、华南多家电厂燃煤告急。中海货运坚持"全量电厂优先、救急电厂优先、前期兑现好的电厂优先""三优先"原则,充分发挥船队规模优势,抽调大量船舶紧急驰援,确保各电厂用煤。

10月13日　中国海运与中国银行股份有限公司在沪签署800亿元银企战略合作协议。

11月13日　中国海运在沪召开"感动中国人物——杨怀远事迹报告会",广州、大连、海口、深圳、北京分别设立分会场。

11月18日　中国海运"海口—营口集装箱绿色精品航线"开通,改变了海南至北方港口无直达干线班轮的历史。

11月23日　中国海运与中国海洋石油总公司(简称中海油)在北京签署战略合作框架协议,双方议定油品运输、石化产品物流以及资本等多方面开展合作。

12月4日　美国当地时间12月3日,由中国海运主办,美国洛杉矶港务局、西雅图港务局、美国港口集团、SSA码头公司协办的中海集装箱航线首航美国10周年庆典活动在美国洛杉矶港中海码头举行。庆典引来各方瞩目,加州、洛杉矶和西雅图当地政府部门,以及港口、装卸公司、货主、合作船公司、中国驻洛杉矶总领事等参加庆典。国内外多家媒体均进行详细报道。

12月5日　中国海运全体职工克服全球金融危机带来的困难,顽强拼搏,最终货运量、货物周转量、集装箱运量、客运量等均提前26天完成全年生产指标。

2010年

1月8日　年初北方遭遇强降雪,华东、华南地区遭受强冷空气袭击,各大电厂发电量大增,电厂电煤储存告急。中国海运以保国计民生为己任,以大局为重,采取各种措施,甚至不惜舍弃远洋运输丰厚利润,抽调部分外贸运力回国抢运电煤,确保各大电厂燃煤机组正常运行,未发生一起因海运原因造成的断煤停机现象。

1月18日　为保障2010年世博会期间上海市煤炭供应,上海市人民政府分别与中国海运和神华集团有限责任公司签署《保证上海世博会煤炭供应和运输合作协议》。

1月22日　中船龙穴造船有限公司为中海油运所建造的4艘30.8万吨载重吨级VLCC系列船中的首制船"新埔洋"轮交付使用。

1月26日　中国海运财务有限责任公司在上海挂牌成立。

1月27日　中国海运召开2010年工作会议暨第四届职代会第一次会议。

2月5日　中船龙穴造船有限公司为中国海运建造的23万载重吨大型矿砂运输船(VLOC)"中海兴旺"轮在广州南沙交付使用。该轮是中国海运首艘VLOC。

2月20—21日　中国海运分别召开机关部门长会议和总部机关干部大会,要求机关干部服务大局、提升素质、做好表率,促进企业"五个转型"。

2月23日　在北京人民大会堂举行的中央企业·苏州市合作发展恳谈会上,中国海运与江苏沙钢集团签署战略合作框架协议。

3月1日　中国海运与申能(集团)有限公司举行上海嘉禾航运有限公司揭牌仪式,双方携手海运合作,共同保障上海电厂煤炭海上运输。

3月3日　中国海运与大唐集团有限公司在北京签订战略合作框架协议。

3月4日　中国海运与中国储备粮食管理总公司(简称中储粮)在北京签订战略合作框架协议。双方商定充分整合和发挥各自优势,携手开展粮食物流运输合作。

4月26日　中国海运举行新址入驻仪式,即日起总部机关正式搬迁至东大名路678号6号楼办公。

4月27日　被评为全国劳动模范的中海工业立新船厂船体车间主任陆金林参加在北京举办的2010年全国劳动模范和先进工作者表彰大会。胡锦涛等党和国家领导人为受表彰的2010年全国劳动模范和先进工作者代表颁发荣誉证书。

5月1日　即日起,中国海运在各级党的基层组织和党员中深入开展以学习实践科学发展观为主题的创建先进基层组织、争当优秀共产党员活动。

5月17日　《人民日报》、新华社、《经济日报》、中央人民广播电台、中央电视台等多家中央媒体以及《解放日报》《第一财经日报》等上海市主要新闻媒体,分别用专栏集中报道中国海运应对国际金融危机,转变生产方式,调整产业结构,勇于承担社会责任,确保平安世博等方面的典型经验和成功做法。

5月24日　中国海运召开党组会研究部署开展"创先争优"活动。

7月5日　中国海运与上港集团股份有限公司联合举行"港航携手共建绿色水运——移动式岸基船用变频变压供电系统启用仪式",并发表《港航携手共建绿色水运宣言》。

是日　中国海运与长荣集团在上海国际会议中心举行"欧洲航线合作签约仪式暨航线合作框架协议签约一周年庆祝酒会"。

7月23日　国务院国资委召开中央企业负责人会议,对一批中央企业进行表彰。中国海运总公司荣获2007—2009年任期考核"管理进步特别奖"。

8月5日　国务院国资委正式发文,经报国务院批准,上海船舶运输科学研究所(简称上海船研所)整体并入中国海运,成为中国海运全资子企业。上海船研所是国家最大的交通运输综合技术研究开发基地,在舰船自动化、智能交通、环境工程以及船舶水动力业务领域处于国内领先水平。该所并入中国海运,有利于提高中国海运科技创新能力和应用水平。

8月11日　经中国海运研究决定,中海空运整体并入中海船务,旨在通过业务网络、资源整合,切实发挥中海船务和中海空运的各自优势,推进空运业务健康稳步发展。

8月30日　《中国海运"十二五"发展规划》编制完成,上报国务院国资委审批。

11月11日　随着中海工业(江苏)有限公司当年第18艘5.7万吨散货船"慈云山"轮的成功命名交付,中国海运江苏造船基地实现了2010年交船100万载重吨的目标。

11月15日　由中海集运控股的上海中海洋山国际集装箱储运有限公司在临港物流园区举行开业典礼,它是中国海运配合上海国际航运中心建设的核心载体,其建成投入使用,使中国海运国际集装箱航运物流供应链更加完善。

11月22日　国资委"小金库"专项治理检查组进驻中海,中国海运召开动员大会部署相关工作。

12月2日　中国海运职工思想政治工作研究会年会暨企业文化建设研讨会在福建厦门召开,会议研讨《中国海运"十二五"企业文化建设规划(草案)》,并提出修改意见和建议。

12月13日　在沉着应对国际金融危机的挑战中,中国海运提前18天完成全年生产指标,为"十一五"画上圆满句号,为"十二五"发展奠定坚实基础。

12月27日　由中海客轮、大连港集团有限公司、烟台港股份有限公司"两港一航"共同投资成立的中海港联航运有限公司斥资5.18亿元建造的国内当时最大、最安全、最豪华的客滚船"龙兴岛"轮,在广州长洲岛码头举行命名交船仪式。

是年　在上海世博会、广州亚运会期间,中国海运作为保障世博会、亚运会电煤运输的主力军,调集数十艘船舶,数百次穿行在核心区域航道,不仅保障了世博会、亚运会期间的电煤运输,而且实现了进入核心区船舶零事故,为上海世博会、广州亚运会的成功举办作出了积极贡献。中国海运所属多个集体和个人受到国务院、上海市有关部门表彰。

2011年

1月9日　由新华社、经济参考社和商务部中国国际经济技术交流中心共同主办的"2010中国经济发展论坛"在北京人民大会堂举行。会上,中国海运(集团)总公司荣获"2010中国经济最具发展潜力企业"荣誉称号。

1月20日　中海集运1.4万TEU集装箱船"中海之星"轮首航。

2月1日　中海货运"嘉宁山"轮在从印度驶往南非德班港途中,突遇海盗袭击,船员们冷静面对,英勇抵抗,保护了全体船员的生命和国家财产安全,充分展示中国船员良好的职业素养。事后,集团对"嘉宁山"轮进行通令表扬和嘉奖。交通运输部、中国海员建设工会等相继给予表彰。《人民日报》、新华社、新华网等100多家媒体相继报道"嘉宁山"轮抗击海盗事迹。

2月21—26日　根据外交部指令,集团先后派出"新秦皇岛"轮等多艘船舶参加中国驻利比亚人员撤离(撤侨)任务。外交部对中国海运积极协助撤侨工作先进集体和先进个人提出表彰,交通运输部授予中国海运"利比亚撤侨工作先进集体"荣誉。

2月25日　集团在广州龙穴造船公司订造的第4艘30.8万载重吨超级油轮"新厦洋"轮交付使用。

是日　国务院国资委在北京召开中央企业参与2010年上海世博会总结表彰大会视频会议,表彰中央企业参与世博会的先进集体和个人。中海货运上海分公司被授予"中央企业参与2010年上海世博会荣誉集体"称号,中海国际船管一部党总支书记、工会主席陈昌文被授予"中央企业参与2010年上海世博会荣誉个人"称号。

3月29日　中海油运"盛池"轮装载1万吨0号柴油和1万吨93号汽油驶往日本,这些燃油是中国政府为"3·11"日本地震海啸受灾区提供的无偿援助。

4月1日　集团开始全面实施补充医疗保险制度,使患重大疾病职工和退休人员获得更好的医疗保障。

4月11日　中国海运与三一集团有限公司在中国海运总部大楼签署战略合作协议,双方本着平等互利、资源共享、优势互补的原则,发挥各自优势,在航运、物流和相关设备采购等领域开展全方位合作。

6月6日　在南方电荒、电煤吃紧的紧急时刻，中海货运从国际航线火速调回"飞凤山"轮和"嘉信山"轮，分别为上海和广州抢运电煤。两艘船坚持多装、快装、快卸、快跑，全力保障两地电煤供应。

7月15日　中国海运参与的巴新、高庚两个LNG运输项目分别与沪东中华造船集团、埃克森美孚石油公司签署造船合同和定期租船合同。4艘LNG船舶造船合同和期租合同的签约，标志着历经6年筹备的中海LNG运输业务迈上一个新的起点。

7月22日　中国海运制造的第100万个集装箱在东方国际集装箱（连云港）有限公司下线。标志着集团在"实现船岸联动、大力发展陆岸产业"战略之下，陆岸产业与装备制造业实现跨越式发展。

8月2日　国务院国资委公布2010年度中央企业负责人经营业绩考核结果，中国海运进入A级企业行列。

8月16日　由上海船研所发起设立的上海交技发展股份有限公司发布公告，其公司名称变更为中海网络科技股份有限公司，证券简称由原来的"交技发展"更名为"中海科技"。

8月25日　在中国海运干部大会上，中央组织部宣布中国海运主要领导调整决定。根据党中央、国务院决定，为完善公司法人治理结构，促进现代企业制度的建立，中国海运（集团）总公司建立董事会制度，李绍德任中国海运（集团）总公司董事长、党组书记，许立荣任中国海运（集团）总公司董事、总经理、党组成员。

8月26日　中国海运与广东省人民政府在广州签署了战略合作框架协议。双方议定，建立长期稳定的战略合作关系，重点开展航运、码头和修船基地等投资建设项目，并将广东省作为中国海运发展航运、物流及相关业务的重要基地。中国海运"十二五"时期拟在广东投资超过200亿元。

10月20日　根据上海市委宣传部的部署，沪上各知名媒体记者专程前往上海市场中路幸福一村的"海嫂联络站"采访。10月24日起，上海电视台、东方卫视、上海广播电台等沪上各大媒体都集中报道中海场中路"海嫂联络站"事迹。

12月5日　中国海运以视频会议形式召开2011年企业文化推进会。强调要以科学发展为主题，用企业核心价值体系引领企业文化建设；以品牌建设为载体，提升品牌内涵，加大对企业品牌的传播力度；大力推进企业文化建设评价体系等机制创新。

12月19日　中海LNG与中石化冠德投资再次签订合资合作协议，组建由中海LNG控股的中国能源运输有限公司，计划投资近14亿美元，通过招标在国内订造5艘LNG船舶，承担中石化APLNG项目（FOB项目）的LNG运输工作。

12月20日　在北京召开的全国精神文明建设工作表彰大会上，中海油运被中央文明委授予第三批全国文明单位称号。

12月27日　集团首艘30万吨级超大型矿砂船（VLOC）"中海荣华"轮投入营运。自此，中国海运的集装箱、油轮、干散货三大主力船队的"标志性船"都是世界一流的；在船舶大型化方面，中国海运已进入世界前列。

2012年

1月8日　在北京钓鱼台举行的"2012中国科学发展大会暨诚信盛典"仪式上，中国海运等多家企业荣获"中国AAA级信用企业"和"全国文明诚信示范单位"荣誉称号。

1月13日　由英国刊物《国际集装箱化》组织的"货主体验"中,有24家欧洲的货主和货代共同参与投票,中海集运成为这些欧洲货主最喜爱的船公司,票数超过航运巨头马士基公司。

2月8日　继"中海荣华"轮之后,中国海运第二艘30万吨超级大型矿砂船(VLOC)"中海繁华"轮在大连船舶重工集团有限公司举行命名仪式。

2月16日　正在美国访问的国家副主席习近平率中国代表团视察中海洛杉矶码头。董事长李绍德向习近平一行介绍中国海运近年来响应国家"走出去"号召、在美国积极拓展航运业务的主要情况,并着重介绍中海洛杉矶码头积极融入当地社区、建设绿色环保码头的情况。习近平察看靠泊在码头"新欧洲"轮的岸电联接设施,询问有关情况,并在现场作了重要讲话。

3月22日　国务院国资委在沪召开中国海运建设规范董事会工作会议,会议聘任刘章民、沈红光、林锡忠、徐冬根、曹兴和为中国海运外部董事,李绍德董事长代表集团与5位外部董事分别签订合约。

是日　召开中国海运第一届董事会。

4月1日　中国海运董事长李绍德随同国务院总理温家宝视察由中国海运投资的中海钦州码头。之后,李绍德参加温家宝总理在钦州保税港区主持召开的物流企业座谈会,并在会上向温家宝总理作了工作汇报。

4月29日　冠名"中国海运杯"的2012年中国扬州鉴真国际半程马拉松赛暨全国半程马拉松锦标赛在扬州举行。来自集团各单位不同地区的229名选手参加各赛段比赛。中海集运获"强盛之路"10公里团体赛一等奖。此次活动也拉开集团庆祝15周年活动的序幕。

5月4日　为庆祝中国海运成立15周年,集团决定在全系统范围内开展纪念集团成立15年"优秀事迹、优秀员工"的"双优"评选活动,有影响较大的50件事件和79位优秀员工进入了候选名单。

5月22日　中国海运与中国石油天然气集团公司(简称中石油)在北京签署战略合作协议。双方表示要进一步加强合作,发挥各自行业优势,贯彻国家关于"国轮国造、国货国运"的政策,保障中国石油原油、成品油、化工产品和LNG等海上运输需求,同时推动船舶动力"以气代油"的技术和产品开发,以及海上油气装运技术的联合研发。

6月27日　中共中国海运(集团)总公司党校经过基础设施建设、组织机构建设、规章制度构建、人员选聘等前期筹备工作,在上海浦东源深路118号正式揭牌。

7月19—21日　集团领导李绍德、许立荣参加中央企业、地方国资委负责人研讨会,会议期间,许立荣代表中国海运与中石油签订有关投资项目业务合作协议。

7月29日　集团董事长、党组书记李绍德,集团董事、总经理许立荣一行来到集团定点帮扶的新疆阿克苏地区柯坪县调研考察,并向柯坪县再次捐助500万元,用于当地的文化教育投资。

8月3日　集团召开传达贯彻国资委央企负责人研讨会议精神暨总部机关机构改革动员大会,通报总部机构改革的主要方案,启动总部机构改革。通过此次调整,提高了集团总部的战略管控能力、执行力和工作效率,增强了总部与各专业公司之间的协同效应。

8月8日　中海散货运输有限公司(简称中海散运)在广州正式揭牌成立,标志着中国海运在理顺干散货运输管理体制上迈出新的一步。

8月14日　为迎接中共十八大胜利召开、贯彻落实中宣部开展的"科学发展、成就辉煌"主题宣传活动,国务院国资委宣传局与人民网推出"科学发展,成就辉煌——央企成就"系列展播。中国海运成为其推出的首家企业,第一期推出《中国海运的"三大战役"》一文,并被各大媒体和网站纷纷转载。

9月14日　中海集运、中海汽车船有限公司、上汽集团旗下的安吉汽车物流有限公司在上海举行三方战略合作框架协议签字仪式。

11月8日　集团董事、总经理许立荣作为集团成立以来的第一位全国党代会代表,出席在北京人民大会堂举行的中国共产党第十八次全国代表大会。

11月14日　中共十八大期间,由中宣部、国家发展和改革委员会、解放军总政治部、中共北京市委共同举办的"科学发展成就辉煌"大型图片展在北京展览馆举行。其中中国海运展出的4张图片,展现集团把握机遇、开拓奋进的改革发展面貌和取得的成果。

11月24日　中国海运与中国船级社签署船舶能效合作框架协议。根据协议内容,双方在船舶能效领域开展合作,包括能源/能效管理体系的建立、船舶能效管理及认证、船舶能效数据库及应用系统、船舶能效最佳实践项目合作、节能技术论证和节能量审核、节能技术开发与推广应用、合同能源管理等。

12月3日　集团通过中国银行全球现金管理平台,由境外公司向境内总部(上海)归集首批资金1 500万美元,同时根据境外公司需要,由总部国际资金主账对外放款500万美元,成功完成国内首家跨国公司总部外汇资金集中运营管理试点的首笔交易,标志着该项试点业务进入实质性操作阶段。

12月7日　中国海运行使中东干线(AMA)的"UNAYZAH"轮首次挂靠阿联酋的哈里发港(Khalifa Port)。中海中东干线船舶直挂该港后,进一步提高远东至阿拉伯的服务品质,增强中海中东干线的核心竞争力。

12月12日　由中海工业承建的当时世界最大远洋教学实习船4.8万吨级"育明"轮,在上海国际客运中心码头交付上海海事大学。交通运输部副部长高宏峰、中共上海市委副书记殷一璀,上海市副市长沈晓明、中国海运董事长李绍德、总经理许立荣、上海海事大学党委书记於世成出席命名交船仪式。

2013年

1月4日　中国海运中海码头发展(香港)有限公司携手中远太平洋、招商国际投资的台湾高雄港高明货柜码头项目,在中国台湾基隆举行股东协议书交接仪式,海峡两岸航运交流协会名誉理事长、交通运输部原部长李盛霖,中国海运董事长李绍德,阳明海运股份有限公司董事长卢峰海以及中远太平洋、招商国际等公司代表出席仪式。

2月6日　国务院国资委命名中央企业文化示范单位,共有30家中央企业被命名,中海散运成为唯一一家获此殊荣的中央航运企业。

4月2日　中国海运(非洲)控股有限公司揭牌成立。公司注册地为南非约翰内斯堡,注册资本为200万美元,中海集运持有100%的股权;主要从事航运、船代、货代、物流与集卡运输等相关产业的投资与管理。

4月11日　集团董事长、党组书记李绍德和纪检组组长徐文荣一行来到定点扶贫的云南永德县考察调研,并参加永德县一中的"中海奖助学金"发放仪式。

4月16日　中海散运第5艘30万吨级超大型矿砂船(VLOC)——"中海年华"轮在大连船舶

重工集团有限公司举行命名仪式。该轮全长330米,型宽57米,满载吃水深度22.1米,载重吨31.5万吨,是当时全球现代化程度最高、设备最先进的超大型散货船。

5月6日　中海集运与韩国现代重工签订5艘1.8万TEU型集装箱船建造合同。这是继马士基公司后,全球第二家、国内首家航运企业订购的该类型大型船舶。此举为中国海运加强结构调整、适应船舶大型化、现代化发展趋势的重要举措。

5月10日　第5届国际海贸传媒25周年庆典及颁奖典礼在伦敦市政厅举行,集团董事长李绍德应邀出席会议,并获终身成就奖殊荣。

5月30日　中国海运干部管理学院揭牌暨转型发展战略研讨班开班仪式在集团党校举行。

6月5日　中海集运4 250 TEU集装箱船"新洋浦"轮抵达美国洛杉矶港,这是中海集运与阿拉伯联合航运公司联合开辟的华南—美西二线(AAS2)抵达洛杉矶的首艘船舶。该航线的开辟,可为中海洛杉矶码头每年新增运量近40万TEU。

7月2日　根据中央统一部署和中央第41督导组的安排,中国海运在集团领导班子、领导干部、总部机关以及部分基层单位正式开展以为民、务实、清廉为主要内容的党的群众路线教育实践活动。

7月9日　中国海运与云南省政府在上海签订战略合作框架协议。根据协议内容,中国海运把云南作为发展物流、科技、船员培训及相关业务的重要基地,积极扩展服务网络,积极研究参与云南省相关交通和物流基础设施的投资和建设,大力支持云南省经济建设。云南省对中国海运在云南的经济活动给予相关优惠政策支持。

7月23日　中国海运举行"牢记宗旨,心系群众,为人民服务到白头"杨怀远事迹报告会。杨怀远在会上以生动的事例讲述他30多年如何发扬"小扁担"精神、为旅客服务的感人故事,使与会者深受启示。

8月2日　由中船大连重工有限公司为中国海运合资航运企业——香港海宝航运有限公司建造的18万载重吨散货船"风华"轮在大连交付使用。该轮交由中海散运管理,专门承运宝钢集团的进口铁矿石,首航开往巴西。

10月17日　中海国际获得中国(上海)自由贸易试验区营业执照。这是自上海自贸区揭牌以来,中国海运第一家正式在上海自贸区注册的法人企业。此前,中海集运、中海发展、中海投资等10家法人企业已经注册在被划入自贸区的上海洋山和外高桥。

11月1日　中海发展股份有限公司油轮公司在上海揭牌成立,标志着中国海运在油轮运输管理体制上完成由分公司改为子公司的转换。

11月27日　大连船舶重工为中海油运建造的32万载重吨原油船"新丹洋"轮命名交船。该轮总长321米,型宽60米,型深30.5米,设计航速16节,是中海油运当时的最大船舶。

是月　中央调整中国海运领导班子,免去李绍德集团董事长、党组书记职务,许立荣接任集团董事长、党组书记,张国发任董事、总经理。

是年　中海集运在深入开展管理提升活动中,把开发53尺集装箱作为提升美西航线绩效的突破口。将绑扎方式由双绑改为单绑,使重箱装载率由25%提高到50%,技术上超过其他船公司。当年8月起,中海集运每个航次的53英尺集装箱量明显增加。

2014年

1月20日　中国海运与中国南车集团公司在中国南车本部举行战略合作协议签约仪式,体现了两大央企携手合作、互利共赢的发展理念。

1月25日　由广州中船龙穴造船有限公司为中海散运建造的8.2万载重吨散货船"锦绣峰"轮在广州南沙举行命名仪式。该轮属巴拿马改进型,具有载货量大、吃水合理、航速经济等特点,其交付使用进一步扩充中海散运的船舶种类。

2月11日　中海码头下属中海码头发展(香港)有限公司投资参股的比利时APMT泽布吕赫码头公司在上海召开董事会,标志着中海码头已经顺利完成对该项目股权收购并转入运营,这是中海码头在欧洲投资参股的首个码头。当地时间3月31日,在比利时进行国事访问的中国国家主席习近平和比利时首相Elio Di Rupo共同见证中国海运与马士基公司关于比利时泽布吕赫码头投资相关合作的协议签字仪式。

3月13日　中海码头发展(香港)有限公司、和记港口信托有限公司、中远太平洋有限公司签署协议。按照协议,中海码头取得亚洲货柜码头控股公司(ACT)一定股权。

3月26日　根据中国海上搜救中心的指示,集团旗下"中海韶华"轮抵达南印度洋相关目标海域,展开对马航MH370航班的搜寻工作。此轮是马航MH370失联航班搜寻重点区域转向南印度洋后,第一艘在海区参与搜寻的中国商船。

3月27日　中国海运《船员管理服务协议》签约仪式在集团总部举行,中海国际分别与各主管船公司签订协议。船员管理体制改革是2014年集团推出的改革重点之一。《船员管理服务协议》的签订,标志着这一改革迈出关键一步。

3月28日　中海(南美)控股公司在巴西圣保罗正式开业,这是中国海运在海外成立的第7家控股公司,意味着中国海运国际化经营全球网络布局基本完成。

5月30日　中国海运江苏造船基地10 000 TEU首制船顺利下水,是为集团与中国船舶工业深入贯彻国家海洋强国战略而开展合作模式创新的一次新的实践。

6月18日　中国海运资产经营管理有限公司在集团总部举行揭牌仪式。

7月10日　集团董事、总经理张国发出席在连云港市举办的第五届中国国际航运文化节高峰论坛,代表集团领取第一届"中国航运社会责任大奖"。

7月11日　集团所属中海集运、中海科技与阿里巴巴集团所属阿里巴巴(中国)网络技术有限公司在杭州签署合作协议。此次合作是在大数据时代背景下,运用互联网将传统航运物流与电子商务进行深度融合,推进集团物流转型发展的一次探索和尝试。3家公司本着创新发展、服务中小企业的原则,在国际海运领域展开紧密合作,共同打造全球跨境电商物流服务平台。

7月24日　中国海运发出表扬信,对中海海盛、中海集运海南公司、中海海南物流、中海燃供国盛油库、中海财务海南资金管理部、八所中海船务等单位,在面对超强台风"威马逊"来袭时,抗台准备充分,措施得力,避免人员伤亡和重大财产损失的行为予以表扬,并要求集团各单位向他们学习,持续做好防台防汛工作,确保船舶和陆岸单位生产安全。

10月8日　集团与中国工商银行举行战略合作协议签署仪式。双方通过合作增强抵御风险的能力,提高各自的竞争力,共同贯彻落实《国务院关于促进海运业健康发展的若干意见》,为建设海洋经济强国作出贡献。

10月10日　中国海运召开党的群众路线教育实践活动总结大会,总结集团开展群众路线教育实践活动的做法和成效,并对下一步工作进行布置。

11月8日　中国海运与韩国现代重工集团在韩国蔚山举行隆重的新船命名暨交船仪式,庆祝当时世界最大集装箱船1.9万TEU的"中海环球"轮交付投入运营。

11月10日　中海集团租赁有限公司揭牌暨首单融资租赁项目签约仪式在集团总部举行。

11月29日　中国海运召开专项巡视工作动员会，中央第九巡视组组长佟延成作讲话。根据中央统一部署，中央第九巡视组于11月进驻中国海运开展专项巡视工作。

12月12日　英国《劳氏日报》公布全球100大航运业影响力人物榜单，集团董事长许立荣入选榜单，排名第17位。

12月19日　继"中海环球"轮之后，中国海运第二艘1.09万TEU集装箱船——"中海太平洋"轮在韩国蔚山命名交付。该轮交付后，与"中海环球"轮一起投入远东—欧洲航线运营。

2015年

1月8日　中国海运第一艘17万立方米LNG船（液化天然气运输船）"巴布亚"轮在上海举行命名仪式。该轮是中国自行建造的最大舱容LNG船，交付后投入巴布亚新几内亚至中国青岛等港口的航线上，服务于埃克森美孚巴新项目，这标志着集团LNG运输进入实质性运营阶段。

1月9日　由中国交通运输协会指导，《中国航务周刊》主办的第十一届"中国货运业大奖"在上海举行颁奖典礼，中国海运获得10余项奖项。其中集团董事长、党组书记许立荣荣获"2014年中国航运影响人物"大奖；中海集运荣获"综合服务十佳集装箱班轮公司"荣誉称号；一海通供应链管理荣获"中国货运业大奖评委会创新特别奖"；浦海航运荣获"中国—韩国航班航线第一名"和"内支线班轮航线第一名"。

1月22日　中海国际召开2015年工作会议；继上年推出关心关爱船员的10件实事后，又制定了2015年关心关爱船员10件实事方案。

2月2日　中国海运与中国银行在京举行全球战略合作协议暨中国（上海）自由贸易区战略合作协议签约仪式，标志着双方在全球范围内开启全面合作，旨在以合作增强抵御风险的能力，以合作提高市场竞争实力。

4月3日　中海港口发展有限公司（由原中海码头重组改制而成，简称中海港口）与多家港航企业签署青岛港前湾港区集装箱码头合作协议，参与投资开发青岛港集装箱码头。该项目由青岛港、中海港口、中远太平洋、招商国际、马士基、迪拜国际、泛亚等全球主要码头运营商和船公司联手，目的是将其打造成亚洲一流的集装箱自动化码头。

4月9日　"深圳港绿色公约"启动，中海集运有28艘大型集装箱船加入公约，并作为唯一一家航运企业派代表在仪式上致辞。同年3月24日，中海集运旗下"新青岛"轮在深圳港停泊时使用低硫油，成为响应深圳港发布绿色公约以来的第一船。

4月20日　中国海运所属"国投107"轮抵达上海港，在此卸完最后一票货后，前往南非德班港、加蓬让蒂尔港、尼日利亚拉各斯港、毛里塔尼亚努瓦克肖特港，标志着集团非洲杂货航班正式开始运营。

4月29日　中国海运第5艘1.91万TEU集装箱船——"中海大西洋"轮在韩国釜山举行命名交船仪式。至此，集团订造的5艘1.91万TEU集装箱船全部投入营运。

5月1日　以"滋养地球，生命能源"为主题的意大利米兰世博会开幕。中国海运作为中国自建馆之一的中国企业联合会馆的唯一物流服务商，与宝钢集团、中国商飞、中国南车、五粮液等中国著名企业一起亮相该会馆。中国海运展位"模拟驾驶""码头集装箱装卸"等航海互动节目吸引众多参观者，并纷纷予以称赞。

5月4日　中国海运召开第10次党组扩大会议,布置"三严三实"专题教育活动。

5月19日　由上海海运全资子公司上海海运仓储有限公司与福建顺昌富宝实业有限公司合资兴建的福州江阴建滔化工码头有限公司正式投入运营,主要经营液体石油化工产品的仓储及码头中转业务。

5月20日　国务院总理李克强在巴西国事访问中,乘坐新建的"面包山"号客渡船,并与中巴企业家代表座谈。"面包山"号客渡船是中海工业旗下英辉南方造船(广州番禺)有限公司为巴西里约州建造的7艘铝合金全客渡船的首艘船,于当年3月1日投入运营。

7月8日　中国海运召开"十三五"规划编制工作启动会。

7月28日　中国海运大厦奠基开工仪式在上海浦东黄浦江畔项目工地举行。大厦地处上海自贸区核心区——陆家嘴金融区内,同时坐落在具有150多年历史的浦东董家渡船坞旧址上。

8月24日　中国海运和中粮集团在华东地区进口粮食重要集散中心的宁波港举办"中粮快航"启航仪式。"中粮快航"是中海集运为中粮集团大米进口业务定制的班轮航线。

8月26日　中海集运"越泰快航"轮靠妥湛江港宝满集装箱码头,标志着该公司的"湛江/越南/泰国/柬埔寨"航线正式开航。此举不仅使得湛江及周边地区电器、饲料、化工类等优势货源进入东南亚增加一条新的通道,也使得当地引进东南亚农副产品、木材、化工品等特色货源变得更加快捷。

9月9日　由中海投资下属箱厂制造的第200万只集装箱顺利下线。中海投资自2005年起涉足集装箱制造行业,先后在连云港、锦州、广州建设3个集装箱制造基地。

11月16—18日　应APEC工商理事会邀请,中国海运董事长、党组书记、APEC工商理事会副主席许立荣赴菲律宾马尼拉参加APEC工商领导人峰会。此峰会是APEC经济体领导人共商亚太重要事务、推动贸易自由化与经济合作的最高级别峰会,在APEC领导人非正式会议期间同期举行。

12月3日　由《WTO经济导刊》杂志和中国可持续发展工商理事会、德国国际合作机构(GIZ)和瑞典驻华大使馆联合主办的第八届中国企业社会责任报告国际研讨会在北京召开。中国海运在会上获得"金蜜蜂2015优秀企业社会责任报告·领袖型企业"奖。

12月11日　中远集团和中国海运旗下中国远洋、中海发展、中海集运与中远太平洋等企业同时发布公告,宣布签订一系列资产重组交易和服务协议。

12月18日　中海港口与希杰大韩通运(CJKEC)在沪签署韩国釜山KBCT码头股权收购协议,收购韩国釜山KBCT码头20%的股权,成为该码头第二大股东。该码头有5个集装箱泊位,前沿水深16米,可满足1.4万TEU集装箱船型的靠泊。

12月25日　中国海运召开2015年年终工作会议暨五届二次职工代表大会。集团董事长许立荣作工作报告,简要回顾中国海运集团组建18年来的主要成就,介绍中海、中远两家企业重组方案的主要内容,展望重组后新集团即中国远洋海运集团有限公司的未来发展前景。

12月26日　英国《劳氏日报》公布全球100大航运业影响力人物榜单,中国海运董事长许立荣排名第三。

第一篇

集团发展

概　　述

中国海运(集团)总公司是中国经济体制改革与国有企业深化改革的产物。20世纪90年代中后期,中国国有企业亏损面扩大,诸多企业面临严峻考验。1997年,中国航运业开始以政企分开、资产重组等为特征开展国有企业"三年扭亏"攻坚战。而当时,世界航运巨头正抓紧在中国布局,中国航运企业面临多重挑战,既要扭转连年亏损的困境,又要赶上世界航运发展潮流,增强国际竞争力。国有航运企业特别是国家骨干航运企业的改革重组势在必行。

在上述背景下,中国海运于1997年1月开始筹建。经过半年筹备,7月1日,中国海运集团在原交通部直属的上海海运(集团)公司、广州海运(集团)有限公司、大连海运(集团)公司和中国海员对外技术服务公司、中交船业公司5家企业重组整合基础上,在上海正式成立。其总部坐落在虹口区东大名路700号。

1997—2015年的18年间,中国海运坚持深化改革,实施专业化重组,集约化管理,大力发展集装箱运输,并以此带动集团的国际化经营。在大力发展集装箱海上运输及航运主业的同时,坚持产业结构调整,大力发展陆岸产业,实施"船岸联动",平抑航运市场波动风险,增强集团的整体盈利能力。中国海运坚持船队结构调整,按照"三足鼎立"和"大船、低碳"发展思路对集装箱、油轮、干散货三大船队进行结构优化,提升船舶营运效益,增强市场竞争力。坚持"大客户、大合作"的经营战略,特别是在2006—2010年航运市场相对景气时,大力推进和扩大这一战略,推进同行业之间的业务合作、产业链上下游大客户合资合作,降低市场波动风险。同时,加强和银行的合作,推动"产融结合",促进"双轮驱动",使集团保持平稳健康的发展。坚持"走出去"战略。中国海运从成立开始便着眼全球化市场,大力拓展国际化经营业务,积极推进海外网点建设、海外投资、海外合资合作。集团坚持实施精细化管理战略,每年突出抓一两个工作重点,积极开展"对标"活动,使集团的成本管理、信息化、风险防范等工作水平不断提高,避免因管理短板而出现快速发展中可能产生的风险。坚持创新驱动、转型发展战略。2011—2015年,集团积极应对国际航运市场持续萧条的严峻局面,转变发展方式,从强调做大到强调做优做强,推动机制体制创新、管理创新、科技创新、商业模式创新,以创新带动企业的发展;在全球航运业普遍亏损的大环境下,中国海运则持续盈利和发展,2015年,实现收入799亿元,盈利49亿元。

第一章 溯 源

第一节 历 史 沿 革

1997年7月1日,根据交通部党组决定,经国家经贸委批准,中国海运(集团)总公司(简称中国海运)在原上海海运(集团)公司(简称上海海运)、广州海运(集团)有限公司(简称广州海运)、大连海运(集团)公司(简称大连海运)以及中国海员对外技术服务公司(简称中国海员)、中交船业公司(简称中交船业)5家公司基础上,在上海组建成立,受交通部领导和管理。

中国海运注册资本为66.20亿元,集团首任总裁为李克麟、党委书记为戴金象。中国海运为国务院确定的120家国有大型企业之一,获得财政部授权经营及管理该集团下属各公司所拥有的国有资产,成为受中央直接领导和管理,以航运为主业的跨国经营、跨行业、跨地区、跨所有制的特大型综合性企业集团。

一、"九五"后期

中国海运成立之初,依据"集中经营、分级管理"的工作思路,制定和实行"六个统一"原则:统一计划、统一经营、统一对外、统一调度、统一核算、统一收支,并实施资产和人员重组,实行专业化分工、集约化管理、多元化发展。

整个集团化管理组织架构形成三个层次(决策层、经营层、执行层)和三个中心(投资中心、利润中心、成本中心)的管理模式。在专业化重组中,把原属于5个公司的资产按行业综合归并。1997年8月在原广州海运和上海海运所属小型集装箱基础上,首先成立中海集装箱运输有限公司(简称中海集运),开启中国海运的集装箱运输和发展之路。其次,同年10月,收购原由广州海运控股的上市公司海南海盛船务实业股份有限公司,更名为中海(海南)海盛船务股份有限公司(简称中海海盛),继续经营特种船舶运输。1998年年初,再把原属于上海海运的上海海兴轮船股份有限公司更名为中海发展股份有限公司(简称中海发展),并将原属于上海海运和广州海运的部分货轮和全部油轮资产注入中海发展,使其拥有货轮、油轮两大船队。1998年6月,集团又将原大连海运经营的客轮业务划出,成立中海客轮有限公司(简称中海客运)。至此,中国海运的五大船队已具雏形。

与此同时,中国海运对原属上海、广州、大连三大海运公司的陆岸产业也迅速和大幅度地进行资产重组,新成立中海船务代理有限公司(简称中海船务)等多家跨地区经营的专业化公司。经重组后,中国海运所属航运企业主要从事国内外海洋集装箱运输、石油运输、散货运输、旅客运输和特种货运输五大专业运输;各陆岸专业公司则从事综合物流、码头经营、船舶修造、船务代理、工程劳务、物资供应及信息技术等与主业密切相关的多元化产业。为实施跨国经营,集团还分别在日本、新加坡(东南亚)、美国(北美)、德国(欧洲)、韩国、澳大利亚、中国香港等国家和地区成立控股公司,在20多个国家和地区成立代理公司,经营和管理海外资产和业务。

1999年1月1日,中国海运等5家大型交通运输企业与交通部解除隶属关系。原由交通部主管的人事权移交中央或国务院另设的专门机构管理,财务移交财政部管理;国家经贸委则成为上述企业的联系单位,负责企业同国务院有关部委的联络及协调;国家同时建立稽查特派员制度,对企业财务进行监督。

1999年3月26日,中海集运"向津"轮首航澳洲,开辟中国—澳大利亚航线,中国海运的集装箱运输向全球化经营迈出重要一步。同年4月5日,中海远东—欧洲航线开通;11月8日,开通远东—地中海航线;11月17日,开通首条远东—美国航线。四大航线构建起中国海运集装箱运输的全球网络。同年12月底,集团以低成本订造一批5 600 TEU的第五代集装箱船,这批船在2020年陆续建成投产。低价造船、租赁船舶、合作航线,一系列举措使中国海运的集装箱运输走出一条低成本、高效率、快速度的发展壮大之路,成为中海人艰苦创业的成功范例。

1998—2000年间,中海货运对船队、航线和组织架构进行大规模调整,改造、淘汰一大批船况差、不适应市场的小船、旧船。2000年,曾经背负亏损并作为中国海运扭亏脱困"突破口"的中海货运,实现整体盈利,市场占有率稳步回升,显示新的专业公司的生机活力。2001年12月,巴拿马型散货船"光明峰"轮下水,标志中海货运的散货船队调整迈出重要一步。2000年,中海客运购置一艘当时渤海湾最大客轮"长兴岛"轮,成为中海客运船队结构调整的重要标志。

2000年,中海集运在承受成立初期的成本压力后,首次实现盈利。同年,中海客运也实现扭亏目标。至此,中海集运、中海油运、中海货运、中海海盛、中海客运五大船队全部实现盈利。

2000年年底,中国海运基本完成全国、全球产业整体布局,船队结构和航线布局日趋合理,为下一步快速发展奠定了坚实基础。同年,集团船队总运力384艘、902万载重吨;运量1.8亿吨;总资产288.45亿元,净资产107.06亿元;总收入156.92亿元,利润3.45亿元。

二、"十五"时期

2001—2005年,中国海运迎来新的历史机遇。2002年,中国正式加入世界贸易组织,中国改革开放进入全新阶段。中国海运则利用世界航运业发展黄金期,加快发展。

2002年5月23日,中海发展A股上市。2004年6月16日,中海集运H股在香港上市,成为第一家在境外上市的中国集装箱运输企业。至此,中国海运的航运主业基本实现产业资本和金融资本的结合,大大改善集团主力船队的资产状况,对集团大规模投资提供坚实的资金保障,降低资产负债率。

2002年第三季度,美国西部港口出现罢工风波,中国海运审时度势,利用机会,提前调整船舶运力和集装箱造箱计划;在其他班轮公司因受罢工风波影响而普遍亏损的情况下,中国海运远东—美国航线的业务量骤增,大幅盈利,成为中国海运集装箱运输跨越式发展的重要转折点。

2003年3月,国务院国有资产监督管理委员会(简称国资委)成立,中国海运成为受国资委直接监督管理的国家大型骨干企业之一。

2003年,集团制定打造世界级油轮船队的发展规划。中海油运坚持推进油运船队结构调整,积极扩大船队规模,加速推进油轮船队向大型化、现代化转变,切实提升中海油运在中转油运输和第三国运输的地位。

2004年7月22日,集团第一艘30万吨超级油轮、国内第一艘悬挂五星红旗的VLCC"新金洋"轮出坞,并于同年12月21日首航。2000—2005年,中海油运建造22艘不同类型的船舶。截至

2005年年底,中海油运共有船舶88艘,总运力372.8万吨,其中包括2艘30万吨级VLCC船舶,大大提高船队的核心竞争力,公司向建设世界级油轮船队战略目标迈出坚实的步伐。

2004年12月,中海国际船舶管理公司(简称中海国际)成立,集团船员资源得以整合,迅速成为国内最大的船舶管理公司。中海国际平均每年引进航海类大学生1 000多人,既满足集团主营船公司船队配员需要,也为集团培养一流船员发挥重要保障作用。

2004年,中国海运被中宣部、国资委评为"国有企业改革发展重大典型"。

2005年8月16日,中海集团投资有限公司的第一家箱厂在连云港建成投产,此后又陆续在锦州、广州投资建设集装箱厂。短短几年,集团即跻身全球四大集装箱生产制造商之列。

截至2005年年底,集团船队总运力431艘、1 469万载重吨;运量3亿吨;总资产642.20亿元,净资产342.62亿元;总收入539.95亿元,利润90.95亿元。

三、"十一五"时期

2006—2010年,中国海运开始步入协同发展、均衡发展轨道。这一时期,集团提出"坚持科学发展、建设百年中海"的企业愿景;提出集装箱、油轮、干散货三大船队协调发展的投资战略,即"三足鼎立";提出航运主业与陆岸产业协同发展的产业战略,即"船岸联动"。

大力发展航运主业,不断扩大船队规模,是中国海运"十一五"时期的发展重点。"十一五"第一年即2006年,中国海运积极实施船队发展规划,共签订20艘船舶建造合同,总计301.2万载重吨,使船队结构更加优化,实力大增。2006年2月25日,中国海运首艘9 600 TEU大型集装箱船"新洛杉矶"轮投入美国航线。2010年2月5日,中国海运的首艘23万载重吨的超大型矿砂运输船(VLOC)"中海兴旺"轮交付使用。

"十一五"时期,中国海运积极实施"大客户、大合作"战略,先后与神华、宝钢、首钢、鞍钢、华能、中煤、中船、中石化、中石油、中海油、华润集团、中国铝业、民生实业等诸多大企业进一步加强战略合作,积极发挥各自优势,携手共进,共同发展,强强联合,实现共赢。

2007年,中国海运实现利润110.95亿元,创造企业盈利历史最高纪录。其中中海集运盈利39.2亿元,中海散运盈利34.44亿元,中海油运盈利15.08亿元,中海海盛盈利3.46亿元,中海工业盈利1.69亿元,中海客运盈利1.55亿元。同年,中国海运被国资委授予"2004—2006年度任期业绩优秀企业"称号。

2008年9月28日,当时世界最大、技术最先进,由中海工业自行建造的30万吨"中海峨眉山"浮船坞顺利下水,并于11月29日顺利竣工投产。"十一五"时期,中海工业按照新一轮创业的总体目标,坚持"修造并举"的发展战略,不断推进中海长兴修船基地和中国海运江苏造船基地建设,加快提升企业核心竞争力,努力打造一流修造船企业。

2008年12月14日,中国海运在天津港隆重举行第1 000万只标箱起吊仪式。截至年底,全集团集装箱重箱运输为1 016.4万TEU,此举标志着中国海运的集装箱运输站在新的发展起点上。2010年,集团的集装箱船队达到130艘、49.3万TEU;集装箱运量达到1 044万TEU。

截至2010年年底,中国海运船队总运力472艘、2 346万载重吨;运量3.9亿吨;总资产1 429.26亿元,净资产821.13亿元;总收入648.11亿元,利润70.17亿元。

四、"十二五"时期

2011—2015年,是全球航运业进入持续衰落的时期。为应对外部环境的严峻挑战,中国海运积极推进"五个转型",即产业结构转型、发展方式转型、管理方式转型、团队建设转型、竞争模式转型,在同行业中取得较好业绩。

2011年8月25日,国资委决定在中国海运建立董事会制度,这是集团管理体制、决策机制、领导体制的一次重大改革,标志着集团开启现代企业制度的全面建设。之后,中海油运、中海散运、中海香港控股等10余家集团下属核心企业先后推进规范董事会建设,建立决策高效的授权体系及工作评价机制。同时,集团加强企业内控体系建设和内部审计监督管理,2014—2015年共完成经济责任审计项目256项。通过积极推进依法治企,实现规章制度全周期管理,率先探索法律与内控、风险管理一体化模式等工作,中国海运被评为2011—2015年中央企业法治宣传先进单位,走在中央企业前列。

整个"十二五"时期,中国海运持续深化企业改革,坚持"调结构、促转型",以提质增效为核心,加快产业结构调整,使航运产业链不断得到延伸升级,企业创收创利、创新创业能力得到实质性突破。同时,企业的全球营销网络日臻完善,国际化经营加速推进,到2012年年底,基本完成地区控股公司的布设,网络覆盖近百个国家和地区,先后建成300余个海外营销网点,形成区域成片、全球联网的多级代理和业务体系。

2015年,中国海运的航运主业与多元产业收入结构比为56.64%和43.36%,改变多年来航运业占比超过65%甚至达到80%的格局。新的产业结构有效抵御航运市场持续不景气带来的冲击,增强物流供应链的整合能力,实现集团平稳发展。其间,集团的发展实现"三个转变":一是由原来强调发展速度转向注重发展质量。企业的转型,突出表现在"从做大到做优"的切换,从数量型、规模型增长,走上效益型、质量型增长的发展之路。二是由原来强调船的竞争转向注重链的竞争。通过"1+6"产业结构调整整合物流供应链,通过发展航运金融实施产融结合,加速发展"大物流"业务,继续深化大货主合作战略,提升"链与链"的竞争能力。三是由旧模式下的单一业务竞争转向新模式下的融合发展,积极提升产融结合能力、融入大客户战略的能力和融入"平台经济"的能力,把融合能力作为集团转型发展的新引擎。

2015年年初,在中央企业负责人经营业绩考核工作会议上,国务院国资委授予中国海运"2014年度中央企业经营业绩考核工作先进单位"称号,予以通报表扬。会议指出,2014年,中央企业面对复杂多变的国内外经济环境,承担着艰巨繁重的改革发展稳定任务,坚持正确导向,严格落实责任,积极探索"以管资本为主"的考核机制,在央企保增长、转方式、降成本、控风险,实现国有资产保值增值等方面发挥重要作用。为表彰先进,树立典型,国务院国资委特授予中国海运在内的42家中央企业业绩考核先进单位称号,并勉励受到表彰的企业再接再厉,不断探索创新,积极大胆实践,力争在新的起点上取得更大成绩。

截至2015年年底,中国海运船队总运力544艘、4 047万载重吨;运量5.46亿吨;总资产2 321.59亿元,净资产906.04亿元;总收入799.41亿元,利润49.30亿元。

2015年12月11日,国务院国资委经报国务院批准,决定中国远洋运输(集团)总公司与中国海运(集团)总公司实行重组。两公司旗下中国远洋、中海发展、中海集运与中远太平洋等上市公司同时发布公告,宣布签订一系列资产重组交易和服务协议,自此拉开中国两大航运集团重组合并、合力打造专业化航运服务集群的序幕。

表 1-1-1　1997—2015 年中国海运经济情况表

类别 年份	船队		运量		资产		财务		职工
	船舶艘数（艘）	载重吨（万吨）	总运量（万吨）	箱量（万TEU）	总资产（亿元）	净资产（亿元）	总收入（亿元）	利润总额（亿元）	年平均人数（人）
1997	403	814	14 409	9	251.21	100.68	67.00	−1.84	46 989
1998	369	796	14 284	25	262.65	115.09	75.51	2.79	46 374
1999	379	872	15 412	77	280.45	116.18	89.83	2.17	46 106
2000	384	902	17 751	150	288.45	107.06	156.92	3.45	43 869
2001	396	1 003	18 720	217	296.51	100.36	172.32	−3.65	43 762
2002	402	1 062	21 292	277	372.10	110.45	216.90	5.69	43 896
2003	412	1 154	24 574	331	409.40	120.75	315.00	19.85	46 962
2004	413	1 275	26 862	421	564.13	265.61	369.63	75.15	46 121
2005	431	1 469	30 032	585	642.20	342.62	539.95	90.95	45 239
2006	429	1 557	32 431	742	735.80	388.50	622.78	64.00	45 740
2007	436	1 768	37 026	993	1 092.86	617.26	763.32	110.95	45 496
2008	440	1 798	37 349	1 015	1 126.79	681.15	748.62	90.56	45 893
2009	442	2 018	35 549	963	1 354.75	813.39	449.53	1.49	45 549
2010	472	2 346	39 038	1 044	1 429.26	821.13	648.11	70.17	45 030
2011	506	2 786	43 529	1 099	1 610.34	794.35	635.00	1.49	45 014
2012	491	3 016	46 159	1 198	1 758.14	826.91	663.42	7.25	45 229
2013	545	3 382	48 975	1 207	1 764.68	763.63	684.22	4.13	43 725
2014	537	3 613	53 301	1 184	2 105.85	865.32	830.65	30.60	46 018
2015	544	4 047	54 610	1 158	2 321.59	906.04	799.41	49.30	45 725

表 1-1-2　1997—2015 年中国海运及所属企业获主要国家级与国际荣誉、奖项情况表

时间	单位	奖项与荣誉	颁授机构
2003 年 9 月 15 日	中海物流	第三届全国货运大奖"综合服务优秀物流公司""信息管理优秀物流公司""供应链管理优秀物流公司"和"物流解决方案优秀物流公司"四项大奖	《中国航务周刊》杂志
2004 年 12 月 1 日	中国海运	国有企业改革发展重大典型	中宣部、国务院国资委
2005 年	中海油运	第四届中国货运业大奖最佳船公司金奖	《中国航务周刊》杂志
2005 年 7 月 1 日	中海集运	全球承运人中效益最佳的船公司	《美国托运人》杂志
2006 年 11 月 7 日	浦海航运	第五届中国货运业大奖沿海支线运输最佳船公司金奖	《中国航务周刊》杂志
2006 年 11 月	中国海运	中国最佳财资管理奖	《欧洲金融》杂志

(续表)

时 间	单 位	奖项与荣誉	颁授机构
2007年	中国海运	2004—2006年度任期业绩优秀企业	国务院国资委
2007年4月27日	中海集运	2006年度明星企业评奖活动年度最佳班轮公司奖,同时获得远东航线奖和北美航线奖	英国权威刊物《劳埃德装卸》
2008年	中海油运	2006—2007年度全国交通行业文明单位	交通部
2008年4月18日	中海集运	2007年度明星企业评奖活动远东航线最佳客户服务奖、年度最佳班轮公司提名奖	英国权威刊物《劳埃德装卸》
2008年4月29日	中海货运	抗雨雪冰冻灾害先进集体	国务院国资委
2008年9月9日	中海集运	中国品牌价值冠军2008亚洲品牌500强	香港第三届亚洲品牌盛典
2008年10月18日	中海集运	30年中国品牌成就奖	首届中国品牌国际化发展高层论坛
2010年	中海船务	2008—2009年度全国交通运输行业文明单位	交通部
2010年5月17日	中国海运	改革发展成功经验	《人民日报》、新华社、《经济日报》、中央人民广播电台、中央电视台等多家中央媒体
2011年2月25日	中海货运上海分公司	中央企业参与2010年上海世博会荣誉集体	国务院国资委
2011年8月2日	中国海运	2010年度经营业绩考核进入A级企业行列	国务院国资委
2011年12月20日	中海油运	全国文明单位	中央文明委员会
2012年1月8日	中国海运	中国AAA级信用企业、全国文明诚信示范单位	2012年中国科学发展大会暨诚信盛典
2012年1月13日	中海集运	"货主体验"活动欧洲货主最喜爱的船公司	英国刊物《国际集装箱化》
2013年2月6日	中海散运	央企企业文化示范单位	国务院国资委
2015年1月9日	中海集运	综合服务十佳集装箱班轮公司	《中国航务周刊》杂志
2015年1月9日	浦海航运	"中国—韩国航班航线第一名"和"内支线班轮航线第一名"	中国交通运输协会
2015年12月3日	中国海运	金蜜蜂2015优秀企业社会责任报告·领袖型企业	第八届中国企业社会责任报告国际研讨会

第二节 集团成立

一、筹建背景

1949年中华人民共和国成立,中国的航海事业迎来新生。从接管位于上海的招商局总公司、香港招商分公司和船舶起义,到抗美援朝、抗美援越,上海、广州、大连三大海运局与共和国同步发展,历经艰辛,不断壮大。在中华人民共和国成立后的几十年里,海运业支撑着中国水上运输的半壁江山，承担着全国80%以上煤炭、90%以上石油的海上运输任务，被称为国民经济发展的海上先行官。到20世纪80年代，三大海运局已各具规模，成为海上运输与陆岸产业相配套的、生产与社会功能兼备的国有大型企业。

"六五"末期，上海海运的运输和陆岸产业配置基本完善，成为中国沿海运输的中坚力量；广州海运不断成长壮大，成为南方海区海上运输的重要力量；大连海运成为北方海区运输的主要力量。

20世纪90年代，随着国有企业改革的不断深入，三大海运局先后进行体制改革。1993年1月1日，广州海运管理局重组为广州海运（集团）公司；同年6月1日，大连轮船公司更名为大连海运（集团）公司；同年6月18日，上海海运管理局改组为上海海运（集团）公司。此后，3家企业又均以此为核心企业，分别开始组建广州海运集团、大连海运集团、上海海运集团，朝着现代企业制度方向迈出坚定而有力的步伐。

截至1996年年底，上海海运拥有总资产143.52亿元，各类运输船舶208艘、408万载重吨。职工人数25 578人，下属二级单位19个。广州海运拥有总资产78.1亿元，各类大型运输船舶141艘、321万载重吨，职工人数19 242人。大连海运作为渤海湾地区的旅客运输和国家重点能源、物资运输的国家重要骨干企业，拥有总资产28.33亿元，各类船舶35艘、24.9万载重吨，职工人数4 329人。

在3家海运企业快速发展的同时，面临着业内航运新公司俱增、市场竞争加剧的新挑战。截至1995年年底，从事内河运输、沿海运输和国际运输的航运公司分别达到5 000多家、1 300多家和近300家，外国航运企业纷纷抢滩中国航运市场，航运市场竞争日趋激烈。以适应市场新形势变化为主题的国有航运企业改革迫在眉睫。

随着中国改革开放和社会主义生产经济体系的建立，3家海运企业虽然不断地调整内部结构和经营方针，但由于经营分散、生产经营发展不平衡，尤其是业务交叉重复且规模偏小，内部往往互相竞争，对外缺乏竞争优势和抵御风险的能力。特别是1996年航运低谷期，客运全线萎缩，货运连年下滑，油运面临危机，海运业成为交通运输系统的亏损大户，各自为政、缺乏规模优势和核心竞争力，已经逐渐成为可持续发展、拼抢中国乃至全球航运市场的"短板"。

表1－1－3　1996年三大海运集团船队与运输货运量情况表

类别	单位	上海海运	广州海运	大连海运
船队				
综合运力（艘/万载重吨）		208/408	141/321	35/24.9
油轮（艘/万载重吨）		59/112.3	38/107.2	4/1.5
干散货（艘/万载重吨）		119/283.5	57/118.6	17/22.9
客轮（艘/万客位）		20/1.56	—	14/1.3
全集装箱船		7艘/2 426 TEU	2艘/1.7万载重吨	—
平均船龄（年）		13.99	14.70	14.00
运输生产				
货运量（万吨）		8 014.1	5 203.88	1 348.49
货运周转量（亿吨海里）		946	818	61.71
客运量（万人次）		1 980.3	129.2	363.6
旅客周转量（亿人海里）		5.23	0.35	4.01

说明：上海海运船队数据为1997年2月统计情况。

中国海员对外技术服务公司于1984年4月24日经国务院批准组建,同年8月8日正式挂牌成立,成为向国外输出海员劳务的专业性公司,也是当时国家交通部对外的窗口单位。除在全国范围内组织开展海员技术服务输出工作外,还参与中国海员劳务输出行业发展初期有关海员劳务输出规章制度的研究与制定。截至1996年年底,中国海员对外技术服务公司共有子公司14家,合资公司5家,代表处5家;其中在国外设有合资公司2家,代表处4家。公司注册资金4 200万元。1996年1—10月,公司共完成合同额2 122万美元,实现收入4 225万元,实现税利166万元,劳务输出2 520人次。至同年10月底,公司总资产1.38亿元,净资产0.28亿元;至同年11月底,公司共有职工765人,其中自有船员538人,高级船员占47.5%。在公司业务稳步发展的同时,面临着国内海员劳务输出市场无序竞争的挑战,产生诸多"小、散、乱"的海员公司,行业管理规范性缺乏,海员劳务品牌缺失等问题。

中交船业公司是1993年1月经国家交通部和国家经贸委批准成立的交通部直属一级全民所有制企业。注册资金1 000万元。经营范围包括收购废旧船舶、开展拆船业务;船舶工程机械与配件、船用燃料、船舶备件及设备的销售等。公司编制为30人,1997年年中有职工16人。公司办公地址设在北京东城区东四礼士胡同161号。截至1996年12月31日,公司固定资产84.4万元,营业收入374.6万元,利润总额298.5万元,净利润33.6万元。20世纪90年代中期,拆船业不景气,当时进口废船价格高企,加上进口关税和增值税,使得废船进口价格优势大幅降低。此外,国家环保部门还发文将进口废钢船舶视同洋垃圾而加以限制。这些因素使得拆船市场迅速从高峰跌入谷底,国内拆船量从1992年的250万轻吨锐减到1996年的50万轻吨。此时,以拆船为主业的中交船业公司面临生存压力。

面对如此严峻的航运市场和海运现状,国有海运企业特别是国家骨干海运企业已到了需要彻底改革的时候。遵照中共十四届三中全会精神,即"发展一批公有制为主体,以产权为主要纽带的跨地区、跨行业的大型企业集团,发挥其在促进结构调整,提高规模效益,加快新技术、新产品开发,增强国际竞争能力等方面的重要作用"的精神,根据国家组建集团的有关规定,1996年5月31日交通部向国家经济贸易委员会发文《关于组建中国海运集团的函》,拟将部属上海、广州、大连3家地区性海运公司、中国海员对外技术服务公司和中交船业公司以资产纽带联结,组建一个全国性的跨地区、跨行业的特大型企业集团。在组建中国海运的同时也请求将该集团作为国务院选择的第二批大型企业集团参加试点。

表1-1-4 1996年5家企业基本情况表

企业 类别	上海海运	广州海运	大连海运	中国海员	中交船业
总资产(亿元)	143.5	78.1	28.3	1.38	—
净资产(亿元)	55.8	35.4	4.3	0.28	—
资产负债率	61.15%	54.67%	84.77%	79.71%	—
主营收入(亿元)	34.86	24.3	4.96	0.42	0.037 4
主营利润(亿元)	3.97	3.2	0.34	—	—
利润总额(亿元)	−2.35	0.02	−1.49	0.016 6	0.029 8
职工人数(人)	25 578	19 242	4 329	765	16
其中船员(人)	13 533	9 602	3 069	538	

说明:中国海员财务数据截至1996年10月;职工人数数据截至1996年11月。

与国有航运企业改革同时提出的还有加快上海国际航运中心建设的发展任务。国务院总理李鹏在1996年年初考察浙江、江苏、上海等地时指出:"把上海建成国际航运中心是开发开放浦东,使上海成为国际金融、贸易中心之一的重要条件,对我国的对外开放,对长江经济带的经济发展意义重大。"把上海建成国际航运中心,其中最关键的要素,就是在上海要有一批相当规模的水上运输企业。而上海当时具有一定规模的水上企业为数不多,中国海运组建并落户上海,必将有助于加快上海国际航运中心建设的步伐。

二、筹建过程

1997年1月2—3日,中国海运筹备领导小组第一次(扩大)会议在交通部4楼会议室召开。交通部副部长刘松金主持会议。参加会议的有:交通部机关有关司局领导胡汉湘、张富生、李庆轩、薛庆祥、付国民、刘鹏、何捷、李浩、局成志及有关人员;中国海运筹备组李克麟、戴金象、李绍德、钱维扬、孙治堂、吴中校、张建华、黄万江、于海明及有关人员。

会上,交通部水运司司长胡汉湘传达交通部党组第二十七次会议决议,宣读国家经贸委《关于同意成立中海集团的批复》;人劳司司长助理何捷宣布中国海运筹备组名单;体改法规司副司长薛庆祥对《关于组建中国海运有关问题的若干意见》作了说明;会议对该《关于组建中海集团有关问题的若干意见》进行讨论,并决定由与会代表将其带回,进一步征求意见。

1月3日上午,中国海运筹备组召开第一次全体会议,安排组建中国海运的具体工作计划。刘松金副部长做会议小结,并明确以下事项:

宣布组建中国海运领导小组名单。组长:刘松金;副组长:胡汉湘、张富生;组员:胡景禄、李庆轩、付国民、刘鹏、何捷、李浩、李克麟、戴金象。各有关司局另指定1名处级干部为联系人。

由交通部体法司、水运司共同研究,拟定中国海运筹备组的职责,明确目标,做好有关各项筹备工作。

确定筹备组工作期限为1997年1月1日至6月30日。

自此,在国家交通部具体领导下,中国海运筹备组筹备工作正式启动,办公地点设在大连海运驻北京办事处内;同时,交通部大楼222房间作为筹备组与交通部的联系办公用房。筹备工作具体如下:

成立4个临时工作组,即综合组、财务组、行政组和人事组。综合组负责办理新集团注册登记、新集团成立有关文件、规章制度编写以及日常事务工作,组长由李克麟担任,副组长由张建华担任。财务组负责开办经费预算、资产清理、财务制度制定等,组长由吴中校担任。行政组负责开业前办公楼布置、装修、抽调人员户口及住房等事宜,组长由李绍德担任。人事组负责中国海运成立之后的机构设置、人员及干部选配,组长由戴金象担任。

资产产权变更与新集团的注册。在国家交通部的具体指导下,筹备进行资产产权变更,确立中国海运经营范围。1996年11月4日,国家经济贸易委员会下发《关于同意成立中海集团的批复》,同意中国海员对外技术服务公司更名为中国海运(集团)总公司,并以该公司为核心企业组建中海集团。交通部体法司于1997年3月31日批复同意。此前,根据国家有关规定,新成立的公司不能以"中国"冠名。于是,交通部将在北京的中国海员技术服务公司改名为中国海运(集团)总公司,而原中国海员技术服务公司则重新注册为中海海员技术服务公司。同时明确,中国海运的核心企业是中国海运(集团)总公司,英文名为China Shipping (Group) Company,缩写为CSCO,在上海注册。

对5家组建企业特别是3家海运企业展开调研。自1997年3月起,筹备组在北京集中听取5家公司的专题情况汇报,主要听取各家公司的经营、管理、资产、人员等情况。从3月17日至4月初,筹备组先后到上海海运、广州海运、大连海运进行实地考察和调研,并专程拜访上海市人民政府交通办公室、广东省经委和广州市交委、大连市人民政府,就中国海运的组建和筹备情况作了通报,以期取得支持与合作。

在广大干部群众中开展思想动员工作。针对5家组建企业的干部职工存在的各种担心和思想疑虑,结合企业实地调研,筹备组分别在上海海运、广州海运、大连海运召开处级以上干部会议,广泛进行思想动员,着重阐明组建中国海运的目的和意义,分析中国海运发展前景,通报中国海运筹建进度,对广大干部群众提出在筹备过程中不断不乱的工作要求。从总体情况看,整个系统的广大干部和职工对组建中国海运积极支持,对改革重组提出许多好的意见和建议。

确定集团总部机关的机构设置和干部配置。经筹备组研究讨论,总部机关行政共设置7个部,即总裁事务部、运输部、人事部、计财部、企管部、发展部、监审部;党群系统共设3个部门和工会办公室,3个部门分别是党委办公室、组织部、宣传部。在部的建制下共设置23个处,总计配置干部人数为167人。根据计划,总部机关部一级干部1997年5月4日前到位,处一级干部5月中旬到位,处以下干部6月全部到位。

做好集团总部向上海迁移的准备工作。其中包括总部办公用房的装修以及安排外地干部调沪工作住房等。总部办公用房的装修需在1997年6月15日前完工,外地干部在沪住房6月前选定。总部主要人员(即筹备组主要人员)从6月上旬开始,分批向上海迁移,以保证7月1日中国海运在上海开始正式办公。

三、中国海运(集团)总公司成立

1997年7月1日,原交通部直属上海海运、广州海运、大连海运与中国海员对外技术服务公司、中交船业公司共同组建的中国海运(集团)总公司正式在上海成立。原先由上海、广州、大连海运公司三分天下的区域性经营模式被彻底打破,一个新型的、以资本为纽带、市场为导向、效益为中心的跨地区、跨行业、跨所有制和跨国经营的海运大集团诞生。

新组建的中国海运是继中国远洋、中国长江航运两大集团组建后又一个"中"字号的国有大型航运企业集团。随着中海海运的组建,部直属的航运企业除黑龙江航运公司外,已基本完成集团化的重组归并,形成以远洋运输为主的中远集团、以沿海运输为主的中海集团和以长江内河运输为主的长航集团"三足鼎立"的格局。三大航运集团总运力达2800万载重吨,占全国水上运力的56%,作为国家主力船队的重要地位业已确定。

成立之初的中国海运呈现以下几个特点:

具有一定的综合实力。拥有资产总额251.21亿元,其中流动资产54.5亿元,占总资产的21.69%;长期投资10.1亿元,占总资产的4%;固定资产185.60亿元,占总资产的73.88%;负债总额155.53亿元,资产负债率为59.92%;净资产为100.68亿元。

海上运输能力较强。拥有海上运输船舶413艘,从事的航区以沿海为主。包括客轮44艘,货轮262艘,油轮107艘,共计载重吨836.7万吨(其中载货吨746.5万吨,载客量3.2万人)。船舶类型中,客船有高速、客箱、客滚、客货船,货船有集装箱、多用途、散货、杂货、自卸、顶推船,油船有化学品、成品、原油船。船队平均船龄14.4年。1996年完成客运为691万人次,95.8亿人海里;完成货运1.45亿吨,1 826.5亿吨海里。

有一支规模较大、素质较高的职工队伍。截至1996年年底,中国海运共有在职职工46 534名,离退休职工9 226名,两者合计55 760名。在职人员与离退人员的比例为5.04∶1,在职职工中,干部19 670名,占总数的42.3%;工人26 864名,占总数的57.7%。在干部中,专业技术干部15 889名,占干部总数的80%。船舶船员(不计港作船船员)25 559名,占在职职工总数的55%;其中干部船员9 949名,船长692名,轮机长685名。

初步形成以航运为主、多元化经营的格局。中国海运除航运业以外,还有其他多元化业务;其中比较有优势的是修船业,总资产12.4亿元,1996年利润总计为4 170万元。同时,贸易、船代、货代、通信业、房地产、燃物料供应、对外技术服务、教育培训等都形成一定规模,且大多业务保持盈利。

1997年7月2日,中国海运召开成立大会。集团总裁李克麟发表讲话,他在讲话中强调组建中国海运集团的重要意义,分析国内国际经济与市场形势,提出新集团未来的发展思路以及做好下一步工作的具体要求。他在讲话中说:"组建中国海运集团就是要发挥集团的整体优势,通过对集团的生产要素和资源重新进行合理组织和配置,使资源在整个集团范围内达到优化配置;组建中国海运集团就是要发挥规模经济效益,达到降低成本、提高服务质量、增强集团竞争力之目的;组建中国海运集团就是要按照现代企业制度的要求,对所属各公司的管理体制、经营业务加以梳理并理顺。"同时,提出下一步发展思路,主要包括四个方面:实行规模化、专业化、集约化经营;实施航运为主、多业并举的多元化战略;尽快在集团内建立起现代企业制度;积极进行资本运作。

1997年8月18日18时,中国海运在上海市银河宾馆举行成立庆典活动。交通部副部长刘松金、上海市副市长夏克强为中国海运成立揭牌。

图1-1-1　1997年8月18日,中国海运(集团)总公司
在上海银河宾馆举行成立庆典活动

第二章 组织体系

1997—2011年,中国海运集团实行总裁负责制的领导体制。2011年8月至2015年12月,中国海运作为国务院国资委中央企业董事会改革试点企业,开始建立董事会,而其监事会职能则由国务院国资委行使。自此,中国海运按照现代企业制度要求,建立董事会、监事会、经理层等法人治理结构,实行董事会领导下的总经理负责制。

1997—2012年,中国海运(集团)总公司机关共设有14个业务和党群部门。2012年,根据总部"战略管理、资源优化、监督管控、服务指导"的职责定位,实施改革的总体设计,分步实施,强化管理,将总部机关部门数量调整为11个,分别为董事会办公室/办公厅、运营管理部、战略发展部、财务金融部、安全监管部、人力资源部/组织部、科技信息部、法务与风险管理部、监察审计部/纪检组工作部、党组工作部和工会,另设立集团巡视组。

第一节 治理结构

一、董事会

【集团董事会】

自2011年8月起,中国海运作为国务院国资委中央企业董事会改革试点企业,开始建立董事会,而其监事会职能则由国务院国资委行使。

2011年8月25日下午,中央组织部干部五局局长高选民在集团干部大会宣布:中国海运(集团)总公司建立董事会制度。李绍德任中国海运(集团)总公司董事长、党组书记,不再担任中国海运总裁职务;许立荣任中国海运(集团)总公司董事、总经理、党组成员。

2012年3月22日,国务院国资委在上海召开中国海运建设规范董事会工作会议,聘任外部董事5名,即刘章民、沈红光、林锡忠、徐冬根、曹兴和;非外部董事4名,即李绍德、许立荣、徐文荣、邱国宣。自此,中国海运建设规范董事会进入实质新阶段。当日上午,中国海运在集团大楼召开第一届董事会第一次会议。董事长李绍德主持会议。集团全体董事成员以及集团经营班子全体成员参加会议,国资委企业改组局局长李冰以及副局长秦永法、国资委监事会第11办事处主任鲍洪湘、国资委企干一局处长肖宗辉、国资委改组局处长邬彦如以及调研员夏金团、陈栋梁、石庆瑞等有关人员也参加会议。为使外部董事加深了解集团的基本情况,会议首先播放中国海运宣传片。会议通过两项议题:一是董事长李绍德向各位外部董事介绍航运市场与中国海运基本情况;二是讨论审议2012年全年董事会的工作计划。

在此基础上,集团颁布《中国海运(集团)总公司章程》《中国海运(集团)总公司董事会议事规则》等系列规范文件,并成立董事会专门委员会,包括战略委员会、提名委员会、薪酬与考核委员会、审计与风险管理委员会。

专门委员会工作机构职责:建立与董事会专门委员会联系的工作机制,配合专门委员会完成职责;根据各专门委员会的要求,汇报相关工作并提供所需的汇报材料;协助董事会办公室安排各专门委员会会议,负责会议材料的准备;协助董事会办公室制作各专门委员会会议记录及会议文件;根据专门委员会的工作要求,协助安排董事工作调研,草拟调研报告;参加专门委员会会议,负责起草专门委员会审议事项的评议或意见报告;专门委员会履职的其他工作。

表1-2-1　2012—2015年中国海运董事会专门委员会机构与成员情况表

专门委员会	主任	成员	工作机构	协助机构
战略委员会	李绍德	许立荣　刘章民　徐冬根　曹兴和	战略发展部	—
提名委员会	李绍德	许立荣　沈红光　林锡忠　曹兴和	人力资源部/组织部	—
薪酬与考核委员会	沈红光	刘章民　林锡忠　徐冬根　曹兴和	人力资源部/组织部	—
审计与风险管理委员会	刘章民	沈红光　林锡忠　徐冬根　曹兴和	监察审计部/纪检组工作部	财务金融部、法律与风险管理部

2012年5月14日,集团根据第10次总经理办公会决议,决定增设集团董事会办公室秘书处,隶属集团董事会办公室,主要职责包括:筹备董事会和各专门委员会会议;组织董事会议案文件的编写;制作董事会会议记录;负责起草、拟定董事会决议及有关文件;董事会决议执行情况的信息反馈;与董事沟通信息,定期报送国家、公司相关文件资料,为董事会及各专门委员会日常工作提供文件和行政服务;妥善保管董事和董事会秘书名册、董事会决议、会议记录及其他有关文件;协助董事会做好对派出董事、监事的日常管理和服务工作;完成领导交办的其他任务。

2012年5月25日,中国海运第一届董事会第二次会议审议通过《中国海运(集团)总公司董事会授权规则》。依照《中国海运(集团)总公司章程》和《中国海运(集团)总公司董事会议事规则》等有关规定,集团董事会对董事长进行授权,具体内容包括:在年度投资计划内,批准单项金额占公司最近一期经审计年度计划净资产1%以上、1.5%以下的固定资产投资;在年度投资计划内,批准单项金额占公司最近一期经审计净资产0.5%以上、0.75%以下的对外股权投资(包括转让出资、对所出资企业的增资或减资);在年度融资计划内,批准单项金额占公司最近一期经审计净资产5%以上、7.5%以下的公司融资,以及与该融资有关的担保(包括抵押、质押及其他担保方式);在年度资产处置计划内,批准账面净值7 500万元以内的单项资产处置;批准单项金额1 500万元以上、2 000万元以下的服务咨询;批准单项金额300万元以上、500万元以下的对外捐赠或赞助;批准经董事会审议通过的公司重组、改制等公司改革议案的有关具体实施方案;决定董事会、董事会各专门委员会的经费支出方案,批准各专门委员会聘请专业机构方案和费用。董事长行使董事会授权,依据《关于进一步推进国有企业贯彻落实"三重一大"决策制度的意见》精神,采用会议方式进行集体决策,董事长认为事项重大或特殊,可提请董事会审议决定。

2012—2015年,集团董事会主要围绕6项重点内容开展工作:

加强董事会建设,不断提升工作效能。围绕"效能"两个字,董事会始终强调提高议题质量。对于涉及发展战略、重大投融资、重大改革与重组等事项的决策,积极听取经理层意见,加强内外部董事之间沟通。在董事会决议督办方面,高度重视各位董事的建言献策,坚持对会议决议事项及董事提出的意见和建议进行认真梳理,做到有决议执行、有跟踪督办,将董事会、各专门委员会会议精神和工作要求融入企业经营和管理的各个层面,确保决议和意见的有效落实。各位董事通过实地调研,对中海集团的整体发展和实力有充分了解,并结合当地经济发展趋势积极建言献策,使董事会在企业科学决策中发挥极其重要的作用。自董事会成立至2015年年底,集团董事会共召开会议55次,审议议案151项,听取重大事项报告33项。

严格把关重大事项,着力加强投资管理。对于集团重大经营事项和投资项目,始终强调严格把关,一方面推动发展,鼓励创新,另一方面还坚持加强监管,严控风险。例如,审议通过"年度生产经营预算""年度投资计划""年度预算报告"等议案;坚持科学论证,优化投资回报率,强调对具体实施方案进行深入研究,不断加强投资项目后评估工作;听取《关于中国海运船队2014—2015年的发展规划》的报告,强调用好国家有关航运新政策,推进船队进一步向大型化、科技化、低碳化和轻资产化方向迈进;审议通过"集团与武钢集团进行上市公司股权合作"等议案,强调通过与大客户战略合作、交叉持股、兼并收购等多种方式,推进船岸产业的股权改造与商业模式创新;审议通过"适时增持光大银行A股有关事项""参与青岛港国际H股IPO项目"等议案,强调充分发挥金融产业平抑航运市场波动的重要作用,以确保集团的稳健经营与发展,同时加强对金融投资的管理,构建完善的内控体系,积极稳妥推进金融产业发展。

进一步完善制度建设,强化董事会的规范运行。根据国家法律法规,国资委改革发展的要求和公司章程的规定,中国海运建立一套相对健全完备的董事会规范运作的工作制度和议事规则,形成董事会决议督办、反馈和后评估体系,并在运行中不断完善。在这个制度体系下,经过不断实践,集团董事会更加高效规范运行。第一届董事会第二次会议审议通过《中国海运总经理办公会议事规则》,较好地实现科学决策与高效运行的管理目标。经过运行实践,发现部分条款需要进一步明确和完善,董事会审议通过《修订〈中国海运总经理办公会议事规则〉》的议案,对船舶投资和处置事项以及二级公司规范建设董事会的例外条款进行修订,对议事规则中有关总经理办公会组成人员进行更加准确地描述。

完善法人治理结构,发挥二级公司董事会决策能力。2014年,在总结集团董事会规范运作的基础上,集团启动推进所属公司董事会的规范建设工作,进一步完善所属公司的法人治理结构。在推进当中,初步建立规范性制度文件以及引入外部董事制度,同时集团总部简政放权,充分给所属公司董事会授权,由所属公司董事会履行职责、把控风险。经过近一年来规范建设所属公司董事会的试点工作,集团试点企业初步形成董事会规范运作的组织架构、制度体系,初步形成决策高效的授权体系及工作评价机制。各试点企业按照建设规范董事会的要求各自履职,集团与各公司在实践中不断完善修订公司决策事项,配套修订和完善相关制度和流程,不断完善规范董事会运作,充分发挥董事会在公司决策、改革发展和风险防范中的作用,形成集团与二级公司两个层面的良好互动。

加强内控与风险体系建设,确保集团安全发展。董事会高度重视内部控制与风险管理,审议通过"2012—2013年内部控制实施与2013年度评价工作报告"和"2014年度全面风险管理工作报告"的议案;董事会审计与风险管理委员会讨论评议中国海运"内部审计工作""全面风险管理工作""年度财务决算审计工作"等工作报告。在审议中,要求经理层进一步统一风险管理与内部控制工作格局;根据集团内部控制整体建设实施方案,加强集团风险控制工作的组织协调,按照全面融合协作、全面组织动员、全面宣传培训的工作思路,扎实推进集团内控体系建设,强化各业务板块风险管理;坚持对决议事项进行正确审核与评估,分析重大风险的变化趋势,不断提升全面风险管理工作的实效性,确保集团重大风险有效管控。

积极谋划集团发展战略,推动改革创新与转型发展。从集团长远发展的战略高度,适应经济新常态,明确企业奋斗目标,是集团董事会的重要职能。集团董事会审议通过"2014—2016年三年滚动规划",确定"1+6"以航运为主、多元发展的产业结构,确定集团深化改革、转型升级的主要目标,提出进一步完善管理体制机制、优化产业结构布局、改革创新、提质增效的一系列举措。在深化企业改革方面,凭借董事会的方向把握与战略决策,中国海运的各项改革措施得以顺利推进。2014年,集团发布"关于深化改革总体思路",明确了6项改革重点,包括:积极推进集团整体上市、积极稳妥解决历史遗留问题、推进人力资源管理体制改革、继续加强内部资源整合、加强核心企业董事会建设以及加强经营管理机制改革。根据计划的时间表和实施路线图,逐项逐步推进落实,且取得初步成效。其中船员管理体制改革启动较早,按照"专业化、集约化、市场化、国际化"的目标要求有序推进,并取得一定成效。

【二级公司董事会】

2012年3月,集团董事会进入实质性运作,此举打通国资委履行出资人职责的途径,实现出资人真正到其位谋其职。然而,集团所属二级公司作为独立法人,其董事会的规范运作尚未到位。

集团组建初期,集团所属各二级单位就已逐步建立董事会,公司章程、董事会的组织构成、董事会议事规则等制度文件也基本齐全,但除了上市公司,集团所属二级公司董事会的运作不规范。董事会一年仅召开一次会议,主要是通报财务数据、审核年度工作计划,其议事决策作用没有真正得到发挥。事实上,扮演二级公司董事会角色的是集团总部。集团自组建以来,总部承担了所有的决策和计划,各二级公司成了执行与实施的实体,集团管控是典型的集权式运营管控模式。自1997年组建以来,集团的资产规模不断壮大,集团业务从相对单一航运业向"1+6"多元板块发展,各二级公司相继成长为大中型企业。在新的形势下,高度集权于总部的管理模式问题便日益显现出来。首先是大小事务均由总部抉择,二级企业缺乏自主经营的积极性和创造性;二级公司作为独立法人,责任却被相对淡化;各项事务需层层上报总部并等待决策批复,形成决策周期长、效率低的局面,许多决策或贻误时机或仓促决定。其次是总部的战略管理相对宏观,其对市场机遇与业务细节的把握往往逊于专业公司,因而容易导致大量的项目审核流于形式,科学决策大打折扣。

在新的企业发展需求和新的市场竞争环境下,集团注重提升管控能力和管理效率,真正实行公司制,明确股东、董事会和经营层职权,合理界定总部与各二级公司的管理职能;通过合理授权和完善治理结构,使各二级公司在董事会统领下决策本企业重大事项,全面负责对本企业经营实施日常的生产组织和指导管理等职能,实现责权利相统一,以激发企业活力和创造力,增强各业务板块的运营质量。通过董事会决策控制,使得各业务板块发展与集团整体战略保持一致,从而实现集团管理效能最大化。

"十二五"初期,除上市公司以外,按照投资关系,集团所属二级全资子公司共计21家(15家境内、6家海外公司),已有18家设立董事会,仅上海海运、大连海运、船研所等3家未设董事会。根据当时状况,集团要求,对未建立董事会的企业,需尽快建立董事会制度;对已建立的企业,尽快建立健全各二级公司董事会、监事会组织机构。同时,对于缺少党委书记、部分公司仅设1名监事而没有设监事会主席以及董事、监事兼任数量过多等现象,则一一给予纠正。

2014年,集团着手推进所属企业建立规范董事会,先后在中海油运、中海散运等12家下属核心企业推进规范董事会建设,形成董事会规范运作的组织架构、制度体系,建立决策高效的授权体系及工作评价机制,对推进企业科学决策、确保国有资产保值增值发挥了极其重要的作用。

2014年5月5日,集团下发《关于中国海运(集团)总公司所属公司董事会规范运作管理办法(试行)》。该办法明确集团在所属公司董事会规范运作中的职责,明确所属公司董事会及专门委员会的组成与职责、董事和董事长职责、总经理职责,确立所属公司董事会与集团的沟通机制。

在规范董事会制度的推进过程中,集团组织部负责董事的选派和培训,监审部负责监事的选派和培训;在决策流程设计上,借鉴宝钢集团的经验,建立完善推行董事会运作制度,形成一套较为成熟的决策体系。二级公司设董事会成员5人以上,一般不超过13人。分别是:集团副总经理担任二级公司董事长(1人),集团部门负责人担任二级公司董事(1人),二级公司总经理、党委书记和工会主席各1人,条件成熟时需聘请两位外部董事。为保障董事履职效果,规定集团领导及负责人兼任公司董事长或董事的数量不宜超过5家,监事会成员3人左右。同时,在二级公司设立董事会的工作机构,为董事会提供日常服务。二级公司董事会成员全部到位后,尽快组织专人根据各公司业务特点和发展需要,全面完善和起草公司章程、董事会议事规则、董事会授权规则(授权董事长和总经理)和总经理办公会议事规则。集团强调,所属公司有关公司章程和各项议事规则经董事会审议通过后,需报集团总公司同意后执行,确保做到"集权有道、分权有序、授权有章、行权有度"。通过完善二级公司法人治理结构、规范建设二级公司董事会,实现集团整体决策机制的转变,厘清集团总部与各专业公司的管理职权。

建立二级公司董事会后,集团总部从重业务流程、轻管理流程中脱离出来,重点增强流程优化管理的职能,推进和完善集团决策流程机制,全面梳理集团总部与二级公司的决策流程,审核各二级公司董事会中的"受限"事项,并在实践中不断完善集团总部的战略管控的职能。由于二级公司董事会实现规范运作,总部从琐碎的日常事务管理中脱身,重点关注规划、投资、预算、绩效考核、资源整合和新业务培育等。

二、监事会

集团监事会由国务院国资委代表国务院向中国海运派出,人数不低于5人。监事会主席由国务院任命,专职监事由国资委委配,监事会中的职工代表由公司职工民主选举产生。

监事会的组成、职权、行为规范等,依照《企业国有资产法》《国有企业监事会暂行条例》等法律法规的有关规定执行。

三、经理层

2011年8月,中国海运在建立集团董事会的同时,由集团董事会聘任中国海运(集团)总公司总经理,并设副总经理数名和财务负责人,协助总经理工作。2011年8月,许立荣任中国海运(集团)总公司总经理,张国发、徐文荣、黄小文、丁农、刘锡汉任副总经理,苏敏任总会计师;2013年11月,张国发任中国海运(集团)总公司总经理,徐文荣、黄小文、丁农、刘锡汉、俞曾港任副总经理,苏敏任总会计师。

依照《中国海运(集团)总公司章程》和《中国海运(集团)总公司董事会议事规则》等有关规定,集团董事会对总经理进行授权,具体内容包括:在年度投资计划内,批准单项金额低于公司最近一期经审计净资产1%的固定资产投资;在年度投资计划内,批准单项金额低于公司最近一期经审计净资产0.5%的公司对外股权投资(包括转让出资、对所出资产企业的增资和减资);在年度融资计划内,批准单项金额低于公司最近一期经审计净资产5%的公司融资,以及与该融资有关的担保(包括抵押、质押及其他担保方式);在年度资产处置计划内,批准账面净值5 000万元以内的单项资产处置;批准单项金额低于1 500万元的服务咨询;批准单项金额低于300万元的公司对外捐赠或赞助;批准公司组织机构局部调整方案;审批公司生产经营各项经费支出。

2012年5月25日,集团第一届董事会第二次会议审议通过《中国海运(集团)总公司总经理办公会议事规则》。该规则规定,总经理办公会是公司经理层对董事会授权下的公司经营管理中的重要事项进行决策和处理的重要途径;同时规定,在实行总经理负责制的前提下,总经理办公会需坚持依法议事、权责统一的原则,以达到互相协调、科学决策、高效运行的管理目标。集团总部设立总经理办公室,处理总经理办公会日常事务工作。

第二节 集团高层管理团队

1997—2015年的18年间,共有20位管理者先后进入集团领导班子。在总裁负责制领导体制下,第一任总裁为李克麟,党组书记为戴金象;第二任总裁为李绍德,党组书记为马泽华。在规范董事会领导体制下,第一任董事长、党组书记为李绍德,董事、总经理为许立荣;第二任董事长、党组书记为许立荣,董事、总经理为张国发。

表1-2-2 1997—2015年中国海运(集团)总公司领导班子情况表

序号	姓名	职务	任职时间
1	李克麟	总裁、党委委员	1997年7月—2000年8月
		总裁、党组副书记	2000年8月—2006年5月
2	戴金象	党委书记	1997年7月—2000年8月
		党组书记、副总裁	2000年8月—2003年2月
3	李绍德	副总裁、党委委员	1997年7月—2000年8月
		副总裁、党组成员	2000年8月—2003年2月
		党组书记、副总裁	2003年2月—2006年5月
		党组书记、总裁	2006年5月—2006年11月
		总裁、党组副书记	2006年11月—2011年8月
		董事长、党组书记	2011年8月—2013年11月
4	马泽华	党组书记、副总裁	2006年11月—2011年8月
5	许立荣	董事、总经理、党组成员	2011年8月—2013年11月
		董事长、党组书记	2013年11月—2015年12月
6	张国发	副总裁	2004年11月—2005年12月
		副总经理、党组成员	2005年12月—2013年11月
		董事、总经理、党组成员	2013年11月—2015年12月
7	孙治堂	党委副书记	1997年7月—2000年8月
		副总裁、党组成员	2000年8月—2005年4月

(续表)

序号	姓 名	职 务	任 职 时 间
8	吴中校	副总裁、党委委员	1997年7月—2000年8月
		副总裁、党组成员	2000年8月—2001年4月
9	张建华	副总裁、党委委员	1997年7月—2000年8月
		副总裁、党组成员	2000年8月—2011年6月
10	林建清	副总裁、党委委员	1997年7月—2000年8月
		副总裁、党组成员	2000年8月—2012年5月
11	寇来起	党委委员、纪委书记	1997年12月—2000年8月
		党组成员、党组纪检组长	2000年8月—2011年5月
12	陈德诚	党委委员、工会主席	1998年1月—2000年8月
		工会主席	2000年8月—2001年2月
		党组成员、工会主席	2001年2月—2010年6月
13	徐祖远	副总裁、党组成员	2003年2月—2004年4月
14	王大雄	总会计师、党委委员	1998年1月—2000年8月
		总会计师	2000年8月—2001年2月
		副总裁	2001年2月—2004年12月
		副总裁、总会计师	2004年12月—2005年4月
		副总裁、党组成员、总会计师	2005年4月—2010年5月
		副总经理、党组成员	2010年5月—2014年3月
15	苏 敏	总会计师	2011年4月—2012年4月
		总会计师、党组成员	2012年4月—2015年7月
16	徐文荣	党组成员、党组纪检组长	2011年5月—2011年10月
		董事、党组成员、党组纪检组长	2011年10月—2014年2月
		副总经理、党组成员、党组纪检组长	2014年2月—2015年5月
		党组成员、党组纪检组长	2015年5月—2015年12月
17	黄小文	副总经理、党组成员	2012年5月—2016年1月
18	丁 农	副总经理、党组成员	2012年5月—2016年1月
19	刘锡汉	副总经理、党组成员	2013年7月—2015年12月
20	俞曾港	副总经理、党组成员	2014年2月—2016年1月

第三节 内设机构

1997—2012年,中国海运(集团)总公司机关共设有总裁事务部、运输部、计财部、企管部、人事部、发展部、安管部、总法律顾问办公室、监审部、党组办公室、组织部、宣传部、纪委、工会等14个部门。

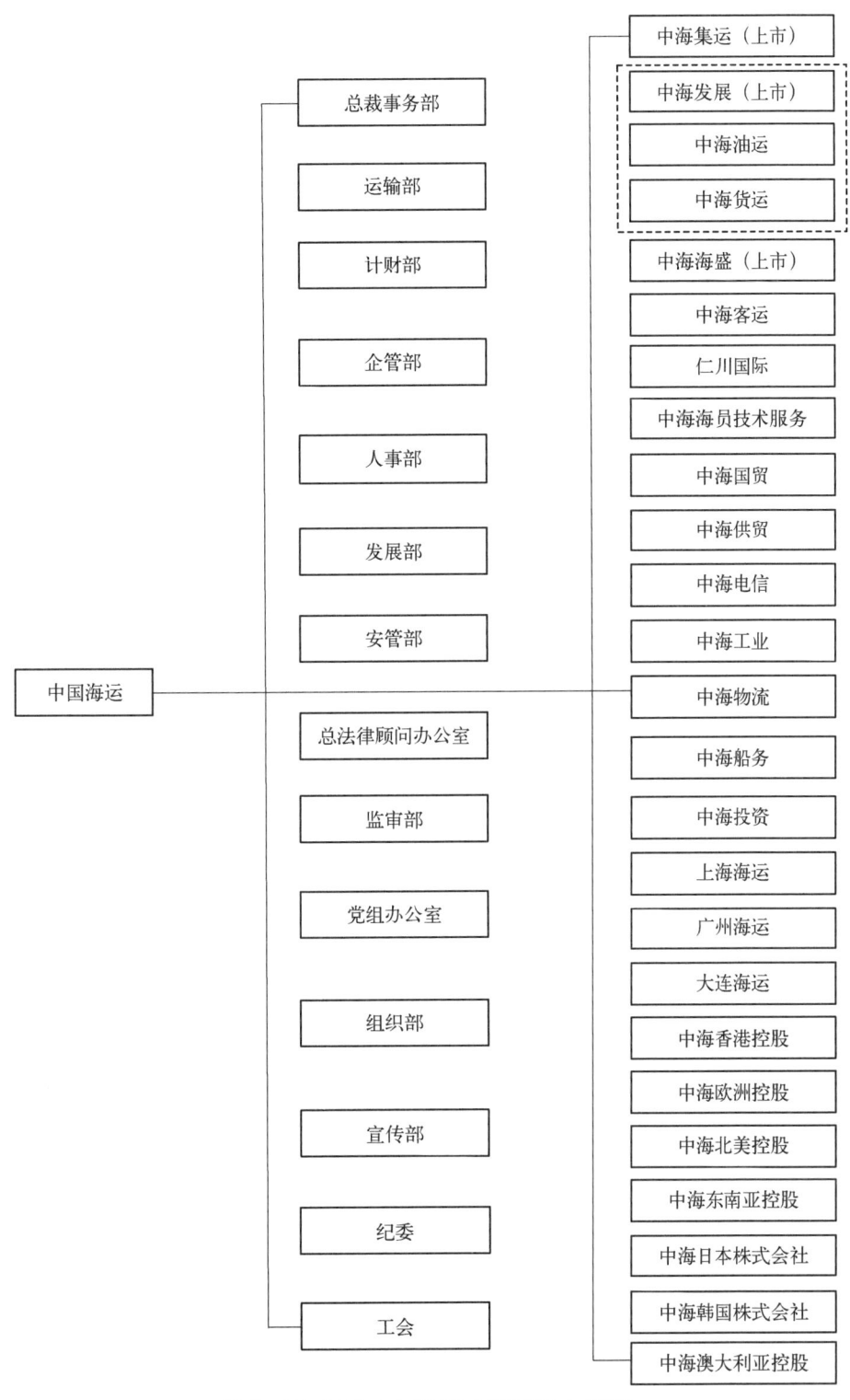

说明：中海油运与中海货运是中海发展的分支机构。

图 1-2-1　1997 年中国海运组织架构

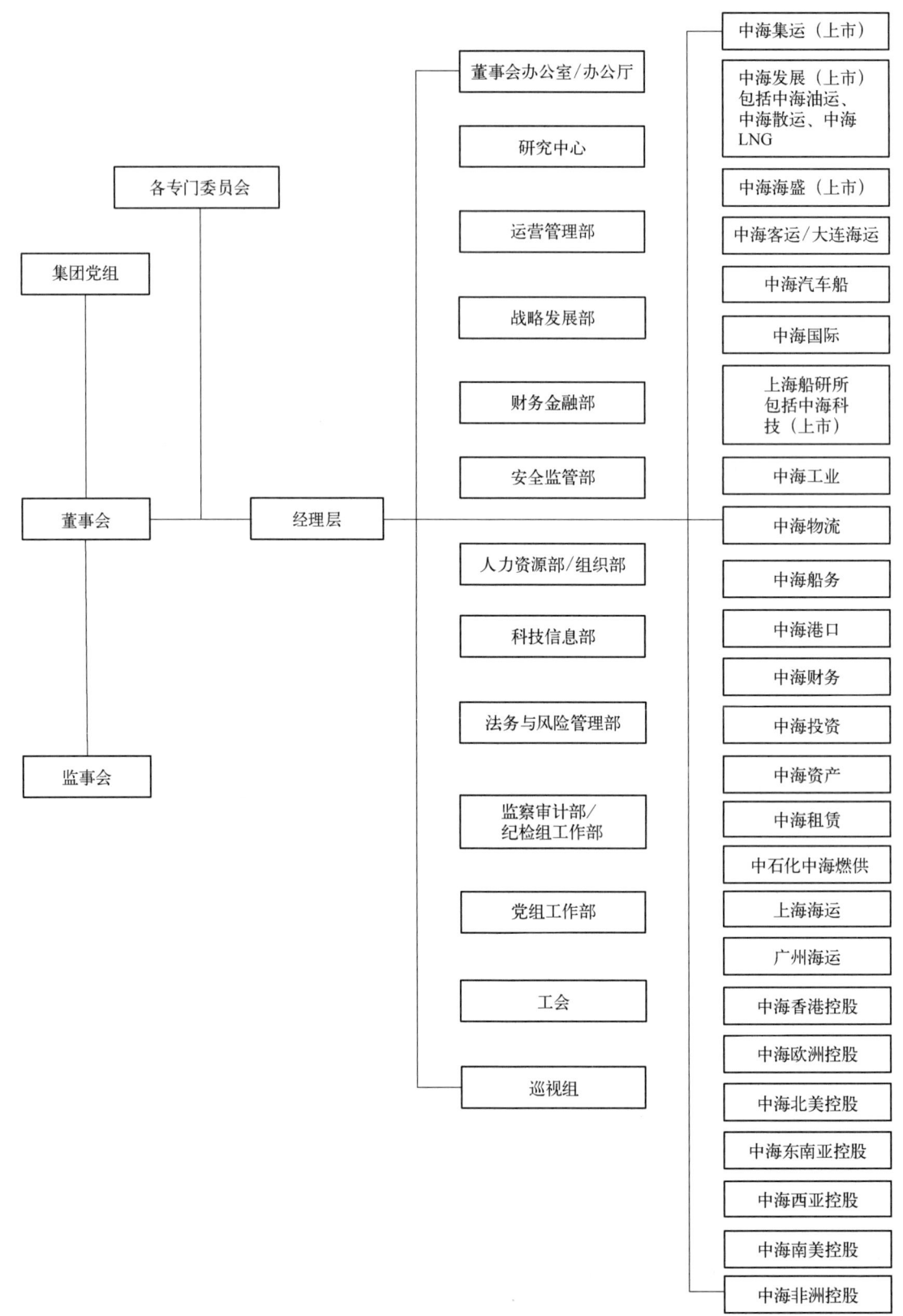

图 1-2-2　2012—2015 年中国海运组织架构

2012年6月20日,集团党组为推进企业转型升级、应对市场挑战,改变总部机关在职责定位、机构设置、人员结构上不适应、不合理现状,召开领导班子总部机构改革专题务虚会,确定总部机构改革的方向、原则、重点,并成立改革领导小组和工作小组。根据总部"战略管理、资源优化、监督管控、服务指导"的职责定位,实施改革的总体设计,分步实施,强化管理。

2012年8月底,集团总部以精简高效为原则,完成改革组织架构设计。原总部机关部门共计13个,编制222个,员工164人;改革调整后部门数量为11个,分别为董事会办公室/办公厅,运营管理部、战略发展部、财务金融部、安全监管部、人力资源部/组织部、科技信息部、法务与风险管理部、监察审计部/纪检组工作部、党组工作部和工会,另设立集团巡视组。总编制控制在222个以内,保持原编制不突破,定员核定在180人,增长幅度控制在10%以内。围绕"世界一流和世界500强"新目标和集团转型发展的新要求,本着"科学合理、精简高效"的原则,集团撤销资本运营处、境内开发处、财信处、船员处4个处;将老干部处与社保中心合并;新设研究中心、陆岸管理室、客户管理室、资产管理室、战略规划室、金融管理室、党建办公室等9个二级机构;对19个二级机构理顺关系或强化职能。将业务关联性强的组织职能进行有效集中,优化流程;解决职能交叉重叠和职能空缺问题,补齐短板,达到提升总部功能目标。

截至2015年,集团下属单位有境内注册的4家上市公司以及14家非上市二级公司,同时还包括境外注册的7家控股公司。

第三章 发展战略

1997年中国海运刚一成立,就确立了企业发展总战略,即抓住沿海,拓展远洋;一业为主,多元发展。1998—2010年,集团先后制定了"九五"及"十五"(1999—2005)发展规划、"十一五"(2006—2010)发展规划、"十二五"(2011—2015)发展规划。这些五年规划与国家国民经济和社会发展规划周期一致。此外,集团每年还编制为期三年的滚动规划,以便不断跟踪中长期战略执行情况,并在此基础上修订五年规划期的市场竞争策略项目进度目标,使战略规划更加符合主客观条件变化的实际需要,提高战略规划的科学性和实用性。

第一节 总体战略

中国海运的总体发展战略为:抓住沿海,拓展远洋;一业为主,多元发展。

抓住沿海,拓展远洋,是集团发展战略中方向性的战略定位。沿海运输是集团经营的基本市场,远洋运输是集团发展的潜在市场。抓住沿海运输,集团根本利益就有保证,主力船队就有"根据地",拓展远洋运输就有依托。远洋运输,是集团拓展的主要市场,不再是沿海运输的一种补充,它将与沿海运输一样,在集团发展过程中具有同等重要的地位和作用。集团一手抓沿海,一手抓远洋;紧紧抓住油运、煤运等大宗物资的运输,培育和发展集装箱运输,优化客运,拓展特种运输。

一业为主,多元发展,是集团发展战略中根本性的产业政策。一业为主,就是以航运为主业,航运业在集团的发展战略中占有绝对重要的地位。但是,由于航运业是一个高投入、高风险、低回报的产业,受世界经济影响较大,市场的竞争越来越激烈,所以必须依托航运主业的优势,慎重地在其他相关的优势产业和项目上多元发展,以降低航运风险,积极培育和形成工业、贸易、货代、船代、劳务、通信、旅游、海外、金融等多元化产业,提高规模效应,发挥企业综合优势和实现规模效益,形成有中海特色的多元产业结构和经济体系。

第二节 五年战略规划

一、"九五"及"十五"战略

【"九五"战略目标】

到2000年,中国海运基本形成以航运为主业,规模化经营、专业化分工、集约化发展的格局。总资产大幅度增长;总收入力争达到130亿元以上;企业的经济效益在1998年实现扭亏为盈的基础上,进一步得到提高;职工的收入随着经济效益的提高不断得到改善,经济体制和经济增长方式基本完成两个根本性转变,建立起适合社会主义市场经济需要的经营管理体制和机制,初步建设成为符合现代企业制度的国有大型企业集团。

【"十五"战略目标】

到 2005 年,中国海运建设成为一个跨地区、跨行业、跨所有制、跨国经营的企业集团;在航运业有较大发展的同时,形成产业结构比较合理、产业门类配置优化、产业优势综合互补、产业效益明显提高的完善的经营格局;总资产、总收入力争比 2000 年年末翻一番;企业的经济效益明显的提高;职工收入达到较高水平;集团发展成为国际上有重要影响的航运企业,并为后 10 年的发展打下一个坚实的基础。

【"九五"及"十五"战略方针】

根据"九五"及"十五"战略目标,中国海运确立这一时期的战略方针,即以效益为中心、市场为导向,以生产经营为基础、资产经营为手段,以优质服务为宗旨、加强管理为保证,实现资产规模化、经营专业化、效益最佳化、管理现代化的目标。

以效益为中心,是由企业的经济性质所决定的。集团的主要症结是企业经济效益亏损。解决这一问题的根本出路,就是大力发展生产,提高企业的经济效益。集团的最大的实绩,就是海上运输生产,其主要资产、从业人员、经营优势、经济效益都是在海上运输生产上;同时在与运输生产相关的陆上产业中,也有许多重要的生产经营项目和业务。资本经营是集团优势的体现和企业发展的有效途径。资本经营作为现代企业发展的一种有效手段,已经被实践所证明。集团要实现自己的战略发展目标,也需进行资本经营运作。以优质服务为宗旨,这是经营的取胜之道。运输企业本身是一个服务企业,因此必须坚持优质服务的宗旨,提供安全、诚信、周到、及时的服务。

二、"十一五"战略

【"十一五"战略目标】

中国海运坚持科学发展观,进一步做强、做大主业,建设大型化、规模化、专业化、资产优质、结构合理、具有世界一流水平和核心竞争力的现代化船队;继续积极发展与主业相关的产业,形成依托和服务主业、产业结构合理、规模优势明显、经济效益显著的多元化产业体系;加强风险防范和管理,确保集团健康、持续、快速发展。到 2010 年,集团基本建成更为完善的现代企业制度,成为国家 30～50 家重要骨干企业之一,努力成为具有较强国际竞争优势的世界一流水平的航运企业。

【"十一五"战略方针】

围绕战略目标,中国海运制定 6 项发展方针:

增强航运主业优势 航运主业是集团的生存之本、立足之基、优势之源,是中央企业所承载的责任与使命之体现,也是集团多元业务发展壮大所依赖之根基。在做大做强集装箱运输船队的同时,进一步加大油轮、干散货船队结构调整和发展步伐,加快从"拥有船队"向"拥有和控制船队并举"的方式转变,加快从"拥有控制企业资源配置"向"同时配置社会资源"的方式转变,逐步形成集运、油运、货运互为支持、优势明显、协同发展的格局,增强主业抗风险能力,实现从周期性波动发展向可持续稳定发展的转变,做到市场萧条时企业效益下滑比同行业要少要慢,市场繁荣时企业效益增长得比同行业要更好更快。

水上和陆岸、境内和境外产业协同 集团在发展集、油、货等航运主业同时,进一步发展和增强陆岸产业的规模实力、经济比重、投资回报,继续加大陆岸产业、境外产业的改革、调整和发展的力度,坚持"一业为主、多元发展"的方针,实现主业和相关产业的系统集成、上下游支持的产业链优势,增强对社会资源的配置能力,形成若干个与主业发展相适应的支柱产业,提升陆岸和境外产业在集团经济结构中的比重,实现水上和岸上、境内和境外互为支持、可持续发展的产业格局。

生产经营、资本运作"双轮驱动" 集团以从生产经营获取收益为主,逐步向生产经营和资本经营并重获取收益转变,通过把生产经营做强,把资本经营做优,努力实现"1+1>2"的整体效果和最佳效益。集团坚持以"一手抓生产经营,一手抓资本运作,两手抓,两手都要硬"的方针;坚持"安全、规范、慎重、有效"的原则,严格执行国家政策和法规,严格资金管理,积极培育优质资产,通过资本运作,实现集团生产经营和资本运作的"双轮驱动"和持续稳步发展。

与大货主长期联营合作 坚持与大货主长期联营合作,是集团首选的发展方针。抓住20%大客户,就能抓住80%的利润,就能有效地规避市场波动风险,同时能够为企业拓展更大的市场空间和增强可持续发展能力。集团在巩固提高原有联营合作水平基础上,坚持平等、互利、共赢和长远发展的原则,继续拓展新的联营合作领域和合作对象、合作项目,在联营合作中求得自身又好又快的发展。

人才适度超前培养和储备 一流企业人才是关键。在制定"十一五"发展规划同时,集团就人才培养和发展专门进行研究。2005年9月15日,集团召开"十一五"人才发展规划工作电视电话会议,明确集团"十一五"人才发展规划的构成、内容和有关要求。随着集团不断发展,人才需求持续增大。鉴于此,人才队伍的培养必须坚持人才超前培养和储备的方针,采取有效措施,加快建设步伐,创新工作思路,努力打造出一支一流的人才团队,形成更加符合集团发展需要、市场需求的人才培养机制,为企业可持续发展提供更多的人才支持。

建设"四好"班子及构建和谐中海 中国海运是国家特大型航运企业,加强党的领导和建设是关键。坚持不懈地加强领导班子建设,加强先进性建设,充分发挥企业党组织的政治核心领导作用、战斗堡垒作用和党员的先锋模范作用,为改革、发展、稳定提供强有力的政治保证、思想保证、组织保证。继续加强精神文明、企业文化和"惩防体系"建设;坚持以人为本,正确处理改革、发展、稳定三者的关系,不断增强凝聚力,紧紧依靠广大干部职工,为构建和谐中海而奋斗。

三、"十二五"战略

【"十二五"战略目标】

中国海运继续以航运为主业,相关产业协调发展,建设世界一流航运企业为目标,坚持做大做强,一业为主、多元发展的原则,积极实施"规模发展与结构调整并举"的发展方针,围绕发展装备能力,提高组织管理水平,争取经济、社会效益的主题努力奋斗。"十二五"末期,集团船队规模、运输能力、运输收入等,都将在"十一五"发展成果的基础上实现新的提升。管理制度建设、精神文明建设和职工队伍建设同步发展,全面建成运输装备能力强,管理、技术水平高,货物运输成本低,运输安全、质量优,经济和社会效益好,一业为主、多元并进的世界一流航运企业。

到2015年,总资产规模达到2 000亿元以上,净资产规模达到1 000亿元;船舶总运力规模(含联营公司)达到4 790万载重吨;营业收入达到1 200亿元,国有资产保值增值率达到109.1%。

【"十二五"时期的战略性转变】

中国海运转型发展战略概括为"三个转变":

从航运的行业追赶者向行业领先者转变。在服务于中国经济、服务于中国企业"走出去"的过程中,把握经济规律和市场节奏,做出正确的战略决策,从"本土化公司"向"国际化公司"转变,着力实施差异化战略和服务领先战略,着力加强价值链管理,努力成为国家 30~50 家质量效益型、具有国际竞争力的大型国际企业集团之一。

经济增长从数量型向质量型转变。既注重"量"的发展,更注重"质"的提高。到"十二五"末期,集团总资产、净资产以及船队规模依旧有较大增长,同时,百元收入营业成本、百元成本费用利润率、人均劳动生产率等"质量"指标要得到进一步提升,继续保持企业的可持续平稳发展。

从单一的速度指标向全面的和谐发展转变。在强调做大做强的同时,努力提升企业的社会责任,依法经营,诚实守信,坚持安全发展、绿色发展,做和谐企业的表率。

第四章 业务发展

1997—2015年,中国海运经过18年的跨越式发展,建成了一支大型化、规模化、专业化船队,其船队发展速度之快,船队质量提升之大,在中国乃至世界航运史上尚不多见。运输能力稳步提高,支持保障能力不断增强;集团的货运量年均增长率在10%以上。在航运主业带动下,码头业、物流业、制造修理业、船舶管理业、供贸业、信息业、金融业等多元产业都得到较好较快发展,成为"依托主业优势、支持主业发展"的重要产业链,成为集团主要的经济增长点。集团不断加大境外产业发展,建立和完善全球化经营网络,境外产业成为集团全球化经营的重要基础和保证。此外,在18年发展期间,特别是自2005年后,集团着力强化"大客户、大合作"战略,努力探索新的经营模式与发展模式,跳出恶性竞争的"红海",努力驶向合作双赢的"蓝海"。

第一节 船队规模

1997年,中国海运成立之初,拥有船舶运力750万载重吨,平均载重吨1.8万吨,年运量1.44亿吨。之后一两年内,集团抓住市场机遇,进行集装箱运输低成本扩张,迅速形成初具规模的集装箱运输船队,并以发展集装箱运输为重点,推进油运、货运、客运共同发展。

20世纪末,中国海运沿海货运量和客运量均居全国第一位;拥有各类运输船舶近400艘,总吨位约800万载重吨,居全国第二位。总资产257亿元,净资产100亿元。其集装箱运输发展尤为迅速。至2001年,在内贸运输方面,已开辟多条贯通南北的集装箱运输干线,基本确立在内贸集装箱运输市场上的主导地位;在外贸运输方面,除积极发展内支线、近洋航线外,还成功开辟中国—澳大利亚、远东—欧洲、地中海、远东—美西、远东—美东等中远程集装箱班轮航线,形成涵盖全球主要贸易区的远洋集装箱运输网络。集团所属中海集运在全球班轮公司的排名已上升至第14位。同年9月,受美国"9·11"事件影响,全球航运市场一路下滑,集团实施"反周期运作"策略,将国家拨给的24亿元贷款全部用以较低价格造船,新增运力700多万载重吨;新建和融资船舶总计150多艘,处置船舶86艘,使船队大型化、规模化、专业化程度明显提高。

2003年年底,经营运输船舶412艘,总运力1 154万载重吨,位列全国航运业第二位。其中集装箱船(含驳船)艘数和箱位数分别为129艘和20万TEU,规模进入世界班轮公司前10位,年运输量达500万TEU。沿海货运量和客运量均居全国第一位。年末总资产416.06亿元,净资产124.25亿元,实现主营业务收入266.83亿元,主营业务利润36.13亿元,净利润12.56亿元。

2005年,总资产达640多亿元,经营各类船舶430多艘,近1 500万载重吨,年货运量超过3亿吨,并拥有船舶管理、综合物流等多家陆岸产业和270余家境外企业、办事处和代理网点。其集装箱运输在短时间内实现快速发展,已拥有140多艘、近35万TEU的集装箱船队,其中4 000 TEU以上船舶占总运力60%以上;已开辟60多条内、外贸集装箱班轮航线,航迹遍及中国沿海和世界各主要港口,年运输重箱超过584万TEU,为当时世界排名第六的集装箱班轮公司。同时,拥有国内规模最大的海上石油运输船队,经营包括2艘超级油轮(VLCC)在内的各类型油轮90多艘,除承运国内沿海原油、成品油和过驳进口原油外,还承担外贸石油运输和第三国油品运输,年石油运量超过6 500万吨,其中原油运输占国内船舶承运市场的70%左右。其散货运输船舶年运量达1.3亿吨以上,经营航线遍及国内沿海、长江中下游地区和世界各主要港口。其中,煤炭年运量超过1.1亿吨,成为国家电煤运输的骨干力量。

"十一五"期间,中国海运确立"百年中海"的企业愿景,瞄准世界一流航运企业的奋斗目标,全面开展对标工作;按照"大船+低碳"与"瘦身+强身"思路调整优化船队结构,形成集装箱、油轮、干散货三大船队"三足鼎立"协调发展的基本格局。同时,围绕制度建设与流程优化,坚持不懈抓好船队精细化管理;各项业务特别是航运主业发展迅猛,资产规模与船队规模大幅度增长,创造年盈利110亿元的历史最好成绩。

至2007年年末,已拥有运输船舶436艘,1 768万载重吨,44.92万载箱位,1.28万载客位,7 165载车位,所属船队的运力结构进一步优化,规模化和大型化凸显,已形成以4 000 TEU以上新造集装箱船为主力的现代化集装箱船队。全年完成货运量3.70亿吨,货物周转量6 456.4亿吨海里。其中内贸完成2.73亿吨,1 954.45亿吨海里;外贸完成0.97亿吨,4 501.95亿吨海里;完成上海地区煤炭运输3 154万吨,约占整个上海煤炭运量的80%。

2008年完成货运量3.73亿吨、货物周转量6 366.76亿吨海里。其中,集装箱运输首次超过千万TEU,达到1 014.6万TEU;其在上海港的集装箱吞吐量已连续7年(2002—2008年)排名第一,2008年为318.9万TEU,占上海港集装箱吞吐总量的11.42%。石油运量完成6 459万吨,为上年同期的98.45%;煤炭运量1.22亿吨,为上年同期的98.58%;金属矿石运量1 810万吨,为上年同期的98.03%;完成客运量272万人次,为上年同期的91.13%;车运量27.9万辆,比上年增长2.5%。

为加强船队结构调整和应对全球金融危机,集团在增添新船的同时,加快老旧船舶的淘汰速度,仅2008年后的4年间就处置老旧船舶101艘,219万载重吨。其中未到报废期而提前处置的船舶达48艘,占总处置运力的48%。

2010年年底,中国海运经营各类运输船舶472艘,2 346万载重吨,集装箱船载箱位近51万TEU。当年新船交付40余艘,其中包括1艘1.41万TEU大型集装箱船、3艘30万吨级油轮和4艘23万吨级矿砂船。全年完成货物运输量超过3.7亿吨、1 000万标准重箱。

2011年,中国海运投入国际市场的运力占集团总运力的比重接近50%,国际市场货物周转量比重超过75%,境外企业实现收入占集团的比重达30%,企业和机构数为114家。截至同年年底,集团共有各类船舶506艘,2 789万载重吨,单船平均吨位5.51万载重吨,平均船龄10.3年(平均船舶吨位为"十一五"初期的1.6倍,平均船龄降低4.08年)。至2014年11月,集团已拥有船舶541艘,3 600万载重吨,其中集装箱运力70万TEU。同年年底,国家开发投资公司下属的国投海运发展有限公司以及下属的鸿海海运发展有限公司、鸿祥海运发展有限公司、鸿洲海运发展有限公司3家香港单船公司,经国资委批准,其100%股权无偿划转给了中国海运,并于2015年1月28日办妥工商变更手续,遂成为中国海运直接持股的全资子公司。与此同时,国投下属的国投远东航运有限公司52.38%股权也划转给中国海运。5家公司共有17艘干散货船(15艘运营,2艘在建)。其中9艘5.7/5.8万载重吨船舶配有30吨起重吊。考虑到船舶技术条件及国际件杂货运输市场情况,上述9艘船以中非航线杂货运输业务为主。

"十二五"时期,中国海运充分利用国家有关政策,加快落后运力报废处置步伐,投入节能环保新船型。其间共报废处置老旧船182艘,525万载重吨,与"十一五"末期相比,船舶数量仅增长15%,但船队运力规模增长72%,平均船龄从11.3年下降到6.5年,船舶大型化、年轻化趋势明显。

同时，在新建船舶中大量使用节能新技术和新工艺。中海集运的超大型船舶19 000 TEU系列集装箱船，充分突显节能环保性能，该船型船长、宽、深分别为400米、58.6米及30.5米，采用电子喷油控制柴油机，主机功率77 200马力，并配备2台船舶压载水处理装置。船舶停靠码头时，可采用码头岸电供给系统，提升绿色、环保性能。该船在17节慢速航行时，燃料消耗可控制在150～200吨/天范围，甚至低于早期5 600 TEU船的耗油量，节能效果明显。其EEDI（船舶能效设计指数）指标比IMO规定的2015年第一阶段限值低近50%，有效减少碳排放，船舶能效水平大幅度提升。

表1-4-1 2005年、2010年、2015年中国海运船队发展情况表

类别\时期	初创发展期末 2005年	快速发展期末 2010年	转型发展期末 2015年
船队现代化 平均船龄（年）	14.38	11.27	6.47
船舶大型化 平均单船载重吨（万吨）	3.41	4.94	7.44
船舶低碳化 船舶燃油单耗（公斤/千吨海里）	7.267	6.708	3.920
劳动生产率 人均年创收能力（万元）	114.88	137.90	170.09
船舶与陆岸板块收入占比（%）	75.82;24.18	70.09;29.91	56.64;43.36

截至2015年年末，集团船队呈现现代化、大型化、节能化，平均船龄为6.5年，分别比2005年、2010年下降7.91年和4.8年；单船载重吨为7.44万吨，分别比2005年、2010年提升4.03万吨和2.5万吨；船舶燃油单耗为3.920公斤/千吨海里，而2005、2010年对应的数据分别是7.267公斤/千吨海里和6.708公斤/千吨海里。上述各项指标，当时在世界上属领先水平。在中国海运的转型发展期，船队外延发展速度虽下降，但内涵质量却大幅提升。

表1-4-2 2015年中国海运大型及超大型船舶情况表

船型	艘数（艘）	载重吨、载箱量	船龄（年）
集装箱			
7 000～9 999 TEU	28	24.93万TEU	6.79
10 000～11 999 TEU	8	8.03万TEU	1.00
12 000 TEU以上	15	23.44万TEU	2.53
原油			
阿芙拉（8万～12万吨）	4	43.74万吨	9.35
VLCC（27万～32万吨）	14	419.50万吨	6.71
ULCC（32万吨以上）	2	64.57万吨	1.50
成品油			
LR2（8万吨以上）	3	32.86万吨	2.61

〔续表〕

船　型	艘数(艘)	载重吨、载箱量	船龄(年)
干散货			
小好望角(9万~12万吨)	6	60.47万吨	3.50
大好望角(12万~20万吨)	8	143.77万吨	2.00
VLOC(20万吨以上)	18	532.29万吨	3.33
LNG			
超大型	3	51.55万立方米	0

"十二五"期间,集团强调大力发展LNG业务,进一步做大做强"油轮及能源运输"板块,按照"十二五"规划要求,至2015年年底,集团参股和控股LNG船舶达到10艘,形成中等LNG船队规模。

"十二五"期间,集团利润总额分别为1.49亿元、7.25亿元、4.13亿元、30.6亿元和49.3亿元;国有资产保值增值率为114.06%。除保持盈利外,船队综合运力、货运量、总资产、净资产保持逐年稳步增长,资产负债率始终保持在60%以下,财务状况保持良好。到2015年年末,集团船队规模达到544艘、4 047万载重吨,分别为2011年506艘、2 786万载重吨的1.08倍和1.45倍。在规模扩张的同时,船队的大型化、现代化、低碳化程度也显著增强,船队平均吨位7.4万吨,平均船龄6.5年,船舶燃油单耗3.92公斤/千吨海里;均明显优于2011年的5.51万吨、10.3年和6.61公斤/千吨海里。在船舶"大型化"理念引导下,中国海运船队拥有一大批处于世界领先和先进水平的船型,其中14 100 TEU、19 000 TEU的集装箱船,32万吨的VLCC以及23万~30万吨超大型矿砂船成为船队代表性船型。

表1-4-3　2015年年底中国海运下属主要船公司船舶运力分布情况表

船舶经营人	艘数(艘)	总吨(吨)	载重吨(吨)	载箱量(TEU)	载客量(人)	载车量(CEU)	平均船龄(年)
全资专业公司							
国投海运	9	297 346	513 501				3.11
浦海航运	25	170 317	207 076	14 078			9.32
香港控股	2	105 418	186 696				3.00
中海海盛	11	322 017	5 463 511				5.55
中海集运	146	9 263 914	10 283 670	865 631			6.46
中海客运	10	197 566	91 802		13 582	1 527	8.70
中海汽车船	5	230 533	78 444			25 892	11.20
中海散运	106	5 041 855	9 273 451				4.19
香港航运	12	480 933	901 312				9.67
中海油运	65	4 319 042	78 844 771				6.49
鑫海公司	7	107 115	121 833	8 271			18.29
仁川公司	2	19 716	25 100	1 814			6.50
小计	400	20 555 772	30 113 713	889 794	13 582	27 419	6.34
合资公司	144	6 068 770	10 359 469	0	0	0	6.76
总计	544	26 624 542	40 473 182	889 794	13 582	27 419	6.47

第二节　多元化发展

中国海运始终坚持多元化发展方针,努力探索新的经营模式与发展模式,使航运主业和与之相关的陆岸各项产业同步发展。

"九五"后期及"十五"时期,中国海运业已形成"航运为主、多元发展"的产业结构。码头业发展加快,洋山二期、南沙一期码头合资项目签约,连云港、锦州、天津港等新建合资码头相继投产,积极推进沿海和境外重点枢纽港码头合作项目,2005年完成吞吐箱量320.7万标准箱,收入20.24亿元,盈利1.23亿元。连云港集装箱物流工业园区开始前期建设,连云港箱厂当年建成投产,制造干货箱3.75万个标箱,产值4.8亿元,还签订了半挂车制造项目合资协议。中海工业积极推进中海长兴修船基地建设,拓展市场,产值和销售收入同比增长15%和32.12%,盈利1.02亿元。中海燃供销售油品285.46万吨,收入90.13亿元,盈利1.32亿元。中海船舶代理超过3万艘次,集团外船舶1.3万艘次,收入1.93亿元,盈利3988万元。

"十一五"时期,中国海运强调企业发展的协同性,提出"三足鼎立""船岸联动"发展思路。2006—2010年间,集团着手进行集装箱、油轮、干散货船队"三足鼎立"和航运主业与多元产业"船岸联动"的产业结构调整,在继续发展集装箱船队的同时,也加快了油轮、干散货船队的发展,加快了金融、码头、物流、修造船等相关陆岸产业的发展,调整了集中发展集装箱业务的战略,避免"把鸡蛋放在一个篮子"的风险,这为后期应对金融危机、平抑市场波动、增强抗风险能力、推进转型升级打下良好基础。到2010年年末,集团航运主业收入占比为70.09%,比2005年下降5.73个百分比;陆岸产业占比为29.91%,比2005年上升5.73个百分比。

"十二五"时期,为应对全球金融危机带来的航运市场剧烈动荡,中国海运提出"五个转型"(即发展方式、产业结构、管理方式、团队建设和竞争力模式的转型)和新的"三个转变"(即从船与船的竞争向链与链的竞争转变,从单个企业竞争向企业群的竞争转变,从传统经营模式向产融结合模式转变)"三大板块"(即航运板块、工业板块、物流码头金融板块)协调发展,使经济效益、企业管理大力提升。

为促进企业转型升级,集团从研究"航运、工业制造、物流码头金融"三大产业板块结构调整入手,制定工业制造、物流、码头、金融等板块的细分业务发展规划,提出到"十二五"末期,形成"1+6"业务板块协调发展的基本格局。"1+6"产业结构,即航运主业为"1",其他相关业务板块为"6",分别为金融、码头、物流、工业、科技、航运服务与社会化服务(包括船员管理、船舶管理、船舶供应、物业、LPG储运、大健康、大旅游等)。

中国海运通过商业模式创新,突破传统的产业边界、服务边界和市场边界,积极拓展向航线两端的延伸服务,由原来注重船的竞争转向注重链的竞争,满足客户的全部需求或最终需求。通过"1+6"产业结构调整整合物流供应链,加速发展"大物流"业务,深化大货主合作战略,在很大程度上减少对航运业的过度依赖,降低航运市场剧烈波动给企业造成的大起大落风险。尽管2011—2015年整个国际航运市场极度低迷,全球航运企业普遍陷入亏损困境,但中国海运坚持转型升级与商业模式创新,依然取得平稳发展,保持整体盈利的好成绩。其间,集团进一步强调优化结构,从"主业集中型"产业结构转向"多元发展型"产业结构。其结构调整主要包括四个方面,即调整船队结构、船型结构、产业结构、资本结构。在产业结构方面,坚持和完善"船岸联动"战略,使与航运相关的陆岸产业取得较快发展,初步形成"航运、工业制造、物流码头金融"三大板块协调发展的格局。

"十二五"末期,集团陆岸与海上运输收入之比已达到43∶57,与2010年(30∶70)比较,陆岸收入比重上升13个百分点。其中制造业收入占比增长4个百分点,供贸业增长2.2个百分点,物流码头业增长0.2个百分点。进入转型发展时期,集团强调进一步调整产业结构,提升陆岸产业比重。在资本结构方面,中国海运通过"双轮驱动",加大金融业发展力度,增强集团的盈利能力,不断提升金融资产质量。集团所属中海财务和集团资金管理部充分发挥"两个平台"优势,深化整合效应,积极拓展金融服务领域,在加强人民币监管的同时,实现境内外汇资金归集,95%外汇纳入系统监控,使资金管理力度加大,资金管理水平进一步提高。转型发展时期,集团进一步强调继续调整资本结构,不断提升金融资产质量。

第三节　国际化经营

中国海运组建初期,确立"巩固沿海、发展远洋"的战略方向,专门成立由集团总裁直接领导的境外发展工作组,强化对境外产业发展和管理工作的指导、协调,确保集团境外事业持续、快速、健康发展,努力提升中国海运的国际竞争力和全球品牌形象。"十五"期间,又进一步确立建设世界一流航运企业的战略目标。经过多年发展,中国海运已建设成为全球知名的跨国航运公司。

1997—2015年18年间,集团的几任主要领导都把实现全球化经营作为中国海运建设世界一流的必然选择,努力发展和壮大境外产业,建立强大的境外业务网络,强化国际竞争优势,创造新的利润增长点。2013年11月,中共十八届三中全会通过《中共中央关于全面深化改革若干重大问题的决定》,对于进一步深化国企改革起到重大而深远的历史意义。同年9月和10月,国家主席习近平在出访中亚和东盟国家期间分别提出建设"新丝绸之路经济带"和"21世纪海上丝绸之路"的理念和倡议,推动"一带一路"建设,给中国航运企业进一步"走出去"带来新的发展机遇。

2014年,集团境外业务发展进入高峰。截至年底,境外企业总资产为953.68亿元,占集团总资产的46.48%,比上年增加36.13%;净资产为190.96亿元,占集团的22.9%,比上年增加35.08%。其中7家境外控股公司实际经营管理的境外资产为303.58亿元,比上年增加37.73%;净资产为102.11亿元,比上年增加75.11%。全年境外业务收入为310亿元,占集团业务总收入的37.22%,比上年增加24.24%;利润总额为18亿元,占集团的58.31%,比上年增加222.62%。其中7家境外控股公司实现收入为39.28亿元,比上年增加28.12%,实现利润13.83亿元,比上年增加101.22%。海外员工总数达到3 228人(含境外公司在华南地区的雇员),其中集团驻外干部124人,外聘3 104人。

与组建初期的国际化经营不同,在转型发展时期,集团的国际化更加注重加强境外业务多元化。初创期的境外业务主要围绕集装箱班轮业务开展,境外业务机构基本就是集装箱的揽货网点。转型发展时期,为满足集团国际化规模扩张的新要求,适应"从船的竞争转向链的竞争"的新模式,有利于打造China Shipping的国际化品牌,集团领导多次到境外深入调研,提出境外业务多元化的要求,促使集团的国际化经营实力不断增长。

截至2015年年底,中国海运的远洋航线已覆盖全球160多个国家和地区的1 500多个港口,形成以中国香港、日本、韩国、澳大利亚等地区和国家,以及东南亚、西亚、北美、南美、欧洲、非洲等区域为辐射点,以船舶航线为纽带,遍及世界各主要地区的跨国经营网络。海外企业和机构分布在海外40多个国家和地区,400多个营销网点遍及境外近100个国家(地区)。中国海运境外产业实现跨越式发展,业务规模占比已接近集团50%,抗风险能力大为增强;建成遍及全球的多级营销服务体系,形成一套基本适应集团国际化经营的海外企业管理体制机制。境外产业涉及远洋运输、船代、货代、租船、租造集装箱、供贸、劳务、码头、集卡运输、计算机信息技术、船舶管理、物流等多个领域,业已成为中海全球化经营的重要支持和保障体系,成为中国海运建设世界一流航运企业的重要组成部分和经济效益增长点。

2015年,受国际航运市场特别是集装箱运输市场大幅下滑的影响,境外业务经济效益同比减少,但仍取得较好业绩。截至当年年底,境外资产规模为1 110.52亿元,总收入298.16亿元,利润总额10.44亿元。

从"十五"到"十二五"时期,中国海运围绕发展境外航运业、建设全球营销网络、拓展相关产业、加强境外企业监管和制度建设、培养国际化人才等方面,制订境外发展长远规划,明确境外产业发展方向,主要强调三个方面:坚持科学发展,做到合理规划、科学布局;紧密配合集团全球航线的发展,以服务主业为宗旨,以经济效益为中心,注重投资回报;依托主业又不依赖主业,积极拓展新的市场,使境外产业真正成为增强集团核心竞争力和提高集团整体经济效益的重要保障,成为中国海运全球化经营的关键要素。

表1-4-4 2010—2015年中国海运境外财务情况与全集团比较情况表

年 份	总资产(亿元)		总收入(亿元)		利润总额(亿元)	
	总 计	境 外	总 计	境 外	总 计	境 外
2010	1 429.26	485.44	648.11	250.49	70.17	49.74
2011	1 610.34	567.19	635.01	255.43	1.49	−9.97
2012	1 789.71	613.9	693.99	250.7	10.8	16.07
2013	1 761.24	748.67	696.09	262.07	3.48	−10.80
2014	2 051.73	953.67	832.82	310.02	30.87	18.00
2015	2 322.04	1 110.52	786.11	298.16	46.16	10.44

第四节 "大客户、大合作"战略

一、基本情况

"十五"时期,中国海运积极推行"大客户、大合作"战略,以差异化战略应对同质化竞争,将产业链向航运上下游两端延伸,以优质高效、合作共赢的理念提升对客户的服务质量。

2003年,集团与中国石油化工股份有限公司(简称中石化)合资组建中石化中海船舶燃料供应有限公司,两家中央直属的国有特大型企业强强联手,优势互补,在确保集团燃油供应的同时,共同拓展中国船舶燃料供应市场,谋求互利双赢。

"十一五"时期,集团更加注重与大客户的战略合作,每年有新的大客户加入战略合作同盟。先后与中石化、中石油、中海油等石油巨头建立战略合作关系,推进原油、成品油以及化工产品运输的合资合作;与宝钢集团、武钢集团、鞍钢集团、首钢集团、沙钢集团等钢铁企业建立战略合作关系,推进铁矿石和成品钢材运输的合资合作;与神华集团、华能集团、中电投集团、华润集团、大唐集团、中煤能源等煤炭电力企业建立战略合作关系，推进煤炭运输的合资合作；与中铝集团、中储粮集团等建立战略合作关系，推进矿石、粮食等散货和集装箱运输合资合作。同时，集团注重加强与港口的合作，先后与上海港、宁波港、天津港、大连港、秦皇岛港、烟台港等签署战略合作协议或项目合作协议，加快推进与港口的项目合作和业务合作。先后与连云港、大连港、秦皇岛港、天津港、烟台港、营口港、锦州港、宁波港、广州港等组建合资码头公司，推进集装箱码头合资合作发展。还将台湾高雄港作为航线配置港之一，与高雄港务局签订合作意向书。除上述大客户和合作对象外，中国海运还积极开展与沿海地方政府的战略合作，先后与上海市、广东省、广西壮族自治区、海南省、河北省、广州市、深圳市、大连市等签订战略合作框架协议，在为地方经济发展作出贡献的同时，谋求地方政府对集团航运及相关产业的发展给予支持。

"十二五"期间，集团采取将普通的大客户合作战略升级为大客户融入战略，包括集中自身资源为大客户提供全面的供应链管理方案、参与大客户上下游产业链的布局、积极参与国内大客户的海外扩张战略、改变集装箱班轮单打独斗经营模式等举措，变旧模式下的"为我所有"，为新模式下的"为我所控""为我所用"。通过大客户融入战略，突破企业边界，构筑合作网络，打造"企业群"优势，进一步实现"强强联合"。至2012年，已先后与50余家大企业和省市政府签署合作协议。由集团与大客户合资组建的液态货和干散货运输联营公司近20家。至2014年，与集团签署战略合作协议的货主、港口、银行和地方政府数量已上升至69家。

二、合作效果

【"顶梁柱"作用】

自2006年起，中国海运相继租入和订造多艘VLCC，为中石化、中石油等大型石油公司承运进口原油，稳步巩固国轮在原油运输中的比例；同时，在散货运输方面，巩固和加强与大型煤炭、钢铁等中央企业的战略合作，合资订造一大批特大型散货船，并通过加强资本层面合作，巩固长期运输业务合作，也为国内企业合理控制成本和风险，提高资源利用效率，带来明显的协同效应。

【抵御市场冲击】

抱团取暖，合力应对，共抗"严冬"，是中国海运迎战国际金融危机与航运市场波动的关键手段。例如，2011年，全球航运企业普遍遭遇市场低迷的剧烈冲击。在应对危机中，央企合作战略发挥重要作用，中国海运的全年干散货COA合同签订量比2010年增长17.6%；油品COA合同签订量比2010年增长15.7%；承运战略合作客户货运量比2010年上升13.4%。旗下所属的中海货运，在同业普遍亏损的情况下依然取得可观的经济效益，中国海运实现整体盈利，其中央企合作成为市场逆境中应对挑战、化危为机的关键因素。

【助力平稳发展】

中国海运的集装箱、油运、货运三大船队及业务的平稳发展，得益于央企之间的合作，从而在稳定货源、稳定效益上提供了保障。"十一五"时期，集团属下的中海集运在东北与中石油、中储粮以及鞍钢集团加强合作，为内贸南北集装箱航线提供了大量稳定的基础货源；与上汽集团加强合作，为相关专线的开辟和稳定经营发挥了重要作用。中海油运三大主要客户（中石化、中石油、中海油）运量、收入占中海油运总运量、总收入的比重一直超过70%；中海货运（不含联营公司）大客户运量、收入占中海货运总运量、总收入比重位于60%～75%之间;"十一五"至"十二五"时期,平均保持在70%左右。

【促进上下游业务】

通过央企合作,促使中国海运将自身发展成为客户供应链和价值链中不可或缺的一部分,使之与客户简单的交易关系上升到长期协作的伙伴关系,由点到点的传统运输方式转换到点对面的现代物流配送体系。同时,央企合作还促进中国海运的转型升级,使其在国际航运市场上,从船与船的竞争升级为链与链的竞争。例如,中海集运通过与中铁的集装箱运输合作,开辟了海铁联运业务,实现了商业模式创新。中海码头通过参与连云港、大连大窑湾、广州南沙、广西钦州等集装箱码头投资,延伸集团的航运产业链,扩大企业的综合优势。

第二篇 所属企业

概　　述

中国海运组建初期，遵循"积极稳妥，发挥集团与子公司两个积极性、提高经济效益"和"集中经营、分级管理"的组建原则，着手进行专业化重组整合，步入"专业化分工、规模化经营、集约化管理"的发展轨道。在专业化重组整合中，强调牢固树立市场意识、效益观念、严格管理等观念，克服"集"而不"团"现象，防止只要投资、只求规模、不计效益的倾向和行为，努力提升企业核心竞争力。到2000年，中国海运基本完成了专业化重组，形成了以集、油、散三大船队为主业的多元产业互相补充，互相支撑的产业结构。

"十二五"时期，中国海运产业布局主要集中在航运各细分市场，产业链条有待延伸，需要加强各产业、各板块之间的协同效应，促进企业转型升级。为此，集团从研究"航运、工业制造、物流码头金融"三大产业板块结构调整入手，制定工业制造、物流、码头、金融等板块的细分业务发展规划，提出争取到"十二五"末，形成"1＋6"业务板块协调发展的基本格局目标。"1＋6"产业结构，即航运主业为"1"，"6"为6大航运相关业务板块，分别为金融、码头、物流、工业、科技、航运服务与社会化服务（包括船员管理、船舶管理、船舶供应、物业、LPG储运、大健康、大旅游等）。除此之外，集团还进行内部资源整合，旨在通过新的资产布局，解决同类资源业务分散、管理分散、交叉重叠、内部竞争等问题，实现资源配置优化，提高资源使用效率，增强总体竞争优势。为此，集团启动散运资源、码头资源、物流资源、科技信息资源以及不动产资源的整合。根据"1＋6"产业结构设计并经内部资源整合，到2015年年末，集团所属的二级企业共计26家，其中境外二级子公司7家；三级子公司约180家。所属企业大体分为两类：航运企业、陆岸企业（包括境外）。

二级企业包括：

航运企业：中海集运、中海发展、中海客运、中海海盛、中海汽车船。

陆岸企业：中海工业、中海港口、中海物流、中海船务、中海财务、中海投资、中海租赁、上海船研所、中海国际、中海资产、中石化中海燃供、上海海运、广州海运、大连海运、香港控股、东南亚控股、北美控股、欧洲控股、西亚控股、非洲控股、南美控股。

第一章 航运企业

经过专业化整合重组,中国海运初步打造了以集装箱、油轮、干散货三大船队为主要力量,以海上旅客运输、化学品及 LPG 等特种运输为补充力量的航运主业,在国家中的战略地位、行业话语权以及综合竞争能力等方面实现新的飞跃,成为国家进出口物资海上运输的主力船队之一,成为确保国计民生与国家经济安全的重要载体。在所属二级航运企业中,包括主要航运企业和其他航运企业。主要航运企业中有直属大型航运企业 7 家,其他航运企业中包括规模较小的直属航运企业 5 家以及合资航运企业 11 家。

第一节 主要航运企业

一、中海集装箱运输股份有限公司

中海集装箱运输有限公司(简称中海集运)成立于 1997 年 8 月 28 日,是中国海运所属从事集装箱运输及相关业务的多元化经营企业,经营业务以国内外海洋集装箱运输为主,同时涉及船舶代理、揽货订舱、运输报关、仓储、集装箱堆场、集装箱制造、修理、销售等多个相关行业。

公司总部设在上海,成立初期注册资金 18.01 亿元,其中中国海运持有 40.06% 的股份,中海发展持有 25% 的股份,广州海运持有 15.44% 的股份,上海海运持有 19.5% 的股份。

2002 年 9 月,中海发展将其持有的中海集运 25% 股权转让给中国海运。

2003 年,中国海运将中海集运净资产折股独家发起设立中海集装箱运输股份有限公司(仍简称中海集运)。

2004 年 1 月,上海海运和广州海运亦将所持有的中海集运股权转让给中国海运。至此,中国海运成为中海集运的唯一股东,持有该公司 100% 股权。同年 6 月 16 日,公司在香港联交所主板上市。

2007 年 12 月 12 日,中海集运 A 股在上海证券交易所成功上市。A 股发行时,中国海运在中海集运股本中共持有 47.89% 的股份。

公司成立时,陆岸职工总人数仅 500 多人,到 2000 年年末已达 3 440 人。2006—2010 年推进精细化管理,人力资源管理以"总量预控、结构优化、配置合理、素质提高"为目标,通过调整结构、优化管理,人员保持相对稳定,船员人数比 2005 年年末略有减少。

"十一五"期间,中海集运总部进行了 4 次较大的组织架构调整。

2006 年,成立市场三部、西亚部、口岸公司管理部和监审部。

2007 年,成立船舶管理中心、船员管理部、航线合作部和组织部,撤销船工四部。

2008 年,对核算中心原有的组织架构进行改革并调整,将审核和结算职能分开。

2010 年,成立信息部、法律部,重组成立新的亚太部,局部调整船舶管理中心机构和职能。以架构调整为契机,中海集运重新修订了部门职责,对流程进行了全面持续的改进,在运价管理、核算体系、船舶船员管理等方面取得显著改善,有效提高了公司运作效率。

其间,根据上市公司规范运作的要求和公司发行 A 股的承诺,为简化股权结构、加强管理、统一经营、协调发展,减少与中海集团的关联交易,公司顺利完成对洋浦冷藏、洋山储运、中海码头和仁川渡轮等资产的收购工作。2008 年 2 月 1 日,中海集运召开董事会,同意收购中海(洋浦)冷藏储运有限公司(简称洋浦冷藏)及上海中海洋山国际集装箱储运有限公司(简称洋山储运)的相关股权。洋浦冷藏由中海集运、中海物流、苏州中海国际集装箱储运有限公司分别拥有其 40％、30％和 30％的股权,主要从事集装箱修理、堆场仓储、冷藏箱航前预检(PTI)等业务。同年,中国海运将其持有的中海码头 100％股权交由中海集运持有,中海码头遂成为中海集运的全资子公司。

2008 年,公司进一步规范上市公司运作,制定一系列规章制度,规范公司信息披露流程,努力提高公司透明度,同年获得国际权威杂志《投资者关系杂志》颁发的"IR magazine Awards 2008"大奖,并在北京"中国财经风云榜"颁奖典礼中夺得"投资者关系上市公司奖"。同年,公司还获得"30 年中国品牌成就奖",成为国内航运企业唯一获此奖项的企业。

2008 年,中海集运自"十一五"初期的企业发展定位从"世界一流的集装箱班轮公司"转为"世界一流的集装箱综合航运物流企业",着手进行战略调整,发展重点从注重外延式扩张转向以效益为中心,可持续发展能力逐步增强,从而在严峻的市场形势下,仍能保持平稳发展。

通过实施结构调整、整合资源、归类管理等措施,"十二五"初期,中海集运除拥有一支实力强劲的国际集装箱船队外,旗下还拥有浦海航运、五洲航运等沿海支线船公司,船代、货代等八大口岸公司以及洋山储运、洋浦冷藏和大连万捷等 18 家二级子公司,业务涉及集装箱运输、码头经营、仓储物流等领域。而船队、码头、集卡、仓储、铁路、空运等供应链资源整合,更产生了"1＋1＞2"的集群效应;海铁联运、海空联运、水水联运、水陆联运等综合物流供应链经营,极大增强了集装箱运输以及整个集团的市场竞争力。

2012 年 6 月,中海集运的总资产已由成立初期的 8.5 亿元上升至 581.4 亿元,增长 67 倍。公司员工总计 7 282 人,其中机关在编员工 629 人,各口岸公司等陆岸单位员工 4 043 人,集运船员库船员 2 610 人。经努力,公司得到社会各界的高度肯定,荣获了"全国交通运输行业文明单位""中国品牌价值冠军""内贸航线服务金奖""DOLLAR TREE 年度最佳承运人""中国货运业大奖最佳集装箱班轮公司——综合服务银奖"等诸多奖项。

2013 年 1 月,公司进入全球班轮公司 10 强,排行第 9 位。在推进各项经营管理的同时,公司进一步加强资本运作,优化资源配置,对下属码头资产进行重组整合,进一步优化业务板块,集中资源做强集装箱班轮主业,增强核心竞争力。整合后的码头产业布局及未来的发展规划更为全球化,可配合公司全球航线战略布局,更充分地发挥协同效应。公司还坚持企业效益与社会效益平衡发展,积极推动低碳环保,履行企业社会责任。同年 6 月,美国洛杉矶港向中海集运颁发"减速降污染特别奖",对公司在减速航行、减少空气污染、造福当地居民和海洋环境方面所做出的努力表示肯定。

2015 年 1 月 9 日,在《中国航务周刊》主办的第十一届"中国货运业大奖颁奖典礼"上,中海集运荣获"综合服务十佳集装箱班轮公司"称号。

2015 年 12 月,中远集团与中国海运开始实行企业合并重组。当月 11 日,中国海运所属中海集运对外发布重组预案,通过资产出售及资产收购方式,将公司业务重心由集装箱班轮营运商转变为以船舶租赁、集装箱租赁和非航融资租赁等多元化租赁业务为主的综合金融服务。根据方案,中海集运此次重组由重大资产出售及重大资产购买两部分组成。重大资产出售方面,公司及全资子公司中海集运(香港)将其持有的 34 家公司股权出售予中国远洋指定的承接方及中国海运下属子公司中海东南亚;并将其持有的中海港口 49％股权出售予中远太平洋;交易价格合计 49.24 亿元。重大资产购买方面,中海集运向中国海运、广州海运及上海海运购买其持有的中海投资100%股权;向中国海运购买其持有的中海租赁100%股权;向中国海运、广州海运购买其持有的中海财务40%股权;直接或通过向指定的承接方增资的方式向中远集团购买其持有的渤海银行13.67%股份;向中远财务以增资方式认购其17.53%股权。同时,中海集运通过其全资子公司中海集运(香港)向中海香港购买其持有的东方国际100%股权、中海绿舟100%股权、海宁保险100%股权;向中远香港购买其持有的Long Honour 100%股权;向中远太平洋购买其持有的佛罗伦100%股权;交易价格合计272.52亿元。

2016年11月,公司名称由"中海集装箱运输股份有限公司"变更为"中远海运发展股份有限公司"。

二、中海发展股份有限公司

中海发展股份有限公司(简称中海发展)的前身为上海海兴轮船股份有限公司(简称海兴公司),成立于1994年5月3日。以上海和华东地区沿海货运为主,兼营远洋客货运输,是当时华东地区最大的煤炭、原油水路运输企业。海兴公司为国务院证券委员会确定的第二批境外上市试点企业,经国家体改委批准,由上海海运独家发起设立。成立时总股本为14亿元,全部界定为国有法人股。

1994年6月18日,国务院证券委员会批复同意海兴公司公开发行H股,额度为10.8亿股(每股面值人民币1元),发行后可向香港联合交易所申请上市。并明确海兴公司的股份总额为24.8亿股(每股面值人民币1元),全部为普通股。其中,国有法人持股为14亿股,由上海海运持有并行使股权,占总股份的56.45%;H股10.8亿股,占总股份的43.55%。同年11月11日,海兴公司发行的H股在香港联合交易所上市,该公司成为在香港发行上市H股的国内首家航运企业。

1997年7月1日,中国海运在上海成立,作为核心企业全资持有上海海运、广州海运和大连海运的全部股份。为统一调配集团内部资源,实现中国海运的整体发展规划和集团内部专业化分工,减少同业竞争,也为了有效发挥上市公司在国际资本市场的窗口作用,经国家国有资产管理局批准,同年7月18日,中国海运通过协议转让方式,从上海海运接收海兴公司14亿国有法人股股权,成为海兴公司的控股股东。同年12月,经上海市工商管理局核准,海兴公司更名为中海发展股份有限公司。公司总部设在上海,也是当时中国海运所属唯一一家在境外上市的公司。

1998年2月和5月,为适应国内外航运市场变化,中海发展按照"集中经营、分级管理"的原则,先后组建油轮公司和货轮公司,为其分支机构。同时,按照专业化经营要求,通过管理协议方式,统一管理和经营中国海运下属上海海运、广州海运及大连海运拥有的所有油轮和干散货船。同年3月,中海发展以每股1.883 2元(折合港币1.76元)增发4.96亿新股(每股面值人民币1元);其中向中国海运配售2.8亿股内资股,向H股股东配售2.16亿股境外上市外资股。中国海运则以船舶资产作为实物投资(中海发展通过增发,从大连海运及广州海运收购19艘油轮),该资产由蛇口中华会计师事务所出具资产评估报告书,并经国家国有资产管理局确认。该次增发完成后,中海发展总股本为29.76亿股,其中国有法人股16.8亿股,占总股本的56.45%;H股12.96亿股,占总股本的43.55%。

2000年年底股本总计29.76亿元,其中国有法人股为16.8亿股,占总股本的56.45%,由中国海运持有;在香港联合交易所有限公司上市H股为12.96亿股,占总股本的43.55%。公司下设中海发展股份有限公司油轮公司和中海发展股份有限公司货轮公司,为公司的分支机构。

2002年5月,经中国证监会核准,中海发展首次公开发行A股3.5亿股,并于当月23日在上海证券交易所上市。此次发行完成后,公司总股本为33.26亿股。其中,国有法人股16.8亿股,占50.51%;上市H股12.96亿股,占38.97%;上市A股3.5亿股,占10.52%。

2005年12月8日,经国务院国资委及商务部批准,并经上海证券交易所同意和股东大会审议通过,中海发展实施股权分置改革。该项股改方案实施后,中国海运持股份数由原16.8亿股变更为15.79亿股,为境内有限售条件流通股,股权比例从原50.51%变更为47.46%;境外上市外资股(H股)12.96亿股,占总股本的38.97%;境内社会公众股4.52亿股,为无限售条件流通股,占总股本的13.57%。

2007年6月,经中国证监会核准,中海发展公开发行20亿元可转换公司债券。该可转换公司债券于2008年1月2日开始转股,共有19.88亿元的可转换公司债券转换为公司A股股票,累计转换7 855万股,其余未转股部分则由公司全部赎回。转股后,公司总股本变更为34.05亿股,其中,中国海运持股比例从47.46%变更为46.36%;境内无限售条件流通股(A股)变更为5.3亿股。2008年年底,中国海运持有的中海发展15.79亿境内有限售条件流通股全部上市。2009年,中海发展收购中海LNG公司和业务。

2010年5月17日,中海发展与关联方上海海运签署股权转让协议,向上海海运收购其所持有的华海石油运销有限公司50%股权,价格为1.44亿元。通过收购进一步推进公司与中石油之间的大货主战略合作,也妥善解决中国海运内部的同业竞争,促进上市公司规范管理。同年年底,中海发展总股本34.05亿股,均为无限售条件的流通股。

2011年,中海发展发行人民币39.5亿元可转换公司债券,于2013年12月底完成最后一笔资金款项支付后,2013年12月31日将结余募集资金用于日常业务运营。

2012年,中海发展发行50亿元债券,扣除相关发行费用,除偿还公司2009年第二期中期的20亿元票据外,其余部分用于补充公司流动资金。

2012年8月,集团为理顺干散货运输管理体制,开始启用"中海散货运输股份有限公司"名称(简称中海散运),以替代原中海发展分支机构"中海发展股份有限公司货轮公司",后者的名称以及简称"中海货运"随之取消。同月8日,中海散运在广州正式揭牌成立,标志着中国海运在干散货运输经营管理上迈出新的一步。

2013年11月1日,为理顺管理体制,中海油轮有限公司成立,并完成分支机构改为子公司的管理机制变化。

2015年12月,中远集团与中国海运开始实行企业合并重组。同月11日,中海发展召开2015年第十二次董事会会议,审议通过《关于公司重大资产重组方案的议案》,并于2016年3月29日召开2016年第三次董事会会议,审议通过《关于公司重大资产重组暨关联交易方案的议案》。根据《中海发展股份有限公司重大资产出售及购买暨关联交易报告书(草案)》及其摘要,该公司拟实施重大资产重组。包括重大资产出售:公司向中远集团和其指定的全资子公司中散集团出售中海散运100%股权;重大资产购买:公司向中远集团收购大连远洋100%股权。根据《资产购买及出售协议》的约定及交易标的资产的评估备案结果,出售资产的交易价格为53.32亿元,购买资产的交易价格为66.29亿元,标的资产交价款的差额部分即12.97亿元由公司向中远集团支付。

该公司原主营业务为中国沿海地区和全球的成品油及原油运输、中国进口LNG运输、中国沿海地区和全球的煤炭和铁矿石运输。其重大资产重组于2016年7月15日实施交割,重组完成后,主营业务将变更为油品运输业务及LNG运输业务。2016年10月18日,公司名称由"中海发展股份有限公司"变更为"中远海运能源运输股份有限公司"(简称中远海能)。

三、中海发展股份有限公司货轮公司

1998年5月28日,中海发展股份有限公司货轮公司(简称中海货运)在广州正式成立,由上海海运、广州海运、大连海运所属6家专业货运公司组建而成。总部设在广州,在上海、大连分别设有分公司。组建时共经营管理门类齐全的散、杂、自卸货轮105艘,292万载重吨。公司为中海发展的分支机构,也是中国海运下属的中国沿海最大的散杂货运输船队。其拥有一支训练有素、技术精良的员工队伍,掌控着中国沿海货运半壁江山,并有部分船舶投入远洋运输。

2000年,公司经营各类散、杂货船114艘,321.10万载货吨,年货运量7 968.53万吨,货物周转量899.73亿吨海里,实现收入25.04亿元,实现利润总额327.1万元。年末资产总额57.92亿元;负债总额31.25亿元,固定资产净值为49.81亿元,资产负债率为54%。

中海货运自成立始,一直将沿海煤炭运输,特别把电煤运输作为主要运输业务,在北方主要煤港至上海和华东地区的沿海煤炭运输市场中,占有明显优势。其与上海和华东地区主要电力公司、钢铁企业都建有长期合作关系,是这些电力企业和钢铁企业的主要煤炭运输服务商。同时,将煤运业务拓展至华南地区,和华南地区沿海煤炭消费企业也建有业务联系。在公司全部干散货运输业务中,煤炭运输所占比重基本保持在70%以上,不仅市场份额稳定,而且在社会用电量日益增加、电厂耗煤不断走高的拉动下,一直保持在较高水平。

2001年,公司运往上海和华东地区煤炭约2 927万吨,占煤炭运输量的85.1%;运往华南地区煤炭约454万吨,占煤炭运输量的13.2%;此外还承运部分中国出口日本、韩国的煤炭。

"十一五"期间,中国海运提出"调整优化上水平,再造一个新货运"的发展思路,中海货运把握良机,开拓进取,积极应对航运市场波动,有力推动干散货船队的发展。公司坚持服务国家经济发展大局,优先保障电煤运力供应,认真兑现电煤运输合同。在经营中密切关注各大电厂发电量和存耗煤量,加强与政府、港口、货主单位的协调配合,在煤炭供应紧张时,多次发动和组织"保煤运输",甚至不惜将盈利状况较好的外贸船舶临时调回沿海参与抢运煤炭,积极发挥国有骨干航运企业的作用,为更好发挥企业在国民经济建设中的保障作用履行应有的社会责任。公司还在与华能集团、神华集团、上海电力燃料有限公司等主要客户合资组建时代航运、友好航运、珠海新世纪航运有限公司的基础上,又与上海宝江航运有限公司、上海银桦航运有限公司等多家联营公司(均由中海集团和中海发展出面,由中海货运参与经营管理),以确保相关地区和单位的能源物资运输需求。

2006年始,鉴于国家铁矿石进口量逐年增大,铁矿石运输日益成为该公司主要干散货运输业务之一。其不仅承担进口铁矿石的二程中转运输,是宝钢集团等重点客户的铁矿石二程运输主要供应商,而且积极参与和发展进口铁矿石一程运输,与宝钢集团、首钢集团、武钢集团等主要钢铁企业,相继签订进口铁矿石长期运输协议,并着手兴建一批23万吨和30万吨级大型矿砂船(VLOC),逐步建立起一支大型化、专业化、现代化的散货运输船队,以履行协议。

2008年,公司因积极履行国家大型骨干企业的社会责任,为确保国民经济的正常运行和人民群众的正常生活秩序作出杰出贡献,被国务院国资委授予"抗击雨雪冰冻灾害先进集体"称号。在复杂多变的市场形势下,公司积极推进精细化管理,调整经营策略,加强与大客户合作,取得公司成立以来最好经营业绩,当年完成各项生产经营指标均创历史新高,主营业务收入比上年增长

28.48%,主营利润比上年增长33.72%。公司还致力于走发展与环保并进的发展道路,在企业效益步步攀升的同时,燃油单耗逐年降低。2003—2008年累计降幅5.65%,按同货物周转量的耗油量口径统计,年平均节油量达2万吨,相当于年节约燃油费用近1亿元。2008年,公司的"树立节能减排理念,创新经济航速管理模式""提高副机运行效率,降低燃油消耗"两个科研项目,被交通部确定为"交通行业首批节能示范项目"。

2010年,公司共经营运输船舶101艘,432万载重吨,其中沿海船舶70艘,241.36万载重吨;远洋船舶31艘,190.71万载重吨。年完成货运量1.23亿吨,货物周转量1546.92亿吨海里,分别为上年同期的114.35%和119.76%。其中,完成煤炭运量9793.82万吨(含电煤8435.17万吨),991.05亿吨海里;金属矿石2011.85万吨,319.99亿吨海里;粮食320.70万吨,145.49亿吨海里。经营航线遍及国内沿海、长江中下游港口和世界各主要港口。实现主营业务收入74.60亿元,利润总额10.95亿元;年末资产总额90亿元,负债总额11.14亿元,资产负载率12.38%。"十一五"期间,主营业务收入累计283.4亿元,实现利润累计111.8亿元,分别为"十五"期间的1.6倍和2.6倍。

2011年,在航运市场运价低迷与油价上涨的双重压力下,全球航运业普遍出现亏损,但集团属下的中海货运,通过苦练内功及合作战略,创造逆势上扬的佳绩,实现利润总额13亿元,创下金融危机后连续3年盈利、累计实现利润超30亿元的良好业绩,充分体现了发展的含金量。这在运价指数持续低迷的大背景下,不仅成为集团的突出亮点,更是整个航运业的突出亮点。

2012年8月1日,集团开始启用"中海散货运输有限公司"名称,简称为中海散运。原"中海发展股份有限公司货轮公司"的名称以及简称"中海货运"随之取消。同月8日,中海散货运输有限公司在广州正式揭牌成立,标志着中国海运在理顺干散货运输管理体制上迈出新的一步,是为主动调整战略,着力优化结构,加强资源整合,应对航运严峻形势的重要举措。为积极应对市场变化,集中力量打造中海散货品牌,理顺干散货运输管理体制,从上年第四季度起,集团便着手进行干散货运输资源的整合,并设立新的独立法人——中海散运,以此作为中国海运干散货船队统一经营管理平台,逐步将中海所属干散货船舶的资产、业务及散货联营公司的股权转划到中海散运。

2012年6月12日,中海散运在广州南沙注册成立,当时共经营和管理各类干散货船舶180余艘,1100多万载重吨,为当时中国沿海最大,全球第五大干散货航运公司。中海散运成立后,集团将中海散运确定为集团干散货船队的统一品牌,对散运业务及时进行整合,主要包括将中海发展下属的9家散货运输企业股权转让给中海散运;将原中海香港控股的干散货运输资源整合并入中海散运,以做强做大中国海运的干散货远洋运输;将中海海盛的干散货船队并入中海散运等。

2015年5月,经公司董事会审议决定,中海散运正式宣布将麾下船舶按船型和经营区域实施整合,组建好望角、巴拿马、灵便型、华南、华东五大船队。这是公司继年初实施船管与经营统一考核之后,又一项深化改革的新举措。整合后的五大船队将作为公司所属二级机构,按照模拟公司化运作的管理要求,实行相对独立的经营、核算管理模式。每一支船队都实现船管与经营相统一,责任与权利相统一,从而使陆岸与船舶沟通协调更加顺畅,经营管理更加高效。

"十二五"期间,中海货运(中海散运)积极实施船队结构调整:从以沿海、小型、老旧为主的船队结构向以远洋、大型、低龄化为主的船队结构转变。中海货运(不含联营公司)经营船队规模从2011年年底的109艘、567.99万载重吨,增加到2015年12月底的106艘、927.35万载重吨,平均吨位从5.52万载重吨增加到7.75万载重吨,平均船龄从12.80年下降到7.75年,基本实现大型化、年轻化,船队竞争力得到进一步提升。年底总资产341.13亿元,总负债287.44亿元,资产负债率84.26%;全年总收入66.36亿元,利润总额-1.51亿元。

表 2-1-1　2015 年 9 月全球干散货船队运力排名情况表

排名	公司	载重吨（万吨）	艘数（艘）
1	日本邮船	2 074.95	224
2	中远集团	1 935.19	217
3	日本川崎	1 570.37	135
4	商船三井	1 364.35	121
5	中国海运	1 149.73	143
6	Vale	864.67	28
7	Fredriksen	830.70	79
8	Shoei Kisen K.K	821.21	84
9	Pan Ocean	803.00	65
10	Nissen Kaiun K.k	799.92	82
11	Berge Bulk	797.87	33
12	Angelicoussis	786.28	45
13	Star Bulk Carriers	722.78	71
14	Polaris Shippings	688.43	26
15	Navios	672.90	67

资料来源：Clarksons Research Autumn 2015。

四、中海发展股份有限公司油轮公司

中海发展股份有限公司油轮公司（简称中海油运）成立于 1998 年 1 月 19 日，经上海市工商行政管理局核准，以"中海发展股份有限公司油轮公司"登记注册，由上海海运、广州海运下属的油运公司组建而成，是中国海运下属的专业化船公司，作为中海发展的一个分支机构，统一经营管理控股股东中国海运的所有油轮。中海油运总部设在上海浦东新区，在广州设有分公司，主要经营国内外油品运输，是中国海运第一家跨地区的专业化船公司。公司成立之初，拥有 96 艘各类油船，总载重吨 238.75 万吨，资产总值逾 44.92 亿元，成为当时国内最大的海上石油运输专业公司，也是中国海运集团重要的支柱产业之一。

"十五"和"十一五"期间，在中国海运发展战略中，公司被列为集团重点发展船队之一。其以创建世界级油轮船队为目标，以世界各大油轮船队为标杆，通过对标更新观念，形成一整套严格按照国际安全管理规则和国际著名石油公司检查标准的船舶管理体系，在国内外油运市场的知名度和市场份额都得到提升。该公司凭借卓越表现，先后荣获"全国精神文明建设工作先进单位""全国交通系统创建文明行业先进单位""上海市文明单位""中国货运业最佳船公司"金奖，以及中国国际海事"油轮营运商"奖等荣誉称号。

2011 年 12 月 20 日，在北京召开的全国精神文明建设表彰大会上，被授予第三批全国文明单位称号，也是中国海运第一家获此殊荣的单位。

中海油运与国内沿海沿江主要炼化企业都建有长期运输合作关系,是这些炼化企业的最大原油供应商。2014年1月,中海发展完成了对深圳三鼎油运贸易有限公司8%的股权收购,2014年7月公司完成了对国内另一家海上石油运输企业北海船务40%的股权收购,中海发展基本实现了内贸油运市场的整合,确保公司在该市场的引领地位。

"十二五"期间,公司资产总值快速增长。2015年总资产已达253.2亿元,为1998年的5.7倍。船队结构调整取得重大进展。18年间,用于船舶造、买、租和更新改造的总投资达281亿元。与1998年比较,2015年的船舶总艘数从97艘减少到79艘,船舶总载重吨从224.1万吨增加到885.9万吨;最小船舶吨位由3 000吨级上升到4.2万吨级,30万吨超大型油轮(VLCC)达16艘;平均船龄缩短至10年内。船舶配置设备自动化程度高、通信导航设施先进,已初步建成一支有实力、有规模,以巴拿马型、阿芙拉型和超大型油轮为主力船型的庞大船队。公司的内外贸经营格局也发生巨大变化。从沿海走向远洋,航线遍布中东、远东、东非、西非、美东、美西、美湾、地中海、澳洲、西欧、东南亚等世界各国260多个港口,2015年外贸货运量达4 023.6万吨,为总货运量的49.7%,呈现内外贸货运量各占半壁江山的可喜局面(公司组建初期的1998年,外贸相对较弱,货运量1 460.6万吨,仅为总货运量的29.7%),逐步实现公司经营重心由以沿海运输为主向沿海与远洋并举的战略性转变。船队营运效率大幅提高。1998年货运量为4 911.6万吨,2015年为8 093.7万吨,单船的平均载重吨从2.5万吨提高到11.7万吨。外贸货运量的快速增长,促进船舶运载周转能力持续增强,1998年货物周转量为498亿吨海里,2015年提高至2 230.2亿吨海里,翻了4番之多,企业的核心竞争力不断提升。

2016年上半年,中海发展实施重大资产重组,向中国远洋运输(集团)总公司收购其持有的大连远洋运输有限公司100%股权,向中远散货运输(集团)有限公司出售本公司持有的中海散货运输有限公司100%股权。同年6月6日,由中海发展重组而成的中远海运能源运输股份有限公司在上海正式宣告成立,是中国远洋海运集团有限公司旗下从事油品和天然气等能源运输的专业化公司。总部设于上海,主要子公司包括上海中远海运油品运输有限公司(简称上海中远油运,即原中海油运)、大连中远海运油品运输有限公司以及原中海集团液化天然气投资有限公司、中海发展(香港)航运有限公司和中海发展(新加坡)航运有限公司等。

中远海能的成立,达到油轮船队位居"全球第一"的规模,其拥有和控制油轮运力105艘、1 704万载重吨;LNG运输共投入运营船舶9艘、参与投资LNG船舶25艘。新公司具有显著的规模效益和发展优势,与国内外200多家石化企业和油品贸易公司保持着良好的合作关系,是当时全球船型结构最均衡、船龄最年轻、现代化程度最高的油轮船队,具有内外贸市场、原油与成品油市场、大船与小船市场、油品与天然气市场联动的独特优势。

五、中海客轮有限公司

1997年,中国海运组建后,本着经营专业化、效益最佳化、管理现代化的基本方针,进行改革调整和资产重组,相继成立5个专业化公司。其中以大连海运客轮公司为主,将上海海运客轮公司并入,于1998年6月18日注册成立中海客轮有限公司(简称中海客运),注册资金3亿元。

1999年,公司董事会决议由大连海运、上海海运受让中国海运在该公司的投资,并由大连、上海两集团公司对该公司增资。至2000年年底,公司实收资本增为3.4亿元,其中大连海运占57.76%,上海海运占42.24%。公司总部设在大连市,上海设有分公司。公司本部机构设置为:总经理办公室、企业规划部、航运部、客运管理部、财务部、人事部、技术部、海事管理部、安全监督部;

党群机构设置为：党办、组织部、宣传部、纪委监察室、工会、团委。大连海运（集团）公司与中海客运实行一套人马、两块牌子、部分机构合署办公的管理模式。

中海客运成立后，主要承担我国沿海海上客货运输及国际海上货物运输。截至2010年年底拥有客轮7艘（客滚船5艘、高速船2艘），总客位8487个，总车位577个；拥有5000吨级杂货船1艘；主要经营大连—烟台、大连—威海等客运航线。公司陆地产业包括船舶修理厂、旅行社和上海分公司等；参股企业有中海港联航运有限公司、烟台同三轮渡码头有限公司等。

"十五"至"十二五"期间，随着公路、铁路、航空业的发展，传统的海上客运市场逐步缩小。以上海为起讫港的南北客运航线相继退出营运市场，唯有渤海湾，由于特殊的地理位置，客轮运输依然有一定市场需求。为此，中海客运坚持把发展的目标放在渤海湾客运市场上，先后购入多艘大型客货滚装船，投入渤海湾客货运输，组成安全、快捷、舒适的客滚班轮航线，使其在渤海湾客运市场的整体竞争力得以进一步提升。

2013年，公司市场部更名为营销中心，划分大连、山东两个片区，根据各自情况开展竞争合作。针对渤海湾市场运力的分布情况和经过对潜在市场的研究，设立大连湾售票处。结合节日客流特点，公司开展春运期间务工人员乘船优惠及中、高考结束后新生入学免费乘船等活动，扩大市场影响力。针对自驾出游旅客持续增多的情况，推出包舱服务等优惠营销产品，积极争揽高端客户。为解决司机候船休息与用餐问题，增加对司机的吸引力，创办烟台打捞局码头、大连湾港码头"司机之家"等服务项目。并充分利用公司"岛"字号船舶抗风等级高、大风天气独家开航优势，大风前后及时调整班期和票价，适时增加班次，提高经济效益。积极有效的营销和服务措施，对维持公司市场地位、保持市场份额起到重要作用。

2015年，中海客运上海分公司无偿划转上海海运；大连海运向中海客运注资4.6亿元，中海客运成为大连海运的全资子公司。是时，公司经营范围包括海上客运、货运、附设餐厅、住宿、零售食品饮料、日用百货、小件寄存、机动车辆保养、船舶设备修理；机械加工、粮油、食品、船舶物资及润滑油销售、船舶技术咨询、气胀式救生筏的检验维修及气体充装、海上救生设备检测服务等。

2015年，受国际国内经济形势影响，渤海湾运输市场呈疲软态势，客运总量560.46万人，比上年减少28.98万人，降幅4.9%；车运量增加0.86万辆，增幅0.78%。同年，中海客运完成客运量207.9万人，比上年减少25.84万人，降幅11%，为年计划的89.7%；完成车运量39.64万辆，比上年减少0.29万辆，降幅0.7%，为年计划的103.5%。全年完成旅客周转量1.95亿人海里、货运量3523.21万吨、货物周转量33.72亿吨海里，比上年分别降低11.8%、6.4%和8%。公司客运市场份额为37.1%，比上年降低2.6个百分点；车运市场份额为35.5%，比上年降低0.5个百分点；船舶总客位13582个，总载车线14033米，分别占渤海湾运力总量的40.5%和37.5%。截至2015年年末，公司资产总额25.8亿元，所有者权益9.58亿元。

2016年7月19日，鉴于中国海运已与中远集团合并重组，中海客轮有限公司更名为中远海运客运有限公司（简称中远海运客运）；2016年9月14日，大连海运更名为中远海运（大连）公司（简称大连中远海运）。两者隶属关系由中国海运改变为中远海运（集团）总公司。更名后的中远海运客运业务经营范围仍以渤海湾客货运输为主。

六、中海（海南）海盛船务股份有限公司

中海（海南）海盛船务股份有限公司（简称中海海盛），原名海南海盛船务实业有限公司，创立于

1989年,为原广州海运的一级子公司。公司成立当年净资产为2 611.5万元,完成货物运输量5.94万吨,货物周转量71 193.2千吨海里,实现运输收入427.2万元。

1993年1月,经海南省股份制试点领导小组办公室等单位批准,由广州海运管理局、海南港务局、海南省电力公司、交通银行海南分行、招商银行5家单位共同发起,以定向募集方式将原海南海盛船务实业有限公司改制为海南海盛船务实业股份有限公司,总股本为1.25亿股,其中广州海运(集团)公司(原广州海运局)控股7 050万股。

1996年4月,经中国证监会批准,公司向社会公开发行股票并于当年5月在上海证券交易所挂牌交易,成为上市公司,注册资金3.17亿元。公司的海运业务以散货运输为主,独家承担了海南省最大发电厂——海口电厂的发电用煤海上运输业务,并与广州海运共同承担了海南八所铁矿的全部铁矿石海上运输业务,在海南省大宗散货运输市场占据了绝对优势,也为海南大特区的发展提供坚强保障和有力支持。

1997年7月,中国海运在沪成立。1998年11月,经国家国有资产管理局和中国证监会批准,公司原控股股东广州海运将所持有的1.12亿股发起法人股全部转让给中国海运持有,集团成为该公司控股股东。公司遂成为中国海运下属的一级子公司和集团在国内的融资窗口,并更名为中海(海南)海盛船务股份有限公司。集团对该公司的定位是在现有散货运输基础上,重点发展特种运输,开拓新的经营领域,以实现集团专业化管理与发展的战略目标。中海海盛总部设在海南省海口市,成立时拥有特种货运输船和货船18艘,总载重吨24万吨,共有员工73人。中海海盛是中国海运成立之初在国内唯一的上市公司。其中,中国海运总公司所持股份占38.74%,其他法人股占12.07%,社会公众股占49.19%。

鉴于中海海盛股东大会通过的公司董事会关于中海海盛1998—2000年改革发展战略及2000—2005年远景目标的工作报告,中海海盛于1998年1月收购上海金海船务公司80%股权。公司与上海海运经协商,以光租的形式,由上海金海船务公司租赁经营上海浦东实业3艘化学品船舶。上海金海船务注册资本6 000万元,主要经营国内、国外业态化工品海上运输业务,公司也通过该次收购进入特种运输领域。中海海盛拥有6艘化工品运输船舶,共计3.3万载重吨,是当时国内运力规模最大的化工品海上专业运输船队。

2003年,中国海盛下辖上海金海船务贸易有限公司、广州振华船务有限公司、深圳市中海海盛沥青有限公司、海南中海海盛海连船务有限公司、中海(海南)海盛贸易有限公司等多家控股、参股公司。在巩固航运主业的同时,公司还涉足高新技术产业,参与发起创立清华紫光科技创新投资有限公司;涉足证券业务,实行资本运作,为公司的发展开拓空间。

2006年11月20日,中海海盛与上海石化投资发展有限公司签订合同,后者将其持有的上海金海船务贸易有限公司20%股权以2 330.50万元的价格转让给中海海盛。本次收购完成后,中海海盛持有上海金海船务公司100%的股权,从而促进了公司在化学品运输业务方面的发展。同年,公司被中国交通企业管理协会授予"2006年度中国交通企业100强单位"称号。经过股权分制改革,公司股票在当年实现全流通。2007年,中海海盛成为上海证券交易所正式推出的"上证公司治理板块"199家样本股之一。2008年,中海海盛名列中国上市公司价值百强榜,并被列入中国交通企业百强、海南企业30强、海南省三A级信用企业、海南省安全生产先进企业、海口市国税30强等,获得海南"最具影响力十大品牌企业"荣誉称号。

截至2010年年底,中海海盛拥有散货船12艘,承担海南最大的发电厂华能海南发电股份有限公司海口发电用煤运输业务,并参与沿海和远洋运输业务;拥有化学品运输船舶6艘,从事近洋化

图 2-1-1 中海海盛 2009 年建造的 5.7 万吨散货船"盛旺海"轮

工原料及成品运输业务;拥有散装沥青运输船 1 艘,从事国内高等级公路修建所需进口沥青的运输业务。同时经营与运输有关的仓储、船代、贸易等业务以及房地产开发、实业投资等业务。

2014 年,集团启动货运体制改革,将中海散运确定为集团干散货船队的统一品牌。将中海海盛的干散货船队并入中海散运。

2015 年 2 月,中海海盛被交通运输部认定为安全生产标准化一级达标企业。

2015 年 6 月 4 日,中国海运在对公司实施战略重组时,确定上海览海上寿医疗产业有限公司(简称览海上寿)为中海海盛股权受让人,并与之签署了股份转让协议。转让中海海盛股份 8 200 万股,每股转让价为 12.55 元,转让总价款为 10.29 亿元。股份转让完成后,中国海运的持股比例降至 13.38%,览海上寿的持股比例为 14.11%,成为公司第一大股东。

2015 年,公司及部分子公司从事散货运输业务;部分子公司从事成品油和化学品运输业务,公司运输业务主要采用自营和期租的经营模式。面对国内外航运市场持续低迷,该公司按照"立足海南、拓展远洋"的经营发展策略,协调合作,着力经营好现有散货运力,积极推进散货船队的结构调整,优化资源配置;同时稳健经营化学品运输,加快物流贸易发展,积极拓展沥青、铁矿石及其他贸易,加大运贸结合力度,巩固与大客户的合作关系,继续维持了平稳发展态势。受运输收入减少影响,营业收入比上年同期减少 9 178 万元,降幅为 8.79%;受公司贸易量增加和狠抓成本控制的影响,营业成本比上年同期减少 9 954 万元,降幅为 9.92%;受航运市场低迷影响,全年完成货运量 998 万吨,货物周转量 172 亿吨海里,分别为 2014 年的 76% 和 81%,实现营业收入 9.52 亿元,营业利润 2 795 万元。

七、中海集团液化天然气投资有限公司

进入 21 世纪后,随着国民经济快速发展,全国各地能源紧张,能源运输作为国民经济发展先行官的地位再次凸显。在关系国民经济发展、社会安定和人民生活需要的关键时刻,中国海运积极响

应国家关于发展液化天然气(LNG)运输业务,采取"市场换资源、以我方为主发展LNG运输和造船、招标择优选择"工作方针,紧紧抓住国家能源消费调整的有利时机,配合国家能源战略调整,大力发展液化天然气运输,提高集团的综合竞争力。

2003年年初,集团成立能源运输发展战略研究领导小组,研究国家能源发展战略调整和发展LNG运输业务问题。经过一年多的努力,取得国家主管部门的支持和认可,国家发改委同意:从山东LNG项目开始,由中国海运、中远集团、招商集团3家组成运输主体,共同参与以后国内所有的LNG项目运输工作。

2004年12月29日,中国海运、中远集团、招商集团在宁波召开液化天然气运输合作会议暨第一次委员会会议。集团副总裁张国发出席会议,并本着平等互利、友好协商的原则,与中远、招商集团达成原则协议,同意从山东LNG项目开始,以后其他国内LNG项目的运输均由3家共同组织、研究和筹备。会议决定成立"LNG运输项目联合办公室",作为三方合作的最高决策机构,统筹下设上海、浙江、山东等各项目办公室。由此,中国海运会同中远、招商集团的同行业开始LNG运输项目的工作,标志着集团航运主业跨入新的领域和中国海运LNG运输正式起步。

2005年4月18日,中国海运注册成立"中海集团液化天然气投资有限公司"(简称中海LNG),从各专业公司抽调行政管理、船舶技术、商务业务等骨干,积极发展LNG专项运输业务,提升集团海上运输综合能力和市场竞争能力。中海LNG员工经过两个多月的努力和积极工作,与中远、招商集团派出人员形成经营团队,各运输项目的建设工作得到快速、有效的推进。

2005年7月,国家发改委对LNG运输体制进行改革,下发《关于印发我国液化天然气发展规划工作的会议纪要的通知》,明确LNG运输由国家航运公司控股、国家石油公司参股的方式组建南北两大LNG运输公司。其中中远、招商集团、中海油负责长江以南的LNG运输项目;中国海运、中石油、中石化负责长江以北LNG运输项目;江苏、山东、河北、天津、辽宁、广西6个LNG项目属于北方LNG运输公司的合作范围。此后,中海LNG在国家发改委的支持、协调下,紧紧围绕"加强与石油公司的合资合作,启动LNG运输项目前期工作"这个中心任务,加强与中石油、中石化两大石油集团的联系和沟通,积极开展对外交流活动,为LNG运输项目做好充分的技术、商务和合作准备,扎实推进LNG运输项目建设的工作进程。

2009年2月,集团决定由中海发展收购中海LNG公司和业务,然后由中海发展与中石油合资组建北方LNG运输公司。4月28日,中海发展顺利完成全资收购中海LNG的工作。

2009年6月9日,在与中石油成立合资公司问题上取得重大进展。在前期谈判取得一致意见的基础上,中海发展与中石油国事公司分别在股东协议上签字,在香港成立"中国北方液化天然气运输投资有限公司",注册资本500万美元,中海发展持股90%,中石油国事公司持股10%。

2010年11月30日,中海发展与中石化冠德国际投资公司正式签署合资协议,并在香港成立"中国东方液化天然气运输投资有限公司",合资公司注册资本500万美元,中海发展持股70%,冠德国际投资公司持股30%。

上述两家合资公司正式注册成立,是中国海运与中石油、中石化落实"青岛会议精神",即关于中国LNG产业发展政策具体要求,通过优势互补,实现中国LNG产业"造船、运输本地化"战略的重要步骤。

"十二五"时期,中海LNG从起步阶段进入飞跃阶段。

2011年4月26日,日本株式会社商船三井(MOL)与中国北方液化天然气运输投资有限公司、中国东方液化天然气运输投资有限公司三方签署合资协议,在香港注册成立4家单船公司,建造

图 2-1-2 2010 年 11 月 30 日，中海集团液化天然气投资有限公司与冠德国际投资有限公司签署合资协议

17.2 万立方米的 LNG 船舶，用于澳大利亚高庚、巴布亚新几内亚至中国的 LNG 进口运输。合资协议的签署，意味着中国海运在拥有大型的集装箱船、VLCC 油轮和货轮等船队基础上，又将进入具有高技术含量的 LNG 运输领域，也意味着中国海运与商船三井（MOL）长达 20 年的合作关系的开始。

到"十二五"末期，中海 LNG 已确定建造 9 艘 17 万方级 LNG 船舶，总舱容达 156.3 万立方米的造船计划。其中，参股投资埃克森美孚中国项目 4 艘 LNG 船舶，控股投资中石化澳大利亚 APLNG 运输项目一期 5 艘 LNG 船舶。此外，中石化澳大利亚 APLNG 项目二期运输将需要 3 艘 LNG 船舶，中石油 ARROW 项目也将需要 6~7 艘 LNG 船舶，这些都为中海 LNG 的发展带来新机遇，其中中石化美孚项目首制船于 2015 年 1 月 30 日正式交付使用，标志着集团的 LNG 运输进入实质性运营阶段。

2015 年年底，集团参股和控股建造 LNG 船舶（包括订单）已达 13 艘，其中 3 艘已投入营运，一支国内领先的 LNG 船队开始活跃在国际市场上。13 艘船舶的承运任务主要涉及美孚、APLNG、YAMAL 三大项目。其中参与美孚项目共 4 艘 LNG 船，包括营运船 3 艘，在建船 1 艘；公司主导的 APLNG 一期项目签约在建船共 6 艘；公司与商船三井各占 50% 的俄罗斯 YAMAL 项目签约在建船共 3 艘。同年年底，中海 LNG 总资产 64.96 亿元，实现总收入 2 146.31 万元，利润总额 777.6 万元。

第二节　其他航运企业

一、上海金海船务贸易有限公司

1988 年 12 月，为适应改革开放后高速发展的沿江沿海炼化企业的化学品运输需要，上海海运与上海石油化工总厂联合组建金海船务企业有限公司，后改名为上海金海船务贸易有限公司（简称金海船务)。注册资金2 000万元。其中,上海海运出资1 600万元,占80%;上海石油化工总厂出资400万元,占20%。上海海运以所属"化运3"轮,公证船价2 076万元中的1 600万元作股金,多余部分由公司退回。金海船务是国内第一家专门从事散装化学品国际、国内运输的轮船公司。

1989年1月,"化运3"轮更名"金海联"轮,成为公司初建时唯一运输船舶。公司以经营液体化学品运输为主,运贸结合。经营范围为承接国内外石油化工产品和原料的运输业务,开展本系统内石油化工产品和原料等经销运贸业务。公司集两家企业各自优势,使石油化工和海上运输得到良好协作。公司成立后不久,即进入国际化工品运输市场。

1992年12月4日,公司"金海联"轮首航韩国,开辟中国—韩国水上贸易航线。

1997年,中国海运成立后,公司成为该集团旗下在上海证券交易所上市的中海海盛的全资子公司,经过资产重组,依靠中海集团资金优势,积极发展液体化学品运输。

2006年11月20日,中海海盛与上海石化投资发展有限公司签订合同,后者将其持有的金海船务20%股权以2 330.50万元的价格转让给中海海盛。本次收购完成后,中海海盛持有金海船务100%的股权,从而促进公司在化学品运输业务方面的发展。

至2010年,公司运输规模由初建时的1艘船发展至拥有和管理6艘船,4.3万载重吨。先后与日本、菲律宾、泰国、中国香港等国家和地区,以及国内50多家大型化工厂建立长期合作关系。应国内外客户需求,先后承运纯苯、丙烯腈、对二甲苯、乙二醇、甲醇、乙醇、葡萄酒、棕榈油等100多种液体化学品货物,积累了丰富的化学品运输经验。公司自1995年始建立和完善安全管理体系,多年一直保持安全生产无事故和PSC检查无滞留记录。在中国大陆和中国台湾实现"三通"过程中,公司所属船舶成为第一艘在台湾港口靠泊的大陆船东的化学品船。两岸实行直航后被列入交通部批准的第一批直航船公司。

2011—2015年,金海船务一直为中海海盛下属的从事液体化工品运输子公司。2012年,公司总资产21 273万元,净资产12 175万元,净利润501万元,营业收入615万元,营业利润—110万元。2014年,总资产20 885万元,净资产11 141万元,净利润254万元,营业收入5 534万元,营业利润—336万元。2015年,注册资金6 000万元,总资产18 759万元,净资产9 594万元,净利润—1 542万元,主营业务收入5 064万元,主营业务利润846万元。

二、上海北海船务股份有限公司

1993年,经交通部批准,上海北海船务有限公司(简称北海船务)成立。它由上海海运、中国化工进出口总公司、香港银邦海外有限公司三方合资组建,是一家注册在上海的中外合资企业,注册资金600万美元。主营业务包括国际国内原油、成品油运输及原油、成品油、化工品和干散货海上运输的租船、揽货服务。

1994年,经上海市外资委批准,中海石油销售公司加入北海船务,其股东方变更为4家,各占25%股份。同年,公司购入的首艘油轮"胜利9"轮投入运营。1997—1998年,公司共创利润5 051万元。1999年,中国化工进出口总公司为上市需要,将其拥有的25%股份转让给中化国际贸易股份有限公司。2000年,中海油气开发利用公司(原属中海石油销售公司)将其持有的北海船务2%股份转让给中海实业公司,北海船务股东方变更为5家。同时合营期限延长至25年。2002年,公司从马士基公司购入10万吨级油轮"北海希望"轮投入营运。2003年,公司注册资本增至2 550万美元。

2004—2006年，公司新建4.6万吨油轮"北海远望"轮；购入10万吨级油轮"凤凰洲"轮，运力规模大增。经中华人民共和国商务部批准，公司于2006年更名为上海北海船务股份有限公司(仍简称北海船务)。同年，共申请大油公司检查37艘次，始终保持较高通过率。其间，先后与壳牌(Shell)、英国石油(BP)、埃克松美孚(Exxon Mobil)等多家世界知名大油公司建立稳固的业务关系。因所属船舶连续多年安全营运，未发生重大及以上等级事故，为公司业务经营创造了良好安全环境。

2007—2008年，运力规模继续扩大，先后购入7万吨级油轮"天兴洲"轮(后更名为"北海之星"轮)，新建10万吨级油轮"北海威望"轮和"北海展望"轮。

2009年，公司股东变更为中海油气开发利用公司、上海海运、中化国际(控股)股份有限公司、香港银邦海外有限公司和中国近海石油服务(香港)有限公司5家，注册资金增至7.64亿元，总股本增至7.64亿股，上述各股东分别占总股本比例为30%、20%、20%、20%和10%。

2010年，公司设上海和北京两处办公室。上海办公室主要负责船舶安全管理、财务、行政等业务，员工30余人；北京办公室主要负责船舶经营业务，员工20余人。同年总资产已超22亿元；自有油轮6艘，期租油轮2艘，总运力达60.7万载重吨。6艘自有船舶都具备全球营运条件，主要从事国际、国内油品运输，2艘期租船舶从事沿海油品运输。

2013年年底，北海船务自有油轮8艘，在建油轮1艘，期租油轮3艘，总运力为84.5万载重吨。注册资金7.64亿元。当年营业收入12.57亿元，营业利润4.38亿元，净利润3.65亿元；资产总计24.50亿元，负债总计3.91亿元。

2014年7月30日，中海发展全资子公司中海油运与上海海运签署产权交易合同，由中海油运向上海海运收购其所持有的北海船务20%股权，代价为8.3亿元。截至此次股份转让前，北海船务的股东为中海石油化工进出口有限公司(出资2.29亿元，比例30%)、中国近海石油服务(香港)有限公司(出资7 637.50万元，比例10%)、上海海运(出资1.53亿元，比例20%)、中海油轮(出资1.53亿元，比例20%)、香港银邦海外有限公司(出资1.53亿元，比例20%)5家。中海油运持有的北海船务20%股权为2014年6月20日向中化国际(控股)股份有限公司收购而得。公司此次收购上海海运持有的北海船务20%股权的评估价格和成交价格与2014年6月20日收购独立第三方中化国际(控股)股份有限公司持有的北海船务20%股权的评估价格和成交价格相一致。

北海船务的主营业务为内贸原油运输，该项业务为中海油运的主营业务之一。中海油运参股北海船务可以发挥协同效应，获取稳定的投资回报，并可妥善解决上海海运与中海发展之间存在的同业竞争，有利于促进公司治理。因北海船务的股东中，中海石油化工进出口有限公司和中国近海石油服务(香港)有限公司皆为中国海洋石油总公司的子公司，而中海油运是中海发展在油运市场的核心客户之一，中海发展通过中海油运先后收购北海船务40%股权，进一步提升公司在海洋油运输市场的份额与控制力。

2016年，中远集团和中国海运合并重组后，中海油运更名为中远上海中远油运，对上海北海船务股份有限公司的持股比例仍为40%。同年，北海船务完成货物周转量132.3亿吨海里，营业收入12.81亿元，净利润5.46亿元，公司自有运力7艘/59.4万载重吨。

三、上海仁川国际渡轮有限公司

1998年7月14日，经交通部批准，由中国海运(出资51%)与韩国沇林海运株式会社、大韩通运株式会社(各出资 24.5%),共同组建上海仁川国际渡轮有限公司(简称仁川国际)。公司总投资 200 万美元,在上海登记注册,成立初期有万吨级"海华"轮客箱船 1 艘,经营上海—仁川—济州客货班轮运输,同年 8 月 5 日,正式对外营运。

2000 年,仁川国际共完成客运量 1.2 万人,完成货运量 13 892 万吨,实现主营业务收入 5 549 万元,利润总额-1 327 万元。截至 12 月底,实收资本 1 656 万元,资产总额 4 203 万元,负债总额 5 850 万元。

2001 年,公司投入由荷兰建造我方购进的豪华客箱船舶"紫丁香"轮,经营上海—釜山—仁川—上海航线集装箱、旅客运输,改变以往至韩国集装箱运输须从釜山中转的惯例,缩短华东地区与韩国经贸中心汉城、仁川等地的运输时间。全年实现主营业务收入 4 308 万元,为上年同期的 77.6%;利润总额-1 091.5 万元,比上年同期减亏 235.8 万元。年底资产总额 3 355.9 万元,为上年同期的 79.3%。

2002 年 2 月 25 日,上海—仁川—济州岛客箱船航线停航,"紫丁香"轮退出该线运营,由全集装箱船"向福"轮代替其经营上海—仁川集装箱运输;同年 11 月,又投入"向菊"轮,与"向福"轮共同经营一周双班航线。当年实现主营业务收入 9 339 万元,为上年同期的 180%;利润总额 2 018 万元。2004 年,实现主营业务收入 9 685.72 万元,利润总额 1 705.21 万元,年底资产总额 4 449.61 万元。2007—2008 年,分别以"向鹏"轮和"向坤"轮替下前两船,行驶上海—仁川集装箱航线。2008 年,完成货运量 79.11 万吨,为上年的 119.21%;货物周转量 3.97 亿吨海里,为上年的 119.22%;完成箱运量 5.49 万 TEU,为上年的 119.77%;实现主营业务收入 1.58 亿元,利润总额 926.19 万元。资产总额 7 382.15 万元。2010 年,完成货运量 84.62 万吨,为上年同期的 100.16%;完成箱运量 6.53 万 TEU,为上年同期的 110.65%。

2015 年,公司由上海浦海航运有限公司控股,经营范围仍为上海—仁川班轮航线运输。

四、上海浦海航运有限公司

上海浦海航运公司成立于 2000 年 1 月,为中海集运下属的专业从事水路集装箱运输业务的航运企业。2001 年 7 月 25 日,经上海市工商行政管理局核准,变更登记注册为上海浦海航运有限公司(简称浦海航运),注册资金 1 180 万元。其中,中海集运持有 50% 股份,中海物流持有 20% 股份,中海船务持有 20% 股份,中海工业有限公司持有 10% 股份。共有员工 50 人。浦海航运是中国海运所属的主要从事内河集装箱中转运输的专业公司,主要经营国内沿海及长江水系集装箱内、外贸支线运输。

公司成立之初,购置"向安"轮集装箱船,取得船东资质。在服务中海集运的前提下,不断扩大与外资班轮公司支线合作范围,逐步确立公共承运人地位。其租赁经营 8 艘光租船和 17 艘期租船或程租船舶,总运力 3 320 TEU,主要经营华东沿海、渤海湾、长江流域、香港外贸支线;渤海湾、长江流域内贸支线的集装箱运输。先后开发大小港口 50 余个,形成以上海、宁波、青岛、大连、天津、香港为中心的,连接长江流域和国内沿海各主要港口的支线运输网络。

2001 年 11 月,公司开辟"福州—香港—赤湾"航线,开始经营外贸运输。当年完成货运量 222.1 万吨,货物周转量 5.5 亿吨海里;完成箱量 17.3 万 TEU,箱周转量 4 266 万箱海里,实现主营业务收入 1.29 亿元;利润总额 275.1 万元;年末资产总额 1 亿元,负债总额 8 822.8 万元;固定资产净值 2 034.8 万元。

2003年，公司完成大连、天津、福州、厦门、威海、重庆和东南亚地区的航线铺设工作，在华东沿海、渤海湾、长江流域形成比较完善的内外贸支线运输网络，以配合中海集运发展和航线调整。同年年底，完成箱量49.66万TEU，货运量1117.75万吨，货物周转量27.86亿吨海里；实现主营业务收入2.84亿元，租船及代理业务收入2129万元，总收入3.05亿元；资产总额1.01亿元，固定资产净值1555万元。

在创业和发展过程中，公司坚持多元化船队发展模式，2004年，订造12艘交通部内河集装箱标准型船舶（202 TEU型），使其长江运输船队实现现代化、规模化运作。同年，开辟越南胡志明市到柬埔寨金边航线，成为第一家获准进入湄公河经营国际集装箱运输业务的中国航运企业。同年11月，公司成为中海集运全资控股公司。

随着中海集运航线的铺设，进出长江的箱量越来越多，每年约有25万箱货物运输量，由浦海航运租用50～130 TEU集装箱船舶运输。

其间，浦海航运多次获得中国货运业最佳船公司、内河支线金银奖等各类奖项。2006年11月7日，在第五届中国货运业大奖颁奖典礼上荣获"沿海支线运输最佳船公司金奖""内河支线运输最佳船公司银奖"两项殊荣。

2007年，公司通过交通部海事局进行的国际船舶安全管理体系5年换证审核及国内安全管理体系初次审核，并获得中国船级社签发的巴拿马旗DOC证书。同年，经商务部批复同意，在香港独资设立浦海航运（香港）有限公司。

浦海航运经过8年发展，至2008年，已基本形成网络化和规模化的区域支线经营格局。2009年派船行驶中韩航线，并相继收购仁川国际75.5%的股权。

2010年1月14日，为积极参与上海国际航运中心建设，公司将工商注册地由上海虹口区迁至洋山保税港区。同年，公司新辟中日、中韩两条区域航线，拥有经营船舶11艘，总运力超过2万TEU。航线覆盖国内沿海、长江及东南亚各主要港口，形成国内沿海区域以上海、宁波、天津、大连、青岛、连云港、厦门为中转中心，长江区域以武汉、南京、张家港为中转中心，东南亚区域以巴生港为中转中心的集装箱支线运输网络和服务体系。并凭借集装箱支线运输领域品牌，开始由纯支线向干支线结合经营转型，相继开辟中国至东南亚、韩国、日本近洋航线，使亚洲区域服务能力得到有效提升，集装箱运输网络进一步完善，可为客户提供更为便捷、优质的全方位集装箱运输服务。

2012年11月，浦海航运下属鑫海航运公司在新加坡挂牌成立，专注于公共支线，短短一年中完成总箱量52.45万TEU，实现主营收入6.5亿元。

2013年8月，公司新辟泰越（泰国—越南）和泰缅（泰国—缅甸）两条航线，大幅提升了公司在东南亚市场的竞争潜力。

2014年12月26日，浦海航运为落实集团深度开发长江战略，对接中海集运"大船"发展战略的配套服务，在上海—武汉航线投入当时长江内最大的636 TEU集装箱驳船，有效提升公司在长江支线的竞争力。

2015年1月9日，在第十一届"中国货运业大奖"颁奖典礼上，浦海航运获得"中国—韩国班轮航线第一名""内支线班轮航线第一名"两个奖项。

2015年12月11日，中远集团与中国海运开始实行企业重组，由中国远洋控股股份有限公司指定的承接方及中国海运下属子公司中国海运（东南亚）控股有限公司受让中海集运持有的浦海航运98.20%股权，作价3.61亿元。

图2-1-3 上海浦海航运有限公司的"浦海211"轮（2006年摄）

五、深圳五洲航运有限公司

深圳五洲航运有限公司（简称五洲航运）前身是中海（香港）控股旗下五洲航运公司，注册于香港。中国海运成立初期，在集团集装箱运输事业跨越式发展的带动下，香港地区集装箱运输相关产业船代、货代和驳船运输业务迅速发展。"十五"期间，五洲航运进一步加大发展步伐，加快驳船运输网络建设，形成规模化运输能力。

1999年8月，中国海运总裁李克麟视察该公司时，针对香港房租昂贵问题，提出将该公司部分业务移至蛇口的新思路。中海（香港）控股根据集团指示精神，成立中国海运（香港）控股有限公司深圳办事处，将部分业务移到蛇口办公，有效降低了经营成本开支。但深圳办事处正式运行后也出现一些原先没有估计到的问题，例如，国家《外国水路运输企业常驻代表机构管理办法》规定外国水运企业开设的办事处不能从事经营活动，特别是办事处员工不能超过5人，限制了将部分业务移至蛇口办公的境外公司的发展空间。为此，集团决定在深圳蛇口注册五洲航运公司，按照国家经营港澳航线的航运企业注册资本不得少于1000万元的有关规定，注册资金1000万元。

2001年5月17日，深圳五洲航运有限公司由中国海运批复成立，公司注册地点深圳蛇口，在1000万元注册资金中，中海集运占35%、中海（香港）控股占15%，中海船务、中海物流、鹏达船务、中海香港船务分别占12.5%。公司用注册资金购买一艘驳船，大股东中海集运直接以船舶做实物投资。香港五洲航运与深圳五洲航运为同一套人马、两块牌子，经营管理活动同为一体。随着中海集装箱内、外贸运输的快速发展，五洲航运的内支线运输也得到长足发展，同年上半年珠江支线共完成出口14 399 TEU，网点铺设已开设肇庆、中山、珠海、新会、九江、三水、勒流、鹤山、容奇、定安10个驳船挂靠点，共投入支线船舶16艘，合计舱位540 TEU，重箱位445 TEU。驳船月运输箱量达4 500 TEU，实现预定目标，并为下一步实现月运输箱量1万TEU目标打下基础。

五洲航运主要承运中海集运进出珠江三角洲地区的外贸集装箱。2004年,公司充分整合内支线运输的各种资源,在珠三角及华南西部沿海地区大力推广搭建支线物流平台的经营理念,在确保对中海集运和各揽货网络点服务的同时,努力开发SOC货源,顺利完成集团下达的箱量及利润指标。截至年底,共开辟100多条航线,覆盖整个珠三角地区和广东、广西主要港口以及越南海防,全年共完成箱量30.70万TEU,其中承运人箱量25.62万TEU,占总箱量的83.47%;托运人箱量5.07万TEU,占总箱量的16.53%。实现主营业务收入1.51亿元;截至年底,资产总额4 693.42万元,负债总额3 692.29万元,资产负债率为78.67%。

2010年,五洲航运完成揽箱261.15万TEU,是年度计划的113.54%、2009年的112.10%,为珠江流域内外贸集装箱运输作出贡献。

2011年8月,为了实现支线租船经营模式的新发展,公司正式立项船岸互动管理系统,大力推进航运信息化,借助新技术、新手段实现企业管理的提升。2012年完成箱运量290万TEU,比2002年成立初期的完成量16.7万TEU增长16.4倍。

2015年12月,公司正式向外推出"一关通"运输服务模式,借助自身在珠三角支线运输的规模优势和网络优势,从船货配置、航线设计、调度安排等环节对操作流程进行优化再造,并结合中海货源分布情况,有针对性地向客户推介"一关通"业务,不仅方便货主,而且节约大量中转时间和运输成本。

六、中海汽车船运输有限公司

2004年,中国海运工作会提出"做好发展汽车滚装船运输发展规划,适应汽车进出口贸易需要"的工作要求,集团将发展汽车船运输业务摆上工作日程。同年5月,集团与日本川崎汽船株式会社合资,在大连注册成立中海川崎汽车船运输有限公司。公司拥有1艘当时中国最大的3 294车位的汽车船"东方高速"轮,主要经营日本—澳洲、泰国—澳洲、新加坡—澳洲航线。同年8月11日,集团又在大连注册成立大连中海汽车船运输有限公司(简称中海汽车船公司),并于2005年2月购入3 294车位的汽车船"中海高速"轮。中海川崎汽车船公司的成立,满足了"一汽"丰田和广州丰田汽车的中国沿海运输需求,而成立大连中海汽车船运输有限公司,则因集团意在发展自己的汽车滚装船队,提升中海航运主业的综合实力。

2005年2月24日,中国海运(大连中海汽车船运输有限公司)与以色列RAY-SHIPPING签订4艘大型汽车船(2艘6 400车位,2艘4 900车位)长期租赁协议,并在上海设立分公司作为运营中心。至此,中国海运拥有2艘悬挂五星红旗的3 294车位的汽车滚装船,依托集团的资源优势,着力发展国际国内汽车滚装海运业务。

2007年5月16日,中国海运总裁办公会议研究加快汽车船运输有关事项。会议认为,随着中国汽车制造业的不断发展,汽车滚装运输市场前景看好,未来一段时期海上汽车运输量将会不断增长。决定在原有汽车运输发展基础上,抓紧对汽车船运输的重组,并对未来长远发展做出具体规划。

2007年6月18日,中海汽车船运输有限公司(简称中海汽车)揭牌仪式在上海中国海运本部大楼举行。公司是由中国海运出资1亿元,于2007年6月6日在上海注册成立的子公司,主要投资和管理中国海运的内外贸汽车船业务。经过资产重组后,公司规划到2008年年底拥有29 000车位的运力规模。同时,此前成立的大连中海汽车船运输有限公司和中海川崎汽车船运输有限公司成为中海汽车的子公司。中海汽车分别持有前者100%和后者51%的股份。

2008年10月,中国海运在香港注册成立中海汽车船(香港)有限公司。同年,中海汽车期租的4艘大型汽车船均已投入运营,其中4900车位汽车船2艘;6400车位汽车船2艘,公司已具2.9万车位的运力规模,成为当时国内最大的汽车船运输公司。至2008年年底,累计汽车运量已近20万辆。

2010年,公司共完成车运量4.42万辆,为上年的143.38%。其中以国内运输为主,兼有少量国外运输。同年年底,公司资产总额为2.82亿元。同年,船龄已达26年的"东方高速"轮拆解报废。

"十一五"期间,中国汽车工业蓬勃发展,中国汽车出口业务不断增多,为让更多的中国汽车走向世界,中海汽车致力于为中国汽车工业提供优质物流服务,积极突破汽车出口的"瓶颈",努力实现"国车国运"的目标。2012年,中海汽车加强与国内汽车工业龙头企业上汽集团的合作,进入上汽整车物流沿海水运体系,全年承运上汽品牌车辆10 174台。

2015年,中海汽车仍为中国海运下属专业从事汽车运输的子公司,拥有汽车船5艘,其中自有船1艘,期租船4艘。

七、上海时代航运有限公司

2000年11月17日,经交通部批准,中国海运与华能国际电力开发公司本着"长期合作、互惠互利、共同发展"的战略目标,双方各出资2500万元,共同投资组建上海时代航运有限公司(简称时代航运),经营国内沿海和长江中下游各港间货物运输。

2001年2月28日,公司在上海市浦东新区注册正式成立,注册资本为5000万元,注册地和办公地均为上海,下设行政部、财务部、经营部、安全技术部等部门。成立时公司股东为中国海运下属的中海发展和华能集团下属的华能国际电力开发公司,双方的股比均为50%。时代航运的货主股东为华能国际电力股份有限公司(简称华能国际),华能集团直接或间接拥有华能国际51.3%的股权。华能国际成立于1994年6月,是国内第一个实现在美国纽约、中国香港、中国上海三地上市的发电公司。其主营业务是开发、建设和经营管理大型发电厂,拥有多家煤电、气电、风电、水电及煤炭、港口、航运企业。华能集团发电装机容量达1.6亿千瓦,装机规模世界第一,每年发电量占全国发电量的11%,电力产业覆盖全国31个省区市。

2001年8月8日,公司取得上海物资流通行业协会颁发的煤炭经营资格证。当年公司控制船舶运力15.8万吨,完成货运量420万吨,货物周转量15.78亿吨海里,实现利润总额641万元。

2002年1月16日,公司取得《中华人民共和国进出口企业资格证书》。6月27日,股东双方各增加投资2500万元,使公司的注册资金增加到1亿元。12月6日,华能国际电力开发公司将其持有的50%时代航运股权划归华能能源交通产业控股有限公司。同年年底,时代航运共控制船舶运力31.3万吨(其中自有船舶9万吨),年货运量889.6万吨,货物周转量46.13亿吨海里,实现利润1 553万元。

2003年3月7日,公司取得中华人民共和国国际船舶运输经营许可证。2004年3月5日,股东双方各增加投资5 000万元,并利用公司利润积累1亿元,使公司注册资金达到3亿元。

2004年4月7日,为确保华能沿海电厂煤炭运输,落实公司发展规划,股东双方同意再增加投资3亿元。至同年年底,公司已控制运力34.5万吨(其中自有船舶21.4万吨),货运量1 421万吨,货物周转量 77.8 亿吨海里,实现利润 5 021 万元。

2006 年 9 月 20 日,公司与挪威 DnB 银行上海分行签署船舶抵押融资协议,是全球外资银行为中国旗船舶提供抵押融资的第一个案例。同年 11 月,为进一步扩充时代航运的运力规模,支持公司发展,股东双方同意各增加投资 3.5 亿元;增资后,公司注册资金为 12 亿元;当年控制运力 64 万吨(其中自有船舶 29 万吨),货运量 1 761 万吨,货物周转量 101.3 亿吨海里,实现利润 9 678 万元。2007 年实现利润超过 3 亿元,累计完成华能电厂的电煤运输量 2 476.3 万吨。2008 年,控制运力 127.2 万吨(其中自有船舶 98 万吨),完成货运量 2 910.5 万吨,货物周转量 261 亿吨海里,实现利润 10 亿元。

2010 年,公司注册资金 12 亿元,资产突破 58 亿元,固定资产净值 52 亿元;控制运力 186.9 万吨,其中自有营运船舶 29 艘,160 万载重吨,包括多艘新建成的大型散货船和 2 艘国内最大的自卸散货船,平均船龄 10.9 年;在建船舶 12 艘(4.5 万载重吨 4 艘、4.9 万载重吨 4 艘、7.6 万载重吨 4 艘),68 万载重吨;主要承担华能集团沿海电厂的煤炭运输以及沿海沿(长)江各港口的散货运输,年货运量 2 430.9 万吨,货物周转量 290 亿吨海里,实现利润 1.5 亿元。其运力规模和市场份额在国内沿海散货运输行业中排名前列。

"十二五"时期,时代航运继续以服务华能集团、确保华能集团沿海各电厂的电煤供应为经营重点,建有多艘大吨位散货船,用于电煤和其他散货运输。2012 年 10 月 12 日,随着公司又一艘 7.6 万吨超大灵便型散货船"时代 8"轮的交付投产,公司拥有船舶已增加到 32 艘,178 万载重吨。

时代航运自成立至 2015 年年底,累计完成货运量 3.66 亿吨,其中自有船运量 3.28 亿吨(为华能集团货主运量 2.65 亿吨),租船运量 3 829 万吨;累计运输收入 177.8 亿元;累计利润 19.45 亿元。其间,2011 年完成货运周转量 322.7 亿吨海里,营业收入 228.47 亿元,净利润 15.21 亿元。2012 年完成货运周转量 343.0 亿吨海里,营业收入 209.79 亿元,净利润 4.73 亿元。2013 年完成货运周转量 454.0 亿吨海里,营业收入 363.83 亿元,净利润 11.85 亿元。2014 年完成货运周转量 474.6 亿吨海里,营业收入 42.71 亿元,净利润 2 270 万元。

2015 年 12 月,中国海运下发《关于同意中海散运收购中海发展所属部分散货公司股权的批复》,同意中海散运收购中海发展持有的上海时代航运有限公司等 4 家联营公司的股权。中海散运遂取代中海发展,成为时代航运一方股东。

八、神华中海航运有限公司

神华中海航运有限公司(简称神华中海)原名为珠海新世纪航运有限公司(简称新世纪航运),于 2001 年 9 月 25 日在珠海市注册成立,注册资金 6 000 万元,成立时的股东为中国海运下属的中海发展股份有限公司和神华集团有限责任公司(简称神华集团)下属的神华煤炭运销公司(神华集团成立于 1995 年,是以煤为基础,集电力、铁路、港口、航运、煤制油与煤化工为一体,产运销一条龙经营的特大型能源企业,是当时我国规模最大、现代化程度最高的煤炭企业和世界上最大的煤炭供应商),双方的股比均为 50%。经营范围包括国内沿海及长江中下游普通货船运输,国际船舶普通货物运输等。

2010 年 5 月,新世纪航运将注册地改为上海,公司名称变更为神华中海航运有限公司。中海发展出售神华中海 1% 股权给对方股东。同时,公司经过多次股东变更以及增资,注册资金 51.8 亿元,股东为:中海发展,占股比 49%;中国神华能源股份有限公司,占股比 51%。主要承担由神华集团控股的沿海电厂、煤炭应急储备基地物资运输以及该集团进出口煤炭运输。同年年底,神华中海自有船舶共计11艘,运力规模合计约49.6万载重吨,平均船龄10.9年;控制运力55艘,220万载重吨,当年完成货运量4970万吨,其中自有船运量990万吨,租入船运量3980万吨;营业收入29.97亿元,实现利润3.93亿元。

2015年12月,中国海运下发《关于同意中海散运收购中海发展所属部分散货公司股权的批复》,同意中海散运收购中海发展所持有的神华中海等4家联营公司股权。中海散运遂取代中海发展,成为神华中海的一方股东。2015年年底,神华中海拥有船舶40艘,215.46万载重吨,平均船龄2.94年;完成货运量7983万吨,其中自有船运量5540万吨,租入船运量2443万吨;营业收入20.02亿元,实现利润4391万元。

九、上海友好航运有限公司

上海友好航运有限公司(简称友好航运)成立于2001年11月,注册资金2000万元,股东为中国海运下属的中海发展和上海电力股份有限公司下属的上海电力燃料有限公司。上海电力燃料有限公司成立于1998年6月,2003年10月在上海证券交易所挂牌交易,其控股股东为国家电力投资集团公司,最终股东方为国务院国资委。主要从事电力开发、建设、经营及管理,发电总装机容量943.75万千瓦,其中煤电648万千瓦。在上海地区燃煤机组装机容量440万千瓦,机组满发条件下,年海运煤炭需求量1100万吨。双方股比均为50%和50%。主要经营国内沿海和长江中下游普通货船运输、国际贸易、转口贸易和保税区内企业间贸易(涉及许可经营的凭许可证经营)。成立之初,公司拥有2万吨级"红旗121"轮和"振奋8"轮。

2005年12月,公司光船租入"振奋5"轮,总运力达5.54万载重吨,依托中海发展在航运人才、技术管理方面以及上海电力燃料有限公司在供销等方面的优势,为沿海电厂和客户提供以煤炭运输为主的海上运输服务。

2010年,公司股东由原先的中海发展与上海电力燃料有限公司,更改为上海电力股份有限公司与中海发展。双方股东各出资1亿元,各占股权50%。同年年底,公司拥有自有运输船舶3艘,光租船舶2艘,共5艘船。分别为2万吨级"振奋5"轮、"振奋8"轮、"振奋13"轮、"振奋15"轮和"红旗121"轮,总载重吨位超过16万吨,注册资金2亿元,为国内沿海电厂和其他客户提供安全、优质、高效的海上运输服务,并向以煤炭运输为主体的综合物流业发展。

2012年9月,中国海运下发《关于同意中海发展股份有限公司下属散货运输企业重组的批复》,同意中海发展将其所持有的友好航运等6家联营公司的股权以协议转让方式转给中海散运。中海散运遂取代中海发展,成为友好航运一方股东。股东双方股比未变。

2013年,完成货物周转量20.0亿吨海里,营业收入13.04亿元,净利润1.55亿元。2014年完成货物周转量18.4亿吨海里,营业收入1.14亿元,净利润106万元,自有运力2艘/6.6万载重吨。

友好航运自成立始至2015年年底,累计完成货运量3167万吨(其中货主股东运量2924万吨),累计运输收入14.97亿元,累计利润总额1.185亿元。

十、上海银桦航运有限公司

上海银桦航运有限公司(简称银桦航运)成立于2007年9月,注册资金2亿元,成立时,中海发展股比51%;中国国电集团下属的江苏新龙源投资有限公司,股比49%。

银桦航运的货主股东是江苏苏龙能源有限公司(简称苏龙能源)。苏龙能源是江阴苏龙热电有限公司(简称苏龙热电)的全资子公司。苏龙热电是中国国电集团控股的中外合资混合所有制企业,于1993年12月28日注册成立。该公司由中国国电下属的龙源电力集团股份有限公司(简称龙源电力)、江阴电力投资有限公司、江苏电力发展股份有限公司和江苏三房巷集团有限公司等投资方共同组建,主要承担中国国电集团下属电厂的电煤运输。

银桦航运自成立始至2010年12月31日,累计完成货运量247万吨,累计运输收入1.4亿元;累计利润总额2 097万元。至2010年12月31日,银桦航运自有船舶1艘,运力规模2万载重吨。

2012年8月,中海散运成立后,银桦航运的双方股东变更为中国海运下属的中海散运和江苏苏龙能源有限公司,双方股比未变。

自银桦航运成立至2015年年底,公司累计完成货运量865万吨,其中自有船运量863万吨(其中为货主股东运量705万吨),租船运量2万吨;累计运输收入3.67亿元;累计利润总额3 570万元。

十一、香港海宝航运有限公司

2008年4月,中国海运与宝钢集团为贯彻"国货国运"方针,也为加强国有大型企业之间合作,共同应对世界经济剧烈变化,由各自下属的中海发展和宝钢资源有限公司(简称宝钢资源)共同出资,组建成立香港海宝航运有限公司(简称海宝航运),注册资金800万美元,中海发展占股比51%,宝钢资源占比49%(货主股东宝钢资源成立于2006年7月21日,是宝钢集团的全资子公司,主要从事矿产资源的投资、贸易及物流服务)。海宝航运主要承担宝钢集团进口铁矿石的一程运输。宝钢集团年度进口铁矿石约3 000万吨,其中海宝航运运量超过1/3。

公司成立初期投入6艘大型矿砂船,总计152万载重吨,总投资规模超过7亿美元,主要经营巴西、澳大利亚至中国的铁矿石运输业务。

2010年6月,公司订造的首艘23万吨级超大型矿砂船"仁达"轮交付使用,首航澳大利亚航线,为宝钢承运进口铁矿石。

自成立日至2010年年底,海宝航运共完成货运量138万吨,累计实现利润1 106万元,2010年年底自有船舶2艘,约45.8万载重吨,均为悬挂香港区旗的船舶。

为保证进口铁矿石的运输,公司在"十五""十一五"时期先后有多艘大型矿砂船建成投产。继2010年交付的23万吨级超大型矿砂船"仁达"轮之后,2013年8月,公司在大连重工订造的两艘18万吨散货船中的首制船"风华"轮又建成投入运营,专门承运宝钢集团的进口铁矿石。

2015年12月,中国海运下发《关于同意中海散运收购中海发展所属部分散货公司股权的批复》,同意中海散运收购中海发展所持有的香港海宝航运有限公司等4家联营公司股权。中海散运遂取代中海发展,成为海宝航运的一方股东,双方股比未变。

海宝航运自成立至2015年年底,自有船累计完成货运量4 092万吨(其中为货主股东运量3 047万吨);累计运输收入28亿元;累计利润总额7.1亿元。

2016年年底,海宝航运自有船舶共计8艘,运力规模合计143.8万载重吨,均为香港区旗船舶,无在建船舶。海宝航运把2艘8.2万吨级船长期期租给中海散运香港公司,2艘船舶分别于2016年6月和10月退租还船。海宝航运将8艘船舶全部交给中海散运代管。公司下设4个部门,即航运部、安全技术部、财务部和行政部,正式职工15人。同时,双方股东为海宝航运的定位为:中海散运与宝钢方面的进口矿石运输合作平台,海宝航运应逐步提高在宝钢集团进口矿石运输市场的占有率,争取成为宝钢进口矿石运输的资源整合平台。

十二、广州发展航运有限公司

广州发展航运有限公司(简称广发航运)是广州发展集团股份有限公司(简称广州发展)于2008年通过其全资子公司广州发展煤炭投资有限公司设立的全资散货航运公司,注册资金5.97亿元。

2010年8月,中海发展与广州发展煤炭投资有限公司签署广发航运的合资协议及股权转让协议,中海发展通过收购广发航运50%股权的方式实现与广州发展的合资合作。2010年9月10日,中海发展正式成为广发航运的股东,占股比50%;广州发展能源物流集团有限公司占股比50%。至2010年年底,广发航运自有船舶共计4艘,运力规模22.9万载重吨。

2010年,中海发展参股广发航运,当年完成货运量464万吨,收入2.67亿元;利润达到3 112万元,显示出良好经营态势。广发航运的货主股东广州发展能源物流集团有限公司(简称广发能源物流)是广州发展的全资子公司。广州发展于1997年7月18日在上海证券交易所挂牌上市,主要从事电力、燃料(煤炭)、天然气和新能源等综合能源业务的投资、经营和管理。广州发展下属电厂的煤炭海运由广发能源物流负责,如发电机组能够满发,年度电煤海运量约450万吨。为此,广发航运的主要任务是确保广州发展下属电厂的煤炭供应。

2011年,广发航运完成货物周转量68.9亿吨海里,营业收入3.70亿元,实现净利润0.30亿元。2013年完成货物周转量75.0亿吨海里,营业收入3.17亿元,实现净利润0.15亿元。

2012年,中海散运成立后,广发航运的双方股东变更为中海散运和广发能源物流。

2015年,公司完成货运量1 440万吨,其中自有船运量472万吨,租入船运量968万吨。公司自成立始至当年年末,共完成货运量4 796万吨,实现利润1.40亿元。

广发航运成立后经过多次股权变更,至2016年,股东为:中海散货运输有限公司,占股比50%;广发能源物流,占股比50%。公司注册资金6.26亿元。

十三、天津中海华润航运有限公司

2009年5月,华润集团下属的华润电力物流(天津)有限公司(简称华润天津物流)在天津成立全资航运公司——华润电力海运(天津)有限公司(简称华润电力海运)。同年9月,中海发展与华润天津物流签署合资协议书,中海发展收购华润电力海运51%股权。该收购通过增资扩股的方式实现,中海发展以船舶实物加资金的方式向华润电力海运增资;2010年1月1日,中海发展增资的"宁安1"轮到位;同年5月,华润电力海运更名为天津中海华润航运有限公司(简称中海华润),注册资金2.57亿元,中海发展拥有51%的股权,华润天津物流拥有49%的股权。

至2010年12月底,中海华润完成货运量229万吨,运输收入1.28亿元;实现利润373万元。公司自有船舶3艘,运力规模合计12.97万载重吨,平均船龄16.6年。

2012年,中海散运成立后,中海发展将51%的股权转给中海散运,货主股东仍为华润天津物流,股比49%。

自成立至2015年年底,中海华润累计完成货运量4 467万吨(包括货主股东运量4 194万吨),

其中自有船运量4 273万吨,租船运量194万吨;累计运输收入14.68亿元;累计利润总额亏损0.42亿元。

截至2016年年底,经过多次股权变更及增资,中海华润注册资金7.68亿元,中国海运方股东为中海散运,股比51%,货主股东仍为华润天津物流,股比49%。公司总资产15.23亿元,总负债9.66亿元(其中流动负债1 028万元),所有者权益5.57亿元,资产负债率63%,流动比率18.45。自有船舶共计9艘,运力规模合计43.85万载重吨,其中内外贸兼营船舶1艘。中海华润建有沿海船舶安全管理体系。公司下设5个部门,即业务部、海务安监部、机务部、财务部、综合部,正式职工24人。

中海华润是中海散运与华润电力之间的合作平台,是时华润电力位于沿海、沿江的火电发电企业共有17家,年煤炭海运量约需2 500万吨,其中由中海华润承运50%。中海散运通过中海华润逐步提高在华润电力电煤运输市场的占有率,并通过中海华润扩大与华润电力的其他合作。为此,中海华润不断提升自身竞争力,努力为货主股东提供高质量的服务,为双方股东和自身寻找更多发展空间。

十四、广州京海航运有限公司

广州京海航运有限公司(简称京海航运)于2009年在广州注册成立,注册资金1亿元,股东为:中海发展,占股比51%;首钢集团下属的中国首钢国际贸易工程公司和北京首钢钢贸投资管理有限公司,股比分别为29%和20%。

京海航运主要负责首钢集团内贸钢材的运输。中国首钢集团总公司(简称首钢集团),以钢铁业为主,兼营矿产资源业、环境产业、装备与汽车零部件制造业等,钢铁产能达3 000万吨。京海航运首钢方两家股东均为首钢集团全资子公司,两家股东一直向中海散运和京海航运提供货源。其中,中国首钢国际贸易工程公司(简称首钢国际)于1992年6月成立,注册资金5亿元,是首钢集团全资子公司,主要负责首钢集团的原材料采购及钢材产品的销售工作,也是中国海运铁矿石运输大客户。北京首钢钢贸投资管理有限公司(简称首钢钢贸)成立于2008年5月,是首钢集团全资子公司,注册资金9 800万元,主要负责国内钢材销售以及钢材深加工,在华东、华北、华南沿海城市投资设立并管理8家钢材贸易、加工及配送公司。此外,首钢集团下属的首钢京唐钢铁联合有限责任公司也向京海航运提供货源。

载至2010年年底,京海航运共计完成货运量138万吨,累计运输收入1.3亿元,累计利润240万元。是时有船舶1艘/1.5万载重吨,长期租船1艘/1.5万载重吨,均为沿海钢材船舶。

2012年,中海散运成立后,中海发展将京海航运51%的股权转给中海散运。

自成立日至2015年,京海航运累计完成货运量1 714万吨(为货主股东运量1 406万吨),其中自有船运量188万吨,租船运量1 526万吨;累计运输收入9.07亿元;累计利润总额1 015万元。

至2016年年底,京海航运注册资金1.3亿元(成立后按股比进行过一次增资),总资产1.96亿元,总负债0.5亿元(其中流动负债3 039万元),所有者权益1.4亿元,资产负债率28%,流动比率3.01。自有船舶1艘/1.5万载重吨,长期期租船1艘/1.5万载重吨,均为沿海钢材船舶,在建船3艘/1.98万载重吨(均为6 600吨沿海钢材船)。京海航运将1艘自有船交由青岛立洲船舶管理服务有限公司代管。公司下设4个部门和2个办事处,即业务部、安技部、计财部、综合部、北京办事处和曹妃甸办事处,正式职工19人。

十五、上海嘉禾航运有限公司

上海嘉禾航运有限公司(简称嘉禾航运)于2010年2月在上海注册成立,注册资金2.4亿元;中海发展占股比51%,申能股份有限公司占股比49%。成立时,投入1艘2.4万载重吨的货船,计划在经营发展中,逐步将运力增加到4艘船舶,合计运力规模15万载重吨。成立当年,完成货运量40万吨,运输收入2543万元,实现利润166万元。

嘉禾航运的货主股东申能股份有限公司于1992年6月成立,并于1993年4月在上海证券交易所挂牌上市,其控股股东为申能(集团)有限公司(申能集团作为上海市重大能源基础设施的投资建设主体和主要的电、气能源产品供应商,拥有申能股份、上海燃气集团等10家二级控股企业,基本形成"电气并举、产融结合"的产业发展格局。截至2015年年底,申能集团权益装机容量达到834万千瓦,控股电厂发电量占到上海市总发电量约1/3,2015年,天然气经营规模达到74.3亿立方米,占到上海市场份额90%以上。其主要从事电力生产和东海平湖油气田的石油天然气开采等业务。截至2015年12月31日,已建成的权益发电装机容量达752万千瓦。在电力、能源等领域的投资占申能股份长期投资的90%以上。沿海电厂装机容量500万千瓦,所需煤炭全部通过海运送达,如机组满发,年度电煤需求量约1000万吨),最终股东方为上海市国资委。申能股份所需电煤交由嘉禾航运承运,嘉禾航运运力不足时,则向中海散运租船承运。

2012年,中海散运成立后,中海发展股份有限公司将持有的嘉禾航运51%股权转给中海散运。截至2015年年底,公司自有船舶共计4艘,运力规模合计14.7万载重吨,其中2艘5.3万吨级船为远洋船。嘉禾航运长期向中海散运期租一艘4.7万吨级船("宝月岭"轮),并将4艘自有船交中海散运代管。嘉禾航运下设4个部门,即航运业务部、安全技术部、财务部和综合管理部,正式职工14人。

十六、深圳市三鼎油运贸易有限公司

深圳市三鼎油运贸易有限公司(简称深圳三鼎)于1993年7月在深圳注册成立,注册资金7000万元。成立时股东及股权结构为:广州海运占43%股份、中海油占35%股份、深圳市石油化工(集团)股份有限公司占22%股份。

深圳三鼎主要经营国内海洋油运输业务,兼营国内外油品运输,同时投资参股招商证券和招商银行等金融公司。自1993年成立以来,深圳三鼎坚持积极推动航运企业与国内大石油公司之间的强强联合、优势互补。深圳三鼎利用地处深圳特区的地域优势,加强与中海油销售部、中海油深圳分公司、中海油湛江分公司、中石化各炼油厂、中石油下属单位等货主单位的密切联系,建立了诚信可靠的市场网络。

深圳三鼎最初拥有一艘油轮"金鼎"轮,于2010年12月报废。2010年12月—2012年8月,公司期租中海发展"定河"轮开展营运,维持公司的经营资质。2012年7月,大连船舶重工集团有限公司新建的7.55万吨级原油轮"三鼎长春"轮交船营运。2013年7月,大连船舶重工集团有限公司新建的7.55万吨级原油轮"三鼎长乐"轮交船营运。截至2015年年底,公司共有上述2艘油轮,载重吨为15.1万吨。

2012—2015年,在深圳海事局对深圳航运公司安全管理评级中,深圳三鼎连续4年被评为A

级(优秀)公司。

在20余年的发展中,深圳三鼎股权几经变更。2014年,深圳市广聚能源股份有限公司所持有的22%股份挂牌出售,分别由中海石油化工进出口有限公司(14%股份)和中海发展股份有限公司(8%股份)购入。2016年,中海发展股份有限公司更名为中远海运能源运输股份有限公司,同年,广州振华船务有限公司将其持有的43%股份转让给中远海能。自此,中远海能持股51%、中海石油化工进出口有限公司持股49%。

第二章 陆岸企业

中国海运组建初期,陆岸产业基本都是围绕航运主业布局的,应该说,这样的多元化是以航运为特色的相关多元化,或称同心多元化。这样的格局体现了集团以航运主业为基础发展相关陆岸产业的多元战略。初期的陆岸产业虽然门类较多,但总体上规模较小,大多依赖集团内部的航运主业生存,对外竞争能力尚处于培育期。2005年年末,陆岸产业收入在集团占比为24.81%。在"十一五""十二五"时期,集团坚持转型升级,创新驱动,提出"从船与船竞争转向链与链竞争"的发展思路,陆岸产业规模不断扩大,实力不断增强。在"1+6"产业结构中,陆岸产业按经营业务划分为工业、码头、物流、金融、科技信息、航运与社会化服务6个板块。到2015年年末,陆岸产业收入在集团占比为43.36%。

第一节 工业、码头与物流企业

中国海运组建前,上海、广州、大连海运局的船舶代理、货运代理、船舶修理等航运辅助业,历经多年建设,已初具规模。集团重组后,随着五大船队的快速发展和航运业务的不断扩大,航运辅助业的建设步伐也随之加快。特别是"十一五"期间集团提出"百年中海"和建设世界一流航运企业的战略目标;"十二五"期间提出"五个转型"发展思路,加速产业结构调整步伐,航运辅助业更是进入新的发展阶段。诸如修船、造船、码头服务、航运物流、船代货代、船舶管理等陆岸企业得以全面发展,有力增强了集团的经济实力,也为航运主业的发展提供坚实的基础和保障。

一、中海工业有限公司

中海工业有限公司(简称中海工业)成立于1998年6月18日,是由原注册在北京、于1998年迁入上海的中国海运下属中交船业公司为母体,吸收原上海海运下属的上海海运联合船务有限公司(由立新、立丰和外轮修理厂共同组建)、荻港船厂以及原广州海运下属的菠萝庙船厂和城安围船厂重组成立的专业公司。注册资本中:中国海运占1.25%,上海海运占76.6%,广州海运占22.15%,合计8.01亿元。组建之初,公司在册员工7 800余人,退休员工近2 000人,总资产14亿元,修船年产值近6亿元,拥有8个大船坞,3 454米修船专用码头,为当时中国最具规模的航运工业企业,也是中国海运多元化发展的支柱产业之一。按照中国修船企业主要集中在渤海湾、长三角和珠三角地区的"北中南"格局,中海工业的成立统筹了中国海运的修船资源,在修船产业密集的"中南"地段拥有较大优势。

公司于1999年正式运作,主要从事船舶修理、改造,兼营与船舶相关的机械、备件、代理、租赁等业务,下辖立丰、立新、菠萝庙、城安围、外轮修理、荻港等6家船厂和联合船坞部,在岗职工总人数5 250人。

2001年,公司撤消联合船坞部建制,理顺坞修与厂修之间的关系,实现坞修回厂的平稳过渡。集团外的修船市场份额逐步扩大。在国外市场的知名度亦有较大提高,初步形成中海工业的拳头产品。

进入21世纪后,世界运输船队大型化的发展趋势与中海工业所拥有的修船资源形成巨大反差,加之中海工业过于单一的产品结构,严重制约着企业的可持续发展。根据集团指示,公司立足可持续发展,确定"依托中海,围绕主业,争创一流"的战略发展思路,经过充分调研和论证,在制定"十五"发展规划时形成明确思路:"中海工业要通过大规模的产品、产业结构调整来确保企业的可持续发展",从而有力促进公司的经营发展、增强公司实力。

2004年年底,公司将启动建设的中海长兴修船基地被命名为中海长兴国际船务工程有限公司。2006年,公司实施"修造并举"战略,抓住造船市场形势较好的有利时机,择机适度发展造船工业。公司积极推进"江都船厂"资产收购项目,依法按规推进收购工作,于同年12月27日正式签署"江都船厂"资产收购合同。在其基础上,2007年4月28日,中国海运江苏造船基地——中海工业(江苏)有限公司在扬州举行奠基仪式,揭开中海工业实施"修造并举"发展战略的序幕。

2008年1月21日,公司完成对上海地区下属单位立丰船厂、立新船厂、外轮修理厂3家船厂的整合。整合后厂名定为"中海工业有限公司立新船厂"(仍简称立新船厂),设有三林、塘桥、东沟、高桥等厂区。2009年9月17日,公司所属"中海长兴国际船务工程有限公司"更名为"中海工业(上海长兴)有限公司"(简称长兴船厂)。

2011年5月,公司"陆金林船舶修造创新工作室"在中海工业正式挂牌,是上海市总工会命名的首批20个劳模创新工作室之一。

图2-2-1 位于上海崇明长兴岛的中海长兴修船基地(2008年摄)

2014年6月16日,经江苏省经信委资质评审和现场核查,中海工业(江苏)有限公司被认定为"江苏省企业技术中心"。同年,公司所属长兴船厂在几家修船厂中率先实施市场化改革,通过完善选人用人机制,划小核算单位,实施再次分配,建立责权利相统一的市场化激励体系。自7月实施改革后,二线管理人员由200多人减少到77人。

"十二五"时期,公司作为集团陆岸业务板块的重要组成部分,在整个集团经济运营中发挥着重要作用。公司下属船厂主要有上海的长兴船厂、立新船厂;广州的菠萝庙船厂、城安围船厂、英辉南方造船(广州番禺)有限公司;江苏的造船基地以及安徽的获港船厂等。至2015年4月,中海工业连续4届荣获"上海市文明单位"称号。

2015年,中海工业全年完成修造船产值60.42亿元,比上年增长37%。其中:修船产值13.11亿元,比上年增长6.2%;造船产值47.31亿元,比上年增长49%;完工交船21艘,比上年增加6艘;完成114.89万载重吨,比上年增长38.8%。实现营业收入67.87亿元,比上年增幅69.66%。其中:修船收入14.09亿元,比上年增幅27.69%;造船收入50.94亿元,比上年增幅102.21%。

2016年2月,中国远洋海运集团有限公司在上海成立后,为整合旗下修造船资源,于12月16日,在上海挂牌成立中远海运重工有限公司,中海工业作为集团重要的"装备制造产业群"经过第二次重组整合,纳入中远海运重工有限公司管理。

二、中海码头发展有限公司

中国海运成立初期,根据集装箱运输的发展需要,分别在大连、连云港、上海、湛江等地开展了码头业务。随着该项业务发展加快,为理顺机制,便于管理,2001年4月18日,集团在上海成立中海码头发展有限公司(简称中海码头)。由中国海运(占股86.75%)、中海集运(占股4%)、中海集团投资有限公司(简称中海投资)(占股3.25%)、中海物流(占股3%)、中海船务(占股3%)共同投资组建。公司注册资本10亿元。中海码头对集团在大连、连云港、上海、湛江的中海集装箱码头和美国洛杉矶码头实施有效管理,是从事国内外码头投资开发、经营管理的专业公司。港口码头的专业化经营,是集团延伸海上运输功能、提供综合物流服务、实现全球承运人目标而启动的一项重要战略。

为提高远东—北美航线的服务水平,确保航线班期,增强市场竞争能力,集团于2001年3月9日在洛杉矶成立中海洛杉矶码头公司,并正式签约租赁美国洛杉矶港100号码头。中海洛杉矶码头公司由中海码头发展美国有限公司和美国海运码头公司共同出资,主要业务是经营和管理洛杉矶港100—102号码头。

2003年10月,中海码头股东中海集运将其持有的4%股权转让给中国海运。2004年8月,中海码头股东中海物流将其持有的3%股权转让给中国海运。2006年6月,中海码头公司股东按各自的投资比例共增资12亿元,2006年年底公司注册资金变更为22亿元。2007年12月,公司股东中海投资(占股3.25%)、中海船务(占股3%)全额退股。至此公司股东变更为:中国海运(占股100%),注册资金变更为20.6亿元。2008年10月,集团将其持有的中海码头100%股权交由中海集运持有,中海码头遂成为上市公司中海集运的全资子公司,也是中国海运陆岸重要的支柱产业之一。截至2011年8月底,公司股东为中海集运(占股100%),注册资金20.4亿元。

多年来,中海码头坚持"互惠合作、共谋发展"的投资经营理念,依托中国海运及集装箱运输的整体优势,以控股、参股、租赁合资经营等灵活多样的投资方式,积极开展国内外港口集装箱码头和综合性码头的投资开发与经营等业务,实现规模化发展。截至2012年12月底,总资产超过140亿元,净资产超过65亿元,在国内外主要合资经营及管理17个集装箱码头公司,分布在中国大连、营口、锦州、秦皇岛、天津、连云港、上海、宁波、广州南沙、湛江、钦州和台湾高雄等主要港口以及埃及达米埃塔、美国洛杉矶和西雅图等国外重要港口。

中海码头按照码头产业发展自身规律和要求,充分利用中国海运的综合优势,发挥集装箱运输产业与码头产业的协同效应,构建起资产优质、重点突出、布局合理、管理优异、服务完善和效益显著的产业体系,成为由海上集装箱运输、码头船岸装卸、仓储物流等业务构成的运输物流产业链中的重要环节,强化了中国海运航运主业在国际市场上的综合竞争力。

图 2-2-2　2005 年中海码头投资的广州南沙港区一期码头第 100 万箱集装箱吊装仪式

在发展方式上,中海码头立足于船东公司,依托中海集装箱运输船队运力、货源和航线网络化经营的整体优势,实施"强强联合、合作共赢"战略,与掌握港口区位资源优势的港口企业实行合资合作。在投资经营上,以投资经营集装箱码头为主,实施中国海运码头产业总体规划;以国内沿海和海外的枢纽港、中转港码头为投资重点,坚持投资开发与经营管理并重,项目推进与人才建设、资本运作配套,产业规模发展与经营机制创新相结合;在国内基本形成沿海码头产业战略布局和规模化体系,同时加快拓展在欧美、地中海、东南亚地区的码头业。

"十二五"时期,集团加强航运与陆岸产业协同发展,积极推进码头产业的"三个转变",强化控股码头的运营管理。公司紧跟国家"一带一路"建设,加快"走出去"步伐,发展成为集团陆岸多元化业务板块的重要成员之一,在集团整个经济运营中发挥着重要作用。

发展初期,集团码头产业虽已经初具规模,但也存在一些短板,主要问题是投资参股多、控股少;财务投资多,参与经营管理少;总体上投资回报率偏低。为此,集团自 2012 年始,结合"调结构、促转型"战略的实施,明确码头产业的新定位,即码头产业作为"金融码头物流"板块的重要部分,推进其产业化发展可以有效平抑航运市场的风险,码头业的良好业绩可以有效支撑中海集运这一上市公司平台。同时坚持码头产业化的发展战略,将码头产业作为一项长期投资项目,着眼于长远发展,并于 2013 年 4 月形成码头业务整合方案,按照时间表和路线图有计划、分步骤地予以推进。第一步:以中海集运旗下的中海码头作为集团境内码头发展平台,分别收购烟台港 6.1%的股份和长江石化 8%的股份。第二步:以香港控股旗下的香港码头作为集团境外码头发展平台,整合集团境外码头资源。第三步:中海集运以其全资子公司中海码头全部股权出资,对香港码头增资,香港码头更名为"中海环球港口发展有限公司"(简称中海环球港口)。第四步:香港控股将其持有的中海环球港口股权转让给集团总部直接持有,中海环球港口成为集团和中海集运的合资公司,并成为集团码头产业统一发展平台,为未来境外资本市场融资做准备。

2014年2月18日,集团召开码头资源整合专题会,会议对码头资源整合工作达成共识。一致认为,从集团未来的长期发展看,码头业必须作为产业来发展。对于码头资源整合,要实现从单一投资集装箱码头向投资多元化码头甚至投资港口转变,从单一投资向管理和投资并举转变,从国内发展向海外拓展转变。

2015年1月21日,中海香港码头完成更名注册,正式更名为中海港口发展有限公司(简称中海港口),替代原中海码头成为新的集团码头投资经营管理平台。

截至"十二五"末期,集团码头业拥有65个集装箱泊位、20 320米码头岸线、4 080万TEU/年的集装箱吞吐能力;2015年,中海码头的集装箱总吞吐量为3 196万TEU,权益吞吐量为965万TEU,比2014年分别增长21%和12%,在全球码头运营商集装箱总吞吐量和权益吞吐量排名中均位居第7位,已经形成较强的规模和实力。

2015年,更名后的中海港口发展有限公司总资产为76.31亿元,总负债6.17亿元,资产负债率8.09%;营业收入4.02亿元,实现利润3.46亿元,比2014年分别增长8%和115%。

2016年,中远、中海集团实行合并重组后,两集团的码头产业重组为中远海运港口有限公司。

三、中海集团物流有限公司

1998年5月28日,中海国际货运代理有限公司在广州揭牌开业,公司由原来上海、广州、大连3家海运局的货运代理部门重组整合而成,主要为集团的集装箱运输提供货运代理服务。

2000年8月18日,由原中海国际货运代理有限公司改制组建中海物流有限公司(简称中海物流),是集团下属从事综合物流业务的专业公司,总部设在上海。成立时共有在岗职工448人,其他从业人员432人,注册资金1亿元,其中:中国海运持有51%的股份,上海海运持有31%的股份,广州海运持有15%的股份,大连海运持有3%的股份。

公司在集团已有的网络、信息技术以及货代、船代、贸易等业务基础之上组建而成,其宗旨是:以全新的服务理念和技术手段,全新的业务方向和经营模式,在物流服务市场环境中不断铸造和提升自己。新组建的中海物流强调从传统货代的共性化服务,转向现代物流量体裁衣的个性化服务,强调引进并采用国际现代物流领域先进的组织方式和信息技术手段,为广大客户提供方便快捷、高附加值的综合物流服务。其主要经营海运进出口货物的国际运输代理业务和沿海内贸货物的运输代理业务,包括揽货、订舱、仓储、中转、集装箱拆箱拼箱、结算运杂费、报关、报验保险、相关的短途运输及咨询服务等。

2001年12月16日,集团物流改革领导小组第六次专题会议决定:"两步并一步走",在原来中海物流基础上组建中海集团物流有限公司(仍简称中海物流)。同时,着手进行8个区域公司的组建工作。2002年1月15日,中海集团物流筹备工作组成立,并提出与国际物流企业"争速度、比实力、抢市场"的口号,加快企业重组。在不到3个月时间里,就完成中海集团物流有限公司,华东、北方和华南物流有限公司以及中海重大件运输有限公司的组建,5家公司于2002年4月18日在上海同时揭牌开业。中海物流推行区域公司块状管理模式,并正式向第三方物流领域进军,开展食品、电器等消费品物流服务。

2003年1月,集团进行货运体制改革,物流企业的货代业务及大量相关人才划归中海集运口岸公司,同时,中海物流区域公司的党政一把手除华东物流外,均由集运口岸公司领导兼任,兼职的管

图 2-2-3 2002 年 4 月 18 日，中海集团物流有限公司等 5 家公司举行开业庆典

理体系自此建立。

2006 年 8 月，集团对中海物流领导班子成员进行调整，确定中海物流"依托集运、市场运作"的发展定位。从 2006 年起，中海物流班子成员和员工按照集团的定位要求，围绕集装箱产业形成航运项目物流、仓储、货代、集疏运四大业务模块。在服务好集运的基础上，积极开发航运项目物流、仓储、货代、集疏运 4 个细分市场，业务逐年扩展，利润逐步提高。

2009 年 3 月，集团启动中海集运收购中海物流的工作，由于客观原因，至当年下半年收购工作停止。同时，公司战略再次发生重大改变，即中海物流要向集团陆岸产业的第三大板块目标发展。围绕这个目标，公司经过调研，提出"介于传统货运和解决方案之间的综合物流供应商"发展战略，积极探索集装箱产业外的物流业务，开拓新的独立空间。由此，中海物流加大合资联营力度，先后与港务局、中国储运和外资、民营企业等合作成立 8 家合资公司，主要开展堆场、仓储、海铁联运、分拨等方面的业务，将"资产从拥有向控制、整合共享转变"的经营理念落到实处。合资公司逐渐成为中海物流重要的盈利增长点。

为进一步加强公司管控能力，中海物流从 2010 年 3 月开始，将所属华北物流、山东物流、华南物流、海南物流、西安物流、成都物流等 6 家公司与中海集运当地口岸公司分开实行独立运作，此项改革不仅理顺了管理体制，而且有利于充分发挥物流与集运的各自优势，为进一步做强做大中海物流打下基础。

"十一五"期间，公司引进了数百名物流方面的专业人才，员工队伍素质大幅提升；理顺区域公司股权结构，完成所属 29 家公司的改制工作，下属各单位统一调整为"一人制公司"管理体制，公司经营效益得到显著提高。

"十二五"期间，集团加强航运与陆岸产业协同发展，积极推进物流产业的"三个转变"，强化物流公司的运营管理。

2014 年，面对国内外经济环境的多重负面影响，公司"风控"压力加大，相当一部分客户的生产经营问题拖累了公司整体业务开发进程和经营效益提升。为此,公司制定以"全面防范及控制风险"为重中之重的经营目标,在持续优化业务结构的基础上,进一步放缓各项业务的开发进程。根据"有所为有所不为"的原则,不断调整和优化业务结构,积极推进质押等高风险业务在收入和利润比重上的"两个降低",推动工程项目物流等高端物流业务在收入和利润比重上的"两个提升",取得明显成效。全年工程项目物流业务累计实现收入33.55亿元,占公司总收入的50.41%;完成内外贸揽货箱量34.61万TEU;公司集装箱堆场和配送仓库总面积为76.74万平方米,较上年同期增长近10个百分点;海铁联运业务总箱量3.64万TEU,其中国际海铁联运2 374 TEU;散货业务操作量共计2 423.92万吨。

2014年10月,启动中海国贸整体纳入中海物流的整合方案。中海国贸、中海物流两家公司在完成股东会、董事会等必要程序后,中海国贸各家股东和中海物流签订了《股权无偿划转协议》。11月底,完成国资委产权变更登记,并完成中海国贸的工商变更手续,换发新的营业执照。

2015年,公司坚持"全面防范及控制风险"的经营目标,通过强化各级责任意识、优化企业经营网络、推进风险防控体系等措施,继续保持了各主要业务板块的平稳发展。

2015年8月,中远集团与中国海运两家超大型航运企业合并重组工作启动,两集团物流板块的重组工作也随之实施。

四、中海集团国际贸易有限公司

中海集团国际贸易有限公司(简称中海国贸)成立于1997年12月31日,是经国家对外经济贸易合作部批准设立的综合性贸易公司,也是中国海运开展对外经济贸易的窗口。成立时注册资金5 000万元,其中:中国海运持有27.66%的股份,上海海运持有35%的股份,广州海运持有25%的股份,大连海运持有7.5%的股份,中国海员对外技术服务有限公司持有4.84%的股份。下辖中海国贸(北京)有限公司、中海国贸(大连)有限公司、中海国贸(沈阳)有限公司、中海国贸(广州)有限公司、上海中海机电设备有限公司5家公司,共有员工69人,总部设在上海。

中海国贸拥有众多专业人才和完善的贸易网络。主要经营二手船/废钢船买卖、船舶租赁、新造船代理、船舶融资、船舶改造、设备进出口代理、船舶监造监修、船型开发、招投标代理以及油品贸易等业务。成立后相继开发、拓展船贸、租船、造船、工程技术服务等业务领域,为集团船队结构调整作出积极贡献。同时,作为集团对外"窗口",积极走向市场,充分发挥船舶贸易的骨干作用,确立可持续发展的经营格局。在形成贴近集团发展需求和行业特点的经营模式外,主动创新,拓展船舶信息咨询、船舶融资、船舶监造、招标代理、供应链贸易等业务,在产业链延伸上寻求发展。

1998年,公司开拓以船舶工程技术、监理为主的船舶改造业务,同年所改造的两艘沥青船成为中海海盛沥青船队的重要组成部分。1999年,利用已建立的国际经纪网络和国外船东关系,加强信息交换,集团外船舶买卖开始占据主导地位,同时为集团在购置新船方面提供有关决策依据。2000年,公司积极介入集团油轮加装惰性气体装置项目和完成中海客运的客滚船购置,并在拓展境外废钢船进口渠道和建立国内废钢船拆解利用基地等方面进行了探索和尝试。其间努力进行业务探索,对业务框架及内部管理进行一系列改革,将业务经营重点从以集团内部为主转到集团内部与外部市场齐头并进,不断拓展船贸业务,逐步朝"船舶经纪"专业领域方向迈进。

至2000年,总体业务调整为船舶贸易服务和技术服务。船舶贸易服务包括:船舶买卖、船舶租赁、新造船代理、船用设备进出口代理、设备进口开证代理、备件物料出口贸易、油品贸易等;技术服务包括:新造船船型开发技术服务、造船监造服务、修船监修服务、船舶改造等,形成包含船舶造、买、卖、改、拆、租等各项服务的经营格局。同年实现主营业务收入1.37亿元,比上年同期增长46%;累计上缴税金313万元。截至2000年年底,资产总额1.42亿元,比上年净增1 180万元;负债总额7 780万元,固定资产净值500.3万元,资产负债率为54.8%。

"十五"末期与初期相比,公司贸易总额增加167%,进出口总额翻了一番多;净资产增加12.37%,利润增加362%;各项经济发展指标均提前一年完成"十五"经济发展指标,实现跨越式发展,为"十一五"发展奠定坚实基础。

2010年,公司确立"大船贸"经营理念,服务范围涵盖船舶贸易代理、新造船及船用进口设备代理、工程技术服务、船舶监造等。同年年底,以现金方式向各投资单位分配利润总额2.30亿元。公司资产总额2.82亿元,净资产1.60亿元。

2011年,公司设立船舶信息咨询部,利用已有信息资源,整合信息内容,为金融机构提供船舶融资风险咨询、航运市场分析、船舶价格咨询等服务,为集团内船东、合营公司以及集团外客户购船、造船、租船提供所需信息。公司还组织多次面向金融机构、航运企业的"船舶融资信息咨询服务"推介会,并在2012年与工商银行、交通银行、招商银行等多家银行签订《船舶融资可行性分析及风险评估合作协议》《船舶价格和风险咨询服务合作协议》,为其提供船舶融资方面的咨询服务,并定期提供航运市场信息专报。

2013年,公司设立贸易部,以大宗物资采购为核心,积极拓展供应链贸易业务,并以此作为公司转型发展的重点之一。

2014年10月16日,为贯彻落实集团转型改革的战略,中海国贸整体并入中海物流,成为中海物流的全资子公司。2015年1月1日,中海国贸正式纳入中海物流管理体系。重组后,公司的名称不变,法人主体继续存在,承继原有合同及需要以中海国贸名义继续开展的业务。

五、中海船务代理有限公司

中海船务代理有限公司(简称中海船务)是中国海运最早成立的专业公司之一,由原上海、广州、大连海运所属3家船舶代理公司为基础,于1997年8月28日在上海完成工商注册登记成立。中海船务按照中国海运的发展战略,坚持"开拓为先,服务为本"的理念,一手抓网点建设,一手抓市场开拓。营业网点从成立初期上海、大连、广州3家代理公司开始,迅速扩展到遍及国内沿海和长江流域主要口岸。

公司成立之初,面临船代市场业已成熟、市场份额基本被港口代理和外轮代理等企业瓜分的局面,开展经营困难重重。中海船务首先将代理业务定位在服务集团内部船舶上,以代理集团内集装箱班轮、内外贸杂货轮和油轮为主,兼顾集装箱揽货业务。根据集团"先难后易、先急后缓"的经营策略,着手谋划网点建设。由此起步,市场由内到外逐步拓展,船代业务不断壮大。

1997年12月22日,中海天津船务公司成功地代理外贸油轮"阳河"轮,实现代理业务"零"的突破。代理过程中的优质的服务,使该轮在压港严重的情况下,从锚地到码头只用36小时完成卸油任务。

2003年,中海集团实施货运体制改革,当时占代理份额80%左右的集装箱业务被整体划出,导致中海船务当年业务和效益大幅下降,迎来成立后最为艰难的一年。公司及时实施"开展二次创业,开拓公共代理市场"的战略,积极拓展集团外市场。到2004年年底,基本完成业务恢复调整,当年代理集团外船舶首次超过1万艘次。至2007年,集团外船舶代理量已超过集团内船舶代理量,成功实现向综合公共代理转型。

2010年,中海船务与中海香港船务实行重组。按照同口径比较,截至同年年底,中海船务的集团外收入已占到公司总收入的64%左右,公司资产总额从"十五"末期的5.6亿元增长到9.5亿元。"十一五"期间,累计实现收入12.4亿元,累计利润2.96亿元,资产净增加值3.9亿元,经营网络由"十五"末期的49家增加到61家。

2010年8月11日,集团召开第27次总裁办公会,研究决定将中海空运整体并入中海船务。为此,中海船务先后完成前期调研、框架方案制定、股权转让、产权变更、工商注册和增加注册资金等各项工作。

图 2-2-4　2008年,中海船务积极开展"服务文化年"活动

2011年1月1日起,中海船务正式履行对中海空运的管理职责,并全面启动对中海空运的整合工作。中海环球空运整体并入中海船务,不仅使公司规模进一步扩大,而且其业务结构更出现了全新变化,呈现"船代、货代、空运、理货"4个板块同步推进的局面。

秉承"开拓为先、服务为本"的理念,公司紧随集团发展战略,坚持创新驱动,做大做强,做强做优。至2012年上半年,经营网点已从成立之初3家船代公司,发展到75家,其中合资子公司有8家,经营网点覆盖广泛。公司积极实施集团"大客户、大合作"和"大项目开发"战略,已拥有由海运、石油化工、煤炭、钢铁、航空、粮食、电力、班轮等行业大型企业构成的VIP客户群,与沃尔玛等多家世界500强企业建立业务合作关系,代理马士基、台塑海运、阳明海运等近20条集团外近洋、远洋班轮航线,荣获"2013年度沃尔玛中国CNY最佳支持供应商"称号。船代业务由"自船自代"向"大客户、大合作"转型;货代业务由"传统货代"向"项目开发经营"转型;空运业务由"操作为主"向"销售与操作并重"转型,促进了企业可持续科学发展。

"十一五"期间,公司累计实现收入12.4亿元,累计利润2.96亿元,资产净增加值3.9亿元,经营网络由"十五"末期的49家增加到61家。2010年,中海船务累计代理各类内外贸船舶3.72万艘次。

"十二五"时期,中海船务积极转变经营发展模式,通过适时调整业务结构,同步推进船代、货代、空运、理货4个业务板块及相关延伸业务发展。2015年,实现船舶代理量4.03万艘次,货运量9.20亿吨,揽箱量达到33.6万TEU;年营业收入18.8亿元,实现利润1.36亿元。

第二节　航运金融企业

一、中海集团财务有限责任公司

中海集团财务有限责任公司(简称中海财务)的前身为"上海海运(集团)公司结算中心"。1997年,中国海运成立后,为强化集团资金的管理,降低筹资成本,提高集团整体资金使用效益,将集团内部分散的资金集中起来,统筹运转,调剂使用,以减少资金的在途时间,节约利息支出,提高盈利能力。同年年底,对原"上海海运(集团)公司结算中心"进行适当调整充实,组建"中国海运(集团)总公司结算中心"(简称中海结算中心),作为总部,办公地点设在上海。对原广州海运内部银行、原大连海运结算中心进行适当调整,分别组建"中海结算中心广州分部"和"中海结算中心大连分部"。中海结算中心于1998年1月1日正式开业。

自此,集团紧紧抓住资金管理这个中心,优化资金管理运行机制,加快资金集中化管理步伐,取得明显成效,为集团资源整合优化配置创造了条件。从全球现金管理系统的开发运用到以网上银行为核心的资金管理结算系统,中海结算中心发挥资金集中存储、即时监控、统一结算3项功能,实现加快周转速度、提高使用效益、防范控制风险3个目标,满足集团内部金融服务需要,也保障了集团生产经营和资金需求。

为助推上海国际航运、金融中心建设,积极应对国际金融危机的冲击,集团于2010年1月26日在结算中心基础上组建中海集团财务有限责任公司,着重加强资金的集中管理,由总公司统一对外,加强融资统筹安排。新公司的成立和运作,使集团资金集中度、金融服务覆盖面、资金使用效率都进一步得到提高。同时有力支持了集团主业发展,进一步降低财务成本,降低对银行融资的依赖性;通过开拓多种融资渠道,不断提升全面风险管理水平。资金集中管理进而提升利用效率,是中国海运借鉴外部成功经验并结合企业自身实际探索出的资金管控新模式。

中海财务作为非银行金融机构,取得中国银监会批准的13项经营业务范围,可吸收成员单位包括上市公司的存款,为集团成员提供结算、贷款、票据贴现、融资租赁、委托贷款、信用鉴证、保险等相关咨询、代理业务,可承销成员单位企业债券、进行有价证券投资(股票一、二级市场投资除外)。

中海财务实行董事会领导下的总经理负责制。按照法律法规和公司章程的规定设立股东会、董事会、监事会和高级管理人员。董事会下设风险管理委员会、预算管理委员会和审计委员会,分别负责风险评估和管理、预算编制与执行监督工作以及监督、协调、指导审计工作。

公司下设2个专业委员会、8个部门,即信贷业务评审委员会、投资业务评审委员会和金融业务部、计划财务部、资金结算部、信息技术部、风控法务部、稽核审计部、综合管理部、创新发展部。集团资金管理部为集团附属管理机构,由原中海结算中心及分部更名而成,承接原结算中心全部机构、人员及职责。集团资金管理部包括中国海运资金管理部以及下属的广州资金管理部、大连资金管理部、深圳资金管理部、海南资金管理部、天津资金管理部、香港资金管理部和欧洲资金管理部。根据中国海运2010年第24次总裁办公会决议,将集团资金管理部委托中海财务管理,作为集团统一的资金管理平台。

图2-2-5　2010年1月26日,中海集团财务有限责任公司举行开业庆典

中海财务成立后,依照集团"三个转变""五个转型"的总体要求,树立合理规范经营的理念,坚持以风险控制为导向,围绕集团主营业务发展,不断拓展金融服务领域,为集团所属各单位提供专业、集约、高效的金融服务,创造了良好的经济效益。2011年,公司累计完成考核利润总额2.65亿元,为年度考核指标的203.81%,年化加权净资产收益率超过行业平均水平。境内已开通锦州、连云港、江都地区共14家公司的多个人民币银行账户的总部查询功能;境外系统外账户比上年底减少31.1%,两项均提前超额完成集团下达的分类考核指标;上海地区外汇集中度达95%,超额完成集团考核指标。

"十二五"期间,中海财务作为集团金融板块成员之一,努力打造集团全球资金管理中心,在资金管理、信贷业务、同业业务、投资业务等诸方面继续发挥重要作用。在信贷业务方面,公司密切关注集团主业经营状况、业务风险和资金需求,保障企业正常生产经营融资需求。2015年帮助集团内部单位置换高利率贷款,共节省财务费用4 000余万元。通过跨境资金融通平台,完成对香港控股发放自营贷款、跨境委托贷款发放等项目,为集团境内外资金融通提供了便利渠道。公司还积极支持集团供应链物流,将"一海通"电商平台作为集团内部电商与金融合作的切入点,为"一海通"提供多币种综合授信额度3亿元。在同业业务方面,进一步加强资金流动性管理,及时把握市场机遇,盘活存量资金,提高资金使用效率和效益,灵活配置资金。2015年,在受到大额资金频繁流动影响、同业业务规模及期限均受到较大约束的情况下,通过灵活配置资金,确保收益;全年累计操作人民币同业定期平均利率4.04%。年内与渣打银行、农业银行开展隔夜同业存放业务,取得增量收入;在为武钢财务公司开展3亿元同业评级授信的基础上,适时开展票据业务;同时,逐步建立同业授信体系,完善同业业务的制度及流程。在投资业务方面,公司加强市场研判,严控风险;积极开展多元化投资,利用期限错配、锁定期限等方式,提高资金收益率。2015年,陆续开展了量化对冲型基金、混合型基金的投资业务,投资产品进一步丰富,投资收益得到提高,累计实现投资平均收益8.3%,所有到期产品均正常收回。在制度规程上,补充并完善了《中国海运(集团)总公司资金管理部投资业务管理办法》等10多项制度,通过对流程的修订和梳理,在对交易对手甄别、投资产品分级等重要环节引入多项定量、定性的评价指标,有效加强了投资风险的识别和管理。在海外资金管理方面,公司在行业内率先加入SWIFT(环球银行金融电信协会)平台,结合财银和财企连接口的应用,实现集团资金全球实时可视,为集团海外资金管理进一步夯实基础。截至"十二五"末期,已完成SWIFT会员资格申请并实施平台上线及集团境外公司SWIFT授权查询工作,实现对集团境外账户80%的可视覆盖率。此外,公司还积极申请并取得跨国企业集团跨境人民币资金集中运营业务,统一管理境内外人民币资金。

2015年,中海财务总资产237.3亿元,其中财务公司108.8亿元,资金管理部128.5亿元;营业总收入3.4亿元,实现利润4.1亿元。

二、中海集团投资有限公司

中海集团投资有限公司(简称中海投资)成立于1998年6月26日,是集团下属的一家专业从事资本经营和对外投资的全国性公司。成立时注册资金3亿元,其中中国海运持有93.333%的股份,上海海运持有5%的股份,广州海运持有1.667%的股份。公司注册在上海市外高桥保税区,共有员工12人。主要经营实业投资、房地产经营、国际贸易及相关的咨询服务。其成立后两年间积极开展事业投资和短期资金运作,取得了良好的经济效益。

2000年,实现主营业务收入4 072.5万元;实现利润为1.14亿元,为上年同期的207.7%。同年年底资产总额6.57亿元,负债总额2.03亿元,固定资产净值4 993.3万元,资产负债率为30.88%。

"十一五"期间,中海投资经营业务先后经历两次重大转型。第一次是由证券和集团内部股权投资为主转向以集装箱(车)制造业为主营业务;第二次是由箱(车)制造业务为主逐步转向物流装备制造、股权投资和资产租赁业务三大板块协调发展。至"十一五"末期,实现自1998年成立以来最好效益。其间,公司先后完成连云港、锦州、广州集装箱厂,连云港车厂的布点建设任务,集装箱制造年产量由创业初期的3.8万TEU上升至22.0万TEU,在全球造箱市场的份额稳步上升到10%左右。2008年后,在加强箱车制造业务经营管理的基础上,积极开拓股权投资和商业地产投资、租赁等业务,为建成围绕集团主业的多元化投资控股格局奠定基础。

2009—2011年,开始承担集团多元化发展的投资平台功能,先后参股烟台港股份有限公司、青岛双瑞海洋环境工程有限公司;独家出资设立深圳海宁保险经纪有限公司,涉足保险经纪业务。2011年起,逐步加大金融投资力度,先后参股上海航运产业基金管理有限公司、兴业基金管理有限公司和昆仑银行股份有限公司。同时,在严控风险、适度投资的原则下,运用证券、信托、资管计划等金融工具,形成一定规模的金融资产。

2014年,开始承担融资租赁公司的管理职能,沿集团航运产业链上下游开展船舶、港口物流设备的融资租赁,并按市场化方式建立团队,发展医疗、能源和教育领域的融资租赁业务;同时涉足产权交易业务,成为上海联交所央企会员。

截至2015年年底,中海投资总资产68.71亿元,净资产32.44亿元,资产负债率52.78%,盈利4.84亿元。金融股权投资项目达到11亿元,总出资32.7亿元,盈利2.01亿元;融资租赁业务市场投放46.7亿元,盈利1.07亿元。作为中国海运的投资平台和窗口,公司全资、控股、参股子公司共17家。

三、中海集团租赁有限公司

2014年11月10日,中海集团租赁有限公司(简称中海租赁)挂牌成立。集团设立中海租赁,旨在依托中国海运实体产业,整合资源,沿产业链延伸的发展脉络,采取多种手段,推进融资租赁业务发展,不断提高融资租赁业务的比重,使其成为中国海运金融板块的支柱产业,促进中国海运"1+6"业务板块协调发展。

为保证公司平稳起步,初期的业务范围重点围绕与集团主业相关的行业领域,如船舶、集装箱租赁;码头设备、仓储设备和堆场设备租赁;资质较好、现金流稳定、与集团产业链有一定关联度的客户群的大型设备租赁以及针对资质相对良好、具有较好发展前景的中型民营企业客户群的工业设备的融资租赁。同时有选择性地开展集团外市场化业务,逐步形成自身的市场竞争能力。

到"十二五"末期,中海租赁的经营按医疗、教育、能源和建设四项业务方向齐头并进。

教育业务。成功投放的项目集中于高校、普教及政府平台领域,共37个项目。其中高质量客户占比最高,达到58%,主要集中在山东、江苏等当地经济发展与产业结构良好的区域,并以承租人或担保人为发债城投,发生逾期风险的概率极小。

医疗业务。业务集中在公立二级以上医院,采用回租和直租的模式,给公立医院基建、采购设备提供5年期的资金,一般按季度还款。业务开拓方式主要是依靠业务人员积累的固有业务渠道。为了赶超第一梯队的租赁公司,公司在公立医院以外的民营医院、基层公立医院市场领域不断尝试开拓创新,在医美、养老、医疗工业和连锁药店等新兴市场均有涉足。

能源业务。建立了以光伏电站、水电站和区域电网为主要支柱的细分业务板块。其中光伏业务主要针对建设期电站项目或已并网电站项目提供中长期名义回租融资,融资比例一般在70%~75%,期限一般在10~12年。水电业务主要针对已并网的中小型水电站进行售后回租业务,融资比例不高于65%,期限一般为10年。

建设业务。以建设施工企业为核心,结合上游设备及材料供应商、下游运营商的设施及企业进行业务拓展。将目标客户定位为建筑施工企业(含基础设施行业)与设备制造企业等,作为部门主攻方向。建筑施工领域目标客户定位于中央企业三级四级公司、国有企业、地方民营企业,细分行业主要集中在市政、交通建设、工业建设领域,主要采取售后回租与应收账款保理相结合的操作方式。基础设施领域目标客户定位在具有良好现金流的细分行业,即水务、供热、燃气等公用事业企业。设备制造领域以大型国有企业、上市公司与大型民企作为目标客户,主要采取售后回租与保理产品相结合模式。

2015年9月,中国海运对中海租赁增资10亿元,注册资金达到15亿元。截至同年年底,中海租赁总资产51.80亿元,净资产15.91亿元,资产负债率69.29%;营业收入2.24亿元,利润总额1.07亿元。

第三节　科技信息企业

一、上海船舶运输科学研究所

上海船舶运输科学研究所（简称上海船研所）早在1961年2月28日就已正式命名，属交通部管辖，长期从事船舶运输科学研究工作。进入21世纪之后，随着我国科研体制改革的不断深入，上海船研所按照国家关于开发类科研院所管理体制改革的精神和科技部等六部（委）关于科技管理体制改革的文件要求，于2000年10月与交通部脱钩，转制为科技型企业，划归中央企业工作委员会领导，并于2001年4月完成工商注册登记。2003年3月，国务院设立国有资产监督委员会，船研所转由国务院国有资产监督委员会管理。

上海船研所由事业单位转制为科技型企业之后，面对日益激烈的市场竞争环境，为解决生存和发展问题，尽快适应市场竞争环境，根据企业化发展的需要，逐步由原来的以学科研究为主转化为以发展科技产业为主。转制后的10年，在科技研发方面取得丰硕成果，共取得各类专利近60项、专有技术40多项，承担国家级科研项目40多项，获得国家级和省部级奖励近20项，发表科技论文400多篇。

2010年8月，按国务院国资委的部署，经报国务院批准，上海船研所整体并入中国海运，成为集团主营科技板块的下属企业。此前由上海船研所发起成立的上海交技发展股份有限公司（2011年8月更名为中海网络科技股份有限公司，简称中海科技）股票已于同年5月6日在深圳证券交易所A股挂牌上市，成为交通运输行业科研院所中第一家上市公司。首次公开发行股票募集资金3.5亿元，净资产从上市前的1.37亿元增加到4.8亿元，为集团加强产学研合作提供重要科技资源和资金渠道。同年年底，上海船研所资产总额13.13亿元，从业人员近800人，其中80％以上为科技人员，具有高级专业技术职称人员190余名。

并入中国海运集团后的上海船研所提出向"新领域、新区域、新模式"转变的转型发展思路，并在探索实践中取得新的成绩。2013年年初召开的中国海运集团工作会议提出"要研究和推进集团科技资源整合，发挥船研所科技优势，提升集团科技发展的能力"，通过内部资源整合，形成科技信息产业，使之成为集团"1＋6"产业结构中的重要组成部分，以此促进集团从传统海运物流企业的经营模式向现代物流"链与链竞争"的新商业模式转变，从单纯的海上运输承运商向一站式服务的整合者与供应商转变。

科技资源整合按照顶层设计、统一规划、分步实施的工作思路循序渐进。整合工作分三个阶段进行。第一阶段是确立集团信息化未来的发展思路，建立研发中心和运维中心，统一服务于集团信息化建设、管理和维护。明确中海科技、中海信息在集团内信息化工作的业务定位，将集团的信息化研发中心放在中海科技，将集团的信息化运维中心放在中海信息。第二阶段是整合船研所业务。通过中海电信和船研所的资源整合，实现通导技术与船舶自动化业务的集约化管理，推动经营业务从集团内部扩大到外部市场的转变。第三阶段是根据中海信息、中海电信和上海船研所的发展情况和集团发展需要，适时将中海信息、中海电信、中海船研所并入中海科技上市公司平台，争取实现集团科技资源的整体上市，但至2015年，因条件不成熟，第三阶段规划尚未全部实现。截至2015年，中海信息、中海电信已整体并入船研所。上海船研所作为中国海运重要的科技信息产业，积极发挥科技创新的引领作用和放大效应，积极学习了解科研单位的特点，做好产业对接，将船研所的科技优势与集团的产业优势有机整合起来；坚持创新推动，不断提升集团的科技发展能力，有力促进集团整体实力和市场竞争力的提高。

上海船研所作为国家最大的交通运输综合技术研究开发基地之一,拥有船舶运输控制系统国家工程中心、航运技术与安全国家重点实验室和航运技术交通行业重点实验室等。专业特色突出、技术力量雄厚、试验设施先进,长期从事交通运输行业共性技术、前瞻性技术的开发研究。在舰船自动化、智能交通、环境工程以及船舶水动力业务等科研领域处于国内领先水平。上海船研所整体并入中国海运后,智能交通业务创新转型成效初显,上市公司中海科技以交通诱导及智能监控业务为突破口积极拓展新市场,通过加大智慧交通产品核心技术研发力度和市场推广,承接福州、成都、上海等城市交通诱导及违章停车自动抓拍系统项目,并取得明显效果。舰船自动化业务商业模式进一步突破,新承接多艘主力船舶合同,业务量稳中有升。环境业务市场领域进一步拓展,获得上海轨交市场全过程环境咨询和竣工环保验收业务的优先权。舰船水动力业务领先地位进一步稳固,在船舶水动力业务领域,继续保持较强的技术优势和市场份额,进一步巩固了行业影响力,在航运业及造船业发展形势依然严峻的情况下,取得较好经营成果。

2012年,上海船研所先后赴中海集运、中海散运和中海工业等单位学习交流,在双方科技创新和战略合作框架协议指导下,先后组织开展中海散运"宁安"号轮船舶远程技术监控系统改造、船舶经济航速优化辅助决策系统、中海集滞箱费管理项目和中海码头洋山储运数据整合改造项目等工作。"宁安"型船舶改造项目经过半年多试运行,于2012年11月通过集团组织的专家验收,专家组审核认为该项目能有效提高航运公司的信息化管理水平,成果具有完全自主知识产权,达到其所属专业领域国际先进、国内领先水平。由上海船研所下属的中海科技、运输系统事业部共同为中海散运合作研发的"船舶经济航速辅助决策系统软件"也成功得到运用,该系统依据船舶航次任务,通过计算航次相关费率给出最佳经济航速,指导船舶合理安排航行速度,达到节能增效的目的,同时为船舶航行绩效的考评提供参考依据。

"十二五"期间,上海船研所在生产经营和科技研发方面都取得长足进步,营业收入由2010年的6.58亿元提高到2016年的12.30亿元;科技投入资金由2010年的4100万元提高到了2016年的6350万元,取得一系列研究成果。其科技创新投入对经济效益的贡献率显著增长。依托船研所的国家和地方科技创新研发平台,在航运效率及节能技术研究、航运安全技术研究、航运监控与信息集成技术研究、航运信息化及智能交通系统研究等方面均取得一定成绩和显著效益,完成动力定位系统技术研究及产业化样机研制、舰船电喷柴油机控制系统研发、舰船能量管理系统研发、风浪作用下线型优化及船—桨匹配技术研究、船舶能效设计指数(EEDI)验证评估与技术研究等一批国家重大科研项目,并成功开展科技成果转移转化,实施率达100%。

上海船研所旗下的上海交技发展股份有限公司(简称交技发展)是经交通部和国家经贸委批准,由原交通部上海船舶运输科学研究所发起成立的股份制高新技术企业,成立于2001年1月,并于2010年5月6日在深圳上市。

2010年8月,上海船研所整建制并入中国海运后,交技发展于2011年8月16日正式更名为中海网络科技股份有限公司(简称中海科技),成为中国海运控股的上市公司,也是集团科技板块的重要成员。

二、中海电信有限公司

中海电信有限公司(简称中海电信)成立于1998年9月7日,是中国海运所属从事电信产业、跨地区经营的专业化公司。总部设在上海，成立时共有员工 896 人，各类工程技术人员 600 多人。公司经上海市工商行政管理局批准登记注册成立，注册资金总计 2 亿元，其中中国海运持有 51% 的股份，上海海运持有 27% 的股份，广州海运持有 15% 的股份，大连海运持有 7% 的股份。

公司是在原上海海运船舶通信导航公司、中海发展所属计算机信息中心、广州海运通导事业部、广州海运发展部计算机科以及大连海运船舶通信导航公司、大连海运企管部计算机管理科的基础上组建而成。成立时，职能部门设置为总经理办公室、企管部、财务部、科技发展部、通信部等。直属单位含广州分公司、大连分部、上海海岸电台、信息中心（信息分公司）、上海船舶通信导航修理厂、有线中心、上海航运电子设备厂、技术开发中心、上海迅盛通信工程有限公司、上海远航国际贸易有限公司、上海通骥实业有限公司、上海爱海通信导航综合服务有限公司等。业务范围主要为：从事水上无线电通信服务，通导代管、账务代管，船用通信导航设备的安装、开通和维修，船用电子设备的制造和贸易，计算机软件开发和信息服务，承接各类通信工程包括大楼智能化、微波传输和各种天线等工程项目。1998 年年底，公司在册员工 998 人。

中海电信所属的上海海岸电台和广州海岸电台是我国规模、通信量最大的两座海岸电台，负责发布中国沿海及各港口的气象、航运警告等安全信息，确保海上航行安全。上海海岸电台还是我国唯一参加国际选择性呼叫值班的海岸电台。公司在上海、广州、大连分别设有 3 家专业从事船用通讯导航设备安装、开通和维修的修理厂，是多家国际制造厂商的维修代理。其专业生产和销售各类通信导航设备，承接国内外电子产品的来料加工，享有进出口权，已取得 ISO9002 质量认证。

2000 年，中海电信实现主营业务收入 1.35 亿元。截至当年年底，实收资本 8 185.1 万元，资产总额 2.08 亿元，负债总额 1.52 亿元，固定资产净值 7 100.6 万元，资产负债率为 72.96%。

中海电信组建后，先后经历数次架构调整与体制变革。包括 2003 年的信息中心划出；2005 年 3 月为执行政企分开政策，上海海岸电台和广州海岸电台移交海事局；2006 年将生产业务萎缩严重的上海电子产品分公司与上海船舶通信导航修理厂合并等。在数次调整变革中，公司不断调整经营策略，在传统通信和通导设备生产、安装、维修等原有业务基础上进一步调整业务发展方向，构建起海上电子综合服务产业和陆岸通信信息技术综合服务产业"两大"体系，挖掘新的增值业务，保持了企业的持续发展。

图 2-2-6 中海电信员工在检修船用雷达天线（2008 年摄）

上海、广州电台通信业务全部移交海事局后，中海电信立即将原来以 SSB、NBDP 通信业务为主的服务转向以卫星通信服务为主，积极与各大卫星通信商和卫星地面站进行合作，运用现代通信技术推出船队在线跟踪系统服务、卫星 D+船位跟踪、卫星 C 站通信、卫星中文 EMAIL 系统平台业务等多项新的通信业务。公司还充分利用销售、安装、调试、指导、维修的业务链服务优势，立足于上海、广州、大连三地，积极拓展长江、珠江及沿海的产品销售市场。随着航运业的发展，新造船的数量迅速增长，中海电信抓住机遇，积极开发新造船配套通信导航设备的销售业务，促进公司产品销售业务的成长，销售收入得到大幅增加。2013年成功开发船舶卫星宽带系统——"中海电信E海通"，被誉为"海上通信高速公路"。其单站最高可实现上行2M下行4M卫星宽带通信，且通信费用大大低于海事卫星。为了解决我国船舶在海上通信和信息化应用方面存在的问题，国家把海上卫星宽带应用系统作为战略性产业。中海通信利用自身在海上通信领域长期积累的技术经验和对这一项目开发的综合领先优势，一举中标并研发成功。在陆岸通信信息技术综合服务产业中，公司的宽带网络业务和通信工程业务已成为支柱产业。

中海电信自成立始，无论是从业务拓展、社会效益，还是技术、服务和管理等各方面都取得了长足的进步与发展，连续多年获得"全国交通系统文明行业先进单位"和"上海市文明单位"等荣誉称号。

2013年，中国海运集团本着"发挥科技优势、提升科技发展能力"的原则，着手进行企业内部的科技资源整合。中海电信整体并入上海船研所。截至2013年年底，中海电信总资产1.96亿元，资产负债率66.35%；营业收入2.49亿元，实现利润712.63万元。

截至2015年年底，公司仍为中国海运科技板块成员之一，在集团船舶通信导航业务等方面发挥着重要作用。

三、中海信息系统有限公司

2008年7月31日，集团加强信息化资源整合，将原来下属环州电脑有限公司升级组建为中海信息系统有限公司（简称中海信息），专业从事集团的信息化建设工作，负责对信息化建设的协调和推进，综合实施集团的信息系统、财务信息系统（包括集运财务系统）建设；并根据各专业公司的需要，按照市场化原则，做好各单位信息化建设和维护工作。同时，以中海信息为平台，加快人才引进和培养，通过具体项目建设的实践，锻炼培养一支具有中国海运特色的信息化人才队伍。

中海信息公司主要从事以下四项业务：

集团总部系统建设。负责集团人力资源系统建设、集团辅助决策系统建设；在集团总部和中海信息范围内实施IT服务（运维）体系和IT信息安全体系，设立IT服务台。负责集团综合管理平台一期及二期建设，实现总部固定资产管理、燃润油耗补给统计、运输计划和完成情况统计分析、公共代码管理、集团船舶信息、三项成本、生产运输监控、商务、企业信息、法律事务等信息化管理。此外，还负责集团OA二期开发与集团网站改造。

财务系统建设。负责集团及下属企业的各类财务系统，包括航运企业117家应用单位的SAP财务系统和陆岸企业中近200个账套的用友财务系统；负责全集团范围内统一的久其报表系统建设。在掌握财务业务的基础上，具备SAP、NC、久其等系统实施能力，并独立承担财务系统技术管理、运维支持和新设企业账套实施等工作。

集装箱运输系统建设。为中海集运提供自主开发的信息系统，负责系统运维；帮助中海集运建立起一个覆盖运力计划制订和执行监督、船舶调度的监控和管理、集装箱的运营和管理、船货代操作和管理、费用精细化管理以及对外客服等核心业务的系统体系。

非集装箱航运系统建设。负责中海油运的航运系统建设，满足航运业务管理、财务系统连接和船舶管理等需求，并按照要求完成73艘船舶的系统实施。同时根据中海海盛和中海客运的业务特点，从2008年3月起建设航运系统，基本实现和油运航运系统相同的应用功能，使集团内非集装箱运输的航运公司拥有一套完整的信息系统。该系统中的PMS功能获得中国船级社、DNV船级社认证；并被推荐为上海市企业引导资金项目。此外，还负责集团陆岸企业系统建设和机房网络及硬件运维。

截至2010年年底，中海信息总资产为1.01亿元，营业收入9 426万元，实现利润162万元；职工人数为111人，平均年龄28岁。

2013年7月1日，集团完成信息化业务第一步整合，将中海信息并入上海船研所。明确中海科技、中海信息在集团内信息化工作的业务定位，将集团的信息化研发中心放在中海科技，将集团的信息化运维中心放在中海信息，按照"人随业务走"的原则，形成扬长避短、优势互补的格局。"运维中心"设在中海信息，将中海信息与中海科技的运维团队以及集团内各专业公司的运维团队整合在一起。主要职能是：负责集团信息系统运维及保障，机房、硬件、数据库、网络建设及维护等；信息安全体系建设、信息安全等级保护建设、信息安全保密制度建设。同年该公司还积极开拓外部市场，成功将航运系统标准化版本的软件向第708研究所推广，在政府新造执法监督船舶上安装使用，迈出走向外部市场的第一步。

2013年年底，中海信息经过业务重组，全面并入上海船研所，集团的科技资源整合业已完成，而中海信息公司随之注销。

图2-2-7　中海信息员工进行油运管理信息系统项目开发（2007年摄）

第四节　航运服务企业

一、中海国际船舶管理有限公司

中国海运成立前，上海海运、广州海运、大连海运已经结合本地区实际和企业改革发展情况，开始对船员管理进行专业化探索。1995年10月1日，广州海运组建英华船员劳务分公司，这是国内首家按人、船分离模式成立的专业化船员管理公司，在同行内最先实行船员专业化管理，实现海员优化配置，并且提供完善的船员职业发展规划。成立英华船员劳务分公司，是广州海运开展现代企业制度改革试点工作之一，也是提高船员资源专业化管理水平、满足广州海运船队发展需要，集中解决船员大量富余问题的重要举措。分公司成立时有船员1.1万余人，包括油轮、货轮、集装箱和客轮船员。1996年，大连海运深化企业内部改革，按照国家统一部署积极推进建立现代企业制度及各项保障制度,下放经营管理自主权,划小核算单位,成立了3个专业化公司,其中包括下属英才船员劳务分公司,这也是当时中国北方地区最大的船员管理公司。

1998年6月30日,上海海运成立中海上海船员公司,这是继广州海运成立英华船员劳务分公司、大连海运成立英才船员分公司之后,上海地区成立的一家专业船员管理公司,当时在册船员1.2万余名,服务于中国海运内外185艘船舶,是当时国内最大的船员公司之一。

2004年12月8日,中国海运为适应世界航运现代化、专业化发展趋势,解决发展过程中严重制约可持续发展的条块分割的体制性弊端,将下属的人力资源、船舶管理资源和教育培训资源进行专业化重组,成立中海国际船舶管理有限公司(简称中海国际),重点负责集团范围的船员管理、船舶管理及船员教育培训等方面管理工作。其经营范围包括国际和国内船舶管理(含船舶买卖、租赁及资产管理;船舶机务、海务和维修安排;船员招聘、训练和配备等),并向国外提供海员劳务,港口技术服务和其他工程、生产技术人员及服务人员劳务,对外派遣各类劳务人员等。

公司注册资金2亿元,由集团总公司、上海海运、广州海运和大连海运分别按40%、30%、22%、8%的股份比例持股。公司总部设在上海,在广州、大连设有分公司;同时,位于北京的中海海员对外技术服务有限公司(其前身为中国海员对外技术服务公司)以及中国海运设在上海、广州两地的教育培训中心也属其管理。

图2-2-8　2004年12月8日,中海国际船舶管理有限公司举行揭牌仪式

根据集团"集中经营、分级管理和六个统一"原则,中海国际在上海设公司本部,在上海、广州、大连设立分公司,在北京设子公司。北京子公司继续使用"中海海员对外技术服务有限公司"的名称。公司本部设立船员部、外派部、船管部、工程劳务部、教培部、总经办、人事部、企管部、财务部、监审部、党办、组织部、宣传部、工会等14个部室。截至2004年6月30日,纳入劳务体制改革的相关在册人员共29 921人,其中陆岸人员1 076名、在岗船员18 279名、不适岗船员2 892名、离退休船员7 674名。公司按照现代企业制度,实行董事会领导下的总经理负责制。设立董事会、监事会和经营管理层。

中海国际的成立,将上海、广州、大连、北京四地的船员资源融为一体,大大拓宽船员人才资源;同时,四地船员的优良作风、四地企业的不同文化互相交融、相互促进、取长补短、优势互补,显著提高"人才库"的质量,实现船员"统一招募、统一培训、统一配置、统一管理、统一服务"的集约化、专业化管理。

2007年10月,集团从进一步调动船公司和中海国际两个积极性出发,决定在建立船员库的基础上,试行船公司"管船、管人、管事"(简称"三管")相统一的管理新模式,并率先在中海油运试行。2008年3月,集团在总结中海油运"三管"试点工作经验基础上,在中海集运、中海货运、中海客运进行推广,取得良好效果。中海海盛、香港航运、浦海航运也基本参照"三管"试点的做法,落实船公司的船员调配权,并开展相关工作。

2008年4月1日始,为彻底扭转船舶安全管理的被动局面,消除"机构重叠、职能不清、效率不高、管理不到位"的体制性缺陷,理顺公司船舶管理体制,构建"安全、高效、经济"的"第三方船管"体系,经报请集团同意后,中海国际对原来的船舶管理体制进行流程再造、制度创新,组建船管中心。船管中心的组建,将原有船管业务从公司总部机关和3个分公司剥离,实现船舶安全管理体系与监督职能的独立运行,船管中心实行由公司分管副总经理直接管理并对总经理负责的垂直一体化管理。船管中心由本部的海务部、技术部、综合部3个职能部室组成。同时为了加强对所管船舶的一线管理,在上海、广州、大连地区分别设立船管一部、二部、三部。在人员的选派上,优先考虑和充实3个船管部的力量。船管中心与各船东公司建立生产会纪要互通制度,完善了船舶管理季报制度,让船东公司了解船舶管理的全过程。同年,公司获得中国海事局颁发的符合ISM、NSM两个规则(航海企业安全管理体系),涵盖4个船种、6种船旗、9个船级社的DOC证书;公司通过DNV认证(挪威船级社认证),获得ISO9001:2000质量管理体系证书;并拥有中国商务部颁发的对外劳务合作(外派劳务)经营资格证书。

船管中心运行的几年中,船舶管理水平逐步提高和进步,船舶安全状况趋于平稳,但因权力在船管中心,安全和经营责任制落实不够,船管部和船舶主管的积极性未充分发挥。船管中心直接管理和考核到船舶主管,管理层级不明确,同时需投入大量人力进行考核工作,分散了管船精力。鉴于此,中海国际开启新一轮管理体制改革。

2012年9月,中海国际确定船员管理的新定位,即坚持做好为船员服务、为集团船公司服务、为集团服务,建立专业化、集约化、市场化、国际化的船员管理体制机制,并向集团船公司兑现"提升服务、降低成本、包揽配员"的"三个承诺",即合理进行船舶配员,撤回沪、穗、连3个船员分公司劳务外派主营船员;为降低集团船公司船员成本,撤回3个船员分公司主营船员劳务外派亏损业务;为确保集团内船舶的优质服务,撤回3个船员分公司机关外派管理人员。

2013年,中海国际又将3个船员分公司138套主营船员向集团外船舶派员的业务,移交给北京中海对外劳务公司集中经营,由其以专业化方式、社会化船员、市场化成本,承接由原中海主营船员退出的派员业务并实现盈利。同年8月27日,中海国际总经理办公会审议通过《中海国际船管部落实安全经营责任制和管理转型指导意见》,决定撤销船管中心,调整船管部组织机构,明确3个船管部是船舶管理的责任主体,是公司直属单位。在落实船管部安全责任基础上,增加经营责任、为船公司控制成本和内部独立核算等方面的责任,实现为船舶保障安全、控制成本、培训船员的管理目标。

2014年2月,集团总经理办公会决定,进一步实施集团船员管理体制改革(简称"大船员体制"),赋予中海国际更多的职责和使命。"大船员体制"坚持问题导向,以国际先进船员管理公司为标杆,突出"整合资源,成本管控,理顺职能、平稳过渡"的重点,消除资源错配,减少成本叠加,提升船员管理水平,增强市场竞争能力。同时,明确建立"大船员体制"的时间表和路线图。即2014年完成船员管理职责界定,签订服务合同,明确单船船员包干费用标准。同年4月,集团各主营船公司船员管理人员与其承担的船员管理责任整建制转入中海国际。中海国际对集团船员资源实施整合,统一平台,集中管理,通过实行内部管理改革,减少冗员,提高船员资源利用率和劳动生产率。同时,中海国际和船公司加强配合,不断降低船员用工和管理成本。原则上2014年集团船舶单船船员费用(同配员口径)不高于市场水平的30%,2016年力争降到不高于市场水平的10%~15%。"大船员体制"实施后,中海国际广大船岸员工有了更好的事业平台,有了稳定的业务、稳定的岗位和稳定的收入。

自成立始至2015年,中海国际逐步树立起自己的企业形象和品牌,赢得社会的广泛赞誉,2006年4月被上海对外劳务合作专业委员会评为"上海市对外劳务(研修)合作经营诚信等级A级企业"。2007年,被评为上海市级机关文明单位。2009—2015年连续多届被评为"上海市文明单位"。

2016年,中国海运、中远集团实施合并重组后,中海国际重组变更为中远海运船员管理有限公司,隶属于中国远洋海运集团。

二、中海海员对外技术服务公司

中海海员对外技术服务公司(简称中海海员)是中海国际专门从事船员劳务外派的子公司。其前身中国海员对外技术服务公司于1984年4月24日经国务院批准组建,同年8月8日在北京正式挂牌成立,是向国外输出海员劳务的专业性公司,也是当时国家交通部对外的窗口单位之一。公司成立后,除在全国范围内组织开展外派海员技术服务工作外,还参与中国海员劳务外派行业发展及有关海员外派规章制度的研究与制定。截至1996年年底,公司共有子公司14家,合资公司5家,代表处5家;其中在国外设有合资公司2家,代表处4家。注册资金4 200万元。1996年1—10月,公司共完成合同额2 122万美元,实现收入4 225万元,实现税利166万元,劳务外派2 520人次。至同年10月底,公司总资产1.38亿元,净资产0.28亿元;至同年11月底,共有职工765人,其中自有船员538人,高级船员占47.5%。

1997年,中国海员对外技术服务公司作为紧密层企业加入中国海运,并更名为中海海员对外技术服务有限公司。同年11月,集团在北京召开海员劳务外派工作会议,决定以中海海员对外技术服务公司为核心,组建海员劳务外派专业公司,并将上海、广州、大连3个海运集团的原劳务外派公司与中海海员对外技术服务公司在当地的原分公司合并重组,成立上海中海劳务合作有限公司、大连中海劳务合作有限公司和广州中海劳务合作有限公司。从此,四地各具规模和特色的船员劳务外派业务融为一体,借助中国海运品牌释放出更大能量,一跃成为国内海员劳务外派的龙头企业,同时也牢固确立了中国海运船员在国内外海员劳务市场上的龙头地位,中海劳务从此进入新的发展阶段。

1999年,集团及时对劳务工作提出"大劳务"的发展战略。使得集团在亚洲劳务市场的地位得到巩固,世界上最大的船舶管理公司V. Ships已经录用中海的劳务人员;欧美劳务市场已经打开局面,外派人数和合同额都比前年有所增长,已有成套劳务班子进入美国市场;陆上劳务也在不断拓展,劳务输出人员增加,劳务合同呈现出多样化。但集团重组后,原广州、上海、大连3家船员公司存在的劳务外派业务并没有整合,在业务上难免产生内耗。随着集团体制改革的不断深入和国家社会保障体系的逐步完善,推进集团劳务体制改革的基本条件已成熟。

2004年10月9日,集团召开劳务体制改革动员大会。会议分析了劳务体制方面存在的问题,强调"高标准、高起点、高要求"等改革基本原则,确定了改革的基本框架,即打破条块分割体制,整合产业资源,实行集中经营、分级管理和"六统一"原则;调整兼顾各家利益,增加经费投入。对集团内派、外派船员资源实行统一配置,按各地区船员的特点和对航区航线的熟悉程度来调配船员。

2004年12月,随着中海国际船舶管理有限公司成立,中海劳务遂划入中海国际,并成为中海国际的子公司。同年,中海劳务实现主营业务收入7 463.68万元,利润总额1 731.76万元。截至同年年底,资产总额13 699.6万元,资产负债率37.88%。

2005年以后,世界航运市场持续火爆,对外派船员的需求量不断增加。已纳入中海国际的中海海员主体经营船员招募和海员外派业务,迎来新的发展机遇。同时,集团各单位各具规模的原船员劳务外派业务,经资源重组,借助中国海运品牌释放出更大能量。与此同时,集团注重加强与国际劳务组织的合作,积极参与相关行业活动,与新老客户建立和保持良好的业务关系,逐步建立起一支劳务输出骨干队伍。中海海员在确保主业的前提下,千方百计挖掘潜力,支持劳务事业的发展,劳务输出逐渐成为集团船员管理业务中一个重要组成部分。

2013年,中海劳务的营业收入近1.3亿元,实现跨越式发展。同年,中海国际将3个船员分公司138套主营船员向集团外船舶派员的业务,全部移交给北京中海对外劳务公司集中经营,由其以专业化方式、社会化船员、市场化成本,承接由中海主营船员退出的原派员业务,并实现盈利。

至2015年,中海劳务历经30多年发展,从最初以普通船员派遣为主,发展到各层次船员全方位派遣;从最初只派到日本、新加坡、中国香港等近邻国家和地区到逐步扩展到挪威、丹麦、德国、美国、希腊等欧美航运发达国家,已成长为我国海员外派业内的领军企业,拥有服务的船种最全、派出覆盖面最多、派出数量最大的自有技术船员队伍。

三、中海集团资产经营管理有限公司

2014年6月18日,中海资产经营管理有限公司(简称中海资产)在沪揭牌开业。注册资金41.16亿元,业务经营范围包括资产管理、投资管理、实业投资、投资咨询、商务咨询、企业管理、企业管理咨询、企业形象策划、市场营销策划、自有房产经营等。

公司是集团贯彻落实中央关于全面深化改革的要求、全力推进中国海运存量产业优化升级而组建的一家新企业,成为增进集团资产权益的一支专业化力量。

中海资产经营发展内容是:围绕集团陆岸产业发展,立足存量房地资源开发,创新发展不动产经营、物流地产及创意产业园等新型业态,成为国内领先、特色经营并创造稳定收入和利润的资产经营企业。

公司发展定位分内外两个方面:

内部定位是:作为集团二级专业公司,履行对集团境内商业房产(限产权清晰、用于经营用途的房产)、土地资源专业化管理职能,优化整合集团现有房产土地资源,做好项目投资、开发、调整、经营和管理工作,为集团其他专业公司提供业务发展载体,与集团相关业务协同发展,成为集团多元产业板块重要组成部分和重要投融资平台。

图 2-2-9　2014 年 6 月 18 日，中海集团资产经营管理有限公司举行揭牌仪式

外部定位是：利用市场机制，培育不动产开发和经营管理核心竞争力，为社会提供优质地产和一流物业经营管理服务，创造良好经济效益，回报股东和社会。

中海资产实行"总部—项目公司"两级管控模式。总部主要负责品牌运营，项目策划，投资决策，项目管理，成本控制，资金管控等。项目公司负责具体项目各阶段的工作，包括项目报建、规划设计、建设施工、竣工验收、运营管理等工作。

公司成立初期，立足存量土地和房产资源开发、房产资源改扩建业务，稳步推进商办地产业务发展。商办地产业务按照不同产品定位，形成总部旗舰、商务领航、创意典范等产品线，其中总部旗舰主要定位为高端写字楼的投资建设和运营，以浦东 E-4-1 项目为代表；商务领航主要定位为普遍具备甲级写字楼的改造、投资和运营，以上海北外滩的海运大楼改扩建为代表；创意典范主要定位为利用存量资源改造成个性化的办公、商业等业态组合，以上海世界路仓储、广州城安围船厂改造项目为代表。

2015 年，中海资产的资产总额 45.48 亿元，负债总额 17.32 亿元，资产负债率 38.09%；营业收入 2 504 万元，实现利润 2.03 亿元。

2016 年，中国海运、中远集团合并重组后，中海资产更名为中远海运资产经营管理有限公司。

四、中石化中海船舶燃料供应有限公司

中石化中海船舶燃料供应有限公司（简称中石化中海燃供）的前身为中海供贸有限公司（简称中海供贸），成立于 1998 年 9 月 7 日，注册资金 4 亿元，2000 年年底实收资本 3.9 亿元，其中：上海海运占 54.04%，广州海运占 45.39%，大连海运占 0.57%。公司总部设在广州，注册地在广州经济

技术开发区,下辖广州燃料分公司、广州物资分公司、上海中燃船舶燃料有限公司、上海物资分公司、大连物资分公司和海南国盛石油有限公司。组建初期员工总数3 149人,其中管理人员296人,生产人员1 162人,船员1 084人,其他人员607人。

中海供贸是集团所属从事船舶燃、润、物料供应及相关业务的专业公司。其业务主要是承担集团主营船队的船舶燃料、润料、物料、淡水、备件、救生、消防设备的销售、供应及仓储、运输等,为主营船队的安全运行提供可靠后勤保障。在经营上采取下属单位区域分工的供应模式,服务范围覆盖国内沿海各大港口。

2003年,为应对中国加入WTO后的市场竞争,中国海运与中国石油化工股份有限公司依托各自主业优势加强战略合作,达成合资合作框架协议。中国海运优先把经营的VLCC(超级油轮)及内部燃油市场提供给中石化,中石化优先在进口原油VLCC运输上与中国海运加强合作,并确定组建海上船舶燃料供应合资公司有关事宜。按照合作协议,双方共同设立新的合资公司,合资主体为中石化销售有限公司和广州海运、上海海运,合资公司名称为:中石化中海船舶燃料供应有限公司,注册地在广州,注册资金8.77亿元。股比结构为中石化销售有限公司持股50%、广州海运持股28.84%、上海海运持股21.16%。其中,中石化方以货币形式出资,中国海运方以中海供贸经审计评估确认的净资产出资。中石化中海燃供总部设在广州,在上海、广州、佛山、东莞、深圳、湛江、海口、厦门、宁波、青岛、天津、秦皇岛、唐山、大连等地设有22个分(子)公司,业务覆盖中国沿海主要港口。主要经营国际航行船舶保税油供应业务;燃料油(危险化学品除外)、润滑油、淡水、物料、金属材料、机电设备、船用零配件、建筑材料、五金交电、日用百货的批发业务,以及货物进出口和技术进出口业务等。同年12月30日,双方在上海举行合资公司成立仪式。之后,依靠股东双方资源、市场、品牌和资金等支持,公司得到较快发展。2004年,实现营业收入36.4亿元,同比增幅112.8%;实现利润7 067万元,增长14.4倍;销售油品153.2万吨,增幅72.5%。

中石化中海燃供组建后,充分发挥股东双方的品牌、市场和资源优势,加大市场营销力度,积极拓展燃油、物资等业务,经营规模、经济效益、竞争能力等各方面都有长足进步。油品经营总量由合资前(2003年)的88万吨增加到两年后(2005年)的285.5万吨,营业收入由16.7亿元增长到88.7亿元;利润由500多万元增长到1.35亿元。

"十二五"期间,公司跟随中国海运加快产业结构调整、转型升级的步伐和"1+6"业务发展规划,在集团航运及社会化服务板块中准确把握自身定位,以保内供为首任,进一步做大做强船供主业,优化调整经营结构,拓展新的效益增长点;积极与海关、税务等部门沟通协调,实现公司业务范围由单一的内贸供应型向内贸、国际船舶供应、保税仓储配送转型,为拓展新的业务领域、增加企业效益奠定基础。

2013年7月,广州经济开发区、高新技术产业开发区、出口加工区以及保税区联合表彰先进,中石化中海燃供凭借优秀的经营作风、先进的经营理念以及良好的经营业绩荣获"2012年度外贸出口优秀企业"称号。在进出口业务上,公司因"遵纪、守法、守信",严格遵守海关进出口规定,积极配合海关进行现场货物监管,取得海关充分信任。

2015年,公司仍为中国海运和中国石化合资经营的国内最大的船舶燃料供应商之一。其业务范围扩大至燃料油销售(不含成品油);沥青及其制品销售;润滑油批发;成品油批发;钢材批发;化工产品批发(危险化学品除外);五金产品批发;金属制品批发;仪器仪表批发;劳动防护用品批发;水上运输设备批发;货物进出口(专营专控商品除外);技术进出口;商品零售贸易(许可审批类商品除外）；装卸搬运；打包、装卸、运输全套服务代理；其他仓储业（不含原油、成品油仓储、燃气仓储、危险品仓储）；海上船舶溢油清除服务；商品信息咨询服务；应急救援器材修理；专用设备销售；再生物资回收与批发；为船舶提供码头、过驳锚地、浮筒等设施；提供港口货物装卸（含过驳）、仓储、港内驳运、集装箱装卸、堆存及装拆箱等简单加工处理服务；船舶补给供应服务；船舶污染物接收、围油栏供应服务；收集、贮存、处理（港口、船舶）含油废水；预包装食品批发；化工产品检测服务；成品油（柴油）零售（仅限分支机构经营）等。

2015年，公司累计销售油品378.82万吨，比上年增加33.05万吨，增幅为9.56%，实现利润3445万元，比上年增加1366万元。实现集团内润滑油、物料、备件销售收入分别为7635万元、1.12亿元和7071万元；集团外润滑油、物料、备件销售收入分别为1.05亿元、3278万元和351万元。

表2-2-1 1999年、2004年、2010年、2015年中石化中海燃供设施设备规模情况表

类型		1999年	2004年	2010年	2015年
船舶	艘数合计（艘）	72	38	22	13
	载重量（吨）	38 426	25 504	14 853	19 794.1
	其中1.供油船				
	艘数（艘）	41	22	13	7
	载重量（吨）	26 857	16 234	10 625	14 060
	2.供水船				
	艘数（艘）	10	3	3	1
	载重量（吨）	5 400	1 800	1 916	800
	3.供料船				
	艘数（艘）	5	7	5	3
	载重量（吨）	570	1 470	1 312	937
	4.拖船				
	艘数（艘）	7	2	—	—
	功率（千瓦）	3 461	1 823	—	—
	5.驳船				
	艘数（艘）	8	4	1	2
	载重量（吨）	5 600	6 000	1 000	3 997.1
	6.其他				
	艘数（艘）	1	—	—	—
	主机功率（千瓦）	110.25	—	—	—
码头	数量（座）	7	6	6	6
	码头岸线（米）	1 173	1 050	1 050	1 050
油库	数量（座）	5	5	6	6
	罐容（万立方米）	22.75	24.78	48.49	56.54
物资仓库	数量（个）	4	3	3	1
	面积（平方米）	22 162	21 491	21 491	11 715
货车	数量（辆）	43	—	—	15

第五节　上海、广州、大连海运(集团)公司

作为组建中国海运核心单位的上海海运、广州海运和大连海运3家海运(集团)公司,随着集团资产重组和体制改革的不断推进,经营格局、管理职能和资产规模都发生了根本变化,其船舶以及部分陆岸资产在集团组建专业公司时,相继调拨给各航运企业和陆岸专业公司,公司管理职能、经营业务和发展定位随之转变,由船舶运输为主逐步转向以"投资收益管理、陆岸产业经营、党群属地化管理和离退休人员管理"等4项职能为主。

一、上海海运(集团)公司

上海海运(集团)公司(简称上海海运)的前身为上海海运管理局,1993年改制为(集团)公司,为当时中国最大的沿海运输企业。截至1996年年底,拥有总资产143.52亿元,各类运输船舶208艘,408万载重吨,职工人数2.5万多人,下属二级单位19个。

1997年7月1日,中国海运正式成立,上海海运成为其子公司。中国海运成立之初即围绕专业化、集约化、规模化的发展目标开始进行结构调整、资产重组,上海海运的众多优质经营资产相继划拨给各专业公司。1997年内,上海海运持有的上海海兴轮船股份有限公司全部国有法人股转由中国海运持有;以上海海运金辉公司投入集团,组建中海船务公司;以公司所属"郁金香"轮投入集团,组建中海集装箱运输有限公司;以上海海运国贸公司投入集团,组建中海国贸公司。1998年3月,以上海海运外派公司投入集团,组建中海劳务公司;同月,以上海海运货代公司投入集团,组建中海货运代理公司。同年6月,以上海海运联合船坞公司和荻港船厂投入集团,组建中海工业公司;以上海海运客轮公司纳入组建中海客轮公司;同月,由上海海运组建中海上海船员公司,为当时国内最大一家专业船员管理公司,有在册船员1.2万多名,服务于中国海运集团内外185艘船舶。同年9月,以上海海运物资公司、燃料公司投入集团,组建中海供贸公司;同月,以船舶通信导航公司纳入,组建中海电信公司;12月,根据集团的结构调整要求,与中海发展股份有限公司油轮公司合并,实施"一套班子、两块牌子、两本账"。

至1998年年底,中国海运重大资产重组基本告一段落,上海海运主要生产经营资料被调入集团专业公司,其职能和定位发生根本性转变:从原来的以决策为中心的一级企业,变成以成本控制和利润为中心的二级企业;从以航运为主体的运输企业,变为以多种经营和后勤保障为主体的服务功能型企业;从资金来源以运输收入为主,变为以多种经营收入和收取服务管理费为主。

表2-2-2　1997—1998年上海海运参与股份的公司情况表

公 司 名 称	参股时间	公司主营业务
中海发展股份有限公司	1997年	油品、干散货运输
中海集装箱运输有限公司	1997年	集装箱运输
中海集团国际贸易有限公司	1997年	经济贸易
中海船务代理有限公司	1997年	船舶代理

〔续表〕

公 司 名 称	参股时间	公司主营业务
中海国际货运代理有限公司	1998 年	货物代理
中海客轮有限公司	1998 年	客货运输
中海工业有限公司	1998 年	船舶修造
中海电信有限公司	1998 年	船舶通信
中海供贸有限公司	1998 年	物资供应
中海海员对外技术服务公司	1998 年	劳务输出
中海劳务上海分公司	1998 年	劳务输出

2002年7月1日，上海海运与中海油运在人员、机构、资金、财务、业务等方面实现"五分开"。工作重点转移到确保安全、确保稳定、服务中海、服务主业、服务船员、创新发展上，逐步形成船务、船舶管理、船舶修理、船舶引水、环保仓储、住宅物业、教育培训、医疗保健、文化传媒、旅游服务和公安保卫11个服务主业板块。

2006年，为进行产业结构资源整合，深化企业改革，上海海运进一步对所属海运实业、裕海、海技公司等8家法人企业实行合并管理，成立新的管理机构，为深化企业改革、实现精细化管理积累了宝贵经验。同时，上海海运持续加大对内部亏损企业关停并转的力度，其下属法人企业从2004年年底的20余家减少到2009年的14家。2010年完成对历史遗留的6家下属企业相互参股问题的股权清理，完成资产评估并进入备案申请阶段；撤销原属文化传媒中心建制，对上海市航海学会和《中国海员》杂志社实行挂靠管理，进一步理顺内部管理关系。

至2012年，上海海运分别投资中国海运8家内部单位和8家外部单位。除投资管理单位外，上海海运还拥有实业公司、基建住宅公司、船舶污水处理厂、海服公司和海员医院5家下属单位，形成商务公众物业管理产业、船舶油污水处理、液体仓储、船舶抢修航修、黄浦江水上服务和医疗服务等陆岸主要产业。同年，公司综合考虑上海海运的资产结构、经营结构、市场结构等实际情况，提出以"服务中海、服务主业"和"确保安全、确保稳定"为主要目标，以及"3+1"的经营发展思路，即"做好现有的、盘活存量的、拓展潜在的、止住亏损的"，在航运配套服务、地产物业经营管理、码头及液体仓储等3个业务板块方面加强突破。结合集团地区公司业务发展规划，公司对现有存量资产进行了全面梳理分类，对各类存量资产提出不同的经营处置思路，成立了由公司领导牵头的工作小组对重点项目进行推进。经过一系列资产调整、股权清理，当年公司经营管理职能已基本转型为陆岸产业经营管理、投资管理、离退休人员管理以及党群关系属地管理4项职能。

"十二五"期间，公司虽经济发展稳中有升，实现国有资产保值升值，但因拥有的优质股权、土地资产陆续以无偿形式划出，导致收入大幅下降，年支出社会化成本日益增高。2014年，公司分别转让了北海船务、中海电信以及中海国贸等公司股权，虽为集团的专业化重组作了贡献，但也导致自身投资收益和现金分红减少。面对严峻的发展形势和不断增大的压力，公司进一步加快深化改革和转型发展的步伐，积极主动融入集团转型发展之中。通过"改革创新、转型发展，我们该怎么办"大讨论活动，确立以海运技术、海运物业、海运服务、海运仓储、海运资产和海运医疗六大业务板块为核心的发展思路,并相继实行机构和干部人事制度改革及资产重组、资源整合,以推进企业转型升级、二次创业。

表2-2-3 2015年上海海运下属主要公司情况表

公 司 名 称	成立时间	主 营 业 务
上海海运(集团)公司劳动服务公司	1982年	劳动服务
上海海运技术总公司	1985年	航海领域开发
上海海运服务总公司	1986年	运输服务
上海海运实业总公司	1992年	船舶运输
上海海运船务工程公司	1992年	船舶污水处理
上海海运基建住宅发展总公司	1993年	提供福利房源
上海裕海实业公司	1993年	船舶修理、服务
海南海翔航运实业公司	1993年	海上运输
上海兴海船务企业有限公司	1993年	船舶运输
上海秦海船务有限公司	1993年	海上运输
上海长崎国际渡轮有限公司	1994年	旅客运输
上海北海船务有限公司(非上海海运所属单位,是联营企业)	1994年	海上运输
上海海运(集团)公司船舶污水处理厂	1997年	船舶污水处理

图2-2-10 上海海运投资开发的福建江阴建滔化工码头以及仓储项目(2015年摄)

2014年11月,中国海运主要领导在现场办公中为该公司发展进一步明确了方向和科学定位,要求公司充分发挥服务集团、投资管理、自主经营三大平台功能,并在自主经营平台上重点发展航运海事、液体仓储、资产物业三大业务板块,努力成为具有较强竞争力的新型综合性企业。2015年12月,公司与比利时LBC集团联合举办SHS—LBC合作发展国际研讨会,以"在全球经济新常态下如何培育发展液化储运产业链"为主题,探索未来液体化学品储运业的发展方向。

福建江阴建滔化工码头项目是上海海运转型发展中培育的一个新业务。该项目以并购福州江阴建滔化工码头有限公司为切入点，通过并购，上海海运进入液体危险化品仓储业务新领域。

上海海运通过全资子公司上海海运仓储有限公司（简称海运仓储）以增资扩股的方式持有福州建滔公司51%股权，实现海运仓储与富宝实业的股权比例分别为51%：49%，海运仓储出资4.488亿元，富宝实业名义出资4.312亿元，双方共同开发经营福州建滔公司的福州港江阴港区10号液体化工泊位及附属库区工程项目。至"十二五"末期，该项目一期工程已经完成开工建设，正式进入试运营阶段。

福州建滔项目位于福州自贸区江阴港工业集中区，其10号泊位及附属库区工程处于福州江阴港区兴化中心湾。项目整体占地442亩，码头岸线全长325米，规划建设5万吨级石化码头一座，可同时靠两艘1000吨～5000吨船舶；内港池建设3000吨级石化码头3座；后方库区配套建设约91.30万立方米石化仓储设施。福州江阴建滔项目的建设工程分三期进行：一期工程主要包含5万吨级石化码头一座、内侧1座3000吨级码头一座、配套建设路南区18.1万立方米的石化仓储及公用工程设施；二期工程主要为建设岸侧两座3000吨级码头、库区配套建设路南区22.2万立方米的石化仓储设施；三期工程主要为配套建设路北区51万立方米的油品仓储设施。合资协议签订后，福州建滔先后召开董事会及股东大会，明确公司机构设置及主要人事任免等事项，并对公司章程作相应调整。2015年4月，在一期工程主体建设基本完成，且取得港口经营许可证及其附证的情况下，福州建滔开始车载小规模试运营。2015年5月，福州建滔开业仪式顺利完成，2016年年初开始试运行到年底，租罐率从10%提高至76%。

2015年，上海海运资产总额70.02亿元，总负债8.94亿元，资产负债率12.76%；营业总收入2.61亿元，利润总额132万元。

二、广州海运（集团）有限公司

广州海运（集团）有限公司（简称广州海运）的前身为广州海运管理局。1993年1月改制为广州海运（集团）公司。截至1996年年底拥有总资产78.1亿元，各类大型运输船舶141艘，321万载重吨，职工人数19 242人，主要承担南方海区的海上运输。1996年7月，广州海运作为全国百家现代企业制度试点单位，按照《公司法》改制，于1996年7月，更名为"广州海运（集团）有限公司"。1997年7月，中国海运组建后，广州海运成为该集团的子公司。此后，随着中国海运资产重组和体制改革的不断推进，公司的资产结构、业务经营和管理职能也发生深刻变化。

1998年，广州海运在体制机构上进行一系列调整和改革。2月10日，中海发展股份有限公司油轮公司在上海挂牌开业。经资产重组，广州海运所属泰华油运公司划入中海油运，并易名中海发展股份有限公司广州油轮分公司。3月28日，广州海运对外技术服务公司划入中海劳务，并易名广州中海劳务合作有限公司。5月28日，中国海运所属专业散货船队中海货运（即中海发展股份有限公司货轮公司）在广州成立；经资产重组，广州海运所属锦华船务公司、兴华船务公司、南方船务公司散杂货船及相关管理人员划入中海货运，原广州海运国际货运代理公司移交中海国际货运代理有限公司。6月18日，中海工业有限公司在上海挂牌开业。经资产重组，广州海运所属菠萝庙船厂、城安围船厂划入中海工业，并易名中海工业菠萝庙船厂、城安围船厂。10月，公司和中海货运按照"一个班子，两块牌子，两本账，一套机构"和"经营管理功能与服务管理功能分离"的原则合署办公。12月28日，中海供贸有限公司、中海电信有限公司在上海举行挂牌开业仪式。公司供贸事业部划入中海供贸;通信导航事业部划入中海电信,并易名中海电信广州分公司。

2002年7月15日,公司和中海货运领导班子分开,公司党委及综合部门仍合署办公。2004年12月8日,中海国际船舶管理有限公司挂牌成立(由中国海运、广州海运、上海海运、大连海运出资组建),广州海运英华船员劳务分公司、教育中心(海运技校)、广州中海船舶管理有限公司从广州海运划归该公司。2005年4月1日,按照中国海运的部署和要求,广州海运和中海货运在规定时间内完成管理职能、工作机构和岗位人员的调整,实现人、财、物、机构和业务"五分开",两个公司分别成立党委,综合部门开始独立运作。

在紧随集团进行资产重组的同时,广州海运积极进行内部机构调整,优化资产结构,盘活存量资产和处置不良资产,找准体改后地区公司的管理定位。1998年7月7日,撤销社会保障部、房地产事业部和投资管理事业部。1999年1月,所属海员医院获得卫生部颁发的"国际紧急救援网络医院"证书,成为我国国际紧急救援中心网络的首批医院之一。同年4月9日,公司在原先组织架构的基础上,成立广州海运再就业管理中心、福利保险管理中心、离退休人员服务中心、档案管理中心、教育中心等机构。6月16日,原属广州海事法院正式纳入国家司法体系,成建制移交广东省委、省政府和省高级人民法院共同管理,海事法院与交通部门及其所属单位彻底脱钩。同年,广州海运按产权口径统计,共有船舶49艘/135.1万载重吨,另有25艘/17.1万载重吨由中海集运经营;中海货运共经营和管理自营船舶104艘/277万载重吨,运力结构更趋优化。在两次机构调整过程中,公司积极探索人事制度改革。2001年总部机关和各服务中心编制定员比2000年减少6.32%,大专以上学历和中级以上职称人员达到72%和57%,大专以上学历船员比2000年增加2.2%。

2002年,陆续实现陆岸产业结构调整和重组,撤并部分企业,撤销部分亏损严重的下属单位;将工会技协属下的6家企业合并,成立海工实业发展有限公司,增强市场竞争能力;公司所属三江公司根据自己的实力准确定位,已成为珠江水域最有实力的清污公司之一,当年实现利润30.07万元。同年12月5日,成立广州中海船舶管理有限公司,将船舶管理分公司改制为有限责任公司,成为广州海运的控股子公司,将船舶管理作为广州海运新的重要增长点进行培育和发展。同年,船管公司管理的船舶达11艘,实现利润105.2万元。其利用广州海运的品牌优势,加强与各船东的沟通,至2003年年底管理船舶达到20艘,其中市场船6艘,特别是对14万吨特大型散货船"宝通海"轮的成功管理,赢得市场赞誉。至2002年,广州海运已成为一个重要的投资主体,确保稳定的投资回报,对提高企业整体经济效益起到了至关重要的作用。

2005年,广州海运向中国海运上报了公司主辅分离的初步意见等材料,同年广州海运完成公安局整体移交给地方管理的工作。

2006—2015年是公司重要的转型期和发展期。根据中国海运要求,广州海运从2006年起明确了"投资收益管理、陆岸产业经营、党群属地化管理和离退休人员管理"等4项职能,作为独立法人企业,在对集团内外投资项目实行监管、享受投资回报,并经营多经企业的同时,承担中国海运在广州地区各专业公司的党群工作属地化管理和离退休人员管理等服务、保障职能。

2007年,公司有重点地投入资金对地块和物业进行开发、改造,提高经营收益,培育和支持竞争力强、发展前景好的航运配套重点产业。

2008年,中国海运在年度工作会议上明确提出"地区公司要适时发展与集团航运主业相关配套产业"的政策,对于地区公司陆岸产业的改革发展具有重要指导意义。为此,公司加大了对航运配套产业的扶持力度,以增强这些企业的核心竞争能力和可持续发展能力。2011年,广州海运资产总额达21.10亿元,实现营业收入4.73亿元,在广州市政府认定的首批220家总部企业中位列

图2-2-11 广州海运领导班子合影

前10名。

2012年,广州海运根据"同类合并,优化架构,有利发展"的原则,将下属产业企业划分为"物业经营与服务、航运配套和旅游产业"三大主营业务板块和后勤保障的其他业务板块。2013年又将下属产业企业划分为"物业经营与服务、航运配套、旅游产业和健康产业"四大主营业务板块,予以重点扶持和发展。

2015年,在中国海运和中国远洋两大集团改革重组之前,公司主动谋划,以改革创新为着力点,重点推进中长期战略规划编制工作。在认真履行4项职能的同时,结合公司实际,坚持面向市场、发挥优势,调整结构、整合资源,紧紧围绕公司发展战略和年度重点工作,形成以"金融投资、航运配套服务、物业资产经营、旅业经营管理、医疗健康产业"等业务板块为主导的产业布局。金融投资板块主要包括股票、基金投资等;航运配套板块主要业务包括船舶抢修、设备制造、海务咨询、污油水回收与处理等;物业板块主要业务包括物业管理、租赁、投资、咨询、开发、工程监理等;旅业板块主要业务包括旅游、票务、酒店、出租车等;医疗健康板块主要业务包括医疗、健康体检、养老、康复等。通过不断推动产业转型,重点发展"大旅游""大健康"业务,做精航运配套和物业经营,公司逐步向"社会化服务产业"布局定位发展。

2015年,广州海运资产总额300.17亿元,总负债75.08亿元,资产负债率25.01%;营业总收入12.40亿元,实现利润8.69亿元。

三、大连海运(集团)公司

大连海运(集团)公司(简称大连海运)的前身为交通部大连轮船公司(成立于1949年4月),1994年更名为大连海运管理局,业务范围主要从事沿海客货运输,兼营远洋货运,以及客运附设的餐饮、住宿等业务,同时经营船舶运输代理、船用通信设备及电子产品经销、船舶修理及技术咨询、船员培训、船员劳务等业务。

1997年7月,大连海运作为组建集团的成员之一加入中国海运,注册资本1.99亿元,总部设在大连市。1998年中海客运成立后,大连海运与中海客轮实行一套人马、两块牌子、部分机构合署办公的管理模式。是时,按资产和功能划分,大连海运下属二级单位主要有:英才船员公司/教育中心、海运公安局、保障部(1999年列入二级单位)、物业管理中心、门诊部、船舶服务中心、海员大厦、汽车队、海运房屋开发有限公司、海南海连船务有限公司、大连万发轮船公司、大连海运集团(新加坡)有限公司、海韵广告公司、海运服务公司(大集体)等,其中内部核算单位6家,全资子公司4家,控股公司2家,非控股公司14家。职工人数为3 596人,离退休人员670人(截至1998年年底)。

中国海运成立后,大连海运从航运为主的生产经营型企业转型为服务保障型企业,主要履行企业地区管理、离退休人员服务管理、保障以及党群关系属地化管理等职能。其承担的地区公司职能主要包括两个方面:一是实施对下属二级单位管理;负责对外投资的权益和收益管理;负责地区公司法人资产的经营、管理和保值增值,完成集团下达的考核指标;负责本地区船员公司的船员管理(2005年1月船员公司划归中海国际);负责在连单位退、离休、内退职工的管理工作和档案管理工作;地区公司审计部门受集团委托代表集团监审部对地区所在单位行使审计监督职能。二是负责集团在连单位的党委、纪委、工会、团委工作以及地区公司的维稳、精神文明建设、公安保卫、综合治理等工作。

2008年,公司的发展方向进一步明确:坚持"有所为、有所不为",立足围绕客运主业,推行多种经营和船舶管理体制改革,将船舶服务中心及其业务从中海客运划归大连海运,主要承担客轮运输的服务业务,并逐步增加船舶管理和船员管理职能(2014年根据管理职能的变化,将船舶服务中心更名为船舶客运管理中心)。

2010年,大连海运实现主营业务收入1.17亿元,实现利润6 025.15万元。截至当年年底,资产总额9.77亿元,负债总额2.86亿元,资产负债率29.27%。

2014年,公司原保障部改称离退休人员/社保管理中心。主要负责集团大连地区所属单位离休、退休、内退、非在岗人员的管理,同时履行集团社保大连分中心的职能,负责集团所属大连地区参保各单位社会保险的代收代缴以及环渤海地区参保职工的补充医疗保险工作。

2014—2015年,大连海运主要围绕3条主线开展工作,即探索大连海运自身的发展道路;处理好历史遗留问题、冗员问题,维护地区稳定;负责地区党建工作。在探索大连海运发展道路的问题上,公司始终坚持按集团要求,紧紧围绕主业,有所为有所不为,在地区公司职能定位的框架内求生存、谋发展。

2015年,大连海运受让(无偿划转)上海海运持有的中海客运42.24股权,持有中海客运100%股权。中国海运向大连海运注资4.6亿元。截至当年年末,公司资产总额16.08亿元。

第六节 境外企业

2000年以前,中国海运就先后组建了中国香港控股、欧洲控股、北美控股、东南亚控股等境外公司;2006年组建了中海西亚控股公司;2013年,又先后组建非洲控股公司和南美控股公司。至此,集团已形成七大境外控股公司,包括中国香港控股公司和6家海外控股公司。"十二五"期间,七大控股公司坚持转型发展,创新驱动,不断拓展境外和国际市场,业务规模与经济效益不断提升,国际化品牌和市场影响力不断增强。截至"十二五"末期,中国海运远洋航线覆盖了全球160多个国家和地区的1 500多个港口,形成了以日本、韩国、澳大利亚、中国香港等国家和地区,以及东南亚、西亚、北美、南美、欧洲、非洲等区域为辐射点,以船舶航线为纽带,遍及世界各主要地区的跨国经营网络。海外企业和机构分布在海外40余个国家和地区,400余个营销网点遍及境外近100个国家(地区),已具相当规模,建成了遍及全球的多级营销服务体系,形成一套基本适应集团国际化经营的境外企业管理体制和机制。境外产业涉及远洋运输、船代、货代、租船、租造箱、供贸、劳务、码头、集卡运输、计算机信息技术、船舶管理、物流等多个领域,业已成为集团全球化经营的重要支持和保障体系。

一、中国海运(日本)株式会社

中国海运(日本)株式会社的前身是上海海兴轮船日本株式会社,1997年中国海运成立后,由集团总公司100%控股,注册资金2 000万日元,注册地为日本东京。主要职能是对其所属子公司的资产和经营进行监督管理。1998年,公司实现主营业务收入8 807万元,利润总额23万元。截至当年年底,资产总额2 026万元,负债总额1 848万元。

2000年,实现主营收入4 925.1万元,实现利润299.6万元。截至当年年底,实收资本133.5万元,资产总额7 176.6万元,负债总额6 699.4万元。同年,共代理中海集运船舶761艘次,挂靠港口总次数1 694次,进出口总箱量24.78万TEU。其中中国—日本进口18.11万TEU,日本—中国出口5.49万TEU;北美航线中转箱量完成3.90万TEU,其中东行2.57万TEU,西行1.33万TEU。

2008年,集团豁免日本株式会社25万美元借款,根据当地法律,按照50%比例分别增加资本金和资本公积金1 350万日元,注册资金为3 350万日元。中海集装箱日本株式会社是中国海运(日本)株式会社的全资子公司,注册资金2 000万日元,主要从事船舶代理和货物代理业务。中日世界物流株式会社是中国海运(日本)株式会社和日通海运株式会社合资成立的子公司,双方各出资50%,注册资金4 000万日元。中国海运(日本)株式会社主要对下辖公司进行控股管理,经营范围包括远洋运输、船舶代理等业务。

2008年年底,中国海运改革海外机构管理体制,将韩国、日本、澳大利亚3家代理公司交由香港控股管理。

2010年,中国海运(日本)株式会社根据日本市场相对保守的特点,在巩固与老客户关系的同时,开发800个大客户,优化经营策略,在保证舱位使用率的前提下,减少低价劣质货比例,开拓高价优质货源,提高航线效益和运输收益。全年实现主营业务收入5 976.92万元,利润总额1 382.24万元。截至2010年年底,资产总额5 517.79万元,负债总额2 834.86万元,资产负债率51.38%。

"十二五"时期,中国海运(日本)株式会社与中国海运(韩国)株式会社、中国海运(澳大利亚)代理有限公司均为香港控股所属的境外代理公司,3家代理公司以提高集运航线效益,努力降低船东费用为工作重点,强化市场营销,提升服务水平,经营业绩显著。

二、中国海运(香港)控股有限公司

中国海运(香港)控股有限公司(简称香港控股)成立于1998年3月6日,是中国海运在香港投资设立的一家全资子公司,也是集团在港澳地区的投资中心、规划中心、管理中心,注册资金1 000万港币。成立当年,香港控股实现主营业务收入1.94亿元,实现利润为1 931万元。年底资产总额

18.46亿元,负债总额18.14亿元。

公司成立后对中国海运所属单位在港的十几家企业进行专业化重组,先后组建包括中海(香港)航运有限公司、中海(香港)船务代理有限公司、中海(香港)投资发展有限公司、东方国际投资有限公司、维利有限公司,浩东船务有限公司;管辖单位包括中海集团结算中心香港分部、鹏达船务有限公司、中海劳务香港代表处、香港海通中海部等在内的多家独资、合资专业化公司和机构,初步形成以航运为主,集投资、商贸、船代、货代、租造集装箱、劳务输出、燃料供应等为一体的产业结构,成为中国海运拓展海外业务的一支生力军。

2000年实现主营收入1.19亿元,实现利润2 284.1万元。截至当年年底实收资本1 069.3万元,资产总额28.11亿元,负债总额27.32亿元。

2008年年底,中国海运改革海外机构管理体制,将韩国、日本、澳大利亚3家代理公司交由中海香港控股管理。

2010年,香港控股发挥香港在经营、人才及环境方面的优势,通过造、买、租等多种方式发展航运主业,以到期融资租赁、长期期租等方式经营散货船,夯实航运主业的发展基础;同时,由原来的以集装箱租赁为主向集装箱租赁、资产运营与管理以及资本运营相结合的经营模式转型,优化业务结构,开拓外埠市场,发挥区域协同效应和规模效应。当年实现主营业务收入11.86亿元,实现利润5.82亿元。截至当年年底,资产总额79.70亿元,负债总额34.41亿元,资产负债率43.18%。

图2-2-12 位于香港九龙葵涌的中海(香港)控股有限公司办公大楼(2011年摄)

2012年,香港控股对集团实现净利润的贡献率达到47.40%,在各子公司中排名第一。

香港控股作为中国海运成立的第一家境外区域控股公司,经过10多年发展,已成为集团"走出去"的桥头堡。旗下的集装箱租赁公司东方国际公司,最初起步以集团内部租箱业务为主,到"十二五"时期,已成为全球排名第10位的业界知名公共租赁公司,客户涵盖全球前20大班轮公司,业务扩展到集装箱管理与贸易,成为"十二五"时期全球集装箱租赁业成长最快的公司,也成为支撑香港控股应对金融危机冲击的核心企业。香港控股还以旗下的中海绿舟公司为平台,加大在船舶融资租赁领域的投资;委托中国船舶工业贸易有限公司及上海外高桥造船有限公司订造的6艘当时世界最大的2.1万TEU集装箱船,以光租形式租予中海集运,租期12年。2015年,香港控股借助金融机构专业平台寻找合作项目,积极开辟财务性投资渠道,成功开拓新华稳健收益基金项目,取得高达21%的投资回报,远远高出其他基金项目的平均回报水平。

"十二五"时期,集团在港业务形成上市公司在港业务、非上市公司在港业务和香港控股直属业务三大板块。上市公司在港业务板块为中海集运和中海发展的在港业务,主要包括中海集运的船货代、船舶融资、资产管理、航线经营、航线核算、船舶及集装箱租赁、支线运输等业务和中海发展的部分远洋运输业务、中海发展与部分大货主成立的合资公司等。非上市公司在港业务板块为集团相关船岸公司在港注册的公司以及办事机构,主要包括船舶登记、船员管理、贸易销售、资金结算、船舶代理、船舶租赁等业务。香港控股直属业务板块包含国际干散货运输、集装箱租赁与管理、船舶备件供应、保险经纪、集装箱货运代理、投融资及资金管理等。面对国际金融危机对航运市场造成的严重影响,香港控股直属业务始终保持较高的盈利水平,实现平稳较快的发展,为集团的整体发展作出重要贡献。

截至2015年年底,香港控股总资产321.51亿元,资产负债率63.08%;全年实现总收入29.26亿元,实现利润10.45亿元。

三、中国海运(东南亚)控股有限公司

中国海运(东南亚)控股有限公司(简称东南亚控股)成立于1998年7月27日,是中国海运在东南亚地区的投资中心、规划中心、管理中心,注册资金200万新元。公司下辖中国海运(新加坡)代理有限公司、中国海运(印度尼西亚)船务有限公司、中国海运(曼谷)船务有限公司、中国海运(马来西亚)代理有限公司、中国海运(马尼拉)代理有限公司、中海劳务新加坡代表处等多家独资、合资子公司和机构。经营范围包括船舶代理、货运代理、投资、供应、集装箱运输及相关业务、劳务输出等业务。

1998年,公司实现主营业务收入1 546万元,利润总额为388万元。当年年底资产总额2 327万元,负债总额1 215万元,资产负债率52.2%。2000年,实现主营收入3 478.4万元,实现利润638.4万元,截至年底实收资本498.6万元,资产总额5 538万元,负债总额3 830.9万元,资产负债率69.2%。

为了适应中海集装箱运输业务快速发展的要求,东南亚控股于2004年12月从新加坡迁移至马来西亚。

2005年7月,旗下的中国海运(新加坡)控股有限公司正式挂牌成立,注册资金120万美元。下设新加坡、泰国、菲律宾、马来西亚、印度尼西亚、越南和柬埔寨7家代理公司,主要经营船舶代理、货运代理、租船业务、船舶经纪人和投资业务。

2010年,中国与东盟签订的自贸区协议正式启动,给东南亚地区性航线带来商机,但下半年航运市场出现快速下降,为此东南亚控股通过控制舱位投放和部分客户的订舱量来提升运价和航线效益。此外,根据市场需求新增堆场4个,通过增加网点布局以降低堆场费率。同年,实现主营业务收入8 282.04万元,实现利润1 081.54万元。截至当年年底,资产总额1.74亿元,负债总额8 000.87万元,资产负债率46.00%。

2011—2015年,随着经济全球化的进展以及亚太地区繁荣发展,东南亚地区经济发展迅速,特别是新加坡已成为发展速度最快的国际金融中心、贸易中心和航运中心。东南亚控股公司充分利用新加坡优质的经商环境、健全的商业法规体系、高效率的政府工作能力、便利的融资环境和快捷的贸易及航运信息等多种优势,利用贯彻落实"一带一路"倡议的发展机遇,不断加快公司转型发展的步伐。包括强化欧洲航线的市场营销、确保新开航线首航成功和后续货源组织、积极拓展属地管理公司的业务等,有力拓展了东南亚区域的各项业务。

2015年,东南亚控股完成揽货箱量51.1万TEU,其中欧地航线完成箱量7.2万TEU,远东航线完成箱量7.0万TEU。年底总资产8.64亿元,总负债6.82亿元;全年完成总收入1.75亿元,比2014年增长6.9%;实现利润0.65亿元,比2014年上升27.6%。

四、中国海运(澳大利亚)代理有限公司

中国海运(澳大利亚)代理有限公司成立于1998年12月,由中国海运和新西兰OWENS集团公司各持有50%的股份。公司于1999年3月开始组建,实收资本8万澳币。2000年3月,中国海运以澳币1元的价格受让OWENS集团公司所持的50%股份。转让合同经公证后,从2000年4月起成为中国海运全资子公司。

公司在布里斯班、悉尼和墨尔本设有办事处,从事船舶代理业务,主要代理中澳集装箱航线业务。2000年实现主营收入1 511.2万元,实现利润总额234.1万元。截至当年年底,实收资本36.7万元,资产总额1 251.0万元,负债总额1 212.2万元。

2008年年底,中国海运改革海外机构管理体制,将韩国、日本、澳大利亚3家代理公司交由香港控股管理。

"十二五"时期,中国海运(澳大利亚)代理有限公司和中国海运(日本)株式会社、中国海运(韩国)株式会社均为中海香港控股所属的海外代理公司,3家代理公司以提高集运航线效益,努力降低船东费用为工作重点,强化市场营销,提升服务水平,经营业绩显著。2013年,该公司在积极落实"大客户、大合作、大服务"战略基础上,努力为船东提供优质服务,降低成本,至同年11月已完成当年考核指标的106%。

公司代理实行"航线经理"和"产品经理人"制度,逐船、逐线跟踪货源,2015年揽货量比2014年增长4.5%;同时不断提高冷箱和特种箱等高附加值货品的比例,冷箱、特种箱承揽量同比分别增长13.2%、5%;在澳洲出口市场保持了干箱第二、冷箱第三的排名地位。

五、中国海运(韩国)株式会社

中国海运(韩国)株式会社(简称韩国株式会社)成立于1999年4月1日,是中国海运在韩国地区的总代理。公司由中国海运与韩国的沇林(株)和海兴(韩)3家公司合资组建,出资比例分别为51%、24.5%和24.5%。注册和办公地点在韩国汉城,主要从事船代、货代业务等。公司在光阳、釜山、仁川等地设有分公司,已逐步建成在韩国的揽货服务网络。到2000年年底,挂靠韩国的中海集装箱航线有远东—北美的4条航线;远东—欧洲、远东—地中海、中国—澳洲3条航线;中国—韩国3条航线以及1条客箱船运输航线,共计11条航线。其中中国海运自有航线7条,合作航线1条,互换舱位航线3条。从2000年下半年起,公司开始承接中海货运、中海油运、中海香港航运、中海客运和中海海盛到韩国各个港口的代理业务。

2000年,韩国株式会社完成出口揽箱2.92万TEU,进口箱代理2.71万TEU,中转箱量25 841 TEU,代理集装箱船263艘次,散货油轮34艘次,旅客6 207人次。实现主营业务收入1 354.9万元。截至当年年底,实收资本248.4万元,资产总额3 619.5万元。

2008年年底,中国海运改革境外机构管理体制,将韩国、日本、澳大利亚3家代理公司交由香港控股管理。

2010年,韩国株式会社抓住航运市场转好、中韩贸易增加的契机,在抓好釜山、仁川、光阳、大山等主要港口经营的同时,配合浦海航运开辟釜山、光阳到上海、宁波的航线,增加群山、木浦和蔚山港的服务,并加大对出口中国北方港口的揽货力度,将原来以华东地区为主的揽货方向扩展到华

北地区,经营网络和范围不断扩大。

2010年,韩国株式会社实现主营业务收入5 428.37万元,实现利润3 097.54万元。截至年底,资产总额4 572.15万元。

"十二五"期间,韩国株式会社和中国海运日本株式会社、中国海运(澳大利亚)代理有限公司均为香港控股所属的境外代理公司,并制定降低船东费用为工作重点。韩国代理多措并举,勇创出口箱量新高,以落实"大客户责任制"和"航线经理人责任制"为抓手,选择主力航线,开展对标管理工作,加强特种箱业务货源开发。2015年公司出口货量10.6万TEU,比2014年增长10%。

六、中国海运(欧洲)控股有限公司

中国海运(欧洲)控股有限公司(简称欧洲控股)成立于1999年6月11日,是中国海运在欧洲投资设立的一家全资子公司,注册资金50万美元,注册地在德国汉堡,是中国海运在欧洲地区的投资中心、规划中心、管理中心。公司下辖中国海运(英国)代理有限公司、中国海运(法国)代理有限公司、中国海运(德国)代理有限公司、中国海运(比利时)代理有限公司、中国海运(荷兰)代理有限公司、中国海运(西班牙)代理有限公司、中国海运(意大利)代理有限公司、中海劳务希腊代表处等多家独资、合资子公司和机构。欧洲控股的主要业务地区管辖范围包括:苏伊士运河以北、北欧、东欧、地中海、黑海以及北非、西非地区,公共代理20家。欧洲控股主要对下辖公司进行控股管理,经营范围包括船舶代理、货运代理、贸易、投资、供应、集装箱运输及相关业务、劳务外派等。2000年,实现主营收入636.5万元,实现利润56.1万元。

2004年,在汉堡港口新城投资1 600万欧元,新购8层办公大楼,使用面积3 700平方米,表明集团看好欧洲市场、立足汉堡进行长期投资、拓展航运业务的信心和决心。

"十一五"时期,集团调整欧洲地区内陆公共代理的管理模式,建立集团在欧洲的物流运输体系及西北欧地区支线、卡车、铁路、驳船物流运输体系。2010年,欧洲控股实现主营业务收入11.60亿元,利润总额8 889.03万元。截至当年年底,资产总额12亿元,负债总额8.91亿元,资产负债率74.26%。

2013年11月,为进一步完善中国海运的全球产业布局,加强集团散货运输业务与境外大客户的沟通合作,培养国际化经营业务人才,集团批复同意在欧洲控股和北美控股分别增设散货业务部门。散货业务部门的负责人由中海散运选派,接受控股公司的领导,具体工作职责为:收集全球贸易、运输、运力供应等市场信息,建立与美洲、欧洲、北非等地区直接客户的沟通渠道与机制,积极开拓新货源和新市场,并负责远洋运输客户关系维护等工作。

"十二五"期间,欧洲控股发展加快,资产规模扩大,经济效益攀升,市场竞争能力得以增强。主要体现在以下五个方面:

创新市场营销。是时,欧洲航运市场运力过剩矛盾愈加突出,运价不断走低。中海集运欧洲航线全面调整,主力航线大小船交替、超低经济航速和频繁空并班等对出口市场营销带来诸多不利影响。针对上述情况,欧洲控股抓住管理提升的工作重点,积极创新营销理念,完善奖惩考核机制,通过优化出口货源结构和流向地结构(两优化),达到了出口平均运价和航线销售收入的大幅提高(两提高),经营亮点纷呈。2015年完成出口特种箱4.83万TEU,同比增长66%。出口至中国以外地区的箱量比例达到54%,比2014年提高近10个百分点;在第三国流向中,效益更高的中东、红海等流向箱量达到13.3万TEU,比2014年增长79%;重点开发的日本流向箱量达到1.9万TEU,比

2014年增加7倍。同时,因努力提高出口平均运价和销售收入,由欧洲基本港出发的单箱平均运价比2014年增长16.3%;全年出口总揽货收入同比增幅高于箱量增幅14个百分点,实现"两提高"。

新市场开发。欧洲控股充分利用已有干、支线网络的发展,加大对欧洲区间货市场开拓力度,2015年,区间货量同比增长58.6%。其中汉堡至圣彼得堡的区间货量比2014年增长5.4倍。在黑海区域,旗下的罗马尼亚公司创新市场营销,大力拓展摩尔多瓦、保加利亚和格鲁吉亚市场,实现揽货箱量的大幅增长。旗下的土耳其公司重点开发伊斯坎德仑的冷箱货源,箱量增长迅速。爱尔兰作为新兴市场,2015年出口货量比2014年增长123%。新成立的中欧公司积极作为,辖区内全年揽货量比2014年增长51%,其中特种箱箱量比2014年增长67%。

完善支线布局。针对欧洲航线超大型集装箱船不断增加的状况,欧洲控股总结摸索出一套行之有效的船期控制应变方案,以保证超大型船舶在欧洲的班期。面对超大型船陆续投入,船舶进出调整频繁及经常发生空班现象,公司着力加强舱位管控,科学管理,优化舱位分配,千方百计用足舱位。同时注重完善支线布局,进一步推进代理网络建设。继2014年第一条自有支线RFS开设后,先后开辟黑海、波罗的海及爱尔兰地区等7条自有支线。在荷兰鹿特丹设立支线操作中心,保障新开支线的顺利操作运营,支持配合好集运的干线运营。在加强自有支线业务的同时,公司还注重公共支线服务建设,根据航线和市场开发需要,积极协调公共支线公司提供新的服务,先后开辟衔接马耳他、贝鲁特、丹吉尔和比雷埃夫斯等港口的新

图2-2-13 坐落于德国汉堡的中国海运(欧洲)控股有限公司办公楼(2006年摄)

公共支线,为保障中海集运欧洲航线的业务拓展、效益增加和提升竞争力作出贡献。

开拓综合物流业务。"十二五"时期,欧洲控股成功注册埃及物流公司,并积极推进与中资企业的密切合作。2015年完成中石化中萨石油勘探公司大型修井机运输和巨石二期工厂、新希望班尼斯为夫第二工厂、REGENCO玻璃工厂、江苏牧羊埃及工厂建设门到门物流服务等多个重点项目。旗下的罗马尼亚公司深化内部管理,提高重进重出比例,增加内陆运输箱量和降低车队费率,延伸服务收入占到操作总收入的40%。德国拖车对外全面拓展货运代理、空箱调运、仓储、项目物流、空运等,全年增加收入150万欧元。英国公司综合物流业务从无到有,其中拖车业务完成第三方运输箱量同比增长约150%。此外,欧洲控股公司还积极推进振华重工物流项目,旗下的德国集卡公司与中国海运"一海通"公司通力协作,优势互补,正式中标振华重工(ZPMC)欧洲采购零配件的全程物流项目,成为ZPMC物流战略合作伙伴。

加强国际化品牌建设。2015年,欧洲控股以集团1.9万TEU"中海环球"轮首航欧洲庆典活动为契机,精心组织筹划在汉堡、鹿特丹、泽布里赫和菲利克斯多等港的首航活动,中国驻所在国大使、

当地政要和重要客户热情参与各港活动,欧洲主要媒体对首航仪式进行广泛报道,提升了中海品牌在欧洲地区的影响力。在2015年意大利米兰世博会上,欧洲控股及下属的意大利公司为米兰世博会项目中企馆物流运输提供良好服务,成功举办米兰世博会"中国海运日"活动,进一步提升了中国海运在欧洲的企业形象和影响力。此外,欧洲控股还积极开展新航线推介活动,受到很好的市场反响。

2015年,欧洲控股完成东行出口箱量55万TEU,比2014年增加10%;出口揽货收入比2014年增长23.7%;总资产9.18亿元,负债率61.44%;总收入14.63亿元,完成利润总额1.95亿元;成本费用占收入比重为87.5%;管理费用比2014年下降10%;净资产收益率达到34%,比2014年上升10个百分点,公司的可持续发展能力进一步增强。

七、中国海运(北美)控股有限公司

中国海运(北美)控股有限公司(简称北美控股)成立于2000年2月24日,是中国海运在美国纽约投资设立的一家全资子公司,也是该集团在美洲地区的投资中心、规划中心、管理中心,注册资金50万美元。公司下设中国海运(北美)代理有限公司、中国海运(加拿大)代理有限公司,主要对下辖公司进行控股管理,经营范围包括货运代理、船舶代理、贸易、投资、码头、堆场、陆上运输、供应、集装箱运输及相关业务等。2000年实现主营收入138.3万元。至当年年底,资产总额2.53亿元,负债总额2.49亿元。

2010年,北美控股加强货源组织,调整经营策略,把单纯追求市场份额逐步转变为以盈利为目的的经营思路,通过紧缩舱位提高运价,取得较好经营业绩。同时,为进一步开拓拉丁美洲市场,加强区域间管理,北美控股还在智利成立合营总代理,通过第一线管理,协调各区域间的代理事宜,为完善拉丁美洲的代理网络体系起到关键性作用。当年实现主营业务收入3.80亿元,实现利润4387.93万元。截至当年年底,资产总额17.22亿元,负债总额15.35亿元,资产负债率89.13%。

2013年11月,为进一步完善中国海运的全球产业布局,加强集团散货运输业务与境外大客户的沟通合作,培养国际化经营业务人才,集团批复同意在欧洲控股和北美控股分别增设散货业务部门。散货业务部门的负责人由中海散运选派,接受控股公司的领导,具体工作职责为:收集全球贸易、运输、运力供应等市场信息,建立与美洲、欧洲、北非等地区直接客户的沟通渠道与机制,积极开拓新货源和新市场,并负责远洋运输客户关系维护等工作。

"十二五"时期,北美控股按照集团海外发展战略,积极推进集装箱业务及多元化产业发展。主要体现在以下四个方面:

加强北美地区的代理网络建设,不断提升代理服务的功能和质量。根据集团海外发展的总体战略及北美控股推进代理网络建设的规划,为适应中海集运业务发展的需要,北美控股独资设立的中海墨西哥代理公司于2015年5月正式挂牌开始运作,各项工作顺利开展。此举止住了集运箱量连续3年下滑的趋势,逐步稳定已有客户并积极开发新的客户,在市场上重塑形象,在业内排名也有所提升。中海墨西哥代理公司的设立,进一步完善了集团在北美的国际代理网络,使北美控股的市场竞争力和服务能力得到提升。

做好对船东的服务工作,配合做好大客户签约工作。北美控股积极配合中海集运的揽货策略与市场政策,结合美国当地的实际市场情况,坚持做好市场营销与客户签约工作。东行航线做好BCO客户的服务以及签约工作,稳定"高收入"FOB客户对中海集运的运量支持,进一步扩大签约数量及大客户所占总体客源中的比例。西行航线以发现新市场、培育新客户、优化市场结构和货源

结构为切入点,努力提升重箱装载率。通过积极开拓新客户、新市场,多承揽高附加值货物,以更完善、综合性更强的品名细分市场,分散大宗货物受贸易、需求影响引起的货量缺口,为航线升级和舱位扩大打下坚实基础。

开拓综合物流业务,扩大底盘车业务规模。北美控股按照集团海外控股多元化产业发展战略,加大底盘车产业投资力度,"十二五"末期,完成收购中海集运 4 005 辆底盘车项目,达到底盘车运作总规模 5 581 辆,并获得良好租金回报。底盘车业务的扩大进一步提升了北美控股的盈利能力,壮大控股公司的产业规模。

加强内外联动,提升散货运输业务的规模与效益。2015 年,北美控股深入研究区域市场,对北美市场尤其是美国散运市场进行了详尽的数据收集、整理和分析。以此为基础,确定北美市场开发的重点,为中海散运有针对性地开发市场打下良好基础。同年,共为中海散运在北美的运力承揽 4 载货源,实现运费收入约 600 万美元。此外,还积极配合参与中海散运船队 COA 合同招标,运量达到 20 多万吨,取得较好效益。

2015 年,北美控股完成箱量 106.1 万 TEU,比 2014 年增长 3.9%;总资产 16.11 亿元,总负债 13.41 亿元;全年实现营业收入 3.51 亿元,利润总额 0.59 亿元。

八、中国海运(西亚)控股有限公司

中国海运(西亚)控股有限公司(简称西亚控股)注册在迪拜海运城,2006 年 5 月挂牌成立,注册资金 50 万美元。公司主要从事航运、船代、货代、物流、空运、船管、供贸以及投资等业务,业务范围覆盖在南亚、中东、红海等区域。公司下设中海印度代理公司、中海阿联酋代理公司。

2010 年,西亚控股协同地区内各家代理公司加强主要航线上东行出口货的揽取,特别是出口到缺箱点或基本港的货物,开发地区内区间货物运输,避免因调空箱而产生的费用。同时,通过合营方式,着手在沙特阿拉伯和伊朗组建海外代理公司,为拓展西亚地区业务网络打下坚实基础。同年,西亚控股实现主营业务收入 1 354.32 万元,实现利润 584.70 万元。截至年底,资产总额 3 968.48 万元,负债总额 1 181.81 万元,资产负债率 29.02%。

2015 年,中海集运陆续开通两条欧地—美航线,扩大网络覆盖,增加西亚的出口舱位需求。但由于国际油价下跌导致中东各传统石油输出国收入减少,购买力下降,市场经济萧条;国际化工品销售价格下滑,沙特化工企业出口货量大幅减少,加之也门、叙利亚和伊拉克的内战,不稳定因素充斥着西亚地区,给揽取新货源工作带来压力。尽管如此,西亚控股公司凭借与主要中东大客户多年来建立的良好合作关系和优质的服务维护,仍取得稳定的箱量增长,2015 年同比 2014 年出口揽货箱量增长近 18%,特种箱揽货增长 274%,为拓展欧亚航线作出积极贡献。在深入挖掘市场货源、努力提高装载率的同时,西亚控股注重从集装箱管理过程中控制成本,实现增收节支。针对伊朗、伊拉克、沙特和巴基斯坦等国家超期集装箱数量较多,坚持把管理落实到小组和管理人员,实行逐一跟踪清理的原则;同时用足每一艘船的舱位调空,力争缩短集装箱周转时间;积极密切与堆场、码头和公共支线公司沟通联系,在每个环节上降低箱管成本。

"十二五"时期,西亚控股物流业务也取得明显进展,主要体现在集装箱运输延伸服务、区域内外及周边服务、提供增值服务三个方面。在集装箱运输延伸服务方面,发展包括报关清关、陆运、海运、内装箱、门到港、门到门在内的多种进出口运输延伸服务模式,货物流向覆盖西亚控股业务范围之外,还辐射到非洲控股、东南亚控股、欧洲控股和国内口岸公司。在区域内外及周边服务方面,积极开发迪拜出口缅甸润滑油门到门物流项目、印度出口吉布提建筑材料物流项目、缅甸出口迪拜冷箱运输、迪拜出口东非赞比亚车辆贸易、科威特至迪拜跨越沙特三国边境全程陆运中铁设备运输等项目。在提供增值服务方面,西亚控股作为中国海运在西亚区域的窗口单位,向包括中海集运、中海物流和其他控股单位就物流业务方面提供大量增值服务,有力配合了这些单位的业务经营和发展。

2015年,西亚控股完成集装箱揽货量16万TEU;截至年底,总资产3762.21万元,资产负债率14.85%;全年完成总收入1453.96万元,实现利润482.62万元。

图2-2-14 中国海运(西亚)控股有限公司管理层及部分员工(2009年摄)

九、中国海运(非洲)控股有限公司

中国海运(非洲)控股有限公司(简称非洲控股)于2013年4月2日揭牌成立。公司注册地为南非约翰内斯堡,注册资金200万美元,中海集运持有其100%的股权。主要从事航运、船代、货代、物流与集装箱卡车运输等相关产业的投资与管理。

"十二五"时期,中国海运在西非线投入4艘2500 TEU型船舶挂靠,另有南美东一线和南美东二线同时挂靠南非德班港。中海集运在非洲各港年平均箱量约为9万TEU,年平均运费收入约为800万美元。非洲控股成立后,使集团涉及非洲区域的运输业务得以明显增强。

2015年3月起,中海集运WAX航线船舶升级,航线增至2条。东、西行取消挂靠德班港,增挂南非开普敦、科特迪瓦阿比让以及尼日利亚的APAPA港和ONNE港。在此期间,非洲控股协助总部,指导并督促代理做好航线升级工作,包括签署分代理协议,新增码头、堆场协议,保证德班及约翰内斯堡空箱及时有序调运、新增港口系统对接及相关订舱等数据的及时报送,实现航线升级过程中各项工作不断不乱,无缝衔接。

按照集团和集运的要求,非洲控股结合自身条件,千方百计揽取箱量,提高收入。包括积极与远东代理合作,成功开发远东至西非的长期稳定FOB业务,使2015年FOB揽货与上年同比上涨449%;通过参加国际可可豆份额分配会议,为加纳出口可可豆争取到超过1000多箱的货源。

非洲控股积极配合中海物流/国投公司件杂货船在非洲区域的业务,加强市场调查与揽取货物,并提供码头、代理、内陆运输等方面服务;与香港控股合作,在毛里求斯注册海捷物流公司,进一步推进开发非洲物流业务。此外,还配合中海物流在国际重大工程投标中,为上海电气集团、中车集团、金风科技等大型企业提供内陆清关、仓储、运输等方面的配套服务。

2015年,非洲控股完成集装箱揽货量2.34万TEU;年底总资产为3 851.12万元,资产负债率70.33%;全年完成总收入3 542.01万元,利润总额238.99万元。

十、中国海运(南美)控股有限公司

中国海运(南美)控股有限公司(简称南美控股)成立于2013年11月。公司注册和经营地为巴西圣保罗,注册资金250万美元,中海集运和其子公司中海集运(香港)有限公司分别持有其95%和5%的股权。

成立南美控股,旨在进一步拓展中国海运在南美洲的业务,扩大品牌影响力,加强对集团在南美洲各代理的管理,理顺代理操作,更有效地进行风险控制。南美控股成立后,集团在南美洲的集装箱运输业务呈现不断上升趋势。"十二五"时期,主要经营航线包括ACSA2、ACSA4、SEAS1、SEAS2;投入6艘5 600 TEU船舶和1艘4 200 TEU船舶。

至2015年,南美控股主要开展了以下三方面工作:

加强市场营销,优化货源结构。自组建始,鼓励和支持各代理公司加大高价轻质货的揽取力度,严格控制和降低"三废"货物比例。重点加强冷箱高附加值货物的开发,通过拜访客户、加强沟通、提升服务等措施,冷箱箱量上升明显,南美航线冷插利用率和运费水平提升显著。同时结合粮

图2-2-15 南美控股下属的阿根廷代理公司的员工们(2008年摄)

食等大宗散货出口的需求,积极参与中粮来宝、尼德拉、ADM等公司大宗基础货源投标和开发,推动散改集项目的开发。

优化操作流程,加快集装箱周转。南美控股加强成本控制,通过梳理所辖地区内码头、堆场、拖轮、引水、支线等协议,控制中国海运在南美地区各项成本支出。在航线操作方面特别关注缩短船舶在港作业时间,提高装卸效率,减少节假日额外加班费用等支出。在细化箱管工作方面,特别关注加快集装箱周转、合理控制区域集装箱保有量、控制超期箱数量、加强集装箱退租工作、加强滞期费收取、减少空箱调运成本等,通过多种方法全面管控箱管成本,配合中海集运实现航线效益最大化。

大力开发增值服务,拓展延伸业务。自2014年3月起,公司发挥属地优势,通过市场调研,协助中海集运开辟巴西玛瑙斯支线服务,有效提升中海在巴西北部自贸区的业务,增加航线网络覆盖面,满足客户需求。同时,积极参与集团的航运电商业务。巴西作为南美地区最大经济体和两亿人口的消费市场,是集团航运电商项目的营销重点。南美控股积极配合集团"一海通"在南美开展电商业务,完善物流配套服务功能。

2015年,南美控股完成集装箱揽货量7.3万TEU；年底总资产1 203.92万元,资产负债率2.88%;全年完成总收入1 203.92万元,利润总额133.17万元。

第三篇

船舶运输

概　　述

中华人民共和国成立后的几十年里,海洋船舶运输业支撑着中国水上运输的半壁江山,承担着全国80%以上煤炭、90%以上石油的海上运输任务,被称为国民经济发展的海上先行官。其间,上海、广州、大连三大海运局发挥了重要作用。

20世纪80年代,上述三大海运局已各具规模,成为海上运输与陆岸产业相配套的、生产与社会功能兼备的国有大型企业。中国海运成立之初,整合了三大海运局的航运资源,其拥有的403艘不同类型海上运输船舶,以及遍布国内的运输航线、南北布局的营销网络,为重组后的集团发展集装箱、散货、油品三大海上运输船队奠定了基础。

1998年,新成立的中国海运贯彻"抓住沿海,拓展远洋;一元为主,多元发展"的发展战略和经营方针,并提出2000—2005年发展目标。集集团之财力、物力,优先发展代表先进运输方式的集装箱运输业。中海集运从内贸班轮航线起步,逐步开拓远洋航线,于1999年,先后开辟中澳、中欧和地中海、美西4条中远程班轮航线;以密集出击的方式,加快拓展,形成30余个干支线配套,内外贸兼有,航线集中,布局合理的集装箱运输网络。

在全力发展集装箱运输同时,集团根据"抓住沿海、拓展远洋"的发展战略,以市场为导向,发挥和增强石油运输、煤炭运输优势,进一步加大油轮、干散货船队的结构调整力度,兼顾客运和特种船队建设。"十一五"期间,逐步形成集运、油运、散运"三足鼎立"的格局。至2010年,集团综合运力已达472艘、2 346万载重吨,是2005年的1.6倍,是1997年的2.88倍。全年完成货物运输量超过3.7亿吨、1 000万TEU。

"十二五"期间,中国海运步入转型升级的发展之路,船队建设改变以往注重外延扩张的发展方式,转而强调大型化、现代化、低碳化的"大船、低碳"发展趋势。

2012年8月"中海之星""中海土星""中海天王星"等1.41万TEU超大型船舶投入运营,标志着中海集运已步入以船舶大型化为特征、以打造国际化品牌为重点的新阶段。中海油运通过结构调整,船队的资产质量和船舶大型化、专业化程度不断提高,适应市场需求的能力进一步增强。

2013年6月20日,中海散运第6艘30万吨级超大型矿砂船(VLOC)"中海才华"轮在大连船舶重工集团有限公司举行命名仪式,中国海运散货船队结构至此得到大幅优化,形成以超大型矿砂船、好望角型、巴拿马型和灵便型为代表的梯队合理、系列完整的现代化散货船队。

至2015年年底,集团航运业务范围已覆盖全球100多个国家和地区,拥有中国香港、北美、欧洲、东南亚、西亚、非洲、南美等7家控股公司,境外下属公司、代理、代表处130多家,经营网点近400个。集装箱、油轮和干散货三大主力船队的规模均跻身世界前列。全集团共有运输船舶544艘,4 047.32万载重吨,分别为2011年的1.08倍和1.45倍。其中中海集运拥有集装箱船146艘,1 028.36万载重吨,86.56万载箱量,平均船龄6.46年;中海油运拥有油轮65艘,7 884.47万载重吨,平均船龄6.49年;中海散运拥有散货船106艘,927.35万载重吨,平均船龄4.19年;中海客运拥有客货滚装船10艘,9.18万载重吨,1.36万人载客量,平均船龄8.70年。全集团年完成货运量5.46亿吨,货物周转量超1万亿吨海里,集装箱运量1 158万TEU;完成客运量207.9万人,旅客周转量1.95亿人海里,在国家能源战略和进出口贸易中发挥着重要的运输保障作用。

在集运、油运、散运、客运协同发展的同时，集团还积极稳妥发展化工、沥青等特种运输。进入21世纪后，国民经济快速发展，全国各地能源紧张，能源运输作为国民经济发展先行官的地位再次凸显。中国海运积极拥护国家关于发展LNG的工作方针，抓住国家能源消费调整的有利时机，大力发展液化天然气运输，提高集团的综合竞争力。2015年年末，集团参股和控股建造的LNG船舶（包括订单）已达13艘（其中3艘已投入营运），一支国内领先的LNG船队脱颖而出。

第一章 集装箱运输

20世纪70年代,我国海洋运输行业开始配置和发展集装箱船。初以半集装箱船和小型全集装箱船居多。随着集装箱水运的迅速发展,集装箱船也同步加快更新换代。

中国海运成立后,将发展集装箱运输作为发展战略突破口,通过低成本租赁、自有船舶改造、反市场周期运作、与大货主联营合作等一系列战略举措,实行低成本扩张,不断扩大集装箱运输船队规模,实现集团集装箱运输的持续、跨越式发展。在1998—2005年的8年中,已初步形成内外贸业务网络较为完善的集装箱运输体系,年完成集装箱重箱量从24.9万TEU增加到584.6万TEU;船舶从47艘增加到98艘;总箱位从1.9万TEU增加到34.8万TEU;单船箱位从几百TEU增长到2 468 TEU,跻身世界班轮公司前15位。随着当时全球最大的8 500 TEU新船交付,公司船队的大型化程度也得到明显提高,船队结构得到优化。

"十一五"期间,中国海运围绕"世界一流集装箱综合航运物流企业"目标,进行战略调整,发展重点从注重外延式扩张转向以效益为中心,采取"择机新造、淘汰旧船、灵活租船、加强箱管"四大措施,逐步增强可持续发展能力。

"十二五"期间,中海集运顺应市场"大船、低碳"的发展趋势,积极推进船舶大型化战略。8艘1.41万TEU"星"字号大型集装箱船舶相继投入营运,标志着中海集运步入一个新的发展阶段。一支以4 250 TEU、5 600 TEU、8 500 TEU、9 600 TEU、1.41万TEU、1.90万TEU类型船为主、调配灵活、成本优势突出的大型化、现代化集装箱运输船队,出现在世界班轮运输前列。结构优化的集装箱船队,增强了中海集运在全球航运市场持续低迷时的竞争优势,而班轮航线布局的优化,则为应对市场挑战、改善和提升集运经济效益提供了根本保障。

至2015年,中海集运已拥有集装箱船146艘,1 028.36万载重吨,86.56万载箱量,国内航线覆盖沿海沿江(长江、珠江)各主要港口,国外航线则遍及五大洲各主要港口,年运量超过1 100万TEU,运营规模在全球各大集装箱班轮公司中名列第7位。

第一节 船队、船舶

一、船队建设

20世纪70年代始,上海海运和广州海运开始配置和发展集装箱船,建设集装箱船队,并由单纯的国内运输逐步向国内外运输并举发展。

1990年10月,广州海运第一艘国际标准集装箱船"柳堡"号正式投入防城—香港线营运。1992年先后开辟上海—香港、香港—菲律宾集装箱班轮航线,并撤销运管效果较差的防城—香港线。同年完成集装箱运量超过4 500 TEU,与传统的杂货运输方式相比,经济效益明显提高。

经过几年的开拓和努力,上海海运在集装箱运输方面也取得一定发展。1993年,上海海运集装箱运输分公司已拥有11艘集装箱船舶,1 450 TEU,主要经营东南亚地区的集装箱班轮航线,并根据市场之需,先后在德国、韩国、罗马尼亚等国以及国内订造一批全集装箱船和客箱船。

1997年,中国海运成立后,在原来广州海运、上海海运的运力基础上,开始大力发展集装箱运输。组建初期的中海集运仅有5艘自有小型集装箱船,加上光租、期租的10艘小船,共计5 705 TEU。其单船载箱量最大的只有614 TEU,最小的仅为113 TEU。不仅船小、船型落后,而且经营范围大多局限于沿海集装箱运输市场。

对于要不要发展集装箱运输,当时集团内部尚有不少争议和担心。主要担心资金投入大,经营风险高;过去几个海运局也曾涉足该项业务,但都程度不同地出现亏损。时值亚洲金融危机爆发,因经济萧条,航运业疲软,国际航运市场上有不少船公司被迫卖船、拆船或低价出租船舶。在大力发展集装箱运输过程中,中国海运抓住有利时机,实施"反周期运作、低成本扩张"战略,通过改装船、租船和造船三管齐下,超常规扩展集装箱船队运力规模,取得明显效果,使集装箱运输在短时间内大步走向世界。

1999年,在快速发展外贸航线的同时,内贸运输也加大运力投入和航线开辟。先后投入运输船舶33艘,其中最大的为1 400 TEU,形成环渤海和通达沿海各主要口岸,共挂靠25个港口的航线网络。

【货船改建】

中国海运在组建中海集运时,恰逢亚洲金融危机爆发,世界航运处于低谷。全球集装箱船队正以每年15%的速度在增加,而货运量的增长速度只有5%,运力远远大于运量,运价一降再降,许多航运公司濒临倒闭。面对巨大的实力差距和市场困境,中国海运大胆实施低成本扩张的策略,对没有市场前景、亏损严重、几乎处于闲置状态的中海货运部分散货船进行"货改集"(即将货船改装为集装箱船)。自1998年7月始,在不到半年的时间里,集团下属中海工业就成功改装27艘船舶,其中22艘集装箱船、2艘沥青专用船、3艘油轮。

"货改集"船舶及时投入沿海内贸集装箱航线和外贸内支线运输,仅1998年就完成113航次,重箱运量达1万多TEU,实现利润3 000多万元。利润虽不多,却提振了集团发展集装箱运输的信心。船舶改造一举数得,不仅使中国海运的集装箱运输船队在资金短缺、市场紧迫等困难情况下实现低成本跨越式发展,而且成为当时世界航运界的一个亮点,中国海运以"改"突破困境,以"改"创造佳绩,大幅提升了公司在世界班轮行业的知名度。

【租造结合】

中国海运成立初期,受亚洲金融危机影响,航运市场持续萧条,船价也一直低迷。"危中有机",集团进行反周期运作,实施低成本扩张战略,租船、造船双管齐下,发展和控制大批低价优质集装箱船。趁着航运市场低迷、租船市场租金低廉,及时租进大批低价优质集装箱船,借以开设欧洲、地中海、美东、美西等航线,拓展远洋集装箱运输。

1998年,新租入船舶达36艘,总箱位19 391 TEU。至1999年年末,中海集运共经营自有和租赁船舶93艘9.84万TEU,分别为上年的2倍和5倍。

2000年,又租入25艘长期期租船,其中包括12艘2 500 TEU(如"中海雅加达")、8艘4 050 TEU(如"中海汉堡")、5艘5 600 TEU(如"中海洛杉矶")等,上述船舶均投入远洋航线运输。同年,鉴于国内船厂订单不足,国家为扶持造船业发展出台出口退税等优惠政策;集团借此时机,于同年6月与沪东中华造船厂、大连新船重工一举签订8艘5 600 TEU船建造合同(即2003—2004年间陆续投运的"新浦东""新大连"等轮),这是中海集运成立后第一次建造新船,船队建设有了新突破。

1998—2000年，中海集运完成集装箱重箱量从24.9万TEU增加到150.2万TEU；船舶从10多艘增加到98艘；总箱位从5 705 TEU增加到12万TEU；单船箱位从几百TEU的小船，发展到具有国际先进水平的5 500 TEU超巴拿马型大船，船队规模跻身世界班轮公司前15位。

2001—2002年，美国本土相继发生"9·11"事件和西海岸码头工人大罢工事件，国际集装箱运输市场持续走弱，中国海运通过实施反周期运作策略，再一次抢占发展先机，及时建造大量新船和大船，超低价建造41艘全集装箱船舶，奠定了中国海运低成本扩张的发展基础。

2001年4月8日，中国海运与中国船舶工业集团公司在上海举行建造4艘4 100 TEU全集装箱船合同签字仪式。此次建造的4 100 TEU全集装箱船，总长262.9米，型宽32.2米，型深19.3米，航速24.2节，5万载重吨，由沪东中华造船（集团）有限公司建造。按合同规定，第一艘船于2003年9月交付使用，2004年全部完成（即2003—2004年投运的"新重庆"等）。

2002年12月，集团与韩国三星船厂签订1艘8 468 TEU全集装箱船舶建造合同，与SEASPAN（西班牙塞斯潘公司）合作签订5艘同类型船舶订租合同。该类型船舶进入当时世界最先进集装箱船舶行列。

2003年是中海集运船舶订造高峰年，这一年集中签订了一批订造（订租）船舶合同，船型有4 000 TEU、5 600 TEU、8 500 TEU、9 600 TEU等，船队结构进一步优化。同年，中海集运船队总箱位达20万TEU，跨入世界班轮前10位。自2004年起，连续两年被国际权威机构评为盈利最佳的班轮公司。

2004年年底，公司拥有集装箱船舶116艘，总运力26万TEU，同比净增7万箱位。至2005年的5年间，箱运量从144万TEU增长到460万TEU，其中内贸从39万TEU增长到140万TEU；外贸从105万TEU增长到320万TEU。航线规模从最初的几条增加到2005年的71条；完成从国内运输到全球运输的拓展，并建立一系列内贸精品航线和国际精品航线。

"十一五"期间，中海集运在船队发展过程中采取"择机新造、淘汰旧船、灵活租船、加强箱管"四大措施，使船队结构更加合理、更具竞争力。其间，新交付运力共23.4万TEU，对船队结构的优化调整起到重要作用，形成以9 600 TEU、8 500 TEU、5 600 TEU、4 250 TEU为代表的船型齐全、梯队合理的现代化集装箱主力船队。同时报废、出售、退租、光租租出老旧船舶36艘共2.05万TEU。通过对这些老旧船舶的处置，不仅优化了船队结构，对节能减排、低碳环保也大有裨益。

随着公司经营能力的增强，经营理念也随之提升；租入运力已经不是单纯为了扩大经营船队规模，也是作为调整船队结构、保持成本弹性、进行资产经营的一个重要手段。2008年后，中海集运将资产经营作为一个重要手段。在保证租入船舶保有量、确保经营不受影响的前提下，通过对市场趋势的正确研判，灵活租入和退租船舶，以适应市场变化对船队的需求。在租入运力的同时，积极寻找租家，在租金相对高位及时出租部分运力，不仅给公司带来新的盈利增长点，而且也缓解了市场较差时富余运力给公司经营带来的压力。2008年年初，市场处于相对高位，中海集运及时以高于市场租金水平转租了4艘5 600 TEU的集装箱船2年，规避了2008年下半年开始的租船市场低谷，而在租赁期满还船时，租金市场又恢复到高位。在拼抢市场中，公司还采取与国际大班轮公司全面合作、互换、买卖舱位等措施，稳固市场份额。企业效益因此大幅度提高，航线货源份额也从8%提升到"十一五"末期的10%。

截至2012年2月底，中海集运已拥有154艘船舶，整体运载能力超过56.94万TEU，位居世界前10大班轮公司的第8位。

【大型化、现代化】

中海集运目标定位是"世界一流集装箱班轮公司",建立一个覆盖全球主要贸易区的航线网络,为以市场客户为主、直接客户为辅的客户群提供令人满意的海运服务。围绕这一战略目标,公司根据市场需求,不失时机地实施船队结构调整,积极推进集装箱船舶的大型化、现代化建设。

2004年7月7日,8 500 TEU的"中海亚洲"轮在韩国交付船东中海集运使用。7月9日,"中海亚洲"轮由上海港首航,该轮是当时全球载箱量最大、具世界领先水平的集装箱船,也是集团订造的5艘8 500 TEU集装箱船舶的第一艘。至2005年年底,"中海欧洲""中海美洲""中海非洲"等同类型大型集装箱船相继下水,使中海集运的大型化程度得到明显提高,船队结构得到根本性优化,平均单船运力升至2 087 TEU,4 000 TEU以上新船运力已经达到17.32万TEU,占总运力的66%。

2008年,中海集运订造的8艘1.33万TEU超大型船舶,于2010年年底前陆续交付使用。1.33万TEU超大型集装箱船,是当时世界载箱位最大、技术装备最先进的船型之一。截至同年12月14日,中海集运集装箱重箱运输首次突破1 000万TEU。

2005—2010年,中海集运的船队结构调整呈现出"三变两不变"特点。"三变"即船队的载箱位、平均箱位、单位油耗等均发生重大变化。载箱位从2005年年末的34万TEU增长到2010年的49.3万TEU,增幅45%;平均箱位从2005年年末的2 829 TEU增长到2010年的3 978 TEU,增幅40.6%,大型化趋势明显;单位油耗从2005年的8.31公斤/千吨海里下降到2010年的6.79公斤/千吨海里,下降18.3%,节能减排效果明显。"两不变"即船队的艘数基本不变、船龄基本不变。船队艘数从2005年年末的120艘增长到2010年的124艘,船龄从2005年年末的7.44年降低到2010年的6.49年。2007年,随着9 600 TEU超大型船舶"中海长滩"轮的交付,中海集运的整体运力超过了43万TEU。根据行业权威咨询网站(www.axsmarine.com)的数据统计,中海集运当时的运力位居中国第一、全球第六。到2010年年底,已拥有船舶143艘,总运力50.6万TEU。至此,中国海运集装箱船队的发展驶入了"快车道",一支大型化、现代化、多元化的经营船队逐渐形成,船队结构得以升级。

"十二五"期间,中海集运顺应市场"大船、低碳"的发展趋势,积极推进"大船、大合作"发展战略,船队建设重点在于船队结构的优化调整。

2011年,中海集运船队规模呈快速发展态势。有2艘1.41万TEU及4艘4 700 TEU新船交付使用,4 000 TEU以上船型运力因此增加到51.7万TEU。

2012年5月22日,中海集运第8艘1.41万TEU"星"字号大型集装箱船舶"中海海王星"轮,在韩国三星船厂交接。"中海之星""中海土星""中海天王星"等超大型船舶的投入运营,使中海集运步入一个以"星"字号系列为引领、以船舶大型化为特征、以打造国际化品牌为重点的新的发展阶段。同年,中海集运加快处置老旧船舶以优化船队结构。在新船交付使用的同时,退租一部分老旧船、小型船,在船舶总艘数有所下降的情形下,船队的箱位却有所增加,平均箱位从2011年年底的3 680 TEU提升到4 103 TEU,船队结构得到进一步优化。

2013年5月6日,中海集运与韩国现代重工签订5艘1.8万TEU型集装箱船舶建造合同。是继国际航运巨头A.P.穆勒-马士基集团宣布向韩国大宇造船海洋株式会社订购20艘1.8万TEU大船后,全球第二家、国内首家航运企业订购1.8万TEU大船。这些船舶加盟中海集运后,由于具有更低的单箱固定成本和更低的燃油单耗优势,有利于进一步优化船队结构、提高效益。在5艘船舶建造中,发现在不改变已有结构设计和总布置的基础上,如在船舶上层建筑和烟囱之间("双岛"之间)的舱面上再增加一层空间(从10层提高至11层),可将设计箱位数从1.84万TEU增加到

图3-1-1　2011年1月20日,"中海之星"轮在上海洋山港举行首航仪式

1.9万TEU。于是,集团将5艘在建的1.84万TEU集装箱船的箱位数提升至1.91万TEU级,成为当时订购1.91万TEU级大船的全球首家航运企业。

2014年1月8日,首艘由我国自行研发、自行设计、自行建造的1万TEU集装箱船"中海之春"轮由大连重工交船。在挂靠青岛、连云港、上海、宁波之后开往韩国釜山。该轮最多可装载10 036只标准箱,续航能力达2万海里,后续尚有7艘同类型船加盟。这是中海集运适应市场需求所建造的船舶。

2014年11月18日,中国海运与韩国现代重工在韩国蔚山举行新船命名暨交船仪式,庆祝当时世界最大、最先进集装箱船——1.91万TEU的"中海环球"正式交付投入运营。新交付的"中海环球"轮,是中海集运向韩国现代重工订造的5艘1.91万TEU型集装箱船舶的首制船。1.91万TEU系列集装箱船舶的建造,是中国海运进一步强化航线效益和落实节能减排、降低油耗支出、倡导绿色航运的具体体现,彰显了中国海运一贯秉行的低碳、环保运营理念。

2015年8月,中海集运又开始启动8艘1.35万TEU型集装箱船的建造计划,分别与中国船舶工业贸易公司、上海江南长兴造船有限责任公司签订该批船舶的建造合同。同年11月,中海集运启动建造11艘2万TEU型船舶的计划,其中中海集运建造6艘,香港控股建造5艘并租赁给中海集运。建造之中的由香港控股新建的2万TEU型船舶,经优化设计从2万TEU升级为2.1万TEU。根据船厂船期安排,上述订造船舶定于2018年后陆续交船。

至2015年年底,中海集运已拥有和经营集装箱船舶173艘,总箱位88.98万TEU,较2011年年底增长1.46倍;平均箱位5 141 TEU,比1997年的380 TEU增长10倍多,位居全球前10位;平均船龄约7.5年;整个船队4 000 TEU以上船舶占91%。

通过持续进行的结构调整,中国海运集装箱船队的发展适应大船、低碳的行业发展趋势,竞争力和社会效益均有明显提高。"不求最大,但求最优;不求最多,但求最强",是中国海运在船队建设与结构调整中所秉承的发展理念,也是中海集运的经营准则。面对严峻的经济形势和低迷的航运市场,大力推进调结构、促转型、上水平、控风险,成为中国海运集装箱船队实现可持续发展的必由之路。

表 3-1-1　1998—2015 年若干年中国海运集装箱船队发展情况表

年份	船舶艘数(艘)	载箱量(万 TEU)	平均单船载箱量(TEU)	平均船龄(年)
1998	50	1.93	386	11.10
2000	112	11.62	1 037	12.10
2002	120	16.69	1 391	8.50
2005	142	34.70	2 443	9.46
2008	166	50.23	3 026	8.90
2010	165	50.93	3 087	7.63
2011	184	61.01	3 316	7.81
2012	158	59.49	3 765	8.19
2013	161	61.23	3 803	7.71
2014	168	72.50	4 315	7.53
2015	180	88.98	4 943	7.32

表 3-1-2　2015 年 6 月全球集装箱船队运力排名情况表

序　号	公　　司	载箱量(万 TEU)	艘数(艘)
1	马士基	304.68	611
2	地中海航运	259.11	499
3	法国达飞	176.61	470
4	哈帕罗德	97.40	186
5	长荣	94.20	202
6	中远集团	86.15	166
7	中国海运	70.07	139
8	韩进	62.80	103
9	商船三井	60.42	112
10	汉堡南美	58.68	127
11	东方海外	58.43	108
12	NOL/APL	56.03	91
13	日本邮船	49.74	103
14	阳明海运	49.70	97
15	阿拉伯轮船	42.25	53

资料来源：Alphaliner。

二、主要船型

中海集运组建初期,投入航线运营的多为几百 TEU 的小型集装箱船,以及由老旧散货船改装的集装箱船。

经过十多年发展,到 2010 年年末,公司已拥有一支种类多样、技术性能先进的船队,既有 1 万 TEU 以上的超大型集装箱船,也有适用于支线运输的小型集装箱船,可满足国内外不同货主的不同需求。[1]

【灵便型集装箱船】

"向"字头集装箱船 1994 年 3 月,上海海运第一艘集装箱船"向秀"轮首航韩国釜山,开辟上海—釜山集装箱班轮航线。该轮总长 107.77 米,型宽 15.85 米,载重量 5 658 吨,载箱量 316 TEU,航速 14 节,1994 年由韩国建造。同一时期(1994—1995 年),该公司由韩国建造"向兴""向达""向旺"等以"向"字当头命名的集装箱船,载箱量为 316~392 TEU 不等。1998 年,又新增罗马尼亚建造的"向珠"轮,载箱量 514 TEU。该 5 艘船后划归中海发展所有。

中国海运成立后,为大力发展集装箱运输,曾将一批老旧货船改装成集装箱船,其中部分改建船舶也以"向"字当头命名,如"向宁""向瑞""向强""向壮""向丹""向飞""向腾"轮等。

2008 年 6 月 27 日,经中海发展 2008 年第十二次董事会议批准,公司将所属 5 艘以"向"字当头命名的集装箱船,以总价 3 652 万美元的价格出售给关联公司浦海航运(香港)经营。至 2015 年,该类型船已全部退出运营。

图 3-1-2 中海集运早期使用的由货轮改造的集装箱船"向宁"轮(2010 年摄)

---

[1] 本志书中对集装箱船以载箱量大小分类,2 000 TEU 及以下为灵便型;2 001~4 000 TEU 为次巴拿马型;4 001~5 000 TEU 为巴拿马型;5 000 TEU 以上为超巴拿马型。

"林园""桃园"类型船 1996年,广州海运在上海求新船厂建造"林园""桃园"两艘球鼻艏、方艉、艉机格栅式8 500吨级集装箱船。该型船总长123.35米,型宽20.80米,载箱量614 TEU,载重量9 996吨,航速15.8节。1997年4月5日,正在筹建中的中国海运将当时期租到期的两轮交于上海海兴轮船股份有限公司经营。"林园"轮首航广州—蛇口—厦门—上海航线,并于同年5月延伸至营口,6月延伸至青岛、天津,由此拉开集团内贸集装箱运输发展的序幕。同年9月1日,根据中国海运集装箱专业化业务整合的要求,广州海运将"林园""桃园"轮作价投资中海集运。

1998年年初,集团成立集装箱内贸航线经营小组,采取航线合作、青岛中转、南北直航等措施,首先投入"林园""桃园"等船,建立沿海9港、周班大循环内贸航线。截至"十二五"时期,该类型船一直被中海集运和浦海航运用于沿海集装箱运输。

"浦海211"类型船 2004年前后,中海集运箱运量增长迅速,每年约有25万TEU进入长江,由浦海航运租用50~130 TEU集装箱船舶运输。为发展长江支线运输,更好为干线服务,该公司决定按照交通部推广的标准化船型,订造一批专用于长江支线运输的集装箱船。2004年7月始,浦海航运在安徽芜湖地区陆续签订12艘202 TEU集装箱船的建造合同。至2006年8月,同类型12艘船先后建成,并投入运营,分别命名为"浦海211""浦海212""浦海213""浦海215""浦海216""浦海217""浦海218""浦海219""浦海226""浦海227""浦海228""浦海229"轮。这批船舶为国家推广的长江中下游集装箱运输标准船型,结构科学,船体强度较高,安全性能较强。其总长88米、型宽15.6米、载箱量202 TEU、载重量3 280吨,航速10节,为浅吃水肥大型船舶。投入营运后,有效提升了浦海航运经营长江支线运输的自有船队规模。至2015年,该类型船仍由浦海航运用于长江支线运输。

"中海东京"类型船 2008年2月,为发展中日航线集装箱运输,中海集运以新建成的907 TEU"中海东京"轮首航日本东京港。同类型船共4艘,分别为"中海东京""中海名古屋""中海大阪""中海横滨"轮。该型船总长145米,型宽22.38米,载箱量907 TEU,载重量1.26万吨,航速17.2节。其中,除"中海横滨"轮建于2009年外,其余3艘均建于2008年。该型船舶均用于中日航线集装箱运输。至2015年,"中海东京"轮仍被中海集运租用于近远洋运输。

【次巴拿马型集装箱船】

2006年2月,中海集运与Seaspan Corporation(塞斯潘船舶管理有限公司)签署8艘2 500 TEU集装箱船租船合同。8艘船舶分别于2008年和2009年建成,并由中海集运租赁经营。船名分别为"中海巴拿马""中海卡亚俄""中海利马""中海曼萨尼约""中海蒙特维多""中海圣保罗""中海圣地亚哥""中海圣何赛"。其中除"中海卡亚俄"和"中海曼萨尼约"轮建于2009年外,其余6艘均为2008年建造。该型船总长208.9米,型宽29.79米,载箱量2 500 TEU,载重量3.4万吨,航速22节。至2015年,"中海巴拿马""中海利马"等轮仍被中海集运租用于远洋运输。

【巴拿马型集装箱船】

"新重庆"类型船 2003年9月,中船集团所属沪东中华船厂为中国海运建造的4 100 TEU集装箱船"新重庆"轮交付使用。同类型船共4艘,即"新重庆""新南通""新苏州""新扬州"轮,分别于2003年和2004年建成和投入运营。该型船总长263.2米,型宽32.2米,载箱量4 051 TEU,载重量5.02万吨,航速24.2节。其设计合理,安全性、适航性等各项技术指标都达到当时世界先进水平。最后建成的"新扬州"轮还配备有岸电装备,专门为停靠防污染要求较高的美国洛杉矶码头设计。至2015年年底,该类型4艘船舶都由中海集运用于内外贸班轮航线运输。

"新洋山"类型船 2003年12月—2006年11月,集团及其控股的中海集运先后在上海、大连两地船厂订造和接收4250 TEU集装箱船18艘。该类型船是在4100 TEU"新重庆"类型船基础上进行优化设计、开发的新品种,其载重量、载箱量和航速等技术指标都有新的提高。2005年4月,由沪东中华船厂建造的该系列船舶首制船"新洋山"轮竣工交船,并投入中海集运内贸航线运营。该轮总长263.23米,型宽32.2米,载箱量4250 TEU,载重量5.2万吨,航速24.2节。船上配备电子海图、黑匣子、航线记录仪、卫星导航等设备,是当时国内具有先进水平的巴拿马型集装箱船。同类型船还有沪东中华船厂建造的"新泉州""新黄埔""新南沙""新湛江"4轮、大连新船重工建造的"新防城""新海口""新北仑""新汕头""新长沙""新日照""新威海""新营口""新丹东"9轮和大连船舶重工建造的"新太仓""新洋浦""新武汉""新漳州"4轮。这些船舶交付使用后,都由中海集运投入内外贸集装箱航线运营。

2008年6月,中海集运根据运力需要,再次与中船集团签订8艘4250 TEU集装箱船建造合同,总价约5.59亿美元,并于2012年6月前交船。至2015年,该类型船仍由中海集运用于内外贸运输。

【超巴拿马型集装箱船】

"新浦东"类型船 2000年6月6日,中国海运与中船集团和中国船舶重工集团公司签订8艘5668 TEU集装箱船舶建造合同。该系列首制船"新浦东"轮和"新大连"轮分别由沪东中华船厂和大连新船重工建造,为当时国内现代化程度较高的超巴拿马型集装箱船,也是中国自行设计建造的首艘5668 TEU集装箱船。其总长279.9米,型宽40.3米,载箱量5668 TEU,载重量6.93万吨,航速25.7节,船上配有610个冷藏箱插座,技术性能和设施设备在当时国际航运市场具有先进水平。该型船从上海出发到地中海热那亚仅需21天,从香港出发到热那亚仅需16天。2003年2月,"新浦东"和"新大连"轮相继建成首航,悬挂五星红旗,分别从上海、大连出发,驶往欧洲。同类型船还有"新青岛""新天津""新宁波""新连云港""新盐田""新厦门"6艘,均由沪东中华船厂和大连新船重工建造,于2003—2004年间陆续交付使用,由中海集运投入"远东—欧洲"航线运营。至2015年,该类型船仍由中海集运用于远洋集装箱运输。

"中海神户"类型船 2001年6月15日,中海集运订造的"中海神户"和"中海洛杉矶"两艘5754 TEU集装箱船,在韩国三星重工船厂命名交船。该型船总长277米,型宽40米,载箱量5754 TEU,载重量6.8万吨,航速26.2节。2002年4月1日,"中海神户"轮作为中国航商(除中国台湾地区外)中第一艘5700 TEU超巴拿马型集装箱船,由台湾启航行驶台湾—美西集装箱班轮航线。其从中国台湾基隆港到美国洛杉矶港的航行时间为11天。2015年,该型船仍由中海集运使用。

"新洛杉矶"类型船 2003年11月18日,集团在上海与韩国三星重工船厂同时签订建造4艘9600 TEU集装箱船合同和长期租赁4艘9600 TEU集装箱船的租赁合同。2006年6月,该系列首制船"新洛杉矶"轮交付使用,由中海集运投入远东—欧洲航线运营。"新洛杉矶"轮总长336.67米,型宽45.6米,载箱量9572 TEU,载重量11.2万吨,航速25.2节。其甲板面积比两个标准足球场面积还大,一次可运输130万台29吋彩电或5000万部手机。该船采用震动最小化的建造方法,进一步完善结构的稳定性,并通过环保设计和经济性最大化,着重提高航运效率。同类型其他3艘船,分别为"新上海"轮(2006年10月12日由上海洋山深水港首航欧洲)、"新香港"轮(2007年2月

6日交付使用,并投入欧洲航线运营)、"新北京"轮(2007年4月19日交付使用)。长期租赁的4艘同类型船,分别是"中海长滩""中海泽布勒赫""中海釜山""中海勒阿弗尔"轮(均建造于2006—2007年间)。随着多艘9 600 TEU超巴拿马型集装箱船的陆续投入,中海集运的运输交货期明显缩短,其中上海至欧洲交货期仅为22天。2015年,该型船仍由中海集运使用。

"中海亚洲"类型船 2004年7月9日,中国海运订造的8 468 TEU集装箱船"中海亚洲"轮,在上海举行首航仪式,行驶远东至美洲航线。该轮由韩国现代重工船厂建造,总长334米,型宽42.8米,载箱量8 468 TEU,载重量10.2万吨,航速25.2节,配有700个冷藏箱插座,是当时国际航运市场上载箱量较大、技术性能具领先水平的超巴拿马型集装箱船。"中海亚洲"轮是中国海运订造的5艘8 468 TEU集装箱船的首制船。另外4艘同类型船,分别为"中海欧洲"轮(2004年8月28日首航于青岛港)、"中海美洲"轮(2004年11月5日首航于大连港)、"中海大洋洲"轮(2004年12月6日从上海港投入远东至美洲的首航)、"中海非洲"轮(2005年1月24日交船,1月28日投入远东—欧洲航线运营)。2015年,该型船仍由中海集运使用。

"新福州"类型船 2004年9月22日,由沪东中华船厂为中国海运建造的5 688 TEU集装箱船"新福州"轮在上海交付使用,投入远东至美西航线运营。该轮为当时国内建造的载箱量较大的集装箱船,技术设备先进,单机单桨,球鼻型船艏,机舱和上层建筑位于船艉后部,总长260米,型宽43.30米,载箱量5 688 TEU,载重量6.8万吨,航速25.7节。甲板上和货舱内均可装载冷藏集装箱610 TEU。同类型集装箱船还有"新赤湾""新秦皇岛""新烟台""新常熟"轮等,均由沪东中华船厂为中国海运建造。2005年7月18日,最后建成的"新常熟"轮交付使用,投入中海集运内贸航线运营。2015年,该型船仍由中海集运使用。

图3-1-3 "中海亚洲"轮正驶过厦门海沧大桥(2009年摄)

"新亚洲"类型船 2007年5月28日,由沪东中华船厂为中国海运建造的8 530 TEU超巴拿马型集装箱船"新亚洲"轮竣工并交付中海集运使用。该轮总长334米,型宽42.8米,载箱量

8 530 TEU,载重量10.1万吨,航速27节。船上设有冷藏箱插座700个、4台发电机可确保船舶运行和700只冷藏集装箱用电之需。其技术含量、经济附加值和建造难度都较高,为当时国际航运市场上具有先进水平的第6代超巴拿马型集装箱船。该船型的经济性尤为突出,与两艘4 250 TEU集装箱船比较,一艘8 530 TEU集装箱船的运营成本可节约17%左右。中海集运向沪东中华船厂订造的同类型船舶共5艘,分别为"新亚洲""新欧洲"轮(2007年11月23日命名交船)"新美洲"轮(2008年4月20日命名交船)"新非洲"轮(2008年12月12日命名交船)"新大洋洲"轮(2009年5月15日命名交船)。

"中海之星"类型船 2007年8月8日,中海集运为适应国际集装箱运输发展需要,增强船队核心竞争力,与韩国三星重工船厂在上海签订8艘1.33万TEU超巴拿马型集装箱船舶的建造合同。该类型船为当时世界上载箱量较大、技术装备先进的船型之一,仅此一项可使当时的中海集运集装箱运力提升25%以上。

2011年1月15日,该系列船舶的首制船"中海之星"轮竣工交船,同月19日靠抵上海国际航运中心洋山深水港码头,由此刷新上海港有史以来靠泊最大集装箱船的纪录。"中海之星"轮总长366.07米,型宽51.2米,载箱量1.41万TEU,载重量15.55万载重吨,航速24.2节。其投入远洋运营可大幅降低单箱运输成本和单位能源消耗。中国海运因"中海之星"轮的投入运营,成为继马士基和地中海航运公司之后,全球班轮业中第3家拥有1.4万TEU以上集装箱船的班轮公司。

2012年5月22日,中海集运第8艘1.41万TEU集装箱船"中海海王星"轮命名交船。至2015年,同类型8艘船舶"中海之星""中海土星""中海木星""中海火星""中海天王星""中海金星""中海海王星""中海水星"均由中海集运用于远洋集装箱运输。

图3-1-4　中海集运"中海木星"轮(2011年摄)

"中海之春"类型船 2014年1月8日,首艘由我国自行研发、自行设计、自行建造的1万TEU集装箱船"中海之春"轮由大连重工交付使用。首航在挂靠青岛、连云港、上海、宁波之后开往韩国釜山。该轮总长335米,型宽48.6米,载箱量10 036 TEU,载重量12.2万吨,航速23.5节。其单项成本低,在同类型集装箱船中具有较强竞争力。同类型的"中海之夏""中海之冬"轮分别于同年3

月7日、4月18日在大连重工码头命名交船,同年5月9日,"中海之秋"轮在上海沪东中华船厂举行命名交船仪式。至2015年,该4艘国产万箱船均由中海集运用于远洋运输,还有4艘同类型船正在建造中。

"中海环球"类型船　2014年1月20日,中海集运订造的5艘1.91万TEU型集装箱船舶的首制船"中海环球"轮正式开工建造。该船型为当时全球最大的集装箱船舶,是公司为充分提升船舶的使用效率,对2013年5月6日与韩国现代重工签订建造的5艘1.84万TEU型集装箱船舶进行的优化升级。2014年11月18日,"中海环球"轮交付投入运营。该轮总长400米,型宽58.6米,载箱量1.91万TEU,载重量18.43万吨,航速23节。其船体长度比皇家加勒比邮轮公司"海洋绿洲"号邮轮长38米,比美国海军"尼米兹"号航空母舰长67米。"中海环球"的交付使用,打破了世界最大集装箱船纪录,成为当时世界上最大、最先进的集装箱船舶。1.91万TEU系列集装箱船舶的建造,是中国海运进一步强化航线效益和落实节能减排、降低油耗支出、倡导绿色航运的具体体现,彰显了中国海运一直以来所秉行的低碳、环保运营理念。

2014年12月2日,中国海运在天津港举行"中海环球"轮首航仪式。之后又于同月4—13日在各大港口"一关三检"等部门的协助下,克服天气变化等不利因素的影响,分别航行青岛、上海、宁波,再到广州、深圳,实现了这艘"海上巨无霸"在国内六大港口的成功首航。按照计划,"中海环球"轮在国内六大港口挂靠任务完成后,正式开始了它的"环球之旅"。

2014年12月19日,集团第二艘1.91万TEU集装箱船"中海太平洋"轮在韩国蔚山命名交付。2015年1月23日,第三艘1.91万TEU的"中海印度洋"轮在韩国蔚山命名交船。同年3月20日和4月29日,第四、第五艘1.91万TEU的"中海北冰洋"轮和"中海大西洋"轮相继命名交船。至此,集团订造的5艘1.91万TEU集装箱船已全部交付,均航行于远东—西北欧航线上,其先进技术和卓越性能赢得船员、管理人员以及客户的高度认可和赞誉。

2.1万TEU集装箱类型船　2015年10月30日,中海香港控股与中船集团所属外高桥造船有限公司(简称外高桥造船)及中船国际贸易有限公司举行了2.1万TEU集装箱船建造合同签约仪式。同年11月27日,由外高桥造船为中海香港控股量身订造的6艘2.1万TEU集装箱船在上海江南长兴重工有限公司同时开工建造。此次建造的2.1万TEU超大型集装箱船是当时世界上主尺度最大、载箱量最大的超大型集装箱船,总长约400米,型宽58.6米,载箱量2.1万TEU,航速22节。建造该类型船是中国海运融入国际船舶大型化潮流,实现规模化运营的一项举措。这批超大型集装箱船建成后将成为中国海运建设世界一流集装箱船队的象征和主力。

第二节　沿海运输

20世纪七八十年代,随着改革开放、经济融入全球化的实施,集装箱运输方式开始进入中国市场。1997—2005年,中国沿海内贸集装箱运输基本处于起步和前期发展阶段,船队规模相对较小,投入的船型也不大,内贸运输的航线经营,基本类似于散货的航线经营模式,哪里有货去哪里,定班定点不明显,客户的操作模式也比较单一。

2006年后,沿海集装箱运输进入新一轮发展。各船公司纷纷介入、快速扩张。同时,沿海各港口的集装箱装卸设备迅速升级换代,作业效率大幅提高,整个市场呈现出欣欣向荣的景象。

中国海运集装箱运输事业能迅速发展成为进入世界前10名的国际知名班轮公司,其中一个重要的原因就是坚持内外贸并重的航线经营策略,始终将沿海运输市场作为重要的发展板块。

一、内贸运输

中海集运的集装箱运输是从内贸起步,在沿海港口设置网点,组织力量加强揽货,采取航线合作开通南北航线,同时积极构筑长江、珠江的支线水运网络,揽取腹地货源,作为南北主干线的支持。中海集运探索海铁联运、干支线循环等物流形式,积极推行精细化管理,首先在国内推出"精品"航线,其内贸精品航线市场品牌形象得到提升。因公司50%以上的集装箱船舶悬挂五星红旗,与国内外其他大型船公司相比具有绝对优势,在内贸航线业务中居于龙头地位。市场份额在国内主要港口的吞吐量逐年上升,仅从2005年到2010年的5年间即增长近一倍;吞吐量的平均市场占有率保持在14%左右。在国内部分港口吞吐量的市场占有率保持在50%以上。

【班轮航线网络】

1997年4月5日,614 TEU的"林园"轮首航,开启了中国海运内贸集装箱运输发展的序幕。中海集运以内贸班轮运输作为突破口,开始构筑班轮航线网络。1998年年初成立了内贸航线经营小组,采取航线合作、青岛中转、南北直航等措施,首先投入"林园""桃园""泉城"3艘船,建立沿海9港、周班大循环内贸航线。在箱量稳步上扬的基础上,同年3月改投"向华"轮,"桃园"轮从青岛掉头南下,与山东海丰合作,在北方实行船舶交接作业,由此减少了4个挂港和1艘船的投入,降低了航线总成本,经济效益明显提高。5月底投入1 034 TEU的"向安"轮,在广州、营口、天津、青岛之间开辟黄金水道,开通南北直航的内贸精品航线。8月底"桃园"轮下线后,又相继投入5艘"堡"字型改装船,进一步调整航线;至此,内贸航线完成了上海—蛇口—广州的双周班和天津—上海—大连周班航线。

1998年5月28日,中海集运在广州黄埔港举行仪式,开通集装箱直达特快内贸班轮与铁路专列组成的海铁联运南北大动脉,开启集团多式联运的先河。

1998年12月27日,中海集运首艘1000 TEU集装箱船——"向平"轮,满载货物驶离上海龙吴港,拉开我国沿海集装箱运输大扩容的序幕。11艘以原"振奋"型轮船为主的改装船投入内贸运输,使得内贸航线的箱位从过去的1 800个增加到8 000个,停靠港口从过去的9个发展到14个,初步形成覆盖中国主要港口的航线网络。

至1999年,中海集运共开辟、调整内外贸航线35条(内贸10条,外贸25条);国内共挂靠28个港口、国外挂靠15个国家28个港口,形成有35条内、外贸干支线衔接相连的运输网络。

2000年5月25日,中国海运"海上绿色通道"特快精品航线首航庆典仪式在海南省海口港举行。这是中国海运为配合海南反季节瓜果运输启动的"绿色通道"工程开通的国内首条快速精品航线。

2003年年初,集团实施货运体制改革,整合原中海船务、中海物流和鹏达船务的集装箱揽货业务,成立中海集运八大区域公司(中海集运大连公司、天津公司、青岛公司、上海公司、厦门公司、深圳公司、广州公司和海南公司)。沿海内贸集装箱运输的繁荣得益于港航之间的密切合作以及集团辅助产业的大力支持。班轮公司参与从事港口业的开发与经营,使其能更全面地铺设航线网络、降低港口费用等成本支出,从而提高班轮服务标准,利用网络化营销的优势更好地服务全球,从激烈的竞争中脱颖而出。各片区公司成立后,使中海集运在沿海各口岸综合实力得到进一步增强,揽货工作开展取得显著突破和进展,货运体制改革带来的活力和生机得到较好体现。各口岸货量增长显著,市场份额不断扩大。其中,各口岸中海集运的市场份额均名列前茅,为内外贸集装箱运输的发展提供了有力保障。

2005年7月18日,5 688 TEU集装箱船"新常熟"轮在沪东中华船厂7码头顺利交接,投入中海集运内贸航线营运。同年8月22日,由沪东中华船厂为中海集运建造的4 250 TEU集装箱船"新黄埔"轮顺利交船,投入中海集运内贸航线营运。自此,中海集运在内贸航线投入的船舶已逐步趋于大型化。

至2008年,经过11年迅速发展,中海集运在内贸航线上投入的集装箱船已达40余艘,总箱位超过8万TEU,市场占有率常年保持在40%以上。

2012年10月10日,中海集运与中远集运开始在中国内贸集装箱市场上开展航线合作。双方签署了《中海集运与中远集运内贸航线合作协议》,在内贸东北/华北至福建/汕头航线上共同投船、合作经营。这是两家公司首次在中国内贸集装箱航线上的合作。

【内贸精品航线】

2006年,中海集运为提高航线经营的精细化,按照"精心组织、精细管理、培育精品航线"的理念和要求,在已有基础上进一步培育内贸精品航线。通过推进精品航线,转变传统的揽货观念、经营思想和传统的货源结构,以促进公司稳定、和谐、可持续发展。同年7月26日,公司召集内贸部、口岸公司管理部、天津集运、广州集运、海南集运等部门和单位,召开建设内贸精品航线专题会议,就如何转变观念、开拓创新、构建内贸航线物流平台,确保内贸精品航线的顺利运作等工作做了布置。同年8月12日召开内贸精品航线专题会,提出"以培育精品航线为契机,以航线搭建物流平台,建设一支高效的管理团队,带动集团物流产业发展"的目标。经过4个月的运作,内贸精品航线基本上达到年度预期目标,直接客户营销工作推进明显,特别是南下航线货量符合预期,平均箱量基本在2 000 TEU以上,精品航线经济效益达1.17亿元。内贸精品航线市场品牌形象得到提升,航线的开辟取得实效。

2007年,中海集运内贸航线运作已有10年,投入内贸航线的船舶也逐渐大型化,包括4 500 TEU以上箱位的大型船舶,全面开辟精品航线的思想准备和硬件基础都已具备,中海集运决定全面铺开内贸精品航线。在贯彻当年集团"8·18"经理书记会议上,中海集运黄小文总经理分别与公司内贸部、中海集运八大区域公司签订关于实施精品航线的有关协议,内贸部计划将数艘4 250 TEU集装箱船适时投放,逐步开辟多条精品航线,具体航线为:天津—南沙—天津;锦州—营口;南沙—锦州;连云港—南沙—连云港。一场"多兵种"、全方位、各方面参与合作的系统工程建设持续展开。精品航线班期以小时为单位,准点开船和到达,缩短交货期,准班率达到近100%;船舶速度快,航速达20节,其南北航线运输时间可与公路、铁路相媲美。在推行精品航线工作中,中海集运坚持实施精细化管理,采取扩大对外合作、培育优质客户群、加大新兴市场开发等措施,以增强市场竞争力。2008年第一季度,生产经营即实现"开门红"。

2009年8月6日,中国海运与天津港集团在天津滨海新区举行中海集运"天津—南沙"内贸精品航线成功开通3周年庆典活动,天津市政府及口岸相关单位、广州港集团以及客户代表共200多人参加活动。同年11月18日,中国海运"海口—营口集装箱绿色精品航线"正式开通。公司内贸航线市场份额不断扩大,共经营内贸航线17条(不包括下属公司浦海航运和五洲航运经营的航线),在中国沿海地区的30个港口提供运输服务。2010年公司内贸航线实现营业收入50.17亿元,比上年增加近10亿元。

经过多年经营,精品航线已经成为中海集运在内贸集装箱运输市场闪亮的品牌。精品运输航线与投入箱位也逐年增加。从2006年年底的6艘4 250 TEU大型船舶,增长至2012年的22艘。"十二五"期间,内贸精品航线覆盖面较"十一五"进一步扩大。通过"以精品航线搭建物流平台"努力做好航线的优化设置,投入大型化船舶,强化两端集疏运,实现全程运输的精品化服务,使内贸航线的核心竞争力进一步增强。中海集运的内贸集装箱运输始终注重全程服务理念,通过中海码头、浦海航运、五洲航运、中海物流等公司,整合了包括船队、码头、集卡、仓储、铁路等多种资源,形成了海铁联运、水陆联运、水水联运等多种运输形式,能为客户提供全程"门对门"服务。

【海上物流通道】
自1997年集装箱内贸航线开辟,中海集运就已开始尝试承运沈阳金杯汽车。从2007年开始,在内贸航线上逐步形成批量稳定的汽车CKD、SKD零部件运输业务,汽车物流相关延伸业务的发展进一步完善了中海集运从整车到零部件以及原材料的综合服务能力,使之在汽车行业内的整车和零部件客户群体迅速增长。

2012年年初,中海集运大连公司凭借积累的整车运输经验,依托自身较为完善的集装箱航线以及整车运输物流服务能力,在为一汽集团试运输期间,共承运简单车型230辆,车型为佳宝、森雅等,流向为烟台、上海、常熟、南京、南通、海口、惠州、汕头、泉州、漳州。2013年,继续发力试运高端车型共计40辆,车型包括奥迪Q5、奥迪A61、大众CC、大众迈腾等,流向为上海、烟台、海口、漳州、汕头、泉州。至2015年,中海集运已将大力发展商品车物流提升为公司战略,凭借汽车架技术的不断完善、日益完备的内贸航线和服务网络,确立公司品牌在商品车集装箱运输领域内的领先地位。

2012年3月,中海集运与蒙牛乳业(集团)公司进一步拓展合作业务,从常温品延伸至冷链领域,打造内贸冷藏箱运输新平台,蒙牛冰淇淋可由集装箱船销往四面八方。2012年3月—2013年7月总计完成331个40英尺冷藏箱,没有发生一起货损货差。2013年8月,中海集运与蒙牛乳业签署文化共建协议,依托与蒙牛文化共建平台,落实大客户大服务的要求,提升航线经营水平。

2013年,因深入开展"大客户、大合作"战略,公司内贸运输收入实现58亿元,比2012年增长1%,超过年初预算2%。内贸航线实现盈利是当年航线经营的亮点,全年实现盈利5亿元(含增值税返还和箱管5项费用)。

2015年,由于国内各内贸船公司持续投入大量运力,造成沿海内贸市场整体运力供过于求,市场持续低迷。此外,部分中小型船公司继续以低价争夺市场份额,造成内贸航线运价水平整体下降。中海集运进一步加强同中远泛亚公司的航线合作,扩大内贸航线合作覆盖面,提升服务品质,努力实现内贸航线不可复制的核心竞争力。同时,公司还牵头召开内贸船东协调会,积极维护市场稳定,确保了内贸航线的健康可持续发展。

【内贸航线经济效益】
2013年年初,中海集运相关部门研究内贸航线年征收码头装卸费THC的可行性,同时召集相关港口及航运单位一起协调费用收取的相关细节,从3月开始,在全国主要内贸港口成功推广该项费用的收取,全年为公司增加效益3.5亿元。同年继续发挥行业内运价协调机制的作用,同主流船公司一起维持运价稳定,避免杀价竞争。在集团的支持和帮助下,公司加快高油耗老旧运力的更新力度。以内贸通用航线为例,上年使用7~8艘自有1 000 TEU老旧船舶,同年已全部淘汰这部分运力,并在市场上租赁8~9艘800~900 TEU船舶,通过调整使得1—10月该航线成本从上年的

9 600万美元骤降至5 600万美元,同比下降41%,航线效益得到大幅改善。经过对航线挂港、运输成本以及市场定价的不断雕琢,内贸航线已经成为中海集运创造精品航线、高产航线、盈利航线的一大领地,较好地保证公司在内贸市场上的领先地位。

2014年,公司加大对直接客户的营销力度,成功签约恒大冰泉,西南中石油、通用武汉等大型客户,并充分发挥行业运价协调机制的作用,成功推动多轮运价上涨。同时,鉴于内贸市场增长迅速,公司又及时新增3艘4 000 TEU船舶投入"天津—南沙""大连—南沙"精品航线,使得每月航线收入增加约4 000万元,取得良好航线效益,全年内贸航线盈利创历史新高。除了航线营销之外,公司创新营销思路,强化对高附加值货的揽取。全年总共承运冷藏箱、危险品及特种货箱25万TEU,比2013年增长13.16%。

【区域航线小组】

2013年,中海集运内贸航线成立区域航线小组,小组成员包括航线调度、干支线中转、运价审批、项目营销等职能部门人员,兼顾新老人员搭配,主要工作围绕特定航线展开。航线小组实行例会制度,小组成员除各自本职工作外,更要互通船舶、成本、片区、市场、客户、对手等各方面信息,围绕生产变化解决航线上出现的问题,提升航线效益。经过一年运作,区域航线小组帮助客户解决了航运间的许多问题。如上海至营口航线,一次上海港连续几天大雾天气,到港船舶开始积压,该航线主要客户面临工厂停产局面,航线小组及时研究对策,提出改挂附近港口的方案,取得较好结果,帮助客户解了燃眉之急。在上海港天气转好时,其他公司的船舶尚在等候泊位,而中海集运的营口航线船舶已经在附近港区作业完毕,随时等待起航。

【运作模式】

2013年年初,中海集运安技部门对开通干线事宜进行了实地调研和论证,对天津—南沙航线进行调整,中途加挂黄骅港。中海集运沧州公司在不影响环渤海支线运输货源的前提下,深挖腹地货源,提前储备干线箱源,实行市场营销、堆场、装箱、拖车集港等全方位联动,确保直航黄骅港船舶货源和安全靠泊。同年6月19日,在黄骅港的密切配合下,1 200 TEU的"新丹东"轮顺利靠泊黄骅综合大港码头,成为黄骅港首航的内贸集装箱干线船舶,也是该港开港以来靠泊的最大吨位集装箱船。当地业内人士认为,内贸精品航线的黄骅港首航填补了黄骅港直航集装箱船舶的空白,缩短了腹地客户货运时间,增强了航线运输服务能力,也扩大了中海集运在黄骅港腹地的市场影响力。

2014年上半年,福建市场的集装箱货源持续萎缩,运力过剩导致航运市场波动频繁。中海集运厦门公司深入闽西北腹地挖掘新货源。同年5月,成功中标某知名快速消费品公司福建晋江地区流向三明的物流业务。自6月合作始,该消费品公司每周约有60个大柜由拖车拉往三明。箱柜拖往三明,也减少三明当地客户的拖车成本,受到客户欢迎,公司竞争力因此大幅提升。同年7月,厦门公司开辟"福建江阴港—宁德樟湾港"内贸支线,截至9月10日,已顺利运作42航次。中海集运在闽西北的多样化运作模式,在海峡西岸经济区引起很大反响。

二、内支线运输

集团在发展集装箱内贸运输的同时大力发展内、外贸内支线运输,将集装箱运输从沿海向内陆腹地延伸,1998年通过与鹏达公司等合作开展了珠江三角洲的驳船运输业务,年底又开辟长江支线的驳船运输,接着相继开辟了渤海湾支线、福建支线的驳船运输业务。支线运输服务主要由中海集运下属的浦海航运和五洲航运经营。

【长江支线运输】

成立于2000年的浦海航运主要经营以长江航线为核心的内支线运输,形成以上海为中心连接长江流域各主要港口的庞大支线运输网络。成立初期,浦海航运在长江内、外贸支线投入船舶13艘,2 500多TEU。在创业和发展过程中,公司坚持多元化船队发展模式,2004年,订造12艘交通部内河集装箱标准型船舶(202 TEU型),使其长江运输船队实现现代化、规模化运作。同年11月,公司成为中海集运全资控股公司。随着中海集运航线的铺设,进出箱量越来越多,每年有25万箱进出长江,这些箱子均由浦海航运租用50～130 TEU集装箱船舶运输。其间,浦海航运多次获得中国货运业最佳船公司内河支线运输金银奖等各类奖项。

2006年11月7日,被业内称为中国货运行业"奥斯卡"奖的第五届中国货运业大奖颁奖典礼在广州举行。浦海航运在众多船公司中脱颖而出,一举获得"沿海支线运输最佳船公司金奖""内河支线运输最佳船公司银奖"两项殊荣。

2012年年初,为贯彻集团长江开发战略,中海集运上海公司依托自身分布在长江中下游22家网点的优势,强化对长江流域的货源营销。同年,公司实现重箱揽货量135.78万TEU,同比增长7.1%,创下公司揽箱记录新高。2013年,公司抓住长江的区位发展和产业转移优势,拓展长江上游IT产品、汽车零部件市场和下游的苏北市场,改善进出口平衡,减少调箱,前三季度完成长江口岸出口重箱11.10万TEU,比2012年增长23.3%。

八百里皖江,作为长江承上启下的重要水域,也是集团深度开发长江的重要环节。经过几年开发,中国海运在其周边各个口岸均占有一定市场份额,但因为箱量分散,驳船无法定班定点,舱位、航程也得不到保障,成为企业进一步发展的瓶颈。2014年年初,集运上海公司在深入调研芜湖当地市场基础上,与浦海航运沟通后,形成"安庆—铜陵—芜湖"小支线、"芜湖—上海"大支线,大小支线循环运作的态势。同年6月22日,满载78 TEU的"申舟9"轮离开安庆开启小支线首航,23日中午抵达芜湖卸箱;6月25日晚,"浦海217"轮开始出口作业,于26日清晨顺利驶向上海。

上海通用汽车武汉乘用车生产基地落户于武汉市江夏区金口镇,总投资70亿元,建设规模为年产乘用车30万辆。由于武汉阳逻集装箱码头距离通用生产基地有80公里,陆运成本较高,客户希望能够为他们量身定做最优物流方案。浦海航运为此对通用汽车生产基地提供个性化服务,与金口码头接洽,协调金口码头为通用汽车客户提供集装箱作业服务。金口码头将一个杂货泊位改为集装箱泊位,同时改造其后方堆场,使其具备装卸通用项目集装箱的条件。2014年7月24日,上海—武汉金口的武汉通用项目航线试运行,首航仪式在金口码头举行,浦海航运"渝兴989"轮装载着武汉通用项目货柜顺利靠泊金口码头,将货柜卸到码头堆场。公司量身定做的物流不仅为通用汽车节省了费用,也为自身业务经营赢得客户。

2014年12月26日,浦海航运为落实集团深度开发长江战略,对接中海集运"大船"发展战略的配套服务,在上海—武汉航线投入当时长江内最大的636 TEU集装箱驳船,有效提升了公司在长江支线的竞争力。

2015年1月9日,在第十一届"中国货运业大奖"颁奖典礼上,浦海航运获得"中国—韩国班轮航线第一名""内支线班轮航线第一名"两个奖项。

【珠江支线运输】

五洲航运主要从事珠江三角洲及华南沿海、环北部湾地区的集装箱驳船支线运输。2001年上半年，其珠江支线运输共完成出口14 399 TEU，网点铺设已开设肇庆、中山、珠海、新会、九江、三水、勒流、鹤山、容奇、定安等10个驳船挂靠点，共投入支线船舶16艘，合计舱位540 TEU，重箱位445 TEU。同年9月，创造一个月突破1万箱的佳绩。2002年6月，新成立的华南物流公司，揽箱量再创新高。

中海集运进出珠江三角洲地区的外贸集装箱主要由五洲航运承运。2004年，公司充分整合内支线运输的各种资源，在珠三角及华南西部沿海地区大力推广搭建支线物流平台的经营理念，在确保对中海集运和各揽货网络点服务的同时，努力开发SOC（自有箱）货源，顺利完成集团下达的箱量及利润指标。截至同年年底，共开辟100多条航线，覆盖整个珠三角地区和广东、广西主要港口以及越南海防，全年共完成箱量30.70万TEU，其中承运人箱量25.62万TEU，占总箱量的83.47%；托运人箱量5.07万TEU，占总箱量的16.53%。实现主营业务收入1.51亿元。

2010年，五洲航运完成箱运量261.15万TEU，为年度计划的113.54%，为上年的112.10%。

2011年8月，为实现支线租船经营模式的新发展，公司正式立项船岸互动管理系统，大力推进航运信息化，借助新技术、新手段实现企业管理的提升。

2011年，受干线的影响支线运输处于艰难运营中，五洲航运把握市场节奏，优化福建航线运力配置和航线布局，加大香港中流驳船投入，开通洋浦和顺德、中山等定期班轮航线，并积极采取批量采购燃油，增收节支。截至同年年底，五洲航运全年箱量突破280万TEU，超额完成全年260万TEU的箱量和利润指标。

"十二五"期间，该公司的支线服务网络覆盖珠江三角洲100多个码头、网点，是该地区最完善的支线运输服务网络，也是该地区唯一可提供全区域支线运输服务的公共支线公司。

2014年，公司确立建设区域支线运输市场标杆企业的战略目标；坚持内外贸结合，做优COC（行为准则）服务、做强SOC开发，坚持"租赁运力为主，自有运力为辅，公共支线运力为补充"的经营模式。同时成立运营中心，整合内外贸运力资源，期租、航租和公共支线运力资源，内河、沿海和趸船运力资源，使得其华南集装箱支线运输龙头地位继续保持。当年完成箱运总量282.1万TEU，其中SOC箱运量完成69.1万TEU，比2013年增加10.3万TEU，增幅17.6%；为年度考核指标（50万TEU）的138%，实现了新的突破。

2015年，公司针对外贸干线市场持续低迷，而内贸干线因总部市场策略出现爆发式增长的态势，按照集运改善网点进出口平衡的指示要求，坚持控制外贸运力、加大内贸运力投入，取得较好成果。当年1—10月完成箱运量226.6万TEU，其中外贸箱运量112.8万TEU，内贸箱运量113.8万TEU；完成税前利润1 959万元，比2014年增加961万元、增幅96.2%。超额完成了年度考核利润指标。

2015年12月，公司正式向外推出"一关通"运输服务模式，借助自身在珠三角支线运输的规模优势和网络优势，从船货配置、航线设计、调度安排等环节对操作流程进行优化再造，并结合中海货源分布情况，有针对性地向客户推介"一关通"业务，不仅方便了货主，而且节省大量中转时间和运输成本。

三、海峡两岸海上直航

2008年12月15日，在举世瞩目的海峡两岸海上直航开通时刻，中国海运"新烟台"轮、"新非洲"轮分别成为天津—基隆、上海—高雄的两岸海上直航首发船。"新烟台"轮为了保证准时参加天津港至基隆港的首航仪式,特地更改原先的靠港顺序,提前1天在天津港靠泊码头。集团总裁李绍德、书记马泽华分别在天津和上海出席两岸海上直航庆祝仪式。当日11时,满载机械设备、建筑材料、化工产品、食品、农副产品的"新烟台"轮徐徐驶离天津港码头,并于18日上午7时30分安全抵达基隆港19号码头。其时,码头挂着欢迎横幅,锣鼓喧天,狮舞欢腾,进港的拖轮喷出水幕为"新烟台"轮洗尘。

同样在2008年12月15日,中海集运"新非洲"轮从上海洋山港出发直航台湾,经过1天的航行,于12月16日中午顺利抵达高雄港,靠泊第65号码头。"新非洲"轮抵港后受到热烈欢迎,高雄港务局特别派出喷水拖驳船喷水迎接,港务局长谢明辉还致赠首航纪念牌,表示祝贺。可装载8500多个标准集装箱的中国自主建造的超大型集装箱船"新非洲"轮,作为两岸海上直接通航上海到台湾的首航船,其"处女航"具有特殊意义。自此,伴随着空中直航和通邮,海峡两岸"三通"基本实现。

图 3-1-5　2008 年 12 月 16 日,中海集运"新非洲"轮抵达台湾高雄港

第三节　近、远洋运输

中国海运成立后,随着集装箱运输业务和境外产业的发展,相继成立中国香港、新加坡、欧洲、北美地区控股公司,其境外代理网点的建设形成"区域控股、布局合理,洲际成网、全球连线,依托主业、立足当地,经营自主、效益明显"的体系。至20世纪末,资产和业务已遍及欧美、地中海、大洋洲、亚洲地区,经营项目有船务、揽货、造箱、航运、投资、劳务、码头业务等;集装箱计算机管理系统已形成全球网络。快捷有效的现代化网络为中国海运快速发展集装箱运输提供了保证。其海外综合物流经营范围涵盖海外拖车业务、驳船和支线运输及海外空运代理等。围绕国际集装箱运输,集团在泰国、英国和德国投资或合资建立拖车公司;在美国、英国、德国签订铁路运输合作协议,并在东南亚、欧洲开辟了驳船、支线运输服务;特别是东南亚的支线,其网络连接了东南亚地区所有国

家。中海环球空运在美国、加拿大、爱尔兰、英国、德国等数10个国家和地区拥有自己的销售和操作代理,"点到点""一线式""一站式"的运输服务日趋成熟。

一、规模和经营

集装箱运输作为全球化竞争行业,全球化网络竞争日趋激烈。身处国际竞争的大环境,中海集运成立后,确定行业领先者的目标,制订高层次的全球化竞争战略,通过建立、完善全球化网络,大幅度提高营销能力。

1999年,集团相继开通中国至澳大利亚、欧洲、地中海、美国4条集装箱班轮航线,正式向"全球运输承运人"的目标迈进。根据集装箱运输业务向国际扩张需求,集团积极拓展海外产业,遵循"航线开到哪里,营销网点就要延伸到哪里"的原则,不断拓展海外相关产业,努力营造覆盖全球的营销服务网络。

2005年,中国海运以遍布全球五大洲各主要贸易区的航线网络、代理网点为依托,在世界范围内整合包括干支线海运、铁路、拖车、仓储和虚拟交易平台等物流资源,打造覆盖全球的综合航运物流网络,为市场客户尤其是直接客户提供包括"门到门、点到点"在内的、具有较高附加值的全程物流服务,最终目标是把中海集运建设成世界一流的集装箱航运物流企业。

"十一五"期间,中国海运先后培育了美东一线、欧洲一线、澳洲一线、中东线等多条国际精品航线,吸引众多世界500强企业在精品航线签约。2010年中海集运太平洋航线,欧洲/地中海航线,亚太航线分别完成箱量142.30万TEU、118.34万TEU、132.79万TEU,同比分别增长19%、12.7%、0.5%。截至2011年6月,集团已拥有遍布全球100个国家港口的80余条国际国内集装箱航线,成为知名的"全球运输承运人"。

从组建初期到"十二五"时期,面对全球经济和市场形势变化,中海集运坚持市场导向,发挥自身优势,并坚持对外战略合作,外贸航线全球网络不断完善,航线服务质量不断得到提升。至2015年,公司已形成覆盖世界各大洲主要贸易区的全球航线网络。

【经营模式】

中海集运成立后,因坚持低成本发展方针,优化船队结构,以及经营管理上的"三管齐下",使得公司始终保持着市场优势、成本优势和资源优势。所谓"三管齐下",即优化航线、强化客户开发、推进精细化管理。

在优化航线上,中海集运加强市场研判,及时调整航线运力,提升主干航线运力,完善全球航线布局,不断开发新市场。

在强化客户开发、努力拓展货源上,中海集运注重培育优质客户群。"十一五"期间先后与中石油、中石化、上海海通、格力集团、奇瑞汽车、富士康科技集团、大连因泰集团、春兰集团等新老客户举行业务交流与会谈,深化双方合作关系。通过Global. Account(全局账号)项目小组积极推进"一体化服务,网络化营销",大客户招投标工作取得新成果。并与LG、三星、富士通、EPSON、菲利普、家乐福、孩之宝、PPR、KARSTADT等公司建立合作关系,BCO客户(货主)开发工作取得新进展,基础货源比例进一步提高。

2008年12月14日,中海集运年运输量突破1000万TEU,仅用9年多时间实现从十几万箱到1000万箱的巨大跨越。

在精细化管理上,"十一五"时期,中海集运在船舶、港口装卸、燃油、箱管、中转费用5项成本控制上花大力气,成果显著。在燃油费飞涨的情况下,采取锁定油价、船舶开经济航速以及调整挂靠港等手段,每月可降低油耗5万多吨,一年降低油耗65万吨。利用造、租船价格相对低谷的难得机遇,于2009年年底开始进入新一轮快速发展运力阶段。为了确保新接收的超大型1.91万TEU船舶顺利安全运营,2010年,中海集运积极落实与达飞轮船及阿拉伯航运的航线合作项目,加大同CKYHE联盟及汉堡南方、太平船务等公司的航线合作力度,通过航线合作和舱位互换,优化升级航线,完善网络布局,增加航班密度,中海集运的"大船、新航线、新网络"提前部署完毕,航线整体的产品质量和市场竞争力全面提升,取得良好业绩。

【掌控箱源】

受2008年年底爆发的全球金融危机影响,世界航运市场在2009年一落千丈,运价大跌,箱量下滑,各大班轮公司的航线经营都遭遇巨大困难,许多航线被迫中止,大量船舶退出营运。中海集运在此次危机中也受到很大冲击,运价"腰斩"甚至跌到只有以往运价的零头,航线舱位利用率也大幅下降。为减少亏损,包括5600标准箱船在内的一批船舶不得不抛锚闲置。

市场逆境中,中海集运依旧在低谷中看到机遇,并及早谋划,踏准节拍,调船舶,布航线,先后在欧洲地中海航线、美西航线打出多场胜仗。在谋划地中海航线局势的基础上,中海集运利用市场陷入低谷之际,着手组织准备箱源;在确保航线用箱的前提下,退租费率较高的箱子,吸纳费率较低的箱子,保证翌年各航线的正常用箱与加班用箱。同时,果断下单,用较低的价格建造新箱,且用低价果断锁定一批新旧箱租金。2010年,整个集装箱市场箱源紧缺,许多班轮公司心急如焚,但中海集运由于未雨绸缪,及早准备,已经储备了充足的箱源,为市场回升时增加运力创造条件,从而创造了十分可观的经济效益。

【航线合作】

2013年6月中旬,马士基、地中海航运和达飞轮船公司突然宣布拟成立P3联盟。而与此同时,G6、CKYH等联盟也在不断扩张自己的市场份额,给本已运力过剩的班轮市场带来更多不确定性。在十分复杂的大环境下,中海集运努力降低单箱成本,提高航线盈利能力,积极与各家船公司及航线联盟接洽,商讨合作事宜。通过共同投船、互换舱位、买卖舱位等方式,扩大合作范围,巩固合作关系。同时共经营合作航线43条,互换舱位10 431 TEU。

2015年,中海集运将首要任务放在加强航线合作、提升航线效益上。从年初起,公司上下紧紧围绕"强化营销、增加收入"的经营核心,努力提升航线运价,改善经营效益。虽然市场极其惨淡,但是由于努力抓住市场机遇,积极加强客户沟通,公司实现了多轮运价上涨:欧洲、地中海、黑海航线共成功增涨9次,非洲航线成功增涨1次;美国航线成功增涨8次,南美东线成功增涨5次,南美西线成功增涨7次,加拿大航线成功增涨3次;中东、红海、印巴航线共成功增涨10次,澳新航线成功增涨1次,从而使得各条航线的运价有所恢复,有效减缓运价下行的速度,增加船舶营运收入。

二、航线布局

在优化航线布局上,中海集运加强市场研判,及时调整航线运力,不断开发新市场,自2004年起,连续2年被国际权威机构评为盈利最好的班轮公司。通过加强对外战略合作,调整优化经营策略,逐步形成外贸航线网络的基本格局。至 2015 年年底,外贸干线由 8 组欧洲线、4 组地中海线、2 组黑海及亚得里亚海线、7 组美西线、5 组美东线、4 组南美线、5 组中东红海线、4 组澳新航线以及部分第三国航线组成。外贸航线质量大幅提升,航线网络得到完善,并且有效分散了大船的舱位压力。外贸航线合作项目的顺利推进,为中海集运的平稳发展打下了坚实基础。

【"一带一路"沿线运输】

"一带一路"贯穿亚、欧、非大陆,连接东亚经济圈和欧洲经济圈,以完善基础设施为先导,通过推进"五通"(政策沟通、设施联通、贸易畅通、资金融通、民心想通)实现资源有效配置和市场深度融合。我国与"一带一路"沿线国家形成更加紧密的经贸合作关系,也为航运市场带来大量的货源需求。

"十二五"期间,中国海运积极发挥海外业务以及各相关业务板块资源优势,以船舶为纽带,以港口投资为支点,以综合物流为延伸,积极打造高效立体运营网络,为"一带一路"沿线国家及地区间的贸易往来、商品流通、基础设施建设等提供全方位的综合物流供应链服务。

中国海运以"21 世纪海上丝绸之路"为主线,优化全球航线布局,先后开通远东至欧洲、远东至地中海、远东至黑海、远东至中东、远东至红海等多条集装箱班轮航线,同时还经营东南亚的区域航线。在加密航线服务频率的同时,把"海上丝绸之路"上的航线与美洲、非洲、南亚、加勒比等区域市场连接起来,提升全球航线网络的连通性。

2012 年,在由英国《国际集装箱》杂志等国际权威机构举行的欧洲货主民意调查中,中海集运被评为"欧洲航线最受客户欢迎的班轮公司"。

2015 年 12 月 2 日,中国海运欧洲控股宣布开通到格鲁吉亚波季港的海运新航线,使货物由中国大连运到格鲁吉亚波季港仅需 39 天。此项海运服务的完善,使其更好地纳入"21 世纪海上丝绸之路"网络中,大幅缩短了由远东等地区到格鲁吉亚的海上运输时间,同时为里海和中亚地区提供了更为便捷的海运通道,助力"21 世纪海上丝绸之路"建设在黑海地区取得新的突破。

2015 年 12 月 14 日,新华网发表题为《中国海运黑海发力推动"一带一路"建设》的综述,报道中国海运在黑海最大港口康斯坦察扎根近 10 年,业已成为该地区集装箱运输市场上的重要一员。文章说,最近几年,中国海运在黑海地区的行动一个紧接一个,一方面远东到黑海同班快运航线船舶运力多次升级,另一方面,该公司还努力以罗马尼亚康斯坦察为据点,将运输线延伸到周边其他国家港口。

2015 年年底,中国海运旗下的中海集运在"一带一路"沿线投入约 59 艘集装箱船舶、54 万TEU 运力,占集运公司营运船队总规模的 61%,涉及"一带一路"沿线的主要航线已有 72 条。通过提高有效供给挖掘和引导市场需求,公司在船型选择、班期密度以及航线产品设计等战略性决策上及时调整思路,加强新兴市场开发,力争获得市场先占优势。

【东亚、东南亚和大洋洲航线】

1997 年 11 月 20 日,中海集运举行首航仪式,正式开通"青岛/上海—大阪、神户"全冷藏箱特快定时航线,这是公司成立以后开通的第一条近洋航线,标志着中海集运跨出了从沿海走向近洋的关键一步。经改造的"郁金香"轮投入该航线营运。以此为起点,中海集运近洋航线陆续开航,多点开花。

1997 年 12 月 18 日,青岛—横滨全冷藏箱特快定时航线首航庆典暨中国海运货主迎新年座谈会在青岛举行。

1998年11月19日、1999年1月14日,"烟台—日本""南京/南通—日本"航线相继开通,标志着中海集运近洋运输业务已经直接进入长江下游市场。

1999年,中海集运开始全面开发远洋运输市场。同年3月26—28日,中海集运分别在青岛、上海举行"中国—澳大利亚"集装箱班轮航线首航仪式,这是中海集运向远洋运输迈开的重要一步,由"向津"轮承担此次首航任务。该轮是集团44艘改造船之一,载箱量1002 TEU,冷藏箱插头100个;航速14节。此次开辟的中澳集装箱班轮航线,实行周班服务。除首航的"向津"轮外,又投入"向济""向洲""向沧""向滨""向浩""向宁"等共7艘1000箱位的全集装箱船,全程挂靠青岛、上海、香港、悉尼、墨尔本、布里斯班、马尼拉、门司、博多等多个国内外港口,同时可接转中国沿海北至大连、天津,南到汕头、黄埔等港的货物,往返航次时间为49天。自此,中海集运集装箱航线贯穿中国南北各大港口,并初步形成覆盖北亚、东南亚、大洋洲的集装箱运输网络。

2000年5月11日,由中国海运、东方海外、以星轮船公司联营的远东—澳大利亚特快航线首航庆典仪式在上海港军工路码头举行,首航船为"潘佳斯"轮。新开辟的"远东—澳大利亚"联营特快航线共投入5艘2600～3100 TEU集装箱船,航线挂港为上海、赤湾、香港、悉尼、墨尔本、布里斯班、高雄,周班营运。该航线是当时澳大利亚航线上投入箱位最多、船舶航速最快、最具竞争力的联营航线。

2004年5月,浦海航运开辟胡志明市至金边的支线运输,由120 TEU的集装箱船"MEKONG EX-PRESS"轮从越南胡志明市首航。这条航线的开辟受到柬埔寨政府及商界的广泛关注。之后,公司又投入1艘1048 TEU集装箱船,开辟胡志明市到巴生港航线。浦海航运在东南亚地区以多艘船舶运作,通过舱位互换,基本形成可覆盖槟城、巴生、雅加达、泗水、新加坡、胡志明市和金边等港口的东南亚支线网络,从而开拓和发展东南亚地区的集运业务。

2005年2月24日,中海集运开辟澳洲三线(AUS3),挂港顺序为巴生—新加坡—雅加达—布里斯班—悉尼—墨尔本—阿得莱德—巴生。该航线为合作航线,中海集运与CSOCO、GOLD STAR LINE、HSD等船公司各投入1艘船舶,其中中海集运投入的船舶为"中海厦门"轮。

2007年,中海集运投入远东—欧洲集装箱班轮航线的8500 TEU"中海欧洲"轮首航马来西亚巴生港。为了加深马来西亚当地港航和国际贸易界对超大型集装箱船的了解,中海集运与巴生港务当局共同举行了"中海欧洲"轮首航庆典仪式。马来西亚交通部部长陈广才、中国驻马来西亚大使黄春贵、中海集运董事长李克麟等出席仪式,巴生港务局、巴生西港公司负责人以及当地各界代表出席首航仪式,并登轮进行参观。

2008年2月26日,中海集运投入日中航线4艘907 TEU新船中的第1艘"CSCL TOKYO"轮首航东京港。

2010年8月,中国海运开辟钦州港—越南海防的集装箱直航航线,是为钦州港首条通往东盟国家的直航航线。

2012年,中海集运为打造连接海南省与东盟区域的"海上丝绸之路",正式开通胡志明市—海口国际班轮航线,投入2艘1036 TEU船舶,独立经营该航线,海上运输时间为2天,每周1班。此航线是海口港首条国际班轮干线。有关人士认为,这是中海集运服务海南与越南两地经济,助力海南国际旅游岛建设的一项战略举措,是强化"南—南"合作,为促进海南—东盟自由贸易区建设作出的贡献。

2012年11月,在集团的顶层设计下,在浦海航运东南亚业务发展基础上,鑫海航运在新加坡正式挂牌成立。根据集团确定的经营方向,鑫海航运将东南亚公共支线供应商作为定位,并确定"租船经营、自主经营、自负盈亏"三原则。鑫海航运挂牌当天,确定将开发仰光市场作为第一目标,由于当时没有一家看好这个航线,鑫海航运便先开辟泰越航线,并以优惠条件与金星和东方海外两家班轮公司迅速结成合作关系,置换到金星公司手上的一艘"GSS YANGON"姐妹船——"Kuo Hisung"。3船在手,缅甸—泰国航线终于成功开辟。该航线不仅打通泰缅两国之间的通道,同时解决缅甸多箱、泰国缺箱市场上普遍存在两次调箱的问题。经过几个月的市场培育,2013年12月在仰光进入枯水期的时候,缅甸—泰国航线凭借直达优势和超强的装载能力在市场上大放异彩,船舶持续满舱长达半年之久。2013年,累计完成揽箱量52.45万TEU,实现主营总收入6.52亿元,主营业务毛利2892万元,税前利润总额1875万元。2014年,公司经营业绩又上一个新台阶;完成运输总箱量54.8万TEU,比2013年增长4.5%;主营总收入7.36亿元,比2013年增长13%;累计完成主营毛利总额3851万元,比2013年增长33.2%;利润总额2515万元,比2013年增长46.2%;对比当年预算考核目标净利1700万元超额完成进度50%。

2014年5月6日,浦海航运与泛亚航运、中外运集运三方共同签署合作经营中日集装箱航线协议。本着平等合作、互惠互利的精神,采取在我国华北、华东地区重要港口至日本关东、关西、九州航线上,以共同投船、互换舱位的形式,拓宽航线覆盖面,增加班期密度,共同提升航线服务水平,以满足日本航线客户不断精益化、多元化的服务需求。

2014年6月5日,"中海门司"轮从营口直航日本,标志中海集运营口公司日本关东直航航线开通。该航线为周班,挂靠港口为:营口、东京、横滨、名古屋,该航线真正实现东北货物无需通过内支线中转直达日本市场,大大缩短货物的运输时间。同年9月14日,浦海航运开启青岛—韩国的周班航线,"向珠"轮为首航船。该航线为周二班(连云港—青岛—釜山)和周五班(大丰—连云港—青岛—釜山—木浦),此举有助于提高船舶装载率,促进韩国航线降低成本。

2014年11月12日,中海集运与达飞、东方海外、太平船务合作经营的华南—新西兰航线首航,这是中海集运在"王牌航线"澳洲线成熟后,再次挺进大洋洲市场。首航船舶装载达100%,实现开门红。航线实行周班服务,每周一抵达深圳赤湾港,周三从赤湾开出,随后挂靠布里斯班、奥克兰、查莫斯、利特尔顿、内皮尔、陶朗加6个港口。该航线开通后,填补了在新西兰的服务空白,进一步丰富华南航线产品,可为客户提供更多班轮服务,增强企业在整个大洋洲的服务竞争力。

2015年2月8日,中国海运投入4艘船舶,开通中缅直航航线,这是集装箱船史上首次从中国直航缅甸,首航船舶是满载758 TEU的"ASIATIC WAVE"轮。该航线是中国海运东南亚一系列新航线计划中的一部分,开通后可使中缅之间的集装箱运输时间从传统的18~25天缩短到13天。航线的开通可为缅甸收货人提供更优质的海运服务,缅甸的出口产品也可更快到达中国客户。而且通过开通泰国、中国、越南、巴生、新加坡到仰光的直航服务,中国海运已经完成用直航服务连接缅甸和东南亚所有重要国家的网络布局。

2015年,中海集运开辟多条东南亚航线。7月30日,"中海巴拿马"轮开通中国至印度尼西亚泗水的直航航线CIX,该航线在中国挂靠天津、大连、连云港、青岛、上海、宁波、蛇口等主要港口,在印度尼西亚挂靠雅加达、泗水、三宝垄3个主要港口。新航线的开辟丰富了中海集运的航线产品,为中国和印度尼西亚两国经贸合作提供更多海运便利,扩大了中国在整个东南亚地区的航运覆盖面,提高竞争力,成为"21世纪海上丝绸之路"上连接中国和印度尼西亚的枢纽。

8月24日,中国海运和中粮集团联合开辟的"中粮快航"轮在宁波港开航。这是中国海运依托自身远洋航线和物流网络优势,充分发挥航运链条上多元产业协同效应,为中粮集团进口农产品定制打造,并提供运力保障的快速高效班轮专线。该专线对内连接宁波港等华东、华北地区主要口岸,对外连接泰国、印度尼西亚和菲律宾等农产品出口国家和地区。"中粮快航"运营不久,投放在4条东南亚航线上的船舶数量已从3艘增至8艘,每艘船的载箱量为2 500 TEU,为国内船公司在东南亚投放的最大船型,而每周可提供的进口农产品舱位也从960 TEU增至1 900 TEU。中海集运通过不断提高运营质量,搭建出一条更加稳定快捷的进口粮食运输走廊。公司所属"中海蒙特维迪奥"轮从泰国林查班港到广州港南沙港区仅需4天,比挂靠港调整前缩短2天。这条班轮航线班期稳定可靠,其运载的农产品既能通过宁波、上海这两个华东枢纽港进入当地市场,也能中转抵达长江沿线各口岸。快线全面启航充分展现航运、港口、客户等各方之间的良好合作关系,是中国海运和中粮集团战略合作协议的实质内容体现。

8月26日,中海集运与湛江港强化合作,互惠互利,开辟湛江—越南/泰国/柬埔寨航线,不仅使湛江及周边地区的电器、饲料、化工类等优势货源进入东南亚市场有了一条便利通道,也使本地引进东南亚的农副产品、木材、化工品等特色货源变得更为快捷。

10月29日,首航越南的"中海之星"轮成功靠泊越南盖梅港,成为历史上挂靠越南港口的最大集装箱船。

截至2015年年底,中国海运运行在日本、韩国、东南亚各主要港口间的集装箱航班密度大、布局广,已形成网络运输的格局。

【美洲航线】

1999年11月17日—12月6日,中海集运分别在厦门、盐田、香港、神户和洛杉矶举行"远东—美国(美西)"集装箱班轮航线首航仪式。"远东—美西"航线,共投入6艘2 000~2 500 TEU、航速20节的集装箱船,实行周班服务,分别挂靠厦门、盐田、香港、神户、洛杉矶、西雅图,西行返回为横滨、神户至厦门。在美国可通过洛杉矶、西雅图转接美国中部和东部地区的货载;国内华北、华东则通过中海集运自有的大连、天津、青岛、上海至日本的中日精品航线,将货物经神户港中转美国;在东南亚则转接通过中国香港中转至美国货载。首航船"阿波罗"轮箱位2 482 TEU、冷藏箱插座170个,船速20.5节。"阿波罗"轮是见证中海集运走向世界的又一艘期租船。中海集运开辟的"远东—美西"航线,支线网络完善,干支线衔接密切,可为集装箱客户提供更加广泛、优质的服务。

2000年,随着全球班轮运输市场的复苏,各航线箱量普遍增加,其中美国航线是班轮运输市场最为繁忙的航线。为了抓住这个大市场,中海集运对原有航线进一步细化管理,重点开辟充实美国航线。同年4月,通过和达飞轮船、铁行渣华的航线合作,新辟"远东—美东"集装箱航线,共投入2 400~2 600 TEU的集装箱船9艘,计2.25万TEU,采用经巴拿马运河,至加勒比和美东的全水路运输方法,实行周班服务。该航线沿途挂靠釜山、青岛、上海、盐田、香港、经巴拿马运河抵金斯顿、纽约、诺福克、赛凡纳,再由金斯顿经巴拿马运河,抵达釜山,来回航程63天。中海集运的集装箱班轮航线覆盖面由此扩大至北美东西两岸。5月12日,中国海运第二条"远东—美西"航线首航庆典仪式暨"远东—美东"航线货主座谈会在上海浦东国际会议中心举行。6月21日、22日,中国海运第二条"远东—美西"集装箱班轮航线首航庆典仪式及招待酒会分别在连云港及青岛举行。第二条"远东—美西"集装箱班轮航线,投入6艘2 000 TEU、航速为19节的全集装箱船,实行周班服务,航线依次挂靠连云港、青岛、上海、博多、横滨、洛杉矶、奥克兰、横滨。

2000年,集团在美国东岸新泽西州设立北美控股公司,其服务网络覆盖美洲21个国家和地区的33个港口,以及北美洲32个内陆铁路网点。又先后在洛杉矶、芝加哥、休斯敦、亚特兰大设立分公司,在西雅图、萨瓦特、达拉斯、亚特兰大设立销售网点,在美国的代理业务占整个美洲业务比重的80%,在中美经济贸易中发挥了重要作用。

2002年3月,在中国和泰国两国总理的直接关心下,中海集运正式开通泰国至美西集装箱班轮航线,实行周班服务,以促进中泰经贸合作。

2002年4月1日,中国海运在基隆港举行中国台湾—美西航线集装箱班轮首航仪式,大陆班轮公司第1艘5 700 TEU超巴拿马型集装箱船"神户"轮在台湾鸣笛启航。中国台湾地区航运界人士发表文章称"中国海运破冰成功"。中国台湾—美西航线是中国海运跨太平洋集装箱班轮航线的重要组成部分,该航线共投入5艘5 500~5 700 TEU超巴拿马型全集装箱船,航速为26节。航线的挂靠顺序为:宁波—上海—盐田—香港—基隆—釜山—洛杉矶—宁波,提供周班服务,从基隆至美国西海岸航行时间为11天。此前,中国大陆班轮公司还未曾在中国台湾开辟美西集装箱航线。

2002年下半年,美国西岸出现劳资纠纷,最终导致9月29日发生工人罢工。按常理说,工人罢工对船公司经营是不利的,但中国海运将不利事件化为市场机遇,在美西罢工事件的几个月内,实现盈利6亿多元,成为当时世界所有班轮公司的唯一赢家(详见本书专记《美西大罢工的最大赢家》)。

2003年6月,中海集运开通"青岛—美加(美国、加拿大)"特快航线,因交货期短,航线优势明显。

2004年6月21日,集团在美国洛杉矶隆重举行该港100号码头开业暨"新扬州"轮首航庆典。中海集运董事长李克麟专程赴洛杉矶出席庆典活动。同年7月9日,当时全球载箱量最大,具世界领先水平的超级集装箱船,8 500 TEU的集装箱船"中海亚洲"轮在上海举行首航仪式,开始远东至美洲的处女航。

2004年12月6日,8 500 TEU的"中海大洋洲"轮,从上海港启航,投入远东至美洲的首航。"中海大洋洲"轮是集团订造的5艘8 500箱位集装箱船的第4艘,同箱位的集装箱船"中海亚洲""中海欧洲""中海美洲"轮分别在同年7月、8月、11月投入运营,第5艘同类型船"中海非洲"轮于2005年1月投入运营。

自2005年1月1日起,中海集运美国航线移至中海集装箱运输(香港)有限公司经营。此次航线移交范围包括,中海集运所属美国航线AAE、AAE2、AAS、AAC、ZCS和ANW线按计划转移至中海集运香港公司;RTW航线待取得FMC确认后,也移交中海集运香港公司,对RTW航线具体移交时间另定;AAN航线仍保留在中海集运。

2005年4月19日,中海集运开辟远东至南美东(SEAS)航线。该航线西行挂港顺序为:上海—宁波—香港—赤湾—巴生—德班—里约热内卢—桑托斯—布宜诺斯艾利斯—里奥格兰德—巴拉那瓜;东行挂港顺序为:里约热内卢—桑托斯—布宜诺斯艾利斯—里奥格兰德—巴拉那瓜—桑托斯—德班—巴生—香港—上海。

2006年3月10日,中海集运开辟远东—中东—美西(AMA)航线。该航线由中海集运独立经营,共投入9艘4 250 TEU型集装箱船舶。同年3月17日,中海集运新开辟南美二线(ACSA)航线。该航线由中海集运、法国达飞、CLAN和MARUBA 4家公司共同经营,共投入11艘1 740 TEU型集装箱船舶。

2009年6月18日,中国海运在连云港市举行美西合作航线首航庆典仪式。江苏省副省长徐鸣专程来到连云港出席仪式并致辞,集团总裁李绍德、连云港市市长徐一平、连云港港务集团董事长俞向阳等参加仪式。

2009—2011年,中美航线的集装箱运量在950～1 100万TEU之间,其中中海集运承运比例达8%,为中美经济贸易发展发挥了积极作用。

2013年,中海集运在华中—美西航线(AAC)投入9 600 TEU集箱船,在直靠中海洛杉矶码头基础上,又新辟华南—美西二线,随即投入可以使用岸电的4 250 TEU集装箱船。中海集运开辟华南—美西二线,可为中海洛杉矶码头年增箱量40万TEU。

在成功升级美西航线之后,2013年中海集运又将挖潜增效的突破口落实在开发53英尺箱的运输项目上。53英尺箱是美国公路运输中常见的一种运输箱型,其容量相当于一个40英尺集装箱加一个20英尺集装箱。开发53英尺箱的运输项目,既能最大程度减轻航线升级后带来的舱位紧张压力,又能增加港口吞吐量及额外运费收入,形成公司与港口双赢局面。为确保项目开发成功,公司成立由美洲部牵头,各相关部门船舶组成的项目开发小组,有效克服箱子超高、超长、超宽等特点给船舶装卸造成的不便,从装箱方式、修改绑扎手册到修改配载软件等都进行改革,并采购相关设备。同年6月,第一批60只53英尺箱型集装箱成功装载上"新香港"轮。在运载53英尺特型箱的过程中,中海集运积累前期运作经验,主动要求客户改造设备以更加适应途中运输,此举使重箱装载率由25%提高到50%,技术上一举超过其他航运公司,获得市场领先地位。同年8月,不少客户主动要求将其53英尺的集装箱转到中海集运船上。

当地时间2013年8月4日,8 500 TEU箱位的"新大洋洲"轮首航巴西桑托斯港,南美东二线运力因此升级,运载能力进一步提高。

2015年春节前夕,美西港口拥堵,大量货物转向美东口岸,美东航线的船舶发生"爆舱",加上美东运价已推涨至历史高点,中海集运果断在春节假期前陆续投放4艘加班船航行美东,共完成重箱量13 016 TEU,实现运费收入3 008万美元,为美东航线增加了987万美元的航线利润。在此基础上,又对航线优化升级,并扩大舱位,公司的航线收入进一步增长。

【欧洲和地中海航线】

1999年4月25日,中海集运开辟首条"远东—欧洲"集装箱班轮航线,共投入9艘2 000～3 000 TEU全集装箱船,为客户提供快捷、经济的班轮服务,保证准班准点。航线沿线挂靠天津、青岛、上海、香港、新加坡、鹿特丹、汉堡、费利克斯托等港口,国内可接转中国沿海北起大连、南至珠江三角洲诸港及相关内陆的货物,国外可接转日本、韩国和东南亚各港中转的货物。9艘全集装箱船的船名分别是:"凯普兰""布雷特""克立斯""阿波罗""阿弗立""阿斯特""摩塞尔""英特若"和"曲劳菲"。首航船为期租入的"凯普兰"轮,箱位2 259 TEU;有冷藏箱插座300个,船速19节。"凯普兰"轮为中海集运走向欧洲市场的第一船。同年8月5日、8日、10日、12日,第二条"远东—欧洲"集装箱班轮航线首航庆典活动分别在大连、宁波、厦门、赤湾举行。至此,中海集运两条欧洲航线国内挂靠港口达8个,成为提供国内直达欧洲挂港最多、运力最多的班轮公司。

1999年11月5日,中海集运首辟"远东—地中海"航线,该航线投入9艘2 000 TEU、航速18.5节的全集装箱船,挂港:大连、天津、青岛、上海、宁波、香港、雅加达、新加坡、比雷埃夫斯、那不勒斯、热那亚、巴塞罗那。

2002年第四季度,欧元呈现升值趋势,中国海运高层认为,欧共体经济在形成欧元统一货币后,经济将会加快复苏;加之伊拉克战争后,中东地区经济重建,市场需求必然上升;而中国产品大量出口到上述地区,集装箱货量增长将是必然。据此,集团立即安排8艘5 600 TEU大船投入远东至欧洲航线。2003年,该航线运力出现供不应求,舱位爆满,中海集运也取得良好的经济效益。在相当长一段时间里,远东至欧洲航线一直是世界上最旺的航线。

2003年年初,中海集运抓住市场有利机会,合理调整航线和运价,适时将4艘5 668 TEU大型集装箱船投入欧洲航线,提高了航线竞争力,仅半年时间就取得收入55亿元的良好成绩。同年2月20日,第一艘中国制造、悬挂五星红旗、由中海船员驾驶的5 668 TEU大型集装箱船"新浦东"轮,从上海港起航正式投入远东—地中海航线营运,4月16日准班返抵上海,历时56天,航行22 795海里,安全、圆满地完成首航任务。其创造的良好经济效益和社会效益,给陆续投入营运的大型集装箱船舶在安全航行、船舶管理等方面提供了有益经验。

2003年6月26日,中国海运与上海国际港务集团在上海港外高桥码头举行同创共建双文明签约仪式,标志着我国港航两大企业集团通过强强合作形式,集聚优势,进一步拓宽合作领域,有效占领国际航运市场。双方由11家企业、15艘班轮参加共建活动,主要是确保上海至欧洲、上海至国内沿海的几条集装箱班轮"文明航线"的货运质量和班轮准班率均达到国际一流水准。中国海运总裁李克麟、上海国际港务集团总裁陆海祜代表双方在协议上签字。中海集运常务副总经理黄小文、浦海航运总经理李志刚、上港集箱外高桥分公司总经理蒋工圣分别代表基层单位在协议上签字。

2004年2月23日,中国海运4 250 TEU集装箱船"费利克斯托"轮首航上海,中海集运远东—欧洲二线(AEX2)在上海正式开通。上海市副市长杨雄在庆典仪式上讲话,并与中国海运总裁李克麟、党组书记李绍德、上海海关关长鲁培军、上海国际港务集团总裁陆海祜为中国海运远东—欧洲二线首航上海剪彩,社会各界人士共400余人出席庆典活动。中国海运远东—欧洲二线共投入9艘4 250 TEU以上集装箱船,依次挂靠大连、天津、青岛、上海、宁波、盐田、香港、赤湾、巴生、鹿特丹、安特卫普、汉堡和费利克斯托等港口。

2004年8月28日,中国海运在青岛港为中海集运举行"中海欧洲"轮首航欧洲庆典仪式和招待酒会,中国海运总裁李克麟、青岛市常务副市长兼市委副书记王修林等为首航剪彩。

2005年10月31日,中海集运欧洲一线(AEX1)大连—欧洲直航暨"中海大洋洲"号首航大连庆典仪式在大连大窑湾码头举行。是时,中海集运欧洲一线共投入9艘船舶,挂港顺序为:天津、大连、釜山、上海、宁波、盐田、香港、赤湾、巴生、勒阿佛、费利克斯托、汉堡、鹿特丹、巴生、香港、天津。其服务范围广、舱位数多、航线直达服务优势明显。

2006年6月4日,中海集运新开辟欧洲至美湾集装箱航线(EAG),该航线与CMA和HATSU两公司合作经营,共投入5艘5 200 TEU集装箱,中海集运提供2艘,为周班服务。

2007年10月11日,中海集运"远东—黑海"(ABX)周班轮航线首艘船舶"新汕头"轮顺利靠上罗马尼亚康斯坦察港CSCT码头。挂靠当日,中海(罗马尼亚)代理有限公司举行远东—黑海航线开通庆祝仪式。新航线的开通为中罗贸易合作架起新的桥梁。

2009年1月,受环球金融危机影响,中海集运与伊朗航运共同投船合作的远东—地中海航线终止运营后,由于危机中各家班轮公司都采取收缩防御策略,地中海航线经营一时陷入停顿状态,对中海集运持续保持在地中海地区的市场影响力造成很大困难。同年10月,中海集运全面搜集和研究其他班轮公司的运力闲置情况和航线经营状况,进行深入分析,发现阿拉伯航运公司前期订造了一批1.3万TEU集装箱船,并有扩大地中海航线经营的内在需求,于是把目标锁定在阿拉伯航运身上。当时,中海集运对阿拉伯航运颇为陌生,以前未有业务往来、打过交道。合作的成功性有多大,有没有潜在的风险?这些都必须弄清楚。经过几番试探性的接触,了解到对方确实有寻找合作伙伴,共同经营远东—地中海航线的意向,且对中海集运提出的使用5 600 TEU船升级航线的建议也颇感兴趣。经过缜密慎重的研究讨论,形成了一个互租船舶的经营新模式,既能盘活运力,节约船舶闲置成本，又能新开辟航线，增加经营效益，还能保持中海集运在地中海地区的品牌影响力。为推行互租船舶的合作新模式，中海集运将6艘5 600 TEU船租给阿拉伯航运，再投入2艘同类型船，共同开辟新的远东—地中海航线。同时，中海集运从阿拉伯航运租入6艘4 250 TEU船，投入美东、南美东及黑海等外贸航线，替换出这些航线上的中国籍同类型船，再转投入运力紧缺的内贸航线。从签订合作协议到正式开线仅用短短半个月时间。中海集运欧洲部调度人员连续加班确定港序，分配各港舱位、敲定各码头靠泊时间，制订危险品箱和特种箱操作规程等，保证合作航线的顺利开辟。由此，中海集运不仅在较低的经营风险下增加一条远东—地中海航线，还盘活了9艘抛锚闲置的5 600 TEU船，每年仅抛锚成本就可节约7 000多万美元。尽管国际金融危机阴霾未散，但该条航线在开辟后的一年时间里就产生了超过2 000万美元的航线效益。租入的6艘4 250 TEU船投入美东、南美东及黑海等航线后，大大降低航线成本，仅单船油耗一项就可节约三成多。而从这些外贸航线上替换出的中国籍4 250 TEU船，又解了中海集运内贸运力紧缺的燃眉之急，额外增加一笔收益。在远东—地中海航线成功合作之后，中海集运与阿拉伯航运通过互换舱位，继续深化合作，不仅盘活运力，新开航线，而且降低成本，增加效益，成为航运界应对经济危机的一大亮点。由于中海集运在行业形势低迷的时候不惧怕、不消极、不懈怠，开动脑筋，积极进取，善于从纷繁复杂的乱局中发现机遇，并果断决策，逆势出击，进一步确立了公司的国际品牌形象。

2009年6月17日，由中国海运及台湾地区长荣海运共同经营的欧美直达航线青岛港首航庆典仪式在青岛港前湾集装箱码头举行，投入运营的9 600 TEU"新香港"轮和8 500 TEU"新欧洲"轮两艘超大型集装箱船并肩停靠在码头。集团总裁李绍德、青岛市副市长胡绍军、青岛市口岸管理部门和青岛港集团领导、长荣海运代表、中海集运和集运青岛公司员工，以及货主代表等出席庆典仪式。

2010年，全球经济回升。欧洲地区由于采购补库，经济率先回暖，集装箱运输需求开始上升，但因需求的不稳定性和新交付运力的压力，许多班轮公司不敢将抛锚封存的运力投入航线。中海集运则及时抓住机遇，除保证欧洲—地中海航线正常班期外，又果断投入3艘8 500 TEU船舶，由此一举走出困境，提振信心，赢得效益。当许多班轮公司跟风而上，纷纷开辟欧地航线时，中海集运又将目光转向美国市场，凭借之前的空箱储备，加大对美线运力投入，又一次抓住市场机会。

欧洲航线自开辟始一直都是中海集运的重要航线，其中AEX7航线更是公司明星航线。该航线由中海集运及其他两家班轮公司共同投入10艘1万TEU以上超大型船舶合作经营，中海集运投入6艘1.41万TEU船舶。但AEX7航线给公司带来低成本舱位的同时，其装载箱量大、在港时间长、作业难度高也成为公司船舶作业的难点。为保证安全生产，进一步提高航线品质，2012年9月，中海集运与上海港冠东码头经过协商，两家达成一致，将AEX7航线创建成行业服务标杆，同时推进港航作业的标准化和规范化。9月4日，中海集运、冠东码头及外轮代理在上海签署合作协议，规定在船舶准班抵港情况下，船舶离泊准班率达到100%（不可抗力除外），装船准确率达98%以上，船舶开航、靠泊安全达到100%，航线客户满意率达100%。此举，为中海集运航线的准班准点提供保障。

2014年11月18日，中国海运与韩国现代重工集团在韩国蔚山举行新船命名暨交船仪式，庆祝当时世界最大集装箱船——1.91万TEU的"中海环球"轮交付投入运营。"中海环球"轮持有EP-D船级符号（环保设计护照，符合所有相关的MARPOL公约和IMO规则），符合即将生效的环保法规。与集团已有的1.41万TEU船舶相比，该轮有更多的环保优势。

2015年1月8日，"中海环球"轮抵达英国费利克斯托港。是该轮首航的第一个欧洲港口，标志着中英海运贸易合作又上一个新台阶。1月10日，该轮抵达欧洲最大港口荷兰鹿特丹港。英国《泰晤士报》这样表述"中海环球"轮的世界之旅:"中海环球"轮运载的货物包括电视机、汽车零部件、洗衣机、家具、服装、计算机以及各类食品、饮料等,这些商品为英国及轮船途经国家居民生活便利提供保障。这艘海上"巨无霸"的到来进一步推动英中贸易往来和发展,它把更多的中国商品带到英国,同时也为英国的出口商创造了接近中国和亚洲市场的难得机遇。从"中海环球"轮的欧洲之行,人们可以看到英中贸易快速发展的可喜景象。

2015年1月23日—4月29日,与"中海环球"轮同类型的"中海印度洋""中海北冰洋""中海大西洋"轮相继交付使用,投入远东—欧洲航线,加之先前已在该线运营的"中海环球"和"中海太平洋"轮,中国海运订造的5艘1.91万TEU集装箱船全部投入集团的欧洲班轮航线。

【中东和非洲航线】

21世纪初,中海集运已开辟东南亚—西非航线。

2007年7月24日,中海集运8 500 TEU大型集装箱船"中海亚洲"轮首航阿联酋Jebel Ali港,是当时中国/远东至中东航线上载箱量最多的集装箱船。

2008年,公司积极拓展中东航线。与欧洲等航线相比,中海集运以迪拜为中心的波斯湾航线整体比较稳定。新航线也是中海集运为应对金融危机与航运低潮,在对外合作领域推出的又一重大举措。继2008年6月17日与长荣海运合作的欧美直达航线在青岛港首航后,2008年7月9日在天津举行"中海集运中东航线升级推介会",携手达飞航运参与已升级的亚洲至中东和波斯湾地区的AMA航线,并在当日从天津港发船首航。新航线投入当时同类航线上最好、最具竞争力的6艘8 500 TEU集装箱船,取代原有的5 700 TEU与3 000 TEU集装箱船,运力总量仍保持不变。新航线增加了阿联酋的豪尔费坎(KhorFakkan)与伊朗的阿巴斯(BandarAbbas)两港,覆盖范围扩大。

同时,为更好应对亚非大陆之间贸易增长的需求,中海集运升级其远东—西南非洲(WAX)航

图3-1-6　中海集运航行中东航线的8 500 TEU"新欧洲"轮(2012年摄)

线,从上海起步,提供连接中国至西南非的直航服务。航线升级后成为连接亚非大陆的一条主要贸易航线,由中海集运与赫伯罗特航运公司(Hapag Lloyd)、马鲁巴航运公司(MARUBA)共同投入5艘2 100～2 500 TEU船舶承担运营。其中,赫伯罗特和马鲁巴各投入一艘船舶。航行全程为70天,两周一班。沿途挂靠上海、宁波、厦门、蛇口、巴生、德班、特马、拉各斯、德班、巴生、上海。

2012年2月,中海集运与达飞、阿拉伯联合航运等班轮公司加强战略合作,共同在远东—中东航线投入1.3万～1.4万TEU新船。此前,全球各航运公司从未在中东航线投放过万箱船。中海集运将1.4万TEU的"中海天王星"轮投入阿联酋班轮航线,4月5日,阿联酋迪拜杰贝阿里港迎来了当时现代化程度最高的超大型集装箱船。

【布局第三国航线】

根据全球航运需求,中海集运除经营中国/远东至各大洲的运输外,还加大第三国航线的布局。2012年12月13日始,中海集运先后将"新南沙"等8艘4 250 TEU船舶投入GEM航线(地中海六线)的运营。该航线属于第三国航线(不挂靠国内港口),既是一条连接印度、巴基斯坦—波斯湾—红海—地中海东部之间的干线,也是一条串联亚洲和欧洲之间的支线。航线港口覆盖面广,操作点多,运营后经济效益明显。以阿联酋豪尔费坎港为中心东行至印度和巴基斯坦,西行至波斯湾地区,北行至地中海东岸地区,南行则从地中海东岸返回阿联酋豪尔费坎港,完成一圈的航行,总里程10 847海里,其中海上航行时间为31.4天,一个航次共需56天。GEM航线有5个主要的中转港:阿联酋豪尔费坎港(KLF)、沙特阿拉伯吉达港(JED)、埃及塞德港(PRS)、阿联酋迪拜港(JEA)和土耳其康普特(IKU)。其中尤以阿联酋豪尔费坎港的中转次数最多,一个航次内总共有3次挂靠。此举有利于加强中转路径的优化,除了本航线内的中转地中海东岸、印巴、湾内货外,还能通过公司其他航线发往西北欧、地中海西岸。

第二章 散杂货运输

20世纪70年代末至80年代,集团的前身上海海运、广州海运、大连海运是承担我国南北沿海散杂货运输的主要航运单位。90年代中后期始,中国海运旗下的中海货运(2012年后变更为中海散运)、中海海盛、香港航运以及中海货运(中海散运)的相关联营公司成为内外贸散杂货运输主力,承担着以上海、广州、大连为枢纽和中心的沿海各港口间煤炭、矿石、钢铁、矿建材料、木材、原盐、粮食等货物运输;同时积极拓展外贸运输,成为近、远洋散杂货运输的重要力量。

第一节 船队、船舶

一、船队建设

1997年,中国海运重组后,将原先上海海运、广州海运、大连海运所属的6家专业货运公司整合在一起;1998年5月,新组建的中海发展股份有限公司货轮公司,即中海货运正式开业。总部设在广州的中海货运,是集团下属的当时中国沿海最大的散杂货运输船队,在上海、大连分别设有分公司,经营管理着门类齐全的散、杂、自卸货轮105艘,292万吨载货量。

中海货运成立初期,正值航运市场持续低迷期:BPI指数跌到历史最低位,市场运力供大于求,运价一落千丈。当时,企业船队结构也不尽合理,主力船型所占比例小,相当部分船舶船龄老、船况差,参与竞争能力弱。面对恶劣的外部市场环境和艰巨的扭亏任务,公司抓住提高效益和效率两个重点,根据市场需求,合理调整运力;处置、改造了一大批不适合市场需要、无市场前景的小吨位船舶,使船队结构得到较大改善;航线结构实施从"沿海远洋并举"到"重点以沿海为主"的调整,经济效益明显提高。

"十一五"时期,集团提出"调整优化上水平,再造一个新货运"的发展思路。中海货运把握时机,积极应对航运市场波动,围绕"再造一个新货运"的蓝图,围绕"三个转变"目标,确立发展的总体方针:以煤炭和铁矿石运输为核心,巩固在沿海市场的主导地位,提高在远洋市场的竞争力,并积极开展与联营公司合作,形成沿海、远洋、联营三大板块协调发展的新格局,迈入世界一流干散货船队前列。2007年,中海发展通过发行可转债募集资金,成功收购控股股东中国海运下属的42艘干散货船,使干散货船拥有量达到134艘,载重吨位增加至455万吨。2010年2月5日,第一艘23万吨级VLOC"中海兴旺"轮在广州举行首航仪式,中国海运开始拥有属于自己的超大型矿砂船。

"十二五"期间,中海货运进一步实施船队结构新的调整方针,从以沿海、小型、老旧船舶为主的船队结构向以远洋、大型、低船龄为主的船队结构转变。2011年12月27日,30万吨级"中海荣华"轮投产,成为中国货运自有的最大干散货船舶。同时,中海货运作为国有航运骨干企业始终为干散货市场的中坚力量,特别是在关系到国计民生的煤炭、铁矿石、粮食等重点物资运输中一直占有主导地位。

2012年4月底,中海货运经营的船队规模已达175艘,1 043万载重吨,平均载重吨位增加到6.0万吨,平均船龄从20.3年下降到13.3年。3年内共增加船舶76艘,110.5万载重吨;共报废、退租、出售船舶35艘,110.5万载重吨。船队结构得到大幅优化,形成以超大型矿砂船、好望角型、巴拿马型、超灵便型和灵便型为代表的梯队合理、系列完整的现代化散货船队。

2012年,中海散运在中海货运的基础上组建,经营和管理各类干散货船180余艘,1 100多万载重吨,是当时全球排行第五、中国沿海最大的干散货航运公司。该公司成立后,继续深入推进船队的大型化和现代化建设,努力为国民经济的发展提供优质服务。中海散运组建后,集团着手进行散运业务整合,先后将中海发展下属及联营公司的散运业务以及香港航运、中海海盛的散运业务全部并入中海散运。

2015年,集团的干散货船队总运力为265艘、2 053.68万载重吨,船队基本实现大型化、年轻化,市场竞争力得到进一步提升。

表3-2-1 1998—2015年若干年中国海运干散货船队发展情况表

年　份	艘数(艘)	载重吨(万吨)	平均单船吨位(万吨)	平均船龄(年)
1998	166	445.36	2.68	16.37
2000	141	459.37	3.26	16.70
2002	169	591.54	3.50	17.80
2005	168	618.19	3.68	19.97
2008	174	711.37	4.09	20.71
2010	202	957.49	4.74	15.07
2011	214	1 180.95	5.52	12.80
2012	221	1 372.67	6.21	11.45
2013	273	1 715.50	6.28	9.82
2014	270	1 823.69	6.79	8.13
2015	265	2 053.68	7.75	5.63

【中海货运船队建设与船舶经营】

改革调整,扭亏为盈　1998年,中海货运成立初期,面对着恶劣的外部市场环境和艰巨的扭亏任务。同时,交通部黄镇东部长宣布将中国海运作为交通部深化企业改革的"突破口",集团又将"突破口"工作重点放在中海货运肩上。中海货运的员工将扭亏任务视为挑战和磨练,也看成是突破发展困境的企业创新动力。在困难面前,公司管理层也看到自身存在的优势:公司拥有一支久经考验、能打敢拼的职工队伍,这是公司最大的财富;公司拥有当时中国沿海最大的货轮船队,能适应不同客户的需求;公司还拥有3家海运公司几十年来创下的企业品牌,在广大客户中享有良好的声誉。广大干部职工一致认为,只要努力发挥自身优势,公司一定能走出困境,有所作为,取得这场扭亏战役的胜利。

为此,公司制订了"一年打基础,两年稳起步,三年上台阶"的扭亏转盈发展计划,以"理顺关系、调整机制、创新务实、安全高效"作为当年的工作方针,提出要处理好广州海运与中海货运之间的关系以及广州海运、中海货运与集团、交通部、当地政府、区域货主等"八大关系"。抓住提高效益和效率两个重点,做好市场、船型、运力结构三个调整,突破观念转变、市场竞争策略、运输管理和机制创新上的四个难点,抓紧抓好六个方面工作:抓运力,根据市场需求,合理调整运力;抓货源,充分运用下属的上海、大连、广州等地的揽货点,四面出击争取货源;抓理顺关系,理顺中海货运和分公司关系,理清中海货运和地区集团之间的关系;抓应收账款落实,将合同签订和账款的催收责任具体到人;抓不良资产处置,对经营状况不好,船型老化的船舶坚决封存和处置;抓管理,从加强劳动纪律,提高劳动技能,提高职工文化素质等方面着手,全面提高公司员工的素质。

中海货运将工作重点放在船舶管理上,制定"强化船长在船舶行政管理上的权威,赋予船长相应的权力,并承担相应的责任""设立星级船长制度,与工资奖金直接挂钩"等新的激励制度,以及"实施船长三审制度和末位淘汰制度"等新的约束制度,逐步形成"以航运生产为中心,经营围绕市场转,生产围绕经营转,机关围绕一线转,全员围绕效益转"的新机制。之后又在用人制度、分配制度、财务管理、成本控制、资金运作、考核约束、服务质量等方面建立8个配套的管理子系统。

1998年11月,按照"机构不重复,岗位不重叠""整体组合、统筹安排、稳住一头,分步规范"的原则,广州海运和中海货运管理机构合二为一,达到有机组合。既充分利用广州海运数十年创下的无形资产,又使全体职工劲往一处使,形成强大的合力。同年年底,中海货运全年亏损约5.8亿元,比成立初时减亏了8 000多万元。

1999年,是中海货运"稳起步"的一年。这一年,中海货运以航运生产为中心,从提高单船航次效率、效益入手,促进整体效益的提高。根据市场需要和船队实际情况,公司进行资产结构调整,使资产负债率从1998年年底的67%降低到2000年年底的55%;处置、改造了一大批不适合市场需要、无市场前景的小吨位船舶,使船队结构得到较大改善;航线结构从"沿海远洋并举"到"重点以沿海为主"的调整,使经济效益明显提高。同时,通过抢占市场,提高市场占有率和科学调配运力,使货运量在运力下降的同时保持稳步上升;从严控制各项费用,使生产成本和非生产成本大幅度降低。到当年年底,中海货运经济效益明显好转。全年共亏损2.23亿元,比1998年减亏3.5亿元,平均每天减亏近100万元。

2000年,是中海货运实现"上台阶"目标关键的一年。同时,随着美国新经济的持续强劲增长,亚洲国家经济全面复苏,国际航运市场好转。在国内,国家宏观调控政策开始奏效,对交通、能源、城市建设等基础设施的投资为航运业的快速发展创造了良机。中海货运及时抓住机遇,采取有力措施。在运力减少的情况下,一方面通过科学决策和加强管理,提高营运率和载重量利用率;另一方面租进船只,投入市场。另外,随着油价持续上升,燃油成本占了2000年运输成本近40%,仅此一项,当年需多支出燃料费2.5亿元。公司在抓增收的同时狠抓节支,使成本增加的幅度小于收入的增幅,其中管理费下降尤为明显。同年5月,中海货运首次出现单月盈利,到同年年底,中海货运实现利润300多万元,比1999年减亏2.26亿元。主营业务实现了两大突破:一是外贸运输扭亏为盈,二是内贸大宗散货运输扭亏为盈,"出血点"变成了"盈利点"。

从1999年的"拼抢市场"到2000年的"拓展市场";从"能守则守"到"寸土不让";从主动出击、稳扎稳打到打一仗、进一步,中海货运奋战3年,实现扭亏增盈的工作目标。此后,中海货运运输生产持续向好,经营利润逐年增加。2001年,公司加强联营合作,保持稳定货源,完成货运量8 514.3万吨,货物周转量929亿吨海里;利润达到1.37亿元。

2001年,每年一度的全国煤炭订货会在烟台召开。中海货运对此次会议极为重视,早早就开始谋划与会的细节。不仅将烟台煤炭订货会视为推进市场营销、签订年度运输合同的大舞台,也将其作为学习市场、培养锻炼队伍、人才的大课堂,当作获取市场信息的大平台。为了让尽可能多的机关干部能到全国煤炭订货会的现场感受市场竞争氛围,锻炼市场调研、市场营销的实战能力、收集更全面的市场信息,公司组织航运部所属部门负责人倾巢而出,到煤炭订货会现场,摔打学习、锤炼提高。中海货运组建30多人的代表团参加订货会议,成为船东公司最大、最引人注目的代表团。在会上,代表团大力推介、展示公司形象,给客户留下深刻印象。其间,代表团还分成几个小组,对全国的重要港口、货主进行拉网式普访,先后拜访70多家客户,获取大量市场信息,也提升了公司市场形象。

改革经营机制　自1999年起,中海货运逐步建立和完善8个管理体系,其中"以市场为中心的人力资源优化及配置体系"是重中之重。2000年12月9日,广州海运、中海货运召开"深化干部人事制度改革"动员会,拉开体制机制改革的序幕。

2002年年中,在业已试行的"缺位竞争上岗"基础上,广州海运、中海货运全面铺开了"全员竞争上岗"工作。公司首先颁布《广州海运、中海货运2002年全员竞争上岗实施方案》,同时成立领导小组,公司总经理徐祖远任组长,党委书记姚作芝任副组长。全员竞争上岗包括宣传发动、组织培训、公开报名、资格审查、笔试、面试、群众测评、组织考察、初定人选、任前公示、决定任命等诸多环节。此项工作,共有707人竞聘566个岗位,竞聘岗位中包括处级92个、科级250个、员工岗位224个。竞争上岗后,公司干部职工的平均年龄有所下降,而大专以上学历占比则有所上升。

同时,公司推行与全员竞争上岗制度相配套的全员绩效考核机制。由于领导带头、全员参与、程序透明,领导与群众处在同一起跑线上,"不搞例外",尽管考核跨地区,范围广,力度大,考核工作却自始至终进行得比较平稳有序。全员竞争上岗和全员绩效考核的"两全"机制,在干部员工中引起普遍震动和反响。干部员工的精神面貌、思想观念发生显著变化。

20世纪90年代至21世纪初,随着改革开放的推进,中国航运市场相继涌现出一大批地方、民营、合资合作船公司;与此同时,各种水运经纪人、代理商、中间商也大量出现。而航运经纪人,大都是无船、无货、无钱的"三无"公司。由于航运市场发育不良,法治不健全,航运服务"中间商"良莠不齐、鱼龙混杂。因此,国企改革与"三无"经纪人合作,常常发生应收账款拖欠、海事纠纷、运力寻租三大风险。为解决上述问题,公司出台了三项举措:一是不与无货、无船、无钱的"三无"经纪人合作;二是与电厂、钢厂、煤矿等大货主签订一揽子年度COA(包运租船合同);三是对运输粮食、大豆、化肥、饲料等散杂货船舶运力的配置,率先试行招投标。

出台不与"三无"经纪人合作的改革措施,有效地堵住了经营上的"跑冒滴漏",规避了拖欠"应收账款"风险。更为重要的是,该项改革措施可倒逼公司的经营人员,由在办公室坐收船舶租金的"坐商",变成必须到市场上去"找米下锅"、积极揽货的"行商"。

电力、钢铁企业对运输的第一需求是煤炭、矿石等资源在运输时间和质量上有保障。中海货运拥有近百艘散货运输船舶,超过400多万载重吨的运力资源,有足够的实力,确保满足电力、钢铁企业的运输需求。在搏击市场的实践中,中海货运闯出了一条与大货主建立长期合作,互利共赢的合作关系,双方共同签署COA运输合同,一揽子敲定年度运力资源配置的方案。与大货主、大客户签订合作双赢的COA运输合同是中海货运优化配置运力资源的战略首选。为此,总经理徐祖远多次带队,与公司营销人员一道奋力开拓,相继与上海电力、江苏电力、浙江电力、广东粤电、漳州后石电厂、海南马村电厂、宝钢、武钢、马钢、南钢等十余家知名钢铁、电力企业签下COA运输合同,号称"十大协议",累计年货运总量超过6 000万吨。以大货主COA为基础,中海货运的举措遂演变深化成中国海运后来的"大客户、大合作"整体战略。

优化船队结构　2000年,中海货运首次实现扭亏增盈后,根据市场需要,集团进一步提出优化散货船队资源配置、积极稳妥推进和加快调整中海货运船队结构的思路,做出货运船队向大型化、规模化、专业化发展,增强干散货船队运能的决策。

为此,中海货运采取建造、购买、联营、租赁等多种形式,积极推进船队结构调整,改善船队船型和船龄结构,增强市场竞争实力,努力建设一支适应沿海和远洋两个市场的大型化、规模化、远程化的干散货船队。按照"再造一个新货运"的目标,集团货运船舶大型化、现代化、远程化的步伐加快,先后签订一批大型干散货船建造合同,数量之大前所未有。

自2003年集团建造一批5.7万吨级货轮,到"十五"末期,集团已有干散货船168艘、618万载重吨;其中,中海货运的船队为110艘、382.8万载重吨。

"十一五"期间,中海货运直属船队新增的散货船中含23万吨级2艘、7.6万吨级3艘、5.73万吨级9艘,共计14艘,120.4万载重吨。截至2010年年底,拥有和经营船舶101艘,430万载重吨,比"十五"末期的船舶载重吨位增加50万吨,增长13.2%。整个船队船型结构更加齐全、船龄更加合理,而且船舶的适航能力强、设备设施先进、安全性可靠,能更好地满足各电厂和钢厂需求。同时,签订新造(不含已投产船舶)散货船30万吨级6艘、23万吨级1艘、18万吨级6艘、7.6万吨级8艘、5.73万吨级9艘、5.7万吨级4艘、4.8万吨级12艘,共计46艘,504万载重吨。

2011年12月27日,30万吨级"中海荣华"轮投产,成为中国海运当时自有的最大干散货船舶。其时,公司已有4艘VLOC(含2艘联营)投入营运,标志着中海货运船队已迈入大型远洋船队的行列。

2015年,中国海运干散货船队总运力265艘、2053.68万载重吨,平均船龄5.63年、船舶平均载重量增长到7.75万吨,基本实现大型化、年轻化,市场竞争力得到进一步提升。

提高运输能力和经济效益 2003年上半年,中海货运抓住沿海散货运输市场需求旺盛、外贸运输市场持续走高的机遇,调整经营策略,科学配置运力,大力拓展市场,生产经营指标屡创新高。同年4—6月,在货运量、周转量、利润3项生产经营指标上连续3个月刷新历史纪录,做到"时间过半,任务过半",超计划进度完成指标。至年底,煤炭运输完成9263万吨,增长12.8%;金属矿石运输完成1650万吨,增长16.1%;货运收入30亿元,利润3.5亿元。

2004年3月,国际干散货运输市场呈现良好势头,中海货运适时把握良机,加大经营管理,运输生产形势不断趋好,运输量攀升,各项指标都有新的突破。当月完成货运量和货物周转量分别比上月增长10.30%和35.41%。其中直属船舶完成的货运量和货物周转量分别比上月增长12.46%和41%,单月实现利润首次突破亿元,创历史最好水平。4月,公司抓住有利市场环境,合理调配运力,积极拼抢货源,各类货物运输呈现齐头并进的好势头;直属船舶平均使用运力达到378.9万吨的历史高位,比上月增加近50万吨,船舶拥有量比3月底多31万吨,加上日历天数增加的因素,营运运力达到11474.5万吨天,比上月增加21.15%。与上月相比,直属船舶承运内贸煤炭增长3.96%、内贸金属矿石增长23.35%、内贸其他大宗散货增长32.56%。直属船舶的外贸货运量和周转量分别激增88.87%和208.52%。

2004—2005年,公司运输生产和经营都创造组建来历史最好成绩,主营业务收入分别为41.39亿元和51.49亿元,同比分别增长13.49%和24.41%;实现利润分别为14.67亿元和20.76亿元,同比分别增长455.12%和41.52%。2007年货运量首次超1亿吨,实现历史性突破。

在2008年国内抗雨雪冰冻灾害以及2010年保障上海世博会电煤运输等特殊"战役"中,中海货运顾全大局,科学调度,想方设法提高船舶效率,确保了所服务的各大电厂不断煤不停机,成为国内电煤运输中坚力量,多次获交通运输部、国务院国资委和地方政府的表彰。根据航运形势变化,中海货运不断优化经营结构,加大市场开拓力度,在重点关注COA客户、开拓新市场的同时,积极承揽粮食、钢铁、杂货等货源,改善货源结构单一状况。2010年,除电煤以外的其他货类运量占总货运量的比例比2006年上升3.8个百分点。

中海货运还紧紧抓住航运市场大幅调整和我国加大出口时机,大力开拓进口金属矿石、煤炭等大宗货源,提高外贸自营比例。截至2010年年底,投入外贸运力月平均115万吨,比2006年增加29%;占总运力30.8%;外贸运输收入10亿元,比2006年增加7.2%;外贸实现主营业务利润占公司主营业务利润的31%,远洋经营成效显著提高。

"十一五"期间,公司主营业务收入累计283.4亿元,实现利润累计111.8亿元,分别为"十五"期间的1.6倍和2.6倍。其中,2008年实现利润42.2亿元,创下中海货运成立10年来的最高纪录。2009年航运业受金融危机严重冲击,中海货运身处逆境不动摇,稳中求进,稳中求好,做到了"市场不好的时候下滑比别人慢"。2009年下半年,中海货运牢牢抓住市场复苏的难得机遇,加快调整转型;2010年,实现利润达11亿元。

中海货运致力于发展与环保并进的发展道路,在企业效益步步攀升同时,燃油单耗逐年降低。2003—2008年累计降幅5.65%,按同货物周转量的耗油量口径统计,年平均节油量达2万吨,相当年节约燃油费用近1亿元。2008年,中海货运"树立节能减排理念,创新经济航速管理模式""提高副机运行效率,降低燃油消耗"两个科研项目,被交通部确定为"交通行业首批节能示范项目"。2013年,中海散运加大"锁定"油价力度,通过油价锁定节约燃油费用约1 480万元。

2015年,中海散运紧紧围绕"调结构、促转型"工作方针,进一步调整货源结构、市场结构、船队结构,年初,调整货源结构工作小组确定各类货源运输比例目标,落实责任领导、责任部门,加大非煤货源开发力度,成效显著。当年公司本部远洋运输收入占运输收入的75.32%;公司本部非煤货源投入运力占比74.92%,完成非煤货物周转量占比78.21%,完成非煤货运量占比58.31%,基本达到公司年初制定的目标。其中外贸运力投入占比76.87%,完成外贸货物周转量占比82.61%,完成外贸货运量4 127.37万吨,占总货运量的46.98%。完成外贸矿石货运量2 628.13万吨,占外贸货运量的63.67%;完成外贸粮食货运量435.73吨,占外贸货运量的10.56%;完成化肥等其他非煤货运量406.37万吨,占外贸货运量的9.85%。

在集团的大力支持下,中海散运积极调整市场结构,努力增收增效,于2015年8月底取得大宗商品贸易经营资质,至12月底实现大宗商品贸易业务收入达2亿元。此外,公司还加快布局第三国运输业务,同年,每月投入第三国运输市场运力同比增加4.2%,完成第三国运输周转量同比增加4.26%。同时,中散货运进入印度、南非、秘鲁等国运输市场,成为当年印度进出口市场经营规模最大的中国船公司。

理顺干散货运输管理体制　自2011年第四季度起,集团进行干散货运输资源整合,拟设立新的独立法人——中海散运,以此作为中国海运干散货船队统一经营管理平台,逐步将中海所属干散货船舶的资产、业务及散货联营公司的股权划转到中海散运。2012年4月1日,中国海运干散货船舶统一经营工作拉开序幕。6月12日,中海散运在广州南沙注册设立。

2012年8月8日,由中海货运更名而成的中海散货运输有限公司在广州正式揭牌成立,此举标志着中国海运在调整产业结构、理顺干散货运输管理体制上迈出了新的一步。集团总经理许立荣在中海散运成立大会上表示:"'十二五'期间,中国海运将大力支持中海散运的发展,继续整合集团内的干散货运输资源,逐步将中海散运打造成集团内唯一的干散货船队经营管理平台;努力打造世界一流干散货船队,为建设幸福广东,为推动我国成为海运强国,作出新贡献。"

中海散运成立后,确立新的战略定位构想:从"沿海领先的干散货船队"向"世界一流干散货船队前列"的目标转变。在"调整优化上水平、再造一个新散运"的蓝图指引下,突出一个"新"字;坚持"软实力"与"硬实力"协调发展,实现从船队结构到管理机制等全方位的创新与"再造"。

成立后相当长的一段时间,中海散运在沿海干散货运输市场中一直居于领先地位。但是时沿海市场份额逐年下降,公司的行业领先地位受到挑战。为此,中海散运积极应对挑战,适应中国企业"走出去"的大趋势,主动调整战略定位,提出力争在"十二五"末期迈入"世界一流干散货船队前列"的战略目标,并实施"巩固沿海优势、拓展远洋业务、稳健发展联营"的经营策略。

公司领导和员工认为,"再造一个新散运"的重点不在于"一"这个数量,而在于"新"这个质量,在于"再造"这个过程。改革创新是企业发展的永恒话题,比硬实力更重要的是软实力的创新。为此,公司围绕"再造"实施一系列新举措:

在经营模式上从追求短期超额回报向追求长期稳定发展转变。坚持推进"大客户、大合作"战略,与五大钢厂(宝钢、首钢、武钢、鞍钢和沙钢)、两大煤炭集团(中国神华、中煤能源)、四大电厂(华能、华润、中电投和大唐)建立长期战略合作关系,建立起稳定的上下游产业链联动机制,加强长期合作的深度,实现船货双方互利共赢。公司着力扩展其他可适用大船、规划装机容量大的船型船舶,大力发展钢铁等工业客户,开拓沿海中转矿市场,并积极承揽粮杂货等货源,增加运力投放弹性,使货源结构、客户结构进一步改善,为公司的稳定发展作出新的贡献。

在发展模式上从自身建设为主向稳定发展联营转变。航运企业与货主组建联营合资航运公司有利于各取所需、分担风险、共享收益、实现共赢。对航运企业来说,是稳定提高市场占有率,提高市场进入门槛,防止货源流失的有效手段。中海散运坚持稳定发展联营船队,使联营船队对中海货运的利润贡献度逐年增加。在联营公司的共同努力下,中海货运(中海散运)沿海煤炭市场的占有率从2009年的19.6%上升到"十二五"时期的25%左右,沿海散货市场的影响力和控制力得到进一步巩固和提高。

在市场布局上进行新的拓展。以往长时间里,中海货运(中海散运)把沿海煤炭运输作为"根据地",而远洋运力作为沿海运力的"蓄水池",起到调节运力错峰作用。随着战略定位的转变,公司开始大力拓展远洋运输业务,不断加强与宝钢、首钢、武钢的沟通和协调,落实铁矿石货源,并新开发出一批煤炭、矿石、粮食、铝矾土、铝粉运输等客户,远洋市场的拓展取得明显成效。远洋运输的货运量、周转量、收入和利润对公司的贡献度也逐年上升,作用日益凸显。

在经营管理上努力迈上新台阶。中海散运坚持企业经营管理从粗放型向精细化转变,全面提升经营管理水平。以制度建设、流程再造、成本控制、信息化建设等为主要内容,全面推进精细化管理。通过调整机构设置、完善管理职能和岗位设置,对联营管理、航运管理、船员管理、信息化管理等制度进行梳理和完善,加快推进信息化建设,形成以ERP航运管理信息系统为核心、以OA办公系统为门户、以SAP接口系统为枢纽的全方位、立体化信息网络,以适应沿海、远洋、联营三大板块协调发展需要。为抓好航运低迷期的增收节支工作,公司成立燃油费用、船舶"三项成本"即船员人工成本、管理费用、港口使费等成本控制专题工作小组,分工抓好成本管理工作。采取技术节能和管理技能相结合的燃油管理方式,加大节能减排的力度,经过"十二五"后3年的技改,船舶燃油轻、重比下降到10.3%,单副机开航率达到90%以上,单位油耗也由4.75公斤/千吨海里下降到4公斤/千吨海里,下降15.8%,节能减排效果明显。

为了更好经营不同类型船舶,中海散运于2014年年初将公司船舶分为好望角型、巴拿马型、灵便型三支船队,并配备人员成立专营团队。其麾下远洋运营部拥有9艘超大型矿砂船和2艘18万吨级船舶。

2014年,好望角运输市场波动激烈,公司好望角船型运营团队坚持"大客户、大合作、大服务"经营战略,全力做好大客户维护、货源衔接、运费确认、账款回收等工作。大客户予以协调,安排"中海荣华"轮、"中海才华"轮临时承运西澳航线货源,实现VLOC全部投入经营目标。

中海散运巴拿马船型运营团队自2014年年初成立始,针对市场先扬后抑行情,迅速调整经营模式,采取自营与期租兼顾,船队自营运力与期租运力比例为4∶6,既有利培育稳固货源市场,又有效抵御市场风险。在揽货方面,加强与大客户以及优质客户合作,与6家国内知名的粮食供应商有直接业务合作,同时与海外8家知名大粮商保持良好合作关系。进一步发挥大三角航线和摆位航线优势,提高船队整体效率。2014年上半年,该团队大三角组合航线效益比高出市场水平53%。

由中海散运15人组成的灵便型船型运营团队,经营大小船舶37艘,合计运力200万载重吨,航线遍布世界各地。团队与管船部门、技术部门沟通协商,积极推动新经济航速模式,油耗明显降低。针对2014年年初太平洋市场运力积聚、市场货源缺乏的情况,有针对性地开发了东南亚到印度、印度到波斯湾和红海、地中海航线,解决了运力分配需求,也平衡了两大洋之间的运力。在市场低迷期,该团队在维护好进口煤炭、镍矿客户的同时,加强对出口钢材及化肥市场的调研,争取开辟了新的货源。

2015年,中海散运三支船队经营管理继续取得佳绩,公司年货运量达到5.46亿吨,货物周转量超过1万亿吨海里。

【联营公司船队建设】
1998—2003年,航运市场低迷,船价相对较低。为遏制市场占有率下滑的态势,中国海运采取"稳住两头,中间突破"的策略,首先通过出售自卸船成立上海时代航运有限公司,稳住东北电煤市场,巩固东北市场占有率。接着在华东与上海电力(中电投集团)组建上海友好航运有限公司,促进华东市场占有率的提升。随后,又与煤炭销售方的神华集团,在珠海成立珠海新世纪航运有限公司,以巩固华南电煤市场占有率。这批联营公司初期的运力发展特点,是由中海发展(中海货运)直接以船舶评估出资或出售船舶。此阶段,虽在组建联营航运公司的条件以及联营公司的经营管理等方面,在政策和法规上尚待进一步明确,但政府交通主管部门非常支持中国海运为维护国内沿海良好的运输秩序、确保水上安全所作的探索。集团还借鉴国外经验,率先成立专门的船舶管理公司,为让联营航运公司专注经营而受托代管船舶。

2004—2008年,国家相关政策逐步明晰,诸如是否中外合资企业、具有外资成分的企业能否与公司联营成立经营国内沿海航线的航运公司等问题得以明确。区分船舶所有人、经营人、管理人的新版《船舶营业运输证》启用,船舶管理条例相继出台。中海货运在联营合作中也一直在探寻如何与客户进行合作以及如何加强对联营公司的监控、指导等课题。这一时期,先期成立的航运联营公司由通过租入公司的船舶开展业务经营,进入运力自我发展阶段:或开始批量新造船舶,或购置适应特定航线的二手船。同时航运市场迎来百年不遇的繁荣时期,客户联营合作的期望高涨。为规避市场高位合作可能带来的长远收益风险,也本着对合作方负责的态度,公司适度放慢了成立联营公司的节奏。

2009年后的几年,受金融危机影响,航运市场呈现出与以往不同的波动幅度大、频率快等特点。在航运市场高位时还未组建船公司的大客户对联营合作转为持观望态度,已组建航运公司的客户则深感高价位船舶的经营压力和船舶安全管理的压力。

2010年6月,集团出台《中国海运联营散货航运公司管理暂行规定》,将8家散货联营公司的管理职权授予中海货运,以发挥散货运输专业管理优势,进一步做强做大散货运输。同年年底,8家联营公司的干散货运力共计53艘248万载重吨,在建和拟建船舶共44艘,309万载重吨。联营船队的发展也进一步提升了集团在干散货运输方面的综合竞争力和影响力。中海货运公司根据中国海运的有关规定,结合自身实际以及联营公司特点,制定了具体操作规程,并印发《中海发展股份有限公司货轮公司联营散货航运公司管理实施细则(试行)》和《中海货运联营散货航运公司中层及以上干部管理暂行办法》等。这些制度的建立,明确了联营管理的责任,有利于实现对联营公司的管理、指导和服务,促进联营公司又好又快发展。

根据制度规定,联营公司设置股东会、董事会与监事会、经营班子3个管理层次,实施对联营公司战略决策、生产经营与日常事务管理等职能。明确股东会为联营公司的最高权力机构,作为中国海运散货运输专业公司的中海货运,受委托负责中海发展投资的散货联营公司的相关管理职责,具体由该公司企划部开展管理、监督、服务等工作;作为投资主体的中海发展,则负责需由股东会审批的投资决策程序,以及报中国海运履行相关的审批程序。在沟通机制方面,集团和货主单位建立了交流互访机制,形成从集团高层领导、专业公司经营班子到经营操作层面的交流沟通机制,强化战略合作,落实合作项目,提高营运效率。中海货运与联营公司进行定期交流,在运力需求上相互支持与配合,共同提高船舶运营水平和效率,确保涉及国计民生的合作客户重点能源物资的运输,确保大客户的运力需求。

经过多年发展,中国海运与这些大客户成立的联营公司已初具规模。截至2010年年底,由中海货运参与组建的散货联营公司的总资产达131亿元,船舶56艘、305.7万载重吨,年货运量3 863万吨。联营合作的建立,扩大生产经营规模,增强中国海运散货运输的综合竞争力和对市场的影响力与控制力,巩固和提高了市场份额。同时,借助于战略合作,公司可实现大型矿砂船的突破性发展,进入新的运输市场领域,实现与大客户、联营公司的共同发展,为股东创造更大的投资回报,保障国家能源资源运输,取得良好的社会效益。形成了中海货运以沿海、远洋、联营三大板块协调发展的新格局,努力迈向世界一流干散货船队前列。

2012年8月,中海散运成立后,按照集团转型发展和资源整合的战略部署,为实现集团干散货运输资源有效整合,中国海运将中海散运确定为集团干散货船队的统一品牌,并于同年9月下发《关于同意中海发展股份有限公司下属散货运输企业重组的批复》,同意中海发展将其所持有的6家联营公司(分别是上海友好航运有限公司、上海银桦航运有限公司、天津中海华润航运有限公司、广州京海航运有限公司、上海嘉禾航运有限公司和广州发展航运有限公司)股权以协议转让方式转给中海散运。

2015年12月,中国海运下发《关于同意中海散运收购中海发展所属部分散货公司股权的批复》,同意中海散运收购中海发展所持有的4家联营公司(分别是上海时代航运有限公司、神华中海航运有限公司、香港海宝航运有限公司和中国矿运有限公司)股权。2012—2015年,上述10家联营公司累计完成货运量6.79亿吨,其中自有船运量3.77亿吨,转手货运量3.02亿吨。

截至2015年12月31日,10家联营公司拥有自有运力共115艘/854.06万载重吨,平均船龄6.1年。其中:挂中国旗船103艘,平均单船载重吨约5.3万吨;挂香港区旗船8艘,平均单船载重吨18万吨;挂新加坡旗船4艘,总载重吨超过100万吨。联营公司在建船共13艘/401.98万吨。

表3-2-2 2015年中海散运投资联营公司情况表

公司名称	成立日期	投资主体	注册资金（万元）	投资比例（%）
上海时代航运有限公司	2001年2月28日	中海散运	120 000	50
		华能国际电力股份有限公司		50
神华中海航运有限公司	2001年9月25日	中国神华能源股份公司	518 000	51
		中海散运		49
上海友好航运有限公司	2001年11月12日	中海散运	30 000	50
		上海电力股份有限公司		50
上海银桦航运有限公司	2007年9月13日	中海散运	20 000	51
		江苏苏龙能源有限公司		49
香港海宝航运有限公司	2008年4月2日	中海散运	5 328	51
		宝钢资源（国际）有限公司		49
天津中海华润航运有限公司	2009年5月5日	中海散运	76 800	51
		华润电力物流（天津）有限公司		49
广州京海航运有限公司	2009年9月28日	中海散运	13 000	51
		中国首钢国际贸易工程公司		29
		北京首钢钢贸投资管理有限公司		20
上海嘉禾航运有限公司	2010年2月23日	中海散运	24 000	51
		上海申能股份有限公司		49
广州发展航运有限公司	2010年9月10日	中海散运	62 650	50
		广州发展能源物流集团有限公司		50
中国矿运有限公司	2015年5月14日	中远散货运输（集团）有限公司	219 780	51
		中海散运		49

说明：海宝航运注册资金为800万美元，中国矿运注册资金为3.3亿美元，表中数据按照1美元兑6.66元人民币汇率折算。

表3-2-3 2015年中海散运各联营公司运力情况表

序号	公司名称	自有船舶			在建船舶	
		艘数（艘）	合计总载重吨（万吨）	平均船龄（年）	艘数（艘）	合计总载重吨（万吨）
1	上海时代航运有限公司	36	211.31	10.03	0	0
2	神华中海航运有限公司	40	215.46	2.94	0	0
3	上海友好航运有限公司	4	16.08	8.19	0	0
4	上海银桦航运有限公司	2	9.56	1.79	0	0
5	香港海宝航运有限公司	8	143.82	3.47	0	0

〔续表〕

序号	公司名称	自有船舶			在建船舶	
		艘数（艘）	合计总载重吨（万吨）	平均船龄（年）	艘数（艘）	合计总载重吨（万吨）
6	天津中海华润航运有限公司	11	52.98	5.85	0	0
7	广州京海航运有限公司	1	1.5	5.92	3	1.98
8	上海嘉禾航运有限公司	4	14.79	13.60	0	0
9	广州发展航运有限公司	5	28.56	5.48	0	0
10	中国矿运有限公司	4	160	2.17	10	400
	合计	115	854.06	6.10	13	401.98

表3-2-4　2012—2015年中海散运各联营公司生产效益情况表

序号	公司名称	货运量（万吨）	自有船运量（万吨）	营业收入（万元）	利润总额（万元）	利润分配（万元）
1	上海时代航运有限公司	12 600	11 710	1 307 810	-9 258	10 000
2	神华中海航运有限公司	38 389	13 414	1 478 941	144 566	152 000
3	上海友好航运有限公司	1 008	983	44 320	-4 916	0
4	上海银桦航运有限公司	569	569	18 195	1 033	1 771
5	香港海宝航运有限公司	3 590	3 590	252 377	65 553	0
6	天津中海华润航运有限公司	3 975	3 781	119 158	-7 202	0
7	广州京海航运有限公司	1 218	137	62 902	527	0
8	上海嘉禾航运有限公司	2 366	1 201	90 258	12 201	2 100
9	广州发展航运有限公司	3 856	2 036	165 805	6 836	3 264
10	中国矿运有限公司	313	313	27 684	2 504	0
	合计	67 884	37 734	3 567 451	211 844	169 135

二、主要船型

20世纪70年代末，我国海洋运输使用的散、杂货船大多为"文化大革命"前后建造或购买，其中不少船的船龄老、吨位小，设备技术不良。1978年，上海、广州、大连海运投入沿海和远洋运输的散货船，以通用型和小灵便型居多；杂货船则大多为传统的件杂货船。

进入20世纪80年代后，传统的件杂货运输方式在世界航运市场渐显落后。老式杂货船，特别是舱口小、货舱甲板层数多的老旧船越来越不适应远洋运输发展的需要，世界上不少地区和港口已限制老式杂货船进港。我国海洋运输行业使用的杂货船也及时更新换代。这类船只逐渐由集装箱船和多用途船、滚装船以及各种专用船和特种船所替代。为适应国家经济建设的发展，特别是煤炭、粮食等重点物资的运输需求，上海、广州、大连等海运局陆续添置多批吨位较大、设备技术较先进的散货船、多用途船、滚装船及其他专用船。以往的老旧散货船逐步淘汰,传统的老式杂货船也随着集装箱船的兴起日渐衰落。

20世纪90年代,散、杂货船更新发展速度逐步加快,相继出现一批浅吃水肥大型散货船、快速自卸型散货船、多用途船以及一批吨位较大的滚装船;同时部分船龄偏高、技术状况差的老旧船淘汰,三大海运局的散、杂货船运力结构得以明显改善,船队规模扩大,基本适应国家经济建设的需要。

"十五"和"十一五"期间,中海货运采取建造、购买、联营、租赁等多种措施扩展船舶运力规模,优化船舶结构,新添置适航能力强、设施设备先进、安全性能可靠的各型船舶。同时继续加快老旧船舶的报废处理。2010年,中海货运已拥有各类货船101艘,431万载重吨,比"十五"末期的载重吨位净增50万吨,增长13.2%。

2010年,中国海运的沿海和远洋散杂货运输在货种、流向等方面变化较大。在沿海煤炭运输市场持续兴旺的同时,进口铁矿石运输、大件设备运输等也快速发展,在散、杂货运量中占有较大比重。为适应国家煤炭、铁矿石等重要物资的运输需求,中海货运开始成批建造超大型矿砂船。2010年2月,其订造的首艘23万吨级超大型矿砂船(VLOC)"中海兴旺"轮投入运营。至同年年底,已有4艘VLOC(含2艘联营船)投入远洋货运,整个船队的大型化、现代化、规模化程度进一步提高。

同一时期,集团散货运输联营公司运力结构也有较大变化。中海发展和华能集团合资成立的时代航运,以华能国际电力开发公司(简称华能国际)所属各沿海电厂煤炭运输为业务重点,积极发展运力,扩大散货运输规模。2010年,已自有散货船29艘160万载重吨。其中含有两艘具国内先进水平的自卸船以及11.5万吨级好望角型散货轮等大型船舶。运力规模和市场份额在国内沿海散货运输中仅次于中海货运而位列第二。

中海发展与宝钢联营的香港海宝航运有限公司继2010年建成使用23万吨级的超大型矿砂船"仁达"轮之后,又在2013年建成投入18万吨级"风华"轮,专为宝钢运输进口铁矿石。

2013年,中海散运在"2013—2015年三年滚动规划"中对"十二五"发展规划进行了调整,确定公司到"十二五"末期的总目标为:立足国际国内两大市场,巩固和提高沿海市场份额,调整货源结构,进一步扩大远洋市场份额,深化转型发展,创新商业模式,通过造、买、租等多种方式,加快船队结构和货源结构调整,增强企业在干散货市场的竞争力和盈利能力,打造中海散运经营品牌。"十二五"末期,公司本部船队总规模达到144艘/1 020万载重吨,平均船龄进一步降低。船型结构更为优化,大型化、现代化程度进一步提高。"十二五"期间,中国海运所属散、杂货船继续向现代化、大型化方向发展,随着一批30万吨级超大型矿砂船陆续问世,中海散运于2015年报废老旧船舶34艘,127.74万载重吨,船队运力结构明显改善。

【通用型和灵便型散货船】

"郑州"类型船　　1973年,沪东造船厂为上海海运局建成首艘国产艉机型散货船"郑州"轮,载重量2.4万吨,采用球鼻艏。之后数年,陆续建成同类型船共13艘。船名多以"州"字作尾,故此类型船又称"州"字型船,即"郑州""锦州""徐州""神州""沧州""福州""泸州""梧州""海州""柳州"和"德州"等,每艘投资约2 198万元。该类型船总长185.5米,型宽23.2米,载重量2.42万~2.62万吨,航速15节。该船型竣工后全部在沿海运行。1979年起,部分"州"字型船经过修理,取得远洋船证书后,重新投入中国—澳大利亚航线运输小麦。

受"文化大革命"时期技术条件限制,"州"字型船主机质量问题较多,常因缸套裂开损坏或备件供不应求,造成船舶停航待修。仅1989年前4个月里,"州"字型船因主机故障而停航即达28艘次,损失运力500多万吨/天。1990年后通过技术改造,"州"字型船的营运率才普遍有所提高。2006年后,部分"州"字型船因船龄已到期限而作报废处置。2010年年底,尚有"沧州""德州""海州"和"柳州"等轮仍在使用,由中国海运其他下属公司经营管理。2015年年底,该类型船舶已全部退出营运。

"长辉"类型船 1974年始,上海海运局委托江南造船厂批量建造1.8万吨级散货船用于煤炭运输,先后建成12艘,其船名以"长"字为首,即"长辉"(原名"长春")"长阳""长虹""长宁""长乐""长治"(1989年1月改名"长宇")"长顺""长青""长建""长通""长运"和"长连",故又称"长"字型散货船。其中,"长辉"轮总长161.5米,型宽22米,载重量1.88万吨,航速14节。同类型船均为艉机型,设置双层底和顶边压载水舱,内底板在两舷处斜升,便于散货向货舱部集中,甲板设置汕缸式舱口盖。建造出厂后主要在国内沿海运营。20世纪七八十年代,该型船一直为上海沿海煤炭运输的主力船。海兴公司成立后,部分"长"字型船曾投入远洋航线装运粮食。1992年始这批船全部安排在国内沿海运营。2007年后,部分"长"字型船因已达到交通部颁布的《老旧运输船舶管理规定》中需强制报废的年限,陆续作报废处置。至2015年,该类型船已经全部退出集团营运。

"林海""森海"类型船 1978—1979年,上海海运局先后向日本购进5艘1976—1977年建造的6000吨级的运木专用货船,以取代早先承运木材的普通货船。这5艘船名以"林海"为首,顺序编为"林海1～5",因主要装载木材和生铁,通常被称为"林海"型铁木船。该型船总长106.4米,型宽16.3米,载重量6134吨,航速12.7节。为艉机型设有艏楼的单甲板船,舱口长大,货舱内无支柱,舷墙较高,甲板加强,可装运原木或半成品木材,起货能力较强。通常甲板上装运木材占总运量的1/3,木材堆高不超过船宽的1/3,甲板舱口盖能满足堆装木材的强度要求。船舶重心高,设有顶边水舱或舷侧垂直水舱,以保证足够的压载和良好的水密。船上普遍采用性能优良的起货机,可兼作首锚机和尾绞缆机用,并可长时间运行,能耐一定的高温,在低温下也能正常工作,可靠性高,操纵灵活,便于装卸木材,维护保养也方便。"林海"型铁木船的购进,缓解了当时沿海木材运力紧张的状况,但运木专用船仍不够用,以致产地木材存盘超过正常水平甚多,而销地货物供应不足。

1979年,交通部在上海召开的"六五"计划期间沿海船舶船型讨论会,建议建造10艘双舱口直壁式万吨级运木专用船,以大连、上海间木材运输为主要任务,搭载部分生铁或其他重货。1980年,第一艘国产万吨级运木专用船"森海1"轮在大连船厂建成。1981年1月同型船"森海2"轮投入营运。该类型船以"森海"命名。故通常又称为"森海"型铁木船。"森海1"轮总长135.3米,型宽20.4米,型深11.1米,1.02万载货吨,主机功率3970千瓦,航速13.8节。此型船以运木材为主,兼装其他散货。在主尺度上考虑到木材货类体积大、积载因素大等特点,选用较大的型深和型宽,以提高稳性,甲板上可多载木材。为改善回程空放时船舶的适航性,此型船在货舱区两侧,设有顶边压载水舱,连同底压载水舱,共达3700吨。除艏艉舱外,船舶中间4个货舱配有4套单杆吊货设备,吊重15吨,单杆起重能力14吨,可适应铁木成组运输需要。货舱口宽度达12米,接近船宽的59%;舱盖为电动液压起闭。甲板两侧设有固定可卧倒式的档木立柱和索具,由专用的电动绞车驱动;立柱外侧与舷墙间留有通道,供船员行走。该船型机舱设备先进,可在集控室进行操作和监视轮机运转。

"森海"型铁木船前后共建4艘,即"森海1～4"。鉴于1980年后船舶添置从原先由国家拨款改由企业向银行贷款,船价亦大幅上升,原先建造10艘"森海"型铁木船的计划未能全部实现。已建成的"森海"类型船受上海港接卸木材能力限制,后多改为承运煤炭。1999年,"森海1～4"轮均由中海货运上海分公司经营管理。2000年1月,"森海3""森海4"轮先后出售。2001年10月—2003年5月,"森海2""森海1"轮先后光租给福建国航远洋运输(集团)股份有限公司经营。2015年年底,"林海"和"森海"类型船已全部退役。

"友谊3"类型船 1980年6月,南斯拉夫船厂为上海海运局建成第1艘5 000吨级"友谊"型散货船"友谊3"轮。该船总长106.9米,型宽15.2米,载重量5 120吨,航速12.8节。艉机型,船体钢质,甲板一层,有4个货舱,适合于运输散货。船体设有阴极保护装置,通信导航设备先进,可在驾驶台遥控操作,机舱有集中操纵室和监视机械运转的轮机装置,各舱室均有空调设备。

上海海运局共订造10艘同类型船,以"友谊"为首命名,即"友谊1~10"轮。后其中5艘由湖北省晴川轮船公司购入,并改名为"晴川1~5"轮。1982年6月,巴基斯坦卡拉奇船厂为中国建成同类型船"友谊11~12"轮,同年9月投入营运。至2015年年底,该类型船舶均已退出营运。

"华"字头散货船 "六五"期间,为适应运输市场需要,上海海运局贯彻"买造结合"方针,在加速建造新船的同时,向国外买进一批载重量2万~3万吨的二手散货船,船名以"华"字为首,分别命名为"华阳""华红""华东""华西""华南""华北""华中""华达""华方""华光""华浦"和"华明",共12艘。其中,"华光"轮原名"世望",1982年由日本建造,总长190米,型宽27.6米,载重量3.74万吨,航速11.3节。"华明"轮1976年由日本建造,从非洲摩洛哥买进,总长199米,型宽27米,航速15节。1988年,上海海运局贷款购进2万吨级散货船"华丰""华德"(原名"华盛")"华程"(后改名"华进")和3万吨级散货船"华鲲""华鹏""华歌"等轮。这些货船在当时一般技术状况良好,设备较先进,有的船舶装有卫星通信设备。1990年,上海海运局再以贷款购入"华振""华万""华强""华凌""华图""华志"等灵便型散货船。至2010年,"华歌"轮(总长185.8米,型宽27.8米,载重量3.98万吨,航速11.5节,建于1978年)、"华光"轮仍由中海货运使用。2015年前,该类型船均已退出营运。

"振奋"类型船 1984年2月,交通部召开"七五"计划期间运输船舶发展计划座谈会,鉴于沿海煤炭运量大幅增长,提出发展2万~3.5万吨级煤炭散货船的设想。结合当时秦皇岛港(为国内煤炭下海主要港口之一)1号码头新型高速装船设备已投产,上海港装卸煤能力也有较大提高,以及航道水深和物资在途时间的长短,综合"长"字型和"州"字型船舶在性能结构和动力设备等方面的利弊,为适应沿海煤炭运输需要,上海海运局与有关船舶研究设计和建造单位协作,于1984—1985年建成第一批2万吨级"振奋"型煤矿两用船共12艘,并相继投入沿海煤炭等物资运输。船名以"振奋"为首,分别为"振奋1~12"。"振奋1"轮总长164.9米,型宽22.86米,载重量2.1万吨,航速9.8节。"振奋1~4"轮由江南造船厂建造,主机功率6 620千瓦;"振奋5~10"轮由上海船厂建造,主机功率5 650千瓦;"振奋11~12"轮由天津新港船厂建造,主机功率5 300千瓦。"振奋"型散货船耗油比同吨位同类船少20%,载重量却增加25%,且具备MCC级,即机舱集控室操作和监视机械运转。12艘船中,除"振奋9~10"轮装有双杆5吨起重设备外,其余10艘均为无吊船,可适应宝钢原料码头岸线短、泊位少、起重设备大型化的特点,为当时国内重点发展船型之一。进入20世纪90年代后,"振奋13~20"和"振奋22~23"等轮建成投入运营。至2001年年底,中海货运经营和管理8艘"振奋"型散货船,即"振奋5~10""振奋13~14"轮。2002年,友好航运公司成立,"振奋8"轮光租给该公司使用。2004年5月友好航运增资完成后,为承担上海煤运,提高经济效益,于同年欲购入新的运力。中海发展9月将"振奋8"轮以市场价出售给该公司。2005年12月,友好航运光船租入"振奋5"轮,以后又先后购入"振奋13"轮,光租"振奋15"轮。

中国海运组建初期,为调整运输生产经营结构,重点发展集装箱运输,曾将部分"振奋"型散货船改造为集装箱船(简称"货改集"船)。后随着大批新型集装箱船问世以及运输市场的需求变化,又对部分"货改集"船进行处置或改为他用。2008年1月始,中海集运的"向利""向壮""向茂""向悦"4轮(均为"货改集"船)逐步移交中海货运经营和管理,船名分别改为"振奋17""振奋18""振奋19"和"振奋20"。该4轮总长186.4米,型宽25米,航速11节,2.9万~2.91万总载重吨,1992—1995年建造。

2010年,友好航运共拥有"振奋"型船舶4艘,其中"振奋8"轮和"振奋13"轮为自有,"振奋5"轮和"振奋15"轮为光租。中海货运经营管理"振奋"类型船9艘,分别为"振奋6~7""振奋9~10""振奋14"和"振奋17~20"轮。2015年,部分"振奋"型船仍由中海散运的联营公司管理营运。

"南极洲"类型船 1984年,为发展沿海煤炭运输,提高港口装卸能力和船舶运输能力,根据交通部部署,上海海运局等单位着手研制散货快速自卸船,并优选确定2.7万载重吨每小时自卸3 500吨散货的自卸船船型方案。后因该船型自动控制和自卸设备系统在国内尚属空白,也缺乏建造自卸船的经验,改由瑞典和西德联合设计配套自卸系统,委托日本组装建造。同年年底,签订同类型2艘船的建造合同,1986年年初开工,当年第四季度完工。其中第一艘命名为"北极星"轮,总长175米,型宽27.8米,载重量2.75万吨,航速9.5节。全船共设五个货舱,自卸臂长76.5米,自卸能力1小时3 500吨,可航行于世界各航区,交由大连轮船公司营运,在秦皇岛、大连间穿梭运输。

另一艘命名为"南极洲"轮由上海海运局投资购入使用。该轮总长175米,宽27.8米,载重量2.75万吨,航速9.5节。船上设有侧推装置及自卸装置,辅机功率较大,货舱底呈W形,下面尖部有开口(斗门),可将货物漏到开口下部的两条纵向传动皮带上,皮带各宽1.8米,煤炭通过传动皮带流到甲板上的自卸臂杆,再由臂杆伸向码头上的漏斗。自卸臂杆长76米,可摆动88度。该轮有5个货舱,78个斗门,其中最大的货舱底有18个斗门。自卸能量1小时3 500吨。

1986年11月,"南极洲"轮首航由秦皇岛港装煤驶往上海,12月1日在上海洋泾码头进行试卸,自卸情况良好,2.2万吨煤炭自卸时间13小时。该船虽具快速卸货优点,但设备结构复杂,加之国内港口煤炭卸货码头前沿堆场有限,且码头前沿到后方堆场的输送流量小于该轮自卸流量,故难以发挥其作用。

1988年4月,"南极洲"轮期租给美国拿维斯公司,参加英法海底隧道工程物资运输,其间创造出1 000天不停航,装运石料300余万吨的业绩。鉴于船员作出的卓越贡献,"南极洲"轮的船名被刻在该工程纪念碑上。2010年,"北极星"轮仍在使用中,由时代航运管理和经营。2015年前已退出营运。

"安平"类型船 改革开放初期,上海海运局在确保沿海运输的基础上,实行"既沿海,又远洋"方针。为提高远洋运输能力,于20世纪80年代中期设计建造一批3.5万吨级,以"安平"编号的散装货船。此类型的船舶既能航行沿海,又能航行远洋,能煤、矿运输两用和从事散装粮食运输,故可增强运输能力的调节功能。1986年,江南造船厂为上海海运局建成第一艘3.5万吨级散货船"安平1"轮,于同年7月1日投入营运。该轮在当时设备先进,自动化程度高,机舱采用电子计算机、闭路电视控制、操作,可作无限区航行。船舶总长195米,型宽28.4米,载重量3.9万吨,航速14.4节。该型船有舱口大小接近的6个舱。同类型船"安平2~3"和"安平5~6"轮于其后陆续建成。前两艘1986—1987年由江南造船厂建造,后两艘由上海船厂在同一期间建造。至2015年年底,该5艘"安平"型散货船均已退出集团营运。

"鼎湖山"类型船 1985—1986年,广州海运在大连船厂新建"鼎湖山"和"长白山"轮,在渤海船厂新建"峨眉山"轮。该3艘船为3.5万吨级散装货轮,船型为单甲板、艉机型、柴油机。其总长

195米,型宽28.4米,载重量3.5万吨,航速13节。船上有6个货舱口,3个15吨的吊车。其电航仪器配有MX-1105型卫星导航,美国CAS-Ⅱ避碰装置,国产CZJ-1气象传真,国产DY-12M型劳兰。至2015年,该类型船均已退出营运。

"宁安"类型船 "六五"期间,进入上海港的散装能源物资,特别是煤炭运输量激增。鉴于上海港长江口航道高潮时只能满足2万吨级船吃水9.5米通过,否则须减载,排队候潮进港,每潮只能通过8～12艘船,要求港口装卸能力和船舶运输能力相应提高。1984年,根据交通部部署,开始进行浅吃水肥大型船和散货快速自卸船的船型论证和建造。经国务院重大装备办公室立案,由国家计划委员会列入计划,交通部拨款,首先成立研制该2种船型的2个课题组,委由上海海运局牵头,组合有关科研、设计、院校、造船厂等19个单位攻关研究。优选确定3.5万吨级浅吃水肥大型散货船和2.7万吨级自卸船船型方案。

1989年,上海船舶研究设计院在会同有关科研部门对浅吃水肥大型船的水动力和结构性能进行系统研究基础上,最终完成国家重大技术装备"六五""七五"期间重点科研攻关项目3.5万吨级浅吃水肥大型散货船的全部设计。

1990年6月21日,由渤海造船厂开工首建"宁安1～2"轮。第一艘3.5万吨级浅吃水肥大型散货船"宁安1"轮,于1991年12月25日交付使用,1992年全年完成煤炭运输量68个航次,且营运率达到100%,成为上海海运局运煤史上第一艘年运煤量突破200万吨大关的船舶,获得较好经济效益,得到国务院重大装备办公室和交通部的肯定。通过一年实船使用,证明3.5万吨级浅吃水肥大型船的研制、设计,达到攻关预期目的,成为发展沿海能源运输的新船型。该型船总长185米,型宽32米;载重量3.59万～3.85万吨,航速13.5节,为典型的浅吃水肥大型船。该类型船投产后主要承担秦皇岛—上海煤炭运输,以应对"七五"和"八五"计划期间上海地区煤炭需求量的大幅增长。1993—1995年,同类型船共续建13艘,"宁安2～12"和"宁安15～16"轮,其中由渤海造船厂建造3艘,广州造船厂建造10艘。至2010年,同类型船共14艘仍由中海货运等船公司运营使用中。至2015年,该类型船舶均已退出营运。

"华蓉山"类型船 1989—1990年,广州海运在大连船厂新建的"华蓉山""碧华山""万寿山""东平山""沂蒙山"轮和在渤海船厂新建的"大明山""大别山""大瑶山"(后改名"荣誉山")轮等8艘3.5万吨级同型号经济型散装货轮,为浅吃水肥大型散货船。其主要参数为:总长195米,型宽32米,载重量3.5万吨,航速14节。船上有6个舱口。其被称为经济型,因与吨位相同的其他船型相比,具有吃水浅、载重量大、造船成本低、耗油少的特点,比较适合中国沿海煤矿运输需要和港口通过能力。该型船电航仪器配有MX1112型卫星导航、TF-733型气象传真和劳兰,无线电通信设备有窄带印字报。对讲器和NAVTEX2航行警告接收机,曾荣获国家重大技术装备成果特等奖,为当时我国北煤南运的主力船型之一。至2015年,该类型船均已退出运营。

"威虎岭"类型船 1990—1993年,广州海运分别在广州船厂建造"威虎岭""梅花岭"和在上海船厂建造"仙霞岭""凤翔岭"和"青云岭"等5艘1.9万吨级艉机型散货船,该型船总长164米,航速14节,船上有5个货舱。配有卫星导航、航行警告接收机、气象传真等设备。2015年前,该型船已陆续退出集团运营。

"海王星"类型船 2001年4月,时代航运分别在大连港和营口港接管2艘租购的3.5万吨级自卸散货船"海王星"和"天龙星"轮,用以从事华能国际大连、营口、丹东电厂的电煤运输。2007年11月,该公司取得"海王星"和"天龙星"轮的所有权。两轮为姐妹船,1995年由德国建造。船舶总长186.6米,型宽29米,载重量3.75万吨,航速10.8节。船上设5个舱口,是当时国内吨位较大的两艘自卸散货船,也是华能国际东北三电厂电煤运输的配套船舶。至2015年,该类型2艘船仍由时代航运经营管理并用于沿海煤炭运输。

"嘉诚山"类型船　2001—2002年间,中海货运分别与上船澄西船舶有限公司(简称澄西船厂)和渤船重工船舶有限责任公司(简称渤海船厂)签订共8艘5.73万吨级大灵便型散货船的建造合同,由两家船厂各承建4艘。该系列散货船是中国海运自主开发的优良灵便型散货船。

2004年10月15日,由渤海船厂建造的首艘5.73万吨级散货船"嘉诚山"轮交付使用。该轮总长199.99米,型宽32.26米,载重量5.72万吨,航速14节,为单机、单桨驱动的艉机型散货船。设球艏、方艉、流线型半平衡舵,船舶线型具有较佳航速、较低燃油消耗和较高推进效率。全船设连续的上甲板、艏楼和6层艉甲板室,共5个货舱,第1货舱和第5货舱设置成双壳体,以提高船舶的安全性;高强度钢使用率不超过50%,以提高船舶抗疲劳能力,可降低营运期的维修保养成本;机舱可实现24小时无人值班,在国内处于领先水平。可航行于世界各航区,主要运输谷物、煤炭、铁矿石等干散货。该型船建成后因能适应国内通航条件的变化,成为中海货运已有3.5万吨级船舶的替代船型。2004—2005年,"嘉信山""嘉祥山""嘉和山""嘉安山""嘉宁山""嘉永山"和"嘉顺山"7艘同类型船先后建成和交付使用。其中"嘉信山""嘉永山"和"嘉顺山"轮由渤海船厂建造,其余4艘由澄西船厂建造。2015年,该类型8艘船都由中海货运经营,主要从事远洋货运。

"银宁"类型船　2006年5月22日,时代航运与澄西船厂签订4艘5.3万吨级大灵便型散货船的建造合同,以满足华能国际所属沿海各大电厂煤炭运输需要。2007年12月—2010年6月,新建成的"银宁""银顺""银平"和"银能"4艘5.3万吨级散货船先后交付使用。该类型船总长190米,型宽32.26米,载重量5.34万吨,航速14节,投入营运后,主要用以替代原3.5万吨级散货船,承担沿海煤炭运输。至2015年,该类型船仍由时代航运用于散货运输。

"安国山"类型船　2007年3月29日,中海发展与中海工业签订12艘5.73万吨级大灵便型散货船建造合同。同年11月28日,为确保国家煤电油运任务的完成,两家企业又签订6艘同类型船建造合同。2009年5月8日,该系列散货船的首制船"安国山"轮由中海工业(江苏)有限公司建成交付使用。其船舶技术性能与此前建造的5.73万吨级"嘉诚山"类型船基本相同,总长199.99米,型宽32.26米,载重量5.77万吨,航速13节。同年9月至次年,同类型船"安民山""安强山""安诚山""安惠山""安顺山""安信山""安永山"和"安裕山"轮相继建成交船。船名以"安"字为首命名。这批船舶是中海货运根据沿江沿海电煤运输特点,与上海船舶研究设计院共同开发的新船型。主要航行沿海港口,可运输谷物、煤炭、铁矿石等干散货。至2015年,该类型船仍由中海散运使用。

"银致"类型船　2009年9月20日—2010年7月8日,中海工业(江苏)有限公司为时代航运建造的4艘5.73万吨级大灵便型散货船"银致""银连""银杰""银远"轮先后交船投入运营。该类型船与中海货运订造的"安国山"类型船的技术性能基本相同,总长199.99米,型宽32.26米,载重量5.79万吨,航速14.5节。至2010年,时代航运已拥有5.3万吨级以上"银"字头大灵便型散货船8艘。至2015年,该类型船仍由时代航运用于散货运输。

"宝安岭"类型船　"十二五"计划时期,中海工业江苏船厂先后为中海散运建造多艘4.8万吨级散货船,即"宝安岭"类型船,用于内外贸散货运输。该类型船总长189.9米,型宽32.26米,载重量4.75万吨,航速13.8节,可以内外贸兼营。同类型船有"宝源岭""宝和岭""宝星岭"和"宝宁岭"等,2015年仍在运行中。

"嘉禾航运2"类型船　2012年8月29日,由中海发展与申能股份合资建立的上海嘉禾航运有限公司第2艘5.3万超大灵便型散货船"嘉禾航运2"轮在中船澄西船舶修造公司举行命名典礼,交船后首航黄骅港—外高桥。该轮总长190米,型宽32.26米,载重量5.3万吨,航速14节。2015年仍在运行中。

"华润电力2"类型船 2012年9月13日,天津中海华润有限公司所订8艘4.5万吨级系列散货船首制船——"华润电力2"轮在渤海船舶重工有限责任公司举行命名仪式,该轮总长199.99米,型宽32.26米,载重量4.59万吨,航速13.5节。中海华润是中海散运与华润集团共同出资成立的联营公司。该轮交船投产,是成立后首次扩充运力,对深化双方联营合作具有重要意义。至2015年,该类型船仍由中海华润用于沿海散货运输。

"青峰岭"类型散货船 2013年12月5日,山海关造船重工有限责任公司为大连海运建造的3.5万吨级散货船"青峰岭"轮命名交船。"青峰岭"轮是大连海运委托建造的两艘3.5万吨级散货船的第一艘,第二艘于同年年底交船。船总长179.88米,型宽28.8米,载重量3.47万吨,航速13.6节。按照集团统一部署,该型船租给中海散运经营管理。

"国投109"类型船 2015年3月13日,由渤海船舶重工为国投航运建造的两艘5.8万载重吨散货船"国投109"和"国投110"轮在辽宁葫芦岛命名交接。2014年,"国投航运"板块并入中国海运后,其船舶由中海散运经营管理。

【巴拿马型散货船】

"九龙峰"类型船 2002年,由中海货运向江南造船(集团)有限公司(简称江南造船)订造的"九龙峰""莲花峰""光明峰""神农峰"4艘7.4万吨级巴拿马型散货船,相继建成投产,用于远洋货运。该系列船舶属单机、单桨驱动的艉机型散货船,设球鼻艏、方艉、流线型半平衡舵。总长225米,型宽32.26米,载重量7.4万吨,航速14.16节。为国内最早开发和建造的巴拿马型船舶,航速、燃油消耗和推进效率等均具较佳水平。全船设连续的上甲板和5层艉甲板室,共7个货舱,高

图3-2-1 中海散运"九龙峰"轮(2002年摄)

强度钢使用率不超过50%,可提高船舶抗疲劳能力,降低营运期维修保养成本,货舱盖为液压折叠式钢质风雨密舱口盖。机舱自动化程度高,可实现24小时无人值班。该类型船可航行世界各航区,主要运输谷物、煤炭、铁矿石等干散货。同年2月,经中国船级社PMS(船舶计划保养系统)检查组严格检验、审核,在"九龙峰"轮船舶入级证书上签注PMS附加标志。及至2015年,该类型船仍由中海散运用于内外贸散货运输。

"时代1""时代3"类型船 2005年1月31日,时代航运向江南造船厂订造两艘7.6万载重吨巴拿马型散货船,以保障华能玉环电厂的电煤运输。2007年5—12月,该两艘船舶"时代1"和"时代2"轮相继交船和投入营运。"时代1"轮总长225米,型宽32.26米,载重量7.66万吨,航速14.5节。同年,时代航运购入4艘由日本建造的二手巴拿马型散货船,分别命名为"时代3""时代5""时代6"和"时代7",4艘船的载货量均为6.75万吨,建于1993—1994年间。其中,"时代3"轮总长225米,型宽32.20米,6.97万载重吨,建于1994年9月。

2012年10月12日,由时代航运建造的7.6万吨级散货船"时代8"轮交付投产。该轮技术参数与"时代1"相同,处女航为上海—大连—蛇口散装玉米,之后投放远洋航线。是时,公司船舶已增加到32艘,运力达178万吨。2015年,上述各轮仍由时代航运使用。

"日观峰"类型船 2008年6月10日,中海发展与中船集团签订8艘7.6万吨级散货船建造合同。是时,中海货运仅有4艘巴拿马型散货船,因数量少,未形成规模,影响外贸经营收益水平。此次合同签订,可使中海货运巴拿马型散货船总数达到12艘,形成一定规模,适应发展外贸货运的需要。同时,随着电力市场化改革的深入,不少国内燃煤电厂要求航运公司使用大型船舶承运煤炭,新造7.6万吨级巴拿马型船舶可更好适应这些电厂的需求,在沿海煤炭运输中发挥良好的市场适应性和竞争能力。

2009年11月—2010年5月,中海发展与中船集团、江南造船再签3艘7.6万吨级散货船建造合同。至此,中海发展共向中船集团订造11艘同类型散货船。

2010年8月18日,中海发展委托江南造船厂建造的首艘7.6万吨级散货船"日观峰"轮建成命名。该轮总长225米,型宽32.26米,载重量7.56万吨,航速13.6节。同类型船"月观峰"轮也于同年建成投入营运。此后,"玉柱峰"轮、"芙蓉峰"轮、"翠屏峰"轮等同类型船相继投入使用。至2015年,该类型11艘船仍由中海散运用于内外贸散货运输。

【好望角型散货船】

"时代20""时代21"类型船 2010年10月13日—11月24日,由长兴重工为时代航运建造的两艘11.5万吨级好望角型散货船"时代20""时代21"轮相继命名交船和投入运营。该型船总长254米,型宽43米,载重量11.55万吨,航速13.5节。全船共设7个货舱,可航行于世界各航区,主要运输谷物、煤炭、铁矿石等干散货。该两船为当时国内沿海较大的内贸矿船,投产后被用以承担进口铁矿石二程转运。2015年,该类型船仍由时代航运用于散货运输。

"中海泰和"类型船 2010年11月,中海发展与长兴重工签订"4+2"艘(即先签订4艘,再视情况续建2艘)18万吨级散货船建造合同,4艘船分别为"中海祥和""中海顺和""中海康和"以及"中海泰和"轮。第四艘散货船"中海泰和"轮于2014年12月19日命名交船。"中海泰和"轮总长295米,型宽46米,载重量18万吨,航速14.5节。船上共有9个货舱,可航行于世界各个航区。该轮投入运营后以运煤炭、金属矿石等货物为主。

"风华"类型船　2013年8月2日上午,由中船重工大连船舶重工集团有限公司为香港海宝航运有限公司建造的18万载重吨散货船"风华"轮在大连交付使用。"风华"轮是海宝航运在大连重工订造的两艘18万载重吨散货船中的首制船,其总长295米,型宽46米,载重量18万吨,航速15.5节。该轮交由中海散运管理,专门承运宝钢集团的进口铁矿石业务,首航开往巴西。同年9月26日,中船重工大连船舶重工集团有限公司为香港海宝航运有限公司建造的第2艘18万载重吨散货船"光华"轮在大连交付使用。至2015年,该类型船仍由海宝航运用于远洋散货运输。

【超大型矿砂船】

"中海兴旺"类型船　"十一五"计划期间,中国海运为适应国家进口铁矿石运输快速增长的需要,着手进行23万吨级超大型矿砂船(VLOC)的设计和订造。2007年2月2日,中海发展与广州龙穴造船厂在上海签订4艘23万吨级超大型矿砂船建造合同,以推进和落实与首钢集团等大货主签订的进口铁矿石长期运输合同。同年10月27日,中海发展又与广州龙穴造船厂在广州签订4艘23万吨级散货船建造合同。至此,中海发展已先后向广州龙穴造船厂订造8艘该型船舶,借以加强与首钢、宝钢等大型钢铁企业的战略合作,为国家提出的"国矿国运"(即中国进口矿石由中国船舶承运)方针的实施提供运力保证。

2010年2月6日,广州龙穴造船厂为中海发展建造的首艘23万吨级超大型矿砂船"中海兴旺"轮在广州建成启航,驶往澳大利亚装运铁矿石。这艘超大型矿砂船交由中海货运经营,专门承担首钢集团的进口铁矿石运输业务,也是当时澳大利亚装货港口可以进港靠泊的最大船型。"中海兴旺"轮由广州龙穴造船厂联合上海船舶研究设计院研发,总长324.99米,型宽52.50米,载重量23万吨,航速15节,为单机、单桨驱动的艉机型矿砂船,设球鼻艏、方艉、流线型半平衡舵,船舶线型具有良好快速性,技术、经济性能优良。全船设连续的上甲板和6层甲板室,共有5个货舱,9个舱盖,第1货舱单舱口,第2~5货舱为前后布置的双舱口,货舱盖为液压侧开式钢质风雨密舱口盖。船舶自动化等级高,可实现机舱24小时无人值班。该轮可航行澳洲、南美、南非等航区,从事进口铁矿石运输。续航力达3万海里。

2010年6月18日,由中国海运和宝钢集团合资成立的香港海宝航运公司,也在广州接收1艘23万吨级超大型矿砂船"仁达"轮。该轮由广州龙穴造船厂建造,总长325米,型宽52.5米,航速15节,续航力3万海里。交付使用后首航澳大利亚航线,主要用于承担宝钢集团进口铁矿石的远洋运输,借以降低大型钢铁企业的原材料运输成本。9月12日,中海发展专为武钢集团订造的23万吨超大型矿砂船"中海希望"轮由广州龙穴造船厂建成。该船为"中海兴旺"轮的姐妹船,也是我国自行设计、建造并拥有自主知识产权的船舶,具有运量大、航线灵活、高效、经济、环保的特点,交付使用后可为武钢集团进口大宗原材料,降低运输成本,保障重要物资安全。同年11月,"中海希望"轮从南非运载铁矿石抵达湛江港。及至2015年,该类型船仍由中海散运用于进口铁矿石运输。

"中海荣华"类型船　2007年10月22日,中海发展与大连船舶重工及中国船舶工业贸易公司在大连签订4艘30万吨级超大型矿砂船(VLOC)的建造合同,总价约4.5亿美元,交船时间为2011年8月至2012年3月。公司"十一五"发展规划提出,要在继续主导沿海煤炭运输的基础上,进一步加强与大货主的战略合作,通过签订长期运输合同来发展大型干散货船队,重点发展23万吨、30万吨级超大型矿砂船,积极参与中国进口矿石一程运输。2012年3月,中海货运首艘30万吨级超大型矿砂船"中海荣华"轮(2011年12月27日交付运营)首航南非成功。

2012年12月29日,中海发展再次与大连船舶重工、中国船舶工业贸易公司签订4艘30万吨

图 3‑2‑2　中海散运 30 万吨级超大型矿砂船"中海繁华"轮（2012 年摄）

级超大型矿砂船建造合同。至此,已共计订造 8 艘 30 万吨级 VLOC。

2012 年 6 月 20 日,集团第 4 艘 VLOC"中海英华"轮在大连船舶重工集团有限公司命名交船,长期为首钢提供进口铁矿石运输服务。2013 年 6 月,中海散运第 6 艘 30 万吨级（VLOC）超大型矿砂船"中海才华"轮举行命名仪式。该类型船总长 330 米,型宽 57 米,载重量 31.51 万吨,航速 15.04 节,是当时全球现代化程度最高、设备最先进的超大型散货船舶之一。该轮是中海散运为武钢集团订造的第 4 艘 30 万吨级船舶,将长期为武钢提供进口铁矿石运输服务。至 2015 年,该类型船仍被用于进口铁矿石运输。

【普通杂货船和多用途船】

"新华"类型船　1975 年,为改变中小型杂货船运力和运量上的比例失调,上海海运局委托中华船厂建造了一批 3 000 吨级杂货船"新华 1～5"轮,以应急需。这些船舶建造时正逢"文化大革命",设备质量上存在不少问题。1981 年,上海海运局又订造"新华 7～10"等 4 艘 3 300 吨级杂货船,该型船总长 101.1 米,型宽 13.8 米,载重量 3 876 吨,航速 14.7 节,主要用于国内沿海杂货运输。至 1999 年年底,该类型船已先后退出营运。

"新和"类型船　20 世纪 80 年代中期,沿海中小港口散货运输任务剧增,而适宜航行这些港口的中小船舶运力十分紧张。为适应港口货种变化,满足货主需要,同时提高散货船的经济性,上海海运局开始委托有关造船厂建造 5 000 吨级多用途船。该船型既可装散货,也可装载木材、板材、百杂货和集装箱等。第 1 艘"新和"轮委托中华船厂建造。1985 年 9 月 14 日建成后首航上海至青岛。该轮总长 106.9 米,型宽 17.6 米,可载杂货 5 000 吨或散货 7 000 吨,航速 13.4 节。此类型船有双层船壳的开式结构,艉机型,有两层纵通甲板,两个货舱,舱口较大,有利提高装卸速度,可装载 134 只 20 英尺标准集装箱。其适应性较强,可无限区航行。同型船共 6 艘,即"新和""新泰""新平""新宁""新城"和"新惠"轮。

中国海运组建初期,为调整运输生产经营结构,重点发展集装箱运输,针对集装箱船等运力短缺,一度对所属"堡"字型、"新和"型、"振奋"型等货船进行技术改造,将其改建为集装箱船或其他船型。"新和""新平""新城"和"新宁"等船也在改建之列。1998年前后,"新和""新平"和"新城"轮分别被改建为416 TEU的集装箱船"向鹰""向莲"和"向丹"轮;"新宁"轮被改建为沥青船"平安海"轮。2010年年底,"向鹰""向莲"和"向丹"轮仍在中国海运所属浦海航运从事内外贸运输。"平安海"轮由中国海运控股的中海海盛经营管理。2015年,该类型船已全部退役。

"英堡"类型船 1991—1992年,广州海运在罗马尼亚建造了"英堡""星堡""高堡""爱堡""桥堡"和"连堡"6艘4 300吨级艉机型多用途杂货船。船总长101.50米,航速13.5节,有3个货舱。2015年之前,该类型船均已退出运营。

表 3-2-5 2010—2015年中国海运散货运输主要船舶情况表

建造船厂	载重吨(万吨)	船　　名
广州龙穴	23	中海兴旺　中海希望　中海吉祥　兴隆 仁达　礼达　智达　义达(海宝)
	8.2	中粮1　锦霞峰
江南船厂	18	中海祥和　中海顺和　中海康和　中海泰和
	7.6	日观峰　月观峰　玉柱峰　翠屏峰　芙蓉峰　云密峰　凤凰峰　玉霄峰 云龙峰　集贤峰　朝阳峰
大连船厂	30	中海荣华　中海繁华　中海韶华　中海英华　中海年华　中海才华
	18	风华　光华(海宝)
	8.2	文德　铭德(海宝)
中海工业	4.8	宝日岭　宝祥岭　宝安岭　宝星岭　宝宁岭　宝辰岭　宝广岭　宝达岭 宝源岭　宝和岭　宝仁岭　宝德岭　宝月岭
	5.7	安国山　安民山　安强山　安惠山　安诚山　安永山　安裕山　安隆山 安盛山　安悦山　安绣山　安华山　安信山　安顺山　安茂山　安锦山 安康山　安泰山
	6.4	清平山　清云山　清华山　清泉山

第二节　沿海运输

20世纪70年代末至80年代,南北沿海散杂货运输主要由上海海运、广州海运、大连海运等企业承担。中国海运成立后,中海货运成为沿海散杂货运输主力,主要承担以上海、广州、大连为枢纽和中心的沿海各港间煤炭、矿石、钢铁、矿建材料、木材、原盐、粮食等货物运输,其中尤以煤炭运输为重点。进入21世纪后,随着改革开放深入推进和国内经济建设需求增长,沿海地方国营和中小型民营航运企业大量兴起,且在沿海散杂货运输市场占有越来越大的比重。

至2015年,中海散运及其相关联营企业始终为沿海散杂货运市场的中坚力量,特别是在关系国计民生的煤炭、石油、粮食等重点物资运输中一直占有主导地位。随着进口铁矿石、煤炭等货物运量的快速增长,其航线布局从主要以国内航线为主,逐步过渡到国内和国际航线各占一半。公司大散运口径(即中海散运及联营公司和子公司)投放在国内航线的运力占总运力的48.52%,投放在国外航线的运力占总运力的51.48%;公司本部投放在国内航线的运力占总运力的42.9%,投放在国外航线的运力占总运力的57.1%。

是时,中海散运(含散运联营公司)国内航线主要分为南北线、北北线、南海线三大类。

南北线分为北上航线和南下航线。北上航线主要有:八所—天津、镇江、曹妃甸;防城—张家港;湛江—常州;洋浦—镇江、泰州。南下航线主要有:黄骅—台山、广州、珠江、惠州、阳江、汕头、厦门、潮州、汕尾;秦皇岛—广州、惠州、阳江、珠海、湛江、台山、汕头、厦门、钦州、妈湾;京唐—广州、阳江、汕头、湛江、钦州、惠州、珠海;曹妃甸—广州、阳江、湛江、惠州、珠海;天津—广州、惠州、珠海;锦州—妈湾、蛇口、阳江、广州、赤湾;可门—汕头;营口—广州、妈湾、蛇口、钦州;大连—钦州、蛇口、湛江、广州;丹东—广州。

北北线主要有:黄骅—上海、太仓、象山、扬州、南京、外高桥、南通、常熟、龙口、镇江、张家港、绥中、石洞口、连云港、江都、莱州、宁波、北仑、大丰、泰州、靖海、大连、漳州;秦皇岛—外高桥、南京、上海、太仓、镇江、常熟、张家港、石洞口、南通、绥中、连云港、泰州、扬州、江阴、湄州湾、台山、宁德、福州、营口、威海、象山、江都、莱州、靖州、宁波、漳州、常州;京唐—上海、南京、外高桥、石洞口、镇江、常熟、张家港、太仓、大连、大丰、南通、夏港、湄州湾、莱州、威海、扬州、漕泾、福州、江阴、泰州;曹妃甸—南京、上海、太仓、威海、石洞口、外高桥、南通、大连、张家港、常熟、大丰、镇江、湄州湾、福州、连云港、扬州;天津—绥中、太仓、张家港、扬州、象山、江都、上海、南京、南通、宝山码头、连云港、营口;锦州—漳州、太仓、上海、丹东、石洞口、扬州、夏港、漕泾、外高桥、张家港、常熟;可门—镇江、福州、南京、常州、南通、泉州;营口—石洞口、漳州、太仓、锦州、南通、南京;大连—黄骅、镇江、漳州;马迹山—宝山码头、宝钢码头;连云港—张家港、宝山码头、宝钢码头;董家口—黄骅、青岛、宝钢码头;舟山—常州、南京、象山、镇江、南通、常熟、太仓、乐清;日照—黄骅、宝山码头、宝钢码头、张家港、南京;北仑—象山、宁波;葫芦岛—夏港、上海;岚山—泰州;烟台—黄骅;青岛—黄骅、宝钢码头。

南海线主要有:广州—汕头。

2015年,中海散运共运输国内煤炭2547航次,1.47亿吨,其中电煤2983航次,1.14亿吨;金属矿石1916.9万吨,其中海南矿79万吨;钢铁172.6万吨;矿建材料9.7万吨;非金属矿石262.1万吨;粮食349.4万吨。

一、煤炭运输

【流量、流向】

20世纪70年代始,随着国家经济建设的发展,煤炭需求量日益增大,特别是电煤运量持续攀升。至80年代中期,国内沿海已形成"北煤南运"的4条铁(路)水(运)联运主要通道:北路,从大同经铁路运到秦皇岛,由秦皇岛港出海;中路,从太原经铁路运到青岛,由青岛港出海;南路之一,由铁路从焦作经新乡、兖州运到石臼所,从石臼所港出海;南路之二,由铁路经陇海线运到连云港,从连云港出海。通过以上出海通道运出的煤炭,约占沿海各省市用煤的72%。其主要运往上海、江苏、浙江、福建和广东四省一市。其中运到上海地区的包括苏、浙、闽用煤,约占国内海运供应量的64%;而上海港接卸量又占"三省一市"(沪、苏、浙、闽)海上调入总量的80%左右。由上海出港的煤炭,主要是运往南方沿海,尤以运往浙江、福建沿海的中转煤为多。同时,承担沿海煤炭运输的主要有上海海运、广州海运以及部分联营和地方航运企业。

进入20世纪90年代后,沿海煤炭运量持续稳定增长。1992年,仅上海港接卸煤就占北方煤港下水量的50%。上海海运、广州海运(中国海运成立后为中海货运)长期承担着华东和华南沿海各省市80%左右的煤炭运输任务。针对上海及华东、华南地区一度出现的电煤严重缺口,各公司提供足够运力,全力抓好由北方港口下海的电煤运输,千方百计满足客户需求。

21世纪初,沿海煤炭运输主要从神华、中煤、同煤、伊泰等供货商的产地,经铁路在北方的秦皇岛、黄骅、京唐、曹妃甸、天津等港口集港,经船舶运往华东、华南和东(华)北3个方向。其中,华东方向包括上海、江苏、浙江,约占总量的60%,适应船型以2万~4万吨为主,但随着长江航道的浚深,船型逐步增大。

是时,上海沿海煤炭运输业务集中在南北两个方面:其中北面主要是从秦皇岛、天津、日照(石臼港)、青岛和连云港等北方五大煤炭发运港出发(除原先四港外,天津、黄骅等北方港口当时也已成为煤炭重要出海口),将煤炭运到上海和华东地区,主要客户包括宝钢集团、上海电力燃料公司、浙江省富兴电力燃料公司、江苏省电力燃料集团有限公司等。东(华)北方向包括辽宁、山东,约占8%,还有一小部分在发运港之间流转,船型以1万~5万吨为主。

南面则从秦皇岛、天津、日照、青岛和连云港等煤炭发运港出发,将煤炭运输到广州等地,货主主要为华南地区电力企业,包括广东省电力公司、珠海电厂、深圳能源集团等。华南方向包括广东、福建、海南、广西,约占总量的30%,船型以4万~6万吨为主。

2001年2月,由中国海运和华能集团联合组建的时代航运在沪成立,其除参与上海和华东地区煤炭运输外,以保障华能集团下属各电厂煤炭需求为主要业务,航线遍及华能集团位于沿江沿海的各大电厂。公司拥有5艘租购和租赁的大型散货船,共17万载重吨,包括当时国内最大、最先进的3.5万吨级煤炭自卸船"天龙星"轮和"海王星"轮,凭借华能和中海两大集团的规模优势和实力,致力于发展海上煤炭运输,除为华能集团沿海电厂运输生产用煤外,还为上海等地广大客户提供安全、优质、经济、高效的运输服务。同年10月,中国海运和神华集团合作,以珠海高栏港为基地,联手建立东南沿海能源产销运输物流体系。由两大集团合资组建的珠海新世纪航运有限公司(简称珠海新世纪),首期投资1.5亿元,购置4艘万吨级货轮,同时租用中国海运船舶,开展国内沿海及长江中、下游各港间水上煤炭运输。该公司成立后,每年可有1 500万~2 000万吨西部地区煤炭,通过铁路和海路运至上海及华东、华南地区沿海电厂。同年,中海货运由北方煤港运往华南地区煤炭约454万吨,占该公司煤炭运输量的13.2%。

2001年11月,中海发展和上海电力燃料有限公司共同组建友好航运有限公司。友好航运成立初,拥有2万吨级散货船两艘,依托投资双方航运人才、技术管理和燃料供销等方面优势,主要承担上海电力股份有限公司所属部分电厂燃料运输业务,年承运量约在200万吨。同年,中海货运运往上海和华东地区煤炭2 927万吨,占该公司煤炭运输量的85.1%。

2002年,中海货运从北方五大煤炭发运港运至上海地区电煤1 800多万吨。其中从秦皇岛港运至宝钢码头电煤53万吨,运至金山电煤149.9万吨,运至石洞口二厂电煤31万吨,运至上海市内电煤704万吨;从日照港运至宝钢码头电煤123.7万吨,运至石洞口一厂电煤81万吨,运至石洞口二厂电煤17万吨,运至外高桥电煤100万吨;从日照(岚山头)运至石洞口二厂电煤3.8万吨;从连云港运至宝钢码头电煤249.8万吨,运至石洞口一厂电煤88万吨,运至石洞口二厂电煤7万吨,运至上海市内电煤18万吨;从青岛港运至宝钢码头电煤65万吨,运至石洞口一厂电煤68.8万吨,运至上海市内电煤35.8万吨,运至外高桥电煤35万吨;从黄骅港运至宝钢码头电煤59万吨。同年,神华集团黄骅港一期工程投产后,中国海运积极支持该集团煤炭销售下水业务,通过双方共同努力,黄骅港投产当年就实现下水煤运1653万吨,进船774艘次的好成绩。其中,中海货运及其联营公司承运1191万吨,进船557艘次,分别占该港总下水和进船数70%以上。其中除运至上海宝钢近60万吨外,大都在上海以外港口间运输。2003年上半年,中海货运克服罕见冰冻及大风天气造成的困难,在不到5个月中,又为该港承运520万吨煤炭,进船235艘次,有力保证该港疏运量和开局工作的顺利进行。

2010年,国内"北煤南运"的大致路径为:山西和内蒙古煤炭主要通过天津港和秦皇岛港下水,陕西煤炭主要通过天津港和黄骅港下水,山东煤炭主要通过日照港下水。在约1.65亿吨的内贸煤炭下水总量中,仅上海、江苏、浙江、福建、广东5省市的煤炭接卸量就达1.47亿吨,占全部煤炭下水总量的88.5%。其中,上海港沿海内贸煤炭及制品吞吐量达6544万吨(大部为电厂用煤),内含进港6510万吨,出港34万吨。同时承担上海地区煤炭运输的驻沪航运企业主要有中海货运、上海长航、时代航运、友好航运、上海国电海运有限公司、上海瑞宁航运有限公司等。其中尤以中海货运的运输规模为大,在整个沿海煤炭运输市场中始终居于主导地位。"十一五"期间,该公司直属船舶共运输国内煤炭3.43亿吨。

"十二五"时期,沿海煤炭运输继续以"北煤南运"为主,但市场总体持续低迷,电力需求增长放缓,煤炭进口保持高位,电厂对国内煤炭需求减缓。2013年,集团承担煤炭运输1.40亿吨,内贸煤炭运输量为1.21亿吨,为大型电厂承运的国内煤炭运输8854万吨。2015年,集团承担煤炭运输1.63亿吨,其中国内运输总量为1.47亿吨,为大型电厂承运的国内煤炭运输1.13亿吨。

【保煤运输】

2003—2010年,因沿海各大电厂的电煤需求量日益增长,而铁路、水路运能偏紧,加之气候异常等特殊因素影响,上海及华东、华南等地多次出现煤炭供需紧张局面。承担沿海煤炭运输的航运企业,尤其是中海货运等国营大型骨干航运企业,每遇紧要关头,坚决响应政府号召,以高度的社会责任心,担负起保煤运输重任,确保了沿江沿海电力、钢铁等行业以及市民生活的用煤需求。

2003年第四季度,因国内部分地区严重干旱,造成水电减少,用电量需求全部压到火力发电上,而当时国家正关闭大批事故不断的小煤矿以及整顿乡镇煤矿,加之国际海运运价上涨,日、韩等国由以往进口澳洲煤转为从中国进口煤炭,致内销煤源日渐紧张;同时受北方强冷空气和大风影响,运煤船舶效率降低,大量船舶堆积在秦皇岛、天津等货、等泊;由此导致沿海大部分电厂煤炭库存急速下降,发电用煤难以为继。由中海货运承运煤炭的23个主力发电厂(含上海和外地电厂)中,有21个煤炭库存已下降到警戒线以下,部分电厂存煤仅够用一两天。

国务院及各级政府和主管部门多次召开专项会议协调、部署,向相关部门和企业发出"保障电力、冶金生产用煤运输供应"的指示。为此,中国海运坚决履行国有骨干航运企业在国民经济建设中的保障作用责任,指示中海货运,按照集团提出的8项具体要求,全力保障煤炭运输。保煤运输展开后,集团迅速成立以副总裁徐祖远为组长的煤炭运输工作领导小组,明确指示中海货运要全力保障煤炭运输,并提出了具体要求。中海货运迅速实施保障煤炭运输的一系列措施,全力以赴,确保电煤供应。公司跟踪各大电厂的存耗煤情况,重点确保库存量在5天以下的用户,力保其发电安全;加大疏港力度,加快船舶周转,组织人员进行现场疏港,疏港小组长期驻在北方各港口;科学调度运力,避免船舶等泊;加大运力投入,抽调部分远洋运力参与国内电煤运输;加强信息沟通,每周两次向有关单位通报船舶在北方三大煤炭装港等泊的情况,以便共同抓好煤炭供应各个环节的工作。从总经理到普通船员,中海货运员工共同的愿望是:尽最大努力保障煤炭运输,不负政府和人民的重托。

是时,外贸航运市场一片繁荣;国庆节前后BDI指数暴涨到4 000多点。如果中海货运把大部分适航船舶放到外贸航线去,将会赢得十分可观的效益。中海货运的"肥大型"散货船随意做一个国际货盘,每天都能有1.8万美元的收入,而国内运输则只有8 000美元。但在国内电煤告急的紧要关头,作为国有企业,中海货运牢记使命,加大煤炭运输的运力投入,放弃利润诱人的外贸业务,毅然把部分远洋运力调回国内抢运煤炭。据统计,中海货运投入国内煤炭运输的运力,从2003年年初的160万吨增加到年底的250万吨,增加90万吨,相当于增加20艘4.3万吨级的运煤船舶。

2006年,虽然煤炭船舶在装港等泊多、运力浪费严重,但货运量继续保持增长。进入下半年后,国内运力紧张的局面再次出现,而外贸市场运价和租金持续攀升,经营收益远高于电煤运输。面对市场朝着有利于船东方向发展的趋势,集团继续坚持诚信服务,认真兑现合同承诺,优先保障电煤运力供应,密切关注各大电厂的发电量和存耗煤量,加强与政府、港口、货主等单位的协调配合,精心组织生产。在迎峰度夏和煤炭资源紧缺时期,所服务的电厂未发生因断煤而停机的情况,赢得客户信赖,取得良好社会效益,进一步巩固了企业的品牌形象。当年共投入内贸煤炭运力87 192万吨天,市场煤运力10 103万吨天,完成内贸煤炭运量7 555万吨;含联营公司共完成内贸煤炭运量1.02亿吨,COA兑现率超过100%。

2007年11月,为确保南方地区电煤供应,集团与广东省签署《海上煤炭运输(2008—2010)战略合作框架协议》,每年承运广东地区煤炭数量以10%的速度递增。同年,时代航运已累计完成华能集团所属位于各地的电厂电煤运输量2 476.3万吨,实现利润超过3亿元,有力保障了华能集团的煤炭需求。是时,因国内煤运市场需求持续旺盛,运力偏紧。中海货运及集团各大合资船队多方努力,认真兑现各地各厂电煤运输合同和履行社会责任,通过精心调配运力,优先保障电煤运力的供给。其中,一批已处高龄的老旧船舶也急用户所急,想客户所想,在加强船舶维修保养前提下,积极投入电煤抢运。具有29年船龄的"海州"轮在半年多时间内,就安全营运38个航次,完成货运量近85万吨。船龄已达30年的"长顺"轮第21航次根据公司指令需要清扫货舱,为了确保船期,在缺乏自卸设备条件下,船员们顾不上休息,冒着大雨连夜奋战,利用自己简单加工的"卷扬机",一桶一桶将货舱里残存煤炭吊上甲板,终于在抵港前两小时完成扫舱任务,保证船舶顺利受载。

2008年1月,华东、华南等地天寒地冻,电煤告急,而铁路、公路均不通畅,运煤主要依靠海上通道。针对部分城市出现的用煤紧张局面,集团积极响应国务院发出的"保交通、保供电、保民生"号召,全力以赴发起保煤运输。为增加运力投入,不惜牺牲企业局部利益,紧急调回部分外贸航线上效益较好的船舶,临时参与国内电煤抢

图3-2-3 中海货运船舶抢卸电煤(2005年摄)

运。在相关各方的共同努力下,全国交通电煤抢运取得显著成效。据交通部同年2月14日发布的消息,自1月25日至2月14日,水路抢运电煤的船舶运力投入超过1 000万载重吨,抢运电煤3 300多万吨。1月25日—2月24日,中海货运共运出国内煤炭1 175.33万吨,比上年同期增加224.71万吨,增幅达到23.64%。经过集中抢运,加之春节期间电煤耗量有所下降,由该公司承运煤炭的上海和华东地区主要电厂,电煤库存增幅达到85%,平均可使用9天左右;华南地区主要电厂的电煤库存从春节前90万吨左右上升到180万吨,平均可使用18天左右;所有电厂未发生断煤停机现象。同年4月29日,国务院国资委在北京召开央企抗击雨雪冰冻灾害总结表彰大会,中海货运因抢运电煤成绩突出,被评为"抗雨雪冰冻灾害先进集体",并获得交通运输部"全国交通行业抗灾保通先进集体"称号。

时代航运在此次保煤运输中,也调动各方积极因素,为保障华能集团沿海电厂安全稳定发电发挥了重要支撑作用。该公司将20艘自有船队运力,全部投放华能集团沿海电厂航线。其中新建成的"时代1"轮、"时代2"轮、"银宁"轮等大型散货船,一经投立即加入保煤运输行列。同时紧急调回原定从事海外运输的"时代3"轮、"时代6"轮、"时代7"轮行驶国内航线,大幅缓解了电煤运输的紧张局面。公司还积极筹措市场运力,从市场租入船舶约30万载重吨,加入沿海电煤运输。经努力,确保了华能集团沿海各大电厂电煤库存之需。

2009年第四季度始,北方地区遭遇历史罕见大风、大雾和强降雪等恶劣天气,一些主要煤炭装港由此而长时间封港,生产处于半停滞状态,导致船舶大量压港,北煤南运受阻,华东、华南电煤告急。当此紧急关头,集团再次勇担社会责任,发动保煤运输。由中海货运等航运企业提供服务的沿海各大电厂燃煤机组始终运行平稳,未发生一起电厂因航运原因造成的断煤停机现象。同年年底,北方地区再遭强降雪。当全国各地沉浸在迎接新年的欢乐祥和气氛中时,在风雪交加的北方港口,数十艘运煤船舶的船员正站在寒风刺骨的甲板上,紧张进行靠泊作业。12月30日,停泊黄骅港的"华德"轮船员冒着纷飞大雪,争分夺秒抢修货舱舱盖。船员们裹着厚厚的棉衣,在风雪中互相鼓劲打气,经3个多小时奋战,最终修复成功,保证了货运安全。2010年1月4日晚,秦皇岛外锚地寒风呼啸,但"玉龙山"轮船员却在船舶领导带领下,冒着严寒抢修开舱马达,从傍晚一直奋战到次日凌晨,终于排除马达机械故障,确保如期受载。1月5日,在天津港外抛锚的"安平2"轮甲板积雪厚达1米。船员们冒着零下17度严寒,清理舱盖、甲板上的积雪,保证当晚顺利靠泊装货。

2010年年末,中海货运经营沿海运输船舶70艘,241.36万载重吨,其中大多用于沿海煤炭运输;全年完成煤炭运量9 793.82万吨,其中电煤运输量达8 435.17万吨,大多由北方煤港运至上海和华东地区。同年,为积极支持上海举办世博会,中国海运与上海市人民政府签订了保障上海世博会煤炭运输合作协议,确定世博会期间为上海各主要电厂投入运力,确保月均运输煤炭200万吨以上。在半年时间里,中国海运克服恶劣天气、封航等因素影响,选派"青年文明号"等标兵船执行上海港电煤运输任务,共计运输上海地区电煤1 200万吨,其间约有300艘次煤运船舶安全进出世博园区水域,确保了上海世博会期间的电煤需求。

表3-2-6 2006—2015年中国海运煤炭运量及电厂煤运量情况表

年 份	煤炭运输总量(万吨)			电厂煤运输总量(万吨)		
	国 内	国 外	合 计	国 内	国 外	合 计
2006	12 546.62	5 629.29	18 175.91	10 713.20	747.69	11 460.89
2007	11 871.11	543.01	12 414.12	10 548.70	19.82	10 568.52

〔续表〕

年 份	煤炭运输总量(万吨)			电厂煤运输总量(万吨)		
	国 内	国 外	合 计	国 内	国 外	合 计
2008	11 777.10	460.28	12 237.38	10 542.57	13.35	10 555.92
2009	8 712.27	875.46	9 587.73	7 164.65	52.81	7 217.46
2010	10 030.30	796.18	10 826.48	8 913.49	22.87	8 936.36
2011	11 522.18	1 148.24	12 670.42	10 247.63	5.50	10 253.13
2012	10 473.53	172.93	10 646.46	9 046.86	0	9 046.86
2013	12 098.05	1 883.32	13 981.37	8 854.03	0	8 854.03
2014	14 537.06	1 731.07	16 268.13	11 283.43	21.46	11 304.89
2015	14 682.62	1 663.71	16 346.33	11 319.12	50.88	11 370.00

"十二五"期间，集团继续发挥国有大型骨干企业的"国民经济先行官"作用，多次出色完成保煤运输任务。

2014年受"威马逊"和"海鸥"两大超强台风影响，海南省主要电力供应企业华能海南公司马村电厂港口航道设施受损严重，致使电厂电煤库存告急，电力供应出现紧张局面。集团旗下的中海海盛在得知上述情况后，将保障海南电煤供应作为首要任务，按照华能海南公司临时提出的进煤计划，紧急调用运力承运，同时协同华能海南公司协调有关单位尽快落实航道恢复工作，并多方协调争取，保证船舶顺利接卸，及时将电煤送达，有效缓解了电厂发电物资的紧缺局面，保证电力供应。

二、粮食运输

20世纪70年代，沿海粮食运输主要由上海、广州海运承担。

1978年前后，由大连港调运上海的玉米数量增多。国家计委、交通部、铁道部、商业部就连申航线玉米运输发出联合指示，要求上海海运固定船只，及时完成装运任务，运力不足时可临时安排机动船舶参加运营。为此，该局除固定投入"战斗72"和"战斗45"两艘5 000吨级货船外，采取定船、机动、捎带和大中船结合的办法，基本上做到每天有船在大连港装载玉米。

进入80年代后，由于东南沿海地区改革开放推进得较快，工业化、城镇化进展快，土地占用多，导致粮食生产减少，而东部地区减产后缺口主要靠东北和中西部地区补充。国内沿海传统的"南粮北运"格局基本转变为"北粮南运"。是时，沿海粮食运输仍主要由上海、广州海运承担。

1997年，中国海运成立后，由其控股的中海货运为沿海粮食运输主要承运者之一。货物流向主要从大连、营口和锦州三港下水，流向广东的占总量50%以上，20%左右流向福建，15%左右流向海南和广西，其他零散流向合计占15%。

1999年，中海货运承运沿海内贸粮食223.39万吨，大多由北方港口运至华东和华南地区。其中从大连运至防城3.68万吨，运至黄埔28.25万吨，运至钦州3.25万吨，运至蛇口12.96万吨，运至厦门8 559吨，运至湛江1.30万吨，运至福州18.39万吨，运至南通1.98万吨，运至上海3.80万吨，运至张家港19.04万吨；从锦州运至赤湾13.58万吨，运至海口7 334吨，运至黄埔27.83万吨，运至妈湾2.83万吨,运至蛇口15.16万吨,运至汕头4 999吨,运至厦门9 917吨;从秦皇岛运至赤湾1.61万吨,运至海口1.16万吨,运至黄埔4.61万吨,运至蛇口1.78万吨;从营口运至赤湾3.97万吨,运至防城2.88万吨,运至黄埔16.30万吨,运至钦州2.64万吨,运至蛇口11.61万吨,运至湛江1.74万吨,运至福州1.84万吨,运至泉州1.11万吨,运至上海7 148吨。

2001年,中国西部地区加大"退耕还草"和"退耕还林"力度,保护生态环境;东部地区进行经济种植结构调整,粮食种植面积继续减少,加之粮食产区遭受不同程度干旱灾害,粮食产量比上年略有下降。但因国家粮食库存盘较大和国民粮食消费结构变化,粮食市场供应没有出现紧张情况,表现为货源充足,物价平稳。同年,国内水上调运粮食比常年增长水平略有提高,水上运输需求也略显紧张。中海货运始终以充足的运力,满足国内粮食运输需要。2007年,我国粮食总需求稳定增长,80%以上的中央储备粮实现推陈储新,中央储备粮库存质量状况达到储备制度建立后最好水平。在中央储备粮轮换增多和粮食出口加大的影响下,当年粮食运输有所增加。但在不同运输方式中,铁路和公路分流了部分粮食货源,内贸粮食水路运输量比重下降。中海货运当年完成内贸粮运69.05万吨。其中大多由大连、锦州、秦皇岛、营口等北方港口运至南方港口。

"十五"和"十一五"计划期间,沿海粮食运输仍维持"北粮南运"格局。由于粮食产区主要集中在东北地区、黄淮海地区和长江中下游地区,而粮食消费相对集中在东南沿海经济发达地区、京津和港澳台地区,因此每年大约有1.7亿吨的粮食流通量。

2005年沿海主要港口粮食吞吐量达8 590万吨,其中装船完成3 583万吨,并主要集中在北方地区,占75%左右。北方粮食下水港主要为大连、营口和锦州等港;东南和华南沿海接卸港主要为福州、深圳、广州和海口等港。其间,集团所属散货运输企业一直参与各港间粮食运输。

2010年,国家为保障南方稻米市场稳定供应,布置50万吨中央储备粳稻南下的紧急任务。由于正值春运高峰时期,铁路直达运力难以保证调运任务按时保量完成,中储粮总公司紧急联系中国海运,要求帮助调运8.07万吨稻谷。中国海运以大局为重,不讲条件,不计代价,按中储粮的要求将全部稻谷抢运出库,其中拖车到门2.72万吨、海铁联运2.39万吨、码头"散改集"(散装改集装箱)2.96万吨。

2011年以后,中海货运(中海散运)确定了沿海、远洋、联营三大板块均衡发展的思路,全面实施"做强远洋、做优沿海、做实联营"的经营战略,大力开拓新货源,逐步提高粮食、化肥、钢材等高附加值的货源比例。国内外粮食运输量逐年增加。

2015年,中国海运承运国内粮食共计356.61万吨,其中,中海散运承运国内粮食320.081万吨,周转量45.53亿吨海里,航行率54.96%,载重量利用率54.7%。

三、钢铁运输

20世纪70年代至90年代前期,沿海钢铁运输主要由上海、广州海运承担。

1997年,中国海运成立后,其沿海钢铁运输主要由旗下的中海货运承运。同时,该公司钢铁运输以东北、华北至华南地区为主。1999年,完成沿海钢铁运量105万吨,其中以南北航线运量居多,为88.63万吨。北方装货主要有大连、锦州、秦皇岛、京唐、青岛等港;南方到货主要有黄埔、妈湾、上海、赤湾、蛇口、汕头、海口等港。

"十五"和"十一五"期间,承担沿海钢铁运输的船公司除中海货运等国有企业外,大多为各省市中小航运企业,年运量呈逐年增长趋势。其间,中海货运内贸钢铁年运量除2003年为128万吨外,其余年份均维持在数万吨至数十万吨之间。

"十二五"时期,沿海内贸钢铁运量大幅上升,但多由地方企业运营。2012年,中海货运承运内贸钢铁98万吨,2013年运输内贸钢铁230万吨,虽比上年有明显增加,但占企业货运量比例甚小,仅1.25%。

2015年,中海散运承运国内钢铁共计188.50万吨,周转量16.66亿吨海里,营运率98.09%,航行率37.35%,载重量利用率57.25%。

四、金属矿石运输

20世纪90年代初,沿海金属矿石运输主要为进口铁矿石二程中转,另有一部分为海南八所和锦州的国产矿下水。总体上沿海铁矿石有两大流向:一是从具有大型矿石码头的中转地,如宁波、舟山、绿华山、日照、青岛、湛江、营口、防城等港口,流向长江流域的江苏、上海、安徽、湖北等地;八所和锦州的国产矿也主要流向长江沿线部分口岸。二是从大连、营口、烟台、青岛等港口的二程中转铁矿石流向京唐和秦皇岛港。是时,上海海运和广州海运为沿海铁矿石运输的主要承运人。其中,上海海运以进口铁矿石二程中转运输为主,广州海运则以海南八所的铁矿石运输为主。

中国海运成立后,由中海货运承担的从海南八所至上海等地的铁矿石运量有所增长。1999年从八所港运至宝钢码头28万吨,运至上海32万吨,运至连云港8万吨,运至南京10万吨,运至南通32万吨,运至青岛16万吨,运至天津1.5万吨。2000年和2001年,运输海南矿分别达280万吨和228万吨。

进入21世纪后,中海货运沿海铁矿石中转业务有新的发展,铁矿石运输已成为中海货运内贸运输中除煤炭外最主要一项干散货运输业务。随着国内铁矿石进口量逐年增加,该公司二程中转运输也有较大幅度提升,2001年共完成547万吨。其中为宝钢集团承运铁矿石268万吨,成为宝钢集团进口铁矿石二程运输的主要供应商。在承担进口铁矿石中转运输的同时,该公司继续承运海南矿,年运量稳定在200万吨以上。沿海及进江铁矿石转运已成为该公司最为重要的主营业务之一。

2002年,中国铁矿石进口量达1.12亿吨,创历年来最高水平。宁波、上海、青岛三大港口铁矿石接卸总量为7946.4万吨,占沿海主要港口的57%。同年12月,宝钢第三期工程重要配套项目,位于嵊泗县的马迹山矿石中转港码头竣工,是当时亚洲最大规模的矿砂中转港,主要承担宝钢进口铁矿石中转业务。该码头拥有25万吨级卸船泊位1个,3.5万吨级装船泊位1个,年吞吐能力2000万吨以上(2004年,马迹山矿砂中转港实际完成吞吐量2530万吨,超过年吞吐2000万吨设计能力)。由此,使上海地区沿海铁矿石二程中转运输量明显上升。同年,中海货运共完成沿海铁矿石运量1100多万吨。其中,从北仑港运至宝钢码头213万吨,运至上海7万吨;从福州运至上海18万吨;从绿华山运至宝钢码头43万吨,运至上海45万吨;从马迹山运至宝钢码头130万吨。

2003—2004年,国内进口铁矿石二程中转运输量继续大幅上升。2003年,沿海主要港口共接卸进口铁矿石1.41亿吨,2004年接卸量达2.02亿吨,增长38%。受进口铁矿石集中到港、铁路疏运能力不足和矿石价格波动、贸易矿压港囤积等原因,宁波港、青岛港、湛江港、秦皇岛港、烟台港等多个主要铁矿石接卸港出现压船、压港现象。国内进口铁矿石二、三程中转运输运力紧张,运价上扬。2004年年底,北仑至上海、南通的运价指数分别报收于1348.54点、1453.28点,较上年同期分别上涨24.9%、17.5%。中海货运根据市场形势,合理安排运力,确保了铁矿石中转运输任务的完成。

2007年,中海发展与宝钢集团签订国内、国际铁矿石包运合同,其包括两部分内容:第一部分为国内沿海铁矿石运输,自2007年4月1日起至2010年3月31日止,运量约为每年600万吨;第二部分为国际进口铁矿石运输,合同期自2010年始,为期15年。同年,随着大连、营口、日照、湛江、防城等港铁矿石专用码头的投产,进口铁矿石被分流到各港,二程中转量下降。在唐山港曹妃甸港区铁矿石码头投产后,其进口接卸量加上大连、营口港的进口接卸量,基本可满足东北和华北地区钢厂的进口铁矿石需求。原先需通过天津港、青岛港海运中转的二程矿运量相应减少。

2010年,因矿运船舶趋于大型化,进口铁矿石一般先集中在大型码头卸载,再通过小型船舶转运至沿海其他港口及长江内港口,致使铁矿石二程中转量明显增加。中海货运加大北上铁矿石揽货力度,通过与客户沟通协商,充分利用船舶空放时机,装运二程矿北上,提高船舶运输效率。仅同年5月,就装运铁矿石129.36万吨。全年,共完成沿海铁矿石运量1 468万吨。

"十二五"时期,中国海运仍为国内沿海铁矿石运输的主要承运人。沿海铁矿石运输仍以进口铁矿石二程中转为主。2015年,中国海运承运国内铁矿石共计1 868.24万吨,其中中海散运承运1 730.38万吨,周转量830.95亿吨海里,营运率98.71%,航行率36.47%,载重量利用率48.56%。

五、建材运输

20世纪80年代前期,沿海建材运输保持升势,上海海运年运量一般在300万吨以上,最高时的1983年达到447.3万吨,占该局沿海总货运量的11%,成为仅次于煤炭、石油的第三大类大宗货源。建材运输以黄沙为主,1983年,仅由山东沿海运至上海的黄沙就有250万吨,其中龙口—上海50.96万吨,威海—上海2.31万吨,烟台—上海148.84万吨,青岛—上海46.98万吨。除北方的黄沙外,南方的福州在20世纪80年代也有河沙运沪,年运量数万吨。

20世纪八九十年代,上海海运沿海木材运输主要是承运大连—上海木材,年运量在数十万吨。为适应连申航线木材运量增长需要,上海海运特从日本选购5艘6 000吨级大舱口木材专用船"林海1、2、3、4、5"轮,先后投入该线运营。随后又将大连船厂建造的万吨级"森海"型铁木船,投入连申航线木材运输。

进入21世纪后,沿海建材运输多由各省市中小航运公司承担。中海货运等大型企业则较少参与该类货物运输。2001年,中海货运共运输沿海内贸矿建材料17.93万吨,其中由福州运至上海14.93万吨,由三都澳运至上海1.77万吨;运输沿海内贸木材1.38万吨,其中由大连运至上海7 405吨。

"十一五"至"十二五"期间,沿海建材运输多由地方航运企业承担。2005年,中海货运仅参与沿海木材运输,由湛江和防城两港运至山东日照木材34.23万吨。2009年,中海货运基本未参加沿海建材运输。2013年,运输矿建材料11.07万吨。

2015年,中国海运承运国内矿建材料共计13.48万吨,其中中海散运承运9.03万吨,周转量1.06亿吨海里,营运率100%,航行率35.67%,载重量利用率55.74%。

六、百杂货运输

20世纪七八十年代,沿海各港口间杂货物资交流频繁,日用百杂货运输发展较快。北方沿海航区主要有上海—大连、上海—天津(塘沽)和上海—青岛百杂货运输线;南方沿海航区主要有上海—温州、上海—福州、上海—厦门等百杂货运输线。其中,北方沿海3条百杂货运输线年运量可达10万吨左右。参与沿海百杂货运输的国有企业主要有上海海运、广州海运等。

20世纪90年代初,上海海运的百杂货船往来上海与沿海各港之间,承运各种日用百杂货。1990年,该局由上海运往大连货物计13万余吨,除少量钢铁、粮食、非金属矿石外,大都为日用百杂货;由上海运往烟台货物1.3万余吨,多为百杂货;由上海运抵青岛货物共3.8万余吨,也多为百杂货;由上海运抵宁波的百杂货1.03万吨;由宁波运抵上海的百杂货1.57万吨;由上海运抵温州的日用百杂货172万吨;由温州运抵上海的土产、百杂货293万吨;由上海运至马尾的日用百杂货1.28万吨;由马尾运至上海的百杂货7711吨;由上海运往厦门的日用百杂货231万吨;由厦门运往上海的百杂货1.09万吨;由上海运至黄埔的百杂货326万吨;由黄埔运至上海的百杂货1.26万吨。

中国海运成立后,中海货运接替上海海运和广州海运,参与沿海内贸百杂货运输,但运量在散杂货运输总量中所占比例较小。"十一五"至"十二五"期间,随着集装箱运输的快速崛起,传统百杂货运输逐渐被集装箱运输所取代。

表3-2-7 2015年中海散运货物分类运输量及运输效率情况表

类别	货运量(万吨)	货物周转量(亿吨海里)	营运率(%)	航行率(%)	载重量利用率(%)
煤炭	15 901	1 840	98.08	52.15	53.59
其中电厂煤	11 274	1 078	98.99	53.95	56.52
石油天然气	28	14	100.00	55.96	73.44
金属矿石	5 925	2 002	98.49	51.85	49.47
其中海南矿	54	8	100.00	48.90	57.39
钢铁	511	184	99.00	41.84	58.54
矿建材料	105	12	100.00	32.28	59.87
非金属矿石	802	168	99.61	41.89	61.55
粮食	1 072	647	99.87	54.08	51.91
其他货类	227	115	100.00	49.80	66.75
国内小计	16 828	1 556	98.24	46.96	52.40
国外小计	7 742	3 426	98.65	62.07	52.05
合计	24 571	4 982	98.49	56.30	52.16

第三节 近、远洋运输

20世纪七八十年代,国内航运企业主要由中国远洋运输公司和中波轮船股份公司(简称中波公司)从事远洋散杂货运输。其中,中波公司以杂货运输为主;远洋公司承担钢材、粮食、金属矿石、煤炭等散货及各类杂货运输。中国海运的前身上海、广州、大连海运则以沿海运输为主。20世纪90年代后期,中国海运成立后,旗下的中海货运逐渐成为中国近、远洋散杂货运输的一支重要力量。是时，外贸进口大宗货物中，占前5位的是金属矿石（主要为铁矿石）、钢铁、木材、粮食、化肥及农药；外贸出口货物中，占前5位的是机械设备电器、轻工及医药制品、石油及石油制品、钢铁、非金属矿石。

"十五"和"十一五"期间，公司的远洋货源以进口煤炭、铁矿石等为主，包括从澳大利亚、巴西、南非和智利等地进口的铁矿石，从澳大利亚、印度尼西亚等地进口的煤炭。此外，还经营从印度尼西亚、菲律宾进口的镍矿，从澳大利亚进口或前往俄罗斯的铝粉等。初时，由于总体运力规模小，而且部分运力肩负着调节内、外贸市场的任务，公司常规船舶的经营以远东地区为主。经营区域视各大钢厂铁矿石来源地，包括太平洋、印度洋等航线。随着常规船舶新增运力的陆续交付使用，从以太平洋区域经营为主逐渐向全球航线发展；货源结构也从以铁矿石、煤炭为主，逐渐向兼顾粮食、钢材、铝矾土等其他货源发展。

由于经营定位的提升，客户群也在发生变化，由原先以"游击战"方式开发市场客户向实施大客户战略转移。随着运力规模的逐步扩大、运力结构的调整，公司远洋货源结构、经营区域都有所调整。"十一五"期间，因国内各大钢厂需求，外贸铁矿石进口量骤增，散货运输市场处于高峰期。中海货运坚持与大客户合作战略，分别与首钢、宝钢、武钢等大钢厂建立战略合作伙伴关系；同时，订造VLOC船舶，与钢厂签订长期运输合同；与部分钢厂建立资本合作关系，成立联营公司，通过各种方式进一步扩大和稳定双方的长期合作，推动进口铁矿石运输业务的发展。

为适应近、远洋运输的快速发展，中海货运对经营管理部门也作适当调整。以往因长期以沿海煤炭运输为"根据地"，远洋运力只作为沿海运力的"蓄水池"，起调节运力错峰作用。2010年之前，公司没有独立的远洋经营部门，只在经营处设立外贸科和租船科，分别负责远洋自有船舶和利用中海发展（香港）维利有限公司的品牌进行市场租船经营和调度工作；商务处设有保险、收费、商务3个科，共同处理沿海和远洋运输的商务、保险等工作。2010年1月，远洋经营、调度人员从经营处独立出来，成立专门从事远洋业务的经营部门——远洋处。公司将原来分散的各项规章制度进行重新梳理，整合一套新的远洋商务风险防范制度，并聘请常年法律顾问，为远洋运输的法律问题提供咨询、保驾护航。

在加强与钢厂大客户战略合作，发展进口铁矿石运输的同时，中海货运还积极开拓进口煤炭运输业务，与华能国际、湄洲湾电厂等客户签订COA合同。同时，根据未来运力交付不断增加的情况，开展与国际知名大公司如BHP等的合作。2010年，公司有效地发挥内、外贸兼营的特色，签订8个外贸COA合同，逐渐打开了拓展远洋运输市场的局面。截至年底，自有远洋运力含2艘VLOC、6艘巴拿马型、8艘超灵便型（内、外贸兼营）、5艘"肥大"型和3艘小灵便型船舶。

2011年，在交付使用3艘VLOC、4艘巴拿马型、4艘超灵便型散货船及租用1艘好望角型船后，公司远洋船舶运力已达260万～300万吨。

2012年中海散运进口航线中主要出口国有：澳大利亚、巴西、加拿大、芬兰、印度尼西亚、印度、墨西哥、马来西亚、菲律宾、新西兰、俄罗斯、美国、越南、南非。运输的货物主要有煤炭、金属矿石、钢铁、非金属矿石和粮食等。

出口航线中，出口目的国主要有：新加坡、马来西亚、菲律宾、印度。运输的货物主要有煤炭、金属矿石、钢铁、非金属矿石、粮食、化肥及农药以及轻工医药产品等。

国外区间航线国家主要有埃及、澳大利亚、荷兰、俄罗斯、西班牙、巴西、加拿大、几内亚、马来西亚、韩国、印度尼西亚、菲律宾、印度、墨西哥、美国、德国、土耳其。主要运输的货物有煤炭、石油、钢铁、金属矿石、非金属矿石、粮食等。

表 3-2-8　2010—2015 年中国海运外贸货运量情况表

年　份	货运总量(亿吨)		其中铁矿石(亿吨)		货物周转量(亿吨海里)	
	总　量	外　贸	总　量	外　贸	总　量	外　贸
2010	3.90	1.03	0.23	0.08	7.03	5.05
2011	4.35	1.16	0.32	0.16	7.72	5.54
2012	4.62	1.47	0.41	0.25	8.82	6.69
2013	4.90	1.59	0.47	0.31	9.32	7.01
2014	5.33	1.73	0.59	0.40	10.55	7.99
2015	5.46	1.83	0.61	0.43	11.30	8.69

2013年，中海散运(包括联营公司)进口航线中主要出口国有：印度尼西亚、澳大利亚、南非、巴西、菲律宾、俄罗斯、美国、阿根廷等(按货运量由大到小排序)；运输的货物主要有：金属矿石、煤炭、粮食、非金属矿石等(按货运量由大到小排序)。出口航线中主要目的国有：印度、越南、日本、新加坡、比利时、西班牙等(按货运量由大到小排序)；运输的货物主要有煤炭、金属矿石、非金属矿石、粮食、化肥及农药(按货运量由大到小排序)。

区间航线中，主要区间有从澳大利亚到俄罗斯、印度、欧洲，运输的货物主要有煤炭、金属矿、粮食；从俄罗斯到欧洲、美国、韩国，运输的货物主要有煤炭、钢铁；从美国到欧洲、印度、马来西亚，运输的货物主要有煤炭、钢铁；从巴西到欧洲、阿根廷、日本、韩国，运输的货物主要有金属矿、粮食、非金属矿；从拉脱维亚到欧洲、印度尼西亚，运输的货物主要为煤炭；从加拿大到欧洲，运输的货物主要有煤炭、金属矿、粮食；从南非到印度、欧洲，运输的货物主要有煤炭、金属矿(按货运量由大到小排序)。

2013年10月16日，中海散运30万吨级散货船(VLOC)"中海年华"轮靠泊加拿大七岛港，成为北美地区史上靠泊最大载货量的散货船，这在当地引起轰动。

2015年，中海散运完成外贸运输量(含联营公司)8 114.8万吨，其中金属矿石4 229万吨，煤炭1 651.9万吨，钢铁417.7万吨，矿建材料98.7万吨，水泥54.1万吨，非金属矿石587.3万吨，化肥农药113.1万吨，粮食868.1万吨，运输收入占运输总收入的75.32%。公司本部(不含联营公司)外贸运力投入占比76.87%，完成外贸周转量占比82.61%，完成外贸货运量4 127.37万吨，占总货运量的46.98%。其中，完成外贸矿石货运量2 628.13万吨，占外贸货运量的63.67%；完成外贸粮食货运量435.73吨，占外贸货运量的10.56%；完成化肥等其他非煤货运量406.37万吨，占外贸货运量的9.85%。

一、金属矿石运输

20世纪80年代，上海海运所属海兴公司开始参与外贸金属矿石(主要为铁矿石)运输。1988年，海兴公司从菲律宾运至南京金属矿石1.27万吨；从澳大利亚装载金属矿石运至大连1.31万吨，运至烟台1.68万吨，运至湛江3.06万吨；从加拿大运至烟台金属矿石9 600多吨。

中国海运在沪成立后，所属中海货运成为国内承担进口铁矿石运输的主要企业之一。同时国内钢铁工业发展迅速，所需生产原料铁矿石大多由澳大利亚、巴西、印度等国进口。

进入21世纪后,中国经济持续保持较高增长速度,钢铁产量快速增长,外贸铁矿石进口量也逐年加大。为适应各地钢铁企业日益增长的原料需求,中海货运等航运企业,积极发挥国家大型骨干企业的主力军作用,在力所能及的前提下,坚持为各相关地区和企业提供进口金属矿石运输服务。2001年是中国进口铁矿石增幅较大的一年,中海货运当年为国内各港运输进口铁矿石125.2万吨。其中:澳大利亚班伯里—青岛7万吨;班伯里—天津3万吨;澳大利亚丹皮尔—大连6万吨;丹皮尔—秦皇岛7万吨;澳大利亚埃斯佩兰斯—南通15万吨;埃斯佩兰斯—京唐7万吨;埃斯佩兰斯—张家港7万吨;澳大利亚黑德兰港—南京11万吨;澳大利亚澳尔科特港—南京15万吨;澳尔科特港—青岛6万吨;印度霍尔迪亚—营口3万吨;印度马德拉斯—南京7万吨;马德拉斯—湛江6万吨;印度莫尔穆冈—南京3.8万吨;莫尔穆冈—南通3.8万吨;莫尔穆冈—秦皇岛6万吨;印度新芒格格尔—南京9万吨;新芒格格尔—厦门3.6万吨;印度巴拉迪布—南京7.6万吨;巴拉迪布—营口2万吨;另有牙买加凯泽港—连云港3万吨。

"十五"和"十一五"计划期间,中国铁矿石进口量大幅增长,2005年进口总量为2.75亿吨,同比猛增32.3%;2006年进口3.26亿吨,同比增长18.6%。由于铁矿石远洋运输,船型越大意味着经济效益越好,故巴西航线以30万吨级以上超大型矿砂船(VLOC)为最佳船型,澳洲航线以20万吨级VLOC更经济。是时世界散货船总保有量中,20万载重吨以上VLOC仅80艘,约1800万载重吨,其中多数为日本和韩国船东所有。国内当时拥有的海岬型(好望角型)散货船大都在20万吨级以内,数量也仅30余艘,无论在船队规模还是船型结构上,都显势单力薄。虽2006年国内运输船舶总运力超过1亿载重吨,但由于大多数船型不适合远洋铁矿石运输,因此进口铁矿石一程运输大多依靠租用外轮来完成。宝钢集团等中国钢铁企业与船运商家签订的进口铁矿石长期运输合同(COA),大部分交给日本、韩国、欧洲等国家和地区的船运公司,其中尤以日本船运公司为甚。

鉴于进口铁矿石一程运输基本都由外轮承运,而铁矿石运价指数连年上涨,给国内钢铁企业带来沉重成本压力,国家提出"国矿国运"发展方针,鼓励大型国有航运企业积极参与进口铁矿石一程运输。为此,中国海运开始重点发展23万吨、30万吨级超大型矿砂船,为参与进口铁矿石一程运输提供运力,同时进一步加强与各大货主的战略合作,通过签订长期运输合同为超大型矿砂船提供稳定货源。为响应国家发出的"国矿国运"号召,中国海运除与上海宝钢集团加强战略合作,提供进口铁矿石运输服务外,还先后与首钢集团、武钢集团等大型钢铁企业签订进口铁矿石长期包运合同。2006年10月26日,中国海运与首钢集团战略合作协议以及中海发展与中国首钢国际贸易工程公司(简称首钢国际)散装矿石长期包运合同签约仪式在北京举行。该包运合同期限为15年,自2009年下半年起算,合同总量为3700万吨,合同航线为澳大利亚或巴西港口至中国港口,合同运价在基准运价基础上与油价联动。2007年1月,中国海运与宝钢集团签订散装铁矿石包运合同。内容包括两部分,其第二部分为国际进口铁矿石运输,合同期自2010年始,为期15年。中国海运控股的中海发展用公司所属大型矿砂船,采用连续航次程租方式运输,合同航线为澳大利亚至中国港口,合同运价在基准运价基础上与油价联动。协议签署之后,中国海运立即为宝钢集团"度身定做",订购多艘23万吨和30万吨级超大型散货船,用于为宝钢从澳大利亚和巴西等国运回铁矿石等生产原料,为宝钢提供服务。同年10月,中国海运与武钢集团签订了为期15~20年,总量达1.7亿吨的进口铁矿石包运协议。按照双方签订的包运合同,在之后20年内,集团每年为武钢提供3艘23万吨级、2艘30万吨级矿砂运输船运输进口铁矿石,每年运量可达到500万吨。为履行这些协议和合同,中国海运当年内先后与中国船舶工业贸易公司、广州龙穴造船、大连船舶重工等造船企业签下8艘23万吨级和8艘30万吨级超大型矿砂船（VLOC）的建造合同。12月2日，中国海运又与首钢签订进口铁矿石长期运输包运合同，提供两艘30万吨级和1艘23万吨级超大型散货轮，长期为首钢承运进口铁矿石。

2008年2月，中国海运和宝钢集团开始联手拓展海运市场，双方合资组建铁矿石运输公司，承担国际铁矿石进口运输。合资公司的注册资金为800万美元，中海发展和宝钢集团分别占股51%和49%。双方还同时签署进口铁矿石长期运输包运合同，由新组建的合资公司初步投入2艘30万吨级和4艘23万吨级大型矿砂船承运进口铁矿石。

2010年2月6日，由广州龙穴造船为中国海运建造的首艘23万载重吨大型矿砂船"中海兴旺"轮在广州建成启航，驶往澳大利亚装运铁矿石。该轮由中海货运经营，专门承担首钢集团的进口铁矿石运输业务，从澳大利亚航行至我国北方港口曹妃甸。该轮也是截至当时澳大利亚港口可以进港靠泊的最大船型。4月中旬，"中海兴旺"轮由澳大利亚丹皮尔港装载铁矿石至曹妃甸，按照"能多装一吨就多装一吨"的要求精确计算合理配载，装货量达到最大值22.43万吨，比首航多装8 831吨，为中海货运增创效益70多万元。

2010年9月12日，中海发展专为武钢定造的23万载重吨大型矿砂船"中海希望"轮由广州龙穴造船厂建成。次月7日首航澳大利亚，安全载运22.3万吨铁矿石至宁波北仑港卸货。同年11月，"中海希望"轮从南非运载铁矿石抵达湛江港。同时，由中海货运承运的自国外至国内其他港口的进口金属矿石主要来自澳大利亚、印度尼西亚、印度、菲律宾等国家；国内主要卸港为：曹妃甸、天津、青岛、连云港、日照、营口、北仑、岚山头、锦州、湛江、防城等。

2010年6月18日，宝钢集团和中国海运合资成立的香港海宝航运公司首艘23万吨大型矿砂船"仁达"轮交用投产，主要承担宝钢进口铁矿石运输。2011年1月6日，香港海宝航运公司订造的第2艘23万吨级矿砂船"义达"轮，从澳大利亚载矿顺利抵达宝钢原料码头。"义达"轮为"仁达"轮姐妹船，主要用于宝钢集团铁矿石远洋运输。

2011年，中海货运从澳大利亚丹皮尔港运至宝钢码头金属矿石10.71万吨；从澳大利亚澳尔科特港运至宝钢码头、上海港金属矿石10.96万吨和33.65万吨，运至马迹山（宝钢矿石中转港码头）金属矿石44.49万吨；从南非里查德湾运至上海金属矿石2万吨。

2012年6月20日，中国海运第4艘VLOC"中海英华"轮投入营运，长期为首钢提供进口铁矿石运输服务。当时，在国内市场不旺的情况下，中海散运集中优势力量拓展外贸市场，重点经营好大型矿砂船，立足远东市场，积极拓展太平洋、大西洋和其他外贸市场，并稳健进行租船经营，同年投入远洋运力同比增长82.3%，完成外贸金属矿石运输3 728万吨。2013年完成外贸金属矿石增至4 160万吨。

2015年4月20日，集团与宝钢集团合资经营的香港海宝航运有限公司所拥有的18万吨级"风华"轮，满载铁矿石靠泊宝钢湛江钢铁有限公司原料码头。这是宝钢湛江钢铁首次迎来大型远洋轮靠泊，也是该厂投产前的首次卸矿进厂。

2015年10月25日，中海散运"中海荣华"轮在公司的支持和船员们的共同努力下，在南非装货量突破30万吨，达到300 010吨。该轮当年4月开始执行南非到中国航线铁矿石货运任务后，始终把深度挖掘船舶运载能力、提高船舶实载率、为公司创造更多经济效益作为奋斗目标。由于南非限制出港水尺，该轮只能在尽量减少存油和存水的情况下，通过努力控制船舶中垂量来增加载货量，经过数个航次配载实践的总结，载货量节节上升。

二、其他散杂货运输

【粮食运输】

20世纪70年代末,上海海运局为支援外贸运输,曾以所属2.5万吨级"神州"轮首航澳大利亚,成功装运进口小麦2万余吨,开始参与外贸粮食运输。

1997年集团在沪组建后,原海兴轮船股份有限公司更名为中海发展股份有限公司。其分支机构中海货运承担国内外散杂货运输,包括外贸粮食运输。

"十五"至"十一五"期间,中海货运参与少量的外贸粮食运输。2010年,承运外贸进口粮食150.27万吨。

"十二五"期间,中海散运加强与大客户合作,加大"走出去"步伐,远洋运输业务的发展力度不断加大,海外营销网络建设加快推进,近、远洋运输包括外贸粮食运输成为公司发展的重要板块。2013年承运外贸粮食546.35万吨,在外贸运量中占比5.72%,且与中粮、中纺、渤海实业等国内大粮商签订粮食运输框架协议,远洋基础货源占比达50%以上。

2015年,公司多次派出营销人员到南非、南美、印度、新加坡等地开拓海外市场,与中粮集团签订60万吨粮食运输合同,并与中粮集团举办粮食班轮启航仪式,形成双方战略合作的"紧密圈",散粮运输由传统的不定期承运方式改变为定期班轮运输。

2015年10月23日,中粮集团、中国海运粮食班轮航线正式启动。该航线是中国海运积极发挥散运船队专业化经营优势,为中粮集团进口农产品定制的一条粮食班轮化运输航线。集团在双方原有的合作基础上,提出创新服务理念,精心调配多艘环保型巴拿马型船舶参加运营,并将这些船舶冠名为"中粮×"轮,组建成一支国际粮食班轮运输船队,致力于为中粮进口南美农产品提供安全稳定的航线服务。首艘投入该航线的船舶"中粮1"轮(原"锦绣峰"轮),满载来自南美乌拉圭和阿根廷的近7万吨大豆,按事先优化的路径,历时一个半月,顺利抵达中粮集团旗下的大连北良港,圆满完成首航任务,为中粮集团实现其"粮达天下,物畅其流"的目标提供优质物流服务。

至2015年年底,中国海运全年承运外贸粮食760.49万吨,同比增长17.17%。其中中海散运承运外贸粮食共计752.49万吨,货物周转量为602.05亿吨海里。

【煤炭运输】

20世纪80年代,海兴公司开始派船参加远洋煤炭运输。1997年,中国海运成立后,旗下中海货运兼营内外贸散货运输,包括外贸煤炭运输。2001年,中海货运承运部分中国出口日本、韩国的煤炭,年运量约40万吨。2005年,由加拿大鲁珀特港运至上海宝钢码头煤炭3.30万吨。

21世纪初,世界煤炭生产、消费和贸易量呈增长态势,煤炭生产国际化和海运成本下降,加速煤炭国际贸易的发展,中国煤炭进出口贸易比重也有显著变化,从2002年开始煤炭进口量快速增长,年进口量超过1000万吨。中海货运适时调整船队结构,积极参与外贸煤炭运输。

2010年9月,中海发展召开当年第九次董事会会议,同意本公司订造8+4艘(即先造8艘,视情再续造4艘)4.8万吨级散货船。其目的主要是为了满足上海和华东地区煤炭运输需求,同时作为兼营船舶,在沿海运输淡季时,可以穿插承担印度尼西亚进口煤炭及澳洲矿石等"大三角"外贸航线运输。是时,国内外贸煤炭由中海货运等中资航运企业以及部分境外航运企业共同承担运输。

2013年,进口煤量多价廉,中国海运承运外贸煤炭1883.22万吨,其中中海散运外贸煤炭运量

1 306.66万吨。

2015年,中国海运承运外贸煤炭1 663.71万吨,同比为上年的96.11%。其中中海散运承运外贸煤炭1 580.20万吨,货物周转量465.53亿吨海里。

【钢铁运输】

20世纪80年代,海兴公司开始参与外贸钢材运输,主要承运来自欧洲、巴西、日本等地的进口钢材。

1997年,海兴公司更名为中海发展,其分支机构中海货运在其后10余年间(截至2015年)一直参与我国进出口钢铁运输。

当时,中国海运的远洋及近洋钢铁运输以中国出口和第三国运输为主。2010年,集团外贸钢铁运量为79.27万吨,其中中国出口27.77万吨,第三国运输51.50万吨。在中国出口钢铁流向中,大连运至越南2.99万吨;天津(包括京唐)运至越南10.32万吨,运至鹿特丹1.10万吨;营口运至越南2.45万吨,运至安特卫普1.86万吨;青岛运至圣多明各1.31万吨。在第三国钢铁运输中,韩国仁川运往世界各地15.51万吨,黑海运至印度13.76万吨,中东区域内运输3.97万吨。

"十二五"期间,集团的外贸钢铁运输增长十分强劲,2011年为31.26万吨,到2012年、2013年,分别升至70.94万吨和88.19万吨;到2014年,运量达到262.99万吨,增幅达到198.21%;2015年,进一步升至429.37万吨,增幅达到63.27%。

2015年10月29日,中海散运"嘉祥山"轮顺利完成4万多吨钢材的装载,离开曹妃甸驶往意大利。根据集团与中国五矿集团达成的战略合作意向,中海散运灵便型船队积极开拓市场,通过自主揽货,开辟一条中国北方港口出口到欧洲方向的钢材准班轮航线,改变以往主要通过出租方式承运钢材的局面,此举是中海散运船舶装载甲板货后取得的新突破。当年,中海散运的外贸钢铁运输量为342.93万吨,比上年大幅提升371.24%;货物周转量164.50亿吨海里,比上年增长300.74%。

【矿建材料等散杂货物运输】

中国海运成立后,在远洋散货运输中还承运矿建材料、水泥、非金属矿、化肥农药等散杂货物。但与铁矿石、石油、粮食、煤炭、钢铁等大宗货物相比,其在进出口运量中所占比重较小。

2000年,中海货运承运外贸货物880.29万吨,其中矿建材料92.82万吨,水泥94.02万吨,非金属矿石37.52万吨,化肥农药51.84万吨,分别占总量的10.54%、10.68%、4.26%和5.89%。同年,中海货运承运外贸轻工医药产品5.62万吨、农林牧渔产品16.15万吨、其他杂货525吨,合计21.82万吨,占外贸货物运输总量的2.48%。

2005年,中海货运承运外贸货物818.58万吨,其中非金属矿石28.30万吨,水泥24.42万吨,矿建材料7.02万吨,化肥农药8.84万吨,分别占总量的3.45%、2.98%、0.86%和1.08%。同年,运输外贸轻工医药产品5.78万吨,农林牧渔产品1.13万吨,其他杂货5.03万吨,合计11.93万吨,占外贸货物运输总量的1.46%。

2010年,中海货运承运外贸货物1 640.82万吨,其中非金属矿石30.71万吨,化肥农药22.79万吨,水泥4.45万吨,分别占总量的1.87%、1.39%、0.27%。此外,机械设备电器为1.4万吨,化工原料制品为5.51万吨,轻工医药产品4.2万吨,糖类产品4.2万吨,上述4项合计15.31万吨,占外贸总货运量的比重为0.93%。

"十二五"期间,矿建材料及其他货类运输总量在总体上保持平稳,但各类细分货物则波动较大。2011年和2015年,中海散运化肥农药的运量分别为3.89万吨和100.15万吨;机械设备运量分别为5.1万吨和3.94万吨;轻工医药产品分别为2.95万吨和5.46万吨;糖及盐类货物分别为2.95万吨和52.50万吨。

2014年年底,国家开发投资公司下属的国投海运发展有限公司以及下属的3家香港单船公司,即鸿海海运发展有限公司、鸿祥海运发展有限公司、鸿洲海运发展有限公司,经国务院国资委批准,其100%股权无偿划转给中国海运,并于2015年1月28日办妥工商变更手续,遂成为中国海运直接持股的全资子公司。与此同时,国投海运下属的国投远东航运有限公司52.38%股权也划转给中国海运。5家公司共有17艘干散货船(其中15艘运营,2艘在建)。其中9艘5.7万/5.8万载重吨船舶带有30吨吊车,因船舶技术条件及国际件杂货运输市场实际情况,只开展以中非航线为主要目标市场的件杂货运输业务。2015年4月20日,新加盟中国海运的"国投107"轮抵达上海港,在该港装完最后一票货后,前往南非德班港、加蓬让蒂尔港、尼日利亚拉各斯港、毛里塔尼亚努瓦克肖特港等非洲四港,标志着集团非洲件杂货航线正式开始运营。

第三章 石油运输

中国海运成立前,上海和广州海运均有油轮从事内外贸石油运输。

1998年1月,中国海运整合上海海运、广州海运下属油轮船队,成立中海发展股份有限公司油轮公司,总部设在上海市浦东新区。经过强强联合,中海油运成为当时中国最大的海上石油运输企业,也是集团支柱产业之一。

在全力推进集装箱运输快速发展的同时,中国海运坚持加强油运、货运、客运和特种船队建设。中海油运积极贯彻"发展主力船型,壮大船队规模,巩固沿海油运市场份额,并积极参与国际市场竞争,在竞争中发展壮大"的方针,充分发挥专业化运输船队的规模优势,实力不断得到发展壮大,逐步向大型化、现代化发展,并加快"从沿海走向远洋"的战略性转变,国内、国际业务都取得长足发展。

"十二五"期间,中海油运坚持"国内领先,世界一流"的发展战略,保持总体赢利局面,固定资产投资完成额共计达到107.09亿元,年均21.42亿元;完成总货运量4亿吨,年均8 002.16万吨,总周转量10 009.4亿吨海里,年均2 001.88亿吨海里;运输收入和盈利水平在同行业中均保持领先。

第一节 船队、船舶

一、船队建设

【发展目标】

1971—1975年,上海海运拥有国产油轮20艘,约35.28万载重吨,为当时国内沿海石油运输的主力船队。沿海运输使用的油轮从20世纪50年代的4 500吨级,发展到70年代的1.5万～2.4万吨级,80年代的6.5万吨级。

1985—1988年,广州海运有3艘6.1万吨级国产油轮投入沿海运输。至1990年年底,广州海运有油轮31艘。1992年,积极落实两批船舶购置贷款5.5亿元,重点建造了一批油轮,并利用特区优惠政策,购进10万吨级"滨河"轮,较好地解决老旧油轮更新问题。

1998年1月19日,经上海市工商行政管理局核准,中海油运以"中海发展股份有限公司油轮公司"登记注册,同年2月10日在北京举行开业庆典。由此,上海、广州、大连3家地区公司油轮合并重组完成。中海油运是中国海运第一家跨地区的专业化船公司,1998年年末,公司拥有97艘各类油船,总载重吨244.12万吨,资产总值近50亿元,为当时国内最大的海上石油运输专业公司。

组建初期中海油运的实力并不很强,其时船队状况可用"多""老""小""少"概括:

"多"——船舶艘数多,在国内首屈一指,船型结构品种繁多,原油船有1.5万、2.4万、3万、6万和8.9万吨级,成品油轮有3 000吨、6 000吨、1万吨级三种,但船舶总体技术状况并不好,规模优势并不明显。

"老"——1998年船队平均船龄为15.5年,其中近一半的船舶已经超过20年。

"小"——船队规模小,船舶吨位小。1998年船队总计238万载重吨,平均每艘船2.48万载重吨;其中最大船舶仅有两艘阿芙拉型,有35%的船舶为千吨小船。

"少"——双壳油轮少,适用外贸航区的船舶少。1998年双壳油轮艘数仅占船队的6%;A类航区的船舶不到一半,实际从事远洋运输的更少。

公司组建6年间,中海油运经受住市场经济的严峻考验,在激烈的竞争中增强抗御市场风险能力,提高在市场经济中的竞争能力。在集团初期发展中,成为中国海运重要支柱产业和创利主要来源。

1998年11月9日,集团与比利时CMB集团合资建立"中欧油轮有限公司",其所属25万载重吨级油轮"太平洋力量"轮,在新加坡接船投入营运,是当时中国海上石油运输中最大一艘油轮。

2000年,中海油运从马士基公司购买一艘11万吨级的二手成品油轮,拉开油轮船队结构调整的序幕,该轮投入营运当年就创造丰厚利润。

"十五"期间,国家实施石油储备和"国油国运"的战略决策,为中海油运提供一个极好的发展机遇。2003年7月1日,集团领导在中海油运调研时,提出"建设世界级油轮船队"发展目标。同年8月18日,中国海运经理书记会议上再次提出"在2010年年末,将中海油运建成世界级油轮船队"的目标。据此,集团制定打造世界级油轮船队的发展规划。根据规划:2005年年末油轮船队达到450万～500万载重吨,形成以VLCC、阿芙拉型、巴拿马型、灵便型为主的船队;2010年年末油轮船队达到750万～850万载重吨,建成以VLCC等大型化船舶为主力船型,资产优质、结构合理,具有较强内外贸竞争优势的国家石油运输骨干船队之一。

2000—2005年,中海油运一共建造22艘不同类型的油轮。截至2005年年底,公司共有船舶88艘,总运力372.8万吨;其中原油轮259.9万吨,成品油轮112.9万吨。"枫林湾""柳林湾"轮等11万吨级的阿芙拉型油轮相继投入运营。2005年年底前,随着两艘30万吨级VLCC交付使用,大幅提高船队的核心竞争力,公司向建设世界级油轮船队战略目标迈出了坚实的脚步。

为适应市场格局的变化,满足国民经济发展和国家石油战略储备体系需要,加大重点船舶的发展力度,使主力船型形成一定规模优势,集团对中海油运船队结构进行大幅调整:新建、购置一批VLCC承运进口原油,将LR2油轮投入第三国成品油运输,将10万吨油轮投入日益增长的海上平台油运输;建造一批4.2万吨级原油、成品油兼用船逐步替代在外贸航线上的3.5万吨级船舶,原先承运原油和成品油的3.5万吨级船舶转入内贸,替代被淘汰的1.5万吨和2.4万吨级老旧船。

在逐步淘汰单壳油轮的国际新规影响下,发展双壳油轮成为一种大趋势,大型油轮效益优势越来越明显。中海油运加快老旧船的处置,积极采取技术改造、出售、报废等措施,先后处置一批老旧单壳原油船和小吨位、技术设备较差、经营亏损的成品油船。

其间,中海油运对老旧船舶实行分别处置,对部分油轮进行技术改造,对船舶构造相对较好的一部分油轮进行"油改煤"(即将油轮改装为运煤货轮)的改造工作。

2004年,公司先后将"大庆31、46、61、63"4艘老旧油轮,通过技术改造成为货轮,支援煤炭运输。当年5月14日,首批"油改煤"船舶"大庆31""大庆63"轮相继进厂,同年7月底交付以煤炭运输为主要业务的中海货运,投入电煤运输。在"油改煤"业务中,共有6艘1.5万吨油轮改装为煤炭船,为集团确保沿海煤炭运输作出贡献。

2006年是中海油运实施"十一五"发展规划的开局之年,也是公司历史上船队结构变动最大、船舶资产交接和处置最多、订造新船力度最大的一年:3月,签订4艘VLCC、4艘灵便型船的建造合同;5月,购置1艘28.2万吨级二手VLCC,并完成"跃池""天龙座""凤凰座"轮的接船工作,同时还处置10多艘老旧船、小船。截至当年年底,中海油运拥有各类油轮77艘、375.4万载重吨。船龄的年轻化和平均船舶吨位的提升，使中海油运核心竞争力不断增强，船队规模居国内同业之首，国际排名逐步上升。除建造和购买运力外，中海油运还将船舶租赁业务作为补充现有运力的有效手段，采用长短租期结合方式，以满足运输需求，增加市场份额，并借此打磨经营队伍，增强管船能力。

公司密切跟踪国际租船市场动态，于2007年4月13日从国际市场NORIENT PRODUCT POOL A/S租入首艘4.7万吨级灵便型成品油船"乐观"轮，并加入POOL联营体，开始真正意义上的租船经营，在船舶经营模式创新上跨越了两大步：一是使公司船队经营结构，除了拥有自有船，还拥有控制船，从单纯船东角色转换为"船东＋租家"双重角色；二是将租入船舶放入POOL联营体经营，变成"二船东"角色，使公司实现从单一拥有船向拥有船与控制船的多种经营模式转变。

2008年，公司租船业务取得新进展，5月13日，第二艘从国际市场租入的灵便型成品油船"乐海"轮交付使用。接着，又签订两艘16年期的超大型油轮VLCC期租合同，并相继尝试将"中池"轮、"跃池"轮、"榆林湾"轮放入美国DORADO POOL联营体经营，将"昌池"轮放入新加坡Navig8 POOL联营体经营。至2009年，公司加入POOL的船舶有"跃池""中池""昌池""榆林湾"等轮，经营效益明显高于船队中的同类型船舶。

在船队结构调整中，中海油运根据交通运输部对油轮使用年限的规定和关于"提前淘汰国内航行单壳油轮实施方案"的规定，在2005—2010年的6年间，共处置老旧船舶41艘，使得船队结构不断优化，平均船龄进一步降低，船队质量显著提升。

2010年，中国内外贸石油运输在市场结构和流向上都发生较大变化，尤其是进口原油运输增长迅速，油轮运力也随之加快发展。为适应国家经济建设需求，尤其是国家能源战略储备需要，作为海上石油运输主力船队的中海油运，对所属油轮进行持续、大幅的结构调整和优化，在适时退役老旧油轮的同时，先后添置大批设备技术先进的新型油轮，并逐步形成以灵便型、巴拿马型、阿芙拉型和超级油轮为主力船型的海上石油运输船队。

至"十一五"末期，中海油运在船队规模和结构上已基本达到集团提出的"建设世界级油轮船队"目标要求。

【大型化、专业化、年轻化】

"十五"至"十一五"期间，在中国海运发展战略中，中海油运被列为重点发展船队之一。为适应市场格局变化，满足国民经济发展和国家石油战略储备体系需要，公司加快船队结构调整，加大重点船舶的发展力度，使主力船型形成一定规模优势，企业核心竞争力不断得到提高。

2006—2008年，公司加大资金投入，加速船队扩充，分别与广船国际、大连船舶重工、广州中船龙穴、中海工业（江苏）等签订了27艘船舶、381.7万载重吨的购建合同（包括超大型油轮VLCC 9艘，巴拿马型10艘，灵便型8艘）。其中，有23艘船舶在"十一五"期间陆续交付使用。

至2010年年底，"新平洋""新安洋""新润洋""瑞金潭""天龙座"和"中池"轮等31艘新增船舶相继投入运营。中海油运经营和管理船舶72艘，666.1万载重吨，与公司成立之初相比，船舶艘数虽然减少24艘，载重吨位却增加427.4万吨，平均船舶吨位上升到9.25万吨，增长3.7倍；平均船龄8.3年，下降6.7年。整个船队结构发生根本变化，30万吨级的VLCC从无到有，已达11艘，329.1万载重吨；阿芙拉型船舶扩大到6艘，63.4万载重吨；巴拿马型船舶发展到20艘，139.6万载重吨；灵便型和通用型船舶35艘，共134万载重吨。年底资产总额为186.26亿元。其内、外贸运输结构变化明显：内贸货运量所占比重已下降到61.5%，周转量所占比重下降到17.1%；而外贸货运量所占比重上升到38.5%,外贸周转量所占比重上升到82.9%,从而为国家石油战略储备和"国油国运"战略的实施作出贡献。公司的国际排名上升到全球第10位。

表3-3-1　2011—2016年中海油运新造船舶及期租船情况表

时间 吨级	2011年 交船/租入船	2012年 交船	2013年 交船	2014年 交船	2015年 租入船	2016年 计划交船
VLCC	1×30.8 2×29.8	—	1×32	1×32	—	—
8万~12万吨 (艘×万吨)	—	3×11	—	1×11	—	—
5万~8万吨 (艘×万吨)	2×7.6	1×7.6	—	—	1×7 1×7.5	2×6.5
4万~5万吨 (艘×万吨)	—	6×4.8	2×4.8	—	—	—
4万吨以下 (艘×万吨)	—	—	1×0.6	—	—	—
合计新交船数量/载量 吨(艘/万吨)	5/105.6	10/69.4	4/42.2	2/43	2/14.5	2/13

"十二五"期间,中海油运按照"大型化、现代化、低碳化"的战略,加快实施船队结构调整。其间,共建造船舶19艘,201万载重吨;期租船舶4艘,74.1万载重吨,合计新增船舶23艘,275.1万载重吨。公司还加大老旧船舶的处置力度,共处置船舶24艘,118.2万载重吨。仅2014年、2015年,中海油运就处置老旧船100万载重吨,签订新型节能环保船舶合同11艘,185万载重吨,使得公司平均船龄低于7年,一支大型化、专业化、年轻化的船队已经形成。通过结构调整,船队的资产质量和适应市场需求能力不断增强。

到2015年年末,中海油运共有各类油轮79艘,886万载重吨;总载重吨是组建初期1998年的3.61倍;平均单船载重吨达到11.21万吨,是1998年的4.45倍;平均船龄7.11年,比1998年下降8.75年。其中30万吨超级油轮(VLCC)共计16艘,484万载重吨;阿芙拉型船6艘,76.6万载重吨。

表3-3-2　1998—2015年若干年中国海运油轮船队规模变化情况表

年　份	船舶艘数 (艘)	载重吨 (万吨)	平均单船吨位 (万吨)	平均船龄 (年)
1998	97	244.12	2.52	15.86
2000	93	235.86	2.54	16.45
2002	84	231.75	2.76	17.12
2005	87	366.28	4.21	14.90
2008	74	434.90	5.88	11.57

(续表)

年份	船舶艘数（艘）	载重吨（万吨）	平均单船吨位（万吨）	平均船龄（年）
2010	80	727.72	9.10	7.83
2011	84	824.26	9.81	8.11
2012	92	887.40	9.65	7.67
2013	88	885.35	10.06	7.75
2014	80	887.24	11.09	6.28
2015	79	885.92	11.21	7.11

二、主要船型

【通用型油轮】

"胜利"类型船 20世纪70年代，为发展沿海成品油运输，上海海运局委托沪东造船厂建造一批3000吨级A型尾机型成品油轮。1977年建成"胜利1～3"轮。1980年又陆续建成同型船"胜利4～6""创业3"（"胜利10"）和"创业4"（"胜利11"）等。1982年6—7月，上海海运局向石油部海洋石油勘探指挥部购入长期抛锚闲置不用的"南海601""滨海605～606"共3艘3000吨级的同类型船，分别改名为"胜利7～9"。是时，3000吨级"胜利"型成品油轮为国内成品油轮主要船型之一。1985年，"胜利1""胜利10～11"3轮调大连轮船公司使用。该类型船在2002年前陆续处置或报废。

"建设"类型船 1979年4月，由交通部水运局召开的"六五"期间沿海运输船舶船型机型讨论会建议，鉴于油轮主机功率改进提高、港口条件改善和成品油货源批量增加，原设计3000吨级成品油船已不适应需要，应扩大为5000吨级。

1982—1986年，上海沪东造船厂先后为上海海运局建成5000吨级尾机型槽管成品油轮6艘，分别命名为"建设1～6"；1986—1990年，江州船厂、上海船厂、求新船厂分别为上海海运局建成同类型船"建设7～8""建设9～10"和"建设11～12"。"建设"型5000吨级油轮为江海型成品油船，能同时装运两种不同油料，适应国内沿海、长江下游和B级冰区航行。该型船总长107.42米，型宽15米，载重量4839～5346吨，航速13节。"建设4、5、11、12"轮装有惰性气体保护装置。2006年6月，中海发展将"建设1"轮以900万元价格售予南京恒顺达船务有限公司，将"建设2""建设3"等3轮以总价2700万元售予洋浦中油华远船务有限公司。

2006—2007年，中海油运对船舶资产进行调整时，将"建设4、5、6、11、12"等老旧油轮先后处置。2008年5月—2009年11月，"建设7"和"建设10"轮相继退出营运。

【灵便型油轮】

"大庆27"类型船 1969年，上海海运委托大连造船厂建造的第1艘1.5万吨级原油船"大庆27"轮交付使用。该轮为尾机型，驾驶台在船舯前。总长163.4米，型宽20.6米，载重量1.52万吨，航速14.5节。1970—1973年，上海海运两次委托大连造船厂，先后建造同类型油轮"大庆28～

31"轮、"大庆45~50"轮和"大庆53"轮,其间还从国外购入"大庆26"和"大庆32~39"等1.5万吨级旧油轮。

20世纪70年代后期至80年代前期,迫于石油运量增长较快而运力紧缺,尽管"大庆45"和"大庆47~50"等轮存在艉轴油封漏油、机舱海水管系腐蚀烂穿、货油舱加温管烂漏等诸多缺陷和问题,却不得不时常推迟修期,勉强维持营运。

1983年,该局技管部门对"大庆48"等7艘1.5万吨级油轮的电动液压舵机进行技术改造,使这些船舶能在较长时间里继续发挥作用。

1990年,上海海运局、上海造船工程学会和上海船舶技术事务所对18艘超龄原油船进行实船勘查,精密测算,认为这些平均船龄逾15年的原油船,船体部分仍好,经技术改造后,每船可再延长使用寿命5~10年。经交通部同意,上海海运每年可从运输成本中提取3500万元用于旧船技术改造。1991年,上海海运率先对"大庆27"轮施行全面技术改造。整个工程耗资1400万元,相当新船价的1/10,却可延长使用寿命10年。

1997年,进口原油进(长)江驳运量大增,"大庆27"等多艘1.5万吨级油轮尽管船速慢、设备陈旧,仍为该项运输的主力船之一。2002年12月,船龄已达31年的"大庆30"轮,按有关规定强制报废。2003年4月,已有29年船龄的"大庆47""大庆48"轮退出营运,作废钢船出售。2004—2006年,"大庆45""大庆49""大庆50""大庆31""大庆46"轮相继报废("大庆31"和"大庆46"轮在报废之前,一度通过技术改造,从油轮改为货轮,投入沿海煤炭运输)。至此,该类型油轮先后报废。

"大庆42"类型船 20世纪70年代中期,上海海运委托大连造船厂建造2.4万吨级原油轮"大庆42~44""大庆51""大庆61~63"和"大庆65"8艘。此型船是在1.5万吨级原油船基础上改型设计制造的,目的是提高载货量,改善船舶经济性。"大庆42"轮总长178.6米,型宽25米,载重量2.47万吨,航速15节,续航距离7000海里。在同类型船中,唯"大庆65"轮主机功率较大,为8830千瓦。该类型油轮建成投产后,在较长时间里一直作为上海沿海原油运输的主力船之一。上海海运局曾在"大庆62"轮试用上海船研所研制的CUO-1型油位气动遥测与报警装置,并在该轮装设惰性气体系统(IGS)。

1997年,"大庆42""大庆51""大庆61"和"大庆63"等轮,在船龄老、速度慢、设备陈旧的条件下,多次承担进口原油进江驳运任务。2002年8月—2005年4月,"大庆61"和"大庆63"轮通过技术改造,从油轮改为货轮,投入沿海煤炭运输。至2010年,该类型油轮先后报废。

"大庆73"类型船 1990年,大连造船厂开始为上海海运建造国产第一艘3.5万吨级原油船"大庆73"轮。该船由中国船舶工业总公司708所设计,采用当时最新的改进型钢管涂塑工艺,可有效防止海水等介质对油轮管系的腐蚀,并设有原油洗舱装置和惰性气体防爆系统。船体设计能满足满载进上海港和长江的要求。该轮于1993年12月25日建成投入营运。1994年5月,大连造船厂为上海海运建成同类型船"大庆74"轮。1994年6月—1995年1月,广州广船国际股份有限公司(简称广船国际)为上海海运建成同类型船"大庆75"和"大庆76"轮;1994年11月—1995年1月,沪东造船厂为上海海运建成同类型船"大庆71"和"大庆72"轮。至此,该局拥有6艘"大庆73"类型原油轮(又称"大庆7"字头油轮),即"大庆71~76"轮。该类型油轮,总长185.4米,型宽27.5米,载重量3.48万吨,航速13.5节。2010年,该类型6艘船仍在中海油运管理下经营内外贸石油运输业务。该类型油轮在2013—2014年相继退役。

"玉池"类型船 1992—1994年,渤海船厂先后为上海海运和广州海运建造4艘3.8万吨级原油轮,即"玉池""晋池""明池"和"丹池"轮。该型船总长180米,型宽32.2米,载重量3.8万吨,航速13节。1998年,中海油运组建后,该4轮统归中海油运经营管理。2010年,"玉池"等4艘灵便型原油轮仍由中海油运用于内外贸石油运输。至2014年,该类型油轮均已退役。

"平池"类型船 2002年8月9日,中海发展委托广船国际建造的第一艘4.2万吨级成品油/原油船"平池"轮下水。该轮总长187.8米,型宽31.5米,载重量4.2万吨,航速15.3节。2003—2009年,广船国际又先后为中海油运建成13艘同类型船舶,分别为"安池""昌池""盛池""兴池""旺池""腾池""达池""飞池""跃池""百池""年池""中池"和"海池"轮。这批船舶建成交付后,用以逐步替换正在经营外贸运输的3万吨级大庆"7"字型和"池"字型船舶,并将换下的船舶移入国内,替换还在使用的1.5万吨级和2.4万吨级的老旧油轮,巩固内贸石油运输市场。至2015年,该类型船仍由中海油运用于经营内外贸石油运输。

"千池"类型船 2008—2009年,中海工业(江苏)有限公司先后为中海油运建成4艘4.5万吨级同类型原油/成品油轮,即"千池"(建成于2008年6月30日)"秋池"(建成于2009年1月15日)"伟池"(建成于2009年6月22日)"业池"轮(建成于2009年11月18日)。该类型油轮总长184.84米,型宽32.26米,载重量4.6万吨,航速14.6节。这4艘船全部投入运营后,中海油运3万吨级以上灵便型油轮达30艘,合计123万余载重吨。截至2015年年底,该类型船仍由中海油运经营。

"荣池"类型船 2010年11月26日,中海发展董事会审议通过决议,批准该公司在广船国际订造8艘4.8万吨级原油/成品油兼用船。同月29日,公司与中船集团、广船国际,签订8艘4.8万吨级成品油/原油船建造合同。是时,中海发展有单壳油轮18艘、93.1万载重吨,主要从事沿海内贸原油运输业务。根据交通运输部规定,这些单壳油轮在2015年前要陆续被淘汰。中海发展提前建造这批4.8万吨级新船,旨在替代被淘汰的老旧船。

2012年,第1艘4.8万吨级原油/成品油兼用船"荣池"轮在广州交船。"荣池"轮总长185米,型宽32.2米,载重量4.87万吨,航速14.6节。同年8月3日,"富池"轮交付中海油运使用。至2015年年底,"荣池""富池"等同类型船均被中海油运用于内外贸石油运输。

【巴拿马型油轮】

"大庆91"类型船 1985年8月20日,上海海运与上海沪东造船厂签订两艘6.3万吨级原油轮的建造合同。第1艘"大庆91"轮于1987年12月建成。该轮总长227.34米,型宽32.2米,载重量6.87万吨,航速14.75节。该型船舶为尾机型,5叶整体螺旋桨,球鼻艏,方艉,总体性能达到当时国际先进水平。船上设有足够的专用压载舱,为富裕干舷型,可航行巴拿马运河,并可同时进行两种品位的原油装卸;装有卫星导航、卫星通信、船桥遥控监测、气象传真、甚高频无线电话、ARPA避碰雷达、操舵控制台、自动秤报装置等先进设备,采用微机技术。主机为沪东造船厂专利技术生产的具有世界先进水平的新机型,具有运行参数越限时自动报警、降速和停车的保护等功能。同型船"大庆92"轮于1990年11月20日建成下水。同日,上海海运再向沪东造船厂订造两艘同型船,并于1993年3月26日和8月18日先后建成,分别命名"大庆93"和"大庆94"轮。至此,上海海运共拥有"大庆91"类型(又称"大庆9"字头)原油轮4艘,即"大庆91~94"轮。2005年10月,华海石油运销有限公司与中海油运签订"大庆93"轮期租协议,并将该轮改装为成品油轮,为中国石油东北地区炼油厂的成品油下海承担运输。2007年1月17日,"大庆91"轮退出营运。2010年,"大庆92~94"轮仍被用于海上原油、成品油运输,于2013年相继退出营运,至2015年年底,该类型油轮均已退出营运。

"柳河"类型船 1985—1988年,广州海运有3艘6万吨级以上国产油轮投入沿海运输:1985年1月,大连船厂造的"大庆257"轮投入营运;其后,1986年12月31日和1988年1月,上海江南船厂建造的"柳河"和"锦河"轮先后投产。这3艘油轮为同类型船,船体为钢质、单甲板、球鼻艏、方艉、艉机型。其中,"柳河"轮总长231.2米,型宽35.6米,载重量6.61万吨,航速14节。船上有8个货舱和1个两用舱,采用惰性气体消防报警和泡沫消防设备以及原油洗舱和惰性气体防爆装置。其中避碰雷达设备能够在船附近出现障碍物或移动物体时,根据测定的物标距离和方位及时报警,为船舶雾航、夜航防止碰撞事故提供安全保障。截至2015年年底,该类型船已退出运营。

"定河"类型船 1992年12月28日,大连造船厂为广州海运建造的6万吨级原油船"定河"轮交付使用。1997年,集团成立后该轮归属中海油运经营。该轮总长228.5米,型宽32.2米,载重量6.33万吨,航速13.5节。至2009年年底,中海油运经营6艘以"河"字命名的原油轮,分别为"定河""锦河""明河""桂河""淮河"和"阳河"轮。其中除"桂河"轮(5万吨级,1980年由英国船厂建造)、"锦河"轮(6万吨级,1988年由江南造船厂建造)外,其余4艘均为"定河"同类型船,由大连造船厂建造于1992—1993年间。2010年,"定河""锦河""明河"和"淮河"4艘原油船仍由中海油运使用中,至2015年年底,该4艘原油船相继退出营运。

"瑞金潭"类型船 2004年12月30日,中海油运与广船国际签订4艘5.3万吨级原油轮建造合同,该4艘船舶于2007年内建成,即"瑞金潭""黎平潭""遵义潭"和"泸定潭"轮。首制船"瑞金潭"轮,总长184米,型宽32.26米,载重量5.3万吨,航速14.6节。该船与同尺度常规油轮相比,具有舱容大、油耗低、安全性高、操纵性灵活以及注重绿色环保等特点,既可服务于超级油轮,又可单独使用,有助于中国进口原油运输的发展。至2015年年底,该类型船仍由中海油运用于内外贸石油运输。

图3-3-1 中海油运"泸定潭"轮(2007年摄)

"金牛座"类型船 2005—2006年,大连造船重工相继为中海油运建造4艘7.5万吨级巴拿马型原油轮,即"金牛座"轮(2005年8月22日投入营运)、"狮子座"轮(2005年9月19日投入营运)、"天龙座"轮(2006年4月21日投入营运)、"凤凰座"轮(2006年6月28日投入营运)。"金牛座"轮总长228.60米,型宽32.26米,载重量7.55万吨,航速15.56节。该型船建成后主要用于外贸原油运输。至2015年年底,该类型轮仍由中海油运经营。

"麒麟座"类型船　2007年3月2日,中海发展与大连造船重工签订6艘7.6万吨级成品油/原油兼用船建造合同,2008年9月10日,中海发展董事会审议通过关于续建4艘该类型油轮的议案,并于当日与大连造船重工签订建造合同。2009年6月30日,大连造船重工为中海发展建造的7.6万吨级成品油/原油兼用首制船"麒麟座"轮投入运营。同年11月,同类型"飞马座"轮投入运营。2010年2—11月,陆续有"羚羊座""海豚座""珊瑚座""鲸鱼座"和"山鹰座"轮5艘同类型船交付使用。2011—2012年,又有"白鹭座""孔雀座"和"天鹅座"轮等同类型船交付使用。这批船舶以"座"字命名,故又称"座"字型船。该类型船总长228.6米,型宽32.26米,载重量7.6万吨,航速15.4节,其船舶各项主要指标均达到当时世界先进水平。至2015年年底,该类型轮仍由中海油运和联营公司北海船务用于内外贸石油运输。

【阿芙拉型油轮】

"大庆88"轮　1993年8月,上海海运在工商银行上海分行和招商银行上海分行支持下,贷款2850万美元,从国外购入1艘8.5万吨级成品油/原油兼用船"大庆88"轮。该轮1986年6月由日本建造,总长243.8米,型宽41.6米,载重量9.02万吨,航速13.6节。船上配备气象导航、卫星导航和由中央调控的自动化装卸设备,可以分别装运原油和成品油。"大庆88"轮投入营运后,先后参加过海湾至远东航线石脑油运输和国内海洋平台石油运输。2010年年底,该轮仍由中海油运经营,2011年8月退租。

"湾"字类型船　2000年年底,中海油运从国外引进上海海洋运输行业首艘11万吨级油轮"枫林湾"轮。该轮1988年7月由日本建造,总长243米,型宽42米,载重量11.03万吨,航速13.5节,是当时中海油运经营的最大吨位成品油/原油船。2001年2月,"枫林湾"轮离开接船地韩国,投入海湾至远东石脑油运输。

图3-3-2　中海油运"梅林湾"轮(2012年摄)

2001年6月,中国海运与香港巴拉歌集团、日本名村造船厂等签订11万吨级成品油/原油船"松林湾"轮建造合同,该船于2002年11月27日交付中海油运使用。接回上海后不久,即投入中东—远东航线油品运输。其交付使用后,主要运营于中东—远东成品油运输市场。2004年6月6日,新建成的11万吨级油轮"柳林湾"轮交付营运。该轮总长244.60米,型宽42米,航速15.7节、载重量10.92万吨,续航力2万海里。同年8—11月,同类型船"杨林湾"和"榆林湾"轮建成。至此,中海油运已拥有11万吨级阿芙拉型油轮5艘。这5艘成品油/原油船均以"湾"字命名,又称"湾"字型船。

2010年12月22日,中海发展与大连船舶重工以及中国船舶重工国际贸易有限公司签署3艘11万吨级阿芙拉型成品油/原油船建造合同。截至2015年,"湾"字型油轮一直由中海油运用于远洋石油运输。

"北海希望"号等轮 2002年,北海船务从马士基公司购入10万吨级阿芙拉型油轮"北海希望"轮。该轮总长243米,型宽42米,载重量10万吨,航速14节,建于1988年。2006年,北海船务又从大连造船新厂购入10万吨级油轮1艘,船名"凤凰洲"轮,11.05万载重吨。2007—2008年,北海船务订造的两艘10万吨级油轮"北海威望"和"北海展望"轮相继由上海外高桥造船厂交船和投入营运。该型船总长243米,型宽42米,载重量10.44万吨,航速14节。至此,北海船务已拥有10万吨级阿芙拉型油轮4艘。至2015年,该类型船仍由北海船务经营。

【超级油轮】

"太平洋力量""太平洋先驱"轮 1998年11月,中国海运与比利时CMB航运集团合资组建的中欧油轮有限公司,光租1艘25万吨级超级油轮(VLCC)"太平洋力量"轮,并在新加坡正式投入营运。它是上海海洋运输行业早期接触和经营管理的超级油轮,也是当时中国石油运输船舶中最大的一艘油轮。该轮总长317米,型宽58米,高度相当于10层楼,吨位相当于两艘半"米尼兹"号航空母舰。

1999年,中海上海船员公司与中欧联合油品公司签订一份关于接管、操纵该公司VLCC"太平洋首脑"轮(后改名为"太平洋先驱"轮)的合同。"太平洋先驱"轮是一艘载重27.35万吨的巴拿马籍超级油轮,当时,国内造船业还没有能力建造如此大吨位的油轮。根据合同规定,中海上海船员公司派遣30余名船员,成功接管、操纵"太平洋先驱"轮,从此填补了中国船员管理、操纵超级油轮的空白,也为日后中国船员经营和管理VLCC积累宝贵经验。"太平洋先驱"轮于2000年由上海船员公司接管使用几个航次后报废。

"洋"字类型船 "十五"计划期间,中国进口石油需求量不断增长,成为仅次于美国的世界第二大石油消费国,继美国、日本之后的世界第三大石油进口国。石油运输市场良好的发展前景和空间,备受各大船公司关注。但直到当时,承担中国进口石油运输的主力一直为国外轮船公司。为适应国家能源发展战略需要、加快拓展海上外贸石油运输,中海油运积极调整和优化船队结构,开始订造30万吨级超级油轮。

2003—2004年,中海发展为中海油运签订3艘30万吨级VLCC建造合同,分别由大连新船重工和大连船舶重工承建。2004年11月28日,中海发展订造的首艘30万吨级超级油轮"新金洋"轮由大连新船重工建成交船,12月20日投入运营,是首艘国产超级油轮,也是第一艘悬挂五星红旗的VLCC。该轮总长330米,型宽60米,载重量29.74万吨,航速16.7节。"新金洋"轮的建成,改写中海油运没有超级油轮的历史,标志着公司已有能力直接参与国家进口原油一程运输。

2005年4月28日，由大连新船重工建造的"新金洋"轮的姐妹船"新宁洋"轮投入营运。此后，中海发展订造VLCC的步子加快，2006年内先后与大连、广州两地船厂签订8艘30万吨级VLCC建造合同；并购入1艘由日本建造的二手超级油轮"新平洋"轮，该轮总长30米，型宽60.04米，28.14万载重吨，26万载货吨，功率2.27万千瓦，建于2001年9月。

2007年11月26日，由大连船舶重工为中海油运建造的30万吨级VLCC"新安洋"轮投入营运。2009—2010年，中海发展批量订造的VLCC中先后有7艘建成交付使用，即"新通洋""新润洋""新岳阳"和"新汉阳"（该4艘船由大连船舶重工建造）"新埔洋""新甬洋"和"新申洋"（该3艘船由广州龙穴造船建造）。这批船舶设备先进，性能可靠，自动化程度高。其中，"新埔洋"轮是国内首艘自主研发、自行设计、完全拥有自主知识产权的超大型原油船，由中船龙穴造船有限公司联合中国船舶及海洋工程设计研究院研发设计。其载重量达30.9万吨，是美国最大航母的3倍；甲板长333米，宽60米，相当于3个标准足球场的面积；货舱深达27米，满载货物量相当于150列40节火车的装载量，并采用国际船级社协会关于双壳油船结构规范设计，用于装载闪点低于60℃的原油；服务航速15.7节，最远续航可达4万公里，相当于绕地球赤道1圈。该船因装有超大功率的驱动离心泵，24小时就可把30万吨油品卸完。船舶的安全性能也较高，在遭遇海盗袭击或其他突发事件时，可在35秒之内，通过船舶保安警报系统，以传真或电话短信方式迅速向船公司和船舶主管机构报警，并自动提供船舶信息，使岸上相关机构能够及时向船舶提供援助。

2010年，中海油运已拥有30万吨级VLCC 11艘，共330多万载重吨，因这批船舶都以"洋"字命名，又称"洋"字型船。同年12月，中海发展再次与大连船舶重工及中国船舶重工国际贸易有限公司签约，建造两艘30万吨级VLCC。2011年2月25日，集团第4艘30.8万载重吨超级油轮"新厦洋"轮交付使用。

2015年年底，中海油运拥有30万吨级大型油轮（VLCC）16艘，共484万载重吨。

表3-3-3　2013—2015年中海油运老旧油轮淘汰情况表

序　号	船　名	总　吨	淘汰时间
1	大庆92	39 317	2013年1月15日
2	大庆94	39 148	2013年1月18日
3	大庆93	39 123	2013年10月24日
4	明池	22 596	2013年10月31日
5	淮河	38 309	2013年12月4日
6	大庆73	21 281	2013年12月20日
7	大庆75	21 151	2013年12月21日
8	玉池	22 596	2014年2月24日
9	平川	7 974	2014年2月25日
10	丹池	22 596	2013年1月15日
11	泰川	7 974	2013年1月18日
12	定河	37 835	2014年3月23日
13	大庆72	21 218	2014年3月27日

〔续表〕

序 号	船 名	总 吨	淘汰时间
14	大庆 74	21 281	2014 年 4 月 15 日
15	大庆 71	21 218	2014 年 5 月 13 日
16	明河	38 548	2014 年 11 月 15 日
17	建设 51	7 894	2014 年 12 月 15 日
18	建设 52	7 894	2015 年 8 月 30 日

第二节 沿 海 运 输

改革开放后,沿江、沿海地区石油运输快速增长。除上海、广州海运外,陆续有多家新中小型石油运输企业成立,加入沿海石油运输,其业务范围多为成品油运输。20世纪八九十年代,上海海运一直承担着上海和华东地区石油需求量90%左右的运输。主要承运大庆、胜利等油田通过输油管道下海的原油。广州海运油轮公司则主要承担华南地区的石油及成品油的运输任务。

1997年,中国海运在沪成立后,其控股的中海油运成为国内外石油运输主力船队,并在国内沿海石油运输市场始终居于主导地位。

进入21世纪后,我国沿海石油运输持续发展,并主要集中于4个细分市场,即承担陆上管道原油的海上运输、进口原油的二程中转运输、国内海洋原油运输和内贸成品油运输。其中尤以原油运输所占比重为大,主要客户为中石油、中石化、中海油以及其下属的炼化企业。内贸成品油运输则主要集中于将东北地区成品油产品运至上海和华东、华南等消费地区。根据沿海石油运输市场的结构特点和变化,中海油运调整运营组织和运力结构,在沿江沿海各地区原油、成品油运输中发挥着国有骨干企业的重要支撑作用。2010年,中海油运完成沿海内贸石油运量4 974.64万吨,其中原油运量4 294.30万吨,占86%。

2011年,国际油运市场持续低迷,国内油品运输市场竞争加剧,集团坚持"大船、大客户、大合作"战略,注重COA合同的签署与执行,有效提高长期稳定货源的比例。在内贸油运方面,加强与政府主管部门及大货主的沟通,在稳定重点客户的同时注重培养潜在客户和中小客户,努力开拓新的效益增长点。当年完成内贸油品运输5 236.67万吨,其中原油4 535.18万吨,成品油701.49万吨,同比分别增长5.26%、5.61%和3.11%。

2015年,全球油轮运输市场总体保持良好运行状态。受国际原油价格低位运行影响,全球石油贸易的活跃对油轮运力需求增长了4.3%;而全球油轮运力的增量仅为1.5%,是2008年全球金融危机以来最低值。在多重因素叠加和相互作用下,国际油轮运输市场整体上行,各主要航线平均运价水平较上年同期均有所提高,船东收益大幅改善。同时,内贸原油运输市场发生了政策性变化,交通运输部在当年3月全面放开货源分配计划。海洋油产量达到"十二五"时期的高点;中转油市场,水运需求持续旺盛,全年中转油运输量为2 000多万吨。

中海油运作为沿海原油运输市场的传统主力,认真总结和借鉴成品油市场放开的经验教训,在集团"战略引领、创新驱动"理念推动下,强化忧患意识,转变工作思路,采取一系列应对措施:针对内贸成品油市场放开后,民营小船大量进入成品油的运输,大船货源结构性萎缩、小船市场低端化的结构性变化趋势,公司决定战略性退出内贸成品油市场,避免陷入与民营船东恶性竞争的泥潭;完成扩大持有中海油合资公司北海船务40%的股份,建立"命运共同体"的战略联盟关系,使公司内贸海洋油的运输份额得以保证,全面提升公司在沿海原油运输市场的影响力和控制力;积极尝试物流服务模式,与大连港、莱州港和中国化工油气股份有限公司(简称中国化工)四方合作,以综合物流的服务模式,将原由公路运输的中国化工进口原油中转业务转为水路运输,开辟新市场,创新与港口、货主的合作新模式。同时建立"安全营销、服务营销"的品牌优势,以"为大客户提供培训、技术咨询等增值服务"作为营销手段,赢得中联化、赛科、BP、壳牌等大客户的充分认同和积极响应;成立货运质量控制小组,按照"四不放过"原则进行处理的理念,引进第三方进行"监装监卸",油品损耗明显降低,市场口碑大幅提升。

中海油运与北海船务、大连远洋、深圳三鼎、南京油运、海南通利等国内主要同业,不搞恶性竞争而是搞联手竞合,开展不同程度的船位互换、航线互换和货载互换合作,有效提高船舶营运率,节约成本,形成互利共赢新局面。抓住内贸原油市场放开后货源增加的机会,租入三鼎、大远、海南通利的闲置运力,开展航次期租、短期期租、长期期租等多种形式的合作,将"竞合模式"推向深层次。中海油运沿海原油运输"竞合模式",进一步提高公司对沿海原油市场的控制力,巩固和提升龙头地位,取得良好经济效益和社会效应,被选为集团2015年优秀管理实践案例。同年,得益于价格相对稳定,中海油运运输收入不仅没有下降,而且总体出现提升;中海油运与几家船公司合作,增收5 316万元,增效6 120万元;同期合作方增收2 448万元,增效3 000万元。同时,公司稳固原油运输市场份额,市场占有率达到53.51%,同比提升1.68个百分点。

2015年,中海油运沿海运输投入运力43 721吨天,比2014年增加11.4%;其中自营运力39 118万吨天,租入运力4 603万吨天;完成货运量4 084万吨(不含期租为3 711万吨),比2014年增加21.5%;完成运输收入21.7亿元(不含期租为20.77亿元)。

一、管道原油运输

20世纪八九十年代,上海、广州海运局一直为沿海原油运输的主要承运者,其主要业务范围是为华东、华南地区的炼化企业承运大庆、胜利、任丘等油田生产的原油。这些油田均建有输油管道,可将原油输送至秦皇岛、青岛等港口,再由这些港口下海运往南方各地。

1997年中国海运成立后,旗下的中海油运是承担国内管道原油下海运输的主要企业。2001年,该公司完成管道原油下海运输量364.2万吨,占公司全部油运业务的8.6%。2002年,完成管道原油下海运输量493.4万吨,增幅42.4%。同时,因鲁宁等陆上输油管道投产,管道原油下海量相比20世纪70—90年代已有明显减少。

2004年,随着国家"北油北用、南油进口"战略的实施以及大庆油田产量逐年递减,北方陆产原油下海运输量进一步减少。同年1—6月,从大连、秦皇岛下海的内贸原油不足60万吨,管道原油海运市场因之大幅萎缩。同年,中海油运管道原油运量仅为61万吨。到2005年更大幅降至19.43万吨。此后,北方陆产原油很少通过管道下海运往南方。

"十二五"期间,由于"八三"管线(以贯穿东北三省的8条输油管线为骨干的输油管网)输至大连石化的大庆油改输俄罗斯原油,原由"八三"管线输送的大庆陆产原油改为由大庆—铁岭—秦皇岛管线输至秦皇岛,由秦皇岛水运至大连,从而导致已基本消失的管道油运输恢复。当时,内贸管道油市场运输年需求量约为400万吨。2011年,中海油运管道油运量达到期间峰值,为345.2万吨,以后逐年下降;到"十二五"末期又略有回升。

2015年,中海油运管道油运量为287.97万吨,同比上升9.2%;周转量为5.14亿吨海里,同比上升17.4%。

二、海洋原油运输

20世纪八九十年代,沿海石油勘探和开采不断取得新的进展。海洋原油运输因之兴起,逐渐成为沿海内贸原油运输的重要组成部分。1986年9月25日,广州海运6万吨级新油轮"大庆257"驶达北部湾围10-3油田,靠上南海油田17万吨级的储油船"南海希望"轮,于27日满载原油驶离并开往目的港,并首次安全通过琼州海峡,完成南海油田8月7日试产后的第一批原油运输,也开启广州海运海洋原油运输的先河。同一时期,上海海运也已介入海洋平台原油运输。

20世纪90年代中期,海洋原油运输量逐渐增大。上海和广州海运对该市场的运力投入逐渐增强。1997年,仅上海海运所属海兴公司就发挥内外贸兼营优势,投入6艘3.5万吨级"大庆7"字头油轮,确保海洋平台原油运输任务的完成。

当时,海洋原油运输主要包括海洋油一程和海洋油二程运输,其中海洋油一程运输主要航线有:

渤海平台—天津、龙口、莱州、青岛、东营、黄骅、营口、上海、宁波、舟山、南京、高港、湛江、惠州;绥中平台—天津、龙口、青岛、宁波、南京、高港、湛江;南海东部终端(西江、番禺、流花、陆丰)—南京、黄埔、宁波、惠州、大连、锦州;南海西部终端涠洲平台—上海/湛江,文昌—惠州/宁波。海洋油二程运输主要航线有:宁波—镇江、南京、江阴、上海、莱州、岚山、青岛、营口;舟山—上海、岚山、南京。

中国海运成立后,国内海洋原油主要由中海油运及联营公司北海船务承运。1998年3月27日,中海油运"建设12"轮,在温州龙湾电厂卸下4 460吨流花油,这标志着公司又成功开辟一条国内海洋油品运输新航线。流花油产于南海流花石油平台,其含硫量高,又称高硫原油。温州龙湾电厂正式投产后,每年需要20万吨流花油燃料从宁波驳运至温州。中海油运抓住机遇,与厂方达成承运协议,把首载驳运任务交给"建设12"轮。因流花油中含有硫化氢等气体,运输安全要求较高。为了赢得长期稳定货源,公司采取5条具体措施,包括委派主管人员前往南海流花平台,学习掌握承运高硫原油安全操作要求和注意事项;为承运船舶添置测毒仪、空气呼吸器等安全设备;派员跟船培训船员掌握操作技术;派专人去宁波港监和劳动局,商定安全操作及劳动保护措施;加强与货主联系,对承运船舶有关设备进行必要改造,以适应提油需要,确保首载驳运成功。全体船员则以严谨科学态度投入紧张的强化培训,反复操练,直到符合标准为止,使试运任务得以顺利完成。

2000年12月13日,中海油运"大庆72"轮在新建成的渤海绥中平台码头成功运出第一载海洋原油。同时,因管道原油下海运输量逐年下降,海洋原油运输利润较高,国内一些规模较大的油轮公司都想加入海洋原油运输市场,竞争十分激烈。但海洋石油平台终端作业有其特殊性,对油轮船期和安全管理要求很严,特别是平台储油有限,若船方耽误船期则极易导致关井停产。中海油运凭借自身管理和服务优势,保持着70%以上高比例的市场份额。海洋石油销售公司与中海油运之间保持"热线"电话联系,双方约定,无论海洋平台方面有什么要求,只需一个电话,中海油运就会尽力加以解决。每月中旬,海洋原油生产计划下达后,中海油运调度部门总是先行安排好海洋油船期,再考虑其他原油运输。每次台风来临,该公司总是先行腾出运力确保海洋油运输,确保平台生产安全。有时为赶船期,甚至不计成本保平台。同年8月,一外轮滞后到达,南海平台生产告急,海洋石油销售公司通过"热线"电话向中海油运求援。但此时已无空船,中海油运立刻指示在黄埔港卸了一半石油的"宁河"轮停止作业,立刻开航为南海平台抢运石油。公司的优质服务,赢得海洋平台方面高度赞誉,其海洋原油运输市场也不断得以巩固和发展。至2000年年底,公司已累计安全运载海洋油3 500多个航次,8 000余万吨。

21世纪初,南海和渤海等地相继发现和开发多处有价值的海底油田,国内海洋原油生产呈逐年上升趋势,除部分出口外,主要用于满足国内需求。中海油运经营的沿海石油细分市场格局发生新的变化,针对国内管道原油下海减量,内贸成品油市场持续低迷的形势,公司及时调整货源结构,从原先以管道原油、内贸成品油运输为主向海洋原油、外贸进口油二程过驳原油运输为主转变。为巩固和发展海洋原油运输市场,公司加强与海洋石油公司高层联系,定期派人参加海洋平台生产调度会,抽调配备IGS(惰性气体系统)装置的原油船无条件满足海洋原油生产需要,成为海洋石油公司最佳合作伙伴。

2002年,在中海油运5项油种构成(管道原油、中转原油、海洋原油、内贸成品油和外贸石油)中,海洋原油占28.7%。其业务重点为开展海洋原油内贸运输(一程运输)和二程中转运输。内贸运输主要从渤海、南海等海上石油平台,将产出的海洋原油运至国内中转港口和各炼化企业;二程中转运输将已到达中转港口的海洋原油,再分别运至沿海、沿江各炼化企业。同年,位于南海东部的惠州、流花、西江等平台都有海洋原油运至上海等地。其中,由惠州平台运至金山(上海石化)11.53万吨;由流花平台运至上海石化4.10万吨;由西江平台运至上海石化4.06万吨,运至上海高桥石油化工公司3.81万吨。

位于南海的流花平台由英国石油公司(BP_AMOCO)控股,每年原油产量在100万～120万吨,承运该平台石油需通过英国BP公司检查。BP公司是一家以管理严格著称的大石油公司。20世纪90年代,上海海运局曾承运该平台原油,但限于条件和财力,满足不了设备和操作上的严格要求。后中海油运想方设法改进船舶设备、改善船舶工作环境、提高船员技能素质,从而获得英国BP公司检查认可。2003年5月,随着"大庆91"轮前往流花平台提油成功,该石油平台终于完全认可中海油运的软、硬件管理水平。

2004年,国内海洋原油多个新平台投产,内销油增多。为确保运输,中海油运进一步加强与海洋石油公司的协作,优化货运质量,努力满足海洋平台提油需要。同年1月和8月,文昌平台、曹妃甸平台相继投产,公司及时安排运力,安全、顺利完成两平台首载提油任务,积累了新平台船舶提油安全操作经验。由于积极承运曹妃甸、渤中251、渤南281以及赵东、文昌等新平台石油,截至2004年年底共完成海洋原油运量1 575万吨,比上年增长21.9%。海洋原油运输在其内贸石油运输各项业务中所占比重已达41.1%,仅次于进口二程中转油(47.0%)而居第二位。

2004—2006年,中海油运海洋原油运输市场份额逐年上升:2004年运量1 575万吨,占市场总运量2 300万吨的68.5%;2005年运量1 695万吨,占市场总运量2 513万吨的67.4%;2006年运量1 706万吨,占市场总运量2 472万吨的69.0%。

2010年10月19日,中海油运所属"黎平潭"轮靠泊中海油渤中28-2油田终端,在进行作业时,被拖轮擦碰,造成损坏,提油作业无法进行。但此时该油田终端原油库存已较高,如不及时输出,将面临停产危险。中海油运得知情况后,未因事故责任不在己方甩手不管,而是保持与终端销售人员的沟通,设法调拨船舶前往接替。经合理调度,中海油运调派的"瑞金潭"轮于次日及时抵达渤中28-2油田终端,并迅速投入接卸,有效降低终端原油库存,确保生产正常进行。同年,中海油运完成海洋原油运量2 524.39万吨,比上年增长24%。

表3-3-4　2005—2015年国内海洋原油平台分布情况表

分　类		海洋原油平台
南海	东部公司	惠州、西江、新西江、番禺、流花、陆丰等
	西部公司	涠洲、文昌、新文昌
渤海	绥中下海	绥中、锦州251、旅大
	秦皇岛下海	锦州93、旅大272
	渤海终端	曹妃甸、秦皇岛326、蓬莱193、渤南281、渤中251、渤南282

2010年,中海油运海洋原油运输,从南海东部的惠州平台运至大连66.85万吨;从南海东部流花平台运至宁波53.15万吨;从南海东部番禺平台运至锦州40.95万吨,运至黄埔70.42万吨;从渤海湾曹妃甸平台运至惠州11.40万吨,运至宁波82.76万吨;从渤海湾绥中平台运至湛江42.84万吨,运至高港117.27万吨,运至宁波82.18万吨,运至南京72.37万吨,运至天津新港175.20万吨;从渤海湾渤中平台运至高港39.11万吨,运至龙口119.55万吨,运至南京66.23万吨,运至天津新港109.75万吨。

与中海油运同时承担海洋原油运输的企业还有中海油运参股合资的北海船务。2010年,该公司自有油轮6艘,期租油轮2艘,从事国内外油品运输。海洋平台原油运输为其国内油品运输业务之一。

"十二五"期间,中海油运的海洋油运量呈逐年下降态势。2011年运量为2 372万吨,2011—2015年5年的平均年运量2 042万吨,2015年运量为1 846万吨。其原因主要有两个:一是受石油产量所限,海洋油产量即市场总量2010年达到历史高位4 102万吨,而到2011年则跌至3 853万吨,2012年进一步跌至3 241万吨,到2015年维持在4 000万吨。二是受市场竞争分流影响,如交通运输部批准一些地方公司巴拿马型船舶投入海洋油运,分走部分油源,使得中海油运市场份额呈下降态势。2010年市场份额为57.87%,2011年市场份额为52.66%,2014年跌为49.34%,到2015年跌至46.08%。

三、进口原油二程中转运输

20世纪80年代中期,上海海运为搞活原油运输,提高企业经济效益,在完成国内港口油运的同时,先后开辟多处海上外贸原油二程驳运点。

20世纪90年代至21世纪初,我国进口原油增长幅度每年达15%左右。其运输方式主要由外轮从中东、西非或东南亚运抵我国沿海港口,其中30%需经二程中转过驳,年过驳量达1 800万吨。中海油运积极抢占这一市场,不仅弥补管道下海原油减量造成的缺口,也给企业带来新的经济增长点。

1997年,由于进口原油增量,海兴公司海进(长)江二程驳运量大幅增加。当时的国内原油运输主力船1.5万、2.4万吨级油轮遂成为进江原油运输主力。这些船舶大都船龄老、船速慢、设备陈旧,但在油运船员的驾驭下,继续为国家建设作出贡献。至同年9月30日,有11艘原油船进江达到10个航次以上,其中"大庆42、46、48"轮进江10航次;"大庆45、51、61"轮进江11航次;"大庆31、63"轮进江12航次;"大庆47、50"轮进江13航次;"大庆27"轮是当时公司船龄最老的老旧油轮,进江17航次,为各原油船进江驳运次数之最。

2001年,虽受全球经济衰退及美国"9·11事件"影响,国家进口原油减少,中转货源不足,但中海油运在进口原油二程中转过驳市场仍占据70%份额。全年完成运量752.3万吨,占公司全部油运业务的17.8%。其原油驳运业务,主要从宁波、黄埔、青岛、舟山等中转港口将进口原油二程中转运输到其他港口或沿海、沿江炼化企业,包括上海石化和高桥石化等位于上海的大型石化企业。

2002年,中海油运针对市场变化情况,及时调整运力结构,加快船舶周转,集中力量做好原油过驳运输,使进口原油中转量比上年增长465万吨,增幅为62.6%。

2003年,我国进口原油增长,带动二程中转油运输大幅上升。中海油运加大揽货力度,安排二程中转油集中到港,提高卸油效率,全年完成运量1805万吨,实现收入7.61亿元,同比分别增长49.2%和60.9%。

2004年年初,国内各炼油厂加工量增加,原油需求旺盛。海上原油大量进口,过驳运力需求随之增加。且进口外轮常常集中到达港口,更增加及时驳运的难度。针对部分炼油厂加工量增加而原油库存较低现象,中海油运在内贸原油运力吃紧的情况下,急调8艘外贸油轮,投入国内中转油运输,有效缓解中转油运力偏紧的压力。1月即完成进口中转油运量227万吨,比上年同期增加92万吨,创公司成立后月中转油运量历史新高。3月25日—4月1日,宁波港有127万吨原油急需过驳;5月21—26日,又有6艘VLCC超过150万吨进口原油需过驳。面对紧急、繁重的过驳任务,中海油运与中石化、中石油等大货主多次开展高层互访,就进口原油集中到港过驳运输问题加强沟通,认真协调运输计划,及时解决运输中存在的困难。同时,加大运力投放,强化船舶调度,随时与宁波、舟山、青岛等驳运港方协调,共同研究驳卸方案,做到船到即靠,装妥即离,有效提高油轮过驳周转速度,避免外轮滞港现象。

2004年,二程中转原油中有相当一部分需由海进(长)江,运到沿江各炼油厂。受长江年初枯水、年中汛期、驳运不畅等不利因素影响,给进江运输带来不少困难。中海油运针对炼油厂库存和需求情况,合理安排船舶衔接,做好疏港工作,多次派业务主管到现场监卸,并随时保持与各炼油厂、港务局"热线"联系,取得较好效果。当年1—7月,完成进江原油运量720万吨,平均每月完成102万吨,与上年同期相比增长26.8%。

2004年6月,全长666公里的甬—沪—宁输油管道开通,沿途炼化厂所需进口原油多由管道供给,海进江中转运输货源大幅减少。针对二程中转市场出现的货源萎缩、船多货少局面,中海油运调整运力结构,合理调配内外贸兼营船的投入,并加紧报废旧船,在保证进口原油中转运输的前提下,达到船舶和货源相对平衡。

2004—2006年,公司在进口原油二程中转市场所占份额平均达60%以上。2004年运量1803万吨,占市场总运量2886万吨的62.5%;2005年运量1496万吨,占市场总运量2204万吨的67.9%;2006年运量1298万吨,占市场总运量2222万吨的58.4%。

2007年,甬—沪—宁输油管道的仪征—长岭管道开通,优化国内原油运输结构,进口原油水路中转量由此进一步下降。同年1—10月,外贸进口原油中转运输量下降近9%,其中尤以海进江中转量下降幅度为大。此后,长江沿岸的进口原油运输以管道运输为主,水运只作为少量补充。但沿海许多炼油厂因当地无法停靠大型油轮,国家进口原油中仍有25%左右需从宁波、青岛、大连、舟山等主要转运港中转运入。2008—2010年,中海油运进口原油二程驳运量分别为1 187.29万吨、1 094.59万吨和1 475.3万吨。2008年和2010年,由宁波、舟山和青岛3港中转至上海石化和高桥石化的进口原油分别达607.5万吨和651.3万吨。

2011年10月投产的中石化日照—仪征原油管道,总长390公里,途经山东、江苏、安徽三省,年输油能力2 500万吨,通过设在岚山港区中区的80万立方米首站及240万立方米储备库与日照港30万吨级原油码头相连。该原油管道及配套工程是中石化"十一五"期间的重点工程项目,也是中国运输量最大、口径最大、自动化程序最高的输油管道。该管道开通之后,中石化对原油配置进行优化,减少了进江原油二程中转运输海运量。2011年年底至2012年约分流原油海运量1 600万吨。

"十二五"期间,中海油运的中转原油运量波动较大,其年运量维持在800万~1 800万吨之间,最高为2011年达到1 794万吨,最低2013年为806万吨,5年的平均年运量为1 174万吨。

2015年,中海油运中转油投入运力13 869万吨天,比2014年上升38.6%;完成运量1 387万吨,比2014年增加58.2%;完成运输收入5.84亿元,比2014年增长38.1%;所占市场比重为64.6%,比2014年增加10.08个百分点。

四、内贸成品油运输

1978年始,上海海运局一直参与国内沿海各炼化企业的成品油运输。20世纪八九十年代,沿海成品油装货港以大连等北方港口和上海港(包括上海石化总厂)、镇海石化总厂等为主,卸货港则遍及沿(长)江沿海许多港口,包括长江沿岸的九江、铜陵等港口。

21世纪初,国内成品油消费主要集中于长江流域和华南等经济较发达地区,内贸成品油呈现"北油南运"特点,海上运输是成品油内贸运输主要方式之一,其大多从东北成品油加工企业经大连、营口、秦皇岛、天津等港口,运至南方各地。2002年,中海油运内贸成品油运输中,由大连运至黄埔37.37万吨;由锦州运至黄埔7.98万吨;由秦皇岛运至天津新港20.67万吨,运至黄埔18.76万吨,运至深圳2.83万吨。

2004年,国内成品油消费大幅抬升,中石化、中石油两大石油集团为满足成品油市场旺盛需求,加大所属炼厂原油加工量,各炼厂满负荷生产,沿海成品油运量因之呈上升趋势。2005年10月,装有5万多吨柴油的"大庆93"轮从中石油大连石化分公司4号码头起程,驶往浙江舟山、宁波。7万吨级的"大庆93"轮是当时在国内航线运营的最大吨位成品油轮,此前一直服务于中海油运,承担国内外海上原油运输任务。由于国内油品市场供求数量不断增加,华海公司(为集团油品运输联营公司)与中海油运达成"大庆93"轮期租协议,并将该轮改装为成品油轮,为中石油提供海上成品油运输服务。其对中石油东北地区炼厂的成品油下海发挥重要作用,为中石油"北油南运"业务提供支持和保障。

2010年,国家对成品油进口实行全面限制,使原依赖进口汽油、柴油为主的广东、福建、广西等市场,改由国内东北炼油厂供货,"北油南运"运输格局又有增强。同年,中海油运内贸成品油运输,从大连运至宁波10.58万吨,运至江阴16.23万吨,运至珠海17.81万吨;从营口运至钦州12.20万吨,运至湛江12.05万吨,运至珠海7.32万吨。

"十二五"期间,由于国内各大集团成品油管网陆续竣工及区内各大炼厂保供资源增加,为节约物流成本,各地销售公司采取就地采购措施,国内成品油水运格局发生较大变化,"北油南运"长线运输呈萎缩状态,汽柴油基本以各大区内短线和小船运输为主。中石油锦州—郑州—长沙(锦郑长)管线的建设,分流了中石油北方下海量1000万吨/年;中石化各大区内管网发达,沿海各炼厂均有直通区内较大油库的管道,海运量对中石化来说,仅仅是管网输送外的补充。综上原因,这一时期国内成品油海上运输需求量呈下降态势。

2011—2015年的5年间,中海油运(包括合资公司)承运的国内成品油年平均510万吨,2011年为701万吨,2013年降至484万吨,到2015年降至307万吨。

表3-3-5　2006—2015年中国海运内贸石油运量情况表　　　　　　　　　单位:万吨

年　份	原油小计	其中海洋原油	成品油小计	内贸合计
2006	3 195.94	1 706.31	562.14	3 758.08
2007	3 214.19	1 580.42	245.81	3 460.00
2008	3 245.87	1 694.29	238.59	3 484.45
2009	3 398.14	1 920.98	450.06	3 848.21
2010	4 294.28	2 524.39	680.36	4 974.64
2011	4 535.18	2 372.06	701.49	5 236.67
2012	3 366.21	2 066.92	631.80	4 006.72
2013	3 130.18	2 051.10	483.76	3 613.94
2014	3 043.84	1 877.07	427.58	3 471.42
2015	3 988.61	1 845.70	306.93	4 295.54

第三节　近、远洋运输

中国海运成立后,中海油运一直是国内从事近、远洋外贸石油运输的主要船公司之一。

2001年,中国加入WTO后,进口原油量大增。国务院及国家有关部门及时建立国家石油战略储备,并着力扶持"国油国运"(即国家进口原油由中国船舶自己承运)。中海油运遂将外贸石油运输定位为企业重点发展方向,进一步担负起进口原油运输任务,服务于全国石油战略储备。

2005—2010年,随着油轮船队结构从小型化向大型化转变,公司实施"从沿海走向远洋"的经营战略性转变逐步得以实现。其间,公司坚持以市场为导向,紧紧围绕"保效益、降成本、强服务"的经营策略,不断拓展市场,扩大业务范围,提高运输效率,转变粗放型经营方式,完善经营业务管理制度,经营风险得到及时有效管控,国际业务有了长足发展。

为了加快"从沿海走向远洋"的战略性转变,打响中海油运国际化品牌,发挥船队规模效应,公司在外贸经营管理的实际工作中,突出抓了三个"点":

把抓市场营销作为拓展外贸市场经营的起跑点。公司从积极收集和掌握市场信息、主动联系和走访货主,到每年召开内、外贸货主恳谈会,坚持与货主建立经营沟通机制;特别是与进口原油的大客户中石化等公司,建立高层、中层和操作人员3个层面的互访机制,为业务合作打下良好基础。

把强强联合、争取优质稳定货源作为拓展外贸经营的立足点。公司高度重视与大货主的长期合作。在充分论证和科学决策的基础上,推进与大货主建立长期合作关系,实施与大货主强强联合战略。2006年6月,公司与我国最大的石油进口商中国联合石化签订了为期10年的超大型油轮VLCC一程原油运输协议,为公司超大型油轮VLCC提供了稳定的货源保障。同时,签订了巴拿马型油轮COA运输协议。此外,公司还每年与东南亚各大货主签订600万吨左右运输量的COA协议,为外贸经营创造有利条件。

把精品航线、精细管理,作为拓展外贸运输创优质品牌的着力点。公司十分重视利用船况良好、设备先进的大型船、新船的竞争优势,加强船舶经营管理,落实重点船监控制度,努力提高货运服务质量,塑造中海油运良好的服务品牌,赢得广大货主的普遍赞誉。公司新造的"湾"字号阿芙拉型成品油/原油船,成为中东到远东石脑油运输航线上的主力军。为了提高船舶运营效率,公司积极组织三角运输,开辟精品航线,利用阿芙拉型、巴拿马型船在日本或韩国卸空油后,再承运国内成品油到东南亚,使油轮回程空驶距离大大缩短;利用灵便型船从新加坡装油到澳大利亚卸空油后,装其他油到新西兰,做到来回有货。这些精品航线为公司外贸运输效益的提升发挥了重要作用。

"十一五"期间,中海油运累计完成货运量3.29亿吨,周转量4 908亿吨海里,运输收入270亿元,分别比"十五"期增长18.5%、17.4%和47.5%;实现利润66亿元,比"十五"期增长20%,公司发展规模和经营质量实现同步上升。其中外贸石油运输量增长起到决定性作用。

"十一五"末期,中海油运的总资产达186亿元,比"十五"末期增加119.9亿元,增幅达181.4%。其间,中海油运实现运输收入270亿元,创利超过66亿元,盈利水平在同行业中保持领先。特别是2008—2010年,国际航运市场受金融危机影响跌入波谷,中海油运变压力为动力,化挑战为机遇,科学分析判断油运市场长期走势和变化格局,采取积极拼抢货源、加强与货主战略合作、锁定运价油价、强化精细管理、加强成本控制、落实节能减排等有力措施,有效平抑了国际金融危机的冲击,生产经营、经济效益都取得较好成绩,均圆满完成集团下达的经济效益指标。经过多年努力,公司经营的内外贸运输格局发生可喜变化,2010年,外贸石油运输量已超过3 000万吨。初步形成"从沿海走向远洋"、内外并举、比例协调、业务平衡、效益互补、良性循环的经营局面。

2015年,全球油轮运输市场总体保持良好运行状态。在多重因素叠加和相互作用下,国际油轮运输市场整体上行,各主要航线的平均运价水平较去年同期均有所提高,船东收益大幅改善。VLCC市场3条典型航线(中东—远东TD3、中东—美湾TD1、西非—中国TD15)的运价指数均值同比均超过25%,外贸白油市场3种船型(LR2、LR1、MR)的3条典型航线(中东—日本TC1、中东—日本TC5、新加坡—日本TC4)运价指数均值同比增长6.63%、4.04%、15.56%。同年,中国海运完成外贸原油及成品油运量3 900万吨,其中约80%为"一带一路"沿线货源,有力支持了国家"一带一路"建设的实施。中海油运外贸原油运输收入21.78亿元,比上年增加40.8个百分点;外贸成品油运输收入9.41亿元。

表3-3-6 1998—2015年中海油运外贸石油运量情况表

年 份	货运量(亿吨)	货物周转量(亿吨海里)
1998	0.15	258.2
1999	0.12	208.1
2000	0.15	250.0

〔续表〕

年　份	货运量(亿吨)	货物周转量(亿吨海里)
2001	0.15	273.5
2002	0.14	278.0
2003	0.19	337.8
2004	0.20	370.0
2005	0.22	620.0
2006	0.25	734.1
2007	0.25	806.3
2008	0.26	863.7
2009	0.32	1 040.3
2010	0.31	1 308.0
2011	0.35	1 577.1
2012	0.42	1 827.0
2013	0.43	1 743.7
2014	0.42	1 886.8
2015	0.40	2 042.7

一、原油运输

1979年年底，上海海运在沪组建海兴公司，专事远洋外贸运输，包括利用上海海运所属油轮承担中国进出口石油（含原油和成品油）运输。

1998年2月，中海油运在沪成立，是当时国内最大的水路石油运输企业。其作为国家大型骨干企业，业务经营范围遍及国内外多个港口和多家石油化工企业，主要从事中东、西非到远东的原油及成品油运输。中国加入WTO后，原油进口量逐年增大，且主要依靠海洋运输。中海油运在巩固国内油运市场的同时，加大对外贸石油运输的投入。

2001年，中海油运从事部分进出口原油运输，在东南亚进口原油市场中占有一定份额，并开展部分陆上管道石油出口的海上外贸运输，航线遍及国内外多个港口。同年，公司完成外贸石油运量1 524.9万吨。其中从越南（头顿）运入上海原油22.25万吨；从文莱（诗里亚）运入上海原油7.45万吨；从印度尼西亚（杜迈）运入上海原油3.74万吨；从马来西亚（居茶）运入上海原油5.30万吨；从印度尼西亚运至湄州湾原油12.34万吨，运至大连港原油11.04万吨，运至宁波原油12.62万吨；从文莱运至宁波、青岛、天津等港原油27.51万吨；从越南运至锦州、宁波、青岛、天津、湛江、舟山等港原油73.64万吨。

当时，进口原油绝大部分由外资轮船公司承运，且所有进口石油的80%需经过马六甲海峡，极易因战争或其他原因受阻。为此，国务院于2002年11月决定建立国家石油战略储备。2003年3月，国家发展和改革委员会下设能源局，与国家石油储备办公室一同负责国家石油储备的规划、建设、政策和管理。同年下半年,国家有关部委多次会同中石化、中石油、中海油三大石油生产商以及大连远洋、中海油运、招商轮船、长航油运4家国内主要石油运输商召开会议,讨论"国油国运"问题,制定详细发展规划,旨在提高国内油轮公司在进口原油运输市场中承担的份额,保障国家石油安全。

为响应"国油国运"号召,中海油运提出"创建世界级油轮船队"目标,并通过新建、购置、租赁、改建、处置等多种方式,对船队结构进行调整和优化,着手添置30万吨级超级油轮(VLCC),积极参与自国外港口至国内第一接卸港的进口原油一程运输。

中国是世界第二大石油消费国,也是世界第三大船籍国,但在很长一段时间里,在全球400余艘VLCC中,竟然没有一艘悬挂五星红旗的。在进口石油运输中,90%以上份额是国外船东承运的。2004年12月,中海油运第一艘30万吨级VLCC,也是中国首艘悬挂五星红旗的VLCC——"新金洋"轮投入使用,实现真正意义上的"国油国运",填补了中国海运大型油轮在国家一程进口原油运输市场上的空白。

"新金洋"轮是由大连新船重工为中海油运建造的,船体总长330米,型宽60米,油仓容量达34万立方米,最大航速16.7节。2004年12月21日,悬挂五星红旗的"新金洋"轮踏上远航征程,经过42天风雨兼程,从沙特阿拉伯满载27.43万吨原油,于2005年2月1日胜利返回青岛港,成功完成处女航。

"新金洋"轮的投入运营,改写了中海油运无超级油轮的历史,实现集团拥有VLCC自营船"零"的突破。这是中海油运抓住发展机遇,踏准市场节拍,提升船队竞争力的成功范例,也是集团战略决策能力和市场驾驭能力的体现。

"新金洋"轮由大连港驶往沙特阿拉伯装载进口原油,标志着该公司已具备直接参与国家原油进口一程运输的能力。2004—2006年,国家进口原油一程运输主要为中东、西非、南美和东南亚等地至国内港口的运输。国内主要原油进口商为中石化、中化集团、中石油3家企业。进口原油一程运输中由中资油轮企业承运的运量在20%左右,其余部分均由外资油轮企业承运。中海油运在进口原油运输中所占市场份额为:2004年运量644万吨,占原油进口总量的5.2%;2005年运量920万吨,占原油进口总量的7.3%;2006年运量1 011万吨,占原油进口总量的7.0%;为国内最大的原油进口运输商之一。同年,公司还与负责中石化原油进口业务的联合石化签署10年期限长期运输协议。

2008年年底,中海油运已在30多个国家和地区开辟外贸石油运输航线,重点从事中东—远东、西非—远东的进口原油一程运输和环太平洋地区(包括东南亚、美国西岸及澳大利亚等)的原油、成品油运输。同年,该公司VLCC运力的70%用以承运联合石化的进口石油,共执行进口一程原油COA运输20载500余万吨,不仅为保障国家能源运输需求作出贡献,也为公司实现稳定收益打下基础。

2010年,为应对全球金融风暴的冲击,拓宽国际油运市场,中海油运除继续巩固和拓展远东市场外,积极开拓西半球市场,增加美湾市场运力投入。年初新辟VLCC中东—美湾—西非—东亚的原油运输航线。以30万吨级VLCC"新润洋"轮首航非洲西部赤道几内亚和尼日利亚两个国家。该轮在赤道几内亚和尼日利亚两国进行单点系泊,装载原油作业,并于4月9日满载原油返回湛江港。

2013年后,公司在外贸运输领域开展多元化经营实践活动,加强外贸运输业务的议价能力,在平抑市场波动风险的同时,提升外贸经营团队抢抓市场机遇的能力,最终实现外贸船队总体盈利水平大幅增长,成为实现公司可持续发展的有效路径之一。公司十分注重调整外贸船舶在自营和期租经营的运力分配比例。在油轮现货市场处于高位时,通过加大期租市场运力投入以锁定部分收益;调整对外贸期租船型比例;调整对短期期租合同和中长期期租合同比例。在国际油轮市场行情较弱的2013年和2014年,公司外贸期租合同全部是12个月以下的超短期和短期期租合同,伴随着市场上涨加大了6~12个月期租合同所占比重,合同金额同时成倍增长。

2015年,国际油轮市场出现幅度可观的上涨行情后,公司两年以上中长期期租合同占比提高到98%,其中还包含了两艘租期为5+1+1年的新造船长期期租合同。订立合同金额在2014年增长3.5倍的基础上进一步增长5.9倍。

图 3-3-3 中海油运"新埔洋"轮的船员们(2010年摄)

"十二五"后期,公司加快布局海外分支机构。2014年设立新加坡分支机构,贴近市场的优势得到很好发挥。2015年提出在伦敦设置分支机构的设想,开展市场研发和推介,先后走访SHELL、BP和中石化等大客户,得到积极反馈,加快布局伦敦分支机构的步伐;通过合作和购买服务的方式与国际知名经纪和咨询公司ACM、CLARKSON、GILBSON、POTEN、SSY等建立良好合作关系,帮助营销团队显著提升了市场研判能力和抢抓机遇能力。公司与中石油、中石化海外公司的合作比率逐年上升,海外业务特别是第三国运输业务实现了飞跃,与中联化伦敦公司的合作从2013年的3.5%上升到2015年的54.2%,与中石油美国公司的合作也由2013年的8.3%上升到2015年的25%。

2015年,中海油运外贸原油运输2 221.2万吨,为上年同期的97.8%;周转量1 415.2亿吨海里,为上年同期的100.4%;实现外贸原油运输收入21.6亿元,为上年同期的106.4%。

二、成品油运输

20世纪80年代末,海兴公司已有20余艘油轮航行于中国—日本、东南亚各国,运载成品油、石脑油、航空煤油。中国海运成立后,由其控股的中海油运在承运进口原油的同时,也一直是我国进出口成品油主要承运人之一。

1999年,该公司相继开辟俄罗斯—韩国和海参崴—韩国—大连—日本的石脑油航线,促使本公司外贸运量大增。2000年,在巩固原有石脑油、汽油、航煤等市场的同时,开辟俄罗斯—中国燃料油航线,年内承接17货载;还积极承揽运价较高的远东—韩国、日本基础油和腊油第三国货载,共运出19载。

进入21世纪,中海油运加大外贸成品油运输市场的开拓力度。及时从国际市场上引进二手阿芙拉型油轮"MAERSKVRTUE"轮,改名"枫林湾",投入海湾至远东航线,从而打入中东—远东成品油运输市场。2001年3月21日,"枫林湾"轮在韩国卸下7.42万吨石脑油,成功完成中东—远东成品油运输首航任务,航次收入超过300万美元,创下公司单船航次收入最高纪录。

2001年,该公司从日本的岩国、水岛、室兰等地运入上海成品油7.76万吨;从韩国仁川、昂山、蔚山、丽水等地运入上海成品油95.18万吨;从俄罗斯(纳笛德卡)运入上海成品油2.77万吨。从上海运往韩国成品油近3万吨。

2006年,中国进出口成品油5 250万吨,该公司承运475万吨,约占市场份额9%。

2010年,中海油运外贸成品油运输1 289.37万吨,281.64亿吨海里。进口成品油多来自韩国、日本、俄罗斯和东南亚;出口成品油多运往东南亚的印度尼西亚、马来西亚、菲律宾、新加坡等地。

"十二五"期间,随着国际成品油运输市场的发展,中东与亚洲地区炼厂扩容,促使长途白油贸易量进一步增长,而船型需求也有向大型化、远程化发展的趋势,LR2(10万吨以上成品油轮)船型受到青睐。同时,LR1(5万~10万吨以下成品油轮)成品油运输也呈良好发展态势。LR1成品油运输航线有:中东—远东石脑油运输、中东—欧洲航空煤油运输、远东—美西航空煤油运输、美湾地区的成品油运输、中东/西印度—美东的成品油运输以及中东/西印度—东非的成品油运输。此外,"十二五"期间中国进出口汽柴油量约1 000万吨,其中MR(3万~5万吨成品油轮)承运约500万吨;进口航空煤油400万吨,基本使用MR船运输;另有韩国—日本、韩国—中国香港、新加坡—印度尼西亚、越南、菲律宾等短航线,年运量约3 000万吨,总的市场运量约4 000万吨。

随着中国石油加工量上升,成品油市场趋于活跃。其间,中海油运的外贸成品油运输总体呈增长态势。2011年为1 223.23万吨、262.94亿吨海里。到2013年,运量达到峰值,为2 049.52万吨,周转量为421.41亿吨海里。到2015年,外贸成品油货运量达到1 785.07万吨,而周转量则达到峰值,为627.55亿吨海里,比2014年增长了31.5%,更比"十二五"初期的2011年增长了138.67%,表明外贸成品油运输的大型化、远程化趋势加剧。

第四章　特种货物运输

20世纪90年代,国际航运的发展促使船舶专业化、标准化程度日益提高,特种货物运输市场作为世界航运市场的一个细分市场,在航运业的作用越来越重要。特种货船属于船舶的一种,包括汽车运输船、天然气运输船、采油船,以及化学品、液化气、散装沥青、散装水泥、木材、砂石自卸、重大件运输等专用船。随着海洋运输业的不断发展,对运输船舶的要求越来越高,技术含量较低的普通货船利润微薄。在这种形势下,造船企业纷纷加入特种船制造。特种船舶因其建造工艺更复杂、技术含量更高,比普通货船具有更高的附加值,受到船公司青睐。

1996年5月3日,中海(海南)海盛船务股份有限公司在上海成功上市,共计拥有特种货运输船和货船18艘,总载重吨24万吨。组建后的中海海盛围绕上市公司和特种运输的定位,把握国家化工业发展迅猛和液态化学品进口量激增的契机以及根据政府加大基础设施建设投入、高品质筑路沥青需求高涨的形势需求,通过股东大会,决定采用多种形式重点发展特种运输船队,重点发展特种货物运输,包括化学品、液化气、散装沥青、散装水泥、木材、沙石自卸、重大件等。

进入21世纪后,集团在发展集装箱、石油和散杂货运输的同时,积极拓展大件设备运输、海上汽车运输以及液体化学品运输、沥青运输,并配合国家能源战略的调整,大力发展液化天然气(LNG)运输。

第一节　液化天然气运输

一、船队建设

21世纪初,随着国民经济快速发展,能源运输作为国民经济发展先行官的地位再次凸显。在关系国民经济发展、社会安定和人民生活需要的关键时刻,集团积极拥护国家关于发展LNG、采取"市场换资源、以我方为主发展LNG运输和造船、招标择优选择"的工作方针,紧紧抓住国家能源消费调整的有利时机,配合国家能源战略调整,大力发展液化天然气运输,提高集团的综合竞争力。

LNG运输市场的最大特点,就是LNG船舶是为某一确定的LNG项目建造,拥有和货主签订的长期运输合同优势。运输企业要进入LNG运输市场的首要前提是获得LNG项目的长期运输合同。LNG船舶运输与其他船舶相比具有四方面特点:一是营运航线、靠离港口、装载货物相对稳定;二是运输合同期长,一般在20年以上,承运LNG有着较为稳定的回报,经营风险相对较小,其贸易合同是"照付不议"(TAKE OR PAY),当长期LNG贸易合同签订后,每年要根据需求量决定交易数量,如果买方不能接受已承诺的购气量,也得按承诺的购气量付款;三是船舶造价昂贵,用途单一,经营上缺乏灵活性;四是LNG运费占所运货物价值比例大,为20%~50%(随运距而变),而其他货物运费仅占5%左右,所运货物需要保持零下163度的超低温,在货物的管理和装卸方面具有特殊要求。因此,运输公司要有相应的船舶管理能力和发生意外时的补救措施。LNG船动力所用的燃料60%~70%是船上货物蒸发出的天然气,通常情况下,作为燃料的LNG的价格,需要通过谈判来确定。

根据上述特点,中国海运在开展 LNG 运输业务中,充分发挥中国船东在 LNG 项目上的优势,尤其是中国海运与国家进出口银行、中国工商银行等中资银行的长期良好的合作关系,参与船厂选择、船舶技术规格、造船融资等方面的谈判,实现对 MOL(日本商船三井)的承诺。中海 LNG 作为集团的 LNG 专业运输公司,坚持与中石化、埃克森美孚以及商船三井开展战略合作,并在 APLNG、YAMAL、ARROW 等项目基础上进行"定向造船"。

2003 年,集团成立能源运输发展战略研究领导小组,着重研究国家能源发展战略调整和发展 LNG 运输业务问题。经过一年多不懈努力,取得国家主管部门的支持和认可,国家发改委同意从山东 LNG 项目开始,由中国海运、中远集团、招商集团 3 家组成运输主体,共同参与以后国内所有的 LNG 项目运输工作。

2004 年 12 月 29 日,中国海运、中远集团、招商局在宁波召开液化天然气(LNG)运输合作会议暨第一次委员会会议,本着平等互利、友好协商的原则,与中远、招商局达成原则协议,同意从山东 LNG 项目开始,以后其他国内 LNG 项目的运输均由 3 家共同组织、研究和筹备。会议决定成立"LNG 运输项目联合办公室",作为三方合作的最高决策机构,统筹下设上海、浙江、山东等各项目办公室,标志着集团航运主业跨入了新的领域和中海 LNG 运输正式起步。

2005 年 4 月 18 日,中国海运注册成立中海集团液化天然气投资有限公司,从各专业公司抽调行政管理、船舶技术、商务业务等骨干,积极发展 LNG 专项运输业务,提升集团海上运输综合能力和市场竞争能力。中海 LNG 员工经过两个多月的努力和积极工作,与中远、招商集团派出人员形成经营团队,各运输项目的建设工作得到快速、有效推进。

2005 年 7 月,国家发改委对 LNG 运输体制进行改革,下发《关于印发我国液化天然气发展规划工作的会议纪要的通知》,明确由国家航运公司控股、国家石油公司参股的方式组建南北两大 LNG 运输公司。其中中远、招商局、中海油负责长江以南 LNG 运输项目;中国海运、中石油、中石化负责长江以北 LNG 运输项目;江苏、山东、河北、天津、辽宁、广西 6 个 LNG 项目属于北方 LNG 运输公司的合作范围。此后,中海 LNG 在国家发改委的支持、协调下,紧紧围绕"加强与石油公司的合资合作,启动 LNG 运输项目前期工作"这个中心任务,加强与中石油、中石化两大石油集团的联系和沟通,积极开展对外交流活动,为 LNG 运输项目做好充分的技术、商务和合作准备,扎实推进 LNG 运输项目建设的工作进程。

2009 年 2 月,集团决定由中海发展收购中海 LNG 公司和业务,并由中海发展与中石油合资组建北方 LNG 运输公司。同年 6 月 9 日,在香港成立中国北方液化天然气运输投资有限公司。

2010 年 11 月 30 日,中海发展与中石化冠德投资公司正式签订合资协议,并在香港成立中国东方液化天然气运输投资有限公司。

上述两家合资公司正式注册成立,是中国海运与中石油、中石化落实"青岛会议精神",即关于我国 LNG 产业发展政策具体要求,通过优势互补,实现我国 LNG 产业"造船、运输本地化"战略的重要步骤。

2011 年 7 月 15 日,中海 LNG 分别以 4 家单船公司的名义与船厂签订造船协议。同年 12 月 19 日,中海 LNG 与中石化冠德投资公司签订合资协议,在香港注册成立中国能源运输投资有限公司,注册资金 500 万美元,其中中海 LNG 占股比 51%,冠德投资占股比 49%。双方计划在香港注册成立 8 家单船公司,并在国内建造 8 艘 17.5 万立方米的 LNG 船舶。

在国家能源局的关心和推动下,2012 年 4 月 13 日,中国海运、中石化两大集团成功举办 APLNG 运输项目造船招标会,沪东中华造船、大连船舶重工、江南造船 3 家船厂领取标书参加投标,另一造船企业熔盛重工列席招标会;同年4月25日,集团与冠德投资、日本MOL在北京正式签订三方合作备忘录(MOU)及保密协议,标志着APLNG项目正式引入外方。

图3-4-1 2012年中国海运与中石化APLNG运输项目一期船舶建造原则协议签字仪式

2014年2月,中海LNG与日本MOL公司组建联合体参加YAMAL项目一期运输投标,并于2月17日中标3+1艘LNG船。YAMAL(亚马尔)是位于俄罗斯Yamal-Nenet自治区北部一个半岛,即YAMAL半岛,YAMAL项目涵盖该半岛的Sabetta港附近区域,拥有探明概算储量达9000亿立方米天然气及2200万吨凝析油,项目预计年生产LNG 1650万吨;共需要16艘ARC7型LNG船(冰区船,17.2万立方米左右)及15艘常规型船(冰区加强型,15万~18万立方米左右)为生产LNG提供运输服务。

2014年4月8日,集团总经理办公会审议批准中海LNG与日本MOL签订合资协议、在港组建3家单船公司(蓝色北极、绿色北极、紫色北极)参与项目投资。其中,中海LNG持有50%股份,MOL持有50%股份。首期共同投资在韩建造3艘ARC7冰区船。项目总投资超过10亿美元。经过中海LNG和日本MOL协商,确定采用国际通行的LNG项目开发管理框架,双方按股比各50%,于2014年5月在香港成立3家单船公司。

到"十二五"末期,公司已确定10艘17万立方米LNG船舶,总舱容达174万立方米的造船计划。其中,参股投资埃克森美孚中国项目4艘LNG船舶,控股投资中石化澳大利亚APLNG运输项目一期6艘LNG船舶。此外,中石化澳大利亚APLNG项目二期运输需要3艘LNG船舶,中石油ARROW项目也需要6~7艘LNG船舶,这些都为中海LNG的发展带来新机遇。

同一时期,集团相关企业也为发展LNG项目积极做准备。中海国际贯彻落实集团2013年年中经理书记会议将"LNG运输作为中国海运未来航运板块的核心产业"的精神,把LNG项目作为公司"一号工程",成立LNG项目小组,制订LNG船员培养培训计划,项目推进取得实质性突破。2014年9月,在大连海事大学成功举办集团第一期LNG船员培训班,共36名船员和6名培训老师参加培训。11月,该批船员在集团的上海教培中心完成货物操作合格证培训。同时,公司开始筹建LNG船舶管理子公司,与中海LNG签订合作意向书,双方承诺将发挥各自专业优势,共同推进集团LNG运输产业建设。其中,中海LNG负责经营,中海国际负责开好船、管好船。同年12月,公司与 DES 项目的管理公司达成船员上船实习协议,启动 FOB 项目首批船员的招募工作。此外,还与商船三井、中石化、中石油等相关合作方建立了良好的沟通渠道。

2014 年,中海国际注册成立中海液化气船舶管理(上海)有限公司(简称 LNG 船管),不等不靠,积极开拓集团外市场。同年 12 月,通过激烈市场竞争,中标中海油 LNG 船舶"海洋石油 301"轮配备船员和管船业务。同时,公司积极做好 LNG 船员培养工作,已有 16 名船员先后上商船三井 LNG 船跟船实习;公司 LNG 业务和 LNG 船员培养都取得突破性重要进展。

表 3-4-1　2015 年中国海运两艘 LNG 船运营情况表

"巴布亚"轮				"南十字星"轮			
航次	运量(吨)	周转量(吨海里)	容积(立方米)	航次	运量(吨)	周转量(吨海里)	容积(立方米)
1	76 223	336 980 999	169 384	1	76 068	336 296 628	169 040
2	76 193	336 847 706	169 317	2	76 064	304 254 000	169 030
3	75 681	334 585 701	168 180	3	75 600	302 400 000	168 000
4	75 758	334 923 908	168 350	4			
5	75 744	334 862 235	168 319	5			
6	75 832	335 254 156	168 516	6			
7	76 132	336 579 130	169 182	7			
8	75 750	334 892 076	168 334	8			
9	75 801	335 114 895	168 446	9			
10	76 130	336 569 183	169 177	10			
合计	759 242	3 356 609 987	1 687 205	合计	227 732	942 950 628	506 070

2015 年,中海 LNG 先后投入两艘船舶开始正式营运,且表现出良好的经营业绩和不断上升的势头。承担运营的两艘 LNG 船"巴布亚"轮和"南十字星"轮共完成运量 98 万多吨、周转量超过 34 亿吨海里。第 3 艘船"北斗星"轮也开始投入运输。在航船舶实际运营率维持在 95% 以上,项目经济性良好,为公司带来显著经济效益(2016 年,集团继续稳步推进已有液化天然气项目各项工作,积极协调确保美孚项目船舶顺利运营,全面主导并稳步推进 APLNG 项目建设,全力配合 YAMAL 项目船舶监造工作,认真筹备并积极参与新项目的竞争,努力拓展 LNG 船舶管理业务,经济效益稳步提升。中海 LNG 全年完成收入 5 907.65 万元,利润总额 2 243.53 万元;累计完成运量 246 万吨、549 万立方米,周转量 89.51 亿吨海里)。

二、主要船型

【"巴布亚"轮】

2015 年 1 月 8 日,中国海运第一艘 17 万立方米 LNG 运输船"巴布亚"轮在上海举行命名仪式。该轮为中国海运与日本商船三井于 2011 年 7 月在沪东船厂建造的首批 4 艘 LNG 系列船中的首制船,也是当时我国自行建造的最大舱容的LNG船,总长290米,型宽46.95米,航速19.50节,交付后投入巴布亚新几内亚至我国青岛等港口航线上,服务于埃克森美孚巴新项目。预计每年LNG总运量超过100万吨。

【"南十字星"轮】

2015年6月15日,中国海运投资参与的美孚项目第2艘17万立方米LNG船"南十字星"轮在沪东中华船厂举行命名仪式。该轮是由中国海运与商船三井共同出资,在沪东中华船厂建造的4艘LNG系列船中的第2艘船,也是当时我国自行建造的最大舱容LNG船,总长290米,型宽46.95米,航速19.50节。交付运营后,即投入澳大利亚高庚至中国的液化天然气运输。

第二节 液体化学品运输

一、船队建设

中国海运承运液体化学品货物的历史可上溯至20世纪80年代初。当时我国石油化工工业发展迅速,外贸业务量扩大,但石油化工产品的原料运输与其很不适应。在外贸运输中,一级危险品——磷二甲苯的运输,长期为日本轮船公司垄断。1982年,上海海运为适应外贸运输需要,决定以"大庆14"轮试运液体化工品。经过对磷二甲苯装载过程中技术要求和注意事项的探讨,采取相应措施,制定试运方案。同年8月9日,"大庆14"轮从大连港装运石脑油1 526吨到日本川崎港,卸空后于8月31日到日本四国松山港,按规定要求清仓4天,于9月5日满载磷二甲苯1 541吨,返航天津港。按预定计划完成试运任务,一举打破该项运输长期由国外航商垄断的局面。

1983—1985年,上海海运又先后购置液体化学品专用船5艘,即"化运1、2、3、4、5"轮,并将之投入液体化学品运输中。

"八五"至"十二五"期间,由上海海运与上海石化总厂联合组建金海船务贸易有限公司(简称金海船务,集团成立后归属于中海海盛)。按照集团专业化经营思路,中海海盛以散货运输为基础,重点发展化学品等特种运输,同时兼顾陆岸相关产业,专门承接国内外石油化工产品和原料运输业务。公司成立后不久即进入国际化工品运输大市场,先后与日本、菲律宾、泰国、中国香港等国家和地区以及国内50多家大型化工厂建立长期合作关系。

2010年,金海船务共拥有6艘液体化学品船,其中"金海洋""金海湾""金海潼"和"金海湖"轮4艘为期租中海海盛香港船务有限公司的9 000吨级液体化学品船。历经20多年发展,金海船务在国际、国内运输中已承运过纯苯、丙烯腈、对二甲苯、乙二醇、甲醇、乙醇等100多种液体化学品货物,成为驻沪主要液体化学品运输企业之一。在实现大陆和台湾"三通"过程中,其所属船舶成为第一艘靠泊台湾港口承载运往大陆化学品的大陆船舶。

2010年9月29日,金海船务与中国船舶重工国际贸易有限公司及重庆川东船舶重工有限责任公司签订7 800载重吨Ⅱ类不锈钢化学品船建造合同,共建造两艘。

"十二五"时期,金海船务的化学品船队发生很大变化。2011年,公司共有9艘化学品船,载重量在3 000~9 000吨之间,平均船龄高达22年,均为老旧船,这些船舶到"十二五"末期已先后被淘汰。至2015年年底,金海船务共拥有2艘化学品船,即2013年建造的"金海澜"轮和"金海涛"轮。

二、主要船型

【"化运"类型船】

20世纪80年代前期,上海等地进出口液体化学品运输增多,其中包括出口石脑油和苯类产品,进口散装硫酸和乙二醇等。因液体化学物品多属有毒物质或易燃、易爆危险物品,常具有很强的腐蚀性、爆炸性、挥发性,需要用耐腐蚀性能强、隔热效果良好的液体化学品专用船舶运输,以确保运行安全。1983年11月,海兴公司从日本购入上海第一艘也是国内第一艘液体化学品专用船,命名"化运1"轮(原名"南方十字架"轮)。买回后第一航次由日本装运1 500吨散装硫酸至天津新港。1984年,又购买同类型船"化运2"轮和"化运3"轮。1985年再次买进略大些的"化运4"轮和"化运5"轮。这些船均为艉机型,设有艏楼及艉楼,便于船员工作和休息。单层甲板,全双层船底,液化货舱为纵向舱壁,用于装运在摄氏37.8度时蒸汽压力不超过每平方厘米2.8公斤的散装液体化学品或闪点低于摄氏65度的成品油。"化运1"轮总长89.95米,型宽14.6米,载重量3 674吨,航速11.2节,船上有14个小货舱,9台货泵,其中4个货舱和4台货泵为不锈钢所制,每航次可同时装运多种化工产品。此类船舶设有集控(IMC)装置,船舶主机由驾驶台集中操纵。船上防火设备先进,能满足《1960年国际海上人命安全公约》和《国际防止船舶造成污染公约(1973)》有关附则的要求。1988年12月,金海船务在沪组建时,"化运3"轮移交该公司经营和管理,并于1989年1月改名为"金海联"轮,为该公司初建时期唯一运输船舶。

1992年,上海海运拥有"化运1、2、4、5"等液体化学品专用船4艘,共2.26万载重吨。1997年,中国海运成立后,"化运1、2、4、5"轮一直由上海海运期租给其他航运公司经营。2010年,除"化运1"轮已作报废处置外,其余3轮仍在使用中。至2015年,该类型船均已退出营运。

【"金海洋"类型船】

2010年,金海船务共拥有6艘液体化学品船,其中"金海洋""金海湾""金海潼"和"金海湖"4艘

图3-4-2　金海船务公司"金海湾"轮(2010年摄)

为期租中海海盛香港船务有限公司的 9 000 吨级液体化学品船。该类型船总长 107.38 米,型宽 18.2 米,载重量 8 984～9 002 吨,航速 13 节,1995 年建造,原为"建设 33"等 4 艘油轮,2007 年由中海海盛香港船务有限公司购入后,改造为化学品船。金海船务租赁该类型船期间,主要用以从事近洋液体化学品原料和成品运输。至 2015 年,该类型船已退出营运。

【"金海澜"类型船】

2013 年 5 月 7 日,金海船务订造的两艘 7 800 载重吨散装液态化学品船"金海澜"轮和"金海涛"轮,在上海东真船舶工程有限公司码头举行命名暨交船仪式。该类型船总长 121.82 米,型宽 17.5 米,载重量 7 900 吨,航速 12.8 节,主要用以从事沿海及近洋液体化学品运输。2015 年,该两艘船仍由金海船务用于内外贸液体化学品运输。

第三节 沥青运输

一、船队建设

1998 年 4 月 10 日,组建不久的中海海盛围绕上市公司和特种运输的定位,看准国家化工业发展迅猛的契机,根据政府加大基础设施建设投入、高品质筑路沥青需求高涨的形势需求,通过股东大会,决定采用多种形式重点发展特种运输船队,在发展化工品海上运输的同时,积极发展沥青运输等特种运输业务。

1998 年,公司以光租形式取得沥青运输船舶"东海"轮的经营权。同时,集团下属中海国贸积极配合中海海盛的特种运输,在完成油罐改造的基础上,试运转高等级沥青 6 000 吨,与埃索、壳牌等国际知名沥青供应商达成合作意向;成立沥青销售公司,在上海地区初步建立销售网络;对长江沿线沥青销售市场进行了调研,并探讨沥青驳船改造的技术可行性及经济性。同年,改造两艘沥青船交付中海海盛沥青船队。

1999 年上半年,为找到实现沥青销售进入长江沿线的突破口,中海国贸重点考察调研了安徽省合肥至徐州高速公路的沥青供应项目,作为新加坡埃索石油公司的代理进行投标。在下半年全力以赴进行投标的前期准备中,派专人赴新加坡与埃索石油公司谈判,并打算自筹资金,向集团申请与无锡化工设计院联合开发沥青集装箱,运用海陆联运,直接将沥青运到合徐高速公路工地。在对安徽道路建设充分调研的基础上,成立安徽业务部,专职从事沥青及相关业务的开发。同时还完成对高温沥青船"友谊 12"轮(原为 5 000 吨级散货船)的修复再改建工程,交付中海海盛使用。

中海海盛利用融资,1999 年使用配股募集资金 1.01 亿元购买 3 艘杂货船并改造为液态沥青海上运输专用船,即 5 000 载重吨的"平安海"轮、2 600 载重吨的"定安海"轮、5 000 载重吨的"新安海"轮,沥青运输特种船队初显规模。同年,公司收购深圳长江现代交通设施公司位于北海、深圳、海南的 3 个专业沥青出库,成立深圳市中海海盛沥青有限公司,建立沥青销售网络,沥青业务朝着运输、仓储、贸易一体化的方向发展,确立国内该类业务的领先地位,成为新的经济增长点。

2000 年,中海海盛以首开国内改造沥青船舶之先河,将多艘散杂货船改造为沥青船的低成本扩充运力,抢占市场先机,先后承运深圳高速、安徽芜湖高速、海南高速等道路工程用的进口沥青,航线遍布东亚、东南亚。在周边市场进入沥青运输淡季时,中海海盛还开辟非洲和澳洲航线。

2012 年 1 月 18 日,液态沥青船"平安海"轮报废处置,以 769.76 万元的价格出售给上海海运获港获利物资回收公司。随着最后一艘沥青船出售,中海海盛退出液态沥青海上运输领域。

二、主要船型

【"友谊12"轮】

1982年6月,巴基斯坦卡拉奇船厂为中国建成5 000吨级散货船"友谊11"和"友谊12"轮,该型船总长106.9米,型宽15.2米,载重量5 120吨,航速12.8节,于同年9月投入营运。1999年,集团为盘活国有资产,实现保值增值,将"友谊12"轮改建成高温沥青船,为中海海盛在海上特种货物沥青的运输提供运力。船改造后,成为总吨3 506吨,排水7 090吨,载重4 702吨,载货3 800吨的沥青船,使用至2004年报废。

【"平安海"轮】

由散货船"新宁"轮改造而成的沥青船,总长106.9米,型宽17.6米,载重量6 542吨,航速12节。2012年1月18日,液态沥青船"平安海"轮报废处置,以769.76万元的价格出售给上海海运获港获利物资回收公司。

【"定安海"轮】

由1982年建造的散货船改制而成的沥青运输船,船舶总长101.15米,型宽13.8米,载重量3 571吨,航速11节。2012年报废。

【"兴隆海"轮】

原为大连造船厂建造的散货船"森海3"轮。1999年改建成专用沥青船,投入营运时间为2000年7月。该船总长135.35米,型宽20.4米,载重量1.01万吨,船速11节,可载沥青9 000立方米。2005年,该轮又改建为普通杂货船。2012年报废。

第四节　汽车滚装运输

一、船队建设

1992年3月,上海海运局以多用途船"新和"轮满载150辆桑塔纳轿车由上海驶抵大连港,是该局首次整船运输轿车。

1998年3月,中海客运经营的荷兰造的大型豪华客、车滚装轮"棒棰岛"轮投入上海—大连航线营运,同年汽车月运载量超过6 000辆。

2003年始,为使队结构与规模得到综合协调发展,在发展集装箱运输、石油运输、散货运输的同时,中国海运开始积极发展海上汽车运输产业。一方面充分发挥中海客运承担国内汽车滚装运输的作用,另一方面依托集团资源优势,着力拓展内外贸汽车滚装海运业务。

2004—2005年,悬挂五星红旗的当时国内最大的3 290车位汽车滚装船"东方高速"轮和"中海高速"轮先后投入营运。"东方高速"轮于2004年8月投入营运后,先后航行过日本、韩国、加拿大、美国、新加坡、马来西亚、希腊、英国、荷兰、法国及中东地区诸多港口,仅半年多时间里即完成汽车运输总量1.3万余辆。"中海高速"轮2005年3月由大连开航,一度经营澳洲与南亚各国之间汽车运输,每航次可装载几千辆高级轿车。

2007年,随着汽车制造业的不断发展,汽车滚装运输市场前景看好,中国海运预测未来一段时期海上汽车运输量将会不断增长,决定加快发展汽车船运输。同年6月18日上午,中海汽车船运输有限公司揭牌仪式在中国海运本部大楼举行。

2007年9月5日,中海汽车船公司与海马汽车公司签订长期运输合作协议。同日,该公司汽车滚装船"中海高速"轮,首次停靠海口秀英港,装载1070辆海南马自达公司最新生产的轿车直运天津。此前,海马汽车公司向华北等地运输,主要通过铁路和公路完成。"中海高速"轮是悬挂五星红旗航行国内沿海的纯汽车滚装船,有10层车载甲板舱,最大运力3292车位,船舶技术装备先进、船速快,是当时挂靠海口秀英港的最大汽车滚装船舶。汽车滚装运输与其他运输方式相比,具有品质高(颠簸小、货损小、车壳击伤划痕少等)、成本低等优点,适合长距离运输。

中海汽车船公司成立不久就遭遇2008年的全球金融危机,对海运行业冲击巨大,汽车船运输市场这一板块更是首当其冲,全球汽车消费需求迅速衰减,导致主要汽车厂商产销量大幅度减少,全球汽车出口贸易下降约60%,进而使得海上运量锐减,全球汽车船运力严重过剩40%～50%,大量汽车船抛锚待命。

面对国内外严峻的市场形势,中海汽车船公司深入一线调研分析,积极开展外贸自营业务,合理布置航线,精心测算收益,在逆境中探索前行。同时,积极开展外贸自营汽车船业务,运力规模合计13 100车位。为打造优势航线,经认真分析和测算后,将"中海天津"轮和"中海上海"轮搭配,经营远东至地中海、西非航线;以韩国二手车出口货源为补充,选择天津、上海作为基本港,营销重点是国内的大型商用车出口,对于批量大的厂家建立直接的合作关系;而对于批量少的厂家以及FOB货出口的厂家,充分发挥一些大型货代公司的货源整合能力。这些货物出口地一般在地中海的利比亚、西非地区的安哥拉、尼日利亚。经过几个航次的试运营,西非的汽车货源基本能使船舶高舱位利用率达80%以上。在国内市场上初步形成一个半月一班的相对较为固定的班期,对于吸引客户、稳定货源起到积极作用。

中海汽车船公司还采取多种方式,控制运输成本,提高运输收入。如加强船舶舱位的配载工作,根据航次货源情况将高舱位货与低舱位货科学搭配,力争航次收入实现最大化。根据"东方高速"轮的实际船型和市场的货源分布,将市场开拓重点集中在红海航线。由于国内小型乘用车出口少,低舱货源仍以韩国二手车为主,公司则充分发挥"东方高速"轮船型小、灵活的优势,主打远东至红海、波斯湾航线。在加强与国内其他船公司合作方面,公司针对具体货量、配载要求、班期特点等情况,进行互换舱位的合作,达到互利互惠的双赢局面。

2009年,汽车船运输形势更加严峻,在集团和董事会的大力支持下,中海汽车船公司努力寻求和把握汽车船市场机会,以市场为导向,以效益为目标,采取自主经营与出租船舶相结合的灵活经营模式,努力形成权责清晰、运转协调、经营灵活的管理体制。

"十二五"期间,中国海运的汽车滚装运输业务保持平稳发展。在船队运力方面,2011年共有船舶11艘,其中汽车滚装船5艘、客滚船6艘,总载车量为2.67万辆。2013年共有船舶16艘,其中汽车滚装船5艘、客滚船11艘,总载车量为2.75万辆。2015年共有船舶15艘,其中汽车滚装船5艘、客滚船10艘,总载车量为2.74万辆。在生产运输方面,2011年,集团共承运车辆28.26万辆,其中中海客运承运23.41万辆,中海汽车船公司承运4.85万辆。2013年,集团共承运车辆40.48万辆,其中中海客运承运33.47万辆,中海汽车船公司承运7.01万辆。2015年,集团共承运车辆45.83万辆,其中中海客运承运39.65万辆,中海汽车船公司承运6.18万辆。

二、主要船型

【"东方高速""中海高速"轮汽车滚装船】

2004年5月,中国海运与日本川崎汽船株式会社合资并控股的中海川崎成立,拥有1艘3 292车位汽车滚装船"东方高速"轮。该轮为日本建造,可装载小汽车3 290辆。自投入营运后,航行于日本、韩国、加拿大、美国、新加坡、马来西亚、希腊、英国、荷兰、法国及中东地区的港口,半年多时间内完成汽车运输1.33万辆。

2004年8月,中国海运全资子公司大连中海汽车船运输有限公司在大连注册成立。2005年2月,该公司从日本购入1艘3 292车位大型汽车滚装船"中海高速"轮,3月起以期租给日本航运企业形式,投入日本—澳洲航线运营,同年9月开始经营国内航线,为世界知名汽车厂商提供服务。"中海高速"轮总长173米,型宽28米,载重量1.19万吨,航速17节,由日本船厂建于1985年。其与"东方高速"轮技术性能相同,在当时同为悬挂五星红旗的国内大型汽车滚装船。

2007年6月6日,集团在上海注册成立中海汽车船公司,主要投资和管理所属内外贸汽车船,"中海高速"和"东方高速"轮亦归其所有。2010年8月,船龄26年的"东方高速"轮拆解报废。至2015年,"中海高速"轮仍被中海汽车船公司用于内外贸运输。

【"CSCC上海""CSCC天津"轮汽车滚装船】

2006年2月24日,集团所属大连中海汽车船运输有限公司与以色列RAY SHIPPING公司签订4艘新建大型汽车船10年期租合约。其中"CSCC亚洲"和"CSCC欧洲"轮两艘为6 400车位,"CSCC天津""CSCC上海"轮两艘为4 900车位,为中国海运着力发展国际国内汽车滚装海运业务的一项战略举措。

2010年年底,"CSCC天津"和"CSCC上海"两轮交由中海汽车船管理和经营。该型船总长176米,型宽31.1米,载重量1.22万吨,航速19.5节,4 900车位,建于2008年。至2015年,该类型船仍被中海汽车船用于内外贸运输。

第五节 大件设备运输

20世纪70年代末始,随着我国改革开放的逐步推进和国内经济建设的蓬勃开展,各地各行业引进国外的先进技术设备需求大增,国内的一些大型制造业,也在逐步自己建造大型设备,促使我国海上重大件设备等特种运输迅速发展。

中国海运成立后,在大力发展海洋集装箱、货运、油运业务同时,积极参与大型特种设备的海上运输,并取得一定成效。2001年,上海磁悬浮工程实施招标以后,中海集运积极竞标,组成由常务副总经理黄小文领衔,市场部、商务部、财务部等部门人员组成的工作小组,从收集信息、核算成本,到制作标书、服务承诺,近20天时间里全部完成。同年5月22日,中海集运以其优质服务一举中标,成为磁悬浮商业运作项目的运输总承包商,也是该项目进口设备的唯一海上承运人。

根据海运服务合同,从2001年6月中旬到2004年年初,总计约6.5万立方米的磁悬浮快速列车工程设备,均由中海集运船只从德国汉堡港和荷兰鹿特丹港先后运到上海。

磁悬浮快速列车是世界新型的有轨交通,作为20世纪的一项技术发明,磁悬浮列车主要依靠电磁力,而不是机械力来实现传统铁路中的支承、导向、牵引和制动功能。与现在的有轨铁路相比,具有高速(400~550公里/小时)、低噪声(低速运行时基本没噪声)、安全等明显优势。上海磁悬浮快速列车工程是经国家计委批准,新世纪上海市"十五"交通建设的重点项目。工程引进德国先进技术,西起地铁2号线龙阳路站,东至浦东国际机场,线路总长约33公里,双线折返运行,设计最高时速为430公里,总投资约89亿元。作为世界上第一条高速磁悬浮铁路商业运行线,它向世人展示全新地面高速交通系统的魅力。

为保质保量完成这项重要运输任务,集团成立专门领导机构,统一指挥、协调该项目的运输,同时抽调资历深、有经验的船长制订配载、绑扎措施,采取一系列的举措,各部门通力合作,确保任务完成。

2001年6月17日,中海"厦门"轮承运的磁悬浮列车首批设备从德国汉堡港起航,经过28天的海上航行,7月12日,顺利抵达上海,准时停靠上海外高桥集装箱码头。首批运抵上海的磁悬浮列车设备为配套设备中的专用电缆线,共计12个40英尺框架箱、40个高箱、3个40英尺标准箱。自此,中海集运拉开了上海磁悬浮列车项目海上运输的帷幕。

2002年8月9日,中海集运的滚装船安全地将磁悬浮列车的2个车头和1节车厢运达上海港军工路码头,至此中海集运承运的上海市一号重点工程——磁悬浮工程设备海上运输任务已完成了60%以上。一年多时间里共运输设备计1 844 TEU。2002年始,工程进展加快,所需设备运输量也随之增加。中海集运欧洲航线稠密的航班以及优质服务确保了磁悬浮工程设备的承运。全年无货损完成21个航次,承运设备1 146标准箱及非集装箱物资6 915.4立方米。

2003年8月14日,当磁悬浮列车最后一节车厢运抵上海军工路集装箱码头后,标志着中海集运圆满完成了上海市重大工程项目——磁悬浮列车工程的大件设备承运任务。在两年多的时间里,中海集运为上海磁悬浮列车工程建设架起一座连接欧洲和上海的海上快速通道。

此后,集团一直探索和承接各类大件设备的运输。2015年1月,湛江中海船务代理接运的湛江宝钢特大件货物——一台重达120吨的高炉鼓风机电机安全运抵宝钢湛江钢铁厂,这是当时湛江港接卸的最大件货物。

除集装箱船承运大件设备,货轮船队也积极尝试装运甲板货。2015年6月,江阴中船澄西码头,一批大型风电设备装载完毕,"嘉茂山"轮驶离码头,开往德国汉堡,开始它的欧洲之行。该轮承运的大型风电设备尺寸超大,运输难度很高,装载的货物中有一种叫风电塔的"巨无霸",样子有点像烟囱,尺寸超长,有的长达31米,单件重量惊人,最大件可达62吨。此举开创中海散运船队承运甲板货的先河。

第五章 旅客运输

20世纪七八十年代,因改革开放逐步深入,往来进行工作交流、经商和旅游人员大量增多,沿海客运量屡现高峰。是时,海上客运主要由上海、广州、大连海运承担。

进入20世纪90年代后,沿海客运市场受航空规模扩大、铁路提速、高速公路开通等冲击而迅速萎缩,集团所属中海客轮有限公司重组时,由上海驶往南北各港的海上客运市场已由原来的90%下降至60%。唯有渤海湾,由于特殊的地理位置,客轮运输依然有一定市场需求。为此,中海客运确定了"依托中国海运整体优势,迅速转变观念,大步走向市场"的工作方针,针对南方沿海客运市场萎缩的状况,从船队结构、航线布局、运价浮动三方面入手进行调整改造,打破带有计划经济色彩的经营模式,坚持把发展的目标放在渤海湾客运市场上。

2003年后,为发挥和保持经营渤海湾航线多年的优势,巩固渤海湾市场的龙头地位,实现企业新发展,中海客运加快船队结构调整,根据渤海湾市场形势和发展需求,在硬件建设上加大力度,积极推进新造船项目,先后订造多艘大型豪华客滚船舶。市场竞争能力不断提高。

2012年,中海客运拥有客滚船8艘,总客位11 816个,车位1 197个,总载车线达11 340米,总吨位16.19万吨。以全新面貌出现在渤海湾客运市场。

公司以"一流企业、一流员工"素质工程建设为载体,连续8年举办客轮船员技能大赛,建立客运人员离岗述职考核制度和岗位跟踪考核制度,有效促进服务技能的提高。为有效应对错综复杂的竞争局面和严峻客运形势,中海客运一方面坚守传统航线阵地,另一方面积极开辟新航线,培育新的利润增长点。2013年8月,旅顺—东营航线开通,至2015年,旅顺—东营航线成为公司单船赢利最多的航线。

第一节 船队、船舶

中国海运成立前,广州、上海、大连海运都曾致力于沿海客轮运输,为往来旅客出行带来方便。

20世纪七八十年代,沿海客运一度兴旺,广州、上海、大连3家海运局,都因地制宜,根据地域特点开辟多条客运航线。为适应客流量的快速增长,满足各航线上旅客需求,3家海运局先后建造和购买一批不同类型的客货轮,用于发展沿海和远洋客运。进入20世纪90年代后,随着我国高速公路、铁路、航空等运输方式的快速发展,加上人民经济生活水平的提高,海上客运货源逐步减少,客运市场趋于萎缩。

一、船队建设

1998年6月18日,由原大连海运和上海海运所属客轮公司共同组建的中海客轮有限公司成立,其拥有当时我国沿海最大的客运船队,总部设在大连,上海设有分公司。注册资金3.4亿元,其中大连海运占有57.76%的股份,上海海运占有42.24%的股份。同时,中海客运拥有客滚船、高速客船及常规客货船共25艘(老旧船21艘),其中客滚船8艘、高速船2艘、常规客货船15艘,总载客位23 164个,载车位447个。辟有大连—烟台、大连—威海、大连—天津新港、大连—龙口、天津新港—烟台、大连—秦皇岛、上海—大连、上海—宁波、上海—青岛、上海—温州、海口—蛇口、北海—海防等客班航线。承担我国沿海海上客货运输及国际海上货物运输。

中海客运组建初期,客运船队老旧船舶居多,不少还是市场竞争力较弱的常规客船。成立后半年时间里,累计亏损高达7 000多万元。当时中海客运还背负着3大包袱,即公司负债率高达84%,有44%待岗船员,有1 003名离退休及内退职工。针对现状,集团确定中海客运突破困境、坚持发展的思路,主要包括优化并维持当时的沿海客运,同时积极开展旅游业务;逐步调整不适合沿海运输的船舶结构,优化客运资源,引进具有市场竞争力的客滚船,处置落后的常规船;对客轮船队不作大的发展,维持适度、有效的规模。

根据企业发展新思路、新要求,中海客运从船队结构、航线布局、运价浮动三方面入手进行调整改造,打破过去那种"长期亏损的老旧船凑合跑""无利可图的航线照样开""客、车、货运价一年甚至几年不变"的明显带有计划经济色彩的经营模式。坚持以渤海湾客运为重点,以效益为中心,狠抓市场经营,不断加大揽客、揽车工作力度,加快售票网点的布局和建设,积极拓展售票网点,逐步从港口向部分内地、从汽车向火车延伸。成立中海客运售票中心和驻烟台办事处,以签订经营目标责任书方式促进营销管理。以滚装船为主,合理安排营运和航线,发挥最大效能。针对常规船过剩,在运输淡季实行封船处理,运输旺季参与营运,降低成本支出。

1998年年底处置安全性能较差的"天鸿"轮、"天鹭"轮和"百灵"轮。上海分公司积极开拓南方市场,开展了"新上海"轮和"荣新"轮租船业务。全年完成客运量324.2万人,货运量514.1万吨。2000年4月,公司从意大利引进了大型客车滚装船"长兴岛"轮。

交通部针对老旧船舶安全系数差等问题,于2001年2月发布《老旧运输船舶管理规定》(史称交通部2号令)、《关于实施运输船舶强制报废制度的意见》。文件规定30年以上船龄客船、客滚船从2001年5月1日起强制报废。至2001年年底,渤海湾航区各船公司先后有11艘常规客船、客滚船退出市场。其中中海客运处置老旧常规客货船4艘、超龄客滚船3艘。船舶保有量由2000年的17艘减少到10艘,包括客滚船4艘、常规客货船4艘、高速客船2艘,总运力占渤海湾客运市场的24.3%。尤其是主力船舶"天鹅"轮、"天鹏"轮、"天鲲"轮的退出,直接造成运力短缺,市场份额减少,影响力下降,给中海客运带来较大影响。

2001年,集团为给中海客运补充运力,将上海海运的客箱船"郁金香"轮光租给中海客运,更名为"复兴岛"轮,经过对其公共处所改装,增加航空座椅,于4月15日投入大连—烟台航线运营,每天往返两个航班。由于在两港停靠的是客运码头,无专用的集装箱装卸设备,靠船舶吊车装卸集装箱速度较慢,而船舶在港停泊时间较短,单航次运箱量较少,不能发挥该船的特长,只能相当于常规客货船,收入无法维持该船成本费用,2001年10月14日退出运营。

为缓解旺季运力不足的压力,公司当年从国外引进二手客滚船1艘。关停大连—龙口、烟台—天津新港、上海—青岛、上海—宁波、上海—温州5条亏损航线,保持和新增大连—秦皇岛、大连—天津新港、蛇口—海口、大连—烟台4条季节性航线,开辟北海—越南国际客运航线。同时打破海域界限,客运旺季实施南船北调策略,加强渤海湾运营。"棒棰岛"轮、"海洋岛"轮,每天运营3班;成立临时绑扎队和服务队,为船舶提供后勤保证。重点抓好"岛"字号船舶运营管理,在运营组织、航线班期安排、人员配备、服务质量、广告宣传等方面提高标准和要求,最大程度发挥"岛"字号优势。

2002年,3艘"岛"字号船舶经营状况良好,同比增加收入2 650万元。同时探索"荣新"轮、"新上海"轮的市场出路,"新上海"轮暑期包租运营"大连—天津新港"线,规避市场风险并取得较好收益,淡季进行封船,有效减少亏损。

渤海湾运输的不可替代性使得其客货运输相对稳定,素有"黄金水道"之称,在我国沿海大部分客运市场萎缩的形势下,渤海湾海上客轮运输依然有一定市场。由于市场经济取代了原先的计划经济,渤海湾客运市场竞争十分激烈,成为诸多船公司竞相角逐之地。2003年始,为发挥和保持经营渤海湾航线多年的优势,实现企业的新发展,巩固渤海湾市场的龙头地位,公司加快船队结构调整步伐,同年1月,委托上海船舶设计院设计,由江南造船集团建造"普陀岛"和"葫芦岛"轮2艘16 000总吨客滚船。同时,公司将"天江""天涯"轮等4艘无市场竞争力的常规客船和1艘老旧客货滚装船"长兴岛"轮提前退出营运。由于新造大型客滚船性能优良,市场竞争力强,可弥补因处置船舶而减少的运力损失。2004年年底"普陀岛"和"葫芦岛"轮交付使用,投入有渤海湾"黄金水道"之称的大连—烟台航线,与已有的"海洋岛""棒棰岛"轮组成一条安全、快捷、舒适的客滚班轮航线,中海客运在渤海湾客运市场的规模实力和整体竞争力得到进一步提升。

2005年7月15日—8月31日的暑运,中海客运共投放客轮9艘,圆满完成持续48天的营运工作,共安全运送旅客70.92万人次,车35 750辆,分别比2004年同期增长10%和20.3%,市场份额稳步提升,实现安全和效益双丰收。

中海客运坚持"瘦身"和"强身"并举,加快船队结构调整步伐。当渤海湾客运市场由计划经济转向市场经济后,中海客运"一家独大"的局面被打破。"有水大家行船",旅客有选择船公司的余地,而且乘船的需求也由单纯的渡海转向享受旅行的过程。不少民营企业相继进入海上客运市场,特别是2005—2007年间,民营企业渤海轮渡公司3艘大型滚装船和4艘大型客滚船,先后投入营运。中铁轮渡公司也为加入渤海湾市场先后建造3艘船舶。渤海湾水上客运市场竞争进一步白热化。面对渤海湾市场开放、市场竞争日益激烈的态势,中海客运积极应对挑战,坚持与时俱进,努力为旅客提供一流服务;公司创新营销方式,以"保运量、稳运价"的市场营销方针;凭借多年经营客运市场的经验积淀,采取多种多样的措施开发市场,加强运营组织和市场开拓,努力巩固市场份额,使中海的品牌形象依然享誉渤海湾。

根据渤海湾市场形势和发展需求,中海客运在硬件建设上加大力度,积极推进新造船项目。先后与烟台、大连等港签订《关于组建客货滚装码头公司的框架协议》《关于组建合资航运公司的框架协议》等协议。

2008年,中海客运及联营公司中海港联公司分别与广船国际有限公司签订合同,建造4艘大型豪华客滚船舶。其中,中海港联公司建造的"龙兴岛"和"永兴岛"2艘客滚船于2011年投入营运。当年4月29日,"永兴岛"轮首航烟台,该轮与"普陀岛""葫芦岛""海洋岛""棒棰岛""龙兴岛"轮组成豪华客滚船船队,为环渤海地区的经济发展与繁荣发挥作用。

中海客运建造的"青山岛"轮于2012年1月投入营运,"长山岛"轮于2012年6月出厂。这4艘船舶均为2.3万总吨,载客定额1 400人,载车线2 000米,是我国当时装备最先进的大型客滚船,极大地提高了中海客运的市场竞争地位。随着"长山岛"轮的交付使用,中海客运已拥有7艘豪华客滚船,海上旅客运输实力得到进一步提升。

鉴于"海鸥6"和"海燕6"轮两艘高速客船已于2011年退出营运,中海客运实现了运输船舶的客滚化。虽然运输船舶艘数减少,但由于新造大型客滚船运能强,市场竞争力强,弥补和化解了由于处置船舶而减少的运力损失冲击。"普陀岛"和"葫芦岛"轮两艘新造船舶良好的硬件设施和温馨的客运服务受到众多旅客的好评,为中海客运取得显著经济效益发挥了积极的作用。

至2012年，公司共有营运船舶8艘（含中海港联两艘），均为客滚船。客位11 816个，载车线11 340米，分别占渤海湾营运船舶总艘数的29.6%、总客位的35.3%、总载车线的30.7%。营运3条客运航线，分别为"连烟"线、"连威"线，以及"连新"季节性航线。同年"青山岛"和"长山岛"轮投入营运后，公司的竞争力得到一定程度提高，但渤海湾航区客、车运输总量由于受到国家总体经济形势的影响，客运总量呈下降趋势，车运总量基本保持在2011年水平。因客滚运输市场表现平淡，客车运输总量减少，运力增长过快，市场供需失衡，竞争日趋激烈。针对诸多不利影响，中海客运积极应对，加强市场营销，坚持服务创新，努力降本增效。2013年，渤海湾客运市场仍增长乏力，市场竞争更加激烈。企业单船运输效率偏低，成本费用依然高企，经营效益下滑。同年，地方公司3艘客滚船因经营不善停航后，中海客运经积极协调、合同谈判，成功以较低的租金价位陆续租入"德银海""万通海"和"万荣海"轮。3艘客滚船投入营运后，缓解了新航线开通后客运旺季运力的不足，使公司的班期密度、航线设置更趋完善，为暑运期间提高效益、抑制运价波动发挥积极作用。

2013年，中海客运共有营运客滚船11艘。为充分发挥船队运力效能，公司统筹规划，综合市场、航线和船舶等因素进行航线布局，合理安排"大"岛型与"小"岛型、自营船与光租船的班期，发挥船队协同效应。将天津季节性航线调整为全年营运；11月增加东营航线运力，加快航线培育。客运淡季灵活调整班期，减少营运航次，细算投入产出账，提高整体经营效益。

2014年春运，中海客运投入11艘客船，安全运送旅客26.7万人，运输车辆3.8万辆。2015年春运，共投入船舶11艘，完成旅客运输25.5万人，较上年有所下降；完成车运量4.1万辆，较上年增长8%，运输收入整体高于上年水平。

表3-5-1　2015年中海客运运力情况表

船名	船舶类型	航区	总长（米）	型宽（米）	吃水（米）	总吨（吨位）	总载重量（吨位）	载客量（客位）	功率（千瓦）	建造年份
棒棰岛	客滚船	沿海	134.80	23.4	5.52	15 560	3 547	1 200	11 520	1995
海洋岛	客滚船	沿海	134.80	23.4	5.52	15 560	3 547	1 200	11 520	1995
普陀岛	客滚船	沿海	137.3	23.4	5.8	16 234	3 996	1 428	11 600	2005
葫芦岛	客滚船	沿海	137.3	23.4	5.8	16 234	3 873	1 428	11 600	2005
龙兴岛	客滚船	沿海	167.5	25.2	6.1	24 572	16 535	1 400	12 000	2011
永兴岛	客滚船	沿海	167.5	25.2	6.1	24 572	16 535	1 400	12 000	2011
青山岛	客滚船	沿海	167.5	25.2	6.1	24 572	16 535	1 400	12 000	2012
长山岛	客滚船	沿海	167.5	25.2	6.1	24 572	16 535	1 400	12 000	2012
万通海	客滚船	沿海	164	25	7.4	24 105	7 447	1 618	12 000	2010
万荣海	客滚船	沿海	129.9	20.4	6.8	11 585	3 252	1 108	5 000	2008

二、主要船型

【"长征"类型船】

20世纪60年代中后期，沿海客运量逐年增长，而客船严重不足，难以适应需要。1965年，上海海运局总计18艘客货轮的载客量不足1万人。按照交通部"以多载客,立足国内,简化船型,成批生产为原则"的设计主导思想,沿海新型客货轮于1969年开始设计动工。1971年,由沪东造船厂建成中国当时最大的甲型沿海客货轮"长征"轮。该船总长138米,型宽17.6米,载货量2 000吨,载客量856人,航速17节。同类型船称"长征"型(或"长"字型)客轮,至1981年分两批先后建成12艘,船名以"长"字为首,分别为"长征""长自""长力""长更""长生""长锦""长绣""长山""长河""长松""长柏"和"长柳"轮。后3艘的上层建筑较前略有修改,将游步甲板上的客舱延伸到舷边,增设特等客舱4间、文娱休息室1间、第二旅客餐厅1间(内设酒吧间、咖啡间、休息室、舞厅等),总吨达7 600余吨。

"长征"类型船建成后,主要由上海海运局用于上海至大连、青岛、厦门、广州航线客运。与先前的乙型客船相比,沿海甲型客货轮具有航速快、稳性好、抗风能力强和载客量大等优点。但造船质量不过关,载货吨位偏大而难以充分利用。其中部分船舶是在"文化大革命"时期建造,质量尤差。"长征"轮出厂后,主机运转3.6万小时,汽缸头损坏,阀门换过47个;在航行中还发生过主机曲轴断裂和舵轴承支撑断裂等严重机损事故。另有5艘同类型船出厂后被迫更换全部辅机。在设计上还把试验未过关的吊车和液压装卸设备安装在船上,以致出厂后一直不能使用,行驶上海、青岛客班航线时长期不能装货,在大连港码头也只能以岸吊装卸货物。耗油量大也是该类型船缺点之一,航行上海—大连航线的"长"字型客货轮有一航次耗油高达46吨。经船员和技术员工逐步改进,该型船的技术状况方有所改善。

1990年后,上海沿海客源开始明显减少。至2001年3月,中海客运经营的行驶上海至广州、厦门、青岛、大连等客运航线的"长"字型客货轮,因亏损严重不得不相继停航。至2002年,该型船全部退出营运。

【"万年红"类型船】

1984年,广州海运新投入沿海南北航线营运的与"长征"同类型客货轮有"万年红"和"珍珠梅"轮。该两轮由沪东船厂建造,总长137.88米,型宽17.6米,载货量1 900吨,载客量720人,航速17节。营运无线电通信设备设有甚高频,为当时广州沿海客货轮中航速最高的船舶。进入20世纪90年代后,沿海客运市场日益萎缩。1996年年初,广州海运将全部13艘客货船处理完毕;同年6月13日,"珍珠梅"和"万年红"两艘客货轮也作报废处理。

【"繁新"类型船】

20世纪70年代,针对上海至闽、浙沿海部分港口航程较短、旅客较多,以及宁波、温州等港口航道狭窄,水深仅2.5～3米等特点,上海海运在原沿海乙型客货轮的基础上,改进设计建造3 000吨级/915客位的"新"字型客货轮(同型船船名末尾均为"新"字)。该类型船因适当减少各种公共活动舱室面积,有利于载客定额提高和营运成本降低。第一艘"繁新"轮,由上海求新船厂建造,1977年竣工后投入上海至宁波、温州和福州(弯靠三沙)航线运营。该船总长106.67米,型宽15.8米,载货量140吨,载客量915人,航速15.5节。至1984年先后建成8艘"新"字型客货轮,分别命名为:"繁新""荣新""昌新""盛新""茂新""鸿新""展新"和"望新"。其共同特点为吃水浅,载客多,操纵灵便,航速快,较适合沪浙闽沿海港口的客货运输。但原设计主机烧重柴油,油舱较少,且大部分设置在双层底内,只有2个15立方米的油舱在双层底以上。后为节约燃料开支,实行掺烧渣油,对每轮增加一个2～3立方米的平衡油柜。

进入20世纪90年代后,沿海客源大量减少。至2000年4月,中海客运经营的上海至温州、宁波等客运航线先后停运,"繁新"类型客货轮也相继退役。2001年,中海客运经营的客货轮中尚有"荣新"和"新上海"轮(系由"展新"轮改造成的邮轮)两艘客货轮。2002年年底,该型船除"新上海"轮外,全部退役。2003年,"新上海"轮退出营运。

【"瑞新"号双体客货轮】

20世纪80年代初,上海沿海客运量剧增,客运能力不适应需要的矛盾十分突出。为此除加速建造单体客货轮外,上海海运局开始与上海交通大学合作,研究设计沿海双体客货轮。1985年4月2日,中国自行设计、制造的第一艘双体客货轮"瑞昌"号试航。同年7月22日由上海首航温州,正式由上海海运局客轮公司投入申温客运航线营运,同时改名为"瑞新"轮。该轮由上海交通大学设计、中国船舶工业总公司江州造船厂制造。总长98米,型宽26米,载货量140吨,载客量1502人,航速15.5节。船上客位比同吨位普通客船多500余个,客舱分特、二、三、四、五等,全部配有空调;有2个餐厅及阅览室和文娱休息室;走廊、楼梯转角处较为宽畅。沿海双体客船虽具甲板面积大、载客量多、抗风能力强、抗沉性能好、舱室设备实用等特点,但因设计采用对称线型,耐波性较差。至2000年,上海至温州、宁波等客运航线先后停运后,"瑞新"号双体客货轮随之退役。

【"百灵"类型船】

1986—1987年,天津新港船厂为上海海运局建造"百灵"号客货轮。该轮总长120米,型宽18.8米,载货量500吨,载客量1302人。客舱分特、二、三、四等,全部装有空调,环境舒适。投入营运后主要航行上海至温州线。"百灵"型客货轮造型多运用直线条,美观气派。在前货舱前端和后货舱后端,各配备50吨电动液压起货机1台,装卸货较为便捷。同型船还有"喜鹊"轮。20世纪90年代后,上海至温州客运航线客流量大幅减少乃至停运,该类型船退出沿海客运。

【"新上海"邮轮】

1997年,上海海运将普通客轮"展新"轮改成为豪华邮轮,取名"新上海"轮,并于同年10月1日首航上海—嵊泗—洞头成功。"新上海"轮,总长108.2米,型宽15.8米,可载客493人,有"流动的海上三星级酒店"之称。该轮功能设施齐全,配置有中央空调、卫星电视、豪华套房、温馨双人房、海景四人间及经济客舱。餐厅、跃层式娱乐厅、激光影院、观海平台、怡情酒吧、购物超市等一应俱全,实行星级酒店式服务。

1999年3月29日,"新上海"轮投入上海—温州客运航线。此前,申温航线因旅客日渐流失,被迫于1998年8月停航,后随着旅游业兴起,选择乘船出行的旅客有所增多。"新上海"邮轮改建试营运期间投放申温线3个航次,客流量每航次递增。2002年暑期,"新上海"邮轮一度执行大连—天津—大连客运任务。该轮于2003年退出营运。

【小型高速客轮】

2004年1月7日,集团投资联营的上海寰岛轮船有限公司与岱山县蓬莱客运轮船有限公司合作,建造并投入小型高速客轮"仙洲5"轮,开辟上海至岱山高速直达航线。上海距岱山仅43海里,但此前常规客船营运,至少需航行12小时。"仙洲5"轮率先开辟上海芦潮港至岱山直达快航,航时只需约100分钟。该轮由武汉南华高速船舶工程有限公司设计和建造,总造价1 657万元,船体总长48米,型宽6.4米,载重量348吨,航速28节。船舶核定抗风等级8级,共有客位295个,设有普通客舱、特等客舱、贵宾室和小卖部,配备先进的助航仪器设备、豪华舒适的航空式座椅和先进的救生消防等设施,是当时国内同类型船舶中较为先进且适合航行国内沿海的小型高速客船。

同时,上海寰岛轮船有限公司拥有多艘高速观光游览船,运行上海芦潮港至普陀、芦潮港至嵊泗、洋山至岱山、芦潮港至东海大桥和洋山深水港等多条航线。2006年3月,公司为开通东海大桥、洋山深水港海上观光航线,特意从日本购入海上高速观光游览船1艘,更名为"飞越"轮,该轮额定载客235人,出于安全考虑,运营时一次限载150人。海上观光航程从芦潮港开船,沿东海大桥至洋山,并环岛航行后返回,航时2小时30分。"十一五"期间,随着公司改制,该类型船退出当地客运市场。

【豪华型客箱船】

20世纪90年代中期,上海海运先后在德国、荷兰订造4艘豪华型客箱船。其中"紫玉兰"和"香雪兰"轮分别为400客位/286 TEU,利用德国政府贷款,由德国MTW船厂建造。另外两艘:"郁金香"和"紫丁香"轮分别为400客位/224 TEU,也由荷兰政府贷款建造。

1995年,"紫玉兰"和"郁金香"轮交付使用后,分别投入烟台—釜山、香港—马尼拉航线。该两轮外形美观,设备先进,设施完备,性能良好,为当时国内最豪华客箱船。"紫玉兰"轮总吨位1.61万吨,航速20节。其客房舒适,设有歌舞厅、游泳池、电影院、酒吧、健身房、桑拿浴室、图书馆、棋牌室等休闲娱乐场所。"紫丁香"轮,总长159米,型宽22.7米,载重量5 172吨,载货量1 500吨,航速20节。船上共200多个标准箱位,其中有134个冷箱插座,另有50吨的船吊,具有良好适货性。

1997年5月30日,由上海海运控股的海兴公司推出国内首条全冷藏箱运输精品航线,即上海—日本"特快、定时"周班航线,以"郁金香"和"紫丁香"轮作为全冷藏箱姐妹船,行驶该航线,航速为20节。

1999年,主营上海—仁川—济州岛—上海集装箱、旅客运输的仁川国际投入豪华客箱船"紫丁香"轮,开辟上海至仁川等地的直达集装箱和旅游周线。

2002年始,豪华型客箱船"香雪兰"轮由上海海运租给烟台中韩轮渡有限公司开辟烟台—仁川客货班轮航线。

2008年4月,原由集团出租给秦皇岛市的"郁金香"轮,正式易主秦皇岛市经济技术开发区,并更名为"新郁金香"号,继续从事秦皇岛至韩国仁川的客货班轮运输。

至2010年,集团拥有"紫玉兰""香雪兰"和"紫丁香"3艘豪华客箱船,其中"香雪兰"和"紫丁香"轮分别租给烟台中韩轮渡有限公司和营口泛营海运公司经营。至2015年,该4艘豪华型客箱船均已退出集团营运。

【客货滚装船】

1979年4月,交通部在上海召开"六五"沿海运输船舶船型研讨会。经过论证,认为单纯建造7 500吨级及3 000吨级客货船,已不能适应沿海干线客运增长的需要,1985年,国家先后从国外购进4艘客货滚装船,其中"红菊""红棉"两轮交广州海运局,"天鹅"轮交大连海运局,"海樱"轮交付上海海运局使用。"海樱"轮1973年建造于日本,是一艘全空调客货滚装船,总长143.43米,型宽16.8米,载货量980吨,载客量758人,航速19节。该轮自投入营运后,一直作常规客船使用,安排在上海—厦门—黄埔航线上运行。由于港口码头不具备滚装条件,未能发挥其专有设备的优势,加之该轮燃油耗量大,被称为"油老虎",经营亏损严重。20世纪90年代后,由中海客运经营的沿海客运航线先后停驶,该轮随之退役。

1984年,大连轮船公司(大连海运前身)"天鹅"轮加入渤海湾营运。"天鹅"轮是从丹麦引进的客滚船,也是公司根据交通部为加快海上运输的改革,实现海上运输现代化购进的第1艘客滚船。该轮由德国建造,7 988总吨位,设有1 100个客位,航速16节,可载小汽车150辆。"天鹅"轮投入营运时,由于国内码头配套不能同步到位,造成经营困难,在一定程度上增加企业的载客成本开支。1987年2月,"天鹅"轮经过恢复性修理,重新航行于大连—烟台线,客/车滚装运输线继续开通。

1990年12月7日,公司又从埃及购进1艘客滚船,命名"天鹏"轮。该轮总吨位为6 760吨,可载客1 050人、载车65辆(混装)。1991年7月8日,公司的"天鹅"和"天鹏"两艘客滚船分别载着近百辆汽车和千余名旅客,从大连和烟台两港相对开出。至此,经过几年筹建的一条我国规模最大的客/车滚装航线宣告全线开通。"天鹏"轮的投入营运,使连烟滚装航线由过去的各港隔日一班,增至每日一班,形成运力连续不断、运量倍增的局面。

与此同时,公司又积极筹措资金,筹划引进第三艘客货滚装船。1991年11月30日,从意大利购进的客滚船"天鲲"轮,抵达大连港锚地。经过短期准备,12月15日投入连烟航线营运。"天鲲"轮总吨位6 581吨,可载客1 050人、载车65辆(混装),客舱条件及服务设施舒适齐备。至此,该公司连烟航线客滚船增至3艘,标志着交通部"八五"计划中的大连至烟台"蓝色公路"计划提前实现。

1998年3月22日始,中海客运客货滚装船"棒棰岛"轮一度航行上海—大连客运航线。该轮建于1995年,是中国海运从荷兰引进的豪华客/车滚装船,原在渤海湾客运航线营运。该轮总长135米,型宽23.4米,载重量4 228吨,载客量1 680人,可装载大型车辆80辆或小型车辆200辆,车辆可直接开上船。月载车量5 000辆左右,多时可超过6 000辆。该轮航速20节,从上海到大连仅需34小时,使申连线航行时间大幅缩短。船上设有先进的防摇装置,抗风能力强;拥有设备齐全的各类等级客房、高级餐厅、大型普通餐厅、自选商场、儿童娱乐场,以及能容纳500人的豪华卡拉OK舞厅等,并设有卫星通信电话,可随时与世界各地联络,成为集旅游、观光、娱乐、办公于一体的现代海上交通工具。上海沿海客运干线先后停运后,该轮一直用于渤海湾客运,至2015年年底仍由中海客运经营管理。

2000年4月,中海客运从意大利引进1982年建造的大型客货滚装船"长兴岛"轮。该轮总长148.28米,型宽22.7米,载重量3 740吨,载客量1 424人,有车位167个,航速16节。引进后投入有渤海湾"黄金水道"之称的大连—烟台航线。该轮与"海洋岛""棒棰岛"轮组成一条安全、快捷、舒适的客滚班轮航线,中海客运在渤海湾客运市场的规模实力和整体竞争力得到进一步提升。

2003年1月,中海客运委托上海船舶设计院设计,由上海江南造船集团建造"普陀岛"和"葫芦岛"两艘大型客货滚装船。船舶总长137.3米,型宽23.4米,载重量3 873吨,载客量1 426人,可载84辆大型车或232辆小轿车,航速19节。新建客滚船客舱分为4个等级,有床位1 243张,座席185个,其中设有19间豪华一等舱。船舶设施齐全,配置舒适,设有大型舞厅、电影院、电子游戏房、棋牌室、酒吧、商场、大型餐厅、诊疗所和洗衣房等。

为了及时补充运力,提高市场份额。中海客运在集团支持下,推进新造客滚船工作。中海客运及联营公司中海港联公司分别与广船国际有限公司签订合同,自2009年起陆续建造4艘大型豪华客滚船舶。2009年8月19日,第一艘客滚船"龙兴岛"轮开工;2010年1月6日,第二艘客滚船"永兴岛"轮开工。2010年7月9日"龙兴岛"轮下水,2011年1月11日首航大连湾—烟台;2010年10

月19日,"永兴岛"轮下水,2011年4月29日首航大连—烟台。2010年9月16日,第三艘客滚船"青山岛"轮开工;2011年4月19日上船台,6月30日下水;2012年1月8日轮交船,1月16日首航大连—烟台。2011年4月19日,第四艘客滚船"长山岛"轮开工;2011年9月20日上船台,12月28日下水;2012年6月10日交船,6月18日首航大连—烟台。这4艘"岛"字号滚装姊妹船,总长167.5米,型宽25.2米,载重量1.65万吨,载客量1400人,载车位197辆,载车线2000米,航速19节。"长山岛"等轮在设计上秉承了"安全第一、豪华舒适、低碳环保、经济快速"理念,船舶稳性和船体结构可满足国际无限航区最高要求,抗风等级达国内最高,采取艏艉门设计,车辆上下船无需再调头;汽车仓甲板之间设置两个升降平台,使车辆装卸更快速、更安全;船舶的"全船域"电视监测系统,使旅客安全更有保障;还设有VIP套房、电影院、网吧、茶室、贵宾接待室,露天甲板还设置大型天幕,配备相应的照明设备、座椅和广播音响。

至此,中海客运完成了阶段性运力更新,船队结构得到优化,运力紧张的局面得到缓解,有效提升了中海客运在渤海湾客滚运输市场的竞争力。运力份额由2001年的客位份额30.4%、载车线份额22.9%,提高到2012年的客位份额35.9%、载车线份额30.7%。

图3-5-1 中海客运"普陀岛"轮(2003年摄)

第二节 客 运 航 班

20世纪七八十年代,沿海客运航班一度兴旺,最多时由上海港发往沿海各港的客运航线多达9条。

进入20世纪90年代后,因受铁路、高速公路、航空运输快速发展影响,沿海客运的客源被明显分流,以年均20%的速度下降,沿海客运市场趋于萎缩。由广州海运经营的南方海区各客运航线在集团成立前就已全部停航;由中海客运经营的客运干线自南向北逐年撤退,至2001年3月,上海至广州、香港、厦门、福州、温州、青岛、宁波、大连等客运航线相继停航;只有渤海湾海上旅客运输,因地理环境等因素,依然在运行。

一、以上海为起讫港的客运航班

【申连线】

1978年11月1日起,经交通部同意,上海海运经营的申连(上海—大连)线客运航班实行天天班,由5艘客货轮对开。上海、大连港每天有1艘客轮对发载客。1979年5月1日,为方便旅客旅行,上海海运在该线实行6艘客货轮开航,每船6天往返1次,并对客货轮发航、到港时间作出调整:申连、连申单程航行均为36小时,两港各停泊36小时。运行调整后,同年申连线客运量比1978年增加13.2万人次,增长39.8%。

1983年,沿海客流量猛增,上海海运增加大量临时载客定额,超定额运送旅客,上海—大连航线每艘客轮均使用两个货舱装运400名散席旅客。1984年,沿海客运票价调整提高,该线小商小贩等流动人员有所减少。

1985年夏秋高温酷暑,由上海乘船去大连、青岛旅游的旅客骤增,申连线第三季度客运量较上年增加约15%。上海海运除以6艘"长"字型客轮实行天天班外,增开机动航班。1989年,受调整客票价格等因素影响,旅客逐月减少。同年,申连线客运量为64.4万人次,比上年下降12.76%。1990年,申连线客运量为58.67万人次,其中由上海发送大连旅客30.13万人次,由大连发送上海旅客28.54万人次。

1995年,申连线客运量为38.52万人次。客班船满足该线客运需要,避免积压旅客。同年,申连客运航线以其优质服务被交通部和中国海员工会命名为"文明客运航线",成为全国水运系统唯一获此荣誉的客运航线。

1998年3月22日,中海客运开通上海—大连客滚船航线,由"棒棰岛"轮从上海汇山码头首航大连。该轮为集团下属大连海运投资4.6亿元,从荷兰引进的当时国内最大、最先进的豪华客/车滚装船,可载重1.5万吨,载客1160人,航速达20节,从上海到大连仅需34小时。航线开通后,对南北两地经济发展和地区繁荣以及上海航运中心地位确立起到积极推动作用。之后,公司又投入"海洋岛"轮参与连申线车客运输。该轮于同年7月26日起一度停开,12月4日恢复通航。2001年3月,申连线客运航班正式停航。

【申青线】

1978—1983年,申青(上海—青岛)线年客运量由2.1万人次增至5.3万人次。1984年,因沿海客运票价大幅调整提高,小商小贩等流动人员减少,春节期间申青线客流量大幅下降,上海海运局为节日运输准备的足够运力未能全部用上。同年,该线客运量降至4万余人次。

1985年,农村剩余劳动力外出打工人数增多,城乡个体经商产供运销兴旺,当年夏秋季又值高温酷暑,旅游避暑人员增多,申青线客运出现前所未有高峰,客流量比上年增加9.6%。为此,上海海运局增派一艘客轮支援申青线,班期由原3天2班改为4天3班。1986年,沿海各线客流量普遍下降,但申青线客运量上升,全年为52.3万人次,较上年增加1.6%。其中第三季度进入旅游高峰后,由上海北上青岛旅客比上年同期增加7.7%;而第四季度从北方到南方旅游人数也比上年同期增加8.1%。由于该航线客流量增加迅猛,上海海运局临时抽调"长力""长征"轮两艘大型客轮加班疏运旅客。

1990年起,因陆运和空运快速发展,沿海客源开始明显减少,申青线客运量迅速萎缩。1995年后,申青线客流量愈发减少,营运严重亏损,被迫于1996年1月停运。

2000年暑期,沿海客运出现短暂高峰。中海客运上海分公司将封存客船启封投入营运。其中,"长柳"轮于7月1日投入申青线运输,实行3天班,当天到当天开,使该线临时性复航,不久后即停运。

【申甬线】

20世纪70年代末至80年代初,申甬(上海—宁波)线客流量增长迅猛,旅客购买客票困难。1980年和1981年春运期间,行驶该线的上海海运局"工农兵3"(原"民主三号")、"工农兵14"(原"民主十四号")两轮采用"一铺两用"高峰定额运客;"工农兵18"(原"民主十八号")、"工农兵19"(原"民主十九号")两轮载客率也分别达到119.1%和130.7%。上海海运以7000吨级"长"字型客货轮加班申甬线,首次停靠宁波镇海港。

1983年,上海海运局将申甬线上每艘客轮增加散席客位300~400人,增加客位占正常定额30%~50%。同年春节、暑期客运时,该局还抽调5艘"长"字型客轮,轮流参加申甬线客运。

1985年,上海沿海客运量出现前所未有高峰,月月超过1984年同期客运量,尤以申甬线旅客增加为多。为此,上海市政府指示,要求加强申甬线客运能力,解决旅客买票难、乘船难问题。上海海运局为适应该线客运量日益增长需要,抽调"盛新""贺新"两艘客货轮,同原航行在申甬线上的两艘客货轮实行早、晚双班对开。1990年3月1日起,申甬线早班船改为晚班船,两个晚班改为晚一班和晚二班,受到旅客欢迎。与上年同期相比,早班船改为晚班船后8个多月,多完成客运量8.8万人次。是年,申甬线完成客运量146.8万人次,甬申线完成73.7万人次。是时,该航线一天往返船舶多时可达10艘,一般也有4~5艘,年客运量在120万~130万人次。

1998年,沪杭甬高速公路开通,上海与宁波之间直达高速大巴达到每天68班,行驶时间也减少到4个小时,加上两地间的铁路提速、民航增开航班,分流部分旅客,申甬线海上客运量开始下降。但其季节性客流上升特征依然十分明显,尤其是每年清明前后大量旅客由海路赴甬扫墓,客流因此呈现高峰。

2000年清明节期间,申甬航线旅客爆满。航行此线的中海客运"望新"轮赴甬某航次,1000多张船票在一周前便已告罄。此时与公路、铁路相比,申甬线客轮在价格、旅行条件等诸方面尚有竞争优势,但其仅为季节性客流增多。受公路、铁路、航空分流影响,是时海上客运量每年以20%速度下降,且行驶上海至宁波客运航线的船舶设施趋于老化,航速缓慢,已无法满足旅客快速化、舒适化要求,乘客逐渐减少,最少时一航次仅200~300人,平均载客率仅40%左右。同年4月9日,"望新"轮载客847名由宁波返回上海,是为中海客运在该航线上最后一航次客运。公司经营的申甬客运航线于翌日正式退出营运。

【申温线】

20世纪70年代末至80年代,申温(上海—温州)线一度处于鼎盛时期,年客流量一般在80万人次左右,最高时达91万人次,被誉为"黄金水道"。

1979年春节,上海地区客运和新老兵运输同时进行,旅客流向流量高度集中,上海海运局除安排客货轮营运外,还抽调部分货轮运送申温线旅客。

20世纪80年代初,随着上海海运局"繁新""荣新""昌新"和"盛新"等3800吨级客轮加入该航线运营,其航班最盛时达到每天一个班次,航行时间也缩短为10多个小时。1980年和1981年,申温线客流量增长迅猛,航行该航线的"繁新"和"盛新"轮载客最高时达1 735人,船舶走廊、甲板都挤满旅客,因该线班次间隔时间较长,客流量大,旅客买票难成为一大突出问题。

1985年3月,国务院把温州市列入首批14个沿海对外开放城市之一。"温州模式"的出现,导致各地人员去温州参观,温州地区则有不少人员外出沟通购销渠道,申温线客流量激增。上海海运局遂将中国自行设计建造的第一艘沿海双体客货轮"瑞昌"(后改船名为"瑞新")轮,投放申温线营运。该线客班轮船期亦改为每天一班。

进入20世纪90年代后,因温州民航通航、温州火车站投入使用和公路客运快速发展,申温线海上客运量持续下降,乘船已不再一票难求。1990年7月,温州机场正式启用后,申温线年客流量降至70万人次;1993年起,温州公路运输出现多元化发展,长途客车越来越多;至1997年,申温线年客运量已下降至30万人次。1998年,该线年客流量仅为8.42万人次,不到鼎盛时期的1/10。因乘客稀少,申温线客运不时出现"暂停现象"。1998年8月31日,中海客运经营的申温客运航线被迫停航。

1999年第一季度,因沿海旅游业兴起,乘船出行方式再度升温。3月29日,中海客运申温客运航线复航,由豪华邮轮"新上海"轮首航。当时申温客运航线已通航40年,当地人们习惯于走水路,认为乘船安全可靠、舒适价廉。"新上海"邮轮改建试营期间,曾投放申温线3个航次,结果客流量每航次递增。中海客运因此对该轮采取冬天南下、夏天北上的"候鸟式"经营方式,辅以联营、包船、航租、期租等多种经营手段作进一步尝试。"新上海"邮轮设施设备齐全、舒适,较适合探亲、经商、会议、旅游和中老年旅客乘坐。但日益发展的航空、铁路和长途汽车客运最终改变了申温两地人们的交通出行方式。尽管在海上客运航线投入"新上海"等豪华型客船,仍无法使该线客运量止跌回升。2000年春节,上海至温州海上客运航线首次出现"零"客运,于同年2月停航。

【上海—舟山直达快航】

2004年1月7日,由集团旗下上海寰岛轮船有限公司与岱山县蓬莱客运轮船有限公司合作,建造并投入高速客轮"仙洲5"轮,开通上海至岱山高速直达航线。上海距岱山仅43海里,航时只需约100分钟。该轮共有客位295个,设有普通客舱、特等客舱、贵宾室和小卖部,配有豪华舒适的航空式座椅和先进的救生消防等设施,是当时国内同类型船舶中较为先进豪华,适合航行国内沿海的高速客船。当时,上海寰岛轮船有限公司拥有多艘高速观光游览船,运行上海芦潮港至普陀、芦潮港至嵊泗、洋山至岱山、芦潮港至东海大桥和洋山深水港等多条航线。

2006年3月,该公司从日本购入海上高速观光游览船1艘,开通东海大桥、洋山深水港海上观光航线,该船更名为"飞越"轮,额定载客235人,出于安全考虑,运营时一次限载150人。海上观光航程从芦潮港开船,沿东海大桥至洋山并环岛航行后返回,航时2小时30分。至2010年,因该公司已退出上海至舟山之间的客运市场,专事浦江旅游,以上航班即告停运。

二、华南沿海客运航班

改革开放后,货畅其流,人便于行,航区分工被打破。继货轮通过台湾海峡之后,南北客运航线恢复通航。1981年,湛江—汕尾线开辟。1983年,广州海运与深圳市联营的深圳船务公司开辟了蛇口—珠海、桂山—珠海、湾仔—珠海等客运航线。

1984年年初,广州海运开辟广州—三亚的客运航线,由"山茶"轮从广州首航三亚,7月份开辟了海南—香港客运航线。为沟通蛇口与汕头两个经济开发区的往来,决定广汕(广州—汕头)线客轮挂靠蛇口,同年11月9日,广汕线客班轮停靠蛇口港,但因进出蛇口港旅客季节性较强,经济效果不明显而中止。

1985年7月18日,广州—上川岛旅游专线开辟,广州海运"红棉"轮客滚船首航。1986年6月,根据沿海城市经济建设和开放的战略,广州海运开辟湛江—海口客滚航线,由"红菊"轮客滚船投入湛琼线营运(1990年9月退出),方便沿海城市人员往来,支持沿海城市建设。同年8月,广州—厦门—温州客运班线开辟,由广州海运"山茶"轮首航。1987年4月1日,广州—汕头客班线因客流量连年下降,亏损严重而暂停。同年夏天,开辟广州—厦门和广州—下川岛夏季旅游线,分别由"金莲"和"红棉"轮首航。1993年7月,广州海运开辟广州—北海临时旅游航线。1994年1月,临时加开香港—广州客运航线,"山茶"轮和"红棉"轮参加营运。

当时,海上客源持续下降,经营亏损日趋严重。广州海运根据华南沿海客运市场萎缩的情况,及时停开既没有经济效益,又没有社会效益的航线。1995年4月,广州海运妥善停止广州—厦门—上海线,并将广州—海口线改为隔日班,以减少企业亏损。至此广州海运已全部退出南北航线的旅客运输。1995年年末,广州海运最后一条客运航线广州—海口线停开。

三、渤海湾客运航班

1985年,大连轮船公司(大连海运前身)拥有客轮14艘,占船舶总有量的50%以上,承担着渤海湾7条航线(即大连—烟台、大连—龙口、大连—威海、大连—新港、石岛—青岛、新港—龙口、新港—烟台)的客运任务。公司坚持经济效益与社会效益双赢,为了保证旅客运输,做到不压客,投入了70%的人力、物力用于旅客运输。1985年安全运送旅客251万人次,为了使广大旅客旅途愉快,公司千方百计扩大服务项目,增设代收船票、回程票和汽车票,开办海上旅馆,开音乐茶座,播放录像,举办舞会以及为散席旅客加床等服务项目。其中,免费为旅客服务项目就有10余种。这些丰富旅客旅途生活的措施,不仅受到旅客的好评,而且增加了运营收入。

1986年暑期,公司运送旅客72.1万人次,比1985年同期增长25%,连续3年刷新公司的暑期运输记录,受到交通部表扬和嘉奖。1987年暑期运送旅客78.3万人次,是全年客运量的24.94%。

中海客运组建后,始终把渤海湾客运作为发展重点。"十一五"时期,在巩固发挥大连、烟台老港客运优势的同时,中海客运及时调整航线布局,积极拓展新航线。根据大连市滚装车集疏中心逐渐向大连湾转移的整体规划,中海客运未雨绸缪,积极部署,抢占先机,率先将部分船舶移泊大连湾。2006年,"海洋岛"轮由大连湾港开往烟台,开启"岛"字号移泊大连湾港的第一个航程,为公司长远发展拓展空间。通过10多年的努力拼搏,经历资产重组、船队结构调整、管理模式转变等一系列改革的中海客轮有限公司日臻成熟。"葫芦岛""普陀岛""棒棰岛""海洋岛""长兴岛""青山岛"和"长山岛"等轮,为来自四面八方的宾客铺就了一条条海上高速通道。公司坚持经营新理念,努力使经济效益稳步提升,努力做到服务更加温馨,安全更有保障,速度更加快捷,环境更加舒适。中海客轮有限公司先后18次荣获市以上荣誉称号;5艘"岛"字型船39次获市以上荣誉称号,"安全温馨—中海客运"的企业品牌享誉北方沿海。

船队结构的优化,使运力紧张的局面得到缓解,有效提升中海客运在渤海湾客滚运输市场的竞争力。公司运力份额由2001年的客位份额30.4%、载车线份额22.9%,提高到2012年的客位份额35.9%、载车线份额30.7%。市场份额由2001年的客运份额41.5%（客运量246万人次）、车运份额19.7%（车运量14.3万辆车），变化为2012年的客运份额37%（客运量235.3万人次）、车运份额28.6%（车运量27.42万辆车）。

图3-5-2　2009年6月16日，中海客运举行大连—天津新港航线复航仪式

2010年年底，渤海湾有5家船公司经营客滚运输，共有船舶26艘，其中客滚船20艘，高速船2艘，常规客船1艘，火车渡轮3艘。除大连—威海航线有3艘船营运外，其余船舶均在大连—烟台两港间航线上运营。受国际金融危机持续蔓延的影响，国内经济下行压力加大，渤海湾运输市场总量出现下滑。随着地方船公司优质客滚运力的增加，渤海湾运力格局发生较大变化，中海客运船舶硬件和规模优势不再明显，市场控制力减弱。同时较高的运输成本和造船成本也给企业带来沉重压力。

2015年，受国际国内经济形势影响，渤海湾运输市场总体呈疲软态势，客运总量560.46万人，比2014年减少28.98万人，降幅4.9%；车运量增加0.86万辆，增幅0.78%。

其中，中海客运完成客运量207.9万人，比2014年减少25.84万人，降幅11%，为年计划的89.7%；完成车运量39.64万辆，比2014年减少0.29万辆，降幅0.7%，为年计划的103.5%。全年完成旅客周转量1.95亿人海里、货运量3523.21万吨、货物周转量33.72亿吨海里，与2014年相比分别降低11.8%、6.4%和8%。当年公司客运市场份额为37.1%，比2014年降低2.6个百分点；车运市场份额为35.5%，比2014年降低0.5个百分点。

表3-5-2　1998—2015年中海客运渤海湾客运航线运营情况表

航线名称 \ 年份	1998	1999	2000	2001	2002	2003	2004	2005	2006	2007—2009	2010	2011	2012	2013—2015
大连—烟台	全年	全年	全年	全年	全年	全年	全年	全年	全年	全年	全年	全年	全年	全年
大连—威海	全年	全年	全年	全年	全年	全年	全年	全年	全年	全年	全年	全年	全年	全年

〔续表〕

年份 航线名称	1998	1999	2000	2001	2002	2003	2004	2005	2006	2007—2009	2010	2011	2012	2013—2015
大连—新港	—	全年	全年	全年	全年	全年	季节	—	—	—	季节	季节	季节	季节
大连—龙口	—	全年	全年	—	—	—	—	—	—	—	—	—	—	—
大连湾—烟台	—	—	—	—	—	—	—	—	—	—	全年	全年	全年	全年
大连湾—同三	—	—	—	—	—	—	—	—	—	—	—	—	全年	全年
旅顺—东营	—	—	—	—	—	—	—	—	—	—	—	—	—	全年
新港—烟台	—	全年	—	—	—	—	—	—	—	—	—	—	—	—
大连—莱州	—	—	—	—	—	—	—	—	—	—	—	—	—	—
大连—秦皇岛	—	—	全年	全年	全年	—	—	—	—	—	—	—	—	—

【连烟线】

连烟(大连—烟台)线是连接东北和山东地区人员往来、物资信息交流等经济活动的桥梁和纽带，也是我国最大的海峡运输航线，素有渤海湾"黄金水道"之称。随着沈大高速公路的建成，滚装运输这一先进技术的应用展现出广阔前景。1987年连烟线运送旅客215.6万人次，平均每天客运量达5 900多人次，占渤海湾客运总量的69%；客船的货运量15万吨，平均每天货运量400多吨，占渤海湾客船货运总量的65%。正常情况下，连烟线投入4艘客货班轮。

1987年，运营连烟线的"天鹅"轮是一艘豪华型客滚船，7 988总吨，经改造后一次可载客1 100人。该船还拥有先进的技术设施，如减摇鳍、首侧推进器、自动报警系统、自动灭火系统等。可一次载运小轿车150辆、标准集装箱拖车36辆。航速为16节，从大连至烟台只需6小时便可到达。

交通部于1988年5月26—27日在大连轮船公司召开落实连烟线客滚船运输会议，提出连烟线实行客滚船运输先从"天鹅"轮一艘船开始。"天鹅"轮于1989年1月17—19日试航圆满成功，随即开始投入营运，标志着我国海上运输传统工艺的改革实现突破，为后来连烟客/车滚装运输的全面开通奠定良好的基础。

1993年5月，大连轮船公司发起成立的股份公司万益公司根据当时连烟线的船舶配置情况，从公司购置一艘轻型、高速双体客船"海鸥"轮，加入连烟客运航线，使连烟航行时间缩短了一半。同年将从西班牙购进的二手汽车滚装船"蓝桥"轮改造后，投入连烟航线客滚运输。随着运力的增加又加大了发船密度，连烟航线由每天班发展到8条船对开，极大地方便了旅客出行。

中海客运成立后，交通部针对老旧船舶安全系数差等问题，于2001年2月发布《老旧运输船舶管理规定》《关于实施运输船舶强制报废制度的意见》。文件规定30年以上船龄客船、客滚船从2001年5月1日起强制报废。至2001年年底，渤海湾航区各船公司先后有11艘常规客船、客滚船退出市场。其中中海客运处置老旧常规客货船4艘、超龄客滚船3艘。船舶保有量由2000年的17艘减少到10艘，其中客滚船4艘、常规客货船4艘、高速客船2艘，总运力占渤海湾客运市场的24.3%。尤其是主力船舶"天鹅"轮、"天鹏"轮、"天鲲"轮的退出，直接造成运力短缺，市场份额减少，影响力下降，给中海客运造成较大的影响。

2002年10月16日,中国海运总裁办公会议批准通过,2003年1月20日,中海客运与江南造船(集团)签订了两艘1.6万总吨客滚船建造合同,即"普陀岛"轮、"棒棰岛"轮。

2004年年底"普陀岛"和"葫芦岛"交付使用,投入有渤海湾"黄金水道"之称的大连—烟台航线,公司统筹规划航线布局,安排"海洋岛""棒棰岛""普陀岛""葫芦岛"轮连烟航线双班对开,4艘客滚船组成一条安全、快捷、舒适的客滚班轮航线。

根据大连市的整体规划,大连地区滚装车集疏中心逐渐向大连湾转移。针对这一市场变化,公司未雨绸缪,提前部署,抢占先机,积极推进部分船舶移泊大连湾工作。经过一年多的努力,2006年11月28日,"海洋岛"轮实现首航大连湾至烟台。"海洋岛""棒棰岛""普陀岛"和"葫芦岛"轮连烟线双班对开,中海客运的客滚船在渤海湾形成绝对优势。

2007年,大连湾至烟台航线经过培育经营,逐步进入市场成熟期,起到了先期占领航线的作用。同年,船舶载客率为54%、载车线利用率为78.7%,同比均有提高。

2007年7月18日,中海客运与烟台港签订了《关于组建客货滚装码头公司的框架协议》;7月19日,中海客运与大连、烟台两港签订了《关于组建合资航运公司的框架协议》;8月28日正式签订两个合资公司的经营合同。2008年1月28日注册成立中海港联航运有限公司。"长兴岛"轮评估入股合资航运公司。大连港、烟台港于8月28日完成对合资航运公司的首次注资。同年11月19日在烟台注册成立同三轮渡码头有限公司。

在集团的倡导下,中海客运加强与大连港、烟台港合作,成立了港航合资公司,推进4艘客滚船建造工作。2009年8月—2012年6月,"龙兴岛""永兴岛""青山岛""长山岛"4艘客滚船先后建成交船,投入大连—烟台客运。

【连新线】

2009年6月16日,中海客运恢复了停航已久的连新(大连—天津新港)线的季节性航线,并将其培育为公司的精品航线,成为渤海湾客车滚装运输的新亮点。在完善连、津两地交通网络的同时,扩大公司的社会影响力。

2013年5月27日,中海客运正式开通旅顺—天津客/车运输航线。同日19时,公司旗下客滚船"普陀岛"轮从旅顺港鸣笛起航驶往天津。旅顺新港至天津新港航线全程165海里,较原来大连至天津新港航程缩短了近1/4,航行时间节省3个多小时,不仅降低营运成本,也为大连和天津、北京乃至华北地区的人员及物资往来流通搭建一条快捷便利的海上通道。该航线每逢单日旅顺新港开航,逢双日天津新港开航,航程约11小时。承担航线运输任务的是我国第一艘自行设计建造的大型豪华型客滚船"普陀岛"轮。该航线的客票实行淡旺季票价制,淡季为5月27日—7月11日、8月25日—9月29日,旺季为7月12日—8月24日、9月30日—10月6日。同时,该航线客流主要集中在旅游旺季,物流方面尚未形成特色,为此中海客运将此航线作为季节性航线,不作常态化运营安排。

【其他航线】

随着2005年下半年新造船"普陀岛"轮和"葫芦岛"轮相继投产,公司运力结构得到较大改善,公司统筹规划航线布局,"长兴岛"轮开赴连威航线,以方便两地民众的往来。

2013年,中海客运努力开拓新市场,新增旅顺—东营、旅顺—天津两条航线。

表 3-5-3　2015 年中海客运航运效益情况表

航线名称	运输收入（万元）	占比（%）	运输成本（万元）	占比（%）	运输利润（万元）	占比（%）
大连—烟台	57 821	71.2	53 481	75.5	4 106	43.4
大连—威海	10 677	13.5	6 406	9.0	4 233	44.7
旅顺—东营	10 830	13.7	9 268	13.1	1 523	16.1
旅顺—天津	1 248	1.6	1 638	2.3	−394	−4.2
合　计	80 567	100	70 793	100	9 468	100.0

四、国际客运航班

1998 年 7 月 14 日，经交通部批准，由中国海运（出资 51%）与韩国沇林海运株式会社、大韩通运株式会社（各出资 24.5%），共同组建上海仁川国际渡轮有限公司（简称仁川国际）。总投资 200 万美元，在上海登记注册。成立初拥有万吨级"海华"轮客箱船 1 艘，经营上海—仁川—济州客货班轮运输，同年 8 月 5 日，正式对外营运。

2000 年，仁川国际共完成客运量 1.2 万人，完成货运量 13 892 万吨，实现主营业务收入 5 549 万元，利润为 −1 327 万元。截至 12 月底，实收资本 1 656 万元，资产总额 4 203 万元，负债总额 5 850 万元，比 1999 年增长 84.25%。

2001 年，公司投入由荷兰购进的豪华客箱船"紫丁香"轮，经营上海—釜山—仁川—上海航线集装箱、旅客运输，改变以往至韩国集装箱运输须从釜山中转的惯例，缩短华东地区与韩国经贸中心汉城、仁川等地的距离。全年实现主营业务收入 4 308 万元，为上年同期的 77.6%；利润 −1 091.5 万元，比上年同期减亏 235.8 万元。年底资产总额 3 355.9 万元，为上年同期的 79.3%。

2002 年 2 月 25 日，上海—仁川—济州岛客箱船航线停航，"紫丁香"轮退出该线运营，由全集装箱船"向福"轮代替其经营上海—仁川集装箱运输。

第三节　客运服务

海上旅客运输对于旅客而言是个特殊体验，无论是场地、饮食以及睡眠等旅居环境都与火车、汽车和飞机有着明显差异。船舶航行海上，旅客吃喝拉撒都在船上，大型客滚船高达十余米，客舱有 3 层，船舶活动区域大，加上车客混装，对旅行安全防护提出了更高要求。因此，客运服务是海上客运的一项主要内容，很多海上客运企业将提升旅客服务质量作为提升企业竞争力的重要措施来抓。

一、餐饮服务

1979 年，经营沿海客运的主要航运企业上海海运局整顿客运秩序，提高服务质量，从规定低档菜品种、价格入手，改进旅客就餐质量，把提高餐食供应质量作为客运服务工作重点来抓。

20 世纪 80 年代初，上海海运进一步制定《客船旅客餐食供应与管理办法》，要求所属客轮本着服务周到、方便旅客、按质论价、合理供应的精神,力求餐食品种多样化,配盘适当,口味鲜美。餐食售价以经济实惠,大众化为原则。供应旅客餐食一律采取"预售餐筹供应"办法。旅客餐食供应明码标价,设立样品,统一价格,由局旅客服务所制定"客船饭菜统一价格表"参照执行。上海海运航行于申连线的客船,对重点照顾旅客和二等舱以上客房旅客,坚持送饭到舱或者安排提前进餐厅用餐等服务。

中海客运重组之后,延续了客运的良好作风,在旅客餐饮服务上继续下功夫。为提高船舶餐饮质量,与整个船舶"服务链"建设配套,于2006年创办客轮餐饮服务技艺培训班,对客船餐饮大厨进行培训,旨在提升大厨们的烹饪水平,让旅客吃得舒心。为进一步提升餐饮管理水平,2007年7月,公司实施船舶餐饮管理改革,出台《船舶商品、多种经营管理办法》《船舶餐饮管理(暂行)办法》,促进规范经营。

2008年,公司为促进餐饮服务,召开船舶餐饮管理工作会议,进一步完善多种经营管理办法。培养服务人员树立"安全、诚信、用心、提高"的服务理念,同时加强服务人员的培训与考核,并聘请酒店管理人员进行3次培训,船舶餐饮水平进一步提高。2009年5月6日,通过举办每年一届船舶餐饮技能比赛,促进旅客餐饮销售。

图3-5-3 中海客运船舶服务餐饮技能大赛(2012年摄)

2013年,公司按照"淡季抓运量、旺季抓收入"的营销思路,把握暑运创收黄金期,通过协商保持总体运价稳定并力争实现小幅上扬。当年10月份起实行船舶餐饮改革,规范管理并增加收入,在加强客餐统一管理和监督检查的同时,增设绩效考核制度,给予各轮较大的自主经营空间,调动工作积极性。每月根据经营业绩、食品卫生安全、经营管理等情况,确定单船效益奖励金额。全年船舶客餐和超市营业收入同比提高12.1%,人均消费同比提高11.1%。

2015年,公司优化船舶超市经营品种,新增进口商品销售;分析旅客成分及消费能力,合理提供快捷套餐、司机餐、单点包桌、自助客餐等餐食服务。暑运期间在各轮铺开烧烤经营项目。同年取消4家供应商合作资格,新增两家供应商;在旅客餐副食采购方面,引进新的副食供应商,形成3家供应商分码头供应副食品的形式,对原有副食供应价格进行制约;加强副食品的抽查和检验,成立船舶客运管理中心物资采购价格质量监督小组,每月对副食品供应随机抽查和检验,加强采购的监督和管理工作,确保商品采购的价格和质量。

二、客舱服务

20世纪70年代末,针对上海沿海客运日趋兴盛,客流量显著增大特点,上海、广州、大连海运十分重视海上客运服务工作质量,及时制定"客运质量管理程序"等规章制度。对客舱服务工作内容作出具体规定。20世纪80年代,在全国劳动模范、上海海运客轮服务员杨怀远等先进典型影响带动下,各海运局所属客轮职工广泛开展"假如我是一个旅客"等大讨论,及"全面服务、主动服务、微笑服务、语言服务、重点服务"竞赛活动。

1990年,上海海运所属客船安全运送旅客372万人次,收到旅客表扬信17万件,收到旅客赠送锦旗246面,受到各类报刊载文表扬110篇。

进入20世纪90年代后,虽沿海客流量逐渐下降,但行驶各客运航线的客货轮始终保持了良好的客舱服务质量。杨怀远的"小扁担精神"继续在广大客运服务员中得到学习和发扬。杨怀远本人于1991年被调到申港线客轮上当服务员,至1997年退休的6年间,挑扁担超过1.2万担,磨破四五件的确良工作服。一些老年旅客为能等待杨怀远的服务,宁肯晚一个月买票,也要乘他所在的这艘船。

1996年,大连海运"海洋岛"轮被确定为交通部文明示范"窗口"。该轮以文明、优质的服务赢得了京津连地区广大旅客的好评。他们称赞这艘船不愧为文明示范"窗口",代表我国海上客运现代化的水平。一些旅客宁愿在港等一天,也要乘上这艘船。大连海运还请服务明星杨怀远给大家讲解服务意识与服务方式,坚持发扬"小扁担精神"。在甲板部门和轮机部门,船上提倡文明用语、微笑服务,不准对旅客说"不行""不知道""办不到"等50句服务忌语。该轮乘警队率先打出"有困难找警察"的标语,主动扩大服务范围,文明执勤,严格执法。客轮公司还投入30万元为客运员制作了体现时代潮流的统一着装,使船舶服务更加标准化、宾馆化,给人以豪华舒适的感受。1997年,仅暑运期间该轮就收到8 445封旅客表扬信,旅客满意率为99%。

2000年,中海客运"望新"轮针对申甬线老年旅客多(该线60岁以上老年旅客约占40%,其中80岁以上高龄旅客也占一定比例)的特点,实行专人负责护送上下船;专人负责送饭、送水到床边;专人负责航行中服务。其以情感化服务艺术、职能化服务技能、市场化服务方式,受到广大旅客欢迎和好评。

2002年,中海客运根据交通部《水路旅客运输规则》,先后制定《中海客运服务质量管理条例》以及《中海客运服务质量标准》,其中对客船客运管理、客船客房服务、广播服务、小卖服务、餐厅服务、礼仪服务等6个方面的质量标准和规范作了明确规定;编制了客轮播音员《广播管理手册》及《如何处理宾客关系及突发事件》指南,对客轮服务过程中正确应对可能出现的各类问题提供处理原则和规范;根据省、市口岸系统要求,向社会公示《中海客轮有限公司对旅客、车辆主服务承诺内容》;颁布并多次修订《船舶综合管理考评细则》。公司总体客运服务管理和服务质量随着船舶硬件条件的改善和旅客需求的提高不断改进。

2003年,"非典"流行期间,公司坚持航行与防疫两不误,正确处理"非典"防范与优质服务的关系,不因疫病加强防范而放松对服务的要求,不因旅客减少而降低服务标准,并以此为契机,深入推广和完善两个"星级服务规范"。围绕"安全温馨"品牌建设,倡导"科学服务、知识服务、信息服务"

理念,积极激励和引导服务人员刻苦钻研业务,提高服务技能和服务质量,推进全方位、标准化、情感化服务。公司制作了服务人员的胸卡,规范服务人员形象标准,更新船舶广播手册,统一广播的内容和程序,制定船舶餐饮服务标准,不断提升客运服务总体水平。

2004年,公司以"树典型、创一流"活动为载体,严格落实文明客船43项标准等各项服务管理制度,全面推广和普及两个"星级服务规范",并按照《船舶综合管理考核细则》和《船舶精神文明建设考核细则》进行督促、检查、考评,发现问题立即整改,总结经验,细化管理。组织开展首届服务技能大赛,对优胜人员授予"星级服务员"称号,树立典型,以点带面,发挥辐射引导作用,促进服务水平的整体提高。成立"对标"考察小组,同年6月,前往长江航运(集团)总公司学习先进服务经验和理念,改进服务工作15项,变更沿袭多年的客运部门部分岗位职责和名称,推进向宾馆化管理服务模式靠拢。

在确保日常营运的同时,中海客运坚持突出"国庆黄金周"、春运和暑运3个环节,抓重点、保效益。2005年"国庆黄金周"期间,中海客运围绕"散客+团队""保住高端,增加中端,稳住低端"的经营策略,努力扩大市场占有率,共投入船舶10艘,比2004年同期增加了"普陀岛"和"葫芦岛"两艘新造客滚船,安全营运109航次,比上年同期多增2个航次,共安全运送旅客9.1万人次,比上年同期增长10%;运送滚装车辆0.6万辆,比上年同期增长23%,客、车市场份额分别比上年同期增长7%和9.5%,运量分别占公司整个运量的40%和43%。

2007年,以人为本,规范、延伸"服务链"。在大连火车站出站口设立候船厅,方便旅客休息。出台新的船舶多种经营管理办法,规范经营。开展征集服务理念的活动,从企业的安全生产、服务管理实践中提炼出"安全、诚信、用心、提高"的服务理念,指导生产活动。为抢占客流源头,巩固市场份额,充分发挥大连火车站出站口的候船厅作用,减少旅客在站前广场的分流,客户服务中心设置专职管理员,提供差异化服务,提高客户忠诚度。与114电话导航合作,拓展售票渠道。实行票面分色管理,避免运输收入流失,提高对散客市场的控制力。公司还在各轮推广"爱心卡"服务项目,做好对服务工作的跟踪,及时处理旅客反映的问题。同年,公司开展构建旅客"安全岛"活动,促进服务水平提高。在引进新型船舶、高新设备的同时,既注重从自己传统管理的积累中汲取精华,又注重整合国际、国内有关规则及现代管理理念,形成一套更加符合新时期海上客运实际的旅客海上安全体系。相继制定《安全管理体系》《质量管理体系》《安全文化建设规划》《车辆星级管理服务规范》《汽车舱滚装车辆排车辆培训指南》《如何做好渤海湾滚装船航行安全工作》《连烟航线安全避让要点》《滚装船靠离泊注意事项》等一系列管理文件,并在实施过程中与时俱进,改版升级,使中海客运的"岛"字型船舶成为旅客乘船渡海的"安全岛"。2009年6月,中海客运被评为中华人民共和国海事局首批"安全诚信公司"。

随着时代的不断进步和公司船舶结构的不断优化,中海客运先后到长江海外旅游公司、民航、铁路等同行业对标学习;请全国劳动模范杨怀远、吕玉霜等服务明星到公司传经送宝;聘请礼仪专业教授讲授迎宾礼仪;服务方式由微笑服务、亲情服务、承诺服务、信息服务发展到爱心服务、感恩服务、感动服务、诚信服务、个性化服务、超值服务;设立爱心客房、爱心基金、爱心卡、爱心充电站、绿色通道,使"安全温馨"的品牌内涵深入人心,形成一套具有中海客运特色的服务文化,成为中海客运立足渤海湾客运市场的基石。

为提高服务质量,公司以"一流企业、一流员工"素质工程建设为载体,连续8年举办客轮船员技能大赛,建立了客运人员离岗述职考核制度和岗位跟踪考核制度,有效促进服务技能的提高。不断完善"服务链"建设,在船上实施各种便民服务措施,包括设立爱心客房、发放爱心卡、为旅客送水、VIP呼叫服务、雨中送伞、对老弱病残旅客重点登记照顾等；市场部专门成立客服中心为大客户提供差异化服务，提高客户忠诚度；推行客户服务及投诉电话等便民措施。一系列服务举措使得中海客运在市场上赢得广泛赞誉，多次获得"全国交通系统文明行业先进单位""辽宁省文明单位标兵"等荣誉称号。

2010年，针对市场竞争格局变化所产生的诸多不利影响，中海客运立足渤海湾客滚运输，开展"服务年"活动。坚持服务创新，从改善服务态度、优化服务手段、规范服务行为、提高服务价值等方面入手，以船舶为单位，开展服务年主题活动，开展优秀客运员、爱心大使、最佳服务明星/优秀技能选手等客运先进评选活动，激励客运人员提高服务水平，巩固中海客运服务品牌，力争以服务和品牌赢得效益。同时延伸售票服务，扩大售票前宣传，做好售中服务，完善售后服务。维护市场正常竞争秩序，有针对性地加强营销力度，保证市场整体运价相对合理浮动。采取实名制售票、提前一天出票、现场发票、人证票三者统一检票的办法以及设立团体检票口等手段，有效控制团体票散卖，既稳定团体市场占有率，又有效调控了团体、散客比例，最大限度保证舱位利用率与收入最大化目标。

为推动优质服务水平，争取经济效益和社会效益双赢，公司与各船舶签署《2011年暑运优质服务与规范经营承诺书》，并在2011年暑运期间开展以"强素质、优服务、促效益，我是企业主力军"为主题的优质服务竞赛活动，力求以市场为导向，以旅客需求为目标，为旅客提供不同形式的亲情化、差异化的高品质服务。不断增强全体员工服务意识，转变服务理念，提高服务素质、技能和水平，保持服务质量"零投诉"。

在日常的服务工作中，公司不断完善各项服务措施，细心培养高端客户群体，建立和保持与VIP客户的密切联系，进一步提升中海客运"安全温馨"服务品牌的社会效应。强化旅客从购票—登船—离船全过程的服务，有针对性地逐步改进，将服务工作进一步做细，如实行旅客提前登船，协调港方为候船旅客提供便利，进行船边一次性验票等办法。改进船舶客区环境，补充、更新客运标识和卧具，修订完善高等级客舱《服务指南》。进一步规范公司员工及相关人员乘船管理，在大连、烟台地区陆续实行由第三方保安验票。举办船舶服务餐饮技能大赛，暑运前夕集中开展为期一个月的服务质量专项提升活动，组织客运部到地方公司船舶对标交流，并开展各类专项培训，提高船舶服务质量。

2014年，建立公司微信公众平台，及时发布各类营销活动与班期动态信息，扩大市场影响力。结合节日客流特点，推出春运期间务工人员乘船优惠及中高考新生免费乘船等活动，市场反响热烈。推出自驾轿车包舱优惠乘船等营销产品，积极争揽高端客户。启动烟台打捞局码头、大连湾港"司机之家"项目，解决司机候船时休息与用餐等困难，进一步完善服务链。

公司在多年运营中，形成"海洋岛"轮、"普陀岛"轮等精品航线客轮。总结出对旅客服务的一系列经验。"海洋岛"轮对旅客的服务工作精雕细刻，由微笑服务、站立服务、承诺服务、主动服务发展到首创"旅客星级礼仪服务规范"，即"3458881010"。其中，"3情到位"：对待旅客的态度要动真情、用深情、有亲情；"4个第一"：同旅客见好第一面，说好第一句话，办好第一件事，留好第一印象；"5做"：做盲人的眼睛，聋哑人的耳朵，残疾人的拐杖，小朋友的叔叔阿姨，老年人的儿女；"8忌"：旅客上船迎客问候忌怠慢，与客同行客前我后忌抢先，旅客询问细心解答忌厌烦，旅客意见虚心接受忌申辩，座席旅客同样热情忌轻看，老弱病残重点照顾忌不管，旅客失误耐心解释忌埋怨，旅客下船礼仪相送忌催赶；"8化管理"：船舶管理宾馆化，文明用语规范化，服务工作承诺化，重点照顾经常化，便民服务全面化，餐饮供应多样化，导游服务知识化，全程服务标准化；"8主动"：主动迎客上

图3-5-4 中海客运在客运航班上工作的海姐们(2008年摄)

船,扶老携幼,指引房间,送水到位,观察客情,介绍饭菜,征求意见,帮客所需;"10送":重点旅客送上船,送到舱,送到铺,送水,送饭,送医药,送下船,送出港,送上车,送到家;"10个闪光点":微笑露一点,嘴巴甜一点,说话轻一点,脾气小一点,度量大一点,脑筋活一点,行动快一点,做事多一点,理由少一点,效率高一点。

2014年春运期间,中海客运各轮重点照顾旅客1 480人次,为旅客做好事1 754件,托送儿童61人,发放爱心卡293人次,拾金不昧折合人民币67万元,收到感谢信15封,锦旗3面。为实现"便民便利、平安春运"目标,中海客运在每艘客船的服务台摆有一个"百宝箱",里面有针线盒、小药箱、充电器、胶带、老花镜、儿童玩具等。小物件虽小,但在春运中,手机没电、包带断裂、孩子哭闹等情况经常发生,"百宝箱"为旅客解决了许多烦恼事。春运期间,一名旅客将学生证和动车票落在床铺,被客运员拾到,船舶派专人辗转联系到他,在动车发车前10分钟将动车票送到他手中。

2015年春运期间,中海客运围绕"服务质量提升年"中心工作,为旅客提供各种优惠促销活动及优质服务。免费为旅客送"福"字,免费提供花生、糖果、红糖水、姜糖水,为小朋友赠送小食品,树立了良好形象。为了让女性乘船更加舒适、方便,根据旅客需求细化服务措施,设置女士专用舱和母婴室。同时为旅客提供特殊天气提前登船、在船免费上网、物品免费代管及小件寄存等服务项目。

"服务链"建设有效提升了中海客运总体服务水平,多年实现旅客服务零投诉,5艘"岛"字号滚装船分别获得"全国创建文明行业工作先进单位""交通部文明示范窗口""全国一级文明客船"以及大连市"诚信温馨"客轮等40余项市级以上荣誉称号,中海客运"安全温馨"的品牌享誉北方各港。

三、车辆服务

大型先进的客滚船取代传统的客船,企业的竞争力明显增加,但车辆上下船的安全和服务成为中海客运需要解决的课题。

2007年,公司在严把客滚船汽车舱安全关上下功夫。制定并严格执行汽车舱"上船前检查,航行中巡查,下船后清查"制度,进一步明确滚装船舱位配载、有效系固等环节的执行标准,通过交叉监督确认,确保车辆上下船安全顺畅。船舶行驶中,不定期地开展客滚船车辆绑扎专项检查,保证汽车舱安全。

2010年,又进一步制定《关于加强客滚船航行途中旅客安全管理的规定》《关于禁止随车旅客进入汽车舱的规定》,在客区增设船舶电子巡更系统,使客舱巡检更为系统化、规范化、制度化,进一步确保旅客安全。

客滚船"棒棰岛"轮,在对滚装上船的车辆和车主的服务中,对滚装运输方式中至为重要的汽车舱安全管理精益求精,首创"车辆星级管理服务规范",受到货主好评,得到公司的重视。"棒棰岛"的服务规范主要内容也可用数字符号"3458881010"来阐述:"3个意识到位":工作中做到品牌意识到位,安全意识到位,服务意识到位;"4个第一":时刻牢记船舶安全第一、岗位职责第一、车主利益第一、公司形象第一;"5个环节":重点抓好车、货隐患查验环节,车辆科学配载环节,行车引导服务环节,静车绑扎系固环节,车舱巡回检查环节;"8主动":掌握车情主动沟通港方信息,科学配载主动协调上车顺序,排除隐患主动查堵"三品三超",鲜活车辆主动照顾后上先下,随车乘员主动引导旅客通道,车辆上船主动提示慢速进舱,车辆停稳主动提醒档、闸、电源,车辆下船主动提示依次启动;"8确保":确保着装整洁防护齐全,用语文明请字当先,站位合理精力集中,指挥手势准确果断,配载科学车距适当,绑扎系固严格规范,准时巡舱记录完整,上下车辆秩序井然;"8化管理":边沟清洁经常化,车线标识公路化,旗语手势标准化,文明用语规范化,轻重配载科学化,系固绑扎专业化,巡回检查制度化,应急演练实战化;"巡舱10查":重点查车辆电源,滴漏溢油,烟雾异味,货物异常,保鲜氧泵,绑扎松动,逃票人员,可疑声音,通风情况,各水密门;"操作10要点":精神集中一点,操作谨慎一点,观察仔细一点,站位合理一点,声音洪亮一点,指挥果断一点,配合密切一点,相互提醒一点,警惕提高一点,预见增强一点。"3458881010"规范,对滚装运输中的旅客礼仪服务和车辆管理服务提供了示范性经验。

2012年,渤海湾市场新增运力4艘,分别为公司的"青山岛"轮、"长山岛"轮及其他公司"渤海翠珠"轮、"渤海晶珠"轮,运力的增加使得渤海湾客位与载车线明显增加,总客位比2011年增加7 130个,总载车线比2011年增加9 000米。各船公司之间的市场争夺更为激烈,而渤海湾客运总量不增反降现象,客观上又加剧了市场竞争。面对新挑战,公司加强战略合作与市场拼抢力度。对于长期合作的长途跨海客车,坚持做好维护和管理;奋力开发烟台同三高速公路沿线及周边市场,加大适载车型的争揽力度,大连湾码头与烟台同三码头市场培育初见成效,车辆运输竞争力明显提高。

2013年后,公司把握市场阶段性特点,对各类货车流、出行团队有侧重地进行营销策划,合理制定车辆放票政策,并通过价格导向使各班期车辆配载最优。

四、营销服务

2001年起,中海客运加大市场开发力度,扩大船票自售工作。按照团体、散客、内陆3部分重点客源分别制定营销策略。针对团队旅客特点和需求,采取相应优惠政策,实行送票、提前登船等一条龙服务;针对散客,广泛设立自售点和代理点,加强散客争揽工作;针对内陆旅客,在东北腹地和胶东半岛等地设立船票代理点,不断扩大和延伸售票范围。当年在"荣新"轮上召开由旅行社参加的信息发布会,公布票价、班期和优惠政策,收到明显成效。

2002年成立运价管理小组,专门负责对运价的管理,实行基准价、高峰价和浮动价3套价格标准,适时调整票价和班期,提高载客率和载车率。加强对滚装运输的管理,与港口方密切配合,改变滚装车辆计费方式,实行更精确的以米计费,实现运价和运量同步增长。2004年,由于较准确地把握运价调整,平均票价提高,全年客运、货运共增收6 000多万元。相对公司明显的船舶优势,地方船公司多以降低票价方式争揽客、车。为保持客票价格相对稳定,避免航运市场恶性竞争,公司按照"有序竞争、合作共赢"的经营理念,于2005年4月倡导召开港航单位协调会,沟通协调渤海湾各航运企业,形成有序竞争的机制。在此机制作用下,无序竞争、恶性拼价、抢客现象得到一定程度的控制,公司客、车收入情况得到好转。

2006年,公司扩大销售网络,建立稳定的客户群。在列车、火车站、汽车站、站前广场等客源集中地域,以及沈大高速公路、烟青公路沿线、大连湾和山东各港口建立自行销售网点或代办点,发展到160多个,网点布局日趋合理。销售网点的发展有效控制了市场,特别是在运输淡季,网络规模的优势保证了客、车运量的相对稳定。根据市场形势,通过港航联席会议的运作,针对不同高峰时段、不同的市场需求,及时调整票价,限定淡季各公司的最低票价,促进渤海湾运输市场的良性竞争,取得较好成效。

2009年,客运服务中坚持客、车营销相结合,找准市场定位,积极应对市场变化。针对不同消费层次的旅客,采取差异化营销措施,效果良好。继续发挥大连港售票主渠道作用,延长售票大厅营业时间。利用港航协调会,多次与各港航单位协调,沟通市场运价,规范团队票管理,引导行业健康发展。2012年,为配合新船上线,加强内陆腹地及周边市场开发,公司新增售票网点12家,并开通大连地区400咨询服务热线,提高营销网络覆盖面。加强售票网点管理,监督其经营行为,对不严格履行合同规定的票点进行整顿,维护整体销售秩序。及时协调解决实际售票中发现的问题,对远程代办点提供送票服务。加大对重点销售区域的支持力度,密切关注火车站周边散客集散地的

图3-5-5　2009年1月,中海客运繁忙而有序的春运工作场面

销售情况,不定期地派员实地考察各列车的船票代理商售票情况,巩固散客市场优势。同年,聘请专家进行邮轮英语、普通话、客运哑语等多元培训,提高全体员工的服务意识与水平。

2014年春运时,中海客运在客运服务上早作布置。在大连火车站南广场、烟台各码头配备免费班车,接送务工人员直达码头、火车站、汽车站;为在指定地点购票的务工人员提供登船后的免费食品。

公司对重点和特定客户群体给予适当优惠,以稳定团队客流。2015年,同31家物流公司、客户建立合作关系,签署运输协议,运输商品车3.7万辆;同大连火车站签订长期合作协议,稳定散客市场;积极发展网络售票销售模式,同携程网建立代售船票业务,同太阳系便利店等网络售票代理商,拓展售票渠道;启动网络营销服务平台建设,同年11月底上线试运行,实现网上电子售退票及结算、简易营销管理等功能;借助微信公众平台,实现品牌宣传、营销产品推广、购票服务信息发布一体化。

第四篇

陆岸产业

概　　述

鸦片战争后,外商轮船业进入我国五大通商口岸迅速取代国内的木帆船运输。随之,适应轮船海洋运输业需要的后勤保障业务和办事机构,包括船舶修造、船舶供应和船舶通信导航等行业应运而生。

中华人民共和国成立后,上海、广州、大连三大沿海海运船队发展,以船舶修理、船舶供应和船舶通信导航为主的保障系统随船队发展而逐步形成。

广州海运以进口废钢船和远洋退役船,大量扩充船队;在组织停航船员开展船舶自修维修队的基础上组建菠萝庙航修站等。1958—1971年,广州海运在完成运输任务的同时相应地建立海上通信、船舶修理和海员培训基地,初步成为华南沿海一个完整的海运基地。上海海运在发展船队的同时,也建立电台、修船厂、医院以及物资供应站等完整的后勤保障体系,其通信电台服务于整个上海和华东的航运船舶。大连海运自20世纪80年代后,随着船队发展,修船、后勤供应保障系统也在逐步建立健全。

中国海运组建后,其产业布局主要集中在航运各细分市场。中国海运成立初期,在继续积极发展海上油轮、散货运输同时,以非同寻常的速度发展集装箱运输,经过8年的努力,迅速建成总箱位为34.8万TEU;跻身世界班轮公司前15位的集装箱运输船队,做大做强成为中国海运的主业。随着航运主业的发展,作为航运主业服务配套的辅助业,包含码头服务、集装箱堆场、仓储服务、船舶代理、货运代理、报关服务、理货服务、内陆运输服务、船舶供应服务等,也紧跟主业发展步伐,得以推进、发展。

1997年,中海船务与中海集运同时挂牌成立。1998年,中海国际货运代理有限公司(简称中海货代)在广州举行成立庆典,开始进军物流业的艰难历程。

根据集装箱运输的发展需要,中国海运分别在大连、连云港、上海、湛江等地开展码头业务。随着该项业务发展步伐加快,中海货代与其配套,建立许多网点,航线开到哪,网点就设到哪,成立当年就在全国沿海地区设立100个揽货网点;各港口的船务代理也为集团的集装箱、油、货等船舶靠离码头,安全航行提供保障。为理顺机制,便于管理,2001年4月18日,中海码头发展有限公司在上海成立。这些航运服务企业有力支持集装箱运输和散货运输、石油运输、特种货物运输等的发展和壮大。

港口船舶供应的逐步放开和繁荣活跃市场,形成多种经济成分的船供企业并存和相互竞争的局面,也促进各船供企业进一步改进服务方式,提高服务质量。现代通信导航技术的高速发展和不断进步,使船岸通信更加通畅、便捷,也为船舶运输提供更为可靠的安全保障。集团的修船、供应、通信导航三大保障系统也与时俱进,无论在设施设备还是业务技术上均能适应集团油轮、货轮、集装箱船以及特种船的快速发展,满足国内外航运业务的相关需要。

随着航运业产业链不断延伸,需要加强船岸各产业、各板块之间的协同效应,促进企业转型升级。为此在"十二五"初期,集团就从研究"航运、工业制造、物流码头金融"三大产业板块结构调整入手,制定工业制造、物流、码头、金融等板块的细分业务发展规划,争取到"十二五"末期,形成"1+6"业务板块协调发展的基本格局。

第一章 装备修造

中国海运成立前,其前身上海和广州海局运所属各船厂主要承担自营船舶的维修。改革开放后,随着我国海上航运业的快速发展,各海运局的陆岸保障行业发展步伐也相应加快,所属船厂的修船能力持续增强。集团成立初期,为大力发展集装箱运输,其上海地区各船厂在短时间内将数十艘散货轮改装成集装箱船,使生产业务由以往单纯的船舶维修发展为维修、改装并举。进入21世纪后的十余年间,中海工业广大干部职工艰苦创业,励志图强,除为集团内船舶提供修船保障外,还不断开拓集团外及外轮修理市场。中海长兴修船基地的建设和投产,更使集团修船能力大增,排名国内同行前列。"十一五"时期,集团对收购的江都造船厂进行升级改造,边建设边生产,使原先产品结构单一的修船产业转变为修造并举、多元发展的格局,初步实现由做企业向做一个产业转变的目标,中海工业遂成为集团重要的"装备制造产业群"。至2015年,中海工业连续4届荣获"上海市文明单位"称号。在加速发展修造船业务的同时,为更好控制箱管成本,集团还先后投资建造了3处集装箱制造厂,年造箱能力达到45万TEU,排名进入世界前列,从而进一步提升了集团的装备修造能力。

第一节 船舶维修和改装

一、船厂船坞

20世纪70年代末,上海、广州海运已形成一支具有一定规模、自成体系的修船力量,不仅可承担万吨级以下客、货、油轮的小修、检修任务,而且可担负2.5万吨级货轮的小修,以及各类船舶的坞修工程。上海海运局拥有立新船舶修造厂(原名鸿翔兴船舶修造厂,简称立新船厂)、上海外轮航次修理厂(简称外轮修理厂)、上海立丰修船厂(简称立丰船厂)、荻港修船厂(位于安徽繁昌,简称荻港船厂)4家修船厂以及第一货轮、第二货轮、客轮、油轮4家航修站,共有职工7 000多人。其中立新、外轮、立丰、荻港4家修船厂拥有固定资产1.94亿元;厂区总面积达62.91万平方米;有泊位13个,岸线1 732米;船坞5个,计3.82万吨;并有金属加工机床461台。广州海运则在华南地区拥有菠萝庙船厂、城安围船厂等设备齐全的重要修船企业

1988年,位于黄浦江上游的立丰船厂,因地理位置优越,前沿水域开阔,水深条件不用挖泥就可停靠大型船舶修理,而得以迅速发展。已建成船体、轮机、铜工、舾装等主要生产车间,有2艘大型钢质浮船坞,2座可同时并靠6艘万吨级船舶的修船专用码头。随着6 500吨级"庐山"号船坞和9 000吨举力"华山"号浮船坞的先后调入,形成万吨级以上的船舶坞修带部分厂修的能力,年可修船107艘(万吨级),成为上海海运船舶厂、坞修的重要基地之一。外轮修理厂10年间陆续新建、改建金工车间、舾装车间、综合车间、船体车间、泵房和乙炔发生站,拥有坞北109米的固定码头,增设15吨×42米高架门式起重机,提高了码头生产能力。立新船厂则建有船体、轮机等9个车间,工种齐全,成为有相当修船能力的中型企业。其拥有2座修船码头,可同时并修2.5万吨级海轮和5 000吨级客货轮各2艘。同一时期,广州海运的修船设施也在优化。1994年12月6日,3.5万吨

浮船坞"飞龙山"号在菠萝庙船厂举行投产庆典,并迎来第一艘坞修船"万寿山"轮。从同年8月起,上海海运为保证运力投放,确保上海和华东地区90%以上的煤炭石油运输,先后投资共1.41亿元建成6万吨级整体式浮船坞"浦东"号,可承修3.5万吨的浅吃水肥大型散货船,同时可满足6.3万吨级油轮在超大状态下进坞修理的需要,且能满足各类船舶在特殊情况下,包括船舶部分海损时载货进坞修理的需要。

1996年年末,立丰、立新、外轮3家修船厂,按照集团化管理、规模化经营、专业化分工和资产优化重组的原则,合并组成拥有5 000名职工、5个大船坞、5亿元资产和3亿元产值的综合性大型修船工业企业——上海联合船坞有限公司。其中,立新船厂桂家村码头及草镇码头以5万吨级海轮修理为主,与大坞配套形成1坞4泊位6万吨船舶的修理能力;立丰船厂以2坞6泊位,修理1.5万~3.5万吨级的海轮为主;外轮修理厂则以5 000吨级以下的海轮修理为主。上海联合船坞有限公司以其整体实力,成为当时上海和国内最大的修船基地之一。

中国海运组建后,加快对其修船工业的重组整合。1998年6月18日,中海工业有限公司按照专业化分工原则,由原上海海运下属的联合船务有限公司、荻港船厂以及原广州海运下属的菠萝庙船厂和城安围船厂等6家大中型修船厂及相关陆岸产业组建而成,成为跨地区的大型工业企业。成立之初总资产14亿元,修船年产值近6亿元,拥有8个大船坞,3 454米修船专用码头。主要从事船舶修理、改造,兼营与船舶相关的机械、备件、代理、租赁等业务。按照中国修船企业主要集中在渤海湾、长三角和珠三角地区的"北中南"格局,中海工业的成立统筹了中国海运的修船资源,在修船产业密集的"中南"区域拥有较大优势。

2000年,中海工业通过艰苦努力,较好地完成集团下达的各项考核指标。全公司下属六厂一部共完成工业总产值6.3亿元,比1999年增长6.8%;完成417艘船舶厂修,年修船平均周期17.98天,实现主营业务收入8.2亿元,比1999年增长28.6%。

2002年1月18日,中海工业总部迁址上海市浦东新区东方路985号—百杉杉大厦。当年所属船厂共完成修船产值7.380 1亿元,为上年的103.9%;实现销售收入8.598 5亿元,为上年的97.13%;实现利润总额1 026万元,比上年增加660万元;产品结构得到不断优化,外轮修理产值已占总产值的43%。经济效益逐年向好。

2002年9月,在集团支持下,中海工业以低成本收购位于长江口长兴岛的中外合资粤海长兴船务工程有限公司(简称粤海长兴)8万吨级"长兴号"浮船坞,并更名为"中海普陀山",提升拓展修理大型船舶的能力,为抢滩长兴岛、建立长江口大型修船基地跨出成功的第一步。2004年年底,正式成立中海长兴国际船务工程有限公司。

2005年,中海工业修船生产在立足中海、确保完成集团船舶修理任务的前提下,把目光瞄准高附加值船舶,加大高附加值船舶承揽力度,并加强修船管理,修船生产取得突破性进展,创造修船生产历年来最好水平。据修船质量征询统计,船东满意度达到99.7%,修船重点项目一次检验合格率达100%。

2008年1月15日,中海工业公司决定对上海地区修船企业进行整合,撤销立丰船厂、立新船厂、外轮修理厂三厂建制,组建一家新船厂。新船厂沿用"中海工业有限公司立新船厂"(简称立新船厂)名称。同年9月,由中海工业自行建造的30万吨级浮船坞"中海峨眉山"正式投产,该坞总长410米,型宽82米,型深28米,举力8.5万吨,是当时世界上最大、技术最先进的浮船坞之一。其投入营运使中海工业的修船能力一举跃居国内前列。

"十一五"期间,随着全球航运业调整加速以及船舶大型化趋势愈加显著,加之上海国际航运中心建设进入功能提升新阶段,中海工业对旗下的修造船厂布局进行调整,将原来分布在黄浦江两岸的修造船厂集中搬迁至长江口。2009年5月,中海工业(上海浦东)有限公司正式成立,按照"滚动发展,分步实施"的经营战略,将集团内船舶修理纳入统一经营范畴。同年9月17日,"中海长兴国际船务工程有限公司"正式更名为"中海工业(上海长兴)有限公司"。在大力加强长兴基地建设的同时,中海工业积极整合修船业务资源,加快修船统一经营步伐。2010年1月1日,立新船厂经营工作平稳有序地归入浦东公司。同年7月1日,广州的菠萝庙船厂也顺利纳入浦东公司经营体系。

在上海成功举办世博会和黄浦江两岸加速开发的大背景下,为快速发展国内外运输,中国海运在上海市人民政府关心支持下,积极发展修船工业,增强大型船舶修理能力。2010年,上海立新船厂和长兴船厂共拥有6艘大型浮船坞,即"中海浦东""中海黄山""中海华山""中海九华山""中海普陀山""中海峨眉山",其中20万吨级的"中海九华山"和30万吨级的"中海峨眉山",举力分别达到3.8万吨和8.5万吨,修船技术装备力量领先于国内同行。2011年,中海工业在全国修船行业中,修船艘数排名第一,修船销售额排名第三,修船产值排名第四,出口创汇排名第五,企业走上可持续发展轨道。

至"十二五"末期,中海工业的船舶修理体系已初具规模,位居国内同行前列。其中长兴修船基地已成为国内规模最大、设施最完善的修船企业之一,为上海国际航运中心建设提供了重要的专事船舶修理服务的配套工程。

二、长兴修船基地

2004年12月18日,中海长兴国际船务工程有限公司(即长兴修船基地,简称长兴船厂)在上海国际会议中心举行开业庆典。地处长江入海口长兴岛上的长兴船厂是中国海运通过股权收购和资产重组组建而成。

建设长江口修船基地是中海工业发展转型的重要决策思路,也是中海工业走向新一轮创业的关键。公司通过多次组织专家和有关部门采用"净现值"等方法对未来基地的规模、成本、收益和人员等问题进行精细分析,使长兴基地未来的规划更趋科学合理。经过反复协调商谈,与上海市政府正式签订涉及长兴岛修船基地岸线、有关土地开发等多方面的合作备忘录,在集团的支持和指导下,收购了粤海长兴的全部资产,获得长兴岛马家港下游3.5公里岸线的规划使用权,在建设长江口修船基地的阶段性工作上取得突破性进展,也为中海工业走上可持续发展的良性轨道提供了有力保证。

开业之时,长兴船厂建设已得到政府有关部门的立项批准,规划使用深水岸线3.5公里。中国海运规划,在4～5年内,以长兴船厂为基础投入巨资建造能承修VLCC和第六代集装箱轮以及海洋采油平台等的大型修(造)船基地。

长兴船厂的开业标志着基地建设正式拉开序幕。开业之初,已有30万吨级超巴拿马型浮船坞"中海普陀山"号服役;同时,公司还购买13万吨级的"宁河"轮,设计改建为20万吨级浮船坞"中海九华山"号。此外还计划配置一座30万吨级浮船坞,最终形成一个巨型船坞群,为上海国际航运中心建设和海内外大型船舶提供高水准的安全服务和技术保障。

本着建设和生产同时进行的方针原则,长兴船厂从一开始就加大市场开拓力度,并对修船设施进行技术更新改造,提升生产能力,2004年全年共完成修船产值1.2亿元,实现考核利润1800万元,形成边生产、边建设的良性互动。同年,在获得上海市政府主管部门关于长兴岛岸线和滩涂使用的施工许可后,公司以"建设现代一流修船基地"为目标,坚持绿色环保的理念,迅速展开对长兴船厂的规划和建设。

2005年,中海工业委托上海市城市规划设计研究院依据《上海市长兴岛总体规划》,编制成中海长兴修船基地规划。按照中海工业关于"滚动发展,建设一流修船基地"的规划要求,长兴船厂一期扩建工程可行性分析中提出,一期扩建项目占地49公顷,主要为陆域配套项目,预计总投资为104 325万元,建设周期2年(不含前期工作),整个建设突出绿色环保的理念。

按照上海市政府批准使用的3.5公里岸线和前沿的宽阔水域,中海工业为充分利用宝贵的岸线资源,深入调研分析,针对长兴基地的岸线特点,提出新的发展思路,即根据长江口的水文地质条件,创造性地布置3个F型双层码头,解决外侧码头双侧靠船的问题,以充分发挥深水岸线稀缺资源的利用率。为实现建造F型码头的规划,公司组织有关专家进行多次调研和论证,并在此基础上委托中交第三航务工程勘察设计院(简称中交三航院)规划设计F型双线码头和3艘浮船坞的布局规划。2005年6月,上海市发改委主持召开"中海长兴岛修船基地岸线规划专题论证会",对中交三航院关于"中海长兴岛修船基地项目岸线规划"和华东师范大学河口海岸国家重点实验室关于"中海长兴岛修船基地前沿河式演变的分析"进行评审。专家组认为:双线码头的布置和三船坞的布置,有利于充分利用岸线和减少水域的占用,均是可行的。

F型双线码头的外层与内层之间相距200米,外层码头的前沿与驳岸相距约300米,同时20万吨级和30万吨级的浮船坞在江中锚泊,将会影响到局部区域江水的流速和泥沙的沉积,为防止F型码头有关设计影响水域航运的安全和相邻船厂的安全生产,公司专门委托国内著名的科研学院建模试验和分析论证,确保F型码头的顺利建造。

2005年,公司重点抓基地滩涂圈围工程、"中海九华山"浮船坞建造工程以及码头建设、拖轮和浮吊建造的论证和前期准备工作。基地滩涂圈围工程经过精心施工,主要工程于同年10月底完工,工程进度、质量均满足规划和设计要求。滩涂圈围共新建顺堤2 896米,南北侧堤48米,堤顶道路2 944米,吹填土方约200万立方米,吹填造地近50万平方米,吹填标高6.9米,达到50年一遇高潮位加10级风的防洪标准。

2005年,按照工程建设和生产经营"两不误、两促进"的要求,长兴船厂全年共修理船舶80艘,完成修船产值1.5亿元,比2004年增长25%。

"十一五"时期,长兴修船基地已经成为国内最大修船企业之一,拥有8万吨级、20万吨级和30万吨级浮船坞各1座,码头岸线3 500米,实现3坞12泊位的配置,可以承接包括VLCC、1万TEU集装箱船在内的各类船舶以及海洋平台的修理和改装工程,具备年修船200余艘次、改装船舶20余艘次、维修海洋平台6艘次的生产能力。

随着长兴修船基地建设的不断推进,中海工业将开发海洋工程作为新的发展目标,积极挑选合适的国内外合作伙伴,同时通过行业协会和参加各类国际性海事会展,不断扩大企业的影响力和知名度,提高海洋工程的竞争力。2007年12月,中海工业成功夺标中海石油基地有限公司的"长青号"浮体维修改造工程项目(FPSO),海洋工程实现实质性推进,成为中海工业实现修造并举战略中的重要一环。公司在修复FPSO"海洋石油102"取得成功经验的基础上,积极挑选合适的国内外合作伙伴,通过引进和消化国外先进技术和管理手段,不断创新,使得长兴修船基地成为国内有能力从事海洋工程的少数几家大船厂之一。

在修船业务长足发展同时,中海工业的修船利润也有很大增长。"十一五"期间,主营修船业务收入年均增长43.18%,资产总额年均增长55.83%,净资产总额年均增长48.70%。"十二五"时期,面对世界修船市场的不景气,长兴修船基地努力巩固老市场、开拓新市场,积极做大总量,承接和完成了多艘大型集装箱船、超大型矿砂船和超级油轮的维修任务,在上海航运中心建设中发挥着重要作用。

图4-1-1 中海工业长兴船厂码头(2014年摄)

三、国内船舶修理

1999年9月,万吨级客轮"云天"轮因船艏球鼻海损进入立丰船厂修理,原计划修复船期为14天(包括进出坞坞期),但该厂船体施工队职工发扬创新精神,克服首次修理船舶巨型球鼻遇到的诸多困难,仅用10天就优质、快速地完成修复任务。

中海工业成立后,企业的修船能力迅速提高。从修理一般运输船舶,到能承接国内外集装箱船、滚装船、自动化船、海洋工程与海洋平台修理业务。

2005年,长兴修船基地开工建设后,边建设、边生产,修船业务发展迅速。2006年,长兴船厂承修船舶109艘,实现产值1.9亿元;2007年,承修船舶126艘,实现产值提升至5亿元。

2007年1月28日,刚刚竣工投产的"中海九华山"浮船坞,成功托举起中远天津散货公司的17.5万吨级货轮"新发海"轮,进行坞内工程作业。"新发海"轮总长289米、型宽45米,是长兴船厂开工建设后承修的最大吨位船舶,也标志着该厂在承修超大型船舶上迈出重要一步。

2008年8月5日,长兴船厂"中海九华山"浮船坞将总重量约2.5万吨的海损船舶"中昌118"轮抬出水面,开始进行对该轮的临时抢修工程。"中昌118"轮2007年12月在长江口水域发生碰撞海损,船体损坏严重,其第4、5货舱进水,机舱进水,船尾下沉坐底。因船体破损严重,可能发生污染,对长江口航道产生威胁,事故引起上海市领导的关注,特地对该轮坞修作出批示。该轮总长185.8米、型宽30.4米,因船舱内还有剩余矿砂和江水,船体中拱变形严重,需绑扎4只巨大的浮筒同时进坞修理,进坞作业十分特殊。20万吨级浮船坞"中海九华山"自投产后尚未遇此先例,施工存在极大风险。接到修理任务后,中海工业组织技术人员仔细研讨抢修方案,与政府部门和施工单位现场勘查海损具体情况。针对长兴厂区水域水深浪急的特殊条件,制定周密合理施工计划,落实铺设围油栏等防污染措施,终使受损严重的"中昌118"轮一次进坞成功。

2009年,长兴船厂对8 500 TEU集装箱船"CSCL OCEANIA(中海大洋洲)"轮的大倾斜角螺旋桨桨叶进行修理。该船的螺旋桨直径8 800毫米,重量84吨,为6叶大倾角集装箱螺旋桨,堪称世界最大级别螺旋桨。其断裂部分尺寸达1 700×1 500×120毫米,拼接铜板重量超过1.2吨。长兴船厂仅用6天时间便将该轮螺旋桨拼接修理完毕,并通过LR验船师的现场R射线探伤检验。

2011年,面对修船市场的不景气,中海工业下属各船厂努力克服市场颓势影响,积极开拓非修项目,努力做大总量,确保企业均衡生产和队伍稳定。在统一经营的框架下,仅长兴修船基地就完成"新亚洲"轮等25艘大型集装箱船的修理,并完成"新安洋"轮等8艘VLCC的坞修。

长兴船厂作为集团修船板块的龙头企业率先扭亏为盈,引领修船板块打破数年来全面亏损局面。其抓住大型集装箱船节能技术改进的契机,连续完成12个球鼻艏改造工程,并不断缩短坞期,做精做优。"中海之星"轮球鼻艏改装取得在坞时间101小时的同行最好水平,吸引地中海航运、达飞、阳明等各大船东连续确认订单。

2012年,中海工业菠萝庙船厂完成"东海救158号"修理,这是中海工业累计完工的第195艘海工辅助船;"广州三江3♯、4♯"同时下水,公司的非修项目获得突破。2014年4月,该厂努力挖掘浮船坞潜力,"飞龙山"号浮船坞顺利举起7.5万吨级油轮"天龙座"轮,开创中国海运"座"字号类型船舶进"飞龙山"浮船坞的先河,显示出"飞龙山"浮船坞的超强能力,同时为该船后续工程的完成打下良好基础。同年,航运市场延续低迷,修造船行业仍处低谷。面对错综复杂、困境重重的局面,长兴船厂在修船三厂中率先实施市场化改革,通过完善选人用人机制,划小核算单位,实施二次分配,建立责权利相统一的市场化激励体系,着力解决管理粗放、成本控制不力和"大锅饭"的现象。自同年7月实施改革后,二线管理人员由200多人减少到77人,全员成本核算意识增强,生产效率和经营效益显著提高。核算利润率逐月上升,为集团修船板块扭亏带来转机。

2013年4月1日,中海工业中达公司在长兴船厂的支持和配合下,首次采用新装备、新工艺改造和取代传统的涂装模式,采用环保型循环式喷吸砂设备完成阿芙拉型成品油轮货油舱涂装工程。同年9月,中海工业首次完成KSB(KSB集团)委托修理的海上石油平台使用的深水泵。

图4-1-2　菠萝庙船厂员工在为船舶喷漆(2014年摄)

2015年,长兴船厂作为修船板块的龙头企业率先扭亏为盈,引领修船板块打破多年来全面亏损局面。

四、外轮修理

1995年11月,立新船厂完成对希腊籍17万吨级油矿两用船"凯和"轮的大修,其修理船舶吨位之大在当时修船界引起强烈反响。1997年,上海海运联合船坞有限公司不断缩短修船周期,提高修船质量,以良好信誉积极占有外轮修理市场份额,取得修理外轮89艘(占修船总数39%)的好成绩。全年以工业总产值1.46亿元,修船艘数229艘,分获全国修船企业3项主要经济指标中两项的第一名,修船出口创汇达2 118.6万美元,排名全国第6位。1998年3月,该公司提前两天完成3.5万吨级台湾化工品运输船"富莎8号"轮的修理[①],以质量、船期上乘受到台湾台塑海运股份有限公司的高度赞扬,同时也创下坞修、厂修工程同步进行,出坞就出厂的佳绩。

进入21世纪后,中海工业各修船厂除为集团以及国内船舶提供修船保障外,还不断开拓外轮修理市场,既提高经济效益,也为企业赢得信誉,增强企业的市场竞争力。2000年,立新船厂从企业实际出发,在确保中国海运船舶修理的前提下,将外轮和地方船的市场开拓作为企业经营重点,制定修理外轮、地方船舶和中国海运所属船舶的产值分别为全年总产值的50%、20%和30%的工作目标,并付诸实施,使外轮修理艘次和产值明显上升。自年初至4月中旬已承接15艘外轮的修理。同年6月,立丰船厂船体施工队职工运用科学技术,首次采用激光经纬仪校准精确度要求很高的摇臂铰链板中心位置,仅用一星期时间就成功修复香港利海公司"海望"轮舱盖板,为企业赢得信誉。由于立丰船厂加大产品结构调整力度,始终瞄准技术含量高技术密集型的中外船舶修理业务,相继开拓北欧液化气船、沥青船等特种船舶修理市场,在挪威、丹麦等国航运界享有一定声誉,至当年年底,先后承接挪威籍"维纳斯"轮、"尤鲁斯"轮和丹麦籍"帕迪玛"轮等特种船舶的修理。与遍布欧洲、美洲、亚洲20多个国家的船公司建立修船业务关系,并与全国各主要港口城市航运界形成长期合作关系。

2008年,当时国内最大的浮船坞——30万吨级"中海峨眉山"正式投产,长兴船厂的修船能力由此跃居国内前列,产品类型形成从修小船到修超大型船舶的全覆盖。在经营上,该厂加快企业硬件、软件的建设步伐,吸引优质船东,扩大经营网络,调整修船结构;以"多接外轮,多接一些高附加值和技术含量较高的船舶"为指导思想,仅1—6月,就修理外轮29艘,修船产值占总产值的71.7%。全年承修船舶140艘,实现产值10亿元。在管理上,该厂在2007年就建立质量、安全和环保健康"三合一"管理体系,并取得DNV审核(第三方机构的审核)证书。其不断加强信息化建设和精细化管理,继建立"一卡通"管理系统后,又开发建立MIS(信息管理)系统,使基础管理工作愈加扎实。

2010年10月,长兴船厂圆满地完成对意大利歌诗达邮轮公司豪华邮轮"歌诗达经典"轮的抢修工程。同月18日,该轮与一艘同向进入码头水域的比利时籍货轮发生擦碰,造成右侧船体大面积受创。由于该轮是在航行中发生事故,维修任务十分紧迫。长兴船厂迅速组织工程部及各车间召开专题会,研究抢修的可行方案,制订120小时抢修计划,实行24小时全天候作业,并派遣富有经验的总管及主管组织协调此次修船任务。经过2天3夜艰苦奋斗,仅用75小时就完成抢修工程,比原计划提前45小时。

2011年,长兴船厂出色完成14万TEU"达飞卡瑞尔"轮的海损修理工程等重要项目,为中海工

---

① 本志中,中国台湾、香港地区等境外船舶修理按照统计惯例归于外轮修理。

业修理大型集装箱船创立品牌。同年5月19日,"陆金林船舶修造创新工作室"在中海工业正式挂牌,该创新工作室是上海市总工会命名的首批20个劳模创新工作室之一。

2012年,面对修船市场的不景气,中海工业所属各船厂积极开拓非修项目,努力做大总量,确保企业均衡生产和队伍稳定。在统一经营的框架下,中海工业承修的集装箱船已覆盖世界前20位集装箱船队的大多数;完成"奥登道夫"轮等8艘VLOC的修理。

五、船舶改装

在大幅度提升修船能力的同时,中海工业还坚持提高船舶改造能力。由常规修船向改装船转变,逐渐形成完整的产品系列。为支持集团着力发展集装箱运输,在短时间内先后成功实施多艘船舶的改装工程,产品中包括单壳油轮改装成散装货船,散装货船改装成集装箱船、集装箱船改装液体硫磺运输船和沥青船等,促进市场开拓。

1998年6月,立新船厂为积极拓宽修船市场,提高企业综合修船能力,争创修船品牌,以良好的企业信誉承接中海海盛"新宁"轮的改装工程。在船舶常规修理基础上,将载重6 700吨的多用途货船改建成为载重5 500吨左右,装载150～160C、最高达200C的半流质沥青专用运输船。根据船东提供的改造设计要求,在原货舱新建安装3个总容积达5 638立方米,独立的内胆式储油舱,同时在机舱内增设两台热油锅炉,用于沥青装载及运输过程中的加热保温。整个工程突破船舶的常规修理,既有部分结构改建,又有内胆式储油舱的制造、安装和加温系统配备,工艺要求高,技术难度大。为确保改装工程按计划完成,立新船厂成立"新宁"轮改建领导小组,由分管生产的厂长负责。同时组建一支技术素质高、责任心强的管理队伍,多次召开专题会,按船东设计要求,制订工艺流程,严格工程纪律,确保工程质量,最终圆满完成改装工程。

中国海运成立之初,从发展集装箱运输的战略考虑,果断决策,以低成本快速发展集装箱运输,决定采取货船改装集装箱船舶措施。中海工业全力投入这项船舶改装工程。

1998年7月,集团对所属"堡"字号、"新"字号、"振奋"号等数十艘没有市场前景、亏损严重的货船进行技术改造,将其改建为集装箱船,以提高集装箱船队运力规模,形成中国海运新的支柱产业,并将改建任务落实到中海工业的立新、立丰两大骨干船厂。7月22日始,首批进行改造的"星堡""连堡""柳堡""高堡""英堡"和"友谊22"6艘多用途货船陆续开进两家船厂,拟改建成可装载184～190个集装箱的专用运输船。是时恰逢60年一遇的高温天气,且货船改建集装箱船在两家船厂均属首次。但广大船厂工人立足岗位,昼夜奋战40多天,出色完成6艘船舶的改装任务。8月17日,第一艘由5 000吨级多用途货船改建为集装箱船,可装载184 TEU的"向菊"轮(原"星堡"轮)在立新船厂圆满竣工,投入营运。其余5艘也于9月份相继投入集装箱运输。9月13日,第二批进行改造的"新平""新和""新城""潼堡""伦堡"等船舶依次进入立丰、立新和外轮修理厂。之后,中国海运的货船改造工作加快步伐,又有"石堡""安堡""泰堡""振奋22""振奋23""新惠"等十余艘货船进厂改装。承担此任务的船厂,除上海地区的立丰、立新、外轮修理厂外,还包括广州的菠萝庙船厂和城安围船厂(均为中海工业所属),规模宏大,不到半年就成功地将22艘货船改建为集装箱船。其中,由2.2万吨级散货船"振奋23"轮改装的拥有1 008 TEU的"向平"轮,是当时中海集运载箱位和载重吨位最大的全集装箱船,首航从上海开往广州黄埔,运载箱量创中海集运当时的纪录。

1999年,又有"振奋15""仙霞岭""威虎岭""振奋16""振奋17""振奋18"和"振奋19"等船舶分别由立新、立丰等厂改建为集装箱船。持续一年多的船舶改装工程,实现中国海运的"一举多得":

使集装箱运输在短时间内得到低成本快速扩张;为一些不适应市场需求的货运船舶(富余运力)找到出路,也使一些船龄长、技术状态较差、已接近报废的改造船提高安全系数,延长船舶使用寿命。同时使各修船厂的生产能力、技术素质、管理水平得到显著提高。在前后18个月的时间里,中海工业所属各船厂员工顶酷暑、斗严寒,先后完成44艘集装箱船改造任务,为中海集装箱运输的发展作出积极贡献。各船厂在整个改造船施工期间,仅耗用钢材就达6万吨、电焊条2000余吨;换钢能力从过去的日均五吨提升到日均30～40吨;各厂合计平均每天更换钢材量达到110吨。中海工业通过这项工程,既解决集团发展集装箱运输的燃眉之急,又锻炼队伍,提高整个修船产业水平,为日后进一步加强生产管理积累十分有益的经验。

至2001年3月,中海工业共完成44艘货船改为集装箱船的任务。同年上半年,立新船厂充分发挥货船改装沥青船、货船改装集装箱船的成功经验,承接并圆满完成韩国1.6万吨级普通散货船"韩星55"轮改装成自卸式散装水泥专用运输船的工程。

2001年12月,立丰船厂完成客箱船"紫玉兰"轮的改装工程。"紫玉兰"轮原为烟台—韩国航线定点班轮,为建立海口—蛇口的"绿色通道",改驶海南至深圳航线,为此,需作较大范围改装。承接改装任务的立丰船厂精心安排,在任务重、要求高、时间紧、难度大的条件下,确保"紫玉兰"轮舱壁改装、通风系统、压铁工程、主甲板立柱及舱盖、电器六大工程按期完工,满足了船东提出的船上食物冷藏及增加18只40英尺集装箱位的要求。

2002年8月28日,沿海货船"安龙"轮(原名"宝尼"轮)船体接长改造工程在外轮修理厂完工。原先"宝尼"轮仅限于在内河装运黄沙,经改装后船体接长23米,使整个船身长度达到88米,改变其运输功能,使其可投入近海进行货物运输。此项改造工艺要求将整个船体拦腰截断,中间增加23米长的船体和货舱,然后再接拢,修期为两个月。整个工程不仅工艺技术要求高,施工难度也相当大,且外轮修理厂先前从未承接过此类改造工程。但该厂干部职工积极接受挑战,决心探索出一艘船舶改造的新路子。从设计、施工到最后检验,每道步骤、工艺都经过严格审批和反复论证。尤其是拦腰截开分段工程,为船舶拉开后能够准确定位,工程指挥组召开专题会议专门研究怎样将定位误差减小到最低,技术人员实地测量反复计算,制定进坞定位方案,在坞内前方及左、右两边各设几根立柱用以定位,使得该轮在拉开后定位一次成功。

2004年8—12月,为保证有充足的运力投入沿海煤炭运输,中国海运通过技术改造,将一批老旧油轮改装成为运煤船。首艘"大庆31"轮出厂后即投入京塘—青岛煤运航线。随后"大庆63""大庆61"和"大庆46"轮亦在立新、立丰等船厂完成改造,正式投入天津—乍浦煤炭运输。2005年2月和4月,由油轮改为货船的"大庆87"和"莲池"轮完工后也投入沿海煤炭运输。2006年3月,改装后的"大庆31、46、61、63、87""莲池"6艘运煤船全部移交中海货运进行运营和管理。这批"油改货"船投入运煤第一线后,营运情况良好,均能按要求完成预定计划,确保沿海电煤运输。

2010年1月9日,经过改装焕然一新的15万吨级散货船"好风"轮驶离长兴船厂7号泊位,投入营运。这已是该修船基地为东方远洋运输有限公司改造的"好"字头系列船的第5艘。"好风"轮是由14.7万吨级单壳油轮改装成的散货船。该轮钢质工程达4900吨、管路工程1.2万米、特涂面积2.9万平方米,不仅工程量大,改造周期短,而且存在一定主机技术难题。长兴船厂针对施工中遇到的难点及时组织攻关和整改,圆满完成改造任务。整个改造工程中,各级生产管理人员、施工人员的敬业精神得到船方好评。5艘"好"字头系列船的改造质量都受到客户好评。

2010年11月,立新船厂在相继完成难度较高的"鸿威""鸿鹏"和"鸿豪"3艘集装箱船改装杂货船的工程后,又将"恒盛"轮改造一新成功出厂。该轮前身为7.6万吨级油轮,其在改造为货轮过程中，用钢3 300吨，日均换板36.6吨，成为可以载入立新船厂修船史册的标志性工程。立新船厂90天改造完工的承诺得以兑现，创出中海工业修船品牌。

2015年4月15日，长兴船厂成功改造23万吨大型散货轮压载水系统，标志着中海工业(上海长兴)有限公司成功踏出涉足该项目的第一步。

第二节　造　　船

一、江苏造船基地

"十一五"期间，随着集团船队运力规模大幅提升和修船业的快速发展，集团实施"修造并举"战略，决定进入造船领域。这一决策思路，符合当时的国家产业政策，也符合当时国家规模化与专业化相结合、航运与造船协调发展的产业格局要求。以修船为优势的中海工业作为中国海运重要的陆岸企业之一，因集团"修造并举"发展战略而成功地进入造船行业。

2005年，市场传出江苏省积极寻求出让国有江都造船厂的有关信息，集团对此高度关注。江都造船厂地处江都市内，其三江营厂区位于长江边的夹江，有近3 500米岸线，是长江沿线优势独特的造船地域，也是建立大型造船基地的理想选址。

2005年11月22日，中国海运第26次总裁办公会研究认为："采用低成本收购的方式，是迅速形成和扩大集团造船能力的一条比较好的途径。抓住时机尽快收购江都船厂，建立中国海运的造船基地是十分必要的。"会议通过同意收购江都船舶集团两个船厂事项立项的决定，明确整个收购工作原则。在集团收购领导小组的指导下，中海工业对江都船厂开展全面调研和洽谈，2006年12月27日正式签订收购协议。

2007年4月，集团对收购的江都造船厂进行升级改造，中海工业(江苏)有限公司(即江苏造船基地)开工建设，揭开集团"修造并举"发展战略。4月28日，中国海运江苏造船基地破土动工，规模宏大的建设工程由此拉开帷幕。中海工业贯彻集团"修造并举"的战略，坚持以推行现代规模造船为发展方向，以科学规划为手段，以精细化设计为标准，高起点、高标准地建设现代化的船厂。整个基地建设工程立足长远发展，注重科学规划，注重技术领先和现代化标准。同时，中海货运一次委托基地建造22艘"安"字号系列散货船(5.73万吨级)。该船型是中海货运针对沿江沿海电煤运输特点，与上海船舶研究设计院共同开发的新船型。在当时运力偏紧的情况下，"安"字号轮顺利投入营运，为中海货运船队增添一支新的生力军。

2008年，造船基地的船坞、龙门吊和舾装码头三大重点工程项目顺利开工。其坚持边建设、边生产，当年就开始恢复造船能力，做到生产与建设同步。同年下半年全球经济危机爆发前，通过多方努力，江苏造船基地顺利签订100亿元造船订单，进入以5.73万吨散货船为主打产品的批量建造阶段。其间，通过进一步加快造船生产方式转变，充分利用设备投入的优势，生产管理能力进一步提升，生产建造能力快速提高。

2009年，造船基地3号干船坞、26万平方米的配套厂房正式开工建设。"三坞一台"及900吨龙门吊机，"三场一库"等生产配套设施陆续建成，为造船生产的快速发展打下基础。同年9月20日，江苏造船基地举行新造船舶命名下水仪式，分别为中海货运、上海时代航运和珠海新世纪航运的"安强山""银致"和"新世纪128"3艘新造5.73万吨散货船正式命名下水。6个浮船坞同时建造，3艘船同时命名下水，开创行业内干船坞造船"六浮三出"的先河，标志着江苏造船基地在技改扩建方面取得重大进展,也展示出其边技改扩建边生产过程中形成批量造船的能力。江苏省副省长史和平、中国海运总裁李绍德、宝钢集团董事长徐乐江、中国船舶工业集团公司总经理谭作钧等领导出席仪式,扬州市委书记王燕文为3艘新造散货船命名。

2010年,中海工业调整中海江苏造船基地和中海长兴修船基地的规划,为下一轮跨越式发展及早进行准备。公司按计划,有序推进江苏造船基地26万平方米厂房、3号干船坞、900吨龙门吊以及长兴修船基地重件码头等重大建设项目;江苏造船基地的2号船坞和900吨龙门吊同时交付使用,为其建成一流造船基地奠定基础。同年9月28日,中海工业、中海工业(江苏)公司与中海货运、广州振兴船务、广州振华船务在海口市隆重举行4.8万载重吨YangtzeMAX型散货船建造合同的签字仪式。YangtzeMAX型散货船是中国海运为适应市场需要开发的既满足国内沿海运输、又适应远洋运输的新船型,此次合同共计建造14艘船。11月11日,随着中海工业(江苏)公司第18艘船——5.7万吨散货船"慈云山"轮的成功命名交付,江苏造船基地实现2010年交船100万载重吨的目标。同年12月20日,中海工业与广东蓝海海运有限公司签订"中海·蓝海"战略合作协议书,同时签订为广东蓝海海运有限公司建造12艘散货船的造船合同。

图 4-1-3　中海工业(江苏)公司 2 号干船坞内艏段合拢(2009 年摄)

"十一五"期间,江苏造船基地坚持边建设、边生产的工作方针,克服诸多不利因素,取得一年一个样、五年大变样的优异业绩。

2011年1月21日,中海工业(江苏)公司创造27天坞期新纪录,比之前该公司45天纪录整整缩短18天,生产再创佳绩。通过引进阿芙拉型油轮技术,进一步提升造船生产设计能力。同年,公司加大集团外造船的营销力度,新签12艘新造船合同,年底手持订单41艘,在建船舶29艘。至同年年底,建设中的江苏造船基地已经累计完工交船325.5万载重吨。中海工业进入中国制造业500强,排名第232位;在当年公布的全国修造船排名中,修船保持行业三大指标前3名,造船进入行业三大指标的前15名。同时,中海工业作为新成立的全国海工装备协会发起者之一,成为行业的重要成员;中海工业网站宣传点击率突破100万次,有力地推进公司品牌战略。

江苏造船基地始终坚持"管理精控,质量严控,成本预控"的要求。2012年分段无余量上船台搭载率达66.1%。通过对后续船优化套料,钢材一次利用率达89.02%。积极推进钢材集配中心物资管理系统和造船管理系统的选型工作。同年5月25日,由该基地承建的上海海事大学4.8万吨远洋教学实习船下水,其总长189.9米,型宽32.26米,型深15.7米,载重量4.8万吨,航速14节,是当时世界最大和设施一流的远洋教学实习船。

"十二五"期间,因全球经济危机影响,航运市场从高峰跌入深谷,整个造船业也陷入漫长的寒冬;造船订单不足,修船总量下降,新船造价持续低廉,行业一片萧条。2012年5月—2013年4月,中海工业所属船厂竟然出现11个月没有新船建造订单的境况。2013年,中海工业修造船业务面临着前所未有的困难,出现巨额亏损。同年年初,在集团的关心支持下,中海工业承接万箱船项目,并在2013年4月28日开工,结束11个月无新船开工的局面,并步入建造大型集装箱船的行列。公司积极实施新船型的开发,着手引进VLGC和LPG等船型现代造船技术;积极参与7.6万吨散货船、万箱船、VLCC船舶参数修订和水池试验。在造船面临新接订单大幅缩水、手持订单不断减少、新船价格持续下降的情况下,积极参与集团VLCC的选型和研发,加强实施大客户战略的实施,推进VLCC订单,推动中远和招商的订单承接。在集团支持下,新造11万吨油轮顺利开工,公司由批量造船,逐步转向大型化、现代化、高附加值和节能环保型船舶的制造,加速提升造船能力。

按照《船舶行业规范条件》的要求,中海工业(江苏)公司顺利通过国家工信部的审核,进入第一批造船企业"白名单",为江苏造船基地在造船业的生存发展奠定基础。通过对产品结构的优化和船型的改进升级,从单一的建造6万吨以下散货船进行转型,向大型、节能型、高附加值船型发展,在集团支持下顺利交付2艘万箱船,建造质量得到船东认可,打下建造大型集装箱船舶的基础;20.8万吨散货船和达飞公司9400 TEU集装箱船开工建造,客户由单一集团船东转向国际市场,集团外造船产值占比从2013年年底的21%上升到75%。

2014年9月25日,由江苏造船基地批量承建的美国TRF(特瑞菲克国际物流)公司两艘208 000载重吨散货船顺利点火开工。格雷格集团、博特宁上海办事处、DNV GL船级社和中海工业(江苏)公司的相关领导出席仪式。该船型长299.95米,型宽50.00米,型深24.90米,设计吃水16.50米,结构吃水18.40米,入级DNV GL船级社,是江苏公司截至当时建造载重吨位最大的散货轮,2016年建成交付。

2014年,江苏造船基地为希腊等国承建的新制散货船命名交付使用。年内完成第2艘万箱船"中海南海"轮建造工程。基地为集美大学建造的6.4万吨"育德"轮在上海长兴岛举行命名仪式,可同时满足143名学员在船实习。

面对2015年严峻的经济形势和恶劣的市场环境,中海工业江苏造船基地等船厂立足自身,围绕"有进有退、进退有序"的战略举措,摒弃"等、靠、要"的观念,主动推进各单位深化内部体制机制改革,提升基础管理,强化成本管控,控制风险要素。全年完成造船产值47.31亿元,比2014年增长49%;完工交船21艘,比2014年增加6艘;完成114.89万载重吨,比2014年增长38.8%。

二、英辉南方造船公司

2004年10月,中船重工与中国海运携手合作收购并重新组建英辉南方造船(广州番禺)有限公司(简称英辉南方)。重组以后的英辉南方是全国十余家铝合金船舶的制造工厂中唯一能专业建造铝合金车客渡船的企业。为此,英辉南方借重组之机,确立"培养一流人才,建设一流船厂,制造一流船舶,打造一流品牌"的企业宗旨,扬长创新,发挥企业特色,明确主攻方向,主动与国内造铝合金船厂错位发展,把豪华型铝合金船舶作为发展目标。

2004年12月,英辉南方在多家大型船厂参加投标的情况下,成功中标国家救捞系统首批3艘近海高速救助船建设项目。2006年,英辉南方集中发力,将优势集中到建造豪华双体铝合金客渡船、车客渡船、高速专业救助船上面,成为中国铝合金高速客船制造产业走向世界的唯一厂家,之后6年间,英辉南方通过与国际知名船舶建造商——荷兰达门造船集团合作,共建造18艘高质量的铝合金双体船,其中10艘城市观光船还是大批量造船模式的一种类型,积累了丰富的铝合金船舶建造经验。2007年11月7日,英辉南方与荷兰达门集团又签订40系列6艘全铝质高速渡船的建造合同;包括2艘专门在海峡、沿海之间往返的豪华型高速铝合金双体客渡船,4艘城市观光型船舶。2009年,英辉南方成功制造2架船用太阳能铝结构风帆并交付客户,实现产品结构的调整。

面对全球金融危机冲击的严峻市场形势,英辉南方沉着应对,对外狠抓经营,对内苦练内功,充分发挥质量和成本优势,同时积极调整经营策略,联合国际优秀设计公司,共同开拓国内外铝船市场。公司以一流的设计、一流的质量、合理的价格,积极拼抢市场,在国际市场上树起自主品牌。2010年9月13日,英辉南方与达门集团合作建造的5艘载客100人的客渡船装运出口离境运往迪拜。

从2006年1月重组后的首艘全铝合金船舶交船,至2012年5月建造完工26艘铝合金船舶,其中部分已出口到亚欧的土耳其、新加坡以及中东各国。其建造的铝合金救助船填补了国内空白。在艰难前行和不断创业中,英辉南方的企业品牌效应不断扩大。

2013年,英辉南方签订两艘40米铝合金高速双体客船的建造合同,全年共获得8艘铝船订单。同时,成功中标巴西7艘2 000客位渡船建造项目。

2014年4月25日,英辉南方为深圳鹏星船务有限公司设计建造的"鹏星15"轮,在英辉船厂码头举行交付仪式,"鹏星15"轮为40米长高速双体铝合金客船,是英辉南方自主设计开发的又一新船型,其航速等主要技术指标达到或超过设计要求,最大功率时的平均航速达到32.8海里,是当时国内同等配置的船型中航速最快的船,也是最为节能的船。

2014年11月15日,英辉南方通过10个月努力奋战、排除困难,建成的第一艘US2000(城市化)客渡轮"面包山"号,在广州黄埔新港装入货轮"大良"号,启程运送至巴西。巴西里约州政府共订购此类型船舶7艘,是巴西为迎接2016年里约奥运会而特意订造的,也是巴西政府首个在海外超过1亿美元的采购大单。这批船舶是超大型、超常规铝合金渡轮,达到世界一流水平。2015年3月11日,"面包山"号渡轮在巴西里约首航。应巴西里约政府邀请,中国海运副总经理、英辉南方董事长兼法人代表丁农参加交船暨首航仪式。

2015年5月20日(巴西当地时间),国务院总理李克强在巴西联邦政府部长和里约州州长陪同下登上英辉南方建造的"面包山"号渡轮。在船上与中巴企业家代表进行座谈。李克强表示,"面包山"号渡轮是中巴产能和装备制造合作的又一具体成果。希望两国有关方面继续同心协力,密切配合,确保巴方订购的后续渡轮按时保质交付使用,为2016年里约奥运会助力添彩。李克强抵达码头时,中国海运党组书记、董事长许立荣与中船重工的领导在"面包山"号渡轮登轮口迎接,并陪同李克强参观"面包山"号渡轮,察看各舱室功能,体验渡轮座椅的舒适性。参观期间,许立荣向李克强汇报渡轮设备和后续船舶建造等情况。

2015年8月4日,许立荣到英辉南方调研时指出,中国海运和中船重工合作打造英辉南方取得成功,使其成为一个有一定影响力的品牌。强调英辉南方要坚持高点定位、坚信"小厂也能办大事"。要求英辉南方认真落实国务院总理李克强在"面包山"轮的讲话精神,为中国制造业"走出去"作出新贡献。

第三节 集装箱制造

2005年2月,中国海运为更好控制箱管成本,开始投资建设本企业首个集装箱制造工程项目。其充分利用江苏连云港大力发展临港工业的有利时机,选择在连云港经济开发区投资建设大型集装箱产品制造基地,由所属中海集团投资有限公司与东方国际集装箱有限公司合资成立专事集装箱制造、销售、租赁的专业公司——东方国际集装箱(连云港)有限公司。一期工程投资约2亿元,同年8月建成并投入生产。新建成的大型集装箱产品制造基地占地约30.7万平方米,拥有年产15万箱的现代化集装箱生产线。其生产厂房为5.5万平方米,堆场12.6万平方米,拥有从总装台到出口台长度超过1100米、年产15万标箱的现代化集装箱生产流水线。其他企业需要1年甚至更多时间才能完成的事情,中国海运在5个半月的时间内就办到,其集装箱制造业的迅速崛起令同行业的许多人士感到吃惊。

此后两年内,集团又先后投资建成锦州和广州两处集装箱制造基地。

锦州箱厂于2006年10月18日奠基开工建设,除去东北地区3个月的封冻期不能进行基建施工外,实际仅用不到6个月的时间就建成投产,其由中海投资、香港东方国际集装箱有限公司(简称香港东方国际)和胜狮货柜企业有限公司(简称香港胜狮货柜)三方共同出资兴建,总投资共4995万美元,设计年产能为10万TEU。2007年7月8日11时,锦州箱厂为东方国际生产的第一个集装箱顺利下线;当年的集装箱产量达到2.5万TEU。

广州箱厂亦为中海投资、香港东方国际和香港胜狮货柜共同投资建立的中外合资企业,2006年3月31日开工建设。该厂充分利用广州市在能源、交通、土地、劳动力资源上的优势,邀请专家布局规划,投资建设年生产能力为20万标准箱的集装箱生产线。厂区占地面积近19.3万平方米,

图4-1-4 中海投资的锦州箱厂厂内环境绿树成荫,被誉为"花园工厂"(2014年摄)

其中厂房面积5.7万平方米。采用国际先进的生产技术和工艺,引进专业的管理人才和经验丰富的员工,高起点、严管理、重质量,致力于为全球客户提供国际一流水准的产品和服务。

至2007年3月,3家箱厂的干货箱年生产能力已达到45万标准箱。至2010年的数年间,中海投资的集装箱年产量由最初的3.8万TEU上升至近22万TEU,在全球造箱市场的份额稳步上升到10%左右。其客户结构也发生显著变化,外部客户订单份额逐年增加,由2005年的5%增加至70%左右。

中国海运涉足造箱业,既填补了集团的集装箱产业链空白,确保自身集装箱船队用箱需求,也促进了其下属物流、码头板块的协调发展。

2014年,中海投资所属锦州、连云港和广州3家箱厂实现单班年产量累计30万TEU的历史最高产量。

至2015年年底,集团年集装箱制造能力45万TEU,按制造能力排名世界第四、中国第三。2015年交付集装箱30万TEU,全球市场份额达11%,产能利用率高于行业平均利用率。

第二章 码头产业

集团成立初期,根据集装箱运输的发展需要,分别在大连、连云港、上海、湛江等开展码头业务。随着该项业务发展步伐加快,为理顺机制、便于管理,2001年4月18日,集团在上海成立中海码头发展有限公司,并受让集团总公司和中海投资在大连、连云港、上海、湛江的中海集装箱码头有限公司和美国洛杉矶码头的全部股份,对其实施有效管理。

港口码头的专业化经营,是延伸海上运输功能、提供综合物流服务、实现全球承运人目标而启动的一项重大工程。中海码头按照码头产业发展自身规律和要求,充分利用中国海运的综合优势,发挥集装箱运输产业与码头产业的协同效应,构建资产优质、重点突出、布局合理、管理优异、服务完善和效益显著的中海码头产业体系,成为以海上集装箱运输为主体,以码头船岸装卸、仓储物流为延伸业务的运输物流产业链中的重要环节,为提高中国海运航运主业的综合竞争力作出重要贡献。

第一节 经营和投资

中海码头在发展方式上,立足于船东公司,依托中海集装箱运输船队运力、货源和航线网络化经营的整体优势,实施"强强联合、合作共赢"战略,与掌握港口区位资源优势的港口企业实行合资合作。在投资经营上,以投资经营集装箱码头为主,实施中国海运码头产业总体规划;以国内沿海和海外的枢纽港、中转港码头为投资重点,坚持投资开发与经营管理并重,项目推进与人才建设、资本运作配套,产业规模发展与经营机制创新相结合。

一、租赁经营和实体投资

中海码头产业起步时,仅有国内4个租赁经营的集装箱码头,业务单一,产业不成规模,成长性较弱。

为适应我国经济快速发展和沿海港口码头新一轮投资建设的要求,中海码头及时调整投资方式,加强实体性投资,积极把握集装箱船大型化发展趋势,扩大码头产业规模,努力实现中海集装箱运输产业与码头产业的协同发展,并以此积聚码头优质资产和岸线宝贵资源,提升自身的竞争实力。

2003年4月起,中海码头在已有码头租赁经营的基础上,先后增资建设连云港庙岭顺岸和突堤集装箱码头共7个大型深水泊位,大幅提高码头集装箱吞吐能力。

2005年8月,中海码头与大连港集团签订合作框架协议,投资建设大连国际集装箱码头4个大型泊位;2006年年初,建成锦州港2个新的大型集装箱泊位并投入营运。

2006年3月13日,中海码头发展有限公司成功地收购广州南沙基础设施投资有限公司持有的广州港南沙港务有限公司40%的股份,正式入股广州南沙港区一期集装箱码头。

2011年,宁波和广西钦州港口等合资码头项目启动。至此,中海码头在国内沿海重要发展区域(环渤海湾、长江三角洲、珠江三角洲、北部湾等地区)都建成合资码头,形成码头产业的整体布局和区位优势。

中海码头实行码头实体投资,进一步巩固港航企业以资产联营为纽带的合作关系,优化码头产业结构和资产质量;也有利于实施码头资产流转和资本运作,提高码头产业投入产出效益。

二、枢纽港和干线港业务

枢纽港是集装箱运输网络和综合服务的核心。随着集装箱运输网络日益密集,货物中转量不断增长,集装箱枢纽港、干线港的地位进一步凸显。而投资经营集装箱枢纽港、干线港码头业务,则可占据要津,影响地域,辐射周边,提升码头企业的规模层次和品牌。为此,中海码头积极投资经营枢纽港和干线港,提升产业发展格局。

2004年12月,参股投资天津五洲国际集装箱码头,在国内环渤海湾和北方重要枢纽港占有重要一席之地。

2005年12月,成功取得广州南沙一期集装箱码头40%的股权,为中海集运在华南地区建立枢纽港打下基础。2007年10月,合资成立大连国际集装箱码头公司,成功抢滩东北亚国际航运中心。

同时,为适应中海集运国际航线经营发展的要求,中海码头积极致力于向国外集装箱枢纽港和中转港码头的新领域拓展。在2002年年底参与投资经营美国洛杉矶港集装箱码头后,又于2007年8月和11月分别投资美国西雅图港和埃及达米埃塔港集装箱码头,实现国外重要港口码头项目开发的新突破。

三、码头投资发展方式

2008年国际金融危机骤然发生,全球贸易经济和航运市场进入重大调整期。中海码头审时度势,从落实科学发展观的战略思维高度,积极应对外部环境和市场变化的挑战,适时调整和优化码头投资发展方式,努力提高投资经营效益:

完善码头产业布局。跟进国家颁布实施的区域经济和产业调整振兴规划,先后参股投资烟台、秦皇岛和营口港集装箱码头,并与已有的大连、锦州、天津等项目构成环渤海湾的集装箱码头网络;2011年又分别参股投资宁波梅山和钦州大榄坪集装箱码头项目,充实及填补中海码头在长江三角洲和北部湾等区域港口的布局空白。

优化码头产业结构。中海码头坚持实施港口战略性投资,优化股权结构,落实项目股权置换,积极盘活存量,促进滚动发展,参与发起成立烟台港股份公司和秦皇岛港股份公司,实施对烟台环球码头等项目的转股,获得良好的投资收益。

提升码头投资质量效益。对合资码头进行重点投资管理,实施全面预算管理和完善董事会运作机制;积极推进经营管理机制创新,大力落实节能减排和绿色环保,履行企业社会责任,不断提高合资码头经营效益和社会效益。

2008年4月,经世界卫生组织(WHO)考核认证,中海码头合资经营的广州南沙港区集装箱码头成为全球首批国际卫生港口;2011年8月,该码头通过广东省4A级标准化企业评审,成为港口行业首家获此评级的企业;12月,通过国家级服务业标准化试点验收,成为全国首批服务业标准化试点单位,也是该批试点中唯一的集装箱码头企业。2010年,在"中国港口集装箱吞吐量前十名"

评比中,中海码头参股投资的广州南沙码头位列第6;在"中国港口内贸集装箱吞吐量前10名"评比中,广州南沙码头名列第1;营口新世纪码头、天津五洲码头、连云港新东方码头分获第4、第6、第8名;在"中国港口每米岸线通过最高标箱集装箱码头和杰出集装箱船舶装卸效率码头"评比中,广州南沙码头分获第1名和第6名;在"中国港口每标箱消耗电力和燃油最低集装箱码头前10位"评比中,广州南沙码头、天津五洲码头、营口新世纪码头分列第4、第7、第9名。

经受国际金融危机和航运市场波动的考验,中海码头投资经营总体效益实现跨越式增长。尤其是2006年后的5年,中海码头投资经营的合资码头年均集装箱吞吐量增长率达到48.8%,显著高于行业水平;集装箱吞吐量占全国港口集装箱吞吐量的市场份额也由2005年的3.6%持续上升到2010年的6.6%。

"十一五"末期,中海码头总资产比"十五"末期增长2.23倍,净资产增长2.37倍。2010年在中国海运对各专业公司EVA等综合考核中,中海码头位居前列。

"十二五"时期,中海码头精细化管理程度显著提高。中海码头把"推进合资公司全面预算管理,加强预算执行流程的控制"作为近几年精细化管理重点,针对燃油价格上升、能耗增加、集装箱码头成本支出增大的现状,确立连云港货柜、锦州新时代、上海洋泾和大连国际4个单位为全面预算管理的重点单位,以控制操作成本为切入点,把确保现场装卸环节的成本控制作为突破口,强化电耗、油耗的管控,从流程再造、管理精细化和架构扁平化等方面进行全面预算管理实践,码头全面预算管理模式全面推开。

锦州新时代码头成立流程再造课题组,着力解决操作的冗余环节和不协调问题,实行架构扁平化,减少不产生价值的节点;对经营中重要的能源消耗指标进行细化,分解测算定额计划,并分解到班组,纳入考核,成本支出得以有效控制。

连云港货柜码头,制定全面预算考核方案,将预算编制细化到相互关联的近40张数据表,同时分解落实涉及公司8个部门的36项主要指标,实行月度考核季度兑现。

营口新世纪码头对年度各项指标分解到部门与个人,实行绩效管理;加强单机成本核算,完成后方全部轮胎吊的"油改电"技术改造,大大降低燃油消耗,节能减排成效明显。

通过深化合资公司全面预算管理,强化对合资公司的管控,增收节支成效明显,经济效益大幅提升。截至"十二五"末期,集团码头业拥有65个集装箱泊位、20 320米码头岸线、4 080万TEU/年的集装箱吞吐能力;2015年,中海码头的集装箱总吞吐量为3 196万TEU,权益吞吐量为965万TEU,比2014年分别增长21%和12%,在全球码头运营商集装箱总吞吐量和权益吞吐量排名中均位居世界第7位,已经形成较强的规模和实力。

2015年下半年,中海与中远两大集团开始筹划改革重组工作,中海码头发展有限公司也在筹划与中远太平洋有限公司合并。鉴于此,11月16日,中海码头发展(香港)有限公司更名为中海港口发展有限公司。更名后的中海港口发展有限公司2015年总资产为76.31亿元,总负债6.17亿元,资产负债率8.09%;营业收入4.02亿元,实现利润总额3.46亿元,比2014年分别增长8%和115%。

2015年是中海港口业务整合后的第一个完整经营年,上半年箱量和效益取得骄人的成绩,双双创新高。其集装箱吞吐量比上年同期增加24%,考核利润比2014年增长382%。同时,落实对青岛前湾智能化码头投资,海外码头项目开发取得进展。

中海码头积极适应社会经济新常态,围绕集团全面深化改革转型任务,以新起点、新目标和新发展为指引,着力推进码头产业拓展,加强合资企业管理和优化码头结构布局,在全球大型码头集装箱吞吐量排名中,占得一席之地,取得较好名次。

表4-2-1 2014年、2015年全球大型码头运营商集装箱总吞吐量排名情况表

序号	运营商	2014年吞吐量(万TEU)	2015年吞吐量(万TEU)	同比增幅(%)	市场份额(%)
1	招商局国际	8 063	8 346	3.3	11.80
2	和记黄埔	8 290	8 207	−1.0	11.61
3	马士基	7 750	7 175	−7.42	10.12
4	中远太平洋	6 733	6 867	1.99	9.71
5	新加坡国际	6 544	6 410	−2.05	9.07
6	迪拜环球	6 000	6 170	2.83	8.73
7	中海码头	2 651	3 197	20.6	4.52
	合　计	45 456	46 372	2.01	65.59

资料来源：上海国际航运研究中心《2015年全球港口报告》。

表4-2-2 2014年、2015年全球大型码头运营商集装箱权益吞吐量排名情况表

序号	运营商	2014年权益吞吐量(万TEU)	2015年权益吞吐量(万TEU)	同比增幅(%)	市场份额(%)
1	新加坡国际	5 510	5 450	−1.91	7.64
2	和记黄埔	4 740	4 680	−1.27	6.62
3	马士基	3 830	3 600	−6.01	5.09
4	招商局国际	3 133	3 269	4.34	4.62
5	迪拜环球	2 830	2 910	2.70	4.12
6	中远太平洋	1 911	2 011	1.01	2.84
7	中海码头	861	965	12.1	1.36
	合　计	22 985	22 840	−0.63	32.31

资料来源：上海国际航运研究中心《2015年全球港口报告》。

第二节　国内码头经营

1999年12月28日，中国海运和上海港务局正式签订"上海港中海集装箱码头有限公司"合资协议，这是中海集团与上海港为拓展上海内贸集装箱运输业一次新的港航联手。上海港中海集装箱码头有限公司，由中海集团投资有限公司和上海港龙吴港务公司共同出资4 000万元组建并经营，合资双方各占50%的股份。上海港投入巨资将下属的洋泾港等老港区码头改造为内贸集装箱专用码头和堆场，由合资公司租用20年。

2000年5月，中国海运与连云港港务局合资经营集装箱码头连云港新东方集装箱码头有限公司。为进一步提高连云港集装箱码头的接卸能力，2002年又把连云港庙岭三期集装箱码头新建项目作为码头投资开发的重点。合资公司成立不到2年，其经营业务就取得突飞猛进的发展，截至

2002年年底,该合资公司就达到集装箱吞吐量突破20万TEU的目标要求。

2003年年初,中海码头与连云港港务局又共同向合资公司增加注册资金1.5亿元,两期投资约6亿元,建设30♯泊位和更新泊位的集装箱装卸设备;设计标准为近期可停靠4 200 TEU集装箱船,远期可停靠5 700 TEU集装箱船码头泊位,首期工程于2004年竣工投入使用。此举标志中海码头对连云港集装箱装卸业务实现控股经营。

中国海运合资建设的连云港第五代集装箱码头,是交通部"十五"港口发展计划重点建设项目,包括庙岭三期30号和29号两个集装箱泊位,码头岸线长644米,前沿水深14.5米,可靠泊5 688 TEU的第五代集装箱船舶年吞吐能力100万TEU。项目全部建成后,连云港新东方集装箱码头有限公司能够同时经营连云港岸线总长860米、年装卸能力达75万TEU的30♯～32♯三个泊位,极大地提升中海集装箱运输在这号称"新欧亚大陆桥东方桥头堡"的码头的整体集疏能力。

天津港是我国北方的国际性贸易大港,也是中国海运发展华北地区码头业务的重点。中海集运在天津港开设有美西、欧地、东南亚等外贸航线及相关的内贸干支线。2003年,中海集运在天津港的集装箱吞吐量达到54万TEU,居各船公司之首。

鉴于天津港对于中海集运发展的重要性,中海码头在天津实施布局。2003年年底,中海码头与天津港(集团)股份有限公司、美国环球货柜码头有限公司、中远太平洋有限公司、招商局国际有限公司共同投资经营天津港东突堤集装箱码头,成立天津五洲国际集装箱码头有限公司。该项目投资22.5亿元,改造建设4个可靠泊9 600 TEU船的全集装箱船泊位,并配备各类先进的港口作业设备。该项目于2004年年初投入试营运,形成每年近200万TEU的集装箱装卸作业能力。

中海码头在上海、大连、湛江、连云港等地合资经营集装箱码头方面都取得较好的效益。据统计,2005年,中海码头总吞吐量达到320.79万TEU,其中外贸202.46万TEU,内贸118.33万TEU;公司的主营业务收入从2001年的8 034万元提升到2005年的2.19亿元;总资产从2001年的10.18亿元增长到2005年的22.22亿元。

2006年3月13日,中海码头发展有限公司成功地收购广州南沙基础设施投资有限公司持有的广州港南沙港务有限公司40%的股份,正式入股广州南沙港区一期集装箱码头。

2010年1月27日,中海码头与广西北部湾国际港务集团签订合作框架协议,在钦州共同投资设立广西钦州国际集装箱码头有限公司,经营钦州保税港区1♯、2♯集装箱泊位。

2011年,又在宁波和广西钦州等港口拓展码头合资项目。

第三节 境外码头经营

集装箱运输的快速发展,为中海码头业的经营带来繁荣,而班轮公司参与集装箱码头建设经营已成为一个大趋势。为此,根据中国海运加快发展集装箱运输的需要,集团提出坚持做强做大码头业发展战略,并在国内基本形成沿海码头产业战略布局和规模化体系的同时,中国海运还加快拓展在欧美、地中海、东南亚地区的码头业,首先将目光落在美国的码头业务。

一、美国码头业务开发

2000年,中国海运经营的远东—北美集装箱航线发展迅猛,其麾下的5 600 TEU集装箱船"中海上海"轮和"中海香港"轮先后投入营运。与之相对应,集团在洛杉矶港的集装箱吞吐量迅速增长,从1999年的几千箱发展到2000年的37.4万TEU,洛杉矶港已成为中国海运在美国最为重要的挂靠港口。

为进一步提高中国海运远东—北美航线的服务水平,确保航线班期,增强市场竞争能力,集团于2001年3月9日在洛杉矶成立中海洛杉矶码头公司,并正式签约租赁美国洛杉矶港100号码头。中海洛杉矶码头公司由中海码头发展(美国)有限公司和美国海运码头公司共同出资,主要业务是经营和管理洛杉矶港100~102号码头。洛杉矶港码头占地面积约55万平方米,码头岸线长900米,水深16米多,建有先进的超巴拿马型集装箱卸桥,并配有现代化电脑管理系统,为中国海运和其他集装箱班轮公司提供码头装卸和相关的服务。2002年,中国海运进行美国洛杉矶一期项目开发,并在年内按期投产的基础上,进行二期项目建设。洛杉矶码头的建成投产,成为当时全球唯一的绿色环保码头。

2007年8月2日,中国海运注册成立美国SSA码头西雅图有限公司。

进入"十二五"时期,围绕集团"十二五"战略决策,中海码头业务瞄准打造成全球一流码头运营商的要求,积极跟进国家"一带一路"建设,对外加大实施"走出去""大合作"发展战略的力度,码头产业国际化发展步伐加快,海外码头项目开发进一步扩大。

洛杉矶当地时间2011年4月18日上午,中国海运在美国洛杉矶港举行中海码头二期工程落成典礼,一个现代化、绿色环保的大型集装箱码头呈正式投入营运,标志中国海运在美国的码头业进入新一轮发展。洛杉矶是美国面向亚太的重要门户,随着美国经济复苏,中国海运更加看好中美贸易的航运业发展前景。中国海运洛杉矶码头二期工程的建成,大大增强集团在美国西部的经营能力,也提高集团在洛杉矶港的竞争力。

中国海运投资的洛杉矶码头一期工程已于2004年6月正式营运。落成的码头二期(102号泊位)配有8部桥吊,可同时作业2艘大型集装箱船,堆场面积达100英亩(约合40公顷),作业能力达到每年150万TEU,有助于港口货物运输缩短作业时间,打造绿色环保的现代化大型集装箱码头,有效减少污染排放。二期工程的交付使用还为当地创造8 500个就业岗位。工程交付当天,中海集运"新北仑"轮就成功靠泊二期码头进行装卸作业。

2013年6月5日,中海洛杉矶码头成功接卸53英尺超长集装箱。53英尺集装箱是中海集运当年重点开发的货箱之一,从上海港装船再到洛杉矶港卸船,必须有良好的港航配合才能顺利完成运输任务。中海洛杉矶码头根据中海集运提供的详细装船资料,在中海洛杉矶代理的配合支持下,成功完成首批超长集装箱的接卸任务,并为以后接卸该类货物积累经验。

二、入股台湾高明码头

2011年12月19日,中海码头发展(香港)有限公司宣布与中远太平洋有限公司(中远太平洋)和招商局国际有限公司(简称招商局国际)三方组成的合资公司(香港注册),与台湾阳明海运股份有限公司(简称阳明海运)签订一份股权转让协议,受让阳明海运下属控股码头公司——高明货柜码头股份有限公司(简称高明码头)的30%股权。上述合资三方各持有高明码头10%股权。收购完成后,高明码头的股东结构为:阳明海运60%、三方合资公司30%、美国港口集团(Ports American Group)10%。本项目获得国家相关审批部门以及台湾经济事务主管部门投资审议委员会的批准生效。

高明码头是台湾"高雄港洲际货柜中心"第一期码头,是当时高雄港唯一可以挂靠1.4万TEU

或更大箱位船舶的码头,由阳明海运于2007年获得50年的特许经营权并投资兴建。高明码头项目共建设4个10万吨级泊位,码头总面积74.8万平方米,岸线总长1 500米,水深16.5米。项目分两期发展,一期960米岸线,2个泊位已经建成,年总吞吐能力为140万TEU,于2011年1月投产,并在投产第一年即完成集装箱吞吐量约108万TEU,约占全台湾地区港口的70%份额。剩余2个泊位,即二期工程于2012年动工建设,于2014年投产,该码头年总吞吐能力增加至280万TEU。该港采用全自动化轨道式龙门吊作业,装卸效率高,因此无论是从水深条件还是从码头硬件设施来看,高明码头都具有明显的竞争优势,发展潜力优厚。中海码头、中远太平洋和招商局国际三大港航公司共同入股高明码头,充分表明三大港航公司对两岸暨香港之间经贸合作的广阔前景充满信心。高明码头股权转让项目是台湾地区首次向具有国内股东背景的企业开发投资的大型港口基建项目。为日后企业间的合作树立了成功典范,并对进一步密切相互间的经贸合作及友好发展具有重要和深远意义。

三、亚洲货柜码头控股公司股权受让

2013年3月13日,中海码头(香港)公司、和记港口信托有限公司、中远太平洋有限公司签订协议,中海码头因此获得亚洲货柜码头控股公司20%股权。和记港口信托亚洲货柜码头控股公司是香港亚洲货柜码头有限公司(ACT)的控股公司,其亚洲货柜码头(ACT)位于香港葵涌八号货柜码头西翼,由2个集装箱泊位组成。ACT是中海码头在香港地区投资的首个货柜码头,标志着中海码头产业在香港地区这一全球名列前茅的集装箱枢纽港有立足之地,对于中海码头推进国际化发展战略以及为超大型集装箱船舶和班轮公司提供更好的服务具有重要意义。

四、投资参股欧洲码头

2014年,中海码头同比利时APMT泽布吕赫码头公司以及上港集团两家国内外知名航运码头企业联手合作,实现中海码头在欧洲港口发展的新突破。2014年2月11日,中海码头发展(香港)有限公司投资参股的APMT泽布吕赫码头公司在上海召开董事会,标志中海码头已顺利完成对该项目股权收购并转入营运,这是中海码头在欧洲投资参股的首个码头。中海码头自2013年年初启动该项投资谈判,同年8月签订股权收购协议,2014年1月8日,实施股权交割,获得该公司24%的股权。公司其他股东股比APMT为51%,上港集团为25%。

五、投资布局"一带一路"沿线码头

码头业是中国海运的核心资源,是集团全球网络布局的基础和战略支撑点,它与集团的船舶运输业及产业链上下游相关业务形成相互促进、协同发展的良好格局。在"十二五"时期,中国海运以"一带一路"为主线,重点布局海上丝绸之路的新兴市场和战略要地;加快推进码头产业国际化经营,加快推进国际集装箱码头项目投资经营,努力提升码头国际化比重及发展水平;立足国际重要枢纽港和中转港集装箱码头,研究发展欧洲意大利、荷兰、德国以及东南亚等国家和地区的集装箱码头项目;注重新兴国家及区域码头项目开发,研究开发喀麦隆、牙买加等港区及产业园区项目;加强与国际码头运营商的合作,探索实施国际码头整体参股投资的途径方式,扩大国际码头体量。

2015年，中国海运在投资的境外码头中，绝大多数分布在"海上丝绸之路"沿线区域，主要包括中国香港、台湾地区，新加坡，比利时等。

2015年，集团在"一带一路"沿线的码头集装箱吞吐量共计304万TEU，其中比利时APMT泽布吕赫码头集装箱吞吐量27万TEU，台湾地区高雄高明货柜码头吞吐量152万TEU，香港地区亚洲货柜码头125万TEU。

图4-2-1　中国海运投资经营的比利时泽布吕赫码头(2014年摄)

第三章 综合物流

20世纪90年代后期,中国海运等大型骨干航运企业开始将"大物流"概念引入企业经营发展战略,积极实施从全球航运承运人到以航运为依托的全球物流经营人的转变。以强大的航运为依托,充分利用丰富的全球物流资源,以客户满意为中心,将服务由运输延伸到仓储、加工、配送,直至深入到产品的生产、流通、分配、消费的大部分环节,以提供全过程整体解决方案为服务产品,巩固企业作为全球航运承运人的地位,并逐步向全球物流经营人转变。因此不再局限于传统的"港到港"服务,而是通过大力发展多式联运和自行经营第三方物流,将航运向两端延伸,为客户提供"门到门"的物流服务。

2001年7月18日,以中海码头公司、中海环球空运公司在上海成立为标志,集团的现代综合物流业开始起步发展,初步形成运输、仓储堆场、驳运、空运、铁路、配送分拨等多元化、立体化的海陆空全方位物流链,为集团"航运、工业制造、物流码头金融"三大板块协调发展打下基础。

经过集团结构调整、整合资源、归类管理等措施,"十二五"初期的中海集运除拥有一支实力强劲的国际集装箱船队外,旗下还拥有浦海航运、五洲航运等沿海支线船公司,船代、货代等八大口岸公司以及洋山储运、洋浦冷藏和大连万捷等18家二级子公司,业务涉及集装箱运输、码头经营、仓储物流等领域。而船队、码头、集卡、仓储、铁路、空运等供应链资源的有效整合,更产生"1+1>2"的集群效应;海铁联运、海空联运、水水联运、水陆联运等综合物流供应链经营,极大增强集装箱运输以及整个集团的市场竞争力。

第一节 规模结构

一、业务网点

1998年4月28日,中海集团物流有限公司前身——中海国际货运代理有限公司在广州揭牌开业,公司由原来上海、广州、大连三家海运局的货运代理部门重组整合而成,主要为中海集装箱运输提供货运代理服务。中海货代抓住中国海运集装箱运输正处在高速成长阶段的机遇,根据集装箱运输航线的开辟状况,制定网点设立计划。航线开辟到哪,网点就在哪建立。1998年短短8个月,网点就发展到50个;1999年年底,网点已超过100个。

中海货代起步阶段,沿海内贸集装箱运输市场并不大,很多货物是通过铁路、公路、散杂货船等方式运输。为扩大揽货渠道,公司调整竞争策略,充分发挥自身优势,扬长避短,借助集装箱运输航线密集的有利条件,提出"提升服务,努力为客户提供个性化服务"的方针,利用公司网点多、覆盖面广的网络优势和支线运输优势,挖掘潜在客户,与铁路、公路拼抢货源,在竞争中不断扩大沿海内贸集装箱运输市场。天津货代公司利用经营仓储、集装箱卡车运输的优势大力开展拼箱业务,创造性地把带钢(厚度较薄、宽度较窄、长度很长的钢板。其宽度一般在20毫米~200毫米,成卷供应)这样的重货与麸皮轻泡货物拼箱装运,不仅降低两种货物的运输成本,而且成功地解决类似麸皮等轻泡货物不能单独装箱的问题,使公司在和散杂货船竞争过程中,保持价格优势和服务质量优势。广州货代公司经过努力,使原通过散装运输的江门"开元涤纶"的产品,改走中海集装箱运输(每月50 TEU);山东物流公司除开发淄博陶瓷市场外,发掘胶州吉利化工、杜邦尼龙等客户;贵州轮胎也有与中海物流合作的意向。

2000年8月18日,由原中海国际货运代理公司改制组建的从事综合物流业务的专业公司——中海物流有限公司,依托航运业的规模优势,以沿海和内陆城市为枢纽,拥有自营的集卡车队、仓储、堆场,在全国建有广州、深圳、厦门、青岛、大连等46家子公司和79个代理网点,综合物流业务向世界延伸,为客户提供全球性物流服务。中海物流主要经营海运进出口货物的国际运输代理业务和沿海内贸货物的运输代理业务,包括揽货、订舱、仓储、中转、集装箱拆箱拼箱、结算运杂费、报关、报验保险、相关的短途运输及咨询服务等。

2000年,公司累计揽货箱量270 042 TEU,其中内贸箱216 645 TEU,外贸箱53 397 TEU,实现主营业务收入8 795.6万元,利润总额为435.4万元。截至2000年12月底,公司资产总额37 150万元,负债总额26 956.8万元,固定资产净值2 758.0万元,资产负债率为72.6%。

2001年12月16日,集团物流改革领导小组专题会议决定:"两步并一步走",在组建中海集团物流有限公司的同时,着手进行8个区域公司的组建工作。当年,按照"先国内、后国外"方针,抓紧组建北方和华东物流有限公司;京津、广东、海南、山东、广西、福建等沿海省市和地区的物流业得到较快发展;中西部物流业也加快发展步伐。到2002年,公司完成北方、华东、华北、华南、山东、海南6个片区物流公司组建,物流网点发展到125个,形成沿海地区、东北、西北等八大片区。

中国海运物流筹备组提出与国际物流企业"争速度、比实力、抢市场"的口号,加快企业重组。不到3个月,就完成中海集团物流有限公司,与华东、北方和华南物流公司的组建,4家公司于2002年4月18日在上海同时揭牌开业。

二、业务经营重点和模块

中海物流在依托中国海运的集装箱运输中得到快速发展。经营重点也逐步确立:主要经营集装箱、散货、大宗货物的物流和国内货物贸易业务,负责物流电子商务平台和供应链建设,对集团物流业务进行总成本控制,履行对片区物流公司的控股管理职能。同时,与集团物流产业发展相适应的营销队伍和网络也逐年壮大。

2002年3月,集团对公司进行改制重组,设立中海集团物流有限公司,推行区域公司块状管理模式,并正式向第三方物流领域进军,开展食品、电器等消费品物流服务。

2003年1月,集团进行货运体制改革,物流企业货代业务及大量的相关人才划归中海集运口岸公司,同时,区域公司党政一把手除华东物流外,其他均由集运口岸公司领导兼任,兼职的管理体系自此建立。

因主客观等多种因素影响,上述几次改制未能让中海物流公司实现健康持续发展的目标,公司一直持续亏损,到2006年年初,累计亏损3.8亿元。

2006年8月,集团领导对中海物流领导班子成员进行调整,确定中海物流"依托集运、市场运作"的发展定位。从2006年起,中海物流领导班子成员和员工按照集团的定位要求,围绕集装箱产业形成航运项目物流、仓储、货代、集疏运四大业务模块。在服务好集运的基础上,积极开发航运项目物流、仓储、货代、集疏运4个细分市场,业务逐年扩展,利润逐步提高。

2006年,公司加快调整资产结构和业务重心,积极推行物流总部与华东物流体制改革,清理不良资产和网点;建立3级服务网络,加快南北区域的联动,理顺并加强与中海集运的合作,不断完善集运内贸精品航线的货源支持和集疏港服务;实施统一采购阳光工程,降低管理成本;多种措施并举,完成集团下达的利润指标。

2007年和2008年,公司在原来航运项目物流、仓储、货代、集疏运四大业务模块的基础上,又加强中短程航线合作,加大长江、珠江、环渤海地区海铁联运的开发力度,增加散货、制造业、汽车及工程物流新的4个业务模块;建立中海物流4个"万"字号合资堆场,积极开展仓储业务,对华北和华南地区的箱量喂给及后续的集疏运提供很好的保障作用,也为内贸精品航线提供后续支撑服务。企业利润增长率连年超过两位数。

2008年年底始,公司继续在优化业务模块、优化资产结构、扩大合资公司规模等方面下功夫,努力实现"资产从拥有向控制、整合、共享转变"。公司的物流项目进一步发展,多式联运及海外业务取得重大进展,成功运作神龙汽车、武汉钢铁、正泰电器、扬子石化、卡博特炭黑项目,成功中标中石油尼日尔油田建设项目,包括海上运输、普通道路运输和沙漠段运输的所有物流运输环节,相继试运作30个40英尺集装箱的运输任务,圆满地完成从贝宁科托努港口到尼日尔阿加德姆油田的8 000吨散杂货运输任务。该项目既是中海物流工程项目物流的新突破,也成为中海物流进入海外物流的切入点。

2008年,为实现中海物流作为优质资产注入中海集运的目标,中海物流不断优化业务结构,梳理业务模块,在原有四大模块基础上,增加海外业务、国内外集装箱技术服务、中短程航线合作3个模块,形成七大业务板块。同时,通过加快资产清理、加大管控能力、加强风险管理等一系列措施,相继关闭30家亏损网点,处置1 392辆老旧集卡,精简2 000多名员工;新成立6家合资公司,价值链不断提升,公司经营效益显著提高,当年实现利润8 500万元。

2009年3月,集团启动的中海集运收购中海物流的工作,由于客观原因,到下半年收购工作停止,公司战略再次发生重大改变。对此,集团对中海物流作出要成为集团陆岸产业的第三大板块的目标定位。围绕这个目标,经过调研,公司提出"介于传统货运和解决方案之间的综合物流供应商"发展战略,积极探索集装箱产业外的物流业务,开拓新的独立运营空间。

由此,中海物流加大合资联营力度,先后与港务局、中国储运和外资、民营企业等合作成立8家合资公司,主要开展堆场、仓储、海铁联运、分拨等方面的业务,围绕"资产从拥有向控制、整合共享转变"的经营理念稳步发展。合资公司逐渐成为中海物流公司重要的盈利增长点。

为进一步加强公司管控能力,中海物流根据集团要求,从2010年3月开始,所属华北物流、山东物流、华南物流、海南物流、西安物流、成都物流6家公司与中海集运当地口岸公司分开实行独立运作,此项改革不仅理顺管理体制,而且有利于充分发挥物流与集运的各自优势,为进一步做强做大中海物流打下基础。

2010年,集团物流业正式确立"介于传统货运和物流解决方案之间的综合物流供应商"发展战略。华北区域公司、山东区域公司以及成都物流、西安物流、华南物流和海南物流与当地集运公司分开独立运作。进一步调整经营业务结构,推进工程项目物流、海外业务、多式联运、金融物流、仓储、货代、集装箱技术服务等7大业务模块的发展。先后中标天辰公司国内到越南、伊朗等地重大件运输项目、四川机械进出口公司阿塞拜疆甘加电解铝国际多式联运项目。利用中国海运海外代理资源,陆续与所属的欧洲、地中海、中东、亚洲和美洲地区等41个国家、55家海外代理开展业务往来,提供外配外籍资质班轮订舱、海外进出口增值和延伸等服务。与招商银行、中国银行、工商银行、浦发银行、交通银行、光大银行等多家银行达成合作意向,金融物流项目186个,监管货物货值共计 63.81 亿元,银行授信额度共计 32.44 亿元。平均质押率为 50.84%。与中国科技馆、北京科普展览馆、安徽科技馆签订全年展品巡展运输代理合同,整个展览全年计划到 112 个城市巡回展览。首批展品于 3 月开始,科技馆项目是中海物流进军展品物流领域的一次尝试,为以后在展品物流领域的发展奠定良好的基础。以"中海"品牌为核心的竞争力,得到进一步提升。

"十一五"期间,公司引进数百名物流方面的专业人才,员工队伍素质大幅提升;理顺区域公司股权结构,完成所属 29 家公司的改制工作,下属各单位统一调整为"一人制公司"管理体制,公司经营效益得到显著提高。到 2010 年,公司总资产 6.8 亿元,净资产 3.9 亿元,总收入 4.09 亿元;"十一五"期间,公司每年保持较好的盈利水平。

"十一五"期间,中海物流按照集团部署,坚定贯彻集团"依托集运,市场运作"的指示精神,在实践中创新,在改革中发展,围绕集装箱产业进一步完善和调整原有业务结构,加快资产清理、加大管控能力、加强风险管理、不断提升价值链,成功贯彻集团的发展思路。企业通过一系列改革措施,核心竞争力获得飞速跃升。中海物流经历扭亏脱困、改革新生和持续发展的艰辛历程,经营效益逐年提高,2006—2010 年的 5 年,成为其效益增速最快、综合实力提升最显著的 5 年。

2012 年,中海物流实现利润过亿元。2013 年在整个航运形势下滑的情况下,企业的经营情况继续走好。

在取得较好经济效益的同时,中海物流不断创新发展模式,实现经营"突围"。中海物流面对互联网的跨界竞争,突破传统思维,从团队建设、信息建设、财商一体化、管控能力等方面提高核心竞争力,努力构建以"金融—供应链"平台为核心的全新商业模式,从而在经营效益和业务结构调整上取得突破。在探索"金融—供应链"这一商业模式过程中,中海物流经历 4 个循序渐进的阶段:简单的金融质押;倡导金融质押与基础物流业务相结合的金融物流;应收账款主动管理模式;金融服务顾问模式。另外还积极探索"证券化"对物流业的影响,努力满足高端客户资产中的物流需求。中海物流通过对现有项目排查和新增项目筛选等多种方式,形成多个具有代表性的电商供应链项目,并通过这些项目进一步加强与中海集运、中海国贸、中海财务和上海船研所等兄弟单位的合作,为集团建立电商供应链平台提供有益的探索和尝试。

中海物流在发展业务的同时,十分重视干部队伍建设和员工工作能力、综合素质的培训工作。制定《中海物流员工培训管理办法》,2013 年上半年有 100 多人次参加各类培训,逐步使公司人才队伍结构走向"国际化、专业化、职业化"。

三、转型发展

中海物流自成立始,主要是围绕中海集运发展实施配套服务,网点主要集中于沿海地区且与集运重叠,集装箱业务之外的主营业务体系尚未完全建立,尤其是 2003 年货运体制改革,主营业务和相关人才划归中海集运,给中海物流发展造成很大影响,进而使公司面临许多短板和挑战。如对网络的管控能力偏弱、专业物流人才极为匮乏、内部控制及风险防范能力不足、公司总体投入薄弱,尤其是关键资源的掌控能力不够。

为解决当时存在的问题,转变长期以货代业务为主要利润的经营现状,积极探索中海物流的改革与发展,进一步提升中海物流自身的经营能力,"十二五"期间,中海物流首先确立转型发展、调整业务结构的发展规划,确立发展总体目标,即以货代为基础平台,以海外业务和多式联运为支撑,重点发展工程项目物流、金融物流、仓储堆场业务等架构雏形,以促进收入成本和利润结构的进一步优化合理。

货物代理：在传统集装箱内贸货代的基础上向散杂货代理、集装箱内外贸、空运、多式联运等方向发展，实现货代业务的多样化。

金融物流：以国内的二三线城市，以煤炭、粮食、钢铁等大宗散杂货为主，逐步实现从简单的货物质押，向海陆仓项目质押与优势物流业务相结合的方向转型，形成供应链金融物流。

工程项目物流：加强与国内外代理的合作，逐步实现从依赖合作模式向独立运作和合作共同发展模式转变。工程项目物流是通过与全球各件杂船东、港口、海外代理、大件车队等资源合作的方式，为全球EPC（对一个工程负责"设计、采购、施工"的总承包）工程项目货物提供从工厂至工地的全程物流解决方案，以及运输服务的一种新型业务模式。

海外业务：拓展海外工程项目物流、金融物流的辅助手段，加速与海外代理平台的搭建、促进海外网络的建设和海外业务的发展，提升中海物流全球物流服务的知名度，打通中海物流发展海外工程项目物流、金融物流的渠道。

多式联运：通过投资或对外合资、合作、租赁模式，整合车队、仓储、堆场、公路铁路、件杂货、重大件船公司一些关键物流节点的资源，加强物流资源掌控，完善物流服务功能块建设，形成公路、铁路、水运整体链接联动。同时，本着"设立一个，成熟一个"的原则，推进网点建设，为同地区、邻近地区业务的拓展提供助力。

仓储、堆场：进一步优化现有资源配置，集中优势力量，加大与合资公司的合作力度，降低管理成本，实现资源的拥有、控制、整合、共享多业态共存，逐步建立完善以堆场、仓储为节点的大宗货分拨配送中心。

由此逐步形成综合物流六大业务板块：

集装箱物流业务。在"立足内陆市场、立足中小直客、立足与金融相结合、立足增值服务和立足区域融合"的"五个立足"发展方针指引下，公司进一步明确集装箱物流的市场定位、客户定位、服务定位。2014年，公司相继开发运作恒大冰泉和中泰化学等项目，全年完成内外贸揽货箱量34.61万TEU。

工程项目物流业务。中海物流围绕"人才建设高效化、营销渠道多元化、优势线路集中化和项目风险最小化"的"四化"发展思路，边发展边总结，进一步夯实发展基础。公司强化与包括神龙汽车、北汽福田、远景能源和中国中车等在内的行业领军企业的项目合作，发展和巩固在汽车、清洁能源和轨道交通及基础建设等细分市场的优势，并以合资公司中海广瀛为平台，不断提升在重大件水平位移、吊装等领域的运作能力。

仓储分拨业务。依据拥有、控制、整合、共享的发展策略，公司获得青岛前湾港南港区6万平方米的新堆场，并积极推进仓储分拨业务在规模、功能、营销模式、技术水平等方面的提升。

金融物流业务。经历"基础积累、转型发展"后，金融物流重点围绕风险防控这个永恒主题，以优化质权人和出质人结构为目标，推进信息化应用，建立健全管理制度，加大提升防控能力；按照集团"严控金融质押业务风险"的要求，继续全力加速压缩业务规模，当年实现质押业务在公司收入和毛利比重中"两个降低"。

多式联运业务。随着服务网络逐步向内陆地区拓展，以及合资公司中海嘉富服务能力的不断提升，中海物流进一步加大内陆和跨境多式联运业务的发展，大力推进多式联运业务与金融物流业务的"双向融合"；以仓储为节点开展对中国移动、土耳其艾梯麦等大客户的营销工作，并中标中国移动西南地区设备配送业务，使该业务板块的运行质量进一步提高。同时，积极稳妥地推进洋山储运的整合工作,达到预期的效果。

散杂货业务。在"金融+散杂货"业务模式的带动下,散杂货业务已基本在各口岸开展,发展迅猛,已成为业务发展的一大亮点。公司不断推进散杂货业务从简单的COA合同执行、港到港和港口服务向"金融供应链"融合转变,从而实现该业务从流程型向平台型的提升;相继开发运作国电铜陵、湖南华菱钢铁和四川尼科国润等一批物流项目。

2014年,中国海运党组书记、董事长许立荣,就认真贯彻中央经济工作会议精神,在中海党组扩大会议上强调:要把握"21世纪海上丝绸之路"战略机遇,全面提升集团综合竞争能力。要积极践行"一带一路"倡议。宏观战略离不开基点的支撑,中国海运(土耳其)代理有限公司认真落实中国海运的要求,充分发挥公司优势,坚持开拓发展和深化与土耳其相关企业长期战略合作,为"丝绸之路经济带"建设而努力。

中国海运(土耳其)代理有限公司(简称中海土耳其公司)是中国海运(欧洲)控股有限公司下属的区域网点公司,2005年在土耳其伊斯坦布尔成立,为土耳其各主要港口城市服务。国家提出建设"一带一路"以来,中海土耳其公司凭借地处欧亚大陆交汇点的有利位置,把握机遇,发展成效显著。2012年、2013年,公司进出口总箱量分别同比增长46%、66%。2014年,公司箱量、收入、利润同比也都明显增长约30%,其中高附加值货物更是箱量同比增加24倍,为中海集运ABX航线(远东—黑海远航)和CEM航线(西安—伊斯坦布尔全货运航线)2014年内连续扩容升级作出贡献。

2014年9月16日,通过中国海运"一海通"平台订舱的首单集装箱从中国蛇口港运抵土耳其伊斯坦布尔库姆港。中海土耳其公司专门组织收货人和公司员工到码头举行纪念仪式,向收货人颁发纪念奖牌。中海土耳其公司通过这次活动,向当地客户,特别是中小进口商推介中海集团"一海通"平台,使当地客户和商家充分了解"一海通"平台的便捷、高效、低成本的优势,增加业务。随着国家"一带一路"建设的持续推进,航运业在当地有更大的发展空间。

2015年4月,中国海运非洲杂货航线开始营运,"国投107"轮驶往南非德班港、加蓬让蒂尔港、尼日利亚拉各斯港和毛里塔尼亚努瓦克肖特港。在中非件杂货航线经营的各项准备工作中,中海

图4-3-1 中海物流积极拓展多式联运与车队建设(2002年摄)

物流发挥人才、市场、网络等方面的资源优势，精心落实包括团体组建、风险研判、货源组织等各项具体工作。组建一支包括职业市场运营总监、外籍船舶管理专家、资深港口码头船长等具有国际化运营管理经验和特有专业技术证书的职业团队，充分利用公司内陆网点资源优势，在现有的金融、贸易、供应链业务中深挖优质客户及货源潜力，努力寻求钢材、胶合板、元明粉、铸管等货物，确保航线货源稳定。

中海物流在业务发展中，全面铺开网点建设，并根据内陆地区物流需求大幅增长的情况，重点向中西部地区布局，在竞争对手的空白点抢占业务先机，先后在山西、广西、江西、湖南、安徽、宁夏、内蒙古、河南、新疆等内陆省区设立网点，同时完善沿海地区网络布局，设立日照、顺德、珠海等网点，并从战略上考虑，在香港设立子公司。"十二五"初期，公司新增网点数20个，其中设立香港、山西、广西、江西、湖北、湖南、安徽、日照8家子公司。

2015年，中海集运将海铁联运作为公司重点推进的核心项目。在集团层面的战略合作框架下，集运与铁路总公司下属相关铁路局制定相互沟通的协调机制，深入推进各地海铁联运业务的开展。

2015年1月19日上午，中国海运"新港—石家庄"港口集装箱班列首次开行。1月29日，合肥—宁波、义乌—宁波、衢州—宁波三列中海海铁联运班列同日发车，标志着中国海运在华东地区的海铁联运事业从此掀开新的篇章。2015年全年，集运与中铁累计新开班列83条，完成箱量76万TEU，同比增长98%，为公司开辟的内外航线提供有力支持。

在集装箱延伸服务上，中海集运不断扩大拖车业务。针对涉及拖车业务中存在的风险点，及时督促口岸整改，完善相应的防范措施。中海集运分别成立广州内贸拖车联合工作组和东北内贸拖车联合工作组，以华南和东北的拖车业务为试点，梳理业务数据、加强市场营销、优化拖车池结构、优化拖车费率、制定各种规范与流程，打造中海集运全程内贸门到门运输服务体系。"十二五"时期，集运内贸门到门货物比例逐年提高，2015年达到22%，计划"十三五"时期内贸门到门货物比例达到40%。

第二节　设施设备

一、车辆

改革开放初期，航运企业鲜有自备车辆。20世纪90年代初，上海海运、广州海运的海上集装箱运输才刚起步，运载集装箱箱量不多，集卡运载就借社会车队力量。20世纪90年代末，中海物流本着"物流发展从海上运输积极向两头延伸，成熟一个发展一个"原则，筹划组建运输车队。自2000年8月改制以来，中海物流公司通过自筹资金购车、控股投资、参股经营、租赁合作等多种形式，分别在天津、连云港、上海、广州、深圳等地组建集卡车队，从2辆五十铃厢式货车起家，不断增加投入。公司抓住国内汽车运输处于更新换代的时机，购买先进的设备，大力发展集卡集装箱陆路运输，业务遍及四川、长江三角洲及华东、东北等地区。2001年年中，集卡已超过1600辆。在全国大部分省市，都能看到标有中海集团标志的集卡、厢式货车在公路上奔驰。

在起步阶段，中海物流在各地的集卡车队经营业绩较好，呈现出蓬勃发展的势头。如与苏州仓储、船务、鹏达等公司合资组建由中海物流控股经营的连云港中海集卡运输公司，时有8辆集卡投入运行；从2000年11月初投入运行来，两个月共完成箱量640 TEU，其中为各股东单位承运箱量

568 TEU。通过自筹资金购置 6 辆集卡组建的中海物流天津集卡车队,2000 年 10 月下旬投入京津物流集散分拨业务,业绩喜人,年内该车队扩大规模。同时,广州、深圳、上海合作租赁 85 辆集卡,各自组建集卡车队,开展物流业务。

2001 年,中海物流在泉州、营口等地组建集卡车队,原有的车队也将通过资金的投入和经验的积累迅速扩大经营规模,到当年年底,中海物流集卡车队规模进一步扩大。

中国海运采用招投标形式首批集中采购的 30 辆集装箱卡车于 2002 年 3 月 8 日在济南交车,此次出厂的 30 辆集卡由苏州中海仓储订购。

2002 年,中国海运又集中采购的第二批 165 辆集卡和厢式空运车,经公开招标竞投,中国重汽集团和陕西汽车集团两家公司分别揽下共计 165 辆的购车订单。同年 4 月 18 日在集团大楼举行签约仪式。

2003 年年初,由中海物流两年前组建的华浦集卡车队,与中海集运上海公司联合组建成"上海华浦陆上运输公司"。该公司拥有集装箱专用卡车 138 辆,其中 115 辆具备海关载货登记资质;另外还有 52 辆危险品集装箱运输车。这些车辆设备先进,都具有全程制冷保温和重磅双拖性能。为便于管理,车辆上还配置 GPS 卫星通信设备,做到公司对车辆实行全程监控、调度,为服务客户提供硬件保证。

2008 年,中海物流利用集团将已作为优质资产注入中海集运的决策,不断优化业务结构,梳理业务模块。同时,通过"加快资产清理、加大管控能力、加强风险管理"等一系列措施,进行"瘦身"和"强体",相继关闭 30 家亏损网点,处置 1 392 辆老旧集卡,精减 2 000 多名员工,公司经营效益有显著提高。

二、仓储

改革开放初期,航运企业少有仓储设施,中国海运重组之前,上海、广州、大连 3 家海运局拥有船舶后勤保障的物料供应站以及存储物料的仓库。1994 年 3 月上海海运在组建集装箱船队的同时,独资成立与之配套的海兴国际货运公司、合资成立金辉国际船务代理公司和海兴远仓集装箱储运公司,形成运输、货代、船代和堆场"四位一体"的集装箱运输系统。1995 年 9 月 4 日,海兴上海海兴轮船股份有限公司、台湾远仓储运公司、上海宝山高境镇共同投资的上海海兴远仓集装箱有限公司(简称海兴运仓)货运站开工,这是上海海运第一个集装箱仓储。

中国海运在大力发展集装箱海上运输的同时,也在积极寻觅场地,筹建集装箱仓储公司。中海物流加快配送中心建设,将其仓库以高标准进行改造,安装立体式货架、条形码机、盘点机等设备。还对仓库进行统一颜色粉刷,在库房顶部、外墙喷涂中海标识,造成强烈视觉广告效应。之后又陆续租赁两个仓库,扩大仓储面积,形成仓储、配送一条龙服务格局。配送中心装卸作业量、配送车次上升,仓储利用率达 85% 以上。

【上海仓储】

上海是航运中心,上海港是世界集装箱吞吐量最大的港口。作为注册在上海的中国海运集装箱运输公司,同时是上海集装箱喂给最多的集装箱船队,在上海建造自己的仓储公司无疑是必要的。

为更好地实行门到门的服务,由中海集运、中海货代、中海船务、中海投资等单位共同集资于

1999年4月组建上海中海仓储运输公司,将原中海供贸上海分公司位于世界路的仓库改造成集装箱堆场。

1999年,该公司一边筹建一边紧张地进行场地改造,短短的几个月,第一期的空箱堆置场地、北大门的道路兴建和办公楼的改造都已顺利完工,第二期的基建工程紧张施工。五一前夕,该公司机关工作人员已经全部搬迁到世界路办公。

1999年4月18日,该库一期工程竣工后,第二期工程——重箱场地、集卡道路、CFS仓库的基建工程立即全面铺开,公司组织施工人员日夜加班,在狠抓施工质量的同时,抓施工进度,终于确保5月18日的正式进箱。5月18日这天,世界路堆场就运进100多只集装箱。

自5月18日进箱以来,堆场每日平均进出500箱左右,仅5月27日一天就完成1 450 TEU。成立已久的海兴远仓,仓储运输设备和规模都超过它们,可加班加点一天的最高进出箱量也仅800只。经过4个多月的筹建,上海中海仓储运输有限公司于1999年5月28日正式开业。堆场自1999年5月18日进第一只集装箱以来,截至同年6月8日,已进出集装箱7 528 TEU(标准箱),形成刚成立就已赢利的局面。

【苏州仓储】
2000年9月30日,苏州中海集装箱储运有限公司在苏州工业园区内举行隆重的开业庆典仪式。

中国海运在大力拓展水上集装箱运输的同时,积极推进陆岸集装箱运输的发展,继在上海、青岛、大连成立集装箱储运公司后,又在非港口城市苏州建立集装箱储运公司。

苏州工业园区聚集近7 000家外商投资企业,具有良好的集装箱运输市场发展空间。

苏州中海集装箱储运有限公司坐落在苏州工业园区内,占地面积2.14万平方米,拥有现代化的智能办公大楼、1.2万平方米的堆场、2 000多平方米仓库以及近500平方米的修理车间。公司注册资金3 000万元,主要经营集装箱的堆存、中转、清洗、修理、货运代理、装箱、拆箱、租箱、冷藏箱预检以及普通货物运输、集装箱运输等。

中海物流苏州储运公司自成立以来,积极响应集团"树新风、创一流"活动,积极开拓集团内外两个市场,努力拓展苏州本部及周边地区的业务,开发和引进新客户,使得该公司的营业收入有大幅增长。2004年1—6月储运业务实现利润78万元,公司经济形势有明显起色。

2007年以来,经过整合的中海物流上海、苏州两家仓储运输公司,在华东物流的统一部署下,贯彻生产经营以"开拓市场、扩大营收、提升效益为核心",管理上贯彻"提高质量、改善服务、确保安全"的方针,在场地租赁成本大幅增加的前提下,生产仍呈现持续增长态势。同年5月实现盈利28.7万元,累计当年实现利润182.41万元,为年度经营指标的55.24%。上海、苏州仓储公司在经营生产上,坚持市场业务开发为重点,成立营销中心,实行"统一营销、重点突破"的经营策略,逐步整合公司业务。他们在细化现有客户维护,挖掘现有业务潜力的基础上,以具有一定规模和业务量的新客户作为开发主攻方向,先后与欧力国际、天臣货运、中国机械进出口等公司进行实质性洽谈。营销力度的加大,有效促进CFS(拆拼箱)的业务量提升,5月CFS操作量达到508 TEU,创历年以来新高。

同时,这两家仓储公司以加大自有堆场CY中转为重点,按"快进快出、合理配置"的操作原则,加大航津路堆场的CY操作量。他们还规范修箱管理,扩充修箱点,扩大修箱业务。两家公司采取控制修箱成本和将修箱成本与修箱部门管理人员月度奖金直接挂钩等措施,加大对修箱业务的管理;还在中海集运的支持下,逐步扩充修箱点。2007年年中,太仓修箱点修箱业务正式启动,完成设立营口港修箱点的调研,并落实在常熟设点的具体意向。

这两家仓储公司还抓住安全生产管理模式调整的契机,把"夯实安全生产的基础管理,有针对性解决安全生产的薄弱环节"作为重点,修订完善《安全检查标准》《生产现场主管安全审查自查》和《电气设备、移动电具安全使用与管理办法》等相关制度,进一步突出现场管理,夯实管理基础。

【大连仓储】
1999年9月2日,中国海运正式签订协议,租赁大窑湾堆场,组建"大连中海集装箱仓储运输有限公司"。

中国海运看好大连港辐射东三省得天独厚的地理位置和优越的港口条件,此次租赁大窑湾堆场组建的"大连中海集装箱运输有限公司",是一家集仓储、运输、货代为一体,实施集装箱陆上运输、中转等"门到门服务"的专业公司。

2000年2月20日,大连中海集装箱储运有限公司正式开业。此次开业的大连中海集装箱储运有限公司,是继上海、青岛之后中海成立的第三家仓储公司,主要从事集装箱的仓储、陆上运输、中转等业务,是中国海运集装箱运输的陆岸连锁产业。公司拥有3万平方米的堆场和先进的起重设备,年集装箱进出量10万TEU以上,集装箱堆储能力超过2 500 TEU。

该公司的开业,是中国海运实施集装箱运输海陆配套战略,最终实现东北、华北、华中、华南联网成片目标的新举措。

【洋山国际储运】
上海建设国际航运中心和发展物流业的步伐正在加快,作为上海集装箱运输的上海洋山港,随着集装箱运输发展,其战略地位也日显突出。2008年,公司遵循"多功能现代化集装箱和货物公共物流集散中心"的定位,总投资2.39亿元在临港物流园区成立上海中海洋山国际集装箱储运有限公司(简称洋山储运)。公司为中海集装箱运输股份有限公司全资子公司,位于上海市浦东新区临港物流园区内,占地197亩,主要经营:集装箱装卸、堆存、集装箱国际中转、集装箱拆拼箱、冷藏集装箱预冷、预检;集装箱改装、修理、旧箱翻新、清洗;国内进出口货物中转、集装箱多式联运和仓储、商业性加工、货物国际代理、货物分拨、物流配送等业务;货物的装卸、加工、包装及相关的咨询服务;集装箱租赁、自有仓库出租;集装箱的陆路运输;集装箱货运代理等业务,还可提供国际航运服务以及为物流和制造业提供支持和配套的其他各类服务,如船代货代、报关报检、金融、保险等业务。公司拥有集装箱堆场约6万平方米,包括重箱堆场2万平方米;空箱堆场4万平方米;冷箱插座80只;现代化全天候监控仓库2万平方米(层高9米);办公楼4 000多平方米;修箱、机修车间等3 500平方米;同时还拥有加油站、变电站等完善的配套设施。

2013年11月22日—12月20日,洋山储运公司100%股权在上海联合产权交易所公开挂牌,中海集团物流有限公司作为产权交易规则确定的受让方(乙方),同意依法受让洋山储运公司100%股权。2014年1月3日,甲方、乙方签订上海市产权交易合同,交易价款为305 411 200.38元。2014年1月6日,上海联合产权交易所向本公司出具本次交易的产权交易凭证,本合同生效。洋山储运公司归属中海物流。

三、物流信息系统

20世纪90年代,上海对交通设施建设投入加大,以外高桥港区、铁路上海站和浦东国际机场为代表的一大批海陆空重要枢纽设施相继建成,多种运输方式组成的综合运输体系基本形成,促使航运物流的运输能力和现代化服务水平不断提高,带动航运物流的 IT(Information Technology),即在计算机技术基础上开发建立的一种互联网信息技术得到广泛应用,为上海航运物流业发展提供有力的技术支持和保障。中海物流的系统 IT 建设起步早,发展快。

为进一步增加公司的市场竞争力,提高管理能力,中海货代于1999年9月底着手建立内、外贸货运代理管理信息系统,实行会计电算化,并设法与中海集运、中海船务建立信息共享关系。该公司结合中海集运上马 TS 系统的机会,加快对当时使用的货运管理系统的升级工作,短短3个月即完成上海、广州两地的试点工作,随后再花费半年时间全面推广。同时,该公司开始着手开展 ISO9002 质量体系的认证工作,于年内完成此项工作。

2000年6月26日,中海货代召开"质量管理体系运行暨文件发布会"。会上宣布:经过半年的努力,前后进行6次修改,中海货代终于顺利地完成由6大模块组成共11余万字的质量管理体系文件的工作,按照国际标准最新修订的 ISO9001-2000 版的标准建立的质量管理体系,于7月1日正式运行。中海货代成为中海集团一级子公司中继中海电信后,又一家按照国际标准建立质量管理体系的企业。

2000年,中海货代又在系统需求调研基础上,聘请专业软件信息公司运用物流的理念,帮助企业进行二期系统的规划和详细设计工作,确定数据结构,完成编写程序,使企业的信息建设与物流业务的发展能够同步,并逐步在大连、营口、天津、青岛、上海、深圳、广州等口岸试运行。公司的局域网于当年7月底实现国内联网。

中海物流于2002年投入数千万元,开发和构建新的、功能更强的物流信息系统(简称 SUNNY 系统),该系统立足于国内物流业务发展实际,结合当今先进物流技术,集互联网技术、卫星定位跟踪技术、地理信息技术、射频技术于一体,支持与第三方系统高效集成,在国内率先实现物流网络综合调度。其最大特点是实行高效的网络化管理,借助于电子管理信息平台,通过数据交换系统及 Internet 技术,将公司总部与全国八大区域公司管理总部、所属各配送中心以及各网点营运中心联结成一个高效的物流信息管理网络,便于公司内部统一管理。该 IT 系统是较成熟的支持多用户的第三方物流信息系统,针对客户的业务特点,在与不同客户的系统接口中,可通过设置不同委托人的不同参数,进行多委托人的数据交换互动,满足不同客户系统数据的平稳过渡。该系统还具有适用范围广泛、操作便捷、扩展性强、安全性好、网络速度快、容灾策略完备等特点,成为中海物流的核心竞争力之一。同年,中海物流公司网络,在国内大连、天津、青岛、上海、厦门、广州、深圳、香港、海南九大片区公司普及使用,在国际上覆盖美洲、欧洲、地中海、亚洲、澳洲、非洲,并在71个国家设有代理公司进行系统管理。

2003年3月始,中海物流信息系统一期工程各子系统,在区域公司及网点上线使用。公司先后举行3次大规模培训工作,培训300多人次。每次培训,公司领导都亲临现场指导。通过培训,区域公司人员很快熟悉系统业务流程和操作规范,工作效率大为提高。2004年,该公司物流信息系统一期工程开发工作基本完成,包括第三方物流系统、集卡管理系统、车辆跟踪系统。其中,第三方物流系统覆盖订单接受、自动处理、出入库操作、运输、配送、回单等业务过程,通过与第三方系统的接口,第三方物流系统能自动把处理结果反馈到客户系统;集卡管理系统具有车辆调度、维修、配件管理等功能;车辆跟踪系统具有对车辆监控、远程调度、轨迹回放、自动报警等功能。该系统的成功研制,标志着中海物流已建立起比较完善的信息系统,市场竞争力得到新的提升。

2010年,中海物流自行开发配备的一套先进的电子管理信息平台,通过数据交换系统及信息技术,可将公司总部与全国八大区域公司管理总部、所属各配送中心以及各网点营运中心,联结成一个高效的物流信息管理网络。因实行高效网络化信息管理,便于公司内部统一管理。客户可以加入该公司平台,通过物流网络,随时查询物流业务营运状态,并可通过中海物流信息系统进行电子订舱、电子结算等商务活动。公司不仅在中国而且在海外拥有多个服务供应网络,业务覆盖华南地区、长三角地区、香港地区、环渤海地区以及欧洲、北美、东南亚等区域,实现货物门到门一体化服务。该系统的应用,可支撑中海物流数百家客户、数千家供货商和数万种物料的第三方物流服务。中海物流处于买方和卖方中间,是买卖双方完成商流的结合点,同时也扮演结算中心角色。每个作业完毕,依据物流状况,按照中海物流与工厂以及供应商之间的服务合同,各种费用自动生成,准确无误。

2010年,中海物流配送业务已逐步摸索出一套与国际标准接轨,符合中国国情的物流运作模式,包括"多对一""多对多"、信息系统支撑下的5A服务,即物流服务的电子商务化、服务过程的流程化和可视化等。其所有物流运作均采用国际惯例,实现全程流程化管理,并不断根据运行情况实施流程重组和优化。公司信息系统完整地覆盖每一个物流操作流程,客户任何一个作业指令,都能通过信息系统对指令操作进行实时跟踪,客户也可通过中海物流网,完整了解到整个物流过程,如同客户自己在进行物流操作一样,实现整个物流过程可视化。该公司承担的是4种物流形式中最困难、最复杂的生产型物流服务,要求必须在无障碍信息通信条件下才可实现。但其在强大的信息系统支持下,实现"五正确"服务,即在正确时间,以正确方式,将正确货物,送达正确地点和正确客户。

2014年7月11日,中海集装箱运输股份有限公司、中海科技网络有限公司与阿里巴巴集团所属的阿里巴巴(中国)网络技术有限公司在杭州签订合作协议,打造全球跨境电商物流服务平台。这次合作是在大数据时代背景下运用将传统海运物流和电子商务进行深度融合,推进集团物流转型发展的一次探索和尝试。3家公司本着创新发展、服务中小企业的原则,在国际海运领域展开紧密合作,共同打造全球跨境电商物流服务平台。根据协议,合作各方将共同投入资源,建设国际海运综合服务平台;合作方客户均可使用平台在线查询物流运价、在线完成物流下单、在线咨询、在线结算、咨询追踪货物状态等服务。在这基础上,中国海运和阿里巴巴集团将发挥各自优势和行业经验,进行更深入广泛的合作。

2014年11月10日,为全力建设中海集团的电商平台,不断推进电商模式的创新,集团召开"一海通"项目专题宣贯视频会。会议明确指出:随着互联网信息革命的不断深化和当前经济发展进入新常态,传统的物流行业面临越来越多的挑战,集团决定把电商平台建设作为战略发展的新举措,坚持以互联网思维不断推进商业模式创新,积极应对挑战,打造全球供应链营销模式,搭建"一海通"电商平台,以适应全球贸易新格局。

第三节　特色和重点物流项目

20世纪90年代,中国物流业尚处于起步阶段,不少第三方物流企业在市场上缺乏专注领域,哪里有生意就做到哪里,而没有自己的独特优势,很难在竞争中取胜。2003年是中国物流产业发展极其关键的一年,如何实现做大、做强的目标,如何找准定位将是企业发展的重要一步。

中海物流加快公司的升级转型,对原有的物流设施进行充实和完善,对物流服务迫切需要的项目加快投入。同时推行项目经理制,在项目物流中采取经理负责制,管理上实行扁平化,减少中间环节,直接对总部负责,使得拓展项目物流业务的过程呈现"短平快"的效果。

中海物流在饮料、家电和汽车等行业物流服务上树立优质服务品牌,并确立在这些行业物流服务上的龙头地位。

一、汽车及零配件物流

【金杯汽车配送物流】

2001年年初,中海物流承接上海华晨集团汽车销售公司在广州、福建等地金杯汽车配送的服务项目,一年来完成发往南方7 000多台金杯商品车的运输服务,为中海集运增加7 000 TEU的箱量,带来近90万元的收益。

虽然中海物流在物品配送上积累不少经验,但这个项目依然带来不小的挑战。由于商品车属于高价值货物,其运输要求较高。不仅涉及海上和陆路等不同运输方式,还涉及卸船、拆箱、仓储等诸多环节。同时金杯车在启运港完成交接后及目的港拆箱后若发现货损货差问题,所有的责任均由中海物流承担。为解决运输配送的困难,中海物流为金杯项目定制"客户服务规范",该规范涵盖运输、仓储和配送所有的流程以及客户服务的保障措施,首次将一个项目各个环节的服务程序化、标准化,有效地保障项目的顺利运行。

为做好服务工作,中海物流对拆装箱、提货、仓储以及验收等方面都作周密安排,并对运送的全过程实行监控,发现问题及时解决,保证货物适时完好地交付给收货人。为尽量避免车辆的损坏,中海物流大连公司人员和码头装箱人员一起研究装箱的技术问题,从司机上下车到货物绑扎及箱子固定,装箱的每一环节都经过仔细的琢磨和实验,这种"软性包装"在减少货损方面起到切实的作用。

为防止运输过程中汽车小配件的短缺,中海物流从规范客户和配合客户两个途径出发,一方面,请客户在商品车出厂时即将工具箱密封;另一方面,中海物流平时将一些小配件陆续运到目的港,便于收货人的收车赔付。为满足收货人对提车速度等较高要求,中海物流广州黄埔港人员同黄埔新港达成协议,对所有金杯车都实行在船边即卸即拆的办法,并提前办理好收货人需要办理的单证手续,提供24小时拆箱提货服务,且保证每次拆箱时中海物流负责金杯车的专员在场,保证收货人提车的便捷和应急事务的处理。

根据发货要求,中海物流对客户实行"7531"的信息反馈服务:7天一次船期预报、每月5日一个运输报告、有异常情况3天内报告、每天1个动态信息。另外,还在交接货物时引进商品车的PDI国际标准。该标准对汽车所有内外的细节都有规定,提供可靠的验收标准。从而在交接过程中有据可依,做到严格把关,减少公司的损失。

2001年3月,中海集运北方南下航线普遍爆舱,中海物流对舱位进行协调和事先安排,保证所有承运金杯汽车的舱位。对于运输途中发生的问题,中海物流也积极予以妥善解决。同年3月6日出运深圳的一批商品车,由于货主疏忽,随车手续资料未能及时取下,中海物流通过网络,在船靠上海时及时取下,并通过EMS(即"Express Mail Service",邮政特快专递服务)发至深圳,保证收货人的正常销售。

中海物流的优质服务得到货主的好评。广东地区的收货人广东物资集团汽车贸易公司,2001年3月20日寄来表扬信,对中海物流为广东地区的金杯车配送做出的成绩表示感谢。来信指出,去年他们的金杯车销售量达到1.5万辆,有一半是中海物流从大连、营口海运发车。中海物流及时安全地把7 000多辆金杯车运到目的地。上海华晨集团汽车销售公司表示,尽管有许多物流公司参与竞争,他们仍然愿意把当年的车辆配送业务交给中海物流来做。

2002年1—3月,中海物流为广州、福建流向配送金杯车近2 000辆,金杯公司认为其全程服务质量比签订协议时明显上一个台阶,并表示如果服务操作、时间以及成本合理的话,可进一步扩大合作,开辟青岛等处的汽车物流。中海物流也进一步整改码头堆放、车辆拆箱等环节的不足,以提升服务档次。

【"奇瑞"轿车装箱配送物流】

为配合中海集运汽车箱的开发和运作,中海物流在积累对金杯汽车的配送经验基础上,对国内经济型轿车新品种"奇瑞"轿车,提出针对性物流营销方案,赢得奇瑞公司的认可,同意由中海物流进行装箱试运行,若试运行成功,其运输将逐步交付中海物流。2001年8月15日,中海物流在奇瑞牌轿车产地安徽芜湖朱家桥,将4辆奇瑞牌轿车通过特殊的绑扎和固定,顺利装进中国海运新开发的汽车特种箱内,通过拖车及江海联运方式由芜湖运往蛇口,并由中海物流蛇口网点的操作人员将车直接成功地送往深圳经销商。此次试运行,是奇瑞公司首次尝试集装箱海运方式,也是中国海运汽车集装箱设计成功后首度装运。随着经济型轿车的发展,奇瑞车的产量逐渐增加,年产达到5万辆。中海物流充分发挥网络优势,加大营销力度,与奇瑞公司的物流合作范围已从单一的江海联运方式,扩展延伸到仓储、配送等多项服务。

【陕西汽车集团原材料和配套件物流】

2003年4月8日,陕西汽车集团与中海物流正式签订物流服务合作合同。当时,陕西汽车集团生产规模迅速扩大,拥有陕西欧舒特汽车股份有限公司、陕西宝鸡华山工程车辆有限责任公司、陕西通力专用汽车有限责任公司和陕西汉德车桥有限公司等10家全资子公司和控股公司。该集团原有的供应运输能力和仓储已无法满足物流需求,决定将其所有零配件的采购运输和仓储配送等物流服务全部交由第三方物流公司运作。按双方约定,中海物流为陕西汽车集团所需原材料和配套件提供采购供应一体化,包括江海联运及陆路运输的物流供应链服务,实现陕西汽车集团采购零库存,大大减轻其采购资金压力,降低物流成本。

中海物流在与陕西汽车集团进行业务洽谈,就双方物流合作方向达成共识后,开始全面接管重庆、成都、江浙方向陕西汽车零配件的仓储、配送、生产和零部件长途采购、长途运输等物流服务,并在此基础上进行轮胎总成加工等增值业务。通过与陕西汽车联手,不仅有利于促进双方降低生产经营成本,提高社会和经济效益,而且为中海物流进军汽车行业物流服务业奠定基础。

【一汽大众进口汽车零件物流】

2004年5月27日,中海物流与中海集运大连公司联手,经过9个月的与不同层面人员艰苦攻关与谈判,成功中标一汽大众20%的进口汽车零件(CKD)集装箱一体化运输业务。此项目是将德国大众和德国奥迪公司生产的CKD件,从德国汉堡港通过集装箱海运到中国大连,然后陆运至长春一汽大众,再将拆空后的集装箱返至大连口岸。中海物流与中海集运大连公司做好项目运作的所有准备工作,包括成立项目运作小组、派驻总协调人常驻长春等,并根据一汽大众提供的CKD件集装箱一体化运输操作流程,对具体业务操作人员进行现场培训,确保该项目的圆满完成。

【神龙汽车整车和汽车零配件物流】

2009年起,中海物流武汉公司与当时国内最大的中法合资企业神龙汽车公司开始物流合作,初期提供整车、样车空运法国业务以及日本流向的海运进出口业务。合作期间,中海物流的优质服务得到客户高度赞赏,双方合作范围不断扩大。至2010年,中海物流为神龙汽车提供的综合物流服务,包括整车、新车样车和汽车零配件等各类货物的海运和空运等,成为其重要的物流供应商。同年5月19日,中海物流在前期合作基础上,又为神龙汽车最新推出T73车型CKD散件海运出口到马来西亚的全程物流服务,该业务周期为4年,业务量预计近2万TEU。

二、电子及电器产品物流

【电子料件配送物流】

1998年,中海物流承接IBM(国际商业机器公司)国内工厂的电子料件配送业务,在全国首创电子料件从境外运输到国内工厂的配送业务模式,称为"多对一"的配送模式。以IBM为标杆,中海物流开始为联想、华为等著名跨国企业提供高要求的物流服务。2000年,中海物流为美能达在国内的多个工厂提供多海关关区下的电子料件配送业务,创立领先的精细配送业务模式,称为"多对多"配送模式。

【长虹电器产品国内外配送物流】

2002年,中国海运与位于四川绵阳的长虹电器公司签订出口运输合作项目,由中海物流负责其中的陆路运输任务。中海物流公司抓住与长虹电器的合作契机,抓紧在绵阳设立服务网点,成立绵阳物流分公司和集卡运输车队。同年5月,当15辆标有中国海运标志和具有统一外观的斯太尔集卡,满载长虹电器产品运往重庆港集装箱码头时,港口领导和工人惊叹不已,盛赞中海物流的车队"就像从天上掉下来一样,效率真高,说干就干起来"。之后数月,中海物流在四川地区的陆上运输业务大幅增长,仅8月12日—9月1日,就为长虹电器公司运输电器产品389个40英尺高柜。

2003年,该公司与长虹电器公司紧密合作,共同规划长虹全球物流系统。一方面,开展长虹进口彩管的供应物流业务,负责从东莞、深圳、天津、南京等地至绵阳的运输计划安排、运输代理、装卸及配送等服务;另一方面,承担其彩电出口物流业务。出口物流含有两种运作方式。流程一:在绵阳装箱通过集卡车拖至重庆,在重庆装上长江支线船到上海,再由上海口岸装海运干线船至洛杉矶;流程二:在绵阳装箱通过铁路运至连云港,再从连云港装海运干线船运至洛杉矶。

【海信电器产品全国配送物流】

2002年,中海物流中标青岛海信电器股份公司电视机产品全国配送物流项目,成为海信电器2003—2004年连续两年电视机产品的唯一指定全国物流服务供应商,服务范围涉及电器成品销售的所有环节。该项目于2003年3月17日正式启动,范围涉及全国各地,并包括仓储、运输、配送等多项物流服务。经过3个月试运作后,进入正常推进阶段。海信营销整合前期,中海物流已经承接海信电器股份公司5个电视机生产基地以及山东、浙江、江苏、福建4省的电视机物流业务,并在全国成立19个配送基地。其间,出入库各类电视机158万台,回单回收率始终保持在100%,获得客户的信任。

为应对激烈的市场竞争,青岛海信集团于当年7月份完成旗下电视、空调、冰箱产品销售体系的重组与整合，并于 8 月 13 日对以上三大主打产品的物流业务进行全国招投标。中海物流以其规模优势和服务质量再次中标，成功承接海信营销公司黄岛、临沂、广州 3 个生产基地及辐射的 15 个海信分公司的产品销售物流业务，使海信公司产成品总量的 40%，每年 178 万台电视、冰箱、空调产品的销售物流业务纳入中海物流供应链。中海物流与海信集团也在原来单一的电视机产品物流服务基础上，进一步扩大合作领域，提升服务层次。借助此项目运作，创新推出全国性物流运作组织模式，其物流网络整体协调性及规模优势初现端倪。中标海信物流项目，涉及江海联运和陆路运输，因此进一步扩大中海物流品牌的影响力。

【永乐家电仓储配送物流】

2004 年 5 月 29 日，中海物流与永乐家用电器有限公司（简称永乐家电）的仓储配送物流合作正式开始运作，中海物流首批 9 辆全新小型厢式货车装载各种电器，驶出中海物流（福建）有限公司泉州配送中心仓库，准时配送各家客户。

永乐家电总部设在上海，是一家净资产上亿元的民营股份制大型家电连锁零售企业，也是国内家电连锁业的领头羊之一。其向泉州分公司的扩张被列为永乐公司进军二三级市场的重点发展规划。中海物流（福建）有限公司凭借泉州配送中心家电物流的丰富经验以及规范的操作、完善的系统、科学的管理，击败众多竞争对手，一举成为永乐家电在泉州市场的物流主运作商，中海物流泉州配送中心为永乐提供独立的仓储服务和 70% 以上的泉州地区的配送服务，配送模式由 B2B 向 B2C 转型。此项目特点是批次多、批量少且配送至末端客户，配送频率和配送难度大大提高。其对于泉州配送中心是新的业务突破，对整个泉州物流服务水平向更高层次提升也是一次革新。

【灿坤小家电仓储物流】

2004 年 11 月 21 日，中海物流（福建）有限公司继为永乐家电提供物流服务后，又牵手一家台湾家电连锁企业——灿坤 3C。灿坤为世界知名的小家电产销合一跨国集团，其主力产品电熨斗、煎烤器，年产量均列全球第一位。灿坤于 1993 年成立中国市场总部，经营网点遍布上海、北京等 29 个大、中城市，为中国第一家先后在中国大陆、中国台湾地区、美国纳斯达克上市的大型跨国集团。中海物流泉州配送中心利用日益完善的城市配送网络，为灿坤 3C 提供仓储及"最后一公里"的 B2C 物流服务。

三、食品饮料物流

【广东健力宝集团饮料配送物流】

2003 年前后，广东健力宝集团将物流配送业务整体外包给中海物流，即由中海物流负责健力宝集团 1 个总厂和 5 个分厂配送到全国近 1 000 个门点、190 个大卖场的饮料物流配送，全年配送量达 80 多万吨。为配合该项目运作，公司在全国总计设置 50 个地区配送中心，5 个分厂配送中心。健力宝总厂和分厂生产出的健力宝饮料首先进入配送中心，再由配送中心分拣、存储，然后根据健力宝反馈的订单信息按指定的品种、数量，就近配送到指定的客户（大卖场、分销商、连锁店、超市）。

【爱芬食品和乐百氏食品饮料物流】

2003 年 1 月 3 日，中海物流凭借优质服务成功地续约美国爱芬食品（北京）有限公司和乐百氏

(丰润)食品饮料有限公司2003年度华北地区的物流服务业务,为当年全力拓展第三方物流服务,实现主营业务的战略转移奠定坚实基础。

美国爱芬食品(Effem-foods)有限公司是全球最大、位列全球500强的跨国食品公司——玛氏(M&M)公司在中国的独资公司。公司所属华北物流自2000年起就为爱芬食品提供外贸海运出口服务,开始合作关系,并逐步进入其物流服务商行列。华北物流严格按照客户服务要求,为其提供高效优质的物流服务,KPI指标连续3年保持在98分以上,始终位列众物流供应商的首位。这次签订的合约使双方合作进入一个更广阔的领域。除发往日本、东南亚、澳洲的外贸成品海运出口服务外,还为其提供北京—上海、广州地区的公路、海运及冷藏箱货运输服务;广州、上海地区—北京的原料、包装物以及仓库间的货物往返运输服务,带来每年数百万元的经济收益。

华北物流在2003年度乐百氏物流供应商招标中再次名列第一,成为其在华北地区配送业务的主供应商。乐百氏(丰润)食品饮料有限公司是法国达能集团收购的国内著名食品饮料生产商——乐百氏在我国北方地区的生产基地,主要产品包括饮用水系列、乳酸奶系列、牛奶系列等。华北物流于2001年年初开始与乐百氏合作,为其提供唐山—中山之间的货物调配运输服务。

华北物流进入乐百氏的区域内配送业务领域,依托它的销售市场,在华北地区建立公路配送体系,搭建饮料物流配送操作框架,同时积累一定的经验,为中海物流正在开展的健力宝项目的物流运作打下基础。

【蒙牛乳业公司冷藏品物流】

2004年3月26日,中海物流与蒙牛乳业公司签订蒙牛公司乳业项目物流合作,蒙牛公司将其泰安基地的冰淇淋运输任务全包给中海物流承运,由此中海物流正式进入冷藏品物流市场。

蒙牛乳业公司是国内知名的乳产品生产企业,固定资产13亿元,有15个分厂、8个冷库,年产值可达100亿元。该集团于2003年6月在泰安投资建厂,投入12条冰淇淋生产线和15条液体奶生产线。在生产业务迅速扩展过程中,其对运输的需求不断提高,欲从社会上寻找优秀的第三方物流企业作为合作伙伴。中海物流以遍布全国的江海联运及陆上运输服务网络以及首家通过ISO认证的国家重点扶持的物流企业等资质和良好信誉,成为蒙牛乳业公司的首选合作对象。中海物流前期投入30辆冷藏车,并利用专业物流服务技术和设施,为其提供优质服务。

四、化工原料和产品物流

【河北泛亚龙腾纸业公司进口原料物流】

2004年10月20日,中海物流中标河北泛亚龙腾纸业公司原料进口及华北地区成品分拨物流项目,在开拓纸业供应链一体化物流业务上获得重大突破。河北泛亚龙腾纸业是由世界两大新闻纸制造商合资经营的,新加坡泛亚纸业投资3亿美元,在河北赵县与龙腾纸业建立的合资公司。该项目一期工程占地600亩,2005年下半年投产后,成为世界上设备最先进、亚洲单机规模最大的新闻纸生产厂,年产量可达33万吨。而原材料需求达42万吨,其中80%来自美国,20%国内采购。其物流招标涵盖除生产环节以外所有供应链业务,其中仅国内物流成本就预计为每年1 000万元。此次中标是中海物流利用集团海运优势,发展大物流的一次重要实践。由于该项目涉及海上运输、清关、短驳、仓储和成品分拨等诸多环节,具有业务范围广、操作量大、协调点多等特点,其运作有力提升中海物流区域公司乃至全系统的基础建设和项目管理水平。

【上海赛科沿海成品化工物流】

2005年3月,中海物流(华东)经过与众多国内知名船公司和物流商家激烈竞争后,以其优质的综合服务能力和良好的组织管理而中标,成为当时拥有国内最大石化项目的上海赛科石油化工有限公司的沿海成品化工主力物流营运商。3月10日,两家公司在华东中海物流总部签订物流合作协议。经商定,中海物流承担上海赛科2005年沿海8 000 TEU运输量的80%,负责其厂区主要流向广东、山东、福建、辽宁、天津等地区的内贸集装箱门到门运输全过程,并包括一系列必要的信息跟踪反馈。

上海赛科石油化工有限公司是BP华东投资有限公司、中石化、中石化上海公司投资组建的总投资约合27亿美元的中外合资企业。其所建的一体化项目,具有世界级上下游一体化特点。其中90万吨/年乙烯裂解是当时世界上单线产能最大的乙烯装置之一,其余7套装置也均达到世界水平。因该公司采用世界先进工艺,投产后每年可提供国内紧缺的高质量、多规格、宽覆盖面石化产品228万吨。

五、建材物流

【"百安居"建材物流】

位列世界500强之内的世界第三大国际装饰建材连锁店"百安居"(B&Q),2004年与中海福建物流建立物流合作伙伴关系,并于7月24日将第一批货物交付中海福建物流福州配送中心仓库,由该中心负责其货物的仓储和市内配送业务。

"百安居"于20世纪90年代末进入中国,以5万多种家具、建材、装饰商品的强大实力冲击中国的家具装饰及建材市场,当时已经在北京、上海、深圳等地开设18家连锁店。"百安居"于2004年8月15日在福州正式启动福建第一家连锁店。

中海福建物流之所以能成为"百安居"在福建地区的物流供应商,主要是因为中海福建物流的"四个配送中心、三级配送体系"(以福州、厦门、泉州、漳州为中心,以省际、城际、市内配送为纽带)已初具雏形,加上在仓储和配送业务上丰富的经验和完善的管理模式等,使中海福建物流力挫其他竞争对手,一举成为"百安居"在该地区物流项目的合作伙伴。这是该公司继"泉州永乐电器"项目之后开发的又一个大型超市项目。

【宜家家居项目物流】

2006年11月10日,中海物流在宜家家居招标项目中脱颖而出,成为宜家家居2006—2008年物流服务的供应商。宜家家居项目是中海物流与中海集运共同开发运作的物流项目,该项目充分利用中海集团沿海、沿江航线优势,结合公路线路,以及广大的内陆运输服务网点,为宜家提供内贸船舶及拖车集装箱运输服务。在各方共同努力下,该项目运作一年中情况良好,总出运量近3 000 TEU。随着双方逐渐深入了解,合作范围呈逐步扩大趋势。根据新订业务合同,2008年宜家家居项目出运量达4 000~5 000 TEU。

六、国内其他项目物流

【质押货物仓储监管合作】

中海福建物流公司与泉州中信银行、泉州正大集团携手共同开创第三方信贷物流。2004年4

月1日,三方签订《质押货物仓储监管合作协议》,宣告三方的物流信贷合作正式开始。

质押货物仓储监管合作是一种具有多边"三赢"性质的新兴物流业务。第一,允许客户(生产型企业居多)利用在市场经营的商品货物作质押贷款,解决企业实现规模经营和扩大发展的融资问题。第二,物流公司与银行合作,监管客户在银行质押贷款的货物,一方面增加物流公司配套服务功能和仓储附加值,提升物流企业综合价值和市场竞争力,以吸引更多的客户加入。另一方面物流企业作为银行和客户都相互信任的第三方,可以更好地融入客户的商品货物的产销供应链中去,同时也加强与银行的同盟关系。第三,银行发放质押贷款,由物流公司负责质押货物,既放贷又吸引储户,资金安全投放,规避风险,把现代物流理念"物资流、信息流、资金流"有机结合在一起,使三方都产生新的经济效益,真正达到"三赢"。

质押货物仓储监管业务在国外已被广泛应用,国内一些地区和行业逐渐开展起来,福建区域公司成为中海集团物流系统内开展此项物流业务的第一家。

【网点中转服务项目】

2003年6月,沈阳浑南集装箱中转站经过半年的经营运作,各项业务开展顺利。当时,该中转站每月集装箱中转量达1 500 TEU。为响应集团"大物流"发展战略的部署,加快内陆网点中转站的铺设,强化物流功能块建设的发展步伐,2002年12月,中海北方物流有限公司与沈阳公共保税品仓库共同成立沈阳浑南集装箱中转站。以往,营口、锦州到沈阳的集卡送装货时间需要6小时左右。集装箱中转站成立以后,依托便利的交通枢纽优势,充分发挥物流节点的功能,大大提高内陆货物的周转率。10分钟左右就能完成一辆车的重箱提货,使单车收益提高一倍。此外,中转站调度中心还积极组织沈阳—营口车辆的回程货源,保证车辆不空载回返。为给客户提供周到、便捷的服务,中转站还积极延伸和扩展港口功能与业务范畴,利用拖车直接到生产厂家提货装箱,受到客户好评。

【大件石化设备整体运输】

2015年3月,中海广瀛物流江苏有限公司将一座最大直径13.15米、长118.45米、重1 700吨丙烯丙烷精馏塔和一座直径7米,长59.78米,重998吨的脱乙烷汽提塔。整体装船,运送到福州港卸船以后,再转运至福州大型石化项目基地。如此大而重件的石化设备整体运输,是国内最大单件石化设备整体运输的首创。中海广瀛是以优质服务和良好的信誉赢得客户选择的供应商。为顺利完成这项任务,中海广瀛筹备、忙碌3个多月,把安全防控作为重中之重,反复论证和优化运输过程中的技术方案,动用专门的甲板驳、运输车辆,各项工作落实到位,在相关单位的密切配合之下,终于圆满完成此项任务。

七、海外物流

"十一五"期间,为实现中海物流作为优质资产注入中海集运的目标,公司不断优化业务结构,梳理业务模块,并增加海外业务、国内外集装箱技术服务、中短程航线合作3个模块,形成7大业务板块。通过"加快资产清理、加大管控能力、加强风险管理"等一系列措施,关闭亏损网点、处置老旧集卡、精简员工。机构整合和网点的清理使公司人员不断精简,素质进一步提高。同时,加大海外物流业务营销力度,取得一定成效。

图 4-3-2 2014 年 3 月 18 日，满载 20 节机车车组和部分备件的船舶从青岛港起航，驶往伊拉克乌姆卡萨港。自此，中海物流 2014 年首个机车海外运输项目的发运工作圆满完成

【安哥拉物资和设备物流】

2006 年 6 月 8 日，中海物流与塞舌尔航运公司就安哥拉运输项目举行签约仪式。作为石油生产国的安哥拉是中国进口石油的重要合作伙伴，是中国在非洲的第二大贸易伙伴，两国经贸往来日益密切。本项目的初期运输货物总值为 20 亿美元，第二阶段也是 20 亿美元，随着两国经贸往来的增长，以后规模继续扩大。中海物流从 2005 年 3 月开始，积极与安哥拉最大的国有航运企业塞舌尔航运有限公司联系，并取得该国大使馆的重视和支持，争取到货物运输的项目。中海物流主要负责到安哥拉的物资及各种设备的运输，塞舌尔航运公司则负责安哥拉的回程货物运输。这次物流项目协议的签订，其社会意义大于经济利益，对增进两国的交往和合作起到重要作用。

【中石油尼日尔油田建设项目物流】

2007 年和 2008 年，中海物流在航运项目物流、仓储、货代、集疏运四大业务模块的基础上，加大长江、珠江、环渤海地区海铁联运的开发力度，增加散货、制造业及工程物流等新的 4 个业务模块。其建立的中海物流 4 个"万"字号合资堆场开展的仓储业务，对华北和华南地区的箱量喂给及后续的集疏运提供很好的保障作用，也为内贸精品航线提供后续支撑服务。企业利润增长百分比连年超过两位数。

2008 年后，公司继续在优化业务模块、优化资产结构、扩大合资公司规模等方面下功夫，努力实现"资产从拥有向控制、整合、共享转变"。公司的物流项目进一步发展，多式联运及海外业务取得重大进展，在成功运作神龙汽车、武汉钢铁、正泰电器、扬子石化、卡博特炭黑项目的基础上，又成功中标中石油尼日尔油田建设项目（包括海上运输、普通道路运输和沙漠段运输的所有物流运输环节），相继试运作 30 个 40 英尺集装箱的运输任务。从科托努到阿加德姆 8 000 吨散杂货运输任务也顺利启动,该项目既是中海物流工程项目物流的新突破,也是中海物流进入海外物流的切入点。

第四节 海铁联运和江海联运

多式联运是当今集装箱运输中最先进的模式,开发多式联运市场成为提升集团物流业综合竞争力及可持续发展的重要方面,也是中海集运转型的一个方面。中海物流在加大承揽集装箱的同时,还抓住重点,以点带面地开发物流项目;以海上集装箱运输为依托,积极拓展海运两头延伸服务功能,趁势加快配送中心、绿色通道等物流经营功能快的建设,为中海集装箱主力船队提供货源保障,为公司的发展打下基础。公司在服务功能上创新,推出开发绿色通道、"两片一线"(以南北集装箱运输干线为依托,发展东北和华南地区的综合物流业务)和"一湾二江三线"(开展渤海湾、长江、珠江支线运输,发展陇海线、东北和华南的海铁联运业务)等诸多新业务、新项目。2007年年初,中国海运与中铁集总公司签订战略合作框架协议,依托双方在全球集装箱航运网络优势和国内铁路集装箱运输网络优势,实现铁路和水路两大运输系统的有效衔接,为客户提供更加完善、优质的服务。

一、海铁联运

【国内海铁联运专列】

中国海运成立初,就积极探索产业向航运运输主业两端延伸,开展多式联运,向建设"大物流"的方向发展。"十一五"期间,中海集运充分运用船舶规模及航线遍布世界各地优势,与中铁集装箱运输公司建立合作关系,使产业链向上下游延伸,相继联合开辟"合肥—上海海铁联运专列"和"南昌—上海海铁联运专列"。同时,按照集团深度开发长江的战略,积极落实与民生集团两大集团合作的框架协议精神,以扩大长江集装箱支线运输和长江箱源市场。同时,在开拓产业链延伸业务中,抓住中国铁路快速发展的机遇,大力发展"海铁联运"业务,打造中西部地区出海的黄金通道,先后开通多条集装箱运输快运班列和"五定"班列。

2001年1月16日,中国海运、沈阳铁路局在大连举行"大连—长春"集装箱铁路班列"中国海运一号"冠名仪式。"中国海运一号"由中海物流与沈阳铁路局、大连港务局合作,该班列自2000年6月试开通,至2000年年底,已运行88班次,运载集装箱14 000多TEU。为东北地区的货物流通开辟一条经济便捷的快速通道,并取得良好的经济效益和社会效益。中国海运运行的海铁联运已有东北线、连云港陇海线、上海南昌线、青岛济南线以及湛江昆明线等多条线路,为我国内贸省区的外贸事业作出贡献。

在巩固完善东北海铁联运的基础上,中海物流又拓展陇海线海铁联运业务,开发广州—昆明铁路"五定"铁路班列,打通海运通往西南陆上通道,形成东北内陆连接华中和西北、沟通华南及西南的铁路网络,初步形成沿海向内陆延伸的运输网络,这对于进一步拓展内陆市场、塑造中国海运形象发挥重要作用。

2007年年初,中国海运与中国铁路总公司签订战略合作框架协议,依托双方在全球集装箱航运网络优势和国内铁路集装箱运输网络优势,实现铁路和水路两大运输系统的有效衔接,为客户提供更加完善、优质的服务。2007年共完成海铁联运箱量约12万TEU,2010年达到23万TEU,海铁联运线近50条。

2007年2月2日,在交通部、铁道部的关心和协调下,中海集运与中铁建设集团有限公司(简称中铁建)两家合作开通上海芦潮港站至合肥西站双向的海铁联运班列。2月6日晚8时整,一列满载102个标准集装箱的火车从合肥西站缓缓开出,经过23小时后,顺利抵达目的地上海芦潮港。专列上102个标准集装箱按预定计划转装上各航线的远洋干线船,标志着中海集运开通的"海铁联运"双向班列首发获得圆满成功。在此基础上,为促进铁路和集装箱运输更好地发展,2007年2月28日,中国海运与中铁集装箱运输有限责任公司(简称中铁集运)在北京签订战略合作框架协议。

2007年4月18日,中海集运和中铁集运、南昌铁路局共同主办的"南昌—上海洋山港国际集装箱海铁联运专列"首发庆典仪式在南昌北站隆重举行。这是继开通上海—合肥海铁联运班列后,与中铁集运联营开辟的又一班专列。该海铁联运班列为"定点、定线、定车次、定时间、定价格"的集装箱"五定"班列。从南昌到上海全程仅21小时就可抵达上海芦潮港,而驳船运到上海再出海需5天时间,大大缩短时间,为广大客户带来快捷、高效、经济、安全的运输体验。"南昌—上海洋山港"国际集装箱海铁联运专列开通,为江西省发展外向型经济打造一条快速黄金通道。

2009年3月,中海集运抓住国家中西部大开发和国家铁路建设提速的发展契机,把昆明作为发展内陆海铁联运的试点之一,决定由广州公司昆明分公司和深圳公司南宁分公司昆明办事处共同筹备中海集运昆明联合办公室(简称昆明联办),协力推进海铁联运业务,进一步深度开发云南内陆市场。2009年前11个月,昆明联办的内外贸重箱出运量历史性地突破6 000 TEU,取得中海集运在昆明地区历年最好成绩,相比昆明联办成立前2008年同期的出运量增幅达33%。

2011年,中海集运大连公司海铁联运吞吐量突破32万TEU,占东北地区海铁运输量的六成以上。

2013年6月,吉安、赣州至厦门海铁联运五定班列开通,铁路运输时效由原来3天时间大幅度降低至30小时,为江西市场的开发带来契机。

2013年7月,首班装载中海集运16 TEU的合肥—上海海铁联运快速班列抵达芦潮港,运输时间从23小时缩短至17小时。合肥—上海的海铁联运项目是中海集团加强对外合作、实现优势互补的决策,也是上海铁路局为响应铁路改革、提升铁路服务、整合资源而推出的一项特色服务项目。

2014年8月,一列满载着20节中海集运集装箱的火车驶出成昆铁路普兴站,这是由成都—泸州铁水联运的首班列车,也是中海集运成都公司打响西南片区铁水联运的第一枪。这条通道打通以后,川南地区,包括雅安、眉山等地货物都可以通过铁水联运出省,同时也解决出货量较大的化工企业以前依靠汽水联运难以在短时间内大批量组织车辆的难题,为客户降低成本。

中海物流四川公司一直把开发长江战略作为公司最重要的业务板块,建立优质的船舶、铁路代理,充分利用车队和码头资源,形成一整套较为有效的营销方法,成为开发长江上游业务的主力军。

2015年,中海集运将海铁联运作为公司重点推进的核心项目。在集团层面的战略合作框架下,中海集运与中国铁路总公司下属相关铁路局制定相互沟通的协调机制,深入推进各地海铁业务的开展。

2015年1月19日,中海"新港—石家庄"港口集装箱班列首次开行。"新港—石家庄"港口集装箱班列是中海集运天津公司与天津港务局、中储天津分公司联合开发的运输产品,为隔天循环班列,首发班列发运20组小柜。

2015年1月29日,合肥—宁波、义乌—宁波及衢州—宁波3列中海海铁联运班列同日发车,标志着中海在华东地区的海铁联运事业掀开新的篇章。三地班列夕发朝至,后程至宁波港,再装上中海集运的内外贸干线船,班列的动态跟踪和货物报关等各项服务均得到客户的肯定。全年,中海集运与中铁累计新开班列83条,完成箱量76万TEU,同比增长98%,为公司开辟的内外航线提供有力支持。

2015年,中国海运与中国铁路总公司高层领导在北京举行会晤之后,双方商定先期由中海集运与上海铁路局展开试点合作对接。在沟通机制、资源共享、重点项目三个方面展开紧密合作,并确定以价格政策、班列产品、箱管合作、场站共享、信息数据、物流配送为六大主要合作内容,截至11月底,合作开通海铁线路80条,完成集装箱铁路发运量69万TEU,全年发运量达75万TEU。

【国际海铁联运班列】

中海集运与中铁集装箱运输有限公司联手推出的"连云港—莫斯科"国际铁路集装箱班列于2007年10月9日11时从连云港首发,于北京时间2007年10月23日9时35分顺利抵达莫斯科的帕维列茨卡亚车站,圆满完成首发运输,这标志着新亚欧大陆桥首次实现亚欧贯通运营,对促进亚欧区域经济发展具有十分积极的意义。

东起中国连云港、西至荷兰鹿特丹港的铁路线,全长10 900公里,是亚洲到欧洲最快捷、最经济的重要运输通道,被称为新亚欧大陆桥。但由于种种原因,新亚欧大陆桥的运行终点只能到达中亚,无法直达欧洲,难以发挥其贯通亚欧的作用。2007年元旦期间,国务院总理温家宝视察连云港时强调要提升连云港的"桥头堡"作用。为更好贯彻落实国家领导人重要指示精神,中海集运于2007年10月与中铁集装箱公司联手开通"连云港—莫斯科"国际铁路集装箱班列。该班列途经中国、哈萨克斯坦、俄罗斯3个国家,全程8 301公里,运行时间15天左右,比海路运行时间节省30天,比从西伯利亚大陆桥运行节省10天时间,充分彰显新亚欧大陆桥运输快捷、经济、安全的优势。该班列的开通运营,也进一步凸显连云港港作为海铁联运重要衔接点的作用。

2008年1月9日15时,中海集运中国至德国汉堡海铁联运货物首发成功,"北京—汉堡国际集装箱示范列车"从北京大红门火车站顺利发车。此条国际班列的成功开行,是中国海运与中铁集装箱联手推动战略协作进程的又一次新突破。

2007年10月,"连云港—莫斯科"国际铁路集装箱班列一开通,其货物订单就已排到当年年底。据统计,到2010年,亚欧间有30%的货物将选择大陆桥运输,而通过"连云港—莫斯科"国际铁路集装箱班列运输,每只集装箱可节省运费500~800美元,其利润差价之高,是"连云港—莫斯科"国际铁路集装箱班列最具吸引力之处。

二、江海联运

中海物流还大力发展驳船支线运输,将集装箱运输从沿海向内陆腹地延伸,1998年通过与鹏达公司等合作开展珠江三角洲的驳船运输业务,年底又开辟长江支线的驳船运输,接着开辟渤海湾支线、福建支线的驳船运输业务。其中,珠江驳船出口箱量,2001年1月仅有320 TEU,到2001年9月,创造一个月突破1万箱的好成绩。2002年6月,新成立的华南物流公司,揽箱量再创新高,向一个月2万箱的目标冲刺。驳船支线的开辟,扩大长江、珠江流域和渤海湾地区的物流渠道。

2014年12月26日,浦海航运为落实集团深度开发长江战略,对接中海集运"大船"发展战略的配套服务,在上海—武汉航线投入当时长江内最大的636 TEU集装箱驳船,有效提升了公司在长江支线的竞争力。

图 4-3-3 2010年2月,中海与欧洲最大的铁路企业——德国铁路股份公司开辟海铁联运

第五节 全球供应链电商平台

一、电子商务物流

2010年,国资委对中央企业提出"十二五"时期"培育具有国际竞争力的世界一流企业"战略要求。中海集团积极应对全球金融危机后国际航运市场环境持续恶化的挑战,勇于逆势突围,坚持"调结构、促转型",在经济新常态、市场新挑战面前重新谋篇布局,从"三大板块"的结构调整到"1+6"业务板块,大力推进深化改革与商业模式创新,加强内部资源整合,提高资源配置效率;积极开展"卓越运营"。新定位对企业的经营业务提出新的要求,要求各单位要加强商业模式创新。集运、物流、各海外公司要加强航线两端的延伸服务,重视开拓仓储、堆场等业务,进一步提升口岸公司的服务功能,完善物流链。

2013年9月27日,集团副总经理黄小文主持召开集团物流业务板块转型发展(创新商业模式)专题会议,会议确定集团实施商业模式创新、构建全新的供应链的商业模式,这为中海物流的未来发展指明方向。同年10月8日上午,中海物流在总部召开转型发展创新商业模式第一次专题会。会议统一公司员工对创新商业模式的认识,认识到建立电商供应链平台是集团在现行经营模式基础上的一种改革创新。会议成立公司转型发展(创新商业模式)工作小组,在公司运营管理部设立办公室,协调项目的推进。

2013年10月,中海物流与中海集运就深化双方在电商供应链平台构建过程中的合作进行沟通。双方商定,将以一些涉及内贸海运集装箱和集装箱多式联运的项目为切入点,加强在内陆开发、用箱和电商供应链平台搭建上的信息交流和业务合作。工作小组计划通过现有项目排查、新增项目筛选等多种方式,年内形成10个左右具有代表性的电商供应链项目,并通过这些项目的推进,进一步加强与中海集运、中海国贸、中海财务和上海船研所等兄弟单位的合作,为集团建立电商供应链平台提供有益的探索和尝试。在对有关客户进行一轮筛选后,初步考虑以佛山永捷的项目为切入点推进与中海国贸和中海集运的合作。在佛山永捷的项目成熟后,以此为蓝本,在系统内继续选择10个左右类似的项目,于2013年年内形成客户清单,2014年起逐步推进。

二、"一海通"全球供应链电商平台

2014年,由集团内两家国有控股上市公司,即中海集装箱运输股份有限公司和中海网络科技股份有限公司共同出资组建成立国有股份制企业"一海通"公司,该公司于7月23日在深圳前海深港合作区内注册,注册资金2 000万元。

"一海通"公司是一家传统物流服务与互联网技术相结合的企业,公司组建一支20人左右的专业研发团队,计划随着业务的开展,研发团队的规模继续扩大。研发团队成员100%本科以上学历,其中硕士学历占30%,15%的成员有海外留学或工作经历。公司的目标是,致力于打造一个面向中小微客户、服务于跨境电子商务的综合物流服务平台。通过"一海通"全球供应链电商平台逐步集成物流、仓储、通关、退税、支付、金融等服务,向客户提供一站式的跨境物流服务。通过互联网平台O2O运作方式,为中小微客户提供便捷高效的物流服务,同时通过规模效应提高平台服务供应商的生产效率和经济效益。

"一海通"全球供应链电商平台初步实现海运综合服务的线上、线下服务闭环,通过全新的物流成本模型实现海运产品报价标准化,打通电商平台交易与实体海运、物流供应商的信息互联通道,实现跨境物流全过程的可视化跟踪。"一海通"全球供应链电商平台实现海运价格公开化、透明化和可交易性,其实现技术和运营模式实属开行业之先河。

"一海通"全球供应链平台上有:"一海通"电商交易平台,"一海通"订单处理平台,"一海通"接口平台、支付平台、大数据应用平台、公共数据平台、"一海通"在线社区等操作平台。可对接阿里巴巴平台,承接阿里巴巴的业务订单;与众多银行合作,提供多种银行卡的网关接口,"一海通"支付平台作为中介方为客户提供方便的网上交易,同时促成商家和银行的合作;"一海通"接口平台对外提供服务交换,船公司订舱接口,平台与各主要船公司电子订单系统对接,为客户提供实时的货物运输及物流状态跟踪服务;等等。整个平台系统,可靠、安全,并方便地针对不同的客户群和市场需求的变化进行调整。

"一海通"全球供应链电商平台使得传统的跨境物流业务得到延展和拓宽。当平台客户数增多到一定数量且用户黏合度到达一定程度时,可以迅速凝聚人气和塑造品牌,带动销售及服务,形成可直接盈利的模式。以平台为产品,通过互联网商务模式盈利,为平台本身带来收益。

"一海通"全球供应链电商平台通过平台规模化采购和个体化分销获得交易利润。通过给物流供应商提供各种增值服务,从而收取物流供应商相应的管理费用。平台将物流、金融、通关、汇兑、退税等业务服务进行打包提供给客户,更好地满足客户需求,同时提高产品的利润空间。

电商平台既是市场竞争环境下的必要之举,也是满足跨境物流行业主动谋求转型升级、实现外延增长之需要;更是满足培育新的经济增长点之需要。"一海通"全球供应链电商平台的建设有助于促进供应链流程再造、企业转型、产业升级,提升我国出口贸易在国际上的行业竞争力。

打造"一海通"全球供应链电商平台,符合中国海运集团转型发展的战略方向,"一海通"公司依托中国海运集团在资金、技术、服务等方面的有力支持,在项目实践过程中持续研究,不断探索、不断发展。

第四章　代理服务

1997年,刚组建的中国海运做出决策:在积极发展油运、货运的同时,做强做大主业,大力发展海上集装箱运输,集团集装箱船队由此快速发展。服务配套的航运辅助业,包含船舶代理、货运代理、报关服务、理货服务、内陆运输服务、船舶供应服务等也随之跟上发展脚步。中海船务、中海空运等企业,积极发展网点,运输航线开到哪,网点就设到哪,为集团的集装箱、油、货等运输船舶进行各港口的船务代理、货运代理,给船舶靠离码头、安全航行提供保障。船舶运输的供水供油、通信导航等后勤保障等也随集团的船队发展而改革创新,并衍生出船舶贸易、金融运作等新的航运服务内容。

第一节　船舶代理

一、营业网点

2001年,中海船务已有40个沿海代理点,代理船舶2万多艘次,揽货20万TEU,成为具有一定公共代理能力的专业化公司;在境外先后设立43个代理点,初步形成全球代理网络。

至2011年年底,中海船务在国内沿海各主要港口和城市已设立76家业务网点单位,57家独立法人子公司(其中全资子公司48家,合资子公司9家;另有19家分公司及办事处),网点基本覆盖国内沿海和长江下游主要港口,形成遍布全国的经营网络。

2002年,中海船务依托集团优势,业务进一步扩大,分支机构总数达45家,全年共代理各类船舶32 880艘次,其中集团外船舶5 537艘次;盈利1.32亿元,为发展中国海运的海上运输发展作出积极贡献,在国内享有较高的知名度。同年年底,中海船务已有18家口岸获得外轮代理资质,2003年上半年,全岸线有36家口岸获得公共代理经营权。

二、集团外部市场船务代理

2002年,国际航运业船舶代理市场进一步开放,竞争更为激烈,中海船务由于加大船代开拓力度,全年代理各类内外贸船舶3.29万艘次,比上年同期增长27.52%。

2003年,集团货运体制的改革深入,集装箱船舶代理业务的归口管理,给中海船务的业务带来很大的影响,营业收入全年减少约2/3。加之"非典疫情"爆发,中海船务遭遇成立以来最困难的时期。当时,国内船代市场进一步放开,以往由几家大的代理垄断市场的格局被打破,新兴的代理公司如雨后春笋般纷纷成立,竞争形式日趋多样,竞争程度日益激烈。

面对业务的调整、优质资产转移和市场份额减少的实际,中海船务及时调整思路,提出"集中力量打出去,拓展两个经营重点,进行再次创业"的奋斗目标;围绕"抓住内线,奋战外线",加强与外部各船公司沟通交流,不断推出特色服务,以优质服务来维系巩固业务合作关系。

黄骅港中海船务推出个性化"船舶服务信息卡"特色服务,为船舶提供港口装卸、靠泊乃至城市交通、天气状况等信息,方便船舶和船员;秦皇岛、江苏、上海、天津等口岸公司也结合实际开展特色服务,受到客户好评。公司还充分挖掘潜力,在经营许可范围内,发展与船代相关的服务业。公司改变业务比较单一、仅有公共船代资质现状,加快货代资质的申办工作,加快与船代业务相关的上下游业务的开展,拓宽服务领域,完善服务功能。公司依托主业创一流代理品牌,扩大与大货主、大船东的联营合作的战略取得实效。2003年,中海船务代理集团以外船舶首次突破1万艘次,全年实现利润2505万元,胜利完成集团下达的目标任务,排名位列国内前三。

2005年,中海船务开拓创新,全力以赴开拓公共代理市场,企业经营取得向公共代理转型以来最好成绩,全年实现利润为考核指标的125%;代理集团外船舶13 147艘次,超计划16.3%,顺利完成奋斗目标。通过实施"大客户、大合作"战略,中海船务外部市场蛋糕越做越大,其业务已占公司业务"半壁江山"。

随着班轮代理市场逐步扩大,班轮一体化代理模式相应出现,对服务和揽货等环节要求也不断提高。为此,中海船务在提升服务上下功夫。2006年12月30日,太仓中海船务首次成功代理中海集运内贸船;中海船务坚持"立足沿海、服务中海、树立品牌、走向市场"的经营方针,至2007年的10年中,累计代理各类船舶21.85万艘次,其中代理本集团外船舶7.7万艘次。

2008年9月28日—10月7日,舟山中海船务成功代理首渡深水航道的VLCC船舶"新金洋"轮,结束舟山港VLCC船舶需在港口外减载的历史。

2010年1月11日,连云港中海船务代理大丰港首条大丰—上海集装箱内贸支线"向莲"轮。

中海船务曾代理台塑海运"货柜1号"轮华中航线业务,由于多种原因,华中航线停航,但中海船务与台塑海运一直保持良好业务往来。2010年,在中海集团的支持和帮助下,台塑海运"华南—台湾"班轮直航许可证终获交通部审核批准,台塑海运为中海船务长期以来不离不弃的服务精神感动,指定中海船务为其航线及揽货总代理。中海船务为台塑班轮精心设计代理方案,如帮助台塑海运举行"台塑6号"轮首航仪式,该仪式于2010年3月31日在广东东莞成功举行。

按照同口径比较,到2010年年底,中海船务集团外收入已占到公司总收入的64%左右,公司资产总额从"十五"末期的5.6亿元增长到9.5亿元。

图4-4-1　中海船务员工登船办理代理业务(2008年摄)

三、片区资源整合

为适应市场变化,2004年,中海船务针对货运体制改革后的业务调整,实行"小片区"管理,将烟台、龙口公司划归青岛公司管理,将太仓、常熟、嘉兴公司划归上海公司管理。此举一方面有利于发挥大口岸的辐射作用,有效带动小口岸市场营销;另一方面也提升小口岸内部管理水平,降低营运成本。随着网点建设不断增加,"小片区"辐射作用也越来越强。

"十二五"时期,为适应企业转型发展需要,中海船务进一步加大片区整合力度,推动口岸之间营销互动,强化统一管理、统一营销,由原来一个口岸、小片区"单打独斗",向多个口岸、大片区"联动营销"转型,打造区域竞争优势。2011年上半年,公司把珠海中海船务并入广州片区。2013年上半年,对长江沿岸资源进行整合,把张家港中海船务并入南通片区。自2014年,片区整合力度进一步加大,将汕尾中海船务移交广州片区托管,探索"突破边界经营"的竞争机制。2014年12月中旬,将大连、锦州、营口、丹东4家口岸公司整合成东北片区。2015年3月,把湛江、广西、海南三地口岸公司整合成西南片区。通过"四个再造",即组织机构再造、经营模式再造、管理架构再造、考核机制再造,不断优化资源,促进口岸互动,提升管理效率,降低营运成本,打破仅有老三家效益规模"千万口岸"的格局,打造"可复制"的新"千万口岸"。

经过片区整合,经济效益明显提高:2013年,公司黄骅港、上海、广州3家考核单位经济效益达到"千万口岸"级别;2014年黄骅港、上海、广州、天津、青岛、南通6家考核单位达到"千万口岸"级别,2015年黄骅港、上海、广州、天津、青岛、西南片区6家考核单位达到"千万口岸"级别。

四、租船业务

在公司转型发展期,中海船务积极探索租船、短程驳运等新业务。2014年始,由总部牵头,成立租船小组,先后与广州振华船务、中海汽车船、上海友好航运等公司签订揽货租船业务合作协议;通过"借船出海",搭建租船平台,较好地解决运输资质受限问题。中海船务还从黄骅港公司、秦之海公司借调有经验、熟知内贸租船市场的业务骨干开展租船业务。

为探索散货业务从船货代理向水路运输延伸,公司积极创新合作经营模式,专门制定《代签散货水路货物运输合同实施细则》,进一步规范散货揽货和租船代理行为,控制经营风险。各口岸在探索散货揽货和租船代理中,涌现不少成功案例。如2013年,防城港中海船务采取BROKER(经纪人、中间人)方式成功操作进口钛铁矿和进口煤炭船舶经纪租船业务,实现中海船务在此项业务上零的突破。2014年,南通片区租船业务"一马当先",开拓租船、海进江二程船接驳、内河运输等特色运输服务,取得良好的经营效益。2015年,中海船务全线10余家口岸共计开展租船业务115航次。通过积极探索和实践操作,积累内贸租船相关业务经验,获得客户的广泛认知,租船业务遂成为"十二五"时期中海船务各口岸重点培育的新业务。

第二节 货运代理

一、港口货运代理

2002年,国际航运业船舶代理市场进一步开放,竞争更为激烈,中海船务由于加大货代开拓力度,全年代理货物吨位占全国港口货物总吞吐量的12.34%,其中代理外贸货物吨位占全国港口外贸货物吞吐量的9%;代理集装箱277.01万TEU,比上年同期增长28.92%,占全国港口集装箱总吞吐量的7.49%;累计承揽集装箱30.35万TEU,为上年同期的146.9%。

中海船务坚持"立足沿海、服务中海、树立品牌、走向市场"的经营方针,在至2007年的10年中,累计代理各类内外贸货物36.7亿吨;代理集装箱423万TEU,承揽集装箱152万TEU;实现利润相当于该公司总注册资金的3.8倍;累计向国家上缴利税3亿元;成为国内船舶代理行业中一支重要力量。

在货代经营模式上,中海船务实施由"传统货代"模式向"项目开发经营"模式转型,加大直接客户、大客户、项目货的开发力度,坚持货代业务板块经营模式向项目开发经营转型发展。在宜家、加丰、联合利华、BCO(BCO是客户与船公司签单的合约,一般都出船公司的主单,有自己的合约号及很好的价格)等项目大客户代理操作的经验基础上,经中海集运的大力支持,公司又成功开发签约沃尔玛(中国)有限公司项目物流业务,正式成为沃尔玛中国境内物流运输供应商,开始承担沃尔玛的货柜国内物流服务。在坚持货代主业同时,中海船务积极发展集装箱货运业务。公司两次召开货运专题业务专题会,在有条件的口岸建立机构,充实揽货队伍,在大客户项目的带动下,揽箱量不断攀升。2009年全年揽箱量21.8万TEU,恢复到货运体制改革前的揽箱水平。货运业务也逐年增长,揽箱量持续上升,"十一五"的5年累计揽箱102.4万TEU,逐步实现船货代业务齐头并举之势,连续5年超额完成集团下达的利润考核指标。

2010年,中海船务全年承揽集装箱33.79万TEU,实现主营业务收入2.98亿元,年底资产总额7.77亿元。另外,2010年年底,中海(香港)船务实行重组,正式划归中海船务,公司实现跨境经营的突破。

二、航空货运代理

中海环球空运有限公司是中国最具规模的航空物流企业之一。公司由中国海运、中海投资、中海船务三方共同投资组建,公司注册资金8 000万元。

公司主要承办空运进出口货物的国际运输代理业务;海关监管厢式卡车和集装箱卡车运输业务;海关监管仓储(储运)和中转、分拨业务;报关、清关、转关、报验业务;相关的短途运输服务及运输咨询业务;国际快递业务;国际展品、私人物品及过境货物运输代理业务等。

公司以资金投入大、经营起点高为基础,以先进的管理水平、超前的发展意识、良好的服务信誉为依托,向规模化、专业化、全球化方向快速发展,创造中海空运品牌。公司于2003年2月通过ISO9001:2000质量体系认证。先后加入IATA(国际航空运输协会)、FIATA(国际货运代理协会联合会)、CASS(国际航空运输协会结算中心)这三个全球极具影响力的航空运输组织和国际货运代理行业协会,使中海空运顺利融入与世界众多一流航空货运代理互相交流借鉴的氛围和平台。公司在浦东国际机场海关监管区内拥有占地2.4万平方米的现代航空货运物流仓库,出入库货物均采用高科技的条形码电脑管理系统;同时,还在虹桥国际机场拥有面积为1万平方米的储运(物流)仓库,其对于出入库货物采用较为先进的条形码管理系统,并且启用摄像监控系统,全方位体现先进的技术优势。在外高桥保税区拥有面积为2 580平方米的保税仓库。

公司在北京、南京、无锡、苏州、吴江、昆山、杭州、宁波、上海松江、上海外高桥保税区、温州、厦门、深圳和海口设立分公司,形成以中国沿海城市和长江流域城市为中心的国际航空货运物流销售网络,国内航空货运物流销售网络辐射华北、华东、华南、华中等地,并已建立中海品牌的国内运输网络,包括上海至北京、上海至南京、上海至深圳等海关监管厢式卡车定时定班运输路线,为客户提供7×24服务,即每周7天,每天24小时,包括节假日及国定假日的全天候服务;同时公司以美国、欧洲、日本和东南亚等地区为重点,逐步发展形成全球空运销售和操作网络。

随着物流业务的发展,公司不断扩大卡车车队规模,至2004年年底共拥有厢式卡车78辆,全部实行GPS控制、调度和管理。2004年共代理货物68 641吨,比上年增长71.73%,其中进口23 087吨,出口43 206吨,代理国内航线货物2 348吨。

2004年实现主营业务收入9 658.83万元,利润总额621.15万元。截至2004年年底,资产总额24 719.54万元,负债总额15 582.63万元,资产负债率为63.04%。

2005年,中海空运完成航空货运量11.45万吨,为2004年的167%,实现主营业务收入13 161.96万元,利润总额1 284.35万元,截至2005年年底,资产总额32 588.00万元,负债总额22 525.81万元,资产负债率69.12%。

2010年,中海空运累计完成航空货运代理量13.71万吨,完成卡车货运量1.40万吨,卡车总行驶里程数94万车公里。至2010年,已形成以上海为中心,以长江和沿海地区为双翼的空运物流网络,其国内的经营网点达13家,成为国内重要的大型空运物流企业。

2010年,中海空运实现主营业务收入8 189.67万元,利润总额-1 655.33万元。截至年底,资产总额15 809.35万元,负债总额9 519.88万元,资产负债率60.22%。

2010年8月11日,集团召开2010年第27次总裁办公会,研究决定将中海空运整体并入中海船务。为此,中海船务先后完成前期调研、框架方案制定、股权转让、产权变更、工商注册和增加注册资金等各项工作。2011年1月1日起,中海船务正式履行对中海空运的管理职责,并全面启动对中海空运的整合工作。

中海空运并入中海船务,是中国海运促进集团陆岸产业转型发展战略的一个重要决策,按照集团董事长、党组书记李绍德提出的"空运并入船务要实现资源整合的放大效应"的要求,中海船务在整合过程中始终坚持"四个有利于"的原则(即有利于船务、空运业务整体发展,有利于管理更加直接到位,有利于调动船务、空运干部员工的积极性和能动性,有利于最终实现资源整合的放大效应),以资产整合为基础,业务整合为目标,人员整合为重点,深入调研,系统筹划,分步实施,循序渐进。

空运并入中海船务后,船务对空运总部机关实施一系列改革:撤销空运总部机关,在船务机关新设空运事业部,分流空运机关人员。成立空运上海分公司,整合原来外高桥、松江分公司的资源。2012年,中海船务与沈阳远大集团开展合作,从海运业务订舱开始,逐步拓展到陆路运输业务和空运业务,业务量不断扩大。其间,空运上海分公司为沈阳远大操作两次"包机"业务。这也是中海环球空运并入中海船务后开展的首次"包机"业务。恢复空运深圳分公司,加强深港和华南地区空运业务营销和开拓过港航班业务。

2012年11月22日,中海船务与南方航空股份有限公司举行航空货运业务合作签约仪式。双方将在广州、深圳等13个城市开展货机业务合作,航空货运量从上年1 000多吨增加到7 000吨。同时,双方进一步加深业务合作力度,逐步扩展到仓储、地面、陆路运输等其他业务领域,扩大业务交集圈,向着全面战略合作的目标迈进;整合空运车辆资源,组建货运车量营运中心,推进苏州分公司车队从"保障型"向"市场型"转变;总部加强对空运分公司的直接考核。到2012年年底,空运改革业已初见成效。空运机关人员全部得到安置,空运员工总数缩编至515人,减员32.2%。

通过对空运财务及资产的整合,中海资产规模进一步扩大,管理成本及财务费用进一步降低,船务资金得以助力空运发展;通过对业务资源的整合,使公司业务板块更加完善,投标大型物流项目的能力进一步提升,空运航线自销售业务逐步推进,空运板块发展空间更加广阔;通过对人力资源的整合,空运的管理人员得到合理安置,中层干部及业务骨干得以在更大的平台上发挥作用,人员配置进一步优化;通过对信息系统的整合,系统开发维护成本得以降低,管理效率进一步提升,业务服务功能进一步加强。

2013年7月25日,"中海环球空运有限公司"正式更名为"中海环球货运有限公司"。这一更名,不仅仅是企业的更名,更意味着企业在经营结构、营销方式以及管理模式上的变革与创新,这是中海船务为搭建"大货运"平台,落实"船货并举"发展主线,整合货运资源,推进海陆空货代业务一体化、网络化运作的重要举措。整合后的中海船务充分利用船务和空运的优势资源,加强船务、空运网络互动和海空联动营销,发展多式联运业务;依托船务的资金、网点和营销力量,在各口岸公司都建立空运市场营销团队;加大空运市场开拓力度,逐步提高空运航线自销售业务比例,做到既增产又增效,使空运经营状况得到有效改善。经过不断深化改革、整合和优化,空运板块取得新的变化和成效,增强货代业务的市场竞争力,实现"1+1＞2"放大效应。

2014年3月22日,中海环球货运再度与俄罗斯航空合作成功。早在2009年,中海环球货运就与俄罗斯航空曾有过业务往来,这次更是延伸合作项目,使环球货运增加一条具有市场优势的空运航线。同时,中海环球货运已与南航、国航、东航和日货航、新航、华航以及卢森堡、沙特、马来西亚、澳大利亚、俄罗斯等国家航空公司保持良好的合作关系,为客户提供舱位保障和优惠价格。

自2011年中海环球空运整体并入中海船务,不仅使公司规模进一步扩大,而且其业务结构更出现了全新变化,呈现"船代、货代、空运、理货"4个板块同步推进的局面。2011年,空运业务公司出现亏损。2012—2013年,空运业务逐年减亏。2014年,通过"空转货",货运实现扭亏为盈,盈利232.4万元。2015年,空运业务继续保持盈利势头。

第三节　船货代业务一体化

散杂货报关报检业务是传统外贸船代业务之一。随着海关总署、质检总局简政放权,报关报检门槛也相应降低。2014年,针对各口岸该项工作推进水平参差不齐的实际情况,中海船务全面推进报关报检业务。各口岸通过完善报关报检资质,积极拓展散杂货报关报检市场,推进船货代业务一体化,搭建"报关报检"平台,并在年度目标责任书中增加"散杂货报关报检"考核指标。2014年,全线实现散杂货、集装箱、空运报关报检收入共3800多万元。报关报检已成为中海船务主要的业务收入来源。各口岸积极迅速行动,2015年西南片区对北海公司、茂名公司完善报关报检资质,进一步拓展北海铁山港和阳江镍矿报关报检业务。

"十二五"时期,中海船务坚持把"三个延伸"作为转型发展的经营重点来抓,以深度开发大客户为重点,拓展大项目,延伸终端业务;发挥散杂货代理量连续多年稳居全国前列的优势,加快推进与港口码头合资合作,以"三个延伸"带动船货并举、海空联动,工作得到明显成效。

在向码头服务延伸方面,中海船务不断推进经营网点布局,利用合资合作,发挥码头资源优势,延伸服务功能,培育新的利润增长点。2012年,南通中海船务积极寻找业务突破口,抓住如皋港新码头投产契机,与如皋港务公司签订战略合作协议,服务功能向码头延伸。通过与码头合作,利用码头政策和有利条件,为船东、货主和客户提供优惠的码头费率和价格,降低船东、货主成本,实现与船东、货主双赢。码头也主动向船东、货主宣传中海品牌和船务的服务,为中海船务介绍客户。如皋港投产以来,南通片区以优质服务和良好信誉多次代理该码头超大型船舶,占据稳定代理份额。同年12月,南通中海船务代理"埃德加"轮,装载7万吨铁矿,从船舶进靠到最后出货完毕,历时4个多月,创收60万元,创片区单船收益最高纪录。2013年3月14日,与沧州港公司合资合作,设立黄骅港沧州达航船务代理有限公司。2015年9月23日,与漳州招商局码头签订合资经营协议,合资经营漳州中海船务代理有限公司。

在向大客户供应链延伸方面,神华珠海港码头投产后,中海船务针对神华煤炭运销服务需求,采取"船货一体化+二程船操作"经营新模式,为其量身定做一套个性化服务项目。自2013年1月9日开港试运行,珠海中海船务共代理神华珠海码头内贸一程船334艘次,计2 136万吨。2013年5月6日,码头对外开放靠泊外贸船资质批准临时对外开放,共代理外贸一程船8艘次,计60万吨,一程船市场占有率为98%。代理二程船7 046艘次,计1 900万吨,市场占有率为100%。通过向客户供应链延伸,实现优势互补、合作共赢。

在向船东增值服务延伸方面,青岛中海船务在市场联动营销上下功夫,与大客户深度合作、深度开发,严格执行《联合石化对油轮代理工作的要求》,向联合石化等货主的增值服务延伸。2012年,宁波中海船务得知宁波某化工品公司有甲醇二程驳船租船需求,主动上门加强沟通联系,借助自身服务优势以及港口合资的良好背景,与该化工品公司签订两载甲醇运输租船业务,并从货主入手接触到更多的化工贸易商及船东客户。经过市场实践,二程驳船租船成为宁波中海船务重点培育的业务"新亮点"。

第四节 引 航 服 务

为适应集团航运业务不断扩展,船舶数量增加并向大型化、现代化发展的新要求,中海集团上海引航站于2005年5月26日成立。2008年4月1日归属中海国际船舶管理有限公司,改名为中海国际海事技术服务中心。(简称海技中心)。海技中心主要承担中国海运大批船舶在黄浦江、长江水道的引航任务,以保证主营船队的船期,节省运营成本。

中国海运船舶内部引航主要以保安全、保船期为重点,不以追求利润为目的。随着我国经济的高速发展,进出上海港、长江航区的船舶每年以20%的数量递增,而全国高级引航员全部仅有150名,引航员的供给与需求矛盾十分突出。与此同时,我国船舶建造业突飞猛进,大批新造船舶试航急需高素质的"试航员",这为海事服务中心实行"内外市场兼营"提供新的机遇。

海技中心顺势而为,在坚持服务主营业务的同时,确立"开拓试航市场,引航、试航并重"的经营战略,实现"以外养内"的经营目标(外部试航盈利补贴内部),扭转企业因内部费率优惠而出现亏损的局面。

面对风险与机遇同在的市场环境,海技中心在维护好与大客户的合作关系基础上,舍弃一些经营质量不高、安全风险大、经济效益低的引航项目,选择试航船舶吨位大和经济效益好的造船企业,使公司保持良好的经营业绩。

2005年10月20日,海技中心成功完成中海油运"大庆91"轮的进江引领任务,开创性地首次完成长江航道大吃水、危险品船进"宁"(南京)的任务。同时也为船东节约7万多元的引航成本。随即,又安全引领6万吨级"锦河"轮重载直航南京,再次完成长江航道大吃水、重载船舶进"宁"的任务。

2006年10月29日,完成"新连云港"轮的洋山至舟山船厂的引领任务,为中海集运节约7万多元的引航费用,同时确保船期。11月18日,海技中心对船舶舵叶脱落而漂浮在海上的"大庆94"轮进行拖带引领作业,开创自救成功的先例,节约救捞费用约60万元,并为船舶抢修赢得时间。

2008年,依托中海国际船员资源优势,海技中心及时调整战略布局,提出"做强引航、做大试航"的经营理念,其经营收入年年攀升,经济效益稳步提高,试航利润占总利润的65%以上。

2008年,海技中心抓住江南长兴岛一号线建造大型船舶投产的机会,协调新船试航业务,达成试航合作协议。同年9月8日—9月20日,成功为江南长兴船厂一号线制造的上海开埠后最大船舶29.7万吨超大型油轮"长江之珠"安全试航,该轮是中心试航以来吨位最大的船舶。10月,又一次成功试航上海外高桥造船厂在建的31.8万吨超级油轮"HUA SAN"轮,成功打响中心海事服务的高端品牌;该轮船长333米、宽60米。9月中旬,鉴于良好的服务意识及成功的试航品牌,中心接到浙江岱山"金海湾"船厂洽谈新船试航业务的要求,协商后达成合作协议,两艘新船于11月中旬顺利完成试航。据统计,中心试航的重点客户从最初的外高桥1家,发展到2010年的8家。试航业务不断壮大,已成为海技中心重要的经济支撑。

2009年,海技中心利用技术优势继续做大试航业务,开拓业务赢得试航高端市场——VLCC试航,成为中心发展中的新亮点。同年累计VLCC试航8艘次,取得可观的经济效益,为海技中心持续健康发展奠定基础。

海技中心严格把好试航船员的质量关,规范试航安全操作,自"安民山"轮重大事故后,海技中心介入中海工业(江苏)公司船舶的试航安全工作。安全完成中海"昌运3"轮、"安民山"轮、"新世纪128"轮等6艘新船的试航任务,得到集团及中海工业的高度肯定。12月24—28日完成大型集装箱船"新苏州"轮宁波港的首次指导作业。

2010年,开通实施4 250 TEU集装箱船舶太仓航线的引航任务;业务人员冒着大风浪乘拖轮到长江口,为待泊3天船期紧但无进港靠厂计划的4 250 TEU船实施紧急引航,使船舶安全靠泊长兴中海修船基地;完成集运改装船"新北海""新九州"轮实施上海保送到天津港的任务;为中海货运"双峰海"引航靠泊;为上海港、江苏太仓12.5米深水航道开通首航引航以及为船东提供及时的港口信息资料,提高船舶的载货能力等。

海技中心还将引航移泊作为培训平台,为中海国际的船员培训工作提供服务。在移泊中坚持传帮带,并充分发挥技能优势,利用熟悉不同船型、不同航段的有利条件,提供较全面的实习操作平台,做好移泊组新船长的培训工作,提高船员素质。2005—2010年,中海国际为集团培养和输送共计117名合格的优秀的新船长,这些新船长都在海技中心进行过操作船舶培训。中海货运的船长能够从驾驭7万吨级的船舶一步跨越到驾驶27万吨级的VLOC这样的超大型矿砂船,靠的就是海技中心这个实训基地。

第五章　船舶供应

20世纪70年代末,中国航运行业历经多年建设,大型航运企业自我燃物料供应体系已基本形成。随着海运事业的快速发展,船舶燃物料、淡水、食品供应量大幅增长,用于船用物资供应的各项设施设备也日趋完备。

20世纪90年代至21世纪初,航运业系统船舶供应进一步市场化,各种类型船舶供应企业大量增加,竞争激烈。遵照集团关于发展"大供贸"的战略构想,由广州海运、上海海运、大连海运共同参股组建,于1998年12月28日成立中海供贸有限公司(简称中海供贸)。中海供贸是中海集团属下的一级专业化子公司,主要负责中海集团船舶的物资供应保障工作。

2003年,为应对中国加入WTO后的市场竞争,中国海运与中国石油化工股份有限公司依托各自主业优势,加强战略合作,达成合资合作框架协议,确定组建海上船舶燃料供应合资公司。9月25日,中国海运与中石化合资合作签字仪式在北京人民大会堂举行。12月30日,合资组建的中石化中海燃供,在广州正式开业。

2010年,中石化中海燃供所属上海物资分公司和上海中燃船舶燃料有限公司,以及广州、大连的物资供应分公司,为中国海运所属各船公司船舶,中国香港、台湾地区各船公司和国外船公司所属船舶,以及进出上海港的各国邮轮等供应燃油和船舶各类物资。实现主营业务收入970 667.80万元,利润总额3 966.39万元。

第一节　设施设备

2000年年底,中海供贸总资产8.35亿元,拥有齐全的船舶物资供应保障设施。共有:油库5座,罐容245 500立方米,及其配套设施齐备;拥有专用的铁路线2条(共5道),长850米;油码头5座,泊位14个,靠泊能力为1 000吨～35 000吨船舶,岸线长863米;物资仓库4座,仓储面积17 002平方米;各类型供应船舶70艘,4.84万载重吨;各类型运输车辆45辆。当时,中海供贸已经成为国内最大的船舶燃料供应商之一。

一、油库

中石化中海燃料供应公司所属上海中燃船舶燃料有限公司,在上海辖有两处油库,即何家湾油库和海滨油库。20世纪70年代末,上海中燃船舶燃料有限公司前身上海海运局燃料站(对外亦称中国船舶燃料供应总公司上海分公司)所辖。

何家湾油库始建于1959年,地处黄浦江下游,为上海海洋运输系统最早设置的储供油设施。1976年,该库开始实施扩建工程。至1978年竣工投产时,已陆续新建5 000立方米储油罐4座,连同原有油罐,总容量为2.8万立方米。另建有100立方米润滑油罐8只。经扩建后的油库,占地面积增至47.5亩,可同时储存8个油种,适应沿海、远洋各种类型船舶及外轮的需要。油库内有2座蒸发量为每小时10吨的燃油锅炉,其温度、气压、风压、风量及熄火装置均有仪表显示,给水为自动控制。还设有电动离心油泵,每台输油量为每小时 300 立方米,可以直接将油输送至储油罐和码头船舶。油库设有专门仪表控制操纵室,用以测量油罐储油温度、液位报警以及供应流量计数等。并安装各种口径的蒸汽往复泵,在电源发生故障时可由蒸汽泵供油,以保证正常生产。扩建后的油库水陆交通便利,建有 1 座可停泊 5 000 吨级油轮的专用码头(为增强码头装卸能力,该库在原先码头岸线 90 米的基础上扩建加长 92 米,形成总长 182 米的 2 个泊位,可同时进行装卸油作业),并铺设油库专用铁路,一次可以接卸 50 节油槽车来油。油库还设有一套比较完整的污水处理装置,回收废油,净化水质,防止环境污染。

海滨油库兴建于 1972 年,被列为国家重点工程之一。整个兴建工程于 1978 年 9 月正式验收。验收时库区已建有车间、信号台、油罐、码头,架设输油管线,铺设水泥大道,建成 5 000 立方米油罐 17 座、2 000 立方米油罐 2 座,总储油量 8.9 万立方米,并有与之相配套的万吨级码头 1 座,由 4 条输油管连接油库。8.9 万立方米的油罐经过试投产一年正式投入使用,年供油能力达 54 万立方米。1984 年,海滨油库占地面积 195 亩。拥有油罐 19 座,万吨级码头 1 座,泊位 3 个,4 条输油管线能同时使用。每年吞吐量为 70 万～80 万吨(设计为 108 万吨)。至 1990 年,该油库一直为上海和国内最大的港口储供燃油油库。

1990 年 12 月,广州海运新造储油库全部工程竣工,工程用地总面积 9.4 万平方米,油库主体码头长 182.5 米,拥有 5 000 吨级和 1 000 吨级泊位各一个。库区内设有供热系统、动力系统、油品装卸工艺系统、消防等系统,油库储油量 6 万立方米(约 4.5 万吨),年储油能力 50.6 万吨。广州海运"以船代库,租库储油"的状况成为历史。

2001 年 5 月,由中国海运和中远集团共同投资组建的上海中燃船舶燃料有限公司(简称上海中燃)在沪成立,其由原中国船舶燃料供应上海公司按照《公司法》和现代企业制度要求改制更名而成,分别由中国海运所属中海供贸有限公司与中远集团所属中国船舶燃料供应总公司注册资本。公司拥有大型油库 2 座,即何家湾油库和海滨油库。

2002 年 12 月,由上海中燃(持股 51%)、中国石油天然气股份有限公司(持股 49%)共同投资的上海中油中燃石油仓储有限公司在上海注册成立。始建于 1973 年的海滨油库,营运至 2002 年已近 30 年,油库的设施设备老化问题严重,尤其是 14 座半地下混凝土油罐存在的安全和环保消防方面隐患尤为突出,已不符合目前安全生产和环境保护的要求,海滨油库急待改造。2003 年 7 月起,为保障上海地区的成品油供应,该公司在上海中燃原海滨油库旧址上,推倒重建近 30 万立方现代化成品油仓储基地,整个工程于 2007 年年初竣工投产。海滨油库边改造边生产。

新建成的海滨油库位于上海市外高桥长江沿岸,占地 170 亩,建有 24 座储油罐,总库容为 29.4 万立方米。分别拥有柴油、汽油和燃料油罐容近 10 万立方米。码头靠泊接卸能力 5 万吨。有可同时停靠 10 辆槽车装油作业的陆路车发平台 1 座,采用先进的 PROMASS 系列质量流量计和 BDQC——2D 装车仪设备,能保证车发油作业 24 小时畅通无阻,日均发油能力达 3 000 吨,实现装车业务的分散控制集中管理。该油库具有优越的地理环境,水陆交通便捷,便于接卸、中转国内外石油资源,是立足上海、辐射华东的大型现代化成品油存储、中转基地,也是当时上海地区最大的成品油库。该油库的建成,为中石油建立起更加完善的仓储物流配送体系,上海市内的加油站和机构用户可直接从该油库配送油品,从而对稳定上海成品油市场起到至关重要的作用。

为满足两大股东单位的实际业务需要,更好地符合成品油销售发展战略需要,提高油品销售网络的发展水平,提高市场保供能力,提高土地资源利用率,平衡股东不同的业务需求,公司决定进行海滨油库二期工程改造。海滨油库二期库容扩建工程于 2011 年 3 月 20 日启动。原先库容 29.4

万立方米,二期工程扩建8万立方米,12月3日举行隆重的竣工投产典礼,新建的8万立方米储油罐开始投入试运行生产。在油库改造的日日夜夜,历经台风、强暴雨等严酷天气,包括总经理在内的油库员工们,吃住与施工单位一起,天雨一身泥,天热一身汗,坚持生产经营与油库改造两不误。2007—2011年的油库改造期间,每年的油品吞吐量在450万吨左右,为上海中燃的船舶供油业务和企业盈利提供极大支持。海滨油库改造前,每年的吞吐量在160万吨上下;而改造后的油库吞吐量在450万吨左右,最高达到480万吨。但最大的变化不在于容量的增加,而在于技术含量和管理方式显著提高。

在海滨油库重建的同时,上海中燃于2003年自筹资金519.3万元对何家湾油库原5005♯、3006♯两个油罐进行改造,并将原3006♯罐容由原来3000立方米扩大至7000立方米,从而将何家湾油库库容提高到3.2万立方米。整个工程跨年度历时9个月,并经上海市杨浦区质监站评定为优良工程。

2010年,上海中燃在上海港内全资拥有的一座储油库——何家湾油库,容量大幅提升,其占地面积60亩,总罐容3.2万立方米。其地处黄浦江下游,毗邻上海市区,地理位置优越。同时拥有铁路专用线3条,直通油罐区域。罐区可进出10吨油罐车,可满足水路、铁路、陆路同时进发油作业。同时拥有设备齐全的油品化验室和专业化验员,为客户提供全方位、全过程的优质计质量服务。在外高桥长江沿岸,则有与中石油合营的上海中油中燃石油仓储有限公司,拥有总库容为37.4万立方米的现代化大型库区海滨油库。

中石化中海燃供大连燃料分公司成立于2004年12月,2012年12月正式改名为辽宁燃料分公司,经营许可范围内贸成品油、燃料油、保税油、油库仓储、油品检测服务、零售预包装食品、咨询服务;船用燃物料、备件、润滑油的供应及货物仓储保管普通贸易等业务。自有大连新港油库于2009年年底建成投产,罐容4.4万立方米,场地面积37 887平方米,油罐共9个,燃料油罐区3.4万立方米(4个6 000立方米、2个5 000立方米油罐)和柴油罐区1万立方米(2 000、3 000、5 000立方米油罐各一个)。

广州燃料分公司属下的新造油库(又称海运油库),占地面积107 359平方米,距广州城中心30多公里,位于广州港南河道新造水道南岸,水路、陆路交通方便。新造油库是1991年1月建成投产的,功能设施齐全的三类中型国企油库,设计年周转能力为100万吨;拥有各类油罐20座,总储存容量80 200立方米,可储存柴油、燃料油等油种。2006年1月1日起,随公司经营架构调整,广州燃供成为油品储存和油品水上运输的专业公司。

图4-5-1　中石化中海船舶燃料供应有限公司海滨油库(2010年摄)

二、供油供水船舶、泊位

20世纪七八十年代,针对内燃机海船不断增多,燃油和淡水需求逐年增大,为适应海运发展变化,中国船舶燃料供应总公司上海分公司(简称中燃上海分公司)陆续新建和购买供水船、供油船。原先使用的蒸汽机供水船相继淘汰,自动化程度大为提高。大部分供水船的轮机部设有集控室,装有先进的船舶通信设备。供油船(含成品油和润滑油船)先后添置多艘,载重量自300吨至3 000吨级不等。至1988年年底,该公司共有供水船5艘,合计2 800载重吨;供油船21艘,合计19 190载重吨。同时,在上海市区定海桥、平定路、怀德路等处建有8个供油船专用码头。其中,平定路码头建有2个泊位,共长80米;怀德路码头建有2个泊位,共长80米;定海桥码头建有4个泊位,共长180米;连同何家湾、海滨油库及游龙路码头已有的4个泊位,供油轮泊位总计达12个。

1990年后10年间,中燃上海分公司先后添置一批新的供应船舶,并淘汰一批旧船。至2000年,该公司共有31艘在册的各类生产船舶(包括供油、供水船、拖轮等),总载重量2.28万吨;并有配套的专用码头6座,15个泊位,最大靠泊能力3.5万吨级,岸线总长1 272米。

广州新造油库建有257米长码头一座,码头设5 000吨(水深-7米)和1 000吨(水深-5.5米)泊位各一个,并由4支船岸输油臂完成装卸油工作。

2007年10月,上海中浦中燃仓储有限公司海滨油库码头竣工验收。该码头为一座"F"型码头。外档的大码头长270米、宽25米,外侧布置1个5万吨级泊位,内侧布置两个1 000吨级泊位;内档小码头长204米,布置3个500吨级泊位。经过试运行,码头生产设备设施情况良好。

三、仓库、车辆、供物船舶

1978年后,上海海运局承担船舶物料、食品供应的单位主要有上海海运局物资供应站(后改制为中石化中海船舶燃料供应有限公司上海物资分公司)、上海海运局船舶服务站(后并入该局海运服务公司)等。因船舶供应所需,这些单位都具备相应的设施设备,包括仓库、车辆、船舶等,且随着航运事业发展和供需实际变化,不断有所更新和发展。

1978年,上海海运局物资供应站实有仓库4座:世界路仓库、大连路仓库、公平路仓库、浦东南路备件库,总面积1.42万平方米,堆场面积1.27万平方米。其中,大连路仓库是在拆除原1 100平方米平房仓库的基础上,于1975年后建成的一幢5层楼仓库,供应各种船用物料。世界路仓库主要储存钢材、机电设备等船用备件。1974年建成时有大型备件库2 834平方米,内装5吨行车1台;150平方米危险品库1座;简易库4 581平方米;露天行车堆场4 600平方米,装有桥式铁轨行车;辅助大型备件堆场8 000平方米。公平路仓库面积2 200平方米,主要用于回收储存船舶废旧物资,并加工利用。同年,该站拥有物料供应船舶5艘,总吨位390吨,以及货运车辆若干。1987年,该站下设的物资仓库含有杂料库、五金库、油漆库、备件库、垫仓料库、旧料库、大备件库、机电库、危险品库、钢材简易库、综合厂仓库、行政科仓库等。1990年,该站有供物船舶6艘,885载重吨;载货汽车29辆,合计载重量156.6吨。所用车辆以国产新式解放牌、东风牌为主体,单车载重吨位0.5吨至40吨不等,形成多档次、多功能、适应性强、作业条件好的车型结构。主要担负上海海运局所属运输船舶和局属基层单位生产、生活所需材料和物资的提、送、退任务。

进入20世纪90年代后,随着企业多次重组,该站资产结构也不断调整:世界路仓库、海保船队和公平路仓库分别于1998年、2001年和2008年划出。为优化资源、节约费用、增加收入,对大连路仓库进行改建后出租;所属物流部减少自有用车,增加社会运输车辆的使用,以降低供应成本。截至2010年年末,由该站改制而成的中石化中海船舶燃料供应有限公司上海物资分公司设有船供一部、船供二部、备件经营部、贸易部、采购部、废旧物资利用经营部、海供船队、物流部等单位,资产总值5 120万元,为上海市内最具实力的船用物资供应企业之一。

2010年,上海中燃加大供应船舶的更新力度,在淘汰多艘老旧船舶的同时,陆续建造、引进一批现代化程度较高的供应船舶,使船舶结构进一步得以改善,能够适应日益增长的大批量供应需求。

2011年,中石化中海燃供在物资板块加快业务结构转型,拓展新的效益增长点。公司积极开发物资保税仓库相关业务,如出口退税、免税业务、保税润滑油业务。下属广州物供分公司通过多种途径提高油类销量,油类销售实现收入300余万元;上海物供、广州燃供等分公司积极介入船舶油污水业务,取得国家一级船舶清污资质证书。2012年,公司所属各单位加大中国海运船舶市场的挖潜,不断开发新产品、新业务。上海物供开发集装箱的防溅带、油轮的废油处理、油漆国产化等业务;上海物供大连分部开发新船国外品牌润滑油供应业务;备件经营发挥其专业、技术、服务优势,在保持原有市场的同时,开拓修船备件、技改备件市场,同时加强与供应商的合作和谈判,提高盈利水平。2013年,长城牌船用润滑油业务取得长足进展,集团有124艘航线船舶主要气缸油和系统油使用长城牌润滑油,并成功实施集团内3艘30万吨油轮和3艘大型集装箱船长城牌润滑油首供。2014年,公司大力推进"为船服务"电子商务平台建设,实现物资供应平台与集团航运管理平台无缝对接。2015年,为拓展多元经营空间,公司推进与中国船级社合作成立油品检测公司项目,并与新加坡VISWA LAB检测公司就承担其在国内的油样检测份额达成初步合作意向。

第二节　淡水、燃油供应

一、淡水供应

20世纪70年代末,上海港船舶淡水供应主要由中燃上海分公司供水船队承担。1978年,其供水量为121.83万吨。进入80年代后,船舶燃料、淡水供应贯彻改革开放方针,从全部实施计划安排转变为部分市场化,供应量亦随之大幅增长。1988年,原先由供水船队承担的部分运输船舶的淡水供应转由其他途径解决,该队代供业务量减少。同年,上海海运局和中燃总公司成立上海船舶燃料供应联合管理委员会,以中燃上海分公司的名义,负责承担来沪外轮的淡水供应,经注册登记,中燃上海分公司作为该项业务的经营实体。至同年年底,所属5艘供水船,年供水量共完成88.92万吨。1990年完成淡水供应量93.76万吨,其中供应外贸轮船0.98万吨,供应沿海轮船92.78万吨。1991年,鉴于外滩沿江景观建设需要,上海市人民政府对地处外滩的所有船舶停靠码头进行搬迁。原先停靠外滩3号码头的供水船舶,因码头搬迁全部迁移至怀德路码头停泊。

1992—1996年,中燃上海分公司年完成淡水供应量分别为99.89万吨、126.90万吨、120万吨、104.20万吨、84.70万吨;1999年完成49.40万吨;2000年完成45.04万吨。

"九五"期间,该公司累计完成供水量304万吨,为计划的86.86%。自1993年后,其淡水供应量呈逐年下降趋势,主要原因是黄浦江码头外移,新造的船舶停靠码头均有供水装置。同时船舶淡水供应逐步趋向市场化,供应单位增多,受供船舶节约成本,用水量减少。2001年,上海中燃船舶燃料有限公司组建后,成为上海港从事船舶淡水供应的主要单位。

二、燃油供应

1978年,上海地区海船所用燃油主要由上海海运局燃料站(中燃上海分公司)供给。同年,该站船用燃油供应量为81.33万吨(其中轻柴油11.73万吨,重柴油36.76万吨,燃料油7.15万吨,渣油25.49万吨),占整个船舶燃料供应量的97.83%。其中渣油占31.42%,20号、30号重柴油分别占24.87%和20.44%,轻柴油、燃料油分别占14.45%和8.82%。南方海船的燃油,主要由广州海运燃料站供应。

进入20世纪80年代后,上海海运局燃料站贯彻"燃供为主,多种经营,确保海运船舶,完成外贸指标"的经营方针,根据市场需求,适时进行油源、运输及客户的预测,连年超额完成国家下达的供油计划。在燃油供应品种结构上,根据船舶节能需要,继续向使用低质油方向发展。其中燃料油、渣油、20号重柴油所占比例最大,分别为27.9%、24.93%和24.1%;30号重柴油、轻柴油分别占12.4%和10.67%。1990年,该站为进出上海港的中外船舶,主要是沿海船舶供应燃油106.6万吨,其中0号柴油10.69万吨,20号重柴油26.15万吨,30号重柴油8.66万吨,渣油20.19万吨,燃料油27.30万吨。同年,开始对外贸船舶开展油品串换业务。

20世纪90年代,随着市场经济的逐步建立,海洋运输进入新的发展时期,上海港船舶燃油供应也有长足发展。在油品市场从计划经济逐渐向社会主义市场经济转变过程中,交通运输业所需燃油资源计划由国家指令性配置向指导性配置转变,市场化进程推动油品由卖方市场转为买方市场。1994—1996年,中燃上海分公司完成燃油供应量分别为82.24万吨、87.37万吨、79.09万吨。1999—2000年,完成燃油供应量分别为69.28万吨和75.90万吨。"九五"期间,累计完成供油量361万吨,为计划的100.84%。

20世纪90年代后期,上海地区水上民营供油商逐渐出现,中燃上海分公司在上海港的"独家经营"局面被打破。但公司秉承"油品合格、计量准确、供应及时、服务优质"的良好信誉,继续在上海港船舶燃供市场上保持着"龙头"地位。

2001年,上海中燃船舶燃料有限公司组建后,成为上海地区从事船舶燃油供应的主要单位。是时,面对外资进入市场、民营企业迅速崛起(至2004年,上海港口具有船舶供油作业许可证的企业已近30家)、成品油供应市场竞争日趋激烈的形势,上海中燃及时改变观念,加快经营转型,积极调整与航运市场快速发展及企业发展不相适应的经营结构与管理机制,增设营销管理部,加强对国内外市场油价的动态分析,并强化服务、计量、质量管理,不断巩固企业终端市场份额。根据上海航运市场大吨位船舶骤增、集装箱船舶增多,大船供油量大、时间短等特点,公司果断购入载重吨位为2000吨的供油船,并对部分供油船的货泵进行改造,提高供油速度,优化供油船队结构。同时,发挥公司地处上海国际航运中心的地理优势,与中石油强强联合,成立仓储有限公司,对海滨油库实施大规模改扩建工程,使油库罐容扩大到30万立方米,为供油业务的发展打下坚实基础。

2005年,公司以广州地区为试点,推行燃料油以统购分销为主、各地自采为辅的采购模式,统一采购燃料油228.48万吨,较好地发挥规模优势。2006年起,着眼于降成本、保供应、创效益,加强与集团企管部和各船公司沟通,积极探索推行燃油锁量锁价"双锁"机制。同时,落实中石化与中远集团签订的战略合作框架协议,做好中远集团内贸船舶加油工作。2010年与客户锁定价格21.6万吨(其中与中国海运船公司锁定价格20.6万吨),有效缓冲油价大幅波动产生的风险,达到购销双赢的效果。

为规避市场和价格的双重风险,公司于2007年9月11日正式开始燃料油套期保值操作,在实现保值的基础上取得一定的效益。2010年,全力推进落实下属单位自主经营工作,宁波燃供、秦皇岛燃供、天津燃供等分公司和子公司基本实现自主经营,内贸船的供应业务随之稳步提升。

2005年,上海洋山深水港建成开港后,上海中燃积极做好为国际航运中心建设的配套服务,面对新型中外集装箱船受油吨位大,停泊周期短的特点,专门对千吨以上供油船舶的货油泵进行改造,使原先供油速度150立方米/小时提升到400立方米/小时左右,同时还配套3 000吨级的大型供油船,以随时满足洋山港供油任务。2006年7月5日,上海中燃下属的"海供油27"轮为停泊在洋山深水港的"青云河"轮供应燃油,这是为洋山港一期码头建成后,停泊于此的集装箱船首次接受供油。自此,上海中燃洋山港供油业务正式启动。

自2011年起,公司转变经营思路,大力开拓水上直销终端市场,加大新网点建设与整合力度。2012年,深圳、佛山、湛江和福建等分公司、子公司共开通6个水上加油站;同年11月,厦门分公司更名为福建分公司;12月,大连燃料分公司更名为辽宁分公司。2014年,完善南通、渤海湾网点;同年6月,将河北区域内的秦皇岛、唐山分公司整合为河北分公司。2015年,组建江苏分公司,新增辽宁丹东港、海南三亚和陵水3个供应网点。通过区域整合,理顺东莞海东、上海物供大连分部、湛江燃供的管理关系。同时,加大经营设施投入,3 000吨级供油船"大庆226"轮、"大庆229"轮、"海供油303"轮及3 600吨级大型供油船"中燃32"相继投入营运;下属上海中油中燃石油仓储有限公司(海滨油库)二期工程于2011年12月竣工,新增储能8万立方米。2015年年底,公司共有58个经营网点,基本覆盖沿海、长江中下游主要港口城市。各分支机构通过自建、租用油库、供应船等方式基本实现自主经营。

2006年,我国相继取消进口成品油(含燃料油)国家企业经营贸易的配额管理,改为自动许可管理;对外开放油品零售市场,开放油品批发市场。2007年,船用成品油市场已成为完全开放和自由竞争的市场。2010年,上海港船舶供油量达到213万吨,与1990年的93万吨相比,翻一番多。

2010年,上海中燃信息化建设基本完成,其将人力资源系统、设备管理系统、船舶修理系统、船舶调运系统、财务系统等全部纳入一个整体系统,利用3G技术(第三代移动通信技术)直接连到油库、船舶,使经营数据更加及时、准确,业务流程更加优化,各子系统之间实现数据集成,既降低运营成本,也提高船舶供应效率。

2010年年末,上海港从事水上燃油供应的企业除上海中燃外,主要有中石化长燃公司、上海博丰船舶燃料有限公司、上海一秀实业有限公司、中燃实业公司、上海通申石油化工有限公司、上海鹏盾石油水上运输公司、上海通银石油化工有限公司和上海云峰集团等。其中中石化长燃公司和中燃实业公司为国营企业,其余皆为民营企业。除中石化长燃公司外,其燃油资源都需在市场上直接采购,主要供应对象为除中国海运外的地方航运公司及港口、工程类客户。

中石化中海燃供坚持贯彻大客户战略,及时跟踪中国海运五大船公司的船舶动态和补油情况,完善锁价机制,规避市场风险。2012年、2013年,先后与中国海运各大船公司"双锁"燃料油共67.3万吨,为船公司降低燃油成本6 699万元。公司适应国家成品油调价机制的变化,进一步丰富经营品种,增加工业柴油、船用轻质燃料油等产品,使之成为新的效益增长点。2013年,利用两大股东的品牌、影响力,公司在港珠澳大桥、广州港拖轮公司、丹东港供油等项目中取得经营突破。同年下半年,针对配置成品油竞争力减弱的情况,公司积极与中石油、中海油、山东地炼等供应商建立起资源合作渠道,扩大油品外采比例,以增强市场竞争力和获利能力。2014年4月,适应中国海运船公司的需要,积极开展与调油商的合作,辽宁燃供、广州燃供在中海集运的积极配合下,分别开展500 cst(200 cst、500 cst 这是两种规格的二甲基硅油,200 cst 表示温度20度时黏度为200 mm/s,500 cst 同理。)燃料油的研发调制工作,有效降低燃油成本。

2015年,面对国际油价呈现"L"型走势、航运业持续低迷、国内经济处于"三期叠加"等复杂市场环境,公司坚持内外并举。在燃料油经营上,一方面继续完善与船公司的锁价方案,有效稳定中国海运内部供应量;同时统筹采购调剂,追求公司整体最大效益。坚持统一集中采购,灵活使用配置资源和外采资源,在国内成品油市场经历16次调价情况下,公司成品油经营实现"量利双增"。当年销售各类油品378.82万吨,同比增加33.05万吨;实现利润3 473万元,同比增长66%。

三、保税油供应

20世纪70年代前,我国对保税油实行集中式的管理制度,严格控制保税油供应和存储业务,为国际航行船舶供油的业务长期由原商业部负责。1972年,为更好适应中美建交后的市场环境,国家将为国际航行船舶供油的业务由商业部移交给交通部。同年,在交通部授权下中国船舶燃料供应总公司成立(在上海地区设分公司),并开始其在中国保税油领域长达34年的独家经营。

进入21世纪后,随着中国港口货物吞吐量的不断攀升,保税油供应缺口越来越大。2006年7月,商务部、财政部、交通运输部和海关总署等部委给予中石化中海船舶燃料供应有限公司、中石化长江燃料有限公司、中石化舟山石油分公司以及私营企业深圳光汇股份有限公司4家企业经营保税油的资格,打破中燃独家经营的局面。其中,"中石化中海燃供"主要负责沿海开放港口的保税油供应网络;"中石化长燃"主要负责长江沿线开放港口的保税油供应业务;"深圳光汇"主要负责深圳港保税油供应业务;"中石化舟山"主要负责舟山港的保税油供应业务。

2007年11月,中石化中海船舶燃料供应有限公司在上海外高桥船厂码头成功为印度籍"ANTONIS ANGELI-COUSSIS"轮供应1 900吨的380 cst保税燃料油,从而创下该公司开展保税油供应业务后最大单船供应量纪录。客户对供方的规范操作和优质服务表示赞许。同年11月,正式开通海南保税油业务,结束海南省无保税油供应的历史,在当地引起较强反响。公司在推进保税油业务进程中,采取"两条腿"走路的办法,在加快改造原有油库基础设施的同时,采取外租保税油库,坚持先易后难,稳步推进,做到成熟一个发展一个。

2008年,按照中石化、燃供两大股东加速拓展保税油业务进程的要求,陆续开通宁波、广州、青岛、深圳、天津5个国内沿海主要港口城市的保税油供应业务,初步形成华东和华南的网点联动,覆盖和占领沿海市场,区域供应的优势得到充分发挥。公司还积极开拓外部供应市场,以中国海运外贸船供业务为依托,加强与美国、新加坡、韩国、日本等国外客商的合作。

2009年4月,国家四部委下发《关于发展连锁经营做好保税油市场供应的通知》,放开之前对保税油经营范围的严格限定。通知公布后,5家保税油供应企业纷纷在国内各港口构建自己的营销网络,开展连锁经营,竞争格局进一步形成。同年,上海港保税燃油供应量为85.20万吨。2010年,上海港保税燃油供应量达90.40万吨。2007—2010年中石化燃供共销售保税油54万吨。

面对国内激烈的保税油市场竞争,公司坚持深化合作、收缩规模、稳中求进等工作思路,与中石化燃料油销售有限公司合作开展保税油业务,实现"优势互补,合作共赢"。2011年6月17日,在激烈的竞标中成功夺得"雪龙号"极地考察船三年期的保税油供应权。2012年在宁波港为"中海泽布吕赫"轮供应5 000吨保税油,刷新公司单船供应纪录。2013年,公司加强与中石化燃料油销售有限公司沟通协调，实现低库存运作，通过转关形式拓宽MGO（轻柴油）采购渠道降低成本。2014年在广西北部湾、湛江等地实现保税油跨关供应。2015年运用转口贸易形式，积极拓展尚未开设保税油网点的港口的供应业务。2011—2015年，公司共销售保税油180万吨。

图4-5-2　中石化中海燃供为南极科学考察船"雪龙"号补给燃油（2011年摄）

第三节　物料、食品供应

一、物料供应

20世纪70年代末，上海海运局所属船舶的船用物料供给主要由该局物资供应站承担。改革开放初期，国家物资供应管理体制实行改革，物料供应从按计划指标分配，到部分走向市场。而市场资源常因产品短缺，造成有价无货。为保证对运输船舶的供应，上海船用物资部门转变以往依赖国家分配资源，面向社会，多渠道、多形式筹措资源，包括通过补偿贸易解决计划外钢材；通过报废船的拆解回收钢材；争取计划外汽油、木材、水泥等，对缓和供应缺口起到补充作用。同时加强物资管理，降低成本，陆续整理制定《物资供应管理制度》《统配部管物资管理实施细则》《市场采购物资管理实施细则》《旧废物资管理细则》《防止新积压措施》《统计和原始记录管理》《仓库和现场物资管理》《物资基金管理》等一系列管理制度，使经办人员办事有章可循。在送新料上船的同时，上海海运局物资站坚持收旧利废，把船舶废旧物料全部退回，其中部分经加工后变旧为新，变无用为有用。在科技部门协助下，该站还开发计算机管理方式，采用计算机编制月度计划采购单和仓库配料、送料单的运行程序，为管理部门及时提供可靠的计划、统计数据与分析资料，也为仓库账卡管理、资金管理以及船舶领料带来方便，提高工作效率。

20世纪80年代，为满足上海港外贸船舶需要，中燃上海分公司开始开展代销国外润滑油业务。

1984年始,为弥补计划分配数量的不足,通过中燃总公司国外采购渠道,先后同壳牌公司、东方公司、埃索公司、埃索夫公司、嘉实多公司、美孚公司等20多家外商公司建立业务联系,开展代销润滑油业务。为加强与外商的业务交流,该公司还在何家湾油库建造润滑油调和厂,为外商来料加工,生产英国"壳牌"的各种型号润滑油,满足水上及陆上各用户的需要。

1986年,上海海运局物资站针对传统的"分船审核"物料管理方法出现的弊端,改革物料管理方式,实行"定额管理,费用承包"的新办法。由该站组织调查组,对"大庆46""大庆28"两艘油轮的物料使用、消耗、管理情况进行调查分析,制定1.5万吨级油轮物料定额标准。继而在两船试行新的管理办法,对润滑油、钢丝绳、丙纶缆绳、油漆4类物料实行限时供应,其他物品供应以限量与费用定额相结合,船舶可在一定范围内调节各类物料的使用数量。新办法把物料管理的主动权交给船舶,做到节约有奖,超耗受罚,从而将物料使用状况直接同船员经济利益挂钩。

上海海运局物资供应站的业务结构,由原先单一船舶润物料供应向多元业务方向发展,新增备件、贸易、房屋租赁等板块,且新增业务板块发展迅速,在整个销售收入中占有较大比例。1994年始,原先由该站负责的润物料审核权转移到各船公司,其物供经营模式进一步从计划经济向市场经济转变。面对竞争日趋激烈的船用物资供应市场,中海供贸上海物资分公司(由上海海运局物资供应站改制而成)积极改进管理,提高服务质量。

1999年2月,中海供贸上海物资分公司向广大船东提出12项服务承诺,并接受船东和船员对承诺兑现情况的监督。其服务承诺为:24小时提供"全天候"服务;船舶急需物资6小时内送达;所供物资送达船舶甲板清点交接(笨重物资请船方协助);在相同质量前提下,所供物资价格不高于市场零售价;优先采购名牌产品,杜绝"三无"产品;所供物资全部采用计算机制单据,标明品种、规格、型号、单价、总价;客户可指定物资品牌或分供方;所供物资实行"三包"(包修、包退、包换);工作人员为客户提供服务时着装整齐,佩戴胸卡,待人礼貌,举止文明,热情周到;工作人员上船服务不随意进入与工作无关场所,一般不在船上用餐(除特殊情况,交纳餐费外);定期或不定期征求客户对物资质量和服务质量的意见;对客户的投诉,3天内予以回复。该公司还建立一整套严格的检查、考核和评比制度,并公开公司监督电话。

"十五"期间,随着上海港造船工业的快速发展,上海中燃润滑油代销业务呈逐年增长趋势。该公司将润滑油业务划入营销部统一经营,增强润滑油业务综合开发的规模优势。2005年润滑油供应量达到8 900吨,2006年升至1.1万吨。

2006年12月28日,中国石化长城牌船用润滑油通过中国海运船舶使用准入评审。经过中国海运的大力支持,长城牌船用润滑油市场推广工作取得突破性进展。2007年1月,中国海运将长城牌5070汽缸油、4008系统油列入其所属船舶润滑油使用范围。当年,共销售长城牌船用润滑油8 053.1吨,占公司船用润滑油总销量的45.1%。2008年3月,公司在新加坡实现长城牌船用润滑油的海外供应。2009年10月,顺利完成上海外高桥船厂长城牌保税润滑油供应。2010年7月29日,中石化高级副总裁章建华率相关部门人员与中国海运总裁李绍德等集团领导进行会晤,双方表示进一步加强合作,并达成新的共识:中石化将新增的2 000万吨原油全部交中国海运运输,这些运输船舶所需的润滑油将全部使用中石化的长城牌产品。同年9月,公司主办专题技术研讨会,对长城牌船用润滑油在大缸径船舶的应用形成共识,使得该润滑油在中国海运三大主力船型上应用工作顺利推开。2010年,公司销售长城牌船用润滑油占润滑油总销量的70%,比2009年增加12个百分点。

"十一五"期间,该公司总计代销润滑油8.4万吨。2007年11月,还实现中国大陆散装保税船用润滑油的首次供应。是时,随着上海港货物吞吐量和来往于上海港的国内外船舶数量持续增长,为船舶提供物资和生活用品的港口服务类经营企业迅速增加。但上海港的船供企业由于许可"门槛"较低,利润可观,大量企业纷纷涌进该行业,而这些企业总体规模偏小,资质偏低,导致市场出现混乱状况,甚至发生人为压价和现金交易的不正常现象。为此,上海市港口局于2007年8月14日,专门下达关于开展船舶港口服务类经营市场专项整治的公告,以完善船舶港口服务类经营市场的准入机制,规范船舶港口服务类经营企业的经营行为为整治内容,加强船舶港口服务类经营市场管理。

2009年10月6日,国务院办公厅颁发《国务院办公厅关于完善国际航行船舶港口供应市场管理工作的通知》,宣布放开国际航行船舶供应市场,进一步促进我国船舶港口服务业服务水平和国际竞争力的提高。

随着中国海洋运输船舶逐步朝大型化、远洋化、现代化方向发展,20世纪90年代时的船用润物料品种已不能适应需求;且国有物供单位由计划经济走向市场经济,从自身发展需要出发,也需加强对库存物资储备情况的统筹规划和全面管理,通过调整常备品种和储备定额,使物资储备达到最佳最合理状态。

为此,中石化中海船舶燃料供应有限公司上海物资分公司以中国海运为依托,根据不同客户的不同要求,适时推荐、调整润物料品种和档次,逐渐更换淘汰不适用、低档次产品。至2010年,其所供润物料常备品种从原先的6 000余种精简至3 500多种。同时为应对和保障不同船型的应急或特殊润物料要求,开设船舶专用料仓库,增加6 500多种专用料品种,使该公司库存品种达1万余种,可以满足不同船舶的不同润物料需求。同年,该公司完成物料销售额8 123.97万元,备件销售额4 774.38万元,化工产品销售额426.59万元;完成润料供应1.11亿吨,销售额1.23亿元。

2015年5月,中石化中海燃供上海物供圆满完成"YOCHOW 393"轮新造船物料供应项目。"YOCHOW393"轮由日本福冈船厂建造,该轮需要1 000个品种,近30 000件的数量的物料。尽管这是外部市场的业务,但上海物供不放过任何一个供应机会。为争取订单,业务人员及早行动,做足功课,多方了解这家公司对物料的要求,认真制定报价方案等,终于竞标成功。为使客户满意,打出品牌,上海物供提出物料供应"四个确保":"确保数量,确保品质,确保时间,确保交付",重点克服打包、放置和集装箱装箱的两大难题,最终所有物料打包成126件,装入一大(40英尺)、两小(20英尺)三个集装箱内,保质保量于4月7日运达日本,4月17日顺利送到船上。

二、食品供应

20世纪80年代,上海、广州、大连海运均建有自己的食品供应渠道。

1980年,上海海运局所属货船、油轮及系带浮筒的客轮的主副食品,均由该局船舶服务站供应;非系带浮筒客船的主副食品由该局客船公司后勤部门自行供应(1985年前后,该局所属油轮的食品供应改由该局油轮公司车队运送)。

1980年,上海海运局船舶服务站并入该局海运服务公司(简称海服公司)后,本局吴淞口外货轮的食品由该公司助航船队运送;黄浦江内货轮的食品由该公司小船队及车队运送;油轮公司、客轮公司所属船舶的食品仍由其本公司自行供应。海服公司当年共为船舶送粮送菜1 459.53吨。1989年夏,上海陆上交通因受政治风波影响一度堵塞,海服公司助航船队接受从水上运送副食品至宝钢、石洞口等地的任务,保证停泊在那里的运输船舶按时开航。海服公司当年为船舶运送主副食品2 273.39吨,运送佐料价值20余万元。

1990年,海服公司车、船为船舶运送主副食品1 182吨,其中粮食438.55吨,副食品743.45吨;食品价值4万多元,佐料价值16万多元(90年代中期,因体制变动等因,该公司船舶食品供应业务停止)。90年代中期始,国内船舶食品供应市场逐步放开,上海港船供单位大量增多。内贸船舶可有选择地向供应商订购食品或自行采购食品。

1997—2015年,即中国海运成立以后的18年间,船舶食品供应由各家船公司自行解决。在国内沿海运输方面,对于集装箱船的食品供应,均由集装箱船公司根据船舶需求直接提供,并负责送船;对于货船和油轮食品供应,则船舶派专人到停靠码头所在地的市场去直接采购。在国际近洋及远洋运输方面,航行国外的集装箱船和货船、油轮的食品供应,则由该轮的代理公司根据船舶需求提供服务。

第六章 通 信 导 航

1978年后,随着改革开放方针政策的逐步推进,我国航运事业进入新的快速发展时期。作为船舶安全航行重要保障的通信导航业也同步取得发展。至2015年,先进的现代通信信息技术已在海洋运输行业广泛推广和应用,船舶通信导航日益现代化。

第一节 设 施 设 备

一、上海海岸电台

20世纪70年代末,上海海岸电台已由上海解放初期只有6条电路,发信机输出总功率不到5千瓦,单机输出最大功率仅2千瓦并没有远洋电路,只有1台电传机,发展到29条电路,其中高频电路23条,中频电路4条,甚高频电路2条;发信机输出总功率已达213千瓦,单机输出最大功率提高到15千瓦;架设定向天线,通信距离可达远洋船舶航行的各条航线;开设电传电路11条,直通8个单位;承担着全国运输船舶和外轮50%以上的通信业务。

1981年,上海海岸电台收信台有收报机28台,电传机10台,自动发报机8台,并有中、高频天线共16副;发信台有发信机35部,最大发射功率为15千瓦,发射总功率为152千瓦;有各种天线32副。1986年收信台进行改建,将原设备简陋、噪声大、互相干扰的大间报房分隔成13间报房,设多功能、组合式工作台,并有传送带传送电报,避免报务员上机操作互相干扰。1987年有各种型号收报机共33台,天线26副,最高天线两座,高约60米。同年发信机增加到56部,其中15千瓦的5部,5千瓦以上的16部,5千瓦以下的35部,总输出功率为235.7千瓦。

20世纪80年代,《全球海上遇险和安全通信国际公约》颁布,对通信发展提出严格要求,包括逐步取消莫尔斯报通信,用数字选择性呼叫代替音频数字选呼;用窄带直接印字电报和单边带无线电话代替莫尔斯报;用奈伏泰斯自动接收航行警告和气象报告代替人工抄收。我国从1987年开始在北京建造海事卫星通信地面站(岸站),同时在中国沿海部署建立海上安全信息播发系统覆盖区,并加速对岸台(站)的通信设施进行技术更新,扩大电路数,增宽覆盖区域,以适应全球海上遇险与安全系统(GMDSS)的需要。上海海岸电台自1986年始对岸台进行改造。1988年完成SPT(计算机通信组播中的SPT,英文为Shortest Path Tree,中文含义为最短路径树)发信机及遥控设施的订购和安装工作,解决岸台发信机的老化问题,同时完成微波通信设备的选型、核价和订购工作。1989年电报工作量达1 000万字,国际电报工作量达80万字,占海上国际电报33.3%。

1990年,上海海岸电台(呼号XSG)由中央控制台(04)、收信台(01)、发信台(02)、第二发信台(03)组成,隶属上海海运局通信导航站。其中央控制台地处上海广东路20号7楼,主要业务是以有线通信联系方式传递来往电报,是收信台和两个发信台的联系控制中心,电台的来去电报均由中央控制台收受后、分送有关单位和翻译、传送收信部门。收信台地处上海川沙县张江乡团结村,占地面积23.01亩。主要业务是通过无线通信方式与船舶进行通信联络。发信台地处上海南汇县周西乡百曲村,占地面积21.86亩。作为常规业务发信台,主要担任海岸电台与船舶联系的各种无线信号发射业务。第二发信台地处上海杨浦区嫩江路 2 号,占地面积 6.37 亩,主要担任气象、航行通告、报时、通电等广播业务发信台,并和 02 发信台互为备用。同年,上海海岸电台共开放 35 条工作电路,为国内外用户提供莫尔斯无线电报、无线电传(NBDP)、单边带无线电话(SSB)、甚高频无线电话(VHF)通信服务。总发射功率已达到 274 千瓦,并拥有部分遥控自动化的先进通信设备,成为中国和远东地区最大的海岸电台之一。

1990 年后,随着电子技术快速发展和计算机技术的应用,上海海岸电台收信台通信设备也朝着智能化和数字化方向更新换代。电传机先后更新为西门子 T1000 型 PACT250 型智能电传机和 BDC-250 型电传机;天线在 1990 年增加一副四环有源定向天线、后又增加两副四环有源定向天线。收报机主要使用日本 JRC 的 NRD-93 型收报机;1991 年安装日本 JRC 330B NAVTEX 业务的播发设备。NAVTEX(奈伏泰斯)业务是各国政府机关指定有关海岸电台在规定的时间段,通过印字电报模式向在 400 海里海域内的船舶发送航行警告、气象警告、气象预报和紧急信息等海上安全信息(MSI),船舶通过小型 NAVTEX 接收机自动接收安全信息的一种安全通信系统。其为"全球海上遇险与安全系统"(GMDSS)的一个组成部分,也是全球航行警告业务的一部分。1992 年起,在 518 kHz 上定时播发国际 NAVTEX 业务。1994 年收信台安装一组(4 台)荷兰无线 TT-1585E 窄带直接印字电报(NBDP)设备,正式开通窄带直接印字电报(NBDP)业务(1994 年前试开通此项业务)。1995—1997 年,实施 GMDSS 项目改造,其间新建定向收讯天线 1 副、新安装英国 RACL 数字式收报机一组 9 台、新安装日本 JRC 302A 收信机 11 台和 JRC-NCG 收信遥控器 11 台;新安装 HARRIS 微波系统 1 套和 AWA 微波系统 2 套、安装柴油发电机组东风 75 kVA 2 套、新建横沙岛 DSC 收发电台 1 座。

为适应全球海上遇险与安全系统于 1999 年 2 月 1 日起在全球全面实施的要求,上海海岸电台自 20 世纪 80 年代中期起做大量准备工作。1990 年前后开放高频无线电话和窄带印字电报(NBDP)业务。1993 年开放伏泰斯(NAVTEX)业务。随着上海、广州、大连、福州、三亚等地奈伏泰斯(NAVTEX)播发台的建设,链状覆盖我国沿海 400 海里以内的海域。1996 年始,交通部按照 GMDSS 要求,对全国各海岸电台通信设施进行大规模更新与改造:在上海建立中高频和甚高频 VHF70 频道国际国内选择性呼叫(DSC)值班台及相应的窄带印字电报(NBDP)和单边带无线电话电路(SSB);在广州、天津建立高频选择性呼叫(DSC)国内值班台;在大连、秦皇岛、海口等地建立 15 个中频和甚高频 VHF DSC 值班台以及相应的窄带直接印字电报 NBDP 和单边带无线电话(SSB)电路。各海岸电台根据其功能分别配置相应的收发信机、DSC、NBDP 和 SSB 终端设备。

1996 年,上海海运通信中心大楼竣工,上海海岸电台收信台搬迁至通信中心大楼(上海东大名路 700 号)16 楼,中央控制台搬迁至通信中心大楼 17 楼。1997 年,上海海岸电台进行体制改革,打破原先 4 个电台各自为政的局面,成为一个整体。1997 年 7 月,地处横沙岛新联村的上海海岸电台横沙 VHF 电台正式竣工投入使用(占地面积 5 725 平方米),是上海海运所属通导公司专门为 GMDSS 项目配套的工程项目。其通信设备是利用澳大利亚政府贷款,并由该国 STANILITE 公司设计安装的。该电台的建成与海岸电台构成一个完整的 VHF 通信网络。通信范围的覆盖可延伸至离岸基 25 海里,解决南北水道和佘山、长江口锚地以北地区的船舶通信,填补长江口附近短距离通信的盲点,保证船舶在上海地区、A1 海区航行的通信安全,也大幅改善长江口南北水道的通信条件。1998 年 4 月,上海海岸电台芦潮港 VHF 电台开工建设(占地面积 8 104 平方米),其开放两条 VHF 电路,该项目于当年 10 月正式竣工投入使用,解决长江口南水道、嵊泗列岛、杭州湾北部、金山等海区通信问题。该台与横沙 VHF 电台联网,使 VHF 通信上一个台阶。至此上海海岸电台对外开放的 VHF 频道已达 6 个。

同一时期,上海海岸电台公益性业务通信设施立项并开始实施。1999 年 10 月全部设备投入试运行。2002 年 5 月,交通部验收委员会对上海海岸电台公益性项目进行现场检查,通过评审同意正式竣工验收,交付使用。

2002 年 9 月 1 日,上海海岸电台正式开通全球海上遇险和安全系统地面无线电数字选择性呼叫(GMDSS DSC)通信业务,成为国内唯一的选呼国际值班台。

2003 年 11 月,上海海岸电台正式开放自动无线传真(ART),该项目于 2001 年 10 月立项,2003 年通过试运行验收。

2005 年 3 月 1 日起,上海海岸电台和广州海岸电台划归交通部管理。上海海岸电台自划转进入交通部上海海事局后,工作重点从企业管理模式下的经营性通信为主转移到海事管理模式下的航海安全通信保障的公益性通信为主。在电台经营性通信量逐年下降的同时,公益性通信量稳中有升。

二、广州海岸电台

1965 年 8 月,广州海岸电台(包括收信台、发信台、中心台)有发信机 36 台,发信天线 34 座,收信机 34 台,接收天线 26 副,共开放线路 24 条。其通信范围可达世界(除北极、北美地区外)主要航区,并已应用计算机技术,逐步向全球海上遇险和安全系统方向发展。1990 年通信站电报操作量 76.5 万份,3 305 万字;水运长途电话操作量 23.8 万分钟,2.6 万次;无线电话操作量 32.9 万分钟,7.3 万次;有职工 461 人。办公地址在滨江西路 40 号 13 楼。

1990 年 1 月 5 日,广州海岸电台收信台分布式自动转报系统 13 条电路正式开通使用,使无线电报的拍发、抄收、传递、统计等实现自动化,在国内属首创,达国际先进水平。至 1990 年年底,广州海岸电台共有发信机 36 台,发射总功率 157.7 千瓦,发信天线 34 座;收信机 34 台,收信天线 26 副;窄带直接印字电报(NBDP)设备 3 套;海上安全信息系统(NAVTEX)播发设备 2 套。同年年底,广州海岸电台共开发无线电路 24 条,其中:莫尔斯电报船舶电路 9 条,发信覆盖除北极和北美地区外的世界主要航区;窄带直接印字电报(NBDP)ARQ 方式船舶电路 1 条;远洋和华南沿海船舶辅助电路各 1 条;甚高频无线电话和单边带无线电话电路各 3 条,单边带无线电话全天候覆盖包括印度洋、澳洲全部和太平洋大部;广播性业务电路有莫尔斯电报电路 4 条、安全信息系统(NAVTEX)试播电路 1 条和窄带直接印字电报(NBDP)FEC 方式插播电路 1 条。1990 年,广州海岸电台电报工作量 76.5 万份/3 304.7 万字,单边带无线电话工作量 11.1 万分钟/1.7 万次,甚高频无线电话工作量 21.8 万分钟/5.6 万次,水运长途电话工作量 23.8 万分钟/2.6 万次。

广州水运电话是全国交通系统建设最早、规模最大、设备最完备的水运有线通信网。20 世纪 80 年代初,由于广州水运电话投入使用,广州海运等水运单位机关处室逐步配备电传机、传真机,船舶电台发往有关处室(单位)的电报可以经海岸电台直接传送给用户。1981 年 5 月,广州水运电话通信工程正式投产使用。广州水运电话以 1 200 门步进制自动电话总机为中心,设有自动总机 4 处。本机网容量共 3 300 门,设有长途话台 2 座,可转接广州地区 11 个水运单位的长途电话,并可将船舶电台电话进行无线/有点转接,及时沟通船舶与有关陆岸单位的联系。自 1981 年 8 月 1 日零时起,广州海运执行交通部《水上运输调度通信规程》,并结合实际情况作补充规定,船岸联系办法如下:船舶离港后,应在 2 小时内向穗海调和目的港发"离港电报"("子"电),并向穗海调补报开装、装完或开卸/卸完时间;航行船舶每天6时、18时向穗海调发"船位电报"("卯"电);航行船舶在抵达目的港12小时前发"抵港续报"("辰"电);航行中遇机器故障、等候潮水等原因而停止航行或继续航行均须在1小时内向穗海调和目的港拍发"停航续航报"("午"电);船舶在航行中如发生海损事故,需立即电告附近港口和穗海调,如果船舶遇险可按国际通信办法处理;船舶在航行中如接到改变航线的命令或遇特殊情况需改变航线时,须在改变航线1小时内报告穗海调、原目的港和改变航线后的目的港("酉"电);防台期间,应按有关规定保持与穗海调和防台指挥部的联系;凡航行南北线的船舶在起航前均应根据有关规定做出航行计划,并于开航1小时前用电话报穗海调,经批准后执行;航行在台湾海峡重点区域时,须拍发"戊"电和"己"电。此船岸联系办法至1990年年底没有变化。

1997年,中国海运成立后,广州海岸电台在中海电信的统一领导下,为保障船舶的安全通信作出了积极贡献。2005年3月1日起,广州海岸电台划归交通部管理。广州海岸电台自划转进入交通部广东海事局后,工作重点从企业管理模式下的经营性通信为主转移到海事管理模式下的航海安全通信保障的公益性通信为主。在电台经营性通信量逐年下降的同时,公益性通信量稳中有升。

三、船用通信设备

20世纪70年代后期,国际海事组织规定,自1980年开始一律不准再使用双边带通信,而代之以单边带。为适应这一要求,上海海岸电台于1978年开始试用单边带无线电话。1981年3月,开放第一条高频单边带无线电话电路,航行在千里以外海面上的轮船可以同陆上直接通话。同时,上海海运局通信导航处为促进航运通信现代化,在远洋轮"东海"号和海运局的"长山"号上安装单边带无线电通信设备,使船舶与岸台建立无线电话联系。经过试调情况良好。之后,上海海运局绝大多数船舶先后安装单边带无线电通信设备。

1982年,外国高质量甚高频设备可在国内购买,为推动这一通话办法,上海港监发布限期装上这一设备和对进出上海港的船舶强制执行此通话办法的规定;交通部也将这一通话办法列入通信章程,从而使国企和地方航运船舶都按期装上这一设备,并共同执行。

1983年2月,上海海运局通信站开放21频道,实现船舶与船公司各部门之间有无线电转接,直接通话,便于及时沟通船岸联系和调度指挥。

为实现全球海上遇险与安全系统(GMDSS)的计划,国际海事组织于1988年通过《1974年国际海上人命安全公约的1988年修正案》决议,对船舶通信设备配备提出新的规范要求;中国船级社也发布相应配套的规范。规范要求的实施期为1992年2月1日—1999年2月1日。根据规范要求,在实施期内,包括上海地区在内的所有新造船舶在出厂时必须满足要求,对老旧船的通信设备需作GMDSS改造。GMDSS船舶通信设备主要含有以下种类:带有数字选择性呼叫功能、报警信号接收值守功能和遇险报警功能,具有单边带无线通话功能的中高频收发信机及窄带直接印字电报设备;带有遇险报警功能、接收EGC信息和进行字符通信的INMARSAT C站和具有前述功能并可通话、传真的A站及B站设备。

20世纪90年代中期,上海海运局为方便远洋船员与家庭的联系,开通"远洋单边带"电话。远洋船员可通过船上电报员呼叫海运局通信电台,再由岸台接线员接通家里的固定电话。

至1985年,广州海运各类船舶普遍配备甚高频无线电话设备,大部分船舶装备有单边带无线电话收、发设备。"七五"期间,气象传真接收机、海上安全信息接收机(又称518接收机)、窄带直接印字电报等设备为船舶电台广泛使用,少数船舶电台还装备有海事卫星通信等新技术设备。

20世纪80年代末,船舶电台普遍配备传输速度快、误码率低的窄带直接印字电报等设备,广州海岸电台分布式自动转报处理系统投入使用,船岸间的无线电报联络手段实现自动化,提高电报时效和准确程度。1987年9月,2 000门程控数字交换总机替代1 200门步进制总机投入运行后,广州水运电话转接速度快,服务功能多,通话质量好,并以程控数字总机为中心形成本机网、广州地区网和华南长途网3个水运通信专用网,联网总容量达25 070门。本机网容量2 000门;地区网以中继线形式连接广州远洋运输公司、广州救捞局等13个广州地区水运单位总机,联网容量达4 670门,并用专用电缆与广州电信局5个分局汇接;长途网通过租用有点专线连接北京、湛江、海口、蛇口、汕头的水运电话总机,联网容量达18 400门,并可经交通部总机与全国其他地区的港航单位通话。广州海岸电台通过水运有线通信网开设电传专线,建立水运电话传真系统,同时还对早期埋设的电缆等有线网络进行改造。

广州海岸电台沟通南极。我国南极科考初期是通过广州海岸电台(XSQ)转报的。1991年中秋之夜,广州海运通信站广州海岸电台把我国设在南极的两个考察站发出的无线电波,转换到广东新闻台热线电话系统,实现广州、北京、南极三地同时对话的现场直播——广东人民广播电台新闻台在国内首次举办直播特别节目《您好,南极人!》。当时,全国只有北京海洋局电台和广州海岸电台能够实现与南极通话。而广州海岸电台借助研制成功的分布式自动转报处理系统,使摩尔斯电报的拍发、处理、编辑、传递、计费、统计等都实现自动化,是世界上为数不多的几个国家才有的技术,通话的效果甚至比北京海洋局电台还要清晰。

1999年8月,中海电信开发中心研制成功的NR-1型接收机通过上海市人民政府交通办公室组织的新产品鉴定,被认定为国内首创,并获得"上海市99科技博览会"金奖。NR-1型NAVTEX接收机,是根据《中华人民共和国船舶检验局海船法定检验技术规则》修改通报1994年第13篇无线电通信设备(GMDSS)中关于《奈伏泰斯接收机》的各项规定和要求而设计的,适用于各类大小船舶自动接收并打印出海岸电台播发的有关海上安全航行警告信息。

进入2000年后,计算机及软件技术在运输船舶上逐步应用。海洋运输行业开始建立船舶局域网,并通过INMARSAT设备实施与岸上的数据交换;部分沿海岸航行的船舶利用CDMA系统实施船岸间数据交换。

2002年,根据国际海事组织SOLAS 74公约(《国际海上人命安全公约》)(1974)2002年修正案,所有航行于国际航线的船舶都已安装船舶保安警报系统(SSAS)设备。鉴于加强海上保安已成为国际航运界当务之急,国际海事组织海上安全委员会(MSC)于同年12月第76届会议上审议,并在IMO海上保安外交大会上通过SOLAS公约修正案,将《国际保安规则》(ISPS规则)纳入SOLAS公约。在这次大会上,船舶远程识别和跟踪系统LRIT(Long Range Identification and Tracking of Ships)作为海上保安的特别措施被提交给航行安全分委会和通信及搜救分委会(COMSAR)研究。

在2006年3月召开的国际海事组织无线电通信与搜救分委会(COMSAR)第10次会议上,船舶远程识别与跟踪系统(LRIT)性能标准草案获得通过。同年5月,在伦敦召开的MSC第81次大会采纳"LRIT性能标准及功能要求"。其被纳入SOLAS第五章,规定从事国际航行的客船、300总吨及以上的货船和海上移动平台,都必须强制实施船舶远程识别和跟踪,并于2008年1月1日生效。LRIT系统由船载终端设备、通信服务提供商(CSP)、应用服务提供商(ASP)、数据中心等组成。其基本原理为:航行船舶通过卫星通信把LRIT信息发送到陆地地球站,地球站再通过ASP

和LRIT分配网络转发到经IMO授权的用户终端——IMO缔约国政府,后者就可以实现对航行船舶进行全球性识别和跟踪。LRIT系统还可把LRIT信息(预先设定发送时间的船位报告、被要求发送的船位报告和事件报告)发送给其他经授权的用户。为按时履行国际公约,加强我国海上保安、搜救、环保、促进航运业发展,切实保护我国船队利益,交通运输部批准建设中国船舶远程识别与跟踪系统工程(LRIT)。包括上海在内的所有航行于国际航线的船舶,都及时安装远程识别与跟踪系统(LRIT)设备。

2009年起,国际海事卫星组织(INMARSAT)开始向船舶提供宽带海事通信业务,部分船舶安装FBB宽带卫星通信设备。卫星宽带通信也称多媒体卫星通信,可通过卫星进行语音、数据、图像和视像的处理和传送。该设备的应用,使船舶与船公司的联系更加便捷,也方便远洋船员与家庭的沟通联系。

2010年,采用比FBB卫星通信系统更为先进的VSAT船舶卫星宽带通信系统。随着船舶应用日益广泛,中海电信自行研发的E海通卫星宽带系统经过3年的研发于2013年正式推向市场,该系统上网速率更快是FBB的2～3倍,一经推广就得到客户的一致好评。

2010—2015年,集团为船舶配备的通信设备主要有:中高频DSC收发信机、中高频DSC值守机、甚高频DSC无线对讲机、INMARSAT-C卫星通信船舶站、INMARSAT-B卫星通信船舶站、INMARSAT-F卫星通信船舶站、INMARSAT-M卫星通信船舶站、INMARSAT-F卫星通信船舶站、INMARSAT-FBB卫星通信船舶站、VSAT卫星通信船舶站、铱星通信系统、甚高频双向手机、紧急示位标、雷达应答器、声力电话、船舶内部通信与广播系统、船舶保安报警器、船舶远程识别跟踪系统等。

四、船用导航设备

20世纪70年代后期,随着海运事业的发展,船舶增多,进出港口的船舶密度相继增加,船舶对导航仪器的要求也越来越高。同时国产电罗经在海洋运输船舶中已普及使用,为之配套的自动操舵设备得以推广。船用雷达由原先的一船一套增加到一船两套。部分远洋船舶已开始采用卫星导航设备。

随着卫星导航技术的迅速发展,全天候为船舶连续提供高精度船位、船速和时间信息的卫星全球定位系统(GPS)逐渐替代子午仪卫星导航系统。1987年,交通部开始在北京建设海事卫星地面站(岸站),并先后承担交通卫星长途专用通信网、全球低极轨道卫星搜救系统以及中国北斗卫星民用导航系统等国家重点工程建设任务,为国内外用户提供海、陆、空全天候、全方位、高质量、高可靠性的卫星通信、导航定位、监控报警、遇险搜救等多种服务。20世纪90年代初,上海海运局船舶开始装备卫星全球定位系统的接收机,即GPS设备,使船位、航向测定一次完成,可随时掌握船位、确保船舶航行安全。

2000年,按照国际海事组织《国际海上人命安全公约》(1974)和公约的1981年修正案以及中国船检局《海船航行设备规范》(1975)的要求,海船配备导航设备还有用于指示船舶方位的磁罗经、用于发现本船周围目标和定位的各种型号的雷达、用于测出报警信号方位的测向仪、采用陀螺原理用于指示船舶方位的电罗经、用于显示记录船舶航速和距离的计程仪、基于电罗经方位信号通过设定偏向角实现自动控制船舶航向的自动舵等。

2005年前后,根据国际海事组织通过的SOLAS 74公约的2000年修正案、2004年修正案及中国海事局的有关规定,从事海洋运输的船舶按种类和总吨位不同,分期安装航行数据记录仪(VDR)、简易型航行数据记录仪(S-VDR)和船舶自动识别系统(AIS);1万总吨以上的船舶配备有航向航迹控制系统。

2009年,国际海事组织通过的SOLAS 74公约2009年修正案,规定航行于国际航线的船舶需于2011年7月1日起安装驾驶台航行值班报警系统(BNWAS)设备(当驾驶台人员睡着或失去驾控能力时该设备会自动分级报警),2012年7月1日起需强制安装电子海图显示与信息系统(ECIDIS)。中国海运按照中国海事局于2010年4月下达"关于印发《国内航行船舶船载电子海图系统和自动识别系统设备管理规定》的通知"要求,从2010年7月1日起,对航行于国内沿海及长江和珠江水系的船舶,按船舶种类和不同吨位,分期安装船载电子海图系统(ECS)设备和船舶自动识别系统设备。

2014年7月1日起,5万总吨以上各种船舶须单独安装配备船舶对地测速及测距装置。按照要求,集团所属船舶在2015年年底前已经完成安装驾驶台航行值班报警系统设备、电子海图显示与信息系统设备及对地测速测距设备。

截至2015年,集团运输船舶配备的导航设备主要有:全球定位GPS系统、磁罗经、具备自动标绘功能的雷达、电罗经、自动舵、测深仪、计程仪、船舶自动识别系统、船舶航行数据记录仪、电子海图显示与信息系统、驾驶台航行值班报警系统、卫星罗经系统、航向航迹控制系统等。

第二节　通导业务

一、设备和业务技术管理

1978年,为加强对船舶通信导航业务技术的管理,上海海运局专设通信导航处(通信导航站),具有通信业务、技术管理和生产经营双重职能。1979年,根据交通部关于制造和航行分开的指示,该处(站)将原上海船舶无线电厂制造部分和维修部分拆分,分别成立上海航运电子设备厂和上海海运局通信维修厂。1980年,通信维修厂有各种设备20台(1988年增至40台)。主要业务为承担国内外船舶各类船用收发信机、航海仪器设备的安装、调试和维修,包括雷达(ARPA)、劳兰、卫星导航、气象传真、测向仪、磁罗经、电罗经、测深仪、自动舵、计程仪、六分仪、望远镜、天文钟、各类收发信机、甚高频电话、船内有线通信设备和电视机等,并进行磁罗经、测向仪的自差校正。该厂以上船安装和修理业务居多。1980年后数年间年均上船修理达4 200艘次。上海航运电子设备厂成立后,曾归交通部领导。1981年5月,交通部将该厂下放,仍归上海海运局通信导航站领导。其产品品种逐渐增多,有双波道中频发信机、甚高频无线电话机、测深仪、无线电气象传真机、双曲线定位仪、选择性呼叫器、劳兰C定位仪以及为甚高频无线电话配套的自动录音装置等,可为海运船舶提供部分国产通信设备和航海仪器装备。

1988年,上海航运电子设备厂从美国、新加坡引进MC610甚高频无线电话和航行警告接收机方面的技术,进行组装,并陆续在船舶上安装,以适应国际海协组织规定所有海上船舶在1991年8月1日前必须配备航行警告接收机等航海设备的要求。

原广州海运通信导航事业部、广州海运发展部计算机科,下设广州海岸电台、经纬公司、无线电修理厂、广州船舶通信导航公司、广州海信工程公司;主要经营国内外船舶近、远距离通信联络业务和船舶通信导航设备的修理、安装、调试、检测业务以及广州海运的内部计算机信息管理。原大连海运船舶通信导航公司、大连海运(集团)公司企管部计算机管理科主要从事总机服务、船舶通信导航设备修理、安装、调试、检测业务和内部计算机信息管理。

1998年10月,由原上海海运船舶通信导航公司、广州海运通信导航事业部、大连海运通信导航公司、中海集团企管部计算机中心4个单位重组成立中海电信。其通信部负责对海岸通信的管理(通信部撤销后职能划归通导事业部),通过协议方式代理各专业船舶运输公司的部分通导管理业务,包括检查无线电规则的执行情况和通导设备的使用保养情况;对船舶电台操作人员作业务技术培训;根据法规要求以及各船公司船舶通导设备状况向船公司提出设备更新和配备的建议,并根据更新改造计划安排具体实施工作。同时,上海海岸电台、广州海岸电台均由中海电信统一管理。其作为提供海上电子与信息技术综合服务的专业化公司,通过不断改革和调整,形成路岸通信信息技术综合服务产业和海上电子综合服务产业,实现从内部管理为中心向为客户提供优质服务为中心的转型,从单纯技术应用向技术与服务并重的转型,从内部支持保障型向为社会公众服务的转型。

二、新技术开发应用

中海电信成立后,突破传统通信技术的局限,围绕水上运输及其相关产业的信息技术(IT)、信息和通信(ICT)技术新技术应用,开展相关产品研发和信息技术项目建设,先后参与中海集团船舶保安警报系统(SSAS)、船舶局域网、智能导航系统、岸上全球最大的船舶动态查询系统(AIS)免费船位查询监控系统、船舶总调度监控管理信息系统等通信信息项目的开发和建设;完成NR-1型490/518中英文航行警告接收机、GPS车载移动跟踪终端、风速风向仪、E视通视频会议系统等产品的研发并被广泛应用。这些产品涉及GPS、GSM、A/D转换等多项现代通信、信息、自动控制领域的先进技术。其中NR-1型490/518中英文航行警告接收机曾在上海市人民政府交通办公室组织的新产品鉴定中被认定为国内首创,并获得当年上海市科技博览会金奖。

2003年,中海电信以市场为导向,加大科研开发力度,成功完成AIS通用罗经转换器的开发工作,实现当年开发、当年生产、当年销售、当年盈利的目标。完成船舶保安警报系统的研发工作,并通过产品确认评审。2004—2005年,又积极运用通信新技术,陆续推出船队在线跟踪系统服务、卫星D+船位跟踪设备、卫星D+保安系统、卫星C站通信、卫星中文EMAIL系统平台业务、卫星传真、船舶图书资料跟踪服务、GZRDO电邮通信服务等多项新的通信服务项目。随着航运业的发展,新造船的数量迅速增长,中海电信抓住机遇,积极开发新造船配套通信导航设备的销售业务;新造船设备配套业务开展大大促进公司产品销售业务的成长,销售收入得到大幅增加。在陆岸通信信息技术综合服务产业中宽带网络业务和通信工程业务成为支柱产业。

中海电信的广州宽带网自1998年创建后,不断壮大,从无到有,从小到大。到2004年,具有500多公里的水运光纤网,遍布广州市的5个城区,宽带网络已进入近300个小区及商业楼宇。通信工程业务经营模式也由最初的劳动密集型向项目管理、工程分包方向突破。并进一步提高信息集成能力,不断向通信工程新技术领域发展。

2005年3月,上海海岸电台划归交通部上海海事局后,中海电信在原有传统业务的基础上,进一步调整业务发展方向,挖掘新的增值业务,保持企业持续发展。

2007年7月,为做好新造船舶通导设备配置工作,中海电信专门成立中海电信新造船通导业务部。2008年,中海电信完成船舶通导设备维修7 452艘次;检验船舶736艘次;船舶信息化系统软件安装78艘,维护363艘次;通导设备代管总数673艘次;卫星通信代理船舶897艘;全年检查船舶 515 艘次；代办船舶电台执照 263 份；申请 SSMI 标识 142 艘；完成通信工程项目 408 项；宽带用户总数为 2.27 万户；电话业务用户总数为 1.09 万户。2000 年，中海电信实现主营业务收入 13 479.9 万元，利润总额为－225.97 万元。截至 2000 年 12 月底，中海电信资产总额 20 817.8 万元，负债总额 15 187.7 万元，固定资产净值 7 100.6 万元，资产负债率为 72.96%。

在企业发展过程中，中海电信先后经历数次架构调整与体制变革，包括 2003 年的信息中心划出、2005 年上海海岸电台和广州海岸电台移交海事局、2006 年将生产业务萎缩严重的上海电子产品分公司与上海船舶通信导航修理厂的合并等。

在数次调整变革中，公司不断调整经营策略，在传统通信和通导设备生产、安装、维修等原有业务的基础上进一步调整业务发展方向，构建起海上电子综合服务产业和陆岸通信信息技术综合服务产业的"两大"体系，挖掘新的增值业务，保持企业持续发展。2005 年电台通信业务全部移交海事局，中海电信立即将原来以 SSB、NBDP 通信业务为主的服务转向以卫星通信服务为主，积极与各大卫星通信商和卫星地面站进行合作，运用现代通信技术推出船队在线跟踪系统服务、卫星 D＋船位跟踪、卫星 C 站通信、卫星中文 EMAIL 系统平台业务等多项新的通信业务。此外，公司充分利用销售、安装、调试、指导、维修的业务链服务优势，立足于上海、广州、大连三地，积极拓展长江、珠江及沿海的产品销售市场。

中海电信无论是从业务拓展、社会效益，还是技术、服务和管理等各个方面都较成立之初有长足的进步与发展，并连续多年获得"全国交通系统文明行业先进单位"和"上海市文明单位"等荣誉称号。

2010 年，中海电信完成的通导修理业务包括：通导设备维修总次数 684 艘次，为上年同期 6 046 艘次的 113.25%，其中中国海运内部船舶 4 174 艘次，占 60.96%，集团外部船舶 2 673 艘次，占 39.04%。检验船舶 885 艘次，其中外部船舶 505 艘次，占 59.98%。船舶信息化系统软件安装 52 艘，维护 348 艘次。完成的船舶代管业务包括：代管船公司共计 179 家，其中中国海运内部 17 家，集团外部 162 家，代管船舶总数 740 艘，为上年同期 698 艘的 106.02%。全年检查船舶 454 艘次，代办船舶电台执照 267 份，申请 MMSI 标识 187 艘。同时还开展通信工程业务、宽带信息业务和有线通信业务等。全年实现主管业务收入 22 849.56 万元，利润总额 880.54 万元。其所属上海修理厂担负着华东地区船舶通导设备的维修、安装、调试。

"十二五"时期，中海电信坚持"稳中求进、开拓创新"的总基调，围绕"集团业务稳定持续，外部业务有效拓展，创新业务有良好开端"的主线，着力于内外市场的有效开拓，着力于市场和管理资源的调整优化，着力于精细管理的集约规范，着力于转型创新的探索；既传承、放大中海电信的传统优势，又积极把握好科技资源整合的机遇平台，推动公司业务持续稳步发展。

三、拓展海上通导业务

开展新造船通导设备集成业务。2014 年，公司与江苏宏强、海通两家船厂先后签订 6 艘新造船价值近 140 万美元的通导设备合同，取得外部市场新的突破；全年完成新造船通导设备调试 44 艘，其中外部委托调试任务 11 艘。成功地签订通导设备供货合同 47 船套，合同金额价值 7 000 多万。2015 年，在与南方英辉船厂签订 2 艘双体高速客船通导设备供货合同后，又分别取得北海油运、中海油运、北部湾等船东在广船国际的 8 艘新造船合同；全年完成 32 艘船舶设备的交付，执行或接受外部委托船舶的设备调试和试航 47 艘。

开展通导代管和卫星代理业务。针对 F 站通信费大幅提高的情况，主动为船东着想，提出改装设备的建议,还推出多种设备,满足不同客户的选择需求,得到船东的认可。为加大外部代管船舶的开拓力度,中海电信把外部船舶的代管业务捆绑在通信服务中,带动设备销售和提高通信费收入,并及时为新造船出厂、二手船接船提供船舶电台呼号、办理电台证照、卫星船站码、LRIT测试等一站式服务。据统计,2015年新增代管船舶27艘。

推广电子海图培训项目。为落实好船员ECDIS(电子海图)培训工作,公司从2013年年底在上海、广州和大连三地建立JRC ECDIS培训平台的基础上,2014年下半年,再与FURUNO公司合作,签订培训合作协议。当年为集团外船员提供培训服务85人次;2015年,承接并完成集团内外船员TST培训1 314人次。

推行"E海通"平台增值业务。"E海通"平台以海上通信技术发展和市场应用需求为导向,将海上卫星宽带通信条件下的增值应用作为创新业务的研究重点,进一步研发船员通、集群通、单向推送广播、船舶调度监控管理系统、船舶安全与巡检系统等一系列以OTT业务为基础的增值应用功能。2015年,中海电信攻破E海通业务外部市场难以打开的被动局面,先后与中港疏浚等5家公司签订18艘船舶海上卫星宽带系统项目的安装合同,实现销售收入700多万元。

图4-6-1　2013年12月9日,第17届中国国际海事展中中海电信展台,推介中海电信的"E海通"业务

拓展陆岸通导业务。通过数年来的积极培育和准备,公司获得建设部建筑智能化设计施工一体化二级资质。依托资质,通过市场化投标等方式,积极开拓集团内外部系统智能化施工项目,2014年完成结算收入1 921万元;2015年,坚持开拓外部智能化施工项目,承接上海飞机制造公司、上海海岸电台等外部项目,外部业务实现持续增长。

进一步发挥水运通信专网管道等资源效用,借助联通合作创新宽带运营模式,调整业绩考核机制,更新并升级带宽管理器,持续改善用户上网体验,保持驻地宽带网用户数的稳定。同时,注册淘宝账户,便利中海宽带用户在淘宝网店进行交费及充值。

拓展联通工程业务二级市场和跨地区市场份额,成功获得铁通跨地区分包方资格;开拓深圳长宽业务,拓展广东增城教育局多媒体合作项目。

公司全力保障集团日常运输生产、安全调度的通信需求,认真做好电话语音网络的运营,安排好集团和各专业公司视频会议的操控与管理,认真做好总调系统、AIS系统及宽带网络的维护工作,为船位信息监控、调度管理提供可靠保障。公司还在大客户保存量拓增量上下功夫,2015年,新增大客户近20个,网络专线资源升级4个。

第七章 金融和贸易

1995年年底,中共中央、国务院提出"建设上海国际航运中心"重大战略目标,上海现代航运服务业步入快速发展轨道。中国海运成立后,将金融和贸易作为其重点发展的一个方面。2009年,国务院《关于推进上海加快发展现代服务业和先进制造业建设国际金融中心和国际航运中心的意见》以及上海市人民政府贯彻实施意见的发布,为上海航运金融和航运交易的加快发展注入强大动力。中国海运加大金融运作和创新力度,将航运主业适度向金融领域方向延伸,至2015年年末,初步形成具一定规模的航运金融和贸易服务体系。

第一节 金融运作

20世纪90年代后期,上海国际航运中心建设深入推进,不仅为驻沪各航运企业发展带来历史性重大机遇,也为上海航运服务业包括航运金融业的加速发展提供难得机遇。"十五""十一五"期间,上海各大银行十分重视与国有大型航运企业开展战略合作,逐步形成"立足上海、服务全国、通达全球"的航运金融业务服务经营网络,尤以航运融资业务发展为快。

在金融产业介入航运业越来越广泛的大背景下,中国海运也将航运企业适度向金融领域方向延伸,将其视为企业加快国际化发展的有效途径。通过布局金融产业,再经与航运主业融合,以产融结合的方式,集团可进一步发挥金融产业与实体产业间的协同效应,也有利于平抑航运周期。

根据产融结合特征,集团发展金融产业始终强调与航运物流主业密切相关,以金融产业支持与配合集团主业发展,推动集团转型突破;同时强调"以产为主",金融为产业服务。比较中国海运集团组建以年来各板块平均ROE情况,名列前三个业务板块的分别是金融、油运、散运,且金融板块的ROE(净资产收益率)最高。特别是"十二五"时期,集团能够在整个航运业普遍亏损的情况下实现稳定盈利,主要还是来自金融板块的贡献。对此,集团不但使用更多的金融产品来增加效益、减少风险,更以战略高度大力拓展金融产业,壮大金融板块实力,在推动主业跨越式发展中实现金融投资的超额回报。

一、资本运作

在资本运作中,集团统筹安排,充分运用境内外资本市场,积极对下属企业进行股份制改造,大力推行现代企业制度建设,并选择合适发行时机,先后将集团核心资产分别在香港和上海上市,筹集大量资金,为"调结构、促转型"提供资金保障,有效改善财务状况,在资本市场树立起良好的形象,提高公司的知名度。上市公司为集团和外部投资者充分兑现投资收益,带来较好回报。此外,集团还积极参与航运相关产业的战略投资,实现较好的收益。

2007年,总资产首次超过千亿元,达到1092.86亿元,总资产负债率控制在43.52%,净资产为617.25亿元,比2006年增加59%。全年资金流量9650亿元,比2006年增长63.56%,经济活动获取现金能力持续增强,年末资金存量达到290亿元,是2006年年末的2.82倍。

2008年,中海集运成功回归A股,募集资金154.7亿元,为中国海运和中海集运进一步做强做大航运主业和可持续发展起到重要作用。同年,集团成功发行50亿短期融资券、18亿企业债券、20亿可转换公司债券,直接融资占总融资额的比重提高到38.15%,外币借款由38.28%增加到43.84%,采取远期组合结汇、办理出口商业发票贴现等措施,资金抗风险能力得到增强。

1997—2010年,集团通过几个公司上市,发行股票累计筹集资金200多亿元人民币,81亿元港币。

表4-7-1 1997—2010年集团上市公司募集资金情况表

时 间	上市公司	事 项
1997年10月	中海海盛	A股配股9 009万元人民币
1998年3月	中海发展	H股配股募集38 016万元港币
1999年9月	中海海盛	A股配股募集22 321万元人民币
2001年4月	中海发展	A股IPO,募集82 600万元人民币
2004年6月	中海集运	H股IPO,募集768 350万元港币
2007年7月	中海发展	发行可转换债券20亿元,于2008年3月转股7 855万股
2007年12月	中海集运	A股IPO募集资金154.7亿元人民币
2010年5月	交技发展	A股IPO募集资金3.51亿元人民币

2012年,中国海运在国内银行间市场完成60亿元中期票据的发行。本次60亿元中期票据实行组合发行,第一期为3年期40亿元,第二期为7年期20亿元。优惠的发行成本,有效降低集团融资成本,进一步优化集团债务融资结构和期限结构。

2015年,集团进一步健全和完善现代企业制度,使企业更适应整体资产股份化、运作机制市场化、经营管理现代化的世界经济发展趋势,在新的平台上实现更好更快的发展。到"十二五"末期,集团有55%的资产已经上市,码头、物流、LNG等板块也逐步注入上市公司,结合资本市场的发展,在做大的基础上,继续做强、做优上市公司,为集团的长远发展打下坚实基础。

二、银企合作

加强银企合作,通过信贷资金的集中管理和统一运作,充分发挥规模优势,大幅下降融资成本,此为中国海运的重要战略举措之一。

2002年11月28日,上海浦东发展银行与中国海运签订《银企合作协议》。双方本着真诚合作、银企双赢的理念,经过充分协商和沟通,最终达成全面合作意向。协议签订后,上海浦东发展银行不仅向中国海运提供人民币、外币长短期贷款、票据业务、进口开证等传统金融服务,还本着以客户为中心的营销理念,根据中国海运业务发展需求,提供项目融资、财务顾问、银团贷款等个性化金融产品和优质、高效、全方位的金融服务。

集团成立以来,中国海运与中国银行在融资、结算等多个领域开展紧密的合作,并于2003年建立战略合作伙伴关系。2009年10月13日,中国海运与中国银行股份有限公司在沪签订《银企战略合作协议》，签约金额达到800亿元，是双方合作史上的又一个里程碑。

2006年6月19日，中国海运与建设银行股份有限公司签订银企合作协议，共同推动航运金融业务的发展。2009年5月5日，中国海运与交通银行股份有限公司正式签订《全面合作协议》，标志着双方银企合作迈入新的阶段。交通银行承诺为中国海运提供10亿美元船舶贷款以及总额为300亿元的信贷支持；中国海运则在现金管理、信贷、企业年金、投资银行等业务上进一步加强与交通银行的合作。

集团在信贷方面强调引入竞争机制，避免对单一银行的过分依赖，有效扩大合作银行的范围，先后与工、农、中、建、交五大银行建立战略合作关系，为集团生产经营提供有力的资金保障。

"十二五"期间，集团与花旗、ING、法国巴黎银行等大型综合性外资银行，以及挪威银行为代表的船舶融资银行建立良好的合作关系。随着集团在国际银团贷款市场中地位的不断提升，越来越多的外资银行积极与集团开展各项业务合作，大大拓宽集团的融资渠道。

由于航运市场特有的周期性，以及海事、保险、抵押等业务的特殊性，船舶融资业已形成一个专业性很强的融资品种。集团组建初期，通过融资租赁的方式购建一批散货船和集装箱船，迅速扩充船队。随着集团的发展，集团在境外船舶融资市场的影响力日益提高。

2008年国际金融危机爆发后，金融市场波动很大。对此，集团积极把握金融市场动态，积极平衡好境内外和本外币资金结构；着力推进规范化的财务管理模式，以资金管理为重点，加强基础管理，优化融资结构，强化集团管控。相关部门积极抓好融资筹资，保障资金需求；协调主管部门和相关银行，落实多项财政补贴和政策性贷款。

在集团创新财务资金管理和加强资金全球化运作的背景下，中海集运被选定为集团USCP项目的试点单位。2013年年初，首发即成功募集资金8 500万美元，仅用1个多月时间完成4亿美元的满额发行，年均可节约融资成本约4 000万元，这是中海集运通过在美国发行美元商业票据（USCP项目）3个月来取得的优异成绩。USCP项目运作期限为3年，期限内可实行商业票据的循环发行和资金利用。

2013年，财务公司积极落实集团与中石油战略合作，携手昆仑银行为中海客轮提供银团贷款7.25亿元；与工商银行合作，提供2.85亿元银团贷款，及时化解锦州码头的资金困境。截至2015年年底，公司累计发放银团贷款4笔，贷款余额2.24亿元，占公司自营贷款的6.24%。

三、金融投资

"十一五"期间，中海投资加快发展步伐。到"十一五"末期，已形成集装箱制造、股权投资、融资租赁、商业地产、产权经纪五大板块并举的业务格局。公司经营范围包括实业投资、股权投资、财务咨询、数据处理服务，从事金融软件领域内的技术开发、技术服务、技术咨询、技术转让，房地产经营、国际贸易及相关咨询服务，市场营销策划，企业形象策划。中海投资先后从事过集装箱码头、堆场、证券、办公楼租赁、汽车租赁等相关业务。

2004年，中海投资作为集团商业地产投资平台，购入并持有深圳、上海、北京、连云港、青岛等地的办公楼，总面积超过2.9万平方米，主要租赁给集团内部单位办公使用。

2005年起，发展集装箱、专用车制造行业。2008年，通过公司分立及股权重整，将集装箱、专用车制造业务归口由全资子公司上海寰宇物流装备有限公司持有经营。

2009—2011年，开始承担集团多元化发展的投资平台功能，先后参股烟台港股份有限公司、青岛双瑞海洋环境工程有限公司;独家出资设立深圳海宁保险经纪有限公司,涉足保险经纪业务。2011年起,公司逐步加大金融投资力度,先后参股上海航运产业基金管理有限公司、兴业基金管理有限公司和昆仑银行股份有限公司。同时,公司在严控风险、适度投资的原则下,运用证券、信托、资管计划等金融工具,形成一定规模的金融资产。

2014年,公司承担融资租赁公司的管理职能,沿集团航运产业链上下游开展船舶、港口物流设备的融资租赁,并按市场化的方式建立团队,发展医疗、能源和教育领域的融资租赁业务;同时涉足产权交易业务,成为上海联交所央企会员,产权经纪拟发展为半市场化业务,立足集团,适时拓展。

第二节　船　舶　贸　易

一、船舶买卖和租赁

1997年,集团成立之初,集中人力财力大力发展集装箱船队,需要大量购置船舶,大批买卖船舶,如果通过中介公司,必然产生一笔不菲费用,而且在贸易过程中存在种种不方便。于是集团成立第一年,为配合集团发展运输船队的需要,组建中海国贸。

中海国贸是集团对外贸易的"窗口",主要以船舶买卖为主,兼做一般贸易。中海国贸坚持以服务集团船队结构调整为宗旨,形成贴近集团发展需求和行业特点的经营模式,逐步发展到以船舶经纪(二手船、造船、租船)、船用设备和备件代理及供应;船舶工程服务等为主营业务的专业化公司。特别是经过近几年主动创新,积极拓展船舶信息咨询、船舶融资、船舶监造、招标代理等业务,在产业链延伸上寻发展,逐步向从事船舶贸易和商务、信息和咨询服务的专业公司转型。认真按中国海运船舶处置的操作程序,做好每一艘处置船舶的报价、签约与交接工作。在服务集团、做好船舶处置与购置工作的基础上,在船舶买卖取得较好经济效益的同时,公司逐步走向市场,积极拓展集团外船贸业务,不断扩大船舶经纪网络,在国内国际船贸市场中树立良好形象,增强作为船舶经纪人的地位。

1999年,中国海运内部船舶贸易业务大幅度下降,公司利用已建立的国际经纪网络和国外船东关系,加强信息交换,使集团外的船舶买卖开始占据主导地位,同时为集团在购置新船方面,提供不少决策依据。

2000年,中海国贸在拓展境外废钢船的进口渠道和建立国内废钢船拆解利用基地以及在设备、配件的综合利用等方面进行探索和尝试。公司完成中海客运的客滚船购置。公司还积极关注并主动参与集团新造船项目,利用可得的船舶市场信息的优势,为集团提供决策依据,努力在新造船的延伸业务方面多做工作。

集团大力发展集装箱运输,为公司创造开拓租船业务的机会。公司于1998年5月成立专门小组,负责新造船和租船业务。1998—2000年先后为中海集运租入7艘大型集装箱船,开辟长期的租船业务渠道。

2001—2003年,公司共为集团内船东处置报废船舶及购置二手船近70艘,集团外业务也达到近40艘。

公司积极为中海油运、中海货运、中海海盛、中海客运、时代航运、大连万通等集团内外客户提供大量船舶贸易市场信息资料和船舶跟踪服务,分别安排并协助中海客运赴日本勘验客滚船、中海海盛勘验化学品船。

2001年,公司成功为中海油运从境外购入"枫林湾"轮,该轮轮机技术状况良好,投入营运后效益显著,有力地增强中海油运在油品运输市场的竞争力。

同时,中海国贸船舶租赁业务主要集中在集团内集装箱船租船业务,为中海集运续租2艘1700 TEU船、1艘700 TEU船"ANTARES",为中海集运2艘5700 TEU船做好上线工作,为中海浦海租入1200 TEU船"国泰轮",为中海集运租出3艘200 TEU船及"向鹰""向达""丽洋""向旦"和"向莲"等船舶,还协助中海船舶管理公司与舟山船东就达成船舶挂靠管理的协议。

2006年,中海国贸船舶贸易依托集团主业的发展,重点关注集团内部船公司的船队结构调整和各合资合作公司的船队发展情况,根据客户意向,提供准确、及时的船舶信息,实施动态跟踪。同时,根据不同船公司的需求,加强个性化服务。这一年共为集团内各船公司提供400多艘船舶购买信息,勘验船舶30多艘,为新世纪航运购入两艘巴拿马型散货船,为中海油运购入一艘VLCC,为浦海航运租入"力鹏7"轮;促成"力鹏15"轮的续租。同年,集团外部船舶贸易业务有较大的提高,为唐山华山海运购入一条大灵便型散货船,为天津畅明海运购入"畅明海"轮,为锦州长兴海运购入一条大灵便型船,为福建管头海运代理进口一条巴拿马型散货船,创造较好的经济效益。租造船代理业务进一步扩大。

2007年,做好中海集运承租两艘5700 TEU集装箱船和浦海航运租用的"力鹏7"轮续租工作,完成"力鹏15""向莲"轮还船清账工作;开发散货船、油船租赁和买卖业务,利用现有的信息资源,积极寻找客户,为进一步拓展租船代理渠道打下良好的基础。

2008年,确立二手船(废钢船)买卖竞价处置模式,在市场波动中,积极加强与船东的联系,培养新人,做好信息捕捉,并为上海海运服务公司代理购入"环海1号"交通艇,并提供船舶技术咨询等。

2010年,集团船舶贸易业拓展经营思路,丰富业务内涵,以上海市航运中心建设为契机,结合船舶贸易的特点,加强业务开拓力度,完成"大庆217"等5艘二手船舶的交易和"华德"轮等21艘报废船的处置工作;完成中海集运2艘2986 TEU船舶进口代理和2艘5700 TEU集装箱船的租期内服务工作。

2011—2014年,中海国贸分别为中海集运做好2艘5700 TEU集装箱船的租期内服务工作;为中外运、广州海电、中海集运、浦海航运等集团内外船东提供船舶进口代理服务。

二、其他船贸服务

2001—2003年,中海国贸共开展造船代理业务32艘次,包括沪东中华造船有限公司建造的4艘4100 TEU集装箱船项目和日本名村造船厂建造的1艘阿芙拉型油轮项目;先后参加中海油运分别在日本和大连新船重工建造的11万吨油轮、在广船国际建造的4.2万油轮;中海货运在国内建造5万吨散货轮、在渤海船厂和上海船厂建造的灵便型散货船;中海客运在江南船厂建造的客滚船等项目的技术和商务谈判。同时,还做好集团新造船的船用设备进口代理。

2006年,为上海巴士旅游公司在重庆东风厂建造一艘旅游船;为中海海盛所属的金海公司在浙江振兴船厂监造2艘7000吨化学品船/原油船。为华海石油运销公司的3艘5000吨油轮进行监修;协调和处理在线船舶发生的纠纷。同时,利用客户资源尝试性地参与船舶买卖,拓展新业务。

2007年,该公司为中海集运、中海货运、中海客运、中海海盛等在大连船厂、广船国际、龙穴船厂、沪东船厂、中海工业江都船厂等做好造船代理；为新世纪航运、时代航运等公司做好造船代理及进口船用设备的代理。中海国贸依托集团主业发展的同时，积极拓展集团外市场，在船舶贸易代理、造船代理、造船设备代理、租船代理和工程技术服务等领域取得可喜的成绩，创造出良好的经济效益。根据国际、国内航运市场二手船舶价格行情，为客户提供各种及时信息。工程技术服务方面，为上海巴士旅游公司在重庆东风船厂监造415客位的旅游船；签订29.8万吨油轮6条船液货舱容量检测服务项目；中海国贸在船贸和代理过程不断提高自身发展的能力，力争成为专业的船舶经纪公司。

2008年，中海国贸依托集团主业发展的同时，积极拓展集团外市场，在船舶贸易代理、造船代理、造船设备代理、租船代理和工程技术服务等领域取得可喜的成绩，创造出良好的经济效益。为中海集运代理进口轴承、润滑油控制器等进口设备做好充分的准备。积极做好中海集运、中海货运、中海油运、中海客运、中海海盛等造船商务谈判和技术谈判，做好船东和船厂的联系协调，为客户提供优质的服务，已显现中介代理的角色。工程技术服务方面，承接浦江巴士456客位和300客位观光旅游船的监造；参与韩国STX主机国内代理项目，成功承接2艘5.5万吨和3艘3.5万吨散货船的造船代理业务；为中海油运在江都船厂、大连船厂、龙穴船厂等的造船提供油舱盖、缆绳、应急拖带、油泵等。中海国贸不断拓展市场，加速人才培养，努力提高综合竞争能力，走自身发展之路，创建独具特色的船舶经纪公司。

2010年，中海国贸在工程技术服务方面，为中海工业提供电焊条707吨；为中海集运、浦海航运提供绑扎件及修船备件送船380余船次；为中海集运在建船舶提供舱盖板、锚和锚链等；为中海油运提供防浪罩、"大庆93"等轮提供发电机组3船套；提供9船套粉碎泵、3船套艉轴密封和2台主机增压器。贸易招投标业务方面，成立招投标项目开发小组，利用北京办事处原招标代理的经验，已在中海投资所属箱厂购买堆高机、正面吊等项目，进行尝试，迈开招投标业务的第一步。同时，加强业务开拓力度，结合船舶贸易的特点，选择船贸部为业务开拓的试点，将原有船舶买卖业务延伸至船舶租赁、新造船、船用设备代理等，利用集团的品牌优势，拓展船舶融资咨询业务，与招商银行、交通银行进行合作，随着上海航运中心建设步伐的推进，市场潜力得到提升。

2010—2014年，国贸公司在积极为集团内船东的二手船交易、废钢船处置、设备物料供应及绑扎件服务等提供优质服务的同时，完成中外运3艘进口船舶代理服务。另外，还收集航运市场、拆船市场信息，为集团外客户提供购船、租船、造船所需信息服务。造船代理和进口设备代理方面，完成造船139个节点。执行船舶设备代理合同30个，参与招标中标代理进口正面吊1台，参与伊朗VLCC型号油轮及新加坡24 000吨多用途船设备供货招标会，中标船用灯具项目。

2011年，公司设立船舶信息咨询部，利用现有信息资源，整合信息内容，为金融机构提供船舶融资风险咨询、航运市场分析、船舶价格咨询等服务，为集团内船东、合营公司以及集团外客户购船、造船、租船提供所需信息。部门成立伊始，即为太行海运提供散货船造船可行性分析报告。随后，公司组织多次面向金融机构、航运企业的"船舶融资信息咨询服务"推介会，并在2012年与工商银行、交通银行、招商银行等多家银行签订《船舶融资可行性分析及风险评估合作协议》《船舶价格和风险咨询服务合作协议》，为他们提供船舶融资方面的咨询服务，并定期提供航运市场信息的专报。

2012年，公司成立采购与招投标部，为集团内客户的各类工程招标项目（主要集中在陆岸单位的生产设备采购、办公楼装修，以及中海信息数据库软件采购等）做好招标代理服务。

随着上海建设航运金融中心，国内金融机构不断加大船舶融资产品创新和航运金融服务创新的力度。2013年,船舶信息咨询部更名为航运金融服务部,把"在航运企业与金融机构之间架起桥梁,提供专业、集成的航运金融服务"作为新的开拓方向;在与船东、银行、保险业合作、积极探索航运金融服务方面进行尝试,包括:与金融机构就航运资产证券化、航运融资经纪及咨询、航运指数产品等业务模式进行探讨,与各大商品交易所就建立废钢船竞买平台进行探讨等,期望推动公司的航运金融服务及船舶贸易业务,有利于公司的可持续发展。

2013年起,中海国贸设立贸易部,把以大宗物资采购为起点和核心拓展供应链贸易业务作为公司转型发展的重点之一。通过与集团内航运及物流企业合作,整合内部资源,提高集团内运力和物流资源的利用率来开展大宗商品供应链贸易,探索商业模式的构建和创新、拓宽销售渠道、培养客户资源。公司对销售执行和采购执行这两种商业模式进行研究和尝试,由公司贸易部、航运金融服务部、广州办事处共同参与项目拓展,先后开展浦项制铁镍铁项目、东方特钢铁矿现货贸易项目、西山煤电动力煤和焦炭项目、深圳沥青、钢坯贸易项目等。

2013年年初,将船贸部、造船部、工程部合并,设立航运经纪部,同时加大船舶技术研发的投入,设立船舶技术室。公司还为承建集团内船东新造船的沪东中华、大船重工、广船国际、山船重工、江南长兴等船厂提供新造船设备进口代理;为龙穴造船、黄埔造船、渤船重工、江南造船厂供备品及缆绳;为中海散运船舶技改项目提供服务;向国内各大船厂、船东提供船锚、锚链、注油器等船用品及技术改造项目服务;为中海货运、中海海盛、嘉禾航运、振华航运、银桦航运、京海船务等船东做好拟购船型的市场跟踪服务,并为集团外客户购船、租船、造船提供所需船型信息服务。

2014年,公司先后承接金海、时代、银桦江都、银桦扬子江等船舶监造项目和振华船务涂装项目,派出4个驻厂监造组实施共计8艘船的现场监造,还通过市场招聘为银桦航运的"银桦2轮"监造项目、LNG美孚项目派遣8名监造师和1名轮机监造师。

2014年5月,中国海运召开物流转型发展工作专题会,探索、分析物流工作的发展趋势,并创新物流业务模式,将中海国贸整体并入中海物流,加快实施发展转型。

2015年1月1日起,中海国贸正式纳入中海物流管理体系。船舶贸易业务体系更加顺畅。

第五篇 企业管理

概　　述

中国海运成立之前,上海、广州、大连海运作为历史悠久的大型海洋运输企业,在长期的实践和探索中,积累起丰富的船舶运输和安全生产管理经验。

20世纪八九十年代,随着国家改革开放方针政策的贯彻执行,海洋运输业也逐渐步入市场化。新成立的国营、民营、合资、外资等不同经济类型航运企业大量出现,计划经济时代按计划分配货源的模式逐步为航运企业的自主揽货、自主经营所替代,市场竞争日趋激烈,传统的运输管理模式相应转变。1993年,中共十四届三中全会首次正式提出并阐述了建立现代企业制度问题,要求进一步转换国有企业经营机制,建立以适应市场经济为要求、"产权明晰,政企分开,责任明确,管理科学"的现代企业制度。

1997年中国海运成立前后,国家先后颁布一系列重要水运法律法规。2001年中国加入世贸组织后,国内航运市场加速开放、现代企业制度全面推行。新形势下,中国海运所属各航运企业进一步转变观念,把适应市场变化,提高运输管理水平和竞争能力置于企业发展战略重中之重的地位。以先进信息技术为代表的现代科学技术成果,被各企业广泛应用于水运管理,使各项管理更加便捷、通畅、精细、扎实,有力提高了管理效能和经济效益,推进运输管理的制度化、规范化和现代化。

"十二五"时期,集团所属各单位遵循中国海运提出的"三大转变""五个转型"指导方针和工作思路,面对全球金融危机带来的航运市场持续低迷状况,不断增强安全意识、服务意识、风险意识、品牌意识,努力改进经营管理方式和手段,不断提高管理水平和客服质量,使生产调度、市场营销、运输成本、风险和法务、船队船舶、修船造船、后勤保障、安全生产等诸方面管理上新的台阶,从而适应和满足市场各种变化和需求,企业经营状况和经济效益不断得到改善和提高。

第一章 船舶生产经营管理

作为以航运为主业的中国海运,船舶生产经营管理始终是企业管理中的重点。1997—2005年,集团重点加强船舶基础管理,特别是外贸运输船舶的基础管理,努力使中海的船舶都成为管理严格、市场青睐、服务优良、货主欢迎的船舶。2006年,随着中国海运船队不断向现代化、大型化、规模化迈进,航运企业经营的规模和市场份额不断扩大,转变管理模式、提升管理水平势在必行。对此,集团提出全面深入开展精细化管理的要求。2006—2015年,船舶生产经营管理始终围绕精细化管理要求,不断提升管理质量,提升管理效率。

第一节 船舶调度管理

20世纪70年代末至80年代初,上海、广州、大连等地海洋运输系统实行的是计划经济体制下的计划运输。即中长期计划由国家统一编制,年度计划由国家下达控制数,经企业编报后组织实施。国家每年召开全国性订货会议和物资分配会议,落实货源,确定计划运输量,作为企业综合平衡生产计划的主要依据。企业为平衡江海运输,合理配置船舶,保证水上运输月度计划的完成。上海海运和广州海运等主要航运企业均执行交通部颁发的《水运生产调度规程》和《水运调度通信规程》。

1972年10月,交通部颁布沿海南北航线调度规程,规定调度指挥、通信联络均由交通部直接掌握,有关装卸、配载、供应等业务,由所属局负责办理。北上船舶由所属局,南下船舶由船长向交通部请示开航命令,包括开航时间、航速、装载货物数量、预计到达待命地点时间、船存油水数量五方面的内容,确定调度部门基本职责。当时上海海运调度部门的主要职责是:在局长领导下,负责本局日常运输生产组织指挥工作;根据交通部下达的月度计划,编制船舶月度、旬度运行计划,下达航次任务,并组织全面完成;准确掌握船舶航行动态、装卸进度和货物集中疏运情况,及时调整船舶密度,保持航区正常的航行秩序。广州海运从1980年起,规定每天召开一次调度会,生产、航监、技术、人事、供应、通信、船队、计划、工会、办公室各部门都派处室负责人参加,共同研究安全生产事宜,以利于各职能部门从各个不同角度提出和分析运行船舶的不安全因素,从指挥核心内消除不安全因素,提高安全航行的概率。同一时期,大连海运强化调度指挥系统,制定出"调度工作责任制"和"调度人员值班守则";对计划、调度人员经常进行安全业务教育,提高他们对安全生产的责任感和对安全生产重大意义的认识。培养调度人员独立自主的工作能力和正确处理突发事件的应变本领。要求调度人员根据渤海湾风浪天多、雾季长、航船多、航道狭窄、渔船多的特点,认真执行船舶的抗风等级和"雾航规定",保证船舶安全航行无事故。

进入90年代后,上海、广州、大连三大海运集团坚持把调度管理作为生产经营管理的一项重要内容,从组织机构和工作程序上抓好落实,使调度管理进一步程序化、规范化。1997年中国海运成立后,在继承三大海运集团船舶调度中合理的规章制度的基础上,根据交通部门有关规定以及水运发展需求,在管理体系和管理制度上做了更新和完善。

一、船舶调度指挥体系

1997年,中国海运在沪成立后,为加强生产指挥,及时建立有集团领导和所属各专业公司及机关各部门参加的每天生产调度例会制度,设立中国海运总调度室,理顺船舶调度指挥体系,各生产单位、总部各部室的情况都能在例会上得到及时的沟通和交流。集团生产调度处设有处长1名、值班调度员4名、计划调度员2名、统计分析审核员1名。生产调度处隶属集团运输部,亦为集团总调度室,对集团的运输生产、安全状况等负有全天候监控责任,其主管领导为运输部总经理。生产调度处的主要职责:一是担负调度值班,要求值班人员24小时连续值班;加强与集团各专业船公司、各陆岸单位相关值班人员的联系,以保持信息渠道畅通和高效;强化对有关航运生产和船舶管理等专业知识的学习和掌握,对陆岸单位以及船舶营运中发生的事故或紧急事件,做好应急处理、正确报告和详细记录等工作。二是参加集团每日的生产调度会,汇总编制集团重点船舶动态表、集装箱核心班轮脱班监控表、煤炭船舶等泊情况表等,按规定做好有关会议材料的汇总、准备、整理和发放工作。三是负责安全监控,保持各种通信渠道的畅通,确保各种安全信息能够得到及时接收和处理;准时接收和汇总集团各专业船公司的每日船舶动态,对所发生的各种安全事件按程序进行处理;对集团陆岸以及船舶所发生的各种事故做好记录并汇总统计。此外,生产调度处还负责应急反应、船舶运输生产监控、生产完成情况的快速统计等。每年年末在综合考虑集团运力变化、市场情况及船队发展规划等因素的基础上,会同相关处室制订集团下一年度生产运输计划;每月月末根据运力变化和市场情况等,编制集团下月度运输生产计划并下达给各专业船公司。

至2015年,交通部始于1980年的月度生产平衡会议制度一直延续实行[①]。但随着改革开放深入,其名称已由月度生产平衡会议改为月度生产协调会。参会单位与当初相比基本没有变化,依然由交通运输部、铁道部、港口、主要航运单位以及有关供需双方参会。会议议题基本围绕市场形势分析、有关行业经营情况分析以及重点物资运输、经营问题的协调衔接等方面展开。

二、船舶调度信息化建设

2004年,随着科技的发展,中国海运船舶总调度监控管理信息系统建设取得重要进展。根据集团信息化建设滚动规划和精细化管理的需求,此项系统建设和运转,为运输生产管理、安全管理等部门建立起统一的船舶动态信息系统,统一所属各企业、部门间的差异化和特殊性,为用户的快速查询、相关信息了解、应急指挥和辅助决策等应用提供保障和支持。此系统的一期工程已于2010年12月完成,其核心功能为全球电子海图应用,主要对传入的船舶相关信息及数据进行解析,并以电子海图形式展现,再加入海洋气象信息系统、船舶航线监控、防海盗危险区域报警及船公司动态日报汇总而成。

"十二五"时期,中国海运针对所属航运公司船舶增多,船舶向大型化、现代化发展的特点,在船舶调度管理上实施战略转型,积极推进"船位在线监控系统""海上个人应急示位跟踪系统""海难搜救机器视觉系统"等应用,加强应急指挥体系建设,实现船舶管理监控实时化、指挥辅助决策电子

---

① 1980年始,交通部每月在北京召开月度生产平衡会议,与各港航企业、外贸货运、外轮代理公司等调度计划人员一起,共同编制下月份的运输生产计划。

化。针对新造船特别是对 VLCC、VLOC 等现代化、自动化船舶，配置能反映水流情况、建议航速、规避碰撞事故、偏离航线航道自动报警、叠加显示附近信息、卫星自动导航等综合多功能电子海图，最大程度地满足船舶安全管理需要，建设智能化主动安全管理体系。同时深入推进船舶精细化管理，全面提升船舶安全管理能力。加强船舶安全监控制度建设，坚持执行对受大风浪影响的船舶跟踪制度、对雾航船舶的提醒制度、复杂航区和特殊情况下的指导制度、开航前报告审核制度、防抗台风的跟踪指导制度、船舶特殊情况下的跟踪指导制度、VLOC 和特种货物船舶装卸制度、航行的全程跟踪指导制度，完善 PSC、FSC 检查制度（港口国监控与船舶安全检查），强化对船舶航行、锚泊、靠离码头的全过程监控，从而使集团的船舶调度管理更趋现代化、信息化。

第二节　航运市场营销管理

改革开放前，国家海洋运输行业实行的是计划经济体制下的计划运输。国家每年召开全国性订货会议和物资分配会议，落实货源，确定计划运输量，因而上海海运、广州海运、大连海运等主要航运企业都有稳定的货源，其主要任务是按照国家方针政策和部署，确保国家运输计划的完成。在开展客货运输时遵循"先计划内，后计划外；先重点，后一般；优先运输国家指令性计划产品和急需物资，适当兼顾指导性计划产品及其他物资"的原则。

中共十一届三中全会后，贯彻改革开放方针政策，旧的航区界限和独家经营局面被打破，海洋运输企业逐步由生产型向生产经营型转变，后又逐步走向市场化经营。原先在固定航区范围内按计划分配货源的组织运输生产方式，逐步为承托运双方直接见面、以合同形式组织运输生产的方式所代替。在运输组织上则进行一系列改革和调整，不再受计划和航区限制和束缚，积极组织承运经济效益高的货种、物资，大力承揽回程货或第三国货载（即在外国港口间装卸的货物），提高船舶营运效率。

中国海运成立后，始终高度重视市场营销工作，不断加强营销管理，在转变营销模式、建立营销机构和拓展营销网络、网点等方面都有新的建树。特别是"十二五"时期，坚持"重在营销、赢在营销"的理念，在深化"大客户、大合作"战略，大力推进"一带一路"建设中，集团的国际化经营进一步发展，内外贸营销网络愈加健全和完善。市场营销管理得到加强，经济效益不断提高，成为集团和所属航运企业生产经营管理的重点内容之一。2012 年 8 月，集团首次召开销售工作大会，在总结以往成功销售经验的同时，要求职工充分认清营销对于集团生产经营的重要意义，培养与全球化进程匹配的营销思想和营销能力，使员工的市场营销与客户管理以及营销策略的组合能得到一定提高。

一、营销模式

改革开放后，国家对水运市场实行放开搞活的政策。交通部提出"有水大家走船，有路大家走车""各部门、各地区、各行业一起干，国营、集体、个体和各种运输方式一起上"等一系列放宽搞活经济的具体政策。全国各地从事海洋运输的船公司纷纷成立，行业间互相竞争发展的局面逐步形成。面对这一形势，上海、广州、大连海运等国家主要航运企业及时调转经营方向，改变作风，着手货源调查工作，主动与外贸部门和货运单位联系，积极揽运计划外货载，改进和加强客户服务的意识明显增强。

1988 年，国务院相继颁发《关于加快和深化对外贸易体制改革若干问题的规定》和《关于沿海地区发展外向型经济的若干补充规定》等文件,要求外贸体制实行"自负盈亏、开放经营、工贸结合、推行代理制";沿海地区要有领导、有计划、有步骤地走向国际市场、国际交换和国际竞争,大力发展外向经济。为此,许多航运公司开始树立竞争观念、效益观念、服务观念,从"等货上门"转为"找货上门",从"重运输"转为"重效益",从"官商"转为"服务",从而进一步明确为货主服务的观念和创优良经营业绩的目标。

1997年,中国海运在沪组建初期,就把市场营销置于重要地位,积极实施"走出去"战略,开展国际化经营。至1999年已形成中海集运八大区域公司,设立和管理各区域内的营销服务网点,境外网络覆盖全球五大洲,形成较强的全球经营能力。

成立之初的中海集运根据集团部署和要求,对集装箱运输实施"全球营销一体化"的改革。制定"全球营销一体化"的标准:贴近市场、客户满意、服务规范、环节减少、成本降低、效益提高。确定营销总体思路:面向市场、贴近市场、适应市场,从以调度为中心向以客户服务为中心转变,通过对海内外经营管理机构的重组与调整,改变经营管理现有格局,把集团所有海内外集装箱经营管理机构全部纳入集运管辖范围,形成一个利益共同体,最终形成以公司总部为核心、以所属海内外区域性公司为主干、以所属各口岸分支机构(包括代理)与各货运网点为基础的集装箱运输经营网络体系,实现"贴近市场、客户满意"的市场营销目标。根据市场变化与发展,及时采取各种有效的市场营销策略,确保集装箱运输服务能满足客户的各种需求,增强企业在国际航运市场上的竞争能力,提高经济效益。遵循"满足客户需求、提供优质服务"的全球营销一体化宗旨,该公司专设市场部客户服务处,以客户满意为中心,以市场为导向,逐步建立和完善集装箱运输全球市场营销客户服务体系,并按照国际标准化组织(ISO)制定的质量体系要求,制定一系列规范服务标准和业务须知,力求为客户提供全面、满意的服务。

进入2000年后,针对20世纪末21世纪初国际上的工业船队、贸易船队和商船队3种船队自由竞争发展模式产生变化、传统运输市场受到冲击的严峻形势,集团所属各运输企业在市场营销方面,进一步实现由计划主导型向市场主导型转变。为保持市场主导地位,巩固已有市场份额,进一步拓展市场争取增量,增强企业的竞争力和影响力,营销策略愈加贴近市场,多样而具特色,尤其注重大客户开发战略,不断提高客户服务质量。而且将先进的信息技术广泛应用于市场经营和客户服务,有效提升了营销管理水平。

21世纪初,航运市场低迷,船价相对较低。为遏制市场占有率下滑态势,集团采取"稳住两头,中间突破"的策略,首先通过出售自卸船成立上海时代航运有限公司,稳住东北电煤市场(当时,华南电煤的市场占有率仍处于一个合理水平,故先巩固东北市场占有率),接着在华东与上海电力(中电投集团)组建上海友好航运有限公司,促进华东市场占有率的提升,随后与煤炭销售方神华集团在珠海成立珠海新世纪航运有限公司。这批联营公司的成立,有效促进了集团的市场营销和市场占有率。

自2004年起,集团在营销管理中,每年都有新的大客户加入其战略合作联盟。截至2010年年底,由其控股的中海发展(包括中海货运和中海油运)相继与华能集团、中电投集团、神华集团、国电集团、宝钢集团、首钢集团、上港集团、华润集团、申能集团、广州发展集团等大客户建立紧密型战略联盟,先后投资设立10余家控股、参股联营散货航运公司,推进铁矿石、煤炭和成品钢材运输的合资合作。与中石化、中石油、中海油等国内石油巨头建立战略合作关系,推进原油、成品油以及化工产品运输的合资合作;与中铝集团、中储粮等企业建立战略合作关系,推进矿石、粮食运输的合资合作。

"十一五"计划期间,由中国海运控股的中海油运坚持互利互助宗旨,与中石化等国内龙头石油企业开展多方位合作,有效巩固和提高内外贸原油、成品油及国内海洋原油运输的市场份额。为了主动适应市场需要,全面加强与各大货主的合作,该公司连续多年坚持一年一度的外贸货主恳谈会和内贸货主恳谈会制度,围绕"增进友谊、促进合作、共谋发展"的主题,分别就外贸和内贸油品运输的经营合作事宜进行深入探讨,并针对经营业务中存在的问题研究解决办法,提出完善操作管理的积极建议。

2006年始,由集团控股的中海集运转变传统营销模式,不打"价格战"而打"价值战"。其在国内各口岸不断创新营销模式,积极占领市场制高点,形成许多新的经济增长点。该公司专门为通用汽车开设的上海至营口汽车零部件专营航线,定船、定班、定时,实现客户在美国本土无法实现的"2 000公里以外零库存"目标。此航线的开通营运,因满足客户需求,航线箱量连年攀升。为积极应对市场波动,中海集运实行一体化服务经营策略,通过与国内外重要运输公司签订联运战略框架协议,积极扩展多式联运模式。作为该经营策略的重要实践,中海集运确立大客户开发战略,成立货物拥有者权益实益拥有人BCO(Beneficial Cargo Owner)客户服务工作组,为全球大客户提供标准化和一体化服务,培育一批具有稳定箱量、能为航线带来更大收益的优质客户群,提高优质货比例。该公司十分重视应用现代信息技术,为客户提供及时、全面、丰富的信息服务,2006—2007年相继建立网上客户服务平台和大客户电子订舱平台。其网上客服平台成功推出后,网站日浏览量从几千人次增加到万余人次,满足客户对货物动态查询、船期查询下载、报表统计分析等多种需求。由于多方原因,中海集运深圳公司在往昔的市场开发中存在一些问题,如大中型客户比例不高、直接客户比例偏低、市场营销缺乏中长期规划及针对性市场策划等影响航线效益提升的因素。该公司通过认真分析市场拓展等方面存在的不足,对市场营销管理进行针对性细化,将欧洲—地中海航线打造为模范航线,作为提升整体揽货量与航线效益的突破口。从加强市场营销力量入手,逐步形成由口岸销售、下属公司销售和网点销售构成的三层揽货网,按照分解箱量指标,层层落实。该公司还着力加强客服对销售的支持力度,一方面明确界定销售与客服的职能定位;另一方面增设内部销售岗位,协助外部销售人员做好客户维护工作,建立起"外部销售—内部销售—客户服务"的三级销售模式,大幅提升销售工作效率,也提高了大客户对航线服务的满意度。

2008年下半年始,美国次贷危机引发的金融风暴迅速波及各个行业,世界航运市场也进入旺季不旺、淡季更淡,运价快速回落的萧条期。面对复杂多变的国内外经济、贸易和航运形势,集团下属的中海集运等运输企业以推进精细化管理为抓手,加强市场开拓和营销,坚持"大客户、大合作"战略,合理调配运力,精心组织运输生产,多管齐下,采用各种措施,积极应对金融风暴和经济危机对航运市场的冲击,保持运输生产和经济效益的总体稳定。

2009年5月,中海集运全球大客户EDI订舱平台成功上线,及时支持美国航线的签约。平台打造几乎与飞利浦新约同时进行,实行电子订舱一个月后,飞利浦调整在各船公司的舱位分配计划,增加小家电从上海到鹿特丹和汉堡两条出货航线给中海集运,半年后中海集运对飞利浦的EDI服务覆盖国内、东南亚、美洲、欧洲,EDI数据质量从开始的70%提升到90%的稳定绿色地带。到同年年底,EDI服务质量基本达到100%。截至2010年,中海集运的EDI服务在地域上已覆盖全球,可以随时在任何一港口推进,在服务格式上,掌握美国和欧洲两大国际主流格式和国内若干通用格式。该项专业服务能力在美线保持着能满足客户任何需求的水平,在美线以外的其他外贸航线处于领先水平。

至2010年的数年间,中海集运一直致力于建设"无缝管理"和协同服务的客户服务体系,推进网络化营销,实施一体化服务。通过推进全球服务标准化项目,在广泛听取客户、合作方意见和建议的基础上,先后出台近 20 项服务规范和标准,完善市场、航线、中转、客服、直属单位等各部门和各单位的联动机制,建立客户服务的快速响应机制,提高对客户需求的反应灵敏度。通过推行"大客户经理制",进行"细节营销",为大客户提供一体化的综合物流解决方案,稳定航线经营。通过细分客户群,掌握客户不同需求,提供差异化服务,实现服务增值,进一步提升客户忠诚度,培育一大批优质客户。该公司在抓经营、促管理的同时,深入贯彻实施"大客户、大合作"战略,努力打造服务品牌:按照"网络化营销,一体化服务"的经营策略,通过客户服务工作小组为大客户提供不同层级的 VIP 式服务;成立品牌服务对标小组,对提升公司服务质量进行调研论证,提出可行意见和建议。至 2010 年年底,公司已初步造就出一支市场经验丰富、素质高、执行力强的销售队伍,形成一套独特的营销管理模式。

2011 年,面对低迷的市场形势,中海集运迅速适应市场变化,以更积极、主动的心态去开拓市场。在具体经营过程中,重视客户需求,深入市场,以扎实、优质的服务来吸引和稳定客户,针对美线、欧地、澳洲、中东等外贸运输以及内贸市场进行主要航线的梳理,提出具体的经营提升方案,切实推进大客户战略,积极参与市场竞争,提升航线效益。一方面,为提高各航线装载率及保证航线效益,更好地开发和维护客户,在公司总部成立营销工作小组,派出营销人员分赴各口岸,深入市场第一线,与口岸公司共同配合,广泛拜访客户,及时了解和反馈市场信息,切实加强揽货,加大市场开发力度。同时针对市场变化快、航线经营困难等情况,进一步推进运价审批的扁平化管理;市场营销人员可直接向负责该市场的分管领导汇报,快速制定应对方案,加快信息反馈速度和对市场的反应,增强执行力,抓住稍纵即逝的市场机遇。另一方面,继续加强营销体系建设,进一步加强对市场揽货的考核和奖励,形成有效的奖惩和激励制度,鼓励公司营销团队及口岸公司、海外代理积极拼抢市场、提升揽货能力、督促海外代理加大揽货力度,提升回程装载率。各口岸公司在整体市场环境严峻的情况下,努力拼搏,基本都完成年初下达的揽货指标。2012 年,公司成立全球大客户部,积极参与全球大客户投标及维护工作,及时了解和反馈市场信息,加大市场客源的开发力度,相继中标戴姆勒奔驰、陶氏化学与倍耐力等大项目。公司还投资成立非洲控股,积极开发非洲市场。此外,公司营销团队加强同口岸公司、海外代理的联系,积极拼抢市场、提升揽货能力,并督促海外代理加大揽货力度,重点提升回程货装载率。

公司在对外营销中始终坚持"大客户、大合作、大服务"理念,努力挖掘更多的客户资源,其体现在多方面:第一,公司领导带头对核心客户及潜在大型直客进行高层营销,交流市场信息,洽谈合作意愿,努力为公司争取更多的直客合约;同时,深入一线,监督指导口岸的营销工作。第二,按照各个口岸公司的实际情况及揽货能力,进一步完善落实口岸公司的考核指标,将总部的经营目标有效分解到各口岸,并制定出相匹配的奖惩办法。第三,完善大客户贡献度评价体系,按贡献度对大客户进行分级;加强对签约客户履约情况的监控,设立评分机制,分析签约大客户的贡献率,并定期制作客户出货清单;对部分贡献率较低的客户,适度控制旺季舱位比例,保证高贡献率客户的舱位需求。第四,着力建设营销信息收集系统及市场反馈机制,包括建立口岸与总部的报告机制以及一线市场情报的收集网络,从而提高总部市场预判及航线运价的决策能力。第五,尝试对重点客户进行分板块直销,总部建立相应的揽货小组为客户提供全方位、个性化物流服务。在粮食、汽车、化工和冷链等板块进行先试,并在辽宁宏运、瓮福集团、通用汽车等大客户营销上获得一定成果,成功开发出汽车箱、粮食箱等专用集装箱。第六,以特种箱开发小组为依托,以市场销售团队为基础,不断加大危险品箱、特种箱、冷藏箱以及货主箱的开发力度,努力增加高附加值货物的在船比例。经过努力,2013 年,公司在客户营销上争取到美国第二大零售商 Sears 的运输合约,获得三星电子美国线的订单,成为全球领先物流商泛亚班拿的核心供应商;成功签约翁福集团,获得西南中石油,通用武汉等大型直客的稳定货源。公司的直客比例稳步提高,基础货源的结构和货量也得到质的提升。

2014—2015年,为了平抑班轮市场波动,降低主营业务经营风险,公司按照集团要求,坚持创新思维,积极寻找转型发展的有效途径。一方面持续加强航运上下游延伸服务建设,努力打通行业上下游产业链的瓶颈,尤其在海铁联运、拖车业务方面进一步寻找突破口,争取新领域、新业务的增量;另一方面按照集团统一部署,与中海科技一起成立"一海通",全力推进海运电商平台的建设。2015年,中国海运与中国铁路总公司高层领导在北京举行会晤,双方商定先期由中海集运与上海铁路局展开试点合作对接,在沟通机制、资源共享、重点项目三个方面展开紧密合作,并确定以价格政策、班列产品、箱管合作、场站共享、信息数据、物流配送为六大主要合作内容,截至11月底共合作开行海铁联运线路80条,完成集装箱铁路发运量69万TEU,全年发运量为75万TEU。

二、营销机构

1997年,中国海运在沪组建后,为推进经营管理体制改革,加强市场营销,在各级组织机构中均设有营销管理部门。

集团高度重视拓展海外产业的发展,建立由两级投资管理构架组成的海外营销服务网络体系,即由总公司直接投资设立并管理区域控股公司,作为区域投资和管理中心,再由其设立和管理区域内营销服务网点。1998年3月,集团首先成立香港控股有限公司,随着海外业务特别是集装箱全球班轮航线的发展,自同年7月始又相继成立新加坡控股、欧洲控股、北美控股、西亚控股等公司。在日本、韩国也建有株式会社(即股份公司)。这些区域控股公司对各自下辖的公司进行控股管理,经营和管理集团的海外资产和业务。其经营范围包括船舶代理、货运代理、投资、供应、集装箱运输及相关业务等。随着全球揽货能力的增强和集装箱运输规模的不断扩展,对单证处理提出更高要求。针对当时存在的单证处理点多、面广、单线成本高、质量参差不齐的现象,为进一步提高单证质量、降低管理成本,集团于2002年在美国休斯敦成立客户服务分中心,次年又在浦东成立全球客户服务中心,以优质的客户服务辅助提升企业整体竞争实力。

2003年1月,中国海运对内地货运体制进行改革,新组建8个集装箱运输片区公司,即中海集运大连公司、天津公司、青岛公司、上海公司、厦门公司、广州公司、深圳公司、海南公司,作为中海集运控股的有限责任公司。中海集运还成立货运部,加强对片区公司的管理和协调。随着货运体制改革和各片区公司的成立,揽货工作取得突破性进展,各大口岸中海集运的市场份额均名列前茅,货量增长明显。

"十一五"计划期间,集团所属各航运企业在经营管理上,进一步强调从"以营运为中心"向"以客户为中心"的转变。为适应公司业务发展需要,2006—2011年,中海集运总部进行5次比较大的组织架构调整。2006年,成立市场三部、西亚部、口岸管理公司和监审部;2007年,成立船舶管理中心、船员管理部、航线合作部和组织部,撤销船工四部;2008年,对核算中心原有的组织框架进行改革和调整,将审核和结算职能分开;2010年,成立信息部、法律部,重组成立新的亚太部,局部调整船舶管理中心机构和职能;2011年,口岸公司管理部更名为资产管理部,船工部门进行名称和设置调整。为适应航运市场需求,推进全球营销工作的开展,该公司还成立大客户部。自2006年始,中海集运在岗位上陆续设置"最佳服务团队"(BST)、大客户营销经理、全球大客户部;在标准化建设上,制定实施"中海集运全球大客户标准化服务体系",制订近20项服务标准、操作规范。一系列标准化服务的实施,使该公司与全球先进班轮公司的差距大为缩小,其品牌影响力、服务稳定性排名都由2009年的10名以外迅速上升至2011年前10位的先进行列。

图5-1-1 "选择中海就是选择了满意!"是中国海运的营销理念和服务承诺(2005年摄)

2013年,中海油运践行"船管不仅是安全与技术的基础保障者,更是服务质量的最终保障者"的理念,将船管部推到营销一线,将"为大客户提供培训、技术咨询等增值服务"作为营销手段,赢得中联化、赛科、英国石油公司、壳牌等大客户的充分认同和积极响应。公司成立货运质量控制小组,提出"货运质量事故等同于安全事故",引进第三方进行"监装监卸",货油损耗明显降低,市场口碑大幅提升。在建立品牌优势中,进一步细分市场和客户,采取"人盯人、人盯船、全程监控"方式,将营销和服务责任落实到专人。

在优化外贸经营结构的同时,中海油运还注重加快布局海外分支机构。2014年设立新加坡分支机构,贴近市场的优势得到很好发挥。2015年提出在伦敦设置分支机构的设想,开展市场研发和推介,先后走访英国石油公司、壳牌和中石化等,受到积极反馈,加快了布局伦敦分支机构的步伐。通过合作和购买服务的方式,该公司与英国艾斯盟(ACM)、克拉克松(CLARKSON)、辛浦森(SSY)等国际知名经纪和咨询公司都建立良好合作关系,帮助营销团队显著提升市场研判能力和抢抓机遇能力。

"十二五"期间,集团在原有基础上又先后组建非洲控股公司和南美控股公司。至此,已形成七大境外控股公司,包括香港控股公司和6家海外控股公司。其坚持转型发展、创新驱动,不断拓展国际市场,业务规模与经济效益都得以提升,国际化品牌和市场影响力明显增强。

三、营销网络

自20世纪90年代始,在经济全球化推动下,全球集装箱贸易量出现快速增长,为大型船舶营运提供货源基础,而跨国公司利用全球资源为其生产经营服务,使国际集装箱运输市场货源生成地与货源目的地分布范围更加广泛。由此,对承运人的全球航线和营销网络覆盖范围提出更高要求。

中国海运成立后,对全球营销网络的构建和发展极为重视,通过不间断努力取得良好成效。集团自组建开始,就全力投入国内和全球营销网络的建设,确立"航线开到哪里,营销网点就要延伸到哪里"的原则和要求。在国内相继开辟多条贯通南北的集装箱班轮运输干线和运输支线,并将触角向内河运输延伸,建立长江和珠江三角洲驳船运输体系,形成遍及沿海港口辐射内陆腹地的水系运输网络。1999年,完成内贸集装箱运输26万TEU,市场占有率达70%。根据国家有关规定,只有悬挂五星红旗的船舶可以进行内贸运输。中海集运50%以上的集装箱船舶悬挂五星红旗,与国内外其他大型船公司相比具有相对优势,在我国内贸集装箱运输业务中居于龙头地位。至2007年6月,所属船舶在国内30个港口挂靠,经营17条内贸航线,在中国主要城市拥有98个销售及服务网点,形成连接各主要城市的联运网络和服务系统,可为客户提供全方位航线运输服务。

为构建全球营销网络,除成立各大区域控股公司外,根据中海集运航线全球化布局的加快,积极布设全球代理,不断完善覆盖全球的营销服务网络,数年间便建成遍及全球的多级营销服务体系,形成基本覆盖世界各主要国家和地区的境外营销网点,为提升集团的全球经营能力和成为全球承运人提供强有力支撑。对于网点空白地区,集团按照航线布设情况,加快组建新的区域控股公司和境外代理公司。对于合资形式组建的代理公司,则充分利用当地公司和员工的本土化优势,快速提升市场开拓能力,迅速形成营销服务网络。至2005年,境外企业和机构从集团建立之初的20家发展到90家,总资产从1998年的18亿元发展到122.13亿元,主营业务收入从2.5亿元增加到43.92亿元,经济效益从当初的亏损到盈利8.58亿元,海外员工人数也从100余人发展到1 500余人,其中外籍雇员1 410人。

经多年努力,集团已建立并不断完善六大支持网络体系:海外集装箱揽货、船舶代理体系;沿海揽货、船舶代理体系;全球10个集装箱集散转运中心和4个全球客户单证服务中心;全球化联网、全天候运转、全过程服务的集装箱信息技术网络体系;全球现金结算网络体系和综合物流网络体系。强有力的网络支持体系使集团所有新接的集装箱船都能做到当天接船,当天装货,始终保持较高的船舶载箱率和载重率。2006年,中国海运的海外产业已由单一的网点布局向相关产业发展,从单一的代理揽货逐步发展到远洋运输、船代、货代、船舶管理、租船、租箱造箱、码头、物流、集卡运输、物供、贸易、劳务输出等多方面,呈现出多元化趋势。由集团建立的全球网络网点及银行结算系统能够快速反应,保持信息交流畅通,从而灵活应对集装箱航运市场变化,有效抓住市场机会,成为集团全球化经营的重要保障。

"十五"和"十一五"计划时期,在全球营销网络建设中,集团还积极引进和运用先进的信息技术,提升营销管理的现代化水平。中海集运上海公司以建立成熟、完善的企业信息系统,保障前端服务、销售和后端管理、运营等各个环节的流畅、迅捷和高效。该公司先后推出的网上电子订舱、电子更改、网上提箱服务等业务,既方便客户,也提高了工作效率。同时,中海集团信息技术产业全球网络以上海为中心,覆盖国内沿海沿江主要港口城市以及世界主要经济贸易国家和地区的下属公司网点,形成全球化、网络化、数字化的中海数字网、中海电子商务平台、集装箱运输管理系统、物流管理系统和内部信息管理系统等管理体系。

至2015年,中国海运已经建成覆盖全球的营销服务网络,完成各项地区控股公司的布设,形成区域成片、全球联网的多级代理和揽货体系。

【欧洲市场营销】

"十二五"时期,欧洲航运市场运力过剩矛盾持续突出,运价不断走低。中海集运欧洲航线全面调整,主力航线大小船交替、超低经济航速和频繁空并班等对出口市场营销带来诸多不利影响。针对上述情况,欧洲控股把提升管理作为工作重点,积极创新营销理念,完善奖惩考核机制,通过优化出口货源结构和流向地结构,达到出口平均运价和航线销售收入的大幅提高。在优化出口货源结构方面,加强舱位管控,做好箱源保障,尤其是特种箱等高价货源市场开拓取得新的突破;2015年完成出口特种箱4.83万TEU,同比增长66%。在优化出口流向结构方面,依托新的航线布局,积极开拓新市场和第三国市场,2015年出口至中国以外地区的箱量比例达到54%,比2014年提高近10个百分点;在第三国流向中,效益更高的中东、红海等流向箱量达到13.3万TEU,比2014年增长79%;重点开发的日本流向箱量达到1.9万TEU,比2014年增加7倍。在"两优化"的同时,公司努力提高出口平均运价和销售收入,从欧洲基本港出发的单箱平均运价同比增长16.3%;全年出口总揽货收入同比增幅高于箱量增幅14个百分点。

欧洲控股充分利用已有干、支线网络的发展,加大对欧洲区间货市场的开拓力度。2015年,区间货量同比增长58.6%;其中汉堡至圣彼得堡的区间货量同比增加5.4倍。在黑海区域,旗下的罗马尼亚公司大力拓展摩尔多瓦、保加利亚和格鲁吉亚市场,积极协助各地分代理做好新市场开发;其中,摩尔多瓦代理克服当地政局不稳的影响,实现揽货箱量的大幅增长;格鲁吉亚代理揽取的日本进口二手车箱量增长翻番。旗下的土耳其公司重点开发伊斯坎德仑的冷箱货源,箱量增长迅速。作为新兴市场的爱尔兰,2015年出口货量同比增长123%。新成立的中欧公司积极作为,辖区内全年揽货量同比增长51%,其中特种箱同比增长67%。同一时期,欧洲控股不断完善支线布局,以进一步推进代理网络建设。继2014年第一条自有支线RFS开设后,继续加强在欧洲地中海区域内支线网络建设,先后开辟黑海、波罗的海及爱尔兰地区等7条自有支线。在荷兰鹿特丹设立支线操作中心,保障新开支线的顺利操作运营,支持配合中海集运的干线运营。加强自有支线业务的同时,还注重公共支线服务建设。根据航线和市场开发需要,积极协调公共支线公司提供新的服务,先后开辟衔接马耳他、贝鲁特、丹吉尔和比雷埃夫斯等港口的新公共支线,为保障中海集运欧洲航线的业务拓展、效益增加和提升竞争力作出积极贡献。

与此同时,欧洲控股成功注册了埃及物流公司,并积极推进与中资企业的密切合作;2015年完成中石化中萨石油勘探公司大型修井机运输和巨石二期工厂、新希望班尼斯为夫第二工厂、REGENCO玻璃工厂、江苏牧羊埃及工厂建设门到门物流服务等多个重点项目。所属英国公司综合物流业务从无到有,其中拖车业务完成第三方运输箱量同比增长约150%。旗下的德国集卡公司与中国海运的"一海通"公司通力协作,优势互补,正式中标振华重工(ZPMC)欧洲采购零配件的全程物流项目,欧洲控股成为ZPMC物流的战略合作伙伴。

【北美市场营销】

"十二五"时期,北美控股按照集团海外发展战略,积极推进集装箱业务及多元化产业发展。为适应中海集运业务发展需要,北美控股独资设立的中海墨西哥代理公司于2015年5月正式挂牌开始运作,各项工作顺利展开。此举止住集运箱量连续3年下滑的趋势,逐步稳定已有客户,不断增加新客户,在市场上重塑形象,其业内排名也有所提升。北美控股积极配合中海集运的揽货策略与市场政策,结合美国当地的实际市场情况,做好市场营销与客户签约工作,做好东行航线BCO客户的服务以及签约工作,稳定"高收入"FOB客户对中海集运的运量支持,逐步扩大签约数量以及大客户所占总体客源中的比例。按照集团海外控股多元化产业发展战略,北美控股加大底盘车产业投资力度,"十二五"末期完成收购中海集运4 005辆底盘车项目,底盘车运作总规模达到5 581辆,并获得良好的租金回报。底盘车业务的开发也进一步提升北美控股的盈利能力,控股公司产业规模进一步壮大。

【东南亚市场营销】

"十二五"时期,集团东南亚控股积极做好新航线开通前的市场调研、运价需求、中转路径申请以及后续的舱位协调等工作。2015年,在其努力下集团"中海之星"轮成功首航越南,成为挂靠越南的最大集装箱船,反响强烈,大大增强中海在当地的品牌知名度;中国至印度尼西亚泗水的CIX航线(OOCL东方海外和APL美总公司开辟的中国华北—印度的航路)成为首条挂靠泗水TTL码头的国际班轮航线,从而进一步扩大中海集运航线覆盖面、提升其市场竞争力和影响力。

在拓展业务中,新加坡控股所辖石油公司加强市场研判,与集团集运、油运、散运三大航运公司共同做好燃油成本控制工作。2015年,三大航运公司通过该平台锁定燃油需求91.7万吨。

【西亚和中东市场营销】

2014年,随着中海集运投放中东市场运力和航线的增加,西亚控股加大市场揽货力度,推动运价提升。面对该市场各航线船舶升级所带来的市场形势新变化,精细布置舱位分配,优化货源结构,按照新航线上线的时间节点实施揽货计划,拓展市场业务。2015年,中海集运陆续开设EPIC和MINA两条欧地美航线,扩大了网络覆盖,增加了西亚的出口舱位需求。但由于国际油价下跌导致中东各传统石油输出国收入减少,购买力下降,市场经济萧条;国际化工品销售价格下滑,沙特化工企业出口货量大幅减少,加之也门、叙利亚和伊拉克的内战,不稳定因素充斥西亚地区,给揽取新货源工作带来压力。尽管如此,西亚控股公司凭借与主要中东大客户多年来建立的良好合作关系和优质的服务维护,仍取得稳定的箱量增长,2015年同比2014年出口揽货箱量增加近18%,特种箱揽货增长274%。

"十二五"时期,西亚控股物流业务进展明显,具体体现在集装箱运输延伸服务、区域内外及周边服务、提供增值服务三个主要方面。在集装箱运输延伸服务方面,发展包括报关清关、陆运、海运、内装箱、门到港、门到门在内的多种进出口运输延伸服务模式,货物流向覆盖西亚控股业务范围之外,还辐射到非洲控股、东南亚控股、欧洲控股和国内口岸公司。在区域内外及周边服务方面,新开发迪拜出口缅甸润滑油门到门物流项目、印度出口吉布提建筑材料物流项目、缅甸出口迪拜冷藏箱运输、迪拜出口东非赞比亚车辆贸易、科威特至迪拜跨越沙特三国边境全程陆运中铁设备运输项目等。在提供增值服务方面,西亚控股作为集团在西亚区域的窗口单位,向包括中海集运、中海物流和其他控股单位就物流业务方面提供大量增值服务;如配合欧洲控股、中海物流为山东电建沙特项目查找空运货物;为中海集运开发跨区域冷藏箱运输,提升高运价货物比例;配合香港控股贸易公司开发原油贸易及钢材贸易等。

【南美市场营销】

南美控股自2013年组建后,坚持优化货源结构,鼓励和支持各代理公司加大高价轻质货的揽取力度,严格控制和降低"三废"货物比例。其中重点加强冷藏箱高附加值货物的开发,通过拜访客户,加强沟通,提升服务等措施,冷藏箱量上升明显,南美航线冷插利用率和运费水平提升显著。同时结合粮食等大宗散货出口的需求,积极参与中粮来宝、尼德拉、ADM 等公司大宗基础货源投标和开发,推动"散改集"项目的开发。自 2014 年 3 月起,南美控股发挥属地优势,协助中海集运开辟到巴西玛瑙斯的支线服务,有效提升中海在巴西北部自贸区的业务,拓展航线网络的覆盖面,满足了客户需求。同时,公司还积极参与集团的航运电商业务。巴西作为南美地区最大经济体和两亿人口的消费市场,是集团航运电商项目的营销重点。南美控股积极配合集团"一海通"在南美开展电商业务和完善物流配套服务功能。

【非洲市场营销】

"十二五"时期,集团在西非航线投入 4 艘 2 500 TEU 型船舶挂靠;另有南美东一线和南美东二线同时挂靠南非德班港。中海集运在非洲各港年平均箱量约为 9 万 TEU,年平均运费收入约为 800 万美元。非洲控股结合自身条件,千方百计揽取箱量,提高收入。包括积极与远东代理合作,成功开发远东至西非的长期稳定 FOB 业务,2015 年 FOB 揽货与上年相比上涨 449%;通过参加 CMC 可可豆份额分配会议,为加纳出口可可豆争取到 1 000 多箱的货源。

【中国(香港)、日本、韩国、澳大利亚市场营销】

香港控股公司作为集团成立的第一家海外区域控股公司,经过 10 多年发展,已经成为中国海运"走出去"的桥头堡。东方国际公司是香港控股旗下的一家集装箱租赁公司。最初起步以集团内部租箱业务为主,到"十二五"时期,已经成为全球排名第 10 位的业界知名公共租赁公司,客户涵盖全球前 20 大班轮公司,业务扩展到集装箱管理与贸易,成为"十二五"时期全球集装箱租赁业成长最快的公司,也成为支撑香港控股应对金融危机冲击的核心企业。2015 年,东方国际继续以租箱业务为重点,在控制客户风险和利率风险的基础上,优先发展与船东的新旧箱售后回租业务,先后开展与韩进海运、太平船务等航运企业的售后回租业务。同时,公司还在全球范围内寻找特种箱租赁商机,拓宽产品销售;2015 年新签约达成的特种箱业务总计近 1 万 TEU,主要涉及罐箱、开顶箱、折叠箱和集装箱配件等,单笔项目内部收益率可高达 13%。香港控股以旗下的中海绿舟公司为平台,加大在船舶融资租赁领域的投资。香港控股向中国船舶工业贸易公司及上海外高桥造船有限公司订造了 6 艘当时世界最大的 2.1 万 TEU 集装箱船,并以光租形式租予中海集运,租期 12 年。同时,中海工业江都船厂建造的 4 艘 6.4 万吨干散货船中,第一艘"清平山"轮也于 2015 年 10 月顺利接船,并向市场出租。2015 年,香港控股借助金融机构专业平台寻找合作项目,积极开辟财务性投资渠道,成功开拓新华稳健收益基金项目,取得高达 21% 投资回报的好成绩,远远高出其他基金项目的平均回报水平。

中国海运日本株式会社、中国海运(韩国)株式会社和中国海运(澳大利亚)代理有限公司均为香港控股所属的海外代理公司,3 家代理公司以提高集运航线效益,努力降低船东费用为工作重点,强化市场营销,提升服务水平,经营业绩显著。

日本代理在加强出口揽货的同时,积极调整货源结构,通过对优质客户的营销促进高附加值货物出口,压缩三废比例。2012 年后三废货物的出口比例连续 3 年下降,2015 年进一步降至 38% 左右。同时积极推进第三国揽货,2015 年第三国货量约占到日本代理揽货总量的 30%。

韩国代理多措并举,以两个"责任制"为抓手,落实"大客户责任制"和"航线经理人责任制",选择主力航线开展对标管理工作,加强特种箱业务货源开发,创出口箱量新高,2015 年公司出口货量约为 10.61 万 TEU,比 2014 年增长 10%。

澳洲代理实行"航线经理"和"产品经理人"制度,逐船、逐线跟踪货源,2015年揽货量比2014年增长4.5%;同时不断提高冷藏箱和特种箱等高附加值货品比例,冷藏箱、特种箱承揽量比2014年分别增长13.2%、5%。在澳洲出口市场保持了干箱第二、冷箱第三的排名地位。

此外,3家代理公司还积极践行"互联网+"战略,借助集团跨境平台综合优势,加强市场推广,完善自身仓储、配送和服务功能,推动采购物流一体化,实现运贸结合、以贸促运的格局。

第三节　船舶运营成本管理

"十五"和"十一五"计划期间,随着国家建立资源节约型、环境友好型社会战略的实施,水运行业更加重视节能减排工作。中国海运以节能减排作为企业管理重点目标,把控制燃料成本作为成本管理的重点,实施"成本领先"战略,采取多项措施、多种途径降本节支,促进成本管理水平不断提高。

2001—2002年,中国海运先后成立增收节支领导小组和工作组,建立成本控制体系,落实责任部门,坚持成本进度每周定期报告制度,对核定指标层层分解,细化考核。

2006年,中国海运面对低运价和高油价的双重压力,努力开拓市场,组织货源,以加强精细化管理实现增收节支,向管理要效益。全年实现利润总额64亿元、净利润(不含少数股东损益)33.53亿元,超额完成国务院国资委下达的45亿元利润总额考核目标。

2008年下半年始,美国次贷危机引发的金融风暴波及全球。中国海运采取与同行业及客户加强合作、"抱团取暖"的方式,积极控制成本,对抗危机。通过行业间共同投船、互换舱位等合作,合理进行运力配置,提高船舶运营效率,节省运输成本;通过超低航速、锁定油价等方式有效控制燃油成本;通过优化航线配置、与港口加大谈判力度等措施,有效降低航程成本和港口费用等开支。

2010年,中海集运成立综合竞争力指标体系工作小组,摸索出一套科学的推测模型,理性分析市场,预测市场趋势,并从战略管理、公司价值(盈利能力)、成本控制、信息化、人力资源、品牌服务等多方面与全球前20大班轮公司进行对标,基于对标差距分析,提出公司发展的措施建议,分阶段落实。同时,加强市场开拓、对外合作、成本控制、航线经营,收到良好成效。

"十二五"时期,集团在"调结构,促转型"中更加注重经营管理的相对指标,提高国有资产投资回报率。重点控制"成本费用占营业收入比重"这一指标。2015年,集团的成本费用占营业收入比重为98.5%,比2013年下降9.1个百分点。

一、燃油成本控制

20世纪七八十年代起,航运行业一直将控制燃油成本视为增收节支的一项重点,依靠加强管理和科技进步,采取多种方式和途径努力降低燃油单耗(每千吨海里耗油)。1979年,上海海运局"长顺""云海"等轮试烧渣、重混合油(比例6∶4)成功。该局试制的CNT燃黏度调节器通过技术鉴定,可以自动地把燃油调节到最佳雾化黏度,保证燃烧良好,消除结炭,节约用油,解决燃烧劣质油的技术关键,经"长顺"轮使用效果良好,节约燃油1%。1980年,广州海运下达《关于大力开展合理运用经济航速节约燃料活动的通知》和《关于运输船舶运用经济航速的通知》,明确具体实施办法,通过提高热能利用率,合理使用热工运行参数,充分利用余热,减少跑、冒、滴、漏,走经济航线,开经济车速等各种途径;推广船舶柴油机改烧重柴油,以重代轻,渣重混烧;锅炉采用渣油掺水燃烧；上述节能措施取得良好效果。1981年，大连海运成立节能领导小组，建立企业节能机构，并在船舶、航修站、行政管理科等单位成立节能小组；深入展开节能工作，组建化验室的工作，修订技术消耗定额，推广余热利用技术；同年上半年柴油机船轻柴油使用比例增大，并逐步在船上推广掺烧渣油。

对于航运企业而言，燃油费是各项成本费用中数额最大的一项成本。而高油价时代更是拉升燃油费用涨幅，加大成本控制压力。自20世纪70年代始，国际油价经历多轮涨跌周期。2007年8月，西方国家的救市行动向市场注入大量流动性货币，美元贬值随即成为投机炒作的因素，国际油价从70美元/桶一路暴涨至2008年7月最高值，达到145美元/桶，升幅超过100%。2009年，国际油价更经历交易历史上罕见的跌宕起伏，从年初的40美元升至年底逼近80美元。进入"十二五"时期，世界经济发展仍在推动石油需求稳步增长，这些均成为支撑高油价趋势的基本因素，这一时期依然处于高油价时代。高油价吞噬了航运企业利润，也迫使企业采取各种节能措施，千方百计控制燃油成本。

中国海运自成立始，集团总部及所属各航运公司始终将控制燃油成本视为增收节支的一项重点，依靠加强管理和科技进步，采取多种方式和途径努力降低燃油单耗。18年间，中国海运的燃油费用在运输成本中占比一直维持在22%~36%之间。2000年，全集团燃油费占比为23.03%；2005年为22.91%，2010年为31.36%。燃油费占比的历史最高值为2011年，达到35.78%；燃油费绝对值最高位为2012年，全集团共计163.15亿元，占运输成本比重为35.51%。整个"十二五"时期，全集团年平均燃油费用为129.35亿元，平均占比为28.83%。2015年，燃油费用大幅下降，全集团共计79.29亿元，占运输成本比重也大幅降至18.57%。这一方面得益于全球油价出现滑落，同时得益于集团采取的各项节能减排措施发挥作用。

在燃油成本控制方面，中国海运主要采取经营节能、管理节能和技术节能三个手段。

【经营节能】

主要包括燃油集中采购锁定油价、新增低价加油港等措施。

"十五"时期，中海集运将控制燃油成本列为企业经营管理的重点，设立专门部门负责营运船舶的燃料采购和安排，把以往单纯由船上提出申请的分散、被动采购模式，改为集中起来，在全面了解市场变化的基础上选择最佳供应点和供应商的积极主动采购方式，从而使公司燃油成本控制在最低限度，其间每年平均节省燃油费达2 500万美元以上。该公司燃油科坚持对国内外各港口油价变化情况，包括鹿特丹、新加坡燃油期货价的变化等，进行跟踪和了解分析，经汇总后每天以书面形式提供给公司领导和各箱运部门参考决策。通过摸清主要港口的油源库存情况，判断油价未来的涨跌趋势，采用时间差的办法应对油价变化，在预计油价可能下跌时，控制船舶加油量或尽量将加油时间往后推移，反之则相反。

"十一五"期间，国际油价持续攀升，直接影响到航运企业的运营成本和经营业绩。为了克服油价大幅上涨造成的压力，整个海洋运输行业在密切关注燃油市场变化的同时，采取多种手段降低燃油费用开支。自2007年下半年始，集团所属所有大型集装箱船舶均已实行经济航速[50%MCR(82.4 rpm)]常态化运行管理。中海货运积极推进节能减排工作，将节约能源、降低消耗作为企业可持续发展的重要措施，结合实际，强化管理，深入挖潜，2007年通过燃油锁价等措施使船舶燃油单耗比上年降低3.84%。其"提高船舶副机运行效率，降低燃油消耗"和"制定船舶航速与油耗关系表，设定合理航线、航速"两个项目经交通部体法司研究，被推荐作为全国交通系统节能减排示范项目。同年,中海集运适时与燃油供应商锁定部分燃油价格,共锁定燃油75万吨,约占全年计划用油量的30%。为降低燃油成本,中海集运还积极推行大型船舶超低负荷运行,用降低船舶航速的方法,降低船舶主机油耗,使船舶节油效果凸显,既节约燃油消耗开支,又减少污染物排放。

"十二五"时期,中国海运集团全面实施燃油统一采购,由集团营运部统一组织,集团下属的新加坡石油和中石化中海燃供两家公司统一实施,相关航运企业通力合作,燃油成本控制成效显著,2015年全年燃油费同比减少46.2亿元,降幅达36.81%;比"十二五"时期5年平均数减少50.1亿元,降幅达38.70%。其中中海集运2015年的燃油费比2014年降低37.73%,中海油运2015年比2014年降低41.62%,中海散运2015年比2014年降低32.56%。

同一时期,中海集运还通过扩大俄罗斯低油价港口补给方式,千方百计降低燃油成本。中海集运根据市场反馈信息,2013年共安排俄罗斯东方港补油90艘次,合计30万吨,平均价格556.1美元/吨,节约燃油成本2100万美元。2014年2月,中海集运发现位于黑海的俄罗斯新罗西斯克港的油价也远低于新加坡,差价高达130美元/吨。经综合测算,决定尝试开辟新的加油港。恰逢ABX航线的"新大连"轮因航线调整而有7天的富裕班期,于是该轮作为"开路先锋"前往新罗西斯克港加油。在克服天气情况多变等困难后,"新大连"轮于3月24日成功完成补给;除去绕航成本,节约燃油费用38.5万美元,为后续船舶在黑海补油找到一条新路。

【管理节能】

自"十五"期始,中国海运成立由总裁和主管副总裁任正副组长,集团各主要业务部室和重点用能单位一把手组成的节能减排领导小组,领导和监督企业的节能减排工作,且每年多次召开集团范围的节能减排工作会议,专题部署节能减排工作。

在开展管理节能方面,中海油运坚持合理制定燃油消耗定额,科学制订年度单船燃油消耗指标,同时根据船舶实际使用情况进行适当调整,使油耗定额的核定更加科学,更加合理,并在此基础上实行奖惩分明的激励机制,强化员工节能意识。同时,坚持合理调度船舶,科学设计航线,减少空驶里程,科学安排挂港顺序,避免不必要的绕航,坚持走最佳航线,以最大限度控制燃油成本。

自2014年始,中海集运着手强化领导班子的成本管理责任,并专设一位分管成本的副总,统筹管理各主要成本项目;同时根据集团提出的23项成本管控目标,落实预算管理,明确责任部室和责任人,将包括燃油在内的各项成本控制指标分解到相关部门、个人,实行联动考核,确保管控措施责任到人,任务到位。与此同时,中海集运把分航线燃油定额制管理作为燃油成本管控的突破口,改变以往只将油耗指标分解到各航线部门的粗放做法,进一步细化精确到航线:公司根据每条航线的经营实际以及对外合作计划,预测全年油耗数量,设定燃油定额,实施滚动考核,充分发挥相关部门和主管人员的主观能动性。为保证航线燃油定额制落到实处,中海集运全面启动对日常油耗的一系列监控程序,包括"船舶日常油耗""最佳纵倾优化""主机转速运用""异常停航""班期管理"等项目,建立需分级签字确认的"主机负荷使用授权制度",并指派专人进行实时监控,把要求落实到每一条航线的每一艘船舶的每一个航段,对各船型的主机油耗跟踪甚至精确到0.1转的主机转数。对发现的油耗超标船舶,坚持"每日、每周、每月"通报,并持续跟踪监控,直至整改完毕,严格防止"跑、冒、滴、漏"。

【技术节能】

"十一五"时期,中国海运密切跟踪船舶节能技术的新动态、新进展,积极评估、研究和实施船舶技术改造项目;对于节油效果明显的项目及时推进,向技术节能要效益。

中海油运以加快船队结构调整,淘汰能耗大的老机型和小油轮,加快新机型和巨型油轮的发展力度,来推进节能减排工作的进展。2006年在签订和建造47.4万载重吨VLCC和灵便型油轮的同时,处置老机型和小油轮达35.3万吨。大吨位、新机型、低消耗油轮的投入营运使燃油单耗明显下降。公司积极推广节能技术,鉴于燃料油比柴油每吨便宜1500~1600元(2005年市场比价),着力提高燃料油的消耗比例,使180CST和380CST燃料油消耗比例由2004年的86.26%提高到2006年年底的91.31%,减少使用船用轻柴油2.5万吨,在燃油价格不断上涨的情况下,节约燃油费3000多万元。

2009年,集团进一步规范燃油添加剂的选择,通过抓住重点环节解决主要问题,取得明显成效。5000 TEU集装箱船改装ALPHA气缸注油器,气缸油耗下降约10%;通过调整船舶投放力度,合理安排航线,压缩在港时间,狠抓船舶经济航速、主机低负荷和超低负荷航行等重点措施,探索和实践船舶主机低或超低负荷运行的技术研究和运行,年节约燃油约90万吨。陆岸公司抓住节油、节电、节水、节材等环节,制定和落实节能减排措施,均取得较好效果。中国海运在技术创新中,突出节能效果,在精细化管理中,有效控制能耗成本,提前一年完成国务院国资委下达的"十一五"节能减排目标。

2010年前后,鉴于海洋运输发展迅速,船队规模日益庞大、船型众多、机型复杂、航线覆盖面增大等因素,传统的油耗统计方法和监控手段已很难满足企业燃油统计的要求,且单纯依靠改进技术减少燃油消耗效果有限。中国海运所属各航运企业都将节能工作的重点逐步转向实现船舶燃油管理的科学化、数字化上来。中海油运除坚持技改投入,改善船舶主机、辅机、锅炉等设备技术状况,提高燃油使用效率外,对船上所有可能含有污染物的排放水建立监测体系,经过处理并满足各项环保数据后才可排放,同时建立以此为基础的绩效考评制度,有效推进了节能减排工作的开展。

为保护和促进航运业健康发展,解决市场运力过剩问题,交通运输部于2010年7月出台《促进老旧运输船舶和单壳油船报废更新实施方案》,在原已颁布的老旧运输船舶强制报废和单壳油船限期淘汰制度的基础上,采取中央财政补贴方式,鼓励老旧运输船舶和单壳油轮提前报废更新。2013年12月,国家四部委(交通运输部、财政部、国家发展改革委、工业和信息化部)共发布了《关于老旧运输船舶和单壳油轮报废更新政策实施工作的通知》《老旧运输船舶和单壳油轮报废更新中央财政补助专项资金管理办法》等5个相关文件,中海油运认真实施老旧船及单壳油轮的报废处置工作,2011—2015年处置船舶共24艘,118.2万载重吨。其中2013—2015年间,公司共计处置老旧和单壳油轮19艘,拆解总吨43.8万吨。2014年12月,包括中海海盛申报的"供油单元辅助电加热装置"在内的30个项目被交通运输部评为全国交通运输行业首批绿色循环低碳示范项目。

降速航行是技术节油的主要途径之一,这要求船舶主机必须能实行低负荷以至超低负荷运行。随着主机低转速运行技术的逐步成熟,原来的超低负荷30%MCR已经成为一般标准。为此,中海集运花大力气组织技术攻关,突破技术瓶颈:通过给主机安装电子气缸油注油器,进一步将主机气缸注油率优化到更佳状态;通过船舶主机增压器切断改造,提高主机在超低负荷状态下的增压器利用效率;重新细化高速冲车的频率、时间和负荷要求,保护主机安全。2014—2015年,中海集运在4200 TEU、5600 TEU船舶中全面推行Alpha主机汽缸油注油器的升级改造,18艘8530 TEU以上的自有船完成主机增压器切断改造,进一步降低了船舶运行负荷。在实施自有船舶主机超低负荷运行的同时,中海集运积极与期租船船东协商,对期租船舶也要求实施主机超低负荷运行。

主机挖潜几乎已到极限,中海集运又把目光聚焦到船舶纵倾问题上:船舶在航行中发生纵倾时,会使船舶产生首尾吃水差,对船舶航速、油耗带来直接影响。2014—2015年,中海集运引入船研所和中国船级社开发的"最佳纵倾优化软件",经过理论论证、流体力学仿真模拟、水池实验、实船试航,成功在业内率先应用船舶纵倾优化技术,取得很好的节油效果。

表5-1-1 2011—2015年中国海运主要航运公司燃油费情况表　　　　单位:万元

公司＼年份	2011	2012	2013	2014	2015
中海集运	983 501	1 033 120	898 925	705 700	439 397
中海油运	271 436	271 434	227 998	191 793	111 961
中海散运	224 633	260 326	255 792	237 642	160 277
中海海盛	26 706	28 864	27 550	21 951	11 440
中海客运	19 461	24 660	28 941	30 156	21 242
中海汽车船	3 233	2 680	2 847	2 353	1 627
香港航运	—	—	3 758	—	4 721
时代航运	47 094	38 524	35 846	27 889	22 482
友好航运	7 064	5 647	6 251	4 914	2 158
广州发展	14 251	14 788	11 870	9 785	5 939
华海石油	5 405	5 831	5 945	6 709	4 865
全集团总计	1 542 703	1 631 543	1 245 555	1 254 906	1 293 531

说明:全集团总计栏中的数值,为表中11家公司及上海海运、广州海运、大连海运、中海工业、中海物流、远望航运共计17家公司的累加。

二、修船成本控制

上海海运自20世纪80年代始,实行船员自修劳务津贴。1984年7月发出全面试行船舶修理经济责任承包的通知,规定将各轮按年初计划压缩20%后的当年年度修船指标作为考核各轮修理费和修理期限的依据。船舶在保证质量、安全和不超过修理期限的情况下,可从节约的修理费中提取3%~5%作为船员奖金。后该局又制定和颁发《加强船舶维修保养鼓励船员扩大自修劳务奖励办法》,自1989年5月开始试行,进一步调动船员自修的积极性,也使得修船费用连年上升的状况得到抑制。

1992年,针对船舶进入修船高峰期和各大船厂修费大幅上升带来的困难,广州海运进一步加强船舶维修保养和修船工作。狠抓基础工作的完善和各项技术管理措施的落实,积极推行船舶维修保养体系(CWBT),使船舶维修保养工作向经常化和科学化方向迈出坚实一步。在修船价格猛涨的情况下,严格要求准确开出修理单,把好价格关,并能据理压价,既确保修好船又控制修费的过快增长。广州海运还从分配上采取措施,制定《运输船舶船员从事职责外修船劳务管理试行办法》,修改完善并颁布《运输船舶维修保养劳务奖励试行办法》等,鼓励广大船员努力搞好船舶维修保养,减少临时性航修,提高营运率。下属两个船厂通过深化改革、从严治厂,调动工人积极性,提高工作效率，缩短修期，为广州海运船舶营运率的提高作出贡献。广州海运船舶营运率从1991年的83.2%提高到1992年的85.13%。

中国海运成立后，继续大力推广船舶维修保养体系（CWBT），在远洋船舶机务管理方面产生较好经济效益和社会效益，对船舶修理费用的控制也起到促进作用。在机务管理工作中，继续加强对船舶自修的技术指导。对于集团所属船舶，一直规定必须由集团所属船厂修理，且实行一定的集团内部优惠，使修船成本得到有效控制。

"十五"至"十二五"期间，国家海洋运输业发展迅速，船队结构调整步伐日益加快，大批大型和超大型技术装备先进的新船相继投入营运，同时加大对老旧船舶的处理力度。船队的大型化和年轻化提高了船舶运营效率，增快了船速，同时也有效降低修船费用的开支。集团下属各航运企业都重视和加强对修船过程的科学化管理，将快速发展的信息技术应用于对修船成本的控制。

表 5-1-2　2011—2015 年中国海运主要航运公司船舶修理费情况表　　　单位：万元

公司＼年份	2011	2012	2013	2014	2015
中海集运	23 642	10 675	7 394	9 559	7 663
中海油运	19 429	19 491	17 473	22 162	19 925
中海散运	16 075	18 784	19 648	14 701	15 870
中海海盛	3 500	2 377	4 001	2 559	2 210
中海客运	2 211	2 033	1 392	345	1 426
中海汽车船	655	1 075	249	652	211
香港航运	2 286	2 179	3 650	1 830	2 026
时代航运	4 858	1 579	5 994	4 094	4 021
友好航运	599	561	262	267	208
广州发展	114	195	232	138	512
华海石油	766	710	523	345	844
全集团总计	70 578	72 288	50 319	50 717	50 336

说明：全集团总计栏中的数值，为表中11家公司及上海海运、广州海运、大连海运、中海工业、中海物流、远望航运共计17家公司的累加。

从总体趋势上看，集团的船舶修理费在运输成本中的占比是逐步下降的，这主要得益于两方面原因：一是各船公司加强船舶维修管理，有效降低修理成本；二是船队的技术状况逐年改善，现代化程度不断提高，船队的平均船龄从组建初期1997年的14.6年、2000年的15.3年，下降到2010年的11.27年和2015年的6.47年。2000年，船舶修理费占运输成本比重为4.11%，2005年为2.46%，2010年下降为2.35%，到2015年，这一比重进一步下降为1.18%。整个"十二五"时期，全集团的年平均船舶修理费为5.88亿元，在运输成本中的平均占比为1.31%。2015年，全集团船舶修理费共计5.03亿元，比2014年下降0.75%；其中中海集运7 663万元，比2014年下降19.8%；中海油运1.99亿元，比2014年下降10.09%；中海散运1.59亿元，比2014年上升7.95%；中海海盛2 210万元，比2014年下降13.64%。

图 5-1-2 船舶设备维修保养（2008 年摄）

三、箱管成本控制

鉴于集装箱箱务管理是集装箱运输系统中重要环节，直接关系到降低集装箱运输总成本、减少置箱投资、加快集装箱周转、提高集装箱货物装载质量和货运质量，有利于提高企业经济效益和在国际航运市场的竞争能力，各大班轮公司对箱务管理都十分重视。1997 年，中海集运成立之初，总部即建有箱管中心，负责其全球箱管工作，指导、监管箱管分中心和全球代理的集装箱管理工作；负责全球设备的统一供应和统一调度，合理安排空箱调运及各地空箱保有量，保证全球用箱需求；负责箱管商务及信息方面的管理工作，包括全球设备的融资、租赁、超期箱、错用箱、全损箱的管理及保险理赔以及箱管信息的收集、整理和分析；负责指导、监管集装箱设备的修理及维修保养工作，保障设备质量。

2004 年前后，根据货运体制改革后集装箱代理量成倍增长的情况，中海集运上海公司将箱管放箱管理纳入电子订舱 CAR-GO2000 系统，利用因特网建立客户申请电子平台，提高公司管理效率。只要客户电子订舱成功，即可在网上提交电子提箱的申请书。箱管工作人员通过电脑自动核查比对订舱信息，核对无误，即生成设备交接单，并根据不同的订舱要求，合理安排提箱地点。如核查结果与订舱信息不符，即写明原因，通过网络发送到客户的申请端。而客户只要及时刷新自己的申请列表，便可查看任何一单货物申请的状态。如遇接受即可去现场放单；如遇拒绝，则可根据具体原因更正后再次发送，直至成功。完全自助化的操作大大减轻工作量，也使人为差错的概率降到最低。实施电子平台后，该公司每日平均放单量几乎是公司重组之前的一倍，而箱管工作人员却从过去的 18 人减至 10 人。

2006 年，中海集运箱管中心针对箱管工作中超期箱量居高不下的问题和冷藏箱运输中的薄弱环节，积极落实精细化管理措施，也取得可观的阶段性成果。由于多种原因，该公司超期箱数量一度徘徊在 1.5 万箱左右，难以下降，成为箱管工作的瓶颈。在海外代理和公司各部门的大力配合下,箱管中心按照PDCA质量管理程序,对全球范围内的超期箱展开清理,严格按照步骤流程,层层筛选,找出问题所在,终使超期箱量明显下降。据粗略估算,仅此次清理超期箱,就可为公司每天节约9 600美元。针对冷藏箱利用率较低现象,由箱管中心牵头、其他部门协同,通过研究策划提升冷箱运输方案,提出测算航线效益的方法,制定冷箱运输思路,明确冷箱干用效益,提出冷箱运输考核指标等,最终制定出中海集运《冷箱操作白皮书》。其付诸实施后,使公司每周的冷箱运输量由原来的1 800 TEU上升至2 500 TEU,增长38%。每周冷箱干用箱量也由原来的10个上升到将近200个,增长近20倍,按平均每箱节约250美元计算,每周可为公司节约5万美元。除了控制箱队总规模外,中海集运还重点加大集装箱结构的调整力度。2006年始,在新造箱31.8万TEU的同时,淘汰了2万多TEU的旧箱,既调整了集装箱数量结构,也获得近2 000万美元的处置收益;在增加长期租箱的同时,采用灵活租箱手段保持合理的箱位比。通过以上措施,使得集装箱始终保持良好状况,平均箱龄低于6年,租金水平控制在较低水平上。

2009年,公司通过加快集装箱周转、减少空箱积压、加强超期箱管理以及"高退低租"等方式严控箱管成本,使当年箱管总成本较上年同期减少34.3%,单箱箱管成本同比下降32.3%。2010年,公司在精细化管理理念指导下,箱管成本继续得到有效控制。由于公司准确判断市场,在箱价低位时果断购置3万TEU集装箱,并低价锁定4.5万TEU租箱等,有效缓解了行业整体缺箱的局面,使公司当年箱管成本与上年相比,单箱成本仅上升2.6%,远低于箱价上涨幅度。

2008—2009年,金融危机席卷全球,航运市场首当其冲,中海集运处变不惊,从容应对,通过加强精细化管理,控制集装箱保有量的增速,使其低于船队总体规模的增速,箱位比(集装箱保有量与船舶载箱量的比例)从2005年的2∶1左右下降到2010年年末的1.7∶1左右,接近世界先进船队的平均水平,而且自有箱的比重始终维持在50%左右。

2011年,在箱管工作方面,公司重点采取一系列措施:完善制度、规范流程、有效监管、考核到位,合理安排退租,控制箱队保有量,进一步调整箱队结构,减少租金支出;加快集装箱周转,加大对代理的周转天考核力度;进一步完善箱管系统的维护和升级,进一步提高管控能力;加大空箱调运互换,集装箱设备的转租等。一系列有效措施使公司集装箱利用率提高,成本降低。截至当年年底,公司集装箱保有量约为98万TEU,比上年同期的91万TEU增加了7.7%,集装箱保有量与船舶总舱位的比率保持在1∶1.75。2012年年初,公司果断抓住租箱市场低谷的机遇,锁定6.5万TEU低租金干货箱,平均租金价格比市场价格低17%,为公司控制租金总成本打下良好的基础。当年集装箱保有量升至102.3万TEU,同比增加3.5%,全年箱管成本同比略增2.83%。至12月底,集装箱保有量与船舶总舱位的比率保持在1∶1.72。

2013年,公司集装箱保有量约为106.8 TEU,同比增加4%,集装箱保有量与船舶总舱位的比率保持在1∶1.77。此外,公司积极开拓市场,争取优质ONE WAY箱(单程箱)箱源。2013年完成ONE WAY箱(含指定用箱)和INTERCHANGE箱(互换箱)合计约3.8万TEU,为公司节省约1 450万美元的空箱调运费、内陆铁路费用和租金费用。通过加强箱ONE WAY的揽取、控制自有箱比例、严控新箱起用、加强旧箱退租等措施的实施,有效地控制了箱管成本。2015年,集运在集装箱保有量同比增长5.5%的情况下,箱管总成本控制在3.78亿美元。

四、港口使费控制

港口使费是船舶在港口发生的各种费用和其他支出款项的总称,大致分为三类。一是有关船舶的费用,如船舶吨税、船舶港务费、引航费、灯塔费、拖轮费、船舶报关费、船舶检验费、船舶代理费等;二是有关货物的费用,如装卸费、堆存保管费、货物检验费、货物监装费、理货费等;三是其他支出款项,如在港口发生的船舶修理费、垫舱物料费、船员借支等。

"十五"和"十一五"时期,集团所属运输行业船队规模扩张,国内外航线大幅增多,港口费用也随之上升。但其间,特别是"十一五"后期,航运业滑坡,运费长期处在低迷状态,更加重航运企业负担。为最大限度控制港口使费,中国海运一方面加大与港口的谈判力度,一方面强化内部管理,大力推进管理的精细化和科学化。

是时,中海集运为节省港口使费,与国内外各港口签订优惠费率,其中天津港至日本线下降3%,欧洲线在日本线基础上再下降4%,韩国东部公司装卸费降20%,泰国曼谷在原优惠基础上再降6%。该公司还通过科学合理地安排船舶进出港和靠泊作业时间,减少额外费用;在确保安全的前提下鼓励船长自引进出港,减少引水和拖轮费。

为加强成本支出的精细化管理,中海油运积极推进成本控制信息化建设进程,积极开发和运用航运管理一期系统、财务SAP系统、船舶PMS系统、船管信息管理系统等,进一步健全港口使费、管理费等成本管理的规章制度和操作流程,每月定期对成本支出使用情况进行汇总分析,并开展港口使费等专项费用效能监察审计,确保各项费用控制在预定范围内。

"十一五"时期,中海集运依托公司整体优势和中海品牌优势,充分利用码头运营成本下降和日趋激烈的竞争关系,使港口费率谈判取得较好效果。2009年,该公司减少港口使费近亿元人民币,港口使费下降幅度达27.3%,其中装卸费下降约22.5%。2010年,港口使费亦继续得到有效控制。

"十二五"时期,在港口费率普遍上涨的大环境下,中海集运积极与各方洽谈,努力确保国内主要港口费率不变,欧美港口费率涨幅远低于市场水平,使得公司的航线网络成本进一步下降。2015年,公司装卸费、船使费、理货费、代理费合计总支出约15.8亿美元,比2014年下降1.38%。尤其代理费(含佣金)支出为1.36亿美元,比2014年下降约11.8%。同时,集运内陆支线费总成本也同比下降1%,共支出为7.1亿。尽管港口使费在总量上依然呈上涨态势,但由于部分项目比2014年下降,因而其上涨幅度得到有效控制。

表 5-1-3　2011—2015 年中国海运主要航运公司港口使费情况表　　　　单位:万元

年份 公司	2011	2012	2013	2014	2015
中海集运	198 921	213 683	221 292	225 939	235 830
中海油运	44 372	46 223	53 394	36 219	32 773
中海散运	25 724	41 457	53 328	53 209	56 322
中海海盛	2 917	3 732	3 976	3 964	3 256
中海客运	2 616	3 048	3 541	3 934	3 288
中海汽车船	665	1 075	839	413	452
香港航运	229	1 629	2 007	158	2 754
时代航运	8 266	7 338	8 322	8 018	8 681
友好航运	737	601	836	900	802

〔续表〕

年份 公司	2011	2012	2013	2014	2015
广州发展	1 007	1 179	1 080	1 079	962
华海石油	951	760	711	921	928
全集团总计	276 537	311 751	337 409	337 802	350 198

说明：全集团总计栏中的数值，为表中11家公司及上海海运、广州海运、大连海运、中海工业、中海物流、远望航运共计17家公司的累加。

从总量上看，港口使费是每年逐步升高，其原因主要有两个：一是港口费用总体趋势逐步上涨；二是集团的船队规模逐年扩大，靠港频次增加，导致港口使费总体上涨。无论从港口费用的绝对值还是在运输成本中的占比都在不断上升。仅从"十二五"时期的统计数据看，2011年集团的港口使费为27.65亿元，以后逐年上涨，到2015年上涨为35.02亿元。2011—2015年，历年港口使费在运输成本中占比也呈逐年上涨态势，5年分别为6.41%、6.78%、7.24%、7.34%和8.20%。

五、备件、物料成本控制

20世纪80年代初，为强化船用物资管理，上海海运相继制定有关物资采购和管理的一系列制度和规定。在此基础上，自1985年开始，随着船舶经营承包责任制的深入推行，利用对比分析、加权平均法，以与船舶运输生产挂钩的5项物资消耗定额作为考核船舶物资消耗的依据，促进船舶节约物料费用。在加强定额管理，降低船用物料消耗的同时，充分利用船舶退下来的旧料，在保证船舶供应的前提下，控制和降低物料成本。1979—1988年，共回收缴库材料380.9万元，利用销售旧料416.2万元。随着现代化管理手段的提高，自1985年以后，在28大类的3 100多种物料中开始应用电子计算机辅助船用物料的供应。从输入船舶需求的信息开始，到输入财务支出，全部采用电子计算机控制，用电子计算机制订采购计划，减少库存积压，加速资金周转。

进入21世纪后，电子信息技术被进一步应用于海洋运输企业的备件、物料管理。既可使船舶设备、船舶物料的成本开支得到有效控制，又保证了船舶维护保养的需求。

中国海运所属各航运公司强化船用备件、物料和油漆管理。重点推广使用国产化备件，加大国产备件开发、使用和质量跟踪的力度。加强与国内外供应商的接洽，根据当时形势及原材料价格现状，降低供货价格。同时，针对船舶常规易耗备件，与供应厂商协议制定批量采购方案，以获取更大优惠折扣；物料供应则试行"船舶物料定位配置"，进一步降低供应成本。

从组建初期到"十二五"末期，尽管中国海运的船队规模业已大幅增长，2015年的船舶艘数分别比1997年、2000年增长1.35倍和1.42倍，船舶载重吨分别增长4.97倍和4.48倍，但由于集团始终加强备件和物料管理，严格控制物料成本，使得历年的物料费用大体维持在一个稳定的区间，并没有随船队规模显著变化而大幅上涨。2000年，集团的物料费为1.12亿元，2010年为1.29亿元，到2015年则为1.28亿元。2011—2015的5年间，年平均物料费为1.39亿元。历年物料费在运输成本中的比重也大体维持在0.3%左右的水平。2000年，物料费在运输成本的比重为0.38%，2010年为0.33%，而2015年这一比重则为0.30%；2011—2015年的年平均比重为0.30%。

表 5-1-4　2011—2015 年中国海运主要航运公司物料费情况表　　　　　　单位：万元

年份 公司	2011	2012	2013	2014	2015
中海集运	4 466	5 974	2 756	792	2 555
中海油运	3 770	3 896	3 622	3 591	3 437
中海散运	3 696	4 156	4 137	4 148	3 256
中海海盛	727	925	1 050	621	653
中海客运	302	359	426	353	330
中海汽车船	39	39	58	58	26
香港航运	248	603	559	693	628
时代航运	892	1 094	1 300	1 141	1 054
友好航运	120	103	86	80	170
广州发展	129	153	98	45	94
华海石油	378	269	130	117	125
全集团总计	16 294	14 366	12 510	11 887	12 845

说明：全集团总计栏中的数值，为表中 11 家公司及上海海运、广州海运、大连海运、中海工业、中海物流、远望航运共计 17 家公司的累加。

第二章 安全管理

安全工作始终是航运企业重点关注的内容。中国海运自组建成立起,就十分重视安全工作,从追求长效安全出发,加强制度建设,推进安全生产责任体系落实,推进安全生产标准化,保障人员安全、航行安全和陆岸安全。

1997—2005年,集团的安全生产总体保持平稳。自集团组建开始,坚持每年召开集团安全工作会议,总结一年的安全生产情况,布置下一年安全工作。自2000年开始,集团每年与各单位主要负责人签订年度安全生产责任书。2005年,集团没有发生特大事故;船舶上报事故9起,维持在较低水平;PSC检查实现了零滞留的目标,无缺陷通过率达到76.4%;PSC检查两项指标都创下集团组建后的历史最好成绩。

"十一五"期间,中国海运实现了跨越式发展,超额完成了集团"十一五"发展规划提出的各项指标。其中,在安全生产方面也全面实现了"十一五"安全管理纲要提出的目标,实现了集团安全生产的明显好转。在此期间,没有发生责任性特大恶性事故,其他各类事故数量明显下降;船舶安全面达到年均98.8%以上,高于纲要提出的97%(交通运输部指标为96%)。从2007年开始,事故总数不断下降,并保持在低位;从2008年开始,重大事故数量也连续下降。

"十二五"期间,中国海运安全情况总体依旧保持平稳。虽然船队规模大幅增长,但水上交通事故却呈下降趋势。在整个集团范围内,没有发生特别重大事故,一般及以上事故逐年下降,各类事故总量明显下降并保持在低位,船舶安全面持续保持在97%以上,高于交通运输部指标96%。

第一节 安全管理组织

改革开放前,上海海运和广州海运等承担海洋运输的企业已设有企业安全管理机构。上海海运自20世纪50年代始,即设置海务监督室,负责船舶安全监督工作,指导船舶技术业务安全管理。60年代中期始成立安全委员会,加强水运安全监督和管理。

1979年2月,当时的上海市革命委员会批复同意上海海运恢复职能处室建制。经批准设置的处室中含有海务监督室。其主要职责仍为负责船舶安全监督工作,指导船舶技术业务安全管理。

1981年2月,广州海运成立安全委员会。1983年11月,建立指导船长、指导轮机长制度,并制定《广州海运局关于建立指导船长指导轮机长制度的实施细则》。为协调安全管理,督促有关方面认真解决安全问题,1984年10月建立"船舶安全情况通知单"制度,对船舶在安全方面存在的问题,由安全委员会办公室按照机关各处室和二级单位的安全工作责任制职责范围,用船舶安全情况通知单形式通知有关部门或单位。

1984年2月,上海海运局改组安全生产委员会,并设安全生产委员会办公室,每季度对全局安全情况进行评估、分析并提出相关建议,适时组织全局性安全检查。后又对本局安全生产委员会进行调整,将海务监督室和安全生产委员办公室合并为安全监督室。其主要工作职责为:对船舶运输生产在技术、业务、管理上进行指导;在遵章守纪、技术操作、设备使用上进行监督;在安全生产横向关系和边缘问题上进行综合协调;为局属运输生产单位和职能部门提供服务;组织开展本局安全检查和"百日安全活动"等。

1994年,广州海运成立两级安全综合治理小组,定期集中对公司安全生产情况进行分析研究。各船公司根据各自实际情况,开展多种形式的安全活动,如十万里航行无事故、十万小时设备运行无责任性事故,雾航、防台百日无事故,党团员身边无事故等活动,取得一定成效。

1998年8月,中国海运安全委员会为加强消防安全管理,成立集团第一个专业委员会——防火安全委员会。其成员由集团所属上海海运、中海油运以及上海、广州、大连3家海运公安局的负责人等人员组成。防火安全委员会下设办公室,负责日常工作。

2000年年初,中国海运为建立安全工作长效管理机制,成立安全管理部,确定全年的安全工作目标,并着手开展两项安全管理基础工作:要求所有下属单位都要层层建立起安全管理机构,并有人专管或分管;进一步理顺安全管理关系。坚持"谁主管谁负责"原则,形成一级管一级、一级抓一级,在集团内部不允许有任何游离在外的无上级主管的单位。对于新组建的专业公司,在组建过程中集团要求安全管理机构、人员,必须同步考虑和设置,制定《2000年安全管理工作纲要》;成立中国海运安全管理领导小组,并采取一系列切实有效的措施,包括成立中国海运安全检查组,加强对船员的安全教育培训,要求所属各单位结合实际情况和各个时期的安全工作特点,全面落实交通部"水上运输安全管理年"活动的要求,且已基本建立起安全管理网络,形成纵向到底、横向到边的安全管理机构体系。

2004年9月,中海集运成立安全技术部,下设安全监督部、综合质量部、运营管理部。其主要职责为:贯彻落实国家安全生产法相关规定和中国海运的安全管理要求,实施安全生产监督;负责船舶重大事故调查处理,协调组织船舶应急抢险;组织各类安全生产宣教、上传下达各项安全生产数据信息;跟踪检查船舶安全航行、船舶设备维护和适航适装;实施船舶机、海务宏观监督;负责机关通信费用、船舶管理和运营费用等相关成本测算、统筹分析、审核监督;跟踪综合管理体系(质量、环保和职业安全健康管理体系等)相关国际标准和管理体系发展动态,负责综合管理体系建立和维护;监督相关方管理体系执行情况和质量管理活动;组织开展质量管理(QC)小组活动等。

"十一五"期间,集团运输系统各单位着力建设和完善安全管理体系,集团与各单位签订了安全生产工作责任书,营造安全工作的长效管理机制,其各级安全质量管理机构较以往更加健全。至2010年,中海集团及所属单位都已成立安全生产委员会,健全安全管理机构,配备高素质安全管理干部,安全生产管理网络进一步完善。其一级单位配备安全管理干部505名(其中专职195名、兼职310名);二级单位安全管理人员777名(专职267名、兼职510名)。其中,安全监督部门负责贯彻落实国家安全生产法的相关规定、实施企业安全生产督察;综合质量和风险管理部门负责建立运行和保持公司质量环保、职业安全健康、社会责任和风险管理等可持续发展管理体系。

2012年,中国海运完成总调度监控管理信息系统,增加满足S-57国际标准的ENC电子海图9100张,并在电子海图显示基础上叠加显示全球气象信息,为不同海域船舶的安全航行进行监控与指导。系统同时实现了台风气象信息与船舶船位历史数据的综合回放,实现对船舶航速的实时监控。此外,上海船研所与中海散运联合开发了船舶远程监控系统,对船舶进行机舱综合报警和远程监控系统改造,共计投入1026万元。

"十二五"期间,中国海运进一步健全各级安全管理组织和机构,安全情况总体保持平稳。虽然船队规模大幅增长,但水上交通事故却呈下降趋势。在整个集团范围内,没有发生特别重大事故,一般以上事故逐年下降,各类事故总量明显下降并保持在低位,船舶安全面持续保持在97%以上,高于交通运输部指标96%;集团船舶PSC检查滞留率保持在0%~0.9%的低位区间,远低于交通运输部1.5%的指标。

第二节　安全管理体系

20世纪90年代初,国际海事组织(IMO)通过对所发生事故的原因分析认识到,必须制定国际安全和防污染管理规则,并于1992年4月责成国际海事组织海上安全委员会(MSC)起草《国际安全管理规则》(即ISM规则,系指国际海事组织大会通过的,并可由该组织予以修改的《国际船舶安全营运和防污染管理规则》)。1994年5月,国际海事组织SOLAS公约缔约国大会通过SOLAS公约第九章"船舶安全营运管理",使该规则成为强制性规定,要求负责船舶营运的公司和其所营运的船舶,都应建立起一套科学、系统和程序化的安全管理体系。按照国际海事组织规定,ISM规则于1998年7月1日生效,2002年7月1日全面强制性实施。1998年7月1日和2002年7月1日前适用范围的航运公司和船舶都必须贯彻实施《国际船舶安全营运和防止污染管理规则》(ISM规则),建立安全管理体系(SMS),并通过由船旗国政府主管机关或其认可机构的审核认证,获得公司"符合证明"(DOC)和船舶"安全管理证书"(SMC)。同时对船舶实施以ISM规则为主要内容的港口国检查(PSC)。

1997年,中国海运在沪组建后,对安全管理体系的建设极为重视。自1998年10月起,集团所属集运、油运、货运、客运等专业公司先后开始实施SMS改版文件体系,使中国海运安全体系由区域化管理转变为专业化管理。此次改版以原地区体系文件为基础,将综合管理体系文件改为专业管理体系文件,原体系文件不作废,只进行改版,使之符合专业公司框架的要求,旨在建立与完善专业化管理机制。中国海运在实施改版SMS的通知中要求,各专业公司组织机关工作人员和船员做好对新体系文件的学习,确保船舶顺利交接和过渡,确保圆满顺利地完成体系转换工作。在体系转换期间,各公司须充分发挥转换工作小组的工作有效性,及时解决遇到的各类问题,把问题尽量留在公司管理机关解决,不得把问题推向船舶,以免影响船舶PSC的检查效果。1999年5月,中国海运SMS检查组对中海集运实施ISM规则、建立安全管理体系工作进行专项检查,强调集装箱运输在快速发展的同时,必须抓好安全管理。专项检查的主要内容包括中海集运《SMS实施计划》的实施情况、安全管理体系建立情况(包括公司SMS机构和职责,公司职责与ISM要求相附情况,各部室、各岗位职责以及相互关系,SMS文件编写情况等)以及公司各项安全活动和人员培训现状。并要求中海集运当年必须完成安全管理体系的建立和运行工作,在年底通过交通部审核;体系文件不仅要按ISM规则要求制订,且要有中海集运的特点,有原则性和可操作性。

2001年8月始,中海货运着手推动建立质量安全管理体系。该体系以当时的安全管理体系(SMS)为基础,将质量管理内容纳入其中,进一步规范质量管理,以适应客户的更高要求。新建立的质量安全管理体系(QSMS)于2002年3月8日开始运行,6月通过中国船级社质量认证公司ISO9001:2000版认证审核。(2007年,中海货运根据国际公约、规则和新的航运安全法律法规的实施要求,对安全管理体系(QSMS)文件进行修改换版工作,新版文件于当年5月28日生效实施。)

2002年,集团加强基础管理:安全职能部门对安全监督管理文件和制度进行了整理,制定《中海集团企业安全管理规则》(讨论稿),并根据《安全生产法》的要求,继续进行有关安全监督管理文件和制度的制订、修订和完善工作。同年,中海客运和中海油运已经完成安全管理规则国内化的文件修改工作,并通过交通部海事局的审核,中海供贸油轮船队也已经完成了文件的修改。为适应中海发展实行"五分开",该公司对原安全管理体系进行了转换。中海集运以SMS为主线,在加强安全基础工作的同时,进一步理顺内部安全管理关系。中海物流适时成立安全管理机构,配备安全管理人员,建立和完善安全管理制度,并顺利通过ISO9000质量管理体系的审核。中海空运根据运输车队发展情况,建立和完善车队的安全管理制度。中海工业对建立"职业安全健康管理体系"工作进行部署,计划3年内在其下属各单位建立"职业安全健康管理体系"。

2003年6月,中国海运连续下发3个安全管理文件,以加强船舶安全管理:为进一步改进PSC管理工作,减少船舶滞留率,修订并下发《中海集团港口国监督管理程序》;为加强海上保安,下发中国海运《国际船舶和港口设施保安规则》实施计划;为充分发挥上海港水域的通航能力,保障船舶航行和港口设施的安全,转发上海海事局关于公布施行《上海港船舶通航尺度规定》的通知。集团要求各轮吃透以上3个文件精神,认真贯彻执行,开创安全工作新局面。

为积极推进质量标准化工作,进一步完善安全管理体系,中国海运在2004年船舶管理工作会议上,要求各船公司加快质量标准化建设步伐,规范各环节、各岗位安全质量行为,夯实安全管理基础。在完善SMS体系的同时,积极探索质量安全管理体系(QSMS)、质量环境安全管理体系(QESMS),推动安全生产从集中专项整治向规范化、制度化、经常化管理转变,从以控制伤亡事故为主向全面做好职业安全健康工作转变。同时要求各船公司在安全管理体系运行中,加强对船舶的安全检查和监控。特别要重视发挥船长在船上的监督作用,加强对船舶的岸基支持,确保船长能单独履行其船舶管理和监督责任,提高安全管理体系运行的有效性。

2004年7月1日起,由交通部发布的《中华人民共和国船舶安全营运和防止污染管理规则》(简称《国内安全管理规则》),对第二批船舶,包括载客定额50人及以上所有跨省航行的客船(内河客渡船除外)和500总吨及以上的油船(港内作业的除外)生效[①],旨在进一步强化水上交通安全管理,推进各航运企业安全管理体系建设。

至2010年,集团所属各航运企业都已建立健全安全管理体系,并注重自我监督、自我完善,随时适应市场经济及国际国内规则的变化,形成与时俱进的长效管理机制,从根本上提高安全管理水平。经过十多年运行,各公司多次改版体系文件,使之更加严密、规范,增强了体系的有效性、符合性、适宜性和可操性,多个公司自愿把质量、环境和职业健康安全要求纳入体系文件,使体系文件涵盖公司整个管理、所有流程。各船公司的远洋船舶都按《国际船舶与港口设施保安规则》要求建立保安体系,针对亚丁湾、索马里海域严峻的防海盗形势,还及时建立船舶过亚丁湾防海盗程序。同年,集团安全面达99.7%;全年共接受船舶PSC检查385艘次,无缺陷通过267艘次,无缺陷通过率69.4%,比上年上升1.3%。陆岸单位中,除了建立职业健康安全体系外,多家公司也将质量和环境保护纳入体系中,提升体系的标准,体系运行管理持续改进。集团坚持每年召开体系年会,通过对安全管理体系的运行情况进行总结和讨论,不断完善安全长效机制,达到螺旋上升、持续改进的要求。

中国海运坚持"安全第一、预防为主、综合治理"的方针,遵循"全覆盖、零容忍、严执法、重实效"的要求,从隐患预防和风险管控着手,搭建并完善安全管理体系与制度,将安全责任落实到每个环节;以安全管理体系和安全生产标准化体系为主线,修订完善安全生产责任制度,加大安全生产指标考核权重,探索实行安全生产和重大安全生产事故风险一票否决。

2011年1月1日,巴黎备忘录、东京备忘录和美国海岸警卫队都推出PSC检查选船新机制,意

---

① 该项规则于2001年7月12日发布,2003年1月1日起对第一批船舶,包括载客定额50人及以上跨省航行的客滚船、旅游船、高速客船和150总吨及以上的气体运输船和散装化学品船生效。其实施有力促进了第一批适用船舶安全和防污染管理水平。

在对高风险船舶采取更加集中有效的手段和采取更加深入和频繁的检查。为此，集团要求各相关船公司要继续做好 PSC 管理，做好船舶抵港自查和检查的应对工作，确保不发生船舶滞留事件。同年，集团各船公司认真贯彻 3 月 14 日交通运输部海事局全国深化安全管理体系工作视频会议精神，对体系文件进行修改，优化流程。中海集运针对大型集装箱船主机超低负荷运行的操作与管理，新增加《船舶主机超低负荷运行管理规定》；中海货运针对船舶装载镍矿易发生安全事故的特点，对易流态矿（镍矿）的特性、矿山、货主、装卸、运输安全等各个环节进行全面评估，新增《镍矿安全操作须知》。陆岸单位中，中海工业不断修改和完善安全管理制度，正在执行的制度共有九章，106 篇，其中江苏造船基地和长兴修船基地建立了安全、环保、质量三合一体系，继续在分包商中推进安全管理体系的建设工作，共有 14 家分包商建立安全管理体系。

图 5-2-1　"中海吉祥"轮接受 PSC 检查（2014 年摄）

为了确保体系的有效性、符合性和适宜性，2012 年，集团各单位结合安全生产实际，继续对体系文件或规章制度进行修改和完善，优化流程、制度再造。中海集运添加了《73/78 防污公约》附则六的有关要求；中海油运修改新成立的生产运营部和市场营销部部门职责与相关流程；中海散运编写《海务、机务主管须知》；中海海盛新增《镍矿运输安全操作须知》等操作文件；中海信息以 ISO27001 为标准，建立信息安全管理体系并开始运行。

"十二五"时期，中国海运坚持在集团内部、集团与直属各单位、直属各单位与下属单位之间，层层签订《安全生产工作责任及承诺书》，通过指标层层分解、压力层层传递，将安全生产责任、目标、任务落实到各级领导和每一名员工，确保安全管理工作的全员参与。

根据集团党组书记、董事长许立荣在 2015 年 1 月 9 日集团安全工作会议上提出"船舶管理关键是要把每天简单重复的工作做好，做到不简单"的讲话精神，中海国际认真研究，建立《中海国际既全面持续预控又简单重复有效的船舶安全管理工作体系——船舶管理安全精准预控工作指引》，并培养出一支既会船舶技术操作又懂船舶全面管理工作的船岸人才队伍，基本实现自管船从 2014 年 12 月 1 日起一年多无工伤事故、无一般性及以上事故、减少小事故的安全奋斗目标，中海安检成绩保持名列前茅。

2015年，中海国际以安全体系为纲，以船舶主管制订《船舶管理方案》为抓手，促使船岸人员开动脑筋、精准和踏实工作：一是促使主管搞清楚船舶船员现状，把实际情况摸清摸透，做到胸中有数，促使主管搞清楚并深刻理解公司安全管理体系，做到全面掌握；二是促使主管搞清楚全面安全管理职能，包括计划目标、人员组织、全面预控和领导指挥，知道干什么、如何干、由谁来干；三是促使主管搞清楚船员的培训内容，了解船舶船员现状和全面掌握安全体系，有船舶管理方案，根据实际做好船员培训教材的PPT。3位船管部总经理带头研究、制订方案，上海船管部安全打了翻身仗，船队管理初具品牌效应，为公司安全管理工作体系建设不断输出好经验、好做法；广州船管部领先一步基本实现从经验管理向科学管理、从传统安全向本质安全转变；大连船管部也进入船舶本质安全的轨道，船管水平明显提高；LNG公司作为境内第一家LNG船舶管理公司，融进中海国际安全管理体系，按公司安全管理体系扎实做好每一项工作。

集团8个管船公司各有各的体系，各有各的DOC证书，总公司安管部针对各个船公司体系的运行情况、体系的更新维护，推出全集团内实行信息共享（包括函电和通知），收到良好效果。经过不懈努力，集团的船舶管理质量不断提升，管船规模逐步扩大，在外部检查、整体安全面、人均管船率等方面均取得良好成绩。

表5-2-1 2006—2014年中国海运船舶接受PSC检查情况表

类别＼年份	2006	2007	2008	2009	2010	2011	2012	2013	2014
检查艘数（艘）	421	344	350	373	385	320	447	447	465
无缺陷通过艘数（艘）	331	235	244	254	267	212	322	333	—
无缺陷通过率（%）	78.6	68	70	68	69.4	66.3	72.0	74.5	—
滞留艘数（艘）	0	0	3	2	1	1	1	3	1
滞留率（%）	0	0	0.9	0.6	0.3	0.3	0.2	0.7	0.2

第三节 安全制度建设与管理

一、法律法规

自20世纪80年代至2015年，中国海运及其前身上海海运、广州海运、大连海运贯彻实施的各级政府发布的水运安全法律法规主要有：(1) 1983年9月2日经第六届全国人民代表大会常务委员会第二次会议通过，1983年9月2日中华人民共和国主席令第七号公布的《中华人民共和国海上交通安全法》；(2) 1991年5月25日，交通部、公安部、中国船舶工业总公司根据《中华人民共和国消防条例》及其实施细则等消防安全法规，发布的《船舶修理防火防爆管理规定》；(3) 1995年2月23日，交通部根据《中华人民共和国消防条例》及其实施细则和国家有关法规，发布的《运输船舶消防管理规定》；(4) 2001年4月9日交通部发布的《老旧运输船舶管理规定》；(5) 2001年5月1日，交通部、国家经贸委、财政部经国务院同意后联合发布的《关于实施运输船舶强制报废制度的意见》;(6) 2001年7月12日,交通部发布的《中华人民共和国船舶安全营运和防止污染管理规则(试行)》;(7) 全国人大常委会第28次会议2002年6月29日通过公布,自同年11月1日施行的《中华人民共和国安全生产法》以及《中华人民共和国安全生产法(2014修正)》;(8) 2006年7月5日,交通部发布的《老旧运输船舶管理规定》(1993年首次发布,2001年进行修订);(9) 2007年3月28日国务院第172次常务会议通过,同年9月1日起施行的《中华人民共和国船员条例》;(10) 2007年3月28日国务院第172次常务会议通过,同年6月1日起施行的《生产安全事故报告和调查处理条例》;(11) 2007年8月30日由全国人大常委会第29次会议通过,自当年11月1日起施行的《中华人民共和国突发事件应对法》;(12) 2008年中华人民共和国主席令第87号颁发的《中华人民共和国水污染防治法》;(13) 国务院国资委2008年8月18日公布,自当年9月1日起施行的《中央企业安全生产监督管理暂行办法》;(14) 2009年9月2日,国务院审议通过并公布施行的《防治船舶污染海洋环境管理条例》;(15) 2009年12月7日,交通运输部发布的《提前淘汰国内航行单壳油轮实施方案的公告》及《国内航行单壳油轮淘汰时间表》;(16) 国家安监总局2010年4月15日公布,自当年6月1日起施行的《企业安全生产标准化基本规范》;(17) 2010年12月,交通运输部第7号令公布的《中华人民共和国船舶及其有关作业活动污染海洋环境防治管理规定》;(18) 国务院国资委2014年8月下发的《关于印发〈中央企业安全生产考核实施细则〉的通知》;(19) 交通运输部2014年10月13日印发的《交通运输部关于加强危险品运输安全监督管理的若干意见》;(20) 2015年2月28日,国家安全生产监督管理总局第74号令公布施行的《企业安全生产应急管理九条规定》。

二、企业安全管理制度

【责任制和问责制】

中国海运成立前,上海、广州、大连海运已分别建立一套行之有效的安全规章制度。1987年9月1日起,上海海运开始在全局范围试行安全责任制,强化督促检查,并将岗位责任连锁激励机制,奖惩分明,抓住正反典型,促进安全生产。该项制度具体规定了局党政领导、机关各处室、各基层单位、船舶等在安全方面的责任。1989年,广州海运进一步理顺和明确安全责任、职责范围,逐步形成机关、船公司和船舶三级安全管理体系,明确广州海运与多种经营船公司之间的安全管理责任关系,进一步明确并落实各级主要领导和分管安全工作的领导为安全第一责任人或安全直接责任人的责任。结合推行船长负责制和工资效益挂钩,落实安全否决权,把安全指标和每个单位、每艘船舶、每个职工的岗位考核和经济利益挂起钩来,形成全局上下人人关心安全、重视安全、相互监督安全的新气象。

中国海运成立后,在安全管理上坚持推进责任制和问责制。在《2001年中海集团安全管理工作纲要》中明确提出,安全管理工作的核心是责任的落实问题。重申各公司一把手的安全生产责任制、主管领导负责制和主管部门对船舶安全管理的责任;明确船员公司党政一把手对安全的连带责任;强调船长是船舶安全生产的第一责任人,在船舶安全管理上起实施和监督的双重作用;强调班组长是现场安全生产的第一责任人,要切实负起安全管理和监督的责任。各公司应明确并落实各种多经、参股和控股船公司的安全管理责任,在安全管理职能上不留死角,在组织上形成网络,横向到边、纵向到底,每一项安全工作均要落实到人。安全工作要实行"两挂钩",即安全工作要与各公司领导年薪制挂钩,与员工奖罚制度挂钩。

2001年8月1日始,中国海运正式实施《中海集团重、特大事故责任追究规定(试行)》(简称《规定》)和《中海集团重、特大事故责任追究规定(试行)实施细则》。该《规定》适用范围为集团总部机关部门负责人及以下职务的所有干部和员工;集团所属各公司正(代)职领导及以下职务的所有干部和员工。《规定》的核心条款主要有责任追究规定;责任追究权限;申诉、仲裁和回避;附则等。其中责任追究规定条款包括重、特大事故等级标准和界定;重大事故责任追究;特大事故责任追究;船舶以及集团所属公司下属公司的责任追究规定等。根据这一规定,发生重大责任事故时,对事故的防范、发生负有过失责任的公司主管部门负责人将受到警告或严重警告处分;发生特大责任事故,对事故的防范、发生负有过失责任的公司正职领导和集团相关部门负责人,将受到严重警告、记过或记大过处分。构成玩忽职守罪或者其他罪的,将由司法机关追究其刑事责任。《规定》同时明确,受到重、特大事故责任追究的有关人员,如对事故原因分析、事故责任属性认定以及对执行本规定的任何偏差和错误有异议,均有权向所属公司主管部门、集团相关的专业安全委员会办公室,直至向集团安全委员会办公室提出申诉。

2003年,集团开始正式实施《安全生产工作责任书》履职情况季报制度以及季度督查制度。根据《安全生产法》对企业安全生产的要求,全面细化安全生产工作责任书中的督查条款。将规范安全生产责任书签约和履职督查工作作为集团建立长效安全管理机制的一项重要措施,通过签约和履职督查工作,促使各单位进一步落实安全生产责任制,逐步建成和完善安全生产的长效管理机制。

2010年,中国海运以落实企业安全生产主体责任为重点,认真履行央企的责任,根据国资委《中央企业安全生产监督管理暂行办法》《上海市安全生产工作责任书》等文件要求,与22家下属一级单位签订安全生产工作责任书。各一级单位把安全生产控制指标细化和分解,层层落实到基层,分别与下属二级单位及部门签订安全生产工作责任书。各基层单位与所有一线操作员工也都签订"安全生产承诺书"。

2013年,中国海运积极推进安全生产标准化建设,修订《重大、特别重大安全事故行政追究规定》《安全生产约谈办法》《安全生产工作责任书》,将小事故和重伤率纳入考核;层层签订《安全生产责任书》。修改更新《应急预案》,提高预案有效性和可操作性,明确各级应急响应机构的职责,改善应急反应能力和协调性。中海油运、中海客运成为交通运输企业第一批一级达标单位。中国海运旗下共有42家单位取得达标证书。

2014年,集团建立安全生产监督体系,全力推进安全管理制度向安全管理成果转化,着力打造船舶航行、生产制造及日常工作的长效安全机制。根据国务院国资委的《中央企业安全生产监督管理暂行办法》及"中央企业全面推行安全总监制度,设立独立的安全总监和独立的安全监管部门"的要求,在7家船公司和8家陆岸单位任命安全总监,并设立安全监管部门,逐步形成相对独立、权责明晰、运行高效的安全生产监管体系,确保安全生产责任制在各个层面的落实。

2015年6月30日,集团下发《关于修订印发〈中国海运(集团)总公司生产安全事故行政责任追究规定〉的通知》,对生产安全事故性质的界定、事故责任追究原则、事故等级标准、事故责任界定、事故的处理等都作了明确规定,要求所属各部门、各单位认真贯彻落实。

【安全会议制度】

中国海运自1997年组建始,一直坚持每月一次的安全生产例会制度,即每月15日召开,如遇节假日视情况调整。出席部门为集团各部室、各专业公司,出席人员为集团领导、集团各部室及上海地区各单位副总经理以上干部等,在集团主会场参加会议;同时在北京、大连、广州、香港、海南、深圳设立分会场,相关公司人员在分会场参加会议。每年1、4、7、10月召开季度安全生产例会,由集团副总经理主持,要求所属各公司党政一把手参加会议。此外,该集团自成立始,还坚持每年召开两次安全工作会议,不定期召开安全生产专题会议,对安全工作进行部署。

在《2001年中海集团安全管理工作纲要》中明确集团的安全管理会议制度主要有以下几项:(1)集团安委会会议。集团每年召开两次安委会会议,总结集团上一年度安全工作情况,提出全年安全工作的设想,布置年度安全工作。(2)各专业委员会会议。每半年召开一次集团安委会下属航海安全、机务安全、劳动安全和防火安全委员会会议。各专业委员会将根据工作安排以及本专业近期工作要求,召开会议,研究问题,以指导各公司的安全管理工作。各专业委员会还可以根据当前安全工作情况,组织召开本专业范围内的各种研讨会、现场会和专题会议,解决安全生产中的实际问题。(3)集团安全生产电视电话例会,每月15日为集团法定的安全生产电视电话例会。会议将通报和分析前一个月安全和生产情况,布置下一步工作要求和任务。(4)交班会。集团每天上午的交班会进行安全情况通报,布置阶段性安全工作。(5)其他会议。各公司应坚持各种行之有效的安全会议制度,如PSC例会、船长和轮机长例会、专项安全研讨会等,研究、交流和通报安全管理工作。

"十一五"和"十二五"时期,集团还坚持每年召开多次各类安全航行专题研讨会,不断增强船员的责任意识和"让路船"意识,强调"车让为主"的避碰行动。每年召开的航海安全专业委员会会议上,剖析几个典型案例,通过研讨吸取经验和教训,提高驾驶人员素质和责任心。集团安委会下属的航海安全(安管部)、防火安全(安管部)、机务安全(企管部)、劳动保护安全委员会(人事部)4个专业委员会,亦按照程序要求,每年召开一两次会议,研究安全生产管理问题,指导集团的安全管理工作。每年的安全管理体系年会则研究和探讨体系建设、体系执行和加强安全监督等方面课题,为集团安全长效机制建设打下扎实基础。

【安全基础管理】

20世纪70年代始,上海、广州、大连等海运局都十分重视安全规章制度的修订。1979年8月,上海海运成立规改小组,对原先有关规章制度进行修改补充,合编为《船舶安全生产规章制度(85项)》,于1980年年底颁发。后又根据局职工代表会议决议,由海监室组织部分船员成立汇编修订小组,对以往船舶安全生产规章制度进行再修改,于1981年9月1日颁布实行《船舶安全生产规章制度汇编》。此汇编搜集了中华人民共和国成立以来该局历次颁布的有关船舶安全生产规章制度,并参考有关单位资料,经过精选、修改、增订后汇编成册。1986年12月,上海海运颁发经重新修订的《船舶安全生产规章制度汇编》,从1987年1月1日起执行。新修订的《汇编》分为船舶管理、航行安全、安全操作、检修养护、应急部署、防止污染、甲板部规章制度、轮机部规章制度、客运部规章制度、油船管理要求等十多项共55个规章制度。1987年9月23日,上海海运颁发《上海海运管理局运输生产船舶安全检查标准》(细则300条)在船舶试行。此《标准》以防海损、防火灾、防机损、防工伤、防污染、防货损为主要内容,包括安全第一的思想教育、遵守劳动纪律、遵守安全生产规章制度和操作规程、船舶设备管理、安全管理基础五个方面,是船舶自查和上级机关上船检查的主要内容,也是船舶进行安全工作整顿的依据。

1972年1月12日,广州海运颁布施行《关于加强船舶技术管理工作的几点意见》,这次重新修订船舶规章制度试行稿,确立继续执行的规章制度计有13种(恢复驾驶台规则、主机操作流程、航行停泊值班制度和水手瞭望、航前碰头会、交接班、安全活动日、消防救生堵漏演习、危险品装载、安全生产大检查等一批曾行之有效的规章制度),局部修改后执行的有12种,新定颁布执行的有18种,填补了过去在客运工作、船舶维修保养、船舶技术管理等方面的空白。

80年代初,大连海运加强基础管理,狠抓规章制度落实,先后出台一系列旨在搞好安全质量的规章制度。在航行安全方面,建立驾驶员值班规程(45条)、防污染制度(7条)、船长汇报制、海事报告制度、海事处理规定和事故档案、淡水储备量规定和说明等具体规定。人事部门制订劳动奖罚制度。在货运质量方面除进一步加强"五规"货规、管规、价规、联(运)规、危规、"一法"(钢材运输法)、"一程序"(散装货轮水尺计量操作程序)的贯彻执行之外,还制订了实施细则。其中有"船舶装卸交接班制""货运质量要求""理货操作程序""船舶优质运输奖励办法""劳动生产保护和管理条例"等。

1997年中国海运成立后,始终坚持抓好安全基础管理,落实各项安全规章制度。集团成立初,中海油运使用的老旧船舶较多。至1998年尚有老旧船50艘,其中超龄船20艘,对这些船舶的安全管理成为公司安全工作的重中之重。为此,该公司及时制定老旧船管理办法实施细则,并推行海务、机务、人事三级管理。要求老旧船必须做好自查、自检和整改工作,逐项对照检查,必要时由公司派专业技术人员随船具体指导检查。在老旧船人员管理上,尽量选派熟悉老旧船特点、胜任老旧船工作的船长、轮机长及肯干肯吃苦,车、钳、焊水平高的船员,并控制船员调动,保持人员稳定。

2001年1月,集团安全管理部成立之后,将加强安全基础管理工作作为年度的一项重要工作来抓,整理、补充、规范和统一集团安全管理制度,制定《中海集团2001年安全管理工作纲要》,对集团全年的安全工作进行部署,并相继制订或修订《中海集团船舶事故报告程序》《中海集团船舶应急事故处理程序》《中海集团船舶事故统计规则》《中海集团港口国监督管理程序》《中海集团船舶安全检查管理规定》《中海集团防台、防汛工作管理规定》《中海集团重、特大事故责任追究规定(试行)》和《中海集团重、特大事故责任追究规定(试行)实施细则》等安全管理文件。

在2002年召开的安全工作会议上,集团要求各船公司严格执行《国际安全管理规则》,以安全管理体系为主线,规范公司和船舶的安全管理工作。各公司都要认真分析和总结安全管理工作中成熟的经验和做法,将之纳入安全管理制度(体系),使安全管理制度成为船舶和陆岸单位安全的保障机制,在运行中得以保持并不断完善。要认真执行集团《船舶事故报告程序》《船舶事故应急处理程序》和《对船舶安全事故责任人员的处理程序》的制度规定。陆岸单位也要按照集团主管部室的规定,严格事故报告和处理程序。各单位应严格按照事故处理的"四不放过"原则,从严从快处理事故,并举一反三,避免类似事故的重复发生。

在制度建设方面,集团以《安全生产法》实施为契机,要求各单位以《安全生产法》对企业安全生产的要求,全面对照本单位现行的规章制度,边学习、边对照、边整改。集团安全生产领导小组多次召开会议,专题研究集团现行的安全管理文件与《安全生产法》的差距,并制定整改方案。在集团领导的亲自主持下,制定并通过《中海集团企业安全管理规则》,并自2003年3月1日起实施,此《规则》是中海集团全面贯彻实施《安全生产法》,落实各级安全生产责任制,规范安全管理工作,加大安全监督力度,实行长效安全管理的重要文件。据此,集团已相继制定、修订并下发《中海集团港口国监督管理程序》《中海集团陆岸单位事故报告制度》《中海集团船舶安全检查管理规定》等一系列相关的安全管理文件,并将"两反两防"和防止战争威胁工作也纳入安全管理范围。集团所属各单位根据《规则》的要求,相继制定本单位的安全管理规则,进一步完善安全管理体系,制定或修订相关的规章制度,为建立安全工作长效管理机制奠定扎实基础。

2013年,针对集团调结构、促转型,总部机关各部室职能发生较大变化的实际,集团对安全《应急预案》进行大幅度梳理、修改和完善,在完善应急预案的同时,积极认真按照《应急预案》要求开展联合应急演练。6月17日,集团、中海集运和"新非洲"轮举行船岸保安联合演习;6月18日,集团、上海海运、上海船舶污水处理厂、交港局外高桥监督站及其他相关单位联合进行了港口保安、罐区泄漏抢险和消防灭火的联合应急演练。通过演练检验集团《应急预案》的符合性、有效性和可操性,明确各级应急响应机构的职责,改善和提高了集团、下属单位、船舶和其他响应机构应急反应的协调性和应急反应能力。同年还考虑国家主管机关最新法律法规的要求,吸取"11·22"中石化青岛黄岛东黄输油管道泄漏应急处置中违规操作触发爆炸事故的教训,对《应急预案》数易其稿。按照国家安监总局《安全生产应急预案管理办法》的要求组成了专家评审组,征求各专家对《应急预案》的修改意见,召开评审会,最终提交集团总经理办公会审议通过,由集团总经理签字发布。

2013年12月,为加强生产安全工作,规范安全管理,依据全国人大、国务院和上级主管部门制定的法律法规要求,集团对《中国海运集团企业安全管理规则》进行修订。规定集团安全工作实行分级管理,一级抓一级。直属各单位承担各自的安全管理责任,并对下一级单位实施安全监督。强调加强检查、强化监督以治标;完善安全生产长效机制,加强教育培训,提高全员的安全综合素质以治本。坚持"科学发展,安全发展",从根本上提高集团的安全管理水平。《中国海运集团企业安全管理规则》明确集团的安全工作方针是:"安全第一、预防为主、综合治理";安全工作目标是:杜绝责任性重、特大恶性事故,控制责任性较大事故,减少其他各类事故的发生,不断提高集团安全管理水平。为确保集团安全工作目标实现。集团每年制定安全生产工作考核规定,对直属各单位的年度安全工作目标执行过程和结果进行考核,充分调动广大安全管理干部参与安全工作目标的积极性和持久性。《中国海运集团企业安全管理规则》要求直属各单位建立健全安全生产工作的奖惩考核制度,每年对本单位安全工作目标、指标的完成情况进行考核,并将考核情况形成书面文件。

【航行安全】

1980年9月,上海海运开始推行《驾驶台操作规程》,1981年将贯彻执行《驾驶台操作规程》作为落实船员职务规则,建立安全生产秩序的重要组成部分,列为海务监督工作的中心任务之一。要求船员各尽其责,严格执行岗位责任制,对违纪者予以严肃处理。

1981年8月,船舶数量和船员人数大量增加,交通部为加速对新船员的技术指导,加强海务和机务技术监督工作,逐步建立起船舶技术管理正常秩序,决定在航运企业恢复指导船长、指导轮机长制度("文化大革命"中指导船长、指导轮机长制度被破坏废止)。1982年8月始,上海海运建立指导船长、指导轮机长安全责任制。每一指导船长、指导轮机长对口负责管理15艘左右船舶。指导船长、指导轮机长分别受局海监室主任、机务处处长领导,并向总船长、总轮机长负技术安全责任。继而于同月26日颁发《关于贯彻指导船长、指导轮机长制度的细则》,落实安全技术责任制,明确指导船长和指导轮机长的具体职责。此《细则》规定每年指导船长、指导轮机长必须有一半以上的时间随船工作。这一制度恢复后,对帮助解决运输生产难题,落实安全责任制起到积极作用。广州、大连海运也于同时建立指导船长、指导轮机长安全责任制。

1982年,上海海运经总结解放后20多年雾航事故教训,提出雾航安全5点预防措施:(1)雾航二级戒备制度。当视程降低到5海里时,应备车、开雷达,认真瞭望,戒备航行。当视程降低到2海里时,船长上驾驶台,派水手瞭头,全船戒备,使用安全航速,谨慎驾驶。(2)头脑中要有1条线(定线分道航行中的分隔线)、2个圈(使用雷达时的2个警戒圈:5海里减速,2海里停船)、3个S(Safe Speed安全航速、Starboard右舷和Stop Ship停船)。(3)狭水道航行必须做到早开雷达,早抛锚,决不摸航1分钟。(4)正确使用雷达。(5)坚持安全质量第一方针。1986年11月,上海海运颁发《雾航制度》,规定必须严格遵守《国际海上避碰规则》及各港港章,在雾天视线不良时不得使用自动舵;正确使用安全航速,并在避让程序上倡导6海里为发现圈,3海里为判断圈,2海里为避让圈,2海里以内为戒备区;对使用雷达避碰(包括自动雷达标绘ARPA)亦作较详细规定。

1985年11月,广州海运成立《船员职务规则》修订委员会,对原实行的《船员分工明细表》《船员职务规则》再次进行修订,并分别于1987年5月和1989年1月颁布实施。这些制度的制定,使得在船不同岗位的船员各司其职,互相协作,避免工作中推诿扯皮现象,有效提高了航行船舶安全系数。同一时期,大连海运强化调度指挥系统。制定出"调度工作责任制"和"调度人员值班守则"。对计划、调度人员经常进行安全业务教育,提高他们对安全生产的责任感和对安全生产重大意义的认识。培养调度人员独立自主的工作能力和正确处理突发事件的应变本领。要求调度人员根据渤海湾风浪天多、雾季长、航船多、航道狭窄、渔船多的特点,认真执行船舶的抗风等级和"雾航规定",保证船舶安全航行无事故。

中国海运成立后,始终重视抓好船舶安全航行工作,特别是对驾驶台的安全管理,制定和不断完善规章制度。在2002年安全工作会议上要求各船公司要把驾驶台管理作为重点来抓,指出船舶的重大、大事故都与驾驶台有关,船舶驾驶台管理工作的好坏对集团安全具有举足轻重的作用,各公司要结合实际情况,狠抓驾驶台纪律和值班制度,花大力气抓好驾驶台管理工作。

船舶雾航安全也是集团常抓不懈的一项重要安全工作,重点是防止发生碰撞事故。根据我国沿海船舶通航密度较大、渔船众多的特点,要求各公司根据SMS的要求,认真落实船舶雾航设备的检查、雾航值班和交接班制度的执行,保持正规瞭望,采用安全航速,采取各种行之有效的措施,主动避让渔船。

"十五"和"十一五"期间,碰撞或触碰事故一直是集团所属船舶的主要事故源。为此集团始终把防止船舶碰撞事故,特别是防止客轮发生碰撞事故、防止船舶碰撞客(渡)轮和渔船事故作为船舶安全工作的重点,不断强化船舶防碰撞的制度和措施。2007年,集团领导在安全工作会议上再次强调严格驾驶台规章制度,指出对于规章制度要先立后破,新制度没有出来前必须执行现行的制度。现行的安全制度、现行的驾驶台值班制度就是法规,任何一个管理者、任何个人不能随意更改驾驶台值班纪律。2014年8月,集团组织召开航海安全专业委员会会议,集中分析6起典型事故案例,查找事故的深层次原因,并提出针对性措施,完善有关规章制度。中海散运针对长江事故多发的特点,与江苏海事局联合举办"长江江苏段航行安全研讨会",制定《长江航行安全导则》,对长江安全航速、追越、瞭望等做出明确指引。

2014年,韩国"岁月"号客轮事故发生后,集团所属各船公司立刻组织员工召开专题会议,认真分析事故原因,逐条梳理船舶操纵和应急处置过程中的失误,进一步修订和完善船舶安全航行规章制度,从而全面提升员工安全航行的意识,强化相关人员应对安全事故的能力。

【防火防爆】

1997年,中国海运成立伊始,即成立集团安全管理委员会,同时成立集团防火委员会。之后18年间,集团防火委员会坚持贯彻国家《安全生产法》和《中华人民共和国消防法》等法律法规,在地方公安消防部门的监督、指导下,不断完善和健全集团消防安全长效管理机制。各单位加强领导,落实责任,规范管理,确保各项防火措施落到实处;结合消防安全"大排查、大整治、大宣传、大培训、大练兵"活动,积极推进消防安全标准化管理工作,修订、完善消防设备设施、标志标识、消防通道检查、维护等消防安全管理制度和应急预案,提高企业防灾救灾能力。

2010年,集团根据《公安部关于印发〈构筑社会消防安全"防火墙"工程工作方案〉的通知》要求,决定在所属各地区实施构筑社会消防安全"防火墙"工程。为全面贯彻落实"政府统一领导、部门依法监管、单位全面负责、公民积极参与"的消防工作原则,进一步提高中国海运消防安全管理水平,前移火灾预防关口,增强火灾防控能力,确保企业形势持续平稳、受控。集团防火委结合本系统消防安全工作特点,制定了消防安全"防火墙"工作制度。旨在构筑本系统消防安全"防火墙"工程,以提高各单位检查消除火灾隐患、组织扑救初起火灾、组织人员安全疏散逃生和消防宣传教育培训等消防安全的能力,力争通过3年努力,使集团消防工作水平进一步提升,消防安全环境进一步改善。制度规定:集团所属各单位要建立和完善消防安全管理网络和专门机构,明确消防安全管理机构和管理人员的工作职责,逐级分解消防责任,落实工种、岗位具体职责;要组织消防责任人、管理人和明火作业、危险品保管、自动消防设施操作等重点行业、特种岗位人员参加消防专业培训,确保持证上岗率100%;要建立和落实防火检查、巡查以及火灾隐患岗位员工自查、保安值班巡查、安保部门检查和单位消防安全责任人督查的逐级消防安全责任制,进一步规范防火检查、巡查和火灾隐患等记录台账;要鼓励员工举报火灾隐患,及时发现和消除各类火灾隐患,对检查发现的火灾隐患要立即消除,不能立即消除的要制定整改方案,明确整改措施,落实整改资金,限时消除。此外,制度还规定,要提高组织扑救初起火灾能力,切实做到"火情发现早、小火灭得了";提高组织人员疏散逃生能力,切实做到"能火场逃生自救、会引导人员疏散"。

"十二五"时期,集团结合各项安全工作,不断建立健全防火防爆工作制度。结合船舶安全大检查活动,制定防火防爆专项排查与整治制度;结合"119消防日"活动,制定开展"清剿火患"工作制度。

2013年,集团通过火灾隐患排查整治、明火作业专项整治、消防安全"四个能力"建设等一系列活动,严格落实各级防火工作责任制,全年集团防火委共对集团下属42家一、二级单位开展专项检

图5-2-2　船员消防演练(2013年摄)

查,对发现的隐患和存在的问题,现场提出整改要求和指导意见;集团4个地区防火委分别开展专项检查48次,查出消防安全隐患69项,整改建议17项;各地区防火委成员单位共开展消防检查513次,查出消防安全隐患1982项,提出整改意见93项。2013年,集团直属各单位共排查出一般隐患15562项,其中已整改15191项,整改率97.6%。通过不间断的自查和检查,有力促进了各单位的隐患排查和安全管理工作。

2015年,集团认真贯彻《国务院安委会关于全面开展安全生产大检查,深化"打非治违"和专项整治工作的通知》精神,出台加强防火防爆专项排查整治工作制度。制度规定,集团各单位要加强对危险物品及重大危险源的管理,加大火灾隐患排查力度,对检查中发现的隐患要立即整改。要把火电油气等危险源的使用管理、储油罐、危险品储存仓库、废弃危险物的堆放场地、人员聚集场所、出租场所、明火作业及具有火灾爆炸危险的施工、重点要害部位、消防器材设施作为排查重点,严查细查,不留死角。对查出的隐患和问题要及时整改,并从管理上找原因,建立长效管理机制,确保安全。制度同时规定,各船公司要督促船舶切实做好危险品、易燃易爆品的预防和安全防范措施,要有专人负责,定时检查,确保安全。要认真核对供船物料清单,识别出"生活"危险品,并有专门管控措施。尤其是油轮要做好装卸各类货油的安全措施,集装箱船要做好危险品箱运输的核实、配载工作,客滚轮要做好汽车舱的绑扎和旅客夹带危险品的安检工作。各类船舶要加强对易自燃物品的储存管理,禁止在高温处所堆放。

【环境保护】

自1981年起,上海海运结合生产实际,陆续制订《加强燃油管理规则》《机炉舱防污染规则》《油轮洗舱、下舱作业规则》《油轮防污染规则》《散装有毒液体物质船舶污染管理办法》等具体规章制度,使部分环保法规得到充实和具体化。同时期,广州、大连海运在发展生产运输同时,也十分重视文明生产,要求各船舶各基层单位在认真贯彻《环境法》《海洋保护法》的基础上,大力开展治理脏、乱、差和防污染达标活动及防渗油、防噪声的技术改造。

20世纪90年代至2010年,海洋环境保护和节能减排工作在海洋运输行业中,越来越引起高度重视。集团所属各航运企业结合对《中华人民共和国船舶安全营运和防止污染管理规则》《中华人民共和国水污染防治法》和《防治船舶污染海洋环境管理条例》等法律法规的贯彻执行,普遍定有本企业节能减排和防污染具体规则或办法。中国海运自成立始,始终注意加强船舶节能减排和环境保护,及时制订企业《节能减排管理办法》和节能考核指标,督促下属各单位严格执行。在废旧船舶处理上,专门制订《中国海运(集团)总公司船舶处理规定》,将报废船只按营运船和废钢船两种形式出售给有营运资质和拆卸资质的公司,以确保不造成环境污染。对于航运中废水的处理,该集团也订有严格的管理制度,一方面尽可能减少废水产生,另一方面加强对废水的收集、到泊处理和达标排放管理,每艘船舶均设有油水分离器监控装置;同时制定全面的废弃物管理制度,有效防止因固体废弃物处置不当引起的环境问题。对于船舶运营中的压载水,该集团从维护海洋生态平衡出发,专门制定了压载水操作规程,要求所属各公司对压载过程进行记录,实行压载水全程监管,以保护海洋环境不受污染。

自2007年起,集团经营的集装箱船能效数据收录于中国船级社能效管理系统中,接受船级社的监督。根据系统数据显示,中海集运的集装箱船队能源绩效始终名列前茅,EEOI能效指标逐年下降。中国海运自有的大型集装箱船舶中,有93%的船舶根据需要运行在15%~20%的超低负荷,油轮和干散货船队也执行不同程度的降速航行。根据燃油消耗统计,2015年中国海运通过实施降速航行,共计节约燃油50万吨,减少二氧化碳排放160万吨。中海集运在实施经济航速工作中,推行航速分级管理制度,管控各航线船速。由公司海监室每天监控船舶燃油消耗,加强对"异常停航""班期管理"等要素的监控。做到"全天候、全过程、全覆盖",执行"每日、每周、每月"通报机制,把每天监控中发现的船舶航段航速超过航线计划规定航速、每周有2天以上超过基础油耗12%的船舶、每月有4天超过基础油耗12%的船舶等异常情况进行及时通报,并把异常情况没有消除的船舶列入"黑名单",进行持续跟踪,直至整改完毕,进行"闭环管理"。

"十一五"至"十二五"时期,中国海运在SMS体系文件基础上,进一步健全和完善有关保护海洋环境的制度规定。

2009年9月,中海油运获得DNV与CCS颁发的质量管理体系、环境管理体系和职业健康安全管理体系认证证书。此前,中海油运经过了从SMS体系到综合管理体系的完善与升级。综合管理体系文件在原有SMS文件的基础上增加2个手册,15个程序文件,12个公司操作文件,10个船舶操作文件,并对原有SMS文件、记录进行大量修改。各部门共修改、编写规章制度近百个。同时明确了环境保护和职业健康安全管理的职责,建立健全一系列关于海洋环境保护的规章制度,主要包括:《油污水和油泥水处理须知》《生活污水处理须知》《船舶垃圾处理规定》《船舶废气排放规定》《加装燃油和滑油须知》等。

随着2010年3月国家《防治船舶污染海洋环境管理条例》的生效,对船舶防污染的要求越来越高、防污染标准越来越严、污染的处罚力度越来越重,社会对污染事件越来越关注。为此,中海集运进一步加强防污染制度建设,对SMS体系文件进行较大的修改,进一步优化流程,完善制度,提升体系标准。2011年8月,中海集运在完善体系文件基础上,出台一系列海洋环境保护的规章制度,主要包括:《船舶防止大气污染管理规定》《生活污水处理规定》《机舱含油水处理规定》《船用油移动操作规定》等。从2011年起,美国洛杉矶港务局多次向中国海运颁发"减速降污染特别奖",集团在保护全球环境、减少空气污染上所做的努力得到洛杉矶当地广泛赞许。2013年,中海集运荣获"中国上市公司环境责任交通运输行业领袖奖"和"中国上市公司环境责任百家企业奖"。

2014年6月,中海散运进一步完善《安全管理手册》,在海洋环境保护方面制定一系列详细规章制度。主要包括:《船舶防止造成大气污染管理规定》《船舶压载水管理规定》《机舱污水处理规定》等。为确保海洋环境保护规章制度的有效实施,中海散运通过船工一、二、三部和上海分公司4个专业管理部室,建立了机务、海务、综合"三位一体"的船舶管理模式,坚持"安全第一、预防为主、综合治理"的方针,督促和指导船舶履行海上安全和防止污染公约,保证船舶操作符合国际公约、规则以及企业规定的有关环境保护的操作流程与技术标准。中海散运的"提高副机运行效率、降低燃油消耗"和"树立节能减排理念、创新经济航速管理模式"两个科研项目,成为全国交通行业首批节能示范项目并在全国得以推广。

"十二五"时期,中海集运遵照节能减排的有关规章制度,积极配合上海、深圳等国内港口开展岸电试点实验,较早开始使用船舶岸电。截至2015年年底,约有50艘集装箱船舶安装岸电接收装置,是国内拥有岸电设备船舶数量最多的航运企业。

【防台防汛】

1981年,14号台风影响上海,黄浦公园潮高5.22米。上海海运"繁新"轮先后发生走锚、搁浅。事后该局对《船舶防台规则》进行修订,增加台风威胁中和台风袭击中的紧急措施及台风过后的工作等内容。鉴于上海沿海北行船舶每年11月中旬至次年3月常遇到盛行的东北季风和涌浪,若防风不慎,加之货物移位等,极易发生船舶倾覆事故;每年1月遇寒潮,渤海湾和黄海北部亦有不同程度的冰冻现象,对北行船舶安全航行也会带来困难和危险,该局于同年颁发《船舶防风、防冻及冰区航行规则》,要求船舶及时收听气象预报,及早做好防寒潮、大风、冰冻的准备,注意冰区航行安全等。20世纪90年代初,上海海运对《船舶防台规则》再次作修订,并向船舶提供介绍台风和热带风暴知识的资料。

广州海运在1979年即制定出《防台指挥通讯规程(试行)》,从船舶防台分工、台风季节期间对船舶有关防台设备和属具的检查、举行紧急操舵演习和防水堵漏演习、台风威胁中的措施、台风袭击中的紧急措施,以及台风过后工作等都做了详细规定。1992年5月16日,该局向各海轮及下属有关单位颁布《〈广州海运局防台指挥通讯规程〉实施细则》,对防台会议、防台值班、防台值班守则、应急处置、船舶防台通信与协调等均作出明确规定,强调争取防台的主动权,并继续推广"一点锚"的防台经验。当年有261艘次船舶遭受11个台风影响,其中2艘抗击12级台风,由于组织指挥措施得当,防台及时,没有发生责任性事故。

1997年,集团成立后,坚持航海安全专业委员会会议制度,就船舶防台、长江汛期航行安全、CCTV应用等议题进行充分讨论,提出具体要求;加强对台风、强对流、寒潮大风、能见度不良天气的监控和监测,及时提醒,召开防台会议,研究、部署"防台"措施,安排防台值班,跟踪"防台"措施的落实;及时召开防台总结座谈会,确立"以防为主、以避为主"防台宗旨,使"五防"和季节性安全工作平稳有序。

2000年后,集团每年5—10月,开展以防台防汛为主的安全活动。本着"以避为主,以抗为辅"的宗旨,认真落实防台防汛各项制度和措施,立足早布置、早落实,保持中国海运多年防台防汛无事故记录。切实做好汛期长江、珠江船舶安全工作。2000年10月—2001年1月,开展防火防爆、防强风、防碰撞为主的冬季安全活动。针对冬季风干物燥,是船舶火灾频发的季节特点,要求船舶、船厂,特别是油轮、油库等关键场所,结合"119消防宣传日"活动,在防火委员会指导下开展活动,确保不发生火灾、爆炸事故。同时,针对冬季是我国沿海强风季节的情况,要求船舶认真开展冬防工作,制定应急预案,保证航行安全。并要求各公司强调驾驶台值班制度的落实,确保不发生碰撞事故。对油轮、沥青船和化学品船还强调装卸值班制度的落实,杜绝污染事故的发生。

2013年,西太平洋地区台风活动非常活跃,共有31个热带风暴生成,其中,对中国沿海有影响的热带风暴15个,1307"苏力"、1311"尤特"和1319"天兔"发展成超强台风,中心最大风力达到16级或17级,"天兔"被称为2013年"全球最强台风"。集团、各单位和船舶遵循"以防为主、防抗结合"以及"早谋划、早准备、早行动、早预防"原则,依照防台制度和措施,密切监视台风动向,认真部署、积极防抗,在船岸员工的共同努力下,集团范围没有造成风灾损失。中海客运冬季全程跟踪和监督指导船舶大风浪航行,落实冬季"六防"措施,督促船舶掌握风级操纵和合理积载与系固,严禁"超限"车辆上船,坚持安全巡查,避免了恶劣天气引发车辆移动和倾倒造成事故。

2014年10月,为加强防台防汛工作的安全管理,集团重新修订《中国海运防台防汛工作管理规定》,按照《中国海运(集团)总公司生产安全事故和突发事件应急预案》要求,实行集团、公司、船舶三级责任制,进一步明确各级责任、任务和权力。以便船舶及时、有效、正确地采取规避措施,确保船舶安全。在组织架构上设立防台日常工作办公室和值班室,协助各公司解决防抗台风中遇到的困难和问题,对各公司的防抗台风工作实施监督、指导。船舶防台工作由各船公司(含船管公司)负责,主要负责人对安全生产负有全面责任,各公司防台指挥部/防台工作小组负责对受台风影响的船舶提供技术指导和岸基支持,对船舶防抗台实施全过程的跟踪管理。要求各公司明确防台值班职能部室,明确船长是本船安全管理的第一责任人,担负现场组织、领导、指挥责任,具有决策权。

船长的防抗台风决策涉及锚泊、滞航、绕航和改向等影响船期的行动时,除紧急情况外,应提前报告所属公司。在防抗台风期间,不论船舶在航还是停泊,船长都必须采取有效手段与公司保持联系。该《规定》还明确,对于船舶在台风袭击中所发生的事故或险情,所属船公司应按照集团应急预案中《应急响应报告程序》的要求,立即报告集团总调室。各公司在每年5月前应召开防台专题会议,并将当年本公司防台工作负责人和联络人名单及联系方式上报集团。

【防海盗袭扰】

2008年,针对亚丁湾海域海盗事件频发态势,交通运输部多次发出紧急通知,要求船舶加强防范海盗工作。同年12月4日,中国海运防海盗领导小组召开第一次专题会议,部署工作要求,细化防海盗工作责任制和防范海盗袭扰应急预案,并在实践中不断修改和完善。通过改进设备设施、配备防范工具、制定应急预案、开展模拟演练、加强警报系统、分享经验措施、研究作战策略等方式不断强化船舶防海盗能力。

2009年2月27日,集团召集中海集运、中海油运、中海货运和中海国际等下属单位负责人,召开远洋船舶防范海盗第二次工作小组会议,明确各船公司主要负责人是防海盗工作第一责任人,船长是直接责任人。要求各轮在思想上高度重视防范海盗工作,在具体操作上岸基要提供强有力支持。同年秋,中海油运针对本公司船舶过往亚丁湾海域次数越来越多,可能遭受海盗袭击风险随之增大的情况,对船舶过亚丁湾防海盗程序做了大幅度修改,内容涉及船舶过亚丁湾前的信息通报、护航方式的选择、通过时的报告和监控等,并将该程序下发给各相关部门和船舶,强调程序的严格执行对于确保船舶航行安全极为重要。并陆续下发5个防海盗通报,强调各相关公司领导要高度重视,充分认识到事态的严重性,给船舶提供必要、及时的指导和岸基支持;戒备范围要相应扩大;尽量避免在中东、非洲东部近岸航行;加强驾驶台值班瞭望,按体系要求进行防海盗演练;进入防海盗区域保持通信畅通,每天增加报告次数;如航经该区域,要确保主、辅机工作正常;货船、油船必须参加编队航行等7项工作要求。同年共有30艘船舶参加了护航编队(中海国际19艘、中海集运1艘、中海油运6艘、中海货运4艘),中海集运船舶有54艘次过往监控区域但没有参加编队,集团实施监控。

"十二五"期间,集团每年约有500艘次的船舶过往亚丁湾和印度洋等危险海域,防海盗任务十分艰巨。2013年9月,"华池"轮接到从新加坡到孟加拉国吉大港的命令后,船长立刻通过多方渠道了解吉大港的各类注意事项,根据船舶实际情况,结合公司有关防海盗预案程序文件,制定《孟加拉国高风险区域防海盗应急预案》。与此同时,组织船员认真分析该海域以往案例,从空间布局到人员安排详细布置准备工作。9月26日,该轮遭遇海盗,在各级船员的互相配合和严密防护下,海盗最终陆续离开。

至2015年,由于集团各船公司和船舶认真贯彻落实集团历次防海盗专题会议精神和有关各项制度,及时收集、分析和发布防海盗信息,加强防海盗联合演练,认真指导和布置船舶落实防海盗措施,确保了集团防海盗工作有序有效。

第四节　安全设施设备

一、安全航行

1986年,国际海事组织(IMO)为改善船舶海上遇险时的通信工作,制定"全球海上遇险与安全系统"(简称GMDSS),决定于1992年2月起在全世界开始实施,并强制规定于1999年2月起全面实施。为适应实施GMDSS系统需要,2000年12月5日,国际海事组织(IMO)第73届海安会通过的《1974年国际海上人命安全公约》修正案规定,所有300及以上总吨并从事国际航行的船舶,500及以上总吨非国际航行的货船,以及不限尺度的客船,必须强制配备AIS设备(AIS岸基网络系统又叫自动识别系统,产生于20世纪90年代,是集通信、网络和信息技术于一体的多门类高科技新型航海设施和系统)。该修正案于2002年7月1日生效。中国作为IMO A类理事国,积极履行国际公约的相关要求,于2001年12月18日发布船舶强制配备AIS设备的公告。驻沪各航运企业均按照公告要求予以实行。

1997年1月,经广东省无线电管理委员会办公室批准,选定在番禺万顷沙围垦十九围西南部建设广州海岸电台新收信台,并建设广州海岸电台万顷沙新收信台至广州海岸电台中控台之间的微波电路。为防止上述电路发生故障时,造成全球海上遇险与安全系统(GMDSS)等海上通信中断,决定建设万顷沙收信台经东莞虎门大桥东桥堡、南岗鹿步至广州海岸电台中控台微波电路,以作为备用微波电路。

2003年4月1日起,上海海事局全面启用电子签证。该系统包括船舶基本信息共享、重点船舶跟踪、船员违法记分、各类统计分析、港务费征收等功能。

至2007年5月,中国海运为加强对运输船舶的动态监控,提高船舶安全航行能力,已出资为所属324艘主营船舶全部安装AIS自动识别系统,其中83艘内贸运输船舶提前完成安装;与该系统相配套的集团岸基信息采集系统也完成安装调试;船公司和船管公司可从中海集团总部信息采集系统中获得船舶信息,对本公司管理的船舶进行实时动态监控。AIS系统的投入使用,有效提高船公司对运输船舶的监控指导和应急处理能力。已安装AIS系统的船舶,在海上航行中可以通过该系统进行相互沟通,尤其是雾中航行,成为避碰雷达使用的一项辅助手段,能进一步提高船舶安全航行系数。

至2010年年底,国内沿海包括上海沿海已建成1个国家级AIS管理中心、3个海区管理中心、19个辖区管理中心和121座基站。AIS岸基系统沿海信号覆盖率达到99.97%以上,信号可利用率达到99.95%以上。中国沿海水域与内河AIS岸基网络系统建成后,实现了船岸之间的信息交换,能够提供实时和历史的、航行于中国沿海水域和内河高等级航道的船舶动态和静态信息,有效提升海事公共管理和公共服务水平,实现数字化、信息化和标准化的水路运输交通管理。

为认真贯彻落实集团领导作出的"加强安全管理工作,重点是防碰撞、防污染,研究驾驶台安装视频装置的可行性,进一步严格驾驶台值班制度"的指示和集团第十六届航海安全专业委员会会议精神,集团积极推进在驾驶台等重要工作场所安装视频监控装置,自2012年9月始,每月船舶视频监控装置的安装都保持在40艘左右,2012年累计安装船舶视频监控装置184艘并投入运行。

2013年,中国海运继续通过各种手段抓好船舶防碰撞治理,防碰撞形势继续保持平稳。为进一步提升VTS远程岸基监控的作用,充分发挥VTS平台对船长的培训功能,同年年初,根据集团领导指示,集团对驻吴淞VTS监控人员进行调整,让在职、实习船长担任监控人员,并定期更换,给在职船长提供一个角色互换的机会。这些来自一线、具备丰富航海知识和经验的船长,不仅在跟踪和提醒各船舶安全航行方面起到保障作用,而且让每位船长利用这个平台全方位了解长江上海段航行环境的复杂性,体会自觉遵守长江分道航行规则的重要性。同年,集团驻吴淞VTS值班共监测船舶7 572艘次,发现7次违章事件,违章航行率仅占0.09%,长江上海段监控水域发生3起水上交通小事故,继续保持平稳。

二、消防

20世纪七八十年代,上海海洋运输系统不少船舶装有"1211"固定灭火系统和手提式"1211"灭火器。后因卤代烷等人造化学物质对臭氧层有破坏作用,影响生态环境,而中国已加入联合国环境规划署《蒙特利尔认定书(修正案)》,并制订削减臭氧耗损物资的方案,故对"1211"等灭火剂的生产和使用予以淘汰和控制。

20世纪八九十年代,上海海运大部分油轮配有泡沫灭火系统。当时广泛采用的是空气机械泡沫固定式灭火系统,有立式和横式两种空气泡沫产生器,按每秒钟泡沫发生量,计有25、50、100、200升等多种。低膨胀泡沫多用于大型油轮甲板泡沫固定系统,高膨胀泡沫多用于船舶机舱、油泵间灭火。同一时期,固定式CO_2灭火系统因价格低,在国内建造的海船上大量采用。上海海运80年代建造的"建设"型油轮和"安平"型货轮,CO_2系统布置较合理,设备配套先进,操作简捷。但部分船舶因操作或换瓶人员对系统原理和性能缺乏了解,曾发生误施放事故。为此该局特于1989年1月发出《关于防止船舶灭火(CO_2、"1211")系统误施放的通知》。同年,又下发《加强船舶固定灭火系统安全管理的补充规定》,要求各轮制定切合本船实际的固定灭火系统操作规程,其内容应包括报警、风油切断、人员撤离、关闭舱室门窗、操作技术要求,以及由船长或船长授权的值班驾驶员下达施放命令等条款,并报备船公司。

80年代中期至90年代初,上海海运在"大庆63"等油轮上安装过自制的惰性气体发生器。在载运闪点不超过60℃的散装油船上,装设惰性气体系统(简称IGS)是防火防爆的有效手段,可用以取代卤代烷灭火。该装置每小时可发生1 000立方米惰性气体。其包括废气燃油组合式发生炉、惰气洗涤塔、甲板水封组件、压力真空安全器及货油舱闭封液位遥测系统等。该局还制订《油轮惰性气体系统操作、保养、检修分工明细表》付诸执行。至90年代初,该局共有7艘油轮装有惰性气体系统。1999年11月15日,交通部海事局在上海组织各方面专家对安装惰性气体系统的老旧油轮"大庆61"轮进行评估验收,认为这一系统的设置、安装符合设计方案要求,符合中国船级社"钢质海船人级与建造规范"的相关要求,而且能满足中国船级社关于"液货船透气系统改装的通知"要求。

2002—2015年,《国际安全管理规则》(ISM规则)全面强制实施。根据港口国监控对消防设备及器材的检查要求,集团五大船队以及联营船队所有营运船舶都必须做好本船消防设备和器材的配备、保养和检查工作,包括:(1)固定灭火系统(如泡沫等)的状况是否良好(含管路状况和测试),自动烟雾测试系统提示图是否张贴于适当位置;(2)固定水灭火系统的消防总管、消防栓、皮龙、水枪、阀门和关联的管道配置状况是否满足要求并正常工作,消防皮龙是否按要求放在皮龙箱内,主甲板消防管路和排放污水阀是否处于良好状况,有无渗漏和裂口现象;(3)消防栓的状况如何,是否每周测试并计入航海、轮机日志,中英文操作说明书是否张贴于适当地方;消防泵的水压情况是否符合要求,应急消防泵的水压情况是否符合要求,应急消防泵应于抵港前启动一次;(4)CO_2系统的测试、称重、管路吹通、报警系统、通信系统、中英文操作说明书及其符号标志等情况如何;(5)各种便携式灭火器的状况是否良好,是否最少每两个月检测/试验一次并记录在起标签上,是否备有100%的备件;(6)最新的消防控制图是否张贴于指定场所(起居场所等);是否固定存放于起居场所主要入口处的水密容器中(应备有200%的备件);(7)消防员设备(如安全绳索、防爆灯、消防衣、呼吸器、手套、靴、太平斧等)的状况如何,消防呼吸器备用气瓶是否足够(应备有200%备件);(8)各种遥控切断装置和速闭装置状态是否良好和工作正常;所有通风筒的防火挡板状况如何(必检项目),是否活络并标有醒目的"开"和"关"字;自动火灾报警装置的工作状况是否良好;(9)国际通岸接头的情况如何;(10)消防演习是否按照国际公约或船旗国的要求进行,并记录在航海、轮机日志上等。

三、救生

根据国家海上安全部门规定,1986年7月以后建造的海船,救生艇必须使用封闭式的。同年,上海海运有25艘新船配备封闭式救生艇共50只。部分旧船经改装后亦配备封闭式救生艇。1987年后,鉴于"振奋11""建设7""安平6""新宁"等轮先后发生吊放救生艇时艇钩脱落事故,造成艇身、艇架严重损坏,上海船检局和上海海运局有关部门对救生艇的设计、制造、检验和使用作了专门研究,并采取改进措施。至1988年年底,上海海运所属船舶,除个别因运煤任务紧张未全部改装外,其余各轮均已完成救生艇的改装、试验工作。1989年1月,上海海运颁发《封闭救生艇演习、保养制度》,要求各轮每月演习一次,每3个月必须进行一次维护保养。至80年代末,上海海运沿海船舶救生设备均按国内《海船救生设备规范》配置,新造船舶吊艇架都已改成重力式,船横倾20度时救生艇仍能放出舷外。1990年4月起,交通部船检局重新颁布的《海船救生艇规范(国内航行船舶)》开始施行(1983年,该局曾颁布《海船救生设备规范》,计12章39节,自1984年2月1日起施行),规定客船在Ⅱ类航区航行者,船上救生艇筏乘员总数为总人数的110%。在Ⅲ类航区航行者其救生艇乘员为全船人数的50%,另60%为气胀筏乘员。货船在Ⅱ类航区航行者其艇筏乘员总数为船上总人数的150%,每舷至少有一艘机动艇,在Ⅲ类航区航行艇筏乘员占全船总人数的比例要达到110%。

20世纪八九十年代,沿海海洋运输行业用于船舶救生的设备器材除救生艇外,还有气胀救生筏、救生圈、救生衣、海船救生信号等。《1974年国际海上人命安全公约1983年修正案》中,规定客船上应配备可吊式气胀救生筏,并自1986年7月1日开始实行。1990年国家颁发的《海船救生设备规范》中对Ⅱ类航区的客船也规定,须配备全船总人数40%的可吊式救生筏。船用救生圈,在80年代后期已淘汰原先使用的软木救生圈,而多用聚苯乙烯泡沫塑料材料制成。上海海运当时已改用最新式的一次成型的聚丙烯救生圈,避免了有毒和易损坏。随着化学合成材料生产的发展,船用救生衣在进入80年代后,也渐以聚乙烯闭孔泡沫塑料作为内部浮力材料,同时逐步淘汰用植物纤维材料制成的救生衣。对海船救生信号,交通部船检局1984年公布过《海船信号设备规范》,规定所有求救烟火信号有效期为3年。1989年11月,国际海事组织(IMO)在《1974年国际海上人命安全公约1983年修正案》第三章中规定,船舶救生衣、救生圈、救生筏、救生艇等救生设备要装贴逆向反光材料,以便发生事故时能被及时发现和获救。

2002年7月始,《国际安全管理规则》(ISM规则)全面强制实施。根据港口国监控对安全及救生设备器材的检查要求,集团所有营运船舶都需做好救生设备器材的应检工作,包括(1)驾驶台设备:4套抛绳器、12只降落伞火箭信号、EPIRB及电池与其水压释放装置、雷达应答器、人员落水信号、救生艇电台、保温救生服、4件救生衣等设备情况是否良好。设备在驾驶室两侧的带自发烟雾信号的救生圈能否快速投掷。(2)救生艇设备及索具:艇体是否处于良好状态,艇底部扶正把手、扶正锁、环艇锁以及止荡锁链、快速释放装置和固艇装置、舵基架、车叶等状况是否良好;救生艇内部装置如横座板、浮力柜、水和邮箱以及吊钩的状况是否良好;救生艇机器是否每周测试一次且状况良好;是否按SOLAS公约所规定的,救生艇属具、食品均在救生艇内,小至水勺、钓鱼钩等物品是否短缺,有否每月检查一次,并编写《救生艇设备每月检查清单》。是否将可移动的设备都已固定在艇上,食品和设备橱柜是否均保持干燥水密;登艇灯是否工作良好,有无应急电源;救生绳梯的状况如何;吊艇架、吊艇索是否润滑、活络(滚轴、轮子、钢丝绳),吊艇索钢丝绳换新/调头日期及证书是否存在于船上。收艇装置及限位开关的状况如何;封闭艇的自动释放器工作是否良好;松放操作中英文说明书是否张贴于适当的地方,救生艇标志是否清晰完整。救生演习是否按照国际公约或船旗国要求进行,并记录在航海、轮机日志内。(3)其他救生设备及器材:是否按照SOLAS公约的规定配备了足够的救生衣、救生衣的标志是否清晰和贴有反光带,是否都附有哨子和海水自亮灯。是否有足够的保温服给所有船员(仅限于开敞式救生艇)。船上是否有足够和标识清晰的救生圈,并且这些救生圈是否按规定配有自亮灯、浮绳、烟雾信号及贴有反光带。具有自亮灯浮救生圈的电池是否有效,救生圈的架子是否良好。救生筏标识是否清晰和贴有中英文抛放操作说明书,摇架是否良好,系筏索和静水力释放器是否连接以弱环。救生信号表是否张贴于驾驶室内;船员培训指南是否按照规定存放于驾驶台、机控室、船员餐厅、休息室等场所;IMO的安全设备符号标志是否张贴于适当位置等。

  至"十二五"时期,沿海海洋运输行业船舶使用的救生艇,广泛采用的是增强玻璃纤维塑料艇,因其强度、弹性、防水和阻燃性能良好,且耐腐蚀,已逐步取代其他材料制造的救生艇。其按推进动力,可分为机动的和非机动的;按结构形式,可分为开敞式的、封闭式的和全封闭式的。封闭式艇装有顶篷,使乘员免受风吹、日晒和雨淋;全封闭式救生艇装有防水顶篷和空气再生、艇外洒水等系统,可通过海上火区,为油船所必备。救生筏,有传统式和气胀式两种。传统式救生筏为环状金属空气浮箱,中央部分为筏底,可供乘员搁脚。气胀式救生筏由橡胶锦纶布制成,使用时以压缩空气充胀成型,带有篷罩,保护乘员免受伤害。气胀式救生筏因体积小,存放和使用方便,保护性好,已得到广泛应用。救生圈,由泡沫塑料或其他轻质材料制成,外包色彩鲜明的布,四周有救生把手索,用时套在腋下,能使人直浮水中,救生圈上有自亮浮灯和烟雾信号可指示落水人员的位置。救生衣,有的以塑料或木棉作为浮力材料,有的为充气式的。其中保暖救生衣,可使穿着者在水中支持较长时间。抛绳设备,可用以抛射细绳至他船或岸上,包括抛射火箭、火药筒、抛射绳和抛绳器。求救信号,按照《国际海上避碰规则》规定:船舶遇险时可以发送红星火箭、红光降落伞火箭、红光火焰信号或橙色烟雾信号。除船舶配备规定数量的信号弹,每艘救生艇或救生筏上也有适当的信号设备。

四、防污染

  20世纪70年代始,国家对沿海海域的防污染工作日益重视,1974年发布《防止沿海水域污染暂行规定》,不准船舶向水域排放"三废"(废气、废水、固体废弃物)。同时上海海运由于新建船舶的主机都从蒸汽机改用柴油机,且沿海油运任务增加,油船迅速增加,沿海海域造成污染的机遇逐步增大,防污染设施设备的配备和改进尤显重要。

【油污水处理船】

  1975年6月,为了防止油船洗舱水和空载压舱水以及机舱舱底油污水对水域的污染。上海海运将1艘300吨的油驳改装后,试行港作船舶含油污水的处理。在此基础上,于1976年4月,在江苏杨林港附近的江面上,将一艘1974年报废的载重15 000吨级的"大庆26"轮,自己动手改装成油污水处理船。

1979年7月1日,杨林港油污水处理站正式成立,全面承揽上海港水域的中外船舶油污水驳运、处理,以及船舶修理时清挖油脚和处理业务。杨林港油污水处理站由此成为上海地区海运油污水处理基地,除配备船舶污水处理船外,还配备4～5艘油污水驳运船。日油污水处理能力达到2 000吨,油污水驳运载重能力2 200～3 200吨,不仅解决了油运和烧油船舶大量增加后容易造成水污染的问题,而且能为国家回收节约大量能源。

此后,该局又将4.5万吨级"黄岛"号废钢船改装成第二艘油污水处理船,每年可处理油污水72万吨,1984年3月因老旧损坏,正式停产报废,由上海海运第三艘油污水处理船"大庆41"轮接替(日处理能力为2 000吨)。该轮是瑞典1960年建造的2万吨级油轮,船上加装石脑油处理新设备,采用"混凝、溶气浮选"净化装置,使污水处理后达标排放,去除率达到85%,从而填补中国海上轻质油污水处理技术空白。"大庆41"轮在改建成油污水处理船时,对安全质量特别重视,严格按照一类油船规范施工,加强船舶消防设施,增加2台高倍泡沫灭火装置,更换生活区老化的照明线路,甲板也油漆一新。但其只能在浏河口外宝山锚地长期抛锚生产,经常要起锚动车移动调整锚位;且双船靠泊,受风和潮流条件限制,给油轮洗舱和油污水净化处理带来困难。同时,上海海运油污水处理站设有油污水接收船队,担负在港内接收、驳运各轮的机舱舱底油污水和油轮的压舱水任务。成立初期只有几艘破旧的小油轮,1982年前后添置2艘400吨级油污水接收船。至1990年,全队共拥有1艘1 000吨级含一级油品的油污水接收船,3艘400吨级一般油品的油污水接收船,1艘233吨的油驳和1艘交通船。该局油污水处理站不仅能承担本局船舶的油污水接收和处理,还可承担上海内河航运局、第三航务工程局、救捞局、上海长航、上远公司、中波公司、上海石油公司、上海部分船厂及外省市和外籍轮船的油污水处理,其能力占上海港区船舶油污水处理的90%以上。

按照《1973年国际防止船舶污染公约》的要求,凡150总吨以上油轮和400总吨以上的非油轮,都必须装置油水分离器。70年代时,上海海运"长"字型客货轮、部分货轮及1.5万吨级油轮,已装有未经船检型式认可、没有"型式认可证书"的试验性油水分离器。1985年,该局装有油水分离器的船舶占船舶总数62%,但使用率较低。1990年该局已为199艘运输船舶装配15 ppm的油水分离器,其中62艘装有上海船舶运输科学研究所研制的CYF—4型船用油水分离器。此分离器采用重力分离和粗粒化分离组合结构形式,可实行二级排放:第一级公海100 ppm以下;第二级港内10 ppm以内。同一时期,上海海运还为部分船舶安装生活污水处理装置、污染物焚烧炉等设备。以积极消除污染危害,改善工作环境。

【上海船舶污水处理厂】

1996年12月25日,上海港第一个水上处理工程——船舶污水处理项目落成:一座拥有年处理40万吨船舶含油废水和10万吨化工废水能力的上海船舶污水处理厂(简称船舶污水处理厂)通过上海海运内部验收。上海海运党政领导和中国港湾建设公司、上海第九设计院等单位专家参加验收。集团领导在验收总结时指出:船舶污水处理厂历经4年终于建成,可以归纳为"四个一":一是上海海运40多年来投资规模最大的一个建基项目;二是第一次运用世界银行贷款;三是上海港第一个水上污水处理工程;四是上海海运第一个纳入国家大中型企业的基建项目。

船舶污水处理厂位于浦东新区外高桥,北临长江,南靠外高桥保税区,西与外高桥发电厂近邻,东与外高桥修造船基地接壤,占地面积5万平方米,岸线长300米,拥有大小码头2座。大码头长330米,可停靠3.5万吨级油轮(兼靠减载后的6.3万吨级油轮),小码头可满足400吨级船舶靠泊。

船舶含油污水处理全套引进国外先进的旋流油水分离装置和接收装置,是利用联合国全球环保基金组织赠款和世界银行信贷在中国六大港口建设环保项目的子项目。其中利用外资1054万美元,配套人民币9771万元,总投资近2亿元。

船舶污水处理厂的建成弥补了上海港环保设施的不足,改善了船舶污水接收处理的状况,有效地解决了进入上海港各类船舶,特别是油轮、化学品船产生的大量污水排放和处理,防止船舶污水对黄浦江和长江水域造成污染,确保海洋、江河的洁净和良好生态环境,提高上海饮用水的级别,具有重要意义。

在船舶污水处理厂验收过程中,专家和工程技术人员认为,油污水处理工程建造完全符合国家基本建设要求,其中码头建造被上海质检局评为优质工程,有3个单体工程被评为优质工程,有12个储油罐被评为优质储罐。担任该项目主设计的上海第九设计院认为,上海船舶污水处理厂码头通过船舶重载试车以及"大庆29"轮排放3 000吨油污水处理测试,均达到设计要求。

为确保及时接收船舶油污水并处理排放合格,船舶污水处理厂建成后的几年间,以技术创新为突破口,采取新增"气浮"设备、新建斜板分离装置、扩大罐容等一系列技术改造措施,改革工艺,推动技术升级,确保污水处理质量达到并超过国家标准。2006年,该厂作为首批安装在线监测单位,实现政府安排的对该厂排放水进行实时监控管理。2009年11月12日,国际海事组织审核组对船舶污水处理厂进行视察审核,主要内容包括船舶油污水接收、处理等环境治理项目,是国际海事组织审核组对中国履行国际海事公约等相关情况进行全面审核的一个重要步骤。该审核组与厂方就我国尤其是上海港环境保护项目建设实施现状进行沟通和交流,并实地参观污水处理车间及污水处理整个流程,对船舶污水处理厂的建设和管理予以充分赞许和肯定。2010年5月28日,船舶污水处理厂码头扩建工程开工。扩建项目总投资概算4384万元,在已有码头基础上向上游方向延长100米,使码头总长达到430米,可满足2艘3万吨油轮同时靠泊和洗舱作业,有效提高码头的使用效率。

【其他防污设施】

2010年7月,中国海运与上港集团联合研究开发的移动式岸基船用变频变压供电系统开始启用。同时,随着经济社会不断发展,港口城市因停靠船舶油料发电产生的废气污染日益严重。据统计上海港平均每天有170多艘大型船舶靠泊,小船更是不计其数,其停靠期间都需燃烧柴油发电,产生废气污染。移动式岸基船用变频变压供电系统的成功开发,解决了中国港口实现岸基供电的难题,利用码头桥吊富余的电箱供电,成本低、见效快,首次实现将供电系统装入标准箱,方便移动,适合港口操作,可有效减少船舶污染排放,提高能源利用效率。

为有效控制船舶营运对环境造成的污染,国际海事组织(IMO)曾制定包括船舶能效设计指数(EEDI)、船舶能效营运指数(EEOI)和船舶能效管理计划(SEEMP)在内的相关文件,对航运公司监控船舶二氧化碳等温室气体排放提出量化要求,也为公众对航运公司能源管理水平的评估提供依据。中国海运在新建船舶中大量使用节能减排新技术和新工艺。

"十二五"时期,中国海运坚持科技创新驱动,通过自主研究和联合开发,先后开展船舶气膜减阻研究、纵倾优化浮态节能研究、智能船舶及船联网应用研究和船舶尾气一体化后处理系统研究等项目,并探索航空发动机在民船上的应用前景、电/柴联合和汽/柴联合推进技术的储备。通过一系列能效管理措施的落实,集团的能效水平逐年提升。2015年,中国海运经营船舶的燃油单耗为3.92公斤/千吨海里,二氧化硫排放强度为0.24公斤/千吨海里,超额完成集团"十二五"节能减排目标。

五、防海盗

2008年前后,亚丁湾海域海盗活动猖獗。为防范海盗袭扰,确保船舶和船员人身安全。海洋运输行业相关企业根据政府有关部署和要求,及时为船舶配备必要的防海盗设备和器械。同年,中海货运给航经海盗警戒区的船舶配备10套防弹衣、防弹钢盔和掩体钢板等器材。

2010年1月,交通运输部公安局召开会议,要求强力推进、加快落实"船舶防海盗器械"配备工作。为贯彻交通部指示,防患海盗袭扰,同月,中海油运新船"新埔洋"轮首航中东,因需经过海盗出没的亚丁湾,船员们特地准备一套完善的"防海盗秘笈":在遇海盗袭击或其他突发事件时,可在35秒之内,通过船舶保安警报系统以传真或电话短信方式迅速向船公司和船舶主管机构发出报警,自动提供船舶相关信息,使岸上相关机构能够及时向船舶提供援助。万一有海盗试图登船,该轮高速航行时会产生很大的波浪令小船剧烈摇晃,小船贴近时,该轮可通过合理转向产生巨大波浪令海盗难以站立。船上还配有十多门消防高压水炮,射程达30多米,可以打翻小艇类型海盗船,使海盗难以攻击。此外,船员还有针对性地做好应急训练。准备充足的"武器弹药"包括燃烧瓶、高压水枪、太平斧等,可随时对海盗进行还击。

2010年6月,中海货运为加强防海盗工作,还增加投入在远洋船舶上改建防海盗专用安全舱室。倘若阻击海盗登轮措施失败或者已经明确不能避免船舶被海盗挟持时,所有船员可按照报警信号撤至该舱室,等待外来救援。安全舱室伪装良好的铁门,可从里侧快速锁闭,有效拖延海盗入侵时间。安全舱室内还备有供水供气设施、休息设施、隔音设施、监控设施等,可有效保护船员安全。同年年底,中海油运和中海货运已在27艘船舶设立船员防海盗安全封闭舱室。截至2011年12月底,集团各船公司建造或改造安全封闭舱室共计119艘船,占远洋船的86.2%。

图5-2-3 船舶防海盗应急演练(2011年摄)

同一时期,国内海洋运输行业研发和配置的用于船舶防海盗的设备器材还有:(1)高压电网。其运行电压高达5 000伏特,能使攀爬货轮的海盗即刻晕厥,但不危害其生命。(2)笼型"刀网"。(3)防海盗棘刺。

2014年,海盗袭扰事件大幅下降,但东南亚海域和西非尼日利亚海盗袭击事件仍屡有发生,防海盗形势依然严峻,不能有丝毫松懈。集团要求各船公司继续保持警钟长鸣,认真执行集团历次防海盗专题会议精神,坚持前几年防海盗工作好的做法,配备必要的防海盗器材,加强应急演练。集团还为航行于海盗高风险区域船舶聘请私人保安护航机构,确保集团防海盗工作万无一失。

第五节 安全活动

一、宣传教育

中国海运自成立始,一直把结合各时期形势特点和工作任务,对员工开展多种形式的安全宣传教育,作为安全管理的一项重要内容,取得良好成效。

进入21世纪后,针对世界局势复杂多变,恐怖势力活动猖獗,海盗袭扰、劫持、偷渡等事件多发给航运事业带来的影响,集团和所属各船公司加强对船员做好船舶安全保卫工作的宣传教育,使"两反两防"(反恐怖、反劫船、防海盗、防偷渡)工作得以深入持久开展,逐步形成较为完善的工作机制。各轮、各单位围绕主题,因地制宜,发动船员、依靠群众,大会上课、小会交流,自我教育、自我检查、自我整改、自我提高,形式多样、内容丰富,贴近实际、行之有效,为船岸员工喜闻乐见。

2005年,为推进安全质量标准化,集团投资100多万元制作船员规范化、标准化操作的电教片,发到每艘船舶,被认为既是船员的培训教材,也是规范操作的标准,更体现一种企业安全文化。

2005年,中国海运防火委员会编写的海运火灾案例汇编《惨痛的教训》发行。该书共收集中海集团上海地区单位1965—2004年有文字材料记载的各类火灾、火情案例414例,按航行船舶、修厂(站)、陆地单位三大块分编,以不同的案例进行分类。具体记录了有关案例的火灾发生和施救经过、火灾损失及其原因、经验教训;选登历次火灾现场及历年举办的消防活动的60多幅珍贵照片;并选录在消防工作中经常需要查阅的12个消防法律、法规和制度。因具有真实性、可读性、知识性特点,通俗易懂,成为对广大员工进行消防安全教育的教材。同时也可作为消防专业人员、专职消防干部、高级船员、普通船员和海运院校师生的业务参考书和消防专门培训教育的配套教材。

2007年,中国海运进一步强化船舶防碰撞工作,将其作为航行安全管理的重中之重。举办80期2 062人次的船长和驾驶员"避碰知识轮训班",并对考题进行多次修改,使之更加贴近驾驶人员的实际操作。重点修改26个案例,并编制成电子书,以便驾驶人员自学提高。安管部门历时14个月监制的35集《船员安全培训》电教片,也分批全部发放船舶。各船舶将此视为船员规范作业的标准和教材,组织船员观看、学习。

2009年,中国海运组织职工学习、宣传和贯彻当年5月1日起施行的"新消防法"。召开整个集团范围的"新消防法"宣贯视频会议,专门邀请上海市消防局水上支队消防法制专家进行宣贯,对职工准确理解消防法,认真、全面贯彻消防法起到指导和促进作用。

2010年,中海集运主动适应船舶安全管理的新情况、新特点,严格执行安全管理体系文件,积极开展"中海杯""安康杯"等安全竞赛活动,通过安全格言征集、安全论文评比、安全知识竞赛、安全警示提示、安全行为规范、安全习惯养成等手段,发挥全体船员安全自我教育和生产自主管理的主观能动性、积极性和创造性,推进"安全型班组""无事故岗位"建设。通过先进示范船舶的引领,使"不让安全隐患过夜""8小时值班,24小时责任"等安全管理理念成为各轮船员履行岗位职责的自觉行动。同年7月,集团还在几家主要船公司开展"中海杯"船员远程教育知识竞赛活动,有力推进高素质船员队伍的建设步伐。

2014—2015年,集团组织所属各单位员工深入学习贯彻落实新《安全生产法》,认真领会其精神,结合本单位实际,增强做好安全生产工作的自觉性。特别是依照《安全生产法》中的要求,进一步明确各单位董事长、党委书记在安全生产中承担的职责和责任。

为把安全打造成企业核心品牌,中海油运十分注重对员工的安全教育,专门建立高级船员安全培训研讨会制度。2015年4月,在当年度第一次研讨会上,通报一季度船舶管理情况,查找分析不足,深入研究讨论推进总管制管船模式,及时解决安全管理中"两层皮"现象,落实各项安全管理措施,取得良好成效。

2015年,集团在安全工作会议上强调,要加大安全职业培训,打造一支训练有素的船员和安全管理队伍,必须把船员技术培训这项工作做好:要求集团人力资源部、安管部、中海国际研究出船员三年的培训计划和当年重点培训计划,加大对船员训练有素的职业培训力度。要求船管公司中海国际把主要精力和资源花在船员、船管人员的安全和职业培训上,花在加强船员职业素养的训练和船管人员以及安全管理人员安全培训上。

二、专项检查

1998年7月1日,ISM规则在世界范围内开始生效和实施,PSC检查力度随之大幅增强。全球各海运公司为应检,大都提早采取准备措施。集团所属各运输企业也纷纷加强和改善安全管理体系,集中力量搞好PSC管理工作,大力降低船舶(在港口国的)滞留率。中国海运当年就全面贯彻PSC管理办法作专门布置,要求各单位组建PSC小组,定期开会汇报情况,解决难题;船舶出国前要接受船检、港监、船东三方检查;ISM证书发现问题要及时处理;各公司要组织教育,强化培训,各轮要组织播放有关PSC检查的VCD;并制定PSC检查奖惩规定,列入黄红牌简报,将船舶滞留作为大事故处理。同年7月,集团在国外受检船舶34艘,检查通过率达100%,其中23艘次获无缺陷通过。

2001年10月,为加强老旧油轮(1980年前建造)的安全管理,激发船员对老旧油轮管理和维护保养的积极性,提高老旧油轮在安全检查中的通过率,中海油运下发《老旧油轮安全检查奖励办法》,规定对老旧油轮的检查,原则上每3个月考核一次。经考核属A级和B级的发给安全检查考核合格奖。对有缺陷通过,并被要求限期整改的,先发80%,其余部分待整改后返还。属C级和D级的,不发安全检查考核奖,并在套派奖或其他奖励中予以扣罚。

2002年7月1日起,国际营运船舶全面强制实施ISM规则。港口国检查(PSC)的重点是:船员在消防和弃船演习中对基本程序的熟悉与否,能否定期进行,有无记录可查;防污染、救生、消防、应急设备等是否符合要求。有关消防、救生方面的检查项目占了很大比例,基本上是每次必查。因此船舶消防、救生设备性能的好坏,是否存在缺陷成为能否顺利通过港口国安全检查的关键之一。为迎接ISM大检查,中国海运积极制定对策,强化安全管理,下发《关于进一步加强PSC管理工作的决定》,从2004年4月开始对干部船员分批进行PSC专题培训工作,邀请海事局专家以及相关方面管理专家授课,有效提高干部船员的履约意识和安全意识。同年,培训干部船员4 001人次,2005

图 5-2-4 在冬防工作中,中海货运"华蓉山"轮船员进行应急舵演练(2008 年摄)

年又办班 65 期,培训干部船员 3 024 人次,为 PSC 管理水平稳步提高打下扎实基础。

《船舶和港口设施保安规则》(《ISPS 规则》)于 2004 年 7 月 1 日生效,是为涉及所有外贸船舶的一项重要国际规则。对此,中国海运各有关单位和部门齐心协力,克服时间紧、任务重等困难,为每艘船舶实施保安评估,编写保安计划,进行保安审核,培训船舶保安员,保证船舶按时履约。在该规则生效后 4 个月内,集团有 77 艘船舶接受美国等国家的大检查,无缺陷通过率达到 97.4%。2005 年,中国海运各船公司不断加大 PSC 管理工作力度,使之逐步规范化和制度化,实现 PSC 检查零滞留达标,无缺陷通过率也创历史最好水平。在同年 4 月 30 日美国海岸警卫队公布的"21 世纪优质船舶"证书名单中,中海货运有 9 艘船舶榜上有名,这也是中海货运所属船舶首次获此荣誉。[①]

2010 年,中国海运共接受船舶 PSC 检查 385 艘次,无缺陷通过 267 艘次,无缺陷通过率 69.4%;船舶滞留率为 0.3%;集团船舶检查组共检查船舶 283 艘,其中专项检查 9 艘,复查和回访 20 艘。参加评分的 254 艘船舶中,62 艘优秀,181 艘良好,11 艘及格,无不及格船舶,船舶安全状况有明显提升。

2013 年上半年,全国多个地区接连发生多起重特大生产安全事故,造成重大人员伤亡和财产损失,安全生产形势十分严峻。中央领导同志高度重视并作出重要批示,上级主管部门及时召开视频会议传达中央领导重要批示精神,部署安全生产大检查工作。中国海运认真贯彻落实中央领导重要批示和上级主管部门会议精神,下发《关于集中开展安全生产大检查的通知》,召开安全生产大检查动员会,按照"全覆盖、零容忍、严执法、重实效"的总要求,在集团内集中开展为期 3 个月的安全生产大检查,检查覆盖全部 21 个二级单位,其中,集团领导带队检查 11 次,开列《整改通知书》18 份,查出缺陷共计 53 项,被检单位都按要求进行了整改。基层各单位也按照上级主管部门和集团的要求开展安全生产大检查,共查出缺陷 8 362 项。通过大检查,完善制度、堵塞漏洞、排除隐患,进

---

① "21 世纪优质船舶"系美国海岸警卫队根据近几年对全球抵美船舶进行 PSC 检查的状况,进行综合评估后确定的。获得此殊荣的船舶不超过接受检查船舶的 10%。

图 5-2-5 中海油运的油轮接受国际大型石油公司安全检查(2003年摄)

一步强化安全生产措施,有效防范和坚决遏制重特大事故的发生。同年,集团船舶安全检查组共检查船舶295艘,开列缺陷10 962项,其中船舶缺陷10 935项,公司缺陷27项。参加评分的271艘船舶中,72艘优秀,187艘良好,12艘及格。专项检查24艘次。针对2014年集团船舶碰撞事故有所反弹的特点,集团自当年12月中旬开始还组织专家开展为期一个半月的船舶驾驶台管理专项检查行动,每周通报、点评检查情况。

"十二五"时期,集团坚持开展安全生产大检查,通过加强知识培训、技能训练、CCTV监控等方式,多管齐下,多点发力,全力抓好船舶防碰撞工作,促使安全生产形势基本保持平稳。在2015年召开的安全工作会议上,集团领导要求各船公司的海务主管两个月必须随船检查一次,机务主管每半年要随船检查一次,要覆盖每一艘船。随船工作的主要任务第一是检查,查查船上有什么缺陷;第二是培训,开展在船培训、实操培训,集团为此还与海事局领导进行沟通,对集团随船工作人员的办证予以支持。同时要求安全检查要创新。责成安管部对当年集团船舶安全检查怎么查才更加规范、更加专业、更加有效作进一步的探讨,安全检查情况要在全集团范围内共享。

三、专题活动

【百日安全活动】

1984年始,上海海运开始连续开展"百日安全活动"。同年4月中旬,该局召开百日安全活动动员大会,开展以反违章、反违纪为重点内容的安全宣传、检查和整顿。该次活动于7月下旬结束,共检查船舶130艘次,计500多岗位,对发现的违章违纪现象作了及时严肃处理。第二次百日安全活动从同年7月开始,贯彻"以严治航,狠抓落实"的方针,要求把提高质量,确保安全放在企业管理首位,并把当年9月的"质量月"活动同百日安全无事故活动结合起来,以"月"促"百日",以"百日"促全年。第三次百日安全活动把冬季安全生产作为重点,要求切实抓好季节性安全防范及船舶整顿验收工作。1985年4月,上海海运第四次百日安全活动结束,第一次在全局范围内实现百日无重大事故和大事故的奋斗目标。此后,该局每年一般都要开展3次百日安全活动。1987年曾连续3次实现百日安全。80年代后期,该局在持续开展百日安全活动同时,在运输船舶中进一步推行全面质量管理,建立完整的质量保证体系,促使客货运输质量显著提高,从而也推动安全"六无"(无重大海损、无重大机损、无火灾爆炸、无重大货损货差、无重大工伤死亡和无重大污染事故)竞赛活动的开展。

1999年9月,中国海运认真落实国家经济贸易委员会、中华全国总工会关于在全国开展"百日安全无事故"活动的通知精神,在所属各公司、各轮广泛开展"百日安全无事故"活动。为保证活动顺利进行,分别成立专门的领导小组,由企业领导亲自抓,并指定专人负责;充分利用通电、企业内部报刊和录像等手段,加大宣传力度;以船舶、车间、班组为单位组织学习,进行遵章守纪教育,提高职工安全意识,达到自我教育、自我提高的目的。

2007年,集团所属7家船公司及7家主要陆岸单位连续开展3次百日安全无事故活动,取得较好效果。事故预控能力得到进一步加强。

2009年,交通运输部根据国务院开展"安全生产年"活动的总体部署,下发《关于开展2009年交通运输安全生产年活动的实施意见》,集团根据实际情况部署在7家主要船公司和7家主要陆岸单位开展此项活动,以开展隐患排查治理、船舶"两防"治理和安全生产宣传教育为主要活动内容,提出具体工作要求。同时,在14家公司连续开展百日安全无事故活动和安全生产"三项行动"治理活动。各单位分别制定活动方案,各项活动有序开展。

2011年,集团持续在16家下属单位开展四次"百日安全无事故"活动,以"百日安全无事故"活动为抓手,根据季节和阶段性安全工作特点,布置季节性安全措施,促进全年各项安全工作取得较好效果。

至2015年,中国海运已多次在全系统开展"百日安全无事故"活动。

【"119消防宣传日"活动】

1992年,公安部发出通知,将每年11月9日定为"119消防宣传日"(简称"119消防日"),旨在进一步搞好冬季防火工作,集中一段时间开展内容广泛、形式多样的消防安全宣传活动,提高全民消防安全意识,推动消防工作社会化的进程。

1998年,中国海运以深入学习贯彻《消防法》为主题,开展"119消防宣传日"活动,利用船舶领导学习班、例会、专业培训班等机会组织学习、培训,加强对职工消防安全知识的宣传教育,增强职工的消防安全意识和法制观念。促进所属单位消防安全管理体系和网络的形成,员工消防安全意识普遍增强。

2001年10月20日—11月9日集团开展第四届"119消防日"系列活动。各单位普遍进行消防设备检查和消防演习。上海船舶污水处理厂深刻吸取以往火灾事故教训,亡羊补牢、举一反三,加强安全管理力量,修订和完善油船清舱制度,使清舱全过程都能够得到有效监控。"119消防日"活动的开展,对提高全员消防意识,普及消防知识,落实各级防火责任制,提高全系统防火安全管理水平起到积极作用。

2006年,在第九届"119消防日"活动中,集团各单位都制订活动计划,广泛发动,力求实效,普遍开展消防知识征答和竞赛活动,各船公司都开展了船岸联合演习,各陆岸单位也进行消防演习和消防竞赛活动。通过活动,进一步加强单位消防主体责任,加深对建立消防工作"管理自主、安全自查、隐患自除、责任自负"格局重要性和严肃性的认识和理解。

2013年，继续开展消防救援、应急疏散、重点安保、船舶防海盗等常规演习和特种演练，加大消防安全重点企业消防队伍建设和消防装备投入。全年有280余家单位开展各项消防应急和人员疏散演习，开展消防安全应急演练75次，开展人员密集场所应急疏散演习28次，共有1988人次参与。中国海运被评为是年度"水上系统消防安全大排查大整治"优秀单位。

2014年，集团防火委根据集团安委会工作报告的要求深入做好消防工作，全年共对集团下属46家一、二级单位开展专项检查，对发现的隐患和存在问题现场提出整改要求和指导意见，对不符合消防要求且整改不到位的单位向集团领导提交专题报告；协调组织集团总部大楼与中海发展大楼的消防应急疏散演习；编制并向集团总部员工发放《消防安全逃生手册》；继续布置、组织集团及下属单位开展"119消防日"活动，各项活动的开展进一步夯实集团消防安全工作基础，为集团整体安全工作的平稳提供了有力保障。

至2015年，集团下属各船公司每年都结合自身实际，以多种形式开展此项活动。

【水上运输安全管理年】

中国海运认真贯彻交通部安全生产工作会议精神，自2000年起，连续3年开展"水上运输安全管理年"活动。第一年建立机构制定纲要，成立以总裁李克麟为组长的中国海运安全管理领导小组，下设办公室，并采取一系列切实有效的措施，包括成立中国海运安全检查组，加强对船员的安全教育培训等。根据所属各单位实际情况和各个时期的安全工作特点，制定《2000年安全管理工作纲要》，按4个阶段有计划有步骤地组织实施"安全管理年"活动。所属各公司均成立了领导小组，确定全年安全工作目标。2001年，集团全年组织开展"水上运输安全管理年"活动，根据国家和主管机关要求，开展"反三违月"暨"安全生产周"活动、"119消防日"系列活动以及"11·24"安全警示日活动，并与中国船级社（CCS）共同倡议，开展了与CCS"共铸海上安全链"活动。"反三违月"暨"安全生产周"活动是2001年"水上运输安全管理年"活动的重点内容，各单位领导十分重视，做到方案落实，组织落实，活动经费落实，活动开展得扎实、活泼、生动。活动期间，各单位广泛发动群众，充分利用报纸、杂志、板报等多种形式，在机关、船舶、班组、码头等场所进行宣传；通过座谈会、观看VCD碟片、组织安全知识竞赛、事故案例分析会、现身说法等方法教育员工，使活动的主题思想深入船舶、班组，深入每个员工。如中海油运船舶着重抓了"五个一"活动（一场学习活动、一次安全知识竞赛、一次高质量演习、一次专项检查、一次"反三违"群众自查），陆岸单位开展了"五个再"活动（再教育、再学习、再检查、再完善、再落实）；中海货运组织船员和机关干部观看大型安全生产教育片《人命关天的大事》和自编自拍的安全教育片《前车之覆，后车之鉴》，中海货运总船长还亲自牵头，组织编写"船长考核试题"，下发各轮，以考核船长的综合素质；中海供贸对所属船舶和陆岸单位进行检查和自查，自查率达100%，4个大型油库都进行全库性消防演习，有效提高了员工的应急操作技能；中海仓储组织全体有驾照人员观看交通法规教育片《生命在你脚下》，集卡司机教育面达100%；中海工业组织外包工同企业职工一样参加"安全生产周"和"反三违月"活动，有部署、有落实、有检查、有活动记录和台账。集团所属各船舶还开展多种形式的活动，学习安全文件，观看安全专题录像，参加安全知识培训与考试，分析案例，组织讨论，进行消防、救生、防污染等应急演习，使船员应急应变能力得到锻炼，安全意识进一步提高。

2001年12月，交通部在西安召开的安全工作会议对交通系统安全工作作出具体部署，再次强调要继续开展"水上运输安全管理年"活动，切实把交通部提出的"四个明显，一个确保"（安全生产意识明显增强；安全规章制度明显完善；安全管理责任明显加强；安全管理水平明显提高。确保水上交通安全形势稳定,避免特大恶性责任事故的发生)作为企业安全工作的总目标,自我检验是否实现"四个明显,一个确保"。

根据交通部的部署,2002年,集团继续开展"水上运输安全管理年"活动,抓住《安全生产法》即将实施的契机,在集团上下掀起学习、宣传和贯彻《安全生产法》的热潮。其间成立学习和宣贯工作领导小组,邀请国家安全生产监督局的专家进行专题辅导,开展安全生产法知识竞赛活动。集团工会和团工委积极参与和配合,专门组织专题讲座和现场知识竞赛。《海运报》连续刊登《安全生产法》讲座专栏。各单位也将学习和宣贯工作作为一项重点的安全基础工作来抓,结合自身实际,开展多种形式的学习和宣贯活动,按照集团提出的"边学习、边对照、边检查、边整改"要求,深入进行自查和自纠工作,促使安全工作进一步走上法治轨道。

【"全国安全生产月"和"反三违月"活动】

2001年5月始,上海海事根据交通部和上海市对安全专项整治的部署,结合"安全生产周"和"反三违(违章指挥、违章操作、违反劳动纪律)月"活动,全面开展船舶监督管理、通航管理、危防管理、船员管理、取缔"三无"(无船名、无船籍港、无船舶证书)船舶等专项整治活动。并联合上海市航务管理处、上海市水上公安局,对"三无"船舶连续开展4次集中清理整顿,为期50天,共滞留"三无"船舶114艘,没收43艘,拆解71艘,使黄浦江水域的"三无"船舶得到比较彻底的清除,保证航行安全。集团对此次整治活动自始至终予以密切配合。

2002年5月,中共中央宣传部、国家安全生产监督管理局、中华全国总工会、共青团中央联合发文,决定从当年起,将每年5月开展的全国"安全生产周"活动改为在6月开展"全国安全生产月"活动。交通部决定将每年5月开展的全国交通系统"反三违月"活动改为每年6月与"全国安全生产月"活动同步进行。至2010年,上海海洋运输行业每年此时都结合实际,积极开展此项活动。中国海运在2002年活动中,将"全国安全生产月""反三违月"活动作为水运系统正在开展的"水上运输安全管理年"活动的一项重要内容,推进并完善安全管理体系,大力做好防抗台等季节性安全工作,为企业的稳定、发展创造良好环境。

2014—2015年,集团深入学习贯彻中央领导关于安全生产重要指示精神,落实上级主管部门通知要求,陆续在集团内开展以"强化红线意识,促进安全发展"为主题的"安全生产月"活动和"打非治违"专项行动,强化安全生产责任制,提高一线员工的安全意识,深化隐患排查治理。

【防船舶碰撞防泄漏专项整治活动】

2007年7月1日—12月31日,中国海运各运输企业根据交通部有关在全国开展一次防船舶碰撞、防泄漏专项整治活动的通知和具体部署,在全行业深入开展此项活动。该项活动旨在全面落实船舶运输安全管理责任,改善通航环境,规范通航秩序,提高船员安全意识和技能,完善监管手段,加大监管力度,提高船舶对交通事故的预防能力,保障船舶航行安全,保障桥梁和通航建筑物的安全,避免通航水域船舶泄漏污染,规范水运市场,促进水上交通运输事业健康有序发展。各航运企业在活动中,对可能造成船舶碰撞和泄漏的安全隐患进行排查;对船员进行安全教育及船舶避碰规则和航行规章的学习;进一步落实企业安全管理责任;对查出的问题和隐患及时制定整改方案,实施整改行动,并将整改过程中的有效措施固化为长效管理机制,强化安全管理。至同年11月,该专项整治活动已在全国范围取得初步成效。2007年第三季度事故总件数较2006年同期下降20.27%,与2007年第二季度相比下降10.15%,其中碰撞事故与2006年同期相比下降32.14%,

与2007年第二季度相比下降29.62%。交通部在《关于继续深入做好防船舶碰撞防泄漏专项整治活动的通知》中要求相关单位和部门,巩固已取得的成效,保证"两防"工作势头不减,认真及时总结本地区本单位开展"两防"活动中好的经验做法,及时加以推广;同时要加强宣传力度,扩大社会影响。在此基础上,积极研究建立长效安全管理机制。

2012年,中国海运及二级公司开展应对船舶突发事件综合演练47次,参加演练628人次,三级公司或船舶开展演练5 846次,参加演练12.59万人次,集团与下属单位间协同联动能力、各级应急指挥中心快速反应与指挥能力、公司和船舶突发事件应急预案快速实施能力不断提升。中国海运坚持开展对船长和驾驶人员"驾驶台资源管理和三江两区航行安全"以及"驾驶员避碰知识"培训,2012年共培训船长481名、驾驶员208名。中海散运恢复新船长上驾驶模拟器培训和海船进江操作培训,建立引航员"白名单"制度并加强对引航员的工作监督;建立新进船长由引航船长带班制度,将大型视景模拟器引入新进船长的培训,加强对新船长和远洋船长的船舶实操培训。

2015年,集团针对当时船舶碰撞事故有所上升的势头,提出要以防碰撞事故为重点,以防人员伤亡为核心,在新的一年里力求有所突破。明确集团"五防"工作的重点是防碰撞、防人员伤亡,具体要求:一是将严格驾驶台值班规定,加强驾驶台管理作为船舶防碰撞的核心和基础,加大CCTV监督、监控力度,对违章违纪一经发现严肃处理,毫不手软,确保驾驶人员认真值班、加强瞭望、提前采取避碰措施,避免碰撞事故的发生。二是要严格执行安全航行的各项制度,整治不按照安全规定执行,仅凭自己的一些经验来驾驶船舶的坏习惯、坏毛病。三是要加强驾驶台避碰知识的掌握、技能训练和检查,岸基上船检查必须检查驾驶员对《避碰规则》掌握和理解程度,必要时进行现场考试。

【"平安世博安全生产双百日"活动】

2010年5月1日,上海世博会开幕。为了将世博各项安全工作要求落到实处,在年初的安全工作会议上,集团领导就对做好世博会期间各项安全工作提出具体要求。3月16日集团下发《关于加强上海世博会期间安全生产的通知》,成立以总裁李绍德为组长的世博领导小组和以总裁助理张登辉为组长的集团世博安全保障应急小组,明确了职责。3月24日,世博安全保障应急小组召开第一次工作会议,副总裁林建清参加会议并作了重要讲话。5月7日集团下发《关于贯彻上海市安监局通知精神,开展"平安世博安全生产双百日"活动的通知》,向所属相关单位部署"平安世博安全生产双百日"活动。

在世博会举行的184天里,集团以高度的政治责任感、科学合理的工作预案、严谨细致的工作态度和团结协作的工作作风做好世博安全工作,中海货运和中海国际管理的运输船舶安全通过世博核心区332艘次,中海工业修理船安全进出核心区87艘次,既保证了上海市电厂的煤炭运输,又做到进入世博核心区的船舶零事故,确保集团世博安全工作万无一失。世博会结束后,集团下发通知要求各公司做好世博总结工作,再接再厉,发扬世博精神,牢固树立安全第一理念,将世博活动成果融入今后的安全生产工作中去。

第六节 事故和处置

一、事故防范和处理

20世纪70年代末至80年代中期,上海海运颁发的《海损事故处理及抢救细则》,按船舶事故损失(人员死伤、船舶沉损、直接经济损失等),根据船舶大小,将事故分为重大事故、大事故、一般事故和小事故。事故类别主要有碰撞、搁浅、触礁、倾覆、火灾、爆炸、机损、人员伤亡等。同时,上海港进出海船艘数、吨位、密度大增,且船舶逐步向专业化、自动化方向发展。因干部船员紧缺,致部分船员职务提升较快,有的从担任水手至提升驾驶员仅相隔1~2年时间,限于文化和技术水平,操作时有差错。加之其他方面的主客观原因,船舶安全状况不稳定,重大甚至特大恶性责任事故屡有发生。

1983年3月1日起,国家《海洋环境保护法》开始实行。同年,国务院颁布《防止船舶污染海域管理条例》,将"污染"列为海损事故类别之一,运用法律手段加强海洋环境保护。

1985年10月5日,交通部按照中共中央《关于加强安全生产的通知》精神,为认真贯彻安全第一方针,做好船舶海损事故统计工作,分析研究事故发生的原因和规律,总结经验教训,采取有效措施防止事故发生,特制定和发布《船舶海损事故统计、报告规定》,并自1986年1月1日起执行。该规定将船舶发生碰撞、搁浅、触礁、触损、浪损、风灾等事故,造成财产、货物和营业损失或人身伤亡的都称为海损事故;凡船舶由于火灾或机务、货损事故引起的海损均列为海损事故。船舶海损事故分为重大、大、一般和小事故四级,其划分标准按《船舶海损事故分级标准表》的规定办理。该项规定也为各航运企业的事故统计和处理工作提供依据。

1989年,交通部和上海海运局规定,船舶根据油种及入水(跑、冒、漏、溢等)油类的数量和经济损失上报的污染事故,分为重大事故、大事故和一般事故等级别。其中重大污染事故的标准是:货油入水量≥50吨,经济损失≥10万元或船用油入水量≥1吨,经济损失≥1万元。污染事故的经济损失中包括调查费、取证费、清理费、罚款费、赔偿费等各项费用。

1990年1月11日,经国务院批准,交通部发布《海上交通事故调查处理条例》,计837条。同年8月,施行《船舶交通事故统计细则》,将重大事故导致直接经济损失金额标准规定为:2万总吨以上船舶为150万元以上;1万总吨以上至2万总吨船舶为130万元;5000总吨以上至1万总吨船舶为100万元;3000总吨以上至5000总吨船舶为75万元;1500总吨以上至3000总吨船舶为60万元。

进入20世纪90年代后,海洋运输行业的船舶技术状况日益改善,船员队伍的技术业务素质和安全观念不断提高。各航运单位出于对安全工作的重视,普遍建立和健全多种安全管理制度和措施,加强监督和检查,使船舶安全状况趋于平稳,各类海损事故较70年代和80年代明显减少,特别是特大恶性事故的发生率得到有效控制。但鉴于各方面原因,各类事故包括一些重大海损事故仍时有发生。其中尤以碰撞事故发生率居多。

1997年,中国海运成立后,对于安全事故处理,强调"四不放过",即事故原因没有查清楚不放过,事故当事者和员工没有受到教育不放过,防范措施没有落实不放过,事故责任人没有受到严肃处理不放过。同年广州海运发生"紫云山"轮触礁、"大庆243"轮火灾爆炸和"永池"轮撞船3起重大事故,特别是"大庆243"轮爆炸事故,造成很坏影响。事故发生以后,集团及泰华公司立即召开安委会及各种会议,通报事件情况,分析事故原因,同时还召集有关专家对油轮,特别是老旧油轮安全问题、静电防护问题进行多次研讨,制定了《油轮静电防护规程》。重申有关油轮安全制度,如严格执行留船班制度、吸烟管理制度,加强对静电的防范等。

2008年,中国海运在全国"隐患治理年"活动中,深入开展隐患排查治理,认为船舶碰撞事故多发是集团安全生产的最大隐患。根据航运企业特点,把2008年定位为船舶防碰撞"攻坚年",制订具体要求和措施。所属各船公司根据实际情况,对各项要求和措施逐项细化并落实,通过综合治理,使船舶碰撞事故起数稳步下降。

"十二五"时期,因各航运企业对安全工作高度重视,安全防范措施到位,加之船舶运输安全设施设备日益科学化、现代化,集团范围内未再发生重大海损事故,船舶安全生产状况总体平稳。

2015年,集团修订完善《集团生产安全事故责任追究规定》;对有关事故情况及时通报集团整个船队;针对几起典型事故,进行细致独立的调查和分析,挖掘出事故的根本原因,并提出切实可行的整改建议;召开事故总结分析会,举一反三,强调各单位要共同吸取事故教训;对事故单位落实事故"四不放过"情况进行严格核查,对整改措施、整改不到位的重新整改,防止事故的再次发生。

表 5-2-2 2014 年中国海运安全生产指标完成情况表

安 全 指 标	目标指标	实际发生
重大、特别重大责任事故数	0	0
较大责任事故数	3	0
职工死亡人数占比	<0.1‰	0.049‰
职工重伤人数占比	<0.3‰	0.049‰
船舶平均安全面	>98%	98.8%
船舶污染事故率	<1%	0
船舶机损事故率	<3.0%	1.2%
船舶PSC滞留率	<1.5%	0.23%

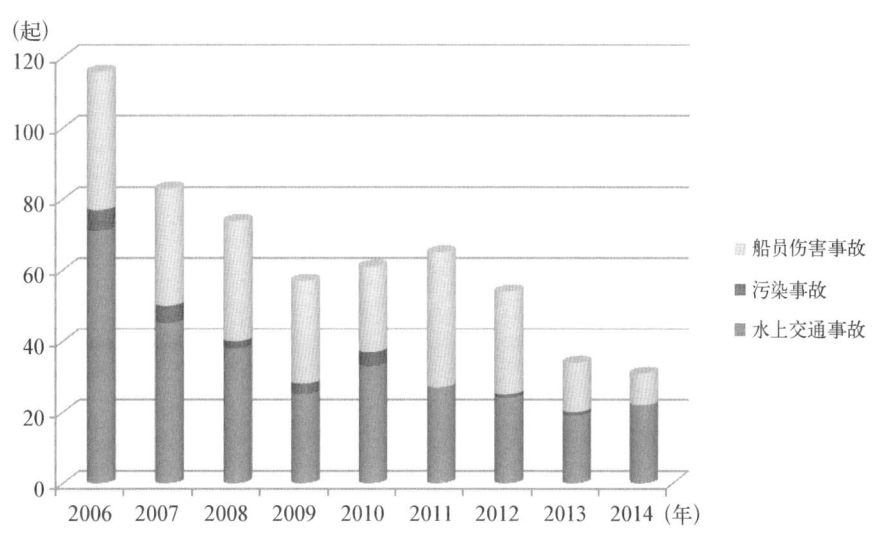

图 5-2-6 2006—2014 年中国海运水上交通、船舶污染和船员伤害事故合计数对比

二、事故案例

"昆仑山"轮碰撞事故 2000年4月22日,中海货运"昆仑山"轮在珠江航行时,在♯7—8浮与横越航道的"穗港驳1001"碰撞,1人救起,5人失踪,驳船沉没。

"徐州"轮碰撞事故 2000年5月5日,中海货运"徐州"轮在黄浦江朱家门原地掉头出口,船尾碰撞擅自系挂在♯4系船浮上的"宣洲货2223"轮,致该船沉没,3人死亡,经济损失73万元。

"向恒"轮碰撞事故 2000年5月16日,中海集运"向恒"轮在3012N/12236E(小板门)与福建"南油11"轮碰撞,油船起火,失踪3人,经济损失约100万元。

"向旭"轮碰撞事故 2000年5月25日,中海集运"向旭"轮在珠江30♯浮下游(22042N/11304E)与"航锋419拖"发生碰撞,致对方船沉没,失踪3人,经济损失约100万元。

"定河"轮碰撞事故 2001年6月16日,中海油运"定河"轮在2050.3N/11441E处与外轮"CITRON GOLD"轮碰撞,外轮沉没,20名船员救起,经济损失约400万元。

"郁金香"轮触碰码头事故 2002年2月28日,中海集运"郁金香"轮在韩国仁川港内航行时遇雾,船长对雷达观察及引水员操作不当,触碰油轮码头。码头和船舶损失严重。属全责重大事故,经济损失298.2万美元。

"兴达盛"轮碰撞事故 2002年2月27日"兴达盛"轮与"立丰13"轮碰撞,"立丰13"轮沉没,1人获救,7人死亡。

"霸王岭"轮碰撞事故 2003年1月21日,中海货运"霸王岭"轮在琼州海峡♯4—5浮附近航行时,与穿越水道的渔船"临高11317"轮碰撞,渔船沉没,12人落水,5人生还,1人死亡,6人失踪,赔付266.2万元。

"大庆93"轮碰撞事故 2004年3月12日,中海油运"大庆93"轮满载进靠泉州外海锚地过程中,与75吨渔船"闽狮渔2380"号碰撞,渔船倾覆,7人失踪死亡,经济损失146万元。

"大庆51"轮碰撞事故 2004年6月18日,中海油运"大庆51"轮在长江龙潭水道♯127浮下游,与横穿航道抢头的黄沙船碰撞,黄沙船沉没,6人失踪,经济损失241万元。

"大庆51"轮碰撞事故 2005年7月23日,中海油运"大庆51"轮在长江南通♯27浮下游处,与穿越定线制深水航道的"丰航6188"小船碰撞,小船沉没,4人落水,救起1人,3人失踪,经济损失145.8万元。

"新连云港"轮碰撞事故 2006年10月25日,中海集运"新连云港"轮在2653.2N/12126.1E与巴拿马籍船"EVER GAIN"轮碰撞,外轮沉没,救起11人,10人失踪,"新连云港"轮艏尖舱破损。

"粤顺"轮碰撞事故 2007年1月18日,中国海运"粤顺"轮在外高桥♯54浮与进口集装箱船"生松1号"碰撞,对方船破损进水,随后翻沉,14名船员救起,165个箱子落水,"粤顺"轮船艏破损,总损失2100万元。

"浦海216"轮碰撞事故 2007年3月10日,浦海航运"浦海216"轮在长江镇江段♯98浮附近上驶航道行驶时,与一艘1000吨级运煤小船"皖寿县货1886"轮发生碰撞,对方船沉没,5名人员落水,2人救起,3人死亡,因事故赔偿132万元。

"宁安11"轮触碰事故 2008年5月26日,中海货运"宁安11"轮驶入进靠外高桥一期码头,因对潮水估计错误,在拖轮未到位情况下,操作不当,触碰2号门机,致使门机严重损毁,上半部坠海,输送带损坏。属于全责重大事故,损失4010万元。

"银石"轮触碰事故 2010年6月12日,中海货运合资公司船舶"银石"轮空载在长江下水航行期间,由于小船违章强行穿越航道,而"银石"轮航速过快,操作人员瞭望、戒备疏忽碰撞小船造成1死1伤。

"新丹东"轮搁浅事故 2011年7月5日,中海集运"新丹东"轮出港期间,因引水操作失误在汕头港广澳港区航道6♯与8♯浮筒连线边上搁浅6天1小时50分。

"碧华山"轮碰撞事故 2011年8月26日,中海货运"碧华山"轮在上海港外高桥航道与进口船"力鹏1"轮发生碰撞,"力鹏1"轮大舱进水坐底,无人员伤亡,无污染。

"盛荣海"轮碰撞事故 2013年3月19日,中海海盛"盛荣海"轮长江下水航行,在福北水道与违反长江船舶定线制规定抢越船艏的小渔船发生碰撞,造成渔船1人死亡。

第三章 标杆管理

标杆管理即对标,是中国海运建设世界一流航运企业的有效手段。在 2003 年 8 月 18 日召开的中国海运经理书记会议上,集团首先提出开展对标活动。2003—2015 年,中国海运在全集团广泛深入开展标杆管理。特别是在 2003—2010 年阶段,标杆管理成为全集团各部门、各下属公司的一项重点工作。

第一节 集团对标活动

一、对标目标

在对标活动中,中国海运围绕"跟谁比、比什么、怎么比、怎么做"四个环节,把建设世界一流企业目标与标杆管理有机结合起来。

对于"跟谁比",集团以"百年"愿景为引领,选择世界一流的"百年老店"马士基公司作为标杆。丹麦马士基公司最早可追溯至穆勒家族于 1904 年创建的家族企业。2003 年,穆勒家族的两大企业合并为新的 AP 穆勒马士基公司,一举成为丹麦最大的企业。马士基公司的业务主要包括航运物流、能源、零售以及其他业务,而航运物流业务则进一步细分为马士基航运、丹斯克物流、APM 码头等。其中马士基航运 1999 年先后收购了美国的海陆公司(Sealand)和南非的 Safmarine,2005 年又收购当时排名第三的班轮公司铁行渣华;自此,马士基航运稳固了其世界最大班轮公司的地位。2006—2015 年,马士基集团在世界 500 强排序中始终保持在 100 多位,其中 2009 年最靠前,为 106 位。

对于"比什么",主要与马士基集团比船队规模和结构、比船舶技术状况、比船队的发展和管理模式、比盈利能力和财务状况、比生产绩效、比管理理念和管理体系。在比较中,发现与马士基公司的最大差距是盈利能力,在 2006—2015 年间,马士基公司累计净利润 173.12 亿美元,约为中国海运的 3 倍。其中 2010 年,马士基公司净利润达到 50.18 亿美元,2012 年为 40.38 亿美元,2014 年为 51.95 亿美元,2015 年为 9.25 亿美元。

对于"怎么比",集团强调对标既是一项涉及长期发展的战略性工作,也是需要坚持学习、逐步完善与提高的基础性工作。为此,集团技术中心每季度编发一份对标报告,主要从船队指标、财务指标和经营管理指标进行对比,从中找到与世界一流企业的差距,看到自身存在的短板,并制定缩小差距、弥补短板的措施。

对于"怎么做",强调三个步骤:第一步是理论导入,让广大船岸员工知道对标管理的含义、相关的理论知识、实施步骤及意义,建立对标管理体系;第二步是做好组织动员,成立组织领导/工作班子,发动员工参与,评审对标管理体系;第三步是全面实施,按照预定目标和主要措施予以推进。

随着集团标杆管理的不断深入,在原有基础上,对标内容又进一步细化,更加突出效率、效益、成本等重点,主要分为五大部分:

集团总体层面对标,重点指标为:经营效率(包括净资产收益率、收入利润率)、资本结构(包括资产负债率、资产流动比率)、全员劳动生产率、燃油单耗。

集装箱运输对标,重点指标为:经营效率(包括主要航线单箱收入)、运输效率(箱运量、运力、收入、单位运力收入等)、市场占有率(包括集运主要国际航线市场份额和外贸出口、内贸航线市场份额)、业绩对标(包括净资产收益率和收入利润率)、管理对标(包括燃油单耗、营运成本分解)。

货运及油运对标,重点指标为:经营业绩(包括收入利润率、净资产收益率、主营业务利润、应收账款占总资产比例)、分部经营对标(包括主营收入、船队营运率、前五大客户收入比例、主营业务利润率)。

物流和码头对标,重点指标为:业绩对标(中海物流与中远物流、美国总统轮船物流的收入利润率比较、中海码头与和黄港口、新加坡港务集团的收入利润率、净资产收益率对标)、经营对标(中海物流与中远物流、美国总统轮船的物流与主营收入对标;中海码头与和黄港口、新加坡港务集团的集装箱总吞吐量、集装箱单箱平均收入等指标对标)。

其他业务对标,重点指标为:船员管理对标(中海国际与 V. Ships、香港华林的全球网点、船员数量、船舶管理数量、客户数量对标)、修造船业绩对标(中海工业与中远船务工程、马士基工业的业绩如收入利润率、净资产收益率对标);修造船能力对标(中海工业与中远船务工程的修造船能力如船坞总吨位、修船收入、年船舶修理数、平均修船收入、新造船订单等指标对标)。

二、对标工作

从 2003 年最初提出标杆管理,到"十一五"期间的广泛开展,广大干部职工的认识不断深化,针对性、有效性更加突出。到"十二五"末期,对标已经成为集团学习型战略和学习型文化的重要组成部分。

2006—2015 年间,特别是"十一五"期间,对标工作在全集团各单位得到普遍推广。

中海工业分不同层面有针对性地确定对标企业,公司总部对标中远船务,总部各部室制订了对标工作目标和计划。公司下属的长兴船厂对标大连中远船务,江都造船基地对标外高桥造船基地,立丰船厂和菠萝庙船厂对标中远南通,立新船厂对标菠萝庙船厂,城安围船厂对标立丰船厂,荻港船厂对标公司内部先进企业。一线单位组织修船总管、主管等管理人员到标杆企业学习,实行公司对标、班组对标、工种对标、单船项目对标等方式,进一步推动经营管理上的水平。

中海国际以对标为手段,明确公司的努力方向与赶超措施。总部机关各部室分别以中远、厦门海隆、菲律宾 PTC 的船员管理、船员劳务等业务板块为标杆,以 V. Ships 为船舶管理的标杆,以青岛远洋船员学院为教育培训的标杆,寻找差距,明确任务,不断改进工作。在劳务输出方面,各分公司则以中海海员技术公司为标杆,进一步拓展海员劳务输出业务,提升市场开拓能力。

中石化中海燃供公司选取中国船舶燃料有限责任公司为标杆,从油品经营量(分内外贸经营量)、业务收入、利润指标、网点建设等方面进行对标;物资板块标杆则选取中国远洋船舶物资供应公司为标杆,对标重点是市场开拓、质量管理、ERP 信息管理、成本控制和安全管理等方面。通过对标,公司认识到外贸保税油尚处于起步阶段,沿海经营网点建设还存在很大差距。在改进工作中,ERP 系统对供应商信息进行了梳理,对 9 000 多个物品代码进行了分类整理,加强合同审批的力度和执行情况的跟踪。

中海投资旗下的上海寰宇公司,主营业务为集装箱制造,公司选取业内的中集集团和胜狮货柜公司为标杆。通过对标活动,开拓经营思路和视野,看到自身存在的差距,确定努力方向,制定改进措施。在生产经营方面,该公司借鉴标杆企业发展理念,坚持业务结构和产品结构的多元化发展,防范产品周期和市场周期对企业的稳定经营造成大的冲击和影响;在加快资本积累的同时更注重技术积累,以提高企业快速应对市场变化的能力。在基础管理方面,该公司向标杆企业学习,加快ERP信息系统建设,通过改进管理手段加强内部管理与成本控制,加强生产质量管理,以优质产品立足于市场竞争。

第二节 中海集运对标活动

2010年,中海集运发起全员参与的对标活动。由董事总经理黄小文亲自挂帅,广大员工积极响应,开始了综合竞争力对标项目研究。在此过程中,中海集运从盈利能力、成本控制、品牌服务、人力资源、信息系统五个方面开展对标。项目小组成员群策群力,对公司未来发展提出有前瞻性、可操作性的合理化意见和建议。

对标工作中,公司坚持抓好标杆管理的"五环":立标、学标、对标、达标、创标。

第一环是立标,即找到同行、同业的先进企业为模范和标杆,学习、了解和应用他们的最佳实践。

中海集运综合竞争力的标杆是全球大型班轮公司,借此建立中海集运综合竞争力指标体系,客观评价中海集运的综合竞争力水平,并基于对标差距分析,提出公司发展的方向性建议和实施路径建议,以促进公司在"十二五"末期实现"综合竞争力全球班轮公司前5位"的目标。

为了更好推进对标工作,使建立的指标体系、评估结果、提升措施能贴近中海集运实际情况,公司还建立了综合竞争力对标内部研究团队。

第二环是学标,即学习与掌握多方面最佳实践,根据企业实际需要以及标杆企业的实际情况,确定一系列分析指标。

2010年3月,公司面向全体员工征召项目组成员。按照指标体系的五个方面,项目组分为5个专题团队,每个团队有5名员工,由员工自愿报名。这5个专题团队分别从盈利能力、成本控制、品牌服务、人力资源、信息系统5个方面开展对标研究。此次活动得到广大员工的积极响应,有多名中层管理者报名参加,并负责相关专题团队研究活动。公司董事总经理黄小文和党委书记黄新明等领导坚持每月度分别召集各小组成员深入研究对标情况,把对标活动不断引向深入。

2010年9月,中海集运在苏州召开综合竞争力对标项目专题会。5个小组负责人分别代表各小组对前期对标工作做了总结汇报,并提出相应的发展和提升建议。公司领导层对各小组的对标工作进行点评,并对下一步工作提出方向性指导意见。

第三环是对标,即企业围绕现状分析、标杆选取、工作实践等工作,开始进入实操阶段,并确保持续学习与不断改进。

项目小组的成员群策群力,围绕公司重大问题深入研究与分析,并取得重要研究成果。

盈利能力团队:与全球前十大班轮公司,尤其是2009年取得较好效益的班轮公司进行综合指标对标;分析公司的主业和相关产业成长性;利用财务杠杆优化企业资本结构,实现资本成本最小化。

成本控制团队:分航线进行班轮公司成本的差异化对标;分项目(箱管、燃油等)进行班轮公司成本的差异化对标。

品牌服务团队:分析全球主要航区top3班轮公司的品牌差异性,各主要航线上班轮公司的排名;研究班轮业中的品牌价值,以及在不同区域的品牌影响力;制定中海集运在不同区域市场的差异化定价策略,打造中海集运品牌,提升品牌价值。

人力资源团队:开展公司治理结构对标,研究对比全球前十大班轮公司管理方式和决策流程;通过比较同业员工的产出效率,研究如何建立有效薪酬激励机制,提升员工工作效率;调研各大班轮公司集权式管理与分权式管理的差异,提出建立合理管控模式的建议。

信息化团队:调研top5班轮公司的信息系统,包含客户服务信息化功能,内部业务模块信息化管理;参考学习银行业的客户信息化服务实践,寻找符合中海集运实际的最佳实践;制定未来几年中海集运信息化建设规划。

第四环是达标,即达到阶段性目标。通过与标杆企业对照差距,采取措施,缩小差距,进而实现阶段性目标,同时进入下一个PDCA循环。

内部对标的开展对于中海集运来说是一次企业内部的头脑风暴,是一种企业文化的培育,更是一次全新管理的变革。工作中,各专题团队所提交的报告主要是围绕未来如何提升中海集运盈利能力、成本控制、品牌服务、人力资源、信息系统5个方面竞争力,也是对公司领导层未来发展决策制定的重要参考依据。由于这些建议来自公司多个层级、多个部门的员工,因此更贴近中海集运的实际,具有可操作性和综合性,且通过多视角以更全面、更综合的思维关注公司的整体发展。

第五环是创标。公司认为,对标不是简单模仿,而是根据企业实际不断创新;实际上,创标是知识管理的过程,也是最佳实践的创新过程。内部对标所强调和提倡的无障碍沟通、组织成员的平等参与等,有利于中海集运培育创新型企业文化,对于改变领导层的决策具有十分重要的意义。一个创新性的对标建议,其最终落脚点往往是具体部门需要在一定时间内解决某些问题,甚至是一套相对完整的方案;这也从另一侧面使领导层进一步了解组织的营运情况和面临的问题,而通过创新则有利于破解这些难题。

此外,跨部门的对标研究,还有效发挥了中海集运全员参与的积极性和创造性。不同岗位、不同管理层级的员工们集中在一起,针对某些问题提出改进意见。这些员工平时在工作中很少有机会深入接触,而通过对标研究则增进了相互之间的信任;同时,这种管理方式也减少了大量中间环节,提高了管理效率。

第三节 中海油运对标活动

中海油运选取了Teekay、MOL等"百年老店"、世界级大型油轮船队作标杆。对标内容分为企业文化、发展战略、经营管理、组织结构、经营业绩等几项内容,共35项指标,将公司现状与标杆企业逐项对比,按筹划、分析、综合与交流、行动、实践与应用5个阶段开展活动,从10个方面制定具体工作计划与行动方案,同时将其分解到机关各部室,明确方向,认识差距,制定措施,形成全员参与、人人对标的局面。

对标工作推进了企业的持续性发展,使中海油运发生跨越性飞跃。对标的过程,是不断与标杆企业寻找差距,并不断采取措施缩小差距、不断自我提高的过程。中海油运在对标工作中,坚持将对标工作与战略管理紧密结合,此为推进对标工作的一大特色,也是建设世界级油轮船队的着力点。

一、与企业战略规划相结合

中海油运战略规划的制定,始终与对标工作紧密结合。标杆企业的发展业绩,成为中海油运确立战略目标的依据；对标工作中找到的差距，成为战略规划突出解决的重点问题；对标工作中形成的学习理念，丰富和拓宽了制定战略规划的发展思路；对标工作中采取缩小差距的手段，成为实施战略规划的具体措施。

2003年，与集团提出的到2010年建成世界一流航运企业的时间节点相一致，中海油运结合对标工作，也提出到"十一五"末期建成世界级油轮船队的目标，船队规模争取达到700万～800万载重吨。到"十一五"末期，船队规模与目标下限已非常接近，但与标杆企业的差距其实还很远。"十一五"期间，中海油运已经实现部分目标，如到"十一五"末期船队规模接近700万DWT。不过，要真正赶上标杆企业，全面实现世界级目标，特别是在软实力建设上，还需要"十二五""十三五"等几个发展阶段，需要坚持不懈的努力和奋斗。

通过对标，中海油运进一步看到差距之根本，进一步理顺了建设"世界级船队"的战略思路，因而不仅加强硬实力的对标，更注重软实力对标。与之相对应，公司的"十二五"战略规划也不仅包括硬实力建设（主要是船队建设）战略，还包括完善软实力建设战略，其目的是使企业在盈利能力、创新能力、服务品牌、经营管理水平、船岸职工综合素质等多方面均达到世界同业领先地位，其中，坚持战略管理制度建设尤为关键。

二、与战略管理制度持续改进相结合

公司认为，随着船队规模不断扩大，油运业务不断拓展，公司战略管理制度必须不断完善，流程也必须不断优化，否则，陈旧的制度与流程就有可能成为企业发展的短板乃至成为阻力。因此，制度与流程的持续改进是企业发展的必然要求。对标工作本身是不断循环、不断改进的过程，与之相对应，企业战略规划也需要根据外部环境变化进行调整，也必须是动态的。因此，中海油运还按照集团要求，在五年规划基础上每年制订三年的滚动计划，对近中期目标进行修订。

在战略管理制度持续改进过程中，中海油运注意把握"三个变与不变"的原则：

对标方式要变，但对标宗旨不变。受国际金融危机影响，国际油运业出现大洗牌。面对新形势，标杆企业可以调整，对标方式可以改变，不拘泥于简单指标对比，其标杆选取既可在某一方面眼睛向外，也可在某一方面眼睛向内。例如，在油轮管理方面，可通过培育公司内部的优秀船舶作标杆，在船舶管理方面开展对标。但对标作为一种学习型战略和学习型方法，其争创一流、坚持上水平的对标宗旨要坚持，不能因对标方式的调整而改变。

经营策略要变，但"走出去"战略方向不变。例如，针对2009年市场危机，需要及时调整经营策略，重新评估有关合同条款，重新开展COA谈判，及时调整内外贸市场的运力配置，积极争取新的市场增量及新客户等，这些均要求管理制度要持续改进。尽管在国际市场大幅下滑情况下，相对稳定的沿海运输是公司稳步发展的基础，但着眼于长远战略，中海油运不会因巩固沿海市场而放弃对国际市场的开拓，还将坚持"走出去"，以便不断提高国际市场上的竞争力。

管理模式要变，但战略目标不变。随着2009—2010年交船高峰期的到来和业务的不断拓展，原有管理架构及船员管理模式都进行了调整，与之对应的管理制度、管理流程都需进一步完善和改进。但无论管理模式怎样调整，中海油运建设世界级油轮船队的战略目标不变，做优做久企业愿景不变。坚持"世界级"，需要一种定力，坚持企业的核心理念不变，坚持企业的发展方向不变。

三、与战略管理创新相结合

公司认为,对标不仅是全方位学习,也是一种创新和超越,是一种新的战略管理、新规则的重建,要求企业在研究标杆企业的基础上,瞄准建立真正全新、具有颠覆性的事物,形成差异化的产品和市场竞争力。对手有先发的优势,学而不超永远只能是跟随者而不可能成为挑战者,更不可能成为领导者。

与之相对应,中海油运战略管理也在不断创新,以适应国际市场环境变化的需要。他们认为,国际油运市场始终是一个变化莫测的市场,有高峰,有低谷,且波动频繁,波幅巨大,周期性波动是一种常态。但如果企业发展也随之呈周期性形态,大起大落,急进急退,因市场兴而兴,因市场衰而衰,那就很难实现科学发展。如何让企业在大起大落、急进急退的外部环境中实现平稳发展,是战略上的关键,更是一大难点。为平抑市场波动,中海油运采取了一系列战略措施,如签订COA、加入Pool、锁定价格、调整运力配置、加强战略合作、控制投资节奏、寻找"蓝海战略"等。而这些战略措施能否有效,取决于制度与流程的有效性。为此,公司坚持抓好制度创新与流程再造,为企业平稳发展提供保障。例如,结合航运部、船管部的组织架构调整,对市场进行调研分析、燃油采购与补给等项业务进行流程再造;新建立或重新修订一系列市场营销制度,包括航运部部务会制度、内外贸货主联系会制度、客户开发制度、客户服务制度、COA合同管理制度等;此外,还按照学习实践科学发展观整改方案"路线图",完善战略管理、营销管理、船员"三管"等方面的制度和流程。

2003—2015年,中海油运基本实现持续健康发展。这离不开对标活动的创新意识和战略管理上的创新思路。特别是在2007年和2009年的两次市场波谷中,实现逆境生存,逆市发展。2009年受全球金融危机影响,国际油运市场全线下跌,且长期跌破保本点,VLCC中东—日本航线(TD3)全年同比下跌68.73%,LR2下降62.9%,MR下降64.1%。但公司依靠超前思考,依靠制度创新与流程再造,顶住重重压力,闯过道道难关,使危机变成生机,压力变成动力。早在金融危机爆发之前,就预测到2009年为油运市场低谷,并加强战略管理,做好"过冬"准备,及早应对,未雨绸缪:一是提前加快船队结构调整步伐,及早准备"过冬奶酪";二是提前与大石油客户签订运价下保底的VLCC COA合同;三是提前加强与交通部的沟通以继续获得政策支持;四是提前进行迎接船队发展高峰期的模拟推演。通过上述举措,公司在国际国内许多大型油运企业当年出现亏损的情况下,依然取得较好盈利。无论市场处于高峰还是低谷,中海油运在极其动荡的市场环境下均取得了相对稳定的经营业绩,变被动跟随市场为主动驾驭市场,变周期性波动发展为稳定可持续发展,连续多年实现集团下达的盈利目标,为中国海运的发展作出了积极贡献。

四、与战略管理执行力相结合

中海油运意识到:对标是一种学习。如果只"学"不"习",对标就变成空中楼阁。在对标引导和促进下的战略管理,同样需要落实。因此,应让战略管理制度从墙上走下来,从文件与图表中走出来,让制度落地生根,这就涉及制度执行力问题。没有执行力,再好的制度也是一纸空文,形同虚设。为了提高战略管理执行力,中海油运注重从三个方面抓起:一是在对标中,通过与标杆企业指标对比的变化,检验企业规划的执行情况;如果发现规划没有较好得到执行,就需查找执行不力的原因,并针对原因提出对策,确定下一轮对标的措施。二是抓好公司的月度和年度考核,虽然从表面上看,考核的是一项项任务指标,但每项任务指标的后面其实是一项项制度,一个个流程,只有提高制度与流程的执行力,才有可能完成指标。因此,公司坚持科学制定各部门生产经营等各项指标考核办法,以此带动执行力。三是确立"赢在中层"的理念,重点抓中层管理者的执行力,利用中层干部考核、测评等手段促进管理层提高执行力,通过公开竞聘、竞争上岗等干部制度改革强化执行力,借助中海油运发展论坛、党委中心组扩大学习、领导干部培训等平台,培养中层管理者的团队意识和执行力意识。

中海油运"十一五"和"十二五"时期的船队大发展就是提高战略规划执行力的具体体现。油轮船队规划是一项事关企业长远发展的战略管理制度,对此公司始终给予高度重视,坚持抓贯彻落实,抓执行力。早在2004年年初,公司在集团内出台了《油轮船队发展战略规划》,该规划成为集团内唯一经职代会程序通过的规划。为了让规划真正落地生根,公司结合对标工作,并根据动态变化、修订规划、修订战略措施,以增强战略管理制度的执行力;此外,还梳理并优化了船舶建造与投资管理流程,同时加强对流程操作与执行的监控。经过多年努力,船队建设已取得跨越式发展。当初,与世界级油轮船队的差距非常大,而到"十一五"末期和"十二五",差距不断缩小。例如,与Teekay等国际标杆企业的平均水平比较,船队规模当初(2003年)的差距是700万载重吨,2010—2015年间,缩小到300万~400万吨;过去的全球排位在25名前后,而2010—2015年间排位在10名左右。同时,公司也从根本上改变了以小船、老旧船为主的船队结构,平均单船吨位过去与标杆企业比较相差15万吨,2010—2015年间,缩小到10万吨左右;特别是船队年轻化趋势十分显著,与标杆船队比较,以往平均船龄相差10多年,2010—2015年间,平均船龄相差仅1年多。

第四章 财务与投资管理

1997—2015年,中国海运根据集团专业化生产经营的特点,按照"统一领导、分级管理"的原则,由集团总会计师和集团总部计财部全面负责财务管理、资金管理、投资决策和制度建设工作。所属公司接受集团总部指导,负责本公司的财务管理和会计核算。

在投资管理方面,中国海运于1999年出台《中海集团基本建设项目投资管理暂行规定》《中海集团固定资产投资统计管理规定》和《中海集团固定资产投资统计指标解释》,旨在增强基本建设项目计划工作科学化、程序化、规范化,全面、准确、及时掌握固定资产投资方向和投资规模,提升企业决策与管理水平。2011年,集团对已有的投资管理制度做了进一步修订与完善。2012年,在集团建立董事会的同时,还成立了战略委员会,进一步加强了投资管理。

第一节 财务管理体制与制度建设

一、财务管理体制

1997年,中国海运组建后,即在集团高管层设总会计师,在集团总部设计财部。由总会计师领导开展各项财会工作,并直接对单位负责人负责;总会计师的任职资格、任免程序和职责权限遵循国务院的有关规定。集团计财部在总会计师领导下,负责总公司会计核算以及集团的财务管理和财会制度建设,并对所属公司财会工作实施指导和管理。所属公司根据国家及集团有关规定设置财会机构,其财务负责人对本公司的董事会和领导人负责,并接受总公司计财部的业务指导和管理。

1997—2015年的18年间,中国海运按照"统一领导、分级管理"的原则,根据集团专业化生产经营的特点,全面负责集团的财务管理、资金管理、投资决策和制度建设工作,形成宏观决策管理中心。所属公司接受集团总部指导,负责本公司的财务管理和会计核算,根据总公司要求和本公司的经营特点,制定本公司的各种财务管理制度及实施细则,对其下属公司行使管理职能。

对于集团对外投资并在被投资企业中占控股地位的企业,原则上以中国海运方的人员为主设置财务机构;对于不占控股地位的参股公司,中国海运派财务人员对公司财务活动进行监督,以保护集团的合法权益。

根据财务管理制度规定,财务部门负责人任免需经过主管单位的同意。下一级企业财务部门负责人在人事组织部门任免前应先征求上一级财务部门的意见,未经上级财务部门同意,不得任意调动或撤换。有条件的公司对下级财务部门负责人可实行委派制。集团所属地区公司和专业公司的财务负责人应先征得集团总会计师和计财部的同意后再行任免。为保证赴境外子公司工作财务人员的业务能力,人事组织部门在确定名单前,需征求集团总部计财部的意见。

二、财务制度建设

2001年1月,根据《中华人民共和国会计法》及有关法律法规的规定,中国海运制定《中国海运集团财务管理办法》(简称《财务管理办法》)。其明确了财务管理范畴,即以企业经济效益为目标,依法理财,加强成本管理,确立财务管理在企业管理中的中心地位,建立以资金管理为中心的现代财务管理体系。该办法规定,中国海运财务管理以建立完善国有资产管理制度为基础,接受国有资产管理部门的监督和管理;维护投资者权益,保证企业资产的安全和完整。该《财务管理办法》在资金管理、资产管理、对外投资管理、成本和费用管理、营运收入及利润分配、外币业务、财务报告与财务分析、财务监督等方面,均做了详细规定。

2001年1月,国家财政部发布《企业会计准则—无形资产》等八项准则,该八项准则包括新增的《企业会计准则—无形资产》《企业会计准则—借款费用》和《企业会计准则—租赁》三项准则,以及修订的《企业会计准则—现金流量表》《企业会计准则—债务重组》《企业会计准则—投资》《企业会计准则—会计政策、会计估计变更和会计差错更正》和《企业会计准则—非货币性交易》五项准则。同年3月,中国海运发布《关于学习和贯彻落实财政部颁发的八项会计准则的通知》,要求集团所属各公司全体财务人员认真学习,切实贯彻落实八项准则,规范企业无形资产等事项的会计核算及相关信息披露,提高会计信息质量。

2009年12月,中国海运下发了《关于〈中国海运企业会计制度〉的通知》。《中国海运企业会计制度》的制定,以《中华人民共和国会计法》《企业财务会计报告条例》《企业会计准则2006》及其应用指南以及国家其他相关财经法规或制度为依据;结合中国海运的组织架构特点、经营模式、经营业务、财务信息系统等具体情况所制定,有助于提高中国海运财务管理水平,规范会计核算行为,满足中国海运对外报送会计资料,对内提高管理效率的会计制度体系;内容涵盖集团从事的所有主要经营业务,包括一般规定、会计科目和主要账务处理。该项制度对中国海运所属企业的会计核算业务进行全面梳理,把中国海运所属企业的会计业务分别按海洋运输、港口码头、代理、工业与商贸五大板块予以规范;统一了中国海运所属企业的会计核算,包括会计科目设置、会计政策与会计估计的统一,确保了中国海运所属企业会计核算的规范以及会计信息的统一与可比性,有利于集团合并

图5-4-1　中国海运财务员工正在为客户办理业务(2009年摄)

报表的编制。对于中国海运所属企业的特别业务,如海运业务、港口码头业务、代理业务以及修造船业务等的收入确认与计量、成本费用归集与成本计算、应收应付款项核算等,在遵循企业会计准则的原则下,进行创新完善,体现了中国海运在这些业务领域会计核算的领先地位。

2013年,由于外部经济环境的变化,为提供更加可靠、更密切相关的会计信息,增加与同行业会计信息的可比性,参照同行业公司会计政策现状,中国海运调整部分会计政策和会计估计。2012年前,中国海运对船舶折旧年限的会计估计是针对不同的船型,分别确定折旧年限区间(运输船舶在17~25年之间)。各船公司按不同的船舶种类在集团规定的折旧年限范围内确定折旧年限。各船公司使用的船舶折旧年限略有差异,其中中海集运折旧年限为25年,中海发展、中海海盛、香港控股、中海客轮为22年,中海工业为20年,广州海运和上海海运为18年。此次调整后,中国海运则将运输船舶折旧年限统一调整为25年。

第二节 预算管理

一、预算管理办法

2009年9月,中国海运发布《中国海运集团预算管理暂行办法》。其根据财政部《企业国有资产与财务管理暂行办法》《关于企业实行财务预算管理的指导意见》、国资委《中央企业财务预算管理暂行办法》和国家有关财务会计制度的规定编制,旨在进一步提高集团整体管理水平和经营绩效,控制企业经营和财务风险,建立健全预算管理机制。该办法对于预算编制、预算执行和控制、预算考核等内容均做了详细规定。集团强调,下属各单位需根据上述预算办法的规定,加强预算工作组织,完善预算编制流程和方法,强化预算执行控制,优化预算绩效考核,加快建立健全预算管理工作体系,积极推进全面预算管理工作。要求各单位需参照集团预算管理暂行办法,结合自身实际,制定本单位的预算管理办法。

与制订管理办法相配套,中国海运开展一系列准备与启动工作。2009年5月制定加强预算管理的实施方案;6月举办首期全面预算管理知识培训;7月在中海货运实施航运企业预算管理咨询项目;10月在颁发预算管理暂行办法基础上,按全面预算管理的思路启动2010年度预算编制工作,在集团内初步形成推进全面预算管理的氛围。在推行过程中,多数单位在企业内部对财务、业务部门开展全面预算管理知识培训;根据集团预算管理暂行办法的框架要求制定或修订了自己的预算管理办法,建立预算管理组织机构;按照全面预算管理的理念和要求,积极组织各部门开展2010年度预算编制工作。

为确保预算管理有效推行,集团成立中国海运预算管理办公室。办公室主任由集团分管财务的副总裁担任,副主任由集团分管运输生产的副总裁担任,成员由计财部、总裁办、运输部、企管部、发展部、人事部、研究室等部室负责人组成;预算管理办公室机构设在计财部,由计财部负责日常工作召集,相关职能部室指定专人负责具体工作。

二、全面预算管理

2010年是中国海运全面预算管理工作推进年。按"条块结合、统筹推进、点面结合、协调发展、长短结合、滚动管控"的原则,以预算为龙头,以信息为基础,以考核为手段,全面推进预算管理工作。在推进过程中,集团着重细化业务预算,优化业务流程,明确业务管理职责,科学制定企业生产经营各项指标,推广预算管理信息系统。进一步完善绩效考核办法,逐步与国资委考核办法接轨,激发和调动各单位广大干部和职工的积极性。

2011—2013年,按照国资委《关于深化中央企业全面预算管理的通知》精神,中国海运进一步落实"全员参与、全过程管理、全要素配置"的管理要求,将企业人、财、物全部纳入全面预算管理体系,以控制成本费用、投资规模、债务结构、现金收支为重点,优化工作流程,完善管理体系,强化监督考核,细化预算执行分析,充分发挥全面预算管理的执行效率与效果。在推进过程中,强化集团总部在全面预算管理的统领和总控作用,强化年度预算的约束性以及关键指标的预算控制。特别是在市场逆境下,集团借助全面预算控制成本费用,进一步落实成本控制目标与责任。2012年5月,集团召开扭亏增效工作专题会,提出管理(销售)费用指标要在年初预算的基础上下浮5%,财务费用下浮10%。2012年,集团实际累计发生的管理(销售)费用(签约单位)和财务费用分别为全年预算的94.98%和68.55%,分别低于年初预算5.02个百分点和31.45个百分点。通过管理节能、技术节能、经济航速、锁油等多种方式控制燃油成本,并在新加坡建立集团境外燃油集中采购平台,全年燃油费低于预算5.9个百分点;集团还通过集中采购,加大与港口和保险商的谈判力度,港口费低于预算0.77个百分点。

中海货运在推行全面预算管理工作中,着力开发预算信息管理系统。由于各单位预算管理办公室派员全程参与系统开发,注重系统功能设计,克服预算编制、审核、上报以及预算分析等工作中所存在的不足,使得实际业务与管理需求相结合,促进计算机信息系统进一步完善,确保预算在成本控制、决策导向、预控管理、绩效考核等方面发挥作用。预算工作形成"全员、全程、全方位"的新局面,"成本""效益"的预算意识,在业务管理过程中得到进一步强化;生产部门的运输计划与运力资源,通过预算平台以效益性为原则进行透明化配比,实现了运力资源的有效配置。

2015年,中国海运继续把全面预算管理作为提升企业管理水平的重要抓手,通过提高预算管理质量,达到改善经营水平、引导结构调整、提升发展质量的目的。为进一步加强预算执行的监控、分析,确保预算落地,总部机关相关职能部门切实履行预算管理职责,对主管的预算项目进行编制指导、统计分析、监督控制、考核评价的全流程管理。在深化强化预算管理中,进一步细化预算单元和预算频度,加强预算事中管理。集团及时总结预算差异原因,编制发布集团境内境外企业经济运行分析报告,规范二级公司经济运行报告编报指标,为完成集团预算目标提供更为精细的数据分析支持。同年,集团营业成本799亿元,低于预算进度17.59个百分点,成本控制保持较好水平。中海集运、中海油运和中海散运等单位,将成本项目层层分解,落实管控成本项目的责任部门和责任人。中海集运通过加强预算管理,优化制度与流程,网络成本和箱管成本增长速度分别低于箱量增长速度近3个和5个百分点。

第三节 资金管理

一、资金管理制度

中国海运成立初期,即着手建立资金管理制度。2001年制定了《中国海运集团财务管理办法》,其中对资金管理做了明确规定:总公司是集团资金活动的组织者,掌握资金筹措、运用及综合平衡。所属公司在总公司的领导下,根据业务范围,具体负责本公司的资金管理,在符合集团要求的前提下，可根据本公司的具体情况，制定资金管理实施细则，并报总公司备案。

集团资金来源主要有权益资金和债务资金。权益资金包括资本金、资本公积金、盈余公积金、未分配利润等；债务资金按期限分为流动负债和长期负债。根据制度规定，集团建立资金预算和报告制度，所属公司结合生产经营特点，定期编制现金流量计划和贷款计划报集团，经集团审核批准后执行。所属公司负责本公司的贷款管理，承担本公司债务法律责任。集团总部对所属公司贷款计划、资金用途等情况进行监督、检查和处理。按照制度规定，所属公司的资金按照"集中存储，统一管理"的原则，分别在集团结算中心总部和各分部所指定的商业银行进行结算，未经批准不得擅自开立银行账户。所属公司开展对外结算业务按照银行的有关规定和结算中心制定的具体结算办法办理。

2005年3月，集团为进一步规范信贷行为、加强资金风险控制、完善资金管理体系、提高使用效率，出台《中海集团资金管理办法》。该管理制度进一步明确集团资金管理的基本任务。即根据集团主业发展需要，制订科学合理的投融资计划，保障集团业务发展的资金需求；拓宽集团融资渠道，形成直接融资和间接融资合理比例关系，不断优化集团资本结构和债务结构；控制融资成本，降低集团的利率风险和信用风险；保证集团资金安全性和流动性；加强集团外汇风险管理，规避汇率风险；在整体控制集团财务风险的前提下，通过资金的合理流动与科学运作，不断提高资金使用效率和效益；结合集团主业发展需要，积极探索协调运用金融创新工具和手段，降低集团整体财务费用和经营成本。该管理办法对资金筹措、资金运用、风险控制等方面进行详细规定。在出台《中海集团资金管理办法》的同时，中国海运还出台了《中海集团信贷管理细则》《中海集团担保管理细则》和《中海集团外币结算资金管理细则》。

二、资金统一管理

1997年，集团组建之初，第一次专题会议就是财务工作会，议题就是资金集中管理。在形成"成立结算中心，加强现金集中管理"共识的基础上采取一系列改革措施。集团紧紧抓住资金管理这个重点，优化资金管理运行机制，加快资金集中化管理步伐，取得明显成效，为集团资源整合优化配置创造了条件。

1997年11月—1998年2月，中国海运依据"集中经营、分级管理"的工作思路，按照交通部"中海集团集中一头对部、向部负责"要求，制定"六个统一"原则，即集团内部实行统一计划、统一经营、统一对外、统一调度、统一核算、统一收支。在"六个统一"原则下，进行资产重组整合，实施规范的公司制改造，建立母子公司结构体制。实施"六个统一"，意味着中国海运采取的管控模式是集约化管控，表明从战略管控到财务管控再到操作管控，均由集团负责。在这一模式下，大部分事务的最终决策权均收在集团，而下属企业基本是集团决策的执行者。"六个统一"中对旧有模式冲击最大的是资金的统一管理，即资金的统一调度、统一核算与统一收支。实施资金统一管理，旨在规范中国海运资金运行秩序，发展融资渠道，用好用活资金，加强集团融资与投资管理工作，发挥集团资金的规模效益。

自1998年1月1日起，按照"集中管理，统一调度，有偿使用"的原则，总公司负责统一实施中国海运资金管理办法，宏观掌握资金筹措、来源、运用及综合平衡；所属公司在集团领导下，根据业务范围，具体负责本公司的资金核算工作。在此背景下，集团组建中海结算中心，以便进一步强化集团资金的管理，降低货币资金存量，降低筹资成本，提高集团整体资金使用效益；同时将集团内部分散的资金集中起来,统筹运转,调剂使用,有助于减少资金的在途时间,节约利息支出,提高盈利能力。中海结算中心成立之后,首要任务是清理已有企业的开户情况,增强集团整体意识。根据资金管理规定,对不按规定要求在结算中心开户的单位进行严肃处理,同时不予贷款,不予担保;而资金是否及时按规定上缴,则成为集团总公司考核各企业总经理、总会计师和财务处长的重要内容之一;各企业如果违反资金管理规定,擅自调度使用资金,由集团追究主管领导的责任。

2010年1月26日,在结算中心基础上组建中海财务公司。2010—2015年间,中海财务充分发挥资金统一管理的平台作用,积极开展内部资金融通、同业存款等资金管理业务,盘活了集团资金,提升了集团整体的资金效益。

三、全球现金管理系统

按照国务院国资委的要求,中国海运积极推进境外企业风险的识别、监测、控制和化解机制,特别是对从事金融等高风险业务以及对外收购兼并和担保等资本运作活动建立起内控制度,加强资金业务权限管理,规范境外公司的金融交易,严格控制财务风险;切实落实检查措施,加大检查力度,进一步完善集团逐级监管和内审责任制,充分发挥海外控股公司的监管作用,加强现场监管力度。

建立全球现金管理系统是被中国海运多年实践所证明的成功经验。为强化境外资金管理,防范境外资金风险,至2012年,中国海运已与花旗银行合作,建立了全球现金管理系统(GCM),对境外资金的流转与调动实施严格实时监控。全球现金管理系统要求覆盖中国海运所有境外企业,对境外企业资金管理实行"统一开户、统一结算、统一调用、统一管理"制度。经过多年运行,全球现金管理系统功能运用日趋成熟,网络初具规模,控制了境外代理90%以上的账户,资金安全、规模优势和流转效率得到进一步加强和提高。

"十二五"期间,香港控股作为集团区域投资和管理中心,借助全球现金管理系统,充分利用资金池管控能力强、有效降低企业资金成本的优势,加强账户资金管理,加强审计监督,确保资金安全;充分利用香港金融环境优势,积极推动集团境外自有资金纳入资金池管理,提高集团资金整体使用效率和境外资金收益;不断加强理财产品研究,拓展资金收益渠道,做好资金的头寸管理,认真开展内部资金占用业务,汇率管理水平进一步提升;及时反映香港地区资金存量情况,确保资金需求,提高资金利用率。

第四节 投资管理

一、规则与制度

1999年,中国海运组建初期,出台《中海集团基本建设项目投资管理暂行规定》,旨在增强基本建设项目计划工作科学化、程序化、规范化,提升企业决策与管理水平。同年,中国海运又出台《中海集团固定资产投资统计管理规定》和《中海集团固定资产投资统计指标解释》,以期全面、准确、及时掌握固定资产投资方向和投资规模,为编制集团投资计划提供依据。

2005年,根据《国务院关于投资体制改革的决定》及国家相关政策规定,结合中国海运基本建设项目管理的实际,在已有《中海集团基本建设项目投资管理暂行规定》的基础上,重新制定并发布

《中海集团基本建设项目投资管理规定》。

2008年,集团下发《关于进一步加强投资管理的通知》,重申做好集团投资管理的规则和要求。该通知强调,投资必须符合本单位发展战略和规划,投资方向必须坚持突出主业,坚持走内涵发展为主的道路;投资规模应与本单位资产经营规模、资产负债水平和实际筹资能力相适应,密切结合行业形势和自身发展需求,把握和控制好投资节奏,不得盲目攀比;投资项目应进行充分的科学论证,进行谨慎研究和分析,充分重视所面临的风险,制定好应对的措施;自有资金占总投资的比重应维持在合理水平以上,预期投资回报率不得低于同行业平均水平,不得违规使用信贷资金。该通知还强调,各单位应按照"谁投资、谁管理"的原则,加强对所投资项目的监督和跟踪管理,加强对在建项目的跟踪管理,控制项目的投资规模和成本,防止出现项目计划外投入的大幅增长;建立和完善项目的后评估制度。

2011年,集团对已有投资管理制度做了进一步修订与完善。在2005年出台的《中海集团基本建设项目投资管理规定》基础上,修订完善并发布《中国海运基本建设、船舶购置项目投资管理办法》。新办法强调,集团企管部为中国海运基本建设和船舶购置项目投资的主管职能部门;计财部、发展部、监审部、总法律顾问办公室为协办、监督与指导的职能部门。新办法还强调,基本建设和船舶购置项目投资实行"年度预算、统一立项、集中审批"的管理原则。预算上报和纳入集团预算计划的项目,作为项目立项的前提条件。重大项目、单一项目投资额达500万元及以上的,应编制可行性研究报告,进行经济、技术论证和法律政策风险论证。新办法还进一步完善了项目的计划、立项、审批、施工、验收、后评价等各个环节的投资流程。

2011—2015年年底,中国海运的投资管理制度一直依照2011年出台的《中国海运基本建设、船舶购置项目投资管理办法》。

二、招投标管理

2012年,中国海运依照《中华人民共和国招投标法》和《中华人民共和国招投标法实施条例》的相关规定,出台《中国海运招投标管理暂行规定》。当时,集团投资业已涵盖固定资产、股权、交易性金融等多个专业领域,其中船舶投资比重最大。鉴于此,集团于同年又出台了《中国海运造买船招投标实施办法》。该办法分别对建造新船和购买二手船的招投标做了规定。在建造新船方面,其招投标流程的主要环节如下:

依照集团新造船工作的总体安排,按"一事一报"原则,征得集团领导的批准后,确定拟邀请招标的项目。

确定拟邀请招标的项目后,由科信部按集团相关规定成立新造船专项邀标工作小组(简称工作小组),由工作小组负责实施制定标书、发放标书、收集标书、开标等邀请招标的各项工作。工作小组在充分酝酿潜在投标人的范围后,确定拟发放邀标书的造船厂,邀标船厂至少3家。

在按国家及集团相关规定完成标书收集后,工作小组报请集团招投标领导小组设立评标委员会,除国家特别规定以外,评标委员会由集团内专家组成。工作小组负责制定评标标准,评标标准采取综合评分方式。由评标委员会形成评标结果,评标结果中要推荐中标候选人,中标候选人至少3人、顺序排列,工作小组负责向集团招投标领导小组递交评标结果并推荐候选人。

经集团招投标领导小组审核批准后,由工作小组向中标人发放中标通知书、向未中标人发放未中标通知书。

2013年4月,根据《中国海运招投标管理暂行规定》,设立中国海运招投标领导小组。组长为许立荣;副组长为王大雄、丁农;组员为俞曾港、李学强、李懿文、杨吉贵、张善民、胡曙光、翁羿。领导小组下设工作小组,由集团战略发展部负责并承担日常工作。

2013年5月,中国海运发布《中国海运招投标管理效能监察操作指引(试行)》,规范招投标管理效能监察的工作内容和程序,促进集团招投标工作科学有序进行。招投标管理效能监察由各单位纪检监察部门牵头组织,计划、投资、财务、法律及商务管理等相关管理部门共同参与、密切配合。监督方式包括事前介入,对招标活动进行全过程监督;事中介入,对重要环节和关键程序进行监督;事后介入,对已完成的招投标项目开展检查或抽查。监察内容包括:制度建设情况、招投标机构设置、招投标程序、开放程序、评标程序、定标或推荐中标候选人、合同签订过程、中标合同执行情况8个方面。

三、后评价管理

中国海运组建初期,即开展投资项目后评价工作。2005年,出台了《中海集团固定资产投资项目后评价工作实施细则》。之后,随着集团各项业务不断发展,企业管理水平不断提高,其投资管理越来越精细化、规范化,决策程序合法合规以及在项目立项、决策、准备、实施等阶段的工作要求也越来越高。而上述原有实施细则在评价范围方面只局限于固定资产投资,已经不能满足集团对投资项目后评价工作的要求,更难以适应集团投资决策权限和管理方式的变化,因此,集团于2014年下半年开展投资项目后评价试点工作。在试点工作的基础上,又于2015年先后制定《中国海运投资项目后评价工作规程(暂行)》《中国海运(集团)总公司投资项目后评价管理规定》,以进一步规范投资项目后评价工作,加强对重大投资项目监管,提高投资决策水平、管理水平和投资效益。投资项目后评价的内容主要包括:项目全过程回顾、项目绩效和影响评价、项目目标实现程度和持续能力评价。项目总结的主要内容包括:总结项目经验教训,并在此基础上进行分析,提出对策建议,对策建议应具有借鉴和指导意义,并具有可操作性。

2015年,集团建立船舶投资后评价专家库。专家库专家共计35人,由集团船舶经营管理骨干和专业技术人才组成,由集团总部及所属船舶相关专业公司推荐产生。对专家资质要求:船舶经营管理骨干由具有5年以上船舶经营从业经验的干部组成,船舶专业技术人员由具有10年以上船体、轮机、电气等从业经验的工程师或高级工程师构成。集团开展船舶投资项目后评价时,从专家库中随机选出5名专家组成专家组,其中船舶经营管理骨干2人(1人来自集团、1人来自受评项目单位),船舶专业技术人员3人(船体、轮机、电气专业各1人,均来自非受评项目单位)。专家组受后评价小组委托,根据相关标准和要求,对受评船舶的经济、技术等进行评价,并出具评价意见。后评价小组根据评价意见,综合决策程序、经济效益等评价内容,撰写船舶投资项目后评价报告。

"中海之星"轮后评价是中国海运诸多投资项目后评价中的案例之一。该轮是中海集运2007年向韩国三星重工订造的8艘13 300 TEU集装箱船中的第一艘,产权归属于中海集运香港下的单船公司"CSCLSTARSHIPPINGCO. LIMITED"。该轮总投资额1.76亿美元,其中中海集运香港自筹1.08亿元、银行贷款0.68亿元。"中海之星"轮于2011年1月建造完工,获得德国劳氏船级社认证,并交付使用,主要投运中海集运的欧洲航线。截至2014年年末,"中海之星"轮累计运营19个循环航次。2015年,集团组织5位专家对"中海之星"轮进行后评价,主要包括筹划立项评价、建造过程评价、运营效率评价、经济指标实现情况评价、项目可持续性评价。综合5个方面评价,项目组提出下一步投资建议,内容包括:在进行同型船舶组合投资时,需更加深入研究船舶造价趋势变化;对船舶投资项目需建立后期跟踪分析机制;新造船舶时需充分重视燃油对船舶运营成本的影响;努力做好重大船舶投资项目自我评价工作,为后续船舶投资总结经验教训,不断提升船舶投资决策水平。

第五章　法务与风险管理

1997—2015年，集团按照国务院国资委的要求，在企业经营管理中努力把握企业法制建设这条主线，坚持法律工作服务于改革和发展，坚持财务监督和法律监督相结合，建立完善防范经营风险和法律风险的两个机制。法务人员运用法律知识积极配合企业各个部门的工作，参与到企业建章立制、重大经营决策和各项经营业务活动当中。

在风险管理方面，1997—2008年的11年间，集团的风险管理主要聚焦于重点环节、重点领域，通过加强管控努力降低和规避企业发展过程中的各类风险，如通过集中统一管理，防范资金风险。自2008年起，集团开始推行全面风险管理工作。至2009年5月底，基本建成集团全面风险管理体系。2010—2015年，集团在建立健全全面风险管理体系基础上，按照内部控制整体建设实施方案进度安排，先后启动二级试点单位及其所属重点三级单位的内部控制与风险管理体系建设工作，基本实现体系对各主要业务领域的全面覆盖。

第一节　法　务　管　理

中国海运组建初期，主要由总部总裁办公室下设的法务处行使法务管理职能。2006年9月，集团设置专职总法律顾问，并成立总法律顾问办公室。2012年，集团总部架构调整，设立法务与风险管理部，以增强集团的法制工作与法务管理。自集团成立至2015年的8年间，法务管理在企业经营管理中一直发挥着不可替代的重要作用。

一、法律审核

审查审核集团内部重大合同、协议的合法性，协助企业推进经营和法律风险防范工作，是集团法务工作的重要内容。据不完全统计，1997—2015的18年间，集团及直属各单位法务人员共审核各类重大合同、协议近4 000份。其中包括具有代表性的江都船厂资产收购、临港物流土地前期开发及配套合同、中海发展30万吨原油船建造合同、集团与首钢、宝钢战略合作协议及矿石包运合同等。各单位法务工作者，根据生产经营目标，针对谈判实际，依据相关法律法规与标准文本，及时提出书面法律意见，为避免或减少企业经营风险，维护企业合法权益提供了法律保障，提高了企业经营风险防范水平。

"十二五"时期，集团的法律审核主要包括：规章制度法律审核、合同审核及重要决策的法律审核。

在规章制度法律审核方面，集团法务部对集团各部室制定的规章制度全面进行法律审核，对重要规章制度和公司治理文件进行法律审核，全程参与《董事会议事规则》《总经理办公会议事规则》等16项重要规章制度的制定工作，从制度体系、主要内容、可操作性、文字表述等方面提出全面的修改完善建议，确立法务管理在制度建设领域的权威。与之相对应，集团所属企业的法律事务机构也加强规章制度的审核把关，其涉及企业主营业务管理、财务管理、劳动人事管理等诸多方面，有效确保规章制度的依法合规,规章制度的法律审核已形成成熟的工作机制。

在合同审核方面,突出强调防范合同的法律风险。一是健全和完善管理制度。在集团总部实施《合同管理办法》的基础上,督促所属企业制定和完善本企业的合同管理规定,并将该项内容纳入对所属企业的法律管理考核之中,确保集团所属企业建立规范有效的合同管理制度。二是强化合同的法律审核,在集团总部率先实现合同法律审核100%达标的基础上,推进重点企业的合同法律审核流程再造,确保重点企业合同法律审核有效实现。三是加大对日常主营业务推行标准文本的力度,使所属企业标准合同文本涵盖70%的主营业务。通过推行标准文本,大大提升合同签署效率,有效防范合同风险。四是结合集团信息化建设,将合同标准文本和审核流程逐步嵌入航运标准化信息管理系统,确保合同法律审核得到有效执行。

在重要决策法律审核方面:一是进一步完善重要决策法律审核的实施保障机制。将总法律顾问制度明确写入公司章程,在集团《"三重一大"决策制度实施办法》中明确规定重要决策需履行法律审核事项,在《集团总经理办公会议事规则》中明确总法律顾问作为总经理办公会的组成人员,为总法律顾问参与公司重要决策审议、履行法律把关职责提供了明确依据。二是进一步细化操作规则。集团法务部在会商集团办公厅、董事会办公室后,对需要事先履行法律审核的"重要决策"范畴制定清单,对于未经法务部审核会签的事项,退回发起部门或补充征求法务部门意见。三是注重法律审核效果。"十二五"时期,集团通过总经理办公会、会签、发送法律意见等方式,对数百项重要决策实施法律审核,特别是加强对重大资产并购、股权投资、金融交易等项目的法律审核,进一步降低企业的决策风险,为企业依法经营提供有效支持。

二、法制工作目标

2011年9月国务院国资委召开中央企业法制工作会议,于同年12月6日下发《关于落实中央企业法制工作第三个三年目标有关事项的通知》,正式启动中央企业法制建设第三个三年目标。按照国资委"建立机制、发挥作用、完善提高"的总体推进思路,中国海运通过前两个三年(2006—2008年、2009—2011年),尤其是第二个三年的连续推进,集团企业法制建设整体上实现了"四个基本",即企业法务工作机构与法务队伍基本建立,法务管理制度基本形成,法务工作职能基本发挥,法务工作效果显现,为保障企业依法经营、促进企业发展起到积极作用,也为集团深入推进企业法制建设等各项工作、进一步发挥和提升法务职能创造了较好的条件。

随着社会法治环境、市场环境和企业对法务工作内生需求的不断变化,企业法务工作面对新的要求和挑战。在充分分析法务工作面临的新形势、新要求、新任务的基础上,结合企业实际,集团确定中国海运第三个三年目标:按照全面风险管理的要求,进一步健全完善法律风险防范体系,有效融入企业日常经营与管理,切实发挥法律风险预防的作用;进一步强化企业规章制度、经营合同、重大决策的法律审核机制,确保在集团和二级企业层面实现法律审核全覆盖;进一步严格规范案件报告制度,强化纠纷案件的事先预防机制,杜绝因违法违规经营而引发重大法律纠纷案件,历史遗留重大案件基本了结;进一步重视和加强企业法律顾问队伍建设,继续深入推进重要子企业总法律顾问制度,重要子企业总法律顾问专职率达到80%;集团和二级企业法律顾问持证上岗率达到85%。

为确保这一目标有效实现,中国海运就完善法务工作体系、夯实风险防范运行机制、提升队伍素质、改进服务效果等做出具体部署。例如,结合目标的制定,强化法务管理的考核,以提升对法务工作的重视程度。自2012年始,中国海运将法务管理的要求正式纳入对所属企业年度业绩考核之中,并与领导层薪酬业绩挂钩。集团法务部根据法务管理制度体系、法律风险防范机制成效、纠纷案件发案情况等指标,对所属企业提出考核意见和建议。2013年,中国海运所属5家境外控股公司因法律管理制度建设未达到要求而被扣减分值,欧洲控股因法律风险防范工作较为出色而获得加分。通过将法务管理指标纳入年度业绩考核等手段,有效推进整个集团的法制建设。

三、纠纷案件应对处置

1997—2010年间,集团加强内部重大涉讼涉裁案件的协调处理,推动重大案件尽快了结。各单位法务工作者根据集团各级领导的指示精神,积极参与100余件各类重大涉讼涉裁案件的协调和处理。其中较有影响的有中海集运"苏悦"轮提单纠纷案、中海货运"华鹏"轮货损案、中海国贸进口化肥案、中海油运"建设32/33"轮提单纠纷案、"大庆76"轮滞期费拖欠案、原中海劳务650万元错误执行案、"繁新"轮外派船员工资拖欠案等。

2005—2007年,先后协调处理中海油运"大庆91"轮油污事故、中海货运"国鸿"轮光租合同系列诉讼仲裁案、中海集运西非无单放货案以及"向安"轮涉嫌走私等十余件重大涉讼涉裁案件。集团法务工作者充分发挥专业所长,积极提供法律意见和建议,对案件的平稳有效处理起到较好协助作用,为集团各单位挽回经济损失,挽回企业声誉,维护社会稳定作出应有的贡献。

"十二五"时期,在制定《诉讼(仲裁)案件、非诉讼纠纷管理暂行办法》《诉讼(仲裁)案件办理暂行规则》等制度的基础上,所属企业按照集团要求,均建立本企业的纠纷案件管理办法,确保与集团纠纷案件管理要求相衔接。同时运用信息化手段,所属企业通过集团IMP法律管理信息模块,向集团报送案件信息和案件处置进度;对于未及时上报案件信息的单位,集团则予以通报批评,以确保纠纷案件信息及时有效传递。

自2013年起,在全面掌控所有成员单位发案信息的基础上,集团实行每月通报纠纷案件信息、每季度和年度发布全集团纠纷案件报告制度,对纠纷案件总体情况、发案特点、新类型问题进行分析和提示,对处理效果较好的案件进行点评总结,并对纠纷案件管理工作提出要求。"第三个三年目标"期间,集团及所属企业未发生应予上报的重大法律纠纷案件,集团和所属企业的法律部门协调、处置各类诉讼、仲裁案件共130余件,为企业挽回损失3亿余元。

针对所属企业发生案件,在全面收集证据和查明事实的基础上,集团注重系统法律研究论证,并形成完整的诉讼应对策略。对于司法实践中既有的观点或认识,不轻易盲从,敢于从法律角度提出独立的观点,并尽最大努力去争取实现,从而有效维护了自身的合法权益。如中海工业江苏公司承建的"安民山"轮在试航途中发生碰撞码头事故,中海工业按照其投保的船舶建造险向中国太保索赔遭拒后提起诉讼。对于试航中的船舶是否构成海商法意义上的船舶并享受船舶海事赔偿责任限制,我国法律并未明确规定。对此,集团法务部、中海工业和专业律师进行充分论证,并通过召开专家讨论会等寻求支持,最终法院采纳我方"试航船舶不属于海商法意义上的船舶,且不享受责任限制"观点,判决中国太保向我方全额支付保险赔款。最终该案被《最高人民法院公报》刊登,并确立"试航船舶不享受责任限制"的司法裁判标准。

四、法务队伍建设

2006年,中国海运设置专职总法律顾问。自此,集团领导层高度重视并积极支持总法律顾问履责和作用的发挥,在首任专职总法律顾问到龄退休后,集团再次引进并任命专职总法律顾问。与此同时,在7家重要子企业均任命兼职总法律顾问的基础上,集团严格标准,稳步推进"兼转专(兼职转为专职)",协调各单位研究"兼转专"的方案和时间表。上海船研所、中海海盛分管副总相继通过考试取得企业法律顾问执业资格证书,实现重要子企业总法律顾问专职化。此外,在中国海运所属非重要子企业中,还积极推行总法律顾问试点工作,中海财务(集团所属非银行金融机构)、中海投资率先设立总法律顾问并实现专职化。

2012年8月,为适应集团转型发展的需要,中国海运总部机关实施改革,在内设机构总数减少的情况下,集团法务机构不仅保留,而且管理职能进一步扩大,涵盖了法律管理、规章制度管理、内部控制和风险管理等领域,既强化法务机构的地位,更为法律管理进一步融入企业日常经营管理、统筹发挥风险管控作用提供更为宽广的舞台。集团所属企业也根据企业实际,参照集团法务部的职责调整,逐步完善法务机构的职能,为法务管理向下推广延伸夯实组织基础。

为创新法务人员培养使用模式、提升法务队伍的素质能力,集团积极采取多种措施,包括强化岗位培训,结合企业实际,设计培训课程;进一步增加企业法律顾问年度培训课时,进一步加强法务人员的业务培训。针对上海自贸区建设等热点议题,专门邀请主管部门和专家授课。每年与上海市企业法律顾问协会、上海政法学院等联合举办企业法律顾问执业资格考试辅导班,鼓励商务、业务人员积极报考,为集团提供法务人才储备。此外,还尝试开展"大法务"培养模式;在中海油运等企业进行试点,在企业商务、业务部门和专业经营管理团队内,选择具有法律背景、持有企业法律顾问执业资格或司法资格的人员,采用由业务部门和法务部门"双重管理"的模式;在保持已有岗位不变的基础上,增加法务管理职责;此举既可促使其更好地在业务经营一线发挥法律风险管控的职能,也有利于培养懂业务、懂经营、懂管理的企业法律顾问人才。

五、法制理念与法制文化

1997—2010年,中国海运注重培育依法决策、依法经营、依法生产、依法维权的意识和能力,努力改善和营造良好的企业法制环境。各单位法务工作者紧紧围绕集团工作的大局,努力配合宣传部门,主动做好法制宣传工作。据不完全统计,1997—2010年间,共向集团内外的报纸杂志投稿250余篇,内容涉及企业经营、安全生产、社会热点、家庭纠纷、职工个人维权等,涉及企业职工生产、生活的多个方面。形式有案例、法律法规介绍、报道、图片等,贴近实际,折射理论,具有一定的教育性和可读性,在营造企业法制氛围、提高全体员工法制意识和法律常识水准方面,取得一定成效。

2011—2015年,中国海运认真贯彻落实全国普法办、国务院国资委提出的"六五"普法规划,制定细化本企业"六五"普法工作计划,充分利用集团《海运报》《中海通讯》以及企业网站等载体资源,紧密结合国家有关法律法规的颁布实施,围绕企业战略发展对企业法务的新要求,采取灵活多样的普法形式,定期编写风险案例评析,加强法制宣传,促进企业各级经营管理人员自觉主动地学法、守法、用法,切实提高企业领导人员的法律意识和法律素养,培育法律至上、诚实守信、合规经营的企业法制理念,努力树立责任央企、法制央企的良好形象。

随着企业内外部环境的变化,企业法务工作也面临新的转型,法务人员的能力与作用也要升级,需从"内部律师"向行业或管理专家转变。对此,中国海运注重发挥集团作为航运央企的地位优势和业务优势,针对市场热点,结合自身实际,开展专题研究,服务企业与行业。通过开展研究项目,进一步带动法务人员素质能力提升,也进一步树立集团在业界的影响力。例如,集团积极参与交通部《海商法》修改的相关研究以及国际海事委员会《船舶司法出售国际承认公约》草案的起草、《1989年国际救助公约》的修订、《2012年约克—安特卫普规则》草案前期论证等工作,对《航道法》《海上安全交通法》的修订积极提出企业的想法和建议,促进完善法律规定和有效执行;通过积极开展航运法律研究工作,提升了中国海运在航运司法界的影响。2013年6月,马士基、地中海、达飞3家排行前三的国际集装箱运输巨头宣布组建P3联盟,将传统海运联盟演化为实质上的统一经营体。针对这一重大事件,集团法务人员对国际班轮联盟模式深入研究,依据我国反垄断法,就联盟运营模式可能存在的问题以及对国际班轮运输市场和我国航运业乃至国家利益的影响进行深入分析,提出相关研究报告和建议。该建议引起上级部门和行业协会的关注,取得重大效果。通过开展研究项目,进一步激发法务队伍对专业问题的探索热情和钻研精神,也为法务人员提升素质、增强能力搭建良好的平台。

第二节 风 险 管 理

一、风险管理体系

20世纪90年代,中国海运成立伊始,在努力提高企业经济效益、满足广大客户需求的同时,对企业的风险管理一直予以高度重视。1997—2008年的11年间,集团通过各种有效方式和科学手段,结合企业实际需要,努力降低和规避企业发展过程中的各类风险,提高企业抗风险能力。其采取的主要措施为:坚持以一业为主,积极发展多元相关产业的发展战略,规定不涉足与航运业无关的产业,不发展自己没有优势的产业,从根本上控制和防范发展战略风险;不断提高和增强核心主业的竞争力,做强做大核心主业,即大力发展集装箱运输,积极发展油轮、货轮船队,控制客运发展的规模,以增强企业自身的抗风险能力;坚持规范程序,防范决策风险,包括制定重大事项决策程序、坚持民主集中决策制度、重大事项由专家委员会先进行集体审议、重大决策事项必须由集团主管部门递交可行性报告等,建立起一整套行之有效,符合企业实际,适应市场需要的决策机制和体制;集中统一管理,防范资金风险,实行统一开户、统一结算、统贷统还,集团成立之初即成立结算中心,规定集团下属企业都必须在集团的结算中心开户,同时采用现代化科技,建立中国海运全球现金结算网上银行体系,通过与世界和国内各大银行合作,使集团对全球的现金管理全部通过网上银行操作;加强安全管理,降低经营风险,将安全预控措施贯彻到生产的全过程,保持安全状况相对稳定;加强成本风险控制,包括人工成本、管理费用、船舶修理、燃润物料费用的控制等;加强应收运费的控制和管理;加强信息运用的风险控制,在香港建立中国海运计算机信息系统备灾系统,并保持与主体计算机系统同步运行,一旦主体计算机信息系统出现不测,备灾系统可立即启用;不断加强和实施对外联营战略,使合作双方的市场风险都得到有效控制,取得双赢效果。

从2008年起,集团开始推行全面风险管理工作。同年4月正式成立集团风险控制和管理委员会,由集团总裁亲自担任委员会主任。至2009年5月底已基本建成集团全面风险管理体系。同年,集团设立风险管理中心,该管理中心在风险管理委员会的领导下开展工作,主要负责集团的风险管理体系及制度建设工作、全面风险管理工作报告、重大风险的判断标准或机制的管理、重大风险评估、制定风险策略及重大风险解决方案、评估改进风险管理、建立和运行风险信息系统及日常的风险管理工作。

集团在推行全面风险管理的过程中,坚持以体系建设为先导,采取"自上而下,先试点后推广"的建设思路,在集团总部和所属主要航运企业中先行开展风险管理体系建设工作。2009年,集团总部和中海发展已率先完成体系建设试点工作。在总结经验的基础上,集团领导提出在2010年"使全面风险管理的范围涵盖集团主营业务"的阶段建设目标,随即启动中海海盛、中海集运2家上市公司的体系建设项目。同时,按照《企业内部控制基本规范》的要求,中海集运开始进行内部控制体系建设。聘请中介机构作为咨询机构,对公司内部控制体系建设进行全面设计。同年11月启动在上市范围内实施全面风险管理体系建设项目,并成立公司全面风险管理委员会和实施项目领导小组、工作小组。

2010年,中海集运利用培训、在线学习网站宣传、专题汇报等形式,多层次、多渠道地进行内控体系建设和风险管理专题宣教活动,以增强全员内部控制和风险防范意识。年内初步建立全面风险管理组织架构。针对筛选出的重大和重要风险,确定重大风险偏好和承受度,正确认识和把握各类风险与收益的平衡,分别制订针对性的风险策略工具组合,进行差异化管理控制,并据此进行合理的资源配置(包括人力、财力等),实现对整体的风险管理策略及风险管理应对措施的安排。同时,完成全面风险管理体系文件,包括《全面风险管理报告》《全面风险管理手册》《全面风险管理策略》《全面风险管理预警机制》和《中海集运全面风险管理办法、工作职责和工作细则》初稿,提交公司风险管理委员会审定。该公司风险信息系统也于同年8月正式上线。通过对预警指标的日常监控,完成定期和不定期的各类风险报告,向公司风险管理委员会提交风险的成因分析和相应应对措施,使全面风险管理成为公司决策的有力保障。

为了切实发挥管理体系在防范、控制重大风险方面的有效作用,集团风险管理中心在每年年初,按照体系文件规定的工作流程,对风险管理年度各项工作制订详细的工作计划,并召开年度工作会议进行全面布置。试点单位各相关部门根据体系文件所制定的工作流程和职责分工,围绕年度工作计划,积极配合、共同参与,认真开展风险辨识、风险评估等各项年度工作。2010年,集团辨识出当年可能面临的风险共5大类、32项、114个风险点,并从中评估出重大风险5项、重要风险7项。辨识评估工作结束后,试点单位通过讨论会等多种方式,科学运用风险管理工具,对评估出的重大、重要风险制定风险偏好、承受度和管理策略,并对原有预警指标体系进行梳理,增加先行指标13个、运行监控指标6个,确保各重大/重要风险得到有效监控和及时预警,按计划首次独立完成年度各项工作。

因全面风险管理强调的是流程化、制度化,重点是要能对风险进行持续、动态的监控。集团在全面推进信息化建设中,强调以信息化保证流程规范、以信息化降低成本和提高效率、以信息化为客户提供优质高效服务、以信息化加强风险防范。在建设风险管理体系时,同步开展全面风险管理信息系统的建设工作,先后分两期项目进行,一期项目已于2009年6月完成。2010年年初,为了提高风险管理在信息技术上的应用水平,使体系文件所规定的风险管理流程全部固化于信息系统,集团开始实施信息系统二期项目。整个项目历经8个月时间,按计划完成需求调研、系统设计、系统开发、现场实施4个阶段工作,于2010年8月底通过用户验收。系统的应用范围涵盖集团所有体系建成单位,系统功能主要有风险辨识与评估以及预警指标监控两大类,基本实现统一系统下分级管理、风险管理流程化功能、提高用户操作便捷性等预期设计目标。

2012年,集团围绕"两保三争"年度目标,按照国资委《关于2012年中央企业开展全面风险管理工作有关事项的通知》要求,在体系建设中,进一步推进风险管理与日常经营管理深度融合。同年,组建法务与风险管理部,全面推进以风险管理为导向的规范内控体系建设,初步建成覆盖集团"三大板块"和相关地区公司的内控流程和风险框架体系,以"三项审核"为重点的法律风险防范机制不断完善。顺利完成年度重点税源企业税收稽查,实现"营改增"平稳过渡,有效防范集团税收风险。加强商务管理,梳理并完善相关制度,实现重大责任性商务纠纷为零的工作目标。全面推进惩防体系建设,进一步做好廉洁风险点的分析排查,加大效能监察工作力度,不断提升内部审计管理水平。

根据集团信息化管理的总体要求,为保障全面风险管理信息系统安全、稳定运转,增强集团自主维护及开发能力,集团所属中海信息系统有限公司于2012年2月就系统源代码和运维转移事宜与大公国际公司签订合同,并通过大公国际公司技术和运维培训。年内,搭建风险管理信息系统源代码、数据库、数据接口子系统以及各功能模块操作等技术平台,学习掌握系统开发技术,制定全面风险管理信息系统运维规范及应急预案。

2013年,按照国资委《关于2013年中央企业开展全面风险管理工作有关事项的通知》要求,集团综合内部控制工作推进需要,制定《中国海运内部控制与风险管理办法》,明确集团风险控制体系的组织、运作和监督管理要求,统一集团内部控制与风险管理的组织架构,实现风险管理、内部控制的有效对接,避免职能交叉,提高工作效率。该管理办法的推行,使得风险管理报告制度、季度风险管控报告制度更加健全,日常风险管理信息沟通更加顺畅,内部控制与风险管理责任制更加完善,风险责任追究管理要求更加明确,集团内部控制与风险管理年度考核的管理框架基本形成,为后续进一步推进风控考核打好管理基础。

2013—2015年,按照内部控制整体建设实施方案进度安排,集团先后启动中海香港控股、上海海运、中海国际、中海投资、中海汽车船、大连海运(中海客运)、中石化中海燃供、上海船研所、中海国贸、中海信息、中海电信等12家二级试点单位及其所属重点三级单位的内部控制与风险管理体系建设工作,并于2013年年末基本实现体系对各主要业务领域的全面覆盖。通过全面调查摸底,共计梳理出相关单位1 952个风险点(其中廉洁风险点758个)、2 808个二级流程、3 856个关键控制,就283项流程缺陷和改进事项提出完善意见,制定核心业务流程权限指引,完成各单位内部控制管理手册、风险管理手册、评价手册、廉洁风险防控手册编制工作,为所属企业规范业务经营、提升管理、防范风险奠定了较为扎实的基础。与此同时,集团对SAP、德勤、安永、用友、ORACLE等行业内较为权威的供应商进行考察,围绕业界风险管控系统设计与实施情况开展实地调研,认真学习兄弟中央企业风险管理信息系统实践经验,从促进提升集团管理水平角度,全面梳理集团风险管控信息平台建设需求,认真研究集团系统平台开发路径和业务系统内控注入实施规划,大力推进内控体系同经营系统的融合对接。

二、风险管理制度建设

2005年,中国海运集团在当年召开的工作会议暨职工代表大会上,要求各级领导进一步增强风险意识,建立本单位风险预警机制,加强发展战略风险防范,加强风险管理的制度建设。

2006年6月,为全面落实科学发展观,进一步加强和完善国有资产监管工作,深化国有企业改革,加强风险管理,国务院国资委根据《企业国有资产监督管理暂行条例》关于"国有及国有控股企业应当加强内部监督和风险控制"的要求,出台《中央企业全面风险管理指引》(简称《指引》)。《指引》对中央企业开展全面风险管理工作的总体原则、基本流程、组织体系、风险评估、风险管理策略、风险管理解决方案、监督与改进、风险管理文化、风险管理信息系统等方面进行详细阐述,对《指引》的贯彻落实也提出明确要求。根据《指引》要求,企业应建立健全风险管理组织体系,包括规范的公司法人治理结构、风险管理职能部门、内部审计部门和法律事务部门以及其他有关职能部门、业务单位的组织领导机构及其职责。具备条件的企业应全面推进,尽快建立全面风险管理体系。依照《指引》的要求,集团的风险管理制度建设得到进一步推进。

2008年5月,为了加强和规范企业内部控制,提高企业经营管理水平和风险防范能力,促进企业可持续发展,维护社会主义市场经济秩序和社会公众利益,财政部会同证监会、审计署、银监会、保监会,根据国家有关法律法规,制定《企业内部控制基本规范》。该制度自2009年7月1日起在上市公司范围内施行,并鼓励非上市的大中型企业执行。该文件出台后,中国海运及时、认真地进行贯彻,风险管理体系逐步得到完善。

2009年,集团制定了《全面风险管理办法》《全面风险管理工作职责》和《全面风险管理工作细则》3个管理制度,明确各职能部门的风险管理工作职责;编制《全面风险管理手册》《全面风险管理预警机制》《全面风险管理策略》3个体系文件,规范风险辨识、评估、应对、监控、评价改进等风险管理基本工作流程。风险管理制度体系框架不断完善,为全面风险管理各项工作的有序开展提供制度保障。

2011—2015年,中国海运认真贯彻国务院国资委工作要求,以完善风险防范治理结构为重点,深入推进内控建设和运行实施,强化重点领域风险管理,全面落实风险管理各项工作。其间,集团坚持不断加强风险防范治理结构建设,推进集团核心二级公司规范董事会建设,完成中海集运、中海散运、中海油运、中海工业等10家试点单位规范董事会建设,搭建二级公司董事会组织管理、决策管理、运行管理基本架构,加快规范董事会制度建设;同时,对集团总部审批管理事项进行梳理,按照简政放权、强化专业公司主体责任、强化集团总部事中事后监管的原则,研究拟订集团审批权限下放改革建议方案,为下一步集团实现管控方式转型打好基础。

2014—2015年,集团加大风险管控制度建设力度。围绕完善集团制度规划、推进存量制度减量提质两方面目标,发布《中国海运(集团)总公司规章制度管理办法》,明确集团制度管理主体及职责,强化制度论证、制度审查、审议发布等重点环节管理。在此基础上,集团对已有规章制度进行全面梳理,根据制度的完善和有效程度,分别对其进行修订、调整、整合以及逐步清理,提升规章制度的科学性和有效性。同时,进一步研究制定重点领域投资管理办法制度以及船舶投资、股权投资、资产转让、投资后评价等配套制度;制订招投标管理办法修订制度;结合集团集中采购工作,完成第一阶段燃油、租船等六大品类电子采购流程(试行)建设。

三、重点业务风险管理

【船舶运输商务风险管理】

2003年9月,为规范签订船舶运输合同,规避商务经营活动中的风险,减少合同签订和执行过程中的差错,中海油运制定《运输合同管理操作实施细则》,对各类运输合同的签订做出明确规定,以减少和杜绝因岗位职责不清、责任不明、把关不严所造成的经营风险。该公司首先成立规范运输合同管理领导小组,对运输合同进行分类,对各类运输合同管理程序提出要求,并严格按照"谁揽货、谁洽谈、谁签合同、谁承担收回运费"的最终责任原则,确定洽谈、揽货人为第一责任人。同时对各类运输合同采取四级审核制:对信誉好的著名大公司由航运部揽货人员直接签订租船合同,处长审核即可;对省、市、自治区级地方公司、炼厂、石油贸易商等的运输合同,实施二级审核,即沿海、远洋运输处长审核后,经航运部分管副主任审批后方可实施;对民营企业、代理商、中介人实施三级审核,即二级审核后由航运部主任审批后才能签合同;对光租合同、期租合同、COA合同,初次租船、有过不良记录和租船人资质发生变化的,航运部需了解租船人资质、资信等相关情况,专门报公司主管副总经理、总经理,经批准后才由航运部实施。

2003年10月,中国海运召开商务工作会议,对商务工作进行定位。明确商务工作是实施风险防范、成本控制、效益核算、规范经营行为、处理市场信息、处理商务纠纷、对服务质量和货运质量进行监控的职能部门职责;商务工作应贯穿于经营生产的整个过程,起到检查、监督、指导的作用,要达到制度化、标准化、数字化的发展要求。

【经营业务风险管理】

2014年8月,集团总经理主持召开专题会议,就运价等10项重点业务内部控制、应收账款商务风险防范,明确集团责任主体,分解工作任务,进一步加强对重点领域的管理力度。其包括持续深入完善航运上市公司内部控制。组织中海集运加强国际对标,改进公司船舶租赁、货运代理、集装箱运价、滞箱费、船用物资等控制流程,研究公司销售网络与运价管理机制目标和对标改进路线图。组织中海油运进行内控诊断,确定制度管理、船用物资、营销定价、系统管理4个方面17项改进任务。持续加强物流板块创新业务风险防范。强化法律服务保障,推动相关单位调整金融质押业务策略,完善供应链金融业务风险管理机制,建立健全项目物流风险防范流程标准。切实加强工业板块修造船业务商务法律风险防范。组织全面排查合同履约和应收账款情况,做好重点条款的实施管理和潜在风险应对,建立新造船订单履约风险评估和管理制度,完善集团航运金融板块投资管理和风险控制机制。开展金融业务单元授权投资业务专项检查评估,加强内部制度流程建设,提高金融投资投研能力和风险监测管理水平。以海外网点为重点,加强集团境内外基层单位内控推广。组织各专业公司,根据企业经营业务、管理模式、风险属性,全面推进基层单位内控全覆盖工作。以海外集装箱代理网点为重点,由集团统一组织制定相关控制标准和权限指引,提高海外基层单位公司管理、业务操作的规范化水平。

【金融衍生业务风险管理】

2010年年底,国务院国资委下发《关于建立中央企业金融衍生业务临时监管机制的通知》。根据国资委要求,"十二五"时期,中国海运首先加强金融衍生业务专项风险的集中管理。规范操作,建立有效的风险防范机制。整个管理体系的推进分为两个阶段:第一阶段是制定《金融衍生业务管理规定》,明确管理目标、原则和模式,确定部门分工和职责,建立统一规范的授权审批流程,并对业已开展的相关业务制定风险控制标准。第二阶段是根据上一阶段制定的《金融衍生业务管理规定》,对集团的各类衍生业务,按照交易流程和风险特征,制定分类操作手册及专项风险管理制度。2011年4月27日,集团下发《中国海运(集团)总公司金融衍生业务管理规定(暂行)》,该规定对集团开展金融衍生业务的目的、管理原则、交易品种、风险控制、审批流程、报告制度等事项进行明确和规范;强调集团各级单位在开展金融衍生业务时,应以控制经营风险为目的,严格遵守套期保值原则,严禁利用金融工具从事投机交易;规定未经集团审核批准,各所属单位不得擅自开展金融衍生业务。管理规定下发后,集团内已开展或计划开展金融衍生业务的所属单位,在集团总部指导下,参照集团管理模式和组织架构,对金融衍生业务管理制度作了修订和完善。2012年,集团在完成金融产业发展规划基础上,进一步出台《金融股权投资暂行管理办法》《交易性金融投资暂行管理办法》,以风险防范为重点,稳妥推进金融投资重点项目实施;加强金融产业规范体系建设,有效协同产业发展和风险控制目标。同时,集团以中海财务和集团资金管理部为平台,从组织架构、业务流程、制度体系3个方面健全专业风险控制措施,合法合规、积极稳妥开展流动性管理业务,在风险可控前提下稳步提升价值贡献。2014年,集团进一步加强内部制度流程建设,积极开展金融业务单元授权投资专项检查评估,不断提高金融投资投研能力和风险监测管理水平。

【境外财务风险管理】
"十二五"时期,为支持和保障集团"走出去"战略的顺利实施,确保海外资金安全和国有资产保值增值,集团建立并完善外派商务经理和专职审计人员管理措施,同时以加强海外财务风险专项管理为突破口,逐步完善境外风险防控体系。在有效执行已有各项规章制度规定上,集团进一步健全完善境外公司资金内控治理结构,提高境外单位负责人财经管控水平,建立完善境外会计基础工作属地化实施细则,强化审计工作风险防范作用,规范核算,不断加强总部资金实时管控能力。2012年5月,根据国资委境外国有资产管理办法和集团"三重一大"决策制度实施办法,制定并下发《关于进一步加强海外财务风险管理有关问题的通知》,大力加强相关重点单位的风险监控。

四、内部控制运行保障机制

"十二五"期间,在推进集团内部控制运行保障机制建设方面,中国海运积极探索实施内控运行季度报告制度。组织各单位定期分析核心流程和重点岗位的内控运行情况,查找内控不符事项,评估关键内控措施设计和执行的有效性,强化集团业务单位内控执行主体责任意识。大力推进集团内控信息化试点项目,开发建立集团风险控制信息集中管理平台,并以中海油运为试点单位,同步对集团航运标准化管理平台进行内控改造,制定集团航运主业内部控制自动化注入、系统运行在线监测开发方案,总计涉及181项高优先级内部控制注入需求、190个重点权限监控点、96项高优先级运行监控项的实施开发。开展全集团责任追究工作调研,加强集团责任追究制度的顶层设计,确定下一阶段规范问责管理的工作思路,通过严格问责,推动各级单位风险防范体系的有效运行。同时,集团还坚持做好风控培训和典型案件剖析宣传,组织开展各专业公司内控与风险管理现场培训,讲解各业务领域内控体系日常运行维护重点;组织下属重点单位从内部控制角度对典型案例进行分析总结,发挥教育警示和提升管理的作用。

集团在组织现场调研、专题研讨工作基础上,结合集团整体内控建设进展,于2013年9月发布《中国海运控股上市公司内控体系整合提升实施方案》及相关配套工作材料,适时启动对控股上市公司原有内控体系、全面风险管理体系的整合改进工作,指导其重点从统一组织架构、整合风险工作、完善内控活动、优化自我评价、推进内控流程信息化建设5个方面入手,进一步提升各单位内部控制与风险管理的健全性和有效性。同时抓住金融质押监管风险防范这个重点,积极协调下属相关企业不断完善物流业务管理机制;结合投资管理内控对标提升工作,拟订重大投资以及并购活动的专项风险评估工作制度;组织集团各职能部门、相关直属单位、各海外控股公司认真开展集团海外企业风险控制专题调研,对海外机构风险状况和企业管理制度、流程规范建设情况进行全面调查摸底;组织开展集团物流供应链创新业务调查研究,同步推进创新业务开拓和风险防控工作。

五、风险控制监督评价

2013年,集团对内部控制有效性进行自我评价,通过内控评价促进体系运行完善;根据集团内控建设进展,集团监察审计部进一步将各产业板块专业公司全面纳入年度评价范围,组织对集团内部控制运行情况及效果进行监督评价,提出缺陷问题,完善集团风险防范体系。开展集团财务大检查。通过各单位自查和集团重点抽查,全面查找各单位在"财务内控体系建立及执行、资金管理、依法纳税、会计核算、薪酬管理"等方面的薄弱环节和管理漏洞,完善财务内控体系,进一步发挥财务监督职能。进一步推进"三个三"专项效能监察,运用"巡审结合"工作模式,增强监督合力。加强对基建、投资等方面的监管,完善重大投资项目后评价工作;加强经济责任审计,落实离任必审和轮审的工作制度。

针对2014年集团风控制度与流程还不够完善,有章不循、有令不止还时有发生的情况,特别是中央专项巡视发现反馈的问题,集中反映出集团在廉洁风险防控推进机制、关键业务领域防控利益输送等方面,管理基础薄弱,全面风险管控有待进一步完善,集团要求各下属单位认真研究,采取有效措施,切实加以解决。

第六章 信息管理

1997年7月,中国海运刚刚成立,就着手对原上海海运1993年建立的计算机系统进行改造,使之成为中国海运内部管理信息系统(财务、统计、资金结算、船舶燃润物料统计、船舶动态查询)。随后,根据新成立的中海集运业务需要,开发了中海集装箱运输管理系统。

2000年,集团把信息技术运用体系作为建成世界一流航运企业支持体系纳入"十五"发展规划,并提出信息化建设发展目标,即以适应集装箱运输和综合物流发展为目标建立具有中海特色的一网(INTERNET网)、一台(电子商务平台)、一主系统(中海集装箱运输管理信息系统)、二辅系统(物流信息系统和集团信息内部管理系统),建立全球联网的运作体系,使之成为集团主业发展的重要支撑,其综合性能和服务水平在国内外航运界达到先进水平。

2000—2005年,根据"十五"信息规划,集团先后建立中国海运网站,开发了航运管理、船舶动态信息管理、物流信息和资金结算管理等系统,共投入约2.3亿元进行信息系统建设,其中中海集装箱运输管理信息系统(TS系统)达1.3亿多元。在落实上述工作的同时,集团下发了一系列文件和规定,对信息化开发工作进行规范和指导。2001年成立集团管理信息系统开发领导小组和开发工作小组;同年成立集团电子商务系统领导小组;下发《关于加强信息技术开发项目管理的通知》,从制度上规范了信息化工作程序。

第一节 信息化"一号工程"

2006年,集团的信息化建设进入全面、快速发展阶段。6月,集团做出新的决策,将加快信息化建设作为集团"一号工程"来推进。8月18日,集团经理书记会议提出在全集团内开展精细化管理要求,并确定推进企业精细化管理工作重点为两个方面,一是加强集装箱运输的精细化管理,二是打响集团"一号工程"——信息化建设。为保证"一号工程"进展顺利,集团提出4项具体要求:各单位一把手要重视"一号工程",亲自参与企业信息化规划和重要决策,亲自协调推动重大信息化项目建设,带头使用信息系统;全员参与,增强全员信息化意识,提高全员IT技能;规范系统使用要求,杜绝系统外操作;优先保障信息化建设资金和人力需求;从严落实、从严考核信息化工作,并建立红黄牌考核制度。集团统筹兼顾、重点突破,依据管理要求和主业特点,将财务系统、集装箱运输业务系统建设作为信息化建设切入点率先推动,通过加强IT组织建设,健全IT管理体系,加大信息化建设投入,强化各类业务和应用系统建设,使信息化水平获得实质性提高,为企业业务拓展、精细管理和科学发展提供有力支撑。

为了使信息化建设更具专业化水平,2006年集团制定《中国海运集团信息化发展规划》,以强化集团管控能力和集团内各专业公司信息系统建设为重点,不断优化业务流程,防范业务风险,加强集约管理,有效提高整体创新能力、市场竞争能力和现代管理水平,实现集团又好又快发展。在推进过程中,强调"顶层设计、业务驱动、集中投入"的方针,牢牢把握航运产业、陆岸产业两条主线,积极推进集团财务、预算、综合管理、人事管理、资金结算、辅助决策分析系统,以及集运业务、航运系统、船员管理、船务PAS、物流管理和有关专业公司的信息系统规划建设,使信息系统服务覆盖到集团的各个产业板块。在集团强力推动下,各下属专业公司均建立业务系统,并实现与集团信息系统的无缝接口,初步达到集团的管控目标,规范了各业务环节的操作。

按照集团"一号工程"的要求,信息化建设步伐不断加快,2006年,集运综合业务管理信息系统、集团财务信息系统(包括集运财务系统)的建设全面启动。为了推进集团信息化建设,集团整合资源成立专业公司——中海信息有限公司。

2008年1月1日,中国海运SAP财务系统正式上线,标志着集团信息系统建设取得重要进展,也为提高集团经营管理现代化水平奠定坚实基础。

2009年,集团围绕"增收节支、控制成本",突出阶段性工作重点,实施"海外管理年",提升海外管理水平;同时以燃油集中采购和锁定油价为主要手段,加强成本控制,以SAP和中海集运电子订舱、总部OA系统为重点加强信息化建设,以信息化带动精细化,进一步强化资金和应收账款管理,降低财务费用,防范资金风险。同年,SAP系统二期项目如期完成,三期项目深入推进;中海集运大客户电子订舱EDI项目按期上线;总部OA系统和久其报表系统上线运行;随着信息化建设"一号工程"加快推进,中海信息公司取得软件企业CMMI3(能力成熟度集成模型3级)国际资格认证。同年,海外企业制度建设全面加强,制定和修订了13项管理制度。境外投资和管理体制得到理顺,境外公司董事会运作机制趋于规范,全球现金管理系统得到推行,内控机制不断完善。

第二节　信息化"B级登高"

2009年年底,根据国务院国资委《关于加强中央企业信息化工作的指导意见》,中国海运提出关于2010年信息化实现"B级登高"达标的工作目标,即在2011年达到国务院国资委的信息化B级水平。为保证B级登高目标的实现,集团与各单位签订信息化建设责任书,修订信息化工作考核办法,进一步明确信息化考核管理的对象内容和奖惩机制,确保责任到人,考核到位;对集团信息化办公室和集团管理部门企管部的业绩考核实行"一票否决"制。

围绕登高目标,集团分析并梳理整改各项指标,将其归类为12项具体信息化建设项目,包括:集团信息化建设总体规划、集团辅助决策分析系统、集团人力资源管理系统、集团信息化绩效考评体系、集团IT治理纲要、集团信息化标准和规范、集团信息安全管理体系、集团IT资产(软件)管理系统、集团IT服务(运维)管理体系、集团信息化项目管理系统、集团总部IT应用与优化升级、集团下属IT应用与优化升级。

集团于2010年下半年启动集团信息化水平考核体系建设,修订信息化工作考核管理对象、内容、程序和奖惩机制,并将考核结果与各单位年度经营责任制考核挂钩。信息化绩效考核的进一步科学化、系统化,确保了各单位推进信息化建设的主动性和积极性。

经过多年努力,集团信息化建设已形成一定规模,业务应用管理系统基本覆盖航运主业的业务操作,信息化基础设施也基本完备,建立了数据生产中心、数据备份中心,并健全了相应的管理制度和应急方案;专用网络覆盖集团全球大部分代理点,保证全球业务的开展。集团专业技术人才队伍也得到锻炼。从2006年起,中海信息连续5年被上海市认定为"高新技术企业"。截至2010年年末,中国海运由中海信息负责开发、运维系统或项目已达到58个,专业服务覆盖集团内大部分企业。

2011年5月26日,国务院国资委信息化专家组对中国海运2010年度中央企业信息化水平评价进行现场复评。专家组宣布现场复评结果:中国海运具备央企信息化水平B级企业所具备的特征,总分88.35分,达到B级标准。其评分在119家中央企业中排名46位;此举标志着中国海运的"一号工程""B级登高达标"工作圆满收官,标志着集团信息化建设跨上新的台阶。

图 5‑6‑1 中海信息员工开展信息化"登高"工作研究(2009年摄)

第三节 信息化系统整合

2011—2015年间,中国海运根据"顶层设计,战略驱动,集中投入"的原则,按"纵到底、横到边"的建设思路,重点加强信息化系统整合。在集团层面设立领导小组和工作小组,由集团领导挂帅,业务管理部门参与,各单位逐级落实。在管理资源分布上,集团总部设立科技信息部,负责集团信息化工作的组织落实和总体管控;各单位设立IT管理部门或岗位,负责本单位信息化管理;上海船研所作为集团内的信息化专业技术团队,负责集团信息化项目的研发、建设、管理和运维等工作。

一、航运管理统一平台

为解决各航运公司业务系统无法融合、集团层面缺乏数据统一的问题,自2013年起,中国海运自主研发航运管理平台,旨在建设集团内航运业务(集装箱业务除外)、收入、成本、节能降耗和船舶管理等全过程管理系统,实现集团、直属航运公司和船舶的无缝对接。

中国海运综合管理平台(IMP)是基于企业级的J2EE平台,采用B/S架构的一套综合管理软件,从2010年开始建设,主要服务于集团运输部、企管部、发展部、计财部、安管部、总顾办等职能部室。功能涵盖公共代码、计划统计、快速统计、燃料润料、固定资产、法律事务、企业信息管理、商务管理、生产运输管理、船舶信息管理、三项成本管理等十余个子系统。通过对集团各下属公司各类基础信息、生产运输、经营管理等数据的收集、整理、监控,提供集团上述职能部室日常监控管理分析使用。

其中,公共代码子系统制订集团内船舶代码、公司代码等12套公共代码的统一标准。计划统计子系统帮助集团具体掌握各公司各种货物运输量、周转量、船舶各效率指标等信息。快速统计子系统数据帮助集团实时跟踪各公司每天的货物运出量、完成量信息。燃料润料子系统帮助集团实现对于下属公司各船舶的燃润料补给、消耗情况的分析汇总统计。生产运输管理子系统帮助集团掌握跟踪所有营运船舶动态,跟踪危险区域船舶及获取各类生产事故报告。固定资产子系统帮助实现对每年下属公司基建、技改等项目的上报申请,项目进展及资金使用情况的汇报,及集团部室的审批、跟踪、监督。三项成本管理子系统帮助集团实现对各公司的修理费、物料费、润料费等花费进度,修船情况及能源消耗等信息的有效跟踪。法律事务子系统实现下属各公司法律申请,重要决策、合同等的上报受理;满足总顾办进行及时监督指导等。企业信息管理子系统实现集团发展部对下属各公司基本信息、财务信息、工商信息等信息的及时汇总查询统计。商务管理子系统实现集团对下属各船公司实际生产运营中的各种收入及收回费用、港口使费、代理费等成本费用、船舶投保情况等各类商务细化数据的获取,并进行各种维度的汇总统计。船舶信息管理子系统实现集团对于自有船舶运力、经营船舶期间运力变化、集团外租赁等各类船舶信息的查询统计。

2015年,平台已在中海散运全面上线使用,中海国际部分上线,中海油运等其他航运公司开始逐步推广。通过集团和各船公司的平台共用,使航运生产经营信息实现在集团内按权限共享。平台与人力资源管理、财务管理等其他系统进行信息对接,集团航运信息管理的整体性得到提高;开发过程中,尤其关注业务人员的深入参与,充分考虑界面友好性、操作便捷性等因素,确保应用简单,降低培训成本。

二、统一实施集团版 OA 系统

中国海运办公室自动化 OA 系统一期于2008年10月完成产品选型,2009年1月1日试运行,同年6月正式使用。系统一期功能主要包括集团行政收发文、集团签报等流程。2010年启动二期工程,内容包括:新增党群、纪检门户和党群、纪检工会相关发文签报等流程、集团会议管理功能和与下属公司 OA 系统文件自动传输接口、扩容并集成电子传真等系统。

中国海运各下属单位以往使用不同的 OA 产品,导致 OA 系统无法贯通、管理成本高且使用效果不佳。为使集团总部和下属各单位的 OA 系统能够无缝连接,自2013年起,中国海运统一推广实施集团版 OA 系统,从原来39套 OA 系统统一为一套;2015年完成境内直属单位的上线,最终目标是实现集团公文的分权共享,提升公文流转效率,减少档案系统等关联接口的建设,提高安全性。

2015年,集团 OA 系统经过整合以后,其注册用户已超过1万多人,日均在线用户达到数千人。随着集团版 OA 系统推广和应用,对系统的可扩展性、稳定性和安全性提出了更高要求,为此集团对 OA 系统的操作系统进行改造,增加负载均衡。同时,为了更好满足用户需求,还对 OA 系统进行二次开发及优化,增加假期管理、密码找回等功能。

三、人力资源信息共享

【船员管理信息系统】

该系统于2005年11月1日正式启动,为采用三层结构的大型数据库系统,实现中海国际总部与各分、子公司之间统一的信息管理,实现整个集团船员管理资源共享、优势互补、相互促进和业务协同,为企业的精细化管理提供一个很好的辅助平台,为信息共享及辅助决策分析提供统一、完整的数据来源。在系统之间,通过准确、及时的传递信息,减少重复性工作,提高集团的工作效率和降低运作成本,使沟通更快更准。其中,一期包括系统支持、基础代码、日常管理、船舶管理、船员管理、教育培训、薪资管理、外派管理、通用查询、客户关系共 10 个模块;二期包括不适航薪资、北京及船管中心机关工资、船员成本核算、教育培训、外派管理、档案工资共 6 个模块;后续又增加了企业年金、船员成本费核算、跨境管理费计算等新业务功能,以及油运、客运、海盛船东费用模块和 SAP 接口功能。

船员管理系统涵盖集团所有船员的管理。系统实施后,各公司根据船员动态等相关数据自动计算出船员和机关人员工资,财务依据系统产生的工资单提交银行发放工资,自动化程度较高。同时推广到各相关船东公司,让船东能第一时间了解到船员的动态情况以及船员产生的费用,做到船员工作开心、船东花钱明白。

2014 年,根据集团加快推进船员体制改革、全面整合船员资源的需求,中国海运围绕资源整合与信息共享,进一步扩展船员管理信息系统的建设,其主要涵盖船员管理、薪资管理等 9 大类内容,以进一步理顺集团内船员单位与各船公司之间的业务关系。

2015 年,进一步扩展船员薪资管理等功能,增加工资调资管理等内容,支持各类数据格式的导入导出;同时通过接口实现与各相关系统的对接。例如:提供船员考核、船舶动态,船舶费用等信息到航运管理平台,保证船员业务管理数据源的唯一性;提供船员薪资福利数据到 NC 财务系统,保证财务支出的及时性、准确性。

【人力资源管理系统信息共享】

自 2010 年起,中国海运开始建设全集团统一的人力资源系统,可为其他系统提供组织架构和人员信息。系统集中部署,分权管理,分级维护。到 2015 年,已实现人力资源的数据共享、人事业务、薪资发放等在线操作功能,满足了员工信息的查询、管理、统计和分析需要。在确保运行稳定基础上,系统还按照管理要求不断完善功能,并通过薪酬发放、人事信息共享等机制,持续提高系统数据的准确性。

第四节 信息安全体系

"十二五"时期,中国海运着力构建信息安全体系(ISO27001)和服务(运维)管理体系(ISO20000)。通过划分信息安全控制范围,切实做好数据资产、软件资产、实物资产、人员资产、服务资产和无形资产等评估工作,识别信息安全风险,逐步提升信息安全,提高整体抗风险能力。同时,为了促进集团 IT 运维服务更加专业化和流程化,参照 ISO20000 标准,中国海运建立以流程为导向、以客户为中心的 IT 服务(运维)管理体系,通过整合 IT 服务与业务,不断提高 IT 服务运维能力,减少安全隐患。

在构建信息安全体系中,集团注重整合网络资源,合并下属公司的网络线路,使网络充裕度更高,具备平峰调谷的作用,在网络费用支出不变的情况下,成倍提升人均可用带宽,并通过互联网出口线路的减少,提高网络安全性。通过 VNP(虚拟专用网络技术)和上网行为管理等软件,提高外网进入内网的安全性,解决上网带宽分配问题,能追踪并监控上网行为,为提高网络的安全性起到重要作用。同时,还按照国家等级保护和集团安全管理的要求,对集团内的信息系统进行重新梳理和整合,对74个系统进行等级保护认证,其中一级系统56个,二级系统17个,三级系统1个;不断提高信息系统备份能力,建设广州备份数据中心,针对核心系统,形成"生产中心＋备份中心"模式,当生产中心的数据出现问题时,备份中心能够接管,并维持运行。

第六篇

科技与教育

概　　述

中国海运成立后,始终坚持"科技强企""人才强企"战略,把科技创新与教育培训作为推动企业发展的驱动力。

在科技创新方面,中国海运坚持"科学技术是第一生产力"的指导思想,至2010年,已基本形成"一个技术中心、一个专业研发机构、一个协同创新模式"的科技创新体系。一个技术中心,即中国海运总部设置技术中心,统筹科技创新规划和集中管理工作;一个专业研发机构,即中国海运所属的上海船舶运输科学研究所;一个协同创新模式,即充分利用集团内外部的科技研发资源开展产学研合作开发模式;在集团内部,通过各子公司之间的合作,加强内部协同创新;在集团外部,借助外部科技研发力量,加强外部协同创新。其中以计算机信息技术为代表的新技术、新成果,更加广泛地开发应用于运输生产实际,显著提高各航运企业的经营管理水平和服务质量。上海船舶研究所等科研机构围绕航运安全保障关键技术、航运能效控制关键技术、航运能效控制技术转化应用、动力定位控制系统技术、电力推进及综合能量管理技术等方面开展研究,并取得一批重大创新成果。与此同时,集团所属研究机构和研究部门还紧密结合航运业实际,坚持"以需求引领研发、市场促进成果转化"原则,深入开展前瞻性应用基础研究,积极服务我国相关民生和国防现代化产业,切实解决行业发展中急需解决的关键技术问题,加强关键技术的应用开发与科技成果转化。

在教育培训方面,中国海运按照建设学习型企业的要求,高度重视对船岸干部职工的培训,在提升员工素质的同时,努力营造事业留人、感情留人、适当的待遇留人的氛围,并投入大量的人力物力,将教育培训这一系统化智力投资作为船员职业发展的重要手段。集团所属各单位高度重视对人才的培养,在提升员工综合素质上投入大量人力物力,将教育培训作为保障企业发展、关心员工的主渠道之一,将拥有高素质人才队伍作为提高企业核心竞争力的关键,不断优化职工队伍的学历、职称、技术结构,为集团的沿海与远洋运输培养和输送大量优秀专业技术人才,为企业可持续发展奠定良好基础。在干部培训上,集团贯彻落实中央提出的"大规模培训干部、大幅度提高干部素质"战略决策,大力加强集团党校建设,努力为集团建设一支党性强、作风正、素质高的党员队伍,建设一支德才兼备的干部队伍,为中国特色社会主义事业培养合格的建设者和可靠接班人。特别是"十二五"时期,不断加强干部培训体系的建设规划,立足企业的战略发展要求和经营管理实际,初步形成以组织架构、项目体系、课程体系、师资体系、培训方式、实施流程、效果评估、E-learning等要素组成的干部培训体系。

第一章 科 技

中国海运重组后的18年间,科技水平不断进步,逐步形成航运领域具有一定实力的科技力量;科技创新体系逐步完善,积极开展紧贴生产实际的各类科研项目,适用于推进经营管理、运输生产,特别是航运效率、船舶性能、环保节能、智能交通等领域的研发运用,航运信息化的建设、船舶修造与集装箱制造的技术研发等的重大科技成果不断推出,有力推进集团海洋运输船队的大型化、低碳化、现代化进程,也有力推动集团经营管理水平与综合实力的不断上升。

第一节 科技创新体系

一、制度与规则

1997—2012年,中国海运的科技管理职能集中于集团的企管部,具体由企管部下设的科技处负责。企管部科技工作的主要职责是:贯彻执行上级有关科技工作的方针、政策;结合中海集团的实际情况,制订企业技术创新的规划、计划和有关规章制度及实施细则;负责管理中海集团科技经费的使用和科技项目的立项、应用推广工作,并负责督促、检查集团所属单位在科技工作方面的贯彻执行情况。

2001年,为了全面贯彻执行《中共中央、国务院关于加速科学技术进步的决定》,健全和完善集团的科技创新体系,规范集团科技开发的运作制度,加强集团科技项目的管理力度,集团颁发《中海集团科技管理办法(试行)》,对科技项目立项、科技项目实施、科技成果鉴定与评审、科技成果申报登记等方面做了具体规定。

2011年,中国海运在《中海集团科技管理办法(试行)》基础上,出台《中国海运科技创新工作管理办法(试行)》,旨在加快推进企业发展方式转型和产业结构调整工作,实施科技创新战略,提升中国海运科技创新工作管理水平,增强科技创新能力。

2013年,根据国务院国资委对中央企业科技创新工作的要求和有关精神,结合集团部室职能调整变化,集团对原《中国海运科技创新工作管理办法(试行)》进行修改,同时颁发《中国海运(集团)总公司科技创新工作管理办法(暂行)》。该管理办法在科技项目立项、科技项目组织实施、科技成果验收、科技成果登记、科技成果管理、科技成果奖励等方面做了具体规定。

2013—2015年,在集团总部于2013年进行架构调整后,中国海运科技信息部、财务金融部和监察审计部成为中国海运科技创新工作的归口管理部门和监督部门,中国海运所属全资、控股公司根据实际情况设置相应的职能部门和配备专职人员负责科技创新管理工作。其中科技信息部的主要职责是:贯彻执行上级有关科技创新工作的方针、政策,加强科技创新的组织工作。结合中国海运的实际情况,制定企业科技创新的规划、计划和有关规章制度及其实施细则,健全组织机构和完善机制。负责管理中国海运科技经费的使用和科技项目的立项、应用和推广工作,并负责督促、检查集团所属单位科技创新工作方面的贯彻执行情况。协助集团所属单位申请国家有关部委科技项目,并做好管理工作。财务金融部的主要职责是:科技项目的资金筹措和资金管理。监察审计部的主要职责是：按照国家法律、法规的要求和集团有关规定对各单位的审计工作进行监督检查。

二、管理架构

中国海运科技创新的管理架构由技术与专家委员会、技术中心、各二级公司科技部门三个层次构成。

【技术与专家委员会】

2000年10月11日，集团总裁办公会议决定成立中国海运技术委员会和专家委员会，旨在推动集团技术进步和技术创新工作。

技术委员会由集团主管科技的领导以及研究、生产、销售和财务等部门负责人组成。技术委员会的主要任务是负责制定企业技术发展的中长期规划，确定研究开发方向和重点课题；对技术开发经费预算等重大问题进行决策、检查和监督。集团副总裁林建清兼任中国海运技术委员会主任；王大雄、柴中航、林治税、叶小健、俞曾港、张登辉、王康田为技术委员会委员。

专家委员会由企业内有关专家学者组成。专家委员会主要利用集团内部的科技资源，同时借助综合高等院校、研究所及有关部门等外部科研力量，提升中国海运的科技创新能力，提升集团在国际航运市场的竞争能力。其主要任务是负责技术中心研究开发方向、重点研究课题和企业重大项目的咨询和评估工作。集团副总裁林建清兼任中国海运专家委员会主任；柴中航、林治税、叶小健、梅德泉、徐辉、丁农、李明昌、李学强、刘晓云、方萌、吴承业、项顺弟为集团专家委员会委员。

【专家咨询委员会】

2001年12月，中国海运发布了《中海集团专家咨询委员会管理办法（试行）》，同时着手组建以外部专家为主要成员的专家咨询委员会，旨在提高集团决策质量，确保决策程序的规范性、科学性，规避或降低决策风险。外聘专家构成包括：交通行业及研究机构的知名学者；政府部门专家；有丰富实践经验的企业家；金融界专家；法律界专家；其他符合条件的专家。

【技术中心】

中国海运成立后，在集团总部设置技术中心，统筹科技创新规划和集中管理工作。2001年经上海市技术中心认定，核准成为市级技术中心。集团技术中心坚持以原始创新为主，结合航运业特点，建立牢固的研究基础支撑，运用集成创新方式，开发具有自主知识产权的核心技术，逐步形成集团自主创新能力。技术中心的任务和职责是：

参与制定和执行集团发展战略和技术创新、技术改造、技术引进、技术开发规划和计划；

收集和调研国内外航运市场信息，组织对潜在市场的预测、研究和分析，制订运输业务发展规划，寻求新的经济增长点；

组织对国内外新船型、船队结构进行调研，提出集团船队结构调整的方案和新造船的船型选择、经济论证、技术论证的意见；

提出集团信息网络、计算机管理系统的总体发展规划和计算机资源的配置、软件开发等方案；

负责集团科技发展规划的制定和贯彻，集团科技工作和科技经费的归口管理，对外合作科技项目的研究和技术交流等；

负责集团通信导航新技术、新设备的研究和开发；

负责集团船舶修理新技术、新工艺的研究和开发。

技术中心在集团技术委员会的领导下和专家委员会的协助下开展工作。1997—2015年的18年间，集团科技活动经费投入总体上不断增加。技术中心围绕企业战略规划和业务计划，每年年初合理制订本年度的科技和技改投资计划；每年的年中，对编制的计划进行调整；每月通过集团综合管理平台跟踪和监管科技技改计划的执行情况。

三、协同创新模式

集团在科技创新上一直沿用协同创新模式，即充分利用集团内外部的科技研发资源开展产学研合作开发模式。在集团内部，通过各子公司之间的合作，加强内部协同创新；在集团外部，借助外部科技研发力量，加强外部协同创新。

2010年，上海船研所并入中国海运后，在集团内部层面，主要开展"所企协同创新"，把船研所的科技研发与生产企业研发机构组合协同，结成创新共同体，面向企业需求开展科技协同创新。如中海散运和船研所联合开发"船舶远程监控系统"，对20世纪90年代建造的船舶进行信息化改造。该系统实现企业远端对船舶的实时管理能力，提高船舶及船队管理效率。在数据储存方面，该系统可以保留过去导入的所有历史数据，以便进行数据更深层次的挖掘和分析。此外，该系统还具有可拓展性，能根据客户需求，增加相应的功能模块，使之成为公司所需的定制系统，实现航运公司个性化管理。

四、科研设施

2010年以前，中国海运除中海工业、中海通信等下属单位有少量科研设备外，几乎没有专门的科研设施。2010年，上海船研所并入集团后，中国海运的科研设施主要集中在上海船研所。

【航运技术实验室】

20世纪90年代，船研所航运技术实验室经过多年发展，形成船舶航行及通航安全模拟研究与评估、桥梁防撞船技术研究、运输技术论证和船舶能效技术研究等领域研究优势，1999年成为交通行业首批认定的重点实验室；2006年，该实验室通过交通部组织的专家复评审。作为国际水池会议成员单位（ITTC），该实验室在舰船水动力试验领域的相关研究代表了国家水平。

2010年1月，科技部办公厅下发《关于组织制定第二批企业国家重点实验室建设计划的通知》，该实验室被正式列入第二批启动建设的国家重点实验室名单。获批后，实验室建设工作正式开展。由于实验室在科学研究、技术创新和人才培养上的重要性，船研所将实验室的建设与管理作为关系企业中长期发展的重点工作来抓。2014年建设工作完成。建设期间主要抓组织建设、实验室建设、项目开发等专项工作。

组织机构建设。成立由主管所领导任组长、其他所级领导和部门长为成员的实验室建设领导小组，集体领导实验室建设工作；组建由12位行业内的院士、教授、研究员和航运企业一线专家组成的学术委员会；按实验室研究方向建立航运效率及节能技术研究部、航运安全技术研究部和航运监控与信息集成技术研究部3个研究部，以及试验水池、空跑泡水洞和仿真试验室3个试验部。

管理制度制定和管理机制完善。成立由科技管理、财务、审计、资产设备等职能部门组成的工作组,制定有关规章制度和工作条例,落实、监督、保障实验室各项建设经费的合理使用和支出。制定《重点实验室管理办法》等8项基本的管理制度,内容涉及人员管理、薪酬与考核、项目管理、设备管理和开放课题管理等。同时,根据实验室工作实际,制定12项试验规范和质量管理办法。

按《建设计划任务书》的要求,2010年共投入2 577万元,添置重点实验室仪器设备;安排重点实验室科研用房19 309平方米,并投入957万元配套设施改善费用。实验室建设全部在原实验室内进行,在原实验室的基础上对实验设施进行升级改造和添置必需的科研仪器设备,根据实验设备设施对环境的要求,对部分实验室进行土建改造和装修,满足实验设施安装、调试及运行的要求。按《建设计划任务书》要求完善航海安全综合试验设施、构建船舶航行安全数字化评估系统、航运监控系统开发平台与仿真系统以及船舶综合性能预报平台等重大设施,保证了实验室先进的试验条件。

实验室建设。该实验室建设期间,建立了对全行业开放的船舶综合性能预报共享平台"船舶航行综合性能评估系统(SPPS)"提供船模试验数据库;支持兄弟单位的研究工作,上海交通大学于2012年11月在该实验室进行认证"浅水中航行船舶船体下蹲模型";将新技术向生产第一线推广,组织专题培训活动,如2012年年底关于EEDI(EEDI就是船舶消耗的能量换算成CO_2排量和船舶有效能量换算成CO_2排量的比例指数)组织"CCS(中国船级社)技术人员培训交流会";为高校相关专业学生提供实习条件,是上海海事大学的实习基地,大连海事大学也常有学生来参观实习;加强国际合作,与荷兰海事研究所建立联合机构合作开展航运能效的研究。制定开放课题管理办法并实施多项开放课题。

重大科研成果。在实验室建设期间,根据专家提出的改进意见,实验室学术委员会专门讨论实验室的研究方向和科研规划,对一段时间的研究重点作了梳理。以此为基础,进一步集中研究方向,突出能效和安全技术研究,加强基础性前瞻性科研,积极申报国家和上海市重大科研项目,在2010—2014年建设期承担国家、省部级科研项目30多项,其中包括973计划"矿砂运输船货物液化流动及倾覆机理研究"和"船舶附体节能机理及优化关键基础技术研究";863计划"液化天然气LNG海上转运系统技术研究";工信部高技术船舶科研项目"风浪作用下船体线型优化及船—桨匹配设计技术研究""高效节能螺旋桨应用技术研究""超大型散货船和油船水动力性能预报优化技术研究""船舶能效指数(EEDI)验证评估技术研究"等。

2014年9月,全面完成《建设计划任务书》要求的各项工作,并于9月19日通过科技部组织的专家验收。实验室以建设世界一流航运科研机构为目标,根据国家中长期科技发展规划和航运、造船业发展的需求,综合运用船舶水动力性能、海事安全和自动控制等技术,围绕新船型开发、船舶性能优化、航运安全、航运效率、节能减排、航运信息化数字化智能化等领域开展共性技术、前瞻性技术的关键性技术研究开发,承担国家和行业重大科研和科技攻关项目,为航运发展提供先进技术,为航运安全提供技术保障,为行业标准提供技术支撑。

【深水拖曳水池等重点实验室】

上海船研所重点实验室的主要设施建于20世纪70年代末,随着船舶大型化和航速的提高,结合IMO新规出台等所带来的新的研究任务,其基本设备试验水池能力的局限性日益突出,一些试验不能达到期望的精度,有些试验甚至不能有效进行。

"十五"末期,中国海运在船研所并入集团后,大力支持船研所的科研设施建设和持续发展。为构建航海能效与安全综合试验设施、船舶航行安全数字化评估系统及船舶综合性能预报平台等试验平台，充分发挥重点实验室将水动力研究与航运技术紧密结合，将信息化、自动化技术与航运实际紧密结合的研究特长，强化重点实验室在航运技术与航运安全方面的科研能力，从而将重点实验室建设成国际一流、国内领先的航运技术与安全重要研究基地。

集团对船研所重点实验室的重大科研设施和基地进行重新规划与配置，以国际一流为标杆进行易址重建。重建项目选址上海市崇明区长兴岛船舶制造基地，上海长兴海洋装备产业园区9号地块，占地面积8.02万平方米，总投资9.85亿元，主要包含：

深水拖曳水池实验室，深水拖曳水池长437米、宽18米、水深9.4米，配有拖车、造波机、平面运动机构、水下摄影及PIV等试验设备，最大试验模型长度可达12米，主要承担各类水面船舶及水下潜器水动力特性理论研究及试验测试、流场分析、船舶性能预报、型线优化等工作。

航海安全水池实验室，航海安全水池长225米、宽45米、水深6米，配有X-Y拖车系统、L型造波系统、消波系统、四自由度适航仪等试验设备，主要承担水面及水下船舶、海洋工程和过驳平台等项目的各种试验任务，最大试验模型长度可达8米。

空泡水洞实验室，包含一座新建大型空泡水洞和一座中型空泡水洞（改造搬迁）。拟建大型空泡水洞试验段长13.5米、宽3米、高2米，配有声学测量舱（内置水听器阵列）、PIV、LDV等先进的试验测量仪器，可开展最长12米的完整模型试验。大型空泡水洞系统将以面向民船为主，考虑中高速船以及新型、节能型船等船舶试验对象，用于开展螺旋桨、舰船等模型水动力、空泡、水声学等特性试验。

模型综合加工车间，该车间长84米、宽48米、高约24米，主要由模型加工区域、模型准备区域及模型储存区域三大部分组成，配备先进的五轴联动数控机床、数控加工中心、智能化数字套裁设备及大型拼板机等先进设备，可进行来料处理、套裁下料、桨模加工与检验、试验准备及模型储存。

图6-1-1 船研所水动力试验风浪流水池（2011年摄）

【科研综合楼】

科研综合楼由主楼、辅楼及裙楼三部分组成，建筑面积超过6 000平方米，主楼布置科研办公室、防撞研究中心、CFD仿真中心及会议中心等；辅楼布置三维航海模拟器、大型报告厅等设施，裙楼布置资料室、员工中心及食堂等。

2012年下半年，船研所根据集团要求，针对该建设项目推进过程中在落实用地等方面遇到的困难，请求上海市政府和有关主管部门在落实项目建设用地、人才引进和税收减免等方面给予必要的支持。其间先后走访上海市科委基地处、经信委高新处和建交委航运处等政府职能部门，与上海市长兴岛海洋工程装备开发基地管委会就土地的性质、价格等内容进行多次咨询和沟通，初步选择上海长兴海洋装备产业园区9号地块（约120亩）作为该项目建设用地。

截至2016年3月，船研所取得项目用地规划许可证和土地证，同时加快施工前期各项准备工作的进程。按照抓进度、控成本、保质量的原则，先后组织落实工程勘察、投资与施工监理、桩基施工等招标和合同签订工作，组织完成《建设工程设计方案》和《总体设计文件》的编制，并通过政府相关部门的意见征询和审批。造波机、拖车、空泡水洞等关键设备的招标工作也已启动。

第二节　科技创新成果

一、航运科技创新成果

中国海运成立后围绕航运安全保障关键技术、航运能效控制关键技术、航运能效控制技术转化应用、动力定位控制系统技术、电力推进及综合能量管理技术等方面开展研究，并取得一批重大创新成果。与此同时，还紧密结合航运业实际，深入开展前瞻性应用基础研究，坚持"以需求引领研发、市场促进成果转化"原则，积极服务我国相关民生和国防现代化产业，切实解决行业发展中急需解决的关键技术问题，加强关键技术的应用开发与科技成果转化。

上海船研所划归集团后，其研究领域主要涉及船舰自动化、船舶水动力、智能交通、环境工程4个方面，其中创新成果主要集中在航运领域。围绕"航运安全关键技术研究""航运效率及节能技术研究"和"航运监控与信息集成技术研究"3个主要研究方向，船研所先后在航运安全研究、绿色航运研究、智慧航运研究等领域取得多项有重要影响的成果，并且在船型开发技术、通航安全技术、桥梁防撞技术、船舶智能化技术、数值水池技术和船舶监控技术等领域取得一批应用型创新成果，为国家重大工程项目、国防建设和行业技术进步作出贡献。

从2010年开始建设至2016年年底，实验室共承担国家科技计划课题4个，国家和省部委重大科研项目34项，重大国防科研项目10项。此外，承担中国海运科研计划项目4项。至2016年年底，该所在航运领域着力开展航运效率及节能技术研究、CFD数值分析与应用研究、数值水池技术研究、智能船舶能效管理技术研发、实船航行性能研究、推进装置及节能附体研究、船舶营运经济性研究、船舶性能研究软件自主研发、航运安全关键技术研究、桥梁防撞技术研究、航运监控与信息集成技术研究、船舶岸电技术研究、动力定位控制技术研究等一系列科技研发和创新，并取得多项成果。

【船舶性能开发与优化】

2006年11月，由上海船研所承担的上海市重点科技攻关项目"洋山深水港江海联运集装箱船型开发"项目，顺利通过上海市科学委员会组织的专家组验收。该项目成功开发出298 TEU江海型集装箱船型、汉洋300 TEU江海型集装箱船等多个船型。专家组认为该所提出的长江干线集装箱江海联运运输方式现实可行，开发的船型结构合理，船型快速性能处于国内领先水平。可有效促进长江沿线至洋山深水港的集装箱水上运输发展，促进提高未来上海国际航运中心水上集装箱疏运比例，是保护长江流域生态环境，实施长江流域可持续发展战略的有效措施和重要步骤。

"十二五"期间，在CFD数值分析与应用研究方面，上海船研所结合商用CFD软件应用，以三大主力船型为主要研究目标，重点突破前期设计阶段船舶快速性评估分析所需的高精度、高精细度数值模拟及其验证方法，开发了具有自主知识产权的船舶快速性数值计算软件，实现船模阻力试验、自航试验、螺旋桨敞水试验及微观流场观测的数值模拟功能，形成数值水池船舶快速性数值水池系统,构建船舶水动力性能分析评估虚拟模型试验手段,为船舶快速性能分析评估、船型优化设计及新船型开发提供先进的技术手段。

在数值水池技术研究方面,通过在 CFD 计算深度和广度等方面进行深入研发,建立船型全参数化优化设计体系和方法,逐步实现自动化、多方案的船型高效优化模式。此外,开发和优化出大量性能指标先进的优良船型,达到船舶能效设计指数(EEDI)第二阶段甚至第三阶段的指标要求,显著提高船舶能效水平。

在实船航行性能研究方面,在国内率先开展风浪中船舶型线优化和螺旋桨权衡优化技术研究,建立波浪增阻预报方法,系统开展波浪增阻测试与分析方法研究;建立兼顾静水和风浪影响的船型优化理念、波浪中自航模型试验方法、推进因子变化规律研究、波浪中流场数值计算、伴流评估方法和权衡优化设计等研究成果处于国际领先水平,该研究对国内外船舶水动力精准测试技术、船型开发及航运能效提升研究具有重要支撑作用和应用价值,技术成果在行业内广泛推广应用,在我国参与 IMO 谈判中发挥重要作用。

在推进装置及节能附体研究方面,结合已有船型开展不同尺度的 ESD 节能技术研究,在应用条件、节能效果、尺度效应的多维度进行研究,形成一套具有自主知识产权的设计方法。除了常规螺旋桨的优化设计研究外,还开展吊舱螺旋桨的模型试验研究。

在船舶性能研究软件自主研发方面,借助"高能效江海直达散货船关键技术"科技部国家科技支撑计划,开发完成"船舶在波浪中的阻力增加 Raw 工程预报软件 V1.0";借助"数值水池创新专项船舶快速性子系统研究"项目,联合浙江大学开展船舶快速性数值模拟软件自主开发工作。

【航运效率及节能技术运用】

2004 年,中海集运积极推进全球船舶停泊使用岸电的实施工作,在新建的"新扬州"轮等 3 艘 4 250 TEU 和 2 艘 5 600 TEU 船舶专门配备岸电设备,可在港内停泊作业时使用陆上电源供应,有利于节约船舶自身能源及减少空气污染。2010 年,该公司"新烟台"轮在上海港外高桥码头岸电试运行取得圆满成功,在上海港使用码头岸电迈出重要一步。

2008 年,中海集运对新建的部分大型集装箱船主机气缸油注油器进行改造,将原来机械式注油器改造成 ALPHA 注油器,并对各轮气缸油使用进行指导和监控,使改造后的各轮气缸油油耗较改造前下降 17%,主机气缸油的消耗大幅降低。

"十二五"期间,中国海运航运能效技术领域涉及船型开发、水动力性能试验研究、能效验证与控制等各个方面,主要服务客户涵盖了大型造船企业和机构,其中有 708 研究所、上海船舶研究设计院、中船重工民船中心、江南造船集团、外高桥造船集团、广船国际等,充分发挥了为造船业提供技术支持与服务的重要作用。自主开发的整流导管、整流鳍、舵球和桨帽鳍在北海 18 万吨散货船、广船 8.2 万吨散货船、11.5 万吨油船以及欧得力 3 万吨自卸船上取得良好应用;开发的浮态节能软件在 12 艘 5 600 TEU 和 6 艘 8 500 TEU 共 18 艘大型集装箱船上得到应用;完成 5 600 TEU 船球鼻艏改造和线型优化设计研究,并实现实船建造;利用适伴流设计方法,结合 CFD 数值分析开发推进效率较高的 MR 型油船螺旋桨,试验验证效果良好,得到实船应用;采用 CFD 与 EFD 结合手段,研发了具有国际先进水平的 20 万吨级散货船船型,较国外的设计线型性能指标有较大提高,为船舶建造单位顺利承接订单提供强有力的支持,船厂已获得多艘订单;自主开发的最小推进功率评估软件、船舶操纵手册分析与编制软件,在船舶性能评估中得到很好应用。

在航运效率及节能技术研究领域,该所针对国际社会、国家限制温室气体排放、节能、环保要求和航运企业提高船舶营运效益需求,在船舶综合性能评估体系构建与完善、船型优化技术提升与应用、附体节能装置开发与推广、船舶能效管理与控制等涉及船舶航运节能减排应用基础科研领域加强研究,并实现落地应用,为降低船舶营运油耗、提高经济效益发挥重要作用。在船型数据库建设开发方面,建立包含三大主力船型在内的常规船舶船型数据库系统,并在此基础上持续更新和完善,扩充新的船型与开发更为精确的分析预报方法,形成常态,使该系统数据库内船型始终保持指标的先进性,预报精度逐步提高,实用价值进一步突显,可为行业评估船舶指标、分析能耗指标提供技术支撑。

在船舶营运经济性研究方面,针对国际社会和我国限制温室气体排放、节能、环保要求和航运企业提高船舶营运效益需求,从船舶营运全过程出发,对船舶状态、自然条件、通航法规、船期综合条件与环境进行分析研究,研发船舶节能技术,建立船舶经济航速决策模型,解决了船舶风浪中失速预报、燃油消耗计算模型、能效指数计算模型全航程优化算法等关键技术问题;设计开发出船舶经济航速辅助决策系统,实船应用效果明显,在行业内得到广泛推广应用,为降低船舶营运油耗、减少污染排放、提高企业经济效益发挥重要作用,并取得良好的经济效益和社会效益。

在船舶节能改造方面,针对集装箱船降速、轻载情况如何降低船舶航行阻力的问题,开展最佳纵倾优化技术研究和球鼻艏改造成果的应用。船舶运营实践证明,在最佳纵倾情况下,船舶节能效果达到5%以上。2014年,中海集运分别联合中国船级社和上海船研所在4 250 TEU集装箱船与5 600 TEU、8 500 TEU集装箱船上实施最佳纵倾优化项目,完成上述船型41艘船舶的软件安装,并制定实施最佳纵倾优化操作规定,船舶出港后按最佳纵倾调节。

"十二五"时期,上海船研所牵头开发的"船舶经济航速辅助决策系统"在中海散运投入使用。该系统与中海散运已有的航运管理信息系统结合,快速计算出最佳航次效益的主机转速,并通知和指导船舶按照最佳效益航速航行。在当时航运市场持续低迷的情况下,经济航速辅助决策系统通过精确测算航次效益最大化和选用最佳航速,大大降低燃油消耗与运输成本,有力提升了船舶运营效率与经济效益。经测算,一艘23万吨散货船一个远东/澳洲往返航次,在经济航速指导下的航行比正常航速航行可节约燃油150吨,节省燃油费约55万元。

【航运安全与保障技术成果转化】

2000年9月,由中海油运为主开发的"油轮货油舱导静电缆绳""油轮防静电测深杆"和"货油舱透气装置检测系统及高速透气阀"等科技新成果通过交通部海事局专家评审。这些成果属国内首创,对老旧油轮的防火防爆工作具有推广价值。

"十二五"期间,上海船研所面向绿色航运、保障航运安全、促进和谐发展的需要,依托国家项目资金支持,开展了包括恶劣海况的航行安全、深水海域桥梁防船撞技术、船体破损生存能力动态分析及控制方法、复杂航道桥隧结构的船撞风险与防撞措施、螺旋桨空泡性能评估、复现海事实景模拟技术等研究工作。

在国家重大工程项目安全保障研究方面,围绕交通行业港口、码头、航道、桥梁重大工程建设和船舶节能减排开展安全和节能研究,对洋山港、洋浦港、海口港、连云港、港珠澳大桥等进行船舶通航安全和靠离泊安全、系泊安全研究,同时围绕国家"一带一路"建设,积极参与国际港口、桥梁建设,开展吉布提多哈雷港、马尔代夫大桥船舶通航安全研究,为优化港口码头设计,保障通航安全发挥作用。

在船舶航行安全研究方面,先后开展航海模拟仿真研究、航行安全保障与控制技术研究、港口及航道通过能力模拟研究、船舶通航安全评估、海上事故仿真等技术的研发工作,为航行安全、港口码头建设等提供技术支持。

在桥梁防撞技术研究方面,开展船舶碰撞事故动力仿真分析、桥梁船舶撞击力标准研究、防船撞装置的研发设计等研究,率先在国内开创桥梁防船撞技术,完成50多座大型桥梁防船撞研究项目及5个跨江跨海隧道船撞、落锚、拖锚风险评估及防护技术研究项目。

在航运安全技术研究方面,关于矿砂运输船货物液化流动及倾覆机理的研究项目,研制了自由度晃荡平台,开发出专用测力机构,在矿砂运输船货物液化流动与船舶运动的互相影响理论及方法上取得突破性成果,为制定相关国际海事规则奠定基础,填补了国内空白,推进了航运安全与应急保障技术发展;关于液化天然气海上转运系统技术的研究项目,系统开展船舶水动力性能理论与模型试验研究,为LNG传输系统设计提供基础参数。此外,还完善P0D推进操纵试验控制装置,为研究相关船型操纵性能试验研究和安全靠泊模拟研究提供手段。在研究相关船型操纵性能试验和安全靠泊模拟等方面取得突破性成果;关于新船能效设计指数风浪失速因子预报和最小推进功率的研究项目,建立了最小推进功率计算分析软件;采用该软件已进行多艘船舶的最小功率评估工作,为造船企业提供了应对最小功率的技术支持。在航运安全保障技术及航运能效控制关键技术上,开展了"洋山深水港区四期工程船舶通航模拟试验研究""港珠澳大桥岛遂工程标准管节浮运拖航物理模型试验""沈海复线宁德特大桥船舶撞击力标准研究""福鼎至宁德高速公路下白石特大桥防船撞研究"等项目的研究。在浙江舟山官山至秀山公路大桥防撞标准与防撞方案专题中,开展10万吨级大型船舶撞击桥墩的风险分析研究,且首次提出采用复合材料FRP应用于桥墩防撞设施的设计方案。

在航运安全管理方面,通过系统计算分析和稳定试验测试技术开发,开发船舶最小安全功率评估软件,建立了船舶最小安全功率评估研究手段。研究开发复杂工况下船舶操纵性能分析方法,为开发固有安全性能优良的船型提供技术支持。

在应用基础研究成果转化方面,以企业工程项目、国家科研项目为依托,不断将研发的成果应用到项目实际中去,并且在实际应用中总结形成新的技术。完成众多国家科研项目和企业工程项目,已具备船模快速性能的准确模拟能力,船舶上层建筑风阻模拟能力,节能装置设计能力,船型、上层建筑及节能装置的优化能力,浮态节能与球艏改造技术,吊舱推进器设计能力等。

【智能交通信息化推广】

"十二五"时期,船研所加强智能交通科技创新研发,在智能交通系统集成领域有4个重点项目,包括违章停车自动抓拍系统研发项目、高清视频交通事件检测器、视频交通事件检测算法升级研究、基于视频检测的智能交通处理系统。在交通信息化领域有4个重点项目,包括新一代高速公路收费综合业务平台研发推广及技术支持服务中心研究、基于云服务的移动终端应急指挥平台软件开发、道路交通状态自动判别及行程时间预测系统研究、城市智慧交通总体技术架构研究。在工业自动化领域有2个重点项目,包括大型起重机械监控管理系统、经济型燃煤热载体炉燃烧控制器研制。中海网络科技公司为上海浦东公路署开发的浦东公路管养平台是一套用于设施养护、道路保畅、应急处置的综合管理系统;该平台的开发源于浦东新区政府提出的"一总三子"综合交通信息管理系统整体规划,于2014年达成全面上线实施;该平台技术还在贵州等地区得到推广及应用,产生可观的经济效益和良好的社会效益。

【船舶监控与信息集成技术应用】

在航运监控与信息集成技术研究方面，关于动力定位控制系统技术的研究，构建船舶运动模型和算法数据库，建立计算机仿真开发环境；自主研制的动力定位控制系统样机，先后通过英国劳氏和中国船级社产品型式试验，并取得产品认证证书；关于电力推进及综合能量管理技术的研究，设计和研制基于综合平台管理系统架构，应用海洋国防标准化硬件技术和组态软件技术的柴电燃联合动力装置推进控制系统功能样机，取得自主知识产权，填补国内该技术领域的空白。开发的电力推进及综合能量管理技术专题的研究成果部分应用于"布缆船"和"J27船"等重要工程项目，这些船均采用全电力推进方式，由实验室舰船自动化科研团队承担综合能量管理系统研制任务。电力推进及综合能量管理技术还应用于商船"新奥内河200m3LNG移动加液船"，该船推进方式采用全电力推进，由依托单位利用实验室技术总承包推进动力电力系统；该船是为适应我国清洁能源发展战略而建造，形成批量生产后，会产生显著的经济效益和社会效益。为进一步提高和普及船队信息化管理，中海散运和船研所联合开发的"船舶远程监控系统"，对20世纪90年代建造的船舶进行信息化改造，通过该系统实现对船舶数据实时采集、船舶端数据处理和公司端远程管理，该系统完成6条"宁安"轮、2条"岭字"轮和2条亚太船务76万散货船改造，大大提高船舶管理效率和船队管理水平。

在智能船舶技术研究方面，积极落实国家"互联网＋智能制造"战略，依据IMO关于E-航海和MRV规则的有关要求，联合中国船级社、中船708所等单位，开展智能船舶顶层规划及设计技术、智能船舶集成平台网络设计技术、窄带与宽带通信混合条件下的信息处理和传输技术、设备健康管理技术、全船能耗设备监控管理及全船能源利用效率优化技术等船舶智能运营和维护的关键技术，制定智能船舶入级标志和分级标准，设计适应智能需求的航行管理、能耗管理、安全管理、装载管理、设备管理的操作流程，构建基于互联网和大数据的岸端网络平台和船端网络平台，实现船岸信息对接和协同信息应用，为探索工业4.0和智能船舶发展理念的有机融合打下技术基础。

在动力定位控制技术研究方面，选择动力定位控制系统关键技术开展研究，首次完成国产动力定位控制系统工程应用样机研制，取得了船级社产品认证。

【环保新技术研发】

2008年，国际海事组织（IMO）关于新型环保船舶建造规范出台，船舶环保已成为世界潮流，也是航运企业推进环保举措的重要一环。中海集运抓住船舶这一关键载体，在进行大量科学分析研究和借鉴国内外先进技术的基础上，大力推进船舶防污漆改造。结合大型集装箱船舶坞修，中海集运分批将船舶的传统防污漆改为新型防污漆，以进一步减少船体阻力，降低燃油消耗。2008—2009年，该公司对原使用传统防污漆的10艘大型集装箱船完成改造。在使用新型防污漆后，船舶平均节油率达到约5％，每年可节约燃油1.15万吨。2010年，中国海运积极开展环境友好型船体涂料的研发与应用，利用船舶进厂修理机会，进行大型集装箱船体涂装节能环保型油漆改造，以减少对海洋环境的污染和节约燃油消耗。

2010年7月，中国海运与上港集团积极履行社会责任，共同推进资源节约型、环境友好型港口发展，联合研究开发移动式岸基船用变频变压供电系统，通过利用码头桥吊富余的电箱供电，成本低、见效快，首次实现将供电系统装入集装箱，方便移动，适合港口操作，每年可减少有害物质排放3万多吨，减少二氧化碳排放90多万吨，相当于节约30多万吨标准煤能耗。两大集团携手推行船舶靠港使用岸基供电，商定中国海运下属的中海集运船舶靠泊上海港期间，凡具备岸基供电条件的，全面使用岸基供电。

围绕节能减排,"十二五"期间,集团开展多项新技术和新业务的研发,包括船舶压载水处理系统、新型船用生活污水处理装置、无线以太网远距离传输用于污水分散处理站集控、新型声屏障、船舶污染海洋环境风险评价、码头防污染专项验收试点研究、玻璃幕墙光反射影响分析等。关于船舶、航运相关的环境新技术、新业务研发,是集团发展绿色船舶、绿色航海的核心,是集团打造绿色竞争力的基础。由中海工业牵头,联合中国科学院广州能源研究所和山西高行液压股份有限公司两家单位,向国家海洋局就"海洋能发电装备产品化设计制造"领域申报"100 kW 鹰式波浪能发电装置工程样机研建"项目,并获国家海洋局批复立项,正式列入"2013 年海洋可再生能源专项资金项目";该项目是国家级的海洋能专项资金项目,专项资金总额为 1 900 万元;该项目可利用海洋的波浪能通过核心装置转换成稳定的交流电源,并通过预设的海底电缆将电流传回岸上使用。这不仅是一项节能环保的绿色项目,同时对弥补沿海电力不足、解决海岛和海上装备的电力供应问题具有重要现实意义。此外,为贯彻落实国家关于节能减排和能源结构调整的要求,集团在大型国有航运企业中率先开始实施集装箱船 LNG 双燃料动力试点改造项目,该项目船体改造方案由船研所自主设计,施工部分由中海工业承接,由中石油济柴动力总厂提供技术支持,通过中国船级社的一系列规范认证,首艘试点船舶改造全部完成并进入实船试运行阶段。发展天然气动力船舶对优化中国海运的能源结构,解决生态环境保护问题,实现经济和社会的可持续发展起到重要作用。中国海运以 LNG 双燃料动力船舶改造为起点,不断优化集团的能源结构,积极履行企业社会责任。

上海船研所在船舶岸电技术研究领域,注重船舶关键设备的国产化研究,开展船舶中压交流岸电系统研制,在船东、船厂、船级社、设计所等相关单位共同见证下成功完成船岸供电实验。该项目对减少船舶污染排放起到重要作用,可推广到远洋、沿海和内河船舶及海洋工程船舶上。

"十二五"时期,上海船研所通过实验室在航运领域专利申请与授权情况见表 6-1-1。

表 6-1-1　2011—2015 年中国海运航运研究领域专利申请与授权情况表

序号	专利名称	编号	申请时间	授权时间
1	动力定位控制系统 NMEA 0183 协议接口软件 V1.0	2012SR006789	2011 年 6 月 22 日	2012 年 2 月 3 日
2	2 000 t 起重船动力定位推力分配方法软件	2012SR012710	2011 年 6 月 25 日	2012 年 2 月 23 日
3	超大型舰船电站模拟屏软件 V1.0	2015SR188464	2011 年 7 月 5 日	2015 年 9 月 28 日
4	一种动力定位系统用控制台	ZL201120238754.2	2011 年 7 月 8 日	2012 年 5 月 30 日
5	工业数据库服务监控软件 V1.0	2012SR110263	2011 年 8 月 1 日	2012 年 11 月 16 日
6	监控系统辅助测试软件 V1.0	2012SR110270	2011 年 8 月 1 日	2012 年 11 月 16 日
7	超大型舰船电站操作板软件 V1.0	2015SR188462	2011 年 8 月 5 日	2015 年 9 月 28 日
8	动力定位推力器遥控系统 V1.0	2012SR006792	2011 年 8 月 11 日	2012 年 2 月 3 日
9	基于无线传感网络的船舶与桥梁防撞系统	ZL201120292498.5	2011 年 8 月 12 日	2012 年 3 月 7 日
10	数字调速单元软件 V1.0	2012SR110267	2011 年 11 月 4 日	2012 年 11 月 16 日
11	电子调速器操作显示单元软件 V1.0	2012SR110256	2011 年 12 月 1 日	2012 年 11 月 16 日

〔续表〕

序号	专利名称	编号	申请时间	授权时间
12	一种柴油机推进系统	ZL201110410426	2011年12月9日	2015年5月27日
13	驾驶室航行值班报警系统控制软件V1.0	2013SR004796	2012年2月1日	2013年1月15日
14	应急车钟模块应用软件V1.0	2012SR113341	2012年3月1日	2012年3月1日
15	电站机组控制器配置软件V2.0	2014SR135140	2012年6月1日	2014年9月9日
16	能量管理系统上位机软件V1.0	2014SR087522	2012年6月30日	2014年6月30日
17	船舶远程监控系统软件V1.0	2013SR072482	2012年7月2日	2013年7月24日
18	船舶发电机组并网相位差检测方法	ZL201210461046.4	2012年11月15日	2016年6月8日
19	舰船主机延伸报警装置	ZL201220610119.7	2012年11月16日	2013年4月24日
20	桥梁防撞消能用锚碇	ZL201310027626.7	2013年1月24日	2016年6月8日
21	USB年CAN接口扩展模块软件V1.0	2013SR091598	2013年3月15日	2013年8月29日
22	一种嵌装圆形钥匙旋钮的面板固定结构	ZL201320186002.5	2013年4月12日	2013年8月21日
23	平台网关模拟软件V1.0	2013SR103459	2013年4月20日	2013年9月23日
24	组态软件实时数据库与西门子SINAMICS S120变频器通信软件V2.0	2013SR103454	2013年4月20日	2013年9月23日
25	电站能量管理与决策软件V1.0	2014SR045696	2013年4月20日	2014年4月19日
26	一种首尾浮箱式船舶修造平台	ZL201320329449.3	2013年6月8日	2014年3月26日
27	一种首尾浮箱式造船平台	ZL201310228768.X	2013年6月	2016年12月28日
28	船舶柴电燃联合推进动力系统控制系统软件V1.0	2013SR158111	2013年6月30日	2013年12月26日
29	超大型散货船功率与航速预报系统V1.0	2013SR127976	2013年8月1日	2013年11月18日
30	舰船主动力监测系统多功能测量装置	ZL201320598665.8	2013年9月25日	2014年3月26日
31	船舶在波浪中气象因子fw预报软件V1.0	2014SR135135	2014年3月30日	2014年9月9日
32	8 530 TEU浮态节能系统V1.0	2015SR082711	2014年4月10日	2015年5月15日
33	5 618 TEU（改型）浮态节能系统V1.0	2015SR084005	2014年4月10日	2015年5月18日
34	56xx浮态节能系统V1.0	2015SR085086	2014年4月10日	2015年5月19日
35	液舱晃荡力矩测量试验装置	ZL201420177391.X	2014年4月14日	2014年8月6日
36	组态软件跨平台远程客户端软件3V1.0	2014SR205116	2014年4月17日	2014年12月22日

〔续表〕

序号	专利名称	编号	申请时间	授权时间
37	铜管盘管器	ZL201420291846.0	2014年6月3日	2014年10月8日
38	船舶桨前前置定子结构	ZL201420320786.0	2014年6月16日	2014年11月12日
39	船舶桨前节能附体结构	ZL201420340569.8	2014年6月24日	2014年12月31日
40	用于舰船机舱中频电站自动控制设备的功率测量装置	ZL201420434155.1	2014年8月1日	2014年11月26日
41	用于舰船自动控制系统的数据通信模块	ZL201420434167.4	2014年8月1日	2014年11月26日
42	视觉测量系统软件	2015SR023611	2014年12月16日	2015年2月4日
43	船舶适航测试仪直线电机驱动机构	ZL201520362543.8	2015年5月29日	2015年9月9日
44	一种船舶适航性能测试系统	ZL201520361834.5	2015年5月29日	2015年9月9日
45	一种跟随式气动刹车装置	ZL201520361835.X	2015年5月29日	2015年9月9日
46	四自由度及力测量装置	ZL201520361872	2015年5月29日	2015年11月11日
47	一种船舶适航测试仪	ZL201520361816.7	2015年5月29日	2015年12月16日
48	一种基于CANopen的舰船电站操控部位切换方法	201518004148.8	2015年8月26日	—
49	一种基于GIS的舰船电力系统监控方法	201518004149.2	2015年8月26日	—
50	一种舰船多电站机组运行时间统计方法及系统	201518004145.4	2015年8月26日	—
51	一种舰船监控系统中冗余数据库的数据同步方法	201518004142.0	2015年8月26日	—
52	一种用于舰船电力监控系统的OPC智能网关	201518004147.3	2015年8月26日	—

2010—2015年上海船研所主要研究项目获得各类奖项和荣誉称号如下：

2010年：中海科技国道GZ40云南新街至河口高速公路工程获得2010—2011年度国家优质工程金质奖；千米斜拉桥技术标准和关键结构及特性研究获得中国公路学会科学技术特等奖；船舶温室气体减排研究获得中国航海学会科学技术二等奖；船舶电力推进综合监控系统获得中国航海学会科学技术三等奖。

2011年："18万吨散货船线型优化开发"项目、"中国2010年上海世博会园区水下目标探测与处置系统"项目、中海科技"iscope交通一体化监控平台软件V2.0"项目，获得第五届中国技术市场协会金桥奖优秀项目奖；中海科技获得2011年度上海明星软件企业（经营型）。

2012年：杭州湾大桥非通航孔桥防船撞技术研究项目获得中国航海学会科学技术奖二等奖；中海科技获得上海市科学技术委员会、上海市国有资产监督管理委员会、上海市总工会、上海市知识产权局、上海市张江高新技术产业开发区管理委员会等颁发的创新型企业称号；中海科技被上海市软件行业协会评为"2012年度上海市明星软件企业（创新型）"；中海科技被上海市软件行业协会授予"2012年度上海市明星软件企业（经营型）"；交技iscope交通监控一体化平台软件V2.0、交技综合收费业务平台软件 ITSN V3.0、交技电子不停车收费软件 V1.0 被上海市软件行业协会评定为"2012年度上海市优秀软件产品"。

2013年：GDS型机舱油气探测及报警装置获得中国技术市场协会"金桥奖"；大桥主墩承台施工套箱防撞设施关键技术研究获得中国技术市场协会"金桥奖"；半潜式造船平台开发设计被中国航海学会评为"科学技术奖三等奖"；舰艇综合平台管理系统标准化硬件被中国船舶重工评为"科学技术奖二等奖"；中海科技"中海高速公路自助刷卡软件 V1.0"软件被上海市软件行业协会评为"2013年度上海市优秀软件产品"；中海科技云南S206线丘北（普者黑）至砚山（炭房）公路（机电）项目，被云南省建筑业协会授予"云南省2013年度优质工程一等奖"；中海科技云南邵通至待补高速公路（三大系统）项目获得云南省建筑业协会"云南省2013年度优质工程二等奖"；中海科技获得上海市软件行业协会"2013年度上海市明星软件企业（经营性）（创新型）"荣誉。

2014年："船岸协同远程监控信息管理系统"项目获得中国航海学会科学技术奖二等奖；"船舶附体节能机理与应用关键技术研究"项目获得中国造船工程学会科学技术奖三等奖；中海电信"海上卫星宽带应用"项目获得交通运输企业科技创新成果一等奖。

2015年：超大型自升式海上风电安装船研制与工程应用项目荣获中国航海学会科学技术一等奖；集装箱船球首改造优化与浮态节能研究项目荣获中国航海学会科学技术二等奖；新型布缆船能量管理系统项目获得中国航海学会科学技术三等奖。

二、信息化建设成果

【集装箱运输管理系统】

TS系统 为适应集装箱运输跨越式发展，中国海运于1998年年底引进和开发集装箱运输管理信息系统（TS系统），1999年10月15日正式使用。系统由3台IBM大型计算机组成，通过DDN线路和帧中继线路连接着国内20多个沿海城市和国际上40多个国家和地区的代理机构约190家，超过1300名用户。

TS系统主要使用的模块包括3个部分：Booking定舱模块，Documentation单证模块，Equipment Control箱管模块。

Booking模块主要用于输入、查询、更改订舱信息。各地代理可以将接收到的客户订舱信息输入该模块，也可以通过EDI接口把定舱信息导入TS系统。

Documentation模块用于输入真实的舱单信息，包括装卸港口、货物信息、装箱数据、费用信息、中转信息等。各地代理可以将舱单信息输入该模块，也可以通过EDI接口把舱单信息导入TS系统。集团信息EDI开发组定义并开发多种EDI报文格式及导入程序，大部分的代理均采用EDI导入的方式进行操作。

Equipment control模块用于输入、维护、查询箱体动态和箱子的基本信息。各种箱体动态的基础代码由箱管中心负责设置，箱子发生的新动态由箱子当时所在地的代理负责输入。箱子动态除可以人工输入以外，还可以通过EDI报文批量导入。集团EDI开发组定义并开发了多种EDI报文格式及导入程序，供各地代理导入箱管动态报文。

由于TS系统没有购买源代码，并且原开发商已经倒闭，中海集运已经无法获得TS系统的升级版本或者进一步的优化完善。为此，集团通过基于TS系统数据库自主开发外挂程序的方式，对TS系统的功能进行补充、完善。围绕TS系统开发的TS Report系统及外挂程序已经成为全球代理日常业务操作中必不可少的有力支持。

由于 TS 系统本身自带的 EDI 开发工具,开发模式和程序运行性能不理想,在运行速度和效率上都存在有较严重的缺陷和问题。因此,集团信息技术人员独立研究、自主开发了 TS-EDI 模块,模块分进系统和出系统两部分,取代原有 TS 自带 EDI 模块,逐步取代原有程序。TS-EDI 模块是对 TS 系统功能的补充和完善,是全球代理日常业务操作中不可缺少的部分。

CARGO 系统 于 2003 年 1 月上线,服务于中海集运在国内各地的代理,CARGO 系统特有的网上操作平台在各大片区公司得到不同程度的使用,网上业务平台的成功推广为中海集运的客户提供更好、更全面的服务,良好的货物追踪功能能够让用户在第一时间内从网络上了解货物的最新状态,做到对货物进行合理的安排和分配。内贸系统特有的片区交互平台使得各片区的信息输入量大大减少,信息共享率很大程度得到提升,人工输入的错误率降低,不仅支撑日常的业务操作,而且较好实现了片区之间的信息共享,使劳动效率和工作质量大幅提高。各片区公司形象在当地普遍得到提升,进一步拉近与客户的距离,客户对中海集运的信任度明显上升,进一步加强代理在当地的揽货能力,使公司的业务量得到明显的增长。

IMIS 系统 中海集运综合业务管理信息系统(简称 IMIS)于 2006 年 10 月上线,共包括船舶动态、船期、中转、箱管、市场、商务、燃油、互换、反恐、大客户订舱、审单、核销等 20 大模块功能,是涵盖中海集运船东各项生产经营、流程管控、盈亏测算、报账审核、对外数据交换等各方面工作的大型信息系统。通过系统建设,便捷中海集运的各类业务操作、提升各业务线的精细化管理、提供各维度的业务统计分析指标数据,从而提升了中海集运的核心竞争力。

在操作层面,为中海集运的大量业务操作实现自动化、电子化,为海量数据的操作提供不可或缺的系统支持。同时系统扩展性强,根据业务的不断变化,可以不断扩充完善相关功能,满足用户的操作需要。

在管理层面,借助系统功能的梳理完善,同时达到业务操作流程、部门职能划分、关键业务信息审批等的有效梳理和规范。提供完备的权限管理,特定的岗位职能,赋予特定的操作权限,责权明确。在收入管控、成本管控、关键流程管控等各个管理层面,为船东的运营管理提供有效、精细化的管理方式。同时,系统还提供各国反恐截单时间控制、个别国家禁运控制等各项辅助管理功能,为中海集运日常运营的有效管理提供有力保障。

在服务层面上,提供货物跟踪查询、船期跟踪查询等,让用户及时掌握船期、货物运输最新动态,从而提升中海集运整体服务水平和行业形象,更好开拓市场。

IMIS-大客户 EDI 系统 该系统于 2009 年 5 月上线,实现了中海集运大客户的总部集中订舱,实现与 Portal 公司和直接客户的 EDI 电子数据的交换,实现了对两种标准格式报文(ANSI/EDIFACT)的读取解析功能。通过这一平台,中海集运总部可对订舱信息实施集中统一管理和监控,使得大客户订舱的一手信息完整及时地反映到总部管理层,同时也使中海集运具备为更多的客户提供电子订舱 EDI 服务的基础和能力,达到以下成效:

通过系统例外事件自动报警和业务人员主动查询干预相互结合,对所有客户的 EDI 业务进行全面监控;

向总部管理人员提供监控界面,实时查询得知各类业务进程情况;

通过统一监控平台,确保数据交换的时效性和准确性,确保业务操作的有序性、及时性、准确性,确保客户服务的及时性、准确性和完整性;

满足特定大客户的 EDI 需求,稳定中海集运 BCO 大客户,提高大客户签约量,占领更多市场份额；

总部集中统一监控管理，为业务部门的分析、决策提供正确、完整、及时的数据和统计分析支持；

为大客户出货分析提供系统支持，降低经营风险和成本；

提升中海集运整体服务水平和行业形象，有利于开拓市场，提升核心竞争能力。

PMS 系统　中海集运机务管理信息系统（简称 PMS 系统）于 2004 年 5 月上线，是一套基于共享数据库并分别运行于船舶和岸基的计算机系统，具备多项船舶信息管理功能的计算机应用系统。该系统划分为岸基系统（岸基版）和船载系统（船用版）两个既相对独立又密切相关、数据共享的部分。功能模块包括计划保养、船舶备件、船舶物料、费用管理、机务报表、修船管理、证书管理、管理报告、缺陷管理模块、航海资料、消防救生、船舶资料、体系文件、外部绑扎件接口、sap 接口、基础数据管理等，较好地满足了集运用户对船舶进行管理使用的需要。系统基于 PB8＋SQL2000 的轻量型二层结构设计，客户端使用 C/S 软件系统体系结构，可以充分利用两端硬件环境的优势，降低系统的通信开销，提高船端系统部署的便利。船端和岸端的数据交换采用数据同步技术，利用导出数据文本结构的方式，可以确保其运营管理的 53 艘船舶的数据，与公司端数据库进行及时交互更新，确保船岸用户都能及时掌握最新数据。同时提供 vpn 远程接入方式以及 B/S 架构查询系统，方便用户随时使用系统的各项功能。

该系统使用对象包括岸端安技部、船工一部、船工二部、安监部的全部用户，以及中海集运运营管理的 53 艘船舶的船长、轮机长、电机员等船员。截至 2015 年年底，各项功能均稳定高效运行。

【中海物流信息系统（SUNNY 系统）】

自 1999 年开始，中国海运就十分重视物流信息系统建设。在前期系统应用基础上，中海物流于 2002 年投入数千万元，开发和构建新的、功能更强的物流信息系统（简称 SUNNY 系统），立足于国内物流业务发展实际，结合当今先进物流技术，集互联网技术、卫星定位跟踪技术、地理信息技术、射频技术于一体，支持与第三方系统高效集成，在国内率先实现物流网络综合调度。其最大特点是实行高效的网络化管理。借助于电子管理信息平台，通过数据交换系统及 Internet 技术，将公司总部与全国八大区域公司管理总部、所属各配送中心以及各网点营运中心联结成一个高效的物流信息管理网络。便于公司内部统一管理。该 IT 系统是较成熟的支持多用户的第三方物流信息系统，针对客户的业务特点，在与不同客户的系统接口中，可通过设置不同委托人的不同参数，进行多委托人的数据交换互动，满足不同客户系统数据的平稳过渡。该系统还具有适用范围广泛、操作便捷、扩展性强、安全性好、网络速度快、容灾策略完备等特点，成为中海物流公司的核心竞争力之一。同年，中海集团货运代理公司网络，在国内设有大连、天津、青岛、上海、厦门、广州、深圳、香港、海南九大片区公司，在国际上已覆盖美洲、欧洲、地中海、亚洲、澳洲、非洲，并在 71 个国家设有代理公司进行系统管理。

2003 年 3 月始，中海物流信息系统一期工程各子系统，在区域公司及网点上线使用。公司先后举行 3 次大规模培训工作，培训 300 多人次。通过培训，区域公司人员很快熟悉系统业务流程和操作规范，工作效率大为提高。2004 年，该公司物流信息系统一期工程开发工作基本完成。一期工程包括第三方物流系统、集卡管理系统、车辆跟踪系统。其中，第三方物流系统覆盖订单接受、自动处理、出入库操作、运输、配送、回单等业务过程，通过与第三方系统的接口，第三方物流系统能自动把处理结果反馈到客户系统；集卡管理系统具有车辆调度、维修、配件管理等功能；车辆跟踪系统具有对车辆监控、远程调度、轨迹回放、自动报警等功能。该系统的研制成功,标志着中海物流已建立起比较完善的信息系统,市场竞争力得到新的提升。

2010年,中海物流自行开发配备的一套先进的电子管理信息平台,通过数据交换系统及信息技术,可将公司总部与全国八大区域公司管理总部、所属各配送中心以及各网点营运中心,联结成一个高效的物流信息管理网络。因实行高效网络化信息管理,便于公司内部统一管理。客户可以加入该公司平台,通过物流网络,随时查询物流业务营运状态,并可通过中海物流信息系统进行电子订舱、电子结算等商务活动。该公司不仅在中国而且在海外拥有多个服务供应网络,业务覆盖中国华南地区、长三角地区、香港地区、环渤海地区以及欧洲、北美、东南亚等区域,实现货物门到门一体化服务。该系统的应用,可支撑中海物流数百家客户,数千家供货商和数万种物料的第三方物流服务。中海物流处于买方和卖方中间,是买卖双方完成商流的结合点,同时也扮演结算中心角色。每个作业完毕,依据物流状况,按照中海物流与工厂以及供应商之间的服务合同,各种费用自动生成,准确无误。

同时,中海物流配送业务已逐步摸索出一套与国际标准接轨,符合中国国情的物流运作模式,包括"多对一""多对多"、信息系统支撑下的5R服务,即物流服务的电子商务化、服务过程的流程化和可视化等。其所有物流运作均采用国际惯例,实现全程流程化管理,并不断根据运行情况实施流程重组和优化。公司信息系统完整地覆盖每一个物流操作流程,客户任何一个作业指令,都能通过信息系统对指令操作进行实时跟踪,客户也可通过中海物流网,完整了解到整个物流过程,如同客户自己在进行物流操作一样,实现整个物流过程可视化。该公司承担的是4种物流形式中最困难、最复杂的生产型物流服务,要求必须在无障碍信息通信条件下才可实现。但其在强大的信息系统支持下,实现"五正确"服务,即在正确时间,以正确方式,将正确货物,送达正确地点和正确客户。

【集团集中采购系统】

按照国资委和集团对集中采购的管理要求,中国海运2014年开始建设集团集中采购系统,主要包括供应商管理、采购申请、采购执行、合同管理等功能。通过竞价、询价等功能,使供应商能在平台上公平竞争,提高采购管理的透明度,使采购环节和采购成本得到有效控制。同时,平台与各相关生产管理系统进行对接,实现采购信息的共享,避免重复录入,提升采购效率。

集团集中采购电子平台自2014年4月启动后,于11月底按期完成六大品类的采购模块基本建设。其中中海集运买箱租箱模块于6月3日试运行,8月1日上线;中海工业主材采购模块7月10日试运行,8月1日上线;外贸燃油采购模块8月12日试运行,9月19日上线;中海投资主材采购模块9月1日试运行,9月19日上线;集团租船模块10月13日试运行,11月24日上线;集团买船模块10月13日试运行,11月26日上线。2015年3月,集团保险业务模块在做了大量的调研及研发后,也在集中采购电子平台中上线应用。

到2015年,集团集中采购电子平台中已实现七大模块(六大品类+保险)的基本建设,各项物资的采购情况在平台上均作记录,可随时接受各相关部室和单位的监督,初步实现了集团物资采购公开化的目标。2014年,集团燃油采购费用下降约25亿元,比2013年下降约18%,切实发挥了降本增效的作用。截至2015年4月24日,集中采购电子平台累计成交物资采购达38.9亿元。

【中海油运航运系统】

自2007年7月开始,进行两期的系统建设。一期业务子系统与2008年1月与集团SAP系统正式对接;二期船管子系统于2009年1月开始岸端全面使用,船端推广实施73艘;荣获DNV和CCS船级社认证。

油运航运系统的技术架构是基于spring+hibernate的轻量型J2EE架构(中英文版、客户端自动升级)三层结构。具体为客户层:客户端采用RCP技术,方便用户处理日常业务;应用服务器层:功能模块层提供封装好的应用服务支持;数据库层:通过Hibernate持久化,实现O/R mapping功能。船管子系统船岸同步采用增量数据导出及导入的方法,交互数据通过打包,再以邮件附件的方式发送,通过卫星中转后,实现船岸数据的交换。

油运航运系统的使用用户主要是油轮公司航运部、船管部、财务部、安监部、企划部以及油轮公司已安装航运系统的船舶。系统一期主要实现内贸管理、外贸管理、燃油管理、租船管理、报文管理、保险管理等功能模块;系统二期主要实现计划保养、备件管理、物料管理、证书管理、修船管理、安全检查、险情事故、日常办公等功能模块。

油运航运系统已逐步成为油轮公司生产经营和船舶管理中必不可少的工作平台,该系统优化油轮公司各部门间的工作流程和连接,提高工作效率,成功实现船舶—业务—财务数据动态链路,减轻了各部门工作量;优化船舶管理的业务流程,强化公司岸端与船端的沟通联系,提高了公司主管对船舶的监控管理水平。

【中海船务PAS系统】

该系统是一套涵盖船货代业务操作的集中式的综合管理信息系统,运用于中海船务总部及下属口岸公司日常的实际业务操作,既能满足各口岸公司的生产运作需求,也能满足公司总部统计分析、商务结算、决策管理方面的需求。PAS系统于2008年8月启动,2010年9月完成总部及58家口岸公司的上线工作,共完成基础数据、客户管理、信用控制、价格管理、接单中心、海运进出口、合同管理、船务调度、进口单证、出口单证、箱管、商务结算、业务协同、报表中心、EDI、系统工具等十多种功能模块;根据集团管控及船务自身业务发展变化的要求,分别从集装箱业务拓展、客户服务能力提升、公司管理精细化等角度,完成集团NC财务接口、集团IMP接口、货物跟踪等部分补充功能的开发及实施上线工作。PAS系统搭建了中海船务统一的标准化作业平台,初步实现业务作业标准化、人员操作规范化;集中式的管理模式可确保总部对口岸运营情况的严格管控,使PAS系统的管理作用得以初步体现,提高口岸与口岸间数据共享的及时性、严密性;为中海船务的客户提供全方位的优质服务。同时PAS系统也为集团财务系统和IMP系统提供了前端业务数据的保障。

三、其他领域科技成果

中国海运成立后,坚持把科技创新作为提高集团竞争力的关键来抓,作为企业品牌建设的根本来抓。除航运外,在其他领域也取得多项科技成果。工业制造业的科技创新驱动发展,提升了工业技术研发能力,特别是海工产品的研发,使得修造船的科技含量与核心竞争力上了新层次。上海船研所则尽快完成与集团产业接轨,努力把自身科技优势转化为集团的产业优势,对促进集团整体技术进步有更多的贡献、更大的作为。

【修造船工业技术创新】

"十二五"期间,中海工业自行设计制造T800大直径现场镗孔机,从结构形式、变速齿轮箱、蜗轮蜗杆减比等方面进行多项技术创新设计,极大地提升了船舶修理加工制造水平。其创新的船体岛式造船法,使每艘船的分段搭载由以前需要 100 多吊减少到 35 吊,大大提高船坞(台)等核心生产资源的效率;公司改进造船工艺,在船坞内实行"六船并造""六浮四出",在业内开创了相关技术的先河。

【非标准箱产品研发】

2007 年起,中海投资通过非标准箱产品的研发,从生产单一的 ISO 标箱产品,发展到目前具有软开顶箱等 7 种特种箱的制造生产能力,其下属锦州箱厂通过对生产线的技术改造与创新,生产能力由单一的 ISO 标准箱产品,发展到具备开顶箱、侧开门箱、迷你箱、水溶油漆粮食箱、各类房屋箱等相关特种箱的生产能力。在积极参与锦州当地市政建设中,有 20 余种箱型已进行图纸设计,开拓钢结构桥栏杆工程和环保垃圾箱、消防箱等产品,2010 年还扩大到制造铁路箱、港口箱的业务。在生产中还不断通过技术创新,提高劳动生产率,降低成本,提升市场竞争能力和抗风险的能力。

中海工业通过滑道和船坞规模改造和建设,逐步进入半潜式海工平台或 FPSO、张力腿平台等建造领域,成为 EPC 承包方,实现企业"进军海工"的竞争力模式转型,并与 GPS 总公司、利策国际公司、森松海工举行 G.R.M.C 战略联盟,为进军海洋工程迈出重要一步。

【创新船舶制造工艺】

2014 年 4 月 25 日,英辉南方为深圳鹏星船务有限公司设计建造的"鹏星 15"轮,在英辉船厂码头举行简单的交付仪式,"鹏星 15"轮是一艘 40 米高速双体铝合金客船,是英辉造船自主设计开发的又一新船型,配备 1 080kW @ 2 250 rmp 双主机,采用双喷泵推进,其航速等主要技术指标都达到或超过了设计要求,最大功率时的平均航速达到 32.8 海里每小时,是当时国内同等配置的船型中航速最快的船,也是最为节能的船。同年 11 月 15 日,英辉南方通过 10 个月的努力奋战、排除万难,终于如愿完成第一艘 US2000 客渡轮"面包山"号的项目,在广州黄埔新港装入货轮"大良"号,启程运送至巴西。

第二章 教育与培训

集团的前身上海、广州、大连海运,都有悠久的发展历史、深厚的企业文化积淀和丰富的无形资产。为了企业的可持续发展,在人才教育培训方面都投入大量人力物力,拥有雄厚的教育培训师资力量和教育硬件设备,旗下上海海事职业技术学院、广州海运技校都曾是交通部重点中专、技校,是当地市级文明单位,为培养一支包括全国劳模在内的爱岗敬业、能打善战的优秀航运人才队伍作出重要贡献。

中国海运组建成立后,三大地区海运局的教培师资力量以及教育设施,整体归并中国海运集团。按照建设学习型企业的要求,集团坚持"企业办学,全员受训,共同受益"的新格局,从体制上努力做到"校企一体化"。为适应企业的快速发展,建设高素质的人才队伍和职工队伍,集团领导和各相关部门始终高度重视职工培训工作。其中陆岸职工的教育培训主要由所在单位根据实际情况和需要进行安排,集团总部则重点加强对船员的培训和对党员干部的培训,开辟出一条具有鲜明行业特色的职工教育培训之路。

集团十分关注船员的成长与发展,从船员进入公司起,就帮助他们制定职业生涯规划,通过设定培养目标,明确责任人,形成完整的个人能力提升体系。将加强船员职业生涯设计,建立具有中海特色的船员职业培训体系,视为提高船员综合素质的客观要求和规范船员管理水平的有效载体。

第一节 院校教育

中国海运的船员学历教育主要集中于上海海事职业技术学院和广州海运技校两所院校。

一、上海海事职业技术学院

【沿革】

该学院的历史可上溯到20世纪50年代。1958年11月,在国家国民经济快速发展的形势下,上海市委为加快航运人才的培养,决定将上海市东昌中学划归交通部上海海运局,筹办上海海运学院中专部。1959年2月,上海海运学院中专部宣布正式成立。1961年,根据交通部决定,上海海运学院中专部正式更名为上海海运学校,隶属国家交通部,同年9月学校被确定为交通部重点中等专业学校。

1978年,交通部委托上海海运局主管上海海运学校,并确立上海海运学校与上海海运局工人大学两块牌子、一套班子的管理体制,形成中专学历教育和成人高等学历教育并行的教育格局。1991年年初,为增强航海类专业学生国防观念、提高航海职业意识、适应海洋运输船舶工作的特点,根据交通部要求,经上海海运局批准,学校实行"半军事化管理"。同年,交通部为提高中专学校教学质量,颁布《交通系统规范化普通中等专业学校标准》,上海海运学校接受交通部教育司组织的规范化建设评估,于1992年首批被确定为交通部规范化普通中专学校。1992年,在校学生达到1 200人。1993年,被认定为上海市和交通部重点中等专业学校。

1996年，上海海运对教育资源进行重组，将公司举办的上海海运职工大学、上海海运学校、上海海运技工学校合并。同年8月，组建上海海运教育培训中心，对内实行"三校一中心"四块牌子、一套班子、一本账，对外继续沿用三所学校校名，保持高职、中专和技工三个层次的学历教育功能，并承担集团内船员培训和干部业务培训任务。同年，经交通部教育司推荐，上海海运职工大学成为"全国成人高校示范性学校"；次年，通过交通部成人高校办学水平评估。

1997年7月，中国海运在沪成立后，将学校划归上海海运管理。1999年，上海海运将所属党校也并入该校，实行五块牌子、一套班子、一本账。

1998年，该校建立船员教育培训质量管理体系，并通过国家海事局审核，成为中国政府首批报国际海事组织（IMO）认可的履行《STCW78/95国际公约》的国内6所航海院校之一。

1999年，该校海洋船舶驾驶专业和轮机管理专业被上海市教委确定为上海市成人高校高等职业技术教育特色专业；同年12月，上海海运学校接受教育部委托上海市教委对学校进行的国家级重点中专评估，并获得通过。

2000年年初，国务院实施教育体制改革，交通部将其所属上海海运职工大学、上海海运学校和上海海运技工学校划转地方。中国海运经与上海市教委协商，决定3所学校由该集团举办，保持原学历教育功能，教学业务归上海市教委管理，初步形成集学历教育、成人教育、船员培训和干部培训功能为一体的教育格局。同年，上海海运学校被确定为国家级重点中等职业学校。上海海运职工大学轮机管理专业被教育部确定为国家级高职高专教育教学改革试点专业。

2000年12月，上海海运职工大学接受上海市教委评审，经专家投票表决，学校转型获得通过。2001年4月29日，上海市人民政府正式发文，决定将上海海运职工大学更名为上海海事职业技术学院，并转型为全日制普通高校。同时，经上海市教委同意，保留上海海事职业技术学院成人高等学历教育功能，保留上海海运学校独立建制，撤销上海海运技工学校建制，学校实行"两块牌子、一套班子"。

2002年6月，该院一级学生管理模式转变为由院、系二级管理学生模式，并制定学院二级管理实施办法，对分级管理的职责界限、管理目标、考核等做出规定，使学校由成人高等教育院校进入普通高等教育院校行列。

2003年4月，上海市教委正式发文，确定上海海事职业技术学院为上海市高职高专示范性院校建设单位。同年，上海海事职业技术学院航海技术和国际航运业务管理专业被确定为上海市高职高专教育教学改革试点专业。

2004年，上海海运学校被国家教育部再次认定为国家级重点中专学校。

2004年，中国海运将船员管理、船舶管理、劳务外派和教育培训资源进行整合，组建中海国际船舶管理有限公司。该学院划归中海国际上海分公司管理，教育培训成了中海国际的主要业务板块。

2006年12月，顺利通过上海市教委专家组对学院进行的人才培养工作水平评估。同时，该院已发展成为集学历教育、成人教育、船员培训和干部培训等功能于一体的高职院校。

围绕《中国海运集团"十一五"人才队伍建设规划》，该院积极调整专业设置，适应集团发展要求。由于受到原有办学机制的影响，原有专业中非航运类专业设置较多，该院积极推进航海类、航运管理类和航运工程类三大"专业群"的建设，调整专业设置结构，扩大航海专业学生招生规模，并裁撤了房地产管理、信息工程、楼宇自动化等非航海类专业。

自2012年下半年起，集团抓住上海、广州教培中心以学历教育社会化服务为主带来的突出问题,理清教培中心为谁服务问题,成立集团船员素质培训部,建立船员培训师队伍,从组织机构和人员配置上保障集团船员素质提高和培训工作。上海海事职业技术学院逐步向教培中心转型,在领导班子调整后,积极与船员分公司、集团船公司建立船员培训联席会议制度,组织召开集团上海地区船员培训工作联席会议,并调整减少2013年学历教育招生计划。上海教培中心2013年学历生招生数比上年减少350人。

【设施设备】

1984年,为进一步扩大办学规模,经交通部批准,对上海海运学校实施扩建,至此学校占地总面积达73亩,总建筑面积达3.5万平方米,学校的教学条件、学生住宿条件及教职工的办公条件都有明显改善。这一时期建成的实验实习室包括:驾驶专业的导航、电航、天象、气象、海图、VHF、船艺、水手工艺等;轮机专业的动力、机舱自动化、热工、柴油机拆装等;电信专业的接收机、发信机检修、计算机等;船电专业的电工、电站、拖动、电子等;基础学科的物理、化学、电教、语言等20多个。此外,还建成拥有20台车床、40台钳床等设备的金工实习工厂。

1985年,经交通部批准,上海海运学校占地面积扩至4.93万平方米,建成理化、电子、语音、电航、导航、船艺、气象、计算机、电信和动力等41个实验(实习)室。

1987年后,上海海运职工大学陆续新建教学办公大楼1幢、实验大楼2幢、学生宿舍2幢、250米跑道的运动场、藏书7.3万册的图书馆、大礼堂。扩建后建筑面积达3.8万平方米,先后建立各种实验室、实习室、实习工厂,设有理化、语言、电航、导航、气象、海图、信号、船艺、力学、机械零件、金相、柴油机、制冷、水泵、自动化、电子、电工、电拖、电站、电信、仪器、计算机VHF无线电话和水手工艺、柴油机拆装、电工工艺、电子工艺,及接收、发信等实验和实习室41个。主要相应设备有ARPA自动避碰雷达、卫星导航接收仪、劳兰定位仪、气象传真仪、航向电罗经、测深仪、计程仪、DF接收机、IBM—PC计算机、APPLF型计算机、TP801单板机、TRP5001单边带收发信机、柴油机拆装机组、4135柴油机试验台、制冷试验机组、各类船舶辅机、电站模拟装置、自动舵、自动锅炉、起货机等。电化室占地906平方米,设有录像放映室、投影放映室、演播室、语音室等。教学实习工厂设车钳焊车间,有钳床42台及电焊机6台。

1989年,上海海运技工学校在原有教学楼1幢及实习工厂、简易专科实习室及游泳池、大礼堂等设施基础上,先后建造试验楼、教学实习工厂楼、变电所、操场等。经扩建后,占地面积2.84万平方米,建筑面积2.01万平方米。轮机专业设有动力实习车间、柴油机、辅机拆装室6间、车钳焊实习工场5间。水手专业设有水手工艺实习教室7间及爬大桅上高、船舶搭跳板等室内作业设备,另有模拟驾驶台操舵装置。电工专业设有电子实验室、电力拖动实验室、电工工艺实习室、电机拆装室等。校内还建有近7000平方米的体育场地,可满足学生开展体育活动的需要。

20世纪90年代,该校办学得到各方充分肯定,硬件建设进入快车道。在上海市教委、市财政局和主管企业的支持下,一大批实验、实训室相继建成。至2000年,完成建设大型船员操纵模拟器、大型轮机仿真模拟器、GMDSS实训室、散装液化气(LPG)船模拟训练系统、中挪高级焊接工场和杨林高级消防训练中心等一批具有国内先进水平的教学培训设施设备,使学校的设施设备建设可满足日益增长的教学培训需要。

进入"十一五"后,公司在推进教培中心转型的同时,加快设施设备转型,上海教培中心把2号学生宿舍楼改建成集团党校培训学员招待所,将教室、会议室改建成轮机模拟器和液化实训室。

2007年,集团投资2.3亿元建成上海海事职业技术学院信息图书综合楼,启动中海集团人才培养基地建设项目,相继改造"向欢"轮、"宁安4"轮、"宁安5"轮、"仙霞岭"轮4艘万吨级运输船舶作为生产实习船。

2008年,集团成立所属院校管理委员会,对学校加强管理。上海海运学校由浦东校区、松江校区、万州校区、靖江校区和嵊泗校区组成。学校教学设施先进,拥有国内领先的海员开放实训中心、消防安全训练中心、国际级高标准焊接工场、模拟教学船1艘以及各类实验、实习室组成的实训中心。

"十二五"时期,该院教学设施设备继续得到改善,拥有教学大楼、实验大楼、图书馆、学生宿舍楼、室外运动场、室内体育馆、游泳池等;拥有3艘2万吨级远洋教学实习船,建有海员职业开放实训中心、国际航运公共实训中心、航海技术实训中心、轮机工程管理实训中心、电子电工基础实训中心等。并拥有装备技术达到国际先进水平的大型船舶操纵模拟器、轮机模拟器、模拟教学船、舵机实训室、GMDSS实训室、LPG模拟实训室,以及UNITOR中挪高级焊接培训中心等设施设备。

【教学成果】

20世纪80年代中期到90年代中期的10年中,该校共培养高职毕业生600多人,中专毕业生1 530人。同时,学校还为企业举办多期在职船员各类考证培训班、继续教育班与岗位培训班等,每年有1 000人次左右的高级船员和其他人员参加培训。

20世纪90年代后期,随着国际海事组织(IMO)《经1995年缔约国大会通过修订的〈1978年海员培训、发证和值班标准国际公约〉》(简称《STCW78/95公约》)的颁布,我国作为IMO的A类理事国,交通部开始全面履行《STCW78/95公约》,颁布一系列"履约"文件,标志着我国航海教育面临重大改革。1997年,该校根据交通部和主管企业的要求,积极参与"履约"工作,参加交通部科教司组织的相关课题研究和交通部海事局组织的部分"履约"文件的起草工作。为适应《STCW78/95公约》和我国颁布的"履约"文件要求,学校对航海教育的格局进行重新调整,停办船舶电工和船舶无线通信两个专业,实行"驾通"合一、机电合一;全面修订航海类专业教学计划和课程大纲,打破原有课程体系,按《STCW78/95公约》规定的三个级别七个功能块要求,重新进行课程组合;课程内容按《STCW78/95公约》要求重新设置,使之符合国际标准,与国际接轨,并在国内同类航海院校中率先实施。

根据主管企业"履约"的需求,该校提出"企业的需求就是我们的任务",为满足企业在职船员"履约换证"需要,在上级主管企业和上海海事局的指导下,开发符合《STCW78/95公约》和我国履约文件要求的船员适任培训、专业培训和特殊培训三大类培训项目,接受国家海事局验收。1998年11月24日,国家海事局发文公布,学校取得22个船员培训项目的培训许可证,成为国内航海院校中船员培训项目最多、培训种类最全、培训规模最大的院校之一。

1997年年底,国家海事局为进一步推进全面履行《STCW78/95公约》,颁布《中华人民共和国船员教育和培训质量管理规则》,并要求国内船员教育和培训机构应按"规则"要求建立船员教育和培训质量管理体系。同年7月,国家海事局组织专家组一行9人对学校质量体系及运行情况进行初次审核,并予以高度肯定,审核顺利通过。1998年9月2日,学校正式成为我国首批通过质量体系认证,并由我国政府向国际海事组织申报,取得"履约"资质的国内6所航海院校之一。1998—2001年,该校共完成履约培训4万多人次,为中国船员在"履约"培训最后期限到来之前如期换证,确保中国船舶的正常航行不受影响作出努力,也为我国政府全面履行《STCW78/95公约》作出贡献。

1998年,通过国家海事局船员教育和培训质量体系认证,并报备国际海事组织。其具有包括中国海事局认可的船员适任培训、专业培训和特殊培训等各类培训项目110多项,年培训各类船员近万人次,成为国内航海院校中船员证书培训规模最大、种类最全的教育培训机构之一。

"十五"至"十一五"时期,上海海事职业技术学院和上海海运学校拥有较雄厚师资力量,将学历教育和职工培训相结合,并逐步实现以集团员工培训为主,为国家和企业培养了大量航运人才。

2008年上海海运学校,专任教师中95％以上具有高、中级专业技术职务;74％属"双师型"教师。学校开设船舶水手与机工、机电技术应用、现代物流、国际商务(国际航运业务管理)、交通运输管理(集装箱运输管理)等15个专业。其中:船舶水手与机工专业为上海市重点专业,机电技术应用专业为国家奖励专业,国际商务(国际航运业务管理)、交通运输管理(集装箱运输管理)、现代物流等为学校特色专业。该校坚持以航海教育为特色,发扬"励志、求实、勤奋、守纪"的校风,重点发展与航运相关的各类专业,并结合上海国际航运中心建设,立足上海、服务全国,培养高素质中等技能型人才。2010年,该校有全日制中专在校学生1 309人,"十五"至"十一五"时期,共为交通系统各港航企事业单位培养、输送中专毕业生9 607人。有相当数量毕业生通过"三校生"高考升学,历年就业率平均在96％以上。

同一时期,上海海事职业技术学院经过全院教师员工的努力,质量工程和教科研工作取得新的进展:获得国家级精品课程1门,上海市精品课程3门,上海市教学团队1个;列入"十一五"高职高专国家规划教材2本,出版国家"十一五"规划教材1本,交通部"十一五"规划教材1本,航海非规划教材2本,获上海市高校优秀教材奖二等奖1本;在"全国优秀职教论文""交通教育科学优秀论文"等评比中共获得一、二、三等奖14篇;"高职航海技术人才培养规范与评估标准研究"课题成果获得首届全国交通职业教育课题优秀成果一等奖和上海市教学优秀成果一等奖;学院教职员工中,

图6-2-1 上海海事职业技术学院学生在船舶驾驶台实习(2005年摄)

2人获得全国黄炎培职业教育奖,1人获上海市"五一劳动奖章",3人获上海高等学校教学名师奖,1人获上海市职业教育名师奖,2人入选上海市"晨光计划"项目名单;该院还集体荣获上海市创建"健康校园"奖、上海市职业教育先进单位、连续10年获"上海市文明单位"称号。学院的综合竞争力和社会声誉明显提高。

2012年,学院入选上海市特色高职院校建设单位并荣获人力资源社会保障部授予的"国家技能人才培训突出贡献奖"。

二、广州海运技工学校

1987年3月,广州海运局开办广州海运技工学校,作为海上运输船舶技术工人培训基地,以适应"先培训,后上岗"的要求。技校的开办,对于解决公司新船员先培训、后上岗,开展技术业务培训,从根本上提高普通船员政治、文化、技术、业务素质发挥了重要作用。该校招收初中毕业生,学制三年。同年9月1日,船舶水手、船舶机工两专业共招生160人。

1988年,增设船舶电工专业。

至1990年年底,有教职工123人(高级讲师3人、讲师11名、助讲11名、教员14名),另外还聘请了4位校外兼职教师。在校生达460人。拥有专用教室8个、电化教室1个、实验室8个。当年,首届毕业生153人走上工作岗位。

1996年,广州海运培训中心和海运技工学校在加强企业内部教育培训的同时,积极面向社会开展教育培训。技校建成省劳动厅的水上专业技能鉴定所,通过校园管理评估,并向省重点技校、交通部规范化技校发展。1997年,该校通过省劳动厅重点技校的评估验收。同年7月10日,广州海运技校经广东省劳动厅批准,成立航海专业技能鉴定站,承担省内"船舶水手、船舶机工、船舶电气"3个专业技能鉴定工作。1998年12月,广州海运技校被批准为交通部重点技校。

2004年,随着中海国际的成立,广州海运技工学校与上海海运职业技术学院一同划归中海国际管理。由于受到原有办学机制的影响,各院校原有专业中非航运类专业设置较多,为此该校围绕《中国海运集团"十一五"人才队伍建设规划》,积极调整专业设置结构,撤销了汽车工程、商务营销等专业。

第二节 船员培训

一、培训机构

中国海运建设"百年中海,一流企业"的战略目标,为教培单位的进一步发展提供广阔空间。集团所属各教培单位积极加强人才培养规划与企业发展战略的融合,聚焦航运、调整结构,在提升服务航运主业能力建设的过程中谋求创新发展。

集团成立前,上海、广州、大连海运都设有教育培训中心,负责职工培训工作。上海、广州、大连教育培训中心是集团员工培训的战略资源与主阵地,担负着集团员工培训的重要历史责任,以培养培训一支可靠的、高素质的船员队伍为中心,以强化集团船岸员工培训为重点,坚定不移地走服务集团发展的道路。

【上海海运(集团)公司教育培训中心】

1996年,上海海运对本企业教育资源进行重组,将上海海运职工大学、上海海运学校、上海海运技工学校和公司教卫处合并;同年8月组建"上海海运(集团)公司教育培训中心",对内实行四块牌子、一套班子、一本账,对外继续沿用3所学校校名,保持高职、中专和技工3个层次的学历教育功能,并承担公司内船员培训和干部业务培训任务。

2004年,中海国际成立后,上海海运教育培训中心划归该公司所属。

2012年,集团针对上海、广州教培中心以学历教育社会化服务为主带来的突出问题,理清教培中心为谁服务问题,成立集团船员素质培训部,建立船员培训师队伍,从组织机构和人员配置上保障集团船员素质提高培训工作。

2016年下半年起,上海教培中心本部不再有学历生,把更多精力用于集团员工培训,特别是船员培训,并从体制机制上对做好员工培训工作进行研究和探索。

【广州海运(集团)公司教育培训中心】

1981年5月,广州海运在原人事处教育科的基础上,成立教育处,进一步加强对职工教育工作的领导,广州海运所属四港也分别成立职工教育机构。1982年年初在原培训基地上把"红卫6号"轮培训船与干部培训队两机构合并,成立担负全局全员培训任务的教育培训中心,将广州海运海员接待站东楼辟为职工培训基地。培训中心结合运输生产需要,以岗位培训为主线,以船员培训为中心,举办多层次、多渠道的,以提高船员的操作技能为主的职工教育培训。1987年,培训中心的职工教育工作重点转为培训干部船员,开展大专、本科学历教育,开设水运管理、海洋驾驶、轮机管理等专业。

1998年7月1日,广州海运教育培训中心被批准为中海海运劳务外派广州基地。

2001年,积极发挥教育中心作为专业培训机构的作用,举办各类培训班多期,全年共组织培训职工7 445人次,学历教育137人。

2003年,广州海运加强同香港中英公司的合作,引进中英公司培训标准和师资力量,开设国际海员培训班。国际海员培训班是中英公司在中国首个国际海员培训基地,对于提升广海船员在国际船员劳务市场上的地位,提升广州海运培训中心的层次,拓展外派市场,发挥了重要作用。

2004年中海国际成立后,成为中海国际旗下广州培训中心。

2012年下半年起,集团针对上海、广州教培中心以学历教育社会化服务为主带来的突出问题,理清教培中心为谁服务问题,成立集团船员素质培训部,建立船员培训师队伍,从组织机构和人员配置上保障集团船员素质提高培训工作。广州教培中心从当年开始减少学历教育,将教室、宿舍等资源转为船员培训服务。2013年,广州教培中心在校学历生教育招生计划比上年净减318人。

2016年下半年起,广州教培中心本部不再有学历生。

【大连海运(集团)公司英才船员公司/教育中心】

大连海运英才船员公司/教育中心于1996年2月27日正式成立,其业务范围主要包括船员的培训管理及劳务输出,同时包括各类待岗及下岗人员的再就业培训与管理。2005年1月,英才船员公司/教育中心脱离大连海运,划入中海国际,成为中海国际船舶管理有限公司大连分公司和大连教培中心。

【中国海运所属院校管理委员会】

2008年，集团决定对上海、广州、大连三地教育资源实施整合，加大对教育培训的投入，使之在集团人才队伍建设和航海人才培养中发挥更大作用，成为人才培养的坚实基地。同年3月19日，成立中国海运所属院校管理委员会（简称校委会），校委会由集团领导任主任，集团人事部、企管部、计财部和各专业公司，以及上海海事职业技术学院、广州教培中心为成员单位，中海国际总经理担任常务副主任，并在中海国际设立"校委会"办公室。中国海运所属教育培训机构由校委会统一管理，实行办学经费预算制，院校管理体制机制再次发生变化。校委会按照《中国海运所属院校管理委员会章程》和《中国海运所属院校管理委员会章程议事规则》，每年召开一次校委会会议，主要研究讨论确定拓展航海职业培训，发展航海职业教育的战略、计划和实施等工作，校委会的成立成为中国海运沪、穗、连三地教育培训机构新一轮发展的助推器。

二、培训体系

1997年，集团成立后坚持将三地教培中心建设成为中国海运员工的教育培训基地、船员培训基地、员工创新活动基地、员工事业发展的加油站，成为行业领先、国内知名的企业培训中心，为集团建设"百年中海、世界一流"提供人才保障。

三地教培中心按照"立足集团、拓展培训，立足船员、全员培训，立足质量、规范培训"的工作要求，全面推进转型发展，面向市场，按市场效率效益机制运作，拓展适应企业发展的培训项目；同时不断加强培训管理，规范计划制订、资源配置、考核评估、日常管理等各个环节，全面提升培训质量；促使培训工作走向规范化、正规化、制度化。

2004年，中国海运组建中海国际时，将上海、广州、大连三地的教育培训资源整合并全部划入中海国际，形成船员人才资源与教育培训资源的有机衔接，达到"干什么学什么，缺什么补什么，弱什么练什么，用什么考什么"的教育培训目标；做到自己使用、自己培训、自编教材、自己授课、统一管理，高、中、低多层次培训全覆盖，包括承担集团所属各级党政干部在党校的学习培训任务，从而形成名副其实的"企业办学，全员受训，共同受益"的新格局，从体制上真正做到了"校企一体化"。公司拥有国内最大的船员培训基地，年培训能力超过1.6万人次。"校企一体化"，使从事人才教育培养的"供给方""教培方"与船员人才的"需求方""使用方"融为一体，消除了院校与企业"两张皮"的现象，促使船员人才的教育培训工作驶上"快车道"，船员的学习培训坐上"直通车"。

2005年，中海国际全年教育培训累计1.75万人次，培养新船长108名、新轮机长106名；新增教育培训合作项目6个，开发培训课程9个；船舶PSC（港口国监控）检查和保养培训及船员岗前教育率均达到100%。

在船员教育培训工作中，集团坚持"各司其职，各负其责"的教培原则。集团人事部和相关职能部门对船员培训工作进行宏观管理和协调，各船公司、中海国际和培训机构相互支持、相互配合、积极沟通，共同做好船员培训工作。根据航海实践性的特点，建立检验船员素质的能力衡量体系，并以此作为培训的要求和检验培训质量的标准，根据不同岗位能力要求实施分类培训，从而大幅提高船员的基本技能、专业技能、管理技能和文化素养。

2009年，集团进一步加大对教培单位的投入，配套建立每年1 000万元（连续3年）的基本教育专项经费投入机制。围绕集团人才队伍建设，重点加强水上专业建设、师资队伍建设和学生半军事化管理，以整体规划、重点突出、分步实施和使用高效为工作要求，通过逐年投资，使教培单位的办学能力和水平得到质的提高,航海职业教育的实训特色尤其显著,并形成标志性的教育品牌。截至2010年年底,已投入使用专项经费2000万元,其中用于师资建设、科研津贴、学生半军事化管理等水上专业建设项目11个,使用经费769.3万元;用于实训设施建设、多媒体教室改造等硬件建设项目26个,使用经费1230.7万元。专项经费的投入,加快了师资队伍建设步伐,保证了课题科研经费,加强了学生的半军事化管理,也使教培单位的实训设施得到进一步完善。

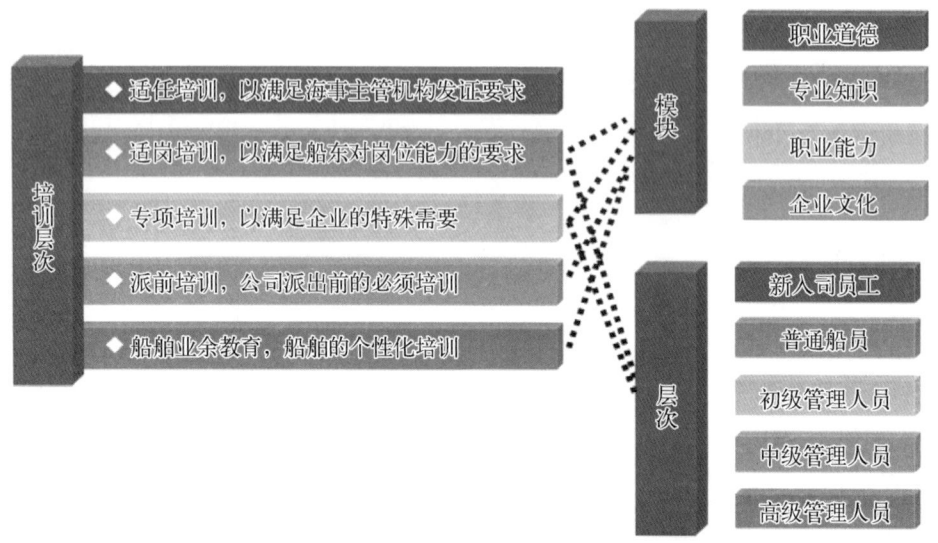

图6-2-2　2010年中国海运船员职业培训体系示意图

在整合与协调船员教育资源的同时,中国海运还积极构建船员职业培训体系,在对自身的组织文化、发展战略和目标以及员工的核心能力分析的基础上,围绕提高企业管理绩效和提高员工职业发展能力而制定员工培训管理体系。该体系包括制度化的培训管理、全员化的培训目标、系统化的培训机制、标准化的培训内容、精细化的培训实施、差异化的培训层次、专业化的培训机构、信息化的培训文档8个方面,具有全面性、科学性、系统性和强制性特点。

在成立院校管理委员会同时,集团加大资金投入,积极完善教育培训基础设施建设。开通远程教育系统,方便船员在船、在线、在岗学习。继续扩大与高等院校的合作,增强优秀人才引进力度。为提高经营管理队伍素质,加强领导干部培训,相继举办党政干部、驻外后备干部、中青年干部等培训班,并通过公开招聘等途径,吸收优秀人才。

通过改革,集团下属院校的社会类学生逐年减少,截至2011年,院校专业数由2005年年初的34个调整到26个;学历生从2005/2006学年的6781人增加到2010/2011学年的7689人,同比上升11.8%,其中水上专业学生从2005/2006学年的1800人增加到2010/2011学年的2670人,同比上升48.3%。按照校委会"每年应届毕业生签约中海国际的大专水上专业毕业生占应届水上专业毕业生总数不得少于65%"的要求,公司积极录用学院培养的航海类毕业生,累计共有1089名应届合格毕业生加盟中国海运。考证合格率逐年递增,从2004年到2010年,上海海事职业技术学院考证合格率船长、轮机长从62.1%提升到92.6%,大副、大管轮从47%提升到68.6%;广州教培中心考证合格率船长、轮机长从92.1%提升到96%以上,大副、大管轮从52.5%提升到73%,教学改革的成果逐步显现。

2014年,中海国际还制定《中海船员培训职责分工规定》《中海船员培训师管理办法》等系列船员培训规范性文件;建立培训师制度,聘请首席培训师,建立外部专家培训师库;建立船员培训常态沟通协调机制和培训效果评估制度;创建"中海国际船员培训"微信公众平台;以进一步规范船员培训制度,形成船员培训长效机制。

中国海运高度重视产学研结合,推动自主创新和技术进步。在完成建立技术中心、教培中心以及学校等科技创新管理平台的基础上,把重点放在产学研平台建设上。"十二五"期间,一方面进一步整合内部资源,加强产学研结合,以船研所研究力量为主体成立中国海运研究院;另一方面加强外部合作,搭建更宽的科技创新平台,实现产学研合作的发展模式,使船岸职工培训工作不断取得新的成就。

三、培训方式和成果

20世纪70年代始,随着改革开放的逐步深入,国内航运事业进入新的历史发展阶段。为适应企业发展的需要,建设一支高素质的一流船员队伍,集团及其前身上海、广州、大连海运对船员培训工作始终予以高度重视,从实际出发,结合实际需要,采取多种培训方式,加强对船员和船管人员的在岗、在线等培训,且取得明显成果,基本适应集团船队发展对船员队伍的需要。

【国内外合作培训】

1998年,中国海运为进一步拓展国际海员劳务市场,与挪威船东协会(NSA)洽谈联合培训船员项目。同年11月,双方在北京签署联合培训船员意向书。经磋商,决定在中国建立联合培训基地,培养符合挪威和欧洲船东要求的高级船员。根据集团要求,上海海事职业技术学院于1999年开始与挪威船东协会合作。双方签署《中国海运集团与挪威船东协会合作培训项目协议备忘录》,成立中挪联合培训中心,制定5年培训规划,当年秋季招收50名学生。中挪合作培养高级船员项目,旨在通过引进挪威等航海发达国家教育培训理念,培养符合欧洲标准的国际海员,以推进航海教育的改革。该项目以我国教育部对学历教育的要求,以及国家海事局船员适任标准和欧洲船东对海员的特殊要求为依据,制订教学计划。学制三年,第一年在校学习航海基础知识;第二年在挪威船东的船舶实习;第三年回校学习专业课,参加国家海事局组织的船员适任证书考试。由于欧洲船东对学生的语言交流能力有特殊要求,学校提出把英语教学作为航海教育的重要组成部分,实行学校教师与外籍教师合作,英语教师与专业教师合作,探索英语教学新模式,促进了学校航海英语教学改革的深入。2002年,首届学员毕业,全部通过国家海事局组织的船员适任证书考试,80％以上学生通过挪方组织的英语和业务面试,分别被派往欧洲各国船东的船舶工作。

【船员在岸培训】

2001年,中国正式加入世界贸易组织(WTO)后,海洋运输业进一步融入世界经济,为该行业发展开创了广阔国际竞争环境。中国海运为适应海洋运输的发展需要,进一步加强职工在岸培训。2003年,该集团共有1.32万人次参加岗前安全培训班;194人参加船舶保安培训班,占应培训人数的22.3％;全年参加资格性学习培训的有3 076人,适应性培训的有2 967人,技术等级培训的有182人。2004年,集团开设多期适任证书培训班,共有601名技术干部船员取得各级各类适任证书,其中取得甲类任职资格的有船长102人、大副192人、轮机长94人、大管轮112人。同时,开设PSC和PMS培训班,共有3 000多人参加培训,促进了船舶安全生产,提高了船舶PSC检查通过率;举办52期保安培训班,选送培训1 348人,确保ISPS规则顺利实施。当年,集团有3 762人参加资格性培训,3 938人参加适应性培训,698人参加技术等级培训。

中海国际从2005年至2010年,累计组织船员参加适任证书在岸培训4 823人次,其中干部船员4 364人次、中普船员459人次;专业、特殊证书培训2.19万人次,其中干部船员1.73万人次、中普船员4 651人次;在岸安全培训3.52万人次,其中干部船员3.29万人次、中普船员2 297人次。经过系统、规范的培训,船员素质得到整体提升,促进了船舶运输安全。

【船员适任适岗培训】

自2003年起,集团的船队发展进入快速期,每年有数十艘新船、大船投入使用,为做到集团所有的新造大船能"接得下,开得出,管得好",必须配备数量充足的合格船员班子,并在船员班子搭建过程中,对船员进行再培训,使船舶班子的每一个岗位成员都能适应新船、大型船的要求。中海国际成立后,认真组织落实各项培训工作,加强船员适任适岗培训,提高船员综合素质,每次都能按时顺利地完成接新船、大船并及时投入航线运输的任务。

表6-2-1　2005—2015年中国海运船员各类培训情况表　　单位:人次

年份	船员培训合计		适任(岗位资格)培训						适应培训						
			适任证书培训		专业、特殊证书培训		其他证书培训		业务技能培训		安全培训		派前教育		其他培训	
	干部船员	普通船员	干部船员	普通船员	干部船员	普通船员	干部船员	普通船员	干部船员	普通船员	干部船员	普通船员	干部船员	普通船员	干部船员	普通船员
2005	14 935	9 228	733	191	3 091	1 517	830	246	509	367	6 089	140	3 154	6 263	1 129	504
2006	16 115	7 706	843	110	2 846	588	798	508	1 686	266	6 516	529	2 793	5 835	633	70
2007	17 802	9 524	812	34	2 247	601	465	431	954	144	8 095	1 130	4 631	7 109	598	75
2008	14 301	7 006	676	115	2 860	669	544	355	648	625	6 177	419	2 964	4 754	432	69
2009	16 744	5 702	655	6	3 488	1 089	1 065	554	110	172	3 190	33	7 958	3 785	278	63
2010	17 300	3 494	645	3	2 725	187	1 524	235	340	280	2 862	46	9 028	2 708	176	35
2011	13 024	7 843	504	4	1 566	441	2 096	1 683	915	542	3 195	893	4 288	4 177	460	103
2012	14 358	5 940	1 504	10	3 491	1 456	843	362	1 053	118	3 099	465	4 105	3 372	263	157
2013	33 228	16 615	5 432	18	17 337	10 736	1 121	1 547	2 876	1 017	2 290	297	3 704	2 941	468	59
2014	22 419	8 434	1 203	35	7 712	1 382	661	1 011	2 136	484	4 378	512	5 547	4 978	782	32
2015	18 144	11 813	908	29	3 302	210	1 121	569	2 237	1 705	1 611	579	7 060	7 534	1 905	1 187

除了海事主管机关规定的适任证书培训和专业、特殊证书培训以及知识更新培训外,公司还积极组织安排主营船公司要求的各类证书培训,开设船舶GMDSS实操培训、高级消防实训、英语(口语)培训、可编程序控制器(PLC)培训等业务技能类培训项目。

按照船员岗位职责配置标准化课程并建立企业课程体系,是船员职业培训体系的重点。中海国际根据船员各职岗位的职责,分析其工作特性,归纳出重点和难点,从而设计出相应的培训课程。

图6-2-3 中海货运"安宁4"轮大副在为新近上岗的船员讲课(2009年摄)

使船员从实习生开始一直到成为一名船长、轮机长,都能经过一个系统、全面和规范的培训,内容涵盖职业道德、专业知识、业务技能和企业文化4个方面。通过在校、在船和在线3种培训形式,使船员的综合素质得以全面提升。同时,这些培训课程经过引进消化、创新和不断的提炼,成为标准化的培训内容,并提炼升华成为宝贵的企业文化。

表6-2-2 2005—2015年中国海运船员适任考证情况表

年度	船长			大副			轮机长			大管轮			合计		
	甲类	丙类	小计	甲类	丙类	小计	甲类	丙类	小计	甲类	丙类	小计	甲类	丙类	小计
2005	132	36	168	197	23	220	116	22	138	155	14	169	600	95	695
2006	122	34	156	188	25	213	118	28	146	176	27	203	604	114	718
2007	173	51	224	174	14	188	154	22	176	160	31	191	661	118	779
2008	129	25	154	76	10	86	113	23	136	105	6	111	423	64	487
2009	112	12	124	130	1	131	98	6	104	90	6	96	423	64	487
2010	87	10	97	98	9	107	126	12	138	82	1	83	393	32	425
2011	87	8	95	149	21	170	95	17	112	125	10	135	456	56	512
2012	60	9	69	135	25	160	71	16	87	135	19	154	401	69	470
2013	64	6	70	134	25	159	53	9	62	117	24	141	368	64	432
2014	58	4	62	154	10	164	56	4	60	138	22	160	406	40	446
2015	57	0	57	103	0	103	64	0	64	114	1	115	338	1	339

2011—2015年间,中海国际新增"技术干部船员适任考证考前辅导课程"等业务技能培训类课

件,包括36集驾驶员、17集轮机员的专属辅导视屏课件和3集专业论文撰写辅导课程,在用课程数据达到390余门。为提高船员适岗能力,组织编写《船上培训记录簿》,促进各职船员在船工作期间能熟悉掌握上一级岗位的任职要求。2015年,通过加强技术干部船员适任考证培训,339名船员通过适任考试,其中船长57人,轮机长103人,大副64人,大管轮115人。

2014年,上海、大连、广州教育培训中心共完成集团船员培训20 483人次,其中船员素质提升培训247期、8 081人次,占到船员培训的40%。先后举办船员"三长"轮训班、船舶驾驶员"避碰规则"轮训、以"防碰撞"为首的"五防"轮训、新提任干部船员履新培训、厨工厨艺提高轮训、转岗服务员培训等多期。上海教培中心还首次规范组织水手/机工技师职业技能鉴定培训,32名中普船员通过考试和技能鉴定,成为集团首批海船船员技师。

【船员滚动培训】

集团组建之初,没有大型集装箱船,几艘小型集装箱船的总箱位还不满5 000箱。因此,操控大型、超大型集装箱船的船员只能从零起步培养,优先选拔培养驾驶大型集装箱船的船员,并将他们作为"种子"带教出更多的操控大型船舶的船员,通过施行"滚动培训"计划,早出人才、多出人才、出优秀人才。为此,中海国际上海分公司大胆探索培养大型集装箱船船员人才的新路,打出"四套组合拳":第一套是对在集装箱船工作的驾驶员、轮机员实行"低职务"边工作,边见习"高职务"办法,加快人才培养;第二套是对在非集装箱船工作的驾驶员、轮机员实行"高职"任"低职"办法,充实大型集装箱船船员队伍;第三套是从外派船员中选拔大型集装箱船船员;第四套是广开门路,直接从社会引进大型集装箱船船员为我所用。实践证明,这一举措是成功有效的。

2004年,为适应大型集装箱船的发展需要,中海上海船员公司与中海集运携手实施干部船员滚动培训规划。对船长的滚动培训一般控制在6个月左右,采取先上小船后上大船,再上大型集装箱船实习,最后上岗任职的培训途径。对未操纵过集装箱轮的船长,采取逐次在大型集装箱轮任跟班大副、跟班船长,然后与集装箱轮其他船长一样再进行滚动培训的办法。经考察,这些经过滚动培训、跟班见习的船长都能较快适应大型集装箱船快节奏的工作需要。对轮机长的滚动培训、跟班见习,一般是担任两个航次跟班轮机长职务,4个月左右时间,经中海集运考核,再经过中国海运大型集装箱轮船员专家组面试合格后报中海集团领导审批,同意后上岗任职。对其他干部以及中普船员,同样采取灵活多样、有的放矢的滚动培训及跟班见习计划,一看其在船考核业绩,二看面试结果。其中,在船表现优秀,被考核评为A级船员、面试成绩较好,经公司认可,可上大型集装箱船任职。至同年11月,中海上海船员公司已有157名大型集装箱船干部船员得到中国海运及中海集运确认,其中,船长27名、轮机长26名、政委34名、大副36名、电机员34名,圆满完成44套大型集装箱船干部船员配置任务。

2005年4月—2006年4月,中海国际共接大型集装箱船14艘,平均每月接一艘大型集装箱船。船员资源的整合、大型船舶人才培养的任务十分艰巨。为此,中海国际集中精力,整合船员资源,优化船员配置,确保及时为大型集装箱船输送人才。

择优推荐。集团领导高度重视大型集装箱船人才培养工程,亲自挂帅组建集装箱船员人才培养工作领导小组和专家组。中海国际认真执行集团决策,严格按照"大型集装箱船人才推荐选用标准",于2005年至2008年上半年在集团所有船舶主要干部中按标准、按程序择优推荐船长、政委、轮机长、大副、大管轮、电机员共254名,经专家组面试合格纳入大型集装箱船舶干部梯队。根据集团有关船舶"五大员"的培养规定,推荐上大型集装箱船的人选必须经过一定时间的跟随集装箱船的培训实践,经考核合格后,才能报送集团专家组面试审定。为尽量缩短滚动培训的时间,中海国际在中海集运的积极配合下,加强对在船受训人员的跟踪指导,从源头选好带教的"船员教头",布置带教任务,与主营船公司共同加强对滚动受训人员的教育,并严格按照时间节点完成各项培训学习科目,力争一次考核成功。这样就可以让其中的优秀者早日完成滚动受训计划并及时通过专家组的审定,尽早上船任职。超大型集装箱船对船舶电机员的技术水平要求特别高,为加快电机员的滚动培训,公司针对每个人的个性制订培训计划,委派专人通过贴身"开小灶"落实培训进度,成功解决公司成立初期船队发展快速而船员"五大员"人才十分紧缺的难题。

加快培养。为形成大型船舶船员培养的"内生递进""自我造血"机制,中海国际及时推出大型船舶干部船员"在本船直升"和缩短"高代低职"时间,以及缩短在船滚动培训时间等一系列措施,切实推进大型船舶船员人才的快速培养机制的生成。与此同时,在中海集运的大力支持下,公司从每年新招入的大学毕业生中,经面试选拔一批优秀的船员人才乘"直通车",直接上大型集装箱船实习,并为乘"直通车"的青年船员做好"职业生涯导航设计",指定专人包干跟踪这批大学生的实习过程,全面支持他们力争一次完成在船12个月的实习期。在机制上明确,只要他们圆满完成实习任务,经考核合格取证后,即可在大型船舶任职。这种因人而异、定人定向定时的个性化的人才培训措施,有效激发了大学生船员自我成才的积极性,为大型船舶船员队伍输送了一批新鲜血液,开创了大型船舶直接上见习生的先河。

落实责任。中海国际成立后,将大型集装箱船的接船任务、人才培养作为向所属各单位下达的经营管理考核指标,通过船员资源的统筹配置,分解、落实大型船舶接船、派员责任制。在接受中海集运32艘大型集装箱船接船配员任务后,该公司将任务分配如下:上海分公司派员22艘,广州分公司派员8艘,大连分公司派员2艘,基本实现大型船舶派员"多元化"。实行分解、落实接船责任制后,上海、广州、大连三地都能紧紧围绕配好员、接好船、开好船、管好船的目标,努力做好大型集装箱船员的配置工作,同时,还储备一批合格的后备船员队伍。

【船员培训基地】

改革开放后,各行各业迅速发展,海员原有的工资待遇优势以及政策优势逐渐消失,社会关注度降低,加之海员工作环境艰苦、生活枯燥及远离陆地等原因,在城市及沿海地区招募船员难度加大。而经过企业重组焕发出活力的中国海运三大船队建设正处于高速发展期,急需要新生力量补充船员队伍。随着我国东部沿海地区制造业逐步向中西部地区的梯度转移,海员后备资源向中西部转移也成为不可逆转的大趋势。未雨绸缪,提前探索建立稳定的船员人才资源供给基地是中国海运高层的重大战略举措,船员用工制度的改革和船员基地的建设势在必行,提到重要议事日程。

2007年始,中国海运先后在湖南、江苏、云南建立3个船员基地,实行通过船员基地招募应届高考落榜的学生,在上海海事职业技术学院定向培养干部船员的新模式。首批40名高三毕业生于船员基地签订劳动合同,由基地培训以后,派往主营、合资船队船舶工作。船员基地的建立为创新用工模式进行了积极探索,为扩大船员招募创造条件。

船员基地即船员培训基地。在中西部地区劳动力资源丰富的地区,中国海运与当地政府联合建立船员基地,招募社会人员进行船员专业技术培训,不仅可有效缓解本企业船员紧缺的状况,而且有利于地方的经济建设和船员个人的职业发展,实现国家、企业、个人三方共赢,也是作为中央企业的中国海运响应党和国家关于"中西部大开发战略"的实际行动,是履行社会责任的生动体现。为了解决船员市场供需失衡的问题,中国海运于2007年6月和2008年3月相继在湖南、江苏建立两个船员基地就是集团与当地省政府"政企合作"的成功探索。湖南、江苏两省政府领导都对与中国海运共同建立船员基地高度重视。

2007年6月10日,湖南省委书记张春贤、省长周强等省领导出席湖南省与中国海运进行战略性合作,成立集团湖南船员基地的签字仪式。这是集团重组后组建的第一个船员基地。成立后仅3个月,就在当地招募第一批船员。经过严格考核和挑选,240名湖南青年被录用。同年9月5日,集团分别在上海海事职业技术学院和广州海运技校举行开学典礼。招募的新船员在两地海校接受为期5个月的船舶水手、机工专业培训,经过考试取得证书,安排到上海海运和广州海运的船舶任职。

图6-2-4　2007年6月10日,中国海运第一个船员基地——湖南船员基地举行揭牌仪式

2008年3月30日,中国海运与江苏省人民政府在南京举行建立船员基地长期战略合作协议签字仪式暨"中国海运江苏省船员基地"揭牌仪式。省政府高度重视,邀集全省地市级劳动社会保障局的领导,江苏、南通两个海事职业技术学院的院长以及省属技师学院的院长等出席,江苏省省长罗志军、副省长何权出席签字仪式。船员基地的建立显现出中国海运的规模效应、品牌效应,有利于募集优秀的船员人才,有利于利用地方的优质教育培训资源。通过校企合作,上海海事职业技术学院与当地技师学院合作,培训优质的初级船员。湖南、江苏两地的技术学院都具有雄厚的师资力量和较完备的车、钳、焊等教学设施,集团可以把海员的初级培训放在当地完成,通过考核,好中选优。同时,也适当降低船员的培训费用,减轻了学员的负担。

船员基地的建立为加强招募管理,船员质量控制的"关口前移"创造了条件,为加快形成"干部船员企业化、普通船员社会化"的船员资源配置格局打下基础。中海国际在船员基地建设方面还积极探索拓宽基地船员来源渠道,探索船员基地建设的新方法和新途径,摸索和采用企业与基地联合招募、定向培养干部船员的新办法,试行上海海事职业技术学院为船员基地招收的高中生定向培养干部船员并纳入船员基地管理的模式等,为培养、输送和使用更多基地输出的三副、三管轮等干部船员,提升基地资源优势创造条件。

通过实践,成果丰硕。船员基地的建立使得中国海运一线船员的年龄结构和知识结构逐步优化,集团自己培养和造就船员队伍满足企业自身发展的需要,成为企业协调、稳定、可持续发展的重要举措和战略转型的需要。

【首席培训官制度】

船员培训是建设一流船员队伍的关键性工作。为了在船员培训工作中充分发挥集团职能部门、各船公司、中海国际、教培单位、船舶及船员的积极性,整合各方教育培训资源,在学习培训上分工协作、形成合力,更好地体现事半功倍的效果,集团于2007年12月建立了中海船员首席培训官联席会议制度,聘请中海国际常务副总经理沈杰任首席培训官,并在中海国际设立首席培训官办公室。建立首席培训官制度成为集团加强船员队伍建设、提高船舶管理水平、保障安全生产、建设"百年中海"进程中的一项重要举措,也是在船员教育培训方面的一次观念创新、制度创新和实践创新。

为了保证该项制度运作顺畅并获得预期效果,集团先后5次召开联席会议,就制度体系、培训内容、管理体系及操作办法进行广泛研讨,先后制定《中海船员首席培训官联席会议章程》《中海船员首席培训官联席会议议事规则》《中海船员首席培训官联席会议专业委员会工作规程》《中海船员培训师管理办法》《货轮船长/轮机长综合素质评估标准及其评估办法》和《星级晋升管理办法》《货轮普通船员技能等级评估办法》及其标准和评估试题库、《船员适岗英语等级评估办法》和评估试题库等一系列文件和管理办法。

【船员在线培训】

进入"十一五"后,考虑到海员长期在船上工作,不能连续、便捷地参与培训与学习,集团每年都针对性地制订覆盖全体船员的船员培训计划,建立由培训在线网、个人学习系统及适岗能力考试系统等7个单元组成的标准化船员远程教育系统,为船员职业培训提供数字化的服务和管理平台,满足船员在线、离线、在船和回家学习的各种需求。同时,每3年定期开展集团层面大规模的船员需求分析,确定培训课程,并根据船员职务的岗位职责、任职要求和岗位胜任模式建立固定课程体系,开发一批行业类独创教材,丰富培训内容。

从2008年4月起,"中国海运船员培训在线"远程教育系统正式运行。在线培训主要分为3个部分:船员培训管理信息系统,中国海运船员培训在线远程船员教育系统,中国海运船员适岗能力考试系统。3个系统构成集团的培训信息化体系,实现船员培训数据的无纸化迁移,保证了数据的统一性和准确性;覆盖船员培训的整个流程,保证信息的唯一性和适用性,提高了管理效率,给ISO10015质量培训体系的有效运行提供可靠保障。

2008年,由中海国际船舶管理有限公司首席培训官办公室牵头举办,各船公司船员管理部门参加的远程教育系统,共为中国海运3万余名船员注册学员账号;网站累计访问量39万余人次;1.6万名船员开始课程学习,超过1万人参加课程考试;中国海运300余艘船舶实施在船学习;船舶成功上传船员的学习数据超过1.6万条。

至2010年,网络课程已达到332门。共为27 758名集团船员注册了学员账号,网站累计访问量为291 543人次;有14 523名船员开始课程学习,平均在学率52.32%,其中7 952人参加课程考试;共有8 473人参加派前在线测试。集团各船公司的339艘船舶实施在船学习,平均上船安装率96.8%;船舶成功上传船员学习数据12 453条次。集团工会还举办了"中海杯"船员远程教育知识竞赛,促进学习培训的开展。

2012年,根据船员职业培训体系和远程教育工作的实际,集团已建成由"培训在线"网、个人学习系统、在船学习系统、考试系统4个单元组成的船员远程教育系统,为开展船员职业培训搭建了一个数字化的服务和管理平台。至2012年,远程教育系统共为集团3.8万余名船员注册了学员账号,网站累计访问量为39万余人次,已有16 693名船员开始课程学习,10 904人开始课程考试,集团内300余艘船实施了在船学习,船舶成功上传船员学习记录16 904条,派教测试累计11 636人次。

远程教育主要由中海国际牵头,通过各船公司共同开发的在船在线培训课程来实现,至2013年4月,培训课程从原来的69门课扩展到142门,既涵盖所有船员必备的知识课程,也有针对各公司特点的专门课程。根据时事变化以及设备和技术的升级,远程教育课程每年都在不断更新和调整。

【履行国际公约培训】

2012年8月7日,上海海事局通过关于履行国际公约上海片区实施办法,通知集团上海教培中心可以开展培训。为确保在8月中旬顺利开办驾驶、轮机过渡期履约培训,上海教培中心组织以航海系、机电系、继续教育部等部门为主的力量,全力开展准备工作。从把握难点和重点入手,细致分析矛盾点,并寻求对应解决方法,使培训成为教培中心的亮点。

从得到通知到参加首次考试,只有近2周时间;老规则的交替时期,只有考试大纲和相关教材,时间紧,任务重,压力非常大。教培中心组织相关老师学习新规,仔细研究考试大纲,抓住知识点和要求,自编过渡期教材。并多次邀请海事局相关人员和有关专家开展咨询和专题讨论,尽量使教培中心的自编教材能覆盖所有知识点。

因教培中心的实操设备无法全面满足训练需要,该中心在落实教材编写的同时,全程参与供货方的工作,随时提出建议和要求,使软件的配置更符合训练的要求和船舶实际情况,更能贴近船舶现实。

培训对师资要求很高,开一个班最少需要4名具有资质的教师和一名实验员,而教培中心教师资源十分有限;对课时要求很高,一个班的理论和实操一共只有7天时间,每天8个课时,学员学习节奏加快;对开班规模要求也很高,每个班只能安排20个学员,由于开班频率高,设备供应紧张;加上不少学员对新履约培训停留在以往履约培训的经验上,认识不到位,没有真正投入培训。为此,教培中心充分调动中心内外的师资,加大对本中心的师资培训;同时综合考虑培训要求,适当调整课时,缓解学员学习压力;精确安排班级的课程,以穿插为手段,提高设备使用效率;开班前加强意识教育提高学员认识,并将意识教育贯穿于整个培训过程。由于准备充分,第一次的培训考试有38人参加考试,通过31人,通过率82%,3名学员成绩在80分以上。据考得较好的学员反映,教培中心所编的教材不仅紧扣考试大纲,而且涵盖绝大部分考点,便于学员的理解和掌握。同年8月29—30日,在天津召开的过渡期培训会议上,与会代表一致认为上海地区的过渡期培训和理论考试走在了全国前列。

四、教育培训工作转型

"十二五"时期,随着中国海运的企业改革转型不断推进,船员教育培训的重心也发生了转变,即淡化并逐步退出船员学历教育,强化在职船员的教育培训。

【以船员培训为重点】

在强化船员教育培训过程中,集团强调要以培养培训一支可靠的、高素质的船员队伍为目的,把工作重点调整到船员培训上来,坚定不移地走服务于集团发展的道路。上海、广州、大连教育培训中心是集团员工培训的战略资源与主阵地,担负着集团员工培训的重要历史责任,为此,中海国际坚持将三地教培中心建设成为中国海运员工的教育培训基地,船员培训基地,员工创新活动基地,员工事业发展的加油站,成为行业领先、国内知名的企业培训中心,为集团建设"百年中海、世界一流"提供人才保障。

从2012年下半年起,中海国际针对上海、广州教培中心以学历教育社会化服务为主带来的业绩亏损等突出问题,开始实施教育培训重心的调整,理清教培中心为谁服务的问题,成立集团船员素质培训部,建立船员培训师队伍,从组织机构和人员配置上保障集团船员素质提高的培训工作。广州教培中心从当年开始减少学历教育,将教室、宿舍等资源转为船员培训服务,并与广州分公司一起召开集团广州地区公休"三长"座谈会,共同研究船员培训工作。2013年,其在校学历生比上年减少318人。上海教培中心在领导班子调整后,积极与船员分公司、集团船公司建立船员培训联席会议制度,组织召开集团上海地区船员培训工作联席会议,并调整减少2013年学历教育招生计划,招生数比上年减少350人,从体制机制上对做好员工培训工作进行研究和探索。2014年,为继续解决好企业办社会问题,广州和上海教培中心本部均已停止招收学历生,学历班在校生分别由2012年的1 235人和4 093人减至180人和1 956人。同时清退学历教育富余人员,上海、广州两地分别清理56人和10人。2016年下半年起上海、广州教培中心本部不再有学历生,而把更多的精力用于集团员工培训,特别是船员培训。

各教培中心在加速培训重点转型的同时,也加快设施设备的转型。上海教培中心把2号学生宿舍楼改建成集团党校培训学员招待所,将教室、会议室改建成轮机模拟器和液化实训室;广州教培中心把学生宿舍改建成船员招待所;中海国际所属船员公司、船管部和教培中心集中办公。通过统筹整合物业资源,集中船员住宿和集中船员培训,为船员提供"一站式"服务。

根据教培体制改革要求,教培单位进一步调整办学宗旨和教学方针。2015年,中海国际教育中心成立集团船员素质培训部,专门负责集团船员素质提高性培训工作。同时,注重培训师队伍的建设,建立有丰富实践经验和较高理论水平的培训师队伍。年内,三地教培中心共举办船员素质培训418期、9 526人次,船员素质提升培训人次已超过法定持证标准化培训。上海海事职业技术学院坚持"内涵建设,特色发展"的办学思路,"校企一体,航运为主,教培并举,注重技能"的办学特色,和"注重素质教育,突出技能培训"的育人理念。广州教培中心(包括中海国际广州培训中心和广州海运技校)坚持"立足中海国际,服务中海,面向社会"的发展定位,使之更贴近中国海运的战略目标。大连培训中心努力开拓,创新思维,努力探索适合广大船员的基本培训模式。围绕上述目标,上海海事职业技术学院、广州教培中心和大连培训中心,在集团校委会、中海国际的大力支持下,深入贯彻科学发展观,弘扬精细化管理精神,其师资队伍建设,教学改革深化,教学模式创新,均有不同程度提高,教学设备的投入进一步加大,为集团加强航运企业人力资源管理,发挥教育培训平台的积极作用。

【推进船员培训的"四教"建设】

为实施教育培训工作的转型,中海国际指导各培训中心积极转变观念,调整服务重心,增强以学员为本、按需培训的理念,办学方向上突出服务集团,办学特色上突出航海教育培训,办学内容上突出船员业务技能等适岗培训,坚持培训工作"实在、实用、实效"。中海国际大连分公司在转型中提出,要着力推进船员培训的"四教"建设。

教师队伍建设 培养人才离不开教师,只有高素质的教师,才有高质量的教学;只有高素质的教师,才能有力地推动教育培训工作取得实效。为了增强培训中心的师资力量,公司选拔一批实践经验丰富的优秀船长、轮机长、大管轮等担任教员,利用他们在船舶工作期间所掌握到的船员培训需求及船舶技术发展新需要,促使教学与实践相结合。同时积极开展师资培训和交流,派员参加在全国各地举办的师资培训,并通过走出去参观学习和请专业教授进来授课的方式,有效地开阔教师视野,提高教师教学水平,为提高教学质量打下坚实基础。

实用性教材建设 中海船员首席培训官联席会议制度建立后,开发《集团船员安全培训系列片》《"三江两区"安全航行》《船舶安全员培训教程》《船舶碰撞事故案例分析》《船舶电机员培训教程》《船舶大厨培训教程》等实用性教材,为提高船员综合素质提供有效、现成的教材。培训中心紧紧依托这些教材,对不同层次的船员组织培训。在教材建设上,由培训中心教师负责编写的客滚船教材已成为全国各大专院校及培训机构通用性教材。2015年3月在中海国际的统一部署下,航海类大学毕业生入司培训开始使用公司统一编写的入司手册。

教学设备建设 依托中国海运校委会平台,利用教育基金建立一套拥有高水平软件系统的船舶操纵模拟器,完善艇筏教学和主辅机实操基地建设。自筹资金近百万元新建几个终端的电子海图室、3个多媒体教室,并对教学管理软件进行升级。可拓展的培训项目日趋多元化,培训层次逐步从中普船员到高级船员递进,培训内容从满足适任培训到适岗综合素质提高培训发展,增强了培训实力和发展后劲,也得到辽宁海事局主管机构的高度认可,进一步巩固了培训地位。

教学质量建设 大连培训中心始终坚持"服务为先,质量第一",要求任课老师认真备课,定期进行教学经验总结交流,相互学习,共同提高。对在教学生要求做到"三结合",即采取讲解和船员提问相结合,知识点讲授和例题联系相结合,书本理论和船员实践知识相结合。在适岗培训项目上认真听取船东的意见和建议,注重实际培训效果,确保学员能有效地学习到新技术并把知识转化为实操能力。在办班规模上对驾驶员避碰培训等项目采取集中办班和小班培训相结合的方式,确保每个学员学透学懂。在一些小证培训项目上,按照质量体系管理要求,建立健全教学考评机制,考证合格率都保持在90%以上。

中海国际高度重视3个教育培训基地的基础建设,始终坚持逐年加大对院校建设的投入。2011—2015年间,公司的船舶操纵模拟器、轮机模拟器、船舶遇险与安全通信系统实验室、智能综合导航实验室、高级消防实训基地和水上训练基地等一批先进水平的实验、实训设施相继建成,在船员的培训、实训、实操中发挥重要作用。集团投资2.3亿元建成海事职业技术学院信息图书综合楼;启动中国海运航运人才培养基地建设项目;相继改造"向欢"轮、"宁安4"轮、"宁安5"轮、"仙霞岭"轮4艘万吨级运输船舶作为生产实习船。所有这些,对各教培单位的健康发展提供有力的资金和物质支持。

教育培训改革后,中海国际各教培中心聚焦船员培训,船员培训人数和培训收入大幅增加,仅2013年,公司三地培训中心累计完成各类培训55 804人次,比上年增加31 749人次;实现培训收入5 601万元,比上年增长49.96%。同年,中海国际贯彻集团将"LNG运输作为中国海运未来航运板块的核心产业"的精神,把LNG项目作为公司"一号工程",成立LNG项目小组,制订LNG船员培养培训计划,项目推进取得重大突破。同年9月,在大连海事大学成功举办集团第一期LNG船员培训班,36名船员和6名培训老师参加培训,11月该批船员在上海教培中心完成货物操作合格证培训。同年11月,公司开始筹建LNG船舶管理子公司,与中海LNG签订合作意向书,双方承诺发挥各自专业优势,共同推进集团LNG运输产业建设,其中,中海LNG负责经营,中海国际负责开好船、管好船。此外,还与商船三井、中石化、中海油等相关合作方建立良好的沟通渠道。同年12月,公司与DES(交货贸易术语:卖方必须承担货物运至指定的目的港卸货前的一切风险和费用)项目的管理公司达成船员上船实习协议,启动FOB(贸易术语:离岸价)项目(买方指定的船)首批船员的招募工作。由于公司积极组织安排技术干部船员参加适任培训,加强培训过程管理,不断提高培训质量,考证合格率一直名列行业前茅。

至2015年年底,上海、广州教培中心已由社会化服务为主转型为集团船员培训基地。

表6-2-3 2012—2015年中国海运上海、广州教培中心改革前后情况表

项　　目	改革前(2012年)	改革后(2015年)
集团船员素质提高培训	1 654人次	8 526人次
学历生人数	5 225人	1 061人
教职工人数	453人	280人
经营效益	补贴费用加亏损每年近2 000万元	不再补贴并实现盈利600万元
教培资源	学生宿舍教室等教培资源主要为社会化服务	建成集团船员培训、住宿、办事三位一体的"一站式"服务中心和船员培训基地

第三节　干　部　培　训

1997—2011年间,中国海运没有直属党校,所属基层党校3所,分别隶属于集团所属上海海运、广州海运、大连海运3个地区集团公司。主要培训对象为:中海海运委托举办的集团管理干部和集团后备干部等各类培训班;地区集团公司举办的机关中层以上干部、二级企业领导班子及后备干部、党支部书记(船舶政委)、中共党员、入党积极分子、团干部等有关干部培训班。

1997—2015年间,中国海运坚持抓好全集团各级干部的教育培训工作。

对于不同层次、不同情况的干部,中国海运坚持有针对性地开展在职学习和脱产培训,主要分为五个层次:

集团领导层干部。集团领导班子成员按计划参加中央党校进修学习培训,学制1~3个月,5年内至少轮训一遍。同时,有条件的参加上级组织的出国培训。

直属企业领导班子成员。主要以脱产学习、党委中心组学习和在职自学"三位一体"相结合的方式开展学习培训。党委中心组每年不少于12天集中学习研讨,脱产学习以参加所在地省市委党校和行政学院等培训基地的学习为主,每5年至少脱产轮训1个月,每届任期内或工作3年至少参加一次全脱产的理论和业务培训,上海地区的直属企业领导班子成员还必须参加集团举办的理论和业务培训。同时,集团还有计划地选送党政一把手参加国家行政学院"国有重要骨干企业领导人员培训班"的学习培训,有条件的还组织赴国(境)外知名大企业或集团境外控股公司等企业学习考察。

年轻干部。以举办中青年干部培训班和选送年轻干部参加所在地省市委党校培训的方式开展培训,对拟进入直属企业领导班子和拟提任集团机关部处级岗位的后备干部进行3个月以上的脱产培训。同时,根据领导班子建设要求和后备干部培养计划,采取助理制、挂职锻炼、交流轮岗、专

题调研等多种形式,每年选派一定数量的德才素质好、有发展潜力、年龄在40岁以下的优秀年轻干部到集团安全运输生产第一线、工作环境比较艰苦的基层单位或集团国(境)外企业挂职锻炼。

集团机关部处级岗位干部。主要安排机关部处级岗位干部参加集团举办的理论和业务培训,并选送至上海市委党校、行政院校等培训基地学习。每2年至少组织一次机关部处级岗位干部培训。

驻外干部。以在职自学、参加所在国短期培训和在集团国(境)外企业交流轮岗学习培训为主,必要时回国参加短期培训。对驻外后备人员的教育培训主要采取集中办班和到任前赴专业公司挂职锻炼或分段选派国(境)外企业任职等方式开展培训。

2000年,制定《2001—2005年干部教育培训工作规划》。根据规划,集团重点抓好直属企业领导班子成员、总部机关部处级岗位干部、后备干部以及高层次、复合型、驻外干部的教育培训,特别是加大对直属企业党政一把手和优秀年轻干部的教育培训力度,选送直属企业党政一把手进国家行政学院和各省市党校等院校脱产进修学习,组织开展中青年干部理论培训,并选送到上海市委党校及各院校学习。根据当时外部经济与市场情况,结合企业需求,集团积极开展WTO有关知识、现代企业制度理论、干部创新能力等方面的培训;还根据集团境外企业发展需要,举办境外后备干部培训班。

2001年,集团重点围绕基础理论、党性党风党纪和思想道德教育、WTO基本规则和工商管理、专业知识、改善文化知识结构5个方面开展干部培训。其中,参加中组部、中央企业工委、中央党校、国家行政学院等举办培训班6人次,参加各省市委组织部、党校、行政学院举办的培训班35人次,中国企业管理中心举办的"全国现代企业总经理暨职业经理人高级研修班"4人,集团系统举办的培训班995人次。全集团3个地区公司党校共举办34期干部培训班,培训干部1677人次。

2004年,集团以处级以上领导干部为培训重点,实施分类培训;围绕理论基础、世界眼光、战略思维、党校锻炼、业务能力等内容开展培训,以期大幅度提高干部队伍的整体素质。各直属单位举办各类培训,共培训14271人次。在培训内容上,政治经济理论培训1213人次,提任培训3684人次,任职培训856人次,专业业务培训5421人次,知识更新培训1680人次,学历培训129人次,其他各类培训1288人次。

2003—2007年间,集团参加中央党校及国家级党校干部培训31人次,参加中央和国家部委组织的各类培训221人次,参加集团内组织的境内干部培训83156人次,参加境外各类干部培训84人次,参加其他干部培训2864人次,合计86386人次。

2011年,集团重点做好领导干部调训及选送培训工作,共选调200名干部参加各类培训。其中,选送5名集团领导分别参加中组部"海外投资与企业'走出去'发展战略专题研究班""中国企业管理高级研修班"、国防大学"国防交通战备专题研究班"等培训班学习,选送30名集团管理干部参加国家行政学院、井冈山干部学院、延安干部学院、大连高级经理学院、中央党校国资委分校等的学习,选派65名干部参加上海市委党校举办的各种研修班,组织100名干部参加上海"干部在线学习城"的学习。同时,中国海运认真做好自主培训工作,同年共举办2期集团管理重要岗位干部培训班,对集团总部机关部门长、各直属单位领导班子成员进行轮训,共104位重要岗位干部参加此次培训;组织开展海外干部派前培训班,有21名即将赴境外企业履职的海外干部参加培训。

2012年,集团继续推动大规模培训干部工作,其中选送58名领导干部参加中央党校、三大干部学院、大连高级经理学院等各类院校的学习培训;继续抓好干部在线学习,共组织112人次参加上海干部在线学习城学习;做好高级经营管理人才选送培训,选送10人分别到英国克兰菲尔德大学、瑞典世界海事大学学习;组织举办营销战略与理念研修班,聘请大学知名教授进行讲课,共选派53人参加培训;组织英语口语培训班,共有43名集团管理干部参加。

2015年,集团加大在线学习工作力度,充分利用信息化手段开展在线培训;集团领导和集团管理干部积极参加中国干部网络学院学习,有102名各级干部参加2015年上海市干部在线学习城学习。与此同时,继续做好领导干部调训及选送培训工作,选送集团领导6人次参加中央党校、国防大学、国家行政学院、浦东干部学院、大连高级经理学院等承办的境内外学习;选调17位集团管理干部参加中组部组织的"一校五院"培训;选调16名干部参加国务院国资委举办的有关调训。在干部培训工作中,积极发挥集团党校教育培训功能,举办2015年春季"处级干部进修班",共有36名优秀中青年干部参加。同年各级干部参加集团党校培训达到3 802人次。

第四节 中 海 党 校

一、组建中海党校

中国海运成立后的一段时间,集团内的干部培训主要由上海海运党校承担。1981年2月20日,经上海海运局党委会议讨论,决定在上海海运政校基础上,成立上海海运党校。此后,交通部党组于1993年2月6日发文,批准在上海海运党校基础上,建立交通部党校上海分校;上海海运党校遂成为交通部党校第一个挂分校牌子的单位。由此,上海海运党校既是公司内的党校,也是交通部党校上海分校;交通部正式确定部属在沪单位处级干部培训、轮训由上海海运党校承担。中国海运成立后,上海海运党校延续原有干部培训的功能,每年均有计划地培训、轮训包括集团在内的交通部在沪单位处级干部、船舶政委、党支部书记、党员和入党积极分子,发挥了作为在沪单位干部船员教育培训基地的积极作用。

2011年9月26日,为贯彻落实中央提出的"大规模培训干部、大幅度提高干部素质"战略决策,中国海运党组会议决定,要大力加强集团党校建设。同年10月,集团组成党校建设项目工作小组,

图 6-2-5 中国海运党校/管理干部学院揭牌(2012年摄)

开展党校建设调研，形成集团党校建设调研报告。11月3日，集团党校建设项目工作小组提交《关于加强中国海运集团党校建设方案》。

集团党组于2011年12月30日印发《关于成立中国海运（集团）总公司党校的通知》，决定成立中国海运（集团）总公司党校（简称中海党校），明确中海党校由集团党组直接领导，明确中海党校的组建目的、主要职责、领导体制。同日，集团党组印发《关于徐文荣等同志任职的通知》，任命徐文荣任中国海运党校校长，同时任命中海党校常务副校长、副校长及校务委员会主任、委员。

自2012年1月1日始，中海党校开始进行基础设施建设、组织机构组建、规章制度构建、人员选聘等工作。经过半年筹备，中海党校于2012年6月27日在浦东新区源深路118号正式揭牌。2013年5月21日，集团印发《关于成立中国海运管理干部学院的通知》，明确中国海运管理干部学院与中海党校实施"两块牌子、一套班子"。5月30日，中国海运管理干部学院在中海党校举行揭牌仪式。

二、定位和工作方针

2012年4月1日，中海党校印发《关于印发〈中共中国海运（集团）总公司党校章程〉的通知》，明确中海党校的功能定位、工作方针、机构设置、主要任务、教学管理和学员管理等方面的规定。

《中共中国海运（集团）总公司党校章程》明确中海党校在集团党组的直接领导下，以建设与"百年中海、世界一流"战略目标相匹配的具有中国海运特色的干部队伍建设培训基地、一流的企业培训学校为目标，从事企业党员干部、入党积极分子、业务和技术骨干等的教育、培训工作；明确党校是学习、研究、宣传马克思列宁主义、毛泽东思想、邓小平理论、"三个代表"重要思想和全面贯彻落实科学发展观、构建社会主义和谐社会的重要阵地，是增强党性锻炼的熔炉，是对党员、管理干部进行经常性教育、培训入党积极分子的主渠道。党校教育是企业党建和思想政治工作的重要组成部分。

中海党校的工作方针：坚决贯彻党中央规定的教育方针，坚持正确的政治方向，以邓小平理论和"三个代表"重要思想为指导，认真贯彻科学发展观和构建和谐社会的理论，贯彻理论联系实际的原则，加强各类教育、培训，努力为集团建设一支党性强、作风正、素质高的党员队伍，建设一支德才兼备的干部队伍，为中国特色社会主义事业培养合格的建设者和可靠接班人。

中海党校主要任务：对党员干部、入党积极分子等开展经常性教育和轮训，促进企业党建工作科学化；加强对集团各类管理干部、党务工作者进行思想政治、领导能力、管理能力和业务知识的培训；组织开展教学研究和专题调研等活动，为企业决策提供智力支持；完成集团交给的其他教育、培训任务。

在机构设置上，中海党校设校务委员会。校委会主任、委员由集团党组任命。设校长一名，常务副校长一名，主持党校日常工作，配备副校长。内设3个职能部门：教务部、教研部、综合管理部，分工负责党校的日常工作。

中海党校的教学内容主要包括五个方面：学习马列主义、毛泽东思想、邓小平理论、"三个代表"重要思想和科学发展观理论；学习党的基本路线、方针、政策；学习党史、党建和党性修养的基本知识；学习当代社会科学知识；学习其他理论知识和业务知识。

三、培训体系

中海党校实行集团党组抓总规划、党校实施、专业公司参与的三位一体的培训工作机制。

自2012年始,中海党校按照集团关于干部培训的总体部署和要求,加强干部培训体系的建设规划,立足企业的战略发展要求和经营管理实际,初步形成以组织架构、项目体系、课程体系、师资体系、培训方式、实施流程、效果评估、E-learning 8个要素组成的干部培训体系。

构建集团干部教育培训组织体系。中海党校强调整合资源,协同发展,利用改革之机,充实党校资源,同时通过集团整合资源,发挥系统内其他培训资源与集团党校的协同效应,形成对象分层、分级管理、业务指导的干部教育培训组织体系。

建立"三个基于"的培训项目体系。注重按照"基于领导干部思想政治水平提升""基于各职级岗位能力提升""基于各专业业务能力提升"三个方面需求,筹划、组织符合集团战略、人才成长规律、业务发展需要的培训项目体系。

培训项目主要包括:(1)干部进修:各级党员领导干部培训;(2)专题培训:专业岗位业务能力培训;(3)委托培训:按各单位需要组织培训;(4)在线培训:学习管理系统在线学习培训。

构建内外部资源合理配置的师资体系。扩大师资来源口径,注重发掘集团内部教师,增加内部师资比例,构建一支结构合理、素质优良的集团内外部师资队伍。在培训工作中,中海党校坚持外部师资为主、内部师资为辅的原则。外部师资主要包括:各类党校、科研院校、培训机构的专家、学者。内部师资主要包括:集团领导、各部门和各单位负责人、技术骨干等。截至2015年年底,到党校/管理干部学院授课的师资300余人,其中集团内部教师50余人。

中海党校自成立始,积极积累培训课程资源,加大与各院校、研究机构、专业培训机构等的合作,因地制宜安排课程设置,组织师资资源,抓好自有课程开发,已积累一定数量的课程,初步构建起中海党校培训课程体系。其主要分为三大模块:政治素质、管理素质和职业素质,在每个素质模块下划分若干个知识和能力模块。

中海党校围绕集团战略设置航运形势分析、集团战略转型、营销管理、金融产业、科技创新、管理提升和风险管控等课程。围绕精细化管理设置基层管理的系列课程,卓越运营管理系列培训课程。突出"党校姓党",围绕着提高干部的政治理论素养,设置党史党性教育的系列课程、中国特色社会主义理论教育、支部书记系列课程、纪检监察审计的系列课程。3天以上课程,有一个单元廉政教育;长班课程中确保一定比例的党性教育和党的理论课时;3个月的培训班,成立临时支部,开展一次以上的组织生活会。

按照业务办理类型划分,中海党校将各班次分为:主体班、专题班、委托班。

主体班为由集团人力资源本部/组织部、党组工作部等职能部门总抓,在集团层面举办的围绕集团战略发展开展的人才队伍建设和党的政治理论专题培训重点班次。2012—2015年,主体班主要有:中青年干部培训班、中央党校国资委分校中海党校处级干部进修班、中共十八大及十九大精神专题培训班、党的群众路线专题培训班、学习习近平系列重要讲话精神专题培训班、国际化人才班、党务干部"两学一做"专题培训班、集团高级管理人员培训班等。

专题班为集团各职能部门根据自身工作需要和队伍建设需要,围绕业务人员的素质和能力提升举办的班次。2012—2015年专题班主要有:基层党务干部培训班、工会干部培训班、营销班、法务风控人员专题培训班、财务人员培训班等。

委托班为集团所属的二级公司根据发展需要委托中海党校举办的各类培训班。

表6-2-4 2012—2015年中海党校面授培训班类型情况表

类　　别	主　要　班　次
主体班(50%)	中央党校国资委党校分校班(90天)、集团管理干部轮训班(60天)、优秀中青年干部班(15天)、国际化人才班(90天)等
专题班(30%)	各类专职人员培训班、团队绩效管理班、高效办公室班、营销管理班、财务知识培训班、人力资源管理培训班等
委托班(20%)	集团各直属单位司管干部培训班、中青年干部培训班、专业干部培训班、党务干部培训班等

四、教培实践和成果

【培训服务集团发展】

中海党校组建后,始终围绕集团转型发展,以集团干部人才发展纲要为指引,在完善培训体系上花力气。加强培训组织,强化培训工作顶层设计,开展集团管理干部轮训工作;狠抓重点班次,强化骨干培训,打造一批如中央党校分校班、国际化人才班、营销实务班、基层党支部书记班等具较强影响力的品牌班次;拓展培训范围,开发在线培训;突出党校职能,优化培训内容,将党性修养和专业能力作为培训重点内容,完成主体班次的主要培训模块设计,汇集分类别、分层次相对固定的培训课程内容,涵盖政治理论、党风党纪、专业能力、综合素质等课程。

2012年,党校/管理干部学院完成培训班28班次,培训1 132人次、5 338人天;2013年,完成培训班55班次,培训2 466人次、9 290人天;2014年完成培训班61班次,培训2 620人次、11 112人天;2015年,完成培训班75期,培训3 958人次、15 455人天,其中面授培训55期2 220人次、在线培训20期1 738人次,培训满意率为99.2%。此外,全年辅助集团职能部门、各单位组织会议及培训33期2 450人次。

【规范培训管理,强化培训效果】

强化培训设计与预算管理,做好培训调研工作。在预算管理方面,各单位教育经费按比例交由集团统筹使用,党校主体班次办班费用由集团统筹拨付。党校负责做好每个班次的成本费用预算,报集团审批同意后执行,培训班结束后,以实际开支申请集团拨付费用。在质量管理上,党校建立教学质量管理体系,设12个要素对管理质量进行控制,设立质量手册、程序文件和支持性管理文件3个层级的文件体系,针对教学全过程进行流程设计,规范要求。培训班实行项目管理责任制,设项目负责人(班主任)和联络员、后勤保障员、设备技术员,一主多辅。由班主任负责培训项目管理,执行教务管理、班主任操作手册、评教管理、学员管理等制度,保障教学安排有序、高效。在评估方法上,中海党校培训评估主要包括党校培训执行评估和培训效果评估。从党校工作执行角度出发,主要采取月度培训质量评估会、季度培训活动分析会的形式进行,总结和分析培训办班工作质量,提出改进措施;从学员培训效果角度出发,主要采取一级评估、二级评估进行,了解和掌握学员培训收获和效果。

为强化培训效果,中海党校综合运用课堂讲授、结构化研讨、案例教学、现场教学、互动交流等多种形式,改进培训方法,提高培训感染力;抓好精细服务,完善后勤保障,保障教学安排有序、高效,塑造服务品牌。

【加强资源和能力建设,做好培训保障】

中海党校注重加强师资建设,开发内部师资,至2015年已建立起一支由300余名集团内外部学者、专家组成的多层次、多专业师资队伍,其中集团内部教师已达50余人;升级在线系统,丰富课程资源,组织开发学习管理系统二期项目,采购完成中欧、哈佛、时代光华等线上培训课件500余门;优化管理流程,推进OA应用,提高工作效率和质量;强化队伍建设提高职工素质,2015年有16人共参加32次培训,组织16次校内集体学习和研讨活动;开展教学研究,提升创新能力,开展培训体系建设课题研究,编辑出版《中海党校研究》内部刊物,编辑出版中央党校分校班学员毕业论文集。同时,做好后勤保障工作,统筹学员食、住、行等安排,配备保障服务人员,执行安全管理、办班后勤服务细则、成本费用管理等制度,满足培训学员需要。

2012—2015年,中海党校累计举办219个培训班,共培训10 176人次、41 195人天,其中面授培训班199个培训8 424人次,在线培训班20个培训1 738人次。

表6-2-5 2012—2015年中海党校年度培训班办班情况表

年 份	主体班	专题班	委托班	在线班	合 计
2012	9班次 398人次 1 854人天	14班次 577人次 2 930人天	5班次 157人次 554人天	0	28班次 1 132人次 5 338人天
2013	14班次 753人次 1 580人天	15班次 552人次 3 115人天	26班次 1 161人次 4 595人天	0	55班次 2 466人次 9 290人天
2014	9班次 381人次 5 007人天	20班次 926人次 1 622人天	32班次 1 313人次 4 483人天	0	61班次 2 620人次 11 112人天
2015	3班次 128人次 9 598人天	34班次 1 416人次 4 651人天	18班次 676人次 1 206人天	20班次 1 738人次	75班次 3 958人次 15 455人天

第七篇

员工队伍

概　　述

　　1997年,中国海运成立之初,在整合上海、广州、大连三大海运集团和中国海员、中交船业5家企业资产的同时,也对5家企业的职工队伍进行整合。同年,集团共有在职职工46 534人,其中船员25 559人,陆岸职工20 975人。

　　中国海运作为一家大型航运企业,船员始终是职工队伍中的主体。2004年,中国海运船队向大型化、现代化快速发展,一批新造的大型船舶陆续投入营运。为满足集团船队发展对船员人才的需求,确保船舶合理配员,集团专门成立中海国际船舶管理有限公司,实施船员资源统管的战略决策。是时,中海国际拥有员工22 543人,其中船员20 947名,高级船员占到48.4%以上;管理国内外船舶80余艘,为当时中国最大的船舶管理公司。

　　2010年,全集团拥有船岸干部职工45 344人,其中船员总人数23 208人,陆岸员工22 136人。在船员队伍中,自有技术干部船员11 983人。船员队伍已成为一支训练有素、配置合理,与集团船队向现代化、大型化船队转型匹配的,具有国际竞争力的实力型团队。

　　2014年,集团实行"大船员体制",拥有船员近2万人的中海国际成为集团航运产业链重要的一环,实施集团船员集中管理。集团船舶吨位比成立初期有大幅度增加,由于管理更加科学,船员拥有数反而有所下降。中海国际已经注册于上海自贸区,在上海、广州、大连和北京四地分设3个分公司,3个教培中心,3个船管部,1个劳务外派公司,1个海事技术服务中心五大业务板块,形成一个科学、完整的产业链,覆盖船员招募、培养、管理、培训、配员或外派的全过程。其管理水平能对标国际一流,与大型航运企业所匹配,达到集团化、专业化、集约化、市场化建设船员队伍的要求。

　　2015年,全集团拥有船岸干部职工43 032人,其中船员21 496人,陆岸员工21 536人。

第一章 员 工 结 构

中国海运始终坚持抓好职工队伍建设,为企业发展提供坚强保证。1997—2015年的18年间,集团以建设世界一流航运企业为目标,着力打造一流员工队伍,着眼于员工发展,让人的发展与企业发展相互依存,让企业发展的出发点与落脚点集中于人的发展,创新激励机制,拓宽员工发展路径,使员工队伍的技术、知识结构不断优化,呈现专业化、知识化的特征。

第一节 员 工 人 数

1997年,集团成立时共有在职职工46 534人,离退休职工9 226人,两者合计55 760人;在职人员与离退人员的比例为5.04∶1。在职职工中,干部19 670人,工人26 864人。船舶船员(不计港作船船员)25 559人,占在职职工总数的55%,其中干部船员9 949人。

2005年,全集团拥有船岸干部职工45 239人,其中船员总人数20 947人,陆岸员工24 292人。在船员队伍中,自有技术干部船员11 983人。在陆岸队伍中,中海工业5 040人,中海集运3 015人,中海物流2 737人,广州海运2 644人,上海海运1 898人,中海船务824人,中海客运551人,中海货运502人,中海油运302人,集团总部154人,中海港口109人。

2010年,全集团拥有船岸干部职工45 030人,其中船员总人数23 208人,陆岸员工21 822人。在船员队伍中,自有技术干部船员10 130人。在陆岸队伍中,中海工业4 877人,中海集运3 638人,广州海运2 431人,上海海运1 606人,中海物流1 311人,中海船务974人,中海港口806人,中海客运492人,中海货运377人,中海油运294人,集团总部145人。

2015年,全集团拥有船岸干部职工43 032人,其中船员21 496人,陆岸员工21 536人。在船员队伍中,自有技术干部船员11 745人。在陆岸队伍中,中海集运3 827人,中海工业3 349人,中海物流2 461人,广州海运1 442人,上海海运890人,中海船务1 273人,中海客运379人,中海散运363人,中海油运234人,集团总部190人。从陆岸职工队伍的规模变化走势看,中海集运、中海船务呈现为逐年递增状态,中海工业、上海海运、广州海运、中海客运呈逐年递减状态,中海散运、中海油运、中海物流和集团总部大体保持平稳状态。

表7-1-1 2005年、2010年、2015年中国海运集团在职职工人数情况表　　　　单位:人数

年份 单位	2005	2010	2015
全集团	45 239	45 030	43 032
船员总数	20 947	23 208	21 496
陆岸总数	24 292	21 822	21 536
中海集运	3 015	2 638	3 827
中海油运	302	294	234

〔续表〕

单位＼年份	2005	2010	2015
中海散运	502	377	363
中海海盛	121	155	121
中海客运	551	492	379
中海工业	5 040	4 877	3 349
中海物流	2 737	1 311	2 461
中海船务	824	974	1 273
中海港口	109	806	59
上海海运	1 898	1 606	890
广州海运	2 644	2 431	1 442
中海投资	11	382	242
中海国贸	70	72	69
集团总部	154	145	190

说明：2005年、2010年为全年平均数；2015年全集团总数、船员总数、陆岸总数为全年平均数，各单位数据为年初数据。

1997—2015年的18年来，职工队伍的结构明显优化，素质明显提高，呈现出"两变一不变"的特征。"一不变"，即员工队伍总量基本不变，1997年在职职工为46 534人，而2015年为43 032人。"两变"，即职工队伍的技术、知识结构不断优化，呈现专业化、知识化的特征。2005—2015年，中高级职称所占比例从16.3%增加到18.4%，增加2.1个百分点；大专以上学历所占比例从34.7%增加到47.3%，增加12.6个百分点。除技术结构、知识结构外，年龄结构中40岁以下员工则呈占比减少状态，2005年40岁以下员工所占比例为49.0%，而2015年则为43.2%。

第二节 技 术 结 构

中国海运组建初期，职工队伍的层级按干部与工人进行统计。1997年，干部在在职职工中的占比为42.3%，工人占比为57.7%。在干部队伍中，专业技术干部15 889名，占干部总数的80.78%，占全集团职工队伍的34.14%。在船员方面，干部船员与普通船员的比例为30%：70%。其中原上海海运船员13 533人，船舶技术干部4 256人，占比为31%；大连海运船员3 069人，干部船员1 005人，占33%。

为提高职工队伍综合素质，中国海运不断加强人才队伍建设，不断优化队伍技术结构。2004年，集团制定《2004—2005年人才发展规划》，确立了总目标，即到2005年年底，集团职工人数控制在4.55万人，拟通过"主辅分离"等措施减少1 300人；集团人才队伍总人数2.3万人，各类人才计划培养目标2 300人；建设好"两个一万"人才工程和"百千万"人才工程。"两个一万"人才工程是指，到2005年年底上海、广州、大连三地船员人才队伍1万人，陆岸人才队伍1万人。"百千万"人才工程是指，到2005年年底企业领导人才队伍200人，高级经营管理人才队伍1 000人，高级技术人才队伍1万人。其中船员人才队伍建设目标是：到2005年年底，拥有船长800人，轮机长800人，船舶政委600人，大型船舶船员班子80套，其中大型集装箱船员班子55套，大型油轮船员班子25套。为了实现发展目标，集团坚持目标管理，做到年度有计划、季度有安排、节点有要求，对人才发展规划确定的各项任务，层层分解，落实到人；坚持深化改革，为人才队伍建设破除体制障碍；坚持做好员工培训，形成多层次多渠道大规模的人才教育培训工作格局。经过不懈努力，集团的职工队伍素质有了较大提高，技术结构也得到优化。

2005年，中国海运整合船员资源，筹建成立中海国际，并以其为主要船员培训平台，推出一系列有效措施，提高技术干部船员队伍素质，加强大型和超大型船舶船员队伍建设，及时扭转该集团成立初期船队发展迅速而船舶技术干部紧缺局面。并通过滚动培训形式，形成大型和超大型船舶船员自我递进、自我"供血"机制。在各个船队都面临较大需求的情况下，推出大型船舶干部在本船"直升"或缩短"高代低职"及滚动培训时间等系列措施，保证了大型和超大型船舶的船员需求。

2007—2009年，中国海运为进一步加强船员技术干部队伍建设，先后建立中国海运船员首席培训官制度和集团校委会，发挥两个平台的作用，统一完成"'三江两区'培训教程""船舶安全员培训教程"等远程船舶教育培训课题项目。2009年，全年培养干部船员1 674人，招募社会干部船员911人；共组织2.24万人次参加各类船员培训，其中有634人参加国家适任证书考试，4 652人获得三副、三管轮以上证书；着重加强大型和超大型船舶技术干部船员的培养，共培养大型船舶船长24人、政委18人、轮机长19人、大副36人，从制度和培训机制上确保船队大型化、规模化、远程化发展对于技术干部船员的需求。

2010年，集团将船员人才队伍建设作为人事工作重点之一，结合《集团"十二五"船员人才发展规划》，确立"人才资源是第一资源、教育培训是百年大计"的理念，建立集团船员职业培训体系，为实现集团"十二五"发展规划提供人才保障，并制订《2010年集团干部船员培养计划》。截至2010年12月31日，集团内共有20 794人次参加各类船员培训，集团各职船员参加国家海事局组织的海船船员适任证书考试，取得甲类任职资格的船长有87人、大副98人、轮机长126人、大管轮82人；全年集团共申报高级船长、高级轮机长8人。培养各职干部船员共2 443人，其中：船长128人、政委23人、轮机长128人、"小三长"123人；招募社会干部船员1 231人。

2005—2010年的5年间，中海国际新培养船长、轮机长各600人，政委近300人，其他各职干部船员1万余人；培养水手长、机工长、大厨等"小三长"共计800人。2010年，中国海运自有技术干部船员人数已从2005年的9 854人增加到1.18万人，增长19.84%；自有普通船员人数从2005年的1.06万人减少到9 331人，减少12.1%，从而使自有技术干部船员和普通船员的比例由5年前的0.93∶1提高到1.27∶1。

2015年，全集团在职职工中，获中高级职称人数为7 916人，占集团职工总人数的18.39%。在船员当中，获中高级职称的船员总数为4 396人，在船员中的占比为20.45%；在陆岸员工中，获中高级职称的人员总数为3 427人，在陆岸员工中的占比为15.91%。

表7-1-2 2015年中国海运职工技术职称情况表

单位：人

分　类	正高级	高　级	中　级	初　级	无职称
在职员工合计	52	3 212	4 652	6 645	9 462
1. 陆岸员工	52	830	2 606	3 120	6 077

〔续表〕

分　类	正高级	高　级	中　级	初　级	无职称
（1）集团总部	3	51	81	37	25
（2）集团直属单位本部	25	335	787	565	450
2. 船员		2 382	2 046	3 525	3 385
在岗员工合计	52	3 185	4 586	6 557	9 055
1. 陆岸员工	52	813	2 562	3 087	6 035
（1）集团总部	3	51	81	37	25
（2）集团直属单位本部	25	325	758	552	444
2. 船员		2 372	2 024	3 470	3 020

第三节　文化结构

1997—2015年，中国海运职工队伍的文化层次不断提高，文化结构不断优化。

在陆岸职工队伍方面，中国海运重点加强管理干部人才和驻外干部人才的队伍建设，使其文化结构不断优化。2005—2012年，集团本部和所属二级公司企业领导人才数量增长9.5%；其中大学本科及以上学历所占比例从78.1%上升到89.6%，增加11.5个百分点。集团的驻外干部数量增长16.7%；大学本科及以上学历所占比例从82.5%上升到91.0%，上升8.5个百分点。

在船员队伍方面，集团注重发挥教育培训专业机构作用，积极落实各项文化教育措施，努力提高船员队伍文化水平。2005—2012年，集团自有干部船员队伍中，大专以上学历所占比例从64.2%上升到82.8%，增加18.6个百分点。中海国际自有适航主要干部船员中，大专以上学历占75.75%，比5年前提高11.6个百分点；其中驾驶员大专及以上学历占59.0%～90.12%，为梯形分布；轮机员大专及以上学历占57.99%～89.66%，也为梯形分布，呈现职务低、学历高的特征。

在调整员工队伍文化知识结构方面，集团主要采取四项措施：一是出口顺畅，通过深化人事用工制度改革，引入市场化的用人机制，逐步实行员工有序流动，对富余人员，严格按照《劳动法》和地方政府的规定，在协商一致、经济补偿的前提下，解除劳动合同，结合企业主辅分离改制分流工作，进行分流妥善安置；做好退养、退休工作，让老同志老有所养、老有所为。达到控制总量，优化结构的目的。二是入口严格，引进企业紧缺的、知识层次高的人才，严格限制一般素质人员调入。三是加强现有人才资源开发，盘活存量，提高现有人才的知识水平。四是坚持招收大专以上、以本科为主的水上专业毕业生，将其视为招募集团主力军，并作为高级管理人员、高级船员队伍培养的新生力量；招收本科以上的陆岸专业毕业生，培养管理人才和专业技术人才，作为高级管理人才、高级专业技术人才培养的后备力量。

对于船员文化知识结构的调整，针对船员素质与船队发展相比还有较大差距的状况，立足内部培养为主，有计划、有重点、有针对性地培养一支与集团创建世界一流航运企业相适应的一流船员队伍，特别是大型船舶船员的培养，遵循人才成长规律，制订滚动培养计划，从选拔、培训、实习、考核等环节，列出进度表，逐人逐项安排落实，确保质量。同时，高度重视中普骨干船员队伍的培养，制订船舶"小三长"培养计划,抓紧实施,不断提升他们的知识文化层次。

对于陆岸管理人员文化知识结构的调整,随着船舶结构调整步伐加快,重点加强船舶管理干部队伍素质,特别是机务、海务主管素质的提升,以适应船舶大型化、现代化发展需要。为此,集团加紧员工知识培训,制订知识更新计划;充分利用集团内外资源,如利用集团内部培训机构,利用外部高等院校和国家部委培训资源,进行人才知识更新培训;同时,通过参加船舶建造、随船学习、上船代职等措施,提高干部船员业务素质;通过建立船岸交流制度,把经验丰富、有大型化、现代化船舶任职资历的船长、轮机长交流到船公司机关担任海务机务主管,改善船舶管理人员知识能力结构。

对于高级经营管理人才队伍文化知识结构的调整,重点对20世纪六七十年代出生,八九十年代大学生中的优秀人才进行培养,强化年轻管理者整体素质。为此,集团注重从基层挑选一批年轻干部,实行高级经营管理人才的定向培养,有计划地推荐他们到高等学府深造,到海外公司锻炼,或到基层挂职;同时,有计划地把海外人员调回国内任职,培养造就具有创新精神、竞争能力、国际化高层次人才队伍。

由于坚持不懈地进行文化知识结构的优化,集团员工队伍的整体文化知识水平显著提升。2015年,全集团大专以上学历人数共计20 373人,占职工总数的47.3%,比2005年大专以上学历所占34.7%的比例,增加12.6个百分点。2015年,陆岸在职员工大专以上人数为12 688人,在陆岸职工中占比为58.91%;其中硕士研究生以上872人,占比为4.05%。在职船员大专以上人数为7 685人,在船员中占比为35.75%。

表7-1-3 2015年中国海运职工学历情况表　　　　　　　　　　　　　　单位:人

分　类	研究生及以上	大学本科	大学专科	高中中专	技校	初中及以下
在职员工合计	876	11 044	8 453	3 191	605	9 773
1. 陆岸员工	872	7 720	4 096	2 039	432	1 311
（1）集团总部	46	128	20			
（2）集团直属单位本部	331	1 438	322	101	6	58
2. 船员	4	3 324	4 357	1 152	173	8 462
在岗员工合计	875	10 977	8 321	2 768	530	8 909
1. 陆岸员工	871	7 663	3 984	1 768	374	985
（1）集团总部	46	128	20			
（2）集团直属单位本部	330	1 420	291	59	3	22
2. 船员	4	3 314	4 337	1 000	156	7 924

第二章 船 员 管 理

1978年后,我国海洋运输业在"对外开放,对内搞活"经济方针的指引下快速发展,船员队伍日益壮大,在数量上、结构上、质量上都有显著改善。中国航运业与国际航运业接轨,对中国海员的管理体制提出了新的要求,中国海运紧紧抓住改革开放给海员职业带来的历史机遇,加强船员管理,探索改革劳动用工制度,大力提高船员队伍素质,满足自身船队发展需要。同时,积极开拓船员劳务输出和外派业务,走出国门、走向世界,为使中国海员职业发展成为国际化而不懈努力。

1997年7月1日,中国海运在上海成立,上海、广州、大连海运以及中国海员对外技术服务公司麾下的船员皆整合归入中国海运。

按照1996年年底统计:上海海运人员总数为25 578人,船员13 533人;广州海运有海轮船员8 643人;大连海运有船员3 069人;中国海员对外技术服务公司拥有千余名自有船员,随中国海运的成立而都纳入集团旗下。这些船员为集团专业化重组后的货轮、油轮、集装箱三大船队的快速发展作出了贡献。集团成立后18年间,始终高度重视船员管理,并于2004年成立国内最大的船员管理公司,以加强对船员队伍的专业化管理。

至2015年,集团船员队伍以其良好素质和技艺,屡创佳绩,享誉国内、国际海洋运输市场。

第一节 船员招募与调配

一、船员招募

20世纪80年代,随着改革开放的深入发展,航运业成为我国开放最早最彻底的行业。上海地区以及其他沿海城市人力资源市场已基本形成,人才竞争激烈,既有利于用工制度的改革,也为一些大型国有航运企业的用工带来新的挑战与困扰。1982年后,为稳定船员队伍建设,根据国务院改革劳动用工制度的规定,大型国有航运企业开始逐步试行招收合同制船员。同年1月,上海海运初步试行合同制用工制度,通过该局劳动服务公司,从职工子女中招收第一批21名合同制工人,全部为女性,上客船任客运服务员、广播员等。1985年,上海海运招收的合同制船员约占船员总数3%。1990年年底,上海海运拥有船员1.96万人,其中合同制船员达2 296人,占船员总数提高到11.7%。

广州近代海运业形成后,海员的基本知识和基本技能主要是靠师傅带徒弟传授。中华人民共和国成立后,华南沿海航运逐步恢复,但船舶吨位小,航线运距短,航海人员培训也沿用师傅带徒弟、边干边学的方式。20世纪60年代,广州海运海员自然减员的补充一度也是采取师傅带徒弟边干边学的办法来培养顶替。各船从实际出发,采用灵活多样的学制,成立以系统提高技术和业务为目标的学习班。拜能者为师,并配兼职教师,学员边学边做,结合贯彻岗位责任制进行岗位练兵,使业余技术培训紧密结合实际,促进"大练基本功"群众运动的深入开展,提高了海员技术水平。20世纪70年代,广州海运事业迅速发展,对海员的数量和素质提出新的要求。广州海运在加紧培训从航海院校毕业分配的大中专毕业生的同时,还从转业退伍军人中挑选了一批有航海经验和业务专长的人员充实海员队伍；又从普通海员中挑选一批素质好、愿为海运事业长期服务的人员进大专院校深造，培养出一大批高级海员，适应了海运生产的需要。

20世纪90年代，大连海运从改革用工制度入手，推动企业经营机制的转换。1992年8月，首次采取农民合同工和定期轮换制形式补充船员队伍，首批招收50名农民合同工女客运员。这批合同工的户口不进城，实行为期4年的轮换制。同时，随着我国航海教育事业的发展，为船员招募带来新的生机，上海、广州、大连等地海洋运输行业的船员队伍在数量上、质量上都得到有效改善。

进入21世纪后，随着国内航运院校规模的发展壮大，毕业生数量增加、质量不断提高，为船员招募开创了新的局面。为了确保航运院校毕业生的就业，交通部逐年下达《关于部属院校水上专业毕业生就业计划的通知》，中国海运根据文件精神，按照预定指标，有计划地招募部属院校水上专业毕业生及其他航海院校毕业生，招收数量逐年增加，有效改善了船员队伍的技术文化结构。

中国海运自成立起就十分重视船员队伍建设，适时招收航海类学校的学生。2002年，中国海运招收高校应届毕业生576人，其中水上专业毕业生349人；2004年，招收航海类水上专业毕业生676人。为了做好人才储备工作，集团主动到各航海院校进行企业推介活动，与大连海事大学等6所航海类本科院校493名2005年毕业生签订就业协议书。同年，在集美大学、武汉理工大学、上海海事大学、大连海事大学4所航海类本科院校共招收本科毕业生555人。2006年招收航海类水上专业毕业生更是多达950人，是中国海运充实航海类本科毕业生最多的一年。

在招收航海院校学生同时，中国海运还多渠道地招收船员，充实船员队伍。

2004年，中国海运招聘两批69名女性服务员，经过培训、实习，择优上岗，安排到新船工作，使新船呈现出新面貌、新活力。2005年，鉴于中海客运船舶客运员定员不足，且整体年龄偏大，难以适应客运市场发展需要的情况，该公司人事部与大连中海国际公司人员远赴哈尔滨，在黑龙江旅游职业技术学院精心挑选16名女生，进行岗前教育培训后，安排上船见习，经过两个多月在船锻炼，16名新招客运服务员全部代职使用。2008年以后，客运人员招收逐步集中于专业学校学生，以保证客运服务人员的整体素质，船舶客运服务质量明显得到提高。

鉴于改革开放后，各行各业迅速发展，先前海员的相对工资待遇优势以及政策优势逐渐消失，而海员的工作环境较差，生活枯燥及远离陆地等原因，加上海员社会关注度越来越低，使在城市以及沿海地区招募船员变得十分困难。据统计，航海类院校毕业的学生，5年后还在船上工作的不到5%。而经过企业重组焕发出活力的中国海运三大船队建设正处于高速发展期，急需要新生力量补充船员队伍。2007年始，中国海运先后在湖南、江苏、云南建立3个船员基地，实行通过船员基地招募应届高考落榜的学生，在上海海事职业技术学院定向培养干部船员的新模式。首批40名高三毕业生与船员基地签订劳动合同后，经基地培训，派往主营、合资船队船舶工作。船员基地的建立为创新用工模式进行积极探索，为扩大船员招募创造了条件。

2006—2015年，中国海运到对口援助的云南永德地区招募船员，在永德基地共招募船员近200名，其中少数民族船员占15%，分别为彝、佤、白、布朗、苗、土家等民族，这些船员被分配到集团所属各类船舶，担任水手、机工、服务员等工种。

2008年7月，中海国际在湖南省招聘一批选择自主择业专业人士，担任船舶政委。招聘范围和条件为中共党员，男性，具有大专及以上学历，身体健康，形象良好，符合国际《海船船员体检要求》的标准。考试采取综合面试加笔试方式，经录用的政委人选与中海国际签订劳动合同，建立劳动关系。

2010年，集团在招募航海院校毕业生时，开始注重本科、专科与中专毕业生比例结构的合理

图 7-2-1 中国海运集团在海事大学校园内的船员招募现场（2010 年摄）

性，以满足海洋运输对于船员各技术文化层次的需要。对社会技术骨干船员实行"合同化"，对普通船员实行"社会储备多元化"，做到根据航运企业对于用工的需要，灵活招募用工，努力实现人力资源效益最大化。

2010 年，培养各职干部船员共 2 443 人，其中：船长 128 人、政委 23 人、轮机长 128 人、"小三长"（水手长、机匠长、大厨）123 人；招募社会干部船员 1 231 人。中国海运为确保和扩大自有技术干部船员队伍建设，高度重视船员招募和航海院校毕业生推介及招募工作，2005—2010 年，共招募船员 7 000 余人。其中，重点招收航海大学毕业生累计达 1 595 人。中国国际船员总人数从 2005 年的 2.45 万人增加到 2010 年的 2.76 万人，增长 12.71%；其中，自有运输船员人数从 2.05 万人增加到 2.11 万人，增长 3.27%；自有干部船员人数从 9 854 人增加到 1.18 万人，增长 19.84%；自有中普船员人数从 1.06 万人减少到 9 331 人，减少 12.1%，自有干部船员和中普船员两者比例得到优化。

2011 年，中国海运发布《船员管理手册》，其中对船员招募管理作出明确规定。该项制度规定，关于船员招募，由集团人事部统一部署，由船公司负责提出船员需求计划，中海国际负责组织实施船员招募工作；船公司和中海国际分别根据本公司船员队伍发展需求，提出年度航海类高校毕业生、基地和社会船员需求计划；中海国际汇总制订《航海类毕业生需求计划》，包括招聘数量、专业要求、学历结构等，报集团批准后行文下发航海类高校毕业生年度船员招募计划。中海国际负责统一组织实施船员招募工作，包括航海类高校毕业生、基地和社会船员招募工作。船公司配合中海国际做好招募工作。

2011—2015 年，中国海运把船员招募作为建设一流船员队伍的重要环节来抓，根据航运形势变化和集团船队的发展需求，科学合理确定招募规模，严格按照招募流程和面试标准，规范操作，确保质量；通过船员招募调整和优化船员队伍的学历结构、年龄结构和专业结构。2012 年，中海国际共签约 2013 届航海类院校毕业生 536 人。2015 年，共招募航海类院校毕业生 110 人，并投入资金培养LNG船员,为4艘LNG船舶接船配员提供了船员人才保障。

二、船员调配

【调配部门】

改革开放初期,广州、上海、大连三大海运局均设立船员调配部门。1978年,上海海运下属的客运、货运、油运3个船队均有船员调配部门。

1998年始,中国海运分别组建上海、广州、大连船员公司,对船员实施集中统一管理。同时,中海上海船员公司分别设有集运、货运、油运船员调配科,对集团上海地区的船员实施统一管理、统一调配原则。2004年,中海国际成立后,将中国海运在上海、广州、大连、北京四地的船员资源融为一体,统一管理、统一调配。

2008—2010年,中国海运所属各专业船公司全面实行"三管"模式,将管船、管人、管事统一起来。原先由中海国际掌管的"船员库"内船员调配权及相关调配人员全部移交各船公司,船员的使用、管理、任免、考核、奖惩、流失由各专业船公司负责,各船公司均设立专门的船员调配部门。

2014年4月1日,集团船员管理体制实施新改革,中海集运、油运、散运等集团主营船公司船员管理人员与其承担的船员管理责任整建制转入中海国际,集团船员资源统一在中海国际一个平台上实现集中管理。中海国际通过与各主营船公司签订《船员管理服务协议》,建立单船船员费用包干的市场模式,向集团各主营船公司提供船舶配员服务。

建立由中海国际与集团各船公司签订《船员管理服务协议》的内部市场化机制,约定双方的权利义务,实行单船船员费用全额包干(包括船员工资奖金、劳务费、社保公积金、各种福利费、伙食费、退休船员补贴费用、残疾人费用和各种摊派费用、机关人员管理费等),"费用包干"的准市场模式,具有"三提高一降低"特征的内在激励与约束机制,提高了中海国际市场竞争力。中海国际上海船员分公司以与V.Ships中国国际每艘988万元/年相同的船员费用价格,收回原中海集运为降低船员成本交由V.Ships社会船员配员的10艘万箱船。在航运市场持续低迷的形势下,市场化机制让中海国际集团配员船舶始终保持在350~380艘。改革中建立的船员管理月度报表分析制度,每月滚动制定4个报表:船员数量素质结构与船队情况分析表、船员经营收入成本费用及降本措施分析表、在岸船员动态及冗员清理分析表和各岗位船员工资社保与市场比较分析表,实现各项船员管理工作有计划性、日清月结常态化。建立和完善原中海"海员管理信息系统",以更加注重数据应用、流程控制和管理规范,精准精细记录好每一位船员基础信息和各种动态。船员"一站式"服务、"一体化"培训和流程化管理体系逐步形成。

【调配方式】

20世纪70年代末至80年代,广州、上海、大连海运的船员调配工作中,认真贯彻"有利生产、有利安全,科学安排,合理调配"原则,努力使调配方式适应船队发展需要。其间,上海海运十分注重船舶领导班子(主要是船长、政委、轮机长)的搭配,包括以新船长搭配老政委协助其工作、以老船长搭配新政委等模式。在调配船员班子时还注意发挥先进船员班子的榜样作用以及新老船员间的传帮带作用。船员管理部门在配备船员班子之前,对船长、轮机长、政委的调配,须事先由公司海监、机务、政治部组织部门签署意见,报公司主管领导审批后执行;大副、大管轮、管事的调配须由调配科长把关,处长批准;船员调动或公休,要同时征得船长、政委两人同意,不到公休时间,原则上不能离船。为保证船舶有序的运输生产,船舶领导安排船员公休时,长航线每一往返航次休假人数不超过船舶配员40%,短航线每一往返航次休假人数不得超过20%,遇特殊情况分别不得超过50%和30%。

1986年始,上海海运针对集装箱船周转快、船期紧、靠泊时间短,对船员技术素质要求高的特点,在调配集装箱船船员时,按"三早""二先""一流动"原则进行。"三早"即船舶早报公休人员名单,调配早安排接替人员,船员(接替人员)早到指定地点报到或上船。"两先"即"先远后近""先长后短",调配人员对职务相同,公休时间相近的休假船员,需调派上船工作时,先抽调路途远的或外埠船员,保留路途近的或本埠船员,以资机动;对职务相同,住地相近的休假船员,需要调派上船工作时,先抽调休息时间较长的,以体现合理调配,苦乐均衡原则。"一流动"是在业务技术胜任条件下,大、小船舶和远近航线逐步调整;在小船(或近航船)工作的船员,每年要有一定比例的人调整上大船(或远航船)工作;反之大船(或远航船)每年也要有一定比例的人调整上小船(或近航船)工作。实施这一调配原则后,使得集装箱船的船员调配交接班时间缩短,当集装箱船返航抵靠码头时,接班船员即可上船,船员交接班时间一天内,甚至2~3小时内便可完成。是时,该公司船员调配程序还规定:长航线船舶在抵国内港口前15天左右,短航线船舶提前一个航次,将公休船员名单报送船员主管部门;调配人员根据船上意见和原先安排,及时提出调配方案,交有关负责人审定;对主要干部船员调配,分别由海监、船技、组织部门签署意见,报主管领导批准,并电告船舶。20世纪90年代末,各海运局开始将先进的计算机技术应用于船员管理及船员调配工作,使工作效率与管理水平明显提高。

1993年7月,广州海运还对直属各单位下放了机构设置及编制定员、专业技术职务评审、干部聘任(任免)、人事调配、船员外派、职工离退休等方面的部分人事管理权限,促进这些单位新机制的建立,并为加强人力资源管理、加速人才培养与成长创造有利条件。通过人事管理制度、劳动制度和分配制度的一系列改革,各级管理机关、各基层单位初步建立起企业内部的竞争机制和激励机制,调动了职工的积极性,机关工作作风有所好转,职工工作责任心有所加强。为深化企业人事制度改革,适应现代企业制度的管理要求,1996年,广州海运重点抓好船员的劳动合同制转制工作;到1996年年底止,已签劳动合同职工达98.5%,基本完成广州海运实施全员劳动合同制工作,实现企业用工制度改革的根本性转变。1997年,广州海运进一步完善劳动、人事、工资三项制度改革,强化岗位考核,细化工资分配,进一步理顺劳动分配关系,调动职工积极性。

2000—2010年,集团内各专业船队企业及船员管理公司将船员调配工作进一步制度化、规范化,而且注重发挥船员统管、集约化配置的优势,使船员调配工作更加适应运输生产的迅速发展。中海国际与船东公司特别是与中海集运加强沟通和协调,形成一套船员管理机制。如:每两周定期开一次协调会,解决实际问题,且形成会议纪要;每季度召开一次大型集装箱船船员队伍建设研讨会,提出阶段性工作打算。这些管理措施和机制使得集团大型船舶的船员队伍实力日益壮大,配员日趋科学合理。此外,集团在原有"三管"工作的基础上,将重点放在优化船员套派体系上,督促船公司加快加强船员队伍建设,培养一定数量船员,构建船员梯队结构,以达到集团船员套派工作要求。同时,不断完善船员套派做法,保证船员套派的稳定性。

"十二五"期间,中国海运进行船员管理体制改革,进一步整合船员管理资源。中海国际发挥资源整合的整体优势,对船员实行招募、证书、调配、晋升、考核、分配等专业化管理;将10多个船员库船员按船种归并为集运、油运、散运、客运、自管五大船员库,实行集约化调配、使用;按市场化机制与船公司签订《船员管理服务协议》,建立单船船员费用包干的市场模式;按国际大船公司普遍做法,建立适应国际市场竞争的船员队伍建设和船员管理国际化体制机制,也使得船员配员工作更加科学化、规范化。此举在推进集团船队发展的同时,使船员队伍素质也有明显提高。2011—2015年间,船员大专以上学历从24.9%增加至50.6%;队伍年轻化程度提高,40岁以下员工所占比例从37.2%增至58.6%;技术等级提高,中高级职称所占比例从9.2%增加到21.5%。

2012年,中海国际从科学配员入手,调整和优化船员库内的船员。根据集团船公司配员需求,上海分公司将中海油运选定的89名外派自有船员全部转入其船员库,同时将156名外派自有船员配置给联营船公司;广州分公司把中海油运选定的44名外派自有船员转入油运船员库,同时完成中海散运55名社会干部船员的置换工作,为中海集运提供了17人次的应急配员;大连分公司根据船公司需求,制定个性化、差异化的配员服务,确保中海客运、中海海盛船舶配员需要。此外,中海国际还完成为神华中海、时代航运、友好航运等联营船公司9艘新接船舶的配员。

2014—2015年,中海国际按照集团总体部署和《中国海运船员管理体制改革实施方案》设计,与主营船公司密切配合,认真稳妥做好船员管理职能和船员管理机关人员移交工作。在此基础上,全力提高船员配员质量。自2014年4月1日起,中海国际坚持对集团所有船舶配员质量高度负责,坚持对所有船员工作责任心进行排查,把配员质量问题解决在船舷之外。制定《集团所有船舶配员质量责任制规定(暂行)》,对配员质量有问题的,坚持严格问责。与此同时,认真抓好船员套派,提高套派率。集团所有船舶全面设立船员套派奖,增加船员上岗前签署套派承诺责任书,加强和严肃船员纪律。与之相配套的,则是成立由高级船长、高级轮机长组成的船员管理指导办公室,做好船员考核、选拔、晋升等审核把关。

【大型船舶配员】

2004—2010年,是中国海运船队大型化发展的高峰期,一批批大型船舶特别是大型集装箱船陆续投入使用,对大型船舶的船员配员提出紧迫需求,也给船员配员工作带来严峻挑战。

2004—2005年,中海国际成立之初,恰逢中国海运一批新造大型集装箱船陆续投入营运,急需选拔配置船员。中海国际充分发挥船员资源统一配置的优势,在船员调配中体现出突出重点、满足急需、全力解决运输生产急难问题的特点。本着"确保集团船舶配员,确保开船不掉链"的承诺,集中所有船员资源,在短时间内为中海集运32艘大型集装箱船,包括当时我国乃至全球装载能力最大的9 600箱集装箱船,及时推荐200余名优秀干部船员为其所用。

2005年4月—2006年4月,中海国际承接大型集装箱船14艘的船员配置工作,平均每月承接一艘大型集装箱船。值得提及的是,在随后两年里先后有8艘9 600 TEU船舶加盟中国海运。中海国际把9 600 TEU等大型集装箱船的配员作为2006年的"一号工程",为及时做到接好船、开好船、管好船,根据船员队伍实际情况,打破地区限制,统筹规划,积极挖潜,在制定船舶派员方案过程中,明确派员指导思想,船员选拔标准,理清有关部门分工协作、分公司的任务等重要事项。在接船前的两个月中,按照接船计划时间节点,有条不紊地为船员进行英语强化培训以及港监等单位所要求的其他特殊培训。首批3名中方船员于同年5月底在韩国登船,6月,其他中方船员先后登船,6月22日,第一艘9 600 TEU船"新洛杉矶"轮从韩国三星船厂顺利启航,中海国际圆满完成这次船舶配员任务。基于首次派员的成功经验,中海国际于同年10月9日又一举完成第二艘9 600 TEU船"新上海"轮的派员任务。

9 600 TEU集装箱船的运营和配员任务,开创了集团内多个"第一":一是该类型船集装箱装载量是当时我国乃至全球投入营运的装载能力最大的集装箱船;二是集团首次采用成立合资公司并采用国际一流船舶管理公司的管船模式,对此类船舶进行管理;三是集团首次在自有船舶上采用中外混编的方式为船舶配员。如此多的"第一",是中海国际提升管理的成果,为中国海运在船员队伍建设方面创出的一条新路。

2007年,另外两艘9 600 TEU船"新香港"轮、"新北京"轮也配员成功顺利接船。该两艘船配员是根据船员年龄结构、技能水平和个性特征,配备最佳船员班子;在内部推行"板块管理",建立和健全调配工作责任制,加强对调配的考核评估,并与工作人员的考核奖励挂钩;进一步落实船员跟踪管理制度,加强对船员素质和能力的考核;坚持对船员班子的定期分析制度,重点是船长、政委、轮机长,特别是新任职人员。由此,使船员调配更加合理和规范。

"十一五"时期,集团每年还通过新招毕业生的面试,从中选拔一批优秀的可直接上大型船的毕业生,此举开创见习生直接上大型船舶工作的先河。公司承诺实习生只要能一次在船做满12个月的实习期,圆满完成实习任务,取得合格证后即可在大型船任职。实习中指定由专人包干跟踪这批大学生的实习过程。这一因人而异、定人定向的职业生涯设计做法,既起到对新人激励成长的作用,也及时给大型船舶输送了新鲜血液。

"十一五"至"十二五"期间,集团在大型船舶船员配置上,逐步形成四个特色:

择优录用,加快审定任职进程。面对新船不断投入营运,船舶"五大员"总量偏紧的局面,对"五大员"进行梳理,让其中的优秀者早日完成滚动培训并及时通过专家组的任职审定,特别是加快紧缺的电机员的培训。

紧密衔接,及时初审和面试。船舶"五大员"的培养,从选送人员上报,到初审及面试、跟班滚动培训,再到考核评估、任职等一系列过程,花费时间较长。为尽量缩短滚动培训时间,公司从源头做起,选派素质高、业务能力强的船员和机关人员当带教人员,科学布置带教任务,与船东共同对滚动培训人员加强教育,并严格按照时间节点完成各项学习项目,为培训者争取一次考核评估成功提供支持。

贴近企业,创新选拔机制。经过多次层层选拔,完全符合要求的人员已基本被选用。而集团的发展速度并未减速,一批批大型船舶持续投入营运,需要不断充实适航的船员班子。在如此大的人员需求压力下,中海国际结合实际,改进和完善选拔办法,经过与船东协商,达成一致,采取滚动培训、"高代低"(如船长代大副、大副代二副等)和跟班学习等措施,创新人才选拔机制,使人才的选拔从单一看"硬指标"到更注重"软实力"和实操水平转变。同时,通过加快审定任职进程等措施,确保更多合格人才汇流到大型船舶人才队伍的"蓄水池"。

形成大型船舶船员培养、自我递进、自我"供血"的机制。时经多年"海选",集运、油运、货运等船队符合"五大员"选拔标准的人员已经稀缺,且"十一五"至"十二五"期间各个船队都面临大的发展。因此,中海国际推出大型船舶干部在本船直升或缩短"高代低职"及滚动培训的时间等措施,便于大型船舶船员的自我递进。加上随后的大批三副、三管轮不断加盟,为大型船舶的船员队伍梯队建设提供了后备力量。

三、女船员

几千年来,开船航海一直是男性从事的职业。受"女人上船不吉利"的旧世俗影响,新中国成立前国内沿海海轮上无一女船员。1953年6月,原在天津港务局工作的女青年孔庆芬克服世俗封建思想,主动要求上船工作,被安排在上海海运当时万吨级货轮"和平一号"轮工作,成为中国第一名海轮女船员。她冲破海船由男人一统天下的旧传统,勤学苦练,迅速掌握航海专业知识,仅两年多时间就通过海监的各级船员鉴定考试。22 岁的孔庆芬获得国家交通部部长章伯钧签发的海轮三副证书。经过 15 年航海磨炼,1969 年,孔庆芬通过船长技术鉴定考试,被正式任命为船长职务,成为中国航海史上第一位海轮女船长。

1957 年,又有两名大连海运学院毕业的女船员分配上船见习驾驶员,她们克服生活上、生理上、体力上的种种困难,由见习驾驶员逐渐成为三副、二副、大副。同年,从武汉河运学校毕业的两名女性,到海轮上任报务员,在船数年后,被提拔为主任报务员。

1959 年,上海海运首次向社会招募 12 名女青年,上船担任客运服务员。该批服务员上船后,克服晕船和生理上的困难,工作出色,不少人后来被评为局级先进生产者。经第一批试点后,逐年向社会招工时,都有一部分女青年被安排在客轮客运部,分别任客运服务员、广播员和小卖部售货员等职务。这些女船员渐成为客运服务中的主要力量。

1965 年,大连海运学院轮机系女毕业生张兴芝被分配至上海海运,主动要求上船工作,先在机舱担任 4 年机匠,后又任 4 年三管轮,4 年二管轮,3 年大管轮。1983 年通过国家适任考试,被任命为"长柳"轮轮机长,是中国唯一通过国家考试后取得证书的海轮女轮机长。

图 7-2-2　由船舶轮机长转任上海海事职业技术学院导师的张兴芝
为新海员讲授轮机专业知识(2009 年摄)

20 世纪 70 年代,上海海运客运部门干部颜娟娟成为中国第一名海轮(客船)上的女政委,从事船员思想政治工作多年。

1975 年,上海海运从社会招收 40 名 74 届女初中毕业生,分配在船舶驾驶和轮机部工作,由老船员以师傅带徒弟的方式教其学习水手、机匠业务,其中个别女船员热爱航海事业,刻苦钻研和掌握航海技术,一度担任驾驶员职务。

1976 年,上海海运招收第二批女船员约 40 人。1978 年,终因女生生理和体力等原因,这两批女船员逐渐调离货船和油船,上岸工作。1978—1979 年间,上海海运学院有 2 名女毕业生分配在上海海运的客轮上见习三副,两年以后也离开船舶,上岸工作。此后,除客船外,其他运输船舶未再配置女船员。

20世纪80年代初,上海海运试行合同制用工制度。1982年1月,通过劳动服务公司,从职工子女中招收第一批21名合同制工人,全部为女性,上客船担任客运服务员。1983年又招收第二批20余名女服务员,以第一批部分合同工为骨干力量带领新合同制服务员,每季度进行一次考核,评一次浮动工资。她们中大多工作积极,热情为旅客服务,受到旅客好评,后有的担任服务组长,有的担任船上广播员,有的女服务员因表现出色还被评为市"三八红旗手"。1985年,上海海运有女客运服务员(包括广播员、售货员等)992人,1990年达到1376人。

1994年4月,上海—广州客运航班因亏损严重被迫停航,为此广州、上海的大批女船员被迫改行和离岗。

图7-2-3 中海客运客轮上的女船员(2008年摄)

20世纪90年代,大连海运积极推行用工制度改革。1992年8月首次采取农民合同工和定期轮换制的形式充实客轮需要的女船员。公司在大连市郊区招收了50名农民合同工女客运员。这批合同工户口不进城市,实行为期4年的轮换制。

中国海运成立后,中海客运仍经营北方渤海湾区域的客轮运输。船舶上仍有少量女船员。2001年中海客运从事客运服务的女船员人数为201人。客运员王淑慧就是其中的佼佼者,曾荣获当年"全国职业道德建设先进个人"称号。王淑慧在客轮上足足干了23年。她热爱海运事业,热心为旅客服务,"一片真心换真情,一片爱心换亲情",曾先后荣获大连市"新长征突击手""百名主人明星""岗位建功标兵""劳动模范"和中国海运"三学一创"十佳双文明标兵以及全国交通系统"巾帼建功标兵"等荣誉称号。

1997—2015年18年间,中国海运客轮上始终配有女船员。2015年,中海客运连—烟、连—威、连—新、湾—烟、旅顺—东营等航线班轮上,共有女船员198名,其中自有船员64名,劳务合同船员134名。她们克服种种困难,发挥特长,活跃在客运战线上。

第二节　船员管理模式

20世纪70年代末始,上海、广州、大连海运逐步开始实行劳动用工制度改革,对原固定工船员实行岗位经济责任制管理,对新进船员进行德、智、体全面考核,择优录用,签订劳动合同,推行劳动合同制管理。并深化船员管理体制改革,从抓船舶定员定编着手,提高船舶工作效率。是时,实行的都是传统的"人船合一"的管理模式,即船员基本固定于某船工作。

中国海运成立以后,与时俱进、创新发展。其在跨越式发展过程中冲破许多阻碍或不适应新形势的旧体制、旧机制,适时建立并持续优化一套行之有效的新体制、新机制。船员管理体制由开始的"人船合一"转型为"人船分离",由"五个统一"逐步向"管人、管船、管事相统一"的"三管"过渡,继而发展到建立船员专属人才库即建立主营船队"专属船员库"等变革,随着改革的深入推进,船员管理体制顺势而变、顺势而为。

集团成立之初,倾全力发展集装箱船队,继而由集装箱船队的"一枝独秀"发展到集运、油运、货运三大船队齐头并进的局面。三大船队都急需要能操控大型化、现代化船舶的船员人才,于是把如何充分调动三大船公司在使用船员同时也能大力培训船员的两个积极性,提升船队自身培养船员人才的"造血功能"提到了重要议事日程。"三管"对中海国际来说,体现的是细分配置船员人才资源,对船公司提供个性化的贴身服务;同时,也是对船员资源实行精细化、信息化管理的重要举措。"三管"对船公司来说,就是进一步落实船东培养船员、关爱船员责任制,更好贯彻落实"以人为本"的科学发展观。

一、"人船分离"管理

【"以船舷为界"】

1995年7月,为适应航运市场竞争,强化科学管理,提高企业经营效益,更好地集中精力,参与航运市场竞争,广州海运援引国际上"人船分离"的做法,将分散于直属船公司管理的9 000多名船员集中起来,成立英华船员公司,同年10月1日正式挂牌运作。该公司对船员调配、晋升、考核、培训等方面进行统一管理,以合理配置劳动力资源和优化船员整体素质,在全国海运系统率先形成较大规模的船员劳务市场。船员公司与船公司之间通过劳务合同建立业务关系,形成内部劳动力市场和竞争上岗机制。

1997年,中国海运在沪成立后,根据企业运输发展需要,对船员管理模式的改进进行新的尝试。

1998年3月,将组建"中海上海船员公司"列入重要议事日程。中海油运首先从财务、组织、人事、船员调配、政工等部门抽调骨干人员100多人,充实到上海船员公司,使各项船员管理工作的衔接有序进行。同时,中海油运将54套上海船员班子,共计3 211名油轮船员整体转入上海船员公司,原船员与船公司的劳动关系全部转由与上海船员公司签订。

之后,船员专业化管理体制渐趋完善。1998年6月30日,中海上海船员公司正式成立,标志着上海海运的船员管理改革迈出重要一步,开始实施"人船分离"管理。集团总裁李克麟和上海海运总经理燕明义为中海上海船员公司挂牌。与此同时,广州、大连的英华、英才船员公司,也开始实施转型,对船员集约化和专业化管理进行探索。

是时，集团上海地区共有1.6万余名船员（包括离退休职工4 000余人）。传统上，船员管理一直沿用"人船合一"的管理模式。中国海运成立初，各船公司在管理标准、管理制度和管理手段方面不尽相同，造成管理水平参差不齐。而组建中海上海船员公司是遵循市场经济规律，建立与国际接轨的新型管理体制和企业经营机制，从根本上打破经营、船队、船员"三位一体"的传统管理模式，把船员管理工作从各专业船公司中分离出来，实行船员的专业化管理，并通过建立一整套分工明确、责权清楚、利益共享的激励和监督保障制度，强化对船员的管理和培训，提高船员队伍的整体素质，提高船员的积极性和进取精神，增进企业的市场竞争能力。同时，各专业船公司可以从繁杂的船员管理事务中解脱出来，专注于船舶经营管理，有助于提高营运水平，提高经济效益。

组建上海船员公司，通过集中船员资源，解决了船舶技术干部尤其是持有甲类证书的远洋船舶技术干部紧缺的问题。当时，上海船员公司船长和轮机长缺口分别为81名、45名；而船舶技术干部年龄老化问题也很严重，55岁以上的船长、轮机长有94人；文化程度偏低，大副、大管轮以上船舶技术干部中专以下学历占59.9%；证书结构不合理，持有甲类证书、能从事远洋运输的船长和驾驶员约占53%，轮机长和轮机员约占62%。特别是船舶技术干部之间互通性差，开货轮的不能开油轮，开客轮的不会开货轮，操纵双车的不懂操纵单车。要提高船员队伍综合素质，强化培训是唯一途径。

1998年，中国海运参照国际上船员管理惯例，分别对广州和大连船员公司，采用集中管理、统一调配的船员管理模式。将原属于各船公司的船员划拨到船员公司统一进行管理。这既便于从原有货轮、油轮船员中抽调优秀船员加入集装箱运输，迅速建立和发展集装箱船员队伍；又可使各专业船公司腾出手来，集中精力抓好运输市场开拓、船舶营运和安全生产，适应集团对船公司专业化重组的需要。同时，集团制定和实施"以船舷为界""人船分离"的管理模式。即船员离船期间的管理全部由船员公司承担，上船之后的管理则由专业船公司承担。中海上海船员公司成立之初，根据中国海运下属三大船公司（集运、货运、油运）需要，提供临时性船员班子，经三大船公司确认，方能上船接班。一般情况下，一个套派期结束后，该套船员班子即解散，随后船员公司再根据船公司新的要求，重新组合新的船员班子，经船公司确认后上船接班。船员班子上船接班后，即由船公司管理。

2000年，中海上海船员公司根据集团船队发展要求，制定2000—2003年船员队伍结构调整规划。在此基础上，重点解决船员队伍总量富余、结构不合理的问题，培养一大批适应大型集装箱船、大型油轮、化学品船需求的船舶技术干部，进一步加大以市场为导向的船员培训力度，使公司船员队伍结构调整紧紧跟上集团船队结构调整步伐。

是时，船员公司建有三大船公司的"船员库"，经船公司确认后，三大船公司的船员队伍基本稳定。新组建的船员公司，坚持"三个不变"原则，即船员的主人翁地位不变，船员的待遇不变，机关为船员服务的宗旨不变。至2000年，公司共对257套船员班子、5 694名船员进行派前培训教育。并且要求套派船员班子离船后，由船舶"三长"（船长、轮机长、政委）向公司作安全生产、节控成本、争创效益、思想政治工作和维修保养等工作的述职报告，以此强化船员的事业心和责任感。同时，还将船舶安检结果等与船长、轮机长考核挂钩，在考核中体现出船长、轮机长的实绩。公司派员的"紫丁香"轮，严格按照《国际安全管理规则》运作，在中国海运安检时被评为六级，该轮船长季度考核则评分为八级。"振奋14"轮加强船舶维修保养，船容船貌焕然一新，安检时被评为六级，该轮船长、轮机长在考核中均被评为六级。（集团安检组检查船舶过程，根据船舶船风船貌及设备安全状况将船舶分成等级，级别越高船舶状况越好）同时，实行将考核与奖金挂钩的管理模式，通过强化考核，起到激励先进、鞭策落后的作用。同年4月始,该公司还建立由公司领导对"三长"派前谈话的制度,并委派指导船长和指导轮机长,对各套船员班子在运输生产各个环节中可能出现的问题进行针对性的指导。同年7月,中海上海船员公司开始实施对船员10%综合工资考核办法,即拿出船员10%的综合工资,对船员劳动工作情况考核后再作分配,有奖有罚,加大对船员的考核力度,以激励船员努力工作。

【船员定船管理】

2001年,为进一步加强船员队伍建设,中国海运开始实行船员定船管理模式,即在一段时间内,船员相对稳定在一艘船上或同类型船组内工作(船型、机型和航线要求相同,1个船组不超过5艘船舶);定船一个周期不少于3年,实行定船船舶的船长、政委和轮机长只能在一个定船周期结束后逐步变动(调岸、退休、处分及其他特殊情况除外)。集团所属各船公司主要采用船组内船员定船的方式,定船范围为船舶领导班子(三长)和主要骨干船员(客轮为客运组长以上船员),定船周期为3年。各船公司制定船员定船的方案和规定,并与船员公司签订定船协议书,明确定船船员名单、定船的时限和有关保证船员稳定的要求和措施。至2001年8月15日,集团船员定船工作进展顺利,有191艘船舶实行船员定船,定船完成率为64.1%。同时,各船公司和船员公司普遍认为实施船员定船,保持船员相对稳定有利于船舶的安全生产和科学管理,有利于船舶的维修保养和提高经济效益,有利于保持船员培训、考核和管理的连续性,有利于促进船员队伍建设和船舶精神文明建设,船员定船工作得以积极推行。

【集约化、专业化管理】

2004年12月8日,中国海运组建中海国际船舶管理有限公司,有效整合上海、广州、大连、北京四地的船员资源,实现船员"统一招募、统一培训、统一调配、统一管理、统一服务"的集约化、专业化管理。此举不仅为集团做强做大船员资源"人才库""蓄水池"提供了体制保障,也为集团船队调整升级、跨越发展,特别是快速打造一支跻身世界前列的集装箱船队提供了强有力的人才支撑。

中海国际成立时,拥有船员2万余名,高级船员占到51%以上;管理国内外船舶76艘,与世界上80余家船公司建立稳定的业务合作关系,年船员劳务输出1万人次以上,是当时中国最大的船舶管理公司;同时拥有当时国内最大的船员培训基地,年培训能力超过1.6万人次。

中海国际自组建始,一直致力于建设一支与集团船队发展相匹配的高素质船员队伍。公司的定位是,把中海国际作为集团船员资源的"蓄水池""人才库",作为培养和造就船员人才的"大学校",努力打造一支数量充足、结构合理、素质优良、船东欢迎的船员队伍,为集团主营船公司提供优质和全方位的服务。成立当年,该公司就完成集团大型船舶配员60余套。2005年4月—2006年4月的一年间,其以月均超过1艘的船员班子组建速度,完成14艘大型集装箱船的接船任务。

二、管人、管船、管事相统一

"十一五"期间,中国海运各大船队的快速发展,船队规模化、大型化、现代化,对船员综合素质提出更高要求。为适应船队的发展变化,集团在船员管理模式上不断进行探索、调整和改革,力求使之更加切合生产经营实际和适应船员队伍发展壮大的需要。船员管理模式变革成为必然。船舶管理模式开始由"五个统一"逐步向"管人、管船、管事相统一"的"三管"过渡。

【船员库建设】

集团在推行"三管"模式的过程中,实行两步走,首先是建立船员专属人才库。中海国际以专业化、专属化、精细化船员管理为切入点,对应各专业船公司的需求,对船员资源进行细分重组,以"实名、实用、实效"的原则,为各船公司建立"专属船员人才库",并建立与其相配套的管理机制。在集团指导和协调下,统一建立7家主营船公司的船员库。中海国际经与各船公司充分协商,制定了船员库管理协议,确保各项工作平稳过渡、不断不乱。主营船员库的顺利建立和有效运转为下一步工作的推进打下坚实基础。

2007年3月,中海国际完成"船员专属人才库"协议细则的制定,并与船公司以及所属各分公司多次沟通,几易其稿取得共识;4月中旬,配合船公司和所属分公司完成船员库的建库工作,进行"电子归档"正式锁定;4月17日,在集团主要领导的见证下,中海国际与船公司举行建立船员人才库签字仪式;4月26日,完成建立船员人才库宣传提纲的编写和与专属船员人才库管理协议相配套的维护细则制定。

根据集团和船公司领导的要求,中海国际各分公司按部署稳步推进这项工作,利用各种宣传渠道,全方位宣传建立船员库的目的和重要意义,统一各职人员的思想认识,从而克服了在建库过程中遇到的各种困难,按时间进度完成船员库的建库工作。是时,中海国际为中海所属7家主营船公司共304艘船舶,7 485个船舶岗位配备12 347名船员,配备系数为1.65,基本达到预期目标。

建立专属船员库的过程,也是中海国际机关管理水平进一步提升的过程。为了保证建库期间各项工作不断不乱,机关管理也趋于精细化、扁平化。为有利于专属船员库的有效运转,各分公司都建立与之相适应的机关管理体制,更好地为船公司提供个性化服务。

船员库建立后,中海国际自我加压,对船员库的维护进行完善:一是规范制度。在征求各方意见和建议的基础上制定船员库的维护细则,这是为保证船员库管理协议有效实施的配套文件,也是中海国际与船公司船员管理人员工作协同的操作细则。二是建立考核激励机制。在船员库的维护细则中,增加船东、船员对公司满意度的考核,并结合实际进一步细化至每一工作岗位。三是精细化管理。要求各责任人以高度的责任感和精细化理念去维护好船员库,认真执行船员库管理协议及相配套的管理文件,将精细化管理理念贯穿整个实操工作中,确保船员库的有效运转。经过中海国际与船公司的共同努力,主营船公司加大自有船员队伍建设力度,逐步形成自我培养、自我供给船员的"造血"功能。

船员库的建立带来"四个转变":从"以船为本"到"以人为本"的转变;从"使用船员"到既"使用船员"又"培养船员"相统一的转变;从严管船员到"严管"与"善待"船员相统一的转变;从粗放式管理向精细化管理的转变。从而达到了"四个有利于":有利于增强船员归属感、荣誉感、责任感;有利于促进船舶安全生产;有利于进一步发挥中海国际和船公司关心关爱船员的"两个积极性";有利于建设一流的船员人才队伍,促进船公司的协调发展、科学发展。

船员库的正常运行,不仅保证主营船公司所需的船员人才资源,同时,也使中海国际能够腾出人力和精力,去开拓船员人才市场,更好解决船员的"民生"问题,起到既稳定船员队伍,又提高企业经济效益,降低管理成本的效果。建立船员人才库是船公司与中海国际双赢共赢之事,同时,也为日后进一步提升船员管理水平、不断完善船员管理体制和机制打下扎实基础。

【"三管"模式】

2007年10月,集团从进一步调动船公司和中海国际积极性出发,决定在建立船员库的基础上,试行船公司"管船、管人、管事"相统一机制,并率先在中海油运试行。集团制定了《"三管"工作试点交接方案》,将中海国际油轮船员调配员整建制转入中海油运,相关船员调配职能也一并移交。至此,中海国际的管理角色,由原先全面担负集团船员管理职责,转变到供给主营船员、调节主营船员库余缺的"主渠道"和"蓄水池"上来。为推进"三管"顺利进行,该公司制定一系列配套管理制度,调整管理机构,深化船员管理信息化建设,认真做好船员招募,船员劳动合同签订、船员换库、接纳分流安置主营出库船员等服务,为主营船员库建设提供有力保障。

2009年4月,中国海运根据"三管"实际,制定《中国海运船员管理工作职责界定》,进一步明确实行"三管"后船公司和中海国际的船员管理职责。各相关单位都以促进船员管理精细化、船员资源利用率最大化为目标,及时设置相应的船员调配机构和党群管理岗位,完善和优化船员晋升、聘用、考核等管理工作流程,为船员动态显性化、船员成本明晰化、船员管理精细化搭建操作平台,建立起包括集团所有船员信息的数据系统。通过船员管理信息平台与财务系统的数据对接,使船员成本费用实现"实名制",精细到单船、单人、单项成本,从而规范船员成本费用统一口径,加强对可控成本的控制和管理。

"十一五"时期,中国海运新增运力共计245艘、1 396万载重吨;其中新建及购入的自有船舶117艘、977.29万载重吨。在自有船舶中,大型船21艘,包括8艘VLCC、4艘VLOC,9艘8 000 TEU以上集装箱船。除此之外,还有一批老旧船、小船报废。船队的快速发展对船员的数量与质量提出新要求。由此,一大批船员队伍新生力量补充入库,也有相当一部分观念滞后、年龄偏大、技能单一的船员成为出库对象。在建立主营库后的近3年时间中,中海国际将主要精力和工作放在接受主营船员库出库船员和为主营船队充实新鲜血液上,共接受4家实行"三管"主营船员库出库船员2 018人(不包括退休和离职出库的人员1 427人),接受3家专属船员库的出库758人(不包括退休和离职出库的人员261人)。同时,应各船公司要求向各船员库充实新入库船员4 265人,其中2 475人为新招募的航海院校毕业生和社会优秀船员,从而使主营船员队伍结构得到优化,素

图7‑2‑4　中海国际领导上船慰问船员(2012年摄)

质有所提高,发挥了中海国际船员"主渠道""蓄水池"的优势。

"三管"实行后的两年多时间,集团主营船公司所出库的2 776人,大多直接进入中海国际综合船员库,给中海国际维护稳定工作带来巨大压力。中海国际认真履行服从大局、服务主营的职责。充分考虑到这些船员若常年沉淀在综合船员库,将给集团和船公司留下不稳定因素,同时也增加船公司分摊综合船员库在岸船员成本。公司通过办学习班、家访等形式,有重点、分批次做好稳定工作,加强对这些船员的再教育、再培训、再安置工作。

2010年,中国海运基本上都实施"人船合一"的船员管理模式。即由主营船公司负责"三管"。船舶(船员)管理公司则主要负责船员招募(负责签署劳动合同)、培训和外派等管理。其中,中国海运主要分为中海集运、中海货运、中海油运三大主营船公司分管船员。中海国际的船员管理工作以服务主营,抓好招募,提高素质,拓展外派,稳固船管为核心,全年累计为主营船员库输送合格船员1 076人,其中新招募船员665人,交流进库船员411人。接纳主营船员库出库船员785人,通过开展有针对性的再培训上岗和分流工作,确保出库船员队伍稳定。

三、"大船员体制"

作为航运企业,船员占到集团员工总数半壁江山,船员管理体制是绕不开的研究课题,推行船员管理体制改革是集团全面深化改革的重中之重。

2012年9月5日,中国海运总经理许立荣在中海国际调研时指出:"中海国际的价值,不单是看你能创造多少效益,更重要的是看你能否为集团建设一支可靠的船员队伍,让船公司在生产经营中发挥更大的作用,为集团创造更大的效益。"

根据集团的新要求,中海国际确定船员管理的新定位,即坚持做好为船员服务、为集团船公司服务、为集团服务,建立专业化、集约化、市场化、国际化的船员管理体制机制,发扬中国海运船员管理的好传统,走科学发展道路。

【船管机构的改革】

中海国际除了负责集团主营船队的船员组织配备和培训外,还积极开拓集团主营船队外的船舶管理市场,2008年4月,中海国际正式成立船管中心,将管船的职能从各分公司剥离,实现了船舶管理专业化。船管中心与各船东公司建立生产会纪要互通制度,完善船舶管理季报制度,让船东公司了解船舶管理的全过程。

经过几年实践,公司船舶管理工作取得一定成效成就,但也暴露一些不足:权力在船管中心,安全和经营责任制责任不明确,船管部和船舶主管的积极性没有发挥出来;船管中心直接管理和考核到船舶主管制度,不仅管理层级不明确,同时花费大量精力放在考核工作上,分散了管船精力。2013年8月27日,中海国际总经理办公会审议通过了《中海国际船管部落实安全经营责任制和管理转型指导意见》。根据指导意见,公司撤销船管中心,明确3个船管部是船舶管理的责任主体,是公司直属单位。

船管部组织机构:船管部以船舶权属为依据,组建若干船队和综合办公室,取消原机务科、海务科和综合科。船管部总经理全面负责船管部工作。船管部分管机务、海务、综合科的工作,协助总经理直接管理机务主管、海务主管、综合主管及其相关业务。船管部党总支书记、工会主席负责党团及工会工作的开展。船管部船舶分船队进行管理:船管部内同一船公司的船舶要在同一船队进行管理,原则上8艘及以上的船公司成立单独的船队。8艘船舶以下的船公司船舶可与其他公司船舶合并组建船队。船队管理人员由机务主管、海务主管、综合主管组成。机务、海务、综合主管的标准管船数为4艘和10艘。同时,设立综合办公室,综合办公室负责船队管理之外的其他管理工作,包括船管部党、政、工、团等相关工作的开展和协调以及与公司相关对口职能部室的业务对接等。

【推行"大船员体制"】

从中国海运成立之初的1998年6月30日,集团对船员实行"人船分离"的统一模式,对船员进行集约化专业化管理;到2004年后,集团整合船员资源成立中海国际船舶管理有限公司,实行集中经营、分级管理、"六个统一"的体制机制,历经"以船舷为界"、船员库和"三管"等管理模式的探索,这些机制变革对当时适应集团船舶发展需要起到了积极作用。经过10余年探索和实践,对船员的管理经验更为丰富、更为成熟。2014年4月,集团对船员管理进一步深化改革,实行"大船员体制",这是集团与时俱进建设高素质船员队伍、提高集团整体实力与竞争力的一次飞跃,是集团适应市场专业化分工、遵循市场规律的重要举措。

船员管理体制改革背景 2013年,全球航运市场呈现持续低迷新常态,市场运价不断下滑,单船营业收入不断下降。当时,国内大部分船公司持续亏损,中国海运所属船公司也面临巨大的经营压力。而国外大型船公司则发挥其船员队伍建设和船员管理适应市场竞争的体制机制优势,保持很强的市场竞争力,特别是成本竞争力。

2014年,中国海运正处在转型发展的关键时期,为此,船员管理体制改革提到了重要议事日程。同年2月,集团总经理办公会决定,要进一步实施集团船员管理体制改革,赋予中海国际更多的职责和使命(新体制简称"大船员体制")。"大船员体制"以国际先进船员管理公司为标杆,突出"整合资源,成本管控,理顺职能、平稳过渡"这个重点,消除资源错配,减少成本叠加,提升船员管理水平,增强市场竞争能力。同时,明确建立"大船员体制"的时间表和路线图。

2014年2月25日,集团下发《关于印发〈中国海运船员管理体制改革总体思路〉的通知》,并成立由集团主要领导为组长、两位分管领导为副组长的船员管理体制改革领导小组。3月27日,集团主营船公司与中海国际签订船员管理服务协议。

在这一年的集团工作会议上,集团党组书记、董事长许立荣强调,全面深化改革对集团来说意义重大,要想攻坚克难,推动集团新一轮发展,要想找到破解难题之策,战胜挑战之方,突破困境之路,只有进行全面深入改革。此举乃是大势要改,大局要改,人心思改,唯有改革别无他途。同时明确要求相关各部门和单位,研究船员管理资源的整合,以国际先进的船舶管理公司为标杆,推进集团船舶管理与船舶管理水平,消除资源错配,减少成本叠加,提升船舶和船员管理水平,增强市场竞争力。

集团将船员管理体制的改革作为集团2014年十项重点工作之一,提出"坚持卓越运营,坚持成本领先,成本就是核心竞争力"理念,并要求"中海国际要转换机制,加强管理,降低成本,为集团船公司提供优质和有竞争力的服务"。

中海国际和各船公司认真贯彻集团要求,认真总结以往工作实践,分析船员管理方式的利弊得失,扬长避短,为集团船员管理体制改革作了思想上、工作上、措施上的必要准备,使这次体制改革水到渠成。

船员管理体制改革正式实施 2014年4月1日,中海集运、油运、散运等集团主营船公司船员管理人员与其承担的船员管理责任整建制转入中海国际,集团船员资源统一在中海国际一个平台上实现集中管理。中海国际通过与各主营船公司签订《船员服务协议》,建立单船船员费用包干的市场模式,向集团各主营船公司提供船舶配员服务。

为了落实集团船员管理体制改革方案,中海国际围绕为集团船公司盈利、降低船员费用、提升船员素质、提高船员薪酬等目标,在短时间内,顺利完成船员管理和机关管理人员的平稳移交,出台《船员调配员工作守则》《中海船员培训职责分工规定(试行)》等17个船员管理服务配套制度,实施船员资源"一个平台,分船队管理"模式,初步形成科学化、系统化、规范化的船员队伍建设体系,船员资源利用率和劳动生产率逐步提高,船员用工与管理成本明显下降,船员队伍保持稳定,初步实现改革设定的目标。

船员资源是集团的核心资源,是航运企业核心竞争力的重要组成部分。通过船员管理体制的改革,打破船员分界线,所有船员都归属于中国海运旗下,不属于集团下属的哪一家船公司,集团船员资源不再由中海国际和船公司两边管,而是整合到中海国际统一管理,由中海国际全面负责船员管理职责,对船员实行招募、培训、证书、调配、分配等"一条龙"服务,发挥船员管理的专业化优势。据统计,改革前的2014年3月,离船船员中有32.2%在船工作不满180天,2014年10月不满180天的比例已降至24.8%,船员完成6个月合同比例提高了7.4%,船员在船的稳定程度大幅提升。

"大船员体制"带来"三大新变化" 传统观念有新转变。通过推行"大船员体制",尊重市场规律,秉承交易规则,按照船员劳务市场价格以及协议约定进行内部交易,合同意识、竞争意识增强了。中海国际与船公司签订服务合同,明确双方责任,规范权利和义务,各尽其职,理顺职能分工,促使集团航运主业各大船队的竞争能力得以提升。中海国际采取集团船员成本包干责任制,按市场化模式,由中海国际与各船公司协定单船包干费用标准,市场在资源配置中的决定性作用得到发挥,市场配置使资源产生更高效率和更多效益,船员公司与管船公司的市场竞争能力得到进一步激发。

船员资源得到优化。体制改革突出专业化、集约化管理,船员和船员管理人员在中海国际一个平台上统一调配、集中管理,船公司不再重叠配置,从而减少船员管理人员,降低管理成本;船员资源有效整合,改变以往"条块分割"的船员管理模式,船员基数放大,配置科学减少了重复配员,为降低船员后备系数留出空间。通过减少叠加成本和资源集中优化使用,达到船员用工成本有效管控的目的,实现集团整体利益最大化。根据财务统计,船员管理体制改革后,2014年集团船员管理成本大幅下降,实现增效3.08亿元。从集团全局看,资源整合优势凸显。

船员的归属感得到增强。在"大船员体制"下,进一步强化了广大船员的集团意识和"中海大家庭"感。中海国际将工作重心聚焦在船员上,做到船员待遇不减和关心关爱不减,努力为船员提供更加广阔的事业舞台,提供更加周到的管理服务;同时不断加大船员培训的投入与力度,不断强化广大船员在企业发展中的主体地位和主人翁作用,公司内形成尊重船员、理解船员、关心船员、爱护船员的和谐氛围。

中国海运在推进"大船员体制"改革中,注重做好统一思想、提高认识工作。船员体制改革初期,《海运报》以两整版的篇幅刊登集团船员管理体制改革宣传提纲,刊登集团领导的重要讲话,回答集团船员体制为什么改、改什么、怎么改诸多问题。随着改革的深入,又开辟"船员管理体制改革,热点难点问题解答"专栏,回答船员所关心的问题,为船员解疑释惑,船员来稿踊跃。"大船员体制"改革以后,采访报道了许多相关新闻,受到船员欢迎。

第三节 船员劳务输出

一、劳务输出机构

20世纪70年代末,我国经济发展缓慢,而世界经济发展较快。一些发达国家和地区岸上劳动力短缺,不得不提高岸上员工的工资,如此一来,船岸员工的工资相差无几,造成航运公司很难招收到船员,甚至影响正常的营运,迫使这些国家和地区纷纷立法允许雇用发展中国家的廉价船员,以降低运输成本,提高在航运市场的竞争力。然而对于发展中国家来说,劳务外派船员风险小、投资少、创汇多、收益高,对船员而言是比较容易适应的一项业务。这对中国的航运企业来说,是一个良好的机遇,既可为国家创收外汇、为企业带来经济效益,又可增加船员收入,同时也是解决富余船员就业的有效途径,使船员有机会接触和学习世界先进航海技术。交通部于1979年5月上报国务院关于我国远洋船员受雇到外国船上工作的请示获准,就此船员劳务输出业务拉开了序幕。

海员是国际化最早的产业之一。为使海员劳务这一行业更好更快地发展,1984年4月24日,国务院批准组建中国海员对外技术服务公司,属交通部一级企业,作为海员劳务输出的窗口单位,在全国范围内组织开展外派海员技术服务工作,成为国内最早、规模最大的专门从事国际海员劳务输出的公司。

为了尽快开拓市场,中国海员对外技术服务公司分别向日本、希腊、挪威、瑞士派出业务小组,登门走访当地船公司。常驻希腊的业务代表,在比雷埃夫斯港的大街上一家挨一家地寻访,两个星期就走坏一双皮鞋,由此很快进入欧洲海员劳务市场。

至1991年年底,中国海员对外技术服务公司在国内已经设立7家机构(分别位于青岛、大连、广州、天津、深圳、南京、上海),海外和地区派出4家机构(分别位于希腊、泰国、科特迪瓦和中国香港地区),建立培训机构4处,该公司适应市场竞争的网点建设格局基本确立。公司在发展中也逐渐显现出"窗口"的作用,在不断开拓国际海员市场的过程中,该公司陆续同希腊、日本、美国、德国等地的60多家船公司形成业务联系。

同一时期,上海海运船员外派工作也取得较快进展。至1990年年底,该局共外派船员80批,其中有全套班子,也有半套班子,累计2 000余人次,创汇约800万美元。该局2.7万吨级自卸船"南极洲"轮,1988年期租给美国拿维斯公司,投入英法海底隧道(英国段)建筑石料的运输。3年间由该局外派的船员换了一批又一批,始终坚持信誉至上、优质服务,恪守职业道德,全力为中国海员在国际劳务市场上争光的宗旨。其间,该轮遇大风暴不下百次,从未因之停航一天,成为英方租用的3艘自卸船中唯一以坚持维修保养创下1 000天不停航纪录的船舶,累计承运建筑石料300多万吨。因其为隧道工程建设作出卓越贡献,"南极洲"轮的船名被英国当局刻上隧道竣工纪念碑,供世人瞻仰。

20世纪90年代初,广州海运、大连海运也按照交通部及上级公司要求,开始成立专业船员劳务管理部门或公司,组建和扩大专业劳务输出船员队伍。1991年12月10日,广州海运对外技术服务公司对外挂牌营业,将企业船员外派工作纳入统一管理的渠道。1992年4月1日,大连轮船公司对外技术服务公司成立,船员劳务输出业务结束了须经中国海员对外技术服务公司管理的历史,进一步扩大了企业外派业务。

1997年,中国海运组建,中国海员对外技术服务公司改名为中海海员技术服务公司,并成为中国海运的子公司。同年,中国海运将原三大海运局的船员外派资源进一步整合。"九五"计划期间,集团进一步完善外派船员管理办法,拓展专业外派船员队伍在国际船员劳务市场的占有率。同时,严格把好外派船员的审核挑选关,将一批思想政治好、技术业务精的船员重点打入欧美船员劳务市场,收到了良好成效。

2004年,中国海运组建中海国际船舶管理有限公司,中海劳务遂划入中海国际,成为中海国际的子公司。与此同时,将北京、上海、广州、大连四地从事船员劳务外派业务的专业公司一并纳入,使各具规模和特色的四地船员劳务外派业务融为一体,借助中国海运品牌释放出更大能量,集团专业外派船员队伍由此进一步壮大。

图7-2-5 "新香港"轮上的中海劳务输出船员和外籍船员合影(2008年摄)

二、劳务市场开拓

中国海运成立后,在发展三大船队运输的同时,不断开拓对外劳务输出市场。

1999年,上海船员公司与中欧联合油品公司签署一份关于接管、操纵"太平洋首脑"轮(后改名为"太平洋先驱"轮)的合同。该轮为25万吨级超级油轮(VLCC),根据合同规定,船员公司必须先派出一套船员班子上船实习,取得外国高级船员认可后,方可实施交接船。30名外派中国船员克服重重困难,成功接管、操纵"太平洋先驱"轮,填补了中国船员管理、操纵世界超级油轮的空白,在社会上引起巨大反响。《人民日报》《解放日报》、新华社、中央电视台等新闻媒体先后报道此次船员劳务输出的先进事迹。

2000年,中海劳务属下的上海中海劳务合作有限公司、上海船员公司与美国NAVIOS公司取得合作,成功接管该公司租用的"南极洲""纳斯先锋"轮等自卸船。上海中海劳务合作有限公司和上海船员公司积极配合,选派优秀船员班子前往接管;对每一位派出船员都进行严格面试考核,坚持把思想素质好、业务能力强、英语水平高、身体健康的优秀船员派往服务,还针对每位外派船员的特点、特长,进行优化组合和合理调配,使上船船员很快能胜任本职工作,受到船东高度称赞。此后,美国NAVIOS公司又再次指定上海中海劳务合作有限公司、上海船员公司为其属下的两艘拖轮配备中国船员。由于这两家公司坚持把"市场需要什么样的船员,就重点培训什么样的船员"作为开展各种培训的立足点和出发点,积极开拓、创新,加快了集团船员走向国际劳务市场的进程。其向欧洲市场派出船员占比由1998年的36.5%提升到2000年的近50%。至2000年,中国海运加强自有船队伍培训和管理,已拥有一支由3 700多人且素质较好的自有劳务输出船员组成的队伍。其中,在编院校生932人,农民合同工1 032人,合同制船员1 782人;高级船员比例达到55%。

至2002年年底,中海劳务公司已与日本、美国、德国、挪威、中国香港、中国台湾等国家和地区30余家船东和船舶管理公司建立长期合作关系,共有1 150多名海员派到上述船东所属百余艘各类型的船舶,航迹遍及世界各大洋。全年签订劳务合同总额961万美元,创汇370万美元,创利852万元人民币。

2004年,中海国际成立之初,正面临集团船队快速发展的新形势,对优质船员资源需求十分迫切。在这种背景下,船员劳务外派是压缩还是持续拓展,业内不少人予以观望。中海国际在经过认真研究分析后,采取区别对待、分类指导、共同发展的原则。要求北京中海海员作为国内成立最早的专业劳务外派公司,继续保持发展船员劳务输出不动摇,继续向专业化、高端化市场发展。上海海运、广州海运、大连海运3家分公司的劳务输出按照"集中经营、分级管理"和"六个统一"的原则,重点放在理顺关系、创新机制、完善管理上,将原来分散在三地的劳务输出业务集中统一起来,由公司总部负责集中统一经营,统一与客户签订合同,统一合理配置船员资源,不与主营船公司争抢优秀船员资源,提高了规模化经营效益和集约化效率。这样做,既可满足集团船队快速发展时期对船员人才资源的需要,同时又保持公司船员劳务输出继续向专业化、市场化、高端化发展的势头,锻炼了队伍,取得良好经济效益。

2004—2010年,中海劳务公司以及三地船员公司充分利用和发挥中海集团大型航运企业的规模优势和船员资源丰富的人才优势,通过不断完善劳务船员用工制度,提高外派船员工作积极性,船员外派工作取得新的成绩和进展。尤其在面对全球金融危机冲击船员劳务市场,国际海员需求回落,船员劳务市场竞争激烈的形势下,不断提高对外竞争能力,积极开拓对外业务。其实施"巩固和加强东南亚市场,稳步开拓欧美市场"的经营方针,在国际航运劳务市场的占有率逐步提高。尤其在油轮、化工船、大型集装箱船、天然气船和超大型油轮(VLCC)等特种船舶的劳务开发中取得较快进展,受到船东的青睐,树立起中海劳务的品牌。

中海国际在运营过程中,根据实际情况,确定北京子公司"全力巩固亚洲劳务市场,积极开拓欧洲劳务市场"的经营战略;向上海海运、广州海运、大连海运3家分公司提出"收缩单派、优化套派、提高效益"的工作思路,进一步调整劳务输出经营策略,逐步从租金低、信誉差的劳务市场退出,转入租金高、信誉好的市场。几支队伍拧成一股绳,通过合理配置,既盘活船员资源,又形成合力,创出船员劳务输出的品牌。2005年年底,中海国际外派在船人数已达2 130人,收入4 214万元。2005—2008年,恰逢世界航运市场持续火爆,对劳务输出船员的需求量不断增加,中海国际紧抓市场机遇,劳务输出船员人数屡创新高。

为了进一步拓展劳务输出市场,中海国际在北京的子公司中海劳务与上海海运、广州海运、大连海运3家分公司之间进一步深化内部合作,及时沟通市场信息,协调船员资源配置,统筹外派业务规划,避免多头对外和内部竞争。上海海运、广州海运、大连海运3家分公司形成合力,保主营、保接船、保开船,为北京子公司发挥劳务输出优势,重点突破赢得了主动。在此基础上,北京子公司发挥劳务输出的领头羊作用,与上海、广州、大连三地劳务输出形成合力,集中力量开拓高端市场,集中力量做大合同,集中力量配置资源,形成能"集中力量办大事"的市场核心竞争力和应对多边市场的综合实力,为劳务输出业务跃上新台阶打下良好基础。北京的中海劳务是中海国际专门从事船员劳务外派的主力军。中海国际的成立不仅给中海劳务带来新的发展机遇,也带来挑战。在中海国际成立初期,中海劳务成为中海国际子公司后,业内一些人士对中海劳务的未来发展产生怀疑和误解,认为中海劳务的主要业务将转向船舶管理,中海劳务进行劳务输出的目的只是为中国海运培训船员等。为此,有的客户甚至终止与中海劳务的合作。面对这一挑战,中海劳务上下一心,迎难而上,面对各种误解顶住各方压力,主动出击,努力稳定老客户,奋力开拓新客户,做到了外派在船人数稳中有升。

2009年,即使在面临全球金融危机冲击时,中国海运通过广泛接触客户,着力开拓市场,特别是向欧洲增派多套高端船员输出班子。同年年底的外派在船人数仍达3 424人,2010年则达到4 039人,平均每月增加一套船员班子。

2005—2015年,集团每年船员劳务向境外船东派员人数占我国海员外派总人数的12%~15%,在国内同行业中名列前茅。先后与德国、丹麦、希腊、美国、日本、新加坡、中国香港、中国台湾等30多个国家和地区的百余家船东建立劳务输出业务关系,向包括马士基、V. Ships、东方海外、新加坡海皇轮船公司等一流船公司派出中海船员,船舶种类涉及集装箱船、散货船、油船、滚装船、化学品船、LPG、客船等各类型船舶。集团船员劳务输出工作多次受到政府主管部门的好评,先后荣获中国对外承包工程商会颁发的对外合作优秀奖杯、对外劳务合作行业AAA级信用企业及上海市实施"走出去"战略先进企业等光荣称号。

2015年,中海国际充分发挥市场、品牌、人才和资源优势,大力拓展市场,加强内部管理,经营收入、考核利润等均继续保持增长。

三、劳务输出船员队伍

中海国际成立后的11年,船员劳务输出发展迅速、成绩优异,国内外享誉甚高,其主要原因是,充分发挥"内外兼营"的优势;培养和造就了一支业务精湛、勤劳肯干的劳务输出船员队伍。

表7-2-1　2004—2015年中海海员劳务输出在船外派人数情况表　　单位:人

年　份	在船外派人数	年　份	在船外派人数
2004	2 104	2010	3 962
2005	5 300	2011	4 243
2006	4 994	2012	4 406
2007	5 108	2013	5 427
2008	5 442	2014	5 666
2009	3 268	2015	5 592

船员劳务输出业务的不断发展,为一大批管理人员和船员提供更高层次的国际化管理平台。劳务外派船员经过先进船舶的任职,技术业务水平明显提高,不仅丰富了航海经验,而且学习到国际品牌船公司的船舶管理水平。其中的优秀人才由中海国际予以重点培养,逐渐走上公司和集团

机关的领导岗位。

劳务输出业务的发展,也为集团建设大型船舶船员队伍,提供一种便捷、有效的培训途径,成为主营船队急需船员的"蓄水池"。通过劳务外派,使许多船员能够学习到国外船公司、船舶管理公司先进的管理理念和管理方式,为集团培养造就一批大型船、特种船船员。集团大型油轮主要干部船员很多都是通过劳务输出积累了操作和管理经验。

2011年3月11日,由中海国际大连分公司派员的太平洋航运公司"Port Pegasus"货轮正在距日本仙台港87海里的"小明滨泊位"卸货。突然,日本海上保安厅高频发布警报:"地震了!"要求所有船舶备机离港。当所有装卸工迅速撤离时,"Port Pegasus"轮的第4货舱内还架有岸上的卸货设备,无人理会。地震越来越严重,吊杆摇晃,船体剧烈抖动,险象环生。在这危急时刻,年轻船长朱乾淳带领全体船员沉着应对。当海啸袭来时,港区的防波堤被淹没,码头一片汪洋,船舶系缆断裂。"Port Pegasus"轮当时只剩下船首、船尾各一根缆绳,一旦这两根缆绳再断裂,则船舶会如脱缰的野马,随风浪而漂动,如果冲上岸堤,后果不堪设想。朱船长一边用车控制船舶,保持船舶与码头的安全距离,一边密切注意缆绳的情况。当海水下降,码头露出水面时,朱船长立即命令两位党员水手,从软梯爬到码头,带上缆绳。船员们足足花了4小时,系上12根缆绳,使船舶稳稳地停靠在码头边。第二天,海面恢复平静。朱船长与全体船员经过18小时奋力搏击,化险为夷,保证了船舶的安全。

"Port Pegasus"货轮战胜海啸的事迹很快在国际航运界传开,受到赞誉。太平洋公司对船员进行嘉奖。香港海事处为船员颁发"辛迪加"奖。船长朱乾淳被英国劳氏船级社授予2011年"年度最佳船员奖"。朱船长为全球6位提名船员中唯一获此殊荣的船员。挪威船东互保协会特地定制纪念版劳力士金表奖励给朱乾淳。

2014年,中海海员先后安排上海、广州分公司590名分流船员上岗,为中海集运"中海之春"等8艘万箱船和"中海环球"等2艘1.9万箱集装箱船配员接船,并做好集团FOB项目、中海油"海洋石油301"轮LNG船员的选拔与培养。

2015年,公司依托集团境外平台,成功与北美TK公司和新加坡恒通船务公司2家船东签署合

图7-2-6　中国海运船员在外派船上维修保养(2005年摄)

作协议,与 V. Ships 签订战略合作协议,与德国 NSB 公司、新加坡 ISM 公司达成合作意向;加大非整套船员派员,虽然合作客户受严峻航运形势影响处置船舶,减少派员 50 套,但通过加大市场开拓,新增 30 套劳务输出船员班子。至同年年底,共完成 200 套外派船员,劳务输出船员人数达 5 600 人。

第三章　船员生活待遇

改革开放后,在国家大力发展海洋运输的基础上,相应提高海员工资待遇。上海、广州、大连海运在提升企业经营效益的同时,逐步提高船员工资待遇和物质待遇,特别是中国海运组建之后,船员的劳动条件和生活水平,包括收入、伙食、居住、医疗、疗养等各项生活待遇,有了大幅度提高和改善,船员的业余生活也日益丰富多彩,广大船员的工作热情和主人翁精神进一步得到激发。

第一节　工　资　与　福　利

1985年,上海、广州、大连海运等交通部直属航运企业根据交通部制定的直属航运企业各类船员套改工资标准,为船员增加工资。增加水平基本上是套一级升一级。经过套改,原船员数10种工资标准,全部统一到交通部规定标准级上,以进一步体现按劳分配原则。

1986年,经国务院批准,上海海洋运输行业贯彻按劳分配原则,进行船员工资制度改革,把船员工资同本人职务、责任和劳绩紧密联系,实行职务工资制。上海海运推行新的工资制度,理顺工资关系,逐步使工资同本人职务、责任和劳绩密切联系,促进船员队伍稳定和技术进步,调动船员积极性。新的工资制度实行职务工资、奖励工资和现行津贴相结合,船上工资标准包括船岸差。按船组、职务确定职务工资等级线,每职级数、船岸差比例从20%提高到30%。实行提职提薪,变职变薪。提高新进船员(包括大专、中专、技校毕业生和从社会招收的学徒工)的定级工资待遇。1987—1988年,遵照国务院关于"按国营企业职工人均每月增加1.80元计算增加工资总额"规定,上海海运再次为部分船员提高工资。

1990年,广州海运开展调整企业职工工资和提高大、中专毕业生见习期的工资待遇和企业离退休人员待遇的工作。按规定,1989年9月30日在册的全民所有制正式职工(含劳动合同制职工,不含未定级人员、停薪留职人员和计划外用工),经过考核合格,均可在本人1989年10月1日以前的档案标准工资基础上调整增加一级工资。对分配到广州海运工作的大、中专毕业生,其见习期的临时工资待遇作了如下调整:本科生由当时的企业干部工资标准15级(59元)提高到13级副(75元);大专毕业生由15级副(54元)提高到14级(69元);中专生由16级(49元)提高到15级(59元)。1991年广州海运荣获国家二级企业称号后,根据国家有关规定和企业效益工资情况,在全局范围内进行一次效益浮升工资,同时对离退休人员增加一定数额的生活补贴,全局增资630万元。

大连海运在分配制度方面,采取在奖金分配上向船舶一线倾斜的办法。1992年年初,公司对船舶航次奖标准进行了调整。客船除客/车滚装船和连一烟线正班船外,航次奖上调20%;货船的奖金也相应有所增加;对远洋船航次奖重新核定,提高标准;油船增加缩短在港停泊时间奖;机关的月度奖相应减少。同年,公司对职工工资进行调整,每人平均浮动1.3级工资,晋升半级档案工资、半级企业工资。

中国海运成立以后,始终关心船员生活,关注船员待遇,根据国际航运业的海员待遇和本企业的实际情况,努力提高船员的薪酬福利水平。2003年起,集团出台一系列工资调整方案,提高船舶在岗运输船员工资。从同年1月1日起,在岗运输船员(含后备系数)按人均220元/月增资。

2005年，集团按照大型船舶船员工资分配模式，将当时中海国际发放的船员工资津贴与船公司发放的奖金劳务费(不含自引劳务费、洗舱劳务费和客轮特殊劳务费)，合并成改革后的在船船员工资收入。实施工资改革后，在船船员工资分为岗位工资和业绩工资，其各占50%。岗位工资内含技能工资、工龄工资、加班工资(含法定节假日加班工资)、煤气补贴、书刊费、油轮津贴、交通补助、冬菜补助等。业绩工资内含船员在船奖金、劳务费等。岗位工资由中海国际按月代发，业绩工资由各船公司制定考核办法，经考核后发放。

2005年，集团所属船公司除按规定发放远洋航行津贴外，继续保留自引劳务费、洗舱劳务费和客轮特殊劳务费项目，由各公司根据有关规定执行。鉴于老旧船等船舶管理难度较大，各船公司又根据上级有关文件规定制定补贴办法，上报集团批准后执行。在船员工资改革中，船长、政委、轮机长、大副大管轮、二副二管轮驾助、三副三管轮轮助、电机员、客运主任、水手长机工长、大厨等岗位设置多个档次工资标准，各职务分配关系基本与市场和集团大型船舶的分配关系接近。按照工资改革后在船工资标准不低于现行水平原则，使船员工资水平均得到不同程度提高。在改革过程中，集团按船舶类型、船舶吨位、箱位、载客量、载车量大小，并根据发展要求，重新划分各类型船舶档次，建立集装箱轮、油轮、货轮、客轮、化学品船、沥青船和汽车运输船员工资标准体系。通过改革，实现船员在船工资收入显性化，工资结构简洁，工资标准明了，船员对自己在船的工资收入一目了然，既有利于增强工资的激励作用，又有利于加强船舶管理。船员生活待遇进一步提高。

2006年，集团进一步完善主营船舶船员工资改革方案；工资总额比2005年增长8.2%；在岗船员平均工资增长9.4%。其主要措施是：改变在船船员法定节假日加班工资支付方式，一年10天的法定节假日加班工资不再按一年12个月平均分摊纳入船员岗位工资中发放，船员法定节假日在船工作时才予以计发。完善船员任职年限计算，因公司调配的原因，船员套派期正好跨越两个考核年度(指跨越考核套档起始时间为7月1日)，完成套派上岗合同、职称考核和未发生责任性上报及以上事故的船员，若第一年考核在船任职月数没有达到工资晋档最低月数的，可将第一年任职月数累积到第二年计算(只能跨一个年度累计)，由此避免部分船员因在船工作跨越考核年度，而未达到任职年限，工资不能晋档情况。实行大型船舶船员人民币工资标准，大型船舶美元工资以2006年7月1日当天汇率折算成人民币工资，并从这天起，作为大型船舶实行人民币工资标准。船员实际收入不再随汇率变化而变化。制定和实施《集团运输船员退休养老金船岸差方案》，给4 005名退休船员发放退休养老金船岸差补贴，将"待遇留人"落到实处，进一步调动了广大船员的工作积极性。

2007年，中国海运在经济效益稳中有升、安全生产相对平稳的基础上，从关心关爱船员出发，综合提高集团主营运输船舶在船船员待遇，按照国家政策规定和企业实际能力，加大资金投入，拿出近2亿元资金提高主营运输船舶在船船员待遇，按在船船员工资总额的11%和5%分别增加船员工资和奖金，相应提高船员"社保四金"和住房公积金缴费水平。同年4月1日，集团设立的1 000万元退休运输船员帮困基金正式启动，为困难船员筑起又一道生活保障屏障。

从2008年1月起，中国海运按在船船员工资总额的4%，建立主营船舶安全奖励长效机制，由各主营船公司结合本单位实际情况，自行制定船舶安全奖励考核方案。完善在船船员法定节假日加班工资计算办法，以激励广大船员进一步抓好安全生产。同年12月，集团针对水手、机工、服务员工资体系不能体现"新老人员技能差别和工资差别"等问题，统一制定《完善水手机工服务员工资体系指导意见》。在保持集团船员工资框架体系不变和已在船上正式任职的水手、机工、服务员工资水平不下降的前提下，水手、机工、服务员在船工资标准由原来的3档，往下增设2档，形成5档。新1档和新2档的工资标准，由各主营船公司确定，但由集团规定新1档工资标准取值范围。2009

年1月1日以后正式上岗任职的机工、水手、服务员,执行新1档的工资标准。各主营船公司根据集团指导意见结合本单位实际情况,制定本公司《完善水手机工服务员工资体系方案》,报集团审批后执行。由此,体现中普船员在本企业服务年限和劳动积累的差别,使不同服务年限的工资分配关系更趋合理。2008年,集团职代会还通过了企业年金方案。

2009年,在全球金融危机背景下,集团加强工资总额预算管理,坚持工资分配继续向一线船岸职工倾斜原则,保持广大船员的收入稳中有升。调整了中海油运VLCC船员工资待遇,进一步调动大型船舶船员的工作积极性。

2010年,集团为进一步稳定干部船员队伍,下发《关于改进和完善集团运输船员工资管理的通知》,由各主营船公司根据干部船员紧缺情况和生产经营需要设立干部船员临时补贴,并自主确立临时设立或撤销的具体时间和具体办法。同年4月,集团又在经营压力很大的情况下,每年支出近1.8亿元,为在职和离退休职工建立补充医保。此外,集团每年还投入2600多万元对困难职工进行帮扶,并相应提高船员社会保险和住房公积金缴费水平,使职工的生活水平得到较大改善。全年职工实发工资同比增加1亿多元。船员年金制度平稳实施;企业补充医疗保险实施方案获得国务院国资委备案确认,3个地区社保中心结合当地政策制定实施细则。各级工会为广大船员办理各类医疗保障互助计划,提高船员保障水平。到当年年底,企业年金计提1.62亿元。从2010年起,每年拿出近2亿元用于职工补充医疗保险和开展帮扶等工作;其中当年补充医疗保险基金计提8100万元,每年分别按5%随工资总额计提基数的增长而增长;该项制度的实施,得到广大职工的热烈欢迎和好评。

2011—2015年,中国海运逐步完善符合企业实际、与市场经济相适应的船员工资收入分配制度,基本形成"调节市场化、收入显性化"的新型船员工资收入分配格局。随着企业运输生产的发展和经济效益的提高,船员工资收入水平不断提高。这一时期,集团注重抓船员薪酬管理,统一和提高在船船员工资收入,实现船员薪酬管理标准化。中海国际与所有合资船公司实行船员费用包干模式,由中海国际负责船员工资发放,并从2014年10月1日起,将神华中海、时代航运、友好航运等在船船员工资标准统一按中海散运船员工资标准执行。同年12月,公司船管部负责自管船船员薪酬管理,考核发放船员业绩奖金。根据"船岸分开原则",中国海运实行工资总额与核心业绩指标挂钩的分配制度,建立统一的船员工资制度,根据船舶类型、吨位大小、航区等因素确定工资标准,工资分配向一线船员倾斜,船员工资水平不断靠近国际水平。同时,还分期分阶段制定海外地区薪酬方案,实行外派员工属地化管理。到2015年,已覆盖整个海外地区。

2015年1月1日起,中国海运在出台《完善和提高集团船员薪酬实施方案》基础上,提高集团油轮、散货轮在船船员的工资,使集团油轮、散货轮技术干部船员工资标准比肩国际大公司的工资标准。其中更加注重增加集团油轮、散货轮船舶政委工资,以调动船舶政委的工作积极性;同时还通过增资,解决集团香港旗船舶的船员工资标准符合《香港旗船员集体协议》规定问题,船员凝聚力和满意度显著提升。此次调整船员工资,主要依据与市场环境、不同船舶吨位、航线工作的劳动强度确定。例如:集团内贸航线散货轮大管轮每月增资1000元,外贸航线散货轮大管轮每月增资1500元;集团10万～13万吨油轮大管轮每月增资1000元,6万～10万吨油轮期租船多,租家要求高,船员工作强度大,大管轮每月增资2500元。经过与V. Ships等国际大公司比较,中国海运的集装箱、油轮、散货三大船队船员薪酬更具有国际竞争力。

第二节 船员伙食

改革开放后,我国海洋运输系统的船员伙食标准,在企业发展生产和提高经济效益基础上逐步提高,船员生活和健康进一步得到保障。

1978年,上海海运根据物价波动情况,调整船员伙食标准。同年10月1日起,将船员伙食费提高到每人每日1.3元。为加强船舶伙食管理,严格控制船员伙食费挪作他用,各船公司制定《船舶伙食管理办法》,规定船舶伙食费必须集体使用;粮食、蔬菜、鱼肉等主副食原料,原则上在国内购买,国外采购必要食品,应严格控制在一定标准之内;必须保证船员(一日三餐及夜餐)吃足伙食费的85%以上,其余15%可以购买饮料、水果、干点、糖果供船员在加班或遇大风浪时食用。

1985年,该局再次提高船员伙食标准,远洋航线每人每天5.40元,近洋航线每人每天4.70元,并重新修订《船舶伙食管理办法》,规定事务主任和大厨必须保证船员(一日三餐及夜餐)吃足伙食费90%以上,其余10%可以购买饮料、水果、干点、糖果等供船员在加班或遇大风浪时食用。

船舶常年航行在海上,船舶伙食质量好坏直接影响到船员的健康、情绪和工作,为此,船舶领导普遍把伙食管理工作作为船舶管理的重要组成部分,提到重要议事日程。为民主管理伙食,每一艘船舶经过民主选举,成立由3~5人组成的船舶伙食管理委员会,主要职责是督促事务长、大厨,管理好伙食,广泛听取船员对伙食意见,不断提高伙食质量;对船舶伙食使用和账目监督检查,包括采购是否规范、支出是否合理、招待费与船员伙食是否分清;对现金采购食品参与验收、审签发票等;

图7-3-1 中海货运加强船舶伙食管理,保证让船员吃得好、吃得满意(2005年摄)

并督促事务长每月公布伙食账目;会同事务主任、大厨清点伙食仓库;监督客饭管理等。

1987年,广州海运在生产发展的前提下,针对船上伙食普遍较差的情况,人事部门一方面多次向交通部有关部门反映,争取提高船员伙食费,另一方面积极采取措施改变船员伙食质量差的局面。1991年,在提升职工工资同时,船员伙食标准也再一次得到调整,有所改善。

1988年,上海海运调整运输船舶船员伙食津贴标准:远洋航线每人每天10元,近洋航线每人每天8.8元;沿海营运船舶每人每天4.2元,其中上海至广州航线每人每天5.2元;在上海厂修的船舶,修船期间每人每天3.2元,在外地厂修船舶期间每人每天4.2元。

1991—1992年,上海地区远洋船员伙食标准提高到远洋航线每人每天14元,近洋航线每人每天12.50元,提高幅度较大,远洋船员伙食得到显著改善。

2002年10月1日始,中国海运为保证船员身体健康和安全生产,对沿海运输船员及在国内修船时船员伙食津贴统一标准,并提高到每人每天

18元。

2007年，集团经济效益稳中有升，安全生产相对平稳，从关心关爱船员、进一步调动广大船员生产积极性出发，决定增加船员伙食津贴，沿海船舶每人每天增加3元，远洋船舶每人每天增加1美元。

2008—2010年，中国海运面对全球金融危机给企业效益带来的巨大影响，在经营压力增大情况下，仍坚持对员工的关心关爱，包括进一步提高船员伙食津贴。2008年6月，集团再次提高船员伙食标准，并决定每年支出近1.8亿元。

中海国际自成立始，先后组织3期共计57名大厨的厨艺轮训班，以提高船舶伙食质量和船员生活质量，让船员吃得健康、吃得开心。2013年10月11日，中海国际组织来自上海、广州、大连的30名正在公休的船舶大厨，来到上海市黄浦职业技能培训学校，接受为期一周的船舶大厨厨艺培训。培训内容有切配、烹饪、中式点心制作等。经过系统学习后，30名大厨一显身手，进行大厨厨艺比武，促进船舶伙食质量的提高。

自2014年10月起，中海国际增加集团内贸船舶船员的伙食补贴，为内贸船员每人增加10元/天伙食补贴，由原来每人31元/天增至41元/天。与此同时，还提高船员上下船差旅费标准，解决了船员上下船差旅费标准十多年没调整的问题，受到广大船员欢迎。

第三节　医　疗　卫　生

一、企业医疗机构

【上海海员医院】

上海海员医院(简称海员医院)于1955年创建，注册资金为4 624.1万元，是上海海运投资的一所集医疗、教学、科研、预防、防疫、保健、体检为一体的综合性职工医院，归属上海海运管理。医院在上海浦东设有分院。

1978年11月，上海海员医院为国际海员服务的医疗部门及辅助设施工程竣工交付使用，医院建筑面积扩大到2.66万平方米。医院主要承担上海海洋运输系统船员及家属的医疗、保健任务；同时加强对船舶医生的管理，在医疗技术上给予指导；负责船用药品、医疗器械供应工作；船舶在海上航行中发生危重病人时，通过电报给予抢救和治疗指导；为保障船员身体健康，对船员定期进行健康检查。

随着改革开放后上海海洋运输业的快速发展，船员医疗保健工作得到更多重视。为方便船员看病，上海海员医院很早就采用为当日启航的船员发放船员优先就诊证办法。1980—1981年，有计划地派出体检小组随船进行体检，共随船舶140艘，体检6 100人次。自1983年起，海员医院除了重点为中外海员服务外，向市民和医院附近企事业单位开放。1985年开始实行"优先照顾船员，处处方便病人"，增加挂号、记账、取药窗口的措施。20世纪80年代后期始，在急诊室建立照顾门诊，对船员实行24小时就诊；对家住外地的船员放宽住、出院条件；在上海海运机关、高桥油船码头、浦东职工住宅区等处设有医务室，方便职工及家属就医。1987年，该院保健科建立专职船员体检组和船员健康档案，并以计算机系统管理船员健康档案。至20世纪80年代末，该院已坚持送医送药上船服务数十年，为船员服务在70万人次以上。除承担上海地区船员职工及其家属以及来沪国际海员医疗、保健服务外，上海海员医院还逐步扩大就诊范围，担负交通部在沪其他航运单位和沿海省市驻沪航运单位,以及沿海省市海运企业在沪基层单位人员的医疗服务。

1990年,该院有病床500张,员工达到964人,其中医师、护士261人。1994年,海员医院首批通过卫生部二级甲等医院评审。1997年起连续4年被评为上海市文明单位、上海市卫生系统文明单位。

中国海运组建后,海员医院为保障广大海员身心健康,除积极治疗病患的海员职工之外,还经常在海员职工中开展健康体检、防癌普查、噪声预防、有毒有害气体防护以及船员出国体检、换证体检等工作。特别是2003年全国"非典"疫情爆发时,海员医院在集团统一部署下,全力以赴,周密安排,设立"非典"专科门诊室,广大医务人员坚守一线,严防死守,同时给广大员工宣传预防"非典"的知识,确保集团职工无一人被感染,取得了抗击"非典"斗争全面胜利。

进入"十二五"后,随着医疗体制改革的不断深化,海员医院作为非营利性的企业医院,为上海海运内部核算部门,不能享受政府部门的医疗补贴,医疗资源得不到共享,人才流失严重。另外,医院附近房屋动拆迁居多,居民就医大幅度减少,加之外部环境医院之间的竞争压力,致使海员医院收入下降,亏损逐年加大,每年依靠企业贴补而生存。2013年医院贴补经费已达3 500多万元。对此,海员医院在上级单位的重视和关注下也曾试图推进改革,寻求出路,与上海多家知名三甲公立医院、中央企业、民营企业等进行洽谈,努力寻找一条解决困境,适合海员医院发展的道路。但由于海员医院长期经济效益低下,滞缓医院设施改造项目和设备购置,医疗技术力量逐渐薄弱,加之涉及员工安置难、医院的土地属性等问题,使得诸多改革方案难以落实。

2014年4月29日,集团召开海员医院改革发展专题会议,指出解决好海员医院改革发展问题,绝不单纯是简单的扭亏脱困办好医院的问题,而是贯彻落实中央和国务院国资委提出的"退出企业办社会"要求,解决好集团企业办社会的问题。

根据《国务院办公厅关于第二批中央企业分离办社会职能工作有关问题的通知》精神,按照集团有关企业分离办社会职能工作部署,上海海运成立企业分离办社会职能工作小组,着力推动海员医院分离工作。2014年,上海海运领导曾数次拜访虹口区政府,双方经友好沟通协商达成初步意向。同年12月31日,经上海市卫计委批准同意,海员医院对外宣布歇业。

【广州新海医院】

20世纪70年代初,交通部为解决华南地区海运、航运职工和家属的医疗保障问题,决定在广州建立一所综合性医院。1975年开始筹建医院工作。1981年12月28日,广州新海医院的前身"交通部广州海员医院"在广州市海珠区新港西路167号正式开业。医院占地面积17 031平方米,建筑面积24 066平方米,交通便利,地理位置优越。

1982年4月10日,广州海运局长办公会议决定将"交通部广州海员医院"改名为"广州海运管理局海员医院",挂两个牌子(广州海运管理局海员医院、广州海运管理局海员疗养院),同时使用两个公章、一套人马。医院在承担海运系统职工、家属医疗保健任务的同时,还对社会开放,为人民群众健康提供医疗保健服务。

1985年2月1日,广州市卫生局批复,海员医院定为一级医院,与市属综合医院同等。1985年7月16日,广东省卫生厅同意海员医院成为广东医药学院(现广东药科大学)的实习基地。从1992年开始,海员医院按照国家"二级甲等"医院的标准和要求开展等级医院创建工作。从狠抓基础工作入手,改造环境,健全制度,完善学科,配备设备,开展"二甲"必备的各项医疗技术项目。1995年10月18日,经广州市卫生局评审,海员医院以全市同类医院总分第一名的优异成绩通过国家"二级甲等"医院的评审。1996年8月,海员医院又通过了国家"爱婴医院"的评审。同年10月,交通部广州海上安全监督局同意广州海员医院可为广州海运申请A类海船船员适任证书的船员进行体检。海员医院坚持采取多形式、多渠道提高业务技术水平,为企业职工和家属提供船上防疫、船员体检和心理健康咨询指导、高级船员医疗培训以及海上远程医疗指导等医疗、保健服务,定期为船舶送医送药,开展海员各类体检。

1992—1997年间的大量基础性工作为医院之后发展奠定了良好基础。一大批危重及疑难病人在广州海员医院得到及时确诊和治疗,医院工作量逐年增加。1997年,广州海运决定,海员医院除购置固定资产由广州海运负担外,按1996年核定经费及指标,减拨250万元,要求医院收支持平。1998年,医院财务决算收支差16.6万元,结束了上级拨款经营的历史。

2002年12月,医院为了更好适应市场和面向社会,更名为"广州新海医院",逐步成为集医疗、教学、科研、康复、预防、保健为一体的国有企业医院。2003年,新海医院采取"走出去"的方式,积极推进社区医疗卫生服务工作,不断扩大在社区的影响力,集团外的收入不断增长,尤其是健康保健产业的发展成效显著。在巩固原有客户群的基础上,与广州海洋研究所等15个单位建立互惠合作和体检业务关系,争取"回头客",挖掘新客源,全年完成健康体检17 937人次,同比增加5 741人次,增幅达47.1%。2004年,新海医院以中国海运倡导的"树新风创一流"活动为抓手,围绕创新医疗服务这一主题,新增客户服务中心、健康管家服务等12项服务创新项目,赢得患者和客户的好评。2005年,新海医院以开展"医院管理年"活动为契机,从抓制度建设入手,大力加强医疗质量管理,全面提高医院的规范化和科学化管理水平。全年医院门诊量再次突破40万人次,收入达到7 900万元。

2006年是广州新海医院建院25周年,新海医院于9月28日正式实施医疗服务价格新标准,成为广东省第一家启用医疗服务价格新标准的医疗机构。同时,医院坚持合理控制服务价格的发展思路,开展单病种限价服务,以标准临床路径为指导,设计出单病种整体打包收费标准,全年共推出62个限价单病种,是广州市第一家推出此项服务的公立医院,也是广东省公立医院实施单病种限价服务最多的医疗机构。

2007年,新海医院与广东药学院按照"技术合作、优势互补、互不兼并、互惠互利"的原则建立了协作关系,按照高等院校附属医院建设的标准和要求,完成了教学设施及设备的配置和整改,以及住院楼外墙、后勤楼外墙、院内道路、图书室扩建、医院指示标识更新等工程建设。9月28日通过了广东省高等医学院校非直属附属医院认定专家组的评审认定,11月9日正式挂牌为广东药学院附属第二医院。

2008年8月,新海医院被推荐为"全国百姓放心医院"创建单位,是广东省唯一一家被推荐的二级医院。按照现代医院管理理论的发展要求,医院设立了经济管理科,负责医院的经济活动策划、市场营销、医保业务指导与物价管理等工作,加强了医院临床科室的经营指导与经济管理。

2009年,新海医院确定为"医疗质量持续改进年",组织编写《广州新海医院医疗、教学、科研及患者安全目标管理手册》,规范医务人员的医疗行为、保障医疗安全。同年,医院顺利通过中国医院协会审核,成为"全国百姓放心示范医院"。

2010年,新海医院贯彻落实中国海运"调结构转方式,加快五个转型"的要求,围绕"深化管理保稳定,统筹规划谋发展"的年度工作方针,以优化学科结构、深化管理工作、加快发展转型为主线,实现了业务规模上新台阶。全年总收入1.14亿元,医院业务收入首次突破亿元大关获评中国海运年度"十佳新人新事"。同年,医院开设重症监护室(ICU),对危重症病人进行集中管理、全时监护和实时抢救,有效提高了危重症病人救治的成功率。

2011—2012年，新海医院稳妥推进医疗质量体系建设与和谐医院建设，通过添置医疗设备、扩大床位规模、增加服务项目等措施促进经营结构转型，门诊业务收入与住院业务收入、药品收入与医疗收入的倒挂结构得到扭转，医院经营逐步走上科学、健康的轨道。于2011年6月获批为广州市萝岗区公费医疗定点医疗机构，9月获批为广东省直公费医疗定点医疗机构。医院稳步推进医院经营精细化管理和业务拓展，加强医疗质量体系建设和医疗服务创新，2012年全年门诊量突破50万人次，业务总收入为17 027.25万元，收支差233万元，并于同年3月成功主办中华航海医学会南海分会成立大会暨第一次学术会议。医院还为国家海事局编写了《船上医护》《精通急救》两本教材和相关视频教材。

2013年，新海医院认真研究国家未来养老政策，及时成立新海医院养老产业项目开发领导小组和工作小组，探索医养结合的养老模式。同年11月28日，广州新海颐养苑在医院内开业，这是广州市海珠区首个"医养结合"养老机构。当年，医院业务收入突破2亿元，提前一年完成广州海运2012—2014年三年滚动发展计划中下达给医院的任务。

2014年，该院坚持"深化改革练内功，强化营销促转型，全面打造企业医院特色品牌"的年度工作方针，努力探索多元化、差异化竞争的特色发展道路。外科系统大力推进微创手术技术的开展，向高精尖技术方向转型；内科系统积极开展负压引流在压疮及糖尿病足病人中的应用，卒中单元、胶囊内镜检查、胃造瘘术、尼龙套绳结扎下高频电凝电切巨大息肉术等新技术新项目，取得多项新的医学成就，进一步提高了为海员和当地群众服务的水平。同年11月，该院派医疗队到云南永德县进行医疗对口帮扶，受到当地政府和中国海运扶贫组的好评。

2015年，新海医院信息化建设进入快速发展的新阶段，包括HIS系统升级、LIS系统更新、体检系统更新、阳光用药监控系统上线等，总投资185万元。

通过多年发展，新海医院成为国家级爱婴医院、卫生部国际紧急救援中心网络医院、广东省高等医学院校临床教学实习基地、省（市、区）公费医疗定点医疗机构、广州市120急救中心定点救治医院、广州市社会医疗保险定点医疗机构、省（市）工伤定点医疗机构，是华南地区高级船员医护培训中心、广东省专科医师培训基地。

【卫生防疫站】

20世纪70年代初，上海海运根据船舶运输的行业特性建有卫生防疫站，强化对传染病的管理、消毒隔离、预防接种等工作，并开展流行病学调查，搞好船员劳动卫生和饮食卫生，进行"三废"监测和调查，想方设法为船舶除害灭病，对船员中的常见病、多发病，除加强防治宣传外，还陆续增加多种现代化检测设施和仪器设备。

广州海运卫生防疫站和广州海运交通卫生监督所成立于1979年（由原防疫组升级），1996年按卫生部、交通部《关于规定交通食品卫生监督职责和管辖范围的通知》和交通部《关于明确交通卫生监督机构的通知》要求，整合为一套人马、两块牌子的海运交通卫生监督机构，负责贯彻执行国家有关卫生监督的法律、法规和集团的相关规定以及集团内陆岸单位及船舶《卫生许可证》的管理、签发和吊销工作，并协调地方卫生监督机构工作。其主要功能与地方的卫生监督机构基本相同，但分管区域不同，目的是为交通行业运营提供卫生防疫保障，减少传染性疾病的传播、预防餐饮卫生安全事件的发生。

1997—2015年，上海海运卫生防疫站的工作环境和条件进一步得到改善。医院、卫生防疫站，构成较为完善的医疗保健网络，使船员医疗卫生条件从根本上得到改善。船员在航行中生病，有船舶医生随时给予治疗;当病情危急时,可由船舶开到附近港口就医或电请邻近国家和地区,派快艇或直升机接送船员赴医院诊治;一旦染上疑难疾病,也能很快经医疗专家会诊,得到有效治疗。而且,海员医院和卫生防疫站始终坚持为船员定期体检,发放防疫卫生用品,开展各项卫生防疫检查。由于积极防治,船员所患牙病、胃病、腰痛等常见职业病日趋减少。

广州海运卫生防疫站坚持定期对集团船舶进行卫生防疫监测、监督,检查船舶环境卫生、食品卫生、媒介控制等,发现问题及时督促船舶整改,以达到各国出入境检验检疫局对船舶的相关要求。防疫站为船舶办理船舶免予/卫生控制措施证书、交通工具卫生证书以及相关的水质检验(由出入境水质检验部门或具资质的检验单位检验);为符合卫生标准的船舶和陆岸单位食堂核发食堂卫生许可证;对体检合格的食品从业人员发放健康证以及进行生活饮用水水质检测。防疫站还根据船舶流动性强的特点,为船舶提供医疗卫生防疫远程服务,包括为船舶提供电话、视频、上船等医疗卫生服务;通过远程医疗服务和上船发放宣传资料等多种形式,向船员提供卫生保健、防疫知识、航病预防知识等,增强船员卫生保健意识;配合远程服务需要,对船员突发急病者,事先派出医护人员在船舶靠泊港口等候以便及时登船诊治或接回医院诊治。此外,防疫站还协助管船公司(部门)、船舶健全有关卫生防疫管理制度,制定《船舶突发食物中毒事件及重大伤病事故应急处理预案(办法)》,负责对集团及船舶出现的传染病流行传播或食物中毒、食品污染事故进行调查,并采取有效控制措施;为船舶配送消毒、杀虫灭害等防疫器械用品,并指导协助管船公司及船舶正确使用消毒、灭鼠药物及器械等。

二、船舶医疗

改革开放初期,上海、广州、大连海运所属船舶普遍设有船员医疗卫生室,每个航次根据航线长短配备相应药品,由专人负责船员患病时的初步救治。随着远洋事业的发展,三地海运局都有船舶行驶远洋。是时,根据远洋运输船舶的特殊性和国际海事及卫生等专业机构要求,在每艘远洋运输船舶都配有诊疗室和病房、简单的医疗器材,包括基本的手术工具和药品。每艘船上还配有专职医生。专职医生大部分是由医科院校毕业生分配而来,也有企业医院抽调医生轮换上船服务。船员在船发生一般疾病,船上医生都能处理,包括简单手术。20世纪80年代中期,随着船舶推行减员增效和国内航运业与国际接轨,航运公司在近航线(指不过马六甲海峡)船舶不再配备专职医生,之后部分远洋船舶的医生也逐步由船舶管事兼任。20世纪90年代中期,所有远洋船舶医生基本都由管事兼任。至2006年,船舶岗位序列中不再设置医生和管事。医生的部分职能由船舶大副或二副负责。大副或二副在考证时接受医疗卫生培训,考核合格后,方能取得大副或二副岗位资格证书。此后,船舶虽不再配备专职医生,但船员日常用药以及简单的医疗器材仍然配备,且按照有关国际组织的规定,定期更新。相关国际组织也会上船抽查,并督促船舶配备,以备需用,一旦船舶不符合其要求,即会提出警示。船上诊疗室和病房虽不完全分开,但至少保留一间。船舶配备的日常用药,根据需要提出申请,船公司有年度定额标准,船上有使用记录,供药由企业医院或专业单位负责。

船员生病或发生意外,若船舶在航行途中则安排就近靠泊,寻找合适医治点,甚至动用直升机,将危急患者接下船抢救。同时,为保障船员安全和健康,防止意外,陆地企业医院或其他专业医疗机构会专门提供治疗意见,指导船舶应对和处理。

"十一五"期间,集团为进一步保障远洋船员在船期间的基本医疗,制定下发《远洋船员在船医疗管理规定》及《关于调整船舶购药费用标准有关问题的通知》,对船用药品、境外就医、上船体检等有关船员在船医疗管理工作进行完善和规范。2010年,将远洋船舶购药标准由每船每月1 100元,提高到每船每月1 500元。新增船舶第一次配备药品时,按3个月船舶购药标准购药,为船舶提供需用药品,方便船员使用。

2011年,中国海运发布《船员管理手册》,其中对在船船员发生意外事故处理做了明确规定。由中海国际协助做好船员在船期间因工伤、病、残、失踪、死亡等事故的调查、上报等工作,并负责在船因工或非因工伤、病、残、失踪、死亡船员的善后事务处理;船公司协助做好相关工作。船员在船工作期间发生工伤亡事故,船舶应立即组织救护,同时船长按集团规定程序和要求将情况报告船公司,必要时可向国际海上救助中心求助,防止伤亡事态恶化。船员在船患病,如病情严重:船舶无法确诊和治疗时,经船舶领导同意,可到当地的医疗机构治疗,并及时告知船公司。在船船员因工或非因工病、伤、残事故,在境外发生的,船公司与中海国际自船员入境时交接船员善后事务,必要时立即送医院治疗;在境内发生的,船公司与中海国际在医院交接船员善后事务。中海国际还负责受伤、患病船员在医院治疗期间,安排护理和慰问,以及外地船员家属接待等工作。由中海国际负责按规定将因工负伤船员的工伤申报材料,报政府主管部门进行工伤认定和劳动能力鉴定(如果需要)。按规定认定为工伤的船员,享受有关工伤待遇。中海国际负责在船因工或非因工死亡船员的善后事务处理,按照船舶投保公司船东责任险的相关条款及集团有关规定,做好保险理赔和抚恤补偿等工作;船公司协助做好相关工作。

2011—2015年,中国海运在船船员意外事故处理一直按上述规章制度执行。

第四节　船员公休假和疗休养

一、公休假

20世纪70年代末至80年代初,上海海运等航运企业为提高船员生活待遇,对原有船员公休假制度进行完善,并新建立船员探亲假、油轮船员疗休养等制度。1979年4月,根据远洋船员队伍发展需要,将船员公休假由全年52天改为59天(即52个星期日和7个法定假日,法定假日不发加班工资)。为保证船舶运输生产安全,船舶每个往返航次离船公休人数,远航线原则上不超过50%,近航线原则上不超过30%。主要船员(政委和副政委、船长和大副、轮机长和大管轮、水手长和木匠等)一般情况下不同时离船公休。休假船员必须和接班船员认真办理交接手续,一经交接完毕,在得到船舶领导或部门领导同意后离船。船员在船工作满10个月,确因工作需要不能休假,而家属又不能来港探亲者,经船员管理部门批准,可休航次假,其往返路费予以报销,所休航次假天数在公休假中扣除。

1981年始,上海海运规定海轮船员可享受探亲假待遇。按照规定,凡在运输生产船舶上工作的属于正式编制船员,由于受生产性质和条件限制,必须昼夜24小时在船,不能在公共休假日与配偶团聚,除公休外,可享受探亲假待遇。海轮船员不论配偶是否居住在船籍港,凡当年内实际在航行船舶工作,都可按探亲规定探望配偶,探亲假为30天。未婚船员探望父母的探亲假为20天。

1983年,鉴于油轮船员常年受有害气体影响,容易造成体质下降,白细胞减少,为增强油轮船员体质,上海海运职工代表大会通过《油轮船员疗养暂行规定》,凡在油轮上工作满一年的船员,每年可享受21天疗休养假期。

1992年,上海、广州、大连三地海运局根据情况,对船员公休假制度作进一步完善,规定原则上船员连续在船工作满9个月（集装箱班轮满6个月），待船舶回到国内港口后，均安排公休假。对确因工作需要不能安排休假的船员，可推迟或提前安排休假。公休假期按在船工作满1个月休假5天（油轮6天）计算。船员公休期间，发给本人在船职务工资，遇到法定节假日，按节假日天数补假。如船员休假期未满又被调上船工作，则剩余假期可移至下次公休时合并使用，且船员管理部门在他们下次休假时，给予优先安排。

2011年，中国海运发布的《船员管理手册》对公休期间船员管理做了明确规定：在船员公休期间，船公司负责库内船员公休期间的管理，中海国际协助船公司做好稳定工作。船员公休假按在船工作满5天（不包括法定节假日）积假20天计算，法定节假日在船工作者，按规定发给加班工资。船员在公休期间，遇到法定节假日，按节假日天数补假。船员休假期未满又被调上船工作的，剩余假期可移至下次公休时合并使用。船公司在公司所在地或其他船员居住比较集中的地方，可根据实际情况指定人员或部门负责对休假船员的管理，适时组织传达学习有关文件和进行有关教育，了解和掌握必要的情况，同时要做好在该地区居住的船员家属工作。散居在其他地区的船员，家中遇有特殊困难时，船公司工会及有关部门可根据实际情况派人前往探望，帮助解决。

2011—2015年，中国海运的船员公休一直按照《船员管理手册》中的船员公休假期制度执行。

二、疗休养

20世纪80年代始，上海、广州、大连海运为提高船员生活水平，保障船员身体健康，一直坚持不定期组织船员进行疗休养。1980—1982年，上海海运有200余名职工分赴市总工会上海虹桥休养所、杭州屏风山休养院及全国总工会北戴河疗养院休养。1981年，在宁波市建立职工休养所，有客房25间（双人），每批可接待40余名船员职工疗休养。1983年，该局职工代表大会通过《油轮船员疗养暂行规定》，凡在油轮上工作满一年的船员，每年可享受一次性疗养假21天。同年在苏州租用部队宿舍，供油轮船员疗养。1985—1987年，参加上海市总工会集资，兴建黄山疗养院，分得床位10张，每年可安排500人疗休养；并在苏州城西南阳澄湖附近，建成专供油轮船员疗休养的苏州休养所，环境优美，备有客房36间，安装空调、彩电、卫生间等设备，使油轮船员疗休养条件进一步改善。该局还在杭州富阳县建成疗养院一所，占地46亩，建有别墅式疗休养楼5幢，客房82间，208个床位，设施设备齐全，专供海员职工旅游和疗休养。

中国海运组建后，继续不定期组织船员进行疗休养。除组织在岗船员及家属开展疗休养活动外，还组织为海洋运输事业作出贡献的离退休老职工开展疗休养活动，增强他们的身心健康。

2006—2010年，集团除组织在岗船员参加疗休养活动外，还组织当年退休船员一次性携带家属（共1500多人）参加疗休养活动。集团各级工会组织船员职工疗休养达3.4万人次。2014年，集团实行"大船员体制"后，中海国际进一步做好船员的疗休养工作，分批组织20年工龄以上船员进行疗休养，同时认真摸底核实，凡因种种原因从未有过疗休养的在职船员，千方百计在当年安排他们疗休养，把关心船员的工作落到实处。

2011年，中国海运发布的《船员管理手册》对船员疗休养制度做了明确规定。该项制度规定，船公司应当建立船员疗休养制度，组织船员集体疗休养，让船员陶冶情操、放松身心、保障健康。2011—2015年，中国海运的船员疗休养制度一直按照《船员管理手册》中有关规定实施。

2014年，中国海运建立金、银、铜牌船舶"三长"疗休养制度，成为当年中国海运关心关爱船员十大实事之一。

第四章 陆岸员工管理

随着企业发展及多元化战略的实施，中国海运陆岸员工结构不断优化，员工来源呈现多样化特征。在陆岸员工管理中，中国海运根据《中华人民共和国劳动合同法》以及集团制定的有关员工管理办法，加强对陆岸员工的考核、奖惩以及薪酬福利等项工作的管理。在陆岸员工管理中，集团坚持强调管理的制度化、规范化，先后发布《中国海运(集团)总公司机关员工全员业绩考核(暂行)办法》《中国海运(集团)总公司职工奖惩办法》《中国海运(集团)总公司机关职工工资管理暂行办法》《中国海运(集团)总公司工资总额预算管理暂行办法》等多项规定。

第一节 员 工 考 核

1997年8月，中国海运发布《中国海运(集团)总公司机关员工考勤管理暂行规定》和《中国海运(集团)总公司机关员工请假暂行规定》，以期严格管理员工的劳动纪律，增强员工的事业心和工作责任心，促进陆岸机关员工管理规范化。

"十一五"期间，中国海运在国务院国资委的直接领导下，不断完善业绩考核方式方法。2009年10月，国务院国资委发布《关于进一步加强中央企业全员业绩考核工作的指导意见》，对中央企业建立和完善全员业绩考核体系提出要求。新的考核办法对全员业绩考核工作的原则和奖惩作出明确规定。据此，中国海运于2011年先后制定机关员工全员业绩考核办法以及所属企业经济业绩考核办法。2014年，集团发布《中国海运境内所属企业负责人经营业绩考核计分细则》，进一步完善了集团境内企业业绩考核体系架构。

一、总部机关员工考核

2011年，按照国务院国资委《关于进一步加强中央企业全员业绩考核工作的指导意见》的规定与要求，中国海运制定了《中国海运(集团)总公司机关员工全员业绩考核(暂行)办法》。该办法规定，通过完善考核体系与机制，促进集团发展战略和年度工作任务的分解落实与最终完成，提高机关总部的管理水平，增强各部室和全体员工的执行力；坚持"从严、从紧、从细"的考核要求，按照岗位职责进行考核；切实做到考核办法、考核过程公开，确保考核结果公平、公正；按照"先规范、再完善"的要求，实行全员业绩考核与奖惩挂钩，促进企业深化内部分配体制改革，建立起积极、有效的激励约束机制。

对机关总部员工的业绩考核，分别设月度考核和年终考核；确定月度和年终考核的相应指标和项目。按照年度机关总部员工绩效工资考核分配办法，实施业绩考核与分配。

关于机关员工的月度考核，由当年的《集团机关总部员工绩效工资考核分配办法》确定。主要围绕4个指标，即企业利润总额(当年的月度分解指标)、货运周转量(当年的月度分解指标)、成本费用占营业收入比率、安全生产。

关于机关员工的年度考核，重点围绕三个方面：一是经济增加值(EVA)，由当年《集团机关总部员工绩效工资考核分配办法》予以确定。二是考核项目共设五大类：各项考核（经济）指标；履行工作职责情况；工作质量和工作效率；工作作风；不发生（重大）违纪违法事件。三是由集团考核小组提出、认定的其他需要考核事项和集团年度工作会议提出的年度重大奋斗目标和工作任务。

在年度考核方式上，主要包括：按"百分制"的方式，分别对总裁助理、总船长、总法律顾问和总部各职能部室员工的年度工作业绩进行综合考核。对于总裁助理、总船长、总法律顾问的考核，根据其分管范围的年度工作实绩、集团主要领导提出并认定的其他需要考核事项，由集团主要领导直接给予考核得分。对于各职能部室员工的考核，先由各部室进行年终工作自评，并由部室负责人对所辖各处室负责人和每个员工的年度工作业绩，进行甄别与评定，按责任到人和差异化分配的要求，确定具体的责任人和相应的考核得分；再由集团分管领导提出考核意见；并参照集团各所属公司对集团各职能部室工作满意度的评价意见；最终由集团考核小组根据各部室全年工作实绩考核打分。每扣1分，相应扣减1%的与经济增加值（EVA）挂钩的预留绩效工资。年终另实行专项加奖、扣奖。加奖由各部室提出主要依据，并由集团考核小组审定。获取专项加奖的条件是：取得省、部级方面的表彰；工作业绩或得到省、部级方面的肯定，或得到集团领导共同认定。应予专项扣奖的是：受省、部级方面专门/通报批评的；或对基层单位的监督、协调和服务发生重大过失，造成较大经济损失或负面影响的；或经集团领导共同认定应予惩处的其他严重问题。专项加奖、扣奖设定上、下限，以当年《集团机关总部员工绩效工资考核分配办法》的具体规定为准。专项加奖、扣奖，按员工的不同职级所对应的标准系数执行。

二、境内所属企业员工考核

"十二五"时期，集团对境内直属企业经营业绩考核与国资委考核体系进一步接轨，并落实年度经营业绩责任书的签约。

【经营业绩考核内容】

考核对象为各直属企业领导班子全体成员。

年度业绩考核实行年薪制。年薪由"基薪""月度安全考核薪水"和"绩效薪金"三个部分组成。其中："基薪"按月、按标准提取发放；"月度安全考核薪水"由集团安管部对各直属企业月度安全情况进行鉴定，经集团领导审定后，按集团企管部书面通知按月、按标准发放；"绩效薪金"经年终考核核定后予以兑现。对各直属企业统一实行年薪封顶。属上市公司的船公司，按上市公司规范，由董事会依据经营实绩和工作要求完成情况，在封顶数的范围外决定专项奖惩，最高为封顶数的20%。集团规定，各直属企业应根据国务院国资委关于全员业绩考核的相关精神和要求，制定和执行本公司的全员业绩考核规定，并决定班子副职领导的年薪系数和收入水平。

【考核指标】

综合国资委和集团的考核指标情况，各直属企业的考核指标设立为：（1）基本指标：包括利润总额和经济增加值（EVA）。（2）分类指标：根据集团各直属企业的不同情况，设立1～2项分类指标。（3）扣减指标：包括管理费用、燃油单耗和"三项成本"、综合能耗、安全生产、应收账款、商务案和商务经济损失、违纪违法、重大职务犯罪案件考核、地区公司"维稳"工作、信息化建设，并增加了集团认定的需进行考核扣减分的其他事项。

【操作程序】

合理拟定利润总额指标。将下达给各直属企业的利润考核总额与国资委对集团考核的年度利润总额相对接,同时依据集团对市场的基本评估,逐一对各直属企业的年度预算和年度效益进行分析,提出年度利润总额考核指标。

核定其他考核内容。集团各相关部室分别对利润总额指标外的其他考核内容提出考核建议与要求。

汇总与审定。集团企管部为考核牵头职能部门,汇总年度考核指标、制定考核办法后,报总裁办公会审议批准。

组织签约。在年初召开的集团年度工作会上,由总裁与各企业的主要负责人签订年度《经营业绩责任书》;集团主管领导与各企业签订年度《安全生产工作责任书》和《信息化工作责任书》。

动态跟踪。集团企管部、计财部、运输部、发展部、人事部、安管部等按照各自的管理职能,对各企业考核指标和相关要求的进度情况进行跟踪管理。

考核兑现。考核与兑现工作分两个阶段。第一阶段:在次年年初,集团对年度《经营业绩责任书》的履约情况进行全面的预考核,根据考核规定和实际完成情况,严格核定相应的奖、惩数额,兑现年度绩效薪金的95%,并在集团工作会上对预考核结果进行通报;第二阶段:于次年的第二季度,按审计结果进行年度最终核定,结合预考核兑现的情况,按照多退少补的原则,兑现预留的5%年度绩效薪金。考核结果和实际兑现,均需经总裁办公会审定后具体执行。

三、境外企业员工考核

从2005年开始,集团进一步细化境外企业考核办法,制定《年度生产经营目标责任书》考核制度,并授权中海集运对海外代理公司进行全面考核,考核指标包括:业务量(揽箱量)、应收账款、盈利、商务损失、服务质量、航线报班率、箱管、中转、预配等。

2009年,集团在总结多年境外企业考核工作的基础上,制定《中国海运境外企业考核的暂行规定》,每年度下发《年度境外企业考核细则》。2011年,集团下发《中国海运境外企业考核细则》。对控股公司的考核指标分为三部分:第一部分为综合业绩考核指标,第二部分为利润和管理费考核指标,第三部分为管理工作考核指标。三部分考核指标实行合并考核。

对考核奖金的扣减或增加,以《中国海运境外企业考核的暂行规定》中规定的考核基数为准。其中对第二部分指标(利润和管理费)和第三部分指标(管理工作)的考核结果,累计扣减最多不超过考核基数的50%。对考核成绩优异的被考核单位,根据考核细则对各项指标的考核规定,适度增加考核奖励,但累计最多不超过考核基数的10%。

四、全员业绩考核体系

2011—2015年,中国海运遵循"工作有标准、管理全覆盖、考核无盲区、奖惩有依据"的原则,不断完善陆岸员工的考核工作,全员业绩考核在各公司得到广泛深入推进,陆岸人力资源管理得到新的提升。以下为部分单位陆岸员工考核体系:

【中海国际】

坚持科学、量化、可操作的考核体系设计原则,将履职考核和关键绩效指标相结合,将目标考核和过程考核相结合。对于公司班子副职和机关员工的业绩考核,根据其岗位职责和岗位说明书,对应设定量化、可操作的指标考核方案。下属单位班子和两级机关员工的业绩考核体系,均基于岗位职责实行履职考核,并根据阶段性任务、导向性目标、重要性工作提炼出关键绩效指标,按照科学、量化、可操作的原则进行指标考核,使履职考核与指标考核有机结合,既实现考核的全覆盖,又突出考核的导向性。根据集团下达的年度生产经营目标责任和公司工作会议确立的全年目标,将各类经营管理指标层层分解,落实到具体的单位、部门(科室)、岗位,配套考核条款进行年度目标考核,并将部分重要指标进行季度或月度分解。公司各职能部门对所有年度指标进行月度跟踪,每季度召开经济活动分析会,发现问题及时修正。在全员业绩考核过程中,考核体系始终保持公开、透明的运行状态;单位、部门、员工间的知情和监督,维护了体系的公平性;考核会议、总经理办公会等集体决策程序,确保了考核体系的公正性。

【中海财务】

把全员业绩考核作为公司人力资源管理水平提高的重点和亮点,有效引进先进管理理念,与具有相当资质的专业咨询机构合作,明确并规范部门和岗位的职责;建立考核指标库。运用客观、科学方法对薪酬结构、分配方式进行调整,全面推行全员业绩考核。全体员工对公司目标和个人职责全面了解,对考核结果和分配结果认同。2011年,中海财务本着目标统一、分工明确、精干高效的总体原则,对公司各部门的职能进行梳理。在明确部门职责前提下,对部门内岗位目标和主要工作职责进行规范,确立岗位职责核定员工考核的客观指标(KPI指标库)和主观性指标(工作态度、能力素质等指标)及各指标的权重比率。开展全员培训,让每位员工了解、理解和参与全员业绩考核。辅以必要的调整工资分配结构,对工资总额进行合理测算和分割,确定专项奖励基金,对表现突出的员工进行嘉奖。有效落实业绩考核结果。2012—2015年,对员工综合素质和工作业绩进行全面评估和考核,建立完善的奖惩激励机制,确保全员业绩考核定期化、制度化以及考核流程的合理化。

【中海油运】

始终将考核工作列为薪酬分配、考核激励和选人用人的重要管理措施。考核工作主要分为两类,一是业绩工资考核,考核结果与薪酬分配挂钩;二是员工年度考核,考核结果与职务任免、岗位调整挂钩。以公司经营目标为关键绩效考核指标;对关系到公司运输生产、船舶管理的重点岗位,设立加奖系数,对企业安全生产经营业绩有直接贡献人员适当鼓励。重点向经营部门倾斜,以进一步加强市场营销水平。公司不断完善业绩考核办法,调整考核指标,年度考核中特别增加"完成公司TMSA年度计划及大油公司检查缺陷的整改"等体系考核指标。坚持公开、公平、公正,及时将考核结果通过公司OA网络予以公示,使员工能及时了解业绩考核的过程和依据,接受广大员工的监督。同时,中海油运注重建立健全全员考核体系,党政齐抓共管,机关员工的业绩考核和薪酬激励与干部任免、职务变动紧密挂钩。公司制定《中海油运所属单位领导班子和司管干部综合考核评价办法(试行)》,运用360多维度测评,对司管干部进行综合考核评价,考评内容涉及素质、能力和业绩3个方面的8项指标,按不同权重系数进行综合测评,其中业绩分占50%。通过企业内部民主测评、公司领导班子评价、上级相关职能部门评价的途径,将定量考核与定性评价相结合,使业绩考核结果科学体现在干部综合考核评价结果中,作为干部培养、使用、奖惩的重要依据。此外,公司还制定《中海油运中层以下管理人员考核办法》,根据员工德、能、勤、绩、廉5个方面的表现,通过员工个人自评、所在部门评定、考核小组讨论、公司领导审批环节,对员工划分为"优秀""称职""基本称职""不称职"4个等级。2012年分别制定《中海油运2012年度各部门（分公司）工作目标责任考核办法》《中海油运2012年业绩工资考核分配办法》和《中海油运2012年度领导班子副职的考核办法》。

【上海船研所】

基本建立企业全员业绩考核制度体系。其中，涉及干部业绩考核的有关制度主要包括：《所副职领导年度业绩考核暂行办法》《机关部门负责人绩效考核暂行办法》《基层部门（公司）负责人经营业绩考核暂行办法》《所属部门（公司）领导班子和所管干部综合考核评价办法》《中海科技高管薪酬和绩效考核管理办法》《中海科技中层干部管理暂行办法》等。涉及员工业绩考核的有关制度主要包括：《职工奖惩管理暂行办法》《机关员工绩效考核暂行办法》《机关员工薪酬管理暂行办法》《研发中心员工绩效管理办法》《军品分所员工绩效管理办法》《中海科技员工绩效考核管理办法》等。成立由所领导和机关有关部门负责人组成的6个考核小组。对于机关负责人的业绩考核，船研所坚持以基本素质为基础，以能力和业绩为导向，以重点工作为核心，做到个性与共性相结合、个人述职与多维度测评相结合。对于员工的业绩考核，注重鼓励先进，鞭策落后，提高员工的个人素质、工作质量和工作效率。对员工的业绩考核主要采取关键业绩指标（KPI）和360度绩效考核方法，考核结果分为：优秀、称职、诫勉谈话、不称职四档；员工的业绩考核作为上岗聘用的前提条件。对于研发人员的考核，则以突出技术创新、技术开发和学术提升为重点，采取月报、年中和年终考核形式；对工程技术人员以突出技术服务、产品质量和技术开发为重点，采取年中、年终考核相结合的形式；对管理人员以突出管理创新、制度创新、机制建立和效率服务为重点，采取季度、年中和年终考核相结合的形式，同时采取360度考核方法，全面、综合评价。

【中海货运】

制定《中海货运全员业绩考核暂行办法》，明确全员业绩考核的原则、分工、指标下达方式、考核指标、考核结果的计算和奖惩；确定公司业绩考核的层次：第一层为公司业绩考核，即公司共同考核指标（如公司利润、安全事故等），与公司所有员工的薪酬挂钩；第二层为部门业绩考核，即公司对部门的考核，根据公司与各部门签订的责任书考核指标为基准，制定考核细则；第三层为岗位业绩考核，选择客户经理和机务主管这两个重要岗位作为细化考核的对象，与专属指标挂钩考核。公司注重实行船舶内部模拟期租，将船舶内部期租作为内部市场化考核的基础，并与相关部门的绩效挂钩。在公司制定月度预算的基础上，将运输收入、货运量、周转量等指标的考核与月度预算相挂钩，上述指标均按月度完成值和月度预算值进行考核计奖；年终则根据上述指标的年度完成值和年度预算值，对该项指标的全年得奖额进行总结算。对于关键岗位考核，经营考核指标在与部门考核挂钩的基础上，按分管的客户进一步考核到客户经理；"三项成本"指标在考核各船工部的基础上，按所管船舶进一步考核到船舶主管。

【中海船务】

结合工作实际，按照考核对象、考核目标的不同，分别制定考核办法，并将考核结果与员工奖惩、薪酬分配、晋升等相挂钩，建立起覆盖各层次的全员业绩考核机制。为推进公司的市场营销工作，部分口岸公司还出台针对营销人员的营销业绩考核方案。2011年年末，公司对班子副职领导所分管工作的业绩进行综合评估，如所分管的工作存在管理不力、重大失误等情形的，酌情适当扣减年薪系数。每年年初,对下属各口岸单位拟定新一年的考核办法。考核项目涵盖利润、应收账款、管理费、揽船量、揽货量、商务风险等内容。同年,中海船务对总部机关干部员工的考核采取"考核组指导与各部室自评相结合、干部员工自评与互评相结合"的办法。对总部机关部门级岗位重点考核工作成绩、组织协调、部门管理、决策参谋、服务基层等内容;对其他干部员工则重点考核其完成本职工作、服务基层的态度、表现、能力等内容。2012年,公司进一步拓展考核项目,开展月度安全及服务质量考核;进一步完善总部机关员工薪酬分配考核制度,考核结果与薪酬、职务晋升及岗位晋级紧密挂钩。细化考核标准,强化对总部部室干部、员工的安全及服务质量的考核力度;强化营销考核力度,逐步推行全员营销考核。

第二节 奖惩制度

1997年,中国海运发布《中国海运(集团)总公司机关员工工作行为规范和奖惩暂行规定》,明确机关员工行为规范,出台了奖励和处罚条例。

2008年,自《中华人民共和国劳动合同法》于同年1月1日实施后,国务院颁发的《企业职工奖惩条例》于同年1月15日废止。为加强和完善职工管理,建立良好的生产(工作)秩序和激励约束机制,根据《中华人民共和国劳动合同法》及国家有关法律法规,结合企业实际情况,中国海运于2010年修订《中国海运(集团)总公司职工奖惩办法》。该办法强调,集团职工应遵守国家的法律法规、政策,遵守单位劳动纪律和各项规章制度,爱国家、爱中海、有思路、能干事,爱岗敬业,努力工作,团结协作,安全高效,创新进取,促进企业稳定持续、科学、发展。单位要严格执行国家的法律法规、政策,建立健全职工奖惩制度,认真履行职工管理职责,爱国家、爱职工,诚信四海,追求卓越,保持稳定,加强教育,在企业发展基础上不断提高职工物质文化生活水平。对职工工作表现突出,有显著成绩和贡献,或者有其他突出事迹的,依据该办法给予奖励;对违法违纪违章、损害企业利益的,依据该办法给予惩处。职工违法违纪涉嫌犯罪的,应移送司法机关依法追究刑事责任。该办法强调,奖惩制度应坚持公开、公平和公正的原则,奖励必须坚持精神鼓励与物质奖励相结合,以精神鼓励为主的原则;惩处必须坚持教育与惩罚相结合,以教育为主的原则。实施奖惩应按照规定的条件、种类、标准、权限和程序进行。

一、奖励

《中国海运(集团)总公司职工奖惩办法》(2010版)规定,职工有以下情形之一的,单位应根据其实际表现和业绩,给予相应的奖励:

认真遵守国家法律法规和单位规章制度,在运输生产、经营管理等方面,发挥模范带头作用的;

超额完成生产、经营、工作任务,经济效益显著的;

在运输生产、优化工艺、节能降耗、增收节支、环境保护、提高劳动效率和经济效益方面,取得显著成绩的;

在生产经营、安全技术、设备管理和改善劳动条件等方面,有改进、创新,或者提出合理化建议,取得显著成效的;

爱岗敬业,廉洁自律,作风正派,办事公道,具有高尚职业道德的;

严格执行财经纪律,主动保护公共财产,使单位和职工利益免受重大损失的;

在维护国家或单位利益,得到单位广大职工好评,事迹突出的;

保护国家或单位财产,防止或消除事故的发生、防恐防海盗,或者见义勇为、积极抢救国家或单位财产和人民生命安全,避免或者减少损失有功的;

因防台、抗台措施得当,有效避免或减少船舶损失有功的;

维护正常的生产和工作秩序,敢于抵制不良风气,抵制违法乱纪行为,有显著成绩的;

维护企业、社会及职工队伍的稳定,有显著成绩的;

其他应当给予奖励的情形。

该项制度规定,集团各单位应按照相关奖励主体、种类的奖励权限和程序申报、审核、批准。根据市、省(部)、国家级奖励条件及申报程序,对事迹特别突出的,可向上级推荐申报市、省(部)和国家级劳动模范、五一劳动奖章等荣誉称号。推荐申报上述荣誉称号的,需广泛征求职工意见,事迹材料真实,并按照规定程序予以公示。对获得奖励的职工,由审批机关或单位颁布奖励决定,颁发奖励证书;对立功奖励颁发奖章。为鼓励先进,由职工所在单位对获奖职工发给一次性奖金。给予职工的奖项审批资料应存入本人档案。

2011年,集团发布《中国海运(集团)总公司荣获劳动模范、先进个人和先进集体表彰奖励试行办法》,旨在充分发挥劳动模范、先进个人和先进集体在集团改革发展中的先进模范带头作用,营造学习模范、崇尚先进的良好氛围,激发集团全体职工创建世界一流航运企业的积极性、主动性和创造性。该奖励办法规定,集团对荣获劳动模范和先进个人给予一次性奖励;除奖励机关下发表彰决定文件规定的奖励外,对荣获上述先进集体的,集团各单位在年终考核时可对该集体给予加分奖励;对荣获省部级劳动模范、先进个人和先进集体的,集团及所属各单位要转发上级奖励机关表彰决定文件,并在职工代表大会、年度工作会等有关会议上进行表彰。同时,要在《海运报》和本单位报刊上,宣传劳动模范、先进个人和先进集体的事迹,弘扬先进模范精神,总结推广先进模范创造的先进技术和先进工作方法,充分发挥先进模范的示范引领作用。

据统计,1997—2015年的18年间,全集团获得国家级和省部级劳动模范、先进个人共计148人次,其中陆岸员工共计77人次;获得国家级和省部级先进集体的单位共计128个次,其中陆岸单位共计76个次。

二、惩处

《中国海运(集团)总公司职工奖惩办法》(2008版)规定,对职工违反国家法律法规、单位规章制度的,集团及各单位应视情况分别给予惩处。

惩处分一般处罚和行政处分两种。一般处罚种类为:口头警告、通报批评。行政处分种类为:警告、记过、记大过、降级、撤职、留用察看、开除。

职工有以下情形之一、情节轻微的,给予口头警告或通报批评:不遵守单位劳动纪律的;不遵守单位职工行为规范或守则、岗位职责的;影响或干扰单位生产、工作秩序的;单位规定其他情形的。

对于职工有工作作风懈怠、工作态度恶劣、无理取闹或聚众闹事、连续旷工、违反劳动纪律等情形,给予警告或者记过处分;情节较重的,给予记大过或者降级处分;情节严重的,给予撤职或开除处分。

对于职工有干扰企业正常工作、隐瞒或编造个人虚假信息而欺骗单位、离任时拒不办理业务交接手续或者拒不接受审计等情形,给予警告、记过或者记大过处分;情节较重的,给予降级或者撤职处分;情节严重的,给予开除处分。

对于职工有如下行为:损坏工作设备、工具而浪费材料造成经济损失,玩忽职守、违章操作或者违章指挥而造成事故或经济损失;严重失职、营私舞弊、给单位造成严重损害等,给予警告、记过或者记大过处分;情节较重的,给予降级或者撤职处分;情节严重的,给予开除处分。

对于职工有如下情形:未经批准、擅自以单位名义为他人作担保;盗用、挪用单位财产或者故意损坏单位财产造成严重损害;泄露因履行职责掌握的商业秘密、个人隐私而造成不良后果;利用职务之便和工作机会,转让业务,从中牟利,损害单位利益等,给予警告、记过或者记大过处分;情节较重的,给予降级或者撤职处分;情节严重的,给予开除处分。

对于职工有如下情形:贪污、索贿、受贿、行贿、挪用公款、偷税漏税、违法进行同业经营、巨额财产来源不明等违反廉政纪律行为;盗窃公共或他人财物、敲诈勒索等行为;给予记过、记大过处分;情节较重的,给予降级或者撤职处分;情节严重的,给予开除处分。

职工在受处分期间不得晋升工资和职务。受降级、撤职处分的,应按照规定降低职务或解聘职务,另行安排其工作。

职工在受处分期间有悔改表现,并且没有再发生违法违纪行为的,处分期满后,本人提出书面申请,职工所在单位提出意见,由处分审批机关或单位批准,可以解除处分。解除处分后,工资待遇、级别和职务不再受原处分影响。但是,解除降级、撤职、留用察看处分的,不视为恢复原级别、原职务。

第三节　薪　酬　福　利

一、员工工资

1997年,中国海运成立之初,即出台《中国海运(集团)总公司机关职工工资管理暂行办法》。该管理办法遵循按劳分配的原则,以劳动责任、劳动技能、劳动强度、劳动条件等劳动要素为评价基础;按岗位责任差别、岗位技能差别和岗位业绩差别,合理确定机关各职人员的工资水平,多劳多得,少劳少得,使职工的工资收入同责任、技能、业绩紧密结合起来。该办法强调"两低于",即工资总额增长幅度低于本企业经济效益增长幅度,职工实际平均工资增长幅度,低于本企业劳动生产率增长幅度。该办法作为集团组建初期总公司机关的工资管理制度,强调在实施过程中既要积极稳妥推行,又要坚持不断完善。该办法规定,机关职工工资由综合薪点工资和单列工资两部分组成,其中综合薪点工资包括:基本薪点工资、岗位薪点工资、技能薪点工资;单列工资包括:年功工资、业绩工资、辅助工资。各工资项目基本功能具体如下:

基本薪点工资:主要体现公平的原则,同时参照上海地区在职最低工资标准,用以保障职工基本生活需要。

岗位薪点工资:岗位薪点工资为综合薪点工资的主体,主要体现不同岗位的劳动责任的差别,并实行上岗有、离岗无、岗变薪变的动态管理。

技能薪点工资:主要体现管理人员技术水平和业务能力的差别,并实行评聘结合、聘用有、解聘无、级变薪变的动态管理。

年功工资:主要体现职工劳动积累的差别。年功工资由部属企业工龄工资和非部属企业工龄工资两部分组成。

业绩工资：主要体现职工劳动贡献的差别，由月度奖金和年终奖金两部分组成。

辅助工资：主要体现职工对国家和企业特殊贡献的差别，由劳动模范荣誉津贴或晋级工资、政府特殊津贴、技术比武获奖晋级工资、少数民族津贴等部分组成。

2000年，中国海运发布《2000年中海集团调整工资的指导意见》，其中对陆岸单位员工调整工资作了新的规定。对陆岸二级公司的分配采用工资总额宏观调控的办法；对陆岸二级公司党政正职按《关于下发〈中海集团下属一级子公司经营者实行年薪制考核规定〉（试行）的通知》执行，试行年薪制。副职年收入水平掌握在正职实得岗位年薪、效益年薪之和的80%之内。陆岸单位其他职工在下达的增资额度内，下属单位结合自身特点自行制定分配模式，不强求统一。该指导意见强调，各单位在制定陆岸工资方案时，应注意逐步调整分配结构，加大"活工资"的占比，将分配与安全生产和提高效益挂钩，同时注重适当拉开各类岗位之间的差距，体现关键、重要岗位与一般岗位之间的差别。

2008年，集团发布《关于进一步加强工资管理的通知》，进一步加强集团工资管理与协调，规范集团各单位工资总额和工资制度管理工作。工资管理实行"船岸分开"原则，运输船员与陆岸人员工资总额计划分别下达，工资制度分别制定。对于陆岸人员，实行工资总额计划管理。各单位按照预算管理的方法，根据经济效益情况、人工成本承受能力和管理费用指标，合理编制本单位陆岸人员工资总额计划，报集团审批；各单位下属公司的工资总额计划，由各单位在集团核定的工资总额范围内分解下达，报备集团人事部。对于集团所属各单位领导班子成员，实行年薪制，年薪制度由集团确定。除上述实行年薪制的公司领导班子成员外，其他陆岸在岗人员的工资调整，由各单位在集团核定的工资总额范围内自定，报备集团人事部。

2013年，根据国务院国资委下发的《中央企业工资总额预算管理暂行办法》《中央企业工资总额预算管理暂行办法实施细则》等政策文件规定，中国海运发布《中国海运（集团）总公司工资总额预算管理暂行办法》，旨在进一步贯彻落实国资委"效益升工资升、效益降工资降"的分配调控理念，加大对集团直属企业收入分配管控力度，规范企业工资总额管理，强化工资总额与经济效益联动机制。

该管理办法规定了工资总额预算管理职责：

集团职责为：依据国资委有关规定，制定集团工资总额预算管理办法，制定集团工资增长调控线，建立工资增长与经济效益增长联动机制；按照集团整体经济效益预算情况，编制集团工资总额预算方案，报国资委审批；对集团直属企业工资总额预算实行核准制。指导直属企业编制、执行工资总额预算，对其预算进行管理和监督，履行出资人职责。

直属企业职责为：直属企业为集团工资总额预算的执行单位。依据国资委和集团有关规定，组织开展本企业工资总额预算编制、执行以及内部监督、评价工作；工资总额预算经集团核准后，由直属企业根据生产经营特点与内部绩效考核制度、薪酬分配制度，自行决定其下属企业工资总额调控方式、内部收入分配结构和水平；直属企业对其下属企业工资总额预算实行核准制，并指导下属企业开展工资总额预算编制、实施工作，履行出资人职责。

陆岸职工工资总额基数的50%与本单位经济效益增幅、适用工资增长调控线挂钩，另50%与当期居民消费价格指数（CPI）涨幅挂钩。集团直属企业工资总额预算基数以上年实际发放工资总额为基础，核减集团清算认定的超提超发工资部分及一次性因素后确定。其工资总额预算增减额，剔除增加人员和预算管理范围变化等年度间不可比因素外，根据集团确定的工资增长调控线、工资效益联动机制和本单位经济效益指标预测情况确定。主要包括三种情况：一是经济效益比上年提高，陆岸职工的平均工资按照盈利与考核目标的对比情况进行调整。二是经济效益与上年持平的陆岸职工，其平均工资水平不增长。三是经济效益比上年下降的陆岸职工，其平均工资水平则根据效益情况有所下降。

1997—2015年的18年间，在集团资产规模、船队规模、经济效益稳步增长的同时，员工的薪酬福利也相应得到增长。集团的总收入从1997年的67亿元增长到2015年的635亿元，年均增长14.15%；总资产从1997年的251亿元增长到2015年的1 610亿元，年均增长11.55%。与之相对应，集团境内外企业实发工资总额年均增长10.55%，人均工资年均增长10.75%；陆岸员工与船员的平均工资增长幅度大体一致。

二、员工福利

1997—2015年，中国海运不断完善薪酬福利制度，着力改善职工工作和生活条件，调动广大职工的生产积极性。在集团资产规模、船队规模、经济效益稳步增长的同时，员工的薪酬福利也相应得到增长。

【住房公积金】

中国海运成立之初，根据《国务院关于深化城镇住房制度改革的决定》《国务院关于进一步深化城镇住房制度改革加快住房建设的通知》和当地人民政府有关住房公积金制度管理的规定，为职工缴纳住房公积金。2001年，集团开始缴纳职工住房补充公积金。基本做法是，在沪各单位，按上海市有关规定建立住房补充公积金制度，职工个人和单位缴存比例不大于上海市主管部门规定的比例，即公积金年度职工住房补充公积金缴存比例为上年度职工个人月平均工资的8%。对于沪外单位，由各单位根据当地政府住房改革的有关政策执行。

【养老保险】

中国海运按照国家薪酬福利制度规定，为职工缴纳政府建立的各项基本社会保险，包括基本养老保险、失业保险、工伤保险、生育保险等。1999年1月，中国海运所属上海、广州、大连和北京4个地区单位的职工和离退休人员基本养老保险，由交通部养老保险行业统筹整体移交上海市属地管理，统一执行上海市养老保险政策。上海市人民政府从2004年1月起，规定停止接受集团非上海市户口新进人员参加上海市养老保险。因此，2004年以后，集团非上海市户口新进人员养老保险则由当地投保。2008年，集团职代会通过了企业年金方案，为职工建立了补充养老保险制度。在推行补充养老保险制度过程中，集团首先启动运输船员企业年金方案，总部机关和陆岸单位员工分步实施。根据规定，集团各单位缴费比例为企业上年度职工工资总额的4%，列支渠道按国家有关规定执行；职工个人缴费按国资委规定不低于企业为其缴费部分的1/4，由企业从职工个人工资中代扣代缴。企业年金采用建立企业账户和个人账户方式进行管理。企业账户用于归集企业缴费未归属权益；企业缴费未归属权益是指各单位企业缴费总额与分配至个人账户总额的差额。个人账户下设个人缴费子账户和企业缴费子账户，用于归集个人缴费、企业缴费划入个人账户部分及其投资收益。

【医疗保险】

中国海运组建后实行属地化管理,即集团所属的上海、广州、大连、北京4个地区的在职职工及离退休人员医疗保险,均按当地标准缴纳医疗保险。上海地区实行个人、企业共同承担医疗费的办法,广州地区实行费用包干的办法(按年龄规定每人每年门诊医疗费用),大连地区采用包干和自负比例相结合的办法,北京地区采用按年龄段划分自负比例的办法。2010年,根据国家《关于企业补充医疗保险有关问题的通知》《关于补充养老保险费、补充医疗保险费有关企业所得税政策问题的通知》文件精神,中国海运出台了《中国海运(集团)总公司补充医疗保险方案》。自2010年7月1日起建立补充医疗保险基金,集团各单位以上年度职工工资总额为基数,以国家规定的5%比例计提并列支。集团总部和各地区公司严格按国家规定,集中使用和管理补充医疗保险基金,单独建账、单独管理、专款专用;同时建立健全补充医疗保险基金预、决算制度,以及财务和会计等各项管理制度,管好用好基金,确保基金安全。与之相配套,集团内各地区公司社保中心建立补充医疗保险信息管理系统,为每位职工建立费用报销台账和档案信息,做好数据维护和管理工作。2014年,集团在广泛听取各单位和退休人员意见的基础上,修订完善《中国海运(集团)总公司补充医疗保险方案》。修正以后的方案重点提高退休人员门急诊医疗报销限额度,由原来的每年2500元,增加到每年3500元,同时进一步完善了退休人员医疗报销操作流程,方便员工医疗费报销,更好地发挥惠民作用。同时,集团制定《中国海运(集团)医疗保险基金收支管理规程》,严格按照国家财务管理规定以及全面预算管理要求,加大基金监管力度,管好用好员工的"救命钱"。同年,集团补充医疗报销18万余人次,报销金额7000余万元,比2013年分别增加13.4%和9.51%,是实行这项制度以来,享受人员最多,报销金额最高的一年。

第五章 干部人才队伍建设

中国海运自组建开始,就着力强调干部人才队伍建设。在1998年2月9日召开的集团工作会议上,总裁李克麟在工作报告中指出:"集团要把人才的培养作为实施中海集团发展战略的一项十分重要、长期的工作,认真抓好。要培养一大批了解市场经济规律,懂得国际运作惯例,掌握先进管理才能的高级经营管理人才;要加快企业多元化发展需要的人才培养,建立和营造留住人才、吸引人才、充分发挥各种人才聪明才智的氛围和机制,通过再培训,不断提高现有员工的素质。"同年2月17日,集团召开党委工作会议,党委书记戴金象在工作报告中进一步强调抓好干部人才队伍建设工作。他在报告中强调:"在加强干部的思想政治建设和业务培训的同时,要在推进企业改革发展的实践中培养锻炼干部的实际工作能力,提高工作水平。要着力培养与国际航运市场接轨的高水平的经营管理人才、多元发展的陆上产业的人才和一专多能的复合型人才,适应集团国际化、股份化、专业化、多元化发展的需要。"

1997—2015年的18年间,中国海运始终把干部人才队伍建设摆在重要位置,把干部人才作为企业最重要的第一资源。

第一节 干部人才机制创新

1997—2015年间,中国海运始终坚持遵循干部成长规律,坚持实践锻炼培养的方针,从制度和机制层面,树立导向、构建平台、形成机制,着眼于集团改革发展长远需要和干部成长培养的内在需要,分类别、分层次统筹规划制订干部发展计划和路线图,积极推动干部到集团改革创新、转型升级的主战场,到竞争拼搏、攻坚克难的第一线,到营销开拓、经营生产的最前沿,在实践中磨炼品质意志、丰富经验阅历、提高能力本领,锻炼塑造出能够引领企业科学发展、有效履行本职工作的过硬素质。

一、开放式交流体系

中国海运坚持健全机关内部管理人、财、物和纪检、监审等岗位干部人才的定期轮岗制度,推进机关干部人才跨部门跨单位交流;把促进交流作为优化干部人才资源配置、激发干部人才队伍活力的重要举措,加强集团党组和组织部门对干部人才交流工作的统筹力度;规范和改进干部人才挂职锻炼工作。以干部人才综合考核评价结果等为依据确定干部交流人选,引入竞争机制,改进交流人选产生方式。积极探索职务能上能下、职务职级暂时适度分离等工作机制,形成有利于干部跨条线、跨区域、跨领域交流、挂职、任职的开放式交流体系,完善相应的配套规定。同时,建立并严格执行干部人才交流有关制度规定。按照中央有关规定中明确的干部交流的对象、重点、原则等,制定集团关于干部人才交流工作的规定,明确集团机关部门负责人、直属单位领导班子成员在同岗位连续任职满6年原则上予以交流、超过9年必须交流的规定。2005年,交流、提升和调整集团管理干部168人次;委派、调整、推荐境内外公司董事、监事432人次;派出驻外干部28人,调回17人,交流10人。2010年,调整、交流集团管理干部31人次,委派境内公司董事、监事42人次。2015年,全集团系统内部干部人才流动133人次,总部和所属单位间交流34人次。

二、实践锻炼平台

由集团组织部/人力资源部牵头,构建全集团层面的、各类别、各层次干部人才实践锻炼平台,打破机关与基层之间、直属单位之间、不同业务板块之间、境内外企业之间管理体制和人员归属的障碍和束缚,打通渠道、发挥资源统筹的优势,统筹规划、统筹调配、统筹管理。选配机关干部到船舶、网点、车间班组一线岗位经受锻炼、丰富经历,强化基层一线力量;协调基层单位提供岗位资源、安排接受干部实践锻炼,提高接收单位工作水平;有计划、有针对性地选派优秀年轻干部人才赴境外工作岗位实践锻炼等。进入实践锻炼平台的干部人才不仅包含集团管理干部、驻外干部等,还包括后备干部和各单位有培养潜力的优秀中青年干部人才等,着力提高实践锻炼的针对性、区别性和实效性。2005—2015年,集团以挂职锻炼、援疆援滇等方式锻炼年轻后备干部,先后选送28位干部赴新疆阿克苏地区柯坪县任副书记、赴云南永德县挂职担任副县长或县长助理。其中有8名年轻后备干部赴新疆挂职锻炼,有20名年轻后备干部赴云南挂职锻炼。2015年,总部机关组织缺乏船舶工作经历的18名管理干部分两批到集装箱船、油轮、货轮、客轮等9艘船舶跟航,了解船舶,了解船员,了解市场,丰富集团管理干部的实践经历。

三、竞聘性选拔

在竞聘性选拔干部方面,集团着力开展三方面工作:

逐步增加竞聘性选拔的比例。集团成立之初,便从加强干部人才建设角度出发,逐步探索、尝试公开选拔各级干部的办法,特别是在"十一五"时期,公开选聘干部人才比例不断提高。2010年年初,对机关处级岗位干部采用"全体解聘、择优聘用"的方式,落聘和换岗交流比例达到总人数10%以上,对集团系统加大竞聘性选拔力度起到了示范作用。"十一五"末期,面向系统内外竞聘性选拔集团干部达到同期干部总数40%以上,实现了集团的竞聘性选拔干部常态化、制度化、规范化。

逐步提高竞聘性选拔的层次和范围,将竞聘性选拔干部的层次从集团管理的一级子公司的副职干部扩大到正职干部;运用网络视频手段,采取远程实时监考的办法,设置海外考场,将竞聘范围扩大到驻外干部,为更多优秀干部脱颖而出搭建平台。"十一五"末期,有47位驻外干部参加了考试。

严格把好竞争性选拔的质量关。坚持从岗位实际需求出发,突出岗位特点,注重实绩能力,合理界定考试成绩与考察结果的权重比例,以"品德、能力、素质"作为衡量的主要标准。坚持竞聘过程公平、公正、透明,根据不同竞聘岗位,聘请系统内专业人士和外部专家担任考官,并让干部群众参与评价。

四、完善发现机制

"十二五"时期,中国海运坚持定期开展干部人才大调研,放宽视野,打破身份、年龄、学历、经历等限制,不拘一格举荐人才,通过全方位考察、准确"画像",摸清全集团干部底数。探索在全集团进行比选,坚持好中选优、优中选强,把同一层面、同一类别的干部放到集团平台比选,力求把各单位、各领域的优秀中青年干部梳理、遴选出来,做到发现一批、储备一批、跟踪培养一批。采用依托集团管理干部学院集中办班的形式,在集训中进一步识别比选干部,加强重点培养和跟踪考察。

"十二五"时期,对于企业领导层干部,集团建立全方位干部考察体系。在考察标准上,坚持从"素质""能力""业绩"等方面对干部进行考核评价,并根据不同岗位,细化考核内容,设立评价指标和指标的权重。对于制定的考察方案,强调必须明确考核原则、目标任务、方法步骤和工作要求,做到"贯彻中央精神不走样,结合企业实际有特色",确保考察质量。在考察中,坚持任期考察、年度考察和目标考察相结合,选准用好企业领导层干部。在2010年、2011年的两次年度考核民主测评中,95%以上的干部对班子成员评价为"优秀"和"称职"。

第二节 "三支队伍"建设

2005年,集团发布《2004—2005年人才发展规划》,并提出加强"三支队伍"建设的要求。"三支队伍"分别是企业领导人才队伍、高级经营管理人才队伍和高级技术人才队伍。

2005—2010年间,加强"三支队伍"建设成为集团干部人才工作的重点。

一、企业领导人才队伍

2003年,企业领导人才队伍总数为177人,其中:集团党政领导班子成员9人,直属企业领导班子成员76人,后备干部92人。直属企业党政领导班子学历层次较高,但年龄偏大;后备干部学历层次和技术职称均比较高,以直属企业中层以上的优秀中青年干部为主体。面对现状与短板,中国海运以造就具有战略决策能力、能实现国有资产增值保值的企业领导人才队伍为目标,坚持在实践中、在艰苦环境中培养锻炼领导干部,提高领导干部解决实际问题的能力,不断增强领导干部科学决策、驾驭全局和开拓创新能力。2005—2010年间,集团坚持党管人才原则,下发《中国海运(集团)总公司干部管理暂行规定》等6个制度,建立健全干部管理机制,同时,着眼于中、长期领导班子建设的需要,注意发现和培养了一批更年轻、有潜力的优秀后备干部。

二、高级经营管理人才队伍

2003年,高级经营管理人才队伍总数为899人,其中直属企业领导班子成员76人,总部机关处级以上岗位领导干部57人,直属企业中层干部666人,境外企业驻外干部91人。总体上学历层次较高,多数具有中、高级技术职称,但年龄偏大。为培养造就一支职业素养好、能驾驭市场的高级经营管理人才队伍,中国海运重点对20世纪60—70年代出生、80—90年代大学生中的优秀人才进行培养,强化年轻管理者整体素质。为此,集团从基层挑选一批年轻干部,实行高级经营管理人才的定向培养,有计划地组织他们到海外公司锻炼,或到基层挂职,或到高等学府深造,同时,有计划地把海外人员调回国内任职,培养造就具有创新精神、竞争能力、国际化高层次人才队伍。到2010年,集团拥有高级经营管理人才队伍980人,比2003年增加81人。

三、高级技术人才队伍

2003年,高级技术人才队伍总数为9 000人,其中:船舶高级技术人才为3 810人,陆岸高级技术人才为2 847人,船舶高级技能人才为2 087人,陆岸高级技能人才为256人。总体上学历、年龄层次基本合理,但高级技能人才年龄偏大,学历层次偏低。为培养造就一支既有专业技术理论水平,又有较强动手能力的高级技术和高级技能人才队伍,中国海运在加强陆岸技术人才培养的同时,着力抓紧培养高级船员队伍。对此,集团所属的船员公司和船公司紧密配合;特别是船公司,根据本公司船员需求计划,主动与船员公司协商,确定本公司选拔培养高级船员名单。2004年,在大型集装箱船员队伍建设中,中海集运根据船队发展需要,与中海国际共同制订船员选拔培养计划和实习大纲,提前做好船舶管理人员、高级船员和高技能中普船员的选拔及滚动培养工作。到2010年,集团拥有高级技术人才队伍1.2万人,比2003年增加3 000人。

第三节　国际化人才

1997年,中国海运刚成立,就强调以国际化视野推行国际化战略。与之相配套,则是花大力气建设国际化人才队伍。这些国际化人才要具备宽广的国际化视野和强烈的创新意识、开拓意识,具备很强的跨文化沟通与融入能力,具备国际化水平的专业业务能力,能在全球化竞争中善于把握机遇、赢得机遇。因此,在历年的集团总裁工作报告中,都强调要培养一大批了解国际市场经济规律、懂得国际运作惯例、掌握先进管理技能的高级经营管理人才;要建立和营造留住人才、吸引人才、充分发挥各种人才聪明智慧的氛围和机制,以适应中国海运的国际化经营需要。1997年12月,集团发布《中国海运(集团)总公司海外人员管理办法》,既为海外人员管理进行制度建设,也为打造国际化人才队伍奠定了基础。

2005年,集团着手编制《"十一五"人才发展规划》,对打造国际化人才队伍做出明确规定。根据规定,"十一五"期间,集团实施国际化人才"千人计划",重点培养1 000名集团重要岗位上的高级经营管理人才,包括100名国际化企业领导人才、200名驻外干部和在国外学习深造过具有海外资历的国际化人才、300名一线企业厂长经理书记、400名总部机关处级干部和直属企业部室负责人。同时,重点培养造就1 000名现代化、大型化、全球航行的船舶"三长",包括400名船长、400名轮机长、200名政委。

2006年8月20日,中国海运召开海外工作专题会,对海外和境外港澳地区的企业员工提出打造国际化人才队伍专门要求。会议指出,国际化人才队伍建设是集团"十一五"人才发展规划重点之一,要继续加强国际化人才的培养;对境外干部的培养、交流、回调安排等工作要进一步规范化、制度化;要加大集团总部、中海集运业务骨干在国外短期交流任职的力度,使境外企业成为集团培养锻炼干部的重要基地;要充分重视外聘人才的作用,重用优秀外聘人才。

2014年,中国海运在出台的《2014—2015人才发展纲要》中提出加强国际化人才队伍的目标要求,即适应并满足集团从"跨国经营"向"跨国公司"转变的需要,以驻外干部选拔培养和管理为重点,加强国际化人才队伍建设,加快跨国公司经营管理人才的选拔和培养。优化驻外干部选拔、培养机制,不断拓宽驻外干部来源,强化驻外干部日常管理,建立较为充分的驻外干部人选储备资源,充分发挥驻外干部的特长和优势,对调回境内的优秀驻外干部优先使用,形成境内外优秀干部联动开发、培养、使用的机制。探索推进人才培养,使用国际化的机制,努力提高人才开发、人才构成、人才素质国际化水平。

2015年,集团加强国际人才库建设,境外人员选派坚持以驻外后备人才库为主,各单位、各部门推荐为补充,形成良好的工作格局;全年共选调23人赴境外长期工作。

一、培养机制

"十二五"时期,中国海运根据自身全球化战略发展需求,积极探索推进人才培养与使用的国际化机制,努力提高人才开发、人才构成、人才素质的国际化水平。推进人才开发国际化,创新培养模式,在人才培养方面强化与国际大客户交流合作,探索实施人才外派挂职等方式,搭建海外控股公司的现场培训平台,选派优秀人才轮岗挂职,着力提升本土人才国际化水平。推进人才市场国际化,加强集团外籍员工管理,充分拓展境外控股公司引才引智途径,在全球范围内开发和配置人才资源。推进人才素质国际化,重视培养人才具有全球视野和开放思维,提高国际化运作和跨文化沟通能力,充分利用国外优质教育培训资源,搭建人才参加国际活动的平台,支持各类人才出国深造和进行国际学术技术交流。2015年,集团举办1期驻外干部派前培训班,共16人参加培训;选拔50名驻外干部后备人选,举办为期3个月的集团国际化人才培训班,学员们完成了基础素质、商务英语、管理能力和专业能力4个方面的学习课程和有关测试,顺利结业。

二、职业发展

驻外干部是国际化人才的主力。"十二五"时期,中国海运始终把驻外干部作为集团推进国际化发展战略的宝贵人力资源和突出竞争优势,统筹规划、安排他们的职业发展路径,尤其是做好驻外干部调回境内后使用、培养工作,将他们安排在最适合发挥作用、发挥优势的岗位上。打破人员归属、派出前资历等瓶颈制约,强化集团层面的统筹和协调作用;在同等条件下,优先选拔、使用优秀的驻外干部。将境外工作经历、岗位职级与境内关联、衔接起来,避免职业发展"断档、真空"现象,提高驻外干部工作积极性,指导帮助他们明确职业发展方向。2015年,集团加强对驻外干部考核和使用,对5位优秀的驻外干部给予提任。

三、日常管理

在国际化人才建设中,中国海运注重修订完善驻外干部管理制度体系,细化具体管理措施;及时了解驻外干部思想诉求和遇到的困难、问题,加强实地调研,掌握第一手情况;严格驻外工作任期制度,规范轮换和调回等工作程序;加强对驻外干部素质、能力、履职情况的考察和了解,建立驻外干部综合考核评价机制,及时了解掌握驻外干部遵守驻外纪律和规章制度、履行岗位职责情况,为驻外干部培养使用提供依据;进一步指导、督促境外控股公司发挥驻外干部现场管理作用,规范管理内容、模式,建立管理情况考核评价机制,提高现场管理水平。2011—2015年,集团严格执行驻外干部谈话制度,坚持干部每年回国述职,及时掌握干部动态;做好驻外干部出差、休假、配偶随任等报批报备工作。2015年,共办理驻外干部出差审批176人次,休假审批278人次,办理配偶随任和探亲26人次。

第四节 领军人才

2011年,根据中共上海市委组织部、上海市人力资源和社会保障局联合下发的《关于开展2011

年上海领军人才选拔工作的通知》,中国海运在集团所属上海地区员工中开展领军人才推荐工作。先后有7名干部及技术骨干被推荐为上海地区领军人才候选人。此后,中国海运在人才队伍建设中开始注重领军人才的打造和培养。中国海运的领军人才是指在航运、金融、物流、码头、船舶修造、集装箱制造、交通科技等重要产业领域的核心人才。"十二五"期间,集团坚持以内部培养为主、外部引进为补充方式,放宽视野,打破身份、年龄、学历、经历等限制,不拘一格,积极打造领军人才。2014—2015年,累计选拔26名干部进入集团管理干部序列,成为各业务板块的领军性领导;与此同时,集团管理干部平均年龄较2013年度下降1.52岁,符合"高学历、境外经历、基层锻炼"等标准的比例进一步提高到80.2%,提升7.1个百分点。在此期间,中海集运通过打通员工职业发展的管理通道和业务通道,及时补充15名业务骨干走上管理岗位,晋升70余名优秀员工,鼓励他们在专业领域发挥特长,努力向领军人才发展。2015年,针对LNG运输人才紧缺特别是领军人才紧缺的状况,集团加大引进、培养力度,同时加强中海LNG与中海国际两家公司所需LNG船舶技术相关人才的内部交流。

为打造领军人才,集团一手抓培养,一手抓引进。

一、人才培养

为打造领军人才,集团人力资源部/组织部、集团管理干部学院充分支持与统筹协调,结合集团产业链,认真分析各自板块紧缺的高端人才需求,建立完善相关岗位胜任力素质模型,按标准重点在系统内部推荐、甄选人才入库,完善系统信息。精选人才库中的骨干,带着任务和课题,到国内国外名校参加EMBA及有关业务的研修学习,在帮助集团发现和物色相关领域领军人才、逐步构建储备人才库的同时,汇聚智力研讨解决多元化发展难题。与此同时,有效利用"中国干部网络学院"和"上海在线学习城"等培训项目,打造集团网络学习平台,设定库内人才实名账户,通过设立各种板块论坛和学习模块,群策群智,提升人才整体思维水平,有效发现人才和解决企业发展问题。在交通科技、船舶修造、集装箱制造等领域,加强与相关高等院校的交流沟通,积极寻求项目合作,在项目合作中历练库中人才,培养领军型、专家型人才。

二、人才引进

健全人才引进激励约束机制、充实完善人才库。对内部暂时无合适人才推荐培养的,通过多渠道、多途径动态跟踪高端人才市场,广泛收集、储存人才信息,以科学发展观、人才观为指导,明确人才引进的目标、任务、方法、工作流程,从集团外部统一招聘人才,并加强统一培养管理和调配,协商明确职责、待遇和聘任期限,按责、权、利一致的原则实施双向承诺、合约化管理。中海资产、中海投资等针对集团内置业、地产、融资、租赁等领军人才匮乏的实际,积极与人才服务机构合作,采用市场化手段,构建灵活多样的工作机制,积极引进专业领军人才,既缓解燃眉之急,又为下一步培养、孵化自有团队的领军人才奠定了基础。

第五节 后备干部

1999年,中国海运发布了《中国海运(集团)总公司后备干部管理办法(试行)》的通知,旨在建立一支政治坚定、素质优秀、门类齐全、结构合理、数量充足的后备干部队伍。该项管理工作由集团党委统一领导,党委组织部负责管理,总公司机关各部室、所属各单位党委协助管理。该管理办法要求,后备干部应思路宽阔,对新事物反应敏锐,有开拓精神;应勤奋好学,知识面较广;有干劲,有一定的组织领导和管理水平,工作成绩突出;应注重选拔懂市场经济、懂经营管理、懂法律;应具有大学专科及以上文化程度。同年6月,通过民主推荐、工作考核、集团党委会议讨论等程序,确立集团领导职务后备人员名单。后备干部入选者均在1998年年度考核中表现成绩突出、综合素质优秀;入选年龄线原则上控制在50岁以下。

2008年,根据中央组织部《关于加强党政领导班子后备干部培养和管理工作的意见》精神,中国海运对集团直属单位领导班子后备干部进行调整,建立新的后备干部名单。2000—2008年,全集团领导干部调整交流力度较大,相当一部分后备干部已被选拔进领导班子,已有后备干部队伍的总体数量不足,部分人员年龄偏大,文化素养和专业素质与集团"十一五"发展要求还存在差距,迫切需要进行调整。为此,集团着眼于未来几年领导班子建设的实际需要,大力选拔政治上靠得住、工作上有本事、作风上过得硬、职工群众信得过、善于领导科学发展的干部,努力建设一支坚决贯彻执行党的路线方针政策、爱中海、有思路、能干事、年轻优秀、有发展潜力的后备干部队伍,为加强直属单位领导班子建设提供充足的干部准备。调整各单位领导班子后备干部基本要求是:对于后备干部的数量,一般按照直属单位领导班子正职1∶2和副职1∶1的比例确定;对于后备干部的年龄,原则上在45周岁以下(含45周岁,年龄计算到2008年12月30日),40周岁以下的干部占总量的2/3,其中35周岁以下的干部要占总量的1/3左右;后备干部队伍中,条件比较成熟、近期可提拔使用的人选,一般不少于后备干部总数的1/3。

2013年,为深入推进中央《关于进一步加强党管人才工作的意见》的实施,认真贯彻落实中共十八大在"全面提高党的建设科学化水平"中对干部管理工作提出的目标任务,集团党组围绕加强后备干部队伍建设,广泛深入调研开展专题讨论;在2014年出台的《2014—2015年人才发展纲要》中,提出加强后备干部管理的目标要求,即建立一支数量和质量能够有效满足集团经营发展需要的后备干部队伍,优化完善后备干部选拔方式,着力提高后备干部培养的针对性、计划性和连贯性,加强后备干部跨领域、复合型、复杂环境、艰苦条件锻炼考验,形成后备干部管理的有效机制,着力解决后备干部"备而不用""备用脱离"的现象,不断提高后备干部队伍的生机和活力。发展纲要进一步提出,后备干部队伍以35~40岁的为主体,40岁以下的干部不少于30%,其中35岁以下的干部不少于10%;按照正职1∶2、副职1∶1要求,重点掌握一批40岁左右,尤其是1975年以后出生的年轻后备干部;后备干部队伍知识专业结构要进一步完善。按照这一计划,2014年年底集团直属单位领导班子后备干部库人数要达到100~130人,2015年年底达到150~250人,基本满足同期直属单位领导班子成员自然退出和正常调整的需要。

为深入推进企业后备干部队伍建设,集团始终坚持做好加强培训、强化管理、合理使用三个方面的工作。

一、后备干部培训

集团注重建立科学有效的后备干部培养途径,全方位、多渠道地开展后备干部培养工作,强化理论和业务培训,提高综合素质。举办短期集中脱产培训班,有计划地组织后备干部定期参加各类专题研讨班、选派培训、进修,使他们的知识结构常学常新。集团注重系统学习培训,采取脱产攻读学位或进行长期业务知识培训等形式,为后备干部继续教育创造条件;提高培训内容的全面性和系统性,不仅坚持缺什么、补什么的原则,而且根据企业转型发展对后备干部的要求,结合后备干部的特点,综合培训全面提高。强化后备干部实践锻炼,提高工作能力;采取上挂下派锻炼、重要岗位锻炼、轮岗交流或异地交流锻炼等多种形式,磨炼后备干部的意志品质,提高其实际工作能力,增强其统揽全局、驾驭全局、处理复杂矛盾能力,检验后备干部思维能力、开拓精神和创新意识。

二、后备干部管理

在后备干部管理方面,集团把培养选拔年轻干部工作纳入各单位党组织,特别是党组织负责人的任期目标,作为考核领导班子和领导干部的重要内容之一。各单位党组织自觉地把后备干部队伍建设作为领导班子建设的重要组成部分,列入重要工作日程,认真抓好落实。在培养和选拔后备干部工作中,牢固树立"一把手抓第一资源"的观念,层层落实目标责任制。严格按照责任制的要求,形成一级抓一级,一级促一级,一级带一级的分级管理网络。集团注重健全人力资源统筹开发机制,将直属各单位司管干部后备库与集团管理干部后备库统一起来,统筹管理、统筹培养、统筹使用。围绕后备干部实施"动态管理"的要求,不断完善相关管理制度。建立后备干部信息即时反馈制度、谈话和有关事项报告制度、信息档案管理制度等。

三、后备干部使用

中国海运强调建立和完善后备干部优先使用制度,结合实际,研究确定每年度后备干部的使用率,提高后备干部得以提拔任用的机会,原则上提任干部优先从后备干部库中选拔,形成后备干部优胜劣汰、动态管理的工作机制。对后备干部建立档案、跟踪了解、定期考察、实行动态管理;探索建立最长备用期制度,超过最长备用年限得不到提拔使用,则调整出后备干部队伍。同时,特别注重提拔使用备用时间较长的干部,为这些后备干部的提任创造条件。在干部民主推荐中,有意识地突出后备干部的地位。在推荐领导干部时,组织部门以该单位后备干部名单为基础,提出参考人员名单,供推荐时参考;形成干部"能上能下"的良性运行机制,解决后备干部使用和领导职数限制的矛盾,为后备干部的使用提供有利条件。

第八篇

党群工作

概　　述

　　自1997年7月1日中国海运成立始,中国海运党委(2000年8月提为党组)及所属各单位、各部门的党组织始终注重发挥党组织的政治核心作用、党支部的战斗堡垒作用和党员的先锋模范作用,坚持加强和改进党的政治建设、思想建设、组织建设、作风建设和廉政建设。在中国海运创业发展、快速发展以及转型发展的各个阶段,各级党组织坚持与时俱进,开拓创新,为企业改革发展提供坚实的保障。与此同时,各级党组织注重加强对工会、共青团领导,认真做好党的统战工作,全心全意地依靠广大船岸干部职工,团结九三学社、中国民主建国会、中国农工民主党等民主党派,同心同德,群策群力,全力推动企业发展。各级工会、共青团组织以及民主党派依照国家有关法律法规及企业规章制度,加强自身建设,认真履行自身职能,为推动集团改革发展作出积极贡献。

　　在企业创业建设发展期(1997—2005年),中国海运发展面临市场诸多挑战,各项改革任务繁重,扭亏增盈"突破口"工作艰巨。对此,集团党委围绕改革发展中心工作,坚持纵览全局,协调各方,统一思想,凝聚力量,充分发挥党组织的政治核心作用,特别是在专业化重组和资源整合中,突出强调"四个同步",即新公司组建时,同步建立各级党组织;在配备董事会、监事会、经理班子人选时,同步考虑党委班子成员进入董事会、监事会和经理班子;在企业建立健全各种经营管理制度时,同步建立完善党的工作制度;在新公司按新机制投入营运时,同步开展党建工作。中国海运党组在机构调整与战略规划中坚持党管干部原则,按管理权限,依法选派推荐国有资产代表和经营管理负责人,并对其进行培养、考核和监督;强调无论是依法推荐干部,还是民主评议干部,或者实施考核干部,都必须认真贯彻党的干部路线和方针,坚持德才兼备和任人唯贤,严格按照党章和有关法规办理。

　　各级党组织根据企业整合重组实际与发展目标要求,积极探索适应现代企业制度要求的选人用人机制,把党管干部原则与董事会依法选择经营管理者以及经营管理者依法行使用人权结合起来,按政治强、素质高、善经营、会管理的要求,加强各级领导班子和干部队伍建设。与此同时,集团党委强调做好深入细致的思想工作,围绕专业化改革重组阶段的重点、难点问题,进行思想动员,形成共识,在广大干部职工中树立政治意识、大局意识、责任意识、创新意识,确立市场观念和效益观念,充分调动干部职工的积极性和创造性。

　　在企业快速发展期(2006—2010年),中国海运党组及各级党组织按照中共中央有关部署,在全集团深入开展学习实践科学发展观活动,推动企业的健康、可持续发展。在此期间,党组织坚持"围绕中心、着眼大局、与时俱进、创新发展"的理念,着力加强各级领导班子建设,积极创新基层党组织建设;努力抓好"四类支部"建设,即坚持"支部建在船上"和船舶政委制度、加强境内陆岸生产经营一线党支部建设、加强海外企业党支部建设、做好离退休党支部党建工作。深入开展"党员责任区""党员身边无事故""党员先锋岗""一个党员一面旗"等富有特色的活动,把党员的先进性具体化,引导广大党员立足本职、无私奉献、勇创一流、永葆先进性,在企业生产经营管理、安全稳定中发挥了先锋模范作用。

　　在企业转型发展期(2011—2015年),中国海运各级党组织深入开展以为民务实清廉为主要内容的党的群众路线教育实践活动;紧紧围绕保持党的先进性和纯洁性,深入贯彻中央"八项规定",

坚决反对"四风"（形式主义、官僚主义、享乐主义和奢靡之风），着力解决党员干部作风建设存在的突出问题，提高党员干部的思想认识，使各项工作有序开展、扎实推进，取得成效，为企业应对市场挑战、加快转型发展提供坚强的作风保证。

"十二五"期间，中国海运扎实推进惩防体系的建设，"教育、制度、监督、改革、惩治"力度进一步加强，形成"大体系"工作格局。通过巡视监督、纪检监察监督、内部审计监督、管理监督、职工民主监督、企业董事会制度下的外部监督以及党务公开、厂务公开等形式，构建"大监督"工作机制。

第一章 中共党组织

中国海运组建18年间,中国海运党组(党委)在党中央、国务院、中组部、国资委党委和上海市委的正确领导下,认真贯彻中共十六大、十七大、十八大和历次全会精神,按照中央对国有企业党建工作要求,紧密结合企业改革发展工作的实际,坚持充分发挥企业党组织的政治核心作用,坚持科学发展观,在党的基层组织和党员中深入开展"创先争优"活动,深入开展党的群众路线教育实践活动;坚持全心全意依靠职工群众的方针,坚持为国有资产管理体制改革和中央企业改革发展稳定服务,以提高执政能力和先进性建设为主线,不断加强和改进企业党的思想建设、组织建设、作风建设、制度建设和反腐倡廉建设,切实把党组织的思想政治优势、组织优势、密切联系群众优势转化为企业核心竞争力,为集团"调结构、促转型、上水平",建设"百年中海、世界一流"航运企业提供强大的思想动力和坚强的政治保障。

第一节 组织概况

中国海运组建以前,三大海运局以及中国海员技术服务公司、中交船业都设有党组织架构和健全的党建工作机制。中国海运在企业重组的同时迅速建立中共党组织和工会、共青团组织。在中国海运组建初期,企业发展面临市场诸多挑战,各项改革任务繁重。集团党委围绕改革发展中心工作,坚持总揽全局,协调各方,统一思想,凝聚力量,充分发挥党组织核心作用,充分发挥党支部的战斗堡垒作用,充分发挥党员的先锋模范榜样作用,为企业改革发展提供坚强的政治保证,为企业的发展作出应有的贡献。

一、党委(党组)历任领导

1997年6月20日,中共交通部党组决定戴金象任中国海运党委书记,孙治堂任党委副书记,李克麟、李绍德、吴中校、张建华、林建清任党委委员。

1997年8月27日,中共交通部党组批复中共中国海运党委《关于中国海运(集团)总公司党委建立工作关系的请示》,根据《中国共产党章程》和中央关于跨省区单位党组织工作关系的规定,中国海运(集团)总公司党委在交通部党组的指导下和上海市委的领导下开展工作。为减少工作层次,中国海运(集团)总公司党委和上海海运(集团)公司党委可平行与上海市委及上海市交通党委开展工作。广州海运党委接受广东省委及中国海运党委领导。大连海运党委接受大连市委及中国海运党委领导。中海海员对外技术服务公司党委、中交船业公司党支部接受中国海运党委和交通部直属机关党委领导。

2000年8月31日,中共中央发出通知,批准中国海运成立党组,戴金象任党组书记,李克麟任党组副书记,李绍德、孙治堂、吴中校、张建华、寇来起任党组成员,寇来起兼任党组纪检组组长。

2003年2月28日,中央组织部干部五局局长王勇在集团召开的干部大会上宣布中共中央和中央组织部任免决定:李绍德任中国海运党组书记,徐祖远任党组成员;戴金象因年龄原因不再担任党组书记、副总裁职务。

2006年11月24日,中组部干部五局副局级调研员路京生在中国海运召开的机关部门负责人、集团在沪直属单位党政负责人会议上宣布党中央决定:马泽华任中国海运党组书记、副总裁;李绍德任中国海运总裁,不再担任党组书记。

2011年8月,中组部宣布马泽华不再担任中国海运党组书记,李绍德担任董事长、党组书记。

2013年11月15日,在集团干部大会上,中央组织部干部五局局长毛定之代表中组部宣布党中央、国务院关于集团主要领导调整的决定:许立荣担任中国海运董事长、党组书记。李绍德因年龄原因不再担任中国海运董事长、党组书记。

表8-1-1 1997—2015年中国海运党委(党组)成员情况表

时　　间	党委(党组)书记、副书记	党委(党组)成员
1997年7月—2000年8月	党委书记戴金象 党委副书记孙治堂	李克麟　李绍德　吴中校　张建华 林建清　寇来起　王大雄　陈德诚
2000年8月—2003年2月	党组书记戴金象 党组副书记李克麟	李绍德　孙治堂　吴中校　张建华 林建清　寇来起　陈德诚
2003年2月—2006年11月	党组书记李绍德 党组副书记李克麟	孙治堂　张建华　林建清　王大雄 寇来起　陈德诚　徐祖远　张国发
2006年11月—2011年8月	党组书记马泽华 党组副书记李绍德	张建华　林建清　寇来起　王大雄 陈德诚　张国发　徐文荣
2011年8月—2013年11月	党组书记李绍德	许立荣　张国发　林建清　徐文荣 苏　敏　黄小文　丁　农　刘锡汉
2013年11月—2015年12月	党组书记许立荣	张国发　王大雄　徐文荣　苏　敏 黄小文　丁　农　刘锡汉　俞曾港

说明:1. 1997年7月—2000年8月,中国海运党组织设为党委;2000年8月—2015年12月中国海运党组织提为党组。2. 本表根据党委(党组)书记的任期而设,其间,党委(党组)成员因工作之需和年龄原因,存在晚任职或早离任的变动。

二、组织结构

1997年7月,中国海运组建初期的各级党组织很快建立健全。是时,上海海运、广州海运、大连海运党组织、党员基本情况:

上海海运:下属基层党委19个,党总支7个,党支部417个(其中外商投资企业建立党支部4个),党小组886个。党员6 378名,占职工人数的25%。入党积极分子624名,申请入党人数1 670人。1997年发展新党员168名。

广州海运:下属基层党委19个,其中代管党委4个,党支部298个。党员5 612名(含预备党员,截至6月30日),占职工人数的35%。入党积极分子347人,申请入党581人。1994—1996年共发展党员239人。党员空白班组31个,占班组总数的6.5%,主要集中在所属通导公司、生活服务公司。

大连海运:下属基层党委2个,党总支10个,党支部(含船舶支部)68个。党员1 220名,占职工人数的24%。入党积极分子135人,申请入党440人。1994—1996年发展党员59人。党员空白班组为零。

中国海运共有基层党委 39 个,基层党总支 13 个,基层党支部 800 个,党员 13 615 名,其中,正式党员 13 255 名、预备党员 360 名,男性 12 578 名、女性 1 037 名,少数民族 80 名,25 岁以下 362 名。党员总数占职工总数 1/4。

表 8-1-2 2004 年中国海运党员队伍情况表

人数	总数	在职	离退休	35 岁及以下	上海地区	广州地区	大连地区	北京地区	海南地区	深圳地区	海外地区	其他地区
职工数(人)	62 472	46 779	15 693	16 372	32 111	19 729	4 865	865	244	785	106	3 767
党员数(人)	13 732	11 215	2 077	2 279	5 780	5 682	1 411	199	66	102	67	425
党员数百分比(%)	22.0	23.9	13.2	13.9	18.0	28.8	29.0	23.0	27.0	13.0	63.0	11.3

2004 年,中国海运党群机构设置、人员配备以及政工队伍基本情况:

中国海运总部机关党群机构健全,设有党办、组织、宣传、纪检监审和工会等党的工作部门;集团直属 20 家企业均设有党群工作机构。集团有政工干部 1 258 人。其中,男性 1 166 人,女性 92 人;专职政工干部 834 人,兼职 424 人;船舶政工干部 542 人,陆岸政工干部 716 人。集团 20 家直属企业 77 名班子成员中有 74 名进入党委会和总支、支委会;党政一肩挑的单位有 7 家。

截至 2015 年年底,中国海运系统内共有各级党组织 1 186 个,其中,党组 1 个,党委 79 个,党总支 52 个,党支部 1 054 个;系统内共有党员 15 837 人,其中,在职党员 11 373 人,离退休党员 4 401 人,学生等其他党员 63 人;当年新发展党员 313 人,其中女性 61 人,35 岁及以下的 150 人。

第二节 组 织 建 设

1997 年,中国海运在起草公司章程时,突出和强调党的领导,把党委会写进集团的公司章程,明确公司党委会是企业政治领导核心,规定公司党组织的主要职责和任务,党组织的机构,与子公司党组织的关系包括党组织的活动经费等。这为企业改制中党组织开展工作提供有力的前提条件和法律依据。

一、党组织政治核心作用

【保证企业正确的政治方向】

中国海运党委(党组)保证党和国家方针政策在企业贯彻执行。集团各级党组织从集团的深化改革、增强活力,到加强管理、提高效益;从打好"突破口"攻坚战,到企业转型发展,开拓创新,充分发挥党组织的政治核心作用。

1997—2015 年,集团各级党组织和广大党员始终在思想上、政治上、行动上与党中央保持高度一致,认真执行党的路线方针政策和国家的法律法规,深入贯彻中共历届党代会、全会精神,全面贯彻党中央、国务院关于国有企业改革发展的部署和要求,推动企业按照全面建设小康社会的要求制定实施企业改革发展战略,为优化国有经济布局、发挥国有经济主导作用作出积极贡献;坚持落实改革开放、深化改革的各项政策措施,坚决安排好煤炭、石油等国家重大战略物资运输任务,积极承担起党和国家赋予企业的政治责任和社会责任,在重大问题上和突发事件中自觉服从和维护国家利益;始终坚持以人为本、切实增强群众观念,尊重职工群众的首创精神和实践经验,努力把职工群众改革发展的积极性调动好、发挥好、保护好,推进企业健康发展、和谐发展、持续发展。

为充分体现企业党组织的政治核心作用,集团党委(党组)根据党章和法律赋予企业党组织的职责,重点抓好五个方面工作:

企业党组织保证监督党的路线、方针、政策在企业的贯彻执行;坚持党对企业的政治领导,把握住企业改革与发展的正确方向。

确保企业党组织参与重大问题的决策;强调执行《党章》《公司法》赋予自己的职权,协调内部各方面的关系,调动各方面的积极性,发挥党组织政治核心作用和政治优势。

企业党组织参与经营管理;在经营管理中,强调抓好职工队伍建设,培养和造就建立现代企业制度的合格人才,建立国有企业的人才队伍。

企业党组织坚持两个文明一起抓;在领导企业进行生产经营的同时,搞好思想政治工作和精神文明建设。

企业党组织注重领导工会、共青团等群团组织,认真抓好统战工作,发挥其职能作用。

【参与决策、带头执行、有效监督】

中共十六届三中、四中全会明确提出国有企业党组织要适应现代企业制度要求,充分发挥党组织政治核心作用。中共十七届四中全会做出加强和改进党的建设决定,强调"把建设高素质经营管理者队伍、人才队伍、党员队伍、职工队伍和增强国有经济活力、控制力、影响力贯穿国有企业党组织活动始终,保证党组织参与决策、带头执行、有效监督,发挥政治核心作用"。为贯彻落实以上历届中央全会精神,集团党委始终将发挥企业党组织的政治核心作用作为集团加强党建工作的一个重大原则。

中国海运各级党组织积极参与企业各项决策。注重健全企业"三重一大"决策制度和党的议事规则,提高决策的科学性与有效性;参与事关企业改革发展稳定的带有根本性、方向性、战略性和全局性重大问题的决策,行使建议权与监督权,保证党的路线方针政策的贯彻落实,保证法律法规、公司章程和规章制度有效执行。党组织的意见和建议在集团、公司重大问题决策中得到尊重和体现,从而保证参与企业重大问题决策的有效性。

中国海运各级党组织以党员队伍建设带动员工队伍建设,带头执行集团改革发展措施,确保集团改革发展措施落实;持续开展党组织、党员创"四强"(推动发展能力强,服务群众能力强,凝聚人心能力强,促进和谐能力强)和职工队伍创"四个一流"(一流职业素养、一流业务技能、一流工作作风、一流岗位业绩)等活动,把管理层提出的计划和目标变成员工的实际行动;围绕企业中心任务,发挥党组织战斗堡垒作用和党员的先锋模范作用,充分调动职工群众的积极性、主动性、创造性,团结带领广大职工强管理、防风险、控成本、创效益,全面完成企业生产经营任务。充分发挥主观能动性,把管理层的决策与干部职工所思、所想、所盼融合起来,把管理层的理念、目标、愿景,变成干部职工的共识,通过宣传引导,解疑释惑,凝心聚力,把干部职工的思想、行动统一到重大决策的贯彻上来。

中国海运各级党组织针对行业参与国际航运竞争,点多面广、线长、流动分散、资金高度集中、风险大等行业特点,坚持将惩防体系建设与企业生产安全、经营管理、风险防范等紧密结合,实施有效监督。将其体现在制度和流程之中,强化风险管控、促进企业管理水平提高,促进国有资产保值增值、维护国有资产安全;把监督寓于管理、服务之中,通过建立健全制度、完善流程、程序来保证监督的有效性;加强领导干部和领导班子成员的教育管理监督,严格贯彻执行集团"三重一大"制度("重大事项决策、重要干部任免、重要项目安排、大额资金的使用,必须经集体讨论做出决定"的制度),同时把涉及人财物管理的关键岗位和重大决策、重大项目安排、重要干部任免、大额资金使用、招投标、采购等关键环节作为监督重点;针对集团在国际金融危机冲击下凸显的管理薄弱环节,加大监督力度,加强整改,堵塞漏洞。

中国海运组建初期,专业化重组和资源整合是一项重大工程。在此阶段,集团党委突出"四个同步":

组建新公司时,同步建立各级党组织。中国海运有万余名党员,数百个基层组织。在中国海运筹备期间,筹备组设立临时党支部。集团党委强调组建公司要同步组建党组织,特别是规模较大的公司,必须设立党的组织机构,具有组织、宣传、党办等基本功能。

配备董事会、监事会、经理班子人选时,同步考虑党委班子成员进入董事会、监事会和经理班子。强调书记、副书记、工会主席要任董事,纪委书记要进入监事会、任监事主席。党委要和经理班子交叉任职,组建班子时一并考虑进去。

建立健全企业各种经营管理制度时,同步建立完善党的工作制度。每个新建公司都建有一套党的工作制度。集团党委先后制定《中海集团重大问题议事规则、决策程序和报告制度》《中国海运(集团)总公司领导干部管理暂行规定》《关于领导干部选拔任用的有关规定》《政委工作手册》等规章制度。强调在企业改革进程中,进一步完善党委工作制度,按制度办事,使党务工作走上规范化、制度化。

新公司按新机制投入运营时,同步开展党建工作。集团党委强调不断不乱,在服务于企业中心工作的同时,加强党组织的自身建设,增强凝聚力和战斗力。

二、领导班子建设

【加强领导班子素质建设】

中国海运党组坚持"思想先行",将思想政治建设作为引领企业改革发展一项重要的工作,作为企业党建的基础和中心环节来抓,把中心组学习作为加强领导班子思想政治建设的重要举措。

从2003年起,坚持党组中心组学习制度,建立并坚持党委书记双月工作例会制度,搭建领导班子思想政治建设、交流党建工作、促进企业改革发展的工作平台。集团党组充分发挥年度领导班子民主生活会、年初和年中工作务虚会、每月中心组学习的作用,深刻把握中央精神和国内外发展大势,围绕企业发展战略、转变经济发展方式、党风廉政建设责任制、信息化建设等进行专题研讨,破除"小富即安、甘居中游"和"片面强调市场客观因素而自身不努力、不作为"等思想;破除"面对困难、靠天吃饭"的"等、靠、要"思想,坚持"不抱怨、不懈怠、不推脱",敢于担当重任,推动企业持续健康发展。

【"四好"班子创建活动】

企业改革发展的关键在于领导班子。集团党组始终把"四好"班子创建工作作为加强企业领导班子建设一项长期战略任务。"十五""十一五"和"十二五"时期,集团党组先后通过学习实践科学发展观、创先争优等活动,扎实有效地推动"四好"领导班子创建。各级领导班子政治意识、大局意识和责任意识不断增强,党的基层组织建设进一步加强。在参与激烈的国内外航运市场竞争中,领导班子的战略决策、经营管理、市场竞争、推动创新、应对复杂局面等方面的能力和水平有新的提高。

在组建集团的过程中,各单位从改革大局出发,在向总公司输送大批优秀年轻干部的同时,及时调整充实干部队伍,加强对干部的教育、培训、考核、管理,努力培养复合型的干部队伍。大力宣传"创建五好班子""争当优秀班长"和"模范带头人"等活动中涌现出的先进典型,激励领导干部在企业改革发展中建功立业。着眼于企业长远发展和多元发展,建立专业配套、数量充足、质量优化的后备人才队伍。

2004年11月,中央组织部青岛会议后,中国海运党组先后制定《中海集团争创"四好"领导班子活动意见》《中海集团争创"四好"领导班子计划》和《中海集团"四好"领导班子考评办法》,明确创建活动的目标、内容和工作要求。并坚持按照"四好"领导班子的要求,结合年度考核工作,每年派出考察组,采用定性与定量相结合、与业绩考核相联系的方式对直属单位领导班子及成员进行全面考核测评,实行动态管理,并坚持每年表彰"四好"班子,推动"四好"创建活动,促进企业改革发展。集团党组坚持以"四好"班子创建活动为载体,抓班子,建队伍,聚人才。经过多年的努力,基本建成一支事业心和责任感强、坚持创新、作风务实的领导班子队伍。

中国海运党组2011年度共评比表彰15家"四好班子"集体,其占集团管理领导班子的75%;主要专业公司"四好班子"的创建都取得良好成效。

【民主集中制建设】
集团及各级领导班子成员团结共事,保持日常的交流沟通,相互支持、相互配合,发挥领导班子的集体力量;坚持集体讨论研究问题,建言献策,凝聚共识,形成团结和谐、宽松民主和集中统一的氛围;坚持"三重一大"制度,形成靠制度管人且按规定、程序和流程办事的工作机制;集团先后制定《中海集团重大问题议事规则、决策程序和报告制度》《中国海运进一步完善关于"三重一大"决策原则、范围和程序有关规定》《中国海运(集团)总公司领导干部管理暂行办法》等干部管理制度;《中国海运关于重大资产处置、资产重组报备的有关规定》等资产管理制度;《中海集团资金管理办法》等资金管理制度,基本形成重大事项集体决策的制度体系。

三、把握正确用人导向

【"爱中海、有思路、能干事"的选人用人标准】
中国海运从组建时起,各级党组织把干部选拔、培养、使用作为服务集团发展的出发点和落脚点,坚持德才兼备、以德为先,坚持民主、公开、竞争、择优原则,形成"爱中海、有思路、能干事"的选人用人标准,形成政治上靠得住、注重品行、突出业绩、崇尚实干、重视基层、鼓励创新、群众公认的用人导向,把民主测评与民主推荐结果作为重要标准,优先把长期在基层生产经营一线、长期在任务繁重的重点关键岗位上经受考验的优秀干部选拔上来,拓宽选人用人视野,面向市场,不拘一格选配优秀人才。

各级党组织严格按照党章和有关法规,依法推荐干部,民主评议干部,严格考核干部。集团组建初期,各级党组织根据企业整合重组实际与发展目标要求,积极探索适应现代企业制度要求的选人用人机制,把党管干部原则与董事会依法选择经营管理者以及经营管理者依法行使用人权结合起来,按政治强、素质高、善经营、会管理的要求,加强各级领导班子和干部队伍建设。集团党委特别注重抓住领导班子特别是"一把手"的建设不放松,注重加强对领导班子和领导干部的考核、调整工作。

中国海运成立之初,专业化重组、资源整合和新组建企业较多,因此干部调整面广,也涉及干部人才的培养。对此,集团党委强调坚持完善党管干部的原则。按管理权限,依法选派推荐国有资产代表和经营管理负责人,对其实施培养、考核和监督,并充分发挥集团优势,特别是人才优势。中国海运把各单位的人才集中起来,形成集团的人才优势,这个优势主要表现在三个方面:一是人才交流优势,5个重组单位的干部进行交流,一批青年干部走上集团和专业公司的领导岗位;二是人才作用优势,让有限的人才在更大的范围内发挥积极的作用,以取得更大经济效益;三是人才凝聚优势,在更高的管理层次上,吸引人才、凝聚人才,为高层次人才的出现创造条件。同时把优秀干部放在基层领导岗位、重点岗位和艰苦环境锻炼,大胆把优秀年轻干部选拔到领导班子和重要岗位上。

1998年,中国海运把加强后备干部队伍建设作为一项重要的战略任务来抓。总公司党委建立起一支集团系统党政局级后备干部队伍,一支总公司部处级干部队伍,一支高级经营管理人员队伍,一支专业技术骨干队伍。基层单位党委也相应建立起各类后备干部队伍。

2000年,集团党组累计调整交流直属企业领导班子成员34人次,调整交流总公司机关部处级岗位领导干部12人次。此外,集团党组还注重加强后备干部队伍和境外干部队伍管理;进一步完善后备干部工作制度,建立集团领导人员、直属企业和总部机关部处级岗位干部、专业技术人才和境外企业人才等5支后备干部队伍;根据集团组建初期"发展远洋"战略和境外企业的发展需求,加强境外企业干部培养和管理,及时向境外企业委派董事会、监事会人选,推荐高级经营管理人员;加强对驻外干部进行组织纪律、外事纪律、国家安全等方面的教育,制定有关干部管理制度。

【干部日常选任和管理】

中国海运党委(党组)围绕集团转型发展需要,重点选好配强直属单位党政正职,并认真权衡班子各个成员的特点和优势,配强班子、选好干部,不断优化领导班子结构。同时,强化领导干部的日常监督管理,坚持从严管理,定期分析干部队伍状况,提高管理的有效性和针对性;坚持领导干部任期制,积极开展年度考核与述职述廉工作,不断完善民主评议干部制度;坚持和完善民主生活会、经济责任审计、述职述廉制度,严格执行领导干部个人有关事项报告制度;加强对重要岗位干部特别是直属单位党政主要负责人的监督管理。

中国海运党委(党组)始终重视后备干部队伍建设,注重后备干部的动态管理和考察培养,每年对后备干部进行一次考核评价和补充调整,建立和完善干部管理制度。集团制定《中国海运(集团)总公司领导干部管理暂行办法》等10多个干部管理办法和制度,规范领导干部的职数和任期制度,坚持按制度办事,不超额配备,不随意配备,不超期任职;坚持条块结合,对组织人事、财务、纪检监察等重要岗位的干部采取专业归口管理与所在单位党委管理相结合的方式,相关人事变动须报集团审批。集团坚持以信息化推动干部管理规范化,建立"纵横"结合的干部信息数据库,在纵向上建立集团管理干部、重要岗位干部、后备干部等数据库;在横向上建立企业领导人员、党员干部、驻外干部等数据库,使干部选用成为"有源之水"。

为将政治上靠得住、注重品行、突出业绩、崇尚实干、工作创新、群众公认的干部摆上岗位,集团党组制定一系列规范干部选任程序和标准:组织选拔前经过差额提名或民主推荐、党政主要领导研究、征求纪检意见后确定考察人选,竞争上岗都经过报名与资格审查、笔试与面试等环节,公开选拔中经过差额考察、党组会计提讨论、任前公示和任前廉洁谈话等程序。确定不同岗位的任职条件，一般领导逐级提拔、特别优秀破格提拔。实行差额选拔，任何选人方式均实行差额提名、差额酝酿、差额考察，做到好中择优、优中选强。坚持集体决策，严格按照党组议事规则，坚持标准、履行程序、充分酝酿，充分听取意见，取得共识后上会集体研究决定。除此之外，集团还确定考察标准，逐步建立健全全方位干部考察体系。坚持从素质、能力、业绩等方面对干部进行考核评价，根据不同岗位，细化考核内容，设立评价指标和指标的权重。并制定科学合理的考察方案，明确考核原则、目标任务、方法步骤和工作要求等，做到"贯彻中央精神不走样，结合企业实际有特色"，确保考核质量。同时坚持任期考察、年度考察和目标考察相结合，选准用好干部。2010年、2011年的两次年度考核民主测评中，95％以上的干部对班子成员评价为"优秀"和"称职"。

【拓宽选人用人渠道】
中国海运党组从加强干部建设角度出发，逐步探索、尝试公开选拔各级干部，公开选聘干部比例不断提高。2004年，集团2004—2005年"两个一万""百千万"的人才工程发展规划实施，首次参与国资委向海内外公开招聘高级经营管理人才，同年11月12日，48岁的博士张国发被聘为中国海运集团副总裁。

2010年年初，对机关处级岗位干部采用"全体解聘、择优聘用"的方式，落聘和换岗交流比例达到总人数10％以上，对集团系统加大竞争性选拔力度起到示范作用。2010—2011年，面向系统内外选拔集团干部21名，达到同期干部总数40％以上。集团的竞争性选拔干部方式已经常态化、制度化、规范化。

在用人过程中，集团逐步扩大竞争性选拔的层次和范围，将竞争性选拔干部的层次从集团干部的副职扩大到正职。同时大胆运用网络视频手段，采取远程实时监考的办法，设置海外考场，将竞聘范围扩大到驻外干部，为更多优秀干部脱颖而出搭建了平台。2010年来，有47位驻外干部参加了考试。

在选人用人方面，坚持严格把好竞争性选拔的质量关，坚持从实际岗位需求出发，突出岗位特点，注重实绩能力，合理界定考试成绩与考察结果的权重比例，以品德、能力、素质作为衡量的主要标准，不简单以分数取人；坚持竞聘过程公平、公正、透明，根据不同竞聘岗位，聘请系统内的专业人士和外部专家担任考官，并让干部群众参与评价。在2013年集团团委负责人竞聘的面试过程中，聘请各单位党组织负责人、组织人事干部和团干部等50多人担任分会场考官，共同参与评价。

【提高选人用人工作公信度】
中国海运在选人用人上增加透明度。严格落实干部职工对干部选拔任用的知情权、参与权、选择权、表达权和监督权。在2001年度考核工作中，有1 313位干部和职工参加民主测评。其中各单位中层以上干部650名，占总数的93％；职工代表663人，占在职职工人数的1.5％。考察组在每家单位均设立意见箱，公布考察组电话，让考察评价和干部聘任工作接受群众监督。

为提高选人用人公信度，集团实行干部选拔任用纪实制度，如实记录选拔任用干部推荐提名、差额考核、征求意见、差额酝酿以及集团党组讨论决定情况，明确选拔任用各个环节的责任主体，为选拔任用责任追究提供依据。

2010年，集团党组率先进行"一报告两评议"（"一报告"即专题报告年度干部选拔任用工作情况，"两评议"即评议干部选拔任用工作、评议选拔出来的干部）制度。同年6月和2011年9月，分别接受中组部、国资委检查组对中国海运选用人员满意度的检查。根据反馈情况,集团选人用人总体满意度在中央企业中位于第14名,其中对选人用人工作的"满意和基本满意"率为98.8%,高于中央企业平均水平5个百分点。

2011年,集团对各单位进行专项检查,共召开测评会22场,有2000多人参加,对干部选拔任用"满意和基本满意"率为99.1%,集团干部选拔任用工作得到广大干部群众的认可。

四、基层党组织建设

中国海运党委(党组)坚持党对企业的政治领导,按照"融入中心、进入管理、体现价值、多作贡献"的党建工作理念,围绕企业实施发展战略、完成生产经营中心任务开展工作,强调建设重心在基层、创新在基层、活力在基层。

集团党委从组建起,就始终把处于生产经营一线、直接面向职工群众的基层党组织作为党建工作的重中之重,作为企业核心竞争力的重要组成部分,不断加强和提升基层党建科学化水平。中国海运党委(党组)始终将企业党的基础组织建设作为保证企业安全生产、经营管理的组织网络和发挥作用的发力点。特别是自"十一五"以来,各级基层党组织紧紧围绕企业的发展战略,在安全生产、节能减排、增收节支、提高效率与效益等方面保证党组织和党员的先进性充分发挥,各级党组织已经逐渐成为改革发展的思想源泉,围绕中心、服务大局的执行力明显提升,集团的各项部署在基层一线得到有效贯彻部署;党员主体地位进一步增强,党员先进性得到具体体现,集团党组的各项部署在基层一线得到有效的贯彻执行,与时俱进、创新发展的创新力明显提升;各单位根据内外部市场的变化,及时调整策略,实现平稳健康发展;团结带领广大群众的凝聚力明显增强、基层党组织的政治核心作用、党支部的战斗堡垒作用、党员的先锋模范作用得到充分发挥。

1998年,中国海运党委认真做好党员发展工作。各级党组织按照"坚持标准、保证质量、改善结构、慎重发展"的方针,抓好"育优""推优"工作,以"一线、一流、青年"为重点,发展党员290名。其中上海海运发展党员167名,为计划的104%;广州海运发展党员107名,为计划的89.1%;大连海运发展党员11名,为计划的55%;中海劳务发展党员5名,为计划的63%。

2010年年底,集团所属单位基层党组织建设和党员队伍建设得到了长足发展。中国海运有基层党委65个,党总支51个,支部1079个。党员17091人,其中在职党员12703人,离退休党员4145人,学生等其他党员243人。

2015年年底,中国海运有基层党委79个,党总支52个,党支部1054个。党员15837人,其中在职党员11373人,女党员2381人,35岁及以下党员4351人。在岗职工党员占在岗职工总数的24.87%。2015年全年发展党员313人,发展一线党员230人。

【分类抓好基层党支部建设】

抓好基层党支部建设是中国海运18年开展党的基层组织建设实践中形成的经验。集团在党建工作中实行对基层党组织的分类指导,既强调共性又突出业务特点。

坚持"支部建在船上"和船舶设立政委制度。中国海运党委(党组)充分考虑船舶党员配备的基本要求,即坚持"支部建在船上",做到每艘船舶建立党支部,确保每名船舶党员都能正常参加组织生活。对于集团所属船舶以及中海国际派员的合资公司船舶,均建立船舶党支部,党支部书记由上级党组织指派船舶政委担任。对于由集团派出部分船员的集团外船舶和由外籍主要人员管理的集团船舶,在派遣船员时,则充分考虑党支部或党小组、团组织的建设,指定或选举产生兼职的党、团支部负责人,开展工作。派出单位党组织对其加强管理,派出任务结束后,听取其工作汇报。同时,根据船舶流动、分散和涉外等特点,制定和完善船舶党支部管理、考核制度。船舶党支部围绕服务船舶防污染、防海盗、防碰撞等安全工作和船舶节能减排、精细化管理、船舶文化建设、船员身心健康、船员人才培养、劳动竞赛、外事纪律、廉政监督、船风船貌等船舶和船员的方方面面内容开展工作,努力建设具有中国海运特色的优秀船舶党支部,为安全生产运输保驾护航。

中海国际作为集团的专业船员与船舶管理公司,其公司党委认真贯彻落实中央要求和集团党组工作部署,学习借鉴先进兄弟单位党建工作好的做法,结合实际,努力探索实践,党建工作在推动企业转型发展、提高市场竞争力为实现建设具有国际竞争力的综合性船舶管理公司发挥着积极作用。重点包括以下方面:

坚持明确功能定位抓党建。对不同层级党组织,明确各自功能定位和工作重点,分类指导。强调直属单位党组织加强"五种能力"(思想引领、科学决策、队伍保障、风险防控、文化凝聚)建设;船舶党支部提升"五个力"(价值贡献力、思想引领力、队伍保障力、文化凝聚力和风险防控力);陆岸机关党支部争当"五个表率"(勤于学习、用心管理、真诚服务、勇于创新和关爱船员)。各级党组织以此为指引,不断强化自身建设。

注重加强与船公司协同配合。中海国际党委落实集团党组《关于加强和改进船员管理体制改革后船舶党群管理工作的通知》要求,严格按照职责分工,加强与主营船公司沟通协调,确保与集团主营船公司党群工作交接平稳,衔接有序。同时,公司以与三大主营船公司党建联建机制为平台,加强相互协作共同抓好船员党员管理和船舶党建。(1)对主营船公司党建工作支持服务必须到位。科学合理调配船员党员,对船舶政委、党支部书记进行有效培训,保证主营每艘船舶党支部健全,能按照船公司党委工作部署有效开展工作;(2)对船舶政委、党支部书记提出 10 个方面的"应知应会"要求:知企情船情,会宣传引导;知组织管理,会支部工作;知凝心聚力,会带好队伍;知廉洁从业,会风险防控;知船风船貌,会严格管理;知安全规范,会齐抓共管;知合理膳食,会健康管理;知薪酬福利,会账证管理;知协调沟通,会船岸联动;知公文常识,会应用写作,编写船舶政委和党支部书记手册;(3)公司与分公司主动和主营船公司与船管部门沟通,听取意见建议,跟踪掌握组建的党支部在船开展工作情况,更好地提高党建工作水平。

强调自管船舶加强党建、树品牌。公司下属的上海船管部积极开展文化特色船舶创建,以"银致"轮为代表的学习培训型文化建设有成效,在青年思想文化建设中塑造了行业青年形象,被评为"上海市优秀青年突击队"。广州船管部提出加强船舶党建工作新思路,即认真落实《中海国际关于在新形势下加强自管船舶党建工作的若干规定(试行)》制度;抓好"船舶综合主管"和"船舶党支部书记"两个重点岗位,结合实际,打造船舶党建品牌。大连船管部选择 6 艘不同类型船舶,努力打造安全质量、成本控制、货运质量、示范板块、船容船貌、冬防管理 6 个党建工作示范板块,以点带面提高船舶党建工作水平。中海海员等单位积极探索外派船舶的党建工作,坚持全套船员班子组建船舶党支部,其他半套、零散派的船员班子有 3 名以上党员的组建党支部,有 2 名党员建立党小组,只有 1 名党员上船前则要由公司相关部门交代任务,从而确保船舶党建工作全覆盖,每名党员都参加党的组织生活,完成党组织交给的任务。

加强陆岸单位一线党支部建设。中国海运党组坚持把支部建在经营网点和班组车间;加强企业生产经营一线党支部建设,把解决改革发展稳定中的难题作为党组织活动的重点;把促进生产经营的成效作为重要检验标准。通过党员责任区、党员先锋岗、党员品牌工程、党员攻关项目等有效载体,为党员发挥作用搭建平台,使党建工作成为企业价值链上的重要环节,成为企业发展的内在推动力量。选优配强党支部班子,找准基层党支部建设与经济工作的结合点,主动融入中心,创新务实地开展各项实践活动,为企业生产经营出力献策。围绕市场找货源、节省成本,发挥党员的先锋模范作用,调动干部职工的积极性;实施"双培养"工程,把生产经营管理骨干培养成党员,把党员培养成生产经营管理骨干,以党员队伍建设带动员工队伍建设。在境内陆岸基层党建工作中,注重将经营网点和班组车间党支部作为联系职工群众的一个平台,注意听取职工意见建议,了解职工思想动态,加强沟通交流,理顺情绪,凝心聚力,及时帮助职工群众解决困难和问题,做好和谐稳定工作。

加强各级机关党支部建设。机关支部建设以"服务基层、精细管理"为宗旨,注重机关党员思想作风建设和反腐倡廉教育,提高党员干部的能力素质和服务意识,激励机关党员做加强学习的表率、服务基层的表率、精细管理的表率和树立良好工作作风的表率,以此树立机关党员干部良好形象,履行职能,增强协调服务和做参谋助手的能力,以实际行动带动基层一线,不断提升企业管理水平。

加强海外企业及外来人员党支部建设。针对海外机构和企业点多面广的特点,集团党组积极创新海外机构党组织建设的新思路,积极探索海外党组织加强干部培训和党员教育的新途径、新方法。在机构和管理上,集团海外企业党支部主动接受驻在地使领馆领导,因党员人数不足以独立成立党支部的,在当地使领馆领导下,与其他中资机构党组织建立联合党支部。各海外党支部针对属地党员人数少、工作地点分散、工作任务独立性强等特点,加强党的组织联络和党员思想教育、廉政建设,严格执行集团各项规章制度,防范风险,保证海外企业的平稳健康发展。工作中,海外党支部按照分层分级管理原则,体现内外有别,因地制宜开展活动。海外企业党支部和党员把中海企业核心价值观、企业文化传播出去,同时把海外企业先进的管理文化带回来,积极开展企业公共外交,提升集团的品牌和影响力,并带领党员和中方员工在各方面工作中发挥带头作用,展现中国人、中海人、中海党员的良好品质和精神面貌。

为贯彻集团党委关于新建单位同步加强党建工作的指示精神,切实加强海外企业党组织建设和党员队伍管理,根据中共中央组织部《关于加强和改进驻外中资企业、机构党的工作有关问题的通知》精神,结合集团海外企业实际情况,成立中共中国海运集团海外企业工作委员会及其海外企业党组织。党工委由7名委员组成。同时以相近地区和国家为组成单位,成立港澳地区、东南亚地区、欧洲地区及其他地区4个海外企业党组织。

加强离退休干部党支部党建工作。集团党组注重离退休党员教育和服务工作,加强离退休党员的思想政治建设。从符合老同志的生活规律和生理心理特点出发,适宜适度,探索丰富离退休干部党员喜闻乐见、务实管用的活动载体,方便党员参加组织活动,方便党员发挥作用;积极引导离退休干部党员"离岗不离党",在加强学习、教育后代、爱护企业、保持本色上继续体现先进性,为推动科学发展、促进和谐稳定作出力所能及的贡献。

【各具特色的基层单位党组织和党员队伍建设】

中国海运成立以后,所属单位党组织根据实际,因地制宜探索出适应各自企业的党建模式。

中海集运党委充分发挥基层党支部在"树立集运服务品牌"中的作用。一是服务一体化。建立以"客户为中心"的环环相扣、协同作战的链式客户服务体系,对客户服务体系实行动态管理和维护,保持客户服务体系的生命力。二是服务标准化。细化从"订舱预告"到"目的港交货"的5个重要操作节点,实现服务操作标准化、推进标准化和差异化服务的有机结合,赢得大客户的信任,树立起中海集运的口碑和品牌。三是服务品牌化。以"准班率、装载率、客户满意率"打造集运精品航线,内贸航线形成稳定的品牌,合作大客户。外贸经营凭借班期准、交货快、服务稳定等优势,吸引众多世界500强企业,唱响了中海品牌。

中海油运党委积极扩大基层党建工作覆盖面。在船舶深入开展学习实践科学发展观和创先争优活动,积极推进"我是共产党员践行先进性""党员先锋岗""学树创"活动,推广中央在沪企业党建工作示范点——"新金洋"轮经验,与中海集运开展船舶创先争优活动经验交流,推进船舶创先争优活动。通过党员先锋岗、党员责任区、党员身边无事故等载体,结合百日安全无事故、节支增效、船舶行风建设、立功竞赛等活动,发挥船舶党支部在安全生产、精细管理、增收节支、节能减排中的作用,努力提高船舶管理水平。推进"双培养"素质工程建设,认真落实"中海油运船舶发展党员工作规划"。

中海货运党委以"增强执行力,提升服务水平"为创先争优活动主题,各船舶党支部按照工作重点、工作要求开展各具特点的创先争优活动;将创先争优与岗位练兵活动相结合,营造"干一行、爱一行、学一行、精一行"的良好氛围,使船员在思想建设、技术业务、应急反应等方面都有明显提高,船舶各种标识清晰,船员生活区、机舱设备处所无油垢积灰,工具备件摆放整齐,船容船貌整洁靓丽。如分公司"金盘岭"轮党支部在创先争优活动中提出"四个创新":创新思想观念、创新工作方法、创新工作载体和创新工作机制。以此推动船舶党建工作,巩固和完善学习实践科学发展观活动成果,提高船舶党建工作水平。

中海工业党委的基层党建工作成为实现实施"修造并举"发展战略跨越式发展的根本保证和强大动力,促进企业两个文明建设迈上新的台阶。公司党组织紧扣活动主题,以创争活动为平台,紧贴中心工作,丰富活动载体,建立活动的常态机制等。开展以"凝人心、促发展"为主线的党支部示范点建设。20家示范党组织亮点纷呈,使活动有创新、有特色、有实效。基层党组织的创先争优活动较好地带动各科室、车间的活动开展,用党员的创先争优带动全体干部职工的创先争优,推动公司各项工作又好又快发展。

由于船岸各级党组织深入有效地开展基层党员责任区等活动,充分发挥党支部的战斗堡垒作用。通过深入开展"党员责任区""党员身边无事故""党员先锋岗""一个党员一面旗"等富有特色的活动,把党员的先进性具体化,引导广大党员立足本职、无私奉献、勇创一流、永葆先进性,广大党员在企业生产经营管理、安全稳定中发挥先锋模范作用。

2008年,我国南方遭遇严重雨雪冰冻灾害,中国海运各级党组织、广大党员干部全力以赴保证救灾物资优先运输,确保煤电油运、确保安全稳定。"5·12"四川汶川特大地震发生后,广大党员按照自愿原则交纳"特殊党费",支援抗震救灾工作,共有8 238名党员总计交纳"特殊党费"316.5万元、港币7.2万元,以实际行动体现了党组织和党员的先进性。

2011年2月1日,中海货运"嘉宁山"轮从印度驶往南非德班港途中,船舶党支部、船员党员团结带领全船船员,冲锋在前,不怕危险,顽强抗击,成功挫败海盗武装劫持,受到交通运输部等上级部门的表扬。

第三节 党 员 教 育

一、理论学习和思想政治工作

【政治理论学习】

中国海运从2003年起,坚持党组中心组学习制度,建立并坚持党委书记双月工作例会制度,搭建领导班子思想政治建设、交流党建工作、促进企业改革发展的工作平台。

中国海运组建以来,先后选调万余名干部参加各类培训;坚持以集团重要岗位干部为重点,每年举办2~3期集团重要岗位干部培训班。

集团党组于2008年2月成立政治思想研究会,围绕发展大局、服务基层、改革创新的总要求,积极研究企业党的建设、文化建设和思想政治工作有关问题,配合集团系统各级党政组织,不断推进职工思想政治工作。集团领导班子针对企业热点问题,带头开展专题调研,在广大党员干部职工群众中开展问卷调查,获得第一手资料;并以问题为导向,形成调查报告,探索解决问题的思路和办法。不少基层单位政研会充分利用企业内部OA网,引导广大员工围绕目标任务展开工作研讨,延伸和拓展党建思想政治工作研究的渠道。

2011年全年集团系统培训干部23 478人次。2012年,集团党组以"稳中求进,转型发展"为主题,举办了2期40岁左右和30岁左右的中青年干部培训班;调整理顺党校隶属关系,组建中国海运党校,努力打造高标准的干部教育培训平台。

【思想政治工作】

1997年,中国海运党委成立之后,围绕企业改革过程中的重大问题和职工关心的热点问题、难点问题,深入基层,开展调查研究,解决集团组建过程中的难题和干部职工中存在的思想问题。通过调研,党委从增强总公司宏观调控能力、考虑地域和历史特点、调动两个积极性、处理条块关系出发,积极参与决策,解决组建集团过程中油轮公司总部设置和上海、广州、大连三大海运集团定位等重大问题。

1998年,中国海运党委针对职工思想比较活跃,思想问题比较多,各种矛盾相对集中的情况,把关心职工、爱护职工,营造一个干群团结、心情舒畅、积极向上的氛围作为工作重点,着重抓好三方面工作:

努力完善职工民主管理的制度。中国海运始终坚持依靠工人阶级办企业的方针,发挥工会组织的作用,提高职工的主人翁责任感,把干部职工的力量凝聚起来。

图8-1-1　2011年6月21日,集团举行纪念建党90周年知识竞赛

思想政治工作适应新情况。体制改革以后,特别是船舶定编以后,富余船员增多,上海地区的船员管理体制发生很大变化,在这种情况下,充分发挥政治思想工作的优势,化解各种矛盾,明确工作职责,积极解决职工的实际困难,理顺职工的情绪,把职工的积极性调动起来。

领导起表率作用。企业思想政治工作领导干部的表率作用是一个重要因素。领导干部以人格的力量,在工作中起带头作用。对外树立集团形象,对内树立集团意识,和职工同甘共苦。

通过一段时间的工作,较好地解释清楚干部职工关心的热点问题:集团何时能走出困境?集团成立会带来什么样的机遇?集团专业化重组,给地区性公司企业带来什么影响?资产转移到中海后,地区性公司前途如何?……较好地统一思想,稳定大局。

集团党委(党组)注重发挥党员的先锋模范作用,带动广大群众理解改革和支持改革,加强敬业爱岗的职业道德教育;强调既要看到中国海运的优势和有利条件,也要看到存在的问题和不利条件,减少怨气,增强信心,振奋精神,同舟共济。同时,集团党委(党组)还把宣传思想工作融入企业安全生产、经营管理和稳定工作的全过程;紧紧围绕企业经济工作中心,开展形势任务教育,激发广大干部职工斗志。结合深入开展"两珍惜"(珍惜生命、珍惜健康)安全宣传教育活动,从讲政治的高度,进一步增强广大干部职工的责任感和责任意识;敏锐地把握企业改革发展过程中的矛盾和问题,及时做好思想工作,化解矛盾,安定人心,确保企业稳定。

二、主题教育实践活动

【"三讲"活动】

2001年,中国海运改革进入攻坚阶段,发展处于关键时期。面临着许多新情况、新问题,集团党组对各级领导班子和领导干部的思想政治素质、驾驭复杂局面以及解决实际问题的能力提出新的更高要求。

按照中央的部署,围绕建设一流航运企业大目标,集团党组以处级以上领导干部为重点,用整风精神开展以"讲学习、讲政治、讲正气"为主要内容的党性党风教育,全面提高各级领导干部素质,特别是思想政治素质。

在开展"三讲"活动中,集团党组把提高领导班子整体素质,特别是"一把手"的素质作为重点。集团领导班子的"三讲",以《国有企业"三讲"学习教育活动必读》为重点,加强理论学习,提高思想认识;广泛发动群众,查摆自身存在的影响企业改革发展的突出问题,严格进行自我总结和民主评议,相互开展谈心,运用批评与自我批评的方法开好民主生活会;针对存在影响企业改革发展的突出问题,提出整改措施,明确时间进度、整改目标和责任人、责任部门,以高度责任心和高度政治责任感,狠抓整改方案及各项措施贯彻落实。

中国海运直属企业领导班子的"三讲",则以召开"三讲"教育民主生活会为重点,广泛征求干部职工意见,结合各自的思想实际和工作实际,认真开展批评与自我批评,找准企业自身在改革发展中存在的突出问题,采取有针对性措施,明确整改方向。

为保证"三讲"活动的质量,集团党组首先对各级班子"一把手"提出要求:要有合作意识,善于共事,取得共识,同舟共济;要有全局意识,想大事、议大事、抓大事,总揽全局;要有关心意识,关心人、理解人、尊重人;要有整体意识,善于"总揽",不搞"独揽"。

在"三讲"活动中,集团党组对各级领导干部提出"三要"的要求:一要有责任感,时刻记住自己管理的是国有企业,运作的是国有资产,始终要把国家利益摆在第一位。二要有使命感,时刻提醒自己,这个企业是国家的,是人民的,自己是国家这个股东的经营者,而不是资产所有者。三要识时务,顺应时局发展,对国际国内形势做出清楚准确的判断,有效把握大局,执行国家政策方针,遵纪守法,千方百计把企业经营好。各级领导班子、每个领导干部,都要意识到自己所肩负的重要历史责任,要有一种时不我待的紧迫感和奋发向上的精神状态,为中国海运的改革与发展,作出自己应有的贡献。

通过"三讲"活动,集团各级领导班子的政治意识、大局意识和责任意识进一步增强,在参与激烈的国内外航运市场竞争中,领导班子的战略决策、经营管理、市场竞争、开拓创新、应对复杂局面五个方面的能力和水平有了新的提高。在工作中坚持建立和完善以资产为纽带的管理体制,坚持谁控股、谁管理的原则,理顺管理关系;坚持现代企业制度的建设,坚持对传统的干部管理体制改革;坚持"管少、管好、管精"的原则,对企业干部实行分级分类管理;坚持干部任用方式的改革创新,形成优胜劣汰、奖惩分明、监督有力的用人机制;坚持促进人才脱颖而出的机制建设,大力培养跨世纪干部队伍。

【"一个新起点"大讨论】

为凝聚各方面力量,进一步推动中国海运新一轮的改革发展,中国海运党组决定在集团全系统广泛深入开展"一个新起点,我该怎么办"的大讨论。2003年8月13日,党组下发通知。同时,2003年8月18—19日,中国海运在江苏无锡举行2003年经理书记会议,集团党组书记李绍德在会上宣布党组决定:整个集团广泛开展"一个新起点,我该怎么办"的大讨论,进一步统一思想,统一行动,确保完成当年的任务指标,并为实现世界一流航运企业长远目标奠定思想基础。

大讨论活动自2003年8月下旬开始,为加强组织领导,集团成立大讨论活动领导小组和工作小组。领导小组组长由李克麟担任,副组长为李绍德、张建华、陈德诚。工作小组组长由陈德诚担任。集团《海运报》积极参与,分3次刊登大讨论活动辅导材料,推动各单位结合本单位、本岗位实际,切实把"一个新起点,我该怎么办"大讨论活动抓好抓实。

同时,集团党组把开展大讨论活动,作为兴起学习贯彻"三个代表"重要思想新高潮的重要举措。在开展大讨论中,充分听取党员、干部和职工群众的意见和建议,营造尊重劳动、尊重知识、尊重人才、尊重创造的氛围,激发出劳动、知识、技术、管理的创新活力。集团和所属单位均瞄准和对照同行业国际一流企业,对主要指标逐项进行"对标",找出自身的差距与不足,看清自己企业在世界航运企业所处的位置,制定措施,缩小差距,不断提高核心竞争力。通过"对标",使每个单位和个人都有压力;同时变压力为动力,变动力为创新活力,使员工的思想观念、精神状态、工作作风都有触动和提高;强调不要小富即安,反骄破满,奋起直追,勇创一流。

集团通过开展大讨论活动,提炼和归纳员工对推动企业发展的合理化建议,使广大干部职工以新的精神面貌,按照建设世界一流航运企业目标,立足岗位,从我做起,从现在做起,从身边的具体事做起,努力实现岗位建功、岗位成才,为企业改革发展作出新的贡献;总结、提炼、升华在改革发展实践中形成的企业文化,提炼企业核心价值观和经营理念,努力建设具有中海特色、航运特点、与世界一流航运企业相适应的一流企业文化。

集团各级党政领导非常重视大讨论活动,制订活动计划,并按照"分层次组织讨论"的要求,带头参加大讨论。在讨论中,广州海运、中海货运党委明确,每位参加中心组学习的成员都要作大讨论专题发言,提出"四个在哪里",即本单位新起点在哪里、本单位与一流企业差距在哪里、本单位新发展方向在哪里、本单位实现新发展的对策和措施在哪里。与此同时,还召开两级中心组学习交流会,进行专题研讨和书面交流,集思广益,共谋发展。这次开展大讨论中,不少单位党政一把手就本企业在新的起点上如何跃上一个新台阶的问题,下基层进行宣讲,动手撰写研讨文章,提出自己的新观点、新思路。由于各级领导重视程度高,抓的力度大,使大讨论活动开展得有声有色、扎实有效。

各单位广泛发动员工积极参与大讨论活动。集团《海运报》《中海通讯》和内部简报都开设大讨论专栏。《海运报》刊登大讨论文章50余篇,其内容有集团领导和有关基层单位领导撰写的文章和新发展思路;有基层单位开展大讨论特色经验和情况报道;有各类座谈会各层次员工发言要点,也有员工个人的心得体会等。此外,各单位还充分利用内部宣传媒介,发动广大干部职工积极参与大讨论,营造良好的舆论氛围。从集团各个部门到基层单位一线操作部门,形成纵向到底、横向到边开展大讨论的局面。集团纪检监察审计系统开展"站在新起点、开创新局面"理论研讨活动;集团工会系统举办大型演讲活动;中海上海地区老干部、劳模先进举行大讨论座谈;集团团工委举办大讨论"英语演讲比赛",开展征文活动等。集团所属各单位、总部机关各部门也结合单位和部门实际开展形式多样的大讨论活动。中海集运将大讨论活动分解为3个阶段24项内容,分工落实,举办"中海集运成立6周年成果展"。中海货运船舶积极开展大讨论活动,并提出以此为动力,做好增收节支、安全航行工作。不少单位结合实际开展大讨论,形成"群策群力创一流"良好局面。

各单位结合实际寻找标杆企业,与国际和国内同行业一流企业开展"对标"。中海集运坚持与国际一流航运企业马士基集团进行"对标";中海油运与世界最大油运企业Frontline对标;广州海运、中海货运组织两级党委中心组成员参观广东移动通信公司,学习先进经营理念;大连海运(中海客运)组织有关人员到五星级宾馆学习管理服务经验,搞好客轮服务;中海工业等单位定目标、明方向,把大讨论活动作为一次解放思想、冲出困境、推进发展的契机。中海物流、中海船务结合"对标"活动,积极组织讨论,坚持用数据说话,提出从目标、管理、机制、服务、企业文化、人才培养等全方位赶超目标。处在改革调整中的中海供贸,以大讨论活动为契机,加强宣传教育,全面落实集团提出的"思想不能散,干劲不能减,指标不能降,工作不能乱"的要求。

随着集团大讨论活动不断深化,各单位因势利导,积极开展大讨论征文和征集合理化建议活动,召开各个类型、各个层面座谈会,举办演讲比赛、板报展评,提炼企业文化核心内容。集团各层面、各单位、各岗位的员工结合大讨论活动,找差距、促发展;鼓干劲、比贡献。

历时3个多月的大讨论活动圆满结束后,2003年11月20日,集团在总部319会议室召开大讨论活动电视电话交流会,对3个多月来的大讨论活动进行总结,对促进集团未来全面持续发展作一个动员。

集团宣传部根据集团党组要求,着手提炼具有中海特色、航运特点、行业特征的企业文化。中国海运企业精神"爱我中海、勇创一流",经反复宣传,已被广大员工接受,中海集团司歌《我和祖国一起远航》已在广大干部和职工群众中唱响。征集到的100多条对提炼中海企业核心价值观等的建议和看法,进一步升华了企业文化,进一步培育和铸造出具有高度凝聚力和向心力的企业精神和企业核心价值观等无形资产,为集团新一轮发展,为建设世界一流航运企业,提供强大的精神支撑。

【保持共产党员先进性教育活动】

2005年1月20日,中国海运总部机关召开保持共产党员先进性教育活动电视电话动员大会,开启保持共产党员先进性教育活动。该项活动共分两批进行。

根据中央部署,中国海运总部机关列入第一批参加先进性教育活动单位。总部机关党委所属

11个党支部的104名党员参加教育活动。同时,中国海运深圳地区党委也开展第一批先进性教育活动。

总部机关先进性教育活动从1月20日正式开始,至6月10日结束,经历学习动员、分析评议和整改提高3个阶段。

学习动员阶段历时51天。集中学习15个单元50个小时。按照中央和上海市委的统一部署,在组织党员认真学习规定的篇目的基础上,重点学习《保持共产党员先进性教育读本》《党章》《江泽民论党的建设》以及胡锦涛等中央领导同志的讲话。

2005年3月11日,中央督导组、国资委巡视组、上海市委督导组和市级机关工委一行10人来访集团,对学习动员阶段的工作进行检查验收,给予很高评价,认为中国海运先进性教育领导重视、发挥表率作用,抓得早、深、细、实,学习阶段取得明显成效,同意转入第二阶段。

分析评议阶段从3月14日开始到4月28日,历时一个半月,基本完成"规定动作"和"回头看"要求。4月20—28日,集团对第二阶段的工作进行"回头看",之后,接受市级机关工委督导组的检查验收。

4月29日—6月10日,开展群众满意度测评工作,对先进性教育活动进行总结,并对巩固和扩大整改成果工作做出安排。5月17日,召开整改提高阶段的动员推进大会,党组书记李绍德结合集团实际,搞好整改提高阶段的工作进行动员和布置。集团先进性教育领导小组制定整改提高阶段的实施方案和工作流程图,使整改提高阶段工作目标明确,步骤清晰,便于操作。6月10日下午,中国海运召开第一批先进性教育活动总结电视电话大会,359人参加会议。

从2005年7月起,集团全面进入第二批先进性教育活动。参加第二批先进性教育活动的集团直属21个单位有50个党委、9个党工委、47个党总支、938个党支部,共有13 137名党员,占职工总数的21.7%,其中在职党员占在职职工24.2%,还有离退休党员2 478人。按属地管理的原则,集团在华东地区(含上海)各单位先进性教育活动由集团先进性教育活动领导小组及华东督导组负责,并接受国资委党委和上海市级机关工委的检查指导;集团在广州、大连、海南三地的先进性教育活动由广州海运、大连海运、海南海盛等地区公司党委统一领导,并受中共广东省委、大连市委、海南省委及督导组的领导,中国海运成立先进性教育活动南方巡回检查组和北方巡回检查组配合进行检查指导。

7月1日,中海船务召开庆祝中国共产党成立84周年暨共产党员先进性教育活动动员大会,在集团首先正式开展先进性教育活动。7月15日,各直属单位和各基层党组织以及各船舶党支部先后召开共产党员先进性教育活动动员大会。

8月上旬,集团各直属单位召开先进性教育活动的转段会议,全体党员认真做好征求意见和谈心、撰写党性分析材料,召开支部专题组织生活会和党员领导干部专题民主生活会、提出评议意见、反馈评议意见和通报评议情况等环节的工作。

在分析评议阶段,开展广泛的谈心和征求意见活动。集团上海地区就有6 531人(次)参加了535个座谈会,发放征求意见表7 678份,有4 372名领导干部、党员、群众和服务对象接受个别访谈,共征集到意见13 667条。整个集团征求到对各级领导干部的意见建议2 352条,对单位和部门的意见建议7 649条。

9月22日,中国海运召开先进性教育整改提高大会。会议根据中央、国资委党委和集团党组的有关要求,部署整改提高阶段工作。10月初,集团各直属单位相继召开大会,至11月底,各单位整改阶段基本结束。

在整改提高阶段,集团各级党组织高度重视整改工作,在分析评议阶段查摆的827个大小各类问题中,其中有452个问题完成整改。整改工作让广大群众得到了实实在在的便利和实惠,看到先进性教育活动带来的新变化、新成果,得到干部职工的认可。

9月29日,集团转发了国资委党委关于做好满意度测评的意见,并下发给各单位统一的满意度测评表及汇总表。

11月,各直属单位公布了整改方案,将初步的整改情况向群众作了通报。到11月20日,集团第二批先进性教育各单位全面完成满意度测评工作,共有2151人参加了测评,其中满意的1906人,占88.6%;基本满意233人,占10.8%。两项合计99.4%。

截至2005年12月13日,中国海运20个单位全部召开总结大会,集团先进性教育活动办公室和华东督导组,南方、北方巡回检查组派人参加大会。集团第二批保持共产党员先进性教育集中学习活动结束。

通过保持共产党员先进性教育集中学习活动,取得很大收获。广大党员的政治思想素质、理论水平、责任意识得到明显提高,增强了共产党员的使命感和责任感;基层组织建设得到全面加强,集团各单位共发展党员453名,另有597人向党组织提出入党申请,其中324人被所在党组织列为入党积极分子;58名同志按期转为中共正式党员;各级领导班子切实改变领导机关工作作风,有针对性地制定整改措施,进一步提升领导干部的思想政治素质和业务工作水平,班子的民主氛围浓厚,生活会质量有了明显提高;集团各级党组织坚持访民情、察民意、解民忧,努力解决职工群众关注的难点、热点问题,积极兑现各种整改承诺,取信于民,党群、干群关系更加密切。针对骨干船员收入偏低、薪酬分配制度不够完善等问题,对提高船员收入进行调研,制定了船员工资调整方案并增加船员工资投入1亿多元;总部机关和各单位以建设世界一流航运企业为目标,积极推进"一流企业、一流员工"素质工程建设,研究制定本单位的"十一五"人才发展规划,努力打造一支包括企业领导人才、高级经营管理人才和高技能人才的一流人才队伍,有力推进了"一流航运企业"的建设步伐。

【学习实践科学发展观活动】

中国海运按照《中共中央关于在全党开展深入学习实践科学发展观活动的意见》的部署,根据中央深入学习实践科学发展观活动领导小组《关于第二批开展深入学习实践活动的实施意见》和中央企业学习实践科学发展观活动领导小组《中央企业开展深入学习实践科学发展观活动实施意见》的工作要求,于2009年3月9日开始启动深入学习科学发展观实践活动。

2009年1月20日,集团召开2009年工作会议暨第三届职代会第四次会议;集团党组书记马泽华作了题为《同心协力,克难奋进,努力推进集团科学发展》的报告,部署集团党组2009年需要抓好的6项重点工作,其中第一项工作就是认真开展深入学习实践科学发展观活动。在学习实践活动中,集团总部成立学习实践活动领导机构和工作机构,认真制定学习实践活动方案,实施方案报中央企业学习实践活动指导检查组,同时报中央企业学习实践活动领导小组办公室备案。

学习实践活动为期4个月,从2009年3月开始,到2009年6月底结束。

3月初—4月中旬为学习调研阶段,重点抓好学习调研、解放思想讨论等工作;

抓好学习培训。制订学习培训计划,合理安排学习时间,处理好工作与学习的关系,将个人自学、专题辅导、集体研讨相结合,组织党员、干部系统深入地学习中共十七大精神,学习胡锦涛总书记的重要讲话精神,学习《毛泽东 邓小平 江泽民论科学发展》和《科学发展观重要论述摘编》;处级以上岗位领导干部还认真学习《深入学习实践科学发展活动领导干部学习文件选编》,努力做到在学习中统一思想、提高认识。活动中,注重发挥集团党组扩大会、党组中心组在学习实践活动中的示范作用,采取多种形式抓好广大党员干部学习中央规定的文件和领导讲话。围绕科学发展观,集团领导班子成员率先进行集体学习,提升对集团科学发展的认识;结合当前经济形势和国际航运形势举办辅导报告会;总部机关党员以支部为单位,组织学习讨论活动、举办座谈会听取老同志和广大群众的意见建议,为集团科学发展献计献策。

深入开展调查研究。围绕"坚持科学发展、建设一流企业"主题,明确发展思路、完善发展战略、转变发展方式、调整优化结构、推进技术创新、提高核心竞争能力,抓住当前和未来时期影响制约企业改革发展的重点、难点问题,确定调研题目,领导班子成员结合工作分工,带队开展调研;同时建立领导班子成员联系点,深入基层一线、深入职工群众进行调研,从而更好地从理论和实践结合上加深对科学发展观的认识。在广泛听取和征求各方面意见的基础上,撰写有观点、有思路、有内容的高质量调研报告,并进行成果交流。在活动中,坚持学习与调研相结合,边学习、边调研、边思考、边查找问题,通过广泛发动群众,问计于职工群众,虚心向广大干部职工、老领导、老同志、董事监事、专家学者、客户和上级管理部门等请教。通过座谈会、发放调查问卷、征求意见函等多种形式,广泛征集各方面对企业科学发展的意见建议。直属单位围绕科学发展主题,结合本单位实际确定调研题目,认真组织调研。

开展解放思想大讨论。在学习调研基础上,集团围绕企业科学发展进行解放思想大讨论。领导班子成员针对存在的问题,进行思想务虚,并邀请专家学者针对存在问题进行研讨,以启发党员干部的思考,要求广大党员干部尤其是领导干部不受习惯做法束缚、不为任何困难所惧、不受工作分工所限,进一步开阔眼界、开阔思路、开阔胸襟;强调以党组中心组学习、专题组织生活会等多种形式,敞开思想、畅所欲言、讲真话、听真话,在充分讨论甚至争论中形成促进企业科学发展的新认识、新共识。

4月中旬至5月底为分析检查阶段,重点抓好召开领导班子专题民主生活会和党员专题组织生活会,形成领导班子贯彻落实科学发展观情况的分析检查报告等工作:

认真开好领导班子专题民主生活会。民主生活会紧密围绕"坚持科学发展,建设一流企业"的主题,认真查找个人和班子在深入贯彻科学发展观方面存在的突出问题以及在党性、党风、党纪方面群众反映强烈的突出问题,深入剖析影响科学发展的思想根源。在民主生活会前广泛征求意见,领导班子成员加强沟通、深入谈心、交换意见,认真撰写发言材料。此前,还对存在的问题进行初步归纳,结合企业实际,加强学习;通过中心组学习会,认真查找原因,研究整改措施。专题民主生活会重在分析问题、总结经验和明确解决办法与改进方向。

形成高质量的领导班子分析检查报告。民主生活会后,在充分运用学习调研、征求意见和专题民主生活会成果的基础上,集团和直属单位领导班子均撰写分析检查报告。作为分析检查阶段的中心环节,分析检查报告突出分析、检查这两部分内容。根据集团改革发展的实际以及本单位开展工作的情况,针对分析检查中提出的突出问题,制定出贯彻落实科学发展观、加强领导班子自身建设特别是思想政治建设的具体措施,明确下一步科学发展的工作思路。集团和各单位形成的分析检查报告,广泛听取各方面意见,经党组(党委、党总支、党支部)扩大会议充分讨论,反复修改完善。

认真组织好群众评议工作。集团召开总部机关部门主要负责人、直属单位主要负责同志会议,对集团党组贯彻落实科学发展观情况的分析评议报告进行评议。同时组织党员和职工群众对领导班子分析检查报告进行评议,听取上级主管部门、重要合作方及客户、独立董事监事、专家委员会成员、顾问等的评议意见,着重从领导班子对科学发展的认识深不深、问题查找准不准、原因分析透不透、发展思路清不清、改进措施行不行等方面进行评议;采取灵活多样的评议方式,尊重党员群众的评议意见,使群众评议的过程成为上下交流、取得广泛共识的过程。集团党组和直属单位党委分析检查报告的评议结果和修改后的分析检查报告在一定范围内进行公布。群众评议中提出的正确意见则体现到修改后的分析检查报告中。

6月初—6月底为整改落实,重点抓好制定整改落实方案,完善体制机制等工作:

制定切合实际的整改落实方案。以分析检查报告为主要依据,对有待整改的突出问题区别轻重缓急和难易程度,集中力量研究解决职工群众反映强烈、影响和制约科学发展的突出问题,把分析检查报告提出的措施目标化、具体化、责任化,明确整改落实的目标、方式、时限要求和责任单位、责任人,制定符合科学发展观要求的整改落实方案。同时,坚持边学边改、边查边改、边整边改。集团还通过中海OA网、召开座谈会等方式向党员和群众公布整改落实方案,向参加评议人员进行通报,接受党员、群众监督;发动广大党员和职工群众围绕制定、实施整改落实方案,积极建言献策。

着力解决一些突出问题。对查找出的问题,进行归纳分类,选取突破口和切入点,运用课题组、项目组等形式攻坚克难,推动整改,不断强化执行力和创新力,逐步落实整改措施,努力解决一些关系企业长远战略的重点问题和关系群众利益的实际问题。

完善体制机制。集团从促进企业科学发展的实际需要出发,在学习调研、分析检查基础上,不断深化对企业发展规律的认识,坚持改革创新,勇于突破制约科学发展的体制机制束缚,认真清理已有的规章制度,建立、健全、完善体制机制和制度,增强制度建设的科学性、针对性和创造性,切实取得一批推动集团科学发展的制度成果,逐步形成企业科学发展的长效机制。制定和完善集团符合科学发展要求的总体工作思路。直属单位党组织要按照科学发展要求,结合实际,进一步明确工作思路和努力方向。在开展群众满意度测评中,合理确定参评人员的规模、范围,力求测评方式和程序简便易行,满意度测评客观公正。

学习实践活动三个阶段都有各自的工作重点,通过细致的安排,保证学习实践活动扎扎实实推进,不走过场,确保各个环节之间相互联系、相互衔接,以每个环节的高质量保证整个活动的高质量。同时还注意讲成本、重实效,防止形式主义。在学习实践活动中,总部机关、直属单位针对自身特点,积极探索形式创新,做到"规定动作"与"自选动作"相结合,务求学习实践活动更加丰富多彩、更加切合实际、更加取得实效。

集团在学习实践活动一开始,就把精细化管理的理念融入活动中,坚持活动周密部署,精心安排,扎实起步,打好基础。为此,集团建立强有力的组织机构,由集团领导和总部机关相关部门负责人组成领导小组,由集团党组成员和相关部门主要负责人、部分骨干组成指导检查组;每周至少两次召开办公室碰头会,党组书记亲自参加,定方案,抠细节,环环相扣,层层落实;抓宣传,抓培训。三次召开各单位党委书记会和办公室主任会,两次组织骨干培训,将准备工作逐级落实,不留死角;认真推进,认真实施,既分工精细,又紧密配合,工作有条不紊。工作中,指导检查组办公室各成员发扬连续作战精神,任劳任怨,满负荷工作,保证各项工作按时、按质、按量完成,体现精细化理念。

截至2009年,集团共有23家直属单位,62个党委,46个党总支,944个党支部,在职党员过万人,退休党员3 000多名。学习实践活动中,针对航运企业点多、线长、流动性大的特点,集团坚持克服重重困难,坚持活动范围全覆盖,强调覆盖所有党支部、一个党员"不掉队"的原则,务实开展好学习活动。对于船舶党支部和党员的学习活动,及时将规定的学习资料制作成电子版,发到航行于世界各地的船舶,使所有党员干部的学习活动始终保持同步;对海外企业的党员,明确由海外企业党工委负责开展活动;对于分散在外、党员人数少的单位,则充分运用视频、网络、电话等各种形式,组织学习活动。活动开展的第一阶段,广大船舶党支部见缝插针,精心安排,坚持做到人人不误学习。活动中,集团还广发一份包括22个问答题的问卷,经抽样分发至2 000名职工手里,广泛听取不同单位、不同层面职工的意见。

到2009年,集团已经过12年的改革发展,成绩显著,但是还存在航运主业结构不够优化、抗风险能力不强、人才队伍不齐、管理基础不牢、配套产业协同性不够和软实力建设不强等问题;同时,全球金融危机、全球经济低迷也给航运带来巨大冲击。为此,集团确定的学习实践活动主题是"坚持科学发展,建设一流企业","突出抓工作重点、集中力量解决难点、发现和培育工作亮点"的思路和要求,深入开展学习活动,把学习与本单位本部门的工作重点紧密结合,与本单位亟待解决的困难和问题相结合,强化学习效果,确保科学发展。

在开展学习实践活动期间,国务院下发《关于推进上海建设国际金融中心、国际航运中心的意见》,给集团深入学习实践科学发展观活动注入新的内容。集团党组决定把学习科学发展观活动与上海"两个中心"建设对企业的新要求相结合,既坚持集团的科学发展,又要为上海"两个中心"建设积极贡献力量。如加大对上海集装箱枢纽港建设的资金投入,完善国际航线网络覆盖面,支持上海港发展集装箱中转和内贸箱业务;在发展集团船队"三足鼎立"的同时,抓紧时机发展LNG船队,把更多船舶登记注册在上海;在上海加快发展基团的船舶修造业,设立航运产业基金、船舶保险公司,推动船舶融资、海上保险业务、航运资金结算等金融业务。

【"创先争优"活动】

"创先争优"活动,即在党的基层组织和党员中深入开展创建先进基层党组织、争当优秀共产党员活动。这是集团党组在基层党组织中广泛开展并富有成效的一种活动形式。

2010年5月13日,中共中央办公厅转发《中央组织部、中央宣传部关于在党的基层组织和党员中深入开展创先争优活动的意见》,其中明确提出,深入开展创先争优活动,要认真贯彻落实中共十七大和十七届三中、四中全会精神,以邓小平理论和"三个代表"重要思想为指导,以深入学习实践科学发展观为主题,坚持从本地区、本部门、本单位实际出发,改革创新,务求实效,统筹推进党的建设其他经常性工作,充分发挥基层党组织的战斗堡垒作用和共产党员的先锋模范作用,在推动科学发展、促进社会和谐、服务人民群众、加强基层组织的实践中建功立业,努力实现组织创先进、党员争优秀、群众得实惠的工作要求。

此次"创先争优"活动的主要形式,是创建先进基层党组织、争做优秀共产党员。《中央组织部、中央宣传部关于在党的基层组织和党员中深入开展创先争优活动的意见》明确提出,创建先进基层党组织要努力做到"五个好",即领导班子好、党员队伍好、工作机制好、工作业绩好、群众反映好;争做优秀共产党员要努力做到"五带头",即带头学习提高、带头争创佳绩、带头服务群众、带头遵纪守法、带头弘扬正气。

在"创先争优"活动中,集团党组紧密结合企业实际,提出阶段性工作重点,确定"深化结构调整、促进转型、推动企业科学发展上水平"的活动主题。集团根据中央确定2012年为基层组织建设年的部署,将此作为深化创先争优活动的重要举措,加强基层党组织建设的重要机遇,对开展基层组织建设年的工作进行全面部署,把基层组织建设年活动与开展党建课题研究等实际工作紧密结合起来,突出分层分类指导,切实提高基层党组织规范化、制度化水平;突出队伍建设,切实提高党务工作者和党员队伍的素质;突出支部建设,切实提升基层支部的战斗力,各单位根据"抓落实、全覆盖、求实效、受欢迎"的总体要求,制定实施本单位的基层组织建设年活动方案。本着"突出重点、

图 8‑1‑2　2010 年 9 月,广州海运举办学习西柏坡精神培训班,
对党员干部进行革命传统教育

突出海味"的原则,分阶段、分重点抓好基层组织年活动的落实,切实抓出成效。集团党组分别就陆地单位党建和船舶党建工作(包括政委队伍建设)进行交流研讨,分层分类推进,进一步巩固创先争优活动成果,提升基层党组织的创造力、凝聚力、战斗力。

在活动中,集团党组先后制定印发《中国海运关于进一步加强和改进基层党组织建设的指导意见》《创先争优先锋谱》等文件材料,把创先争优与企业"诚信四海、追求卓越"的价值观有机融合,形成浓厚的创先争优氛围,引导广大干部职工立足岗位创先进、争优秀。集团"为民服务创先争优"活动得到良好成效,得到广大职工群众的充分认可和中央企业创先争优检查组的高度评价。

【群众路线教育实践活动】

根据中央统一部署和中央第 41 督导组的安排,集团党的群众路线教育实践活动,自上而下分两批开展。第一批从 2013 年 7 月开始,参加对象是集团领导班子、领导干部和总部机关以及上海船研所和中海投资领导班子。

活动开展以来,中国海运紧紧围绕保持党的先进性和纯洁性,深入贯彻中央"八项规定",坚决反对"四风"(形式主义、官僚主义、享乐主义和奢靡之风),着力解决党员干部作风建设存在的突出问题,各项工作有序开展、扎实推进,取得积极成效,为集团应对市场挑战、加快转型发展提供坚强的作风保证。

中共十八大,特别是中央颁布"八项规定"和开展党的群众路线教育实践活动以后,中国海运党组先后进行 17 次党组学习专题会,认真学习习近平总书记一系列重要讲话精神,学习中央"八项规定"、群众路线教育实践活动等重要文件,研究部署落实具体措施,带领广大党员干部紧紧围绕保持党的先进性和纯洁性,以为民务实清廉为主要内容,以贯彻落实中央"八项规定"为切入点,着力解决"四风"问题和职工群众反映强烈、影响企业改革发展的突出问题。

两年中,中国海运总部废止 11 项制度,修订和新制定 23 项制度,直属单位新制定 245 项制度。

如：在贯彻落实中央"八项规定"方面,制定《中国海运关于密切联系群众,进一步改进工作作风的若干规定》,对集团党员、干部加强作风建设提出20条具体要求;在反对形式主义方面,制定加强中心组学习、文件简报管理、精简会议、评比表彰等制度,并将10多份简报归并为2份;对公文流转的效率、质量进行考核,严格控制会议数量和规模;各单位的各类文件、简报减少45%,会议减少36%,评比表彰活动减少74%。在反对官僚主义方面,修订完善集团领导干部深入基层调研制度,对调研的时间、形式、效果等提出具体要求;理顺集团总部和直属单位的职责权限,对组织架构进行调整,加大对工作质量、工作作风的考核,着力解决"大企业病"、忙闲不均和"庸懒散"等问题。在反对享乐主义和奢靡之风方面,制定领导干部的办公用车、办公用房、通信、差旅、业务招待、国(境)外考察等制度,明确具体标准。

中国海运党组安排"3个专题"调研工作,即中心组学习情况调研、后备干部队伍建设调研、干部作风建设调研。举办集团中心组专题学习、党委书记例会专题学习以及党委书记群众路线教育研讨班和政委深入贯彻中共十八大精神学习班等系列活动,充分听取各方面意见和建议。

建立领导机制,中国海运党组成立群众路线教育实践活动领导小组,由集团党组书记、董事长任组长,集团总经理、分管领导担任副组长,负责推进集团群众路线教育实践活动,并成立办公室和3个专项工作组做好日常工作。

根据《中共中央关于在全党深入开展党的群众路线教育实践活动的意见》要求,结合企业实际,突出重点,突出海味,对集团教育实践活动进行系统安排。建立工作督导机制,成立集团教育实践活动督导组,对总部机关和部分基层单位教育实践活动进行全面督促、检查,确保活动的高质量。加强宣传引导,使广大党员干部深刻认识群众路线教育实践活动的重大意义,切实把思想和行动统一到中央部署要求上来,以饱满的政治热情和良好的精神状态积极投身教育实践活动中。

2013年8月16日,中国海运总部机关召开党的群众路线教育实践活动干部大会。

集团坚持把学习教育作为开展教育实践活动的重要基础,采取自学、集中学习和辅导报告相结合等方式,坚持每周一上午党政例会后的学习制度,重点学习党章、习近平总书记系列重要讲话精神、"三本书"(《论群众路线——重要论述摘编》《党的群众路线教育实践活动学习文件选编》《厉行节约、反对浪费——重要论述摘编》)以及中央群众路线教育实践活动各类文件、通知精神。请集团老劳模杨怀远作"小扁担精神"服务群众专题报告,以及有关专家讲上海自贸区建设、信息化建设等专题讲座。活动中,开展11次领导班子集体学习、4次专题辅导报告会、9次党组专题学习讨论会。集团领导还分别以普通党员身份参加所在党支部的学习,与广大党员一起谈体会、谈认识,进一步提升宗旨意识和群众观念。同时,集团制定征求意见工作方案,建立集团领导班子成员基层联系点,全方位征求基层党员干部、群众和对集团领导班子及班子成员、总部机关作风建设存在问题的意见和建议。先后召开机关部门、直属单位党委书记、老干部、一线干部职工、民主党派以及客户等各类座谈会30次650人参加,"面对面"征求意见;下发了民主测评表以及设立征求意见箱、电话、专用邮箱等,"背对背""网对网"征求意见。

从征求反馈情况来看,广大干部职工对集团领导班子的作风建设总体予以肯定,民主测评对集团领导班子评价"好"占80%,"较好"占17.6%。同时,提出新的希望和要求,对集团领导班子"四风"方面的意见和建议有13条,对集团改革发展方面的意见和建议有60条。

集团领导班子、班子成员和总部机关对照中央教育实践活动领导小组办公室下发的《企业"四风"问题的具体表现》、中央督导组的反馈意见、基层干部职工提出的意见等,认真查摆自身在"四风"方面存在的突出问题,比如:在形式主义方面,主要存在文山会海、学习的系统性不够、深入基层调研不够等问题;在官僚主义方面,主要存在对"大企业病"解决不力,听取基层意见不充分,部分干部担当意识不强等问题;在享乐主义方面,主要存在部分干部艰苦奋斗精神不足、敬业精神和奉献精神退化等问题;在奢靡之风方面,主要存在铺张浪费、职务消费管理不够规范等问题。通过查找问题,为整改落实明确方向。

图8-1-3　中国海运总部机关党的群众路线教育实践干部大会(2013年摄)

在此基础上,集团领导班子和班子成员围绕存在的突出问题,认真撰写对照检查和自我评价的材料,围绕遵守党的政治纪律、贯彻中央八项规定、转变作风方面等情况查摆存在的问题,从理想信念、宗旨意识、党性修养、道德品行等方面认清实质、深挖根源,提出整改方向和措施。在撰写对照检查过程中,集团班子成员根据中央第41督导组审阅意见等反复修订,数易其稿,有的修改达20多次,真正实现了对照检查触及思想、触及灵魂。对于发生在总部机关和基层单位"四风"问题,集团领导进行了认真剖析,表示问题表现在下面,根子在上头,集团党组和领导班子负有主要责任。

集团领导深入开展批评和自我批评,班子成员采取"两两相见"的"大循环"式谈心谈话,主要领导与集团领导班子成员分别进行两轮以上的谈心谈话,班子成员与总部机关部门负责人、基层直属单位负责人进行谈心谈话,相互开展批评。集团领导班子成员认真撰写批评和自我批评提纲,主要领导对批评提纲都进行审阅,提出修改意见。集团党组先后三次召开党组会,就如何开展好批评的问题进行集体"把脉",打消顾虑,达成共识。

2013年11月20下午和21日上午,集团召开党的群众路线教育实践活动领导班子专题民主生活会,集团董事长、党组书记许立荣代表班子查摆了作风建设方面存在的突出问题,每位班子成员都紧扣征求到的意见建议,结合个人成长经历、思想实际和岗位职责等,深刻查摆了自身在"四风"方面存在的突出问题,并深刻剖析了思想根源,以整风精神开展批评和相互批评;每位班子成员相互批评时间都在15分钟以上,提出批评意见共108条,达到了红红脸、出出汗、治治病的效果。与会的中央第41督导组组长王为强等上级领导对集团民主生活会予以充分肯定。在11月29日召开的集团民主生活会情况通报会上,与会干部职工对集团领导班子民主生活会质量进行了民主测评,认为"好"为87.9%,"较好"为12.1%。

集团按照中央要求,以召开党组会专题讨论、组织干部职工开展民主测评、班子成员深入基层征求意见等形式,对群众路线教育实践活动开展情况进行了回顾,重点是"六个看":看学习教育是否扎实、看查摆问题是否聚焦、看自我剖析是否深刻、看谈心交心是否充分、看开展批评是否认真、看边查边改是否见成效。通过"回头看",既总结了好的做法和经验,也查摆了存在的问题和差距,提出整改方向和具体的整改措施。

注重上下联动。活动开展以来,集团总部机关和部分基层单位党员干部按照中央第41督导组和集团党组要求,把各职党员干部"摆进来",严格做好活动各个环节工作,与集团领导班子上下联动,同步推进,务求实效。集团第二批将开展活动的基层单位不等不靠,提前开展学习教育,以各种形式征求意见,为开展群众路线教育实践活动进行"热身",营造良好氛围。

集团坚持不等、不靠、不要,以"六定"原则(即定问题类别、定主要问题、定整改措施、定整改目标、定整改时限、定责任领导)进行整改,制定"任务书"和"时间表",形成集团群众路线教育实践活动整改方案,做到"三个明确":明确了整改落实的4大任务、13个目标、52项具体措施;明确近期(2013年年底前)、中期(2014年第一季度和上半年两个时间段)、长期(2014年下半年及以后)3个时间节点;明确第一责任人、分管领导、责任部门和整改时限;以踏石留印、抓铁有痕的作风和"钉钉子"精神抓好整改,限时完成,确保教育实践活动取得实实在在的成效。

在全面推进整改落实的同时,集团围绕中央确定的7个方面任务进行重点整治,做到"三个着眼于":着眼于总部机关建设,整治文山会海、检查评比过多等问题,制定办文、办会和检查评比等相关制度,并结合深化机关改革、管理提升,努力理顺机关和基层的权限,提高机关的效率和效能;着眼于树立正确的业绩观、权力观,重点整治形象工程、政绩工程,制定完善"三重一大"决策,计划修订干部考核管理等制度,引导党员干部为企业转型发展多做打基础、利长远的事;着眼于加强干部廉洁从业建设,重点整治公款送礼、超标配备公车、违规使用和装修办公用房以及职务消费不够规范等问题,修订职务消费等制度。集团明确专题整治的19项措施以及责任分工,一项一项排查,一项一项落实。

集团深入分析"四风"问题的深层次原因,坚持"废""改""立"相结合,切实加强了制度建设,形成反"四风"的长效机制;废止有关会议管理、评比表彰办法等一些制定时间较长、内容不合新要求的9个制度,修订关于加强和改进集团中心组学习、领导人员和总部机关职务消费管理办法等8个制度,制定领导班子成员深入基层调查研究工作、信息简报管理、精简会议和改进会风等6个规定;计划制定干部考核管理、大宗物资采购管理等5个制度,切实以制度机制固化教育实践活动的成果,形成党员干部为民务实清廉的长效机制。

通过群众路线教育实践活动,集团党员干部的思想认识进一步提高。理想信念更加坚定,领导班子成员自觉学习党章、遵守党章、贯彻党章、维护党章,切实解决世界观、人生观、价值观这个"总开关"问题,切实改进了思想作风,培养了党性观念。对"四风"问题的认识得到强化,提升了反对"四风"的思想自觉和行为自觉,如部分干部一开始认为自己不存在"四风"问题,后来主动查摆到"四风"的突出问题并深刻剖析原因、整改落实。对勤俭办企业的认识有所提高,牢记"两个务必",坚持勤俭节约办企业,坚持稳健、务实、有效的工作作风,坚守底线思维,坚决反对享乐主义和奢靡之风。对集团转型发展的认识更加清晰。深刻认识到了当前国内外经济发展和航运市场形势的严峻性以及推动集团转型发展的艰巨性、复杂性、长期性,做好了长期奋斗的思想准备。

从2013年9月1日起,集团开办《中海管理要情》(行政口)、《中海党建要情》(党群口),其他原有各类信息简报全部对口归拢。信息简报在集团内通过OA办公平台发布,不单独印发纸质。优化工作流程,对总部办事、办文进行梳理、优化,将办文办事效率、质量纳入总部干部年度考核,定期通报。加强会议的管理,制定下发《中国海运关于精简会议、改进会风的暂行规定》,强化严格会议审批,严格控制、切实减少各类会议活动,能不开的坚决不开,会议内容相近、参会范围相似的尽可能合并召开。

2013年,集团全系统各类会议,减少50%以上。从严清理和规范评比达标表彰活动,严厉整治授牌晋级泛滥现象,制定《关于进一步规范各类评比项目的通知》,总部38个表彰评比项目通过合并、取消,减少到10个。

针对官僚主义的问题,修订集团制定的深入基层调研制度,明确要求集团领导成员一年之内深入基层一线开展调查研究,时间不少于30个工作日,对总部干部和直属单位班子成员作量化考核,并每季度通报一次。着力抓好总部机关群众路线教育实践活动,切实把经理以上干部"摆进来",着力解决机关"懒、散、拖"等大企业病。同时完善职能定位,理顺集团总部和直属单位的管理权限,将基层单位的评价作为机关干部多维度测评考核的重要组成部分。增强干部特别是青年干部的群众观念,安排集团总部机关35岁以下青年干部到集团信访接待室锻炼。加强和基层群众的联系沟通,将广泛征求群众意见制度化、常态化,设立了集团领导邮箱,并改变《海运报》的发行渠道,通过邮发直接送达基层一线职工,便于基层更全面地了解集团的工作。

集团党组针对享乐主义和奢靡之风的问题,首先抓好《党政机关国内公务接待管理规定》和《党政机关厉行节约反对浪费条例》精神贯彻落实,修订完善《中国海运(集团)总公司领导人员职务消费管理办法》《中国海运(集团)总公司总部机关职务消费管理办法》,涉及公务用车、通信、差旅、业务招待(包含礼品)、国(境)外考察等,并明确具体标准。为确保监督公开透明,每位员工均可登录集团OA网站进行查看。其次修订完善集团"三重一大"决策制度,规范党组会、董事会、总经理办公会等议事决策规则,强化项目投资效益经济论证分析,强化风险管控,坚决避免违背科学发展、盲目铺摊子上项目的行为,防范制造假情况、假数字、假典型、虚报工作业绩的问题以及纠正不考虑企业长远发展、追求短期经济效益的行为。同时加强年度职务消费预算管理,2013年集团负责人职务消费预算总额同比下降28.72%;集团领导班子的职务消费同比下降超过50%;集团总部出访人次同比下降超过5%,费用同比下降超过15%;集团总部业务招待费同比下降超过53%,礼品费和差旅费同比共下降超过40%。并实行严格的领导干部公务用车每车审批制度,确保新增、更新的领导干部公务用车符合国资委有关规定,2013年下半年,集团暂停新车购置的审批。同时全面清理各单位领导机关和领导干部使用办公用房情况,严禁各单位违反规定搞办公室豪华装修。

集团领导班子把这次党的群众路线教育实践活动作为抓手和平台,专门成立9个转型发展工作小组,针对基层单位干部职工提出的集团改革发展方面60条意见和建议逐条对照,研究制定整改落实措施。

集团制定强化中心组学习制度,提出每年中心组集中学习不少于8次等一系列量化学习标准。严格党员领导干部民主生活会和"三会一课"等党内组织生活会制度。集团领导班子成员都参加所在支部的组织生活和专题组织生活会。各基层单位的民主生活会质量特别是批评和自我批评的质量有较大的提升。

2014年10月10日,集团召开党的群众路线教育实践活动总结大会视频会。中央第14巡回督导组副组长张富生出席会议并讲话,政府肯定中国海运党的群众路线教育实践活动取得的显著成效。集团董事长、党组书记许立荣指出,督导有力是顺利开展教育实践活动的保障,在集团教育实践活动开展过程中,中央第41督导组从一开始就严格把关、严格要求,组长王为强、副组长鲁红星等领导多次莅临集团参加会议,悉心审阅文件,大力指导帮助,并深入集团船舶、车间基层一线调研，自始至终为集团顺利开展活动把握了方向。

党的群众路线教育实践活动以来，集团领导班子特别是集团主要领导以身作则，主动把自己"摆进去"，做到"五个带头，五个到位"，即带头抓，组织领导到位；带头学，思想认识到位；带头听，征求意见到位；带头找，查摆问题到位；带头改，整改落实到位，形成一级带一级、一级抓一级的良好氛围。聚焦"四风"是顺利开展教育实践活动的关键，群众路线教育实践活动聚焦"四风"，对准焦距、找准问题、明确方向，查摆出突出问题，拿起批评与自我批评这个有力武器，召开高质量的专题民主生活会和专题组织生活会，"深挖一锹"、触及灵魂，提出很多有针对性的整改措施。

第二批群众路线教育实践活动从 2014 年 1 月初开始，参加对象是直属单位领导班子、领导干部、管理机关和所属基层单位。活动分为 3 个环节：学习教育、听取意见；查摆问题、开展批评；整改落实、建章立制。

2014 年 3 月 14—20 日，大连海运、中海发展、中海油运、中海财务、中海码头、广州海运、中海散运、中石化中海燃供、驻深党委、中海海盛等单位先后召开党的群众路线教育实践活动动员大会，标志着集团第二批群众路线教育实践活动全面铺开。集团督导组分三路出席了各单位的动员大会。会上，督导组还对各单位领导班子和班子成员的"四风"情况进行民主测评。

2014 年 10 月 29 日，集团党组召开党群季度工作例会，中海油运、上海船研所、中海工业分别在会上介绍开展党的群众路线教育实践活动中好的做法和经验，第二批开展群众性路线教育实践活动圆满完成并取得实效。

第四节　党风建设

中国海运是以航运为主业的跨国经营、跨行业、跨地区、跨所有制的特大型综合性企业集团，业务链复杂，资金流量大，干部廉洁从业风险、企业管理风险相对较高。

集团组建初期不忘从严治党、从严治企。在实施资产重组、大力发展企业经营的同时，建立纪检监察等职能部门，完善各项规章制度，有力地保证企业改革和发展的顺利进行。

一、党风建设工作体系

在中国海运的创业发展期特别是组建初期，各级党组织认真贯彻落实中纪委四次全会精神，深入开展争创党风廉政建设先进单位活动和警示教育活动，完善企业内部、外部相结合的监督机制，制定和完善一系列党风廉政建设和审计工作制度，严肃查处大要案，为企业改革发展提供有力保障。

中国海运党政班子任命以后，就制定《党政班子约法十章》，加强自我约束，提请群众监督。

2004 年，中国海运党委坚持"两个务必"，大力弘扬求真务实的精神，积极开展企业党风廉政建设工作。组织集团认真学习贯彻十七届中央纪委六次、七次及十八届中央纪委三次全会精神、中共十八大精神，落实国有企业廉洁风险工作座谈会、中央企业反腐倡廉建设工作会部署，积极开展廉洁风险防控的探索与实践，扎实推进惩防体系建设，为集团的改革发展提供有力保证。

【"大监督"工作机制】
2011 年，中国海运基本完成惩防体系建设阶段性工作任务，"教育、制度、监督、改革、惩治"力度进一步加强。据统计，2008—2012 年，集团总部及直属单位惩防体系建设任务分解表共提出任务1 067项(其中,加强教育216项、完善制度338项、强化监督240项、深化改革128项、惩治腐败145项)。总体完成情况较好,其中,持续性开展的任务699项,逐项得到落实;阶段性任务368项,完成276项,以上两项相加,已经完成和落实的任务达到91.4%;未完成或未全部完成的任务92项,仅占任务总数的8.6%(未完成任务主要集中在制度建设上)。对此,集团在制度建设上加大力度,制定完成任务的进度表,下发检查考核办法。并借助信息化平台,推进廉洁风险防控,形成"大体系"工作格局;通过巡视监督、纪检监察监督、内部审计监督、管理监督、职工民主监督、企业董事会制度下的外部监督,以及党务公开、厂务公开的相互结合,构建"大监督"工作机制。

【建立独立纪检监察机构】

2012年,中国海运党组认真落实中纪委12号文件和国资委114号文件精神,坚持把纪检监察组织建设作为反腐倡廉建设的重要基础性工作抓紧抓实。在组织建设上,集团在重点直属企业组建独立的纪检监察机构。集团总部充实纪检组成员,成立海外企业纪工委。监审部增设效能监察处,增加纪检监察干部编制。按照监督重心上移的原则,集团明确大型直属企业专职纪检监察干部的配备数量,各下属单位按基本要求配备到位,全系统专职纪检监察干部总人数增幅达86%。针对集团业务点多、线长、面广,机构分散的特点,组建纪检组工作部广州分部,进一步强化集团广州、深圳地区的属地管理功能。加大培训工作力度,选派部分业务骨干参加中央纪委、国资委纪委和上海市纪委组织的业务培训。启动纪检监察审计干部轮岗培训制度,增强培训工作实效,进一步提升干部的履职能力。监审部邀请上海市纪委领导和资深专家授课,开展案件检查、案件审理业务培训;注重纪检监察干部的培养使用,直属单位有多名纪委书记提任党委书记,集团纪检组工作部多名干部提任大型直属单位纪委书记,集团直属单位多名监审部负责人提任纪委副书记;采取公开招聘方式选拔集团监审部副部长及处长,纪检监察干部岗位成为干部历练成长的平台。纪检监察部门履行各自的职能,严格执行各项规章制度,保证企业改革和发展的顺利进行。首先,认真贯彻中纪委八次全会精神和中共十五大关于党风廉政建设的精神,提高对反腐倡廉重要性的认识。认真学习中共中央《关于党政机关厉行节约制止奢侈浪费行为的若干规定》《中国共产党纪律分条例(试行)》《中国共产党领导干部廉洁从政若干准则(试行)》等党纪条规,并在党员领导干部中进行党纪条规测试,做到教育在先,防范为本。其次,认真开展效能监察和工程执法监察,落实领导干部收入申报、礼品登记、招待费使用报告等制度,协助交通部完成上海海运、广州海运、大连海运等单位的法人代表离任审计工作。

【健全决策制度】

在制度建设上,中国海运注重健全决策程序,修订完善"三重一大"决策制度,明确集团"三重一大"事项的决策范围、流程和决策权;健全干部管理制度,规范用人权;健全财务资金管理制度,建立集团资金管理、信贷管理、担保管理、应收账款管理等财务管理制度,规范财权;健全资产管理制度,建立和修订工程建设项目、固定资产投资、产权投资重要管理制度,规范物权、事权;健全反腐倡廉工作制度,建立和修订集团党风建设责任制实施办法、领导人员职务消费管理办法、干部报告个人事项规定、述职议廉实施办法等制度,促进"用制度管人、按程序办事"的管理文化。

2013年下半年,集团正式立项开展对三级单位、执行"三重一大"决策制度、第三方的业务管理专项检查与效能监察。实践垂直监督模式,破解基层监督难点。在各单位自查和梳理的基础上,抽调相关人员组成3个检查组,分别对集团南方、北方和华东地区的各单位进行现场检查,重点检查生产一线财权、物权等权力相对集中的重要岗位和关键环节。通过监督检查,有针对性地发现问题、解决问题,并通过完善配套制度、健全操作流程、规范业务管理,真正突破对三级单位及以下企业的监管难点,最大限度地铲除腐败行为滋生蔓延的土壤。

【加强廉洁自律工作】

组织修订《集团直属企业领导班子年薪考核中涉及违纪违法案件的扣罚规定》,下发《中国海运(集团)总公司领导人员廉洁承诺制度》,组织集团领导班子成员、集团管理干部、海外控股公司领导人员分别签订《廉洁承诺书》;制定《关于深入推进中国海运廉洁文化建设的意见》,对集团系统2011—2015年廉洁、文化建设进行部署;按照中纪委文件要求,修订《中国海运党风建设责任制实施办法》。加强反腐倡廉理论研讨,对企业的反腐倡廉工作机制、教育方式、创新方法进行深入研究,取得一定成效。制定贯彻落实中央《建立健全惩治和预防腐败体系2013—2017年工作规划》实施意见,部署阶段性重点工作任务。党组与各直属单位党政主要领导同时签订《党风建设责任书》,强化"一岗双责"。其中以集团纪检组名义上报的论文入选中央纪委纪念"七一"大会书面交流材料。

2011年前三季度,集团系统开展党性党风党纪教育349场次,开展警示、案例教育425场次,参加教育30 660人次。通过加强教育,提高党员领导干部的廉洁从业自觉性。

2012年,全系统共签订党风建设责任书1 180份、领导人员廉洁承诺书3 269份。突出纪律教育、制度建设主题,开展反腐倡廉专题教育月活动。集团加强和虹口区检察院等地方检察院的合作共建,加强预防职务犯罪。全年共有528人次上缴礼品、礼金、礼券等,折合人民币130.3万元。

重视查信办案工作,2012年受理信访举报54件,初核7件,党政纪立案6件,党政纪处分6人,移送司法机关处理7人。2015年,集团紧密围绕纪律审查重点,始终保持惩治腐败的高压态势,运用"四种形态",严格规范纪律审查流程,工作质量和效果不断提升。集团全系统党政纪立案16件,已结案14件。涉案21人,受到党政纪处分16人(包含受党政纪双重处分10人)其中:党纪处分13人(开除党籍3人、留党察看1人、撤销党内职务2人、严重警告5人、警告2人),政纪处分13人(开除4人、撤职1人、降级1人、记大过4人、记过1人、警告2人),挽回企业损失49.3万元。

2013年,中国海运总部会议费、业务招待费同比分别下降48.8%和43.9%,全集团会议费、业务招待费分别下降38.8%和13.9%。集团先后下发通知,强调中秋、元旦、春节期间廉洁自律以及海外调研各项要求,并特别强调海外公司不得接待因私出境的集团各级干部。

中国海运根据中央专项整治的精神,结合集团实际,重点抓好有关专项整治工作。如:整治收红包及购物卡方面,2013年集团收到总部5人次上交购物卡18张,2013年1—10月中国海运下属各单位共收到198人上缴红包及购物卡31万元,均按规定予以登记处理;清理调整"裸官"方面,有1名集团管理干部和6名其他基层干部存在配偶移居国外、境外情况,均按照中组部规定要求稳妥地进行清理。在整治领导干部兼职方面,集团将领导干部在集团外企业或社会团体兼任职情况纳入干部日常监管范围,对下属上市企业中涉及已退休领导干部兼任职的情况逐一清理,对集团系统退休返聘人员从2014年1月1日起一律不再返聘。

在整治"会所中的歪风"方面,集团坚决反对和纠正"四风",把严格遵守不出入私人会所、不接受和持有私人会所会员卡的规定、厉行勤俭节约、树立领导干部良好作风形象等内容列入领导干部廉洁承诺和民主生活会对照检查的明示内容。

在整治领导人员私自经商办企业方面,集团管理干部均做出书面申报,对基层单位2名违规违纪的人员进行免职等处理。从2014年9月1日起,开展为期3个月、涵盖2013—2014年以来的各项财务工作的财务大检查活动,以及"小金库"专项治理整改情况,重点检查三级及以下单位、合资单位"账外账"情况。

【完善组织协调工作机制】

制定并完善纪检监察组织建设方案、纪检监察重要工作制度、阶段性重点工作安排等,注重发挥纪检组集体及每个成员的作用,保障各项工作任务得到顺利推进;集团监审部会同运输部联合开展商务大检查暨效能监察,规范商务管理运作,检查"三重一大"决策制度执行情况。全集团由纪检监察部门牵头,相关部门密切配合,围绕增收节支、降本增效,开展效能监察,提出监察建议,完善管理制度。审计重点关注"三重一大"决策运行、企业内部控制等,从而有效加大审计监督力度。

【强化信访举报处置】

不断拓宽案件线索来源,充分利用信访举报、审计、司法机关执法中发现的案件线索,加大案件自办、督办和指导力度。2013年,组建查信办案人才库。选派5人次到国务院国资委纪委、上海市虹口检察院挂职锻炼,选调二、三级单位纪检干部参与集团协同办案,多种形式锻炼队伍。集团检企共建模式,受到最高人民检察院、上海市检察院的表扬和肯定。

2015年,集团全系统共受理信访举报件175件,办结信访309件,集团监审部自办督办200件,采取组织处理53人(免职6人,降职2人,岗位调离7人,诫勉谈话31人,提醒谈话9人,通报批评8人,其中包含多重处理10人)。

根据国家审计署对中央企业的审计情况通报,集团结合"十二五"内审中发现的问题,组织所属单位自查自纠,推进整改工作落实。选派北美控股专职审计员;组织海外审计工作座谈会,加强工作交流;完成审计报表系统与财务系统对接及调试,提高审计信息化应用水平;修订经济责任审计工作规程等,完善相关工作制度,提升海外审计工作水平;将海外审计项目全部纳入集团审计管理信息系统,加大指导力度,强化海外审计项目过程监督。

二、党风建设宣教体系

为筑牢廉洁风险防控的思想防线,集团进一步增强宣传教育力度,突出廉洁风险防控宣传教育主体,重点抓好两级领导班子成员、处级以上干部和人、财、物等重点领域、重要部门、关键岗位干部的廉洁从业教育。每年召开反腐倡廉建设大会和党风建设干部大会,并利用每年两次专题教育月活动的机会,采取集中教育和日常教育相结合、共性教育和个性化教育相结合的方式,分层分类,抓好廉洁教育。通过中心组学习、专题辅导报告会、组织参观警示教育基地、发放廉洁从业教育读本、编发自办案件分析警示教育材料、开展干部任前谈话、诫勉谈话、集体廉洁谈话和签订党风建设责任书、廉洁承诺书加强干部廉洁宣传教育,落实干部收入申报制度,建立干部廉洁档案。《海运报》每月刊出反腐倡廉建设教育专版,多种形式积极推进廉洁文化建设,注重针对性、实效性,初步形成"大宣教"工作氛围,不断增强各级领导人员的廉洁从业意识。

【开展党风廉政教育活动】

中国海运党组坚持开展党风廉政教育活动;"十五"期间,集团把"争创党风廉政建设先进单位"活动从上海地区推向集团所属各单位。"争创"活动以领导班子和领导干部为重点,以加强教育和制度建设为基础,以惩治违法违纪现象为手段,促进企业发展,全面推动企业的党风廉政建设。

2000年是第一轮"争创"活动的考核评比年,一批工作突出的单位被评为党风廉政建设先进单位和表扬单位,其中不但有长期坚持"争创"活动的上海海运、中海电信,也有组建时间不长的中海集运,还有上海以外地区的广州海运和大连海运等。

另外,根据中央关于利用胡长青等典型案件对党员干部进行警示教育的精神,在集团系统开展"学法规、学党纪、警钟长鸣"警示教育,组织党员干部学习江泽民同志"三个代表"重要思想、《国有企业党风廉政建设必备》等材料,举办领导干部警示教育培训班,集团党、政、纪领导亲自讲课,运用身边的案例教育党员干部,使广大党员干部进一步确立对党风廉政建设和反腐败工作的"思想红线"。

2004年,集团认真贯彻落实《中国共产党党内监督条例(试行)》《中国共产党纪律处分条例》和中纪委对党风廉政建设提出的任务和要求,筑牢反腐倡廉的思想防线。纪检组积极完成集团党组要求,对集团管理的136名干部逐一进行廉政谈话,强调党员领导干部以身作则。坚持年初、年中两次召开集团加强党风廉政建设干部大会,讲典型,讲教训,讲身边的事,开展警示教育,落实整改的措施。

2010—2011年,集团举办廉洁从业教育辅导讲座890场次,接受教育35 585人次,签订廉洁承诺2 411人,签订党风建设责任书1 221份,廉洁谈话2 564人,任前谈话549人,全年共有711人次上缴礼品、礼金、礼券、有价证券102.7万元。

2012年,集团突出纪律教育和制度建设主题,全系统共组织反腐倡廉教育活动791场次,参加人数达30 636人次,梳理制度流程888项,提出完善建议522项,共有528人次上缴礼金、礼券,折合人民币130.3万元。

2013年,集团开展集体廉洁谈话、教育讲座、"廉洁从业在一线"、参观"南京路上好八连"事迹展等活动,编发《身边的教训》教育读本等。集团开展教育月活动受到中央媒体关注,《中国纪检监察报》、人民网等以《中国海运反腐倡廉教育"海味"十足》为题,刊发活动情况。

2013年,集团共组织开展各类反腐倡廉教育活动768场次,参加人数达24 345人次。全集团共有714人次上缴礼品526件、礼金109.57万元。

2014年,集团共组织开展各类反腐倡廉辅导讲座382场次,签订廉洁承诺书5 274份,开展干部任前谈话1 126人次,领导人员廉洁从业意识进一步增强。全年全系统共有605人次上缴各类礼品791件、礼金礼券69.38万元。

【推进廉洁文化建设】

在营造"大宣教"氛围中,中国海运加大培训力度,选派部分业务骨干参加中央纪委、国资委纪委和上海市纪委组织的业务培训;集团监审部邀请上海市纪委领导和资深专家授课,开展案件检查、案件审理业务培训。

2011年,集团与中远、商飞等央企,开展审计交流,进一步提升审计人员的业务水平;邀请普华永道专家开展内部控制和全面风险管理专题讲座,进一步提升纪检监察干部的履职能力和业务水准。2014年,编印《中国海运廉洁故事》《案例警示教育材料》,坚持正面引导和反面警示相结合,增强教育实效。

按照中央关于推进党的基层组织党务公开工作的有关要求,集团成立党务公开领导小组和工作小组,下发集团的实施办法和党务公开目录,召开党务公开工作会议,开展工作培训,进一步明确

图 8-1-4 2011年2月15日，中国海运召开反腐倡廉建设工作会议

工作任务、方法、措施和目标。同时，不断总结经验，提出深入推进廉洁文化建设的指导意见；集团所属各单位加强领导，落实保障机制，分步组织实施，增强了廉洁文化建设的影响力。中海货运与船舶签订党风建设责任书，大连海运在企业报刊公示廉洁承诺内容，中海海盛、中石化中海燃供组织参观警示教育基地等以及集团编发警示教育材料，以案说法，发挥查办案件的治本功能，进一步形成并推进"大宣教"工作体系。

三、风险防范监督体系

中国海运党组认真贯彻中央《建立健全惩治和预防腐败体系 2008—2012 年工作规划》，紧密结合企业实际，制定实施办法。

每年坚持召开纪检监察工作会议和党风建设大会，每年坚持开展以党风党纪党性教育为主要内容的教育月活动，党政主要领导多次在党风建设干部大会上作出党风建设和廉洁自律的承诺，在抓好集团改革发展的同时，把党风建设和反腐倡廉建设放在更加突出的位置。

每年对集团管理干部进行谈话，对新任职干部提出廉洁从业的要求，开展廉洁谈话和诫勉谈话工作，对发现的苗头性、倾向性的问题及时进行批评教育与提醒。2008 年各级纪委开展廉洁谈话 1 377 人次，其中任前谈话 472 人次，诫勉谈话 46 人次。集团所属单位 1 255 名领导干部在企业工作会议或职工代表大会上实行了廉洁承诺，组织述职述廉 825 人次。

建立完善工作制度，把廉洁从业列入各单位领导班子年薪考核之中，企业每发生一起领导人员的违纪违法问题，就扣减企业领导班子 3% 的年薪。

2008 年，集团系统共完善内部监督和管理制度 398 项，重要岗位人员交流 90 人，物资招标采购金额 23 989 万元，工程项目招标金额 94 230 万元。

2009 年，对集团领导班子近 3 年职务消费情况进行检查。自查、检查情况表明，集团领导干部认真执行廉洁自律各项规定。

"十二五"时期,中国海运总资产中有三成以上在海外,净资产中有两成以上在海外,加强海外企业反腐倡廉建设任务艰巨、责任重大。集团注重机制创新、管理创新,成立海外企业纪工委,加强驻外干部廉洁从业教育和外事纪律教育,组织海外企业反腐倡廉建设调研,落实海外企业党风建设责任,完善海外企业管理制度,建立海外企业资金监管联席会议,建设覆盖世界各地营业网点的"全球现金管理系统",加强资金监控,先后在集团西亚控股、欧洲控股、南美控股、北美控股派驻专职审计员,确保对海外控股公司及下属企业"两年轮审一遍",有力地强化了海外企业廉洁风险防控。

为稳步推进廉洁风险防控工作,集团实施了"4+1"试点工作方案,即在境内选择4家经营管理规模相对较大,具有一定行业代表性直属企业(中海集运、中海油运、中海工业、中海财务)和1家境外控股公司(香港控股)进行先期试点;其他直属企业结合实际,自行选择1家基层单位同步开展试点。集团全系统在廉洁风险防控试点阶段,围绕权力运行,抓好廉洁风险信息收集、风险点排查、风险等级分析评估工作,共查找出各类风险点378个,其中重要风险点22个。

【把握防范重点】

集团廉洁风险防控重点关注两个层级的干部。一是决策层,即各级领导班子成员,其权力涉及范围相对较大,廉洁风险点主要集中在违反"三重一大"决策制度、违反职务消费规定等方面,其中违反决策规定、擅自决策和以权谋私行为的廉洁风险等级也相对较高,必须重点加强防范。二是执行层,即生产经营管理干部,特别是重点领域、重要部门、关键岗位的干部,他们对生产经营的某些重要环节具有决定权、操控权,其权力范围涉及面虽然相对较窄、风险等级不高,但风险点数量占绝对多数,防范工作也不容懈怠。

从集团"6+1"业务板块的廉洁风险点排查情况来看,航运企业的廉洁风险点,主要集中在船舶租赁、航线运价、运输合同签订、集装箱修洗、船舶备件采购、燃料油和润滑油补给、港口使费审核、船舶保险理赔、油污水处理等关键业务环节;工业制造企业的廉洁风险点,主要集中在基地厂站工程建设、船舶修造核价、大额物资采购(如钢板、油漆等)、工程业务发转包、废旧物料处置、劳务工管理等业务环节;金融、码头、物流企业的风险点,主要集中在信贷担保、资金审批、现金管理、船舶代理、码头合资合作、物流项目承接、金融物流质押、物资存放流转、新网点开发等业务环节。针对这些廉洁风险防控重点,各单位通过梳理业务流程,完善规章制度,加强监督管理等手段,在廉洁风险防控方面取得了较好的工作成效。

2013年,集团共立项53项,提出整改意见和建议253条,促进增收节支3 494万元。中海散运、中海国际、中海海盛等分别开展船员成本管理、船员调配管理和船舶修理等效能监察,促进降本增效。五大海外控股均结合实际选题立项,效能监察首次实现境外全覆盖。

在构筑廉洁风险防控制度屏障方面,结合廉洁风险防控工作,集团新建和修订一系列重要管理制度。主要有:"三重一大"决策制度、领导人员职务消费管理办法、党风建设责任制实施办法、干部廉洁从业承诺制度、职工奖惩条例、干部管理"6+1"配套制度、财务会计和资金运作配套管理办法、信息化建设项目招投标管理办法、大额物资采购管理办法以及重大固定资产投资、产权交易、船舶买卖、船舶租赁、船舶备件和物料采购等规定,进一步规范企业的决策权、用人权、物权、财权和事权等,优化管理流程,提升精细化管理水平,最大限度地堵塞管理漏洞,实现有章可循,做到用制度管人、按程序办事,初步形成"大体系"工作格局。

2011年,集团各单位结合廉洁风险防控工作,经过认真梳理分析,共新建、修订各类重要管理制度142个,有效地增强了风险防范和廉洁风险防控能力。

2012年,加大效能监察工作力度,全系统共开展效能监察项目46项,提出整改意见96条,推动完善制度25项。全系统共完成审计项目208项,提出审计意见建议730条。工程建设项目费用核减2250万元,核减率达12%。制定优秀项目评价指南,组织专项评比,促进规范运作。中海客运物资采购项目被国资委评为"中央企业效能监察示范项目"。

针对中央巡视组指出的"靠船吃船"等非法利益输送问题,集团深刻反思,下定决心,在2013年下半年开展专项检查和领导人员私自经商办企业专项整治的基础上,集中开展"第三方利益输送与领导人员私自经商办企业"专项治理。集团所属279家单位开展自查自纠及网上公示工作,围绕燃油及物资采购、货运代理、劳务外包、油污水处理、修造船代理等航运业重点业务领域,采取申报情况、开展承诺、梳理清单、自查自纠、分级抽查等"拉网式"检查方式,共梳理出第三方企业33 234家,已终止和260家"特殊关联企业"的业务往来。在清理关联企业斩断利益输送链的同时,对查出的违纪违规人员进行责任追究。共查处2个单位3家公司的违纪违规问题,对3名领导人员、关键岗位人员分别进行诫勉谈话,并实施调离岗位、降职等组织处理措施,起到警示震慑作用。

按照中央统一部署,中央第九巡视组于2014年11月29日—12月28日对中国海运开展专项巡视。巡视组贯彻落实习近平总书记关于巡视工作的重要指示精神,围绕党风廉政建设和反腐败工作这个中心,把发现问题、形成震慑作为主要任务,广泛开展个别谈话,受理群众来信来访,调阅有关文件资料,深入了解情况,顺利完成巡视任务。中央巡视工作领导小组听取巡视组的巡视情况汇报,并向中央政治局常委会报告有关情况。

【纪检监察组织建设】

集团进一步加强队伍建设,通过选送培训、自主办班、轮岗挂职等多种途径,扩大培训覆盖面,提高培训实效,提升队伍的履职能力。

2012年,全年双向交流干部38人,选送培训41人次,自主办班培训纪检干部66人、审计干部63人,轮岗培训10人,培训覆盖面达到82%。2013年,全年共选送参加上级纪委各类培训35人次,自主办班培训纪检干部96人、审计干部70人,轮岗培训18人次,培训覆盖面达83%。

2014年,集团利用企业党校自主举办审计业务培训班,委托中国纪检监察学院,举办综合业务培训班;组织开展专项检查业务培训;选送人员分别参加中央纪委、国资委举办培训班、研讨班等;选送优秀骨干赴中央纪委、国资委纪委和上海市虹口区检察院挂职锻炼。全年累计培训各类纪检监察审计干部163人次。加强办案人才库建设,增聘9人进入办案人才库,库内总数达到23人。

2015年,集团积极拓宽纪检监察干部培训渠道,先后参与中央纪委、国资委纪委和企业党校等组织的各类培训班11班次,共培训纪检监察和审计干部21人。2015年8月,首次采用集中培训和在线培训相结合的方式,举办纪检监察综合业务培训班,集团121名纪检监察审计干部系统学习纪律审查、谈话取证、案件审理等方面的专业知识。

【建立巡视制度】

根据中央和国资委精神,2011年,集团党组在集团建立巡视制度,这是落实中央"党要管党、从严治党"的方针,将进一步加强对集团所属各单位贯彻落实党的方针政策和国家法律法规执行情况监督检查,加强对集团直属党委领导班子及成员特别是党政主要负责人的监督,提升党组织的保障监督能力。

2011年2月16日,集团制定并下达《中共中国海运(集团)总公司党组巡视工作领导小组工作规则(试行)》《中共中国海运(集团)总公司党组巡视工作领导小组办公室工作规则(试行)》《中共中国海运(集团)总公司党组巡视组工作规则(试行)》和《中国海运集团总公司被巡视单位配合开展巡视工作的规定(试行)》规定和条例(简称"四项"规定),正式启动巡视工作。

2012年3月,集团巡视组正式进驻被巡视单位,加大监督力度。结合推进廉洁风险防控,对集团总部近几年来全系统开展工程建设招投标管理、机关管理费控制、商务合同管理、集装箱修洗箱管理四个大项进行立项实施效能监察,重点关注国家和集团有关管理规定的执行情况,加强对二、三级企业关键岗位权力运行的监督检查,现场抽查覆盖面都在40%以上。同年,又组织开展"三重一大"决策制度执行情况、领导人员职务消费情况两个专项大检查,并落实组队赴东南亚控股、西亚控股和香港控股3家海外企业开展现场抽查和廉洁风险防控工作检查;纪检组工作部派员全过程参加集团办公楼装修、办公家具采购、设立企业文化展示厅等招投标活动等。综合运用查信办案、内部审计、管理制约监督、职工民主监督等,结合推进党务公开、厂务公开和船务公开活动,落实对各级领导人员权力运行的全过程、全方位立体监督,初步形成"大监督"工作机制。

在巡视工作的具体做法上,集团巡视组先选择一个基础比较好、对集团转型发展比较重要的单位开展巡视的试点工作,在探索、完善、提升、全面总结经验的基础上,于2012年下半年再选择两个单位开展巡视工作。通过试点工作,不断总结、完善巡视工作的有关制度,并锻炼队伍,保证集团巡视工作顺利有效开展。

第二章 统战工作与民主党派

中国海运成立后，十分重视企业统战工作，贯彻落实党的统战工作政策，围绕企业中心工作，凝心聚力，努力营造稳定、团结、和谐的政治环境；充分发挥党外知识分子、民主党派在企业统战工作中的重要作用，通过开展"爱企业、献良策、做贡献"等主题活动，推动企业统战工作，促进企业发展。

第一节 统战工作

一、基本情况

中国海运是国资委直接领导和管理的重要国有骨干企业，也是以航运为主业的跨国、跨行业、跨地区、跨所有制的特大型综合性企业集团。其中上海海运、广州海运、大连海运统战工作由来已久，工作内容丰富。

【统战成员基本情况】

截至2012年6月底，民主党派134人，其中：在职86人，退休48人，主要分布：九三学社82人，民建48人，农工党2人，致公党2人。设立九三学社支部2个（上海、广州各1个），民建支部1个。

归侨侨眷共计92人，其中归侨37人，侨眷47人，外籍华人眷属8人。

在中国八大民主党派中，由于企业性质的原因，上海地区有：九三学社上海海运委员会、中国民主建国会虹口区委员会中海支部、农工民主党船研支部。

另外，在上海以外的集团下属单位有：九三学社广东省海运支社、民盟广东省中科院总支新海医院支部。

【机构设置与人员配备】

统战工作在集团党委（党组）的领导下，实行属地管理和各直属单位党组织分层分级管理，并按照机构精简、人员高效的原则，设立专兼职工作机构和工作人员。

中国海运设有统战工作领导小组，党委（党组）书记任组长，组员由上海海运、广州海运、大连海运、中海海盛、中海集团驻深圳地区党委等单位党委书记和集团人力资源部/组织、党组工作部、战略发展部等有关职能部室负责人担任，日常办事机构设在集团党组工作部，在党组工作部内设立统战处，并配备工作人员。

集团统战工作领导小组主要职责是：负责具体落实上级的有关要求，对各直属单位统战工作进行指导和协调；上海海运、广州海运、大连海运等地区公司的统战工作接受所在地政府党委和集团党组的领导，对本公司和集团在本地区的各单位统战工作进行协调。地区公司统战机构均设在党群系统有关部门，并由党委主要领导分管，配备专兼职统战干部，负责日常工作；集团各直属单位的统战工作也归口党群系统有关部门，并由一名党委领导分管，设立兼职统战干部。

二、主要工作

【"一个理念""两个突出""三个结合"】

集团党委(党组)坚持把统战工作与集团实际相结合,实践中国海运统战工作的"一个理念"(围绕中心、服务大局、与时俱进、创新发展),"两个突出"(突出海味、突出重点),"三个结合"(统战工作与经济工作、党建工作相结合,长期目标与短期工作结合,整体推进与重点工作相结合),不断提高统战工作水平。

集团各级党组织认真贯彻落实上级对统战工作的要求,坚持把加强统战工作作为企业党的工作的重要组成部分,纳入集团党组工作的重要内容,明确职责,分级管理,齐抓共管,做到人员到位、责任到位,工作落实到位。

集团党组利用两级党委中心组学习的机会和下发给各单位的中央、上海市委关于统战工作的一系列文件,对党的新时期统战方针政策及中央领导人的重要讲话等进行学习,用党的新时期统战理论来武装思想,提高做好企业统战工作重要性的认识,不断增强工作的自觉性和使命感。

中共十八大后,集团党组引导统一战线广大成员深刻领会中共十八大的鲜明主题、精神实质和战略部署,准确把握坚持和发展中国特色社会主义是贯穿其中的主线,引导统一战线广大成员切实增强道路自信、理论自信、制度自信,坚持统一战线有共识、讲"同心"。通过平等交流、互动研讨等形式,诚心实意向党外人士学习,同他们交朋友,遇事多商量,把党组织的考虑和想法、面临的困难和问题,向他们讲清楚,虚心听取意见。充分发挥统战工作在促进企业改革、发展、稳定中的独特作用,为企业调结构、促转型,推进百年中海、世界一流航运企业建设献言献策。

【加强工作机制建设】

集团各级党组织根据中央和上海市委统战部的要求,为确保统战工作的健康发展,结合企业自身实际,建立5项工作机制:

工作通报机制。每年各单位召开工作会议、职工代表大会,均邀请民主党派、党外人士等统战成员代表列席会议,广开言路,广求善策;民主党派组织、归侨联络小组每年年底向所在单位统战办公室通报一年来各方面工作情况和下一年的工作打算;统战办公室向民主党派、归侨联络小组通报一年来企业安全生产效益等情况。

联系沟通机制。各单位党委领导、统战工作负责人经常与九三学社、民建、农工党、民盟民主党派负责人以及归侨联络小组进行联系,不定期通过面谈及电话交流沟通,了解民主党派工作动态和需求。民主党派在调整重要成员,如调整民主党派主任委员时,事先主动征求所在单位党委、统战部门意见。

建立征求意见机制。每年各单位组织部门在召开领导干部民主生活会前,主动征求企业民主党派、党外代表人士的意见和建议,听取他们对领导干部在廉洁从业、企业中心工作等方面的看法,并及时反馈给领导干部。

家访慰问机制。关心统战成员,切实帮助他们解决工作和生活中遇到的实际问题。对生病和生活困难的民主党派成员、归侨侨眷开展家访慰问,并给予适当补助。每年春节前还走访特困的民主党派成员、归侨人员家庭,让统战成员充分感受到党组织的关心关爱。

经费保障机制。各单位都把统战工作的经费纳入年度预算,通盘考虑,为统战工作提供必要的物力、财力保障。上海海运、广州海运、大连海运等单位每年按季度向民主党派拨付活动经费,支持统战成员外出考察、访贫问苦、节日慰问等工作的正常开展,切实做到对民主党派政治上关心、工作上支持。

各项工作机制逐一落到实处,为推进企业统战工作提供有力支撑。

【积极选拔培养党外干部】

集团组建后,始终坚持"党管干部、党管人才"原则,在干部培养选拔任用上,将党外干部选拔和培养纳入企业人才队伍建设总体规划。集团党委(党组)建立干部培养教育选拔任用和后备干部队伍等工作机制,为集团的改革发展作出积极贡献。《中共中央关于加强新形势下党外代表人士队伍建设的意见》下发后,集团党组按照中央和上海市委的要求,不断加强新形势下党外代表人士队伍建设工作。集团党组从党外干部中挑选表现出色、具有较强组织领导和管理能力的干部送到中央及有关省市举办的各类培训班学习,切实提高他们的政治素质和业务素质。集团党组共选送7名党外干部参加国资委举办的中央企业党外人士理论研究班和40余名党外干部参加集团中青年干部培训班的学习。

集团党组注重拓展人才引进新领域,积极从高等学校、非公有制企业、新社会组织、海外归国留学人员中发现人才,注重物色和发现年轻人才。集团在上海、大连等海事大学设立奖学金,每年招收航海、金融、商贸、物流等专业人才,全方位地配置建设一流企业所需要的各类人才。

集团党组在政治上、组织上关心党外干部,从中选拔优秀干部,将责任心强、肯干事、能干事的党外人士,选拔到管理岗位,给他们交任务、压担子,为党外人士发挥聪明才智提供广阔的舞台,给他们干成事创造条件。在年度考核中注意推荐和挑选优秀党外青年干部充实到后备干部队伍。集团不少党外干部成为企业的骨干,除参加企业日常管理外,还被职工推选为职工代表,参与企业的民主管理、民主监督和民主决策。

根据国资委统战部的有关要求,在集团系统各单位开展"爱企业、献良策、做贡献"主题活动,与集团开展"中海杯"劳动竞赛、"创新管理、降本增效"专项劳动竞赛、"金点子"献计献策等活动相结合。2010年6月中央企业"爱企业、献良策、做贡献"主题活动研讨会上,集团在大会上进行交流发言。

2011年,集团党组选送2名党外干部到中央社会主义学院,参加国资委党委举办的中央企业党外干部培训班,分别组织党外干部30多人次,参加集团及各单位举办的管理干部和中青年干部培训班。

2012年,集团统战工作按照中央、国资委党委以及上海市委的精神,继续推进企业统战工作,做好以下三个方面的工作:

推进统战成员队伍建设。针对企业员工来源复杂、知识结构变化,党外知识分子总数激增,统战成员思想呈现多元化的趋势,加强与民主党派成员、港澳台同胞、海外侨胞以及出国和归国留学人员等各种人员的联系,在更高层次上整合和提炼,鼓励统战成员积极参与企业日常管理,主动投身于企业民主管理和民主监督,在企业改革发展稳定中发挥更大的作用,为推动企业经济发展方式转变作出更大的贡献。

加强党外代表人士教育培训。2012年,加强党外代表人士的教育培训,坚持自我教育,紧密联系国际国内形势,紧密联系改革开放和企业发展稳定的大局,继续组织好民主党派社员月度理论学习,同时坚持理论学习与实践锻炼相结合,鼓励党外干部在各自岗位上履职尽责,发挥作用。

提高企业统战工作水平。加强统战干部队伍能力素质建设,强化党内的统战工作意识,增加相关的业务培训与学习教育,进一步提高统战工作人员的业务素质,努力建设一支政治强、工作实、作风正的统战干部队伍。加强统战工作基础建设,不断提高统战工作信息化、科学化水平。

根据市委统战部的通知要求,2012年9月4日,集团组织部张华、党组工作部朱超满前往上海市委统战部汇报集团统战组织、机构、成员以及集团统战工作职能由组织部移交到党工部等情况,并对市政协换届工作,提出政协委员人选要兼顾党内外的建议。同时,市委统战部对中国海运的统战工作提出4点建议:注重把优秀人才放在党外培养,使用干部时多考虑党外人士;建立党外干部后备干部名单,包括近期、中期、长期的,抓好跟踪培养;开展联谊活动,既起到团结凝聚的作用,也可以发现人才;加强与市委统战部的联系沟通,统战部将努力做好为企业的协调服务工作。

2013年,集团党组加强民族团结和海内外广泛联系工作,切实调整新形势下的统战工作新方向。着力加强民族团结。中国海运国内业务范围北至辽宁,西往新疆、西藏,南达海南,下属各地区公司、网点公司应研究分析影响民族团结的因素,提前了解、实地解决、统筹安排好地区、民族之间的矛盾,做好本单位少数民族职工用工、薪酬、宗教信仰等各方面的服务和保障工作,实现发展与稳定之间的平衡。着力加强港澳台地区及海外统战工作,巩固壮大爱国力量,拓宽团结争取的覆盖面。

中国海运的境外业务不但涉及港澳台地区,更有企业和机构116家,营销网点遍布全球100余个国家和地区。在集团海外业务延伸、品牌形象不断树立的过程中,集团统战工作加强发挥海外人才作用,落实党的侨务政策,做好集团归侨、华侨、港澳台胞思想工作,维护其合法权益,帮助其解决实际问题,鼓励并支持其加入、关心、参与中国海运的发展建设。

2012年9月—2013年1月,中国海运按照上海市委和市委统战部关于做好政协换届工作的总体部署,坚持加强党的领导、充分发扬民主、严格依法办事有机统一,周密部署,精心组织,稳妥实施,以高度的政治责任感和使命感完成政协委员提名推荐等工作。

经市委统筹安排,中国海运(上海地区)产生第十二届全国政协委员1名(集团党组书记、董事长李绍德,中共党员),第十二届上海市政协常委1人(集团副总经理张国发,中共党员),上海市政协委员1人(上海船舶运输科学研究所副所长陆嘉明,无党派人士)。另外,所属单位在副省级城市以上的政协担任委员,广州海运总经理张荣标当选为广东省政协委员;大连海运党委书记王思勇当选为大连市政协委员。这是中国海运组建成立以来当选为各级政协委员人数最多的一次,充分体现中央、上海市委对在沪中央企业和中国海运工作的高度重视。

2013年,集团新当选的全国政协委员和上海政协委员全部参加政协有关会议,切实有效履行政协委员职责,参政议政,发挥作用,并结合航运业实际开展多项专题调研,提交有质量、有影响的提案。全国政协委员,集团党组书记、董事长李绍德专门组织召开集团民主党派和无党派人士代表座谈会、劳模先进和职工代表座谈会,就政协会议提案的主题、内容等广泛征求职工意见,确保提案能充分反映行业与企业实际,达到汇聚群智、集思广益的效果。在参加全国政协会议期间,李绍德提交了关于发展海洋经济、建设海洋强国和海运强国、提高海员社会地位等有关提案,还就当前经济发展、航运形势、国企改革等提出建设性的意见和建议,受到国内外主流媒体的高度关注,广泛进行报道。

在参加市政协第十二届第一次会议以及小组讨论期间,张国发、陆嘉明等上海市政协委员认真履行政协委员的职责,围绕上海航运中心建设、促进航运及相关产业发展等议题献言献策,受到有关部门的高度重视。

2014年，集团党组深入学习贯彻中共十八届三中全会精神，贯彻落实中央4号文件精神，加强新形势下党外代表人士队伍建设工作。继续贯彻落实《中共中央关于加强新形势下党外代表人士队伍建设的意见》和上海市委对统战工作的要求，注重做到"三个同步"：坚持工作同步，做到领导到位，完善由党组织统一领导、统战部门牵头、组织部等部门配合、共同推进落实的党外人士队伍建设相关工作机制；坚持学习同步，做到引导到位，组织党外代表人士认真学习贯彻党的路线方针政策、党的新时期统战理论，以及做好本职工作所需要的知识和技能；坚持同步培训，做到培养到位，特别在落实集团两个"千人计划"（1 000名经营管理的国际化人才、1 000名操纵大型船舶的船舶"三长"）中，把党外人士纳入培养计划。

第二节 民 主 党 派

一、基本情况

中国海运成立以前，企业民主党派工作分别由上海、广州、大连三家海运局属地化管理。1997年7月1日，中国海运成立，民主党派工作由集团党委组织部负责。上海海运、广州海运、大连海运3家地区性公司的民主党派政治领导均由各公司党委书记分管，日常工作分别由党委办公室、组织部、宣传部负责，并设有专门的联系人。

上海海运主要有两个民主党派支部，即民建海运支部（隶属上海虹口民建区委）和九三学社上海海运支社（简称九三学社支社），另外还有除台盟以外的其他民主党派人员。

民建海运支部和九三学社支社，积极参加各项政治活动，在企业经济活动中发挥积极作用，有相当的影响力。民建海运支部2000年已经发展到会员27名。同年，在民建交通系统工作委员会的领导关怀下，在上海海运党委的支持下，民建海运支部圆满、顺利地完成支部的改选工作。支部委员为5名，支委平均年龄由52岁降为50岁，其中高级职称3名，中级职称2名。为发扬团结互助的精神，民建海运支部女会员积极响应民建上海市委的号召，为"解决西部地区妇女儿童饮水问题"而捐款，尽一份心、献一份爱。

民建海运支部同九三学社支社一起组织举办上海海运各民主党派的联谊会，达到相互了解、相互支持，促进各民主党派在企业的改革开放中起到各自的作用。在支持参与航运发展的同时，加强自身队伍建设，坚持标准、注重质量、严格程序、保持特色，有计划地做好发展工作；并高度重视后备干部队伍建设，做到推荐有制度、管理有档案、培训有计划。

2003—2008年，九三学社分社发展社员11名，外分社转入1名。新入社社员大多在40周岁以下，职称全是中、高级。至2008年，九三学社支社有社员74名，组委8名，其中九三学社市委委员3名，虹口区政协委员1名。社员平均年龄60.33岁，高级职称39名，占总人数一半以上。支社推荐3名委员参加上海市社会主义学院后备年轻干部培训，这些培训得到中国海运各部门的大力支持。2003年，九三学社支社进行换届选举。选举产生部分年纪轻、业务能力强的新委员。新委员不负众望，在主委任照平的带领下，支部工作很有起色，得到中国海运组织部和九三学社市委的肯定。

九三学社支社会员积极参与社市委各项参政议政工作，通过各种不同渠道反映社情民意。吕美顺、杨守藩、管梅社员就社保问题撰写的《公平养老待遇的紧迫性及对策建议》被评为九三学社上海市课题二等奖，对上海市提高国家企业职工丧葬费一次性补贴6 000元的方案出台作出了努力。

在九三学社建社65周年表彰活动中，吕美顺被评为九三学社上海市优秀社员。作为虹口区政协委员的任照平，经常出席政协会议，积极参政议政，还担任上海市虹口区人大委员、上海市九三学社经济委员。《海运报》和《上海九三》等报纸杂志经常报道民建海运支部和九三学社分社的活动内容。

广州海运有两个民主党派基层组织，即九三学社广州海运支社和民主同盟广州新海医院支部。广州海运民主党派人士主要集中在广州新海医院。其中，九三学社广州海运支社于2004年5月从航务支社分拆重建，包括广州海运、广州航海高等专科学校、广东女子职业学院的20名社员。2005年，九三学社广州海运支社有16名广州海运在职职工和退休人员，广州新海医院支部盟员共9人，其中1人为广东省第二人民医院医生。此外，广州海运还有1名员工曾加入农工党，2005年7月加入中国共产党。

广州海运民主党派人士积极参与企业民主管理、民主监督和民主决策。积极参加公司和所在单位职代会，发表意见建议，为企业建设献计献策。2007年，广州海运召开统战工作座谈会，民主党派负责人和代表人物以及所在单位党组织负责人、统战工作人员参加会议。会上互相交流工作情况，回顾中国海运近几年发展成就，展望"十一五"发展前景，各民主党派负责人表示，要紧紧团结在中国共产党周围，发挥各自的优势，为中国海运创一流企业作出贡献。广州海运党委充分发挥民主党派人士的聪明才智，关心他们的成长，在进修学习、职称评聘、干部任用等方面做到一视同仁。公司党委专门把民主同盟海运支部的负责人输送到中央社会主义学院参加国资委民主党派干部培训。在民主党派最集中的新海医院，有多人被选用为医院科室领导或学科带头人，九三学社广州海运支社主委安剑铮任职副院长。医院的民主党派人士还积极参加上级举办的各类中层管理干部专业培训班。

中国海运地区公司积极为民主党派开展活动提供便利条件，每年均拨出经费供民主党派组织调研考察活动。坚持每年组织一次团拜会，邀请各民主党派成员参加。

2010年8月，按照国务院国资委部署，经国务院批准，上海船舶运输科学研究所整体并入中国海运。上海船研所成立于1961年2月，长期从事船舶运输科学研究工作。20世纪90年代，上海船

图8-2-1　九三学社上海海运支社欢聚一堂庆祝中华人民共和国
　　　　　成立六十周年（2009年摄）

研所成立中国农工民主党上海船研支部,支部共有10名党员。支部隶属中国农工民主党上海海事大学委员会。中国农工民主党上海船研支部以科技人员为主,都具有中、高级职称,为上海船研所各领域的技术骨干。其中支部委员严敏当选为浦东新区政协委员,钱洪涛获得中国农工党中央表彰的"社情民意工作先进个人"。2012年,支部主委严敏当选为浦东新区五届政协委员。

二、主要工作

中国海运是较早成立统战工作领导小组的中央企业之一。2012年8月,集团结合现代企业制度建设进行机关机构改革,对统战工作领导小组做出调整,由董事长、党组书记李绍德任组长,党组成员、纪检组长徐文荣任副组长,部分直属单位党委书记和职能部室负责人担任成员,把集团统战日常工作职能设在集团党组工作部。

中国海运坚持在召开工作会议、职工代表大会期间,邀请民主党派成员代表列席会议,广开言路,广求善策。民主党派组织、归侨联络小组向所在单位统战办公室通报每年各方面工作情况和下一年的工作打算。统战部门也向民主党派、归侨联络小组通报每年企业安全生产效益等情况。

集团和直属单位党组织负责人、统战工作部门负责人经常与九三学社、民建两个民主党派负责人以及归侨联络小组进行联系,了解民主党派工作动态。民主党派在调整重要成员,如调整民主党派主任委员时,事先征求所在单位党委、统战部门意见。集团各级党组织召开民主生活会前,主动征求企业党外代表人士的意见和建议。

九三学社、民建两个民主党派在中国海运中是成立早、人员多的两个民主党派,在企业外也有较大影响力。在统战工作中发挥积极作用。九三学社上海海运支社吸引上海海事局、上海打捞局、CCS船级社等航运相关单位人员参加,从企业内部扩展到企业外部,促进对外沟通联系。

2012年12月26日,九三学社上海海运支委正式升格为委员会,九三学社上海市专职副主委黄勇平等领导还专门参加集团九三学社会议,对海运九三学社多年来的工作予以肯定,并提出工作要求。

2013年2月5日,集团党组工作部部长陈纪鸿主持召开民主党派、无党派人士代表座谈会,上海地区各单位的九三、民建、农工、民革等民主党派和无党派人士代表,集团办公厅秘书室、研究中心负责人共19人参加了会议。与会人员踊跃发言、积极建言献策,重点建议国家层面出台发展船员队伍的具体政策和措施:加大对船员群体的宣传力度,使全社会了解船员职业,了解船员对国家发展所作的贡献,树立良好的社会形象,从而增强船员的从业自豪感。通过倡议减免船员个人所得税,提高船员经济待遇和经济地位,提升行业吸引力,留住更多人才。船员是个特殊职业,工作环境艰苦,较其他职业付出更多;同时,受条件限制,船员在使用社会公共服务如教育、文化、医疗、公共交通等方面较其他人群少。这个情况在国有企业特别明显,也是近年来国有企业船员队伍大量流失、船员职业优势不再的主要原因之一。建议政府牵头实行船员社会化管理,建立起政府、院校、企业、服务机构、船员合作交流平台,既降低企业的用工和管理成本,也为船员营造一个良好的职业发展环境。

三、"爱企业、献良策、做贡献"主题活动

根据国资委的有关要求,2012年集团系统各单位开展"爱企业、献良策、做贡献"主题活动,找准活动切入点,与企业科学发展、做强主业、管理提升、创新转型相结合,与集团长期以来开展的"中海杯"劳动竞赛相结合,切实提高活动针对性和实效性。

上海海运党委充分发挥九三学社、民建两个民主党派的带头作用和智力优势,开展提合理化建议活动。如九三学社分社主委任照平,除了做好学社和社会事务工作外,积极承担公司的船舶管理责任,为油运安全管理作出积极贡献。民建海运支部主任董仲棣提出的"理清所属公司权益,归并相关业务,突出主业发展"的提案,被评为上海海运十佳"金点子"。

广州海运把"爱企业、献良策、做贡献"主题活动作为国有企业统战工作服务企业改革、发展和稳定的一项新举措,成立由九三学社广州海运支社负责人为组长的主题活动领导小组。各民主党派围绕:加强人才队伍建设,增强企业核心竞争能力;加快产业结构调整,提升企业综合实力等方面;加强企业内部管理,深化企业改革以及化解矛盾纠纷,维护企业稳定等方面建言献策。民主党派人士先后在国家、省、市专业刊物发表论文8篇,在企业内部发表论文60篇。医院民盟组织负责人陈小红和张青分别主持开展的"宫腔镜治疗"科研项目和《护士长量化考核指标体系初步研究》,均被评为医院科研项目二等奖。

中国农工民主党上海船研支部钱徐涛发挥其专长,经过充分研究,比较中德两国内河集装箱航运差距,于2013年最早提出关于《加强中小航道集装箱船型研究》的建议,建议国家大力发展内河集装箱运输,推动国家重视并落实国内中小航道集装箱船的科研和标准制定工作。此建议得到各级政府的重视,获得全国政协主席俞正声的批示,由交通部推进落实。

中海工业努力发挥民主党派作用,为企业发展和社会和谐做贡献。公司共有民主党派3名。公司下属长兴船厂副总经理、九三学社林智威是崇明县政协委员,在2010年1月中旬崇明县召开"两会"期间,提出的议案《关于加强长兴岛主干道路建设期间交通管理的建议》,得到崇明县建交委和公安局的采纳和答复,已就此提案责成县公路署为主体的监管部门对道路建设项目实行建设监管,要求建设单位加强项目建设宣传。督促施工单位强化交通组织管理。同时加强自身的路政巡查,配合公安交警加强超限车辆的执法力度,确保施工期间社会车辆的正常通行。这一提案的实施,既可改善长兴岛交通的状况和秩序,也为中海工业实施海洋装备发展战略提供重要的基础保障。

公司江苏造船基地、公司总部机关的民主党派成员也都在各自工作部门和岗位上发挥出显著的作用。

中国海运各级党组织充分发挥各民主党派在促进企业改革、发展、稳定中的独特作用,经常与九三学社、民建、农工党、民盟民主党派负责人以及归侨联络小组进行联系,不定期通过面谈及电话交流沟通,了解民主党派工作动态,政治上关心、工作上支持民主党派。2011年,由民主党派牵头,以纪念中国共产党成立90周年为载体,在统战成员中深入开展统战传统教育。

各民主党派成员积极参与"爱企业、献良策、做贡献"活动和"中海杯"劳动竞赛,帮助企业解决发展中的重点、难点、热点问题,积极为企业的改革发展、和谐稳定做贡献。

针对统战成员思想多元趋势,由民主党派牵头,在统战成员中深入开展统战传统教育。九三学社上海海运支社建立社员月度学习制度,联系国际国内形势变化,组织学习中国共产党统一战线的理论与历史、中国民主党派历史与优良传统、中共十七大、中共十八大精神等内容,突出政治共识,增强认同意识,组织开展中国特色社会主义理论体系和社会主义核心价值体系学习教育。2010年11月26日,民主党派人士应邀参加集团召开的领导班子述廉、议廉的民主评议会,在听取集团领导班子成员公开述廉、议廉后,以无记名的形式填写领导班子和班子成员党风廉政建设和反腐倡廉情况民主评议表。

2011年,中海党组还选送2名党外干部到中央社会主义学院,参加国资委党委举办的中央企业党外干部培训班；分别组织党外干部 30 多人次，参加集团及各单位举办的管理干部和中青年干部培训班。

2015 年，中国海运上海地区民主党派有了较大发展，主要分布：九三学社上海海运委员会 83 人，中国民主建国会虹口区委员会中海支部 44 名，中国农工民主党上海船研支部 22 名，中国民主同盟会 7 人，中国国民革命委员会 5 人，中国民主促进会 2 人。在上海以外的集团下属单位设立的统战群众团体有：九三学社广东省海运支社、民盟广东省中科院总支新海医院支部；此外，集团归侨侨眷共计 18 人，有留学经历的 60 人；少数民族职工 398 人。

第三章 工 会

中国海运(集团)总公司工会委员会(简称中国海运工会)在集团党委(党组)的领导下,组织职工积极参加企业的改革重组,为建设世界一流的航运团队,完成企业的生产任务,实现国有资产的保值升值;代表和组织职工参与企业、事业和机关的民主管理;在维护职工政治权利的同时,维护职工的劳动权利和物质文化利益,协调劳动关系,为维护职工的权益和福利待遇,以及促进企业的经济发展发挥十分重要的作用。

第一节 组 织 机 构

一、组织架构

根据《全国总工会关于企业集团建立工会组织的试行办法》和中国海运的实际情况,1997年7月21日,中国海运向中国海员工会全国委员会上报关于组建中国海运(集团)总公司工会委员会的请示,经批准,中国海运工会由此成立。

中国海运工会设主席1人、副主席3人、委员若干人,下设工会办公室,负责主持集团工会的日常工作。

中国海运工会主席由陈德诚担任,同时还兼任上海海运工会主席。

中国海运工会设副主席1人,兼工会办公室主任。

广州海运工会主席、大连海运工会主席担任中国海运工会副主席。

上海海运工会副主席、广州海运工会副主席、大连海运工会副主席、中国海员对外技术服务公司和中交船业公司的工会负责人任中国海运工会委员。

中国海运工会设女职工委员会,专职女职工委员会主任1人。

中国海运工会办公室设主任1人,女职工委员会主任1人,工会干事2人。

1998年6月15日,为适应中国海运深化改革、资产重组和建立现代企业制度的要求,进一步发挥工会组织的积极作用,中国海运工会根据《中国工会章程》和《全国总工会关于推进工会改革和建设若干问题的意见(试行)》等有关规定,就加强工会的组织建设提出如下要求:

凡新组建单位,均需同步建立工会组织。

职工在200人以上的单位的工会组织,原则上需设专职工会主席。如情况特殊,经上级党委和工会同意,可暂先设兼职主席,待条件具备时再设专职主席。不满200人的单位,可设兼职工会主席。

职工人数较多的单位,经同级党委和上级工会同意,可视情增设副主席1~2名。

工会主席、副主席须按民主程序选举产生。

工会主席、副主席候选人,需由同级党委和上级工会在协商一致的基础上联合提名产生,或由上级党委提名推荐。

工会组建(或换届改选)领导班子工作的主要操作程序为:(1)由同级党委将组建工会(或换届

改选)工作安排及工会主席(副主席)候选人名单用信函形式发至上一级工会,附干部考察材料1份;(2)上级工会接函后,应及时向同级党委汇报,并会同组织部门考察了解,经主席办公会议讨论同意后复函;(3)经履行民主选举程序后,将选举结果报上级工会,上级工会对选举结果予以批复,最后由同级党委发任职通知书。

工会主席按同级党政副职级配备,副主席按中层正职级配备。如情况特殊需要改变,须经上级党委组织部和工会同意。

工会主席是党员的,应进入党委班子。

行政领导一般不宜兼任工会主席。如情况特殊,经上级党委和工会同意,可暂时兼任,但须经民主选举产生。

各专业船公司及分公司工会对所属船舶工会的日常工作具有指导、协调、检查等职责,应配备必要的工会干部。

工会专职干部的编制人数,应根据上级有关规定和企业实际需要,按照必需和精干的原则确定。

截至2010年6月底,中国海运直属20家单位均成立工会。中国海运在职职工47 936人,其中在岗运输船员22 993人,在岗陆岸员工21 114人;内退和长病假3 829人;离退休人员21 430人。企业35岁及以下青年职工17 786人,占企业职工37.1%;团员6 860人,占青年职工总数38.6%。

2012年,中国海运选举产生第二届工会"三委"。工会委员会主席1名,副主席3名(其中专职1名,兼职2名),常委11名,委员27名。工会经费审查委员会主任1名,副主任3名,委员3名,均为兼职。工会女职工委员会主任1名,副主任2名,委员4名,均为兼职。直属22家单位工会,共有主席22名,均为兼职;专职副主席5名,兼职副主席1名;工会干部58名(其中专职19名,占32.8%;兼职39名,占67.2%)。

二、自身建设

中国海运工会干部在努力为职工服务的同时,注重工会干部自身素质的学习提高,夯实工会基础工作。

【理论和业务学习】

1999年,为帮助广大工会干部提高理论业务水平,各级工会组织相继举办专题系列讲座,安排工会干部到各级党校和工会干部学校进行集中学习培训。

广州海运工会先后分两批派出34名干部到省总干校参加工会干部上岗资格培训,派6名同志参加省总干校举办的劳动保护监督员培训班,派1名同志参加劳动争议培训班培训,派出6名工会领导参加全总基层工作部和广东省总工会举办的厂务公开学习班培训。

上海海运工会举办工会干部理论学习系列讲座,先后邀请上海工会干部学院教授、上海市总工会律师等为基层工会干部上课。中海劳务工会同党工部、团支部组织职工举办学习中共十五大和全国总工会十三大精神的知识问答活动。

大连海运工会也组织工会干部系统地学习邓小平关于工人阶级和工会的理论。通过学习,工会干部进一步提高了思想理论和工作水平,加强了对工会工作政策和规律的研究。尽管工会干部任务多、人员少,但工会的工作始终突出重点,有条不紊地开展,并不断创新。

2000年，中国海运各地区工会针对工会干部编制少、兼职多的情况，组织工会干部理论和业务知识学习系列讲座，选送工会干部参加工会干部学校举办的岗位培训和专题培训班。广州海运专职工会干部持证上岗率达到100％。上海海运在抓好船舶工会建设中，举办2期船舶工会干部培训班，从多方面提高各级工会干部的综合素质。

在开展学习活动的同时，中国海运工会加强"职工之家""职工小家"建设，推动基层和船舶工会工作上台阶，并通过评选表彰先进职工小家、优秀工会积极分子和工会挚友的活动，不断壮大工会积极分子队伍，增强工会干部的责任感和奋发向上的精神，推进工会组织的群众化、民主化建设。

2002年，集团工会加强对新《工会法》的学习宣传和贯彻。在学习、宣传、贯彻新《工会法》中，各级工会组织重点做好三方面工作：组织广大工会干部认真学习，充分认识学习《工会法》的重要意义，全面领会、正确把握《工会法》的基本内容；深入宣传新《工会法》，使各级干部和广大职工掌握新《工会法》的主要精神；联系实际，认真贯彻，更好地履行维护职工合法权益的职责，努力开创工会工作的新局面。

2004年，集团工会针对所属单位工会主席变动较多的情况，加强工会主席的培训工作，组织上海海运、中海船务、中海劳务、浦海公司等公司工会的新任工会主席上岗资格培训；加强工会业务知识培训，提升工会干部素质，激发基层工会组织活力。中海燃供体制改革后，为使工会工作不断不乱，及时协助成立工会组织，确保工会工作正常开展。对深圳地区尚未成立工会组织的14家三级单位，加强工作指导。广州海运工会对78名专兼职工会干部进行上岗资格培训，选送4名工会干部到省总工会干部学校参加资格轮训，总轮训率达98％，确保工会干部的知识更新。集团工会还对部分单位工会团体法人资格证书、法人代码证及时变更，确保工会工作正常延续。

2005年，工会以开展党员先进性教育活动为契机，加强工会干部的思想建设，号召每一位工会干部积极参加"帮困结队"活动，使工会干部帮困意识更强烈，安排更细密、行动更快捷、态度更亲和。广大工会干部受到一次深刻的思想教育。集团工会根据哪里有职工，哪里就要建立工会的规定，为集团上海引水站、驻深圳地区各单位建立工会组织，使工会工作不断不乱，确保工会工作正常开展。

2006年，集团工会组织部分工会干部参加全国总工会、中国海员建设工会举办的《工会法》《劳动法》等内容的业务培训，提高工会干部的综合素质，激发基层工会组织活力。

2009年，集团工会组织3批8名新任工会主席分别前往国资委、上海市工会干部学院培训。中海国际工会制定《关于所属单位工会组织管理实施办法》。中海工业召开"学习型班组，知识型职工"学习交流会，各单位工会将学习方法、先进经验，采用企业报、广播、黑板报、演讲会等多种形式向广大职工宣传教育，把学习型班组、学习型职工的活动不断引向深入。

为加强工会信息、经费审查和推进职工保障互助工作，集团工会召开各单位工会工作交流会，总结交流工作经验。进一步加强工会财务管理，完善财务管理和考核制度，举办工会财务人员业务培训，进一步加强工会财务审计。对集团上海地区21个单位进行工会财务审计。严格执行上级工会财务会计制度，收好、管好、用好工会经费，为开展工会工作营造良好的外部环境。

为配合集团党组的中心工作，中国海运工会进一步加强信息工作，建立工会系统的信息网络和通讯员队伍，及时掌握职工群众的思想动态，了解各级工会工作开展情况，做好信息反映和对外宣传工作。18年中，各地区工会在全国各地报刊及《海运报》上每年发表200篇左右通讯报道，被全国海员工会通讯采用信息约占10％，树立了中海职工群众在全国航运系统中的良好形象。

2014年，工会先后前往8家直属单位和10多家基层单位、班组及船舶一线，召开调研座谈会、实地察看、访谈和慰问,听取来自一线最真实的声音。各直属单位工会以开展第二批党的群众路线教育实践活动为契机,深入基层一线、深入职工群众,制定实施一系列改进"四风"的制度、措施和办法,在切实加强调查研究、增强服务职工意识、提升服务职工实效上取得积极成效。

【提高履职能力】

中国海运成立以后,根据交通部党组下发的《关于转发秦皇岛港务局〈关于全心全意依靠职工群众办好企业的若干规定〉的通知》精神和集团党委的指示,结合中海集团的实际,经过调查研究,广泛征求意见和反复修改,协助集团党委起草制定《中海集团关于全心全意依靠职工群众办企业的实施意见》。党委将其作为正式文件下发,这对各基层进一步贯彻落实"依靠"方针起到积极的推动和保证作用。

中国海运工会坚持搞好职工代表巡视活动、职代会代表团长联席会议,及时审理、催办、落实提案等,使企业民主管理水平有了新的提高,使全心全意依靠工人阶级的指导方针在企业得到全面的贯彻落实。

2012年,中国海运工会进一步完善工会基础建设,不断强基固本。坚持完善工代会机制,选举产生集团工会主席、副主席和工会"三委";坚持民主集中制原则,讨论研究集团工会重大事项。各单位认真做好工会组织工作,如中海国际在机构改革中单独设立工会机构,配齐配强工作人员;各船公司在套派船员时同步建立工会组织;中海物流、中海船务片区网点的工会组织覆盖率明显提升;中海工业开展劳务派遣工和农民工集中入会行动等,坚持做到"哪里有职工,哪里就有工会组织,就有工会作用的发挥"。

为不断加强工会队伍建设,中国海运工会认真指导直属单位做好工会负责人调整工作;与集团党校联合举办工会主席、经审干部、女工干部等培训班,提高工会干部履行职责的能力。

2015年年初,中国海运党组印发《中国海运直属各单位工会主席产生和管理办法(试行)》和《加强中国海运直属各单位工会组织规范化建设的通知》,进一步加强工会组织规范化建设。集团工会认真做好文件精神落实的督办,各单位都上报贯彻落实文件的情况;从4月起,由工会主席带队赴上海、广州、海南、大连等地开展工会工作调研,加强对工会组织建设的指导。按党组文件的要求,集团工会会同组织部对当年新提任的直属单位工会主席候选人进行考察。同时,指导中海发展、中海党校进行换届选举;协助大连海运(中海客运)、中海船务党委对工会副主席进行调整。指导大连地区各单位工作理顺管理体制。2015年,完成上海地区16家工会法人变更审批。举办工会主席、工会财务经审干部和女工干部等培训班,共有173人参加培训。

2015年8月4日,中国海运党组召开传达学习中央党的群团工作会议精神专题会,强调坚持党委统一领导、党政齐抓共管、部门各负其责、党员干部带头示范、群团组织履职尽责的工作格局。中国海运工会以贯彻落实中央党的群团工作会议为主题,举办工会主席培训班,并组织开展专题研讨,对照习近平总书记、刘云山同志对群团工作提出的要求,结合"三严三实"专题教育,认真查摆存在的问题,就工会组织如何主动服务企业改革方向、主动担当尽心履职、突出重点创新工作进行再学习、再思考、再认识。

【财务和经审工作】

在财务和经费审查管理方面,中国海运工会注重不断完善工作机制,做好制度梳理完善工作。2012年修订集团《职代会实施细则》和《对外捐赠和赞助管理办法》;制定下发《工会经费审查管理规定》《工会财务管理体制调整的管理办法》《工会专用基金管理办法》等制度,促进工会规范化管理。同时,及时调整上海地区财务管理体制,并将深圳地区联合工会经费纳入广州海运工会管理。

为不断做好工会财务和经审工作,坚持通过工会经审委会议,审议工会经费预决算,以服务大局、服务基层、服务职工为重点,优化工会经费支出结构;坚持对直属单位的工会经费审计、工会主席离任审计和船舶工会经费审计。

2014年,中国海运工会制定印发关于进一步落实《全国总工会关于加强工会经费收支管理的通知》等文件精神的实施办法,加强工会经费收支管理。根据全国总工会要求,开展工会财务工作大检查,合法合规地管好、用好工会经费和抓好《集团船舶工会经费核算管理规定》的落实与检查。同时,对当年船舶工会经费使用和管理情况进行审计,并根据工作实际,对船舶工会经费管理使用的部分条款进行修订,工作流程进一步优化和规范,为船舶工会顺利开展工作提供保障。

第二节 维护职工权益

中国海运成立以来,在建立健全各级工会组织基础上,强调工会组织代表职工的利益,依法维护职工的合法权益。企业职工群众的合法权益和民主权利的职能得到充分发挥,在工会的帮助下职工思想政治觉悟和文化技术素质不断提高。

一、建立健全职代会制度

1997年,中国海运各级工会本着既维护企业整体利益又维护职工具体利益的原则,及时调解、妥善处理各类劳动争议案件,帮助职工解决实际问题,促进建立稳定和谐的企业劳动关系。广州地区所有单位都已通过平等协商,签订了集体合同。上海地区陆上单位集体合同的签约率也达到100%。部分单位还进行修订和续签集体合同的工作。经过10多年完善,已建立起集团、直属单位、基层单位三级职代会网络体系,职代会覆盖面不断扩大,运行质量不断提高。

1999年,中国海运范围内职代会建制率达到90%,开展集体协商和建立集体合同制度的为65%。广大职工提交职代会提案的质量也越来越高,内容大都是关于企业经营管理和维护职工利益的,经过工会和党政有关部门的协调,大部分提案得以落实。职代会评议领导干部建制率为90%,有力地促进领导干部的勤政廉洁工作,调动职工代表参政议政的积极性。

1999年2月,中国海运成功召开首届职代会,通过《中国海运集团职工代表大会实施细则》《中国海运集团职工代表大会民主评议企业领导干部制度的实施意见》《中国海运集团职工代表大会关于建立企业业务招待费使用情况向职代会报告制度的实施意见》,并建立中国海运首届职代会提案审理、民主评议干部、生活福利等制度和劳动保护监督委员会,使集团职工民主管理迈上了新的台阶。

中国海运下属各单位都坚持推进职工代表大会制度。1999年,上海海运、广州海运、大连海运、中海劳务、中海工业及其下属各单位,按规定相继召开职代会。中海国贸、中海投资虽然职工人数较少,但也坚持召开职代会。中海供贸、中海仓储等单位刚刚成立,就抓紧筹备召开职代会,讨论本单位的工作计划、目标,审议通过与职工切身利益密切相关的重大事项。一些单位因条件不够成熟,未能召开职代会,但在召开工作会议时吸收职工代表参加,促进企业的民主管理。

2004年,各级工会在建立职代会制度的基础上,还注重提高职代会的质量,推进本企业的民主管理迈上新的台阶。各单位按规定进行民主评议领导干部,坚持企业业务招待费使用情况向职代会报告的制度。广州海运、上海海运的部分基层单位续签了集体合同,进一步提高合同质量和履约率。上海海运工会指导各基层单位,通过职代会或职代会联席会议对有关改革方案进行审议,保证各单位的重大改革符合民主程序,得到广大职工的支持。同时,集团积极稳妥地推进各级工会与行政的联席会议制度。据统计,集团所属16个单位工会与同级行政建立了联席会议制度,有46个二级单位工会也与本单位行政建立了联席会议制度。广州海运(中海货运)2004年召开6次职代会代表团长联席会议,审议涉及职工切身利益的议案8件,加强了职工利益的维护。联席会制度的建立为加强工会民主参与、发挥工会组织桥梁纽带作用提供了有利条件。

2004年,建立职代会工作评估考核制度,努力提高民主管理工作的科学化和规范化水平。中海电信工会在公司职代会闭会后,组织职代会干部委员会和提案审查委员会及时对该公司职代会进行评估,对党政领导的优秀称职得票率进行检验;对职代会的议案提出立案处理。各基层单位通过组织职工群众对职代会议题内容、民主程序、表决方式、议题落实、代表参政等诸多方面的情况进行测评,使职代会民主管理的运行效果不断提高。

二、厂务公开与民主管理

中国海运工会围绕集团工作会议和党委工作会议提出的各项工作目标和任务,以"坚持一条主线,探索一条新路,实现四个突破"的思路,开展工会工作。

中国海运工会认真落实《工会法》《劳动法》《劳动合同法》《船员条例》等法律法规,结合企业改革重组的实际,制定下发《关于全心全意依靠职工群众办企业的实施意见》《职代会民主评议企业领导干部制度》《厂务公开制度》等民主管理制度以及《关于进一步加强厂务公开民主管理工作的意见》等制度,使企业民主管理有章可循,逐步建立和形成长效机制,建立起集团、直属单位、基层单位三级职代会网络体系,职代会覆盖面不断扩大,运行质量不断提高。

中国海运在1999年开展厂务公开、校务公开、船务公开工作试点的基础上,全面推行厂务公开制度。各单位根据集团党政联合下发的《中海集团推行厂务公开制度的实施意见》精神,切实加强领导,积极贯彻实施,大部分单位成立有党、政、纪、工会领导参加的领导小组和各有关部门参加的办事机构,并结合本单位实际制定实施细则和考评标准,对厂务公开的内容、形式、程序和组织领导、监督检查等方面做出具体规定。中国海运工会、上海海运工会和中海纪委、上海海运纪委在集团总部联合召开中海上海地区各单位厂务公开工作交流会,交流和总结推广先进单位和船舶的经验。广州海运举办厂务公开(船务公开)的培训班和研讨会,组织职工代表巡视检查,并召开中海广州地区单位厂务公开工作会议。各单位工会还充分利用企业内部报刊、OA办公网、电子显示屏、宣传栏、职工座谈会等形式,通报公司生产经营动态、内部管理制度、公示发展党员、提拔干部等情况,深化厂务公开、船务公开,职工群众的知情权、参与权、表达权和监督权逐步得到落实。

2000年,中国海运职代会共征集到41份合格提案,内容涵盖企业安全监督、运营管理、战略发展、人力资源、科技信息和党建工作等方面。总部机关相关职能部门认真出具承办处理意见,并全部反馈给职工代表。经测评,职工代表对承办处理意见表示"满意"的为37份,占90.2%,"基本满意"为4份,占9.8%。

各直属单位相继召开职代会,落实职工代表的知情权、表达权、参与权和监督权。中海散运、上海海运、大连海运等单位在职代会上对公司领导班子成员进行民主测评,中海散运对新提任干部进行民主评议。中海油运组织召开职工代表联席会,讨论公司薪酬改革方案,同时就安全生产问责制提出工会的意见和建议。同年,各单位进一步落实职代会职权,坚持在职代会或职工代表联席会议上按民主程序审议涉及职工切身利益的重大事项,如劳动用工制度改革、职工调资、富余人员分流安置计划、购房贴资、医药费报销等改革方案。坚持实施民主评议领导干部和业务招待费使用情况向职代会报告制度的单位面有进一步扩大。上海海运职代会还增加报告养老保险费和失业保险费交缴情况的内容,进一步拓展了职工的知情权。中海工业以无记名投票方式通过了新的集体合同和公司劳动人事制度改革方案。各单位工会还重视和加强职代会闭会期间的民主管理工作,广州海运全年召开职代会代表团长联席会议共12次、审议16项重大事项。大连海运继上海、广州海运和中海工业、供贸、电信等单位之后,完成平等协商和签订集体合同工作,使中国海运系统签订集体合同覆盖面达到了85%。

2002年,中国海运工会认真落实党的全心全意依靠工人阶级的指导方针,进一步建立健全企业民主决策、民主管理和民主监督机制,组织召开集团二届一次职代会,审议通过集团总裁关于2002年集团工作的目标和《加强中海集团企业文化建设的若干意见》。会议期间职工代表提出15份提案,集团工会进行整理分析,写出职工提案情况分析报告,呈报集团领导审阅并送有关部门处理落实。

集团所属各单位相继召开职代会。广州海运在平等协商的基础上签订了第三个集体合同。上海海运在第32届一次职代会中,代表们审议总经理的工作报告和公司招待费使用情况,养老金交缴情况的报告,对公司领导干部进行了民主评议,120名职工代表向全司职工发出了同心同德完成今年奋斗目标的倡议书。同年,为进一步推进厂务公开工作,在深入调研的基础上,集团工会总结了20个基层单位(船舶)厂务公开工作的经验,汇编了《中海集团厂务公开交流材料》下发各基层供学习、借鉴。

2003年5月下旬,中国海运工会根据集团党组要求:领导干部要发挥表率作用,率先垂范,带头改进工作作风,深入基层调查研究,做到"一年一月一线"(即一年中要有累计一个月以上的时间深入基层一线、深入市场第一线开展调查研究),要求工会干部进一步贴近职工感情问题、贴近需求做工作,关注职工的职业安全和身心健康,不断提高企业生产安全防范、劳动保护和职业卫生环境。

中国海运工会关注职工的职业安全和身心健康,推行职工代表巡视制度,通过职工代表寻找企业发展难点的解决办法,听取职工的呼声和关心的热点问题,监督检查企业的重大决策和企业的安全生产工作,切实维护职工利益。如上海海运、中海工业、中海电信等单位工会组织职工代表对本单位的劳动保护、食品卫生安全、防暑降温等情况进行巡视检查,在巡视过程中对发现的问题及时向现场管理人员进行质询,并提出解决的方法,要求进行整改。职工代表巡视完毕后,工会负责收集所有的信息并形成书面报告报公司行政及上级工会,为职工创造健康安全的生产生活条件。

2004年,广州海运工会除了按程序审议行政提出的工作报告和生产经营规划外,还特别针对中海货运艰巨的减亏任务,向广大职工发出《团结一致,全力以赴,背水一战,实现减亏》的倡议书。同时,通过召开联席会,审议通过涉及职工切身利益的基本医疗保险(暂行)规定等一系列方案。在大连海运职代会上,许多职工对企业的热点、难点问题提出积极的建议和提案。公司总经理对职工代表提出的比较集中的问题,现场进行答复并解释,受到了职工代表的好评。

2004年,为贯彻落实交通部和全国海员工会联合下发的《关于在交通企业推行厂务公开意见的通知》精神,中国海运工会就如何推进厂务公开工作进行调研,并协助党委起草制定《中海集团关于推行厂务公开制度的实施意见》,同时选择中海工业上海立丰船厂和广州菠萝庙船厂作为试点。

各基层单位也结合实际制定推行厂务公开的计划。上海海运、广州海运工会会同纪委起草制定在船舶推行船务公开的实施意见,以及厂务公开的考核评价标准,确保厂务公开工作在组织运行机制和形式内容上都得到具体落实。上海海运工会还在油轮上积极推广"大庆48"轮船务公开的先进经验。

按照中央纪委、中组部、国务院国资委、检察部和全国总工会联合发出的《关于做好2004年厂务公开民主管理工作的意见》要求,中国海运工会在开展厂务公开民主管理中,努力从职工民主管理的形式、途径、方法中得到进一步的创新和发展。各级工会在党委的领导下,注重日常民主管理制度的建设,普遍实行了职工代表巡视制度、听证制度、述职和评议制度,丰富和完善了日常民主管理活动。中海工业每年开展季度性的职工代表巡视检查活动,组织职工代表和劳动保护监督检查员进行了劳动保护和防暑降温工作的专项检查。各级工会通过组织职工代表对单位的实施考察、围绕企业生产经营管理和涉及职工切身利益的突出问题的调查研究,有效地激发了广大职工群众主人翁的积极性,增强了工作的责任感。

中国海运工会在船舶推行船务公开时,把船舶管理方面的重大问题和决策、涉及船员切身利益的热点问题以及船员的提升与奖惩等工作有重点、有计划、分层次地公开实施,如中海货运将船务公开纳入船舶四好班子和先进船舶评比考核内容。中海集运制定《中海集运船舶工会经费发放、使用管理规定》,为2 600余名三地船员办理上海市职工住院补充医疗保险。中海货运将船务公开纳入船舶四好班子和先进船舶评比考核内容。中海油运开展"船舶先进职工之家"创建活动,加大船舶工会经费投入,制定考核验收标准,对通过考核验收标准的船舶实施再奖励政策等,极大地调动了船员生产积极性。

2005年,中国海运按照中央纪委、中组部、国务院国资委、检察部和全国总工会联合发出的《关于做好厂务公开民主管理工作的意见》要求,坚持以推进基层民主政治建设,构建社会主义和谐社会、充分调动和发挥广大职工群众的积极性、创造性为目标取向;坚持以人为本、以职工为主体推进厂务公开民主管理的基本理念;坚持把握"参与管理、协商共决、共谋发展"的基本特征;坚持以职工代表大会作为职工民主管理的基本制度、作为企业表达职工利益诉求的渠道,协调劳动关系、维护职工权益、促进企业发展,强化职工民主管理的系统性、权威性、有效性。努力使职工民主管理原先的形式、途径、方法再上一个台阶。

在完善职代会制度和深化厂务公开工作中,中国海运扩大职工民主管理的层面,实现两个拓展:拓展厂务公开的实践形式,积极探索多级公开制度,扩大公开面,将厂务公开向车间、部门、班组延伸,不断使其内容、程序、形式规范化、制度化;拓展厂务公开的工作制度,在企业转改制过程中,更加注重健全和完善企业领导干部述职、述廉制度,进一步规范民主评议的程序和形式,并通过适当的方式公开评议结果,使评议结果成为奖惩的依据。在民主管理中坚持四个结合:与贯彻落实"全依"方针相结合;与企业文化建设相结合;与保证国企改革改制的平稳推进相结合;与完善现代企业制度、加强企业科学管理相结合,使厂务公开工作紧紧围绕企业经济建设,使厂务公开真正成为协调劳动关系和维护职工利益的调节器。

2013年,中国海运工会继续推进各单位签订完善《集体合同》和《女职工权益保护专项集体合同》;协同做好《2006年海事劳工公约》履约准备和推进工作。上海海运推动基层工会代表职工就增资、福利待遇和互助保障计划、疗休养等问题与行政开展协商;中海国际签订集团首份《船员集体合同》;中海工业立新船厂和长兴公司签订《职业病防治集体合同》。

2015年,中国海运工会协助行政召开中国海运五届一次职代会。会议通报2014年度集团领导履职待遇业务支出预算执行情况、经营业绩预考结果和四届五次职代会提案征集处理情况；审议了集团党政主要领导的工作报告和工会工作报告；表决通过关于确认修订《中国海运(集团)总公司补充医疗保险方案》的决议。

2015年，中国海运工会继续推进各单位签订和履行《集体合同》以切实维护职工合法权益。组织各单位积极参加全国"安康杯"竞赛活动，在上海赛区年度评比中，有2个优胜单位、2个优秀班组、2个先进个人获得表彰。配合安管部开展《安全生产法》知识竞赛活动；认真抓好劳动生产监督和保护，各单位工会共组织职工代表11 275人次参加安全生产检查和巡查，提出安全隐患并落实整改项目4 976项；各级工会主动回应职工合理诉求，积极做好职工的思想引导和人文关怀，抓早抓小，把各类劳动争议化解在萌芽状态，从源头上防范和减少群体性事件的发生，促进企业和谐、社会稳定。

中国海运工会在推进民主管理，依法维护职工的合法权益等方面，相继制定《关于全心全意依靠职工群众办企业的实施意见》《集团职代会实施细则》《厂务公开制度》等制度，切实维护职工的利益，同时用"爱我中海、勇创一流"的企业精神激励职工，让广大员工感觉自己是企业的主人翁。深入开展"创建学习型组织、争做知识性职工"活动，健全职工培训学习机制，让职工有充实提高的环境和机会。

三、女职工工作

中国海运成立后，在维护职工利益中重点加强女职工工作，维护女职工权益。集团工会设女职工委员会，负责女职工利益维护、技能提升和职业发展。中海各地区、各单位均建立健全女工委组织，切实维护女职工的合法权益和特殊利益，关爱女性健康，建立女职工健康卡，定期组织女职工进行妇科专项检查。加强普法宣传，提高女员工懂法、知法、用法的能力；加大帮扶力度，为困难女职工排忧解难；关注女职工成长，开展形式多样的学习培训、岗位练兵和技术比武活动，提高女职工的职业技能和职业道德水平。同时，还教育广大女职工发扬"四自"精神，组织女职工积极参加"双文明立功竞赛"和"巾帼建功"活动，为企业的改革、发展和精神文明建设作出积极贡献。广州海运工会的技协工作在竞争中稳步发展，并吸纳安置了部分分流的女职工。上海海运的船员家属工作经验在全国海员工会全委会上作了交流。

2002年，中国海运工会在纪念《妇女儿童权益保障法》颁布10周年之际，组织对贯彻落实《妇女儿童权益保障法》情况的专项检查。在庆祝"三八"国际劳动妇女节之际，组织女职工开展各项纪念活动，号召女职工们为把中国海运建设成为世界一流航运企业建功立业、作出贡献。

中国海运女工委开展"建功'十一'，巾帼绘和谐"和"女职工双文明立功竞赛"等活动，带领广大女职工强素质、展风采。2006—2010年，评选表彰三八红旗手45名和三八红旗集体23个，有12名个人和12个集体分别被授予"全国和省部级三八红旗手(集体)""巾帼文明岗"等称号。

2012年，中国海运工会开展《女职工权益保护专项集体合同》的签订和履约；以《女职工劳动保护特别规定》颁布实施为契机，进一步落实女职工"四期"(妇女的经期、怀孕期、产期、哺乳期)劳动保护待遇，切实维护女职工特殊权益。各级女工委以学习、讨论、讲座等各种形式向广大女职工宣传《妇女权益保障法》《劳动合同法》等涉及女职工切身利益的法律、法规和政策，提高女职工懂法、知法、用法的能力。

2013年，中国海运工会开展了纪念"三八"妇女节"五个一活动"，引导女职工在岗位上奉献成长;支持帮助中海集运上海公司和中海船务环球空运浦东分公司建立"爱心妈咪小屋"。2014年,中国海运工会支持和帮助下,集团有5家单位为企业年轻的妈妈们成立"爱心妈咪小屋"。

第三节 帮困工作

一、帮扶困难职工

中国海运工会贯彻"以人为本"理念,在帮困工作中实施规范化、制度化,使帮扶资金来源多元化,帮扶工作常态化,并形成浓厚的帮扶文化氛围,从而进一步增强企业凝聚力、创新力和执行力,对建立和谐劳动关系、促进企业改革稳定发展起到重要作用。

【下岗职工安置和分流】

随着集团改革的不断深入,企业调整结构、减员增效和职工下岗、转岗分流就成了热点问题。各级工会代表职工的利益,站在维护改革、发展、稳定大局的高度,协助党委和行政全力以赴地加强再就业和送温暖两个工程建设,千方百计为困难职工排忧解难。在开展再就业工作中,各级工会深入调查研究,摸清下岗职工情况。除在经济上给予一定补助,帮他们缓解困难外,还通过走访、座谈、请再就业先进典型介绍经验、交流思想体会等形式,鼓励引导下岗职工增强克服暂时困难的信心,转变就业观念。同时积极奔走联系,牵线搭桥,为下岗职工寻找用人单位和组织生产自救;并多渠道地举办职业培训班,提高下岗职工再就业能力。

1998年,中国海运工会共培训下岗职工470人次,帮助安置或介绍实现再就业124人。各地区公司性工会积极配合行政做好人员分流和安置工作,其中广州海运工会协助行政分流6批职工走向社会,帮助他们找单位,落实工作。上海海运工会采用两级办班形式,一年内开设了汽车维修、制冷机维修、点心烹调、初级电脑等10期培训班,培训职工408人,其中大多数职工获得市劳动局颁发的技术证书,增强了再就业能力。

1998年,通过各种途径分流安置602名下岗、转岗职工。大连海运党委书记到劳务公司协商,组织富余船员外派,工会主席也到瓦房店帮助下岗分流职工联系购买种兔,筹办养兔场。工会还用报销培训费的办法鼓励职工参加社会上的职业培训班,基本解决下岗职工再就业的问题。广州海运工会将再就业工作作为专门议题,在职代会上审议通过《全面动员,深入挖潜,大力构筑并实施再就业工程》的方案,并组织近3000名干部职工参加地方和企业举办的再就业知识竞赛活动,开展"为再就业工程献一计"征文活动,还评选表彰再就业先进,为推进再就业工作创造了良好氛围,共举办了13期下岗职工再就业培训班,共培训了522人次,全年分流安置了446名下岗职工。

1999年,各级工会积极帮助下岗职工增强战胜困难的信心,转变就业观念,多渠道地举办各种类型的职业培训班,提高下岗职工再就业能力,并热情地为职工再就业牵线搭桥。上海海运工会先后举办理货装卸工、电脑、烹饪、插花等培训班,培训职工203人。大连海运工会为使下岗职工能尽快上岗,工会主席亲自随同总经理到英才公司现场办公,落实职工上岗问题。

【帮困工作】

为了不让一位困难职工生活上过不下去,各级工会在党政支持下,积极推进送温暖工程,逐级建立起送温暖、救急济难等专项基金,形成有效的帮困解困机制,增强送温暖的实力。同时,还通过深入调查摸底,掌握困难职工的基本情况,普遍建立了困难户和特困户档案,基本做到了定期走访、定期补助、定期检查。对那些虽未下岗但一时又上不了船的职工,以及离退休职工、病休职工等,各单位想方设法给予补助,及时送上组织的温暖。

据统计,1998年上海海运各级工会共走访慰问劳模先进、下岗职工、病休职工、离退休职工、工伤困难职工、工伤抚恤家属及孤老等6 200多人次,为50名特困职工子女帮困助学,共投入资金120万元。在1月开展的帮困献爱心"一日捐"活动中,上海地区12 300多名职工慷慨解囊,捐款226 288元,都转入各单位的帮困基金。工会、退管会还为75周岁以上退休职工发放牛奶费26.4万元,并为22户退休职工解决住房困难。帮困、慰问困难职工8 951人次,帮助困难企业3个,送温暖金额达167.8万元,对512名困难职工子女发放助学金达7.7万元。广州海运发放救助款及慰问品价值30余万元,受益职工达1 000余名,公司的救急解困基金总额已达到1 000万元。根据公司党委提出的"内聚人心、外树形象"的工作要求,积极开展"进万家门、知万家情、暖万家心"。广州海运开展一系列慰问活动,一年中共慰问困难职工7 321人次,金额110.4万元,对生活困难的132名下岗职工子女进行助学活动,金额5.7万元;1998年6月组织11个慰问小组,先后对广州地区94户长期留局待派船员家庭进行慰问,还向外地留局船员寄发慰问信。

1999年春节前夕,中国海运公司党政工领导牵挂1998年受长江特大洪水影响的灾区船员家属过冬情况,寄发125封调查慰问信,询问家属生活情况,送去公司的温暖。大连海运工会在元旦、春节期间走访180人次,对没有供暖设备的特困户,买煤送上门。同时还对16户特困户实行动态管理,对口帮扶,定期走访慰问。中海海盛在当年春节、国庆等假日中,由党委书记、工会主席牵头分别对困难职工进行了慰问。上海海运海服公司党政工领导成员每人每月拿出100元帮助困难户。中海总部、中海船务、上海船员公司等单位发动机关干部募捐,对口帮助特困船员。这些举措,温暖了困难职工的心,促进了企业的稳定。同年中国海运全系统工会对各类困难职工、一线职工及家属、住院职工、退休职工、劳模先进以及起义和北归船员的家访、慰问补助12 000多人次,慰问和补助总额近270万元,为广大职工送上党的关心和温暖,增强了企业的凝聚力。由于各级党政领导的重视和支持,帮困送温暖工作不断深化,从而保证企业的改革发展和各项工作顺利进行。中海上海地区每年一月开展献爱心帮困"一日捐"活动,1999年,有13 518名职工募捐37.6万元,全部作为帮困基金。

2000年,在各级党政领导和支持下,各级工会认真履行"第一责任人"的身份,积极开展帮困工作,当好"第一知情人,第一报告人,第一帮助人",不让一个特困职工在生活上过不下去。经过努力,中国海运系统已建立了较完整的帮困工作网络和工作机制:通过工会经费、行政支持和职工募捐等多元结合的途径,在各单位普遍建立并逐步扩大了帮困和救急济难基金;对各类困难职工情况全面调查摸底,分类管理,上海海运将特困职工情况和帮困资料全部输入电脑,实行电脑化的动态管理;制定帮困标准,对困难职工实行定向补助;开展助学帮困,每逢学校开学之际,对特困职工子女进行帮困助学。

2002年,集团工会从六个方面进一步完善帮困工作:通过工会经费、行政支持和职工募捐等多元结合,扩大帮困和救急济难基金;对各类困难职工情况全面调查摸底,实行电脑化的动态管理;制定帮困标准,对困难职工实行定期补助;开展帮困助学,对工伤死亡职工和特困职工子女进行补助;对患病、残疾职工和劳模先进、退休人员等,逢年过节组织好慰问;做好退休职工的一条龙服务管理,定期走访慰问退休职工。

2004年,为进一步加大帮困送温暖工作力度,解决职工特殊困难以及突发性意外灾害而造成的生活困难,增强企业凝聚力和维护企业稳定,集团工会专门召开中海上海地区各单位工会主席会议,讨论通过中海工会上海地区职工帮困基金会章程及实施办法,成立中海上海地区职工帮困基金会。为加强对劳模们的关心,各级工会对本单位历届退休、在职劳模的生活、家庭、工作情况进行摸底调查,对生活困难及患重大病的劳模给予了特殊的关心。在集团领导的关心下,各地区工会在"五一"前,分别组织对劳模及其家属们进行慰问,并组织他们到郊外活动。在国庆前,总裁李克麟、党组书记李绍德、工会主席陈德诚特地邀请集团各地区劳模90余人,举行"庆中秋、迎国庆"大型茶话会,使各地劳模们感动不已,纷纷表示要继续为集团的发展作出贡献。

集团各级工会从落实"三个代表"重要思想出发,把每年对困难职工、一线职工的"送清凉""送温暖"工作作为落实维护职工利益的重要措施。大连海运采用帮助困难职工用真情、爱护劳模用亲情、关心船员用热情、开展疗休养工作用深情的"四情"服务,把好事办好、把好事办实,受到了广大职工的好评。广州海运从四个方面着手,做好对困难职工的救急解困工作:适当提高抚恤户子女读大学的救助标准;发展新会员,扩大救济面;为部分特困职工申请社会助学救助;加大对特困职工实施特困救助。这一年共慰问5 832人次困难人员,慰问金额达到850 440.7元。上海海运工会在实施帮困救助工作时,注重抓好3个环节:指导所属各单位和船舶做好"一日捐"工作;做好元旦、春节期间慰问工作;对困难职工的基本情况做了彻底调查。一年中共慰问了11 683人,慰问金额达563.31万元。同时,对公司18 428名员工续办了补充医疗保障计划手续,年内为469名职工获得82.12万元的住院医疗理赔。同年集团各级工会共慰问职工人数达13 066人次,共发放帮困金和慰问金达8 005 696元。

2005年是中国海运经济效益提高最快、最好的一年。面临集团改革发展的大好形势,中国海运工会认真贯彻胡锦涛总书记指示,"完善在工会组织领导下的维权机制很有必要。要注意总结经验,不断强化职能,更好地为职工服务",进一步加强对困难劳模、困难职工、特困家庭、离退休职工、下岗职工、待岗职工的关心作为和谐社会建设中的重要切入点和政治任务。在集团工会的部署下,元旦、春节期间,各单位建立帮困的长效机制,有计划、有组织地开展对一线职工、困难职工、离退休职工和劳模先进的慰问活动。总裁李克麟、党组书记李绍德等集团领导亲自到困难职工家庭进行慰问,并带头参加集团"一日捐"活动。中海上海地区1万多名职工参加了帮困献爱心"一日捐"活动,共捐出金额281 814元,并将捐赠来的钱作为困难职工的帮困基金。

2005年,集团全系统慰问、补助、帮困职工人数达到25 000多人次,共发放慰问金、补助金和帮困金近1 700万元。中海工业为不让一个困难职工生活过不下去,由各级行政每年出资100万元,建立长效帮困机制,使困难职工家庭得到稳定的困难补贴。

各单位以组织旅游、召开座谈会等形式慰问新老劳模,对困难劳模进行了经济补助。集团工会组织中海上海地区部分劳模和家属进行参观游览活动;大连海运工会组织劳模到安波进行为期两天的温泉休养;中海货运工会领导亲临一线慰问船舶和先进职工。中海国际、中海油运、广州海运、中海工业等单位也纷纷开展了慰问劳模和一线职工的活动。集团工会组织120多名起义和北归船员召开座谈会,回顾50多年前,冒着反动派的阻挠和生命危险毅然驾船起义和北归,回到祖国怀抱,并为中华人民共和国航运事业的发展作出贡献的光荣历史;向这些老船员对集团近几年的改革发展情况进行了介绍。上海海运工会还为每位起义和北归船员分别发放了600元和300元生活补贴,给他们送上慰问品。

2006年,集团工会筹措了100万元工会经费,帮助建立中海国际帮困救助基金,并划拨11万元经费支持上海海运海服公司和中海客运上海分公司,用于关心困难职工。

2014年是中国海运帮困力度较大的一年。这一年,向362人次退休船员发放帮困金32.45万元,对困难企业、困难劳模、困难职工、起义和北归船员等拨付帮困金60.55万元。集团所属各单位从实际出发,采取种种措施,把帮困、关心员工的工作落到实处。中海油运坚持"一年、一月、一线",全年慰问船员1600人次;向53名家住外地的船长邮寄春节慰问金。地处海南的中海海盛开展"温馨工程",慰问一线船员和困难、患病职工,发放慰问金8.3万元;向遭受超强台风"威马逊"袭击,受损严重的家庭进行慰问,送上职工的捐款。中海工业帮助困难职工2700人次,发放帮困金130万元,为15名特困职工申请上海市总工会定向帮困补助。上海船研所开展"爱心一日"和七一党员募捐活动,834名职工捐款47105元,332名党员捐款23283元;为144人次困难职工发放帮困金16.6万元。帮困助学10人次,发放助学金1万元。中海投资筹集助学金,帮助农民工子女上学,为18名困难职工申请当地政府补助。中海物流完善帮困机制,对在职职工困难和退休困难家庭采取动态管理,加强帮困档案的建立和管理,做到了"工资有保障、大病有补助、困难有帮助"。

2015年,中国海运工会完善困难职工档案,动态掌握困难职工信息,认真做好帮困送温暖工作,向575名困难职工发放各类帮困金68.7万元;向302名退休困难船员发放帮困金36.6万元。各级工会在年内共帮扶困难职工5257人次,走访困难家庭720户;发放帮困金438.3万元。在新学年来临之际,集团工会及直属各单位工会开展"金秋助学"活动,共资助困难职工和困难农民工子女730人,发放助学款68.85万元。

【帮扶资金来源多元化】

为了确保帮扶资金的来源,中国海运采取"四个一"方法,行政出一部分,设立帮困救急等专项资金;工会拨一部分,中国海运工会用于帮扶的资金支出占到工会经费总额的25%以上;企业干部职工捐一部分,开展企业职工"一日捐"活动,职工互帮互助的款项全部充实到帮困基金(1997年1月,中国海运工会组织开展的帮困献爱心"一日捐"活动,仅上海地区1.23万名职工即捐款22.63万元,全部转入帮困基金。之后,中国海运上海地区每年开展献爱心帮困"一日捐"活动,募捐款项全部作为帮困基金);政府提供的保障项目补充一部分。

中国海运工会为职工办理所在地总工会推出的各种职工保障项目,使得生病职工有政府医保、企业补充医保、工会互助保障"三道防线";为船员职工办理各种助医卡、助学卡、助老卡等,努力做到"不让一名困难职工生活上过不去,不让一名困难职工有病得不到医治,不让一名困难职工的子女上不起学"。

二、为职工办实事

中国海运各级工会热情为职工办实事,排忧解难。1999年上海船员公司工会建立"热线电话"服务网络,及时为船员和船员家属传递信息,帮助他们解决实际困难,受到广大船员和家属的高度评价,起到了"半个政委"的作用。一年中,共建立46条热线,约有138户船员家属进入热线服务网络。同时,集团还组织家属干部上门访问远洋、外派船员家庭367户,受理咨询、调解电话2000多人次,为稳定船员思想情绪,做好船员家属工作发挥了积极作用。

【关心一线船员和员工】

2000年上海海运工会出资20万元,与船员公司工会一起,为1万名船员办理特种重病团体互助医疗保险,帮助船员增强抗风险能力。上海船员公司先后为112艘次远洋外派船舶开展了家属热线电话服务,促进船员思想稳定和船舶安全生产,深受广大船员和家属欢迎。对此,全国海员工会通讯、上海市总工会通讯、《上海工运》杂志和上海《支部生活》杂志先后作了报道。

各单位工会还经常收集听取一线船员意见,积极协助解决船员实际困难,努力为职工群众办实事。同年,中国海运各单位工会共参与慰问船舶150余艘次,关心了解船员生活,为船员们鼓劲加油。广州海运工会还派出慰问组,冒着高温,深入福建地区慰问285户外地船员家属。

"十一五"期间,中国海运工会每年向基层一线发放高温慰问品640余万元;组织当年退休船员带家属疗休养活动,5年累计1500多人参加,各级工会组织职工疗休养3.4万人次。

各级工会还做好来信来访接待工作,深入群众,积极协助做好分流下岗人员的思想稳定和再就业工作,引导帮助他们转变择业观念,联系就业门路,积极宣传再就业先进典型,鼓励他们开展生产自救和自谋出路,并继续组织开展职业培训。上海海运工会积极创办海运职工业余学校,先后开办保安、电器维修、餐厅服务、超市理货、房产经纪、办公自动化培训班,"十一五"时期,有数千名职工参加了培训。

"十一五"期间,中国海运下属的船公司和中海国际加大为船舶和船员服务的力度。努力提高船舶工会经费标准、狠抓船舶伙食管理、为船员过生日、开辟"船员热线"、慰问船员家庭,发行《船员保健食谱》等。各级工会共向基层船舶、班组送书籍、音像制品、健身器材等共计668.7万元,海上图书馆、海上俱乐部、海上健康工程已覆盖集团所有船舶。

2014年年初,中国海运工会在《海运报》专刊报道了关爱员工的事迹,全面总结报道各级党政工以人为本,关心关爱员工,共建和谐企业的各项举措,增强职工的归属感。在新年除夕和世界海员日,中国海运工会以党政工名义向全体船员发送祝福短信。高温期间,集团工会领导先后16次带队,深入30家基层、船舶、码头、车间、班组等开展慰问,发放高温慰问品180余万元。各级工会累计走访慰问420家基层企业、班组和船舶;慰问职工近2.6万人次,发放慰问金(用品)630余万

图8-3-1 2009年酷暑季节,中海客运工会向船员送去清凉

元。组织职工参加总工会互助医保项目;逐步推进会员卡办理服务,年内为上海地区 1 002 名职工办理会员卡。

【关爱农民工】

中国海运工会把关心劳务工、农民工作为关心职工的重要内容,加强劳动保护,积极改善他们的工作和生活环境,丰富他们的业余文化生活。

集团高度重视农民工权益保障,制定下发《关于加强和改进集团农民工管理工作的通知》,将农民工纳入集团员工队伍统一管理,建立依法规范的管理体制与机制。如集团旗下的江苏船厂,其外来务工人员是江苏船厂人力资源的重要组成部分。为了充分保障农民工的权益,让他们安心、乐意在此工作,江苏船厂要求外来承揽公司为农民工办理社会工伤保险和商业工伤保险;并要求为农民工办理工资卡,在与江苏船厂结算支付工程款时,按月支付相应的月度基本收入,确保农民工的正常生活需求。

截至 2010 年,集团有劳务派遣工近万人,分布在船舶、修造船厂和造箱厂等单位。各级工会牢固树立"进了中海门,就是中海人"的理念,在规范管理、依法保障权益的同时,针对其面临的交通难、住宿难、回家难、孩子就学难等实际困难,为劳务工提供建造宿舍、开办食堂、开通通勤车等后勤服务,实实在在帮助解决劳务派遣工遇到的各种困难,维护农民工的合法权益。

中国海运认真总结集团农民工工作经验,并在国资委召开的中央企业农民工工作视频会议主会场作了交流发言,得到国资委的充分肯定。

集团坚持抓好矛盾纠纷动态排查和信访积案化解工作,多种措施并举,解决信访突出问题。经国家人力资源和社会保障部协调,在集团和集团有关职能部门的帮助下,广州海运解决了 1 006 名广州地区 1998 年 8 月底以前与企业解除劳动关系人员的养老保险关系接管和办理退休手续问题;上海海运、大连海运、中海国际、中海工业、中海国贸、中海电信等单位在维护企业稳定方面做了大量细致有效的工作,在关心广大职工、提高福利水平、化解矛盾、履行社会帮扶责任的同时,体现以人为本理念,为集团全面协调可持续发展创造稳定和谐的环境。

【关爱离退休职工】

中国海运在推进改革发展的同时,坚持让企业发展成果惠及全体员工,强调关心关爱曾经为海运事业作出过贡献的离退休职工,在政治上关心,在生活上照顾,坚持每年三大节日向离退休及内退待岗、工伤劳保人员发放慰问金、慰问品。

"十一五"期间,集团坚持让全体职工和退休人员更多地享受改革与发展的成果,进一步增强职工和退休人员的医疗保障;为此,中国海运建立补充医疗保险制度。集团党政领导十分重视此项工作,把建立实施企业补充医疗保险作为重要民生工程来抓;集团人事部门和各地区公司在具体操作中,广泛听取各方意见,坚持把好事办好。

中国海运努力建立健全共享改革发展成果长效机制。集团每年定期组织送温暖活动,向退休职工、劳模、起义和北归船员发放生活补贴和慰问品等。在春节向退休职工发放慰问礼金,帮助他们解决生活中的实际困难,传递温暖。开展敬老"一条龙"系列服务,组织"看改革新貌"参观活动,对高龄、孤老、重病者进行重点关心和帮困,为 75 岁及以上退休职工发放牛奶费补贴,关心慰问起义和北归船员。

2007 年,集团专门拨出 1 000 万元资金,设立退休运输船员帮困基金。3 年中,集团工会重点做好退休运输船员 1 000 万元帮困基金的运作工作,共帮困 4 832 人次,发放退休运输船员帮困基金 387.74 万元。

2009 年,各地区公司退管会和工会干部严格按照要求,加强调研,逐户上门,把组织的关怀和温暖及时送到退休困难船员的家中,全年共发放帮困金 88 万多元,有 1 127 人次从中受惠。其中上海地区 42.94 万元,880 人次;广州地区 29.5 万元,133 人次;大连地区 15.10 万元,113 人次;中海机关 5 000 元,1 人次。集团工会还组织 6 批 201 人次当年退休的船员带家属参加疗休养,受到船员欢迎。

为使退休员工的服务工作更上新台阶,上海海运文明办先后与虹口区曲阳、凉城、广中路街道,浦东新区塘桥、金杨、陆家嘴街道(社区)签订了文明共建协议,在海运退休职工居住较集中的 6 个社区内联手开展"共建和谐文明社企"活动,发挥社企优势,丰富海运退休职工的精神生活。自 2007 年共建以来,组织退休职工先后开展以参观、知识讲座、传统教育和专场慰问演出为主要内容的系列文明共建活动总计 82 次,惠及退休职工 1 700 多人次,受到广大退休职工的热烈欢迎。退管会多次组织退休职工观看电影、话剧,参加讲座、文艺表演等活动,组织参加"敬老节一日游"活动。在中海集运的支持下,组织退休"三长"参观大型集装箱船舶,让他们充分感受集团的快速发展,通过一系列活动让广大退休人员老有所乐,生活更加多样化。

2015 年春节,集团党政领导决定:给全体离退休人员和内退待岗、工伤劳保等人员发放节日慰问金,共计发放 4 307 万元。

图 8-3-2　集团举行慰问离退休老干部庆国庆迎中秋座谈会(2006 年摄)

第四节　劳动竞赛

一、"中海杯"劳动竞赛

1998 年 3 月 6 日,中国海运工会为配合行政"突破口"工作,在全系统组织开展以"人均节约

2 000元、船均节约20万"为主要内容的"中海杯"劳动竞赛,为企业提高经济效益作贡献。

1999年,开展以"人人为中海质量效益年作贡献"为主题的第二届"中海杯"劳动竞赛,竞赛重点放在基层和船舶,并努力使劳动竞赛做到三个结合:

劳动竞赛与本单位的生产经营实际相结合。广州海运工会号召全体职工人人参与、群策群力打好减亏攻坚战,要求每位员工不断增强增收节支、降低成本的意识,把党委提出的"成本在我心中,节约在我手中"的号召落到实处。中海集运专门成立竞赛领导小组,党政领导亲自挂帅,加强组织和指导,要求船舶劳动竞赛活动做到"立足本职、爱岗敬业、刻苦实干、增效节支",还对"向明"轮等35艘船舶的先进事迹进行了总结。中海船务围绕企业的目标和任务,组织了"中海杯"船务代理业务知识竞赛,促进广大职工学技术、学业务的积极性。中海货代开展"迎挑战、争满载、创新高"劳动竞赛活动。

劳动竞赛与安全生产相结合。上海海运工会开展以安全生产降成本为主要内容的"船舶排头兵"竞赛活动,对54艘直管船分成三个船组,制订争创计划,分类指导,使竞赛活动比有对手,赶有目标。中海工业开展了"工业杯"系列竞赛活动,并突出安全先进班组竞赛,使广大职工增强岗位安全责任心,增强安全第一意识。中海供贸在开展"我为公司献一计"问卷调查的基础上,发动广大职工结合本部门实际,查找安全生产中存在的薄弱环节并提出整改意见,使全年的劳动竞赛活动针对性强,收效明显。

劳动竞赛与评先进活动相结合。各单位工会根据集团工会的部署,把开展第二届"中海杯"劳动竞赛同参加全国交通系统优秀安全船舶、优秀安全班组的评选活动结合起来。大连海运的"棒棰岛"轮狠抓"反三违"和"六无"等各项规章制度的监督检查和落实,在劳动竞赛中被评为优秀安全船舶。中海电信开展的"中海电信杯"劳动竞赛,以维修厂承接GMDSS设备的安装为重点,动员职工发扬连续作战的精神,胜利完成集装箱改造船的电信工程,并评出3个先进集体和28名先进个人。中海工业立丰船厂起重一组在改造集装箱船工作中,尽管吊装任务十分繁重,但全体职工奋力拼搏,保质保量地完成了任务,被公司党政领导推荐参加全国交通系统安全优秀班组评选。

2002年,中国海运在总结前四届"中海杯"劳动竞赛经验基础上,发动广大职工开展以"增收节支再立新功"为主题的第五届"中海杯"劳动竞赛,并把开展劳动竞赛与引导职工努力学业务、学技术,提高自身素质结合起来,使劳动竞赛不断向更高的层次发展。开展各具特色的劳动竞赛活动。中海油运即"以双增双节为目标的增收节支竞赛;以PST检查零滞留、FSC检查无缺陷通过和中海安检获A级为目标的安全生产竞赛;以兑现'四项承诺'、货主100%满意率为目标的优质服务竞赛;以船员吃好、吃得满意为目标的船舶伙食质量竞赛和以提高机关干部和船员英语会话能力为目标的英语学习竞赛",增收节支和安全质量均取得了明显成效。中海客运把劳动竞赛与学习竞赛结合起来,广泛开展争创学习创优型班组,争做知识型员工的竞赛活动。在竞赛中,开展了四比活动:一比学习态度,二比学习方法,三比知识储备,四比学以致用。中海货运进一步强化职工成本意识和服务意识教育,发动13个基层单位及近百艘船舶,结合本单位、本船舶的实际情况,继续深入开展多种形式的劳动竞赛活动,增收节支等各项工作又取得新进展。中海物流为组织开展好"物流杯"劳动竞赛,确保全年完成揽集装箱60万只,实现利润3 500万元的任务和目标。

中国海运工会不断深化劳动竞赛内容,每一年,都围绕集团重点工作,设计不同的劳动竞赛主题,找准载体。2008年,以"我为节能减排、精细管理、安全优质作贡献"为活动主题;2009年,面对国际金融危机的挑战,把活动主题确定为"同舟共济保增长,建功立业促发展";2010年,又以"增收节支、人人有为、安全稳定、人人有责"为主题,开展深入广泛的劳动竞赛。直至2015年,"中海杯"

劳动竞赛紧紧围绕企业发展中心任务，年年都有新主题，年年都有新亮点，在调动职工生产劳动热情、推进企业进步中发挥了积极作用。

中海广大女职工也积极参加"中海杯"劳动竞赛，结合开展"巾帼建功""女职工双文明立功竞赛"，学技术、比贡献、创一流，涌现一大批先进女职工代表和女职工集体，展示海运巾帼的风采。

上海地区开设"工业公司女职工车工技术比赛""海员医院护理理论和操作比赛""中海电信通话比赛"3个专场。广海物业公司、中海供贸广州物供公司组织女职工积极参加ISO9002质量程序知识培训，收到成效。中海集运工会女职工委员会组织50余名女职工结合"中海杯"劳动竞赛，开展"我为集运树形象，我为集运作贡献"为主题的活动。中海系统各单位广大职工通过深入开展以质量效益为中心的劳动竞赛，增收节支额达到1.4亿元，收到了明显成效。同时，还涌现出一大批好人好事，共评选出"中海杯"劳动竞赛优胜集体38个，先进个人92名，优秀组织者34名；5艘船舶获得全国交通系统优秀安全船舶称号，3个班组获得优秀安全班组称号；获得省市及地区、集团级女职工"三八"红旗集体称号的有27个，各种先进个人荣誉称号的有111名。"中海杯"劳动竞赛活动的开展，促进企业效益，弘扬职工爱船如家、爱厂奉献、爱岗敬业的主人翁精神。

集团每年坚持开展"四十佳"和"中海杯"劳动竞赛先进个人和集体评比活动，并向上级推荐各级劳模、工人先锋号、金锚奖、红旗班组、巾帼标兵等，在集团内大力表彰和宣传先进典型事迹，营造学先进、赶先进、争先进的氛围。

2009年，在迎接中华人民共和国成立60周年之际，中国海运工会开展"为中国海运建设做出突出贡献的一线模范人物"评选活动，积极参加中华人民共和国成立以来"双百人物"和"时代领跑者"评选活动，发出《向杨怀远同志学习的决定》，举办杨怀远先进事迹报告会，掀起向劳模学习的新高潮。

"十一五"期间，中国海运开展各类劳动竞赛735次，12万余人次参加，提出合理化建议3 989条。其间，工会发动广大职工群众开展各类劳动竞赛以及"合理化建议"活动。如在职工中开展安

图8-3-3　船员技术比武（2007年摄）

全格言和"安全大家谈"征集活动,收到安全格言2 467条,征文168篇,汇编成《安全生产格言》一书。在学习实践科学发展观活动中,开展我为科学发展献计献策"金点子"大赛活动,发放调查问卷6 197份,征集意见建议3 940条,"金点子"204条,充分激发广大职工的工作热情与聪明才智。在各类竞赛活动中涌现和培育了一大批揽货能手、业务尖子、服务明星、安全标兵、节能高手和安全无缺陷、团队合作好的先进集体,504名个人和254个集体分获"中海杯"劳动竞赛先进个人和集体,其中有27个集体和17名个人获得全国"安康杯"竞赛表彰。19人获得全国技术能手和中央企业、省部级技术能手。劳动竞赛已成为培育职工爱岗敬业、改革创新的重要平台,成为推进企业改革发展的强大动力。

2015年,中国海运工会在职代会上表彰了第17届"中海杯"劳动竞赛先进集体32个、先进个人58名、优秀组织单位5个。同时以"创新管理降本增效,全力以赴确保安全"为主题,开展第18届"中海杯"劳动竞赛。各单位按照集团总体部署,结合企业实际,制定具体方案和工作措施,不断激发职工创新能力,挖掘职工创新潜力,推动企业加快创新驱动、转型发展。2015年全年,各单位共开展各类劳动竞赛411次,参加人数40 522人次。开展职工素质教育活动4 499次,培训职工67 471人次,组织职工技术比武228次,有6 538人次参加。各级工会还坚持把开展合理化建议活动作为劳动竞赛的主要内容,发动职工为推进企业管理献计献策,共提出合理化建议3 202条。

二、其他专项劳动竞赛

1998年,中华全国总工会和国家经贸委在总结内蒙古自治区开展"安康杯"竞赛活动经验的基础上,对竞赛活动形式给予了充分的肯定,并在进一步完善和充实活动内容、形式的基础上在全国逐步展开。中国海运所属各单位积极开展以加强安全为重点的专项劳动竞赛,组织职工参加了全国"安康杯"竞赛,参加全国"安全生产与工伤保险知识竞赛"和集团"两珍惜"安全活动,以及"反三违月""安全活动周"等安全教育与竞赛活动,不断增强职工的安全意识和责任感,促进企业的安全生产。围绕企业经营、安全航行、职工队伍建设,集团响应交通部和国务院有关部门号召,结合实际,因地制宜开展了多种形式的知识竞赛、技能竞赛和劳动竞赛等,有效提高了企业生产安全和职工素质。

1999年,与生产相结合,上海海运工会开展以安全生产降成本为主要内容的"船舶排头兵"竞赛活动,对54艘直管船分成3个小组,制订争创计划,分类指导,使竞赛有对手,赶超有目标。中海工业开展"工业杯"系列竞赛活动,并突出安全先进班组竞赛,使广大职工增强岗位安全责任性,增强了"安全第一"意识。广大女职工在竞赛中结合"中海杯"开展"巾帼建功""女职工双文明立功竞赛",学技术、比贡献、创一流,涌现出一批先进女职工代表,展现了海运巾帼风采。上海地区开设"工业公司女职工车工技术比赛""海员医院护士护理理论和操作比赛"。

2001年,集团各单位从实际出发,抓重点环节,开展各具特色的劳动竞赛。中海油运开展油轮"卸油达标"和"降本节支"劳动竞赛。中海货运(广州海运)积极实施"创新工程",开展有自身特色的各类劳动竞赛和"争当新型劳动者"系列活动。中海物流开展"争创揽货新高"为主题的劳动竞赛,组织各口岸、网点开展以支线运输、精品航线运输、海铁联运为竞赛内容的珠江杯、福建杯、长江杯、上海杯、陇海杯、云桂杯、渤海湾杯、中海一号杯、烟大杯九项杯赛的劳动竞赛,使公司揽货箱量大幅增长,受到集团通报嘉奖。

2011年,中国海运有12 291人次参加国家安全监管总局、全国总工会共同主办"落实企业安全生产主体责任知识竞赛";有19 851人参加了全国"安康杯"劳动竞赛;集团还参加了全国水运系统船舶、班组安全竞赛等群众性安全活动,这些活动可以激发职工的学习热情,提升员工的素质,增强安全防范意识,规范岗位操作。在开展"船舶、班组安全竞赛"活动中,中国海运有12艘船舶和6个班组被评选为全国水运系统优秀船舶和班组。

2012年,中国海运有近3 000名船员参加消防知识竞赛,进一步提高广大员工安全意识、消防知识和消防意识。有12艘船舶、6个班组被评为全国水运系统船舶、班组安全竞赛先进集体。在6月"安全生产月"上海市安全生产协会开展的"科学发展、安全发展"主题论文征文活动中,中国海运积极参与,踊跃投稿,共投稿22篇,有5篇论文获三等奖以上奖励。

自2011年海事局与中国海员建设工会联合举办"中国海员技术大比武"以来,中国海运年年积极参与,年年取得优异成绩。2015年中国海员技术大比武中,按照集团董事长、党组书记许立荣和董事、总经理张国发的批示,中国海运工会和中海国际高度重视,精心准备,选派优秀船员参加比赛。中海两支代表队在7个单项比赛中共获得4个单项第一,2个单项第二,并分获团体总分第二、第三的好成绩,展现了中国海运船员的良好风采。

第五节 劳模创新工作室

自2011年起,上海市总工会在全市开展"劳模创新工作室"创建工作,要求上海市所属产业(工会)结合实际,积极开展以"劳模创新工作室"为重点的劳模品牌创建活动,进一步弘扬劳模精神,促进企业的发展。

中国海运工会积极响应上海市总工会的倡议,在不同业务领域积极组建由省部级劳动模范领衔的劳模工作室,充分发挥劳动模范在企业创新驱动、转型发展中的引领示范作用。在创建活动中,中海工业陆金林、夏学禹和中海电信支家茂、中海集运庞海臣等人领衔的劳模创新工作室集体分别获批为2011年、2013年、2014年上海市"劳模创新工作室";上海船研所"金允龙海事科技劳模创新工作室"和"瞿辉交通信息技术劳模创新工作室"被命名为中国海运"劳模创新工作室"。

一、陆金林船舶修造创新工作室

2011年5月19日,"陆金林船舶修造创新工作室"在中海工业立新船厂正式挂牌。工作室成员共26人,含专业技术人员16人,主要从事船体钢结构改造、制造、修理、焊接、数控、电脑三维立体放样、人才培训等方面创新工作。工作室有技术工艺室、实习工场间、车间会议室、车间党支部书记办公室4处专门工作和活动的场所。2011—2014年,劳模工作室承接各类型改造船、新建3 000吨方驳船以及为海损船球鼻艏换新等各种工程,其中重点开展了3艘"鸿"字头船舶改造;江都公司2号船坞可调节支架制造;江都舱盖板制造等技术革新攻坚项目和青年劳务工培训。工作室创新活动提高了团队带教水平,培养出一支100多人的技术工人队伍,使之成为公司一支拉得出、打得响的修船生力军。

二、支家茂船舶通导劳模创新工作室

2013年6月26日,支家茂船舶通导劳模创新工作室成立。工作室成员有工程师、助理工程师

15人,主要从事船舶通信导航产品研发及修理工程等方面的创新工作。劳模工作室是中海电信有限公司经营业务中的一个重要平台,在公司技术创新、产品开发、修理技术攻关、业务技术培训等各项工作中起着领衔、指导、实施的作用,为公司发展作出重要贡献。工作室先后承接10余项交通部和中国海运、公司创新项目,为船舶通导发展和技术升级打下扎实基础。劳模工作室中的三大实验室架设船舶使用的各品牌各系列的通导设备,为船舶通导技术培训提供便利,成为公司最受欢迎的培训基地。在支家茂劳模的带领下,工作室积极投身企业各项技术攻关,并将攻关成果及时应用于项目,取得良好经济效益和社会效益。至2015年,工作室攻坚克难项目280个,创造经济效益518万元。

三、夏学禹修船管理劳模创新工作室

2013年11月,由全国交通系统劳动模范夏学禹领衔的夏学禹修船管理劳模创新工作室在中海工业(上海长兴)挂牌。成员由厂内23名优秀高工、工程师等组成。工作室主要从事修造船行业的单船管理、技术革新、技术攻关、降本增效、节能减排和青年技术人才培养等方面的改革创新工作。在节能环保方面,对"中海普陀山"船坞的海底阀应急开关系统进行改造,"中海普陀山"船坞电力供应采用万伏岸电和坞用发电机联合使用方式,既保证进出坞安全生产,又降低生产成本。在科技创新中,使长兴船厂独立完整建造第一艘单体钢质客船——"巴士500客"观景船。

2013—2014年,工作室对船舶球鼻艏进行改造,研发设计中心制定的施工工艺、生产设计、吊运方案均能满足船舶球鼻艏改造项目的需要,并逐渐形成自己独立完整的一套施工设计方案,实现船舶球鼻艏改造工程系列化生产,得到船东和船级社的认可。

2014年至2015年上半年,长兴船厂完成36艘集装箱船球鼻的改造项目。工作室在半潜船自主工艺改造和施工设计方面,积累丰富经验,成功完成企业成立以来所承接的长243.66米、宽42.00米第1艘油轮改半潜船的改造任务。

四、庞海臣安全管理劳模创新工作室

2014年4月1日,中海集运成立庞海臣安全管理劳模创新工作室。工作室由安全工程师、资深船长、消防专家以及行政人员12人组成。主要从事船舶安全管理、船舶节能、油耗监控、危险品运输管理及职工职业安全管理、公司安全管理体系完善和公司安全生产标准化建设等方面的创新。在工作室的创新驱动下,中海集运以965分高分获得交通部安全生产标准化A级企业。2014年下半年,劳模工作室开展创新油耗监控模式研究,对公司相关部室燃油控制情况的进行监控,就船舶列入高油耗黑名单后的处理情况进行跟踪和通报,以进一步提升各相关部室对船舶燃油的控制。通过公司上下努力,在运力比2013年上升15.5%的情况下,实现节油38.3万吨。劳模工作室提出"规范有序,安全可控"目标,通过下发相关的安全管理规定与操作流程来规范危险品操作,使得大量原来禁运的危险品开始规范运输。同年,中海集运安全保持平稳,事故及险情发生率达到自公司成立以来的最低水平,事故同比2013年大幅下降42.9%,险情故障同比下降55.6%。

第四章　共　青　团

中国海运自成立后,始终围绕"两个服务"(服务企业党政中心工作、服务青年),开展企业共青团工作,加强企业共青团组织建设,凝聚青年力量,提升青年素质,发挥青年作用,为推动集团改革发展作出积极贡献。

第一节　组　织　机　构

1998年4月,中国海运成立中国海运(集团)总公司团工委(简称中国海运团工委)。成立之初,团工委设书记1人、常务副书记1人、常委5人。书记王大雄、常务副书记汪树青。直属单位团组织13家。集团随着业务发展建立新单位,新成立7家团组织。2005年,团工委增补4名常委,9名团工委委员。

截至2004年上半年,中国海运共有青年职工13 700人,其中青年团员4 857人,青年党员2 279人;有团工委1个;18个直属一级专业公司中有17家成立团组织(中海投资因团员数未达成立团组织的要求而未成立),其中上海地区13个,广州地区2个,大连、北京、海南各1个;其中成立团(工)委的13个,成立团总支的2个,成立团支部的2个。中国海运各专业公司的下属单位分别又设立各级团委18个,团总支21个,团支部564个。集团共有团干部760人,其中专职团干部10人。

2007年,为贯彻落实中组部、团中央和国务院国资委党委《关于进一步加强和改进中央企业共青团工作的意见》文件以及集团党组对共青团工作的要求,根据团章规定,中国海运团工委改为团委,成立共青团中国海运(集团)总公司委员会(简称中国海运团委),并于同年3月28日,共青团中国海运(集团)总公司委员会召开第一次代表大会。集团各单位100余名代表参加会议。大会选举产生共青团第一届委员会。首届团委由9名团委常委、17名团委委员组成。首届团委会选举产生正、副书记:团委书记汪树青,副书记张洁、陈昌文、曾向峰、王蓓。

2012年4月25日,共青团中国海运(集团)总公司委员会召开第二次代表大会,104名代表出席大会。团委会选举产生,常委9名,王蓓、龙富昌、周媛媛、顾丽洁、顾霞琴、崔远明、曾向峰、谢金益、樊冲。周媛媛任团委书记,曾向峰、王蓓任副书记。

第二节　团　建　工　作

一、引领青年职工成长成才

中国海运团(工)委重视榜样示范,典型引路,在企业的改革发展实践中涌现出一大批优秀先进个人和集体。各级共青团组织充分利用企业内部各类报刊等宣传渠道大力宣传"十佳青年""青年文明号""青年岗位能手""青年安全生产示范岗"等先进典型事迹,塑造具有开拓精神的海运青年新形象,以优秀青年典型的成长道路和先进事迹,激励和带动广大海运青年刻苦学习、勤奋工作、立足岗位、自觉奉献,为创建世界一流航运企业作出新的贡献。

深入开展"号、手"品牌创建。各级团组织以提升青年整体素质、业务技能、价值贡献为目标,认真开展"号、手"品牌建设活动。中海集运团工委与伊利集团等单位团委开展文明共建,推进与大客户、港口的互利双赢;中海集运上海公司团员青年改进 EDI 业务流程和网点 TS 舱单输入,提高了服务货主的效率和质量;大连海运(中海客运)团委开展"青年文明号与达沃斯同行"活动,"普陀岛""葫芦岛"轮在春运、暑运高峰组建青年服务小分队,为旅客提供爱心服务,展现出中国海运窗口单位良好形象;中海工业团工委组织团员青年打好"飞龙山"浮船坞、油轮单改双技术改造攻坚战,在保质保量完成计划进度中发挥青年突击队作用;中海船务团委组织青年员工开展营销的活动,以优质服务和良好信誉赢得更多客户。

1999 年,集团各级团组织开展各类团内评比活动,用先进青年典型,教育和感召青年岗位立功。"摩星岭"轮、"大庆48"轮、"明池"轮3个集体被评为"全国青年文明号",邓小山、张小惠2名同志被评为"全国青年岗位能手"。上海地区有9名同志被评为"上海交通邮电系统十杰百优青年"。中国海运团工委评选表彰了首届中海"十佳青年"评比活动,经过层层推选,李成等10名同志被评为"十佳"。团工委通过《海运报》《中海通讯》等对先进集体和个人的事迹作了宣传报道。这些评比表彰活动既是对优秀青年典型工作的肯定,更是对广大团员青年的鞭策和鼓励,在广大团员青年中营造出学习先进、找到差距、努力工作、积极向上的良好氛围。

2002 年,集团各级团组织纪念建团80周年和五四83周年相结合活动,紧紧围绕企业的改革与发展和青年成长成才的现实需求,团结带领广大团员青年勤奋工作,开拓进取,开展了形式多样、富有成效的活动。集团团工委组织团员青年为团中央机关旧址整修、扩建交纳一次特殊团费,广大团员积极参与,共收到特殊团费11 200元;广州海运组织团干部到团的一大会址参观,加强团员意识教育;中海物流开展主题征文活动,收到征文稿50余篇。开展庆祝中国海运成立5周年系列活动,在集团成立5周年文艺晚会、第一届职工运动会等活动中,青年发挥了主力军作用。

2003 年,中国海运共青团组织大力开展青年志愿者活动:以纪念学习雷锋40周年为契机,组织团员青年大力开展学雷锋为民服务活动,上海海运团委邀请老劳模杨怀远与团员青年一起重温"小扁担精神",共同领略"为人民服务"的真谛;大力宣传赴老挝志愿者徐欣的先进事迹,在徐欣赴老挝前后,先后召开了欢送会、欢迎会,在《海运报》开辟志愿者风采专栏,记录徐欣在老挝工作、生活的真实场面,大力弘扬奉献祖国、服务社会的志愿者精神;组织团员青年积极参与帮困送温暖、助学活动、"一日捐"活动等,广大团员青年在志愿服务中增加了对社会的了解,增强了社会责任感,提高了道德修养和思想境界。

2005 年,根据团中央和团市委关于开展增强共青团员意识主题教育活动的部署和要求,集团各级团组织坚持把开展教育活动与企业中心工作相结合,坚持与推进共青团自身建设相结合,认真完成规定动作,创新自选动作,较好实现了"增强意识,健全组织,活跃工作,建设一个有凝聚力的共青团组织"的工作目标,共组织各类主题实践活动68次,7 000多人次参加;组织青年志愿者活动28次,1 000多人次参加。

2006 年,根据中央企业团工委中企团通〔2006〕15号文件要求,中国海运团工委向直属各单位团组织下发《关于开展中国海运集团共青团和青年工作调研的通知》,各直属单位团组织共有722名团员青年和114名团干部填写了问卷。在此基础上,各单位团组织采取走访、座谈、电子邮件沟通等方式,对本单位共青团和青年工作进行较为全面的调查和分析。集团团工委到部分单位进行调研。截至2006年上半年,中国海运共有青年职工16 833人,其中青年团员7 451人,青年党员2 600人。中国海运设立团工委1个,集团直属单位共设立团组织20个,其中上海地区14个,广州地区3个,大连、海南、深圳各1个;成立团(工)委的15个,成立团总支的2个,成立团支部的3个。中国海运各专业公司的下属单位又分别设立各级团委20个,团总支27个,团支部698个。集团团干部队伍面临两个趋势:兼职化趋势,集团共有团干部950名,其中专兼职团干部11人,其余均为兼职团干部;兼职团干部不受转岗限制,出现交替缓慢的趋势,团干部年龄有待进一步改善。如集团和直属各单位团组织书记、副书记共有30人,年龄25~30岁9人,31~35岁10人,36~40岁7人,40岁以上4人。

2007年,中国海运团工委深入开展人文关怀工作。集团共有30多个团支部与离退休老干部党支部结对,27个团支部与离退休老干部个人结对。各级团组织根据老干部实际需求和兴趣爱好,创新活动形式,与老干部开展座谈、邀请老干部给团员青年上党课、组织团员青年上门慰问、组织老干部参观世博园区,在老干部与团员青年之间架起一座沟通感情、增进交流、互助互爱的桥梁。

2008年,受国际金融危机影响,航运市场出现周期性波动,集团改革发展经历跌宕起伏的变化。集团团委根据国内外市场发展变化,坚持每年向船岸广大团员青年发出倡议书,号召青年为集团改革发展多作贡献;邀请集团领导为团员青年作形势报告,分析航运市场走势和集团发展战略;组织开展"共话集团十年发展"和"继往开来、时刻准备"老干部与青年座谈会、"我与中海同成长"英语演讲比赛、"我为中国海运科学发展建言献策"金点子大赛等活动,引导团员青年加强学习、注重实践,为应对国际金融危机挑战和推动集团科学发展贡献智慧与力量。还先后开展"与祖国共奋进、与中海同前行""青春中海、扬帆远航""调结构促转型上水平,我是青年我先行""以青春之我奉献百年之中海"等主题实践活动,通过领导寄语、演讲比赛、辅导报告、座谈讨论、征文、征图等活动,用中国海运的宏伟事业凝聚广大团员青年,在推动集团发展过程中实现团员青年个人全面发展。

2009年、2012年,集团团委再次开展青年思想状况和共青团工作调研,深入调查分析集团共青团和青年工作现状,探索企业共青团工作和青年工作规律,查找自身工作中的不足,研究改进工作的思路和方法,努力构建共青团工作长效机制。

中国海运团委坚持每年评选表彰先进,"十二五"期间有9个集体被评为"全国青年文明号",32

图8-4-1 集团召开纪念五四运动86周年暨先进表彰大会(2005年摄)

个集体被评为中央企业、上海市、广东省级"青年文明号";6名青年被评为全国青年岗位能手,34名青年被评为中央企业、上海市、广东省级青年岗位能手和新长征突击手。

"十二五"期间,集团共青团组织结合船岸青年群体不同特点,通过举办培训班、座谈交流、现场教学、微信、海上课堂等形式,组织团员青年认真学习中共十八大精神和习近平总书记系列重要讲话精神,深入开展爱国主义教育和形势任务教育,开展"奋斗的青春最美丽"主题活动,积极培育社会主义核心价值观,引导青年正确认识经济新常态、适应新常态、融入新常态,充分认识"一带一路"倡议为集团发展带来的新机遇、新挑战。为深入开展"我的中国梦"主题教育实践活动,中国海运团委先后组织开展"转型发展,有我同行"主题PPT大赛、"中海文明,卡卡传情"电子贺卡设计大赛和"中国梦·中海情"微电影比赛等一系列活动。

在团员青年教育培训方面,集团团委和各级团组织充分发挥团组织的育人功能。各单位每年都招收大量应届毕业生,为企业补充新鲜血液。各级团组织坚持从源头着手,兼顾机关、船舶、一线不同青年群体的差异化需求,抓好新进员工的教育培训,上好踏上工作岗位的第一课;举办青年骨干业务讲座,引导团员青年在工作中学习、在学习中工作,为提升青年人才职业发展空间打下坚实基础。"十二五"时期,集团团委积极开展各类青年培训;以中海青年讲坛为载体,先后开展公文写作、古典音乐文化普及、新媒体应用等方面的培训和讨论,促进青年综合素质的提高。直属各单位积极配合人力资源部门开展入司教育、拓展训练等青年员工培训。中海散运举办"领跑青春"青年大讲堂;中海工业召开"向奋斗者致敬"上海地区劳模先进与团员青年座谈会,用劳模的示范效应鼓舞青年。

在青年中培养选树先进典型方面,中国海运团委坚持每年评选表彰青年文明号、青年岗位能手、青年安全生产示范岗、十佳青年、五四红旗团组织、优秀共青团员和优秀团干部,并加大宣传力度,在集团报刊专版报道。同时,举办先进事迹报告会、团员青年与驻外干部座谈会、援疆干部报告会,用身边事教育身边人,发挥先进典型的学习示范、技能示范、实践示范作用。"十二五"时期,中国海运团委进一步加强先进典型培养力度,进一步规范先进评选工作流程,大力挖掘在集团生产运营各条线、各岗位上涌现出的先进青年典型。如配合有关部门做好"最美一线员工——身边的小扁担"案例推荐工作,努力用身边的实例讲好发展成就、青春奋斗故事,充分展示中国海运青年良好的精神风貌,鼓励广大青年以实际行动响应"青春建功中国梦"的号召。

二、主题实践活动

集团各级团组织围绕集团的党政中心工作,通过"看得见、摸得着"的有形载体,运用具体活动形式,体现共青团工作对企业改革发展的积极贡献。

围绕集团创新创效工作,集团团(工)委和企管部坚持每两年举办一届青年创新论坛,鼓励船岸广大团员青年围绕市场营销、企业管理、安全生产、信息化建设、防海盗工作等方面进行交流和发表论文,支持广大团员青年不断深入思考,积极创新。上海船研所"智能研发中心综合业务收费平台"项目荣获中央企业青年创新奖银奖,"大桥防撞研究设计"等3个项目荣获2013年中央企业青年创新奖优秀奖。

围绕集团的安全管理工作,各级团组织以防碰撞、防污染、防海盗、防工伤为重点话题,开展"安全在我心中""安全无缺陷班组""百日安全无事故""我为安全生产献一计"等活动。中海集运、中海油运、中海货运加强过往亚丁湾海域防海盗应急演练,落实船舶团员青年防海盗责任,提升防海盗技能；大连海运（中海客运）团委组织开展"珍惜生命、确保安全"知识竞赛；中海国际团委以安全生产为主题开展青年船员岗位竞赛活动；上海海运船舶污水处理厂开展青年安全承诺活动；中海物流开展"安全生产月"知识竞赛和"119消防日"消防灭火技能竞赛，提高青年员工的安全知识和技能。

围绕集团转型发展战略，集团团（工）委和各级团组织根据不同时期的发展要求，先后开展"调结构促转型上水平，我是青年我先行""我为中国海运科学发展建言献策"金点子大赛、"与祖国共奋进、与中海同前行""以青春之我奉献百年之中海"等主题实践活动，通过领导寄语、演讲比赛、辅导报告、座谈讨论、征文、征图等形式，用中国海运的宏伟事业凝聚广大团员青年。

集团团委围绕履行社会责任，积极开展青年志愿者服务活动：

自2013年起，中国海运团委与云南永德团县委联合搭建了"浪花·心愿"一对一结对爱心助学平台，以永德团县委提供结对学生基本信息＋中海团委实地核实认证＋中海员工自愿结对资助的"1＋1＋1＞3"的方式为山里孩子铺就求学道路，这也是永德唯一一个针对中小学生开展的助学项目。短短3年时间，该项目成功为103名永德学生搭建一对一助学平台。很多资助人不仅按要求完成每月助学金的及时支付，还主动与结对学生建立联系，了解孩子的实际困难，定期寄送教辅书籍、学习用品。

"十二五"时期，中国海运团委选派志愿者代表赴云南永德开展社会实践；组织开展爱心义卖，充实"港湾"爱心基金；积极推进绿色环保活动，在中海工业长兴船厂开辟"中海青年林"。持续推进青年志愿服务活动，坚持学雷锋活动常态化，开展三月"志愿服务月"系列活动，依托微信公众平台开展"我志愿、我快乐"中海微讲坛，鼓励志愿者分享志愿活动心得体会。广州海运新海颐养院志愿者服务项目已形成品牌，吸纳广东药学院、城市职业学院等单位青年志愿者队伍加入，产生良好社会效应；中海散运"中海繁华"轮团员青年为亟须手术的船员家属组织自愿捐款；浦海航运徐敏同志圆满完成亚信峰会志愿者服务工作，受到上海团市委表彰，获评亚信峰会"杰出志愿者"，集团青年志愿者服务总队获亚信峰会"优秀志愿者团队"荣誉称号。

中国海运团委持续深化青年与老干部结对工作机制。与上海海运老干部处联合开展老干部与青年"忘年交"联谊活动，"重阳节"期间组织各结对支部广泛开展参观、慰问、座谈、赠送重阳糕等敬老、爱老活动，强化敬老意识，促进老干部与青年之间交流。上海海运、广州海运发挥地区优势，组织开展"和睦文明家庭、好子女"交流座谈会、"老少同乐、体验之旅"暑期夏令营等活动，营造良好的企业氛围。

三、基层团组织建设

中国海运团（工）委认真贯彻全国基层党建带团建工作座谈会精神和《关于进一步加强和改进中央企业共青团工作的意见》《上海共青团加强基层组织建设和基层工作方案》要求，从组织建设、团干部队伍建设、团员队伍建设和信息化建设四个方面入手，不断加强基层团组织建设工作。中海油运团委以开展基层组织建设试点工作为契机，规范和细化船舶团支部工作细则；中海国际团委按照船舶"三管"要求，与各船公司团委积极配合，认真做好共青团工作移交和衔接，确保各项工作不断不乱；上海海运、广州海运、大连海运、中海海盛和驻深圳地区团工委切实发挥属地管理职能，不断增强所在地团组织的凝聚力和战斗力；中海货运、中海船务推广《共青团支部工作手册》，进一步加强船舶团支部和基层网点团支部建设。中海工业、中海投资等单位积极探索外来务工群体团组织建设，扩大团组织覆盖面；中海信息协助集团团委加强"青年之家"网络阵地建设，努力把网站建设成集团共青团组织开展工作和活动的重要平台。

2003年，中国海运团工委创建"五四红旗团组织"活动覆盖面进一步扩大，直属单位团组织都建立和完善"五四红旗团组织"评比表彰机制，发挥团组织团结青年、凝聚青年的作用。中海集运在八大片区成立后，及时建立健全团组织，并制定相应的工作制度；中海油运制定下发船舶共青团工作实施细则，指导各船舶更好地开展共青团工作；中海物流、中海船务等单位不断完善各网点的团组织设置，力争消除工作空白点。广州海运团委被中央企业团工委授予2002年度中央企业"五四红旗团委"，大连海运团委被列为"创五四红旗团委"单位。有5家单位被集团团工委授予"集团五四红旗团组织"。

在创新团建工作方面，中国海运团工委积极参加上海市港航单位网格化团建，与港务、海关、海事等17家港航口岸单位联合，共同举办学习中共十七大精神报告会、青年文明号长培训、港航青年论坛、青年文明线共建等活动，并以座谈、研讨等方式就项目协作、资源共享、团建交流等方面进行探讨，服务上海国际航运中心建设；加强与虹口区团委的区域合作，通过青年联谊、志愿者服务、与街道团组织文明共建等方式，发挥区域团建优势，扩大团建工作的覆盖面和影响力。各基层团组织加强与行业或所在地街道团工委的工作联系，如中海集运团委与锦州市团委共建，中海空运团委参加虹桥开发区团建联席会，上海海运、中海结算中心等单位团委与提篮桥街道团工委加强沟通协作，中海工业团委与学校团组织共同开展文体活动等，在共享中共建，在共建中共享。

在基层组织建设创新方面，中海国际团委主动与船舶调配员沟通，确保主营船舶、自管船舶建团率达到100%，市场船舶有条件的也尽量成立团支部。各船公司结合船舶生产经营特点，组织开展各项活动，并加强跟踪指导，工作中坚持在船舶套派前与政委进行工作沟通，与团支部书记谈话，明确工作要求和职责。上海海运团工委试行委员基层联系点制度，加强对基层团组织的工作指导，上下互动，激发基层组织活力；中海投资团委，以"组织找团员"的方式，将各箱厂外来务工青年中的300多名团员纳入团组织管理范畴，通过组织凝聚、活动凝聚、服务凝聚，加强团员意识，发挥青年先锋模范作用。通过组织选举产生一名外来务工团员参加连云港市团代会，在增强外来务工团员民主意识和团员意识上作有益尝试。

"推优工作"是共青团的一项重要工作。中国海运团工委和集团组织部于1998年共同制定下发《推荐优秀团员青年作党的发展对象工作规范》，2006年对其进行修订，对"推优"入党的对象与条件、原则与程序、责任与分工、组织与领导等方面工作进行明确规定；集团直属各单位都结合实际制定了本单位推优工作规范，以"一线、一流、青年"为主体，加大"推优"工作力度，完善"推优"工作程序，不断提高"推优"数量和质量，积极向党组织输入新鲜血液，使"推优"工作成为党组织发展青年党员的主要渠道，使共青团员成为党组织发展青年党员的主要来源。2014年，以"一线、一流、青年"为重点，加大"推优"工作力度，年内共推优136人，其中有96人经推优加入党组织，为优化党员队伍结构，提升党组织活力发挥积极作用。"十二五"期间，中国海运共有1675名团员青年经推优加入党组织。各级团组织认真贯彻落实《关于做好举荐优秀青年人才工作的意见》，坚持推荐和培养并重，中海油运团委加强青年人才库建设，积极开展竞争上岗；中海工业团工委组织青年攻读上海交大在职工程硕士；中海国贸团委组织青年员工报考航运经纪人执业资格考试，通过率达到100%。

2011年，中国海运团委紧紧抓住全国基层党建带团建工作座谈会和中央企业青年工作会有利时机，以"调结构促转型上水平　我是青年我先行"为主题，以"争创先进团组织、争当优秀共青团干部"为主要内容，全面推进创先争优活动。在活动中注重培育先进集体和先进个人，用青年喜欢的方式和路径对青年典型进行宣传,用身边事教育身边人,带领广大团员青年在实践中受教育、长才干、作贡献、同发展,把创先争优活动的成效体现在做好各项工作、推进企业科学发展中。以加强船舶团支部建设为重点,加大基层团支部建设力度。中海集运、中海油运、中海货运、中海客运、中海海盛等船公司团组织加大对船舶共青团工作的指导,抓好船舶团建工作,配强船舶团支部书记,确立工作目标、内容、方式和机制,充分发挥船舶团支部在促进船舶安全生产、调动船舶青年积极性、推动船舶文化建设等方面的作用。中海国际、中海投资、中海空运等公司的团组织外来务工青年较为集中,其积极探索流动团员管理的有效办法,扩大工作和活动的覆盖面。

集团团委坚持新上岗团干部谈话制度,加强学习型团干部队伍建设,组织集团级团委书记培训班和第2期基层团干部培训班。大连海运团委组织大连地区的团干部培训班,上海船研所团委组织团干部参观"中国救捞创建60周年"成果展示,等等,通过课堂教学和实地参观等形式,引领各级团干部牢固树立勤于学习、善于学习、终身学习的思想,在建设学习型企业中始终走在青年前列。同时,集团团委通过"网格化"团建、协作组交流等形式加强与各兄弟单位的交流,学经验、学长处,以提高各级团干部的管理水平和工作能力。同时,进一步规范团的基础工作。认真做好组织统计、团费收缴、"三会一课"、评选表彰、信息档案等常规工作,规范管理,夯实基础。

2012,各级共青团组织以创新创效为主题,深入开展"号、手、岗"活动,发挥团员青年的生力军和突击队作用。以职业道德建设为主线,以岗位成才、岗位创优为主要内容,在团员青年中开展"争创青年文明号、争当青年岗位能手"和创建"青年安全生产示范岗"活动,先后举办两期青年创新论坛,激发青年创新热情,引领青年发扬爱岗敬业的职业精神,养成诚实守信的职业道德,立足本职创造一流的工作业绩,有力地促进企业生产经营管理水平。全年表彰青年文明号12个,青年安全生产示范岗26个,青年岗位能手34人,优秀团干部16人,优秀团员22人,"五四红旗团组织"11个,"五四红旗团组织"创建单位7个;有16个集体、10名个人荣获中央企业、上海市、广东省级先进称号。中国海运团委积极参与"港航青年文化节"和青年交友专场活动,不断延伸团的工作手臂。加强与各在沪中央企业团组织工作联系,积极参与"相约在冬季"青年联谊活动,搭建青年交流经验、分享感受、增进友谊的有效平台。

2012年,中国海运团委按照团中央的要求和中央企业团工委、上海团市委的具体部署,在广泛开展调研的基础上,组织编写了《中国海运青年思想引导手册》,对与青年思想、就业、教育、住房、婚恋、生育等各方面相关的法律、法规、制度、文件进行了整理汇总,用简单明了的条线,疏导青年思想的困惑,用实实在在的制度,解答青年关心的问题,引导不同类别青年正确认识自身所处的环境、面临的机遇与挑战,理性分析企业发展形势,更好地认知自我,准确定位,坚定与企业同发展、共奋进的信心和决心。五四期间,团委组织召开中国海运第二次团代会,对集团团委进行换届选举,并以此为抓手,进一步推进基层团组织建设。按照《关于进一步加强和改进中央企业共青团工作的意见》要求,结合集团"创新驱动、转型发展"实际,做好部分单位团组织隶属关系的调整。

集团团委加强特色化组织建设。根据下属公司分布情况,在广州、大连、海南等地,积极推行属地化团建,以一家牵头单位为主,带动地区整体团建;结合驻深地区下属单位数量多,规模相对较小的特点,成立驻深团工委,开展俱乐部式团建;针对航运企业青年点多、面广、线长、流动性大的特点,在船舶建立流动团支部,加强船舶团青工作。注重加强对团干部的培训教育,继续推进分级分层培训,重点加强基层一线和船舶团干部的培训,先后组织各级团干部参加全国少数民族团干部培训班,中央企业团干部英国考察班,中国优秀青年访韩研修团,上海市新上岗团委书记、团支部书记培训班,全国交通系统青年文明号负责人培训班,中国海运团干部培训班,不断提高团干部服务大局、服务企业和服务青年的本领,全年共培训团干部86人次。

2013年,中国海运团委以创新创效活动推进精细化管理水平提升。自2007年起,坚持每两年举办一届青年创新论坛,鼓励船岸广大团员青年围绕市场营销、企业管理、安全生产、信息化建设、防海盗工作等方面积极创新,共有83篇论文获表彰,19篇论文公开发表,有效激发青年的创造激情和创新热情,促进青年创新成果转化为实际生产力。其中,上海船研所"智能研发中心综合业务收费平台"项目荣获中央企业青年创新奖银奖,"大桥防撞研究设计"等3个项目荣获中央企业青年创新奖优秀奖。

2014年,中国海运团委会同中央企业第八协作区国航集团、东航集团、南航集团、中国远洋、中外运长航、国投集团等13家央企,联合举办"奋斗的青春最美丽"央企青年走基层分享活动,用来自不同单位、不同岗位青年先进典型的感人事迹鼓舞青年、激励青年,加强社会主义核心价值观教育。中海国际团委举办"我和国旗合个影,我为祖国点个赞"爱国主义教育活动,船舶团员青年通过在不同航线、不同港口与国旗的合影,表达心中对祖国的挚爱。

2015年,中国海运团委为使广大团员青年投身集团多元化、国际化人才队伍建设,展现英语语言才能,举办青年英语风采大赛。自7月起,历时3个月,共有来自集团各单位的58名团员青年参加初赛,其中15名佼佼者入围决赛。在决赛的现场展示环节,各位选手围绕"改革创新青年先行"这一主题,以精湛的英语口语,为在场的观众带来一场精彩激烈的演讲比赛,彰显了中海团员青年的魅力与风采。通过此项比赛,进一步展示了中海青年改革创新的理念,深入挖掘了具有英语专长的青年人才,充分调动了广大团员青年的热情,在集团上下营造了学习英语、使用英语的文化氛围。

2015年,中国海运团委全面梳理前四届青年创新论坛成果运用情况,组织开展第五届青年创新论坛。青年创新论坛开展以来共收到创新论文210篇,参与撰写的青年266人次,最终评选获奖论文86篇,40余篇优秀论文得到公开发表。据不完全统计,获奖作品的实际应用率达73%,产生可量化经济效益达43.4亿元。广大团员青年积极参与"我为改革献良策"活动,共征集合理化建议950余条,有效提高青年参与企业管理的工作热情。

截至2015年10月底,中国海运各单位团组织开展各种形式的创新创效活动共计38次,参与人数5 009人,为青年搭建了展示才华的舞台,也丰富团员青年的业余文化生活。在组织各种形式的青年创新创效活动之外,中国海运积极鼓励各下属单位成立青年创新工作室,充分发挥共青团组织的资源整合作用和优秀青年技术技能人才的示范带动作用。

表8-4-1　2015年共青团中国海运(集团)总公司委员会团员、青年人数情况表

青年人数	35周岁及以下	18 012人
	其中14~28周岁青年	9 977人
团员人数	团员	7 863人
	其中保留团籍的党员	1 327人
团干部人数	团干部	1 962人
	其中专职团干部	2人
	其中兼职团干部	1 960人

说明:各项数据截至2015年10月30日。

第九篇 企业文化与社会责任

概　　述

中国海运集团组建后的18年间,始终坚持以"爱我中华、勇创一流"企业精神为核心,打造中国海运企业文化,以大型国有企业的责任担当与奉献精神,积极履行社会责任;对内,以积极向上的企业文化凝聚人、激励人、培育人;对外,以大爱无疆的家国情怀塑造"CHINA SHIPPING"的品牌形象;让企业文化与社会责任成为企业可持续发展的引擎。这已成为企业全面发展的一个鲜明特征。

在企业文化方面,中国海运始终注重整合创新企业历史文化资源,不断加强和推进企业文化和精神文明建设,使优秀的企业理念在实践中不断得以提炼和深化,形成"海"味浓厚、"中海"特色与时代特征显著的企业文化;总结和提炼出管理文化、安全文化、服务文化、廉洁文化、制度文化、风险文化、品牌文化、团队文化、和谐文化等多种细化的文化,形成一套完整的企业文化体系;从战略高度进一步认识转变企业经营理念的重要性,逐步树立与市场经济体制相适应的价值观,提炼和培育鲜明的企业宗旨、发展理念和经营战略,以丰富企业文化的内涵,使之成为推动企业改革发展的思想先导,成为企业发展的核心竞争力。

在企业文化建设中,中国海运不断完善企业文化建设机制,制定《中国海运"十二五"企业文化建设规划》,坚持每年召开企业文化建设推进大会,制定《中国海运机关员工行为规范》《中国海运船员行为规范》等制度,充分发挥《海运报》《中海通讯》《中海文萃》等报刊宣传窗口作用,使之成为企业文化宣传的重要载体;组织上海、广州、大连三地文艺汇演活动及职工体育比赛活动,组织多次大型对内对外专题宣传报道活动;举办"爱国歌曲大家唱"职工群众文艺汇演。集团所属企业根据自身特点,因地制宜,持续开展企业文化活动,形成影响员工价值取向和行为方式的文化理念,弘扬激励广大员工奋发向上的企业精神。

在社会责任方面,中国海运在创建自身效益的同时,还把社会责任、社会效益的理念融入日常经营管理当中,把服务社会作为责无旁贷的使命。集团坚持以大局为重,坚决贯彻中央和国务院的战略部署,发挥大型国有航运企业的骨干作用;坚持国家利益至上,为国家和地区经济发展提供可靠优质的运输服务。在承担"海运强国"国家战略使命方面,中国海运着力保障国家重要物资运输,特别是在电厂煤炭运输保障上作出重要贡献;积极拉动沿海沿江经济;积极支持国家重大海洋及航海科学实验;积极助力上海国际航运中心建设。在大力推动绿色航海方面,中国海运坚持优化船队结构,打造绿色船队;实施经济航速,开展绿色航海;推动改造升级,强化绿色技术;健全能效管理体系,开展绿色管理;加强环保研发,坚持绿色创新。在积极援助救灾献爱心方面,中国海运总是在国家与人民最需要的关键时候,挺身而出,为社会公益作出积极贡献,有效促进和谐社会的发展;从1998年抗击长江洪水灾害捐赠,到2008年汶川地震救灾,从对口帮扶云南永德县、新疆柯坪县,到营造公益活动志愿者文化,都显示中海人"一方有难、八方支援"的大爱襟怀和担当精神。

在开展海上救助与国际援助方面,从18年间救助过多艘国内外海上遇险船舶,到2011年参与日本大地震救援活动;从积极赞助罗马尼亚、英、意、荷等国的海外慈善基金、慈善项目,到2014年参与马来西亚航空公司MH370客机失联后的搜索行动,中国海运始终以负责任的中国企业形象,坚持国际化经营与履行社会责任相结合,实现企业与当地社会和谐发展,赢得国际社会和当地各方的尊重和信任。

第一章　企 业 文 化

从中国海运发展历史上看,自接管招商局、招商船员起义,到抗美援朝、抗美援越;自艰苦创业、壮大海运,到改革开放、艰难发展,三大海运局与中华人民共和国同步走来,每一步都支撑起中国海运事业的脊梁,奠基和丰富着中国海运企业文化。在艰苦奋斗和创新发展中形成的"爱我中海、勇创一流"企业精神,成为中国海运从合并组建,到文化融合,再到跨越发展的强大精神动力。

第一节　企业文化建设

一、企业文化体系

1978年始,随着改革开放的逐步推进,上海、广州、大连三大海运集团等大型国有航运企业均坚持不懈地开展多种形式的企业文化建设,使历史悠久的航运文化在新时期得到继承和发扬光大。至1996年,三大海运集团均已形成具有不同特色的本企业文化体系。

中国海运组建后,原来上海、广州、大连三大海运集团丰厚的企业文化底蕴,为中国海运企业文化的起步和发展提供坚实的基础。自企业成立始,集团一直高度重视企业文化建设,将加强企业文化建设视为建设世界一流航运企业的重要组成部分,在改革发展实践中不断总结、提炼、升华原有的企业文化。根据中国国情及航运企业特点,集团兼收并蓄国内外企业文化先进理念,努力探索和积极实践具有中海特色的企业文化新路,整合创新企业历史文化资源,不断加强和推进企业文化和精神文明建设,充分发挥思想政治工作研究会作用,使优秀的企业理念在实践中不断得以提炼和深化,逐步形成"海"味浓郁、"中海"特色强烈,时代特征明显的企业文化,并被广大员工认知认同,在行业内和市场内的品牌影响力不断提升。

1997年,中国海运组建伊始,即借助上海、广州、大连等海运集团丰厚的企业文化底蕴,在广大职工中广泛征集符合中海特色、中海企业精神的司歌。1998年,经过筛选,《我和祖国一起远航》正式定为中国海运司歌。司歌主旋律体现中海人艰苦奋斗、无私奉献、报效祖国、发展海运的精神,体现中海人建设世界一流航运企业的勇气和信心。

2004年8月,集团正式确立体现时代特色、具有航运特征的核心价值观:"诚信四海、追求卓越"。从战略高度进一步认识转变企业经营理念的重要性,逐步树立与市场经济体制相适应的价值观,提炼和培育鲜明的企业宗旨、发展理念和经营战略,丰富企业文化的内涵,使之成为推动企业改革发展的思想先导。中国海运根据航运服务的特点,以"严管善待、优质高效"为企业的管理理念,建立严格、科学的精细管理体系,使之贯穿企业管理活动的全过程;以尊重人、理解人、关心人为准则,最大限度地发挥全体员工的积极性和工作潜能;以工作高效率,生产高效能作为企业管理活动的价值取向;以出精品,创品牌,优质服务作为企业管理成果的衡量标准;以安全无重特大事故为企业安全管理的重要目标;以"爱中海、有思路、能干事"为企业员工管理的基本准则;有效规范管理行为,促进企业的管理升级。

2008年,集团编制印发《中国海运2008—2010年企业文化建设规划》,提出通过"实践年""推进年"和"提高年"3年努力的计划和目标,力争"在2010年基本形成适应中国海运'十一五'改革发展要求,具有航运特点、中国海运特色并逐步成为被广大员工认知认同的企业文化体系"。经过3年多的不懈努力,企业文化的各项工作在集团各层面得以推进和提高,集团上下对企业文化的认识进一步增强,一些优秀的企业文化理念潜移默化地影响着员工的价值取向和行为方式,企业文化内聚人心、外树形象的作用已清晰显现。为不断完善企业文化建设机制,推进文化建设的开展,集团又及时制定《中国海运"十二五"企业文化建设规划》。

经过多年不懈努力,集团通过总结、提炼、细化,形成一套完整的企业文化体系,培养"诚信四海,追求卓越"的企业核心价值观;从而推进全系统各单位企业文化建设各具特色、平衡发展。企业精神的凝聚,体现中海人建设百年中海和世界一流航运企业的勇气和信心,为企业做强做大、实现又好又快发展提供不竭的精神动力。

为强化对文化建设的领导,集团不断完善企业文化建设制度和机制,根据企业的发展和领导人员变动,多次调整和充实集团企业文化建设领导小组,多次召开企业文化建设领导小组专题会议,坚持每年召开企业文化建设推进大会,适时制定《企业文化建设规划》和《中国海运机关员工行为规范》《中国海运船员行为规范》等制度,经反复讨论、修改,在职代会上通过,成为集团企业文化建设的规范性文件。集团还注意总结提炼企业核心价值体系,经过多年不懈努力,逐步形成"爱我中海,勇创一流"的企业精神。

二、企业理念与企业标志

【企业精神】

爱我中海,勇创一流。

"爱我中海",体现每个中海人以企业为荣,为CHINA SHIPPING而自豪的敬业精神,立足本职、服务社会的无私奉献精神;"勇创一流",是中海人勇闯市场、顽强拼搏、自强不息的创业精神,放眼世界、创优图强的进取精神。中国海运在发展,时代在发展,中海"企业精神"的内涵随之不断丰富发展。

【企业核心价值观】

诚信四海,追求卓越。

中国海运成立后,以"诚招天下客,誉从信中来"为信念,以诚信拓展市场,以诚信赢得客户信任,以诚信铸就中海品牌;中国海运的员工,特别是广大海员经受大海的熏陶和风浪的洗礼,铸就坚忍不拔的意志,锤炼艰苦奋斗追求卓越的品格,形成把宏伟目标与脚踏实地工作作风紧密结合,始终保持一种危机感、紧迫感、责任感,不断攀登新高峰的价值观。"诚信四海,追求卓越",是中国海运又好又快发展的内在动力,是建设世界一流航运企业的精神支柱。

【企业愿景】

百年中海,世界一流。

建设百年中海、世界一流,是中国海运发展持续性、战略长远性、文化传承性、目标延续性的充分体现,是4万中海人共同努力并为之奋斗的目标。打造一个长盛不衰、基业长青的具有世界一流的航运企业,不仅是一个时间概念,也是一个发展质量概念,更是一种信念、使命和价值追求,是一个战略指向,是一个不断探索、坚忍不拔的前进动力。

【企业使命】

安全,优质,高效,绿色,为客户创造价值,为社会和谐服务。

安全,优质,高效和绿色,概括中国海运的品牌含义,体现中国海运的服务理念和服务承诺。中国海运致力于维护客户利益,服务于社会,并以此为企业科学发展的根基。

【企业标志】

企业标志是代表企业形象、特征、信誉、文化的一种特定符号,是对企业整体形象的浓缩与表现,是企业目标、企业哲学、企业精神等的凝聚与载体,是视觉基本要素中基础、最主要的要素。中国海运的企业标志由中国海运的英文"CHINA SHIPPING"的第一个字母"CS"变形组成的一个"中"字形,图形标志为蓝色。由中英文结合而成的标志图形,寓意中国海运是一个跨国界的国际化经营的综合性企业集团,变形的"中"字既象征着中国海运是"中字号"大型国有企业,又寓意中国海运如一艘乘风破浪、勇往直前的巨轮;蓝色代表着大海,既意味着中国海运是海上运输企业,又反映了中海人"爱我中海,勇创一流"的企业精神,传达出中国海运秉持的"诚信四海,追求卓越"的核心价值观。

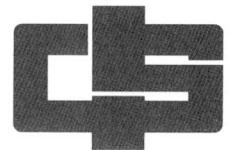

图9-1-1 中国海运集团企业标志

【司歌】

2001年5—8月,中国海运在全体职工中开展集团司歌歌词征集活动,入选司歌经评审组认真评审筛选、反复修改,在2002年集团工作会议暨职工代表会上征询与会代表意见,并邀请专业人士作进一步修改,完成谱曲。

司歌《我和祖国一起远航》歌词:

心随海鸥翱翔,情系巨轮乘风破浪。人生无悔青春闪光,跨越碧海茫茫,我和祖国一起远航,托起希望的太阳,希望的太阳。

牵手五洲四洋,肩负亲人的期望,甘于奉献,勇于拼搏,风雨锤炼刚强,我和祖国一起远航,谱写蓝色的乐章,蓝色的乐章。

(副歌)啊!中海中海,我的一叶神州;中海中海,中国海运的脊梁,我爱你地久天长,地久天长;我为你再创辉煌,再创辉煌。

三、企业文化主题活动

【"树新风创一流"活动】

2003年,总裁李克麟在"新青岛"轮上检查工作时发现船风船貌存在问题,联系到当年集团PSC检查有9条船被滞留等现象,从一个侧面反映集团在快速发展过程中还存在许多问题,如抓基层、抓基础工作不够,必须采取措施,来提高企业的整体素质和管理水平。由此,开展"树新风、创一流"的主题活动应运而生。

2004年年初,中国海运开展"树新风,创一流"主题活动。广大船岸干部职工,"对标"国内外先进企业,确立"诚信四海,追求卓越"的集团核心价值观,把开展"树新风创一流"主题活动作为创建

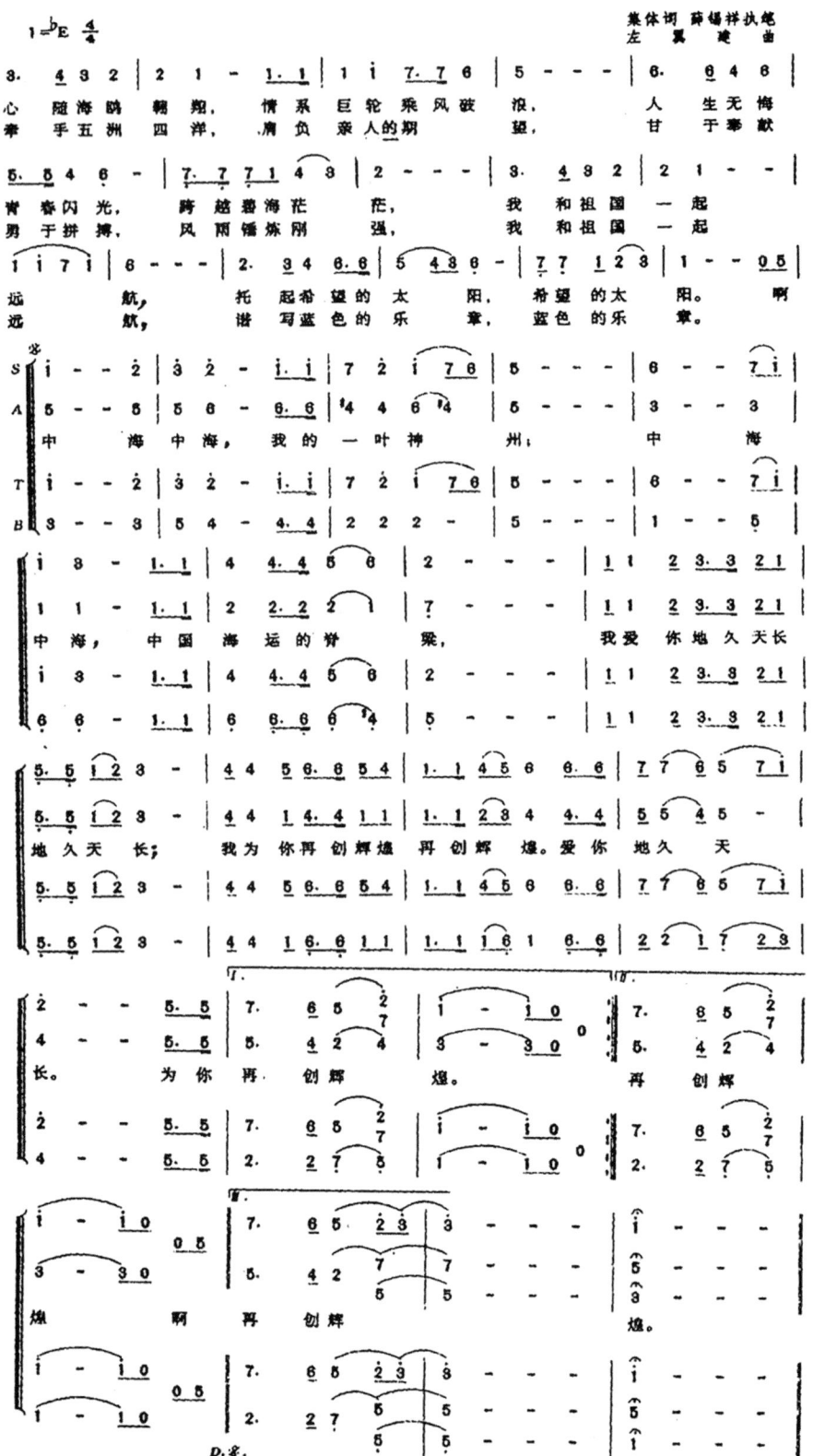

图9-1-2 中国海运司歌《我和祖国一起远航》简谱(2002年创作完成)

世界一流航运企业、打造一流企业文化的精神动力。

2004年1月29日,春节后上班第一天,集团党组书记李绍德主持召开"树新风、创一流"主题活动工作小组第一次会议。接着,在年初的集团党政工作报告中,对此项活动作为重点工作进行部署。

"树新风、创一流"主题活动是中国海运经过7年发展正向世界一流航运企业迈进时,酝酿已久的活动。集团把这项主题活动作为企业文化建设的重要抓手。集团党委对开展"树新风、创一流"活动提出6项要求:一要真抓实干,务求实效;二要加强组织领导;三要突出重点,兼顾全面;四要典型引路;五要制定整体规划;六要加大宣传力度,形成浓厚的活动氛围。并要求各单位在开展"树新风、创一流"主题活动中,摸清"家底",选好切入点,根据自身特点开展活动,制定出活动的总体规划和阶段目标,突出重点,树立典型,形成一个"比学赶帮超"的良好局面。

2004年2月16日,集团党组发出通知,要求对全系统广泛深入开展"树新风、创一流"主题活动,做出全面规划,并通过活动激发广大干部职工的智慧和激情,将之化为建设世界一流航运企业的具体行动。

这次活动的指导思想是:以"三个代表"重要思想为指导,以建设世界一流航运企业为目标,以全面完成2004年两个文明建设各项工作任务为重点,通过开展"树新风、创一流"主题活动,切实体现新的作风、新的气象、新的面貌,培育和造就"从我做起,奋发向上,争创一流,永无止境"的企业氛围,集中展现中海人"诚信四海,追求卓越"的精神境界。主题活动的内容主要体现在一流的管理、一流的效益、一流的服务、一流的文化、一流的船风船貌和一流的职工队伍六个方面。主题活动把企业经营管理工作与党建和企业文化工作紧密结合在一起,重点解决本单位、本部门存在的一两个突出问题。

"树新风、创一流"主题活动开展的时间为2004年全年,重点是运输船舶;陆岸单位根据实际,有针对性地开展活动。整个活动分为3个阶段:第一阶段是宣传发动阶段,时间为第一季度;主要任务是部署动员,制订计划,舆论宣传,营造氛围,突出重点,形成阶段目标。第二阶段为组织实施阶段,时间为第二、三季度;主要任务是形成工作突破口,从船风船貌入手,从加强管理着眼,不断丰富和拓展主题活动的内涵和外延,突出解决船舶一两个重点问题,初步形成一批各具特色的先进典型。第三阶段时间为第四季度,是总结交流阶段;主要任务是总结前阶段主题活动工作,重点解决存在的薄弱环节和短板问题;并以典型引路,加强示范引导,形成先进典型层出不穷的局面。在此基础上,集团适时召开总结交流会议,并在2005年党组工作会议上对开展主题活动中涌现出来的示范船舶和先进集体等进行表彰。

集团党政领导高度重视此项活动,先后4次召开集团"树新风、创一流"主题活动和深化对标工作的推进会、交流会,提出抓好"三船"的要求,即责任是船公司,重点是船舶,关键是船长。

2005年9月21日,集团召开深化"对标"工作交流会。李克麟总裁在会上强调:深化"对标"工作,是实现世界一流航运企业目标的重要途径;要求各单位通过开展主题活动和"对标"管理,以"对标"工作为载体,结合学习贯彻中央十六届四中全会精神,持续深入开展"树新风、创一流"主题活动,进一步促进各项工作健康、持续、协调发展;以优异成绩全面完成2004年全年及"十五"期间各项奋斗指标;使集团在管理能力、经营理念、创新思维上与建设世界一流航运企业相适应;为企业发展创造良好的大环境,努力实现中国海运集团新一轮的发展。

主题活动的重点落实在船舶。各船公司、各所属船舶,积极投入"树""创"活动中,力求抓出实效,抓出特色,由此促进船舶管理水平的提高,并涌现出一批标杆船、示范船、特色船。其中有中海货运积极争创一流的"长建"轮、中海集运基础管理出色的"向津"轮,中海油运创建"学习型船舶"的"枫林湾"轮,中海客运开展优质服务打造旅客"安全温馨"之家的"海洋岛轮"等。这些典型船舶起到榜样引路、典型示范的带动作用,在集团内形成船岸互动、你追我赶、创优争先的局面,集团所属船舶努力争创一流,形成良好的船风船貌。

此次活动中,各家船公司加强机关管理和船舶管理。集团总部和船舶公司、船员公司的机关管理人员深入一线,了解船舶、关心船员,积极做好服务工作,充分调动一线员工的积极性。各陆岸单位也在"树新风、创一流"活动中,结合实际,制定活动规划,有针对性地采取措施,切实解决好企业一两个突出存在的问题,并形成各自的活动特色。

2005年12月21日,集团召开"树新风、创一流"主题活动总结表彰大会,对10艘先进船舶,42名优秀船长、轮机长、政委和机关干部,4个管理先进集体进行表彰。

【弘扬"小扁担精神"活动】
杨怀远,1960年退伍到上海海运局工作,后历任"民主5"轮、"长柳"轮和"长山"轮服务员,"民主5"轮副政委、政委,"长征"轮政委等职。杨怀远在平凡的岗位上把当好一名客运服务员作为全心全意为人民服务、施展个人才华、体现人生价值的理想,20多年间,坚持用小扁担义务为旅客送行李,为旅客做好事无数,其精神被誉为"小扁担精神",在企业内外广泛传诵,曾受到毛泽东、邓小平、江泽民等党和国家领导人的接见,1985年荣获全国劳动模范称号。

杨怀远从服务工作的"扫、倒、拖、揩、端、送、洗、刷"中总结出"亲、勤、和、迎、访、送"的服务经验,独创一套语言服务和心理服务学。他刻苦钻研心理学、社会学,掌握航海、地理、气象、民俗、医药、烹饪、哑语、外语等相关知识,成了一名"全能服务员"。他不断总结经验,创造性地改进许多服务手段,还用他独具特色的生动语言,归纳、概括许多反映服务规律的经验,著有《讲点服务学》等书。杨怀远退休后,仍心系客船,担任客运服务顾问,继续探索适应社会主义市场经济需要的服务学,培养出一批青年服务标兵。杨怀远还是精神文明的宣传员,通过宣传、传播社会主义精神文明,让"小扁担精神"代代相传。

2009年,中央宣传部、中央组织部、中央统战部等部门联合组织开展评选"100位为新中国成立做出突出贡献的英雄模范人物和100位新中国成立以来感动中国人物"活动,中国海运退休职工杨怀远光荣入选。同时,杨怀远还被中华全国总工会评为"时代领跑者——新中国成立以来最具影响力的劳动模范"。

2013年4月15日,集团直属党委发出通知,开展"传承杨怀远'小扁担精神'、铸造新时期中海文化"系列活动;广泛宣传杨怀远为人民服务的感人故事,深入挖掘"小扁担精神"的精髓,通过搭建平台,将"小扁担精神"与企业拼抢市场、企业文化建设等实际相结合,挖掘新时期中海"小扁担精神"新的内涵,让"小扁担精神"不断深入人心,发扬光大。

在开展弘扬杨怀远"小扁担精神"活动中,集团首先进行广泛宣传,整理、发掘杨怀远更深层为人民服务的感人故事,让广大职工,尤其是青年员工全面深入了解杨怀远的"小扁担精神"。在集团《海运报》开设杨怀远故事专栏,讲述杨怀远为人民服务的感人故事,大力宣传杨怀远的优秀事迹;利用集团网站、展示厅等内部媒体,通过专题专栏、视频播放、实物陈列等多种形式,全方位展示"小扁担精神"。同时,组织发动员工对"小扁担精神"进行讨论,深入剖析"小扁担精神",围绕"在岗位工作中如何传承'小扁担精神'"主题开展征文活动;组织并举办企业营销等不同类别人员的专题座谈会,就如何传承"小扁担精神",如何为客户提供个性化、差异化服务等进行深入研讨,揭示"小扁担精神"在企业中的现实意义。集团团委通过举办青年论坛,利用微博、微信等新媒体,围绕"学习传承'小扁担精神',我该怎么做"的主题,发动团员青年开展讨论,对小扁担精神应该"学什么,怎么学"进行深入探讨。中海集运所属船舶广泛开展"学习杨怀远、挑起小扁担"活动,"新欧洲"轮把创先争优、学习杨怀远活动融入船舶日常管理中,青年船员在做好本职之外,还积极参加船员生活区卫生清洁、厨房义务劳动等工作。"新亚洲"轮船员把学习"小扁担精神"化为提升船舶管理水平的实际行动,提出"在岗一分钟、责任六十秒"的口号,学业务,练技术,保航行,为船舶在跨洋航行、复杂水道、季节性天气变化等情况下的航行安全加固一道屏障。

【中海集运打造"学习型文化"】

自2007年开始,中海集运着力打造企业的学习型文化。在这一工作中,公司领导干部带头坚持学习,以此带动全体员工努力学习,不断进步。中心组学习,即公司总部及下属各口岸公司各级领导班子学习是创建学习型文化的重心。

2009—2015年间,中海集运及各口岸公司坚持不断完善中心组学习制度,细化学习要求和学习形式,同时明确考核办法,加强对各口岸公司中心组学习情况开展督查,将中心组学习情况作为各单位"四好"班子评比的重要考核内容等。按照建设学习型领导班子、打造学习型企业文化要求,中海集运结合公司的实际,制订年度学习计划并做出阶段性学习安排,明确学习内容和要求。以领导班子学习促进公司机构调整和发展转型,以创建学习型企业、学习型个人为抓手,抓好学习的系统性和针对性,不断创新学习载体,拓宽学习形式,丰富学习内容,重点学习企业发展转型的新理论、新实践和党建工作的新探索、新动态,在注重知识和信息获取的同时,不断提高思辨能力和创新意识,力求学以致用,以学促用,进一步提高统领全局、驾驭复杂局面的能力,持续增强引领科学发展的综合决策能力与素质。

2007—2015年,中海集运领导班子全体成员每年都要分批参加集团举办的领导干部培训班,提高科学决策意识和能力。选送领导班子成员参加国资委干部教育培训中心、国家会计学院、中国大连高级经理学院等培训机构举办的培训班,如国有企业总会计师岗位培训班、企业领导人员新会计准则研讨班等。公司领导班子成员还坚持利用业余时间学习,全面提升思想政治素质、科学文化素质和业务素质,努力将能力培养贯彻于自主培训的全过程。2008年,公司总经理利用休息时间,攻读中欧国际工商管理学院EMBA课程,系统学习现代企业管理与战略决策的前沿知识,还在中心组学习中与其他班子成员以及公司中层领导干部分享学习成果,有效促进领导班子决策能力的共同进步。在公司领导带动下,公司中层以上员工经常利用周六时间将一些企业面临的重大决策进行探讨,并逐步常态化,把周六专题会打造成为公司的EMBA学习课堂和公司预决策平台。

在中海集运各级领导班子带动下,全体员工的学习热情不断高涨,学习型文化氛围日益浓厚。从2009年年初开始,旗下的天津公司开展"以深化大客户营销、巩固口岸龙头地位,调结构,促转型,提高口岸综合竞争力"为主题的系列专题研讨。公司分管领导对部门工作汇报进行有的放矢的点评,肯定优势,分析短板制定措施。最后由公司总经理结合近期工作要求和未来发展规划对该部门各项工作提出一系列前瞻性的要求。与此同时,天津公司还通过《新闻简报》《干部培训简报》《支部书记培训简报》等内部刊物形式,在全公司开展加强学习与市场营销的大讨论,这些内部刊物遂成为推动全员学习、打造学习型文化的重要抓手。这样的专题讨论和学习方式,紧扣基层一线实践,涵盖知识容量大,进一步拓宽广大干部员工的工作思路,营造热爱学习、崇尚学习的文化氛围。

【中海集运精品航线与品牌建设】

通过内贸精品航线的建设，带动整个企业品牌形象的提升，是中海集运企业文化建设中的亮点。中海集运于2006年8月向沿海市场推出内贸精品航线，从最初的天津—广州（南沙）—天津精品航线，增加到后来的锦州—大连—南沙；南沙—营口—南沙；连云港—青岛—蛇口共4条精品航线，投入4 250 TEU为主力的大型船舶，为客户提供准班准点的优质航线服务。中海集运内贸精品航线开通后，精品航线由起初的1条发展为2009年的4条，内贸精品航线由起初的3艘4 250 TEU船舶，增加到2009年的24艘4 250 TEU或以上的大型船舶。

在打造内贸精品航线、提升公司品牌形象的过程中，中海集运注重制定运输各环节的流程和服务规范，首先在精品航线上全面实行，并逐步向其他航线推广；相继出台《内贸精品航线进出口服务标准》《内贸精品航线港口收费标准》《签收单回收操作规范》，并在2008年制定《内贸航线进口服务操作规范》，将内贸精品航线全程服务质量纳入集团服务质量考核体系。2009年绿色精品航线开通之前，又制定《内贸绿色精品航线操作手册》；在2010年年初公司还出台《中海冷藏箱保鲜货物管理规定》。

精品航线的运营，带动和加强项目客户的开发能力，航线服务和项目客户服务相互促进，提高中海集运航线的服务水平，稳定和培养一批忠诚客户和高端客户。如中储粮粮食调运项目的运营，"海马"牌汽车整车运输技术的开发，江西赣州脐橙集装箱运输市场的拓展等，诸多项目都成为内贸精品航线的有力支撑。

2006—2015年间，中海集运以内贸精品航线的保班、保装载率、提供优质的航线服务为核心，不断优化内贸航线结构，内贸运输的生产效率和生产效益大幅度提高，实现"客户与公司营销合作共赢"的目标，以优质服务树立中海品牌。这一时期，内贸精品航线完成计费箱占整个内贸航线计费箱量的50%，在市场向好的时候，精品航线的效益占整个内贸航线效益的74%；在整体市场下滑的时候，精品航线的效益下滑明显比其他航线慢。

图9-1-3 中海集运厦门公司员工的周末自行车队（2009年摄）

2006—2007年,中海集运内贸运输部获"全国交通系统青年文明号"荣誉;2008年,分别获"中央企业先进集体"和"上海市青年文明号"荣誉;2010—2014年,获"上海市模范集体"荣誉。

【中海船务"服务文化"活动】

从2009年3月起,中海船务先后开展"服务文化年""服务质量年"和"服务创新年"活动,由公司总部精心组织,统一部署,在全国各大片区全面展开,旨在通过"服务"为核心内容的活动,使员工牢固树立"诚信为先、服务为本"的企业核心价值观,努力提高服务水平,推动服务创新,探索创建服务文化体系,增强企业"软实力"。

在开展3个"服务年"活动中,中海船务以"转型发展、做强做优"为动力,以客户为中心,不断总结深化主题,逐年推进。2009年第一次开展"服务文化年"活动中,重点是培育服务理念,着力提高干部员工的服务意识。黄骅港公司在活动中总结形成"黄骅港式"服务文化,如将工作流程归纳为"三项纪律、八项提醒"。三项纪律:船靠人到、派车签证、随叫随到;八项提醒:提醒动态、提醒排水、提醒备车、提醒气象、提醒报告、提醒检查、提醒港情、提醒规则。在"服务年"活动中,推行礼仪服务,规范用语和禁用语。通过"服务文化"活动,黄骅港公司在全国船舶代理行业的服务口碑越来越好,市场美誉度越来越高。

2010年开展的"服务质量年"活动,重点是提升服务质量,提高客户满意率,逐步建立和完善服务制度,提高制度执行力。通过活动,中海船务服务制度不断完善,服务功能得到加强,企业品牌、美誉度、知名度有了新的提升。在活动中,中海船务上海公司通过梳理服务制度,明确服务规范、细化服务环节,完善服务制度体系,如完善《服务质量红黄牌制度》,修订完善服务礼仪规范、客服经理制度,建立定期服务质量报告制度及服务质量监督体系等,收到良好效果。公司在其代理船舶过程中多次为客户排忧解难,获得泛洋国际货运、凯畅货运、时代航运、浦海航运等客户的好评。

2011年,中海船务结合"创先争优"活动,对服务机制、服务手段、服务内涵等方面进行改进和创新。使客户对中海船务服务需求从"合作"上升为"依赖"。

2013年,中海船务制定《国内港口船舶代理管理规范》,进一步规范油轮船舶代理。自2014年年初,针对VLCC航线远、航行时间长的特点,中海船务在全线推广代理中海油运到港VLCC提供"四个一"服务,即送去"一封真切慰问信、一份美味水饺、一份鲜美水果、一份爱心土特产",为VLCC船员提供暖心服务。

通过"服务文化"活动,中海船务的市场形象与竞争力得到明显提升。一方面,队伍得到锻炼,积累许多宝贵经验,涌现出一批优秀服务典型;另一方面,干部员工的服务意识明显强化,服务理念深入人心,服务制度不断完善,服务功能持续增强。

【中海油运发展论坛】

中海油运发展论坛从2005年10月29日创办,截至2012年连续举办27期,共有1 400余人次参与活动。活动大多利用周末业余时间,参加人员主要包括中海油运公司中层以上干部以及主要部室的业务骨干。每次活动之后,公司根据具体要求,将论坛的基本内容或主讲者发言稿整理后在公司OA网上公布,并开通与干部员工互动的网页,让干部员工发表不同意见。

创立中海油运发展论坛,旨在培育公司干部员工的国际化视野,及时了解国际航运业及其相关领域的政策动态和市场变化,掌握科学高效的管理方法,进一步提高经营管理水平和技术业务水平,增强综合素质,为打造一流团队发挥积极作用。

论坛形成3个基本特色：一是立意高。论坛着眼于建设世界级油轮船队、打造一流国际化团队的长远目标。开办近7年，论坛成为广大干部员工信息沟通、经验交流、成果共享的学习型平台，成为创建学习型企业、提高干部员工素质、建设一流团队的重要途径，促进企业文化的创新、企业的科学管理和干部员工素质的提高。二是紧贴实际。论坛演讲主题围绕公司战略发展、经营管理、市场变化、风险控制等相关的热点和重点议题展开。例如，根据"十一五"发展规划和造船计划，进入2009年后，公司将有大批新造船集中交付和投入营运，企业由此迎来一个新的发展高峰。而如何利用2007年、2008年这两年船队发展相对平稳时期，做好货源、管理与人才等方面的准备，已成为关系企业发展成败、战略目标能否实现的重要问题。为此，在2007年1月13日第五届发展论坛上，紧紧围绕上述课题，采用互动式进行深入探讨。公司航运部、船管部、人力资源部和党委工作部等负责人纷纷发言，分析国际油运市场走势，对比国内外大型油轮船队的发展近况，对企业的客户开发、船舶管理、人才培养等问题展开热烈讨论，提出许多建设性意见，其中不少已被采纳，列入公司工作计划并予以实施。三是形式活泼。论坛综合运用并不断完善互动式、案例式、研究式、讲授式等多种手法，营造广开言路、畅所欲言的良好氛围，形成自由宽松、活泼多样的风格，使大家的思想在讨论中得到升华，认识在互动中得到深化，能力在学习中得到提高。论坛既强调"油运人说油运事"，由公司领导及职能部门负责人主讲，针对公司的重点、难点问题与大家共同讨论，也曾先后邀请我国著名经济学家、知名海事法律专家、中国海运总法律顾问、上海海事大学教授等多名资深专家学者来论坛讲授，并开展互动问答与释疑。

第二节 精神文明建设

一、集团精神文明建设委员会

1998年2月19日，中国海运成立社会主义精神文明建设委员会。主任由集团党委书记戴金象担任，第一副主任由集团总裁李克麟担任，常务副主任由集团党委副书记孙治堂担任。同日，发布《中海海运（集团）总公司社会主义精神文明建设委员会工作条例》。

中国海运（集团）总公司社会主义精神文明建设委员会是在同级党委领导下负责管理、指导全集团精神文明建设工作的领导机构。委员会成员由（集团）总公司党政工团领导和各职能部门负责人组成，党政主要领导和分管领导及宣传部门负责人担任正副主任。委员会下设办公室，归口同级党委宣传部。

中国海运（集团）总公司精神文明建设委员会根据中央和上级社会主义精神文明建设（指导）委员会统一部署和（集团）总公司党政领导对开展精神文明建设工作的总体要求，负责全集团精神文明建设规范的制定，并督促、检查规划的实施，指导下级公司精神文明建设工作的开展。委员会定期研究、讨论全集团精神文明建设工作，结合各时期工作特点，围绕企业的经济工作，经常开展群众性的精神文明建设活动，不断创造好经验、好方法。

2003年4月2日，集团党组书记职务发生变动，精神文明建设委员会主任由新上任的党组书记李绍德担任，戴金象因年龄原因不再担任该委员会主任职务。

2013年11月22日，集团党组书记职务再次发生变动，精神文明建设委员会主任由新上任的党组书记许立荣担任，李绍德因年龄原因不再担任该委员会主任职务。

二、主要工作

1998—2005年间，中国海运精神文明建设以中共十六大精神为指导，全面贯彻"三个代表"重要思想，紧紧围绕集团年度工作目标任务、"十五"规划目标任务以及全国交通系统宣传思想工作提出的要求，以"三学一创"活动为载体，以贯彻《公民道德建设实施纲要》为内容，全面深化与创造性地开展创建文明行业、文明单位和自下而上的推荐、评选中海系统"四十佳"活动，为在"十五"末期，把中国海运建设成为世界一流航运企业提供强有力的精神动力、思想保证和智力支持。

在此期间，集团进一步理顺精神文明建设工作机制。根据党委主管精神文明建设的要求，形成党委统一领导，党政各部门齐抓共管的领导格局：加强企业精神文明建设领导机构，建立和健全企业精神文明建设委员会。企业精神文明建设做到"三纳入"，即把精神文明建设纳入企业总体发展规划；纳入党委和行政统一的工作布置；纳入党政目标管理体制。制定和落实企业精神文明建设规划，明确精神文明建设的目标和任务，把两个文明建设作为统一的奋斗目标，一起部署、一起落实、一起检查，整体推进中海的改革和发展，逐步在全系统形成精神文明建设的管理机制、协调机制和激励机制。

在弘扬新时期创业精神方面，集团结合企业实际，着重开展三个方面教育，即"突破口"教育，树立"三个意识"：节约意识，成本意识，目标意识。爱岗敬业教育，取得"三个提高"：岗位竞争意识有提高，改革承受能力有提高，自强创业共担风险意识有提高。集体主义教育，达到"三个转变"；在考虑问题上由个人、小团体利益向集体利益、整体利益转变，在生产经营上由分散经营向统一经营转变，在工作作风上由等货上门向服务上门转变，引导干部职工弘扬新时期的创业精神，为中国海运发展建功立业。

在努力塑造中国海运的整体形象方面，随着企业资产重组、结构调整和全面走向市场，加强对企业的宣传，扩大企业的影响、塑造企业的形象，显得越来越重要。因此，集团坚持树立密切联系群众、勤政务实、廉洁奉公的党风政风；树立处处为旅客、货主着想，不损害旅客、货主利益的行风；树立建设有中国特色社会主义共同理想，培育与时代精神和企业发展相一致的企业理念、企业精神。

在借助"三学四建一创"活动载体方面，集团以安全、效益、文明生产、优质服务为重点，以提高企业文明程度、职工文明素质为目的，以培养"四有"职工队伍为根本任务，不断把全国交通系统开展的"三学四建一创"活动引向深入。

2003年3月，在广州召开精神文明建设专题会议，探索新的创建思路和长效措施。各单位针对本单位实际，提出与时俱进的新思路、新举措，发现典型，并积极推广先进经验，深化本单位"三学四建一创"活动，为全国交通系统创建文明行业经验交流会的召开提供新鲜经验。

2006—2010年间，中国海运以中共十七大精神为指导，深入学习实践科学发展观，以"迎世博、讲文明、树新风"为主题，以"一流企业、一流员工"素质工程建设和"学先进、树新风、创一流"活动为载体，紧紧围绕集团工作会议提出的工作目标，积极应对外部市场环境挑战，进一步加强和推进企业文明创建工作。

在此期间，集团注重提高精神文明创建工作质量，进一步加强组织领导，全面落实科学发展观。各单位从战略和全局的高度，把企业精神文明建设始终摆在重要位置，进一步健全党委统一领导、主管领导亲自抓、班子成员分工抓，文明建设工作部门组织协调、业务部门分类负责、党政工团齐抓共管、干部职工积极参与的领导体制和工作机制。

集团广泛开展丰富多彩的群众性精神文明创建活动,认真开展每一轮中国海运创建文明行业先进单位和所在地省(市)有关文明单位创建活动,研究和探索"文明单位社会责任报告制度",充分发挥文明行业、单位对社会文明建设的示范引领作用。持续开展青年文明号、青年岗位能手、巾帼文明示范岗、巾帼建功标兵等群众性创建和评选活动。进一步完善创建活动申报制度、考评制度,做到有计划、有落实、有考核、有评比、有典型。召开有关创建文明行业、文明单位现场交流推进会,由全国精神文明建设工作先进单位中海油运及有关省部级文明行业、单位交流介绍创建活动经验。

2011—2015年,中国海运按照中央、国务院国资委、交通运输部和上海市文明委部署和集团"十二五"规划目标,深入学习贯彻中共十八大精神,紧紧抓住社会主义核心价值体系建设这个根本任务,紧紧围绕集团"坚持改革创新,坚持稳中求进,坚持转型发展,深化结构调整,优化资源配置"的中心工作,强化管理提升和党的建设,紧密结合学习、传承、弘扬集团老劳模杨怀远"小扁担精神",进一步提升企业诚信意识和职工道德意识,深入挖掘企业品牌价值,推进文化品牌建设,为集团科学发展提供精神动力和思想保证。

集团在开展精神文明建设活动中,积极践行社会主义核心价值体系,广泛开展"三个倡导"活动,坚持教育、示范引导、实践养成与制度建设相结合,注重思想观念引领、行为规范约束和日常生活养成,以中央颁布实施《社会主义核心价值体系建设实施纲要》为契机,组织开展学习宣传教育;倡导富强、民主、文明、和谐;倡导自由、平等、公正、法制;倡导爱国、敬业、诚信、友善;高扬以爱国主义为核心的民族精神,以改革创新为核心的时代精神。

在此时期,中国海运大力加强诚信企业和职业道德建设,以"诚信四海、追求卓越"核心价值理念为导向,继续深入开展以加强"诚信"和"职业道德"建设及"四个一流"(一流职业素养、一流业务技能、一流工作作风、一流岗位业绩)职工队伍建设为内容的精神文明创建活动。推行承诺制、公示制、信誉制和首问负责制等工作制度,使诚信成为共同准则和自觉行动。重点做好对外服务单位(窗口)精神文明建设,全面落实承诺制,规范行业行为,公开办事制度、办事程序、办事结果,完善岗位行为准则和考核机制。争创全国文明单位和省(直辖市)部级文明单位,组织开办"职业道德讲堂",推广"职业道德讲堂"的经验,大力弘扬企业精神和职业道德,选树职业道德建设典型,不断提升企业新形象。

三、主要成果

【集团创建工作】

1998—2015年间,中国海运每年利用年初召开的年度工作会议或年中召开的7月1日纪念党的生日活动,评选出"十佳文明标兵""十佳文明示范窗口""十佳标兵船""十佳新人新事"和创建"四好"班子先进集体以及年度优秀党员、先进个人等。一批又一批先进单位和先进人物用他们对事业的庄严承诺和自己的模范言行,在中国海运发展的各个阶段竖起一根根标杆,激励着中国海运人弘扬"爱我中海,勇创一流"的企业精神,向着建设世界一流航运企业的目标奋力迈进。

2005年12月,中国海运被交通部授予"全国交通文明行业"称号。在同年的中国海运年度工作会议上,集团评选出"十佳文明示范窗口""十佳文明标兵""十佳华铜海式标兵船""十佳创建文明行业先进单位"和"十佳新人新事";同时,有18家单位获"中海杯"2014年度优胜集体称号,88人获"中海杯"2014年度先进个人称号。同年7月1日,在纪念党的生日活动中,有20个单位获集团先进基层党组织称号,39人获集团优秀共产党员称号,10人获集团优秀党务工作者称号。

2011年,中海油运被授予第4批全国精神文明先进单位。中海集运先后两次被授予全国交通文明行业先进单位,时间分别为2006—2007年度和2010—2011年度。

2011年,中国海运有14家单位被评为2009—2010年集团文明行业先进单位,有11家单位被评为2010年度创建"四好"班子先进集体,有7个单位获2009—2010年度反腐倡廉建设先进集体称号;同时,有50个单位获"中海杯"2010年度优胜集体称号,100人获先进个人称号。同年7月1日,在纪念党的生日活动中,有5个单位获省部级以上先进基层党组织称号,有13人获省部级以上优秀党务工作者荣誉称号;同时,有27个单位获集团先进基层党组织称号,38人获集团优秀共产党员称号,14人获集团优秀党务工作者称号。

"十二五"期间,中国海运继续推进新一轮文明创建工作,以全国、交通运输部、上海市等省部级文明单位创建工作为载体,深入抓好精神文明创建活动。全集团共有18家单位荣获2013—2014年度上海市文明单位、辽宁省文明单位等称号。中海油运通过第4批全国文明单位复核。2015年,有5家单位被评为2014年度集团创建"四好"班子先进集体,12艘船舶被评为集团先进船舶,17个单位被评为集团优秀服务窗口,6个单位被评为集团优秀营销团队;此外,还有20人被评为集团优秀员工,15人被评为集团优秀营销标兵。同年7月1日,在纪念党的生日活动中,有32个单位获集团"两优一先"先进基层党组织称号,47人获集团优秀共产党员称号,25人获集团优秀党务工作者称号。

【中海油运创建工作】

早在2008年,中海油运在连续7届荣获"上海市文明单位"基础上,进一步提出"国家级文明单位、世界级油轮船队"的战略目标,制定《中海油运文明单位创建工作方案》,细化分解创建任务,坚持推动创建工作落实,走出一条具有中海油运特色的全国文明单位创建之路。

2011年12月20日,在北京召开的全国精神文明建设工作表彰大会上,中海油运被"中央文明委"授予第3批全国文明单位称号。作为集团第一家获此殊荣的单位,中海油运多年来,积极推动"船队与团队、基层与基础、平安与和谐"建设,将文明单位创建作为企业十分重要的品牌和软实力来抓,积极向世界级油轮船队硬实力与国家级文明单位软实力相协调的方向发展。

创建工作永无止境。中海油运站在"全国文明单位"的新起点,增强使命感和责任感,进一步巩固全国文明单位创建成果,提升国家级文明单位创建水平。2012年,公司通过启动企业文化展示厅建设、赴宁波港学习取经、组织上海市文联优秀青年艺术家上船慰问演出等一系列举措,积累学习,开拓创新,积极筹备新一轮"全国文明单位"创建工作,并于3月组织召开中海油运深化全国文明单位创建工作专题会议;进一步明确"全国文明单位"创建思路:确定2012年为基础年;2013年为提高年;2014年为达标年。创建内容突出社会责任建树,加强"道德企业"建设;突出企业文化升华,重点打造船舶文化;突出文明共建,加强与客户、港口、社区、军队等党建联建。

中海油运在积极推进新一轮创建"全国文明单位"的实践中,按照"认识到位、制度成型、活动持续、特色鲜明"的总要求,围绕"国内领先、行业优秀、世界一流"的奋斗目标,着力加强"五型"企业建设:加强"创新型"企业建设,推动企业转型发展;加强"学习型"企业建设,提升员工队伍素质;加强"文化型"企业建设,塑造良好道德风尚;加强"民主型"企业建设,创造和谐文明环境;加强"道德型"企业建设,实现企业和社会同步发展。通过3年的努力,中海油运新一轮"全国文明单位"创建工作取得良好成效,员工精神面貌焕然一新,企业竞争力进一步增强,企业品牌进一步提升,社会影响力进一步扩大,有力推动企业科学发展,并于2014年通过国家荣誉复核,保持"全国文明单位"的称号。

第三节　船舶文化建设

建设富有特色的船舶文化是中国海运组建以来立足航运企业特点、加强企业文化建设的一个创举。由于船舶流动分散，船员长期漂洋过海，工作艰辛，生活枯燥，建设船舶文化，提高船员的素质，营造和谐轻松而又积极向上的船舶软环境，关系企业做大做强的根本。中国海运率先在先进集体"长建"轮、"新金洋"轮、"中海亚洲"轮、"葫芦岛"轮等为代表的一大批船舶开展船舶文化工程建设，以创建特色船舶文化为主导，结合船舶、航线、服务对象等特点，建立业余学校、文娱活动室、电脑学习室、客户服务室、阅览室等，形成富有自身特色的船舶安全文化、船舶服务文化、船舶餐饮文化、船舶机舱管理文化等形式多样、丰富多彩的特色文化，得到船员的广泛认同和积极响应。特别是船舶业余学校，高级船员当老师，普通船员当学生，学英语、学电脑、学技术；有时由掌握一技之长的普通船员当老师，在业余学校教插花、盆景、工艺、厨艺、绘画、摄影等，教学相长，互帮互学，营造出浓厚的学习氛围。由于得到集团的有力支持，不少船公司和陆岸单位文化育人氛围浓、形式多，内容丰富，吸引员工积极参与，使员工队伍素质不断提高，具有中国海运特色和航运特点鲜明的船舶文化逐渐形成，并不断丰富发展。

2015年，企业文化建设深入推进，成果丰硕。广大职工的工作热情和奉献精神得以调动和激发，中国海运涌现出大批先进船舶、标兵船舶和先进个人。由此，也为持续开展企业和船舶文化建设奠定更加扎实的基础。

一、海上图书馆

20世纪70年代后期始，交通部所属海洋运输各企业为丰富船员业余文化生活，提高船员思想道德情操，积极组织船员职工开展读书活动。上海海运局工会图书馆为广大船员开展读书活动创造条件，为20余艘船舶办理集体借书卡，至1980年，办理集体借书卡的船舶已增至38艘。

20世纪80年代中期，上海海运局工会为了在船舶大力开展读书活动，组织船舶与黄浦区图书馆、浦东第二图书馆、卢湾区图书馆开展"结对子"活动，在120余艘运输船舶建立"海上图书馆"。为了方便船员借书，还为船舶配备流动图书箱。1987年，该局工会图书室共为104艘船舶集体借还书刊2 200多册，并向部分船舶、基层单位及退休工人活动室赠送500册书刊。1988年，上海海运局召开"红五月海运船员职工读书表彰联谊会"，有200多名读书积极分子参加。会议总结该局6年来的职工读书活动情况，表彰10个先进小组和21名先进读书个人。

20世纪90年代，该局积极组织开展"海上读书知识竞赛"，以及读书心得演讲、征文比赛等活动。仅1990年就有59艘运输船舶参加局工会组织的"海上读书知识竞赛"活动，参加决赛的船员还进行3分钟临场发挥演讲比赛，创作出一批优秀演讲作品。该局"长河"等轮在开展读书活动时，将海员求知与岗位技术练兵结合起来，以读书活动提高船员的思想和技术素质，收效明显。

1997年，上海海运工会为加强船舶文化工程建设，在船舶原有文化设施基础上，为每艘船舶订阅《人民日报》《解放日报》《工人日报》《劳动报》《大众电影》《现代家庭》《采风》《青年一代》等10多种报纸杂志，并专门为船舶配备《红楼梦》《西游记》《水浒传》《三国演义》《安娜·卡列尼娜》《傲慢与偏见》《红与黑》《战争与和平》以及《家庭医药全书》《现代汉语词典》等10余部中外名著和工具书籍。

1998年,中国海运延续原上海海运在船舶建立"海上图书馆"的优良传统,把职工读书自学活动推向新阶段。其把读书活动重点放在船舶,继续与上海浦东第二图书馆携手合作,不断扩大"海上图书馆"规模,根据海运企业和广大海员生活实际,为每艘船配备100本图书;出资30万元,为近200艘客、货、油轮"海上图书馆"购置丰富多彩的图书,受到广大海员欢迎。中国海运工会还组织船员职工参加各种专题座谈会、征文、演讲比赛,进一步推进船员读书活动,丰富船员业余文化生活。

为落实用3年时间逐步为每艘船舶建立一个藏书约300册小图书馆的计划,中海集运工会积极筹措,2000年新购图书6 000余册,为89艘船舶配备新图书。其中还增加学习电脑的书籍和软盘,方便船员学习和操作电脑。

进入21世纪后,中国海运所属运输企业,始终将组织船员开展读书活动、激发广大船员的学习热情作为企业精神文明建设和文化建设的一项重要任务。其间,不断巩固扩大"海上图书馆"建设,为船舶配备各种书籍,为船员开展读书活动创造良好条件。

2010年,集团工会为所属船舶购置图书5 115册,发放船舶文体用品价值54.8万余元,为船舶营造良好读书氛围,推进船舶读书活动蓬勃开展创造有利条件。

"十一五"至"十二五"时期,集团工会每年投入资金400万元,向船舶和基层班组配送图书近10万册,每年为500多艘船舶订阅1报9刊,营造崇尚知识,倡导文明,传承文化,共造和谐的价值取向。"十一五"期间,中国海运各级工会共向基层船舶、班组选送书籍、影像制品等价值668.7万元,"海上图书馆"已覆盖集团所有船舶。

二、船上文体娱乐

20世纪80年代,上海海运局安排电影放映队到船舶和外港为船员放映电影,并分批为船舶配小型电影放映机。该局工会设有电影放映站,为船舶提供片源和修理放映机,并培训放映人员。1981年,该局举办4期电影放映员学习班,为船舶培养89名电影放映员。同年,该局电管站还为65艘运输船舶配备16毫米电影放映机。后随着社会科技发展,船上电影放映机渐被录像机、VCD、DVD所代替。上海海运报社录像室,跟船拍摄船员在船舶的工作中的先进人物,先进事迹以及安全管理等典型经验做成电视新闻,发放给船舶。为支持和鼓励船员职工积极开展体育活动,各船公司适时投入资金,为船舶添置大量健身器材。

1997年,工会为船舶购置健身器材,增加船舶工会文体活动经费,由原来的小型船800元和大型船1 200元的年度使用标准(即20名及以下船员的小型船舶全年使用800元,20名以上船员的大型船舶每年使用1 200元),分别增加到1 200元和1 500元,外派船员则根据班子组成人数情况参照执行。并规定此项经费专用于船舶工会开展文体娱乐活动,从而进一步活跃船舶业余文体活动。根据船舶航行海上不易接收电视频道的特点,中海货运公司自2009年4月始,分批为船舶安装卫星电视天线,安装成功后,船员可以不受海域限制,收看到50多个电视频道,从而丰富船员在船业余文化生活。"十一五"期间,中国海运建立的海上俱乐部覆盖所有船舶,集团工会不定期向船舶发放音像制品等,以进一步提高船员业余文化生活水平。其间,中国海运各级工会共计拨款668.7万元,用以购买健身器材,供船员开展文体活动,至2010年已覆盖该集团所有船舶。

2013年,中海散运为丰富船员生活,在船舶"安华山"轮安装资讯一体机和无线电路由器,让船员在船上也能够方便快捷使用无线Wi-Fi,并逐步推广到每艘船舶。船员通过电脑可以随心所欲地观看高清流畅的电影、电视剧和文艺、体育等频道的节目,还可以玩休闲益智的小游戏,深受船员欢迎和好评。中海国际成立前后，船舶每逢过节都要举行各类文化活动，猜谜、打球、下棋、歌咏，活跃船舶气氛，凝聚船舶人心，促进船舶和谐，使船舶文化建设通过各项活动的载体得以升华。

三、中海货运船舶文化建设

中海货运把船舶文化建设纳入企业战略发展规划，以新的理念制定构建船舶文化建设目标体系。2009年，公司提出实施船舶文化建设"五大任务"，即以"学树创"为载体建设船舶学习文化，以科学管理为主题建设船舶安全文化，以拓展市场为重点建设船舶服务文化，以党建促船建为抓手，建设船舶和谐文化，以社会责任为目标建设船舶绿色文化。同时，结合开展科学发展观活动的整改落实工作，落实近、中期目标整改，使船舶文化建设在改进中不断推进和提高。中海货运一方面注重把船舶文化建设的"硬件"做实，如导入CIS系统(即公司的视觉形象VI、理念形象MI、行为形象BI)，统一船舶"三长"制服，建立船舶娱乐室、阅览室、图书室、健身室、运动室、电脑室等文化阵地，配置电视、音响、健身器材、图书、乐器等；另一方面还注重把船舶文化建设的"软件"做活，塑造"爱我中海，勇创一流"的企业精神和"诚信四海，追求卓越"的核心价值观，把企业精神、价值理念贯穿于船舶运输生产的全过程，形成促进船舶科学管理的内在动力。同时，通过各种有效途径，搭建船舶文化建设的交流平台、传播平台、培训平台、展示平台，激发船员自觉参与船舶文化建设的积极性和创造性。如"嘉和山"轮领导班子倡导的"5个新"(船舶新精神、船员新理念、管理新方式、安全新格言、党员新信条)、"飞凤山"轮推行的"5种意识"(服务服从意识、船东货主意识、市场竞争意识、安全预防意识、经营管理意识)，都被船员普遍认同，有助于培育团队精神，发挥船舶文化建设的推动作用。

在船舶文化建设中，中海货运努力打造"海味"特色。在打造船舶团队精神方面，强调尊重船员的首创精神，把个人自我价值实现融入企业发展和团队建设中去。"嘉和山"轮开展和谐文化活动，船员在日常工作生活中形成的"周官"文化(即每周让船员轮流当"周官"，主持一周船舶日常管理工作)，使大家在交流中提升业务素质，提高船舶管理水平，培育船舶团队精神，被全国总工会授予"全国模范职工小家"称号。"宁安10"轮以"管船育人"文化为抓手，培养出一批又一批的优秀的船舶管理人才。在打造船舶服务文化方面，强调以核心价值观引领船员恪守"安全、优质、诚信、高效"的服务理念，做到"一艘船舶，一个窗口"，"靠离一次码头，展示一次形象"，"完成一次任务，树立一次品牌"，为社会提供一流的海上运输服务。

"十一五"时期，"大罗山""金盘岭""长建"等轮，在保障电煤运输中，以一流服务赢得一流的经济效益和社会效益，受到交通运输部、国务院国资委和地方政府的通令嘉奖。

"振奋7"轮是中海货运船舶文化建设中涌现的先进船舶，曾先后获得"中海集团标兵船""五四红旗团支部""上海市共青团号""中央企工委青年文明号""全国青年文明号"等荣誉称号。在船舶安全文化建设中，该轮以争创"青年安全示范岗位""青年岗位能手"活动为切入口，通过"安康杯""中海杯"劳动竞赛等活动，将安全管理主旋律贯穿船舶运输生产的全过程。为改变主机运行的不良工况，船员把轮机部作为创建工作的"突破口"，2009年自行主机吊缸6次、活塞解体4台次，拆检清洁电机马达20多台次，换新或者补焊海水管、蒸汽管逾百条，致使该轮主机扫气压力提高，燃烧良好，气缸磨损率降低，重新在较高负荷状态下运转。"振奋7"轮成为同类型船营运成本最低、经济效益最好的船舶。在学习文化建设中，"振奋7"轮开展"理想、责任、能力、形象"等教育活动。针对船员学习需求，开设业余学校，设置政治理论、业务技术、英语、电脑、音乐乐器等学习课程，举办形式多样的学习辅导班；设置娱乐室、阅览室、健身房、电脑室、乒乓球室。该轮每月定期出版"青年文

图 9-1-4　中海油运"新平洋"轮的船员们挂满旗鸣笛,迎接中国航海节(2009年摄)

明号在行动"快讯,组织一次交流,读一本好书,写一篇好文章的活动。

船舶文化建设激发"振奋7"轮全体船员爱岗敬业的工作热情。他们把"抵一个港口,树一次品牌"作为创建"青年文明号"工作内容。每个航次,都细心检查船舶舱密、水密等情况,核实船舶的各种装载数据,严格落实货运质量要求。一次,该轮从上海罗泾码头卸完煤离泊后,便接到命令立即去连云港装矿,要求扫舱适货。真正能利用的时间非常短,扫舱任务艰巨,当时天空正下着大雨,青年突击队一马当先下大舱,拿起竹扫帚把舱壁的煤扫下来。经过连续奋战,5个大舱全部清洗干净,全部验舱过关。"振奋7"轮创建"青年文明号"活动一步一个脚印,一年一个台阶。"十一五"期间,先后有18名团员青年向党组织提交入党申请,10名船员光荣地加入中国共产党,31名驾驶员、轮机员走上高一级技术岗位,一大批普通船员先后成为重要的业务骨干、岗位能手。

第四节　"海嫂文化"

在航运业内,船员的妻子俗称为"海嫂"。以"海嫂"为轴心的船员家庭,始终是船员心中最大的牵挂。船员能安心在船工作、能在工作中有所成就,与船员家庭的支持是分不开的。为此,中国海运从建设和谐企业文化的高度出发,满腔热情地开展船员家属工作,为海嫂们排忧解难;把工作中探索出的好方式、好做法,用制度形式固定下来,坚持下去,形成长效机制,为稳定的高素质的船员队伍建设打造一个坚强的大后方。

一、开通热线电话

针对船员长期工作在外,无法及时照顾家庭的特点,中国海运通过专门设立"热线电话"等方式,为广大船员解除后顾之忧。为做好这项工作,工会给予充分物质支持和工作指导。1998年,上海船员公司率先建立"热线电话",以船舶为单位组成联系网络。船员班子上船前,公司向政委提供"热线电话"号码及电子邮箱地址,并由船长或政委夫人担任中继站志愿者,由志愿者负责联络公司及船员家属,及时传递信息,帮助船员及家属解决实际困难,受到广大船员和家属高度评价。该公司一年间即建立46条热线,约有1 380户船员家属进入热线服务网络。同时还组织家属干部上门访问远洋外派船员家庭367户,受理咨询、调解电话2 000多人次,以稳定船员思想情绪,做好船员家属工作。1998—2015年间,在"热线电话"的使用过程中,船员和家属中发生大量感人事迹,涌现出多名无私奉献的热心人。

二、设立"海嫂联络站"

为使"海嫂"们走出家门,走进社区,开展丰富多彩的集体活动、增进沟通、团结互助、化解家庭矛盾、促进企业与员工的和谐关系,为长期远航的船员解除后顾之忧,20世纪90年代,中国海运在上海、广州、大连等地共建起8个"海嫂联络站"。工会组织积极支持"海嫂联络站"的工作,除在资金上给予支持外,还把船员家属当作企业的一员,鼓励"海嫂"们积极参与企业安全、文化等活动。广大船员家属在"海嫂联络站"的组织下,守望相助,互相扶持;鼓励船员安心工作,注意安全。此举不仅有力促进船舶安全生产,也增加企业的凝聚力。

"海嫂"们还积极参与企业的各类活动,为丰富多彩的航海文化增添色彩。2008年7月17日,大连市秀月街的船员家属楼院,中国海运数百名船员和家属观看中海国际举办的"情系中海,温馨港湾"文艺晚会。表演者虽然不是专业演员,节目准备时间又短,但每一位表演者都是充满感情地用心去演。"海嫂"们热情的舞蹈、优美的歌声,表达"情系中海,温馨港湾"的和谐主题;她们的精彩表演充分展现中海人奋发向上的精神风貌。

2009年,"海嫂联络站"的"海嫂"们积极参与"'微笑你我,精彩世博'——世博进社区"演出活动,她们用"海嫂迎海宝"的集体舞来支持"世博"进社区活动,表达对2010年"世博会"的期盼。在国庆60周年时,她们曾以一曲《十五的月亮》舞蹈打动集团高层领导和与会的观众。2010年国庆前夕,上海"海嫂联络站"的"海嫂"参加浦东社区"迎世博文化"建设活动。在庆祝建党90周年活动中,"海嫂联络站"的"海嫂"多次参与集团和社区文化活动。

2013年,中国海员工会上海塘桥"海嫂联络站"举行迎新春联欢会。"海嫂"们载歌载舞,表演乒乓操、扇子舞等节目,她们合唱的《我是海员的妻子》,唱出"海嫂"们对海员丈夫的爱意和对家庭的付出。集团工会副主席、中海国际工会主席和上海塘桥街道党工委副书记等领导参加联欢会。

2014年3月5—6日,中海国际工会为40名"海嫂"别开生面地举行西点制作培训班。这批"海嫂"来自上海场中路和浦东塘桥地区"海嫂联络站"。两天的时间里她们好学勤问,学会制作黄油蛋糕和法式松饼。当香喷喷的法式松饼出炉时,"海嫂"们风趣地称其为"海嫂蓝罐曲奇"。培训结束时"海嫂"们表示:公司组织我们学西点,我们回去做给老公吃。

经过多年的探索与建设,"海嫂联络站"已经成为企业文化建设的一块品牌。"海嫂联络站"被誉为船员的"家庭政委"、社区的"和谐大使",在稳定船员队伍、活跃社区文化、建设和谐社会等方面发挥了独特的作用。

三、"海嫂文化"受到社会广泛关注

2014年世界海员日来临之前,中央电视台、《中国日报》《工人日报》《中国交通报》和《中国水运报》等媒体记者应中国海运工会之邀请,到浦东塘桥"海嫂联络站"采访报道。《中国日报》报道:"海嫂们在她们丈夫上船去的时候常常聚在一起互相帮助,给予对方心理和生理上的支撑,对和谐家庭起到重要作用。"

2005—2011年,中国海运在评选"十佳船员"的基础上,增加"十佳海嫂"的评选,每年从近3万名船员、"海夫人""海嫂"中,评选出110名先进个人,他们是广大船员和"海嫂"的杰出代表,也是企业文化的活载体。他们的先进典型事迹成为广大船员竞相学习的范例。集团的"海嫂联络站"建设和相关活动,得到上海市及国内主要媒体的高度关注,"海嫂联络站"已成为集团弘扬企业文化的品牌窗口。同时,也越来越受到员工的厚爱。上海场中路的"海嫂联络站"曾于2012年获得上海市"五一巾帼奖"称号。在2013—2014年度,中国海运共评出37名"三八红旗手",其中有5名"海嫂"获此殊荣,占总数7.4%。她们是:朱丽娟(中海国际集装箱船长胡振飞家属)、陈鸿(中海国际油轮水手长陈建华家属)、黄意连(中海国际散货船政委彭金带家属)、孙悦生(中海国际海盛船长孙杰标家属)、王俊波(中海国际客船大副陈东家属)。"海嫂"们先进典型事迹成为广大船员和全体干部职工竞相学习的范例。上海地区的冯桂芳、广州地区的童慧玉、大连地区的刘敏是这个群体的代表。

图9-1-5 "海嫂"带领子女参观集团展示厅(2012年摄)

第五节 职工文体活动

中国海运成立前后,职工文体活动蓬勃发展,丰富职工业余文化生活,增进各单位和职工之间的交流,增强企业的凝聚力,已经成为企业文化建设的重要组成部分。

一、职工文娱活动

"九五"及"十五"时期,集团以迎接国庆50周年、迎接澳门回归、迎接新世纪为契机,在集团上下层层发动,开展群众性的"三迎"系列活动,不仅活跃职工的业余生活,而且极大地激发广大职工群众爱祖国、爱社会主义、爱企业的热情,促进企业的精神文明建设。

集团将"三迎"系列活动和宣传广大海运职工艰苦创业、团结奉献的主人翁精神,展示中国海运两个文明建设可喜成果结合起来。在各单位工会的通力协助下,开展职工书画摄影创作与展评活动,并将职工的优秀作品编印成画册,向国庆50周年献礼。精美的画册展示中海职工奋发向上的精神面貌,扩大企业的知名度。"三迎"征文活动得到广大职工的热烈响应,共收到300多篇来稿,从各个不同侧面回顾中华人民共和国和企业50年发展史,颂扬改革开放和广大海运职工的博大情怀。经筛选整理,出版征文专集《驶向新世纪》。在各单位职工文艺节目汇演的基础上,集团在上海举办中海职工庆祝中华人民共和国成立50周年文艺联欢会。一个个精彩的节目,凝聚职工的美好向往和追求,展现爱我中海的豪迈气概。联欢会极大地促进各地区职工之间的交流,有力地增强职工对企业的向心力和凝聚力。

为满足职工不断增长的文化生活需要,各单位工会因地制宜,积极引导,寓教于乐,充分发挥工会的优势。广州海运工会举办"心连心"春节游园联欢会。为庆祝国庆和建司50周年,还在广州体育馆举行大型文艺演出,隆重表彰第二届"海运功臣",达到内聚人心、外树形象、稳定职工队伍、激发职工斗志的效果。

1999年,集团工会、上海海运工会承办在上海举行的"中国海员迎接新世纪集邮展览"活动,全国水运系统职工共有83部4160页贴片参展,全国集邮联合会5名国际级评委、上海市集邮协会3名国家级评委出席展览会。全国海员工会、上海市总工会领导参加开幕式,全国水运系统单位各集邮协会代表参加展览会。这次邮展集中反映广大海员的精神风貌,扩大海员在社会上的影响,得到全国集邮联合会和航天、航空、石油、煤炭等八大产业邮协及上海市集邮协会的好评。

2006年12月,中海国际在上海成功举办"海员,我爱你"大型文艺晚会。这台海味十足的综合性文艺晚会,节目大多由船员职工和家属自编、自导、自演,歌唱海员,颂扬"海嫂",抒发"爱我中海,勇创一流"的真挚情感,塑造战风斗浪、拼搏奉献、勇创一流的中海船员形象。由于文艺汇演唱先进、说模范,自己写自己,自家演自家,亲切感人,更能打动人心。公司还把晚会制成DVD,赶在春节前发至每艘船舶,成为献给船员们的迎春文化礼物。

"十二五"期间,中国海运团委按照团中央关于开展"我的中国梦——奋斗的青春最美丽"分享活动的要求,组织开展二期"微电影"大赛。

2014年12月26日,由集团团委主办,中海集运承办的以"奋斗的青春最美丽"为主题的中国海运"第二届微电影大赛",12家直属单位共选送26部参赛作品。入选作品题材广泛,展现市场营销、服务客户、安全监督和船员及船员家属工作生活情况。经过打分和网络投票,评选出"最佳剪辑奖""最佳配乐奖""最佳男女主角奖""网络人气奖"以及一、二、三等奖,并举行成果发布会。

2014年12月29日,上海海事职业技术学院举行一场"珍爱生命,远离火灾"的消防安全专题宣传文艺演出。这场演出活动由上海市水上消防安全委员会主办,中国海运防火委员会承办,中海国际协办。集团总部、上海地区各单位安全管理人员、一线员工和上海海事职业技术学院等1000余人观看演出。

图 9-1-6　2009 年 9 月 25 日,中国海运集团举行庆祝中华人民共和国成立六十周年文艺汇演

2015 年,中国海运工会组织摄影爱好者参加全国水运系统职工摄影作品评选并成功举办"工作纪实篇"专场决赛活动,中国海运有两幅作品分别获得一等奖、二等奖,有 6 幅作品获得三等奖,其中广州集运报送的《齐心协力》获得全场唯一的"最佳摄影奖"。同年,还对 62 名当年退休优秀船员开展慰问活动,同时向船舶和基层班组赠送书籍 9 000 余册,建好职工书屋。

图 9-1-7　中国海运成立 15 周年纪念大会文艺演出(2012 年摄)

二、职工健身与体育活动

20 世纪 70 年代末,我国海洋运输系统船岸职工业余体育活动逐步恢复。此后 30 余年间始终

保持蓬勃发展局面。该系统各主要企业从关爱船岸职工身体健康出发，投入一定人力物力，组织船岸职工因地制宜，开展多种形式体育运动和比赛，深受职工群众欢迎和喜爱。1978—1979年，上海海运局工会组织员工进行游泳训练，共举办13期游泳训练班，并组织游泳、乒乓球、象棋、拔河等竞赛活动。1980年，组织有19艘船舶船员参加的篮球赛，共进行22场比赛，并组织局级游泳、乒乓球、象棋代表队参加上海市职工体育比赛。1981年，上海海运局基层单位共建有97支各种业余体育运动队，有552名船员职工参加。其中有13个单位举办154次各种体育竞赛，6711人次参加。并有7个体育项目参加上海市第五届职工运动会。

中国海运组建后，集团坚持每年开展的全体职工"四件套"（乒乓球、羽毛球、足球和游泳）运动，成了丰富职工生活的传统节目。每年陆岸各单位也因地制宜地组织开展职工群众喜闻乐见的文体活动。广州、上海海运还分别组织本地区职工参加篮球、足球、乒乓球、游泳、羽毛球、长跑、射击、拔河和各种棋牌类系列体育竞赛活动，达到增强体质、活跃生活、凝聚人心的良好效果。

2002年4月，为庆祝中国海运成立5周年，进一步加强企业文化建设，推进职工健身活动，激励全体员工振奋精神，齐心协力，奋发有为，再创佳绩，迎接中共十六大胜利召开，集团举办第一届体育运动会。成立运动会组委会，由总裁李克麟担任组委会顾问，副总裁孙治堂任组委会主任，工会主席陈德诚任副主任。组委会通知强调，举办第一届体育运动会是集团当年文化建设的一项重要工作，要求各级领导高度重视，积极支持，加强领导，把开好运动会作为推进和加强企业两个文明建设的一项工作来抓，发动广大职工积极参与。运动会采取各项目分阶段比赛的办法，从4月下旬开始，每月进行2~3个项目比赛，7月中旬在集团成立5周年活动期间举办开幕式，全部比赛于9月上旬结束。第一届运动会设足球、篮球、乒乓球、羽毛球、保龄球、象棋、围棋、陆战棋、游泳、田径、军体拳、桥牌和第八套广播操13个竞赛项目。

2002年7月20日下午，中国海运第一届体育运动会开幕式在上海杨浦体育馆举行。这是庆祝中国海运成立5周年的系列活动之一。集团党政领导、各专业公司领导及中海在沪各单位职工、离

图9-1-8　中国海运职工手持司旗，参加"中国海运杯"2012年扬州国际半程马拉松赛

退休人员、职工家属等共计3 000余人参加活动。会上,17支参赛队分4批进行广播操比赛。集团总裁李克麟和戴金象书记为足球、篮球、乒乓球等已结束的8个比赛项目的团体优胜单位颁发奖杯、奖牌。

2013年,中海散运加大船舶健身体育器材的投入,为公司船舶添置和更新乒乓球拍、羽毛球拍、篮球、图书、电视机、影碟机、跑步机、文娱学习一体机等,丰富船员生活,愉悦身心,还组织职工参加中海穗深地区足球比赛、三人篮球赛和登山比赛等。

2013年4月21日上午8时,瘦西湖湖畔"中国海运杯"扬州鉴真国际半程马拉松赛鸣枪起跑。这一年的扬州鉴真国际半程马拉松赛首次以国际田联"金标赛事"规格亮相。竞赛项目多,设有:男、女半程赛,高校男、女团体半程赛,市民男、女半程赛,男、女10公里公路跑,百强企业10公里团体跑,迷你马拉松赛等。参加比赛的选手有3.5万名,来自43个国家,243个城市和地区,123所高校和403个社会团体。中国海运共派出308名选手参加比赛。

第六节 文 化 媒 体

1978—2010年,无论是中国海运重组前的上海、广州、大连海运局,还是重组后的新集团,为配合企业航运文化建设,在广大船员职工中弘扬航运文化,集团系统的有关部门和企业办有多种各具特色的报纸杂志,充分发挥媒体在文化建设中的引导、桥梁、纽带等重要作用。

一、企业报

【《海运报》】

由上海海运局创办的《上海海运报》在"文化大革命"期间一度停刊,1978年11月复刊。该报复刊后,坚持"做海员益友"的办报思想,注意选登海员关心的新闻,讴歌海员优良品质,抒发海员心声,开辟充满"海"味的栏目,精心编排,逐步形成海运特色。随着改革开放政策的深入贯彻,该报采编人员加强学习,解放思想,业务水平得到提高,提出要进一步贴近海运局党政中心工作,进一步贴近海运职工,强调报纸的思想性、指导性、可读性。1990年,《上海海运报》被全国、市、部一级新闻单位评出的好新闻、好图片、好版面等达50余篇(幅)。报社机构也进一步完善,基本上成为企业新闻中心。其下设编辑室、采通室、录像室(建于1985年,定期拍摄声像新闻、制作专题片供船员观看)和画报编辑室。

1998年,该报转由中国海运主管主办,改名为《海运报》,由创刊时的4开4版,改为对开8版,仍为周刊,每周五出版,成为反映集团员工工作、学习、生活和为该集团广大海员提供新闻阅读及服务的专业性报纸。

至2015年,《海运报》始终坚持符合海运企业特点的办报方针,扎根于广大海员职工之中,多次被评为上海市优秀企业报。该报不仅及时报道集团的重要活动、重大新闻,而且经常性报道船员工作、学习和生活情况,"海味"和生活气息浓厚,深受海运职工欢迎和好评。该报注重通讯员队伍建设,历经多年努力,已在广大海员职工中建成一支优秀的通讯员队伍,为创建富有海员特色的企业文化、船舶文化作出积极探索与实践。

2016年,中国海运与中国远洋集团实施战略重组,《海运报》停刊。

【《广州海运报》】

由广州海运局创办的《广州海运报》在"文化大革命"期间一度停刊,1985年9月25日复刊。广东画院院长、广东美术家协会主席、著名老画家关山月,闻《广州海运报》复刊的消息,欣然命笔,为《广州海运报》题名。1987年8月31日,《广州海运报》获得中华人民共和国新闻出版署核发的报刊登记证,国内统一刊号CN44-0093,批准《广州海运报》的刊期、发行范围和主编人选,该证由广东省新闻出版局颁发。1992年7月经国家新闻出版署批准,国内统一刊号CN44-0128。《广州海运报》随着企业的改革发展,不断进步和成熟,报纸由原来的旬刊发展为周报,4开4版,周三出版。

复刊后,《广州海运报》在企业党委和行政领导下,坚持"立足企业、服务企业"的办报宗旨,根据企业改革发展需要而开展新闻报道工作,以海员职工为主要对象,以报道企业的经营活动为主要内容,为企业的两个文明建设服务,努力建设成为企业党政领导和职工的"喉舌",成为指导工作、推动生产的助手,成为宣传群众、进行思想政治工作的阵地,成为传播知识、促进学习的阵地,成为寓教于乐、活跃生活的俱乐部。

进入21世纪后,亚丁湾海域和印度洋海域事件是全球性新闻热点。企业船舶常年在此海域执行生产任务,在防抗海盗的工作中,广大海员作出积极的贡献,涌现出许多先进人物和可歌可泣的英雄事迹。《广州海运报》动员组织一批通讯员开展新闻报道,刊发一系列的消息、通讯、图片等不同新闻体裁的稿件。如"嘉宁山"轮击退海盗的武装袭击后,《广州海运报》及时开展报道,推荐在该事件中涌现出的先进人物参加广东省、广州市先进人物评选。行业特色鲜明的报道在读者和同行中受到广泛关注,《广州海运报》的多篇新闻报道在全国企业报好新闻评比中获奖。1997年,《广州海运报》荣获全国企业报晋京展一等奖。至2015年,《广州海运报》是广州地区出版物新闻工作者协会副会长单位,每年均有20余篇(幅)好新闻、好图片、好版面获表彰。

【《大连海运报》】

1985年,大连海运正处在一个蓬勃发展的改革时期。公司党委于1986年下半年,决定筹创《大连海运报》。11月1日《大连海运报》试刊,经过3期试刊之后,《大连海运报》于1987年1月1日正式创刊。当时任交通部部长的钱永昌为《大连海运报》题写报名,大连市委书记毕锡祯为《大连海运报》题词。

《大连海运报》隶属公司宣传处领导,公司经理和党委副书记是编审委员会主任,设主编、副主编各1人,编辑4人,并配备2名专职记者。《大连海运报》在宣传党的方针政策、促进两个文明建设、宣传贯彻公司的方针目标、配合公司的改革和建设以及促进信息沟通交流等方面起到重要作用。

2015年,《大连海运报》办报质量不断提高,较好地发挥紧密联系公司决策班子、领导机关与广大船员的桥梁纽带作用,受到干部和职工群众的普遍欢迎。

【《中海货运》快讯】

《中海货运》快讯于1998年创办,旨在进一步加强中海货运船岸信息的沟通和交流,增强信息报道的针对性、时效性和生动性。1998年5—6月为试刊期,7月后为旬报,每月10日、20日、30日出版,每期印数1000份。

内容紧贴企业工作实际,8开4版,头版:要闻;二版:公司综合管理信息、航运信息;三版:基层管理信息;四版:副刊、专版。发行范围为中海货运机关各部门和各管船单位、公司所属船舶,少部分送发集团领导和集团各有关职能部门和集团有关兄弟单位。报纸创办以来深受船员以及家属的欢迎。该报于2015年年底停办。

二、企业刊物

【《航海》杂志】

1979年,由上海市科协主管、上海市航海学会分别主办创刊《航海》。上海市航海学会挂靠上海海运,其前身是上海海运局。上海海运局是上海航海学会的发起创建单位之一,历任上海航海学会理事长单位。理事长同时担任学会法人,也是《航海》杂志在新闻出版登记的法定代表人。《航海》杂志是中华人民共和国成立后国内航海界第一本科普刊物,面向海内外公开发行,双月刊。2010年,《航海》杂志改版为综合性科技期刊,立足于上海国际航运中心建设,服务航运,服务社会。《航海》杂志大16开全彩印,融航海学术交流、航海文化发掘、航海知识普及、航海生活展示等为一体。成为传播航海知识和文化的大众化期刊,也是航海学会、业界与社会各界以及广大航海爱好者普及科学、交流信息的重要平台。

【《航海技术》杂志】

1979年,由上海市科协主管、上海市航海学会分别主办创刊《航海技术》杂志。上海海运(包括其前身上海海运局)历任上海航海学会理事长单位,也是《航海技术》杂志在新闻出版登记的法定代表人。《航海技术》为中级航海技术期刊。1982年起,《航海技术》杂志由原来的季刊改为双月刊,内部发行改为公开发行,由中国航海学会主办,上海市航海学会代管,成为全国水路运输类中文核心期刊,交通部优秀科技期刊,也是航海工作者交流航海科研心得,切磋航海实践经验,解决航海技术难点、重点和热点问题的园地。2014年起,改由上海海事大学负责该杂志的编辑出版工作。

【《绿舟》杂志】

20世纪80年代,上海海运局工会协同该局海洋文学社开始编印《绿舟》文学杂志(为企业内部刊物)。至1990年,共出版8期,每期1 500册左右。该杂志设有"爱我海运""海夫人之歌""回忆录""小说""散文""诗歌""评论""游记""寓言""美术、摄影、书法、篆刻"等栏目,刊登船员职工各类文学艺术作品。1998年,集团专业重组告一段落,各专业公司纷纷成立,上海海运局所属各船队及陆岸单位也划归不同船舶运输专业公司及陆岸企业,中海油运、中海货运、中海集运及中海工业等都创办其自己的宣传刊物,《绿舟》停刊。

【《海上旅游》画报】

20世纪80年代,上海海运局、海兴公司、锦江航运与香港庞元(国际)广告设计公司联合创办《海上旅游》画报。该画报为季刊,编辑室设在《上海海运报》社内,在香港印刷,每期发行1万册。《海上旅游》画报旨在为港、澳、台同胞和各国来宾作中国旅行的旅游指南和提供有关商品信息。除介绍主办单位的航运业务、班期、票价、客轮设施、服务内容外,还介绍上海的对外交通、旅游、商品信息、投资伙伴、国内外产品广告,以及介绍中国的名胜古迹、风土人情、人文地理、文化艺术等。因其文字活泼、图片精美、资料丰富,具有使用、欣赏和保存价值,颇得读者欢迎。《海上旅游》画报除赠阅往来于香港至上海、香港至宁波航线的旅客外,还提供上海至广州、厦门、福州、温州、宁波、青岛、大连等航线旅客阅读,同时赠送上海部分酒店、宾馆和外贸进出口公司、旅行社以及海兴公司有关业务部门。该刊在香港地区的发行范围为香港旅游协会、招商局及在港各国办事处、驻港各国工商贸易团体、香港贸易发展局等。国外发行范围为东南亚、美洲、欧洲等的50多个国家的世界贸易中心。1988年,获得上海市对外宣传银鸽奖。2000年,随着海上旅客运输减少,上海—香港客轮航线取消,该杂志失去对外宣传的平台而停刊。

【《中国海员》杂志】

创刊于1926年,由当时的"中华海员工业联合总会"创办。此后曾3次停刊。1985年第三次复刊。同年6月20日,由交通部和中国海员工会全国委员会委托上海海运局编辑出版,为综合性双月刊。该杂志主要面向全国水运系统职工,初时发行量5万份,2004年主管单位变更为上海海运。该杂志是中国水运系统具有光荣传统且有重要影响的刊物之一,受到全国水运系统职工欢迎。自第三次复刊后,《中国海运》秉持创新办刊理念,坚持为港航广大员工服务的方针,在中国海员建设工会领导下,忠实记录港航员工在经济建设中拼搏努力、无私奉献的精神风貌。该刊始终围绕服务港航职工的宗旨,按照海员建设工会每年的工作方针要求,宣传报道上级领导机关的重要指示和政策变化,推动港航单位工会工作健康发展;报道港口航运动态、各大港口重要信息发布、技术革新等;弘扬港航系统员工的先进事迹,记录广大职工工作中的感悟、生活中的体会等;成为港航系统职工了解行业的一扇窗口。该刊跟踪社会热点、政策推行情况,对海员职工关注的事件进行深度报道;挖掘港航发展史上重大历史事件,解密历史事件;刊登海外见闻、港口拾趣、港口建设以及异域风情等;努力使《中国海运》杂志成为港航系统职工的良师益友,成为港航文化建设的一个特色阵地。2016年后,中国海运与中远集团重组合并,《中国海员》的委办单位也由此顺转为中国远洋海运集团。

【《海员之声》杂志和《新闻信息摘要》(电子版)】

20世纪90年代,上海船员公司创办《海员之声》及《新闻信息摘要》(电子版)。前者是双月刊,每期容量在70页;后者是每周一期,直接用电子邮件发送到该公司派员的200艘左右船舶。其内容紧贴船员生活、工作,受到广大船员欢迎,被中国海运评为集团十大窗口之一。2005年1月,《海员之声》杂志更名为《中海国际》;2014年年初又更名为《中海船员》,但其服务宗旨、服务对象以及宣传内容一如既往。

【《中海国际》杂志】

集团所属主营船员管理的中海国际成立不久,就创办旨在弘扬海员文化的公司企业内刊《中海国际》。《中海国际》作为月刊,聚广州、上海、大连、北京四地船员之心声,集《英华通讯》《海员之声》《外派动态》之精华,应创建世界一流船舶管理公司之需要。《中海国际》的办刊宗旨是:围绕中心,服务大局,凝聚人心,激励士气,贴近船舶,贴近船员。2014年4月,根据集团船员管理体制改革的需要,为更好地服务船员,期刊由双月刊改为单月刊。到2016年年底,《中海国际》共发行115期。

《中海国际》已成为广大船员交流工作经验、发表学习心得、探讨航运科技的期刊。中海国际党政领导为期刊撰写卷首语,成为期刊一个鲜明的特色。期刊也是公司的一张亮丽名片,成为公司对外交流、对外宣传以及对家属宣传的好载体。《中海国际》的文章也常常被《海运报》、社会主流媒体引用。对外宣传优秀船员李伟雄的第一个媒体就是《中海国际》。

2014年11月,《中海国际》新建微信公众号平台,以"管理要情""行业动态""船员关注""一线风采"等专栏,及时通过文字、图片、音视频等形式发播信息,加强船岸沟通互动,深得广大船员和职工喜爱。至2015年年底,累计推送各类信息千余条,关注的船岸职工达7 000余人,阅读量达50万余人次。

三、集团网站

中国海运集团网站是对外宣传的网络媒体,是社会公众、投资人、行业同仁、本单位员工了解中国海运的重要窗口。

1997—2015年的18年间,中国海运网站坚持"以用户为中心,以服务为导向"的设计理念,通盘考虑网站使用的便捷性,页面效果力求布局清晰、架构规整、标识规范、导航易用、色彩合理,并设立无障碍浏览服务功能。其辅助性栏目突出网站的人性化和易用性,这也是体现一个好网站不断优化和完善的重要标志。该网站主要由关于中海、新闻动态、业务导航、在线服务、网上俱乐部、客户交流、人力资源、社会责任、投资者关系9个主栏目组成;网站主要受众群体包括企业客户、投资者、业务伙伴、海员、求职者。2016年,随着中国海运与中远集团合并,该网站关闭。

第二章 社会责任

中国海运自组建始,在创造自身效益的同时,始终把社会责任理念融入日常经营管理当中,把服务社会当作责无旁贷的使命。集团坚持以大局为重,坚决贯彻中央和国务院的战略部署,发挥大型国有航运企业的骨干作用;坚持国家利益至上,为国家社会经济发展提供可靠的运输服务,为国家经济发展作出积极贡献;采取积极措施应对资源环境的挑战,在稳健运营中珍惜自然资源,爱护海洋环境,减少污染物排放。同时,发扬奉献精神,积极援助救灾献爱心,在国家与人民最需要的关键时候,总是挺身而出,为社会公益作出积极贡献,有效促进和谐社会的发展。

2010年,中国海运发布《中国海运集团履行企业社会责任工作管理暂行办法》,明确履行企业社会责任的基本原则;2013年,中国海运在修订2010年版本基础上,发布《中国海运集团履行企业社会责任工作管理办法》,并增加有关定期编写和发布企业年度社会责任报告的管理规定。

作为沿海煤炭运输的主力船队、国内大型电厂煤炭运输承运企业,集团旗下的中海散运利用运力规模和对所有客户统筹安排运力的优势,每天关注客户的存、耗煤炭变化,按客户要求及时安排运力,没有发生过电厂煤炭告急的情况,保障电厂用电安全。集团所属多个集体和个人受到党中央、国资委、交通部和上海市委市政府与全国总工会的表彰。2015年12月,中国海运获得"金蜜蜂2015优秀企业社会责任报告·领袖型企业"奖。

图9-2-1 中海货运船舶抓紧抢运电煤,解决电厂燃眉之急(2007年摄)

第一节 对口帮扶

从2005年开始,集团开展对口支援新疆阿克苏地区柯坪县和定点帮扶云南省永德县活动。

"十一五"时期,集团不断拓宽帮扶范围,从最初的项目帮扶、智力帮扶,拓宽到技术帮扶、精神帮扶等多种帮扶新路子,建立对口帮扶的长效机制。在帮扶工作中,由党政领导亲自挂帅,工会牵头,团委配合,员工自发报名,成立"爱心接力"志愿者服务队,负责做好对口教育帮扶的联络沟通、日常管理等基础性工作,并与帮扶对象建立经常性交流平台,以点带面,逐步推进,深入开展帮扶工作。2005—2015年,中国海运先后从总部及子公司选派共计28名干部分别到新疆柯坪县、云南永德县挂职县委副书记、副县长及县长助理,专门从事定点扶贫工作。

一、定点帮扶云南永德县

中国海运捐资新建的云南永德县明信坝小学于2006年12月29日竣工。这是中国海运投资援建的第一所希望小学。明信坝村位于永德县德党镇南部,主要居住着傈僳族、佤族等少数民族;农民人均年收入600多元,是一个高寒、贫困的特困山区。多年来,由于村中小学校舍未能得到彻底改善,该学校房屋墙体脱落,梁椽损坏,校内危房面积达525平方米,严重影响教学工作的正常开展。由集团投资40万元援助建成的希望小学,学校占地面积约3 000平方米,拥有一栋8个教室的主教学楼以及操场、厕所、厨房、校道、围墙等配套设施。新校舍环境美观,教室宽敞明亮,学习条件显著改善。

在定向帮扶活动中,中海集运将员工募捐的30余万元,分别投入永德县明信坝小学、牛火塘小学和尖山小学,帮助改善师生们的教学、生活环境。

2010年9月,小学开学后,3所学校旧貌换新颜。师生们穿上崭新校服,坐进明亮的公共食堂用餐,喝上开水,睡上高低床;老师们用上电脑、照相机等多媒体工具。

在通过物资援助进行"项目扶贫"基础上,中国海运还通过"智力扶贫"将"智慧"带进大山里。永德全县当时只有160余名中小学民办教师,师资力量匮乏,总体素质处于较低水平。为此,集团挑选一批综合素质强、英语水平好的员工赴云南支教。这些"业余"老师们,运用自己在工作中的经验,特别是培训经验,创造性开辟"英语角"交流园地、公开课等互动教学活动,不仅开拓学生的眼界,更给当地教师带去教学新思路、新方法,激发当地师生的学习热情,受到广泛好评。

中海集运厦门公司援助5万余元的IT设备,并派出信息技术人员在2010年9月初赴永德县组建校园局域网。在构建网站基础上,中海集运厦门公司还利用爱心援助基金,配合集团在永德一中的"中海班"设立第一个多媒体教学点。老师可在上课时利用多媒体教学,学生则通过网站相关模块下载教学课件预习,极大地提高教学效率。

2011年,集团成立永德县教育扶贫志愿者服务队,负责对口教育帮扶的联络沟通、组织协调管理等工作,建立教育扶贫的长效管理机制。同时,坚持向云南永德县派出援助干部,年拨付1 000多万元对口帮扶资金,帮助这些地区加强基础设施建设和经济发展,并在技术上助其脱贫解困。

2012年,集团在云南永德县的定点扶贫工作中投入资金逾400万元,有效改善当地人民的生活状况;集团和员工个人共捐款1 000余万元。集团还鼓励员工参加志愿活动,支持志愿者组织的发展,为社会和谐贡献力量。同年8月,中海集运组织25名永德县的师生代表走出大山,来到上海,参加学习交流活动。

2006—2015年,中国海运招募永德基地船员近200名,其中少数民族船员占15%,分别为彝、佤、白、布朗、苗、土家等民族。经过系统培训之后,这些船员被分派到中国海运所属的各类船舶,担任水手、机工、服务员等职务。考虑到永德船员大多来自贫困地区,中国海运为他们按月发放生活费,并先行垫付培训费和交通费,待学成上岗后陆续逐月扣还,以保证学生安心学习、顺利毕业,并上船工作。

图9-2-2　云南永德县中小学生来到上海并参观集团的展示厅(2013年摄)

2015年是中国海运结对帮扶云南永德县的第10年。10年间,集团以教育帮扶、农村医疗卫生、干部培训以及爱心助学等工作为重点,在教育事业、产业发展、基础设施等方面持续加大投入,先后投入帮扶资金2800余万元,积极帮助永德进行扶贫开发,极大地改善山区群众生产生活条件。此外,集团还坚持为永德中青年领导干部进行教育培训。

二、定点帮扶新疆柯坪县

新疆柯坪县地处偏远,少数民族聚居,各方面发展较为滞后。2005年,中国海运开始对口支援柯坪县后,对柯坪县各项事业的发展给予高度关注和大力支持,在实地考察和充分调研论证的基础上,先后实施以人才、智力、经济等为主的援助,并从当地农民最迫切需要解决的实际问题入手,开展多项援建工程。其中,抗震安居工程惠及柯坪县启浪乡萨依巴格村120户农民,该工程自2006年5月1日正式开工建设,历时6个半月建成。同年9月26日,中国海运被新疆维吾尔自治区人民政府授予"帮扶贫困群众、建设抗震住房先进单位"荣誉称号。

除项目帮扶外,中国海运还积极开展智力与人才帮扶,如组织新疆柯坪县领导干部集中到上海并参加由中国海运党校举办的干部培训。培训期间,组织新疆干部进行政治理论学习和技术知识培训,组织他们参观中共"一大"会址纪念馆、陈云故居纪念馆和张闻天故居纪念馆,参观上海城市建设规划馆、上海博物馆、浦东国际机场和孙桥现代农业园区等。

在新疆阿克苏地区柯坪县定点帮扶工作中,中国海运积极援建柯坪县万亩节水滴灌示范园,在严重缺水、耕地短缺的环境下创新红枣种植模式,种植红枣面积已达7500亩。2012年,枣树达到高产树形,红枣获得丰收。此外,中国海运还积极援建柯坪县大型调蓄沉砂池建设,该项目是新疆首个开工建成的自压滴灌工程,蓄水量可达278万立方米,一年可调蓄3～4次,调蓄量可达800

万~1 000万立方米。该项目的投入使用,基本解决柯坪县用水紧张的问题,取得良好的经济效益和社会效益。

在援助当地教育方面,中国海运援建的柯坪县教育园区投入使用后,可满足5 000余名学生就读,3 000余名学生食宿,促进当地中小学教育的发展。

三、其他帮扶与捐助项目

2010—2015年间,上海船研所参加上海市建设交通青年人才协会、市建设交通团工委共同主办的"冬日阳光,爱心助学"慈善拍卖暨义卖活动,为上海城市管理职业技术学院、城市建设工程学校和公用事业学校的困难学生献出一份爱心。

同一时期,集团所属诸多企业也都积极开展对口扶贫工作,如中海船务积极组织外来务工人员参加上海市农民工安全知识普及培训工程。中海油运对口帮扶上海南汇余姚村,中海海盛对口帮扶海南省乐东县千家镇抱平村,广州海运和中海散运对口帮扶广东省河源市龙川县上坪镇龙田村等。多年来,集团坚持与社会分享发展成果,致力于扶贫济困、回馈社会,从沿海地区到西南内陆,与多个贫困地区结对帮扶,投入大量人力物力,帮助结对地区经济社会发展,用大爱构筑温馨和谐的社会大家庭。

在帮扶活动中,中国海运依据《中国海运集团履行企业社会责任工作管理办法》,将对外捐助纳入全面预算管理。中海人发扬"一方有难、八方支援"的优良传统,持续开展"一日捐"等各类慈善捐助,通过主动捐助和积极参与各种慈善捐助活动,助力弱势和困难人群,改善其生活现状。

第二节 抗震救灾

2008年5月12日,汶川大地震灾情牵动全体中海人的心。中国海运全力投入抗震救灾,共向汶川地震灾区捐款捐物3 000多万元,捐款人数超4万人次,其中职工个人捐赠达675万元,党团员捐赠的"特殊党费"271万元,"特殊团费"34万元。

5月24日,集团又向中国东方电器集团捐资300万元,以支援该集团抗震救灾和恢复重建工作。

10月29日,中国海运职工再次向灾区人民运送去2 500条"中海棉被",为灾区人民御寒保暖。集团还抽调集装箱卡车、厢式货车等各式车辆抢运赈灾物资,并在重庆等地安排备用空集装箱,随时把全国人民捐赠的物资运送到灾区,最大限度地为救灾工作提供物流支持。

2010年,青海玉树发生强烈地震,中国海运立即向灾区伸出援助之手,捐款500万元,2.2万名职工共捐款200多万元。

当南方各地严重春旱时,集团为对口支援的永德县送去60万元的抗旱资金;万余名团员青年捐款26万余元,为西南地区的少年儿童送去"清凉"。通过向贫困地区提供援助资金,建设援助项目,开展产业扶贫、科技扶贫、教育扶贫,一定程度改善当地群众的生活。

2014年4月11日,兰州发生自来水苯含量超标事件,恒大集团连夜调运相关区域库存,捐赠1 200万瓶矿泉水。中海集运是恒大集团重要物流服务供应商,在4月12日凌晨,得到协助运输的请求后,当即启动物流保障应急预案,迅速行动。集团下属的营口、武汉、重庆、南京等地网点工作人员放弃周末休息,彻夜不眠;一方面立即协调港口和码头提货,另一方面紧急安排拖车起运,争取以最快的速度在最短的时间内将矿泉水送到兰州人民的手中。此次共承运近 500 TEU、总计 1 200 多万瓶的矿泉水。当天,就有兰州市民领到免费矿泉水。

2014 年 8 月 3 日 16 点 30 分,云南省昭通市鲁甸县发生 6.5 级地震,造成重大人员伤亡和经济损失。中国海运迅速行动,向鲁甸地震灾区捐赠 300 万元,支援抗震救灾。

第三节 海 上 救 险

中国海运集团组建以来,许多船舶船员不怕危险,在茫茫大海和狂风巨浪中抢救难船和遇险船员,挽回一个个生命,保住国家和人民的财产,也提升企业品牌形象。

1999 年 12 月 16 日,"银杏"轮船员成功救起已沉没的巴拿马籍"海上紫罗兰"轮 17 名遇险外国船员。同日凌晨 1 时 30 分,巴拿马籍货船"海上紫罗兰"轮从巴布亚新几内亚运载 3 000 吨原木驶往广州黄埔港,航行至汕头东南方向 50 海里的海域时遇见大风浪,突然发生船体倾斜,情况危急,被迫发出求救信号。当时,从天津开往欧洲途中的中海货运"银杏"轮接收到求救信号后,立即调头前往救助。经过近 3 个小时的顶风行驶,于 4 时 30 分赶到出事海域并接近"海上紫罗兰"轮。当时风力大约 8 级,浪高 4~5 米,"海上紫罗兰"轮船体已倾斜 30 度左右。在这样的情况下,"银杏"轮被迫放弃使用梯子和安全网进行救助的做法,采取由本轮船员乘救生艇下海救助的措施。在风急浪高的恶劣条件下,要顺利将救生艇放下实属不易,而且救生艇要接近"海上紫罗兰"轮更存在巨大风险。然而,"银杏"轮船员一心想着救人,不顾自己安危。6 时 55 分,5 名船员以熟练协调的操作技能将救生艇放下海并迅速向遇难船舶驶去。8 时 45 分,"海上紫罗兰"轮 17 名船员全部被救上"银杏"轮。10 时 10 分,"海上紫罗兰"轮翻转沉没。17 名获救的船员中有 2 名韩国人,15 名缅甸人。据被救上船的韩国籍船长说,该轮是 1 艘 19 年船龄的老旧船,由于船载过重,又遇上南中国海冬季大风,致使船壳破裂进水,已在海上颠簸 4 天。韩国籍船长说,船沉了很难过,但每个船员都能平安活下来已属万幸,由此非常感谢"银杏"轮船员的救助和悉心照顾。

2002 年 6 月 18 日,中海油运"大庆 47"轮装载 1 万吨燃料油从大连新港开出。5 时 50 分,驶至黄海北部海面,驾驶台值班人员通过望远镜发现前方 1.5 海里处有艘船的艉楼正冒着滚滚浓烟,生活区外墙已烧得面目全非。驶近难船 1 海里处,看到难船上船员手摇旗帜求助。于是,全体船员立即出动,或冲上驾驶台,或跑下机舱间,或涌到救生艇甲板,仅仅一分钟时间,训练有素的船员们就按照救生应急部署的要求各就各位。6 时 07 分,2 号救生艇迅速放至水面。6 时 30 分,救生艇回到距遇难船 0.4 海里的"大庆 47"轮,带回遇难船船长和一名伤员。惊魂未定的船长告知,这艘船名为"BUKHTANAGAEVA",是韩国籍杂货船;此次空载从日本开出到中国石岛装冻鱼,船上共有船员 20 名,高级船员是韩国人,中普级船员是印度尼西亚人。凌晨 2 点左右,该轮船员房间突然起火,蔓延至机舱,电源被烧毁,所有通信设备还没来得及发海上求救信号就被大火吞噬,船舶失去动力,已无法施救。8 时 40 分,一直在大船旁待命的"大庆 17"轮救生艇带着鸡蛋、饼干、矿泉水等,第二次驶向遇难船,给还在遇难船上等候消息的另外 18 名船员送去食物和他们船长的指令。9 时,救生艇带回遇难船的电报员。电报员报告:灾情还在进一步恶化,请韩国船长早作决断。9 时 04 分,韩国船长同其公司联系后决定弃船。此时,正在黄海海区巡航的"海巡 071"轮接成山角船舶交通管理中心指示赶到海难现场,将所有难船船员救到"海巡 071"轮上。

2005 年 10 月 29 日晚,中海货运"宁安 15"轮从青岛装矿至秦皇岛。22 时 45 分,该轮三副发现左前方有船舶发出求救火焰信号,用雷达搜索难船位置。22 时 50 分,该轮接到船舶交通管理中心通知,得知遇难船为"沧龙"轮,因机舱进水,失去动力,正快速下沉。此时,"宁安 15"轮距遇难船 4.5 海里。该轮全速驶向遇难船。不到 2 分钟,全体船员穿戴好救生衣并携带好救生工具、照明灯具、对讲机等在左侧艇甲板集合待命,并做好放艇的各项准备工作。23 时 20 分,该轮距遇难船只有 0.7 海里时,便开启全部照明灯,船员用高频电话与难船联系。因遇难船已无电力,无法联系上,只能看见零星手电光亮。当时海上风浪较大,气温又低,如果放救生艇靠近遇难船施救,难度很大。焦急之中,驾驶员发现附近有艘较大渔船"1904"号,船长立即通知大副用扩音器与其联系,问其能否协助前往救助遇难人员。"1904"渔船回答没有救助经验。船长遂与其协商,由"宁安 15"轮派遣人员登上渔船,指挥实施救助。23 时 45 分,大副带领 6 名船员沿软梯登上渔船驶往遇险地点。风大浪急,渔船多次尝试靠近"沧龙"轮,都未成功。23 时 55 分,两船终于靠拢,在大副的指挥下,一场紧张有序的海上救援战开始了。"宁安 15"轮船员在船舶摇晃剧烈、施救困难的情况下,不顾个人安危,顶着寒风,把"沧龙"轮 11 名船员全部安全转移上船,无人员伤亡。次日凌晨零时 18 分,遇险船员全部登上"宁安 15"轮。该轮政委拿来事先准备好的御寒衣物和热姜汤送给难船人员,并安抚他们的情绪。1 时 17 分,"宁安 15"轮在锚地抛锚,海事局海特"0401"轮靠上该轮,船长和政委率全体船员到甲板将"沧龙"轮 11 名船员安全移交给海特"0401"轮。临别之际,"沧龙"轮船员含泪纷纷与"宁安 15"轮船员握手作揖表达感激之情,并连连赞叹:"中海船员的素质就是好。"

2008 年 9 月 28 日 23 时,中海集运调度中心和集团总调度室分别接到浙江海事局搜救中心和中国海上搜救中心的通知,"浙岭渔运 101"轮在浙江温州东南外海因主机故障失控,正面临台风"蔷薇"威胁,15 名受困船员危在旦夕。中海集运立即按 SMS 规定启动应急反应程序,调派离出事地点最近的"新欧洲"轮执行搜救任务。"新欧洲"轮接令后立即全速赶往救助点,并在途中与遇险船"浙岭渔运 101"轮取得联系,掌握情况,做好施救准备。29 日零点 15 分,"新欧洲"轮雷达发现遇险船,此时海面一片漆黑,狂风大作,暴雨如注。2 点 30 分,该轮按救助方案,从上风处运用车、舵、侧推等良好船艺逐渐接近"浙岭渔运 101"轮,3 次用抛绳器撇缆,最后取得成功。4 时,首批 4 名遇险船员通过乘救生筏成功转移。5 点 15 分,其他 11 位遇险船员也被安全救起,并得到"新欧洲"船员们的悉心照顾。9 月 29 日,交通运输部通过中国海上搜救中心专门致函"新欧洲"轮全体船员,对他们在救助遇险船"浙岭渔运 101"轮中所表现出的过硬素质和不畏艰险、奋勇拼搏的精神给予高度评价,对中国海运给予此次海上搜救工作大力支持表示衷心感谢。

2009 年 7 月 3 日,国际海事组织(IMO)第 102 届理事会授予"新欧洲"轮海上搜救特别勇敢奖,此奖是该组织众多奖项中的最高奖项。

2013 年 10 月 12 日早晨,中海集运"新天津"轮从澳大利亚布里斯班港起航驶往中国台湾地区高雄港。突然,船舶驾驶台接到美国海岸警卫队的电话通报,告知 1 艘名为"SPIRIT OF FIJI ISLANDS"的菲律宾籍客滚船在巴林唐海域因机舱失火导致船舶失控漂航,船上 19 名船员被迫弃船,分乘两艘救生筏逃生。当时受 25 号强热带风暴"百合"的影响,19 名船员生命受到威胁。得知该信息后,"新天津"轮即更改航向,快速驶向出事海域。船员们按应急预案各就各位。11 时左右,"新天津"轮在遇难船只附近发现两只救生筏。当时海面浪高风急,救生筏在海浪中起伏飘摇,随时有被大海吞没的危险。"新天津"轮船员焦急万分。但在恶劣的天气条件下,及时调整船位,安全靠近救生筏。当船头距离第一个救生筏约 40 米时,水手长凭借过硬的技术,准确地将带着长绳的救生圈抛给救生筏上的遇难船员,一次成功。此时,严阵以待的"新天津"轮船员齐心协力,将救生筏安全地牵引近引水梯。11 时 40 分,第一名遇难船员获救登轮,经过几个小时的营救,直至 12 时 28 分,19 名遇险船员全部获救,无一受伤。死里逃生的遇难船员紧紧握住"新天津"轮船员的手,激动地连声说道："Thank you! Thank you!"。此次救援工作得到美国海岸警卫队、中国台湾地区相关部门的高度赞扬，他们由衷地感叹："到底是大型航运企业，船员的素质就是不一样！"

2014年3月8日，马来西亚航空公司MH370客机失联，包括154名同胞在内的机上人员的安危牵动着国人的心。中国海运对马航MH370航班的失联事件十分牵挂。集团专门成立搜寻指挥中心，24小时保持与中国海上搜救中心的联系，协调旗下各船队听从统一指挥。

3月21日，中国海运接到中国海上搜救中心关于在南印度洋相关海域搜寻失联航班的协调通报后，当时正在执行中国—巴西矿物运输任务的中海散运所属30万吨级散货船"中海韶华"轮距离南印度洋疑似海域最近，却仍有约1 350海里的距离，且疑似海域并不在船舶正常的航线上，但"中海韶华"轮仍然立即调整航向参与搜寻。"中海韶华"轮是我国在澳大利亚西海域参与搜寻工作的第一艘商船。除"中海韶华"轮外，集团所属的中海集运、中海发展先后有"新南沙"轮、"新宁洋"轮、"白鹭座"轮等24艘船舶参与在泰国湾、马六甲海峡、孟加拉湾等地区的搜寻行动。作为船舶燃油供应单位的中海燃供，也全力以赴为参与搜寻的船舶提供燃油供应保障。

表9-2-1 1998—2014年中国海运海上重大救助情况表

时　间	地点	船舶	所属公司	海上遇险情况	解救人员及人数
1998年5月10日	黄海东部	振奋2	中海货运	遭遇狂风，渔船进水	指导渔船自救
1998年5月10日	黄海东部	宁安2	中海货运	遭遇狂风，渔船进水	指导渔船自救
1999年12月10日	海南儋州	红旗123	中海货运	遭遇狂风，渔船沉没	5名渔民
1999年12月16日	汕头海域	银杏	中海货运	遭遇狂风，船体倾覆	17名外籍船员
2000年2月28日	琼州海峡	向松	中海集运	遭遇狂风，船舶翻扣	3名船员
2002年6月18日	大连海域	大庆47	中海油运	韩国籍船火灾	20名外籍船员
2005年10月29日	东海北部	新锦州	中海集运	渔船沉没	8名渔民
2005年10月29日	青岛海域	宁安15	中海货运	渔船沉没	11名渔民
2007年12月26日	大连海域	大庆61 广源 沧州 宁安9	中海油运 中海货运 中海货运 中海货运	朝鲜籍货轮沉没	25名朝鲜籍船员
2008年3月31日	厦门海域	新苏州	中海集运	渔船进水遇险	8名渔民
2008年9月28日	温州海域	新欧洲	中海集运	台风威胁，船舶失控	15名船员
2009年8月14日	大连海域	友谊20	中海货运	渔船火灾	6名渔民
2013年8月9日	营口海域	海能	时代航运	渔船沉没	10名渔民
2013年10月12日	澳洲海域	新天津	中海集运	菲律宾籍船火灾	19名船员
2014年3月21日	南印度洋 泰国湾 马六甲 孟加拉湾	中海韶华 新南沙 新宁洋 白鹭座	中海货运 中海集运 中海油运 中海油运	马航MH370客机失灵	海面搜寻
2014年12月3日	烟台海域	神华806	神华中海	船舶技术故障	4名船员
2014年12月17日	青岛海域	新汕头	中海集运	渔船船体进水	5名渔民

第四节　融入上海国际航运中心建设

2007年,国家明确提出"到2020年建设成航运强国"的目标,掌握全球范围内货物运输中的自主权和主动权。中国海运积极响应国家规划政策,把壮大中国航运业作为自己的责任和义务,支持带动沿海沿江港口发展、配套产业建设,提升中国航运企业的国际影响力和话语权,引领航运产业不断发展。

2009年4月,国务院发布《国务院关于推进上海加快发展现代服务业和先进制造业建设国际金融中心和国际航运中心的意见》,明确提出到2020年,把上海基本建成航运资源高度集聚、航运服务功能健全、航运市场环境优良、具有全球航运资源配置能力的国际航运中心。上海航运业的发展迎来新的重大战略机遇。中国海运一直积极参与上海港的建设和发展,自2002年开始,集团的集装箱船队连续在上海港口吞吐量中排名第一。中国海运在上海积极开拓高端航运业务,推动船舶融资、海上保险业务、航运资金结算、航运价格衍生品等航运金融业务发展;参与设立上海航运产业基金,为航运及其配套服务产业发展提供支持,提高上海港作为国际航运中心的竞争力。在航运信息咨询领域,中国海运作为大型国际化企业,发起成立上海国际航运研究中心;从2009年开始,发布中国航运景气指数(CSPI),填补中国航运业无景气监测预警体系的空白。

在上海世博会期间,中国海运作为保障电煤运输的主力军,调集数十艘船舶,数百次穿行在核心区域航道,不仅保障世博会期间的电煤运输,而且实现进入核心区船舶零事故,展现出中海船舶的良好风貌和追求一流的中海精神,为上海世博会成功举办交出一份令人满意的答卷。

"十二五"时期,上海作为国际大都市,其"四个中心"建设特别是上海国际航运中心建设不断完善升级,这对于注册在上海的中国海运而言,获得良好的发展环境与有利条件。上海的港口集装箱吞吐量连续稳居世界第一,自贸区航运管理制度创新有序推进,国际船东总部经济不断壮大,航运金融与海事法律服务体系不断完善,BIMCO、波交所等国际知名航运组织聚集效应不断显现。中国海运集团在积极参与上海国际航运中心建设的同时,自身也获得更多的商机、更大的平台。

作为总部设在上海市的中央重要骨干航运企业,中国海运把自身发展融入服务上海经济建设之中。集团旗下大部分专业子公司的总部都注册在上海;"十二五"时期,集团在上海市投资的企业约120家;2002—2015年,中国海运的集装箱船队连续13年在上海集装箱港口吞吐量中排名第一;"十二五"时期,中国海运在上海地区的总资产和营业收入在集团的占比均超过50%。除船队建设与航运经营业务外,中国海运还在上海积极开展航运金融、海事教育培训等业务,同时对上海的航运信息咨询、海事法律、航海教育、船代货代等产业形成强大需求;并通过开展集装箱沿海捎带、海运国际中转、船舶登记注册等业务,积极支持上海自贸区建设。

第五节　绿　色　航　海

很长一段时间内,航运业对海洋环境以及全球气候变化产生的影响一直被低估,直至进入21世纪才开始受到瞩目,"绿色航运"及"绿色竞争力"成为航运界倡导的一个热点词汇。国际海事组织(IMO)2007年指出,如果航运业对碳排放不加以控制,将在2050年增长近5倍,达到全球排放总量的18%;中国政府同样高度重视环境问题,明确提出将"生态文明建设"作为未来的经济、政治、文化、社会、生态文明"5个建设"的重点之一。

在参与行业规则制定方面,作为中国代表团一员,中国海运的航海专家从2008年开始参与国际海事组织(IMO)有关船舶单位运能碳排放指标设定的讨论会议,代表中国航运企业向大会提供支持和建议。同时,集团航海专家们协同代表团其他成员,在行业内开展宣贯培训,并进行相关研究,指导国内航运企业更好地应对指标生效后所带来的国际航运市场变化。

一、绿色理念

在打造绿色竞争力方面,中国海运坚持"绿色服务"的理念。

中国海运成立以来,一直致力于以绿色理念开展船舶营运和项目开发,把保护环境作为企业义不容辞的责任,把培育绿色竞争力视为转变发展方式、促进又好又快发展的需要,长期致力于提高能源利用效率、减少碳排放,推进绿色航运。集团积极配合上海、深圳港等国内港口开展岸电试点实验,成为较早使用船舶岸电航运企业。

"十二五"末期,中国海运约有50艘集装箱船安装岸电接收装置,是国内拥有岸电设备船舶数量最多的航运企业。

从2011年起,美国洛杉矶港务局连续向中国海运颁发"减速降污染特别奖",集团在保护全球环境、减少空气污染上所做的努力得到洛杉矶当地的广泛赞许。在国内,集团率先按照船级社规范标准进行内河船舶LNG双燃料动力改造,改造后单船年均减少二氧化碳排放500吨以上,环保效果明显。在新造船方面,集团秉承绿色航运理念,新设计的大型集装箱船和矿砂船均满足LNG Ready设计规范要求;在新能源运输领域,积极开拓LNG运输市场,与中石油、中石化等联合组建LNG运输船队。

二、绿色技术

"十二五"期间,集团加快对现有船舶的节能技术改造,节能环保投入逐年增加,"十二五"末期节能环保投入比"十一五"末期增加180%,仅2015年上半年的节能环保投入已超过2010年全年。

2015年,中国海运已有90%的自有船舶完成气缸油电子注油器改造和升级,60%的自有大型集装箱船安装增压器切断装置,85%的自有大型集装箱船舶实施最优浮态节能,完成4艘大型集装箱船球鼻艏改造,这些措施使中国海运船队具备更大幅度降速航行和节能空间,有效实现降本减耗。

2015年,在船队规模和周转量大幅增加的情况下,集团的燃油消耗却比2010年下降12%,与2014年同比下降7%。

"十二五"期间,中国海运充分利用国家有关鼓励政策,加快推进落后运力报废处置计划,投入节能环保新船型。其间,集团共报废处置老旧船182艘,共计525万载重吨,与"十一五"末期相比,中国海运的船舶数量增长15%,但船队运力规模增长72%,平均船龄从11.3年下降到6.6年,船舶呈大型化、年轻化趋势。同时在新建船舶中大量使用节能新技术和新工艺。

中海集运超大型船舶1.9万TEU系列的集装箱船,充分突显出其节能环保性能,该类型船长、宽、深分别为400米、58.6米及30.5米,采用电子喷油控制柴油机,主机功率77 200马力,并配备2台船舶压载水处理装置。船舶停靠码头时,可采用码头岸电供给系统,提升绿色、环保性能。该船型在17节慢速航行时,燃料消耗在150～200吨/天范围,这一性能低于早期5 600 TEU船的耗油量,节能效果明显。其 EEDI(船舶能效设计指数)指标比 IMO 规定的 2015 年第一阶段限值低近 50%,有效地减少碳排放,船舶能效水平得到大幅度提升。

2013 年,中海集运荣获"中国上市公司环境责任交通运输行业领袖奖"和"中国上市公司环境责任百家企业奖"。

三、绿色管理

为进一步加强能源管理、提高管理效益,中国海运的主要航运公司构建起一套完善的能源管理体系和标准化流程,并通过建立"主机负荷授权制度"和"燃油消耗分析制度",加强能效监管。自 2007 年起,集团经营的集装箱船能效数据收录于中国船级社能效管理系统中,接受船级社的监督。根据系统数据显示,中海集运的集装箱船队能源绩效始终名列前茅,EEOI 能效指标逐年下降。

至 2015 年,相比"十一五"末期下降 36%,绿色服务成果显著。中海油运在节能减排的工作中,运用无边界管理理念,成立由公司总经理、主管副总经理亲自挂帅,生产运营部、船舶部、市场营销部和相关人员参加的"综合节能监控小组",工作小组每天在生产会后召开专题会议,实时监控每艘船舶的航行油耗、货油加温、洗舱、充惰、压载水置换等主要节油环节。通过推行无边界管理理念,打破机关的部门界限,实现机关对于节能工作的全面、全员、全过程管理;通过船岸联动机制,实现节能工作的船岸无缝对接。全面梳理节能工作的主要质量管理点,包括锁定油价、加装燃油、经济航速、加温、洗舱、加充惰气、压载水置换等,通过船岸技术管理人员的充分论证,选择针对上述各项操作的最佳做法。

根据市场特点,综合考虑油价、运价等因素,中国海运合理制定降速航行指标,优化运营航线,通过技术改造和新技术应用,推行主机降速航行。中国海运大型集装箱船舶,有 93% 的船舶根据需要,运行在 15%~20% 的超低负荷,油轮和干散货船队也执行不同程度的降速航行。据燃油消耗统计,2015 年中国海运通过实施降速航行,节约燃油 50 万吨,减少二氧化碳排放 160 万吨。

中海集运在实施经济航速工作中,推行航速分级管理制度,管控各航线船速,减少大量二氧化碳的排放。由公司海监室每天监控船舶燃油消耗,加强对"异常停航""班期管理"等要素的监控。做到"全天候、全过程、全覆盖"管理,执行"每日、每周、每月"通报制度,把每天监控中发现的船舶航段航速超过航线计划规定航速、每周有 2 天以上超过基础油耗 12% 的船舶、每月有 4 天超过基础油耗 12% 的船舶等异常情况及时进行通报,并把异常情况未消除的船舶列入"黑名单",进行持续跟踪,直至整改完毕,实行"闭环管理"。

2015 年,中国海运经营船舶的燃油单耗为 3.92 公斤/千吨海里,二氧化硫排放强度为 0.24 公斤/千吨海里,超额达到集团"十二五"时期节能减排目标。

第十篇

人物

概 述

中国海运在着力打造"一流船队"的同时,积极建设"一流团队"。船队与团队,不仅成为企业腾飞之两翼,前进之两轮,更成为集团建设海运强国的物质财富与精神财富。这一批又一批航海家、一辈又一辈管理者,奋力拼搏,无私奉献,凝聚成建设海运大国、海运强国的中坚力量。

本篇所列出的人物是中国海运团队的杰出代表。为更全面地反映中国海运团队中优秀人物和模范人物,本篇记述对象,除了包括集团成立至结束时间即1997—2015年内的优秀人物和模范人物,还上溯到集团成立之前,即1997年以前的上海、广州、大连海运集团的优秀人物和模范人物。其中既有革命老干部,也有航运界专家和著名劳动模范、先进人物。本篇对在业界有一定影响的已故人物(均为1997年后去世)予以列传记载,并对部分省部级以上领导干部、业内知名模范人物以及航运界知名人士予以简介或列表简介。人物传略以卒年先后为序,人物简介以生年先后为序。

第一章 人物传略

蔡国华（1930年8月—1999年1月） 浙江瑞安人。1951年9月—1955年3月在上海航务学院轮机系、大连海运学院轮机系学习。1954年3月加入中国共产主义青年团。1955年进入上海海运局工作，先后在"和平""建设""长字""风字"型等船舶任轮机员。因工作积极，1958—1960年连续3年被评为该局先进生产者，1959年被共青团上海市委授予"红旗青年突击手"称号。1960年5月加入中国共产党。

1972年起，在担任船舶轮机长期间，工作中注意收集大量的国内外科技资料和积累丰富的轮机管理经验，注重船舶管理和机舱技术管理，并敢于解放思想，勇于创新，在船舶的技术革新、节约能源方面成绩显著。1977年被评为上海海运局先进生产者、上海市科技战线先进生产者。1978年被评为上海海运局技术革新积极分子、交通部先进生产者、上海市劳动模范。

1979年1月任上海海运局总轮机长，1981年2月任上海海运局副局长，1984年11月任上海海运局局长。其间，带领职工立志改革，积极开创企业发展的新局面，坚持将确保煤炭、石油等能源物资运输作为企业生产经营的重点，超额完成"七五"计划全部指标。自1985年起，率该局职工连续6年获交通部经济效益先进单位称号。1988年第三季度，上海地区煤炭供需矛盾十分紧张。为缓解燃煤紧缺局面，支援上海和华东地区的经济建设，他迅即动员、部署，带领全体员工，发起大规模"保煤运输"，并收到显著成效，受到中共上海市委、市政府领导的表彰，时任上海市市长的朱镕基亲笔写信给蔡国华，赞扬上海海运局煤运船员"作了大贡献，创造了历史的业绩"。

在职期间曾当选上海市黄浦区第十届人民代表大会代表。1991年3月退休。1999年1月27日病逝于上海。

夏爵一（1909年3月—2004年6月） 贵州遵义人。民国20年（1931年）进上海招商局当船舶实习生。民国21年加入中国共产党。曾任中共上海海上区委宣传部部长、区委书记，中国海员总工会委员长，上海工会联合会主任，全国总工会白区执行局组织部部长，四川綦江谦虞公司第一、第五冶铁厂厂长。

"9·18事变"后，参加赤色海员工会。民国26年11月，上海沦陷后，联系工人，组织开展抗日救亡活动。为阻止日军迅速登陆中国沿海并利用长江向内地进攻，组织海员工人沉船阻江塞港；发展中共党员，宣传持久战，树立长期抗战思想，反对妥协投降，不为日寇汉奸开船，宣传团结抗日等党的思想路线，并参与抗日运输等工作。抗日战争期间，先后任招商局"新铭轮"文书，"济南轮"办事员，湖北省船舶总队总队副等职。抗战胜利后分别任重庆佛亨公司业务员，招商局"江和轮""华208艇"二副、大副。其间，积极组织工人开展"反压迫、反克扣"活动，参

与抗日运输等工作。还根据党的指示,公开参加"中国航海驾驶员联合会",发动和组织海员,反抗国民党当局对海员的剥削压迫等一系列革命活动。

1949年9月,任职"上海海员工会招商局分会"筹委会主任。中华人民共和国成立后,历任上海市海员工会副主席、华东区海员工会副主席、上海海运局工会主席。

1966年9月,"文化大革命"期间,到上海工交干校劳动改造,直到1972年9月调回机关,在海运局安全组工作。1978年3月,经中共上海市工交政治部同意,回海运局工会主持工作,着手进行机构整顿。当选上海市第一、二、三届各界人民代表会议代表、上海市总工会第一、三届执行委员会执行委员(常委)、全国总工会资金审查委员会委员、海员总工会筹备会委员,任海员工会上海区委员会党组成员。

1982年4月,因年事已高,辞去工会领导职务。离休后,参与上海总工会、海员总工会、海运局等组织和单位的史料整理编辑工作,编纂出版《海员起义(1949—1950)》《上海海员工人运动史》等书籍。2004年6月21日因病逝世。

刘延穆(1922年1月—2004年8月) 山东济宁人。民国18年(1929年)9月起在原籍读书,民国24年10月开始务农。受父亲和兄长影响,经常参加中共党组织所办的各种训练班学习。民国27年6月始,在八路军苏鲁豫支队四大队分别任战士、班长、排长等职,同年9月加入中国共产党。民国28年9月,被任命为连队政治指导员。民国30年11月—民国34年9月,在八路军一一五师教导五旅十三团、山东滨海区党委任教导员、武工队队长等职务。

解放战争时期,先后任山东滨海石臼所海防大队大队长、华东军区直属机关政治部、兵站部组织干事、组织科长、第一兵站处总支书记,山东运动公司接收大队大队长,山东兖州运动公司经理等职。民国38年2月随中国人民解放军南下,任工作队中队长。同年5月,作为上海市军管会代表之一,参加接管当时国内最大的轮船公司——招商局。同年7月至1953年3月,先后任中国人民轮船公司海洲分公司经理、华东区海运局运动处副处长、上海海运局南洋运输部经理、党总支书记等职。1953年4月后历任交通部上海海运管理局副局长、交通部上海区海运管理局副局长、上海轮船公司经理等职。

"文化大革命"期间受到冲击。1971年重新工作,并担负起对上海海运局生产的领导工作,在社会动乱期间始终保持船舶运输不停航。1978年3月后历任交通部上海海运管理局副局长、代局长、党委委员、党委副书记等职务。其间认真贯彻党的改革开放方针政策,带领职工坚持"立足沿海,发展远洋"的经营方针,推进企业由生产型向生产经营型转变,为上海海运局逐步走向市场和不断发展打下基础。

1985年5月离职休养后,仍继续发挥余热,始终关注企业改革与发展,并为之献计献策。曾担任上海海骥公司董事长。获得过全国老干部"精英奖"。为弘扬革命传统,教育后人,多次前往工厂、街道、兵营、学校作辅导报告。十分重视和关心企业文化建设,先后主持编写《上海海运》《上海沿海运输志》等史志书籍,并将几十年收藏的各类书籍1000余册,全部捐赠给中国海运上海地区老干部管理中心,用以设立图书室,为离退休人员提供阅读条件。为表彰其捐书义举,中国海运党组特发证书以示嘉奖。

2004年8月6日病逝于上海。

史　堪（1919 年 3 月—2005 年 11 月）　江西南昌人。民国 18 年（1929 年）—民国 26 年就读于南昌市立实验小学、江西私立心远中学。民国 27 年 2 月，在中共地下党开办的江西大众文化社做店员，受到革命思想熏陶，同年 9 月奔赴延安，10 月加入中国共产党。曾在陕北公学分校、延安蟠龙镇抗大分校、延安中共中央出版发行部、新华书店、中共中央出版局、八路军三五九旅九干队任学生、干事、巡视员、科长、秘书等职务，参加了延安整风、土改、整党等运动。解放战争时期，先后在东北书店、东北日报发行处、东北行政委员会交通部计划处任副经理、副处长、处长等职务。

1949 年后，曾任东北人民政府办公厅秘书。1951 年 5 月—1966 年 6 月，在东北人民政府公路管理局、国家计划经济委员会交通局任副局长、局长等职务。1966 年 6 月至 1968 年 6 月任长江航运总公司总经理。"文化大革命"期间受到冲击。1975 年 2 月重新工作后，先后担任天津港务管理局交通部工作组组员、局革委会副主任。

长期在交通运输系统领导岗位上工作，认真贯彻党的方针、政策，深入研究交通运输在国民经济中的地位和作用，为国家制定交通运输方针、政策出谋划策，曾参加川藏、青藏公路等国家重大工程的设计、规划与建设。1978 年 3 月调任上海海运局局长。任职期间，带领职工努力完成国家下达的各项运输计划，深入开展增产节约和增收节支，积极推进企业改革，使该局在确保沿海运输的基础上，安排出更多运力投入外运，实行沿海和远洋并举的发展方针，为振兴中国航运事业作出贡献。1983 年 12 月因病离职休养。离职休养后，仍始终关心企业的改革、发展与稳定，热情支持在职领导的工作，积极发挥余热。1998 年被评为上海市交通邮电系统优秀共产党员。

2005 年 11 月 15 日病逝于上海。

陈幼人（1962 年 6 月—2006 年 3 月）　上海人。1981 年进入上海海运公安局工作，1986 年 11 月加入共产党。2006 年 3 月 3 日，因病不幸逝世，年仅 43 岁。

从警 25 年，先后共 25 次获得上海市新长征突击手、上海海运局和上海海运公安优秀团干部、优秀共产党员、先进工作者和"十佳"民警等荣誉称号。这位普通共产党员在平凡短暂的一生中，以无私的关爱改变了一个山村农家女孩的人生轨迹。

1995 年 4 月，通过上海市希望工程办公室牵线，陈幼人与湖南芷江县小学三年级辍学女童蒲艳艳结成助学对子。此后 11 年中，与蒲艳艳通信 180 余封，累计捐助 6 000 多元。在他的鼓励和资助下，蒲艳艳于 2004 年考取大学，成为当地第一名大学生。不幸的是，1997 年，陈幼人被查出肝硬化，需要长期用药，加上岳母患病需要送老年护理院，一家人立刻陷入了经济困境。然而，他一如既往地邮寄助学款、生活学习用品等给小艳艳。陈幼人生活十分简朴，20 年里，陈幼人一家三口只有两次"下馆子"经历，尽管自家生活拮据，但每次评上先进，领到奖金，陈幼人都会在第一时间寄钱给蒲艳艳。

2006 年 3 月，陈幼人弥留之际，蒲艳艳不远千里来看望他时，他还不忘叮嘱蒲艳艳："快点回去，不要耽误学习。"陈幼人逝世后，中国海运集团党组作出《关于开展向模范共产党员陈幼人同志学习的决定》，号召集团全体党员、广大员工要以模范共产党员陈幼人同志为榜样，为构建和谐社会，为把中国海运建设成世界一流航运企业作出新的贡献。同年，上海市希望工程办公室决定授予陈幼人"希望工程突出贡献奖"。

周来根（1928年5月—2009年3月） 浙江慈溪人。中共党员。1956年1月从海军转业到上海海运局工作，先后在"生产1号""和平63号""大庆16"等轮任轮机员，1961年2月任船舶轮机长。他技术好，肯钻研，谙熟船舶轮机技术，遇到各种故障往往都能自行解决，虽只有初中文化程度，却被同事誉为能妙手回春的轮机长。

"大庆16"轮是一艘从国外购进的二手船，航行中时常出现漏油、烟囱冒黑烟等问题。在他任轮机长期间，带领机舱一班人认真做好机舱设备的养护，依靠自己动手解决烟囱冒黑烟、油轮尾轴漏油等"老大难"问题。他带头苦干、实干，积极扩大自修项目，在生产任务吃紧时，为了抢船期和减少维修费用，大胆实施不进船坞修理的创举，同时带领船员积极开展技术革新，使"大庆16"轮这艘老旧船焕发青春，延长了16年"寿命"；且年年超额完成生产任务，成为上海海运局有名的高产船、红旗船，为国家创造大量财富。每次修船，都能积极配合厂方，力争提前完成维修任务，为企业节约大笔修理费用，且增加了船舶营运吨天。在长期工作实践中，他摸索出一套港航协作增效率、厂船合作抢船期、合理配载出运能、维修保养保运力的宝贵经验，并积极推广应用，以闻名本系统的"动手派精神"带动成批船舶兴起增产增效热潮，为海运事业发展作出突出贡献。其事迹在上海海运局被大力宣传推广，成为企业发扬"动手派精神"的先进典型。

1976—1985年，先后7次荣获上海市劳动模范称号，2次被评为全国交通战线劳动模范，是上海海运局被评为劳动模范次数最多的一名海员。因工作出色，多次受邀出席全国交通工作会议，并曾当选中共十二大候补代表。1988年退休。2009年4月16日因病逝世。

洪振权（1927年9月—2010年7月） 江苏崇明（今属上海）人。少年时在崇明城东与城西小学求学，民国35年（1946年）于崇明扬子中学毕业，考入吴淞商船专科学校航海系，为该校抗战胜利后复校的第一批学生。民国38年5月，任上海市军管会航运处联络员，在远洋拖轮"海獭号"工作。1950年始，分别在"利生"轮任实习生，"竹喜马"轮任三副，"东方3号"轮任二副、船长。

1958年始，先后任上海海运局"和平31号"轮、"民主5号"轮船长。在"民主5号"轮任船长的10年间，共运送旅客十多万人次，保持安全无事故。

20世纪70年代后期始，任上海海运局指导船长、局安全委员会办公室主任和局安监室主任。其间，曾参与开辟中欧、中美等航线，且安全顺利完成任务。他打破旧的航区界线，不畏风险和艰难，经常勇担首航和护航重任；他贯彻实施"立足沿海，发展远洋"的经营方针，积极推进企业的市场化改革，对上海海运局执行多年的相关安全制度进行修订完善，并首次制定船员责任制规则，使安全管理有章可循。1984年加入中国共产党。

在40年航海生涯中，任船长、指导船长达33年，任上海海运局安监室主任5年，并担任过国家安全生产委员会重大事故调查专家组专家，具有坚实的理论基础和丰富的实践经验，为国家航运建设，特别是航行安全进行了长期的理论研究，并卓有成效。荣获过中华人民共和国人事部颁发的

"成绩优异高级工程师"证书、"中青年有突出贡献专家"证书、"全国安全委员会专家"证书等国家级证书和"中国航海终身成就提名奖"。1986年始,兼任两届上海市航海学会秘书长。1988年被评为教授级高级工程师。在担任上海航海学会秘书长期间,参与编写、制定中华人民共和国《海上运输船舶安全技术要求》,该文件于1989年5月31日由国家发布实施;参与编著《世界港口》大型航海书籍。多次开展航海课题研究,其在安全航行方面研究所作的《船舶避碰与思维》一文在业界颇有影响,并在"集美学术讨论会"上被评为优秀论文;1996年在大连召开的"'96海上避碰国际会议"也对此文进行宣读发表,并将其收入会议论文集。他进一步收集整理过往实践资料,写成专著《船舶安全航行的思维与实践》。该专著被上海海事大学列为研究生教材。

离休后,仍积极发挥余热,以专家身份参与东海大桥、崇明越江工程的论证,并提出合理建议,为上海国际航运中心建设贡献智慧和力量。

2010年7月8日病逝于上海。

第二章 人物简介

杨怀远 民国26年（1937年）1月生，安徽庐江人。1956年入伍，1958年加入中国共产党。1960年退伍后到上海海运局"和平14号"轮当生火工，后历任"民主5号"轮服务员、副政委、政委，"长征"轮政委，"长山"和"长柳"轮服务员。

在任客轮服务员期间，长年如一日，坚持使用扁担义务为旅客挑送行李，其全心全意为人民服务的"小扁担精神"在上海和全国广为流传。1963年被评为上海市五好职工。1982年被评为全国交通战线劳动模范。1985年被评为全国劳动模范、上海市劳动模范、全国交通战线两个文明建设标兵、上海市优秀共产党员。1986年荣获全国总工会五一劳动奖章。1987年当选中共十三大代表。1988年荣获全国海员工会"金锚奖"。1993年，其先进事迹被收录在《中国名人大词典》。

在上海海运局工作期间，曾被任命为船舶政委，并作为基层领导被选为该局五人核心领导小组成员之一。但出于对服务工作的热爱，三次打报告主动请求辞去政委职务，甘当一名普通服务员，立志"为人民服务到白头"。工作之余，还学习和运用心理学，积极探索服务规律，提高服务质量，著有《讲点服务学》一书，并将学习心得、工作经验、生活体会等用日记和诗歌方式表达出来，几十年间写有大量反映海上客运的日记和近千首诗歌。上海民间艺术家协会在上海市文联召开"杨怀远诗谣研讨会"时，对其诗歌给予高度评价，认为这些诗歌反映了海员的生活和情操，是海洋文学的一种表现方式。

1997年11月退休后，依然关心海运事业，不忘自己的职责，一方面整理多年为旅客服务积累的经验，另一方面参加各类社会活动。在共产党员先进性教育活动中，现身说法，传经送宝。日常积极参与社区思想道德建设和关心下一代工作。2005年7月，被中国关心下一代工作委员会和中央文明办授予"全国关心下一代先进工作者"荣誉称号。多年如一日，走一处，讲一处，仅2009年一年就为近5 000人作了13场德育报告。国庆60周年时被评为"100位新中国成立以来感动中国人物"之一，并获得"时代领跑者——新中国成立以来最具影响的劳动模范"称号。

钱维扬 民国27年（1938年）4月生，江苏宜兴人。1960年大连海运学院海运管理专业毕业，被分配至广州海运局工作，历任运输处调度员、总调度室副主任、副局长、局长等职。1984年加入中国共产党。1993年1月—1996年8月，任广州海运（集团）公司总经理。1996年8月—1997年8月，任广州海运（集团）有限公司副董事长、总经理。1997年8月—1998年7月，任广州海运（集团）有限公司董事长、总经理。

"七五""八五"期间，以企业家的战略眼光及时抓住市场发展和船价上涨前的契机，建造和购置了一大批适应国内航运市场的运输船舶，使海运运力大为增强，为企业节约巨额资金，使广州海运（集团）有限公司

在我国南北沿海运输及华南沿海运输中占据主导地位,为广东省经济的腾飞作出卓越贡献。

自1984年任局长后,始终坚持以改革统揽全局,以提高经济效益为中心,大力推进现代化管理以增强企业活力。在1988—1992年两轮承包经营中,完善、落实经济责任制,对船公司实行专业化管理,加快了企业经营机制的转换步伐,带领全体职工全面完成承包任务,各项经济指标均创历史最高水平。广州海运多次被评为全国交通系统经济效益先进企业,1989年被评为广东省先进企业,1991年经交通部核定为国家二级企业,并跻身中国500家最大服务企业行列。

1994年年底,广州海运(集团)公司被国务院确定为全国百户现代企业制度试点单位之一,他带领全体员工解放思想,实事求是,大胆实践,积极探索,按照《公司法》和"三改一加强"的要求,初步建立起现代企业制度的基本框架和适应市场经济要求的管理体制和经营机制,促进了企业的发展,增强了其在国内外航运市场的竞争能力。

1997—1998年,为组建中国海运和中海发展股份有限公司货轮公司作出积极贡献。他勤政廉政,作风正派,严于律己,率先垂范,深为公司员工敬佩。

张兴芝 女,民国29年(1940年)7月生,山东青岛人。共产党员。1960年报考大连海运学院,因航海专业不收女生,从而转为船机制造与修理专业。1965年8月于大连海运学院毕业(现大连海事大学),同年被分配到上海海运局客轮公司。在船舶实习期间,她下机舱并从事艰苦的机修工作,掌握了备车、钳、焊等基本技能,排除船舶机舱里一个个故障。后曾在"民主19"轮、"民主18"轮、"战斗67"轮、"长河"轮、"长生"轮、"长柳"轮、"长柏"轮、"海兴"轮、"郁金香"轮等船上工作。在轮机部工作的23年中,先后做过机匠、三管轮、二管轮、大管轮等职务。1982年以优异成绩通过了国家海事局的轮机长考试,1983年被任命为"长柳轮"轮机长,承担开辟上海通过台湾海峡开往广州的客运航线,成为中国航海史上鲜有的女轮机长之一。

1988年,在上海海事职业技术学院任专业课教师,在担任轮机工程系主任期间,领衔轮机动力实验室设计与建设工作,参与液化气体船舶模拟实验室的选型和设计,参与并主持了第一套仿真船舶无人机舱——轮机模拟器、B&W 12K90MC-C柴油机起动系统模拟器、72吨-米液压舵机研制与开发工作。2008—2011年,任仿8 500 TEU第二代"轮机综合智能仿真中心"建设项目实施主要责任人,负责策划、设计、实施全过程。

1998年7月15日退休,后受聘上海市航海学会专家团队。实施案例分析评估、司法鉴定、论文评选审定;主编《船舶主流机型服务手册》。

1983年获上海市三八红旗手称号,1983—1993年任上海市妇联第八、九届执委。曾任上海市女工程师协会第一、二届理事,荣获"中国海运集团十佳科技精英"和"建国60年一线模范"称号,在中国航海学会成立40周年会议上荣获第二届"中国航海学会终身成就"荣誉称号。

戴金象 民国30年(1941年)12月生,福建南安人。1959年8月,大连海运学院驾驶专业本科毕业。1964年8月—1971年2月,为北京人民交通出版社技术员、编辑。1973年6月入党。1971年2月—1980年7月,为长江航运管理局九江航政处航政员,九江港务局干事、党委秘书、九江外轮代理公司副经理、九江港务局副局长。1980年7月—1984年1月,为长江航运管理局芜湖分局副局长、党委常委。1984年1月—1986年11月,为中国长江轮船总公司副总经理、党委委员。1986年11月—1993年3月,为中国长江轮船公司总经理、党委委员。1993年3月—1995年8月,为中国长江航运(集团)总公司董事长、总经理、党委委员。1995年8月—1996年3月,为广州海运(集团)公司党委书记。1996年3月—1997年6月,为广州海运(集团)有限公司党委书记、董事长。1997年6月—2000年8月,为中国海运(集团)总公司党委书记;2000年8月—2003年2月,为中国海运(集团)总公司党组书记、副总裁。2003年2月—2007年1月,为上海市第十二届人大代表、财经委员会委员。2008年3月退休。

在中国海运任职期间,与党委一班人,面对企业重组的重重困难,带领职工深入开展"三学一创"活动,宣传先进人物,推广典型经验;对在改革初期理顺工作关系、凝聚人心、鼓舞士气起到积极作用。在集团进入攻坚阶段、发展处于关键时期,按照中央的部署,围绕建设一流航运企业大目标,组织处级以上领导干部开展以"讲学习、讲政治、讲正气"为主要内容的党性党风教育,促进了集团领导干部素质,特别是思想政治素质的提高。在企业发展中,经常强调要关心员工,提出要"以待遇、事业"留人的观念,对营造和谐企业产生积极作用。

李克麟 民国31年(1942)年9月生,浙江镇海人。1959年11月参加工作,1961年上船工作,先后在上海海运局、上海远洋公司任船舶报务员,25岁时升任报务主任。1966年2月加入中国共产党。善于学习,经常上驾驶台看船长操作船舶,并掌握了航海高级技能;1970年被破格从报务主任直接任命为船长;1980年,因能力突出调任上海远洋公司航运处副处长;41岁直接升任上海远洋公司总经理。

1993年,调任中国远洋运输总公司副总裁。1997年7月,中国海运成立,被任命为总裁,重新回到上海。他牢牢把握航运发展形势,按照"抓住沿海、拓展远洋、一业为主、多元发展"的发展战略,打破了原以地区为主的经营管理格局,先后成立了集装箱运输公司、油运公司、货运公司和客运公司。利用船厂生意清淡时机,把一大批杂货船、散货船改造成适合相应航线的集装箱船,超常规发展集装箱运输。2002年7月,美国西海岸码头工人宣布无限期罢工,他抓住机遇,做好充足准备,向全国箱厂下订单建造8万只集装箱。美西罢工结束后,中国海运一下装运13艘船的集装箱前往洛杉矶港,箱运价从1900美元涨到2800美元,在短短的28天里就盈利6.5亿美元。

1997—2004年主政中国海运集团期间,企业从只有少数几艘集装箱船起步,到集装箱船队跨入世界班轮前10名;利润从亏损到实现盈利85亿元;收入从65亿元增至467亿元;总资产由250亿元增长到570亿元;净资产从100亿元增长到252亿元;负债率下降14个百分点;净增新船700多万吨,打造了世界一流的船队。中国海运仅用7年时间走完了世界航运佼佼者二三十年的路程。

领导制定中国海运第一部油轮船队发展规划,启动建造国内第一艘VLCC,加快油轮运输大型化国际化步伐。积极支持国家造船工业,1997—2006年的9年间,中国海运共订造船舶114艘、923万载重吨/24.2万TEU,其中在中船重工和中船工业订造101艘、810万载重吨/20万TEU,分别占总造船量的89%、88%和81%。其间,中船重工和中船工业建造的第一艘5 600 TEU、第一艘8 300 TEU和第一艘9 600 TEU集装箱船舶,其订单都来自中国海运。

1979年被评为交通部和上海市劳动模范,1984年当选为上海市虹口区和上海市人民代表大会代表、上海市航海学会副理事长,1985年被选为中国共产党全国代表会议代表。1989年被评为上海市优秀厂长(经理)和全国劳动模范,1991年荣获全国金马奖,被国家授予"有特殊贡献的专家",并享受国务院政府特殊津贴。2000年荣获中国海员工会"金锚奖"。

2006年退出领导岗位后,曾担任中国海运集团高级顾问。

李绍德 1950年8月生,上海人。中共党员。1968年开始从事海运工作。1983年毕业于上海海运学院(现上海海事大学)水运管理专业。历任上海海运局油轮船队党委副书记,局劳资处处长。1988年起先后任上海海运局副局长、上海海兴轮船股份有限公司副总经理、上海海运(集团)公司总经理等职。1997年任中国海运副总裁,同年取得工学硕士学位。1999年获国务院政府特殊津贴。2003年任中国海运党组书记。2006年6月任中国海运总裁、党组书记。2009年4月任中国国际经济交流中心常务理事。在中国海运任职期间,还担任过中国船东协会副会长、上海市口岸管理委员会委员等职,并被聘为大连海事大学、上海海事大学客座教授。为第十一届全国政协委员。2011年8月起任集团董事长、党组书记。2013年11月,因年龄原因不再担任集团董事长、党组书记职务。

长期担任集团主要领导,提出建设"百年中海、世界一流"的航运企业战略目标。并未雨绸缪,在航运市场处于罕见高峰时,带领集团进行集、油、货船队"三足鼎立"以及"船岸联动"等战略调整,推进"大客户、大合作"经营战略和国际化的人才发展战略,积极开展精细化管理,推动集团实行"五个转型"。致力于企业强身健体、做强做优、协调发展,不仅使集团成功应对百年不遇的金融危机巨大影响,而且使之成为全球航运市场剧烈动荡中发展最稳健的航运企业之一。2013年,在国外知名媒体《劳氏日报》发布的2012全球航运界百位最具影响力人物榜单中名列全球第六位、华人第二位。

徐祖远 1952年1月生,江苏太仓人。中共党员,高级工程师。1976—1988年,在广州远洋运输公司船舶任三副、二副、大副、船长等职。

1988—1993年,任海南船务企业有限公司总经理。1993—1995年,任广州远洋国际货运公司总经理。1995—1996年,任广州海运(集团)公司副总经理。1996—1998年,任广州海运(集团)有限公司副总经理。1998年7月始,先后任广州海运(集团)有限公司总经理、董事长,中海发展股份有限公司副总经理、总经理兼党委书记,中海发展股份有限公司货轮公司总经理。其间,锐意改革,勇于管理创新,在改革中求发展,成功战胜亚洲金融危机的挑战,仅用3年时间,使严重亏损的中海货运扭亏持平,并在2003年成为集团第三大盈利企业。2003年2月始,任中国海运(集团)总公司副总裁、党组成员。2004年4月始,任交通运输部党组成员、副部长兼中国海事局局长。曾获得广东省五一劳动奖章等荣誉。

沈祖强 1952年生,浙江平湖人。中共党员。1968年12月,初中毕业分配至上海海运局"大庆26"轮当水手学徒,后到"大庆1"轮当学徒。

1971年学徒转正后,即代木匠,不久代水手长,工作中吃苦耐劳,业务上刻苦好学,1974年年初开始代理三副,1978年考出三副证书。先后在"大庆48""大庆14""胜利3""大庆29"等轮任三副、二副和大副。1991年,经长期坚持不懈的刻苦自学,终于考取船长证书。1992年,被提升为"大庆28"轮见习船长和船长。面对该轮设备陈旧、主机老化,勇挑重担,安全稳妥操船,多次排除险情,并不辞辛劳,挤出时间参加甲板除锈、油漆和下到舱底挖油脚等工作,带领船员认真搞好船舶维修保养工作,使船壳焕然一新。1995年2月,借修船机会,狠抓进度,带领船员扩大自修,节约修船费60多万元,缩短1/3船期。因坚持发扬"实干、进取、奉献"精神,工作成绩显著,年均创利902.1万元,累计安全航行20.1万海里。2000年荣获全国劳动模范称号。

马泽华 1953年1月生,天津市人。1970年5月—1974年9月,为内蒙古生产建设兵团战士,1973年6月加入中国共产党。1974年9月—1977年7月,为上海海运学院远洋系学生。1977年7月—1990年11月,为中国远洋运输总公司航运处干部、副处长,航运部副经理。1990年11月—1993年3月,为中远英国公司总经理。1993年3月—1995年2月,为中远发展部总经理、中远总公司总裁助理兼发展部总经理。1995年2月—1999年12月,先后担任中远美洲公司总裁、党委书记,广州远洋公司副总经理、党委委员。1999年12月—2001年9月,为青岛远洋运输公司副总经理、党委委员,总经理、党委委员,总经理、党委书记,总经理、党委委员。2001年9月—2006年11月,为中国远洋(集团)总公司副总裁、党组成员。

2006年11月—2011年8月,为中国海运(集团)总公司党组书记、副总裁。2011年8月—2016年1月,为中国远洋运输(集团)总公司董事、总经理、党组副书记,董事长、党组书记。2013年3月—2018年3月,任第十二届全国人大代表、外事委员会委员。

在中国海运任职期间,与集团党组先后通过学习科学发展观、创优争先等活动,扎实有效地推动"四好"领导班子建设,创新基层党组织建设,实施人才强企战略,开展企业文化建设,取得一定成效,有力推动了这个时期的企业发展。

吴有胜 1953年9月生,广东电白人。1970年9月参加工作。1998年3月加入中国共产党,2004年7月—2007年7月南京陆军指挥学院经济管理专业毕业,大专学历,船舶一等轮机长,工程师。从实习轮机员干起,20多年来爱岗敬业,服从组织安排,任劳任怨,勇于拼搏,乐于奉献,为振兴海运辛勤耕耘,留下一串闪光的航迹。

作为轮机长,先后在"狮子岭""罗浮山""飞霞山"等船舶工作过。在"狮子岭"轮,他以出色的燃油设备技术改造和燃油转换,为公司节约了巨额燃料成本;在"罗浮山"轮,他以优秀的管理,使这艘有着近30年船龄的老旧船的机舱连续两年保持100%的安全面,为该轮连续两年创造良好经

济效益立下功劳;在"飞霞山"轮,仅以半年时间,就使该轮机舱扭转落后被动局面,机舱管理和面貌发生"脱胎换骨"般的变化,该轮也由原来的落后船舶一跃成为标兵船。他独特的机舱管理方法在公司得到全面推广。

先后多次被船公司、集团公司评为先进生产者;1998年被评为全国交通系统劳动模范;1999年被全国总工会授予五一劳动奖章;2000年4月荣获全国劳动模范。1997年他所在的"罗浮山"轮获全国五一劳动奖状;1999年他所在的"飞霞山"轮被中国海运集团授予学"华铜海"标兵船和广州海运"先进集体"。吴有胜成为广州海运的"金牌轮机长",也成为企业历史上获得最多荣誉、最高荣誉和最具影响力的船员之一。

陆金林 1954年5月生,上海人。1971年10月参加工作,1983年10月加入中国共产党。1985年担任上海海运局立丰船厂船体车间党支部副书记,1995年起任车间主任、党支部书记。在基层管理岗位上踏实勤恳工作,通过不断学习、实践、摸索,形成一套独特的人性化管理方法,使得企业基层党务工作更加紧密贴近生产和职工,被誉为"把职工的事时时放在心里的好干部"。1998—1999年,率职工承担将13艘万吨级货轮改造成集装箱船的工程,不惧艰难,日夜奋战,出色完成任务。2000年获上海市劳动模范称号,2001年获中国海员工会"金锚奖",2006年获2005—2006年度全国五一劳动奖章,2010年荣获全国劳动模范称号。2011年5月19日,"陆金林船舶修造创新工作室"在中海工业正式挂牌,该创新工作室是上海市总工会命名的首批20个劳模创新工作室之一。

在厂工作期间还多次获得集团、公司和船厂优秀党务工作者、先进个人、"十佳双文明标兵"和"振兴中华读书活动积极分子"等荣誉称号。

张国发 1956年10月生,湖北天门人。1980年9月参加工作,1991年2月入党。1980年9月—1986年8月,在武汉长江轮船公司当工人。1986年8月—1988年9月为武汉大学本科班学生。1988年9月—1991年7月,为武汉大学政治经济学专业硕士生。1991年7月—1992年9月,任交通部运输管理干部。1992年9月—1994年12月,任交通部水运管理司副主任科员(其间于1997年7月,获得武汉大学政治经济学专业博士学位)。1994年12月—2000年7月,先后任交通部水运管理司货运市场处、综合处主任科员、综合处副处长、交通部水运管理司国际航运管理处处长。2000年7月—2004年11月,任交通部水运司司长助理、水运司副司长。2004年11月,通过公开招聘进入中国海运并任副总裁,2005年12月—2013年11月任中国海运(集团)总公司副总经理、党组成员。2013年11月—2016年2月任中国海运(集团)总公司董事、总经理、党组成员。

在中国海运任职期间,与集团其他领导一同,在航运市场供需矛盾突出、航运经营压力十分严峻的情况下,带领广大船岸职工,坚定信心、改革创新,稳步推进中国海运的转型发展;在任职集团总经理期间,提出"卓越运营"经营理念,全力推动企业经营管理迈上新台阶,并取得良好业绩,为推

动企业攻坚克难、取得新一轮发展作出积极贡献。

李伟雄 1956年5月生,广东增城人。1981年入伍,1984年加入中国共产党。1985年12月,招工入广州海运管理局船舶工作,先后在"新华江""红旗200""粤顺""百花山""宝中168"等轮任船舶水手、木匠、水手长;2015年3月起,担任中海国际广州分公司(后更名为中远海运船员管理有限公司广州分公司)船舶政委。

虽只有初中学历,他却时常以"学历不高但能力要高"来鞭策自己,一面虚心向老水手请教,一面利用工休假期参加技校培训。多年后,掌握扎实的本领,成为一名远近闻名的水手。2002年,"湛盛"轮靠码头卸货,由于工人操作不当,第二舱左双层底压载水操纵杆在高空处断裂,岸上专业抢修队无法修理,他在船上焊接一个10米高的作业平台,把操纵杆修复,保证了船舶按时压水开航。2005年2月5日,在零下5摄氏度的秦皇岛,他纵身跃入海里,把工作中不慎掉入海中的船员袁胜利救上船。2005年12月,在"百花山"轮工作,他大胆创新,采用钢丝对接套方法,换一根钢丝仅需一个多小时,大大减轻了劳动强度。李伟雄还坚持自学英语、计算机等知识。他的老搭档船长老苏说:"老李电焊技术一流,为人正直又有责任心,本领过硬,是我们最抢手的水手长。"

在部队服兵役期间立二等功、三等功各一次;2003年中海国际广州分公司先进生产工作者;2004—2005年度、2005—2006年度中国海运集团优秀党员;2005年度、2006年度中海国际十佳船员;2007年4月获广东省五一劳动奖章;2011年、2012连续两年被评为中海集运公司先进工作者。

许立荣 1957年7月生,江苏人。共产党员。1975年3月参加工作,从普通船员做起,直至升任远洋船长。1996年,任上海航运交易所总裁、党委书记。任职期间,积极筹组航运交易所,设立上海国际航运服务中心,参与上海口岸大通关建设。2006年,任中远集团副总裁。2011年8月,从中远集团调入中国海运并任总经理;2013年11月,任中国海运董事长、党组书记。

2011—2015年,他提出"1+6"(航运+金融、码头、物流、工业制造、科技信息、海运与社会化服务)产业结构调整思路,加快淘汰落后的高耗能、低效率船舶,加强散运、码头、科技、船员、油运、财务、物业、物流等资源整合。2013—2015年间,集团船队的现代化、大型化、节能化指标均有很大改善且在世界同业中处于领先位置。他全力推动船员体制改革方案的落实,优化船员资源,调动了船员与管理人员的工作积极性,提升了船员管理效率,提高了船员的个人收入,降低了船员管理的成本。在他任董事长、党组书记期间,尽管国际航运市场持续低迷,但中国海运每年均保持盈利,历年的货运量、货运周转量、营运率、总收入、总资产、净资产、国有资产保值增值率、海外业务等各项指标均保持稳步增长,资产质量、船队质量以及经营管理质量均有显著提升。

2012年,当选为中共十八大代表,并参加了中共十八大会议。荣获"2014中国航运影响力人物"大奖。2014年4月7日,在新加坡举行的海员亚洲海事奖颁奖活动中,许立荣荣获"航运年度风云人物奖"。在同年7月召开的中共上海十届市委六次会议上递补为上海市委委员。

林松山 1961年5月生,山东文登人,共产党员。1983年毕业于大连海运学院(现大连海事大学)轮机管理专业,同年被分配到上海海运局,先后任船舶见习轮机员、三管轮、二管轮,1992年升任船舶轮机长。之后20多年时间里,参与管理过28艘船舶,组织带领船员安全航行80多万海里,20余次无缺陷通过港口PSC检查,用自己的毅力和执着,取得骄人的工作业绩,赢得了公司领导的信任和船员们的敬重。2002—2008年,连续新接7艘大型集装箱船舶,以其高度责任心和高超的专业技术,确保新船安全及时投入营运,被同事亲切称为"接船专业户"。在长期的实践中,练就"看、摸、听、闻"的技巧和能及时准确判断出各类机械故障的过硬本领,多次排除掉各种"疑难杂症",于第一时间维护了船舶主机正常运转,保障了
船舶的安全航行。他还是"绿色环保者"的积极践行者。领头并以"林松山"命名的劳模创新工作室,为企业在船舶环保节能、安全航行等方面的技术创新不断推出新成果。

2005—2007年度被评为上海市劳动模范,2007—2008年度被集团评为优秀共产党员,2012年荣获中国海员建设工会"全国十佳海员"称号,2015年荣获全国劳动模范荣誉称号,并当选中国共产党上海市第十一次代表大会代表。

第三章 人物表

第一节 先进人物

表10-3-1 1997—2015年中国海运职工获得省部级以上劳动模范称号情况表

年份	姓名	单位	荣誉称号	颁授机关
1997	陈德斌	上海海运通导公司	上海市劳动模范	上海市政府
1997	方玲玉	中海工业立新船厂	上海市劳动模范	上海市政府
1997	项隆益	中海电信	上海市劳动模范	上海市政府
1997—1998	潘耀根	上海海运通导公司修理厂	上海市劳动模范	上海市政府
1998	刘书禄	中海上海船员公司	上海市劳动模范	上海市政府
1998	王瞿昌	中海上海船员公司	上海市劳动模范	上海市政府
1998	龚文益	中海上海船员公司	上海市劳动模范	上海市政府
1999	吴有胜	广州海运	全国五一劳动奖章	全国总工会
1999	李月福	大连海运集团公司	辽宁省劳动模范	辽宁省政府
2000	吴有胜	广州海运	全国劳动模范	国务院
2000	沈祖强	上海船员公司	全国劳动模范	国务院
2000	夏学禹	中海工业上海长兴公司	全国交通劳动模范	交通部
2000	徐瑞琨	上海中海中燃石油仓储公司	上海市劳动模范	上海市政府
2000—2001	徐一飞	中海油运	上海市劳动模范	上海市政府
2001	李 志	中海散运	全国交通劳动模范	交通部
2001	宋振宝	中海客运	全国交通劳动模范	交通部
2001	吴钟琪	上海海运技术学院	上海市劳动模范	上海市政府
2001	陆万机	中海国际	上海市劳动模范	上海市政府
2002	杨国磊	中海国际海技中心	中央企业劳动模范	国务院人社部 国务院国资委
2002	陈晋玲	中海货运	广东省劳动模范	广东省政府
2003	卢尚志	广州海运新达江轮	中央企业劳动模范	国务院人社部 国务院国资委
2003	陆文兴	中海国际	上海市劳动模范	上海市政府
2003	杨福弟	中海国际上海分公司	上海市劳动模范	上海市政府
2003	陈梦云	中海国际广州分公司船员部	广东省劳动模范	广东省政府
2004	王润来	中海国际大连分公司	中央企业劳动模范	国务院人社部 国务院国资委

〔续表〕

年份	姓名	单位	荣誉称号	颁授机关
2004	金允龙	上海船研所事业部	中央企业劳动模范	国务院人社部 国务院国资委
2004	黄小文	中海集运	上海市劳动模范	上海市政府
2004	刘柳南	中海工业立新船厂	上海市劳动模范	上海市政府
2004—2006	陈 贵	中海油运	上海市劳动模范	上海市政府
2004—2006	周 群	上海船研所	上海市劳动模范	上海市政府
2005	马如华	中海油运	上海市劳动模范	上海市政府
2005	陈 延	中海国际广州分公司	广东省五一劳动奖章	广东省总工会
2005	韩 玶	中海工业立新船厂	上海五一巾帼奖	上海市政府
2006	卢尚志	中海国际广州分公司	广东五一劳动奖章	广东省政府
2007	辜忠东	中海集运	上海市劳动模范	上海市政府
2007	庞海臣	中海集运船工二部	上海市劳动模范	上海市政府
2007	李伟雄	中海国际广州分公司	广东五一劳动奖章	广东省政府
2007—2009	陈 奇	中海国际上海分公司	上海市劳动模范	上海市政府
2007—2009	陆 良	中海国际上海分公司	上海市劳动模范	上海市政府
2007—2009	支家茂	中海电信通导公司	上海市劳动模范	上海市政府
2008	邓家瑞	中海国际广州分公司	全国五一劳动奖章	全国总工会
2008	曹玉元	中海国际大连分公司	中央企业劳动模范	国务院人社部 国务院国资委
2008	邱松林	中海海盛航运部	中央企业劳动模范	国务院人社部 国务院国资委
2008	张 敏	上海船研所	中央企业劳动模范	国务院人社部 国务院国资委
2009	王学美	中海工业江苏公司	上海市劳动模范	上海市政府
2010	陆金林	中海工业立新船厂	全国劳动模范	国务院
2010	胡月祥	中海集运	上海世博会先进个人	国务院
2010	钟潮海	中海国际广州分公司	广东五一劳动奖章	广东省政府
2010—2014	单高永	中海国际上海分公司	上海市劳动模范	上海市政府
2010—2014	程邦武	中海国际上海分公司	上海市劳动模范	上海市政府
2010—2014	孙 峰	中海国际上海分公司	上海市劳动模范	上海市政府
2010—2014	江志军	中海工业荻港船厂	上海五一劳动奖章	上海市政府
2011	黄铭飞	中海国际上海船员公司	全国五一劳动奖章	全国总工会
2011	袁思朗	中海集运	全国优秀党务工作者	中共中央
2012	邱国宣	中海货运	广东省劳动模范	广东省总工会

〔续表〕

年 份	姓 名	单 位	荣誉称号	颁授机关
2013	刘贞太	中海散运	全国五一劳动奖章	全国总工会
2013	刘佳富	中海国际大连分公司	中央企业劳动模范	国务院人社部 国务院国资委
2013	楼复民	中海国际上海分公司	中央企业劳动模范	国务院人社部 国务院国资委
2013	严妙群	广州海运党委工作部	全国五一巾帼标兵	全国总工会
2013	余爱萍	中石化中海燃供保税油经营部	全国五一巾帼标兵	全国总工会
2014—2015	林松山	中海国际上海分公司	全国劳动模范	国务院

表10-3-2　1998—2012年中国海运职工获得中国海员建设工会"金锚奖"称号情况表

年 份	届 数	姓 名	单位与职务
1998	第六届	陈德诚	中国海运集团工会主席
1998	第六届	刘国雄	上海海运公司党委书记
1998	第六届	胡鲁源	上海海运服务总公司工会主席
1998	第六届	谈凤翔	中海货运船长
1998	第六届	曹孟江	中海客运公司轮机长
1998	第六届	曹玉元	中海客运公司船长
1998	第六届	陈　彬	广州海运英华船员劳务公司船长
1998	第六届	罗勤贵	广州海运英华船员劳务公司政委
1998	第六届	李亚炳	广州海运英华船员劳务公司服务员
2001	第七届	吉珍洪	中海油运公司船长
2001	第七届	郭庆贵	上海海运海服港交船队副队长
2001	第七届	陆金林	中海工业公司立丰船厂船体队队长
2001	第七届	宋振宝	中海客运公司船长
2001	第七届	于生发	中海客运公司政委
2001	第七届	李　志	广州海运英华船员劳务公司船长
2001	第七届	赖丕参	广州海运菠萝庙船厂技师
2001	第七届	邓小山	广州海运英华船员劳务公司船长
2001	第七届	李克麟	中国海运集团总裁
2001	第七届	戴金象	中国海运集团党委书记
2002	第八届	徐瑞琨	中海中燃上海公司油库主任

〔续表〕

年 份	届 数	姓 名	单位与职务
2002	第八届	闵 捷	中海船务公司总经理
2002	第八届	王修平	中海集运公司部门副经理
2002	第八届	王润来	中海客运公司船长
2002	第八届	胡巨胜	中海油运公司船长
2002	第八届	燕明义	中海油运公司总经理
2002	第八届	赵远娜	广州海运船舶工作一部科长
2002	第八届	巫良富	广州海运船舶工作三部船长
2002	第八届	徐祖远	广州海运总经理
2003	第九届	杨宗辉	中海客运公司轮机长
2003	第九届	李亚荣	上海船员公司船长
2003	第九届	周建华	上海船员公司大厨
2003	第九届	王松文	中海集运公司部门副经理
2003	第九届	丁建兴	中海工业立丰船厂
2003	第九届	冯家钦	中海环球空运公司总经理
2003	第九届	姜运清	广州海运英华公司总经理
2003	第九届	罗宇明	中海油运公司英华公司油轮船长
2005	第十届	高 峰	中海油运公司油轮政委
2005	第十届	孙 峰	中海油运公司油轮船长
2005	第十届	辛忠东	中海集运公司船长
2005	第十届	周椿炎	中海集运公司政委
2005	第十届	孙建华	中海货运公司干散货船政委
2005	第十届	陈 延	中海货运公司干散货船船长
2005	第十届	王宝增	大连海运公司主任
2005	第十届	徐逸如	上海浦海航运公司轮机长
2007	第十一届	朱迈进	中海油运公司油轮船长
2007	第十一届	吴友海	中海货运公司轮机长
2007	第十一届	寿 健	上海中海船务代理有限公司经理
2007	第十一届	陆 良	中海油运公司轮机长
2007	第十一届	孟庆宽	大连海运公司总经理
2007	第十一届	季 涛	中海集运公司工会主席
2007	第十一届	黄雪麟	中海工业公司工会主席
2010	第十二届	郭建强	中海集运公司集装箱船船长

〔续表〕

年　份	届　数	姓　名	单 位 与 职 务
2010	第十二届	贾玉山	中海油运公司工会主席
2010	第十二届	钱卫忠	中海船务代理公司总经理
2010	第十二届	丁　农	中海国际船舶管理公司总经理
2010	第十二届	李全根	中海工业有限公司总经理
2010	第十二届	宗俊贤	上海海运公司工会主席
2010	第十二届	张治平	广州海运工会主席
2010	第十二届	常　凯	中海客运公司客轮船长
2010	第十二届	李　凌	中海货运公司船长
2010	第十二届	夏　戟	上海中燃船舶燃料有限公司船长
2012	第十三届	单高永	中海集运公司集装箱船轮机长
2012	第十三届	李广庆	中海油运公司油轮轮机长
2012	第十三届	刘贞太	中海货运公司货轮轮机长
2012	第十三届	刘佳富	中海客运公司船长
2012	第十三届	候建斌	中海（海南）船务公司船长
2012	第十三届	朱乾淳	中海国际船舶管理公司船长
2012	第十三届	陆士山	中石化中海燃供上海物资分公司船长
2012	第十三届	季建生	中海国际船舶管理公司工会主席
2012	第十三届	黄明辉	广州海运工会主席
2012	第十三届	桑史良	中国海员杂志社秘书长
2012	第十三届	常　兵	中海国际广州分公司船长

表10-3-3　2012年中国海运成立15周年优秀员工情况表

姓　名	单 位 与 职 务
杨怀远	上海海运船舶服务员
陈　延	香港控股副总裁、香港航运总经理
辜忠东	中海汽车船总经理
邱国宣	中海货运总经理、中国海运职工董事
李伟雄	中海集运公司船舶水手长
陈纪鸿	中海油运公司党委书记
方　萌	中海码头公司总经理
黄铭飞	中海集运公司船长
隋　军	中海集运总经理助理、大连分公司总经理

(续表)

姓　名	单位与职务
钱卫忠	中海船务代理公司总经理
陆金林	中海工业立新船厂船体车间党支部书记
曹玉元	中海客运公司安管部指导船长
林洁	中海客运公司船舶客运主任
陈秀玲	中海货运公司航运部商务处处长

第二节　先进集体

表10-3-4　1998—2015中国海运获得省部级以上先进集体荣誉称号情况表

年份	单位	荣誉称号	颁授机关
1998	中海油运"大庆48"轮	全国五一劳动奖状	中华全国总工会
1998	上海海运"贺新"轮	全国交通先进集体	人事部、交通部
1998	广州海运南方船务分公司玉龙山轮	全国交通先进集体	人事部、交通部
1998	大连海运"海洋岛"轮	全国交通先进集体	人事部、交通部
1998	广州海运"摩星岭"轮	全国青年文明号	共青团中央
1999	中海油运"大庆42"轮	全国青年文明号	共青团中央
1999	中海油运"明池"轮	全国青年文明号	共青团中央
1999	上海海运海岸电台发信台维修班	上海市共青团号	共青团上海市委
1999	上海海运燃料供应公司"海拖1号"轮	上海市共青团号	共青团上海市委
1999	中海工业立丰船厂船体装焊组	上海市共青团号	共青团上海市委
1999	上海海员医院门诊药房	上海市共青团号	共青团上海市委
1999	中海电信信息中心青年突击队	上海市青年突击队先进集体	共青团上海市委
2001	中海油运"大庆42"轮	全国五一劳动奖状	中华全国总工会
2001	中海集运"向茂"轮	全国交通系统先进集体	交通运输部
2001	中海油运"大庆28"轮	上海市劳动模范集体	上海市人民政府
2001—2002	中海货运"宁安10"轮	全国交通系统青年文明号	交通部、共青团中央
2001—2002	上海海兴货运分公司"振奋2"轮	全国交通系统青年文明号	交通部、共青团中央
2001—2002	广州海运内部银行	全国交通系统青年文明号	交通部、共青团中央
2001—2003	中海集运预配中心	上海市劳动模范集体	上海市人民政府
2001—2005	广州海运	中央企业法制宣传教育2001—2005年先进单位	国务院国资委
2002	中海货运"宁安10"轮	全国青年文明号	共青团中央

〔续表〕

年 份	单 位	荣 誉 称 号	颁 授 机 关
2003	广州海运	广东省创建文明行业先进单位	中共广东省委、广东省人民政府
2003	广州新海医院	广东省文明窗口单位	中共广东省委、广东省人民政府
2003	广州新海医院内一科	巾帼文明示范岗	全国妇联
2003	广州新海医院	中央企业防治非典型肺炎工作先进基层党组织	国务院国资委党委
2003	中海货运"雪峰岭"轮	全国青年文明号	共青团中央
2003	中海油运"枫林湾"轮	中央企业青年文明号	中央企业团工委
2003	中海油运"枫林湾"轮	上海市劳动模范集体	上海市人民政府
2003	广州海运纪委、监察室	广东省纪检监察系统查办案件先进集体	广东省纪委、省监察厅
2003—2004	中海集运箱运二部	中央企业先进集体	国务院国资委
2004	中海集运内贸运输部	上海市青年文明号	共青团上海市委
2004	广州海运审计部	全国交通内部审计工作先进单位	交通部
2004—2005	中海客运	全国交通系统"文明行业先进单位"	交通部
2004—2006	中海集运"新盐田"轮	上海市劳动模范集体	上海市人民政府
2005	广州海运	全国交通行业先进单位	交通部
2005	中海货运	全国交通行业先进单位	交通部
2005	广州海运	全国交通系统创建文明行业先进单位	国务院国资委
2005	中海集运"中海亚洲"轮	上海市五一劳动奖状	上海市人民政府
2005	广州海运大厦管理中心	广东省文明单位	中共广东省委、广东省人民政府
2005—2006	中海集运深圳公司汕头分公司	全国交通行业巾帼文明岗	交通部
2005—2006	中海集运客服中心服务科	上海三八红旗集体	上海市妇联、上海市社保局
2006	中海集运"新盐田"轮	中央企业青年文明号	中央企业团工委
2006	中海油运"新金洋"轮	上海市劳动模范集体	上海市人民政府
2006	广州海运三江公司调度室	全国水运系统船舶班组安全竞赛优秀班组	中国海员建设工会全国委员会、交通部交通安全委员会
2006	广州海运明月幼儿园	中央企业巾帼文明岗	国务院国资委、全国妇联
2006—2007	中海货运"嘉信山"轮	央企全国青年文明号	国资委、共青团中央
2006—2007	中海油运"枫林湾"轮	中央企业青年文明号	中央企业团工委

〔续表〕

年　份	单　位	荣誉称号	颁授机关
2006—2007	中海国际船舶管理公司"振奋8"轮	中央企业青年文明号	中央企业团工委
2006—2007	中海货运"振奋7"轮	中央企业青年文明号	中央企业团工委
2006—2007	中海油运"枫林湾"轮	全国交通系统青年文明号	交通部、共青团中央
2006—2007	中海油运"明池"轮	全国交通系统青年文明号	交通部、共青团中央
2006—2007	中海货运"摩星岭"轮	全国交通系统青年文明号	交通部、共青团中央
2006—2007	中海货运"宁安10"轮	全国交通系统青年文明号	交通部、共青团中央
2006—2007	中海客运"棒槌岛"轮客运部	全国交通系统青年文明号	交通部、共青团中央
2006—2007	中海集运内贸运输部	全国交通系统青年文明号	交通部、共青团中央
2007	中海集运"中海亚洲"轮	全国工人先锋号	中华全国总工会
2007	中海工业菠萝庙厂船体车间电工班	中央企业青年文明号	中央企业团工委
2007	上海浦海航运公司船务部	上海市青年文明号	共青团上海市委
2007	中海油运航运部商务处	上海市五一巾帼奖	上海市人民政府
2007—2009	中海集运"新长沙"轮	上海劳动模范集体	上海市人民政府
2008	广州海运(集团)有限公司职工文体协会	2008年全民健身活动先进单位	国家体育总局
2008	中海货运"振奋7"轮	全国青年文明号	共青团中央
2008	中海集运内贸部	中央企业先进集体	人力资源和社会保障部、国务院国资委
2008	广州海运	中央企业思想政治工作先进单位	国务院国资委党委
2008	中海工业立丰船厂船体装焊组	上海市青年文明号	共青团上海市委
2008	中国海运(集团)总公司结算中心	上海市青年文明号	共青团上海市委
2008	中海集运内贸运输部	上海市青年文明号	共青团上海市委
2008	中海集运箱管部计划科	上海市青年文明号	共青团上海市委
2008	中海货运"振奋7"轮	上海市青年文明号	共青团上海市委
2008	中海油运"新宁洋"轮	上海市青年文明号	共青团上海市委
2008	中海船务代理公司船务部	上海市青年文明号	共青团上海市委
2008	中海环球浦东仓储出口客服中心	上海市青年文明号	共青团上海市委
2008	广州新海医院急诊科	中央企业青年文明号	中央企业团工委
2008	广州海运广州迪施有限公司制造工段	2008年全国水运系统安全优秀班组	中国海员建设工会全国委员会、交通运输部安全委员会
2008—2009	广州海运	2008—2009年度全国交通运输行业文明单位	交通运输部
2008—2009	中海集运广州公司南沙营业部团支部	2008—2009年度广东省五四红旗团支部	共青团广东省委

〔续表〕

年 份	单 位	荣誉称号	颁授机关
2009	广州海运抢修队（诚嘉公司）	2009年全国水运系统安全优秀班组	中国海员建设工会全国委员会、交通运输部安全委员会
2009	中海集运五洲航运商务部	中央企业青年文明号	中央企业团工委
2009	广州海运离退休人员服务中心工会	广东省模范职工之家	广东省总工会
2010	广州海宁海务咨询服务公司	中央企业红旗班组	国务院国资委
2010	广州新海医院	全国群众体育先进单位	国家体育总局
2010	中海集运"新北仑"轮	中央企业青年文明号	中央企业团工委
2010	中海货运上海分公司	世博交通运输保障先进集体	交通运输部
2010	中海国际船舶管理公司船管一部	世博交通运输保障先进集体	交通运输部
2010	中海集运"新威海"轮	全国交通系统工人先锋号	交通运输部
2010	中海集运"新亚洲"轮	全国交通系统工人先锋号	交通运输部
2010	广州海运离退休人员服务中心	广东省文明单位	中共广东省委、广东省人民政府
2010	广州海运	广东省厂务公开民主管理先进单位	中共广东省纪委、中共广东省委组织部、广东省国资委、广东省总工会、广东省工商联
2010	中海货运上海分公司"红旗202"轮	上海市工人先锋号	上海市总工会
2010	中海国际船舶管理公司"红旗121"轮	上海市工人先锋号	上海市总工会
2010—2011	广州海运	2010—2011年度"守合同重信用"企业	国家工商总局
2010—2014	中海油运"新平洋"轮	上海市模范集体	上海市人民政府
2010—2014	中海集运"新大洋洲"轮	上海市模范集体	上海市人民政府
2010—2014	中海集运国内运营部	上海市模范集体	上海市人民政府
2010—2014	上海海运社保中心补充医保受理点	上海市模范集体	上海市人民政府
2011	中海集运"新长沙"轮	全国交通系统工人先锋号	交通运输部
2011	中海集运广州公司南沙营业部	全国交通系统工人先锋号	交通运输部
2011	中海集运广州公司佛山营业部	中央企业青年文明号	中央企业团工委
2011	中海集运上海公司浙江公司	中央企业青年文明号	中央企业团工委
2011	中海集运上海公司商务部	上海市巾帼文明岗	上海市妇女联合会
2011	中海货运"玉柱峰"轮	2011年全国水运系统安全优秀船舶	中国海员建设工会全国委员会、交通运输部安全委员会
2011	广州海运	全国全民健身活动先进单位	国家体育总局
2011	广州海运	全国工会帮扶工作先进集体	广东省总工会

〔续表〕

年 份	单 位	荣 誉 称 号	颁 授 机 关
2011	广州海运	全国交通建设系统工会先进集体	交通运输部
2011	广州海运三江公司生产一部	广东省工人先锋号	广东省总工会
2012	中海集运"新欧洲"轮	中央企业先进集体	人力资源和社会保障部、国务院国资委
2012	中国海运场中路海嫂联络站	上海市五一巾帼奖	上海市总工会
2012	中海集运"新欧洲"轮	全国工人先锋号	中华全国总工会
2012	广州海运监理公司珠海港高栏港区煤炭码头工程项目部	全国水运系统安全优秀班组	中国海员建设工会全国委员会、交通运输部安全委员会
2012—2013	广州海运	2012—2013年度"守合同重信用"企业	国家工商总局
2012—2014	大连海运（中海客运）	辽宁省文明单位	辽宁省委、省政府
2013	中海集运"新欧洲"轮	中央企业先进集体	人力资源和社会保障部、国务院国资委
2013	黄骅港中海船务代理公司	中央企业先进集体	人力资源和社会保障部、国务院国资委
2013	中海集装箱运输股份有限公司	上海五一劳动奖状	上海市总工会
2013	广州新海医院内二科	广东省工人先锋号	广东省总工会
2013	广州海运团委	2013年度中央企业五四红旗团委	中央企业团工委
2014	中海油运"新汉洋"轮	全国工人先锋号	中华全国总工会
2014	广州海运	广东省五一劳动奖状	广东省总工会
2014	中海油运"新宁洋"轮	中央企业青年文明号	中央企业团工委
2014	中海油运"新金洋"轮	上海市优秀突击队	上海市总工会
2014	中海油运"新岳洋"轮	上海市优秀突击队	上海市总工会
2014	中海油运"孔雀座"轮	上海市青年文明号	共青团上海市委
2014	上海船研所环境影响评价工作小组	上海市巾帼文明岗	上海市妇女联合会
2014	中海油运财会部	上海市巾帼文明岗	上海市妇女联合会
2014	广州新海医院内儿团支部	2014年度中央企业五四红旗团支部	中央企业团工委
2015	中海油运商务处	全国五一巾帼标兵岗	中华全国总工会
2015	中海油运商务处	上海市三八红旗集体	上海市妇联、上海社保局
2015	广州海运	全国交通运输行业文明单位	交通运输部
2015	广州海运离退休人员服务中心工会	全国模范职工之家	中华全国总工会
2015	广州新海医院妇产科	全国五一巾帼标兵岗	中华全国总工会

专记

一、"突破口"攻坚

1998年,受1997年爆发的亚洲金融危机的影响,全球航运企业经营处于举步维艰的困境之中。

中海集团重组前,原重组企业大多处于亏损状态,1996年,5家单位总计亏损额为3.79亿元。重组后,集团首先成立减亏领导小组,由李克麟任组长,李绍德任副组长。在调研过程中,找出主要经营亏损点在上海海运的四条客箱船、海兴公司集装箱运输、大连的四条高成本客船上。针对现状,采取减少出血点、寻找盈利增长点等多种措施:

1. 开辟一条市场需求和经济效益均佳的集装箱运输快航班轮航线;
2. 把上述快航班轮航线延伸至北方各港口,进一步拓展国内沿海集装箱运输市场;
3. 停止原海兴公司香港—台湾—马尼拉航线,降低亏损;
4. 针对市场需求对郁金香、紫丁香等客箱船进行改造,首先对郁金香改建;当年5月下旬开辟上海—日本特快冷藏集装箱快航定班定时航线。

同时决定,尽快成立集团集装箱运输股份有限公司,加快发展集装箱运输业务,理顺机制,抢占市场。

到1997年年底,合并重组仅半年的中国海运集团已实现减亏。不过,在全球航运业整体低迷的大环境中,集团仍处于亏损状态,总计亏损额为1.9亿元。

1998年,党中央和国务院提出国有企业3年扭亏和建立现代企业制度的要求。2月10日,交通部部长黄镇东在中国海运集团工作会上宣布,将中国海运作为交通部企业深化改革的"突破口",目标是"一年扭亏持平,三年基本建立现代企业制度"。

1998年2月16日,中国海运成立"突破口"工作领导小组,下设6个专业工作小组,进行"突破口"工作专项部署,建立起由上而下,逐级负责的责任体系。1998年3月5日,中海集团召开抓好"突破口"工作动员电视电话会议,李克麟总裁号召全体职工以"突破口"工作为中心,带动其他各项工作,实现"当年效益明显提高,三年建成现代企业制度"的目标。

1998年4月17日,集团总裁李克麟在广州宣布:中海集团决定把中海货运总公司作为未来三年改革的"突破口",要求中海货运总公司采取有效措施,做好扭亏增效工作,取得较大的发展。

1998年5月28日,中海发展股份有限公司货轮公司(简称中海货运)在广州成立。该公司由原广州、上海、大连海运(集团)公司所属的6家专业货运公司组建而成,是中海集团的主干企业之一,公司管理和经营近200艘散、杂、自卸货轮,其运力占据中海集团的半壁江山,是中国沿海最大的货运船队。然而,资产重组后的中海货运还面临许多问题,如船队结构尚不尽合理,船龄老化,企业亏损包袱沉重等。相比而言,货运比其他专业公司面临的困难更为严峻。1998年成立之前,中海货运年度亏损总额约为6.6亿元。

中海货运的营运效益直接关系到中海集团的生存与发展。1998年4月17日,中国海运确定中海货运公司为未来三年改革的"突破口"的重点,把中海货运作为中国海运"突破口"的主战场。

集团副总裁李绍德带工作组赴穗调研,指导中海货运的"突破口"攻坚;中海货运领导班子与总部有关部室、相关专业公司负责人分4个专题,分别就中海货运船舶航线的配置、船舶结构的调整、亏损船舶的处置、部分船舶设备的改装和资金缺口的弥补等问题进行集体"会诊"和专项研究,审定

图专记1　启航（2008年摄）

中海货运"突破口"工作的具体实施方案。

同时，中海货运着眼于深化管理和制度创新，制定"向市场要空间，向管理要效益，向机制要活力"的管理思路，提出"员工第一，严管善待"的管理理念，使员工思想从"失落感"到"危机感"，再提升到新的"责任感"，确立以"弘扬中国海员艰苦创业精神"为中心的共同责任观、价值评价观、相互信任观、优质服务观、勤劳务实观、创新进取观、无私奉献观和利益分配观等八个观念，市场意识、竞争意识和"以效率促效益"的观念普遍得到强化，突破口工作层层推进，扎实前行：

1. 在试点基础上，1999年正式推行海务主管制、机务主管制；
2. 实施出发港负责制，明确经营部门、船舶管理部门的责权利；
3. 发挥集中经营、统一管理、分工负责的优势；
4. 适应拼抢市场的需要，实施"基础货源岗位责任制"；
5. 根据效益指标倒算出成本指标，分解到每个部门限额控制；
6. 调整收入分配机制，适当拉大营销、船管与综合职能、配套辅助部门之间的收入差距。

1999年，中海货运按照"总量控制，整体组合，确保沿海，适度富余，内外交叉，优势互补"的原则，对船队结构进行调整，使资产负债率从1998年年底的67％降低到2000年年底的55％；处置、改造一大批不适合市场需要、无市场前景的小吨位船舶，使船队结构得到较大改善；航线结构从"沿海远洋并举"转移到"重点以沿海为主"的调整，经济效益明显提高。

公司实行"船舶工作部"管理模式后，内、外贸运力统一调配和统一经营，有效挖掘运力使用潜能，使运输效率尤其是国内线运输效率得到显著提高，其中综合效率吨船产量指标提高9.56％。在"能守则守，守不住就随行就市，以增量保效益"的总体策略下，有效地遏制华东市场份额下滑趋势，为拼抢市场增量、拓宽发展空间奠定信心基石。

多措并举使中海货运的"突破口"工作年年创出佳绩：1998年，减亏8 763万元；1999年，减亏35 623万元，平均每天减亏近100万元。2000年，中海货运全年实现利润300多万元，比1999年减亏2.265亿元，胜利完成中海集团赋予的"突破口"目标任务。

作为中海集团的支柱产业和主要利润来源的中海油运,为实现公司生产经营正常运转和创造规模效益的关键,积极做好降低三项成本的工作,紧紧抓住修理费、润物料费、燃油费的控制,从源头上把住成本控制关口,为企业争取良好的经济效益打下基础。

1998年,中海油运发挥资产重组的优势,货运量完成5 209.4万吨,530.3亿吨海里,为年计划的100.1%和103.9%,实现利润4.9亿元,经济效益显著。公司的三项成本比重组前的1997年减少10 885万元,下降14.26%;管理费用也得到有效控制,比1997年减少1 486万元;应收账款余额同比减少2 513.1万元,下降14.5%。

1999年,中海油运发扬拼搏精神,克服困难,加强市场揽货,精心组织运力,产量达到5 050万吨,利润完成4.6亿元,三项费用的支出比计划减少7 345万元;应收账款余额同比减少193.6万元,下降1.3%。

2000年,中海油运建立成本费用分析例会制度,严格执行三项成本及管理费用的审批、审账、核价制。上半年,在油料大幅上涨的情况下,燃料费用只占到全年计划的46%;修理费为全年计划的35%;润物料费为全年计划的49%;管理费支出2 200万元,仅为年指标的36.7%;应收账款余额同比减少1 424万元。规模化经营给企业开辟一条发挥优势,集中经营,降低成本,扩大效益的金光大道。在油价上涨情况下,中海油运连续三年完成利润指标,累计达13亿元,成为中海集团的重要支柱产业和主要利润来源。为中国海运实现"突破口"任务目标——"1年扭亏,3年建立现代企业制度"作出重要贡献。

针对多种经营经企业亏损严重、资产流失、与集团主业争业务的现状,中国海运对多种经营企业(简称多经企业)进行了清理整顿。集团对265家多经企业进行了普查,建立了台账,制订和实施了多经企业整顿办法。对53家扭亏无望的多经公司,实施关闭、停业、转让、破产。对于像中海工业这样的骨干企业,则采取整改挖潜等措施,促使其减亏、扭亏以致盈利。

中海工业是中海(集团)总公司控股,以修船为主、多元化经营的跨地区修船企业。它由上海海运和广州海运所属的6家大中型修船厂和控股、参股的17家企业组建而成,总资产14亿元,修船年产值近6亿元,拥有8个大船坞,3 454米修船专用码头。

受种种因素的影响,当时的中海工业亏损严重,已经资不抵债。在"突破口"攻坚活动中,中海工业将立新厂、外轮厂、荻港厂作为突破口工作的重点单位,一是充分利用在改造船工程中积累的技术优势和技术营销团队,加大市场开拓力度,使业务量较快提升;二是加强内部管理,深化劳动人事制度改革,提升企业活力;强化成本管控,止住出血点;三是实施修船生产经营的统一调度,建立科学的核算制度,使企业的管理更为科学。

三管齐下,中海工业的"突破口"工程成效明显:2000年:减亏9 500万元;2001年:完成利润364万元;在短短3年时间里,在没有大的投入、市场没有大的好转的情况下通过自身努力,减亏1.5亿元,实现扭亏为盈。

截至1998年年末,在全集团系统特别是重点单位干部职工的共同努力下,中国海运集团总体上实现扭亏为盈的"突破口"目标,实现盈利2.79亿元。到2000年,全集团利润总额进一步升至3.45亿元。

二、美西大罢工的最大赢家

2002年下半年,美国西岸出现劳资纠纷,最终导致9月29日发生工人罢工。按常理说,工人罢工对船公司经营是不利的。但是,中海集装箱运输却将不利事件化为市场机遇。在美西罢工事件中的短短几个月内就实现盈利6亿多元,成为当时世界所有班轮公司中的唯一赢家。

2002年年初,中海集运知悉,根据美国法律,美国西岸劳资合同5月将要重新谈判,谈判无非有两种结局:一是谈判顺利,双方签订新的劳资协议;另一种是谈判破裂,发生罢工。对上述两种情况,中海集运密切关注,派专人及时收集信息。

随着时间的推移,6月,劳资双方谈判分歧明显对立,这意味着美国西岸港口将要发生罢工。对此,中海集运立即着手制订应对航线修正预案:首先在航线设计上,针对西岸可能发生罢工,航线改从加拿大港口进入,然后扩大加拿大到美国内陆的铁路运输业务,确保不因罢工发生航线中断;其次,将运力作出相应调整,一是罢工发生前期,减少大船发往美西,以防止船舶压在港口回不来;二是精心安排船期,将大船安排到其他航线,充分发挥大船在其他航线的营运效率;因为整个美西罢工期间,全球有1/3集装箱运输运力压在美国西岸港口等卸。同时,在班期上安排这些大船10月初都能回到中国港口待命,以应对罢工发生后,远东发往美西运力的需要;三是利用当时造箱淡季,价格十分优惠,下单订造一大批新箱。

正如所料,2002年9月,美西港口发生全线罢工,世界各大集装箱班轮公司都因此而受到很大影响和损失。得知罢工消息后,正在美国调研的总裁李克麟立刻回国,做出一个惊人之举:给集装箱制造厂下定做8万个集装箱的紧急订单。集装箱企业对此感到不可思议,美西在无限期罢工,明摆着会大大影响航运业,中国海运怎么还投巨资造箱子?原来,李克麟总裁判断,港口罢工必然导致过去的货物无法卸船;货物积压的连锁反应是,到罢工结束时大量货物没有集装箱可装。到10月9日,许多船公司决定造箱子的时候才发现,集装箱厂的制造箱位已经没有。由于没有箱子,当罢工结束后大批的货物无法承运。

中国海运却在低迷的形势中看到商机,事先采取一系列出奇制胜的措施:安排加班运力,提前两个月进行空箱回调并组织新箱建造,确保航线用箱需求。

一个月后,当美西港口恢复开工作业,在许多航运公司还来不及调整运力的情况下,中海集运1艘5 500 TEU、3艘2 500 TEU及1艘3 000 TEU箱位的船舶已经投入美西航线营运,从而抢尽先机,成为当时整个国际班轮市场上的大赢家。许多货主对中海集团在困难的时候及时将货物送达,纷纷表示感谢,因为他们避免支付更大的违约金。

三、中国海运全力抗灾保电煤运输

2008年1月10日起,一场数十年罕见的雨雪冰冻灾害席卷我国南方诸省,自然灾害显示出它巨大的破坏力:供电网瘫痪、铁路大动脉阻滞,千万回乡游子被迫滞留在暴风雪中,停水、停电、道路阻隔……灾害给我国的经济带来巨大损失,给人民生活带来莫大的困扰。

1月27日,国务院召开煤电油运保障电视电话会议,要求各部门各单位全力做好当前的煤电油运工作,以保障人民的生活。煤矿、港口、铁路、海运等部门,在党中央的领导下,纷纷行动。据统计,北方4港16天向南方运出2 000万吨电煤。中央抗灾小组2月16日通报:贵州最后一个电站恢复供电,浙江省受灾地区最后一户村民家里亮起电灯,抗灾取得阶段性胜利。

危难时刻方显英雄本色。作为国有特大型企业的中国海运集团,在这场抗击雨雪冰冻灾害的保卫战中,义不容辞地担起中央企业应有的社会责任,发挥国家骨干主力军作用,顾全大局,统筹安排,科学调度运力,全力保障运输,显示出中央大型国企的风范。据中国海运集团运输部门统计,1月下旬起,中海电煤运力投放保持在127艘/460万载重吨到131艘/475万载重吨,比2007年12月底增加20万~35万载重吨。2008年1月,中海完成煤炭运输1 007.6万吨,其中电厂煤炭885.9万吨,比2007年12月增长2.6%,比2006年同期增长8.7%。2月1—14日,运出电煤578万吨,比2007年同期增长25%。

在国家交通部、铁道部和各地政府的协调指挥下,经过中海4万名员工的拼搏努力,从2月4日起,中海服务的39家沿海电厂和焦化钢铁重点企业的煤炭存量明显上升,电厂煤炭库存平均从警戒线以下到超过11.3天,春节过后,电厂存煤继续上升,2月18日,平均库存达到16.3天。

冰雪消停,云开日出,数十年罕见的雨雪冰冻灾害终于悄然撤退,受灾地区的人民正在迅速展开恢复重建工作。这里采撷的是在这场抗灾保煤的运输大战中,发生在中海船舶和船员职工中的一个个令人感动和难忘的故事……

调"兵"遣"将"筑通道。冰冻雪灾、电网中断、电厂告急,加上春运高峰,煤电油运保障工作面临严峻形势。2008年1月中旬以后,华东、华南各电厂存煤量都在警戒线以下,大部分电厂库存仅有两天用量,情况紧急……

煤电油运牵动着中海每一位船员职工的心,集团把煤电油运作为头号大事,积极落实国务院会议精神,成立以李绍德总裁为组长的煤电油运和春运领导小组。涉及煤电油运的船公司也相继成立领导小组,实行24小时值班制。

集团领导和相关专业公司每天派专人与所服务的39家电厂、焦化、钢铁等用煤重点企业联系,了解这些企业的存耗煤动态,配合用户的需要统筹安排,不惜一切代价保障电煤运输。集团所属中海货运投入抢运电煤运输船舶125艘,共450万载重吨,重点保障上海地区、广东地区和骨干电厂电煤运力;中海海盛将已有6艘/19万载重吨符合海口电厂码头要求的散货船全部投入电煤运输之中。同时想方设法"调兵遣将",不惜代价增加煤电油运的运力。集团全面停止市场煤运输,减少中转矿及其他货物运力比重,继续调回外贸运力回国,在交通部上级主管部门的支持下,申请方便旗船参与内贸电煤运输;中海海盛从广东市场调整散货船"长白山"轮投入海南航线,抓紧时间改造3艘"油改货"船舶,力争尽早完成工程出厂,投入海南电煤运输。

中海还向管理要运力,采取临时航次租船,增加船舶航修,减少进厂修理安排等措施,提高船舶营运率。其麾下的修船主公司——中海工业,在保证技术质量的前提下,加班加点,重点赶修散货船舶,让散货运力提早出厂投入生产。

针对煤电油运的紧张形势,中海运输部、中海货运和中海海盛业务人员还分别拜访上海市经委、广东省经委和海南省政府工业经济与信息产业局等领导,主动征求政府方面的意见,根据各地经济建设需要部署运力。

为确保完成抢运电煤任务,保证船舶适航,中海国际管理的37艘船舶共155万吨运力,全部投入抢运电煤的战斗。该公司制订春节期间船员替换应急预案,特别是对受灾严重地区应急船员名单进行梳理,共安排240余名应急船员,以保证船舶应急配员需要,确保电煤运输船舶的正常营运。同时加强与船东沟通,实时跟踪电煤运输船舶动态,关注气象变化,靠前指挥,对电煤运输重点船舶实施重点指导。

百舸竞发抢运煤。广大中海船员冒严寒,斗巨浪,战风雪,奋战在抢运电煤的最前线,唱响一曲曲顾大局、肯吃苦、甘奉献的赞歌。

1月27日凌晨,中海货运"飞凤山"轮满载煤炭从秦皇岛707号泊位开航,驶向广东汕头电厂。1月28日11时15分,飞凤山轮收到公司经营部门指示:因雪灾造成贵州停电,西电东送未能保证,广东电力需求压力突增,汕头华能电厂因存煤不多,即将关闸,情况危急。公司命令飞凤山轮加速南下,赶31日8时12分的潮水进港靠泊。

要想赶31日早上的潮水进港,必须在31日6时30分抵汕头锚地。为保证船舶安全准时到港,全船行动起来。轮机长黄泽豪立即组织轮机员仔细检查主机和在运转的所有设备,把转速提高到主机负荷能承受的最高转速,组织人员时刻监控主机及为主机服务的设备的工况,并制订抢修预案。党员船长奉晔给驾驶员和水手讲解大风浪中的操纵要领——用手操舵航行,同时按照海况重新设计航线,缩短6海里航程。经过大家的共同努力,1月31日8时25分,后有拖轮护航、前有巡逻艇清道的飞凤山轮在大家的焦急等待中终于靠上汕头港第四作业区煤码头。华能电厂领导箭步上船,一见到船长就紧握着船长的手说:"非常感谢您的配合,让我们赢得宝贵的时间,现在每分每秒都异常珍贵,你们真是雪中送炭啊。"2月1日12时5分,"飞凤山"轮完成汕头电厂抢运电煤任务,又离港远航,再次踏上抢运电煤的新征程。

中海货运的"飞霞山"轮和"红旗123"轮1月13日在长江口遭遇9级大风,而上海外高桥电厂、厦门电厂因用煤紧张,希望船舶能尽快运煤到港。"飞霞山"轮船长黄荣湛、"红旗123"轮船长林世友仔细研究气象预报,在与该公司海务部门沟通后,决定不抛锚迎风航行。船舶在大风浪中摇晃厉害,好几位船员出现晕船呕吐现象,但他们一边吐一边工作,没有一个人退缩。两位船长坚守在驾驶室指挥操纵船舶,一站就是20多个小时,全力保障船舶能以最快速度抵达装卸港。黄船长的父亲患病住院,家人希望他能回去陪陪老人家,他动情地对父亲说:"现在是电煤运输非常时期,走不开啊。"他请家人照顾好父亲,也得到家人的理解和支持。

"华凯"轮1月22日在渤海遭遇强冷空气袭击,七八级的东北风激起六七米高的巨浪,铺天盖地压上左甲板,很快就在甲板舱盖上结成一层厚厚的冰。为减少巨浪对甲板的撞击,船长杨发瑜不断调整航向,轮机长李国彪一直在机舱巡查主机、电机和各泵浦的运行情况。经过10多个小时的奋战,"华凯"轮终于驶离巨浪区,保证船舶的航行安全。

"丹霞山"轮船长朱耀峰设计最安全、最经济的航线,尽量缩短航程,节约航行时间。在长江航道航行期间,复杂的航区浓雾频繁,而且多次夜航,他坚守驾驶台,一站就是十几个小时,为全体船员起到表率作用。

"清华山"轮当年第二航次一到达秦皇岛港锚地,船长黄换锋就马上与代理取得联系,申请在锚地排放部分压载水,尽量缩短在港停泊时间。当得知有码头可以靠泊时,船长提前安排备机。靠泊时,零下十几度的低温,缆绳一放到海水里就结上了冰,大家还是克服种种困难,顺利地靠好码头装货。

"福州"轮当年第一、二航次连续跑营口,由于营口港地处辽东湾这一特殊位置,冰冻严重,船舶航行至北纬40度时,从海面到港口内结有厚薄不均的冰层。驶入冰区后,船长和轮机长到驾驶台、机舱集控室指挥。为确保船体结构不受损,不得不采取后退三再进车的方式开通航道。由于在冰区航行,主海水阀滤器被碎冰堵塞,造成被迫停车,轮机部船员在轮机长安排下,打开主海水阀滤器放气捞冰,用备用主海水泵反冲,防止滤器被堵现象再次发生,保证船舶的正常航行。

作为全国海员建设工会"安全竞赛活动优胜集体",有着32年船龄的老旧船"昆仑山"轮提前一天高质量地完成修船任务,积极投入抢运电煤行列。在前往秦皇岛港装载煤炭的航行途中,该轮船员顶风冒雪,克服种种困难做好营运的各项恢复工作。甲板部船员清理货舱,排干淤积的雨水、污水;轮机部船员细心调试和清洁机器设备,保证设备处于良好状态,在保证船舶安全和设备允许的前提下尽可能加车。1月28日,"昆仑山"轮一抵秦皇岛港就适货直靠,装载53 023吨电煤南下,为缓解南方电煤需求的紧缺状况作出贡献。

1月15日,"清华山"轮靠泊秦皇岛港后,大副密切监控排压载水的情况,防止压载水结冰;主管排放压载水的三管轮崔茂伟下机舱与机工一起排水;木匠林振忠穿梭在甲板上,测量每一个双层底舱的排水情况。由于天气寒冷,甲板面都是冰,木匠多次滑倒,但他一次次爬起来,不厌其烦地进行测量。船员们通宵达旦奋战10多个小时,木匠的脸被风吹得青一块紫一块,手也被冻僵,终于在凌晨4时多把压载水全部排完。第二天,该轮满载68 339吨煤离开秦皇岛,全速开往目的地——漳州电厂。

"红旗123"轮1月28日19时10分靠码头装货,按常规5个舱要分3轮装载完,为了能缩短装载时间,在充分考虑船舶结构安全的前提下,船方与港方协商调整装载顺序,只用两轮就装载完毕,于29日7时提前开航。

"宁安7"轮当年第三航次抵黄骅港锚地临时抛锚待靠,轮机长抓住这一宝贵的锚泊间隙,马上组织轮机人员对右主机第三缸进行抢吊检修、全面维护,一直工作到晚上10点半,把主机调试到最佳状态。在排放压载水过程中,木匠发现有一个压载水舱无法测量至底部,在确保安全的情况下,船长、大副下到压载水舱底,查清原因,解决问题。水手长带领水手们顶着凛冽寒风,开关好大舱,做好安全防范措施,保障船舶和货物安全。"宁安7"轮在船长的领航下,穿越茫茫冰海,把电煤安全快速运送到电厂……

各路大军齐助阵。在中海货运的船舶争分夺秒地为电煤运输作奉献的同时,中海海盛、中海油运、中海国际等公司的船舶也在为煤电油运拼搏努力着。

中海海盛的散货船"长白山"轮是连续3年荣获"中海十佳"的标兵船,为保障电煤运输,该轮牺牲经济效益,从市场煤运输转投到海南马村电厂的电煤运输。为确保电煤运输,在船舶靠泊港口的两天期间,轮机部全体人员无一人休息或下船,坚守机舱吊检机缸。2月2日该轮抛锚,他们又利用抛锚的3天时间,检修两台主机滑油泵、两台燃油升压泵和一台马达。百花山轮在轮机长郑永星的组织和安排下,开展"消除事故隐患,确保航行安全"的自查自修,确保煤电油运输工作的顺利进行。

"大唐1号"轮是中海国际1月下旬刚接管的船舶,为及早投入电煤运输,船管人员积极协助船东,奔波于相关部门办理检验证书。同时指导接班船员加紧做好船名更改工作,尽快熟悉船舶。1月30日,该轮顺利投入营运,加车赶至秦皇岛,短短几小时后,满载6.5万吨电煤南下。"百顺轮"1月24日抵新沙港后,船、港双方紧密协作,仅用20多个小时抢卸完近4.4万吨电煤后,于26日进船厂修理。船舶主管和船员争分夺秒,连续作战,仅用一天时间就完成航修项目,27日,该轮又北上投入电煤运输中去。为保证新投入的"银宁"轮安全上线营运,中海国际大连分公司派出的船舶主管李万宝和安监科长赵福军随船工作直至春节后。"宝中168"轮开关货舱盖困难,为不影响煤炭的装卸,每次开舱盖作业时,大副张昌佳都会在现场指导;该轮经验丰富的三管轮黄振华主动承担起压载水排放任务,将排水时间从以前的16小时减到9小时,并将残水降低到120吨左右,提高船舶营运效率。"银东"轮满载电煤从黄骅港开赴福州华能电厂途中,船员发现艏尖舱靠近舱底的管壁出现两处长达14厘米的裂缝,海水不断喷涌入舱内,船员对裂缝处进行包扎,减缓进水,1月26日船舶返回秦皇岛港后,船员们连夜奋战,抢修至翌日凌晨,终于将裂缝彻底封堵,当船员们从舱底爬上来想喝口矿泉水时,放在舱口的矿泉水都已结成冰,船员们说:"喝不成水不要紧,耽误开航,影响电煤运输才是大事。"

中海油运"明池"轮面对任务重、航线短、航次密、靠平台多、进出三江频繁和两年半未大修过的船舶设备状况欠佳等不利因素,出色地完成公司下达的各航次货油运输生产任务。平池轮在短短40小时内,完成修船后的船舶调试和清洁工作,使船舶早日投入煤电油运的战斗中。

冰雪无情人有情。奋战在一线的广大船员表示,要继续发扬艰苦奋斗精神,携起手来,顽强拼搏,用热情融化冰雪,用实际行动抢运电煤,为夺取抗灾救灾斗争的全面胜利而不懈努力!

风雪浪尖见精神。中海广大船员与风浪搏斗抢运电煤的时节,正是中国传统的春节,但船员兄弟舍小家、顾大家,坚守工作岗位,在茫茫大海上度过一个难忘的春节,在异乡的港口码头上度过又一个不回家的新春佳节。

2月6日凌晨3点40分,满载9万多吨煤炭的"银锦"轮靠妥上海朱家门码头,刚完成靠泊任务的船员们马不停蹄打开舱盖,4点30分,第一斗煤从银锦轮顺利卸下。老船长、共产党员陈同庆家住上海虹口区,离码头不算远,家人正等着他回家团聚。为了抢卸电煤,陈船长只能给家里打个电话,告诉家人自己要留在船上工作。"虽然我今年就要退休,作为船员,也难得在家过一次年,但这是工作需要。站好最后一班岗,为抗灾保电尽一点力,我觉得也是应该的。我相信家属会理解的。"陈船长如是说。该轮轮机长洪宇生是一位老先进,本来他是空班,可以回家待到开船前再回来。但为工作,船靠妥后,他匆匆赶回家,在家里只待不到3个小时,就赶回船舶投入加装燃油的工作中。6日下午4点,"银锦"轮抢卸完毕开往日照港,执行扬州电厂的电煤运输任务去了。

大年三十晚上,"玉龙山"轮满载62 542吨电煤,乘着高潮靠妥广东粤电沙角C厂。全体船员放弃到港回家团圆的机会,争分夺秒配合厂方抢卸电煤。大年初一,已连续在船工作11个月的机工李区龙主动要求值班,让其他同志回家与亲人团聚。

"大罗山"轮木匠钟文新家里遭受雪灾,损失严重。他只字不提,始终坚守岗位。在装电煤过程中,他冒着严寒冰冻的天气,连续十几个小时不间断地到甲板测量压载舱水位情况。

跑华东线的"丹霞山"轮船员,有7个月没有回船籍港了。水手魏海青来自湖南,家里遭受严重雪灾,他没有向公司提任何要求,大年三十坚持在风雪中认真值守……

煤电油运最紧张的时刻,也是临近春节之际,中海各级领导以人为本,深入船舶一线了解情况,慰问船员。1月29日,集团总裁李绍德、党组书记马泽华、副总裁张建华和工会主席陈德诚等人分别带队上船慰问,向一线船员传达国务院会议和国家领导人讲话精神,通报国家煤电油运和春运紧张形势,鼓励船员为国家抗灾救灾作贡献。2月6日,大年除夕,集团党政班子全体成员分别带队,再次上煤炭运输船舶慰问船员,鼓舞士气。

中海货运、中海国际等公司领导对家在灾区的船员也十分关心,春节前夕,他们专程赶赴河南、湖北等地走访慰问船员及其家属,向家在灾区仍在船坚持工作的船员表示诚挚的敬意,对船员们的辛勤奉献以及家属始终如一地支持船员们的工作表示感谢。

四、第一艘VLCC——"新金洋"轮投入运营

中国作为世界第二大石油消费国,还是世界第三大船籍国,但是多年来,在全球400余艘VLCC中,竟然没有一艘悬挂五星红旗的,在进口石油运输中,90%以上份额是国外船东承运的。2004年12月,中海油运第一艘30万吨级VLCC,也是中国首艘悬挂五星红旗的VLCC——"新金洋"轮正式投入使用,实现真正意义上的"国油国运",填补了中海集团大型油轮在国家一程进口原油运输市场上的空白。

"新金洋"轮是由大连新船重工为中海油运建造的,船体总长330米,型宽60米,货油仓容量达34万立方米,最大航速16.7节。

2004年8月,全国人大常委会委员长吴邦国曾兴致勃勃地登上系泊交验中的"新金洋"轮,站在距地面有50米高的宽阔甲板上感慨地说:"这真是庞然大物啊!"当听说"新金洋"是我国船厂为国内船东建造的首艘VLCC时,吴邦国连声说:"好,很好",称赞这是贯彻"国轮国造""国油国运"政策的结晶。同年12月21日,在飘扬的五星红旗伴随下,"新金洋"轮踏上远航的征程。经过42天的辛勤劳作和风雨兼程,"新金洋"轮由沙特阿拉伯满载27.43万吨原油,于2005年2月1日胜利返抵青岛港,成功完成处女航。

"新金洋"轮的投入运营,改写中海油运没有超大型油轮的历史,也实现中海集团拥有VLCC自营船"零"的突破。这是中海油运抓住发展机遇、踏准市场节拍、提升船队竞争力的成功案例,也是中海集团战略决策能力和市场驾驭能力的正确体现。

进入20世纪90年代后期,VLCC市场出现持续低迷状况,2002年更是跌入谷底,VLCC一年期租金从2000年40 490美元跌至25 824美元,油轮运价指数从2000年的WS115跌至WS52;全球经营者出现大面积亏损,整个国际市场对VLCC普遍持悲观态度。随着运价持续走低,造船价格也持续下滑,到2002年,新船造价跌至6 500万美元/艘;而1993年、1995年则分别为9 500万美元/艘和8 500万美元/艘。

对于船东而言,低运价伴随低船价,这究竟是发展机遇还是扩张陷阱?不同的市场判断必然带来不同的战略决策。

当整个国际油运市场弥漫着悲观气氛时,燕明义总经理却有着与众不同的分析和判断。燕明义毕业于大连海事大学驾驶专业,毕业后就一直和油轮打交道。从油轮的三副到油轮的船长,再到中海油运第一任总经理,几十年油轮驾驶操作、船队管理、市场营销、战略经营等各个环节,他都积累丰富的经验,也练就他对市场独特的敏感度和洞察力。他认为,尽管眼下市场持续低迷,船公司普遍亏损,但从长期看,中国经济快速发展毋庸置疑,其石油进口依存度不断提升,这会长期支撑VLCC市场需求;同时,眼下的市场供需关系随着过剩运力减缓也将会得到大幅改善,这就意味着运价将很快走出谷底回暖且很快攀升。特别是作为国有大型航运企业,应承担保障国家能源安全的历史使命,而中国船队承运的进口石油占比却仅有14%,其中以VLCC为主要运力的中东航线,中国船队总的承运量仅有4%,这对于我们这个石油进口大国而言既不合理也不安全。因此,燕明义总经理的判断是,眼下的低运价、低船价应该是发展VLCC的大好时机。在他的主持下,公司迅

速开展调研,并将发展VLCC的可行性报告上报集团,提出首批建造4~6艘VLCC的建议。由于资金平衡问题,最终只有2艘VLCC在大连造船厂下订单。2艘船包括"新金洋"轮、"新宁洋"轮。

  后来的市场走势和船价走势,验证燕明义总经理对市场的预判是正确的。自2003年,市场果然出现回暖,到2004年/2005年出现新一轮高峰,一年期租金达到55 557~58 529美元,运价为WS105~WS150;与此同时,VLCC新造船价格也大幅攀升到1.1亿~1.2亿美元,到2008年更升至1.5亿美元。由于找准进入市场的最佳时机,"新金洋"等部分"洋"字系列的造价仅为2004年以后的一半,这使得"新金洋"等船舶具有非常好的经济效益和非常强的市场竞争力,直接参与国家进口原油一程运输,使公司的国际竞争力上一个新台阶,"新金洋"投入营运后的2005年,全年盈利1.18亿元。同时也为公司后来发展VLCC奠定良好基础,为公司整个船队拉低平均建造成本,标志着中海油运打造世界级油轮船队跨出实质性的一步。

五、欧地航线经营转危为机

受2008年年底爆发的全球金融危机影响,世界航运市场在2009年直落千丈,运价大跌,箱量下滑,各大班轮公司的航线经营都遭遇巨大困难,许多航线被迫中止,大量船舶退出营运,航运形势一时间跌入谷底。

中海集运在此次危机中也受到很大冲击,运价"腰斩"甚至跌到只有以往运价的零头,航线舱位利用率也大幅下降。为减少亏损,包括5600标准箱船在内的一批运力不得不抛锚闲置。

中海集运与伊朗航运共同投船合作的远东—地中海航线在2009年1月终止后,由于危机中各家班轮公司都采取收缩防御策略,地中海航线经营一时陷入停顿状态,对中海集运持续保持在地中海地区的市场影响力造成很大困难。

进,找不到合作伙伴,独自开线又存在巨大的经营风险;退,很可能前功尽弃,以后恢复航线又要从头做起。

进也不行,退也不行,下一步该怎么办?

摆在中海集运董事、总经理黄小文面前的是一道亟待破解的难题。他清楚,这是一盘速战速决的快棋,又是一盘变化莫测的险棋。危局面前的考验是严峻的,信息要灵,思路要清,眼光要准,斗志要强,出手要快,中海集运能闯过这一关吗?

黄小文首先坚定一个信念:只能进,不能退。进,就可以寻找转机,而退,就彻底失败。不过,选择进,就必须要做出第二步决策:怎样才能进?旧的合作伙伴已去,新的战略伙伴会有吗?谁会成为新的合作对象?经过开动脑筋,集思广益,他谋划摆脱困境的关键性三步棋:

第一步棋,搜索目标。

中海集运全面搜集和研究其他班轮公司的运力闲置情况和航线经营状况,再进行抽丝剥茧,深入分析,最后,他们注意到阿拉伯航运:这家公司前期订造一批1.3万标准箱集装箱船,估计有扩大航线经营的内在需求;这样就把目标锁定在阿拉伯航运身上。

然而,对于中海集运而言,阿拉伯航运还颇为陌生,以前没打过交道。合作的成功性有多大,有没有潜在的风险?这些,都必须弄清楚。经过几番试探性的接触,了解到对方确实有寻找合作伙伴共同经营远东—地中海航线的意向,且对中海集运提出的使用5600标准箱船升级航线的建议也颇感兴趣。

第二步棋,果断出招。

经过缜密慎重的研究讨论,形成了一个互租船舶的经营新模式,既能盘活运力,节约船舶闲置成本,又能新开辟航线,增加经营效益,还能保持中海集运在地中海地区的品牌影响力。

于是,双方互租船舶的合作新模式在地中海航线推行了。中海集运将6艘5600标准箱型船租给阿拉伯航运,再投入2艘同类型船,共同开辟新的远东—地中海航线。同时,中海集运从阿拉伯航运租入6艘4250标准箱船,投入美东、南美东及黑海等外贸航线,替换出这些航线上的中国籍同类型船,再转投入运力紧缺的内贸航线。

第三步棋,盘活运力。

从签订合作协议到正式开线,只有短短半个月的时间。为此,欧洲部将调度人员全部动员起来,连续加班确定港序,分配各港舱位、敲定各码头靠泊时间,制订危险品箱和特种箱操作规程等,保证合作航线的顺利开辟。

这样,中海集运不仅在较低的经营风险下增加了一条远东—地中海航线,还盘活了9艘抛锚闲置的5 600标准箱船,每年仅抛锚成本就可节约7 000多万美元。尽管国际金融危机阴霾未散,但该条航线在开辟后的一年时间里就产生了超过2 000万美元的航线效益。租入的6艘4 250标准箱船投入美东、南美东及黑海等航线后,大大降低了航线成本,仅单船油耗一项就可节约三成多。此外,从这些外贸航线上替换出的中国籍4 250标准箱船,又解了中海集运内贸运力紧缺的燃眉之急,额外增加了一笔收益。

走对了关键三步棋,盘活了整个一盘棋。

中海集运航线合作部的同事们记不清参加过多少合作谈判,而这次与阿拉伯航运的谈判,则让他们有一种莫大的成就感。一踏上归程,登上沙特至上海浦东的飞机,便有一种看天天蓝、看云云美的好心情。再看看电视屏幕上的天气预报:伦敦,阴有雨;巴黎,大雨;纽约,多云转阴;东京,阴,有时有阵雨;上海,多云转晴。多云转晴,中海集运的地中海市场,将是一个风吹云散、阳光明媚的大晴天。

在远东—地中海航线成功合作之后,中海集运与阿拉伯航运通过互换舱位,继续深化合作,不仅盘活运力,新开了航线,降低成本,增加效益,成为航运界应对经济危机的最大亮点之一,更重要的是中海集运在行业形势最低迷、人心最恐慌的时候不惧怕,不消极,不懈怠,开动脑筋,积极进取,善于从纷繁复杂的乱局中发现机遇,并果断决策,抓住稍纵即逝的机遇,逆势出击,进一步确立公司的国际品牌形象。

大自然的多云转晴,那是冷空气与暖气流博弈的结果。要让中海集运的经营状况多云转晴,则要提前布局,未雨绸缪,波段操作,这是化危为机的关键,也是打造国际品牌的一种内功。

突如其来的全球金融风暴,将国际班轮市场冲击得满目凋零,各大班轮公司纷纷折戟铩羽。市场逆境中,中海集运依旧在低谷中看到机遇,并及早谋划,踏准节拍,调船舶,布航线,先后在欧地线、美西线打赢多场胜仗。

在谋划地中海航线棋局的基础上,中海集运正下一盘更大的棋。棋更险,子更多,棋局更复杂,博弈更激烈。

市场陷入低谷之际,中海集运就组织中海集运着手准备箱源。在确保航线用箱的前提下,退租费率较高的箱子,吸纳费率较低的箱子,这样就保证翌年各航线的正常用箱与加班用箱。同时,果断下单,用较低的价格建造新箱,且用低价果断锁定一批新旧箱租金。

翌年,全球经济回升。欧洲地区由于采购补库,经济率先回暖,集装箱运输需求开始上升,但由于需求的不稳定性和新交付运力的压力,许多班轮公司不敢将封存抛锚的运力投入航线。然而,"春江水暖鸭先知",由于有提前的准确预判,中海集运则及时抓住机遇,除保证欧地线正常班期外,又果断投入3艘8 500标准箱的船舶,由此一举走出困境,提振信心,赢得效益。

当许多班轮公司跟风而上,纷纷开辟欧地线时,中海集运又将目光转向美国市场,凭借之前的空箱储备,加大美线运力的投入。自二季度起,美西航线运价开始上涨,中海集运又从内贸线及早抽调运力投入该线,又一次抓住市场机会。

2010年,整个集装箱市场箱源紧缺,许多班轮公司心急如焚,但中海集运由于未雨绸缪、及早准备,已经储备充足的箱源,因而市场回升时有条件增加运力,创造十分可观的经济效益。

一步先行,步步领先;一招获胜,招招制胜。

这个多云转晴不是被动等来的,而是抢抓机遇抢来的,是巧借东风借来的,是及早谋划谋来的。

图专记2　中海集装箱堆满迪拜港堆场(2007年摄)

六、"嘉宁山"轮英勇抗击海盗

2011年2月1日,农历年二十九,俗称小年夜。再过一天就要迎来中国人的传统佳节兔年春节。中国海运所有的船舶上都洋溢着浓浓的节日喜庆气氛,"流动的国土"上随处可见"中国红"。然而,索马里海盗不过年。如果在此期间,船行印度洋东南部海域,就有可能要过一个"别样"的春节。

当天下午,刚刚离开印度港口的中海货运所属"嘉宁山"轮正航行在茫茫的印度洋东南部海域,静静地驶向目的地南非德班港。14:30时,"嘉宁山"轮值班二副突然发现正船头7海里处有一艘航向不稳定的船舶正在逼近。高度警惕的值班船员第一个反应便是遇到海盗了。在极短的时间里,经过仔细观察和认真分析,判断出这是一艘海盗母船,它正快速向"嘉宁山"轮驶来。情况万分危急,船长周泽彬立即拉响保安和遇险警报,全船按防海盗应急部署的要求,各就各位,严阵以待。

与此同时,中海货运陆岸值班人员也接到船方遭受海盗的报告,公司应急指挥即刻启动。消息同时也迅速传到集团、中国海上搜救中心,一场岸船联动的反海盗战斗马上打响。

即时,26名船员们在集团、中海货运和交通部、中国海上搜救中心的指导下,正与海盗们在茫茫印度洋上斗智斗勇。船长坐镇驾驶台指挥,下令船舶右转20度,正面避开海盗。海盗们感到自己的第一步"潜伏突击"的行径被发觉后,便疯狂地全速追赶,不顾一切逼向"嘉宁山"轮,企图迫使货轮停下来。但海盗的野蛮行径没有吓倒中国海运的船员们,在船长周泽彬和政委王细豪的带领下,全船临危不乱,众志成城,团结一心抗击海盗。

14:45,海盗发起第一次进攻。海盗见母船追击无望,便放下2艘快速小艇,每艇乘有5名海盗,其中1人驾驶,4人持不同武器袭击货轮。海盗2艘高速快艇迅速追上"嘉宁山"轮,分两侧包抄,用枪弹发动猛烈的攻击。但勇敢的船员们没有退缩,按应急预案的要求坚守岗位,并进行有力反击。这时,其中一艘快艇在火力的掩护下迅速靠到"嘉宁山"轮左舷,海盗试图用铁钩强行登轮。水手长董友谊冒着枪弹袭击向小船上投下2枚自制燃烧弹,引燃海盗衣服。小艇被迫驶离左舷,但很快又来到船艉登船。机工长李晓武和机工龙会湘在船艉进行还击,投下数枚自制燃烧弹和鱼叉。海盗登轮企图再次失败。

见船员们没有屈服,疯狂的海盗向"嘉宁山"轮连发3颗火箭弹,企图彻底制服货轮,所幸其中一发从驾驶台前飞过,另2发虽击中,但均没有打在要害部位,只是二副房间被击中。接着,周泽彬船长又采用船舶左右大角度形成尾部较大水波的操纵方式,逼使海盗小艇无法靠近大船。

15分钟后,海盗艇停止攻击,回到母船边。第一轮战斗以"嘉宁山"轮的胜利告终。

16:00,海盗发起第二次进攻。虽然取得第一次抗击的胜利,但船员们没有掉以轻心,他们将全船的火焰信号等设施集中在船艉,利用海盗撤离的短暂时间加紧做好战斗准备。在第二轮战斗中,船员们根据反海盗的部署奋起还击,大副和水手长在船艉左舷,机工长与另一名机工在船艉右舷。船员们不顾生命危险,不停地向追击的海盗小艇投放烟雾信号,以红光降落伞烟雾信号弹等"武器"打击海盗的心理防线,还向海盗们投掷以啤酒瓶自制的煤油弹,吓得海盗们不敢轻易接近。其间海盗小艇曾两次接近"嘉宁山"轮船艉,但还是被船员们投掷的自制武器所击退。

这时,海盗也不示弱,向"嘉宁山"轮投掷烟幕弹之类的武器。突然,一颗疑似炸弹的东西落在后甲板,尾部还冒着丝丝浓烟,带着刺激性气味。水手长董友谊眼明手快,迅速冲上去,把带着烟雾的炸弹快速捡起并抛向大海。

经过了半个多小时的紧张较量,海盗们面对不屈的中国海员已无心恋战,只得退出了攻击。第二轮战斗再次以"嘉宁山"轮的胜利而结束。

16:40,心有不甘的海盗们发起第三次进攻。这次,海盗改变了进攻的方式,以一艘快艇佯攻吸引船员注意力,另一艘快艇则在前者掩护下悄悄靠近货轮。船员们很快识破海盗的企图,迅速兵分两路同心抗击。当一艘小艇快速驶近船尾,海盗们先用登轮铁梯损坏了"嘉宁山"轮的防海盗高压电网,再试图爬上货轮。船员们奋不顾身,勇敢地冲上去,投放红光降落伞烟雾信号弹和以啤酒瓶自制的煤油弹予以打击,打得海盗狼狈不堪,无法登轮。

海盗见船尾防范严密,又快速转到右舷三舱的位置,企图再次用铁梯登轮。水手长董友谊和机工龙会湘冒着枪弹袭击,弓着身子跑到了三舱,趴在引水梯附近,借助透气帽掩护,连拉3个降落伞,投掷1个鱼叉和数个燃烧弹。驾驶台紧急呼应,用船舵摆脱小艇,阻止了海盗的又一次攻击和强行登轮的企图。最后,黔驴技穷的海盗终于停止攻击,不得不放弃对"嘉宁山"轮的劫持。

17:45,"嘉宁山"轮的雷达上再也看不到海盗母船。经过近3个小时艰苦的斗智斗勇,货轮终于脱离险境,取得反海盗战斗的胜利,向祖国和人民交上一份圆满的答卷。茫茫的印度洋上,经过战火洗礼而满目弹孔和硝烟的"嘉宁山"轮,在醒目的"中国红"映衬下,驶上新的航程,迎接兔年新春的到来。

为表彰"嘉宁山"轮全体船员勇斗海盗的事迹,集团当即发出嘉奖令,对该轮船员临危不惧,成功摆脱海盗追击,保护全体船员生命和国家财产安全的壮举,进行通令表扬和嘉奖。

图专记3 "嘉宁山"轮船员(2008年摄)

七、编外政委:"海嫂"

2013—2014年度,中国海运共评出37名"三八红旗手",其中有5名"海嫂"获此殊荣,占总数7.4%。"海嫂"们先进典型事迹成为广大船员和全体干部职工竞相学习的范例。上海地区的冯桂芳、广州地区的童慧玉、大连地区的刘敏是这个群体的代表。

家住上海的冯桂芳是政委的妻子。一个普通的女性,帮助船员们筑起温馨的精神港湾。有一年春节之际,她收到丈夫从船上发来的邮件,说船上一名水手长总是唉声叹气,心事重重。经了解,原来是妻子手臂受伤,家里孩子又小,生活上遇到困难。得知后,冯桂芳立即打听到水手长家里住址,买了一箱牛奶,一袋水果,赶到水手长家里。冯桂芳家住上海闸北,水手长家住上海奉贤。她穿过大半个上海,换几次车,折腾小半天。水手长妻子见家里来了个陌生的大姐姐,竟一见如故,激动得半晌说不出话来,只是眼泪一个劲地掉。她抱住冯桂芳,激动地叫着:"姐姐,你怎么想来看我?姐姐,你比我亲姐姐还亲啊!"冯桂芳立即动起手来,帮助她洗衣裳、整理卫生、做饭,一直忙到第二天,直到把家里收拾得清清爽爽,才放心地离开。水手长得知这一消息,十分感激冯桂芳,同时也安心在船上工作了。

家住广州的"海嫂"童慧玉,为了支持丈夫的船上工作,毅然放弃在武汉大医院的岗位,来到广州安家立业,开始新的生活。为了照顾家庭,她就地在距家最近的地区医院谋职。童慧玉是个热心人,有一年,已经几个月未回国的丈夫的船要靠广州南沙港,而好多船员家属带着子女也从四面八方赶到广州。但是,船期耽误,要晚一天到港。童慧玉深感姐妹们远道而来,探亲一次实属不易。于是把她们和子女接到自己的家中,买菜做饭,既盛情款待,又消除她们地陌人生的顾虑。第二天,家属们开心地来到船上,圆满地进行一次探亲之旅。船员后来知晓此事,纷纷向童慧玉道谢。

家住大连的"海嫂"刘敏,主动担负起"海嫂联络站"的工作。公司有一位远洋轮机长的妻子崔海燕患病要住院,女儿又快要高考,她向公司提出让丈夫提前回来的请求,可是船在国外,丈夫回来很困难。当刘敏知道情况以后,就主动做她的思想工作,让她暂时不要告诉丈夫,以免轮机长在船上牵挂。刘敏表示只要有联络站的姐妹在,就一定会好好地照顾她。于是,刘敏安排联络站的姐妹们给她联系医院、帮她洗澡。手术以后,大伙又轮流陪护她、照顾她,帮她收拾屋子,买菜做饭,替她照顾即将高考的女儿。这位轮机长外派回来知道这个情况后,非常感动,非要请联络站的姐妹们吃饭表示感谢。他说:"有你们这个联络站、有你们这群热心的姐妹们,我们船员在外工作也放心;让我老婆跟你们一起干吧,这样她的生活会充实,在家也不孤单了。把她交给你们,我在船上也放心了。"后来,崔海燕也成了"海嫂联络站"的一名骨干。

中国海运精心运行"海嫂"联络站工作,将之打造成广大"海嫂"的"娘家"和支持船舶工作的"加油站"。中海国际还将每年正月初五定为"海嫂日"。每年暑假举办"海员家庭亲子日"活动;并征集"海嫂"动人的故事,集册为《家庭政委》一书,在"海嫂"群、在船舶、在社会上发放,大力宣传"海嫂"的优秀品德,动人事迹。中国海运全力做好船员家属工作既体现了航海行业的特殊性,又在实践中逐步形成了特有的"海嫂文化",社会公认度进一步提高。

八、东南亚支线业务蓬勃发展

2012年11月,鑫海航运公司在新加坡挂牌成立。短短一年,公司即取得经营佳绩。2013年,公司累计完成揽货总箱量52.45万TEU,共实现主营总收入65 177万元,主营业务毛利2 892万元,税前利润总额1 875万元。

2014年,该公司经营业绩又上一个新台阶。2014年,完成运输总箱量54.8万TEU,同比增长4.5%;主营总收入73 645万元,同比增13%;累计完成主营毛利总额3 851万元,同比增33.2%;利润总额2 515万元,同比增46.2%;对比当年预算考核目标净利1 700万元已超额完成进度50%。

鑫海公司自成立以来,实现一年一跨越。那么,鑫海是如何在东南亚这个增长潜力与红海竞争并存的环境中快速成长的呢?答案是:专注于公共支线。

"十二五"时期,随着东盟国家经济贸易的迅速发展,东南亚市场的重要性更加凸显。区域内贸易运输每年都在大幅度增加,东盟的零关税政策使得物流链非常活跃;东盟与中国的贸易增长率长期保持在10%以上,至欧美市场的物流需求也迅速增加。该地区的发展无疑给班轮公司提供新的商机。开拓东南亚支线业务,既是集团实施国际化战略的需要,也是中海集运推行船舶大型化与航线升级的需要。

2012年11月,在集团的顶层设计下,在浦海航运东南亚业务基础上,鑫海航运在新加坡正式挂牌成立。根据集团确定的经营方向,鑫海航运首先明确自身的定位,即东南亚公共支线供应商,并确定"租船经营、自主经营、自负盈亏"三原则。

推行扁平化管理,坚持快速决策。

对中国海运而言,开发东南亚区域内的支线市场面临瓶颈。最早涉足该市场的是集团属下的浦海航运。得益于中海集运干线的快速扩张,浦海的东南亚支线也一度得以快速发展,但和同期其他公司跨越式发展相比,浦海开拓的步伐尚显落后,主要体现在网络扩张不够、船型升级缓慢、航线效益提升有限。究其原因,是由于航线设置过分依赖集运,缺少平抑集运货量波动的手段,SOC和COC的营销也无法真正开展。同时,浦海航运总部设在上海,远离业务活动中心的新加坡,无法第一时间参与到联营航线的规划与合作当中。船队结构不合理也是一个重要因素,浦海航运为消化从集运接手的多艘小型船舶,在航线设计时不得不采取"因船定线"的策略,造成航线品质及单箱成本缺乏竞争力。

所以,鑫海航运成立伊始就确立扁平化的组织架构,目的是方便管理、快速决策,以应对支线市场的瞬息万变。支线的成败全看细节,航线的输赢皆在管理。从路径设计到码头选择,从选船找船到合作营销,每个细节都关系着航线的成败。为把握关键环节,鑫海采用"一专多能、交叉管理"的用人制度:船舶调度兼管租船,市场营销负责合作谈判,公司的主要业务部门直接对总经理负责,形成以总经理为核心的经营团队。航线开设等重要事项,都是集体讨论,共同决策。同时,公司恪守内控要求,通过不断改进流程制度来克服岗位不兼容等问题。

2012年11月,鑫海挂牌当天,就确定开发仰光市场为第一目标。为了降低开线风险,总经理亲自带队,逐家拜访,寻找合作伙伴。但结果却令人失望:从干线到支线,没有一家公司看好这条航线。面对业内的质疑,公司进一步深入研究,反复论证,认为该航线潜力很大,只是"躲在深山无人识"。于是,他们坚信自己的想法,于2013年3月10日果断租入GSS YANGON。该船首航

1 000 TEU 的实践证明鑫海不是空想,但还是没人愿意合作联营。鑫海退而求其次,希望通过互换舱位引入合作伙伴,依然无人问津。经过 5 个月的跟踪,公司几经波折再次入手 GSS YANGON 的姊妹船——NINOS。在走访新加坡大大小小几十家船东均无功而返之后,鑫海经营团队在金星和东方海外那里看到一线曙光,果断决策开辟泰越航线,并以优惠条件与金星和东方海外迅速结成合作关系,并置换到金星手上另一艘 GSS YANGON 的姐妹船——Kuo Hisung。

三船在手,MTS 航线终于成型,不仅打通泰缅之间的通道,同时解决缅甸多箱、泰国缺箱的问题,避免市场上普遍存在的两次调箱。经过几个月的市场培育,2013 年 12 月在仰光进入枯水期的时候,MTS 航线凭借直达优势和超强的装载能力在市场上大放异彩,持续爆舱长达半年之久。MTS 让鑫海一战成名,一举成为仰光市场话语权最重的公司。

发挥租船优势,船型好中选优。

为避免和干线公司正面竞争,发挥自身的独特优势,鑫海深入研究区域内的所有港口,有针对性地选择有特殊限制的港口进行航线设计,努力打造差异化产品,避免同质化竞争,让自己与马士基、达飞等一流干线公司站在同一起跑线上。鑫海和达飞联营的 GMI 印度尼西亚航线开设至今六年有余,六年内数家公司进进出出印度尼西亚市场都以失败告终,GMI 凭借合理的航线设置一直被模仿,从未被超越。

经营仰光的支线公司虽然大大小小有 20 多家,但对于仰光最大船型从来都没有明确的标准和共识。鑫海敢为人先,提出船舶"相对大型化"的概念,即在特定港口特定航线尽可能使用最大的船型,以降低单箱成本。穿过仰光河道要经过两个浅点,船长不能超过 167 米,而船舶吃水随季节变化被限定在 6~8.5 米之间。满足这两个条件不难,但要同时实现"大船低成本"却绝非易事。一番大海捞针般的搜寻,公司终于锁定理想中的船型:船长 166.7 米,8.5 米吃水时 1.7 万吨载货吨。它比仰光市场上的主流船型足足多 4 000~5 000 吨,这让鑫海的单箱成本比同行低了 20%,也让 MTS 成为仰光市场上最具成本优势的航线。之后历时九个月,鑫海又先后成功租进另外两艘姊妹船,控制市场上此类 4 艘船舶中的 3 艘,MTS 成为名副其实的"无法复制的航线"。

除专注于船型的研究,鑫海对租船市场的走势也密切关注,抓住时机果断决策。2013 年租船市场整体低迷,租金水平相对较低。鑫海在锁定仰光航线的最佳船型后,以日租金 6 250 美元的价钱将 GSS YANGON 牢牢锁定了三年。短短一年的时间,类似船型的租金已经上涨了近 35%。仅此一项可每年为鑫海节省 82 万美元。经过船队结构的调整,鑫海目前的单箱成本同比 2012 年下降了 20~40 美元。20 美元对于干线公司不算什么,但这却是一条成功支线的单箱毛利。

网络建设联营化,市场营销差异化。

对中海集运来说,船舶大型化和航线升级都需要更多的支线港喂给,主干航线的快速发展倒逼支线建设迎头赶上。支线市场因为合约货较多,可以起到平抑现货市场的作用,特色支线服务还可以丰富产品菜单,有助于锁定大客户。最有效的控制支线成本、保证舱位供应的手段就是自营支线。在东南亚区域,干线公司自营支线已成主流,其中做得最出色的是 MCC,凭借马士基强大的货源基础,稳坐亚洲区域航线的头把交椅,全球班轮排名第 22 位。东南亚支线市场的另一面旗帜是法国达飞,其在网络铺设上主要是满足自身需求,辅以少量合作来提升服务。而很多公共支线公司则在干线公司自营支线的浪潮下逐渐走向消亡。

鑫海目前除 MTS 外,三组联营航线都是和比自己体量大很多的干线公司合作,如中远、阳明、东方海外、金星等,这一方面是借助干线公司的货量将船型放大,分摊航线成本;另一方面避免了彼此间的竞争,并能树立对其他支线公司的差别优势。为此,鑫海不惜大幅让利,例如以成本价出售泰国舱位给UASC,在VTS上悉数回购金星和OOCL不需要的舱位等,有效地绑定了货源,分摊航线成本,更减少市场竞争。

在市场营销方面,鑫海针对SOC和COC执行分类销售政策,对不同类型的客户和货源执行不同的运价政策。鑫海通过大力开展COC业务,丰富中海产品菜单,提升区间运输实力;帮助集运平衡空箱盘存,减少调空成本;开发一批自有货源,巩固航线装载。

坚持"有所为有所不为"是鑫海的原则,也是鑫海的风格。在2015年5月吉大港市场极度火爆的时候,多家公司提议与鑫海联营吉大港航线。经过客观分析,公司认为自营航线条件尚不具备。11月吉大港市场因为运力投入过多,市场运价出现断崖式下跌。不跟风,不盲从,保持定力,让鑫海走得十分稳健。

长期以来,东南亚区间运输由于运价低、在考核中几乎没有占比,始终得不到重视,更谈不上深度开发。为推动鑫海航运业务的进一步拓展,母公司东南亚控股不断完善考核办法,于2014年将鑫海区间货箱量计算办法完全等同于长航线的箱量计算办法,总体计入代理的揽货考核体系中,还针对特定航线的COC箱量额外制定了奖惩办法,充分调动代理的积极性。在不到两年的时间内,东南亚区间货运输箱量从浦海时期不足3万TEU,已经增长1.3倍,而且流向更加合理;SOC业务也出现122%的增长,增长的速度和幅度都远超市场整体水平。

鑫海航运跨越式发展的带来三点启示:

租船经营好调头。租船经营首先意味着轻资产,此举保证鑫海能在激烈支线市场竞争中"轻装上阵",但更重要的是东南亚的支线挂港普遍存在吃水、船长等限制,航线设置受船型影响较大,要保证航线产品有持续竞争力,船型必须始终保持"最合适",但船型的快速更替和码头、航道条件的不断变化,使得"最合适"的支线船型也在不断发生着变化。租船经营为船型选择提供最大的空间和便利,让鑫海能够及时应对这些变化,航线调整更加自由,始终快人一步。中海在国内的支线建设中实施租船经营已有成功先例,如五洲航运就是通过租船经营奠定珠三角支线运输市场上的领军企业地位,此次鑫海在东南亚支线市场上成功的租船经营实践又进一步丰富中海的支线经营经验,为将来在北欧、波罗的海、黑海、西亚、非洲和加勒比海等区域的支线经营打下良好基础。

自主经营拼市场。自主经营为鑫海市场化运作奠定基础。从"依赖集运"转为"服务集运",这要求鑫海真正做到市场化运作,提供有生命力的、差异化的航线产品,不仅要满足集运的要求,更要符合市场的需要。通过市场化运作的磨砺,鑫海向市场要效益,向市场要发展,成功实现从"依赖集运"向"服务集运"、从干线公司的"配角"到独立市场竞争"主角"的成功转型,在硬碰硬的市场竞争中打造出具有自身特色的核心竞争力。

差异化经营创效益。新加坡的商业环境既有其优势,也有成本高昂和竞争激烈的压力,这让鑫海航运始终抱有强烈的危机意识。对此,他们本着"敢拼才会赢"的理念,上下一心,锐意进取,坚持差异化战略,积极寻找最合适船型,精心设计航线产品,将低成本战略发挥到近乎极致,创业初期以低于竞争者的运价拼市场,提高市场占有率;在市场上站稳脚跟后,则与竞争者同价甚至高价揽货,提高盈利水平,最终在激烈的市场竞争中脱颖而出。

自公司成立以来,鑫海航运充分利用新加坡有利的商业环境,走差异化经营道路,发挥差别优势,通过与干、支线公司的合作联营实现大船低成本、航线全覆盖和船舶高装载。通过对合作方的精挑细选,对船型的好中选优,辅以航线产品的精雕细琢,鑫海实现箱量的稳步增长,盈利能力的不断提升。相信"船舶相对大型化,航线合作高端化,营销渠道多样化,盈利模式小众化"的发展策略将继续助推鑫海在打造有全球影响的支线服务供应商的征程上不断前行。

九、低碳节能大型集装箱船"中海环球"轮

2008年国际金融危机以后,航运业进入持续低迷期,在集装箱费率不断下跌的情况下,航运企业急需寻求规模化、低油耗的解决方案。为适应全球经济与航运市场新常态下国际班轮业出现的新趋势,中国海运努力构建一个船舶大型化、船龄年轻化、设备性能低碳化的环境友好型船队,这也是响应"促进我国海运业健康发展"战略、优化船队结构、提升国际竞争力的重要举措。2013年,中海集运向韩国现代重工集团订造5艘19 100 TEU型集装箱船舶。该船全长400米、宽近60米,船身长度比皇家加勒比邮轮公司"海洋绿洲"号邮轮长38米,比美国海军"尼米兹"号航空母舰长67米,面积等同于4个足球场大小,设计吃水14.5米,服务航速23节,集成当时世界主要的先进航海技术,不仅是当时世界上最大集装箱船舶代表,也是最节能的集装箱船代表。

2014年11月18日,中国海运与韩国现代重工集团在韩国蔚山举行隆重的新船命名暨交船仪式,庆祝世界最大集装箱船——19 100 TEU的"中海环球"正式交付投入运营。中国海运董事长、党组书记许立荣,副总经理黄小文、俞曾港,中国驻韩大使邱国洪、现代重工集团代表、国内主要港口代表及社会各界嘉宾一同出席本次交船仪式,共同见证新船命名与交付。"中海环球"的交付使用,打破世界最大集装箱船纪录,成为当时世界上最大、最先进的集装箱船舶。19 100 TEU系列集装箱船舶的建造,是中国海运进一步强化航线效益和落实节能减排、降低油耗支出、倡导绿色航运的具体体现,彰显中国海运一直以来所秉行的低碳、环保运营理念。与集团已有14 100 TEU船舶相比,"中海环球"轮具有无法比拟的环保优势。

继天津港首航之后,"中海环球"轮又于2014年12月4—13日,分别从青岛、上海、宁波,再到广州、深圳,一路乘风破浪,克服天气变化等不利因素的影响,在各大港口"一关三检"等部门的协助下,实现这艘"海上巨无霸"在国内六大港口的成功首航。按照计划,"中海环球"轮在国内六大港口挂靠任务顺利完成后,正式开始它的"环球之旅"。

"中海环球"凭借优越的环保性能,能大大降低能源消耗,为企业节约可观的燃油成本。在相同航速下,"中海环球"轮比集团现有1万TEU船舶节油20%,每年可减少近3万吨碳排放,相当于植树160万棵以上。同时,其高达1.9万TEU的装载量,较1.4万TEU船型的舱位增幅超过20%,巨大的装载量能提高船舶的运营效率,降低运输成本,提升公司盈利能力,也赢得航海业内以及媒体的称赞。

英国《泰晤士报》曾这样表述"中海环球"的世界之旅:"中海环球"号运载的货物包括电视机、汽车零部件、洗衣机、家具、服装、计算机以及各类食品、饮料等,这些商品为英国及轮船途经国家居民生活便利提供保障。这艘海上"巨无霸"的到来进一步推动英中贸易往来和发展,它把更多的中国商品带到英国,同时也为英国的出口商创造接近中国和亚洲市场的难得机遇。"中海环球"号仿佛一扇窗口,透过它,人们可以看到英中贸易快速发展的可喜景象。

2015年8月,中海集运又开始启动8艘1.35万TEU型集装箱船的建造方案,分别与中国船舶工业贸易公司、上海江南长兴造船有限责任公司签订该批船舶的建造合同。2015年11月,中海集运进一步启动建造11艘2万TEU型船舶的方案,其中中海集运建造6艘,香港控股建造5艘并

租赁给中海集运。在建造之中,由香港控股新建的6艘船舶,经优化设计,由2万TEU升级为2.1万TEU。根据船厂船期安排,上述订造船舶于2018年后陆续交船。

图专记4　2014年11月18日,"中海环球"轮交船仪式

附 录

一、抓住新机遇迈向新世纪
开创中海事业辉煌明天

——在中海集团 1998 年工作会议上的报告

中国海运集团总裁　李克麟

（1998 年 2 月 9 日）

同志们：

中海集团一九九八年工作会议，今天在这里召开了。

这次会议，是在认真学习和贯彻党的十五大精神，高举邓小平理论的伟大旗帜，将社会主义事业全面推向二十一世纪的形势下召开的；是在中海集团的改革和发展处于十分重要的时刻召开的；也是为了更好地落实交通部一九九八年全国交通工作会议提出的各项任务而召开的。

会议的主要任务是：遵照党的十五大制定的一系列路线、方针、政策，学习、贯彻交通部一九九八年交通工作会议精神，研究制定中海集团发展战略和 2000 年、2005 年的发展规划；安排一九九八年的各项工作；明确目标、统一思想、振奋精神、拼搏进取，为把中海集团早日建设成为现代化的国有大型企业而努力奋斗。

这次会议，是中海集团成立以来，最为重要的一次综合性工作会议。希望大家集中精力、集思广益，共同把会议开好。下面，我向会议作工作报告。

一、一九九七年工作的简要回顾

一九九七年是中海集团的起步年。上半年，我们顺利地完成了集团的组建；下半年，集团各方面的工作全面展开，取得了较好的成效，但也存在不少问题。

一九九七年，我们主要做了以下十个方面的工作：

（一）顺利地完成了中海集团的组建

组建中海集团，是在时间紧、任务重、情况比较复杂的条件下进行的。在交通部的正确领导下，我们紧紧依靠中海系统广大干部和职工，按照原定的计划，用了半年的时间，基本完成了交通部党组交给的这一艰巨而又光荣的组建任务。

（二）成功地举办了"八·一八"庆典活动

为了扩大集团和总公司的对外影响，提高集团和总公司在国内外的知名度，根据隆重、热烈、节约的原则，经交通部批准，我们成功地举办了"八·一八"庆典活动，收到了较好的效果。

（三）建立了正常的运作体系

中海集团从七月二日起，按照一个口子对上、对下的原则，加强了协调和磨合，在安全生产、资金统筹、计划统计、企业管理、船舶处置、人事工资、合作发展、监审制度、精神文明建设等方面，逐步建立和完善了一系列基础性的规章制度，保证了工作的稳定性、连续性、有效性。

（四）开始了企业专业化重组

集团筹备期间，就已经按照"边筹备、边改革"的方针，进行了专业化重组；集团成立后，为了抓紧有利时机，我们加快了专业化重组的步伐，按照规模化、专业化、集约化的原则，对油运、货运、集运、工业、贸易、船代、货代、劳务、中海香港控股、中海（日本）株式会社、中海新加坡控股公司等企业和业务，开始了结构调整和专业化组建，为集团下一步的改革和发展赢得了时间，打下了较好的基础。

（五）进行了初步的资产运作

集团在筹备期间，就已经为资产运作做了大量的前期准备工作。集团成立后，我们在加强生产经营的同时，充分利用"海兴"和"海盛"两个上市公司的优势，进行了资产运作和融资工作；对两个上市公司的董事会按照法定的程序，经交通部和有关上级部门的批准，进行了调整和充实，理顺了（集团）总公司对上市公司的控股关系，将"上海海兴轮船股份有限公司"变更为"中海发展股份有限公司"；将"海南海盛船务股份有限公司"变更为"中海（海南）海盛船务股份有限公司"，同时对这两个上市公司进行了注入优质资产的运作。

（六）建立了生产调度指挥中心

为了加强集团的生产指挥，从去年七月初起，集团建立了每天的生产调度例会制度，设立了中海集团总调度室，初步理顺了船舶调度指挥体系，对生产经营中的市场走势、安全状况、运费催收、运力协调等方面事项，建立了统一指挥、快速决策、及时反馈的机制，各生产单位、总部各部室的情况都在例会上得到了及时的沟通和交流，保证集团组建后生产的正常运行和调度指挥的畅通。

（七）成立中国海运（集团）总公司结算中心

为了盘活存量资金，提高资金效益，加强资金管理，发挥规模优势，去年十二月二十五日，我们正式组建了中国海运（集团）总公司结算中心，并从今年一月一日起开始运作，目前，已经收到了初步的成效。我们还与银行等金融界进行了多种形式的合作，也取得了一定的进展。

（八）亏损有所下降

一九九六年，中海集团原有的五家单位，总计亏损额为3.79亿元；一九九七年，中海集团总计亏损利润总额为1.9亿元，同比减亏了1.89亿元。减亏收到初步成效的主要原因是，1.国家银行贷款利率的下调，国际货币汇率的变化收益，减轻了集团的还贷压力。2.运输生产保持了正常的水平，石油运输完成较好。去年完成货运量14 408.6万吨，1 918.6亿吨海里，分别为一九九六年实绩的98.9%和105%；其中，石油运输量完成5 237.8万吨，为一九九六年实绩的107.4%。集装箱运输完成17.78万TEU，其中重箱14.31万TEU，减亏收到了初步的成效。全年运输的主营收入为65.76亿元，前年为64.09亿元，增加了1.67亿元。3.加大了运费催收的力度，应收账款金额从去年九月份的11亿元已经下降到年底的8亿元左右。

（九）着手考虑、研究和制定集团中长期发展规划

按照国家和交通部对大型企业集团的总体要求，我们坚持实事求是的思想路线，认真研究企业面临的形势和现状，制定了集团的发展战略、发展规划、经营方针；确定了中海集团的改革方案；研究了船舶结构调整方案。这次会议，将充分听取大家的意见，会后作进一步修改，报交通部审批。

（十）加强了精神文明建设

我们正确处理了改革、发展、稳定三者的关系，在改革实施过程中，制定了先立后破、不断不乱的原则；同时，有针对性地开展了宣传教育工作。我们加强了党的十五大文件的学习，结合实际，采取谈体会、写论文、作辅导等形式，提高认识，指导改革和工作；廉政建设都能严格按照制度认真执行。总部机关建立了干部和部门考核、考评制度；对劳动纪律和着装每天进行巡回检查，促使大家养成好的习惯。现在集团的人气是旺盛的，精神面貌也是振奋的。

在过去的一年中，集团各方面工作，按照原定计划，顺利得到实施和推进，并取得了一定的成

绩。但是,我们始终清醒地认识到,中海集团的各方面工作刚刚在起步,还存在许多问题和不足:

(一)思想观念还跟不上形势发展的需要。有些同志的思想观念,还不能适应市场经济的需要;对国有企业改革的必要性和重大意义,对组建中海集团,缺乏深刻认识和正确理解;集团意识还没有牢固树立起来。如何按照党的十五大文件精神,转变观念,适应社会主义市场经济的需要,适应集团的改革和发展,这是今年要解决的一个重要问题。

(二)经济增长方式基本上还是处于计划经济体制下的粗放型增长方式之中。集团还没有真正建立市场经济的运作机制和约束机制,微观经济运行的质量较低,投入和产出的比例仍然处于失衡状态,船舶综合效率水平不高,资金利润率远远低于贷款利率,运费拖欠仍很严重,企业亏损还未从根本上得到扭转。对这些问题,我们要有十分清醒的认识。

(三)安全状况不稳定。去年七月以来,中海集团共发生上报事故14起,其中,重特大事故5起,大事故2起,一般事故5起,非责任性事故2起,经济损失约上亿元。这些事故给国家和人民的生命财产造成了严重的损失和十分不良的政治影响,影响了企业的生产经营,影响了改革的进程,给企业带来了不稳定因素。除了上述三个主要问题,在其他方面,也有许多需要改进的地方,如船舶在国外港口的滞留情况,仍时有发生。最近,交通部已经下文,通知各船公司,中国船队已经唯一被同时列入欧洲、北美、亚太三个地区的"黑名单",应该引起我们高度重视。

一九九七年在中海集团的发展史上,是不平凡的一年。在过去的一年中,我们组建了集团,打好了基础,迈开了改革的步伐,确定了集团的发展方向,中国的海运事业就此翻开了新的一页。回顾去年的工作,我们深深地感到:中海集团取得的成绩和进步,都是广大职工努力的结果;都是坚定不移地推进改革的结果;尤其是与交通部的关心和正确领导,与部各司局的大力帮助和支持分不开的。在此,我谨代表集团党政领导,向中海集团的广大船员和职工,向关心、支持、帮助过中海集团的社会各界和同仁,尤其要向一直给予我们厚爱的部领导、部各司局致以最衷心的感谢和最诚挚的敬意。在新的一年中,我们将继往开来,沿着党的十五大指引的方向,坚定不移地把中海的事业推向新的发展阶段。

二、中海集团的发展战略、经营方针和2000年、2005年发展规划

未来的八年,是中海集团极为重要的发展阶段。在这世纪之交的过程中,中海集团朝什么方向发展?采取哪些发展战略和实施步骤?这对于中海事业的前途,是极为关键的问题。集团从去年成立后一直在思考和研究发展战略和发展规划,经过半年多的反复讨论和听取多方意见,基本形成了以下的发展战略和发展规划。

(一)发展战略

根据党的十五大精神,结合集团的现状和发展需要,我们将集团的发展战略确定为:抓住沿海,拓展远洋;一业为主,多元发展。

抓住沿海,拓展远洋,是中海集团发展战略中方向性的战略定位。沿海运输是中海集团经营的基本市场,远洋运输是中海集团发展的潜在市场。抓住沿海,我们的根本利益就有了保证,主力船队就有了可靠的"根据地",拓展远洋就有了依托;远洋运输,是中海集团要拓展的主要市场,远洋运输不再是沿海运输的一种补充,它将与沿海运输一样,在中海集团发展过程中具有同等重要的地位和作用。中海集团八年发展规划的实现,在很大程度上将取决于远洋运输业的发展。抓住沿海,拓展远洋,就是集团要把经营的重点,放在航运主业上,一手抓沿海,一手抓远洋;紧紧抓住油运、煤运、其他大宗物资的运输,培育和发展集装箱运输,优化客运,开展特种运输。

一业为主,多元发展,是中海集团发展战略中根本性的产业政策。一业为主,就是以航运为主

业,航运业在中海集团的发展战略中占有绝对重要的地位;但是,由于航运业是一个高投入、高风险、低回报的产业,市场的竞争越来越激烈,我们必须依托航运主业的优势,慎重地在其他相关的优势产业和项目上,实行有限的、优质的多元发展,以降低航运风险,积极培育和形成工业、贸易、货代、船代、劳务、通讯、旅游、海外、金融等多元化产业,尽早形成规模效应,发挥企业综合优势和实现规模效益,形成有中海特色的多元产业结构和经济体系。

(二) 经营方针

根据中海集团的发展战略,集团的经营方针是:以效益为中心,市场为导向;以生产经营为基础,资产经营为手段;以优质服务为宗旨,加强管理为保证,实现资产规模化、经营专业化、效益最佳化、管理现代化的目标。

以效益为中心,这是企业的经济性质所决定的。中海集团现在的主要问题是企业经济效益亏损。解决这一问题的根本出路,就是大力发展生产,提高企业的经济效益。这就要求我们必须把提高经济效益作为一切经济行为和经济活动的核心和出发点,凡是有利于经济效益提高的,都必须坚决的执行;相反都应该被否定和制止。以效益为中心,是检验集团经济工作的客观标准,任何时候都不能动摇。市场为导向,这是市场经济对企业经营的客观要求。导向问题,就是一个方向问题,就是要求企业的经营方向以市场为本。一方面要抓住现有的市场,适应市场的需要,保持较好的市场占有率;另一方面要研究市场,开拓市场,扩大市场占有率。任何脱离市场,违背市场经济规律,仍然沿用计划经济的做法,都是不符合中海集团的根本利益的。

以生产经营为基础,这是中海集团的现状所决定的。中海集团的最大的实际,就是海上运输生产,我们的主要资产、从业人员、经营优势、经济效益都是在海上运输生产之中;同时在与运输生产相关的陆上产业中,也有许多重要的生产经营项目和业务。因此抓好集团各方面的生产经营,尤其是抓好运输生产经营,是我们做好各项工作的根本基础。任何时候,任何情况下,生产经营都不能有丝毫的放松,这是企业生存的基础。资产经营为手段,这是中海集团优势的体现和企业发展的有效途径。资产经营作为现代企业发展的一种有效手段,已经被实践所证明。中海集团要实现自己的战略发展目标,也必须进行资产经营的运作。集团目前的资产规模、资金优势,已经具备了资产经营的条件。对资产经营的定位是,必须以生产经营为基础,依托于生产经营开展资产经营;同时必须以适度规模为原则,以规避风险、慎重运作、效益第一为前提。

以优质服务为宗旨,这是经营的取胜之道。市场经营的竞争,从内容上讲,是实力、价格、服务的竞争,而在这三个方面,服务的竞争在通常的情况下起着决定的作用。运输企业本身是一个服务企业,服务如果不是优质,你的实力再强,你的价格再便宜,市场照样不会选择你;相反,你就会在市场上取胜。我们必须坚持优质服务的宗旨,提供安全、诚信、周到、及时的服务。加强管理为保证,这是企业适应市场,实现经营目标的主观要求。管理之所以是经营的保证,因为现代化的、科学的、严格的管理,可以保证经营方针得到最有效的贯彻和实施。现代企业的发展历史已经证明:成功的经营必然是以最现代化的管理为基础的。我们要一手抓经营,一手抓管理,使之相辅相成,互为促进。

通过贯彻以上的经营方针,我们的目标是:实现资产规模化、经营专业化、效益最佳化、管理现代化。我坚信:只要坚定不移地贯彻集团制定的上述经营方针,集团的各项工作和经营管理,就一定能够适应集团改革和发展战略的需要,适应市场经济的需要,实现我们制定的奋斗目标。

(三) 2000年发展规划

中海集团到2000年,将基本形成以航运为主业,以多元发展为产业的规模化经营、专业化分工、集约化发展的格局:总资产力争达到400亿元;总收入力争达到130亿元;企业的经济效益在一九九八年实现扭亏为盈的基础上,进一步得到提高;职工的收入随着经济效益的提高不断得到改善,经济体制和经济增长方式基本上完成两个根本性转变,建立起适合社会主义市场经济需要的经营管理体制和机制,初步建设成为符合现代企业制度的国有大型企业集团。

(四) 2005年发展目标

中海集团到2005年,将建设成为一个跨地区、跨行业、跨所有制、跨国经营的企业集团;在航运业有较大发展的同时,形成产业结构比较合理、产业门类配置优化、产业优势综合互补、产业效益明显提高的完善的经营格局;总资产力争比2000年年末翻一番,总收入力争达到250亿元;企业的经济效益将有明显的提高;职工收入达到较好水平;中海集团将成为国际上有重要影响的航运企业,并为后十年的发展打下一个坚实的基础。

(五) 发展规划的主要指标体系

1. 企业改革

到2000年,初步建立起符合现代企业制度的母子公司体制,形成产权清晰、权责明确、政企分开、管理科学的现代企业制度的基本框架。到2005年,全面建立起现代企业制度,理顺国家与(集团)总公司,(集团)总公司与下属子公司、分公司,成员企业之间的职能、产权、利益关系,基本建立起科学、规范的法人治理结构。

2. 资产规模

到2000年年末,总资产负债率控制在60%左右,总资产达到400亿元左右;到2005年年末,总资产负债率控制在65%左右,总资产在2000年年末的规模上,争取实现翻一番。

3. 总收入

到2000年年末,总收入达到130亿元左右;到2005年年末,总收入达到250亿元左右。

4. 经营效益

到2000年年末,企业的经济效益在一九九八年实现扭亏为盈的基础上,进一步得到提高;到2005年年末,税前利润要进一步提高,经济运行的质量指标都要达到同行业的先进水平。

5. 运输能力

到2000年年末,货运量要达到1.6亿吨,2 200亿吨海里。到2005年年末,货运量要到达2亿吨,3 500亿吨海里。

6. 船舶结构

到2000年年末,针对集团现有船舶吨位过小,结构单一,老龄船过多的现状,改善和优化船舶结构,优先发展油轮和集装箱船舶,调整散货船舶的运力结构,提高远洋运输能力,初步完成船舶结构的调整。到2005年年末,基本完成了船舶结构的调整,形成一支以适应沿海、近洋、远洋综合运输为主要目标,以有较好的市场适应性、较高的运输效益性、较合理的船舶吨位和保有量为主要船种,具有国际先进水平的船队。

7. 多元发展

到2000年年末,基本形成以航运为主业,以工业、贸易、船代、货代、劳务、通讯、旅游、海外、金融等方面的多元化产业,形成集团生产经营中新的经济增长点;到2005年年末,在继续发展原有的多元化格局的基础上,集团将在与金融界合作、成立集团财务公司的基础上,积极争取成立企业银行、开展境外多渠道融资、参与保险业、发行商务票据、企业债券等方面,形成以生产经营为基础,资产经营为重要内容的多元化格局,集团将发展成为跨地区、跨行业、跨所有制、跨国经营的有重要影响的国际性航运企业。

(六) 实现中海集团发展规划的措施

1. 积极稳妥地推进企业改革,走集约化发展的道路

中海集团改革的基本原则是:积极稳妥,发挥两个积极性,提高经济效益。当前改革的主要任务是,对船舶进行专业化重组,组建中海油运、中海货运、中海客运、中海特种运输专业化轮船公司,加上去年已经成立的中海集装箱运输股份有限公司,中海集团将形成五个专业化船公司。专业化船公司要充分发挥规模化经营、专业化分工的优势,走集约化发展的道路。

2. 坚持一业为主,多元化发展的产业政策

在抓好航运为主的同时,我们要按照"依托主业、慎重决策、总量控制、效益为先"的原则,积极稳妥地发展多元化产业。对工业、贸易、货代、船代、劳务、通讯、旅游、海外、金融等业务和产业,要加快专业化组建,多元化发展的步伐;为了抢时间、占市场,在专业化公司没有正式成立之前,可以按照集团的要求,先把经营业务按照专业化分工抓起来,形成产业规模,提高经济效益。

3. 加强资产经营,开展资本运作

中海集团结算中心在加强管理、做好服务的同时,要积极开展资金运作,降低财务费用,提高资金效益;要抓紧做好中海集团财务公司的前期准备工作,到2000年之前,要正式成立中海集团财务公司;要加强对金融、证券业、保险业、基金会等方面的政策研究,抓住各种发展机遇,开展资产经营和资本运作。

4. 运作好上市公司,实现多渠道融资

对两个上市公司要继续加强有效运作,保持其良好的市场形象;同时要做好优质资产的培育、包装、注入工作;要根据中海集团的发展战略的需要,以有市场优势和长远利益为原则,对集团外部的产业、资产等,采用收购、兼并、控股等方式,进行低成本扩张或注入上市公司。

5. 加强企业的基础管理

加强企业的基础管理,是实现中海集团发展战略规划的重要保证,是具有战略意义的基础性工作。通过加强生产、经营、安全、资金、人事、发展等方面的基础管理,提高宏观经济的调控能力和微观经济的运行质量,提高适应市场的能力,实现经济增长方式由粗放型向集约型的转变。

6. 培养人才,提高素质

集团要把人才的培养作为实施中海集团发展战略的一项十分重要、长期的工作,认真抓好。要培养一大批了解市场经济规律,懂得国际运作惯例,掌握先进管理技术的高级经营管理人才;要加快企业多元化发展需要的人才培养,建立和营造留住人才、吸引人才、充分发挥各种人才聪明才智的氛围和机制,通过再培训,不断提高现有员工的素质,要注重对科技的研究和投入,提高企业经济工作的科技含量,以适应中海集团的发展需要。

7. 培育和发展海外产业,拓展国际经营业务

中海集团的海外产业,目前的规模是比较小的。到2000年,要初步形成中国香港地区、日本、新加坡、澳大利亚、南非、南美、欧洲七大地区公司或网点。我们还要组建阿拉伯、非洲地区公司。中海集团最终将形成区域经营、块状管理、布局合理、全球联结的海外产业和业务体系,成为中海集团经济结构中重要的组成部分和新的经济效益增长点。

8. 坚持两手抓、两手硬的方针

中海集团的发展,要沿着党的十五大指引的方向,坚持社会主义的道路;要坚持两个文明同步发展;要培育和倡导热爱中海集团、献身中海事业的集团精神;要树立集团服从国家、局部服从集团的集团意识;要形成文明、高效、团结、敬业的集团作风;要造就一支适应中海集团发展需要的、高素

质的职工队伍。

三、一九九八年的工作安排

一九九八年,对于中海集团发展是极为重要的一年。为了抓住各种有利机遇,因势利导地做好集团各方面的工作,我们必须对集团所面临的形势有一个总体的、清醒的认识和了解。

一九九八年世界经济的形势不容乐观。虽然世界经济总的趋势有可能出现缓速增长,但由于受东南亚金融危机的影响,世界经济的发展要摆脱或消除这一危机的影响,将有一段难以预料的过程。东南亚金融危机对世界航运的影响也是十分明显的。世界贸易受到了影响后,世界航运的前景也显得较为暗淡。BFI 的指数仍在低位徘徊,运力大于需求的矛盾仍将严重地存在。东南亚国家的进口减少、经济萎缩,给我公司东南亚运输直接造成了影响。当然,任何事物都是可以一分为二的,东南亚金融危机强烈促使这些国家经济复苏的愿望,货币贬值后造成这些国家的出口能力增强,这又给我们带来了机遇。一九九八年我国的国民经济将继续呈现低通胀、高增长的稳步发展的趋势。国民经济将保持 8% 以上的年增长率,国内航运市场总体上将呈现海运总量稳中有升的态势,这些又都是我们可以利用的发展条件。

在一九九八年工作中,要特别指出的是:我们要时时提防各种风险和危机,把各种困难都估计到。东南亚金融危机的教训是极为深刻的,主要有:一是在忽视经济效益前提下,片面追求产业规模和市场占有率,盲目扩张;二是在资产扩张中,超常负债,财务状况恶化;三是管理水平低,人浮于事,亏损企业过多;四是忽视汇率风险。应该引起我们借鉴的是,盈利率长期低于银行贷款利率,是十分危险的;资产的负债率要保持适度,并要有支持和还贷能力;大集团要有自己的支柱产业,下属企业不能太散;人员必须精减,管理层次不能太多。东南亚金融危机对我们直接的负面影响是,中海发展的股价大幅回落,油轮注资受到阻碍。此外,国内航运市场的竞争也将会越来越激烈,运力大于需求的矛盾仍然十分严重,由此而引发的航运市场的竞争,将对我们造成很大影响;其次,由于计划货源的不断减少,国内航运市场不断的开放,我们原有的市场份额的优势也将受到削弱。

所以,在一九九八年中,我们面临的形势是:机遇和风险同在,发展和困难并存;风险中蕴藏着发展的机遇,困难也不是不可以克服的。关键的是,要正确地判断形势,把握趋势,及时抓住各种机遇,规避各种风险,做到统揽全局,稳中求进,积极谨慎,稳步发展。

从集团目前的情况看,大的改革措施已经在去年陆续出台,规模化、专业化重组也基本形成了总体架构。现在的主要任务是,如何在规模化、专业化重组的基础上,走集约化的发展道路,实现经济工作由粗放型向集约化转变。为了鲜明地突出今年工作的重点,我们确定:一九九八年是集团的"管理效益年",加强管理,提高效益是全年工作的主旋律。

一九九八年工作的指导思想是:以党的十五大制定的路线、方针、政策为指针,落实全国交通工作会议提出的各项任务,以加强管理、提高效益为主要目标,推进企业改革,确保安全生产,保持适当的发展速度,为实现集团 2000 年发展目标奠定扎实的基础。

一九九八年工作的奋斗目标是:运输产量完成 1.4 亿吨;总收入达到 93 亿元,力争完成 96 亿元;主营收入 70 亿元,力争达到 72 亿元到 73 亿元;集团效益实现扭亏持平,争取略有盈利。

根据上述工作指导思想,为确保实现今年的奋斗目标,我们要着重做好以下五个方面的工作:

(一) 转变观念,适应需要

我们工作的环境和条件,已经发生了根本性的变化,我们的观念必须随之转变,否则,会贻误工作。转变观念,最重要的是认真学习党的十五大文件,认真学习和深刻领会邓小平理论的精髓,掌握社会主义初级阶段的基本路线和纲领,认清坚持社会主义市场经济改革的方向,真正理解搞好和推进国有企业的改革,对建立社会主义市场经济体制和巩固社会主义制度的重要意义,提高统揽全局的能力,指导集团的工作更好、更快、更健康地向前发展。结合集团目前的情况,各级干部和广大职工要自觉地做好以下五个主要方面的观念转变:

牢固树立适应市场的观念。市场是我们生存和发展的基础。中海集团目前的经营主体还没有完全地、真正地进入市场,与党的十五大对国有企业的要求有很大的差距。因此,我们要牢固树立市场经济的观念。凡是不符合社会主义市场经济需要的,我们都要坚决地予以克服和抛弃;反之,我们都要予以接受和支持。

牢固树立集团意识的观念。组建和成立中海集团,是实行强强联合的深刻变革。牢固树立集团意识,克服"集"而不"团"的模糊观念,是对每一位干部和职工的基本要求。树立集团意识,首先要树立集团利益观,集团利益高于局部利益;其次要规范集团行为,按照集团统一的制度、规定、要求去做;再有是各级干部要成为宣传集团意识、倡导集团精神、规范集团行为的模范,大家都要讲"普通话"。

牢固树立效益观念。没有效益,企业无法生存。要反对和防止只要投资、只求规模、不计效益的倾向和行为;要有长期效益和近期收益相结合、投入和产出相均衡的效益观念。

牢固树立资金控制的观念。资金是企业的血液,是一切经营活动的基础。牢固树立资金的控制观念,就是要加强对资金的管理,对资金的投放一定要慎之又慎,资金的流量要保持均衡,运费收不到的,坚决不承运;同时要增强资金的风险意识,经常研究和注意汇率变化,提防各种风险。

牢固树立严格管理的观念。管理是生产力,管理是效益。在管理的问题上,要突出一个严字,克服一个散字:要克服重经营、轻管理的倾向;强调管理首先是一门科学,是一种领导行为,克服不敢管、不严管、不善管的状况;真正树立管理的权威,提高企业的素质。

除了以上五个主要方面外,我们还有许多观念需要转变,希望大家在新的一年中,都要把观念的转变,作为十分重要的工作来抓,并以此带动各项工作的开展。

(二) 提高经济效益,实现企业扭亏

一九九八年,我们主要通过加强管理,提高经济效益,实现企业扭亏。主要有以下三方面的工作:

加强生产经营,增加经营收入。油运是中海集团目前十分重要的经营项目。中海油运要加强运输组织的调整,在确保国内沿海油运市场占有率的基础上,加大远洋运力的投放比例。要加强海洋油、成品油运输的经营管理,提高船舶综合运输效率,全年要力争完成石油运输5 300万吨,实现利润同比去年增加15%。散货运输在市场竞争日益激烈的形势下,要重点加强对煤炭的市场组织和经营,做好矿石、粮食等大宗货物的运输,对船舶运行要精心调度,合理安排,减少非生产等泊,提高船舶的营运率、载重量利用率和吨船产量;同时要将更多的运力投放到远洋市场,中海货运今年要同比去年增加利润20%。集装箱运输是集团主营收入又一个重要来源。今年集装箱运输要在去年的基础上,管理要进一步加强,经营业务要进一步开拓,全年要完成重箱20万TEU,争取全年实现扭亏持平。中海海盛要继续利用海南特区的区位优势,在保持原有运输经营规模的同时,加强特种运输的开展,尽早形成规模运输和规模效益,完成集团下达的生产经营目标。海上客运也是集团主营收入的重要组成部分。大连海运要发挥自己的客滚船运营优势,加强市场的开拓和经营组织,在去年的基础上,进一步减少亏损,增加收入;上海客运要调整经营方向,发展以旅游为主、兼顾客运的海上业务,经济效益要实现盈利。

中海其他陆上产业和海外产业,都要紧紧依托集团的航运主业,发挥各自的规模化、专业化优势,走集约化发展的道路。今年的主营收入要在去年的基础上,有进一步提高;经济效益不能出现亏损,而且都要有盈利。集团已经确定了对你们的生产经营目标责任制考核方案,并将在这次会议上签订考核责任书,希望你们都要确保完成。我相信,今年集团制定的总收入达到 93 亿元,力争完成 96 亿元;主营收入要超过 70 亿元,并力争达到 72 亿元或 73 亿元,这一奋斗目标是能够实现的。

控制和降低运输成本。一九九八年成本管理的目标是,通过加强成本控制,使成本增长幅度低于收入增长幅度。加强成本管理的重点是,控制和降低财务费用,降低经营成本和管理成本。

集团要加强资金的统一管理,发挥集团的规模优势,合理调度和统筹资金的使用和投放,降低贷款的比例,继续减轻还贷的压力。船舶的燃料费用是目前运输成本中最大的一项开支,已经占到 23.6% 左右,去年比前年又增加了 1 个多亿。为此,我们要在增加产量的同时,抓好降低单耗的工作,在供油港口的选择、油种的使用、燃油的价格、航速的控制、堵塞跑冒滴漏等方面,要精心计算、精心调度、严格管理。今年每千吨海里的单耗要力争在去年的基础上下降 0.2 公斤。港口使费也是大有潜力可挖的,目前已经占到运输成本的 12% 左右。在产量与前年持平的情况下,港口使费比前年增加 1 个多亿。因此,对港口使费的管理,要事前严格控制,使用中精打细算,严格把关,支付时坚持复核,坚决堵住各种乱收费的现象。要加强对船舶修理费用的控制。船舶要加强自修和日常维修保养;集团要充分利用中海工业的优势,节约修理费用的支出;对一些老旧船舶,要加大处置力度。要继续精简机构,减员增效。对原有的各家多种经营公司要进行清理、整顿,有的要实行专业化归并,长期亏损的,或者扭亏无望的要关闭。多元化经营的决策权在集团,各专业化公司是实行专业化生产经营和管理;子公司的设立,从(集团)总公司算起,原则上控制在三代。此外,对润料费、保险费、船舶租费、事故费、集装箱租费等都要严格控制和加强管理。

加强资产运作,壮大企业实力。截至一九九七年底,集团的总资产为 248.5 亿元,比一九九六年年底减少 2.9 亿元;总资产负债率为 60.56%,总体上看,处于合理的范围内。但是,与集团的发展需要相比,资产规模还是比较小的。一九九八年,我们要加强资产运作,在保持适当的负债率的基础上,按照总量控制、优质优先的原则,适当扩大集团总资产规模。我们初步考虑的增资途径或项目是:广海油轮资产的评估;中海集运的集装箱造箱量增加;对海盛公司优质资产的注入;集团的海外资产进行清理后,划入中海集团资产管理范围;油船、集装箱船要作适当的发展等等,总计约增加资产 45 亿元到 50 亿元左右。

(三)加强十个方面基础管理,提高企业管理水平

1. 加强管理费用的节支管理

去年集团的管理费用高达 4.7 亿元,节支的潜力是很大的。由于去年下半年相继成立了一些新的专业化公司,使今年集团的管理费用的压力进一步增大。因此,各单位要把降低管理费用的工作作为一项十分重要的任务,从现在起,就要抓紧、抓严、抓落实。总的要求是:今年各单位的管理费用都不能突破去年实绩水平;同时,在此基础上,各单位、各部门都要按去年同口径力争下降 10%。管理费节支的指标要一项一项确定,措施要一条一条落实,责任要一个一个部门明确,要堵塞每一个漏洞,拧紧每一个螺丝。对招待费、会议费、出差费、通信费、办公费用等,在核定的预算内,从严把关,从紧掌握。

2. 加强以基础制度建设为主要内容的专业化管理

随着专业化重组的基本形成,各公司要把管理的重点放到基础制度建设上来,走内涵挖潜、提高效率的集约化发展的道路。要根据集团的要求,结合自身的情况和特点,建立和健全各项基础管理制度,形成纵向到底、横向到边的有效管理体系和网络;要加强以 ISM 为主要内容的管理,提高

船舶的安全管理水平；陆地专业化公司要通过加强管理，提高管理水平，创造条件，尽早建立符合国际标准的质量体系并取得认证。

3. 加强以集中结算为主要内容的资金管理

根据集团的规定，集团系统内的所有单位都必须在结算中心开户，并要把钱存到结算中心去，资金的流通必须经过结算中心。结算中心要以一流的工作效率和服务态度，满足存户和生产的需要，使人家存之放心，用之方便。运费催收要继续抓紧，要明确责任，重点突破，尤其是对运费拖欠一年以上的重点户，要采取各种果断的催讨措施，包括法律措施，加紧催收。集团要建立运费催收管理制度，确定运费回收周转天考核指标，对运费催收实行严格的监督和考核。

加强以预防为主的安全管理。安全问题既是政治问题，也是企业的直接效益。在贯彻预防为主的方针中，集团将在明确安全责任制、落实安全措施、严格执行制度三个方面，加大管理力度。安全工作实行一把手负责制，集团将根据部红、黄牌安全管理责任制，研究制定贯彻办法。集团已经建立了每月安全生产例会制度，定期对安全工作进行指导、检查和监督，并要建立安全与利益挂钩的考核机制，具体考核办法由集团安全委员会研究后，近期予以下达。预防为主，首先是在思想上要有高度的预防意识，在安全和生产之间，安全是第一位的，安全具有否决权；其次是要狠抓落实，落实安全措施不能光讲在嘴上、写在纸上，关键是落到实处，为此要加大安全检查的力度和密度，消除各种隐患；最后是要严格执行制度，对各种违章违纪行为和现象，要坚决予以制止和处罚。我希望通过大家的努力，使今年的安全工作出现一个新的面貌。

加强以总部机关为重点的文明管理。总部机关是中海集团十分重要的对外窗口。今年，总部机关要通过加强文明管理，显示出一个大公司良好的对外形象。文明管理的重点，是员工的精神风貌、外观形象、文明用语、服务态度、办事效率、劳动纪律、就餐秩序、环境卫生八个方面。该项管理工作由中海集团有关部门负责牵头，实行各单位、各部门负责制；集团要立即制定统一的制度和标准，坚持巡回检查和月度考评，上半年，要取得明显的成效。广州、大连、北京等地的中海集团各单位机关也要按照上述要求进行管理。

加强以宏观调控为主要内容的部室职能管理。由于中海集团组建时间不长，总部各部室的管理工作还没有完全走上正轨。今年，总部各部室要根据总公司和中海发展的定位，明确工作职责、职权界定、管理范围、操作程序，真正起到部室宏观管理的职能，做到有章可循，有据可依，各负其责，有效调控。中海集团和中海发展总部在宏观调控管理方面，主要体现四大职能：一是下管一级干部；二是负责权益的分配；三是重大的经营管理决策；四是资产运作。集团将按照总部是决策中心、各专业公司是利润中心、分公司是成本中心的定位，进行宏观调控，并把属于生产经营和日常管理的职能全部交给各专业化公司。

加强对船舶的基础管理。船舶是集团运输生产中最重要的经济细胞，是执行和完成生产任务的承担者。各船公司要对船舶的完成运输合同、生产安全、成本控制、维修保养、运输质量、服务信誉、船容船貌、劳动纪律、班期准点、责任考核等方面，制定严格的管理制度，加强管理，使之成为管理严格、市场需要、服务优良、货主欢迎的船舶；今年要特别强调加强外运船舶的基础管理，要认真贯彻刘副部长去年十一月在海口召开的部国际航线船舶船东大会上的重要讲话，把船舶在国外通过港口国检查，作为一项特殊任务来对待，凡是船舶在国外港口滞留被扣，船公司一把手要负第一位责任。集团和各专业化船公司会后都要制定贯彻实施办法。同时在船舶管理中，要继续开展"三学一创"活动，加强船舶的两个文明建设。

加强计算机开发和应用管理。计算机的开发和运用程度，已经成为衡量一个大公司管理水平高低的重要标志。今年,计算机开发和运用要以建立集团内部联网为主要目标,实现经济信息、生产计划、财务核算、资金结算、箱管跟踪、成本控制、人事管理、办公自动化等方面的计算机联网管理;要积极参加,并按时完成交通部、上海市等规定的计算机联网项目;要注意国际航运系统的计算机发展趋势和动态,及时研究和采取措施,跟上发展需要。

加强以区块为主的境外产业管理。集团已经明确,境外的资产、业务、人员、发展等,由集团统一归口管理。今年,集团对中国香港地区、东南亚、日本、韩国、新加坡等区域的公司和业务,先进行整顿、清理,形成归口管理。境外的管理,实行以区块管理为主,国内的各专业公司对境外的相关业务进行指导,日常管理必须纳入区块管理。要研究和制定在欧美等地区的发展规划,为在该地区开展业务作好前期准备。

加强发展战略实施的决策管理。为了保证集团发展战略能够健康的、有步骤的、全面的实施,集团将加强政策研究方面的力量,并要聘请高层次的专家为集团的高级顾问,为集团决策当好参谋。在集团内部还要指定专门的部室,管理发展战略的日常研究工作,保证集团发展战略方向上的正确性。在实施发展战略中,要做好国家对大型企业集团的有关支持和扶持政策的研究,通过各种有效的途径,争取同家有关部门、上海市和其他地方政府对中海集团的支持;要将国家已经明确的扶持政策,明确部门,明确责任,限期贯彻落实;集团还要加强公关宣传工作,使社会各界了解中海、熟悉中海、支持中海。

(四)深化改革、稳步发展

今年,集团将在去年改革的基础上,进一步加强对改革的领导,巩固改革的成果,加大改革的力度,加快企业两个根本性转变的步伐,基本完成专业化资产重组的调整,并使企业得到适度的发展。

集团要按照上市规则,加强对两个上市公司的运作;同时,要加强中海发展的内部建设,理顺中海发展与各专业公司之间的关系,明确各自职责。对中海(海南)海盛股份有限公司的发展,集团也要给予更多的关心,使其成为集团重要的国内融资窗口。除了运作好两个上市公司外,结算中心要加大资产经营力度,在降低财务费用、扩大融资渠道、优化资产结构、提高资金效益等方面要有新的作为;要继续加强与金融界的联系和合作,争取多方支持;要进行境外发行商务票据、企业债券等研究和运作;要注意寻找与境外金融财团、基金会进行合作的途径,发展集团国际金融业务。

人事制度和分配制度的改革,是集团改革的一项重要内容,重点是建立竞争上岗、择优录用的用工机制,建立"按劳分配、多劳多得;兼顾公平,效益优先"的分配机制。今年,一些有条件的单位将进行年薪制改革的试点,对船员的工资进行调研后,提出改革的设想;下半年,对船员管理体制进行改革,探索一条适应集团发展需要的新路子;对企业机关实行统一的薪点制工资。在生产得到发展、效益得到提高的基础上,职工的生活水平也将会随之得到改善或提高。

巩固集团已经取得的专业化改革成果,进一步推进和深化企业改革,是集团今年的一项主要任务。中海油运要在公司组建的基础上,按照集中经营、分级管理的原则,真正地把中海油运的经营管理合为一体,在加强经营管理的基础上,建立和健全各项经营管理制度,加强对全年运输生产的安排,确保沿海运输,拓展远洋市场,在原有的基础上,使油运有进一步的发展。

中海货运经营领导小组,一方面,要做好集中经营、分级管理的工作;另一方面,要加快中海货轮公司的组建工作,力争今年二季度内在广州正式成立。

中海集运要不断巩固原有的市场份额,提高服务质量,确保船期的准点,树立更好的业务信誉;要根据市场的需要,调整或开辟沿海和近洋内支线,使航线网络更为合理;同时要采取与国内外其他船公司联营、合作、互租箱位等多种途径和有效方式,力争开辟一条或几条中程干线,争取集装箱运输业务有新的发展。

中海工业公司在进行更名、迁址的同时,要进行下一步的实体组建工作,争取在上半年内完成。中海工业要发挥资产的规模化、专业化优势,提供优质、优惠、高效的服务;同时,要不断扩大外修业务,增加修船产值和利润,提高外修市场的占有率。

中海国贸要按照集团的统一部署,做好船舶处置工作,开展多渠道、多品种的经贸业务,开拓国内外的经贸市场,提高贸易金额和销售利润,成为航运系统有较大规模、有良好信誉的贸易公司。

中海国货要抓紧组建。今年,要在全国主要的沿海城市完成揽货网点的布设,成为中海集运主要的揽货支持保障体系,并在油运、货运方面形成自己的揽货规模和优势。年内要设立若干个内地揽货网点,境外揽货工作也要起步。

中海船务在开展船舶外贸代理的同时,要把船舶内贸代理作为一个主攻方向。要有利、有理、有节地做好工作,争取各地区、各港口的支持;同时,要加强内部管理,不断提高船务代理业务水平和服务质量,要有一流的服务和效率。要在全国主要港口建立中海船务代理网点。

中海劳务要按照去年十月北京会议的要求,在北京母公司完成组建的基础上,继续做好下属的上海、广州、大连三个专业化子公司的组建,争取四月一日之前完成;要加强内部管理,理顺关系,调动两个积极性,充分发挥专业化优势,利用集团丰富的人力资源,加强培训基地的建设,加强经营业务的开拓,为职工创造更多的劳务输出的机会,确保今年利润指标的完成。

中海(香港)控股公司、中海(日本)株式会社、中海(新加坡)控股公司都要抓紧组建和开展经营业务,适应集团专业化改革的需要。集团客运专业化改革的方案,将在调研的基础上,于近期会议上作出进一步的明确意见。原三家海运公司的船舶燃供、物供,以及其他相关的后勤供应支持保障体系,是中海集团运输生产的重要组成部分,今年要继续做好为船舶的优质服务,打破区域供应的界限,为提高集团综合运输效率,降低成本,作出自己的努力;集团对燃物料供应业务,今年也将实行专业化重组和改革;上海海运、广州海运现有的两个海岸电台,也要按照专业化改革的要求,进行资产重组,建立专业化通信公司,具体组建方案,我们将尽快进行研究和制定。上海海运、广州海运、大连海运三个地区集团公司,要按照集团总体改革方案和职能分工加强对下属单位的领导和管理,完成集团交给的各项任务。集团将根据十五大精神和国家"抓大放小"政策,选择一些合适的企业,进行股份制改革的试点。医院、学校、公安等单位和部门,在过去的一年里,为中海集团的组建和发展,作出了积极的努力,取得了较好的成绩,在新的一年中,要进一步增强改革的意识,适应集团的改革需要,对有条件的事业经费单位,也要采取改革的措施,促使其走向市场。中海系统的广大离退休干部和职工,在过去的岁月里,为我国的海运事业作出过宝贵的贡献。在集团组建中,他们一直给予了集团有力的支持,积极参与和关注着集团的改革和发展,我们向他们表示衷心的感谢。各级干部和所在单位,对于广大离退休干部和职工要给予更多的关心,继续发挥他们的余热,并要让他们安度晚年。集团工会成立后,要引导职工坚持改革,参政议政;关心职工生活,维护职工的合法权益;发挥职工的生产积极性,提高企业的经济效益。在这里,我要特别指出的是,广大船员为了中海的事业,长年累月地工作在运输第一线,是十分辛苦的,各级干部要经常深入船舶,关心好广大船员的生活;同时,对一些生活有困难的职工和家属,做好经常性"送温暖"工作。青年工作、妇女工作、家属工作都要根据集团今年的工作任务和改革的需要,作出自己的贡献。

(五)加强学习、加强班子建设、加强精神文明建设

要适应社会主义市场经济的需要,跟上改革的步伐,各级干部的首要任务,是要加强学习。当前,仍然要加强对十五大文件的学习和理解。通过学习,要提高自己统揽全局的政治觉悟,使自己

成为一个有政治头脑的企业家;通过学习,要不断提高自己的经营能力和管理水平,使自己成为一个经济工作的专家;通过学习,要学以致用,指导和促进本单位的工作。集团将分期分批地安排干部进行进修、培训、深造,有的放矢地提高干部队伍素质,适应集团发展的需要。

加强班子建设,是集团事业的需要。根据集团确定的下管一级的干部管理原则,集团对其下属的各个班子,将要实行严格要求、严格管理、严格考核的方针。各级班子,尤其是党政一把手,要做到认识统一、团结一致、互相支持、勤政廉政、克己奉公,在群众中要有较高的威信。我希望你们都能按照上述的要求去做,管好自己,带好一班人,成为群众的贴心人、企业的带头人。

一九九八年的精神文明建设,要继续加强对党的十五大文件的宣传教育,加强对集团改革工作的宣传教育,引导大家更加自觉地投身于改革;要加强集团发展战略、发展规划和经营方针的宣传,使广大干部和职工对中海集团的光明前途,树立起胜利的信心;要加强集团精神、集团作风和集团意识的宣传教育,树立崇高的集团荣誉感和使命感;要加强职业道德、职业技能教育,树立起良好的职业形象,培育一流的岗位素质。总之,要通过坚持不懈的、行之有效的精神文明建设,培养和造就一支与集团改革和发展需要的、与社会主义市场经济相适应的员工队伍,保证中海集团事业后继有人。

同志们:在20世纪最后三年的时间里,我们肩负着中海事业承上启下、继往开来的历史重任。中海集团从组建、成立到现在,刚刚迈过了一年的岁月,已经显示出强盛的生命力。我们将以坚定不移的信念,坚韧不拔的拼搏,紧紧抓住各种发展机遇,以崭新的面貌和坚实的步伐,贯彻集团的发展战略,实现集团的发展规划,阔步迈向新的世纪。尽管在今后的前进道路上,我们将会遇到种种艰难险阻,但我坚信,有党的十五大路线、方针、政策的指引,有交通部的正确领导,有中海集团广大职工的共同努力,我们没有克服不了的困难,没有闯不过的险滩。中海集团就像迎着朝阳的巨轮,沐浴着党的十五大的阳光雨露,沿着正确的航向,驶向胜利的彼岸,开创中海事业中更加辉煌的明天。

谢谢大家!

二、中国海运：国际化经营的实践与思考

《求是》2012年第10期

中国海运集团董事长、党组书记　李绍德

2012年，是中国海运（集团）总公司（以下简称中国海运）组建15周年。15年来，中国海运大力实施"走出去"战略、不断加快国际化经营步伐，实现了集团的跨越式发展，总资产增长6.6倍，船队运力规模增长3.4倍，营业收入增长10.8倍，利税总额630亿元。截至2012年2月，集团总资产1 645亿元；船队运力规模居于世界前十位，达到2 808万载重吨。

一、国际化经营的现状与成果

中国海运于1997年由5家航运企业重组成立，传统优势是国内沿海船舶运输。组建初期，集团即提出"巩固沿海，发展远洋"的战略方针，迈出了"走出去"的步伐，这是第一次战略转型。经过10多年的奋斗，集团远洋船队不断壮大，国际化经营水平不断提升。"十一五"期间，集团提出了"五个转型"的奋斗目标，即发展方式、产业结构、管理方式、团队建设和竞争力模式转型，这是第二次战略转型。在第二次转型中，集团确立了"百年中海、世界一流"的企业愿景和从沿海到远洋、再进一步实施跨国经营的战略方向。几年来，中国海运初步发展成为在世界航运业有一定影响力的跨国经营集团公司，企业国际化程度不断提高，国际市场竞争能力日益增强；海外业务已成为集团新的利润增长点。

全球营销网络日臻成熟。中国海运建立了由两级投资管理构架组成的海外营销服务网络体系，即由总公司直接投资设立并管理区域控股公司，控股公司作为区域投资和管理中心，再设立和管理区域内的营销服务网点。在网络建设上，一是通过整合及重组海外资产，理顺集团对地区控股公司的投资管理关系，同时建立起海外公司的区域控股管理体制；二是在网点空白地区加快组建新的区域控股公司和境外代理公司，并采取合资形式组建代理公司；三是充分利用当地公司和员工的本土化优势，快速提升市场开拓能力并迅速形成营销服务网络。目前，集团已成立欧洲控股、北美控股、东南亚控股、西亚控股、香港控股、韩国控股、日本株式会社和澳大利亚代理有限公司八大区域公司，基本完成地区控股公司的布设，网络覆盖90多个国家和地区，建成300余个海外营销网点，形成了区域成片、全球联网的多级代理和业务体系。

海外业务稳步增长。与两次战略转型相对应，中国海运的海外业务拓展也大致划分为两个阶段。两阶段环环相扣，步步深入。第一阶段是集装箱班轮业务的国际化拓展。集团所属集装箱运输船队规模从1997年年底的15艘船、5 000箱位起步，发展到跻身全球班轮公司前十，开设国际集装箱航线80余条，覆盖全球100多个国家，这是海外公司生存与发展的基础。截至2012年一季度，集装箱船队运力达到133艘、55万箱位。第二阶段是在集团"五个转型"推动下，在以"船岸联动"为特征的结构调整背景下，积极开拓以海外现代物流业为主的相关产业，重点发展码头、集卡运输、船舶供应与贸易、船舶管理、船员劳务输出、金融等海外相关产业，使海外公司迅速发展，资产规模和营业收入迅速攀升至整个集团的近一半。2011年，中国海运投入国际市场的运力占集团总运力的比重接近50%，国际市场货物周转量比重更是超过75%；境外企业实现收入占集团的比重达30%；境外企业和机构数为114家。

二、国际化经营的经验与体会

越是眼睛向外,越要练好内功。国际市场空间大、机遇多,但同时竞争激烈、风险大,如果企业不能练就过硬本领,就难以在国际市场上立足。所以,越是眼睛向外,发展壮大海外业务,越需要强身健体,苦练内功。在拓展海外业务的过程中,中国海运注意加强海外基础管理。一是建立健全境外管理规章制度。在海外企业管理、董事会运作、财务和资金管理、海外人员管理、海外薪酬管理等方面,制定并不断完善一系列管理制度;通过规范境外企业董事会运作,加强对海外企业的监管和指导,加强海外经营的科学决策。二是加强风险防范。积极推进海外企业风险识别、监测、控制和化解机制,加强资金业务权限管理;加大检查力度,进一步完善逐级监管和内审责任制。三是与银行合作建立全球现金管理系统(GCM),对海外资金的流转与调动进行严格的实时监控,控制了境外代理90%以上的账户,资金安全、规模优势和流转效率得到进一步加强。四是加强组织建设。根据"四跨型"(跨地域、跨海域、跨国界、跨行业)企业的特点,积极探索复杂产权结构下的党建工作方式,大力加强海外企业领导班子和驻外干部队伍建设,成立海外企业党工委,指导海外企业党建及思想政治工作。

越是做大做强,越需做精做细。精细化管理是中国海运"五个转型"中的重要内容之一。按照精细化管理的要求,中国海运在拓展海外业务中重点抓好国际精品航线的经营和国际品牌的打造,坚持让"做大做强"立足于"做精做细"之上,把发展方式转型根植于管理方式转型之中。自"十一五"开始,先后培育了美东一线、欧洲七线、澳洲一线、中东线等多条国际精品航线,吸引了众多世界500强企业在精品航线签约。此外,中国海运坚持打造国际经营绿色品牌,积极推广绿色船舶技术,抓好节能减排,积极参与海洋环境保护,打造了一个更值得信赖、更富有责任感的国际化品牌形象。例如,在投资美国洛杉矶码头项目中,率先引进了岸电技术以及防止光污染、噪声污染的新技术,使中海洛杉矶码头成为世界上第一个绿色码头,成为洛杉矶市展示给世界的名片。

越是传统行业,越要创新驱动。海上运输业是传统行业,不创新就很难超越现状,很难持续发展。中国海运成立15年来,每一次发展壮大都是创新驱动的结果。在国际化经营过程中,中国海运重点强调商业模式的创新,强调从船与船的竞争转向链与链的竞争,实现从班轮公司向航运物流企业的转型升级。为此,中国海运注重加强集装箱班轮航线两端的延伸服务,注重与国际大客户的战略合作以及国际班轮公司的战略联盟,注重增加直接客户的比重,注重加强全球价值链管理。其中,中国海运的欧洲集装箱卡车运输业务、美国及非洲的码头业务、中国香港地区及美国的航运金融业务等,都是在商业模式创新中发展起来的。

越是坚定目标,越应加快转型。实现"百年中海"的企业愿景,建设一流航运企业是中国海运矢志不移的战略目标。国际化战略是实现这一战略目标的重要手段。经过15年的发展,中国海运已经走过了初创期和高速成长期,现正处于从高速成长期走向成熟期的关键节点,只有通过转型,才能延长企业的成长期,顺利走向成熟。为此,中国海运在推进企业发展特别是国际化经营方面,强调"五个转型"一个都不能少、一个都不能弱,通过转型进一步壮大海外业务,提升国际竞争力。集团以"调结构、促转型"为主线,加快进行国际化业务的结构调整:一是调整船队结构,使集装箱、油轮、干散货三大船队协调发展;二是调整船型结构,发展大型化、低碳化的国际远洋船舶;三是调整产业结构,加速发展海外物流码头产业,完善班轮全球转运体系;四是调整资本结构,借助香港国际航运和金融中心的优势,有效开展国际资本和资产营运,实现国际化生产与资本"双轮驱动""产融结合"。

三、国际化经营的进一步思考

培育具有国际竞争力的世界一流企业,是国家对中央企业的发展要求,也是中国海运"十二五"

期间改革发展的核心目标。面对纷繁复杂的全球经济和国际市场新形势、新挑战,中国海运应坚持以科学发展为主题,以加快转变发展方式为主线,积极推动国际化经营和海外业务实现稳中求进。

以国际化战略眼光进一步引领企业发展。中国海运提出,在"十二五"期间,着力推动集团由跨国经营向跨国公司转变,并力争进入世界500强。瞄准世界500强,是建设世界一流航运企业的长远战略的具体化。实现这一目标,必须坚持以国际化战略眼光进一步引领企业发展。加强海外业务发展,培育国际竞争优势,增强企业全球资源配置能力,是中国海运发展战略的重中之重。

以国际化标杆理念进一步拓展海外业务。通过与大型跨国公司对标,确立愿景,准确定位,寻找差距,制定措施,提高企业全球资源配置能力,形成"差异化经营、精细化管理、规模化发展"的新模式。借助于对标,明确国际化经营方向,进一步开拓国际市场,通过"建造、购买、租赁、合作、收购"等多种途径,加快海外船队发展步伐;进一步优化国际航线布局,扩大国际航线区域,提高干线竞争能力,大力拓展第三国运输;抓紧建设覆盖全球的十大集装箱运输转运中心,加快拓展与之相配套的集装箱支线运输、枢纽港码头、堆场、仓储、拖车、海铁联运等业务,推动多元化发展,不断提升国际市场竞争力。

以国际化管理视野进一步完善管控体系。中国海运不仅要"走出去",还要走得稳、走得快、走得好,这就要求我们在"抓基础、强管理、控风险"九个字上下功夫。抓基础,就是要进一步抓好"走出去"的基础工作,建立健全海外资产、产权、投资等各项管理制度,完善海外资产损失责任追究制度。强管理,就是要进一步加强海外企业的日常管理。从强化总部管理职能、优化管控模式、加强信息化建设着手,完善公司治理架构和集团股东监管体系,加强对海外企业重大财务事项、重要经营业务监控。控风险,就是要切实做好海外经营风险防控;建立有效的风险防范机制,建立和完善海外业务全面风险管理体系;在加强经营风险、财务风险、法律风险防控的同时,特别要做好安全风险防范和应急预案的制定工作。

以国际化素质要求进一步打造人才队伍。实施国际化经营战略,需要有国际化人才作保证。要创新工作思路,改革人事用工制度,遵循人力资源市场规律,拓宽选人视野,不拘一格引进国际化人才。要注重船岸员工的职业生涯规划,抓好集团"千人培训计划"的落实,与国内外专业院校乃至国际名牌院校携手,创新培训模式。不断完善国际化人才库,建立健全集团驻外人员管理制度体系,将海外人才发展规划纳入集团整体规划中。进一步完善船员管理体制,优化用工结构;继续加大干部船员特别是大型远洋船干部船员的培养力度,不断壮大船员队伍,提高船员队伍质量。

今年2月,国家副主席习近平在访问美国期间,于2月16日视察了中海洛杉矶码头,对中国海运集团的国际化经营给予了充分肯定,这对全体船岸职工是一个极大的鼓舞。中国海运将继续利用经济全球化的有利环境和中国发展的黄金期,继续实施"走出去"战略,在全球范围内不断优化资源配置,打造新优势,谋求新发展,实现从跨国经营向跨国公司的转变。

三、立足新起点，谋求新发展，开创新基业

——在中国海运2015年终工作会议暨五届二次职代会上的报告

中国海运集团董事长、党组书记　许立荣

（2015年12月25日）

同志们：

今天，我们在这里召开集团2015年终工作会议暨五届二次职工代表大会。当前，集团正在全力推进企业的改革重组，在这个承前启后、继往开来的关键时期，我们召开此次会议具有十分重要的意义。

刚才，张国发总经理全面回顾总结了2015年集团各方面的工作和取得的成绩。下面，我再讲四个方面内容：一是简要回顾中国海运集团组建18年来的主要成就，二是介绍中海中远两家企业重组方案的主要内容，三是谈谈重组后新集团的未来发展前景，四是就做好当前工作提几点要求。

一、集团18年来的主要成就

中国海运集团自1997年组建开始，至今已走过18个年头。18年来，集团发展经历了三个阶段：

一是初始创业期（自1997年组建至"十五"末）。这一时期的主要特点是，按"集约化、规模化、专业化"原则进行资产重组，成立了集、油、散、客、特种运输五大船队，初步建立了与航运主业相关的陆岸产业体系；大力发展集装箱运输，确立了中国海运全球承运人地位；实施"以船舷为界"的船员统一管理模式；提出"巩固沿海、发展远洋"战略，使集团从传统的沿海内向型逐步转向沿海远洋协调发展的综合性、国际化企业。在这一时期，广大船岸干部职工艰苦创业，奋力开拓，为集团未来发展奠定了良好的基础。

二是快速发展期（贯穿整个"十一五"）。这一时期的主要特点是：积极推进"大客户、大合作"战略，为企业平稳发展提供坚实保证；围绕制度建设与流程优化，坚持不懈抓好精细化管理；瞄准世界一流航运企业的奋斗目标，全面开展对标工作；按照"大船＋低碳"与"瘦身＋强身"思路调整优化船队结构，形成了集装箱、油轮、干散货三大船队"三足鼎立"、协调发展的基本格局；各项业务特别是航运主业发展迅猛，资产规模与船队规模大幅度增长；创造了年盈利110亿元的历史最高纪录；朝着做大做强的方向快速前行。

三是转型发展期（贯穿整个"十二五"）。全球金融危机后，国际航运市场环境持续恶化。集团积极应对挑战，勇于逆势突围，坚持"调结构、促转型"，大力推进深化改革与商业模式创新，加强内部资源整合，提高资源配置效率；积极开展"卓越运营"，打造"卓越的成本竞争力"；在经济新常态、市场新挑战面前重新谋篇布局，从"三大板块"的结构调整到"1+6"业务板块的初步形成，产业结构逐步得到优化，航运产业链不断得到延伸升级，企业创收创利、创新创业能力有了实质性的突破，在市场持续低迷的环境下实现了可持续发展。

18年来，集团的各项工作得到了全面提升，各项业务实现了跨越式发展。具体概述如下：

1. 确立建设世界一流航运企业目标,打造可持续发展的战略定力

2002年,集团提出了建设世界一流航运企业的战略目标。十多年来,在创建世界一流目标的激励和引导下,我们坚持做大做强做优,各项工作迈上新台阶。尽管其间经历了航运市场的大起大落,经历了集团各届领导班子的更迭,也经历了内部资源整合与结构调整,但中海人的世界一流目标始终没有动摇,"逐梦"行动始终没有松懈。在硬实力上,我们的船队规模已跻身世界先进行列,综合运力位居世界前五位;拥有大批1.9万TEU集装箱船、30万吨油轮、30万吨及40万吨干散货船,在大型化、低碳化、现代化方面均已跻身世界一流行列。在软实力上,我们坚持对标世界一流航运企业,从确立"大客户、大服务"营销理念到全面开展"卓越运营",从深入推进精细化管理到积极推广优秀及最佳管理案例,从加强"船队与团队"同步建设到大力培养国际化、创新型人才,集团的软实力不断增强,朝着世界一流的战略目标不断迈进。

2. 坚持"调结构、促转型",形成"1+6"产业结构

转型升级,是中国海运持续发展的内在要求,也是应对金融危机和市场挑战的必然选择。2009年以来,针对在国际金融危机中暴露出的航运产业比重过大、产业链条过短的问题,集团开启了转型升级的发展之路,着手进行产业结构调整与内部资源整合,推动企业从数量、规模型增长转向效益、质量型增长。围绕产业结构调整,先后明确了集装箱、油轮、干散货"三足鼎立"以及航运、工业、码头物流金融"三大板块"等调整重点,形成"1+6"的产业格局(航运+金融、码头、物流、工业、科技信息、资产及其他)。同时,集团着力加强了内部资源整合,先后进行了散运、码头、物流、空运、油运、科技、物业等多个板块、多项业务的资产重组。通过结构调整,集团平抑市场周期波动能力、抵御风险能力以及资产管理效率都有了新的提高。2014年及2015年,航运市场依旧持续低迷,BDI指数、中国出口集装箱综合运价及亚欧线班轮运价纷纷跌破历史最低点,但集团的经济效益却保持大幅提升,其中金融板块成为集团最重要的利润来源,效益中呈现更多的含"金"量,"调结构、促转型"成效初显,实现了企业的逆势发展、转型发展、创新发展和可持续发展。

3. 坚持实施"走出去"战略,跨国经营能力显著增强

自1997年集团组建伊始,即实施"巩固沿海,发展远洋"的战略,迈出了"走出去"步伐。18年来,集团不断加大海外业务的发展力度,企业国际化程度不断提高,国际市场竞争能力日益增强,全球营销网络日臻成熟,海外业务成为集团新的利润增长点。目前,集团已发展成为在世界航运业有较强影响力的跨国经营公司。习近平同志在2012年访美期间和2013年全国两会期间,曾先后多次提到中国海运集团的国际化发展,对我们的国际化经营给予了充分肯定。目前,集团的海外网点达400余个,网络覆盖全球100多个国家和地区,拥有中国香港地区、欧洲、北美、南美、东南亚、西亚、非洲7家区域控股公司。根据今年前11个月的最新统计,集团海外资产、收入以及盈利占比已分别达到48%、38%和30%;外贸货运周转量占比更达77%。这些指标远远高于集团组建初期的水平,也远超央企的平均水平。

4. 坚持改革创新与"大客户、大合作"战略,打造企业稳健发展的新优势

近年来,集团认真贯彻党的十八届三中全会精神,不断加大深化改革力度,先后进行了集团总部架构调整、船员管理体制、经营管理机制、人才与劳动用工机制等多项改革,解决了上海海员医院等历史遗留的老大难问题,优化了船员队伍结构,啃了许多硬骨头,交出了一份有担当、有成效的改革成绩单。在商业模式创新方面,努力从"船"的思维转向"链"的思维,积极开发"一海通"航运电商业务,积极推行LNG项目以及与巴西淡水河谷合作经营VLOC的运营管理新模式,积极实施与武钢等大货主交叉持股的新商业模式,下好资本运营、"产融结合"的先手棋。"十一五"以来,集团大

力实施"大客户、大合作"战略,增强了综合实力,为企业平稳发展提供了保证。截止到目前,集团共与70余家货主、港口、银行和地方政府签署了战略合作协议。2015年,集团与中粮集团开展了物流、金融、贸易、电商的全产业链合作,形成了双方战略合作的"紧密圈",散粮运输由传统的不定期船承运方式改变为定期班轮运输;通过此次战略合作,增强了我们的产业链控制能力,也提升了我们优质服务的水平。

5. 加强现代企业制度建设,提升集团科学决策水平

以"制度红利"聚集发展新优势,以规范董事会为契机加强现代企业制度建设,是中国海运集团"十二五"期间的一项重要工作。2011年8月,中央宣布在中国海运集团层面建立董事会制度;2012年3月,召开中国海运建设规范董事会工作会议,聘任了5位集团外部董事。集团董事会的规范运作,标志着集团的现代企业制度建设朝着更加科学、更加规范的阶段迈进,同时也为集团发展注入了新的动力与活力,增添了新的体制机制保障。经过近年来的有序推进,集团董事会运作制度体系不断完善,对推进企业科学决策、确保国有资产保值增值发挥了极其重要的作用。在此基础上,集团按照"该放的坚决放到位、该管的坚决管到位"原则,又进一步在中海财务、中海发展等12家下属核心企业推进规范董事会建设,形成了董事会规范运作的组织架构、制度体系,形成了决策高效的授权体系及工作评价机制,促进了集团与二级公司两个层面在坚持科学决策、提升经营效率上的良性互动。

6. 抓好企业党建与企业文化建设,提升对改革发展的保障力

18年来,集团始终坚持党的领导,加强党的建设,按照党中央统一部署,先后开展"讲学习、讲政治、讲正气"党性党风教育、学习实践科学发展观、创先争优等活动。特别是党的十八大以来,深入开展党的群众路线教育实践活动,认真抓好"三严三实"专题教育活动。坚持不懈开展"四好"班子建设;成立集团党校和管理干部学院,不断强化干部教育培训;连续召开干部人才工作会议,有力推进干部人才队伍建设;始终坚持"支部建在船上"和船舶政委制度,加强基层党建的分类指导。集团先后有30个基层党组织、70余名优秀共产党员和党务工作者受到了省部级以上的表彰。切实抓好中央专项巡视集团整改工作,得到了中央巡视组和中纪委的充分认可;坚持不懈开展"三个三"专项检查,不断推进集团党风建设和反腐倡廉工作。抓好企业文化建设和精神文明建设,涌现出1个全国文明单位和32个省部级文明单位。积极履行社会责任,认真开展对口援疆、援滇等活动,在配合国家实施利比亚撤侨、搜寻马航失联客机等方面作出了积极贡献;2015年集团社会责任报告获得"金蜜蜂优秀企业社会责任报告领袖型企业"奖;积极打造绿色中海,节能减排成效显著。全心全意依靠职工,关心关爱职工,坚持厂务公开和职工民主管理。18年来,集团先后被中宣部、国务院国资委评为"国有企业改革发展重大典型",被权威机构评为"全国文明诚信示范单位",被中央主要媒体多次集中报道改革发展成就。

总结归纳18年来的发展,可通过数字对比简要概括如下:

一是运输生产保持稳步增长。2015年,集团的全年货运量预计达到5.46亿吨、货运周转量11 282.3亿吨海里,箱运量1 158.2万TEU,比组建初期的1997年分别增长3.8倍、5.9倍和128.7倍。

二是资产规模实现有序递增。组建初期的1997年,集团的总资产、净资产分别仅为251亿元、101亿元;而截止到2015年11月,集团总资产、净资产已分别达到2 277亿元、940亿元。18年间,分别增长了9.1倍和9.3倍,有效实现了国有资产的保值增值。

三是船队规模与质量同步提升。1997年,集团的船队规模为814万载重吨;到2015年年末,集

团船队规模达到 4 036 万载重吨，18 年增长了 5 倍。在规模扩张的同时，船队的大型化、现代化也显著增强，1997 年的平均吨位为 2.02 万吨，平均船龄 14.6 年；而今天对应的数字分别为 7.4 万吨和 6.5 年。

四是经济效益呈现良好态势。受国际航运市场波动性大、周期性强的特征影响，集团的经济效益出现一定波动。但从整体上看，基本上还是保持较为稳定的盈利能力。尽管金融危机以来航运市场持续低迷，但集团却始终保持了盈利，抗周期性、抗风险能力逐步增强。2015 年前 11 个月实现利润 50 亿元。

五是国际化经营水平不断提升。组建初期的 2000 年，集团的海外营业收入和海外资产分别为 1.3 亿元和 32.4 亿元；到 2015 年前 11 个月，海外营业收入和海外资产分别为 272 亿元和 1 082 亿元；跨国经营指数也由 2000 年的 4.5% 大幅升至 30%。

六是安全生产保持平稳局面。18 年来，集团在安全生产上总体保持相对平稳。尽管船队规模成倍增长，但水上交通事故却呈下降趋势；截至 2015 年 12 月 8 日，全年上报一般事故共发生 2 起，与过去相比大幅下降；船舶安全面也由组建初期 1999 年的 92% 提升至 2015 年的 99.5%。

同志们，中国海运的快速崛起，在中国航运史乃至世界航运史上留下了浓墨重彩的一笔。18 年来的发展成就，来自一代又一代中海人团结拼搏、共同开拓，来自我们一步一个脚印坚定前行，一步一个台阶奋力攀登。18 年历程，也是我们几代中海人的创业史、成长史、奋斗史，它很厚重，很宏大，很辉煌，历史将永远铭记。在此，我谨代表集团向长期给予关怀和支持的上级领导，向国务院国资委及监事会，向外部董事以及各界朋友表示衷心感谢！向为企业 18 年发展作出巨大贡献的集团老领导李克麟同志、戴金象同志、李绍德同志、马泽华同志以及各届集团领导班子成员，向长期关心和支持集团发展的老领导、离退休老干部、老同志表示衷心感谢！向长期辛勤工作的集团各单位、各部门的各级领导以及广大船岸职工表示衷心感谢！

二、企业改革重组的总体方案

1. 改革重组的重要意义

一是有利于推动国家海运强国、海洋强国战略。21 世纪是海洋的世纪，而海洋运输业是海洋战略制高点，它不是一般意义的服务业，而是国家战略性、国际竞争性极强的服务产业，关系国家安全与国民经济命脉。随着中国经贸大国和政治大国的崛起，实施海运强国、海洋强国战略就成为实现"中国梦"的必然选择。尽管改革开放以来，中国海运业取得长足发展，但集约化、规模化不强的问题仍然突出。因此，迫切需要组建一支综合实力强大的海运企业，这是打造强大的中国海洋运输业、推进国家海运强国、海洋强国战略的重要举措。

二是有利于提升中国船队对国家经济安全战略的引领、保障功能。党的十八大以来，党中央、国务院提出了"一带一路"倡议和中国装备"走出去"、推进国际产能合作等，出台了"促进海运业健康发展若干意见"。中海中远两个集团重组，将通过扩大海运船队规模与全球网络，进一步落实"国货国运"政策与国家安全战略，加强核心运输资源和通道的控制力、保障力；进一步强化国际枢纽港特别是"21 世纪海上丝绸之路"支点的建设；进一步发挥"服务经贸、服务外交、服务军事"等多重功能。

三是有利于应对全球竞争、打造世界一流航运企业。在全球经济一体化的今天，中国航运企业无论在国内还是国外，都在直面国际航运巨头的激烈竞争。目前中海中远两大集团在国际市场上各自分散经营，且同质化现象严重，因此，急需通过重组形成合力，使之不断做大做优做强，不断提高国际竞争力。重组后的集成和协同效应，将使新集团迅速提升全球船队、码头、物流基础设施等核心战略资源的配置能力,全面提升对全球客户的服务能力,切实增强中国在国际航运市场上的议价能力、规则制定能力和国际影响力。

四是有利于实现国有骨干航运企业提质增效升级。在全球经济形势复杂多变的大背景下,国际航运市场发生了深刻的变化,呈现出"产业发展规模化、商业模式联盟化、承载能力大型化"等趋势,国际航运业正在由"高风险、高投入、高回报、强周期"的传统运营模式向"规模化、集约化、长周期、薄利多销"的新运营模式转变;航运市场业绩出现明显分化,除部分规模型企业盈利能力较强外,其他航运企业盈利能力持续削弱。在新形势下,国有骨干企业必须顺应国际航运业发展趋势,必须减少重复投资、减少内耗、降低成本、优化配置,因此通过重组提质增效升级已势在必行。

2. 新集团名称与注册地

改革重组后新集团的中文名称是:中国远洋海运集团有限公司;

英文名称:CHINA COSCO SHIPPING CORPORATION LIMITED;

新集团注册地在上海。

3. 集团总部与上市公司的重组整合

重组整合涉及两个集团的总部层面、控股上市公司以及其他业务板块。集团总部层面、上市公司层面的重组整合正在同步进行。

在集团总部层面,新设一家国有独资公司作为控股集团,将中海集团和中远集团的全部权益划入该集团。中海集团和中远集团在法人名义上阶段性存续,在业务整合完成后注销。新集团是国资委履行出资人职责的有限责任公司。

在上市公司层面,两个集团涉及8家上市公司,重组整合重点包括中国远洋、中海集运、中海发展和中远太平洋4家上市公司。重组整合方案分为两个部分:

第一部分是把中国远洋打造成集装箱事业群上市平台。中国远洋将向中远集团出售现有的干散货业务,租入中海集运船舶等资产,收购中海集运33家配套业务公司的股权;其控股的中远太平洋拟收购中海集团和中海集运的码头资产。通过重组,中国远洋将实现集装箱运输及码头业务的整合。

中海集运将打造成航运金融事业群上市平台。中海集运将出租船舶等资产,同时收购两个集团及中国远洋持有的租赁业务、其他航运金融业务和金融类资产,包括中远财务、中海财务、中海投资、中海租赁、东方国际、中海绿舟、海宁保险、佛罗伦等多家公司。通过重组,中海集运将实现产融结合、业务转型,促进新集团的航运金融产业集群不断发展壮大。

第二部分是把中海发展打造成石油油气运输上市平台。在重组过程中,以干散货运输业务置换中远集团的大连远洋油气运输业务。整合完成后,中海发展将通过打造专业化、规模化的原油、成品油、液化天然气运输船队,有效保障国家能源运输安全,更好地提升全球能源运输市场的竞争能力,进一步提高企业的盈利能力。

除上述4家上市公司外,其他4家上市公司,将根据集团发展战略及资本市场状况择机整合。

从上市公司剥离的干散货资产和其他非上市专业公司的整合,将按照专业化和有进有退的原则逐步推进。

三、新集团的未来发展

1. 新集团未来的发展优势

一是具有整合全球物流服务供应链的资源优势。中海中远经过数十年的发展壮大,现已拥有集装箱、油轮、干散货、特种船、液化天然气等运输船队以及码头、物流、修造船等业务。重组后,新集团的产业链相对完整,资源相对充裕,基础相对雄厚,有望迅速提升全产业链综合服务能力,成为强有力的全球物流解决方案提供者与整合者。

二是具有船队发展集约化、规模化优势。目前两大集团综合运力均居世界前五位,中远集团已多年跻身世界500强。组建后的新集团,航运业主要板块通过专业化重组、集约化经营,其国际竞争力将进一步上升。根据当前统计,新集团的综合运力1250艘、8500万载重吨,位居世界第一;其中集装箱运力158万TEU,位居世界第四;干散货运力4300万载重吨,位居世界第一;油轮运力1735万载重吨,位居世界第一。

三是具有国际化网络优势与国际品牌优势。两个集团是中国改革开放"走出去"战略的排头兵和践行者,均构建了较为完善的全球服务网络。中海集团在50个国家和地区拥有142家公司,中远集团在56个国家和地区拥有195家公司。随着中国经济"全球化"的不断推进,新集团的国际品牌优势将进一步扩大,并将成为中国对外经济交往的新名片。

2. 新集团未来的发展愿景

新集团的发展愿景是:大力提升企业盈利能力,显著增强抗航运周期性能力,进一步提高国际化经营水平,着力强化规模效应及企业综合实力,打造以航运、综合物流及相关金融服务为支柱、多产业集群、全球领先的综合性物流供应链服务集团。

新集团的功能定位是:作为国有资本出资人代表,承载中国经济全球化使命,紧扣"一带一路"倡议、制造装备"走出去"战略,着力打造中国融入全球经济的海洋运输通道和物流通道,成为中国经济走向全球的重要支撑;坚持优化全球战略布局,整合优势资源;积极创建盈利能力强、可持续的商业模式;切实履行中央企业的经济、政治和社会责任,实现国有资本保值增值。

新集团将充分释放重组红利。根据测算,新集团通过重组整合与转型发展,将在集装箱航线网络布局、码头费用、多式联运成本、设备利用效率、人力资源优化等方面大大提升协同效益,增强盈利能力;与重组前比较,提升效益可达数十亿元人民币。2014年,中海中远两个集团员工总数11.8万人,总资产共计5700亿元,总收入共计2530亿元,按收入可排世界500强第280位左右;截至2015年年底,两个集团总资产预计约6100亿元,营业总收入预计大体保持在上一年的水平。另据初步测算,在"十三五"期间,新集团营业收入平均年增长率可达16%。

3. 新集团的业务布局

新集团将通过加强转型升级,形成"6+1"的业务架构与布局。一是航运产业集群:主要包括集装箱运输、码头投资经营、油轮运输、液化天然气运输、干散货运输和客轮运输业务;二是物流产业集群:主要包括工程/大件物流(包括特种船运输)、货运代理、仓储网络、多式联运、船舶代理等业务;三是金融产业集群:主要包括船舶及设备租赁业务、航运保险业务、供应链金融、物流园区投资、股权投资业务和以"一带一路"基础设施投资为主的资产投资业务;四是装备制造产业集群:主要包括船舶制造、海洋工程制造、船舶维修和集装箱制造等业务;五是航运服务集群:主要包括船舶管理、船员管理、船舶备件采购、通导技术管理和燃料、物料供应等业务;六是社会化产业集群:主要包括地产资源开发、酒店管理、医院学校等社会化服务业务;七是基于商业模式创新的"互联网+"相关业务。

在"6+1"业务架构中,集装箱运输(包括码头)、物流和金融为新集团优先发展的业务;油品运输、液化天然气运输、干散货运输、船舶及海洋工程制造为新集团重点发展的业务。

在航运产业集群中,集装箱业务最具国际竞争力,将获得新集团的优先投资发展;通过优化船队结构、优化航线网络布局、增强营销能力、加强联盟合作等举措,力争在"十三五"末成为全球第一梯队的集装箱运输企业。集装箱码头业务有较强的发展潜力和盈利潜力,争取在"十三五"末跻身全球码头运营商第一梯队。油轮运输和LNG运输将努力保持全球领先优势,并保持可持续盈利。干散货运输将通过加强合作与整合,实现平稳发展。

物流产业集群在三大核心主业中发展速度最快、业务延伸能力最强、抗周期性和抗风险能力最佳。未来将进一步加强关键资产投入,重点发展工程物流及大件物流、拓展货代船代、物流地产、多式联运,将新集团的综合物流打造成中国第一、全球领先的综合性第三方物流服务商,成为中国企业走向海外市场优先选择的全球物流合作伙伴。

金融产业集群的业务定位是成为新集团新的盈利增长点,围绕航运、物流核心业务,实现有明显协同性的产融结合。将加强与国内外银行的战略合作,重点发展航运相关租赁业务、航运相关保险业务、供应链金融业务、物流园区投资业务等。其发展目标是,成为中国第一的航运金融及物流金融产业集群,立足中国,逐步在全球范围内建立领先地位。

除三大核心产业集群外,新集团还将布局装备制造、航运服务以及社会化服务产业,从而形成多产业集群协同发展的基本格局。海洋工程及装备制造业将加强精益运营,提升设计能力。航运服务产业将坚持"专业、先进、安全、高效"的发展方向,提高业务运营水平,拓展客户资源。社会化服务产业将实行全面市场化运作,推行混合所有制改革,努力提升盈利能力。

四、关于做好当前工作的几点要求

1. 加强领导,增强干部职工的大局意识

各单位、各部门要确保党的领导、党的建设在改革重组中得到体现和加强,推进党建与重组工作同谋划、同部署、同开展、同落实,实现体制对接、机制对接、制度对接、工作对接;充分发挥各级党组织的政治核心作用,为企业改革重组提供坚强的政治保障。中国海运的广大干部职工,向来有爱国、爱企的光荣传统。在企业重组的关键时刻,广大干部职工要着眼于国家战略全局和企业长远发展的大局,统一思想,提高认识,坚定信念,在思想和行动上与党的十八届三中全会改革精神保持一致,与集团党组的改革要求保持一致,积极拥护此次改革重组,共同努力把中国航运央企做大做强做优,全力投身于这场中国航运历史上史无前例的重大改革中。

2. 抓好当前生产经营,确保安全稳定

尽管两家集团改革重组已开始启动,但我们2015年的全年奋斗目标不能变,我们全力以赴确保"稳增长"的责任要求不能变,因为这是我们走好下一步改革的基础。当前,正处于年末岁初的关键时刻以及新老企业的运营过渡期,各单位、各部门都要围绕全年奋斗目标和"稳增长"目标,站好最后一班岗,确保生产经营等各项工作不断不乱。要继续抓好安全生产。当前正处于寒潮大风、雾霾等极端天气多发季节,也是事故高发期。各单位要清醒认识当前安全生产所面临的复杂形势,继续保持如履薄冰、如临深渊的心态,进一步强化"红线"意识和"底线"思维,按照"党政同责、一岗双责、失职追责"的要求,各司其职,各负其责,落实好安全生产主体责任,加强靠前指挥,深化安全检查与隐患排查,加强安全教育培训,增强从业人员风险意识,全面做好"五防"和季节性防范工作,确保安全稳定。

3. 做好思想引导工作,确保干部职工思想稳定

在重组过程中,各级干部要以集团发布的信息为准,密切关注社会舆情,防止社会媒体负面炒作对职工思想的误导,确保职工队伍思想稳定。这次改革重组,对每个干部都是一次新的考验。各级党员干部,要把职工的思想和注意力,引导到立足岗位作贡献上来。各单位领导班子要勇于担当历史使命,守土有责,管好自己的人,看好自己的门,通过耐心细致的思想工作,确保不出现不稳定

事件。各单位书记是本单位稳定工作的第一责任人,各单位的领导班子成员,都要承担"一岗双责"的任务。全体船岸职工要深刻理解改革,积极支持改革,主动参与改革,正确认识小局和大局、一时和长远、个体和整体的关系,不消极,不气馁,不懈怠,为确保企业重组过程中经营管理不断不乱发挥积极作用。广大干部职工都要积极传递正能量,焕发正能量,为集团创造一个团结向上、生动活泼、稳定和谐的良好氛围,为企业深化改革与持续发展作出新的贡献。

4. 坚持以人为本,切实维护广大职工群众利益

我们这次改革重组并不是针对哪个人或哪些人,也不仅仅是针对公司当前的现状,而是着眼长远,瞄准未来。我们将遵循按需设岗、培养人才、科学考核的原则,公开、公平、公正地为广大员工搭建施展才智的舞台,建立与企业发展相适应的体制和运行机制。当然,此次重组必将会涉及对原有的企业管理体制、运行机制、薪酬和人事制度等多方面的深层次改革,也必然会涉及职工的劳动关系、用工制度、岗位设置、薪酬福利等方面的变化。对此,我们要坚持以人为本,在整合调整中尽可能妥善安排员工,不搞裁员。充分尊重职工的主人翁地位,有效保障职工对企业改革的知情权、参与权、表达权和监督权,确立企业与广大职工共建共享、共同参与、互利共赢的理念,把企业发展和职工权益有机融合起来,促进劳动关系和谐稳定,确保改革重组平稳有序推进。

同志们,改革重组意义重大而深远。我们要以高度的政治责任感,以更加长远的战略眼光和更加开阔的全局视野,积极投身到改革发展事业中来。我们即将站在一个新的起点之上,新的使命等待我们去承担,新的愿景等待我们去奋斗,新的目标等待我们去实现。我们要齐心协力,团结拼搏,奋发有为,拧成一股绳,心往一处想,劲往一处使,为新集团的做大做强做优和可持续发展再创新基业,再谱新篇章!

同志们,2015年即将过去,2016年马上来临。在这辞旧迎新之际,让我们共同祝愿我们的新集团欣欣向荣,蒸蒸日上;衷心祝愿大家工作顺利,阖家欢乐,幸福安康!

谢谢大家!

航运业常见专业名词解释

远洋运输(Off-shore Shipping) 指我国与其他国家(地区)间,经过一个或数个大洋的海上运输。如我国至东、西非洲,红海,地中海,欧洲和南、北美洲,澳大利亚等地区所进行的旅客和货物的运送。

近洋运输(Ocean-going Shipping) 指我国根据船舶航程较短,并以船舶周转的快慢和管理上的具体情况为出发点,与其他国家(地区)间,只经过沿海或太平洋(或印度洋)的部分水域的海上运输。如我国至朝鲜、日本、越南、印度尼西亚等地区所进行的旅客和货物的运送。

沿海运输(Coastwise Shipping) 利用船舶在我国沿海区域各港之间的客货运输,其范围包括自辽宁鸭绿江口起至广西的北仑河口止的大陆沿海运输;我国沿海省、市、自治区所属诸岛屿沿海及其与大陆间的全部水域内的运输。

班轮运输(Carriage of Goods by Liner) 指班轮货物运输。船舶在固定航线按照预先公布的船期表定期停靠若干固定的港口。经营班轮业务的船公司按颁布的运价本(freight tariff)所列的运价费率收取运费。

三角航线(Triangular Route) 又称三角形组合航线,是一种环行的货运航线。当三个及以上港口间的货运规模最低能保证一艘船舶在营运期内有效航行,则可组织该环行的货运航线,以便充分利用船舶运输能力,减少空载,提高运输效率与效益。

多式联运(Intermodality) 由两种及以上的交通工具相互衔接、转运而共同完成的运输过程统称为复合运输,我国习惯上称之为多式联运。《联合国国际货物多式联运公约》对国际多式联运所下的定义是:按照国际多式联运合同,以至少两种不同的运输方式,由多式联运经营人把货物从一国境内接管地点运至另一国境内指定交付地点的货物运输。而中国海商法对于国内多式联运的规定是,必须含有海运这一运输方式。

货物周转量(Turnover Volume of Freight Traffic) 该指标反映运输机构一定时期内货物运输的工作量,系指实际运送的货物吨数与其到、发港间的里程之乘积,即,货运量(吨)×运距(海里)=货运周转量(吨海里);海运企业用吨海里表示其计算单位,其运距1海里=1.852公里。

货物中转(Transhipment) 货物装上船后,不能直接运达目的港,而须在中途港转装,由另一艘船舶接运。中转(转运)在国际海上运输中是经常发生的。有的是由于货载零星、目的港分散,考虑船舶在经济上的合理性而不能一一运达,便安排在中途港口进行中转;也有的因原卸货港或本船发生特殊意外,无法按运输契约将货物运往目的港,承运人可根据提单上的自由转运条款,将货物卸在其他方便的港口,安排转运。

包运租船合同 COA(Contract of Affreightment) 不规定船名或船数,按照同一运价和条款一次签订合同包运较大数量货物的订租方式。合同规定在一定期限内,船舶所有人将一定数量的同类货物,由指定的装运港运往指定的目的地。这种方式适合于货运量大又可分批、分期装运的货物。COA一般签订的合同期较长,船方在租船期间解决了货源问题;还可根据合同量和时间,获得稳定收益。而货方把运价锁定在一定水平上,可规避货物运输成本变动的风险。总之,签订COA可以让船货双方以双赢的态度,共同抵御市场风险。

船舶载重量（Deadweight Tonnage） 船舶所允许装载的重量。有总载重量和净载重量之分。使船舶达到允许最大的吃水所能装载的各种重量的总和，称为船舶总载重量。从总载重量中除去船员及装备重量，以及燃油、淡水、供应品等重量后，所允许装载的货物或旅客，包括其行李和携带品在内的最大重量，称为船舶净载重量，也即能用于装载货物的最大重量，一般称为载货量。

总吨位（Gross Tonnage） 根据船舶吨位丈量规范的有关规定，丈量确定的船舶总容积，以吨位来表示。总吨位一般用于：表示船舶大小；表示一个国家或一家船公司拥有船舶的数量；计算造船费用、船舶保险费用；在有关国际公约和船舶规范中用来区别船舶的等级以衡量对技术管理和设备要求的标准；以及船舶登记、检验和丈量的收费标准等。

净吨位（Net Tonnage） 根据船舶吨位丈量规范的有关规定，从总吨位中减除不适于载运旅客、货物处所而得到的船舶有效容积。净吨位一般用于交付港口费、引航费、灯塔费和停泊费的计算基准。

TEU（Twenty-foot Equivalent Unit） 是以长度为20英尺的集装箱为国际计量单位，也称国际标准箱单位。通常用来表示船舶装载集装箱的能力，也是集装箱和港口吞吐量的重要统计、换算单位。它的尺寸规格为：长20英尺×宽8英尺×高8英尺6英寸。

FEU（Forty-foot Equivalent Unit） 是以长度为40英尺的集装箱为国际计量单位，通常用来表示船舶装载集装箱的能力，也是集装箱和港口吞吐量的重要统计、换算单位。它的尺寸规格为：长40英尺×宽8英尺×高8英尺6英寸。

干散货船型分类。 从船队结构上看，干散货代表船型可分为五大类：

小灵便型（Handysize） 1万～3.9万吨，船舶吃水控制在9～10米之间，主要行使于受特定航区航道水深限制的航线及水域，如劳伦斯水道，我国的长江口、珠江口等。

大灵便型（Handymax） 4万～5.9万吨，这种船型吃水一般在11米左右，符合大部分大中型港口满载进出的需要。

巴拿马型（Panamax） 6万～8万吨，该类型船是指可以通过巴拿马运河、吃水13米的干散货船。主要运输货物：煤炭、谷物等大宗物资。该类型船舶是由大西洋通过巴拿马运河到太平洋的最佳船型，是世界船队中很有代表性的船舶，在煤炭、矿石、粮食、化肥等干散货运输中得到广泛的应用。

好望角型（Capesize） 10万～19万吨，该类型船是指在远洋航行中可以通过好望角或者南美洲海角最恶劣天气的大型干散货船。主要运输货物：铁矿砂、煤炭等工业原料。代表船型吨位逐步由12万载重吨发展到14万载重吨和19万载重吨。

超大型散货船（VLOC） 20万吨以上，英文全称为Very Large Ore Carrier，用于煤炭和铁矿石的远距离运输，煤炭主要为北美、澳大利亚、远东航线运输服务，铁矿石主要为南美、澳大利亚—日本、远东、地中海和欧洲地区运输服务。

油轮船型分类。 通常，按油轮的吨位，可将其划分以下几个类别：

MR中程成品油轮（Medium Range） 从事中程运输的成品油轮，承运载重吨约3万～5.5万吨。

LR远程成品油轮（Large Range） 从事远程运输的成品油轮，其中LR1型为5万～10万吨，LR2型为10万吨以上。

巴拿马型（Panamax） 5.5万～8万吨，船宽尺寸以通过巴拿马运河为上限。

阿芙拉型（Aframax） 8万～12万吨，英文全称为Average Freight Rate Assessment，即平均

运费指数经济适用性最佳船型,也是适合白令海(Baltic Sea)冰区航行油船的最佳船型。

苏伊士型(Suezmax) 12万~20万吨,该型船的上限为:在满载中东原油情况下,可经由苏伊士运河运至欧洲,其常规的船型是15万~16万载重吨。

超大型油轮(VLCC) 20万~32万吨,英文全称为Very Large Crude Carrier,主要用于远距离的原油运输。

超巨型油轮(ULCC) 32万吨以上,按照载重吨衡量,人类曾经建造过的最大船舶是1979年日本建造的"海上巨人"号,其载重吨是56万吨。

集装箱船船型分类。集装箱船型分类以装载集装箱的箱量为划分准则:

支线集箱船(Feeder) 所载箱量在500 TEU以内的支线集装箱船。

大支线集箱船(Feedmax) 所载箱量为500~1 000 TEU的大支线集装箱船。

灵便型集装箱船(Handy) 所载箱量为1 000~2 000 TEU的灵便型集装箱船。

次巴拿马型集装箱船(Sub-Panamax) 所载箱量为2 000~3 000 TEU的中型集装箱船。

巴拿马型集装箱船(Panamax) 所载箱量为3 000~5 000 TEU的大型集装箱船。

超巴拿马型集装箱船(Post-Panamax) 所载箱量超过5 000 TEU的超大型集装箱船,最大型集装箱船已经突破10 000 TEU。

超大型集装箱船 超过10 000 TEU的巨型集装箱船。截至2019年年底,世界最大集装箱船载箱量达21 000 TEU;该型船的船长约为400米,船宽约为58.8米。

BDI(Baltic Dry Index) 波罗的海干散货运价指数。该指数是由若干条传统干散货船航线的运价,按照各自在航运市场上的重要程度和所占比重构成的综合性指数。自2018年3月1日,BDI航线权重调整为:海岬型占40%,巴拿马型和超灵便型各占30%。灵便型期租平均值不再涵盖在内。计算公式中系数变更为0.1。

BCI(Baltic Capesize Index) 波罗的海好望角型船运价指数。该指数反映10万DWT以上的好望角型散货船市场租金变化情况。2014年5月6日其标准船型和典型航线进行了调整。

BPI(Baltic Panamax Index) 波罗的海巴拿马型船运价指数。该指数反映6万~8万DWT巴拿马型散货船的市场租金变化情况。

BSI(Baltic Supramax Index) 波罗的海大灵便型船运价指数。该指数反映5.83万DWT级大灵便型船的市场租金变化情况。主要运输货物:粮食、磷肥、碳酸钾、木屑、水泥。

BHSI(Baltic Handysize Index) 波罗的海小灵便型船运价指数。该指数反映2.8万DWT级小灵便型船的市场租金变化情况。主要运输货物:粮食、钢材、磷肥、碳酸钾、木屑、水泥。

CCFI(China Containerized Freight Index) 中国出口集装箱运价指数,由交通运输部主持、上海航运交易所编制发布的CCFI于1998年4月13日首次发布。CCFI编制与发布方式:第一,以1998年1月1日为基期,基期指数1 000点。第二,根据典型性、地区分布性、相关性三大基本原则,筛选出14条航线作为样本航线,分别为中国香港地区、韩国、日本、东南亚、澳新、地中海、欧洲、东西非、美西、美东、南非、南美、波红、中国台湾地区航线,其境内出发港口包括大连、天津、青岛、上海、南京、宁波、厦门、福州、深圳、广州十大港口。第三,有包括中远集运在内的18家商誉卓著、航线市场份额大的中外船公司,按照自愿原则,组成运价指数编制委员会,提供运价信息。

SCFI(Shanghai Containerized Freight Index) 上海出口集装箱运价指数,上海航运交易所改革并推出的新版SCFI,于2009年10月16日正式对外发布,取代2005年12月7日起发布的SCFI。新版SCFI是反映上海出口集装箱即期运输市场运价变化的指数,包括15条分航线市场运价(指数)和综合指数。航线覆盖上海出口集装箱运输的主要贸易流向及出口地区,分别为欧洲、地中海、美西、美东、波斯湾、澳新、西非、南非、南美、日本关西、日本关东、东南亚、韩国,以及中国台湾和香港地区航线。

国际油轮运价指数(WS,Worldscale) 即新世界油轮名义运费指数。WS运费指数其实是一个百分数,指某种类型的油轮在某条航线的运费水平与基准费率的比值(用百分数表示)。例如,如果某日 VLCC 在海湾东行航线的运费指数是 WS110 点,表明其运费与基准费率的比值为 1.1,用百分数表示就是 110 点;如果运费指数是 WS70 点,表明其运费与基准费率的比值为 0.7,用百分数表示就是 70 点。而某航线的基准费率是由"Worldscale 协会"根据上一年度(前一年的 10 月 1 日至当年 9 月 30 日)的港口费、燃油费和运河费等营运费用水平,计算出一艘航速为 14.5 节、载货量为 7.5 万吨的油轮,在该航线上完成一个标准航次(指满载到港、空载返回)的基准费率即 WS100(或日租金 1.2 万美元)的费率,以美元/吨为单位。因此每年该航线的基准费率都不一样,每年 1 月 1 日由分别位于伦敦和纽约的"Worldscale 协会"向其收费会员公布新年度 6 万多种不同油运航线涉及 1000 多个港口的《新世界油轮(基本)费率表》以用作油轮租船中船货双方商谈运价的基础。历史上,该费率表的计算标准几经修改,最新一次修改自 1989 年 1 月 1 日生效之日起一直沿用至今。

远期运费协议 FFA(Forward Freight Agreement) 买卖双方达成的一种远期运费协议,协议规定了具体的航线、价格、数量等,且双方约定在未来某一时点,某一方收取或支付依据波罗的海的官方运费指数价格与现在成交价格的差额。由于国际干散货市场运价波动频繁且波幅巨大,传统经营模式很难获得稳健发展。而科学合理地运用 FFA 这一金融衍生工具,通过对冲功能和套期保值功能,则可平抑市场波动,实现稳健发展。

港口吞吐量(Port Throughput) 是指一段时期内经水运输出、输入港区并经过装卸作业的货物总量,计量单位为"吨"或集装箱"标准箱(TEU)",一个标准 20 英尺集装箱为一个标准箱。港口吞吐量是衡量港口规模大小的最重要的指标。反映在一定的技术装备和劳动组织条件下,一定时间内港口为船舶装卸货物的数量。影响港口吞吐量的因素十分复杂:综合起来看,大体可以分为两种类型,一种是客观的区域因素,如腹地的大小,生产发展水平的高低,外向型经济发展状况和进出口商品的数量等;另一种是港口本身的建港条件,包括自然条件和社会经济因素。在上述条件一定的情况下,劳动组织与管理水平、装卸机械数量和技术水平、船型、车型、水文气象条件、工农业生产的季节性、车船到港的均衡性,以及经由港口装卸的货物品种与数量,均可能成为影响港口吞吐能力的重要因素。但最直接最关键的要素是泊位能力的大小。

港口吞吐能力(Port Throughput Capacity) 亦称"港口通过能力"。广义上是指在一定时期内和一定的工作条件下,港口所具有的办理旅客到发,货物装卸以及为船舶提供技术服务能力的总和。狭义上是指港口在一定时期内,以现有设备能为船舶装卸货物的最大数量,即最大吞吐量。以一年多少吨表示。

港口使费(Port Charges) 船舶在港口发生的各种费用和其他支出款项的总称,大致分为三类,一是有关船舶的费用,如船舶吨税、船舶港务费、引航费、灯塔费、拖轮费、船舶报关费、船舶检验费、船舶代理费等;二是有关货物的费用,如装卸费、堆存保管费、货物检验费、货物监装费、理货费等;三是其他支出款项,如在港口发生的船舶修理费、垫舱物料费、船员借支等。

LPG(Liquefied Petroleum Gas) 液化石油气,是由炼厂气体或天然气(包括油田伴生气)加压、降温、液化得到的一种无色、挥发性气体。该气体主要含丙烷、丁烷、丙烯、丁烯和异丁烷等成分。

LNG(Liquefied Natural Gas) 液化天然气,是通过井下开采的天然气经过净化后,被制冷到其沸点温度-165℃,这种呈液体状态纯净天然气即为 LNG。该气体主要含甲烷,或少量的乙烷、丙烷、丁烷以及氮类的其他杂质。

船舶租赁(Chartering) 租船人为了获得运输工具来运输货物或承担运输任务,以支付运费或租金的方式,从所有人那里将船舶的整船或部分舱位租入的一项业务。船舶租赁方式主要有三种:航次租船、定期租船、光船租赁。

航次租船(Voyage Charter) 又称程租船,其租金计算以航次为单位。由船舶所有人按双方事先议定的费率与条件,将船舶全部或一部分租与租船人,该船按租船人意愿自某一港口或者若干港口装运整船货物或部分货物至指定的目的港,或某一地区的若干港口。

定期租船(Time Charter) 简称期租船,其租金计算以时间为单位。船舶所有人根据双方签订的租船合同将船舶在一段较长的期限内(数月到几年不等)租与租船人调度和使用。由租船人根据船舶每一夏季载重吨为计算单位在一定时间内(按月或按天)向船舶所有人支付租金,租金预付。租金一经议定,在租赁期内,不论租船市场租金涨落情况如何,都不得变更。

光船租赁(Bareboat or Demise Charter) 又称过户租赁或船壳租赁。船舶由船舶所有人按夏季载重吨每例月或 30 天向租船人收取租金,将"光船"在规定的期限内交与租船人自由使用。光船租赁的船舶由租船人聘用船长、轮机长和船员。光船租赁实际也是定期租船的一种,与一般定期租船的相同之处是两者均按时间计算租金,不同之处是光船租赁的船舶占有权在租船期内由船舶所有人转移至租船人手中。

部分企业、单位全称和简称对照表

全　　称	简　　称
集团内	
中国海运(集团)总公司	中国海运、中海集团、中海
上海海运局	上海海运
上海海运(集团)公司	上海海运
广州海运局	广州海运
广州海运(集团)有限公司	广州海运
大连海运局	大连海运
大连海运(集团)公司	大连海运
上海海兴轮船有限公司	海兴公司
上海海兴轮船股份有限公司	海兴公司
中海集装箱运输有限公司	中海集运
中海集装箱运输股份有限公司	中海集运
中海发展股份有限公司	中海发展
中海发展股份有限公司油轮公司	中海油运
中海发展股份有限公司货轮公司	中海货运
中海散货运输有限公司	中海散运
中海集团客运有限公司	中海客运
中海(海南)海盛船务股份有限公司	中海海盛
中海集团液化天然气投资有限公司	中海LNG
中国海运(香港)控股有限公司	香港控股
中国海运(东南亚)控股有限公司	东南亚控股
中国海运(欧洲)控股有限公司	欧洲控股
中国海运(北美)控股有限公司	北美控股
中国海运(西亚)控股有限公司	西亚控股
中国海运(非洲)控股有限公司	非洲控股
中国海运(南美)控股有限公司	南美控股
中海汽车船运输有限公司	中海汽车船
中海川崎汽车船运输有限公司	中海川崎
上海浦海航运有限公司	浦海航运

(续表)

全 称	简 称
深圳五洲航运有限公司	五洲航运
神华中海航运有限公司	神华中海
珠海新世纪航运有限公司	新世纪航运
上海时代航运有限公司	时代航运
上海友好航运有限公司	友好航运
上海银桦航运有限公司	银桦航运
香港海宝航运有限公司	海宝航运
广州发展航运有限公司	广发航运
天津中海华润航运有限公司	中海华润
广州京海航运有限公司	京海航运
上海嘉禾航运有限公司	嘉禾航运
上海金海船务贸易有限公司	金海船务
上海北海船务股份有限公司	北海船务
上海仁川国际渡轮有限公司	仁川国际
上海船舶运输科学研究所	上海船研所
中海船研科技股份有限公司	中海船研
上海交技发展股份有限公司	交技发展
中海网络科技股份有限公司	中海科技
中海物流有限公司	中海物流
中海集团物流有限公司	中海物流
中海船务代理有限公司	中海船务
中海环球空运有限公司	中海空运
中海工业有限公司	中海工业
中海工业有限公司立新船厂	立新船厂
中海长兴国际船务工程有限公司	长兴船厂、长兴修船基地
中海工业（上海长兴）有限公司	长兴船厂、长兴修船基地
中海工业（江苏）有限公司	中海江苏造船基地
英辉南方造船（广州番禺）有限公司	番禺船厂、英辉南方
中海电信有限公司	中海电信
中海供贸有限公司	中海供贸
中石化中海船舶燃料供应有限公司	中石化中海燃供
上海中燃船舶燃料有限公司	上海中燃

(续表)

全　　称	简　　称
中海码头发展有限公司	中海码头
中海国际船舶管理有限公司	中海国际
中海国际海事技术服务中心	海技中心
中海海员对外技术服务有限公司	中海海员
中海集团国际贸易有限公司	中海国贸
中海集团投资有限公司	中海投资
中海信息系统有限公司	中海信息
中海集团财务有限公司	中海财务
中海集团租赁有限公司	中海租赁
中海资产经营管理有限公司	中海资产
中国海运(集团)总公司党校	中海党校
集团外	
中国远洋运输(集团)总公司	中远集团
上海航运交易所	上海航交所
中华人民共和国上海海事局	上海海事局
上海市锦江航运有限公司	锦江航运
华海石油运销有限公司	华海公司
首都钢铁集团总公司	首钢集团
中国华能集团公司	华能集团
宝钢集团股份有限公司	宝钢集团
武汉钢铁集团公司	武钢集团
神华集团有限责任公司	神华集团
华能国际电力股份有限公司	华能国际
上海电力股份有限公司	上海电力
申能(集团)有限公司	申能集团
申能股份有限公司	申能股份
上海国际港务(集团)股份有限公司	上港集团
中国船舶工业集团公司	中船集团
沪东中华造船(集团)有限公司	沪东中华船厂
江南造船(集团)有限公司	江南造船
番禺广州中船集团龙穴造船有限公司	广州龙穴造船
大连新船重工有限责任公司	大连新船重工

(续表)

全　　称	简　　称
大连船舶重工集团有限公司	大连船舶重工
广州广船国际股份有限公司	广船国际
中国海洋石油总公司	中海油
中国石油化工集团公司	中石化
中国石油天然气股份有限公司	中石油
中国石油天然气集团公司	中石油
中国石化上海石油化工股份有限公司	上海石化
台湾长荣海运集团	长荣海运
韩进海运(中国)有限公司	韩进海运
商船三井(中国)有限公司	商船三井
马士基航运公司	马士基公司
达飞轮船(中国)有限公司	达飞轮船

部分专业术语英文与中文释义对照表

英文字母	中文释义
EEDI	船舶消耗的能量换算成 CO_2 排量和船舶有效能量换算成 CO_2 排量的比例指数
CCS	中国船级社
EEDI	船舶能效设计指数
LPG	液化石油气
US2000 客渡轮	(城市化)客渡轮
TRF	特瑞菲克国际物流
KSB	KSB集团
BROKER	经纪人、中间人
IATA	国际航空运输协会
FIATA	国际货运代理协会联合会
CASS	国际航空运输协会结算中心
VISWA LAB	国际检测公司
SPT	最短路径树(发信机类型)
200 cst、500 cst	两种规格的二甲基硅油,200 cst 表示温度 20 度时黏度为 200 mm/s,500 同理
ISPS 规则	《国际保安规则》
INMARSAT	国际海事卫星组织
GPS	卫星全球定位系统
IT	信息技术
ICT	信息和通信技术新技术应用
AIS	船舶动态查询系统
ROE	净资产收益率
IMIS	中海集运综合业务管理信息系统
DES	交货贸易术语:卖方必须承担货物运至指定的目的港卸货前的一切风险和费用
FOB	贸易术语:离岸价
GMDSS	全球海上遇险与安全通信系统
LRIT	船舶远程识别和跟踪系统

〔续表〕

英 文 字 母	中 文 释 义
G6联盟	由大联盟和新世界联盟的6家船公司船员,包括总统轮船(美国HPL)、现代商船(韩国HMM)、商船三井(日本MOL)、赫伯罗特(德国HPL)、日本邮船(日本NYK)和东方海外(中国香港OOCL)合并成的新的海运联盟
CKYH	由全球集装箱五大巨头——中远集运、川崎汽船、阳明海运、韩进海运和长荣海运联合组成的海运联盟
POOL	船舶联营体,将同类型船舶放在一起合作经营,利益和风险共担
ISM规则	国际海事组织第十八届大会通过的《国际船舶安全营运和防止污染管理规划》的简称,亦称"国际安全管理规则"
SOLAS公约	《国际海上人命安全公约》是各缔约国政府共同制定的统一原则和有关规定,旨在增进海上人命安全
MAPPOL	《国际防止船舶造成污染公约》是为了保护海洋环境,由国际海事组织制定的有关防止和限制船舶排放油类和其他有害物质污染海洋方面的安全规定的国际公约

索　引

说明：

一、本索引采用主题词分析索引法，按主题词首字的汉语拼音字母顺序排列（同音字按声调）；首字相同，按第二字音序排列。以此类推。

二、索引主题词后面的数字表示词条所在页码。

三、表格索引按在正文出现顺序排列并置于本索引末尾。

主题词索引

"1+6"产业结构　10,11,58,84,90,118,131,770

"119消防宣传日"活动　423,436

"CSCC上海"　267

"CSCC天津"　267

A

阿芙拉型油轮　29,235,242,243,257,307,380

"安国山"类型船　211

"安平"类型船　209

安全法律法规　410,413

安全管理　18,97,105,116,137,203,247,291,386,387,408—423,425—427,432,433,436—440,445,464,476,487,488,523,542,630,652,656,663,677,678,682,706,762,787

安全管理体系　104,107,115,137,288,387,409—414,416,417,422,432,433,436,438,472,652

安全管理组织　408,409

安全航行　191,296,345,365,369,385,409,416,419,423—425,439,516,603,650,707,712,715

安全设施设备　424,441

安全会议制度　415,416

安全基础管理　416,417

安全宣传教育　432,601

安全检查　34,329,387,408,409,411,416,417,433—435,437,496,762,775

B

"巴布亚"轮　50,261

巴拿马型集装箱船　171,172

巴拿马型散货船　56,212,213,380,779

巴拿马型油轮　240,253

"百灵"类型船　274

百日安全活动　409,435,436

百杂货运输　225,226

帮困工作　641,642

"宝安岭"类型船　211

保煤运输　95,219—222,703

保税油供应　141,360

"北海希望"　104,243

备件、物料成本控制　406

标杆管理　8,444—446

渤海湾客运航班　281

C

财务管理体制　451,636

财务制度建设　451

餐饮服务　285,286,288

仓储　5,20,22,27,39,51,91,92,101,121—123,130,140—142,144—146,155,159,178,183,264,296,312,320—324,327—329,332—339,343,344,348,349,353—356,358,359,397,437,636,716,723,768,774

"长辉"类型船　207

长江支线运输　171,180

长荣海运集团　785

长兴船厂　31,33,119,299—303,305,306,352,445,630,652,657,783

长兴修船基地　40,57,84,119,297,299—302,307,412,783

索 引

"长征"类型船　272,273
超巴拿马型集装箱船　25,172—174,189
超大型矿砂船　36,37,45,47,83,113,162,195,196,201,206,214,215,229,230,301,352
超级油轮　19,29,32,44,56,80,141,236,237,241,243,244,255,301,352,550
车辆　42,99,110,158,266,272,276,277,287,288,290—292,326,327,330,332,333,338,341,349,353,356,357,395,423,494,495,630,693
船舶代理　84,91,118,125—127,143,150,152—154,156,296,345,347,348,381,391,393,405,620,671,774,780
船舶调度　134,250,374,385,386,746,754
船舶调度管理　385—387
船舶改装　304
船舶供应　84,90,141,296,345,353,356,358,359,363,406,766
船舶买卖和租赁　379
船舶贸易　124,125,345,379—382
船舶文化建设　597,659,676,678,679
船舶修理　99,118,144,145,148,296—299,303,359,401,402,405,413,429,445,464,481,497,620,761,780
船舶医疗　563
船舶运营成本管理　397
船厂　19,26,30,35,36,43,118—120,140,143,146,165—168,171—175,177,206—211,213—216,225,230,238—241,243,244,259,261,262,265,267,273—275,297—306,308,309,352,360,362,363,373,380—382,396,401,402,423,429,445,457,460,485,489,497,537,638,639,646,648,651,710,713,716—719,721,723,736,738,739,750,783,784
船队管理　413,481,488,547,548,738
船货代业务一体化　350
船坞　17,36,51,118,143,297—300,303,306,307,445,497,651,652,706,731
船用导航设备　370
船用通信设备　148,368
船员调配　137,535—538,541,545,548,620
船员队伍结构　542,545,770
船员管理　3,5,18,20,33,49,69,84,90,91,135—139,143,149,152,201,243,391,438,445,471,474,475,498,499,513,532,534—537,541,542,544—548,550,564,565,597,601,688,714,763,768,770,774
船员管理模式　5,448,541—543,546,548
船员伙食　39,558,559
船员来源　512
船员劳务输出　532,543,549—552,766
船员培训　38,48,148,260,352,413,428,499—501,504—508,510,511,513—517,529,542,543,548
船员招募　139,511,526,532—534,545,546
创先争优活动　599,608,609,658,659
磁悬浮　23,27,267,268
次巴拿马型集装箱船　171

D

"大船员体制"　137,138,526,546—548,565
大件设备运输　206,258,267
大客户合作　11,12,87,95,227,231
大连仓储　329
大连海运(集团)公司　3,18,54,55,61,99,143,148,372,504,729,782
"大庆42"类型船　239
"大庆53"轮　239
"大庆73"类型船　239
"大庆88"轮　242
"大庆91"类型船　240
"大物流"　10,11,58,84,320,338,340
大型船舶　34,39,48,82,155,162,167,171,177,178,192,206,213,297—299,301,303,351,352,392,399,430,487,501,510,511,526,529,530,536—538,543,553,556,557,627,670,677,698
淡水供应　357,358
党风建设　614—620,771
党群工作　147,585,590,597
党员教育　598
第三国航线　185,194
电子及电器产品物流　334
电子商务物流　343
调度管理　375,385
"鼎湖山"类型船　209
"定河"类型船　241
东方高速　42,109,110,265—267
东南亚航线　187,188

东亚、东南亚和大洋洲航线　　185
读书活动　　676,677,713
对标活动　　444—446,449
对口扶贫　　693
多式联运　　176,320,322—324,326,329,339,340,343,350,389,774,775,777
多用途船　　205,206,215,265,381
多元化发展　　55,84,118,129,280,378,446,577,582,758,768

E

二级公司董事会　　68—70,467

F

法务管理　　460—463
"繁新"类型船　　273
防船舶碰撞　　438,439
防海盗工作　　424,431,432,656,660
防海盗袭扰　　424
防火防爆　　413,419—421,423,426,486
防台防汛　　49,422,423
防污染　　171,302,410,411,416,417,421,422,425,428,433,437,489,597,656
防泄漏专项整治　　438,439
非洲航线　　184,193
"风华"类型船　　214
风险管理　　8—10,39,58,66—68,75,127,322,323,327,338,409,455,460,461,463—469,618,768
浮船坞　　33,34,40,57,297—303,306,654

G

改装　　165,170,176,235,240,251,270,297,300,302,304,305,329,352,373,400,426—429,729
干部培训　　20,30,450,478,499,504,506,517—519,521,522,583,598,600,621,625,627,628,631,634,659,669,692
干部人才队伍建设　　577,771
钢铁运输　　223,232
港口费　　176,397,405,406,454,778,780
港口货运代理　　347
港口使费控制　　404
高等院校　　34,480,506,531,561,582
工资　　36,197,414,462,475,511,533,535,536,540,543,549,555—558,564—567,569,570,573—576,605,644,646,753,763

供油供水船舶、泊位　　356
共青团组织建设　　653
管道原油运输　　246
管理机构　　128,144,197,388,409,545
管人、管船、管事相统一　　541,543
广州发展航运有限公司　　114,203—205,783
广州海岸电台　　133,367—369,371—373,425
广州海运(集团)公司　　61,100,146,504,708—711
广州海运(集团)有限公司　　3,54,55,146,708,710,711,723,782
广州海运技工学校　　503
广州新海医院　　560,561,628,722—725
规章制度汇编　　416
滚装船　　21,39,205,206,268,270,271,276,278,288,290,291,301,552,555
《国际船舶安全营运和防止污染管理规则》　　410
国际海铁联运　　124,342
国际化经营　　6,12,49,54,58,85,86,150,154,156,318,387,388,580,662,665,766—768,770,772,774
国际化人才　　6,86,521,522,580,581,627,660,768
国际客运　　18,47,270,285
"国矿国运"　　214,229
国内船舶修理　　301
国内海铁联运　　340
国内码头经营　　315
"国投109"类型船　　212
"国油国运"　　235,237,252,255,738

H

"海华"轮　　106,285
"海嫂文化"　　679,681,745
海上安全监督　　561
海上搜救　　34,40,41,49,695,696,743
《海上旅游》画报　　687
海事法院　　147
海铁联运　　35,88,92,123,124,176,178,223,320,322,326,339—343,391,650,768
海外物流　　322,338,340,767
"海王星"类型船　　210
海峡两岸海上直航　　181
海洋环境保护　　421,422,440,767
海洋原油运输　　245,247—249,389
《海员之声》　　688

索 引

《海运报》　18,33,39,438,463,548,572,602,603,
　　613,617,628,634,645,654,662,668,685,688
韩国航线　187,305
航空货运代理　348,349
航线开辟　165,178,320
航运保险　774
航运管理信息系统　201,486
航运交易　376,714,779,784
航运金融　10,11,58,127,376,378,381,382,468,
　　697,767,773,775
航运经纪　198,382,658
航运科技　688
航运科技创新成果　484
航运融资　376,382
航运市场　4,5,7—9,11,54,58,61,62,66,68,80,
　　84,86—88,93,95,96,101,121,125,139,152—154,
　　164,165,168,172—174,179,184,185,191,195,197,
　　198,200,202,205,220,253,258,292,302,308,313,
　　314,343,358,378,381,384,387—389,391,393,394,
　　403,404,480,486,535,541,547,549,551,577,593,
　　602,612,655,697,698,708,709,711,713,714,740,
　　749,759,769,770,772,773,779
航运文化　49,663,685
航运物流　43,49,92,118,164,183,330,376,
　　444,767
航运信息　109,132,152,181,474,479,482,686,697
好望角型散货船　213,779
合作培训　507
后备干部　506,517,518,578,579,582—584,594,
　　610,625—627
华南沿海客运航班　280
"华蓉山"类型船　210
"华"字头散货船　208
化工原料和产品物流　336
"化运"类型船　263
环境保护规章制度　422
伙食　36,535,555,558,559,645,648
"货改集"　165,209
货源开发　154,200,396
货运代理　18,24,118,122,143,144,146,152,154—
　　156,296,320,321,328—330,345,348,391,468,494,
　　621,774,786

J

机关管理体制　544
集团董事会　66—70,771
集团监事会　71
集装箱运输　3—5,8,17—19,22,28,29,31,34—36,
　　40,54—57,76,77,80,81,86—88,91,92,106—109,
　　120—122,134,143,152,154,156,157,159,162,
　　164—166,170—172,174—179,182,183,185—187,
　　189,192,208,216,226,234,265,285,296,297,304,
　　305,312,313,316,320,321,326—329,337,340—
　　342,345,379,388,391,393,395,403,410,445,464,
　　471,492,502,542,630,670,710,729,732,741,754,
　　755,760,763,766,768,769,773—775,780,782
集装箱制造　32,35,51,91,129,297,310,311,378,
　　445,479,582,732,774
技术比武　574,640,650
技术结构　478,528,529
"嘉诚山"类型船　211
"嘉禾航运2"类型船　211
建材物流　337
建材运输　225
"建设"类型船　238
江海联运　333,335,336,340,342,484
奖惩制度　571
奖金　36,197,328,401,535,542,555—557,568,
　　572,574,705
教育培训　65,136,144,409,418,420,437,445,475,
　　478,498,499,502—507,510,512—519,521,529,
　　530,533,581,600,618,625,656,669,692,697,
　　771,775
"金海澜"类型船　264
"金海洋"类型船　263
"金牛座"类型船　241
金融运作　345,376
金属矿石运输　199,224,228—230
津贴　39,401,506,555,556,558,559,574,711
进口铁矿石运输　206,214,215,225,227—230
进口原油二程中转运输　249,250
进口原油一程运输　243,255,739
精品航线　17,20,23,26,42,166,176—179,183,
　　188,253,275,284,289,598,650,670,767
精神文明建设　18,20,21,23,27,33,35,45,78,97,

149,288,543,591,640,662,663,672—675,677,682,753,754,764,765,771
境外码头经营　316
"九龙峰"类型船　212
救生　99,141,275,280,417,427,428,433,437,494,694,695

K

抗震救灾　38,599,693,694
考证培训　501,510
科技创新体系　478,479
科研设备　481
客舱服务　287
客货滚装船　99,162,271,275,276
客运航班　277,278,281,289,540

L

劳动竞赛活动　35,648,649
劳模工作室　651,652
老旧运输船舶管理　207,270,283,413,414
沥青运输　21,101,258,264,265
连新线　284
连烟线　283,284
粮食运输　188,209,222,223,231,388
疗休养　564,565,639,643,645,647
"林海""森海"类型船　207
"林园""桃园"类型船　171
灵便型集装箱船　170,779
灵便型散货船　111,206,208,211,212,227,380
灵便型油轮　238,240,400
领军人才　582
"柳河"类型船　241
"六个统一"　4,5,55,455,547,551
陆岸保障　297
绿色航海　489,662
《绿舟》杂志　687

M

马士基航运公司　7,785
码头产业　26,92,120—122,312—314,316—318,767
煤炭运输　29,35,37,81,87,95,110—112,162,199,201,206—211,213,214,216—221,227,231,235,239,305,439,662,690,733,737
美洲航线　173,188

"门到门"　320
民主党派　586,610,623—631
木材运输　207,225

N

"南极洲"类型船　209
"南十字星"轮　261,262
内贸成品油运输　245,248,251
内贸集装箱运输　20,80,171,175,176,178,315,320,393
内贸精品航线　33,166,176—179,322,339,670
内贸运输　35,80,165,175,176,178,179,224,248,251,393,425,670,671,722,723
内支线运输　108,109,165,179—181
"宁安"类型船　210
女船员　538—540

O

欧洲航线　43,152,154,155,173,185,190—192,268,394,458
欧洲和地中海航线　27,190

P

培训方式和成果　507
培训机构　501—506,516,521,531,549,669
培训体系　478,498,505,506,508,513,521—523,529
"平安世博安全生产双百日"活动　439
"平池"类型船　240
"浦海211"类型船　171
普通杂货船　215,265

Q

"麒麟座"类型船　242
企业安全管理机构　408
企业安全管理制度　414
企业报　619,634,685,686
企业航运文化　685
企业刊物　687
企业文化建设　24,38,39,44,45,638,639,662—664,667,668,670,676,680,681,684,704,712,771
文化媒体　685
汽车滚装船　31,109,265—267,283
汽车滚装运输　109,265,266
"千池"类型船　240
"青峰岭"类型散货船　212

"全国安全生产月" 438

R

燃料 23,62,82,86,95,112,114,141,143,151,197,218,247,257,258,273,353—360,397,398,400,445,473,474,489,620,694,698,712,720,721,731,761,774,783

燃油成本控制 395,397—399

燃油供应 28,86,357—360,399,696

"人船分离"管理 541

日本航线 187,449

"日观峰"类型船 213

"荣池"类型船 240

"瑞金潭"类型船 241

"瑞新"号双体客货轮 274

S

"三支队伍"建设 579

散货船 4,8,9,20,21,25,26,30,35,38—41,43,48,49,56,77,81,84,87,93,95—97,100,101,111,113,146,147,151,162,165,170,195,196,198—201,203,205—215,218,220,221,228,229,231,233,264,265,298,304—308,378,380,381,396,421,482,485,486,488,490,491,552,681,696,699,710,719,733—735,757,770,778,779

散杂货运输 95,195,206,216,226,231,258,322,339

上海北海船务有限公司 104,145

上海仓储 327

上海船舶污水处理厂 418,429,430,436

上海船舶运输科学研究所 43,131,132,429,478,626,628,783

上海国际航运中心 174,358,376,484

上海国际航运中心建设 32,43,63,107,298,299,376,502,658,662,687,697,707

上海海事大学 34,37,47,308,482,533,629,672,687,707,711

上海海事职业技术学院 30,498—500,502,503,505—507,511,512,515,533,539,682,709

上海海兴轮船股份有限公司 5,17,55,93,143,171,327,711,754,782

上海海员医院 559,721,770

上海海运（集团）公司 3,54,55,61,127,143,145,504,588,711,782

上海海运局 24,206—210,215,231,238,239,248,251,265,272—275,278—280,285,297,353,356—358,361—363,365,368,370,371,397,408,427,440,498,519,668,676,677,684,685,687,688,703—706,708—713,715,782

上海嘉禾航运有限公司 43,116,203—205,211,783

上海芦潮港 274,275,280,341

上海浦海航运有限公司 29,106,108,782

上海时代航运有限公司 110,111,202—205,388,783

上海银桦航运有限公司 95,112,203—205,783

上海友好航运有限公司 112,202—205,388,783

上海—舟山直达快航 280

社会责任 43,49,51,60,79,92,95,219—221,313,409,488,489,511,591,654,657,661,662,674,675,678,689,690,693,733,771,774

申连线 276,278,286

申青线 278,279

申温线 274,279,280

申甬线 279,287

深圳三鼎油运贸易有限公司 98

深圳五洲航运有限公司 108,782,783

神华中海航运有限公司 111,203—205,783

"胜利"类型船 238

"时代1""时代3"类型船 213

"时代20""时代21"类型船 213

食品饮料物流 335

食品饮料 99,335,336

事故 20,27,44,104,105,219,241,248,273,301,303,352,368,385—387,392,408—412,414,415,417—419,422—427,433—436,438—443,462,474,487,496,556,563,564,570,572,573,586,599,652,656,663,697,706,735,755,761,772,775

事故案例 419,437,441,516

事故防范和处理 439

水上交通安全 411,437

水上运输安全管理年 409,437,438

水运安全 408,413

苏州仓储 326,328

T

"太平洋力量" 19,235,243

"太平洋先驱"轮 243,550

特种货物运输　258,296
通导业务　372—374
通用型油轮　238
统战工作　586,591,623—630

W

外籍船员　550,696
外轮修理　118,119,297,298,303—305
外贸成品油运输　253,257
外贸粮食运输　231
外贸钢铁运输　232
外贸煤炭运输　231
外贸石油运输　80,234,236,239—243,252—255
外派船员　22,139,462,510,549—552,554,644,677,680
"湾"字类型船　242
"万年红"类型船　273
"威虎岭"类型船　210
维护职工权益　636,639
维修　99,133,136,211,213,220,296,297,300,301,303,330,371—373,401—403,417,494,542,543,549,554,641,645,648,706,712,721,761,762,774
卫星通信　133,208,240,276,327,365,369,370,372,373
文化技术　636
文化结构　530,533
文明客船　288,290
文明客运航线　278
问责制　414,638
"五定"班列　340,341
物料供应　65,141,327,353,356,361—363,381,406,764,774
物流信息系统　329—331,471,494,495

X

现场管理　329,581,638
香港海宝航运有限公司　48,113,203—206,214,230,783
箱管成本控制　403
"向"字头集装箱船　170
消防　18,22,141,241,275,280,354,409,413,417—421,426,427,429,431—433,436,437,494,497,500,501,508,516,651,652,657,682
"小扁担"精神　48

"新福州"类型船　173
"新和"类型船　215
"新华"类型船　215
"新金洋"轮　29,56,243,244,255,346,599,676,722,725,738,739
"新洛杉矶"类型船　172
"新埔洋"轮　42,244,256,431
"新浦东"类型船　172
"新上海"邮轮　18,24,274,280
《新闻信息摘要》　688
"新亚洲"类型船　173
"新洋山"类型船　172
"新重庆"类型船　171,172
信息安全体系　134,135,475
信息管理　27,59,303,330,331,371,372,393,405,445,454,461,471,473—475,487,492,494,495,576
信息化"B级登高"　472
信息化管理　132,134,201,447,466,473,488,541
信息化建设成果　492
信息化系统整合　473
信息化"一号工程"　471
修船厂　119,296—298,303,305,731
修船成本　401,402
修船企业　17,118,297—300,303,731

Y

沿海干线　275
沿海客货轮　273
沿海石油运输　234,245
沿线运输　185
洋山国际储运　329
洋山深水港　172,174,275,280,359,484,487
"洋"字类型船　243
业务讲座　656
液化天然气运输　50,102,163,258,259,262,773,774
液体化学品运输　104,258,262—264
"一带一路"　6,9,85,121,152,185,253,317—319,325,387,486,656,772,774
"一海通"全球供应链电商平台　344
医疗卫生培训　563
医院、卫生防疫站　562
"以船舷为界"　3,541,542,547,769

794

"银宁"类型船　211
"银致"类型船　211
引航服务　351
"英堡"类型船　216
英辉南方造船公司　308
营销服务　85,150,183,291,293,388,391,393,766
营销管理　270,293,358,387—391,393,449,521,522
营销机构　387,391
营销模式　7,324,331,387,389
营销网络　58,86,162,231,292,360,387,392,393,766,770
油库　49,142,248—250,252,353—356,358—360,362,423,437,718
"友谊3"类型船　208
"玉池"类型船　239
预算管理　8,127,313,314,399,453,454,522,557,566,574,576,613,693
员工福利　575
员工工资　573
员工人数　393
原油运输　28,29,81,87,94,105,236,239—242,245—256,738,779
远东—美国航线　56
远东—欧洲航线　50,56,172,173,193
远洋运输　3,6,12,39,42,58,64,76,86,95,96,98,100,150,151,154,156,171,175,182,186,200,201,205,208,209,214,226,227,229—231,235,252,305,307,364,369,393,467,478,542,563,710—712,755,757,777,784
院校管理委员会　38,501,505,506
院校教育　498
运价指数　96,224,229,253,738,779,780
运力规模　4,78,81,100,105,109—116,165,206,227,266,304,306,690,698,766
运输管理　46,48,94,96,197,200,384,473,474,502,652,713
运输网络　106—108,176,180,340,349,393

Z

杂货运输　40,81,164,205,215,226,233
在岸培训　507,508
在船培训　435

造船　4,9,10,19,21,26—30,34—45,49,51,56,57,80,84,102,103,118—120,124,125,132—134,151,165—168,175,186,202,210,212,213,229,230,237,239,241—244,256,258—260,269,271,273,276,282,284,297,302,305—309,351,362,363,368,372—374,379—382,384,387,396,412,415,427,429,445,453,457,459,468,480,482,485,487,490,492,496,497,597,621,630,648,651,652,672,675,678,698,710,711,731,738,739,749,750,773,778,783,784
责任制　137,154,385,396,406,408,411,414,415,417—420,423,424,436,438,456,466,472,511,522,532,537,538,541,546,548,584,592,615,616,620,706,709,730,761,762,767
"振奋"类型船　208,209
"郑州"类型船　206
职工培训　498,502—504,507,640
职工文体活动　681
中东航线　193,194,738
中东和非洲航线　193
中国—澳大利亚航线　56,206
中国出口集装箱运价指数　779
《中国海员》　144,688
中国海员对外技术服务公司　3,12,54,55,62—64,136,138,532,549,632
中国海运(非洲)控股有限公司　47,158,782
中国海运(集团)总公司　1,3,17,22,27,35,37,44—46,54,55,58,63—67,70—72,127,129,415,421,423,458,467,468,479,520,566,571—574,576,579,580,582,588,592—594,613,616,621,622,632,640,653,660,672,710—713,723,754,766,782,784
中国海运(南美)控股有限公司　159,782
中国海运(欧洲)控股有限公司　154,325,782
中国海运(日本)株式会社　6,17,150,153
中国海运　3—13,17—51,54—60,62—71,73,74,76—78,80—88,90—113,115,118—122,124,125,127—136,138—141,143—160,162—177,180—183,185—193,195,196,198—200,202,203,206—208,211,212,214,216,218,219,221—226,228—237,243,245—247,252,253,255,256,259—263,265—267,269,276,284,285,296—299,302—312,314—322,325—329,331,333,334,340—342,344,345,

348,349,351,353,354,357—360,362—364,368,
371,373,376—379,382,384—388,391—394,396—
402,405—415,417—425,430,432—434,436—442,
444,449,451—458,460—464,466—469,471—475,
478—482,484,485,488,489,492,494—496,498,
499,503,505—520,526—538,540—543,545—552,
554—562,564—566,568,571,573—584,586—605,
609—611,613—624,626—640,642—646,648—660,
662—665,667,668,672—677,679—685,688—699,
702,704,705,709—714,716,718,720,721,725,729,
731—733,743,745,746,749,753,766—772,775,782

中国海运工会　18,29,35,632—641,643—651,677,681,683

中国海运团委　653,655—660,682

中国航海日　32

中海(海南)海盛船务股份有限公司　5,17,55,99,100,258,754,782

中海船务代理有限公司　17,55,125,143,351,719,783

中海党校　519—523,635,784

中海电信有限公司　19,132,144,146,652,783

中海发展股份有限公司　5,17,21,32,55,93—95,111,112,116,117,143,146,203,231,711,754,782

中海发展股份有限公司货轮公司　18,94—96,146,195,203,709,711,729,782

中海发展股份有限公司油轮公司　18,20,48,93,97,143,146,234,782

"中海高速"轮　31,109,265—267

"中海高速"轮汽车滚装船　267

中海工业(江苏)有限公司　36,37,39,43,119,211,240,306,783

中海工业有限公司　19,106,118,119,144,146,298,720,783

中海国际船舶管理有限公司　30,135,136,139,147,351,499,504,513,526,543,547,550,784

"中海环球"类型船　175

中海货运船队建设　196

中海集团财务有限责任公司　127,128

中海集团国际贸易有限公司　124,143,784

中海集团投资有限公司　19,57,120,129,310,315,784

中海集团物流有限公司　122,320,321,329,783

中海集团液化天然气投资有限公司　98,101,102,259,782

中海集团租赁有限公司　50,130,784

中海集运对标活动　446

中海集装箱运输股份有限公司　4,28,36,91,93,329,331,344,725,758,782

"中海东京"类型船　171

中海客轮有限公司　18,55,98,99,144,269,281,287

中海客运船队　56

中海洛杉矶码头　46,48,120,190,317,767,768

中海码头发展有限公司　23,120,296,312,314,316,783,784

中海汽车船运输有限公司　36,109,266,267,782

"中海荣华"类型船　214

中海上海船员公司　18—20,136,143,243,510,535,541—543,716

"中海神户"类型船　172

"中海泰和"类型船　213

中海物流集卡车队　327

中海信息系统有限公司　39,134,466,784

中海信息有限公司　472

"中海兴旺"类型船　214

"中海亚洲"类型船　173

中海油运船队　235

中海油运对标活动　447

"中海之春"类型船　174

"中海之星"类型船　174

中海资产经营管理有限公司　139,784

中日航线　171

中石化中海船舶燃料供应有限公司　28,86,140,141,356,357,360,363,783

重点业务风险管理　467

珠江支线运输　181,340

专项检查　291,410,420,421,433—435,437,468,469,596,615,621,639,640,771

专用船　165,205—207,225,258,262—264

资金管理　10,29,49,78,85,127—129,152,361,378,400,451,452,454—456,468,470,479,593,615,754,762,767

综合物流　22,25,55,80,92,112,120,122,123,155,157,182,185,246,312,320—322,324,334,340,344,390,393,394,471,774,775

人 名 索 引

C

蔡国华　703
曹兴和　46,66,67
陈昌文　44,653
陈德诚　72,589,602,632,643,684,718,736
陈铁迪　30
陈幼人　32,33,705

D

戴金象　17,18,20,22,24,55,63,71,577,588,589,
　　672,685,709,718,772
丁农　70,72,309,458,480,589,720

G

高宏峰　47
辜忠东　32,34,717,719,720

H

韩正　24,33
贺贤　19
洪振权　706
胡锦涛　43,604,605,643
黄小文　70,72,177,191,267,343,446,589,717,
　　740,749
黄镇东　18,25,196,729

K

寇来起　72,588,589

L

拉里·凯勒　22
李克麟　17,18,22—25,27—29,33,55,63,65,71,
　　108,186,189,191,437,541,577,588,589,602,643,
　　665,667,672,684,685,710,718,729,732,753,772
李鹏　24,63
李荣融　30,38
李绍德　17,20,27,29,33,34,36—38,41,45—48,
　　63,66,67,71,182,189,191,192,307,349,362,439,
　　588,589,602,604,626,629,643,667,672,711,729,
　　733,736,766,772
李盛霖　33,47
李伟雄　33,34,688,714,717,720
林建清　21,72,439,480,588,589
林松山　715,718

M

林锡忠　46,66,67
刘南昌　27
刘锡汉　70,72,589
刘延穆　24,704
刘章民　46,66,67
卢峰海　47
陆金林　20,43,119,304,651,713,717,718,721

M

马哈蒂尔　24
马泽华　34,36,71,182,589,605,712,736,772
毛定之　29,589

Q

钱其琛　19
钱维扬　63,708
邱国宣　66,717,720

S

沈红光　46,66,67
沈晓明　47
沈祖强　712,716
施卫祖　34
史堪　705
司马义·铁力瓦尔地　34
苏敏　70,72,589
孙治堂　63,71,588,589,672,684

W

王大雄　18,72,458,480,589,653
王乐泉　34
王淑慧　24,540
温家宝　46,342
吴有胜　712,713,716
吴中校　63,72,588,589

X

习近平　36,46,49,85,521,609,610,621,635,656,
　　768,770
夏爵一　703
徐冬根　46,66,67
徐文荣　47,66,70,72,520,589,629
徐祖远　27,29,32,33,72,198,219,588,589,
　　711,719

| 许立荣 | 11,45—48,50,51,66,67,70,71,200,309,325,412,458,546,547,589,611,613,651,672,714,749,769 |

Y

阎进通	29
燕明义	18,541,719,738,739
杨怀远	20,41,42,48,287,288,610,649,654,668,669,674,708,720
殷一璀	47
於世成	47
俞曾港	70,72,458,480,589,749
俞正声	39,630

Z

张春贤	18,29,512
张国发	30,48,49,70,71,102,589,595,626,651,713,769
张建华	34,63,72,588,589,602,736
张兴芝	539,709
周来根	706
周慕尧	22
周新建	33

表格索引

表1-1-1	1997—2015年中国海运经济情况表	59
表1-1-2	1997—2015年中国海运及所属企业获主要国家级与国际荣誉、奖项情况表	59
表1-1-3	1996年三大海运集团船队与运输货运量情况表	61
表1-1-4	1996年5家企业基本情况表	62
表1-2-1	2012—2015年中国海运董事会专门委员会机构与成员情况表	67
表1-2-2	1997—2015年中国海运(集团)总公司领导班子情况表	71
表1-4-1	2005年、2010年、2015年中国海运船队发展情况表	82
表1-4-2	2015年中国海运大型及超大型船舶情况表	82
表1-4-3	2015年年底中国海运下属主要船公司船舶运力分布情况表	83
表1-4-4	2010—2015年中国海运境外财务情况与全集团比较情况表	86
表2-1-1	2015年9月全球干散货船队运力排名情况表	97
表2-2-1	1999年、2004年、2010年、2015年中石化中海燃供设施设备规模情况表	142
表2-2-2	1997—1998年上海海运参与股份的公司情况表	143
表2-2-3	2015年上海海运下属主要公司情况表	145
表3-1-1	1998—2015年若干年中国海运集装箱船队发展情况表	169
表3-1-2	2015年6月全球集装箱船队运力排名情况表	169
表3-2-1	1998—2015年若干年中国海运干散货船队发展情况表	196
表3-2-2	2015年中海散运投资联营公司情况表	204
表3-2-3	2015年中海散运各联营公司运力情况表	204
表3-2-4	2012—2015年中海散运各联营公司生产效益情况表	205
表3-2-5	2010—2015年中国海运散货运输主要船舶情况表	216
表3-2-6	2006—2015年中国海运煤炭运量及电厂煤运量情况表	221
表3-2-7	2015年中海散运货物分类运输量及运输效率情况表	226
表3-2-8	2010—2015年中国海运外贸货运量情况表	228
表3-3-1	2011—2016年中海油运新造船舶及期租船情况表	237
表3-3-2	1998—2015年若干年中国海运油轮船队规模变化情况表	237
表3-3-3	2013—2015年中海油运老旧油轮淘汰情况表	244
表3-3-4	2005—2015年国内海洋原油平台分布情况表	249

表 3-3-5	2006—2015年中国海运内贸石油运量情况表	252
表 3-3-6	1998—2015年中海油运外贸石油运量情况表	253
表 3-4-1	2015年中国海运两艘LNG船运营情况表	261
表 3-5-1	2015年中海客运运力情况表	272
表 3-5-2	1998—2015年中海客运渤海湾客运航线运营情况表	282
表 3-5-3	2015年中海客运航运效益情况表	285
表 4-2-1	2014年、2015年全球大型码头运营商集装箱总吞吐量排名情况表	315
表 4-2-2	2014年、2015年全球大型码头运营商集装箱权益吞吐量排名情况表	315
表 4-7-1	1997—2010年集团上市公司募集资金情况表	377
表 5-1-1	2011—2015年中国海运主要航运公司燃油费情况表	401
表 5-1-2	2011—2015年中国海运主要航运公司船舶修理费情况表	402
表 5-1-3	2011—2015年中国海运主要航运公司港口使费情况表	405
表 5-1-4	2011—2015年中国海运主要航运公司物料费情况表	407
表 5-2-1	2006—2014年中国海运船舶接受PSC检查情况表	413
表 5-2-2	2014年中国海运安全生产指标完成情况表	441
表 6-1-1	2011—2015年中国海运航运研究领域专利申请与授权情况表	489
表 6-2-1	2005—2015年中国海运船员各类培训情况表	508
表 6-2-2	2005—2015年中国海运船员适任考证情况表	509
表 6-2-3	2012—2015年中国海运上海、广州教培中心改革前后情况表	517
表 6-2-4	2012—2015年中海党校面授培训班类型情况表	522
表 6-2-5	2012—2015年中海党校年度培训班办班情况表	523
表 7-1-1	2005年、2010年、2015年中国海运集团在职职工人数情况表	527
表 7-1-2	2015年中国海运职工技术职称情况表	529
表 7-1-3	2015年中国海运职工学历情况表	531
表 7-2-1	2004—2015年中海海员劳务输出在船外派人数情况表	552
表 8-1-1	1997—2015年中国海运党委(党组)成员情况表	589
表 8-1-2	2004年中国海运党员队伍情况表	590
表 8-4-1	2015年共青团中国海运(集团)总公司委员会团员、青年人数情况表	660
表 9-2-1	1998—2014年中国海运海上重大救助情况表	696
表 10-3-1	1997—2015年中国海运职工获得省部级以上劳动模范称号情况表	716
表 10-3-2	1998—2012年中国海运职工获得中国海员建设工会"金锚奖"称号情况表	718
表 10-3-3	2012年中国海运成立15周年优秀员工情况表	720
表 10-3-4	1998—2015中国海运获得省部级以上先进集体荣誉称号情况表	721

编 后 记

为落实交通运输部关于《中国水运史(1949—2015)》《中国水运工程建设实录(1978—2015)》和上海市地方志编委会关于编纂上海市第二轮地方志工作的通知要求，同时全面梳理中国远洋海运集团发展历程，系统总结企业历史性发展经验，中国远洋海运企业发展史志编纂项目组自2017年9月开始全面梳理集团的历史资料，在参与编纂中国水运史的同时，着手编纂集团的发展史与企业志。

在组织机构上，集团成立了史志编审委员会，由集团董事长、党组书记许立荣任委员会主任；该委员会负责审定工作方案、编纂大纲、定稿文本等，研究决定编纂工作重要事项。编委会下设专业编纂组，具体负责调查、研究和整理集团历史起源、发展脉络、标志性历史节点、重大发展阶段划分、重大历史事件，对史、志编纂的主要体例、篇章结构、重点内容提出意见；负责制定编纂大纲，通过开展调研、资料研究等，完成相关专题文稿编写和统稿工作。

在协调机制上，集团成立了由党组工作部牵头的综合协调组，负责贯彻落实编委会工作要求，根据编纂工作进度情况，协调落实各责任单位，组织协调推进编纂工作；负责制订编纂工作计划，联系责任单位，组织完成编印出版等工作；负责组织调研、专题会议、资料收集汇总等工作。在协调管理工作中，采取统分结合的方式，充分调动全集团资源，按照编纂大纲，由专家顾问指导、专职人员执笔、相关部门协同、二级公司配合，共同做好集团发展史和企业志的编纂工作。

《上海市级专志·中国海运(集团)总公司志》是整个中国远洋海运集团发展史志浩大工程的一部分。该书本着真实性、可信性、权威性的原则，紧紧围绕中国海运在国家改革开放、经济建设以及国际航运市场起伏变化的大背景下所走过的道路，全面而翔实地记录了企业的成长经过与发展历程，展示了中海人砥砺奋进、争创一流的精神风貌与奋斗足迹。其中，既有非凡的业绩与成就，也有深刻的启示与反思。从这个意义上说，这既是一部全面记录企业发展的历史书，也是涵盖发展战略、船队建设、市场营销、船舶管理、企业文化建设等各方面的航运企业百科全书。

在编纂本书过程中，项目组的同志们不畏辛苦，各地奔波，聚焦对公司发展产生重要影响的事件，在总结归纳历史资料的基础上，收集了大量新资料，经过研究形成了许多新认识和新观点。

为编纂好本志，上海市地方志办公室和集团有关领导给予了大力支持和指导，集团相关部室和子公司给予了鼎力支持；集团业已退休的老领导、老同志也热心给予指导，提出了许多宝贵意见。在此，我们表示衷心感谢。

需要特别衷心感谢的单位是：上海海运档案室、广州中远海运、中海油运、中远海散运、上海船研所、中海国际、中石化中海燃供、中海电信等。

需要特别感谢的个人是：赵毅、王湘云、严妙群、梅华、孙治堂、李绍德、刘清卿、张震宇、廖冰、丁羿、王卫国、叶琦、窦文金、沈海龙、张洁、张华、沈志华、黄瑞正、付国宝、余勇、朱超满、吴罡、陈鑫、张轶程、周华、周媛媛、黄少鸿、莫侨国、胡巨胜、刘孔明、李晓春、李立行、虞敏、张晓鸣、华慧等。

由于时间紧、任务急，同时受限于编纂组的能力与经验，加之部分资料缺乏，书中难免存在疏漏和谬误，恳请读者不吝赐教。

《上海市级专志·中国海运(集团)总公司志》编纂工作组

2020年12月1日

图书在版编目(CIP)数据

上海市级专志.中国海运(集团)总公司志 / 上海市地方志编纂委员会编. — 上海：上海社会科学院出版社，2021

ISBN 978-7-5520-3560-5

Ⅰ.①上… Ⅱ.①上… Ⅲ.①上海—地方志②海上运输—运输企业—概况—中国 Ⅳ.①K295.1②F552.6

中国版本图书馆CIP数据核字(2021)第088495号

上海市级专志·中国海运(集团)总公司志

编　　者：上海市地方志编纂委员会
责任编辑：董汉玲　温　欣
封面设计：严克勤
出版发行：上海社会科学院出版社
　　　　　上海顺昌路622号　邮编200025
　　　　　电话总机021-63315947　销售热线021-53063735
　　　　　http://www.sassp.cn E-mail:sassp@sassp.cn
排　　版：南京展望文化发展有限公司
印　　刷：上海中华商务联合印刷有限公司
开　　本：889毫米×1194毫米　1/16
印　　张：52
插　　页：17
字　　数：1392千字
版　　次：2021年8月第1版　2021年8月第1次印刷

ISBN 978-7-5520-3560-5/K·606　　　定价：580.00元

版权所有　翻印必究